ARBEITSGEMEINSCHAFT
der Fachanwälte für Steuerrecht e.V.

in Zusammenarbeit mit dem Deutschen Anwaltsinstitut e.V
- Fachinstitut für Steuerrecht -

Seit 1949

61.
Steuerrechtliche Jahresarbeitstagung

Unternehmen 2010

*Zivil-, Gesellschafts-, Bilanz-,
Wirtschafts und Steuerrecht
Europäisches Steuerrecht und Gesellschaftsrecht*

Arbeitsbuch
und Teilnehmerliste

10. bis 12. Mai 2010
Wiesbaden
Kurhaus

Inhaltsverzeichnis: S.

1. Generalthema 1
   Rückblick über die Themen der Vorjahre
   Aktuelle Fragen zum Europäischen Steuer-
   und Gesellschaftsrecht

2. Generalthema 61
   Das Wachstumsbeschleunigungsgesetz

3. Generalthema 121
   Die Entwicklung der Unternehmensbesteuerung –
   der kommende Umwandlungssteuererlass und
   die weitere Ausformung der Gruppenbesteuerung

4. Generalthema 257
   Gesellschaftsrechtliche Unternehmenspraxis –
   Aktuelle Probleme im Lichte der neueren Rechtsprechung

5. Generalthema 287
   Ertragsteuerliche Entwicklungen und Gestaltungen im
   Leben der Personengesellschaften

6. Generalthema 357
   Gestaltungsberatung bei Auslandsbeziehungen nach deutschem
   und ausländischem Steuerrecht – Aktuelle Brennpunkte -

7. Generalthema 443
   Umsatzsteuer: Neues aus Gesetzgebung und Rechtsprechung

8. Generalthema 509
   Entwicklungslinien bei Vermögens- und Unternehmensnachfolge

9. Generalthema 581
   Aktuelle Fragen aus dem Bilanzsteuerrecht und
   der Betriebsprüfung

   Teilnehmerverzeichnis 655

   Rahmenprogramm 693

   Karikaturen 697

1. Generalthema

9.30 –
11.15 Uhr **Aktuelle Fragen zum Europäischen Steuer- und Gesellschaftsrecht**

Leitung:
Prof. Dr. Dr. h.c. Wolfgang **Schön**
Direktor am Max-Planck-Institut, München

Referenten und Bearbeiter des Arbeitsbuches:
Prof. Dr. Dr. h.c. Wolfgang **Schön**
Direktor am Max-Planck-Institut, München
Rechtsanwalt Prof. Dr. Otmar **Thömmes,** München

Teilnehmer der Podiumsdiskussion:
Prof. Dr. Dietmar **Gosch,** München
Vorsitzender Richter am Bundesfinanzhof

Ministerialdirigent Gert **Müller-Gatermann,**
Bundesministerium der Finanzen, Berlin

1. Körperschaftsteueranrechnung und § 175 Abs. 2 S. 2 AO

2. Gemeinnützigkeit

3. § 20 Abs. 2 AstG

4. Grenzüberschreitende Organschaft

5. Zinsen und Dividenden im Europäischen Steuerrecht

6. Gewinnberichtigungen bei verbundenen Unternehmen – EG-rechtlich zulässige Angemessenheitskontrolle oder Missbrauchsbekämpfung?

Rückblick über die Themen der Vorjahre

1. KSt-Anrechnung und § 175 Abs. 2 S. 2 AO   Schön
2. Gemeinnützigkeit   Thömmes
3. § 20 Abs. 2 AStG   Schön
4. Grenzüberschreitende Organschaft   Thömmes

1. KSt-Anrechnung und § 175 Abs. 2 S. 2 AO   Schön

a) In den vergangenen Jahren haben wir mehrfach das europarechtliche Schicksal des früheren körperschaftsteuerlichen Anrechnungsverfahrens verfolgt.

-siehe JbFSt 2005/06, S. 44 ff.; JbFSt 2007/08, S. 30 ff.-

Im Anschluss an eine Grundsatzentscheidung des Europäischen Gerichtshofs zum finnischen Recht

- EuGH v. 7.9.2004, Rs.C-319/00 (Manninen), EuGHE 2004, S.I-7477 ff.-

hatte der Europäische Gerichtshof im Jahre 2007 auf eine Vorlage des FG Köln auch die Verletzung der Kapitalverkehrsfreiheit (früher Art. 56 EG; nunmehr Art. 63 AEUV) durch das deutsche Anrechnungsverfahren beanstandet. Im Kern wurde gerügt, dass bei Dividenden, die von im EU-Ausland ansässigen Kapitalgesellschaften an inländische Steuerpflichtige gezahlt werden, eine Anrechnung der körperschaftsteuerlichen Vorbelastung nicht stattfindet.

-EuGH v. 6.3.2007, Rs.C-292/04 (Meilicke I), EuGHE 2007, S.I-1835 ff. -

Das FG Köln ist im weiteren Verlauf dieses Verfahrens nunmehr mit der Frage befasst, in welchem Umfang und unter welchen verfahrensrechtlichen Voraussetzungen für frühere (z. T. bestandskräftige) Veranlagungen die Anrechnung der ausländischen Körperschaftsteuer durchgesetzt werden kann. Dies hat zu einer erneuten Vorlage an den Europäischen Gerichtshof geführt.

- FG Köln v. 14.5.2009, 2 K 2241/02, EFG 2009, S. 1491 ff. (mit Anm. *Bozza-Bodden*) = IStR 2009, S. 472 ff. = IWB Nr. 23 v.

9.12.2009, S. 1143 ff. mit Anm. *Linn/Müller*; dazu auch *Delbück/ Hamacher*, IStR 2009, S. 771 ff.; *Linn*, IStR 2010, S. 275 ff.; *Sedemund*, IStR 2009, S. 461 ff.; *ders.*, IStR-LB zu Heft 15/2009, S. 57 ff.; zum Ruhen gleichartiger Verfahren siehe OFD Hannover, Vfg. v. 15.7.2009 – S 2830 – StO244 DB 2009, S.1903 -

In dieser Vorlage beruft sich das FG Köln zum Beleg für die Zweifelhaftigkeit von Rechtsfragen auch auf die Dokumentation zu unseren Diskussionen auf der Fachtagung in Wiesbaden.

b) Die – recht kompliziert formulierten – Vorlagefragen betreffen (neben der sehr technischen Frage des Verhältnisses von Veranlagung und Abrechnung der KSt-Gutschrift) im Grundsatz drei verschiedene Themen:

aa) Zunächst geht es um den Umfang der anrechnungsfähigen ausländischen Körperschaftsteuer. Hierzu sind erneut drei Teilfragen logisch miteinander verbunden:

- Soll sich die Anrechnung an dem tatsächlichen KSt-Aufwand in der Beteiligungsgesellschaft orientieren oder soll – in Entsprechung zur innerstaatlichen Rechtslage – eine pauschale Anrechnung in Höhe von 3/7 der Bardividende erfolgen?

- Soll bei einer Orientierung am tatsächlichen Steueraufwand eine konkrete Berechnung anhand der effektiven Belastung der Zahlungsströme bei der ausländischen Gesellschaft vorgenommen werden oder soll man sich – pauschal – am ausländischen Regelsatz der Körperschaftsteuer orientieren?

- Darf die Anrechnung über das Niveau einer vergleichbaren inländischen Belastung hinausgehen oder sogar zu einer Erstattungsleistung des inländischen Fiskus an den deutschen führen.

Der Europäische Gerichtshof hat hierzu im Grundsatz entschieden, dass es auf die tatsächliche Vorbelastung im Staat der ausschüttenden Gesellschaft ankommt.

-EuGH v. 7.9.2004 a. a. O. (Manninen) Rz.54; EuGH v. 6.3.2007 a.a.O. (Meilicke I) Rz.15 -

Er hat auch judiziert, dass der Sitzstaat des Dividendenempfängers nicht dazu verpflichtet ist, Erstattungen bei überschießender ausländischer Steuer zu leisten.

-EuGH v. 12.12.2006, Rs. C-446/04 (Franked Investment Income) EuGHE 2006, S. I-11753 ff. Rz.57; *Rust*, DStR 2009, S. 2568 ff.; a.A. *Bozza-Bodden* a.a.O., S. 1505 -

Damit bleibt im Wesentlichen offen, ob die Anrechnung einer tatsächlich höheren steuerlichen Vorbelastung im Ausland begehrt werden kann. Das FG Köln äußert hier berechtigte Zweifel: Der grenzüberschreitend tätige Steuerpflichtige muss „Disparitäten" zwischen den Mitgliedstaaten hinnehmen und kann nicht verlangen, dass eine Mehrbelastung im Quellenstaat vom Wohnsitzstaat kompensiert wird.

- FG Köln v. 14.5.2009 a.a.O., S. 1497 f.; siehe bereits JbFSt 2004/05, S. 49 f.; a.A. *Intemann*, NWB „Ausländische Körperschaftsteuer" Fach 4 S. 5263 ff., 5265 f. -

bb) Wenn man eine pauschale Anrechnung der ausländischen Körperschaftsteuer (etwa in Höhe von 3/7 der Bardividende oder in Höhe des ausländischen Regelsatzes der Körperschaftsteuer) ausschließt, muss ein konkreter Nachweis erfolgen. Dieser Nachweis ist nicht nur tatsächlich außerordentlich schwer zu führen, er scheitert bei wörtlicher Anwendung des deutschen KStG (a. F.) bereits daran, dass im Ausland ansässige Gesellschaften keine Bescheinigungen i. S. von § 36 Abs. 2 S. 2 Nr. 3 KStG (a. F.) i. V. m. §§ 44 ff. KStG (a. F.) ausstellen (und auch kein zivilrechtlicher Anspruch des Anteilseigners auf eine solche Bescheinigung besteht). Diese Bescheinigung soll vor allem belegen, dass nicht lediglich Rücklagen zurückgewährt, sondern effektive belastete Gewinnanteile ausgeschüttet werden. Daher besteht ein sachliches Interesse an dem zutreffenden Nachweis der Herkunft der ausgezahlten Mittel.

-*Gosch*, DStR 2004, S. 1988 ff., 1992 -

Zwar kann dem deutschen Gesetzgeber hier nicht vorgeworfen werden, diskriminierend zu handeln. Das FG Köln entnimmt jedoch der bisherigen Judikatur des EuGH zutreffend, dass das Verfahrensrecht eines Mitgliedstaats nicht so ausgestaltet werden darf, dass es faktisch die Durchsetzung der materiellen Grundfreiheiten verhindert (sog. „Effektivitätsgrundsatz").

- *Thömmes*, IWB Fach 11a, S.1131 ff., 1136; *Schnitger*, FR 2004, S.1357 ff., 1371; *Sedemund*, IStR 2007, S. 245 ff., 246 -

Daraus wird der Europäische Gerichtshof folgern können, dass dem Steuerpflichtigen auch andere Möglichkeiten des Nachweises eröffnet werden müssen. Auch wird man überlegen müssen, in welchem Umfang der Wohnsitzstaat des Dividendenempfängers seine eigenen Informationsmöglichkeiten nach der Amtshilfe-RL nutzen muss, um den Sachverhalt objektiv aufzuklären.

-siehe dazu unter 2 die Ausführungen zum Verwendungsnachweis bei Spenden an ausländische gemeinnützige Körperschaften-

Schließlich wird man im Interesse einer sachlich angemessenen Behandlung den anzurechnenden Betrag schätzen müssen.

cc) Nach der früheren Judikatur des Bundesfinanzhof stellt die nachträgliche Vorlage einer solchen Bescheinigung ein rückwirkendes Ereignis dar, welches nach § 175 Abs. 1 S. 1 Nr. 2 AO a. F. in der Lage war, die Bestandskraft von Veranlagungen zu durchbrechen.

-Nachweise bei FG Köln v. 14.5.2009 a.a.O., S. 1500 ff.-

Der Bundesgesetzgeber hat in Reaktion auf das Urteil „Manninen" im Jahre 2007 in § 175 AO einen neuen Abs. 2 S. 2 eingefügt. Danach ist die nachträgliche Erteilung oder Vorlage einer Bescheinigung oder Bestätigung nicht als Ereignis mit rückwirkender Kraft anzusehen. Bei formaler Betrachtung ist diese Regelung sachlich vertretbar und äußerlich nicht diskriminierend.

Vor dem Hintergrund der gesetzlichen Zielrichtung hat diese Maßnahme dennoch scharfe Kritik im Schrifttum erfahren. Im Hinblick auf den o. a. Grundsatz der „Effektivität" des Rechtsschutzes und auch das Prinzip der „Gleichbehandlung" von europarechtlich begründeten mit im nationalen Recht begründeten Positionen wird ausgeführt, dass die Regelung entweder generell EG-rechtswidrig ist oder jedenfalls einer Übergangsregelung für die Änderung früherer Veranlagungszeiträume bedurft hätte.

-siehe bereits JbFSt 2005/06, S. 52 f.-

Diese Notwendigkeit einer Übergangsfrist sieht auch das FG Köln in seinem Vorlagebeschluss.

- FG Köln v. 14.5.2009 a.a.O., S. 1501 f.-

Der Europäische Gerichtshof wird daher auf die Vorlage des FG Köln auch diese Thematik aufgreifen müssen.

Einen besonderen „Dreh" würde diese verfahrensrechtliche Regelung schließlich erhalten, wenn der Europäische Gerichtshof zu dem Schluss kommen sollte, dass bei Auslandsdividenden zum Nachweis der Vorbelastung überhaupt keine Bescheinigung nach § 36 Abs. 2 S. 2 Nr. 3 KStG (a. F.) i. V. m. §§ 44 ff. KStG (a. F.) erforderlich sei. Dann kann sich der Empfänger einer Auslandsdividende (anders als der Empfänger einer Inlandsdividende) von Vornherein nicht auf eine Durchbrechung der Bestandskraft nach § 175 Abs. 2 Nr. 2 AO a. F. berufen. Insoweit hält das FG Köln allerdings eine Diskriminierung der Auslandsbeteiligung für möglich, die in einer einseitigen Erweiterung der Verfahrensrechte für Inlandssachverhalte besteht.

-FG Köln v. 14.5.2009 a.a.O., S. 1502; siehe auch *Linn/Müller* a.a.O., S. 1149, die eine Durchbrechung der Bestandskraft durch „freiwillige" Vorlage einer förmlichen Bescheinigung für Auslandsfälle für möglich halten-

Allerdings scheint sich hier die „Katze in den Schwanz zu beißen". Wenn nämlich für inländische Sachverhalte die Neufassung des § 175 AO zulässig ist (daran besteht kein Zweifel) und für ausländische Sachverhalte die Rechtsänderung zur Vorlage von Bescheinigungen von Vornherein keine Anwendung findet, dann löst sich auch das europarechtliche Problem in Nichts auf.

2. Gemeinnützigkeit   Thömmes

Das Thema Gemeinnützigkeit hat uns aus EG-rechtlicher Sicht an dieser Stelle wiederholt beschäftigt, zuletzt im vergangenen Jahr aufgrund der Entscheidung des EuGH in der Rechtssache Persche

-EuGH, Urt. v. 27.01.2009, Rs. C-318/08, Slg. 2009, I-00359 = IWB Fach 11a, 1227, m.Anm. Thömmes, vgl. hierzu JbFSt 2009/10, S. 44; vgl. auch JbFSt 1999/2000, S. 123 ff. sowie JbFSt 2006/07, S. 33 ff.-

Kurz nach der letztjährigen Tagung ist das Endurteil des BFH in dem der Rechtssache Persche zugrunde liegenden Ausgangsrechtsstreit ergangen

-BFH, Urt. v. 29.05.2009, Az. X R 46/05

Nun hat der deutsche Steuergesetzgeber im Rahmen des Gesetzes zur Umsetzung steuerlicher EG-Vorgaben sowie zur Änderung steuerlicher Vorschriften (EU-Umsetzungsgesetz)

-BGBl 2010 I, 386-

einen weiteren Versuch unternommen, den Vorgaben der EuGH-Rechtsprechung zu entsprechen. Der Versuch ist nur teilweise gelungen.

Zunächst ist zu begrüßen, dass nun in § 10b Abs. 1 EStG eine „Körperschaft, Personenvereinigung oder Vermögensmasse, die in einem Mitgliedstaat der Europäischen Union oder in einem Staat belegen ist, auf den das Abkommen über den Europäischen Wirtschaftsraum Anwendung findet" ausdrücklich mit in den Kreis der tauglichen Spendenempfänger einbezogen worden ist. Etwas „schief" ist lediglich die Verwendung des Begriffs „belegen" zur Bestimmung der steuerlichen Ansässigkeit eines solchen ausländischen Spendenempfängers.

Weitere Voraussetzung ist, dass die die Spenden empfangende Einrichtung nach § 5 Abs. 1 Nr. 9 i.V.m. § 5 Abs. 2 Nr. 2 zweiter Halbsatz KStG steuerbefreit wäre, wenn sie inländische Einkünfte erzielen würde. Mit dieser etwas schwerfällig anmutenden Formulierung will der Steuergesetzgeber auch die Fälle erfassen, in denen die ausländische Spendenempfängerin im Inland über keinerlei beschränkt steuerpflichtigen Einkünfte verfügt, bezüglich deren sie nach § 5 Abs. 2 KStG steuerbefreit werden könnte. Mit anderen Worten: Durch die gesetzliche Neuregelung sollen ausdrücklich auch Direktspenden an eine EU-/EWR-ausländische Spendenempfängerin steuerlich begünstigt werden, die keiner sachlichen beschränkten Steuerpflicht im Inland unterliegt.

Weitere Voraussetzungen für privatrechtliche Amtsträger als Spendenempfänger sind nach der neu in § 10b Abs. 1 EStG eingefügten Vorschrift des Satz 3, dass der ausländische Sitzstaat der Spendenempfängerin Amtshilfe sowie Beitreibungshilfe leistet. Für den Fall, dass die steuerbegünstigten Zwecke des Zuwendungsempfängers im Sinne des Abs. 2 Nr. 1 (juristische Person des öffentlichen Rechts oder öffentliche Dienststelle) nur im Ausland verwirklicht werden, verlangt § 10b Abs. 1 Satz 6, dass „natürliche Personen, die ihren Wohnsitz oder ihren gewöhnlichen Aufenthalt im Inland haben, gefördert werden, oder dass die Tätigkeit dieses Zuwendungsempfängers neben der Verwirklichung der steuerbegünstigten Zwecke auch zum Ansehen der Bundesrepublik Deutschland beitragen kann."

Der Inlandsbezug nach § 10b Abs. 1 Satz 6 EStG gilt ausweislich der Gesetzesbegründung

-BT- Drucksachen 17/506, 17/813-

„analog zum Inlandsbezug nach § 51 Abs. 2 AO für gemeinnützige Körperschaften – unabhängig davon, ob die juristische Person des öffentlichen Rechts bzw. ihre Dienststelle im Inland oder im EU/EWR-Ausland belegen ist."

Während der Spendenabzug an ausländische Einrichtungen des öffentlichen Rechts somit – abgesehen vom sog. „Inlandsbezug" – an keine weiteren Voraussetzungen geknüpft wird, gelten für nicht im Inland ansässige Zuwendungsempfänger des privaten Rechts die zusätzlichen Anforderungen der Amtshilfe und Beitreibungshilfe.

-vgl. *Hüttemann*, IStR 2010, S. 118 ff., S. 120-

Die gesetzlichen Neuregelungen sind grundsätzlich für alle noch nicht bestandskräftig veranlagten Fälle anzuwenden

-vgl. § 52 Abs. 24e Satz 5 EStG i.d.F. nach dem EU-Umsetzungsgesetz-

Soweit die ausländische gemeinnützige Einrichtung ihren Zweck nicht im Inland verwirklicht, gilt die Neuregelung erst für Zuwendungen, die nach dem 31.12.2009 geleistet wurden.

-vgl. § 52 Abs. 24e Satz 6 EStG n.F.-

Neben der bisher im Vorjahr an dem fortbestehenden Erfordernis des Inlandsbezugs geäußerten EG-rechtlichen Kritik

-vgl. JbFSt 2009/10, S. 44, 47 ff.-

die im aktuellen Schrifttum verstärkt wird

-vgl. u.a. *Gesenich*, DStR 2009, 1173, *Unger*, DStZ 2010, 154-

ist die nun vorliegende gesetzliche Neuregelung aus der Sicht der Praxis – und insbesondere der Wohnsitzfinanzämter – eine verfahrensrechtliche Katastrophe. Die nach § 10b Abs. 1 Satz 2 Nr. 3 EStG n.F. vorgeschriebene Gleichwertigkeitsprüfung („steuerbefreit wäre, wenn sie inländische Einkünfte erzielen würde") muss nämlich in Ermangelung einer entsprechenden anders lautenden Neuregelung von dem Wohnsitzfinanzamt des einzelnen Spenders geleistet werden, ohne dass der Gesetzgeber hier gesetzliche Maßstäbe für diese Prüfung zur Verfügung stellt.

Soll nun allen Ernstes für jede an eine ausländische Einrichtung geleistete Einzelspende ohne Rücksicht auf deren Umfang das jeweilige Wohnsitzfinanzamt des Spenders Nachforschungen bezüglich der „Empfängergleichwertigkeit" des ausländischen Spendenempfängers nach Maßgabe des deutschen Gemeinnützigkeitsrechts durchführen? Darf das Wohnsitzfinanzamt sich dabei auf eine Durchsicht der Satzung beschränken, oder muss es vollumfänglich auch Nachforschungen bezüglich der tatsächlichen Verwendung der Spende im Ausland anstellen?

-Vgl. *Hüttemann*, a.a.O., S. 121-

Sollen bei Mehrfachspenden mehrerer Spender aus verschiedenen Orten nun die mehreren Wohnsitzfinanzämter jedes für sich und nebeneinander die gleichen Prüfungen bezüglich desselben ausländischen Spendenempfängers durchführen? Bei inländischen Spendenempfängern obliegt die Überprüfung der Gemeinnützigkeitsvoraussetzungen dem für die Körperschaftsteuerveranlagung des Spendenempfängers zuständigen Finanzamt. Die Wohnsitzfinanzämter der Spender können sich im Inlandsfall auf die Prüfung im Rahmen der Körperschaftsteuerveranlagung der Spendenempfänger verlassen. Diese Verzahnung von steuerlicher Überprüfung des Spendenempfängers und Gewährung des Spendenabzugs durch das Wohnsitzfinanzamt des Spenders versagt jedoch, wenn der Spendenempfänger im Inland keinerlei Steuerpflicht unterliegt. Eine Prüfung der Gemeinnützigkeitsvoraussetzungen ausländischer Spendenempfänger im Veranlagungsverfahren des Spenders kann nicht ernstlich gewollt sein und der Steuergesetzgeber ist gut beraten, hier schnell zu handeln, bevor die Lawine der Direktspendenfälle die Wohnsitzfinanzämter erreicht. Zu denken wäre an die Schaffung einer zentralen Zuständigkeit auf Bundesebene für die Anerkennung ausländischer Zuwendungsempfänger. Neben einer zentralen Zuständigkeit des Bundeszentralamtes für Steuern

-vgl. in diesem Sinne *Gesenich*, a.a.O., S. 1177-

wäre auch eine dezentrale Lösung denkbar, bei der einzelne Bundesländer für Einrichtungen aus den jeweiligen Nachbarländern zuständig wären.

-Vgl. *Hüttemann*, a.a.O., S. 124-

Die sich aus der zu erwartenden unsinnigen Belastung der Wohnsitzfinanzämter ergebenden sehr langen Bearbeitungszeiten haben auch einen EG-rechtlichen Aspekt. Wird die Anerkennung einer Direktspende ins EU/EWR-Ausland im Rahmen der Veranlagung nämlich zeitlich erheblich verzögert, was zu erwarten sein wird – stellt sich die Frage, was denn bis zur abschließenden Prüfung der Gleichwertigkeit geschehen soll. Entweder, das Wohnsitzfinanzamt veranlagt zunächst unter vorläufiger Nichtanerkennung der Spende oder es gewährt einen vorläufigen Spendenabzug - der aber dann unter dem Damoklesschwert einer späteren Nichtanerkennung des ausländischen Zuwendungsempfängers stünde. So oder so würde die Auslandsspende schlechter gestellt, was per se einen weiteren EG-Rechtsverstoß begründet.

Die Finanzverwaltung hat nun, über ein Jahr nach Erlass des Persche-Urteils, mit BMF-Schreiben vom 06.04.2010

-http://www.bundesfinanzministerium.de/DE/BMF_Startseite/ Aktuelles/ BMF_Schreiben/Veroffentlichungen_zu_Steuerarten/einkommensteuer/260 _a,templateId=raw,property=publicationFile.pdf-

zur Anwendung des Persche-Urteils Stellung genommen. Dabei sind die Ausführungen dieses BMF-Schreibens nun in weiten Teilen durch die gesetzliche Neuregelung überflüssig geworden. Der wesentliche Anwendungsbereich des BMF-Schreibens bezieht sich wohl auf Fälle, bei denen es um Zuwendungen an Einrichtungen geht, die ihre Zwecke nicht im Inland verwirklichen und die vor dem 01.01.2010 geleistet wurden.

-vgl. § 52 Abs. 24e Sätze 5 -7 EStG i.d.F. nach dem EU-Umsetzungsgesetz-

Die ausdrückliche Ausklammerung von Spenden an Einrichtungen in Drittstaaten in dem BMF-Schreiben vom 06.04.2010 ist EG-rechtlich nicht haltbar. Das Persche-Urteil ist zwar nicht zu einem Drittstaaten-Sachverhalt ergangen; insofern ist die Begründung des BMF zutreffend. Das Persche-Urteil nimmt jedoch zur Auslegung der Kapitalverkehrsfreiheit Stellung, und diese bezieht grundsätzlich auch den Kapitalverkehr mit Drittstaaten in ihren Schutzbereich ein.

3. § 20 Abs. 2 AStG   Schön

a) In den vergangenen Jahren haben wir mehrfach über den Rechtsstreit „Columbus Container" berichtet, der die europarechtliche Beurteilung der „Switch-Over"-Regelung für ausländische Betriebsstätten in § 20 Abs.2 AStG betrifft.

-JbFSt 2006/07, S. 90 f.; JbFSt 2007/08, S. 39 ff.; JbFSt 2008/09, S. 30 ff. -

Auf eine Vorlage des FG Münster aus dem Jahre 2005 hatte sich der Europäische Gerichtshof mit der Frage auseinandergesetzt, ob der Wechsel von einer abkommensrechtlich vorgesehenen Freistellung ausländischer Betriebsstättengewinne hin zu einer bloßen Anrechnung der tatsächlich im Ausland entrichteten Steuer zulässig ist, wenn er ausschließlich für bestimmte „passive" Einkünfte und ausschließlich gegenüber Niedrigsteuerländern i. S. des AStG erfolgt. Der Gerichtshof hatte dies für vereinbar mit der Niederlassungs- und Kapitalverkehrsfreiheit erklärt, da der Wechsel zur Anrechnungsmethode im Grundsatz nur die Gleichstellung der Auslandsinvestition mit der Inlandsinvestition herbeiführt.

Über ein mögliches *Treaty Override* mochte der Europäische Gerichtshof nicht judizieren.

-EuGH v. 29.3.2007, Rs. C-298/05, EuGHE 2007, S. I-10451 ff. -

Daraufhin hatte das FG Münster die Klage gegen die Anwendung der Hinzurechnungsbesteuerung auf das belgische Koordinierungszentrum einer deutschen Familien-KG abgewiesen.

-FG Münster v. 11.11.2008, 15 K 1114/99, IStR 2009, S. 31 ff. mit Anm. *Brombach-Krüger*, BB 2009, S. 924 ff. -

Nunmehr hat der Bundesfinanzhof der Revision der Kläger stattgegeben. Aus Gründen, die in der regelungstechnischen Verknüpfung der „Switch-Over"-Vorschrift des § 20 Abs. 2 AStG mit dem Grundtatbestand der Auslandsgesellschaften nach §§ 7-14 AStG zusammenhängen, sei ein Wechsel von der Freistellungs- zur Anrechnungsmethode nur in engen Fällen „künstlicher Konstruktionen" erlaubt.

-BFH v. 21.10.2009, I R 114/08, EuZW 2010, S. 233 ff. = DStR 2010, S. 37 ff. = IStR 2010, S. = FR 2010, S. 393 ff. mit Anm. *Buciek* = GmbH-StB 2010, S. 31 f. mit Anm. *Görden* -

Dieses Urteil hat unterschiedliche Reaktionen hervorgerufen. Nicht nur seine Begründung, sondern auch seine Bedeutung für die aktuelle Gesetzesfassung des AStG ist umstritten.

-*von Brocke/Hackemann*, DStR 2010, S. 368 ff.; *Dorfmüller*, StuB 2010, S. 234 ff.; *Fox/Scheidle*, GWR 2010, S. 73 ff.; *Lieber*, IStR 2010, S. 142 ff.; *Prinz*, FR 2010, S. 378 ff.; *Sedemund*, BB 2010, S. 618 f.; kritisch vor allem *Sydow*, IStR 2010, S. 174 ff.-

b) Um die Entscheidung des Bundesfinanzhofs korrekt zu würdigen, ist es geboten, sich der unterschiedlichen „Regelungsebenen" im nationalen Steuerrecht und im Europäischen Gemeinschaftsrecht zu versichern.

aa) Auf der Ebene des Europäischen Gemeinschaftsrechts hat der Europäische Gerichtshof durch die zentralen Urteile in Sachen „Cadbury Schweppes" und „Columbus Container" die Weichen gestellt.

-EuGH v. 12.9.2006, Rs. C-196/04 (Cadbury Schweppes), EuGHE 2006, S. I-7995 ff.; EuGH v. 6.12.2007, Rs. C-298/05 (Columbus Container), EuGHE 2007, S.I-10451 ff.; siehe auch EuGH v. 23.4.2008, Rs. C-201/05 (Test Claimants in the CFC Group Litigation) -

Nach diesen Urteilen besteht ein wesentlicher Unterschied zwischen der Anwendung der Hinzurechnungsbesteuerung bei ausländischen Gesellschaften und ihrer Anwendung bei ausländischen Betriebsstätten:

- Der „Durchgriff" der Hinzurechnungsbesteuerung auf das Einkommen der ausländischen Gesellschaft stellt eine massive Benachteiligung im Verhältnis zu inländischen Gesellschaften dar, bei denen ein solcher Durchgriff im Grundsatz nicht vorkommt. Eine solche Diskriminierung ist nur unter engen Voraussetzungen zulässig. Sie kann ihre Rechtfertigung aus dem Ziel der Bekämpfung von Gestaltungsmissbräuchen erhalten. Dies trifft allerdings nur „künstliche Konstruktionen" ohne wirtschaftliche Substanz. Dem Steuerpflichtigen muss der Nachweis außersteuerlicher Motive erhalten bleiben.

- Der Wechsel von der Freistellungsmethode zur Anrechnungsmethode bei ausländischen Betriebsstätten führt im Kern zu einer Gleichbehandlung von inländischen und ausländischen Niederlassungen. Eine rechtfertigungsbedürftige Benachteiligung ist von vornherein nicht gegeben. Ein anderes Ergebnis könne auch nicht aus dem Gedanken der Gleichbehandlung von Betriebsstätten und Tochtergesellschaften hergeleitet werden.

Europarechtlich ist daher akzeptiert, dass eine „Switch-Over"-Klausel nach Art. des Art. 20 Abs. 2 AStG nicht gegen Unionsrecht verstößt.

bb) Der Europäische Gerichtshof urteilt nicht über die Auslegung nationalen Rechts. Dies ist alleine die Angelegenheit der innerstaatlichen Gerichte, auch des Bundesfinanzhofs. Der I. Senat hat die Klage daher im Kern auf Grund einer Auslegung des nationalen Rechts entschieden. Er hat dafür vier gedankliche Schritte vollzogen:

- Die §§ 7-14 ff. AStG verstoßen gegen die europäische Niederlassungsfreiheit, soweit sie nicht lediglich „künstliche Konstruktionen" erfassen und einen „Motivtest" ausschließen.

- Daher sind die §§ 7-14 ff. AStG „gemeinschaftskonform" auszulegen und zu reduzieren.

- Die Verweisung des § 20 Abs. 2 AStG a. F. auf die §§ 7-14 ff. AStG ist als Verweisung auf diesen „reduzierten" Tatbestand der Hinzurechnungsbesteuerung zu lesen. Auch für Betriebsstätten greift die Hinzurechnungsbesteuerung nur ein, wenn und soweit sie „künstliche Konstruktionen" erfasst und einen „Motivtest" zulässt.

cc) Im Grundsatz ist diese Trennung der Auslegungsebenen folgerichtig – der EuGH entscheidet über Europarecht, der BFH entscheidet über nationales Recht. Zweifelhaft ist jedoch, ob der BFH diese Interpretation korrekt vorgenommen hat.

Die maßgebliche methodische Weichenstellung liegt in der „gemeinschaftskonformen Reduktion" des Wortlauts der §§ 7-14 ff. AStG und der darauf verweisenden Norm des § 20 Abs. 2 AStG. Dies erscheint unter mehreren Gesichtspunkten nicht überzeugend:

- Zunächst ist festzuhalten, dass der Verstoß einer mitgliedstaatlichen Norm gegen die Grundfreiheiten des EG-Vertrages (jetzt AEUV) nicht zur Unwirksamkeit oder gar Nichtigkeit der nationalen Norm führt. Es besteht lediglich ein „Anwendungsvorrang" des Europäischen Rechts. Dieser Anwendungsvorrang führt zu einer Verdrängung der Normwirkungen, soweit der Verstoß gegen das Unionsrecht reicht. Dies schließt aber nicht aus, dass die volle Breite der Norm im Wege einer Verweisung in Anspruch genommen wird, wenn sich dies (etwa bei Auslandsbetriebsstätten) als inhaltlich EU-rechtskonform erweist. Mit anderen Worten: Auf der Ebene des mitgliedstaatlichen Gesetzes und seines Inhalts ändert sich durch die Verletzung einer Grundfreiheit nichts.

- Des weiteren muss sehr genau zwischen der „Unanwendbarkeit" einer nationalen Norm (wegen des Vorrangs des Gemeinschaftsrechts) und ihrer gemeinschaftskonformen Auslegung unterschieden werden.

    -*Gosch*, Ubg 2009, S. 73 ff., 74 -

Eine gemeinschaftskonforme Auslegung (in Gestalt der richtlinienkonformen Auslegung oder der Auslegung i. S. der Grundfreiheiten oder anderer Vorgaben des Primärrechts) ist nur zulässig, wenn und soweit das mitgliedstaatliche Gesetz überhaupt einen Auslegungsspielraum eröffnet.

- EuGH v. 16.6.2005, Rs. C-105/03 (Pupino), NJW 2005, S. 289 ff.; EuGH v. 4.7.2006, Rs.C-212/04 (Adeneler), NJW 2006, S. 2465 ff. -

Daher vermag sich die gemeinschaftskonforme Auslegung nicht gegen einen klaren und eindeutig gewollten Gesetzeswortlaut durchzusetzen.

- näher *Roth*, Die richtlinienkonforme Auslegung, in: *Riesenhuber (Hrsg.)*, Europäische Methodenlehre, 2006, S. 250 ff., 264, 267; *Schön*, DStJG 19 (1996), S. 167 ff., 180 ff.; *Osterloh-Konrad*, CuR 2008, S. 545 ff., 546 ff. -

Betrachtet man den hier gegebenen Fall der §§ 7-14 ff. AStG, so sprechen die besseren Gründe dafür, eine gemeinschaftsrechtskonforme Auslegung auszuschließen. Die vom EuGH für die Auslandsgesellschaft geforderten Einschränkungen („künstliche Konstruktionen", „Motivtest") verändern grundlegend das Regelungsgefüge der Hinzurechnungsbesteuerung. Sie sind von Wortlaut und gesetzgeberischem Zweck der Vorschriften nicht gedeckt. Sie führen daher zwar zur „Unanwendbarkeit" der gesetzlichen Anordnungen im Schutzbereich des Diskriminierungsverbots, verändern aber nicht die inhaltliche Aussage der §§ 7-14 ff. AStG. Daher bleibt es dabei, dass § 20 Abs. 2 AStG in zulässiger Weise (so der EuGH) auf den traditionellen breiten Tatbestand der §§ 7-14 ff. AStG verweist.

- Selbst wenn man es für vertretbar hält, hier für Auslandsgesellschaften eine „gemeinschaftsrechtskonforme" Auslegung der §§ 7-14 AStG zu begründen, ist damit noch nicht gesagt, dass für die (europarechtlich unbedenklichen) Fälle der Betriebsstätten die gleiche enge Auslegung gelten muss. Es existiert in vielen Rechtsgebieten eine beachtliche Rechtsprechung und Literatur zur Frage der „gespaltenen" Auslegung von Normen, wenn einzelne Sachverhaltsgruppen europarechtlich vorgeformt sind, andere hingegen nicht.

-beispielhaft die Rechtsprechung zum „Realkreditvertrag als Haustürgeschäft" (BGH v. 9.4.2002, XI ZR 91/99, NJW 2002, S.1881 ff.) -

Es ist im Einzelfall festzustellen, ob eine „gespaltene" Auslegung möglich ist und dem Willen des Gesetzgebers (d. h. des nationalen Steuergesetzgebers) entspricht. Dabei verlangt gerade der Gedanke der gemeinschaftsrechtskonformen Auslegung nach einer weitgehenden Aufrechterhaltung des gesetzgeberischen Willens.

- Das einzige materielle Argument, das der BFH für seine Interpretation anführen kann, ist der Umstand, dass § 20 Abs. 2 AStG historisch als „Abrundung" der §§ 7-14 AStG konzipiert worden ist. Der Schluss, dass § 20 Abs. 2 AStG dann auch gegen den Willen des Gesetzgebers und ohne europarechtliche Notwendigkeit massiv eingeschränkt werden muss, kann man allerdings daraus nicht ziehen.

c) Offen ist nunmehr vor allem die Frage nach der Bedeutung des Urteils für das geltende AStG. Der BFH scheint der Ansicht zu sein, dass auch die neue Fassung des § 20 Abs. 2 AStG (geändert durch G. v. 20.12.2007 BGBl I S. 3150) wegen des Vergleichs mit der Auslandsgesellschaft („falls diese Betriebsstätte eine ausländische Gesellschaft wäre") letztlich nur auf die „reduzierte" Fassung der §§ 7-14 AStG verweist.

-so auch *Lieber*, a.a.O.; *Sedemund*, a.a.O. -

Dem widerspricht m. E. eindeutig die explizite Herausnahme von § 8 Abs. 2 AStG n. F., der nunmehr die einschränkenden Vorgaben des EuGH aufgreift. Es widerspricht in jedem Fall dem eindeutigen Willen des Gesetzgebers im parlamentarischen Verfahren.

4. Grenzüberschreitende Organschaft   Thömmes

Mit der Frage, ob die deutschen Organschaftsregeln aufgrund ihrer Beschränkung auf Inlandssachverhalte gegen die Niederlassungsfreiheit verstoßen, haben wir uns hier in Wiesbaden im Rahmen unseres 1. Generalthemas wiederholt befasst.

-vgl. JbFSt 2001/2002, S. 80 ff., JbFSt 2002/2003, S. 65 ff., JbFSt 2005/2006, S. 35 ff.-

Dabei stand meist die Frage nach einem grenzüberschreitenden Abzug von im Ausland erlittenen Verlusten im Vordergrund der Betrachtung.

Neben der Frage des Verlustabzugs geht es bei einer grenzüberschreitenden Erstreckung der Organschaft aber auch um die weiteren Fragestellungen:

- Kann eine vollumfängliche Ergebniskonsolidierung über die Grenze EG-rechtlich gefordert werden? Mit anderen Worten, lässt das EG-Recht einen Anspruch auf Gewinntransfer über die Grenze zu?

- Führt die selektive Gewährung von sonstigen steuerlichen Begünstigungen nur für Organschaftsfälle wegen des Inlandsbezugs der Organschaft zu einer – zumindest mittelbaren – Beschränkung gegenüber EU-Auslandssachverhalten, bei denen eine Organschaft nicht möglich ist? In diesem Zusammenhang sind insbesondere zu nennen:

- § 8b Abs. 5 KStG (sog. 5%-ige Schachtelstrafe)
- Die gewerbesteuerliche Hinzurechnung nach § 8 Nr. 1 GewStG
- Die Zusammenrechnung des EBITDA für Zwecke der Zinsschranke nach §§ 4h EStG, 8a KStG i.V.m. § 15 Abs. 3 S. 2 KStG

Der Gerichtshof hatte bislang keine Gelegenheit, zu der Frage der Vereinbarkeit der deutschen Organschaftsregeln mit den Vorgaben des EG-Vertrages Stellung zu nehmen.

Mit dem nun vorliegenden Urteil des Gerichtshofs vom 25.02.2010 in der Rechtssache X Holding BV

- EuGH v. 25. 02. 2010, Rs. C-337/08 (X-Holding), IStR 2010, 213 m. Anm. *Englisch*-

liegt aber eine Stellungnahme zu der Vereinbarkeit der niederländischen Gruppenbesteuerung mit den Vorgaben des EG-Vertrags vor, die gewisse Schlüsse auf die parallele Frage der EG-Rechtskonformität der deutschen Organschaft zulässt.

Im Sachverhalt des Ausgangsrechtsstreits vor dem niederländischen Gericht (Hoge Raad der Nederlanden) geht es um die in den Niederlanden ansässige X Holding BV, die sämtliche Anteile an ihrer belgischen Tochtergesellschaft hält und die in den Niederlanden keiner Körperschaftsteuerpflicht unterliegt. Beide Gesellschaften beantragten im Rahmen der niederländischen Gruppenbesteuerung als steuerliche Einheit im Sinne von Art. 15 Abs. 1 des niederländischen Körperschaftsteuergesetzes anerkannt zu werden. Aus den Urteilsgründen des EuGH ist erkennbar, dass es im Ausgangsrechtstreit um Verluste der belgischen Tochtergesellschaft ging, die im Rahmen der niederländischen Gruppenbesteuerung auf der Ebene der niederländischen Muttergesellschaft bei der niederländischen Besteuerung abgezogen werden sollten.

Der Gerichtshof gelangt in seiner Entscheidung zu dem Befund, dass die Beschränkung der niederländischen Gruppenbesteuerung auf inländische Gesellschaften tatbestandsmäßig eine Beschränkung der Niederlassungsfreiheit darstellt, die aber durch den Grund, die Aufteilung der Besteuerungsbefugnis zwischen den Mitgliedstaaten zu wahren, gerechtfertigt ist. Insbesondere angesichts des Umstandes, dass die Muttergesellschaft im Rahmen der niederländischen Gruppenbesteuerung nach Belieben entscheiden kann, eine steuerliche Einheit mit ihrer Tochtergesellschaft zu bilden und es ihr ebenso freisteht, diese Einheit von einem Jahr zum anderen abzulösen, liefe die Möglichkeit, eine gebietsfremde Tochtergesellschaft in die steuerliche Einheit einzubeziehen, darauf hinaus, dass sie die freie Wahl hätte, welches Steuersystem auf die Verluste der Tochtergesellschaft anwendbar ist und wo die Verluste berücksichtigt werden.

-vgl. EuGH in der Rs. X-Holding, a.a.O, Tz. 31-

Das von der X Holding und der Kommission vorgetragene Argument, im Falle einer niederländischen Gesellschaft mit ausländischer Betriebsstätte sei eine Verlustberücksichtigung mit Nachversteuerung im niederländischen Steuerrecht vorgesehen, offenbar ähnlich der 1999 abgeschafften Regelung in § 2a Abs. 3 EStG a.f., und die sich daraus ergebende Beeinträchtigung der Rechtsformneutralität des niederländischen Außensteuerrechts ließ der Gerichtshof nicht gelten. Er begründet dies mit dem etwas oberflächlichen Argument, dass eine ausländische Betriebsstätte anders als eine ausländische Tochtergesellschaft „prinzipiell und in beschränktem Umfang weiterhin der Steuerhoheit des Herkunftsstaates unterliegt".

-Kritisch zu dem X-Holding-Urteil des Gerichtshofs deshalb auch *Englisch*, IStR 2010, S. 215 ff.-

Damit erteilt der Gerichtshof einer auf EG-Recht gestützten Forderung nach Zulassung eines vorläufigen Verlustabzugs mit späterer Nachversteuerung sogar in den Fällen eine Absage, in denen der betreffende Mitgliedstaat eine entsprechende Regelung für Betriebsstätten ausdrücklich vorsieht.

In der Zusammenschau der bisherigen Entscheidungen des Gerichtshofs in den einschlägigen Fällen

-Marks & Spencer, Oy AA, und nun X-Holding

lassen sich folgende Aussagen für die deutsche Organschaft treffen:

- Eine Forderung nach grenzüberschreitendem Gewinntransfer qua Organschaft ist aufgrund der klaren Aussagen des Gerichtshofs bereits in seiner Oy AA-Entscheidung nicht aus dem primären Gemeinschaftsrecht herzuleiten.

- Für den Verlustfall gibt die Entscheidung Marks & Spencer weiterhin die Richtschnur vor. Das X Holding-Urteil ist in seiner Begründung zu knapp und geht auf die Frage finaler Verluste in keinem Wort ein.

Angesichts der Aussagen des Gerichtshofs zu der jederzeitigen Möglichkeit nach niederländischem Recht, die Einbeziehung einer ausländischen Tochtergesellschaft jederzeit in die Gruppenbesteuerung nach Belieben zu beginnen oder zu beenden, drängt sich geradezu die Vermutung auf, dass der Gerichtshof bei einer dauerhaften Einbindung der Tochtergesellschaft in die Gruppenbesteuerung, anders urteilen würde. In Anlehnung an die deutschen Organschaftsregelungen stellt sich daher für den grenzüberschreitenden Fall nach wie vor die Frage, ob eine verbindliche schriftliche

Vereinbarung zwischen einer deutschenMuttergesellschaft und ihrer EU-Tochtergesellschaft, kraft deren sich die Muttergesellschaft für mindestens fünf Jahre verpflichtet, eventuelle Verluste der Tochter auszugleichen und diese Vereinbarung dann auch nachweislich durchführt, jedenfalls dann zu einem Abzug der Verluste bei der deutschen Mutter berechtigt, wenn die Verluste im Staat der Tochtergesellschaft nicht mehr geltend gemacht werden können. Das Erfordernis eines ins Handelsregister einzutragenden EAVs stellt die Muttergesellschaft mit ausländischer Tochter vor eine unerfüllbare formale Hürde.

-vgl. in diesem Sinn nun auch das Urteil desNiedersächsischen FG v. 11. 2. 2010, Az. 6 K 406/08, IStR, S. 260 sowie *Homburg*, IStR 2010, 246-

Völlig offen ist derzeit die Frage, ob das Fehlen einer Organschaft einen ausreichenden Grund für die Versagung sonstiger steuerlicher Vergünstigungen darstellt, die inländischen Konzerngesellschaften mit Organschaft ohne weiteres gewährt werden. Dies wird man EG-rechtlich weiterhin kritisch sehen müssen.

-So auch *Englisch*, IStR 2010, S. 217-

Frau Generalanwalt Kokott hatte in ihren Schlussanträgen vom 19.11.2009 zwischen den verschiedenen steuerlichen Wirkungen einer Gruppenbesteuerung differenziert und somit bewusst dem Gerichtshof die Möglichkeit einer differenzierten Betrachtung eröffnet, mit der möglichen Folge, nur einzelne der Organschaftsfolgen in ihrer Beschränkung auf Inlandssachverhalte EG-rechtlich zu verwerfen. Der Gerichtshof ist darauf in seiner Begründung leider nicht eingegangen und hat sich offenbar zu stark von der sehr allgemein formulierten Vorlagefrage des vorlegenden niederländischen Gerichts leiten lassen. Dies ist bedauerlich. Somit bleibt die Möglichkeit einer partiellen Verwerfung der Organschaftsregeln offen.

Der Ausschluss ausländischer Konzerngesellschaften von der Möglichkeit des grenzüberschreitenden Transfers von Gewinnen und (laufenden) Verlusten mag zwar mit dem Bedürfnis nach Wahrung der Aufteilung der Steuerhoheiten unter den Mitgliedstaaten gerechtfertigt werden können. Für steuerliche Regelungen, die von vornherein nicht zum Wesen einer Organschaft gehören - wie die gewerbesteuerliche Hinzurechnung - darf jedoch bezweifelt werden, ob deren Nichtanwendung vom Bestehen einer Organschaft abhängig gemacht werden darf. Dies gilt umso mehr, als eine Gewerbesteuer in den anderen Mitgliedstaaten regelmäßig nicht erhoben wird. Das Argument von der Aufteilung der Steuerhoheiten kann sich nicht auf Steuerarten erstrecken, die es im Ausland gar nicht gibt und für die der andere Staat von vornherein kein Besteuerungsrecht erhebt.

Ähnlich wird man die selektive EBITDA-Zusammenrechnung nur innerhalb des deutschen Konzernkreises sehen müssen. Die Gefahr einer doppelten EBITDA-

Berücksichtigung und einer Beeinträchtigung des ausländischen Besteuerungsanspruchs scheidet aus, wenn der Staat der ausländischen Tochter keine auf EBITDA-Basis beruhende Zinsschrankenregelung kennt.

-So *Meilicke* in: FS Herzig, 2010, S. 231-

Der Kaskadeneffekt des § 8b Abs. 5 KStG lässt sich ebenfalls nur im inländischen Konzern mittels Organschaft vermeiden. Ob hier das formale Argument eines fehlenden EAV und damit der tatbestandlichen Voraussetzung einer Organschaft ausreicht, um die Schlechterstellung der Ausschüttung einer EU-Tochtergesellschaft zu rechtfertigen, ist äußerst fraglich.

....

5. Fall 1 Zinsen und Dividenden im Europäischen Steuerrecht (Schön)

Die in Deutschland ansässige X-AG gehört zu einem weltweit tätigen Konzern. An der X-AG sind zu 90 % die in Frankreich ansässige Europa-Holding des Konzerns, die F-SA, sowie zu je 5 % die britische Konzerngesellschaft (UK-Ltd) und die schweizerische Konzerngesellschaft (CH-Co) beteiligt.

a) Die X-AG ist über ein konzerninternes Finanzierungssystem mit allen drei genannten Auslandsgesellschaften verbunden. Wegen ihres hohen Kapitalbedarfs hat sie Darlehen bei der F-SA, der UK-Ltd und der CH-Co aufgenommen.

Im Krisenjahr 2009 stellt der Steuerabteilungsleiter S der X-AG fest, dass die Zinszahlungen an die verbundenen Auslandsunternehmen sich in zweifacher Hinsicht nachteilig auswirken:

- 25 % der Zinszahlungen werden nach § 8 Nr.1 a GewStG dem Gewerbeertrag zugerechnet.
- Wegen der erheblichen Verluste der Jahre 2008 und 2009 gelangt die X-AG in den Anwendungsbereich des § 4h EStG (Zinsschranke). Da der Zinsbetrag die Freigrenze von 3.000.000 € überschreitet und wegen der anderen Finanzierungsrelation der übrigen Konzerngesellschaften auch der *escape* nicht gelingt, kommt es zur (vorläufigen) Versagung des Betriebsausgabenabzugs für einen erheblichen Teil des Zinsaufwands.

S hat gehört, dass Rechtsprechung und Literatur zum Steuerrecht für diese Sachverhalte einen Verstoß gegen das Recht der Europäischen Union diskutieren. Er möchte wissen, ob sich ein gerichtliches Vorgehen lohnt.

b) Im Jahre 2010 bessert sich die Lage deutlich und es kommt zu Gewinnausschüttungen an die (ausländischen) Anteilseigner. S möchte wissen, ob die Gesellschaft Kapitalertragsteuer einbehalten muss.

a) Zinszahlungen an ausländische Konzernunternehmen

aa) Gewerbesteuerliche Hinzurechnung

(1) Europarechtlicher Rahmen und Vorlagebeschluss

Die gewerbesteuerliche Hinzurechnung von (früher: Dauerschuld-)Zinsen zum Gewerbeertrag verstößt für sich gesehen nicht gegen die Grundfreiheiten des Europäischen Binnenmarktes. Es gibt kein primärrechtliches europarechtliches Gebot, Betriebsausgaben bei Zahlungen an ausländische Empfänger zuzulassen. Die Grundfreiheiten gebieten lediglich, dass die gesetzliche Regelung der Abzugsfähigkeit oder Hinzurechnung nicht danach differenzieren darf, ob der Empfänger der Betriebsausgaben im EU-/EWR-Ausland ansässig ist oder nicht.

-für Betriebsausgaben siehe EuGH v. 28.10.1999; Rs. C-55/98 (Vestergaard), EuGHE 1999, S.I-7641 ff.; für die gewerbesteuerliche Hinzurechnung von Leasingraten siehe EuGH v. 26.10.1999, Rs. C-294/97 (Eurowings), EuGHE 1999, S. I-7447 ff. –

Eine solche Differenzierung ist in § 8 Nr. 1 lit.a GewStG nicht enthalten. Daher ist ein Verstoß gegen die Niederlassungs- oder Kapitalverkehrsfreiheit nicht feststellbar.

-siehe FG Münster v. 22.2.2008, 9 K 5143/06 G, IStR 2008, S. 372 ff. mit Anm. *Rainer*; a. A. *Meilicke* IStR 2006, S. 130 -

Weiterhin ist das sekundäre Gemeinschaftsrecht zu beachten. Dazu gehören aus der Sicht der direkten Konzernbesteuerung vor allem die Mutter-Tochter-RL zu Dividendenzahlungen zwischen verbundenen Unternehmen aus dem Jahre 1990 sowie die Richtlinie über Zinsen und Lizenzgebühren zwischen verbundenen Unternehmen aus dem Jahre 2003. Danach sollen im Grundsatz grenzüberschreitende Zinszahlungen zwischen verbundenen Unternehmen steuerlich nicht erfasst werden.

-Überblick bei: *Cordewener/Dörr*, GRUR Int 2006, S. 447 ff. -

Der Bundesfinanzhof hat nunmehr mit Beschluss vom 27.5.2009 dem Europäischen Gerichtshof die Frage vorgelegt:

„Steht Art. 1 Abs. 1 der Richtlinie 2003/49/EG des Rates vom 3. Juni 2003 über eine gemeinsame Steuerregelung für Zahlungen von Zinsen und Lizenzgebühren zwischen verbundenen Unternehmen verschiedener

Mitgliedstaaten (ABlEU Nr. L 157, 49) – EU-Zins- und Lizenzrichtlinie (ZLR) einer Regelung entgegen, wonach die von einem Unternehmen eines Mitgliedstaates an ein verbundenes Unternehmen eines anderen Mitgliedstaates gezahlten Darlehenszinsen bei dem erstgenannten Unternehmen der Bemessungsgrundlage für die GewSt hinzugerechnet werden?

Falls die erste Frage bejaht wird: Ist Art. 1 Abs.10 ZLR dahin auszulegen, dass es den Mitgliedstaaten auch dann freisteht, die Richtlinie nicht anzuwenden, wenn die in Art.3 Buchst. B ZLR genannten Voraussetzungen für das Vorliegen eines verbundenen Unternehmens zum Zeitpunkt der Zinszahlung noch nicht während eines ununterbrochenen Zeitraums von mindestens zwei Jahren erfüllt waren? Können sich die Mitgliedstaaten in diesem Fall gegenüber dem zahlenden Unternehmen unmittelbar auf Art. 1 Abs.10 ZLR berufen?"

-BFH v. 27.5.2009, I R 30/08, HFR 2010, S. 37 ff. mit Anm. *Paetsch* = IStR 2010, S. 372 ff. mit Anm. *Rainer* = DStRE 2009, S. 2191 ff. (Az. des EuGH: C-379/09 – Scheuten Solar Technology)

Mit diesem Vorlagebeschluss greift der Bundesfinanzhof eine bereits in der Vergangenheit intensiv geführte Diskussion zur Vereinbarkeit der gewerbesteuerlichen Hinzurechnungsregeln mit der Zins-Lizenz-RL auf.

-für einen Verstoß: *Hidien,* DStZ 2008, S.131 ff.; *Kessler/Eicker/ Schindler,* IStR 2004, S. 678 ff., 679; *Köhler,* DStR 2005, S. 227 ff., 230; *Rainer,* IStR 2008, S. 375 f.; *Goebel/Jacobs,* IStR 2009, S. 87 ff.; a. A. *Hahn,* IStR 2009, S. 346 ff.; *Kempf/Straubinger,* IStR 2005, S. 773 ff. -

(2) Zins-Lizenz-RL und Mutter-Tochter-RL

Auch wenn die Sachproblematik des § 8 Nr. 1 lit.1 GewStG lediglich die Zins-Lizenz-RL betrifft und nicht die Mutter-Tochter-RL, besteht doch Anlass, beide Richtlinien im Zusammenhang zu würdigen. Dies liegt einerseits daran, dass sie gemeinsam darauf angelegt sind, steuerliche Doppelbelastungen im Europäischen Binnenmarkt für Unternehmensverbindungen zu vermeiden. Dies betrifft einerseits Dividenden und andererseits Zinsen und Lizenzgebühren, also die wesentlichen Finanzströme innerhalb eines Konzerns.

Für die Mutter-Tochter-RL liegen bereits eine ganze Anzahl Urteile des Europäischen Gerichtshofs vor, aus denen sich Grundzüge einer Auslegung der Mutter-Tochter-RL erkennen lassen. Demgegenüber hat die Zins-Lizenz-RL vor der aktuellen Vorlage des Bundesfinanzhofs den Europäischen Gerichtshof noch nicht beschäftigt. Es empfiehlt sich daher, im Rahmen systematischer Auslegung auch Erkenntnisse zu der Mutter-Tochter-RL (vorsichtig) auf die Zins-Lizenz-RL zu übertragen.

(3) Art.1 Abs.1 Zins-Lizenz-RL

Art. 1 Abs.1 Zins-Lizenz-RL, dessen Auslegung für das Verdikt über § 8 Nr.1 lit.a GewStG maßgeblich ist, lautet:

„In einem Mitgliedstaat angefallene Einkünfte in Form von Zinsen oder Lizenzgebühren werden von allen in diesem Staat darauf erhebbaren Steuern – unabhängig davon, ob sie an der Quelle abgezogen oder durch Veranlagung erhoben werden - befreit, sofern der Nutzungsberechtigte der Zinsen oder Lizenzgebühren ein Unternehmen eines anderen Mitgliedstaats oder eine in einem anderen Mitgliedstaat belegene Betriebsstätte eines Unternehmens eines Mitgliedstaats ist."

(i) Persönlicher Anwendungsbereich

Der persönliche Anwendungsbereich dieser Regelung wird in Art.1 Abs.7 Zins-Lizenz-RL näher definiert. Danach findet die Vorschrift nur Anwendung, wenn

„das Unternehmen, das Zahler der Zinsen oder Lizenzgebühren ist (...), ein verbundenes Unternehmen des Unternehmens ist, das Nutzungsberechtigter ist (...)."

Der Tatbestand des „verbundenen Unternehmens wird näher definiert in Art.3 lit.b Zins-Lizenz-RL: Danach müssen

- das erste Unternehmen unmittelbar mindestens zu 25 % am Kapital des zweiten Unternehmens beteiligt sind oder
- das zweite Unternehmen unmittelbar zu mindestens 25 % am Kapital des ersten Unternehmens beteiligt sein oder
- ein drittes Unternehmen unmittelbar mindestens zu 25 % am Kapital des ersten Unternehmens und dem Kapital des zweiten Unternehmens beteiligt sein.

Außerdem müssen die Beteiligungen Unternehmen umfassen, die im Gemeinschaftsgebiet niedergelassen sind.

Danach findet die Richtlinie Anwendung auf die Beteiligung der F-SA auf die X-AG sowie auf die UK-Ltd (wenn diese zu mindestens 25 % unmittelbar der F-SA gehört). Die CH-Co ist unter diesen Umständen auch von dieser Richtlinie betroffen.

-Art. 15 Abs. 2 des Zinsbesteuerungsabkommens EG/Schweiz; *Eicker/Obser*, EC Tax Review 2006, S. 134 ff., 140 -

(ii) Zinsen

Der sachliche Anwendungsbereich betrifft „Zinsen". Diese sind nach Art.2 lit. a Zins-Lizenz-RL „Einkünfte aus Forderungen jeder Art (...) insbesondere

Einkünfte aus öffentlichen Anleihen und aus Obligationen". Es ist selbstverständlich, dass dies auch Einkünfte aus Gesellschafterdarlehen erfasst.

(iii) „Alle in diesem Staat erhebbaren Steuern"

Die wesentliche Sachfrage ist darauf gerichtet, ob es sich bei der Gewerbesteuer des Darlehensschuldners um eine Steuer handelt, die von Art. 1 Abs.1 Zins-Lizenz-RL erfasst wird. Dazu gehören „alle in diesem Staat darauf erhebbaren Steuern – unabhängig davon, ob sie an der Quelle abgezogen oder durch Veranlagung erhoben werden".

Dies bedeutet in einem ersten Schritt, dass nicht lediglich Quellensteuern im technischen Sinne vom Erhebungsverbot des Art.1 Abs.1 Zins-Lizenz-RL erfasst werden. Denn auch durch „Veranlagung" erhobene Steuern werden von der Vorschrift berührt. Damit sind natürlich in erster Linie diejenigen Steuern gemeint, die als Einkommensteuer beim Empfänger erhoben werden. Diesen ist mit den traditionellen Quellensteuern gemeinsam, dass sie den Empfänger der Zinsen als Steuerpflichtigen identifizieren; sie unterscheiden sich wesentlich nur durch die Erhebungstechnik und gegebenenfalls durch die Abgeltungswirkung.

Die gewerbesteuerliche Hinzurechnung von Zinsen zeichnet sich demgegenüber dadurch aus, dass sie persönlich den Schuldner (bzw. dessen Gewerbebetrieb) treffen soll und bei der Bemessung des objektiven „Gewerbeertrags" eine unselbständige Rolle spielen. Insbesondere kommt es zu keiner materiellen Steuerbelastung, wenn trotz der Hinzurechnung – aus Gründen des operativen Geschäfts – ein Gewerbeverlust eintritt. Man kann daher einerseits Zweifel haben, ob diese Steuer wirklich „auf die Zinsen erhoben" wird und andererseits darauf hinweisen, dass die Person des Empfängers, die im System der Zins-Lizenz-RL eine große Rolle spielt, im System der Gewerbesteuer letztlich nicht vorkommt.

Demgegenüber kann auf den dritten Erwägungsgrund der Zins-Lizenz-RL hingewiesen werden. Danach muss „gewährleistet werden, dass Einkünfte in Form von Zinsen und Lizenzgebühren einmal in einem Mitgliedstaat besteuert werden". Dies kann man auch ausgreifend und allgemein lesen. Dann würde der Umstand, dass die gewerbesteuerliche Hinzurechnung nicht durch eine entsprechende Kürzung beim Empfänger ausgeglichen wird, in den Vordergrund rücken.

Versucht man, die Problematik mit einer Anleihe an der Rechtsprechung des EuGH zu den Quellensteuern im Rahmen der Mutter-Tochter-RL zu lösen, so erhält man ein gemischtes Bild:

- In einer griechischen Rechtssache aus dem Jahre 2001 hatte der Gerichtshof in besonders großzügiger Weise jede wirtschaftliche Belastung aus Anlass und nach Maßgabe der Höhe der Ausschüttung eines Gewinns als Quellensteuer angesehen. Auch eine Erhöhung der Körperschaftsteuer der zahlenden Gesellschaft sollte daher verboten sein. Allerdings wies der

Gerichtshof darauf hin, dass die Ausschüttungsbelastung nicht durch verrechenbare Verluste der Körperschaft gemindert werden konnte.

-EuGH v. 4.10.2001, Rs. C-294/99 (Athinaiki Zythopoiia AE), EuGHE 2002, S. I- Rz. 23 ff.-

- Demgegenüber hat der Gerichtshof im Jahre 2008 in einem deutschen Fall die Herstellung der Ausschüttungsbelastung für EK 02 nach dem früheren deutschen KStG-Anrechnungsverfahren nicht für eine Quellensteuer gehalten. Entscheidend war für den Gerichtshof, dass es sich um eine Steuer zu Lasten der zahlenden Gesellschaft, nicht des empfangenden Steuerpflichtigen handele. Der Steuerpflichtige müsse aber „Inhaber der Wertpapiere" sein.

-EuGH v. 26.6.2008, Rs.C-284/06 (Burda), EuGHE 2008, S. I- Rz.61 ff. –

Nimmt man diese letztgenannte Entscheidung des Europäischen Gerichtshofs als Ausgangspunkt für eine Analogiebildung, so kann von einer EU-Rechtswidrigkeit der gewerbesteuerlichen Hinzurechnung keine Rede sein.

Dies scheint auch in der Sache zu überzeugen. Die Regeln der Mutter-Tochter-RL und der Zins-Lizenz-RL sind im Kern darauf angelegt, klassische Quellensteuern für Konzernbildungen innerhalb der Europäischen Union abzuschaffen. Dieses Verbot soll nicht von der gewählten Rechtstechnik abhängen und gilt daher auch für veranlagte Steuern. Damit sollen gezielt Doppelbelastungen abgebaut werden, die gerade in der grenzüberschreitenden Dimension einer Konzernverbindung begründet sind. Dazu formulieren der erste und der vierte Erwägungsgrund:

„(1) Im Europäischen Binnenmarkt, der die Merkmale eines Inlandsmarktes aufweist, sollten Finanzbeziehungen zwischen Unternehmen verschiedener Mitgliedstaaten nicht gegenüber gleichartigen Beziehungen zwischen Unternehmen ein und desselben Mitgliedstaats steuerlich benachteiligt werden."

„(4) Das geeignetste Mittel, um die genannten Belastungen und Probleme zu beseitigen und die steuerliche Gleichbehandlung innerstaatlicher und grenzübergreifender Finanzbeziehungen zu gewährleisten, besteht darin, die Steuern (…) bei Zahlungen von Zinsen und Lizenzgebühren in dem Mitgliedstaat, in dem diese Einkünfte anfallen, zu beseitigen."

Vergleicht man diese Teleologie mit dem System des deutschen Gewerbesteuerrechts, so wird erkennbar, dass die gewerbesteuerliche Hinzurechnung nach § 8 Nr.1 lit.a GewStG keine Sonderbelastung grenzüberschreitender Konzernfinanzierungen in sich trägt, sondern für sämtliche Finanzierungen sämtlicher in Deutschland ansässiger Unternehmen gilt (auch ganz unabhängig vom Tatbestand der Konzernbeziehung). Die Gefahr der Doppelbelastung von

Zinsen, die im Gewerbesteuerrecht angelegt ist, hat keinen „internationalen Bezug", sondern ist in dem Versuch einer finanzierungsneutralen objektiven Erfassung des gewerblichen Ertrags eines Betriebes begründet. Rügenswert ist im Grunde nicht die Hinzurechnung beim Schuldner, sondern die fehlende Kürzung beim Empfänger.

-BFH v. 27.5.2009, a.a.O.; *Hahn* a.a.O. -

Es sprechen daher die besseren Gründe dafür, einen Verstoß gegen Art. 1 Abs.1 Zins-Lizenz-RL nicht anzunehmen. Kommt man zu dem gegenteiligen Ergebnis, so muss beachtet werden, dass dann auch die im Jahre 2008 aufgenommene Hinzurechnung von Lizenzgebühren (§ 8 Nr.1 lit.f GewStG) einen Verstoß gegen die Zins-Lizenz-RL darstellt.

-*Dörr/Fehling*, NWB 2007, Fach 2, S. 9375, 9385 f.; *Rainer*, IStR 2008, S. 376 ff., 377 -

bb) Zinsschranke (§ 4h EStG)

Auch die Versagung des Abzugs von Zinsaufwand als Betriebsausgabe nach § 4h EStG wird unter dem Gesichtspunkt der Vereinbarkeit mit Art.1 Abs.1 Zins-Lizenz-RL diskutiert.

Gewichtige Stimmen im Schrifttum nehmen einen solchen Verstoß an.

-Umfassend jüngst *Shou*, Die Zinsschranke im Unternehmenssteuerreformgesetz 2008: Zur Frage ihrer Vereinbarkeit mit dem Verfassungs-, Europa- und Abkommensrecht, 2009, S. 140 ff.; siehe auch *Homburg*, FR 2007, S. 717 ff., 723; ders., Stbg. 2008, S. 9 ff., 12; *Köhler*, DStR 2007, S. 597 ff., 604; *Scheunemann/Socher*, BB 2007, S. 1144 ff., 1151; *Herr*, Gesellschafterfremdfinanzierung und Europarecht, 2008, S. 255 ff.; *Obser*, Gesellschafter-Fremdfinanzierung im europäischen Konzern, 2005, S. 92 ff.-

Demgegenüber deutet der Vergleich mit der Judikatur zur Mutter-Tochter-RL erneut darauf hin, dass der Europäische Gerichtshof bei seiner Würdigung die Frage nach der Belastung des „Inhabers" der zinsbringenden Forderung in den Mittelpunkt stellen wird. Es zeichnet sich ab, dass wiederum einer eher wirtschaftlich geprägten eine formal-juristische Sicht gegenübersteht.

Bei systematischer Würdigung fällt allerdings ein Unterschied gegenüber der Hinzurechnung von Kapitalentgelten im Rahmen der Gewerbesteuer ins Auge. Die gewerbesteuerliche Regelung ist im Kern nicht auf internationale Sachverhalte angelegt, sondern auf die „objektive" Erfassung des Gewerbeertrags gerichtet. Die Zinsschranke ist demgegenüber in der Nachfolge der Regeln zur Gesellschafter-Fremdfinanzierung nach § 8a KStG a. F. im Wesentlichen darauf gerichtet, den Abfluss von Steuersubstrat durch grenzüberschreitende Finanzierungen zu hindern. Sie ersetzt gleichsam die (in Deutschland traditionell nicht vorhandene) Quellensteuer auf abfließende Zinsen. Dann aber würde es zur Teleologie der Art.1 Abs.1 Zins-Lizenz-RL passen, die Zinsschranke dem erweiterten Quellensteuerverbot zu unterwerfen.

Die Zinsschranke könnte dann nur nach Maßgabe des Art.5 Abs.1 Zins-Lizenz-RL als Sonderregelung zur Bekämpfung von Gestaltungen auf der Grundlage eines eingeschränkten Missbrauchsverständnisses zur Anwendung gebracht werden.

-Ausführlich *Shou* a.a.O., S.147 ff. -

Davon können aber nur solche Zahlungen erfasst werden, deren vertragliche Grundlagen einem Drittvergleich nicht standhalten.

-siehe *Schön*, IStR 2009, S. 882 ff. –

Dazu enthält unser Sachverhalt keine Anhaltspunkte. Die Anwendung der Zinsschranke kann daher durchaus gegen Art.1 Abs.1 Zins-Lizenz-RL verstoßen, wenn man nicht das jüngere formale Verständnis des EuGH zur Mutter-Tochter-RL zugrunde legt.

b) Dividendenzahlungen an ausländische Unternehmen

In der Frage der Dividendenzahlungen der X-AG an ausländische Konzernunternehmen ist zu differenzieren:

- Für Beteiligungen von 10 % und mehr innerhalb der Europäischen Union ist die Quellensteuerfreiheit in Art.5 Mutter-Tochter-RL gewährleistet. Dies betrifft hier die Zahlungen an die F-SA, die 90 % an der X-AG hält.

- Für Beteiligungen unterhalb dieser Grenze ist Quellensteuer im Rahmen des nationalen Steuerrechts und der einschlägigen Doppelbesteuerungsabkommen zu erheben. Dies betrifft die Zahlungen an die UK-Ltd sowie an die CH- Co. Die Mutter-Tochter-RL spielt hier keine Rolle. Die gemeinsame Beherrschung durch die F-SA ist in diesem Rahmen nicht relevant.

Der Europäische Gerichtshof hat im einer Vielzahl von Entscheidungen festgestellt, dass eine solche Erhebung von Quellensteuern auf Dividenden gegen die Kapitalverkehrsfreiheit (und gegebenenfalls gegen die Niederlassungsfreiheit) des EG-Vertrages (nunmehr AEUV) verstößt, wenn Zahlungen an inländische Anteilseigner von der Quellensteuer oder einer Körperschaftsteuer befreit sind oder eine Erstattung durchgeführt wird. Eine ausführliche Darstellung der einschlägigen Regelungen haben wir mehrfach gegeben.

-zuletzt JbFSt 2008/09, S. 60 ff.; JbFSt 2009/10, S. 66 ff. -

Vor diesem Hintergrund hat die Europäische Kommission am 23.7.2009 gegen die Bundesrepublik Deutschland ein Vertragsverletzungsverfahren eingeleitet und Klage vor dem Europäischen Gerichtshof erhoben.

-Az. des EuGH: C-284/09 -

Die Begründung liegt darin, dass Dividendenzahlungen an inländische Körperschaften bei diesen nach § 8b Abs.1 KStG von der Körperschaftsteuer befreit sind, während Dividendenzahlungen an ausländische Körperschaften von der Quellensteuer belastet werden. Die sachlichen Gründe, die für eine EU-Rechtswidrigkeit der deutschen Rechtslage vorgebracht werden können, haben wir in den vergangenen Jahren umfassend dargestellt.

-JbFSt 2008/09, S. 60 ff.; JbFSt 2009/10, S. 66 ff.; siehe zuletzt die umfassende Analyse der EuGH-Judikatur durch *Rust*, DStR 2009, S. 2568 ff.-

Der Bundesfinanzhof hat jedoch in einem Urteil vom 22.4.2009

- I R 53/07, IStR 2009, S.551 ff. mit Anm. *Schön* und *Wassermeyer* -

entschieden, dass die Erhebung einer Quellensteuer auf Dividendenzahlungen an eine Schweizer Gesellschaft nicht gegen die Kapitalverkehrsfreiheit (die auch für Drittstaaten gilt) verstößt. Er hat dies mit Berufung auf die Rechtsprechung des Europäischen Gerichtshofs begründet und zugleich darauf abgestellt, dass die Freistellung dieser Dividenden in der Schweiz einer vollständigen Anrechnung der Steuern gleichstehe und daher jede Benachteiligung aufhebe. Ein Vorabentscheidungsersuchen an den Europäischen Gerichtshof sei wegen der Eindeutigkeit der Rechtslage nicht erforderlich.

Diese Überlegungen überzeugen nicht.

Zunächst ist festzuhalten, dass das Gemeinschaftsrecht auf die dem Verfahren zugrunde liegende Konstellation Anwendung findet? Der Senat weist (Nr.II.4 der Entscheidungsgründe) zutreffend darauf hin, dass die Beteiligung einer Schweizer GmbH an einer in Deutschland ansässigen AG lediglich durch die Kapitalverkehrsfreiheit (Art.63 Abs.1 AEUV), nicht aber durch andere Grundfreiheiten des EG-Vertrages geschützt wird. Nur Art.63 Abs.1 EG ist mit *ergaomnes*-Wirkung zugunsten von Kapitalgebern außerhalb der Europäischen Union ausgestattet.

-ausführlich *Schön*, FS *Wassermeyer*, 2005, S.489 ff.-

Doch besitzt diese Erkenntnis letztlich keine Konsequenzen für den konkreten Fall und seine Lösung: für die Prüfung der Gemeinschaftswidrigkeit nationalen Steuerrechts formuliert Art.63 Abs.1 EG im Grundsatz keine anderen (milderen) Maßstäbe als die übrigen Grundfreiheiten.

- siehe z. B. EuGH v. 12.12.2006, Rs. C-446/04 (Test Claimants in the FII Group Litigation), IStR 2007, S. 69 f. (LS) –

Auch hat der EuGH eine weitgehende Inhaltsgleichheit dieser Schutzwirkungen für innergemeinschaftliche Kapitalbeteiligungen und für Drittstaatenfälle festgestellt

-EuGH v. 18.12.2007, Rs.C-101/05 („A"), IStR 2008, S. 66 ff. –

Eine substanzielle Schutzverweigerung in Drittstaatenfällen hat der EuGH lediglich indirekt konstruiert, nämlich auf der Grundlage einer verdrängenden Wirkung der (gerade nicht *erga omnes* wirkenden) Niederlassungsfreiheit bei Beteiligungen mit „bestimmendem Einfluss"

-siehe etwa EuGH v. 6.11.2007, Rs.C-415/06 (SEW), IStR 2008, S. 107 f.; aktuelle Übersicht bei *Wunderlich/Blaschke*, IStR 2008, S. 754 ff.; kritisch zur Rechtsprechung *Cordewener/Kofler/Schindler*, European Taxation 2007, S. 107 ff. und S. 371 ff. –

Dieser Vorbehalt berührt die Klägerin wegen ihrer niedrigen Beteiligungsquote von aber ohnehin nicht (der Senat lässt dies offen). Daraus folgt: Auf die Drittstaatensituation kommt es für die Entscheidung über die Revision, insbesondere über die Notwendigkeit einer Vorlage nach Luxemburg, überhaupt nicht an. Letztlich geht auch der Senat im Weiteren konsequent nicht mehr auf diese Thematik ein.

Tatbestandlich entscheidet über den Vorwurf einer Verletzung der Kapitalverkehrsfreiheit, ob eine Diskriminierung ausländischer Kapitalgeber (oder -nehmer) festgestellt werden kann. An einer „Ungleichbehandlung" im technischen Sinne hat auch der Senat keine Zweifel: die auf die Dividende erhobene Kapitalertragsteuer wird inländischen Kapitalgesellschaften, nicht aber ausländischen Kapitalgesellschaften erstattet. Und doch meint der Senat, dass ausländische und inländische Gesellschafter hier nicht in einer „vergleichbaren Situation" seien: nach der Rechtsprechung des EuGH sei nicht der Sitzstaat des ausschüttenden Gesellschaft, sondern der Sitzstaat des empfangenden Gesellschafters für eine Entlastung „zuständig", um zu vermeiden, dass dem Sitzstaat der Gesellschaft das Recht zur Besteuerung des auf seinem Hoheitsgebiet entstandenen Gewinns entzogen werde. Dies sei lediglich dann anders, wenn die zugrunde liegende Beteiligung in einer inländischen Betriebsstätte gehalten werde.

Hier verwechselt der Senat schlicht die Rechtsprechungslinien des EuGH zur Körperschaftsteuer und zur Kapitalertragsteuer/Quellensteuer

- *Schön*, JbFSt 2008/09, S. 60 ff.; ausführlich *Graetz/Warren*, 44 Common Market Law Review (2007), S. 1577 ff. –

Für die Körperschaftsteuer der ausschüttenden Gesellschaft formuliert der EuGH in ständiger Rechtsprechung, dass der Sitzstaat des Dividendenempfängers in erster Linie berufen sei, eine Entlastung nach Maßgabe seines innerstaatlichen Rechts zu gewähren

-EuGH v. 7.9.2004, Rs.C-319/02 (Manninen), IStR 2004, S. 680 ff.; EuGH v. 12.12.2006, Rs. C-446/04 (Test Claimants in the FII Group Litigation), IStR 2007, S. 69 f. (LS); EuGH v. 6.3.2007, Rs.C-292/04 (Meilicke), IStR 2007, S. 247 ff.)-

Der Sitzstaat der ausschüttenden Gesellschaft darf hingegen die Vergütung oder Anrechnung eines KSt-Guthabens auf inländische (unbeschränkt steuerpflichtige) Empfänger beschränken

- EuGH v. 12.12.2006, Rs.C-374/04 (Test Claimants in Class IV of the ACT Group Litigation), IStR 2007, S. 138 ff.; EuGH v. 26.6.2008, Rs.C-284/06 (Burda), IStR 2008, S. 515 ff.; EuGH v. 17.9.2009, Rs.C-182/08 (Glaxo Wellcome), IStR 2009, S. 691 ff. –

Auf diese Weise wird gesichert, dass der Ansässigkeitsstaat der Körperschaft, die einen geschäftlichen Gewinn erwirtschaftet hat, insoweit das substanzielle Besteuerungsrecht genießt.

Ganz anders entscheidet der EuGH zur Kapitalertragsteuer: hier hat er in drei grundlegenden Urteilen

-EuGH v. 14.12.2006, Rs. C-170/05 (Denkavit Internationaal), IStR 2007, S. 62 ff.; EuGH v. 8.11.2007, Rs. C-379/05 (Amurta), IStR 2007, S. 853 ff.; EuGH v.18.6.2009, Rs. C-303/07 (Aberdeen Property Fininvest Alpha Oy), IStR 2009, S. 499 ff. –

entschieden, dass der Sitzstaat der ausschüttenden Gesellschaft eine Quellensteuer zu Lasten ausländischer Kapitalgesellschaften als Dividendenempfänger nicht erheben darf, wenn vergleichbare inländische Dividendenempfänger nicht entsprechend belastet werden.

- ebenso für den Europäischen Wirtschaftsraum EuGH v. 11.6.2009, Rs. C-521/07 (Kommission ./. Niederlande), IStR 2009, S. 470 ff. -

Für Zwecke der Kapitalertragsteuer besteht daher eine grundsätzliche Vergleichbarkeit beschränkt und unbeschränkt Steuerpflichtiger. Denn hier besteuert der Sitzstaat der ausschüttenden Gesellschaft ja zielgerichtet den beschränkt steuerpflichtigen Gesellschafter und stellt ihn damit im Grundsatz dem unbeschränkt steuerpflichtigen Gesellschafter gleich

- EuGH v. 12.12.2006, a.a.O., Rz. 68; EuGH v. 14.12.2006, a.a.O., Rz. 35; EuGH v. 18.6.2009, a.a.O., Rz. 43 –

Dem entspricht es, wenn der EFTA-Gerichtshof

-EFTA-Gerichtshof v. 23.11.2004, Rs.E-1/04 (Fokus Bank), IStR 2005, S. 55 ff. -

sogar eine Anrechnung von KSt-Guthaben auf eine solche Kapitalertragsteuerschuld als gemeinschaftsrechtlich geboten ansieht

-ausführlich *Cordewener*, FR 2005, S. 345 ff. –

Der Sitzstaat des Empfängers kann sich hingegen darauf beschränken, eine ausländische Quellensteuer nur im Rahmen einer einschlägigen DBA-Vereinbarung anzurechnen

-EuGH v. 20.5.2008, Rs. C-194/06 (Orange Europe Smallcap Fund NV), IStR 2008, S. 435 ff.-

Indem der Senat sich für die ihm vorliegende Thematik der deutschen Kapitalertragsteuer an einer zentralen Stelle seiner Erwägungen auf das Urteil des EuGH v. 12.12.2006 (a. a. O.) zur britischen *advance corporation tax* beruft (das in Leitsatz und Gründen ausschließlich die KSt-Anrechnung behandelt und in dem die Quellensteuer nur kurz im Kontext der Mutter-Tochter-RL (Rz.53 f., 60) erwähnt wird), das Gesamtbild der Judikatur hingegen nicht würdigt, verkennt er diese ganz verschiedenen Sachaussagen des EuGH zur Steuerhoheit der Mitgliedstaaten.

Der Senat widmet den Regelungen des DBA Deutschland/Schweiz erhebliche Aufmerksamkeit, und zwar in einem doppelten Sinne: einerseits werde durch die Gestattung zur Erhebung von Quellensteuern auf Dividenden das Besteuerungsrecht der Bundesrepublik Deutschland zugewiesen; andererseits werde die Schweiz zur Anrechnung dieser Quellensteuern verpflichtet. Damit sei eine „international üblichen Gepflogenheiten" entsprechende Balance gefunden; ein weitergehender Erstattungsanspruch gegen den deutschen Fiskus sei nicht gegeben und könne zu einer Doppelbegünstigung (der Senat spricht unscharf von einer „Meistbegünstigung") führen. Dass es zu einer effektiven Sonderbelastung des beschränkt steuerpflichtigen Dividendenempfängers kommt, wenn die Quellensteuer in Deutschland nicht erstattet und im Ausland (kraft fehlender sachlicher Steuerpflicht) nicht angerechnet werden kann, ficht den Senat nicht an.

Insoweit klärt der Senat nicht hinreichend die Zielsetzungen von DBA und EG-Vertrag miteinander ab: Natürlich reichen sowohl die DBA-rechtlich vereinbarte Anrechnung als auch eine unilateral weiterreichende Freistellung durch die Schweiz aus, um die internationale „wirtschaftliche Doppelbesteuerung" der Dividende durch zwei Fisci zu vermeiden. Aber es geht aus gemeinschaftsrechtlicher Sicht gerade darum, ob die dann noch verbleibende „Einmalbesteuerung" der Dividende mit deutscher Kapitalertragsteuer angegriffen werden kann, wenn ein vergleichbarer inländische Dividendenempfänger bei Bezug seiner

Dividende mit dem Vorzug einer „Keinmalbesteuerung" (nach § 8b Abs.1 KStG) beglückt wird.

Mit seinen Aussagen hierzu setzt sich der Senat in deutlichen Widerspruch zu der Rechtsprechung des EuGH in den genannten Entscheidungen zur Kapitalertragsbesteuerung. Auch dort wurde vor dem EuGH vorgetragen, dass in der DBA-rechtlichen Vereinbarung eines Quellenbesteuerungsrechts die kontrollfreie „Aufteilung der Besteuerungshoheit" durch zwei souveräne Steuerstaaten gesehen werden müsse. Der EuGH hat dagegen festgestellt, dass der Bestand des Quellenbesteuerungsrechts als solches nicht das Problem sei; auch Deutschland ist DBA-rechtlich und europarechtlich befugt, zu Lasten inländischer und ausländischer Streubesitzgesellschafter eine Kapitalertragsteuer zu erheben. Wenn aber dieses Besteuerungsrecht durch einen Mitgliedstaat dahin ausgeübt wird, dass einseitig nur inländische Empfänger befreit werden, ausländische Empfänger hingegen nicht, dann liegt der Verstoß gegen Art.56 Abs.1 EG in dieser diskriminierenden „Ausübung" eines Besteuerungsrechts, das der vollen Überprüfung durch den Europäischen Gerichtshof obliegt

- EuGH v. 14.12.2006, a.a.O., Rz. 42 ff.; EuGH v. 8.11.2007, a.a.O., Rz. 53 ff.; EuGH v. 18.6.2009, a.a.O., Rz. 43 f. -

Wenn es bei dieser Betrachtung einen Unterschied zwischen inländischen und ausländischen Kapitalgesellschaften geben kann, dann höchstens diesen: bei der Weiterausschüttung der freigestellten Dividende an die Gesellschafter der empfangenden Gesellschaft besitzt die Bundesrepublik Deutschland keinen regelmäßigen Zugriff im Falle einer ausländischen Gesellschaft, während bei einer inländischen Gesellschaft diese weitere Besteuerung regelmäßig möglich ist. Daher könnte die „Kohärenz" des nationalen Rechts hier eine letztmalige Besteuerung der Dividende vor dem Abfluss in das Ausland gebieten. Doch hat der EuGH vor kurzem entschieden, dass auch diese Begründung nicht greift,

- EuGH v. 18.6.2009, a.a.O., Rz. 71 ff. –

da unsicher sei, ob und wann eine solche Weiterausschüttung erfolge, könne die für das Kohärenz-Argument erforderliche „automatische" Verbindung von Vorteil und Nachteil nicht festgestellt werden. Dass hier kein zwingender Sachzusammenhang besteht, wird aus Sicht des deutschen Rechts auch daran deutlich, dass bei Beteiligungen in inländischen Betriebsstätten ausländischer Kapitalgesellschaften § 8b Abs.1 KStG ohne weiteres Anwendung findet, ohne dass die Weiterleitung der Dividenden in das Ausland oder die nachfolgende Ausschüttung an die Gesellschafter der empfangenden Gesellschaft noch einmal nachbelastet werden könnte

- *Lüdicke* in: *Schön* (Hrsg.), Einkommen aus Kapital, 2008, S. 289 ff., 305 f.-

Es bleibt eine Merkwürdigkeit: Die Diskriminierung des ausländischen Empfängers durch den inländischen Fiskus kann nach den geschilderten

Judikaten des EuGH dadurch aufgehoben werden, dass kraft DBA im Ausland eine substanzielle Steuer auf die Dividende erhoben und die deutsche Quellensteuer darauf voll angerechnet wird

- EuGH v. 8.11.2007, a.a.O., Rz. 62 ff. –

Mit anderen Worten: eine Anrechnung im Ausland kann die Diskriminierung beseitigen, eine Freistellung hingegen nicht (obwohl das wirtschaftliche Ergebnis der Freistellung günstiger sein kann als das einer Besteuerung mit Anrechnung). Dies aber ist die natürliche Folge des Umstandes, dass das Europäische Gemeinschaftsrecht zwar unilaterale Diskriminierungen durch Mitgliedstaaten verbietet, nicht aber die bilaterale Doppelbesteuerung kontrolliert

- zuletzt EuGH v. 12.2.2009, Rs. C-67/08 (Block), IStR 2009, S. 175 ff.; EuGH v. 16.7.2009, Rs. C-128/08 (Damseaux), IStR 2009, S. 622 ff.–

Im Übrigen hat der Europäische Gerichtshof in seinem jüngsten Urteil zu Streubesitzdividenden angedeutet, dass die diskriminierende Wirkung durch die Möglichkeit der Anrechnung im Sitzstaat aufgehoben werden könne.

- EuGH v. 19.11.2009, Rs. C-540/07 (Kommission ./. Italien), IStR 2009, S. 853 ff., Rz. 53 -

Lässt sich das alles entscheiden, ohne eine Vorlage an den Europäischen Gerichtshof nach Art.234 Abs.3 EG zu richten? Der Senat meint ja, denn es gehe nicht um § 8b Abs.1 KStG, sondern um eine „Situation einer wechselseitigen abkommensrechtlichen Besteuerungszuordnung". Die bisherige Judikatur des EuGH meint nein, denn es geht um die diskriminierungsfreie Ausübung des zugewiesenen Besteuerungsrechts. Inzwischen ist wegen des Vorwurfs des Verstoßes gegen das Gebot des gesetzlichen Richters Beschwerde zum Bundesverfassungsgericht eingelegt.

- Az. des BVerfG: 2 BvR 1807/09 -

6. Fall 2   Gewinnberichtigungen bei verbundenen Unternehmen – (Thömmes)
EG-rechtlich zulässige Angemessenheitskontrolle oder
Missbrauchsbekämpfung?

Die X-SE mit Sitz und Ort der Geschäftsleitung in Frankfurt ist die Obergesellschaft eines europäischen Konzerns. Im Jahre 2009 hat die X-SE folgende Sachverhalte verwirklicht:

1) Die belgische Tochtergesellschaft Y-SA hat aufgrund der Weltwirtschaftskrise sowohl in 2008 als auch in 2009 einen massiven Umsatzeinbruch erlitten und gerät in die Gefahr der Insolvenz.

   a) Die X-SE gewährt der Y-SA ein zinsloses Darlehen über EUR 10 Mio.

   b) Darüberhinaus entsendet sie ihren leitenden Angestellten N nach Belgien, um die dortige Geschäftsführung der Y-SA bei der Sanierung der Gesellschaft zu unterstützen, ohne die dafür anfallenden Personal- und Sachkosten an die Y-SA weiter zu belasten.

   c) Außerdem senkt die X-SE die von der Y-SA zu entrichtenden Lizenzgebühren für von der X-SE überlassene Patente um 20%.

2) Um die günstigen Standortbedingungen (niedriges Lohnniveau, großzügige F+E Fördermaßnahmen, niedriger Körperschaftsteuersatz) sowie Synergien aus der Bündelung ihrer Aktivitäten auf diesem Gebiet zu nutzen, beschließt die X-SE, ihre Geschäftssparte Solarenergie nach Malta zu verlagern und die bisherigen Standorte der X-SE in Deutschland, Frankreich und Italien, an denen sie diese Tätigkeit bisher ausübte, zu schließen. Zu der verlagerten Geschäftssparte, die nicht die Voraussetzungen eines Teilbetriebs erfüllt, gehören Patente, Produktionsanlagen und ein Warenlager. Sämtliche in dem Geschäftsbereich tätige Mitarbeiter erhalten neue Arbeitsverträge bei der maltesischen Tochtergesellschaft M.

3) Als Alternative für den Fall, dass die bisher beschlossenen Maßnahmen nicht ausreichen sollten, erwägt die X-SE, ihren Sitz und Ort der Geschäftsleitung nach Malta zu verlegen.

Die X-SE bittet Steuerberater Klug, zu den steuerlichen Folgen der durchgeführten und geplanten Maßnahmen Stellung zu nehmen und dabei insbesondere die EG-rechtlichen Aspekte der Besteuerung zu betrachten.

Lösungshinweise:

Mit den EG-rechtlichen Aspekten der Einkunftsabgrenzung bei verbundenen Unternehmen haben wir uns im Rahmen des 1. Generalthemas der Jahresarbeitstagung in Wiesbaden erstmals im Jahre 2001 sowie im vergangenen Jahr unter dem Aspekt der im Zuge der Unternehmenssteuerreform 2008 neu eingeführten Besteuerung einer Funktionsverlagerung beschäftigt.

-JbFSt 2009/10, 73 ff., JbFSt 2001/02, 44 ff.-

Mit dem hier vorgetragenen Fall möchten wir an diese Diskussion aus dem Vorjahr anknüpfen und dabei der Frage nachgehen, ob und inwiefern die Gewinnkorrekturvorschrift des § 1 AStG mit den Vorgaben des EG-Vertrages vereinbar sind. Dabei steht eine Frage im Mittelpunkt der Betrachtung: Handelt es sich bei der Gewinnberichtigung nach § 1 AStG um eine Maßnahme zur Bekämpfung steuerlichen Missbrauchs oder geht es um eine – aus EG-rechtlicher Sicht nicht zu beanstandende – Angemessenheitsprüfung unter Zugrundelegung international anerkannter Abgrenzungsregeln (Art. 9 OECD-MA), die sich außerhalb der an strenge Voraussetzungen geknüpften Missbrauchskontrolle der Mitgliedstaaten bewegt?

-Vgl. hierzu die Ausführungen von *Schwenke* im Rahmen der letztjährigen Diskussion, JbFSt 2009/10, S. 83-

Besondere Aktualität erhielt diese Fragestellung in jüngster Zeit aufgrund eines Urteils des Europäischen Gerichtshofs zu einer Vorschrift des belgischen Steuerrechts, nämlich Art. 26 des belgischen Code des impôts sur les revenues (CIR), die eine starke Ähnlichkeit zu § 1 des deutschen Außensteuergesetzes aufweist. Wie § 1 AStG bezweckt Art. 26 CIR eine nationalstaatliche Verankerung des in Art. 9 des OECD-MA vorgegebenen Fremdvergleichsgrundsatzes. Auf dieses Urteil des EuGH in der Rechtssache SGI

-EuGH, Urt. v. 21.01.2010, C-311/08 (Société de Gestion Industrielle SA - SGI), IStR 2010, S. 144 mit Anmerkung *Englisch*, IStR 2010, S. 139; sowie *Thömmes*, IWB 3/2010, S. 107-

werden wir im Folgenden noch näher eingehen.

Zunächst zurück zu unserem Fall. Steuerberater Klug weist die Geschäftsführung der X-SE darauf hin, dass die Gewährung eines zinslosen Darlehens gegenüber einer im Ausland ansässigen Tochtergesellschaft mit hoher Wahrscheinlichkeit zu einer Hinzurechnung fiktiver Zinseinnahmen im Rahmen des § 1 AStG führt. Im Vergleich dazu, so Steuerberater Klug, führt die Gewährung eines zinslosen Darlehens im Falle einer inländischen Tochtergesellschaft zu keiner Gewinnkorrektur nach § 1 AStG, da dessen Anwendungsbereich auf Geschäftsbeziehungen zum Ausland begrenzt ist. Auch eine Gewinnkorrektur nach den allgemeinen Vorschriften scheidet aus, da die Gewährung eines zinslosen Darlehens nicht zu einer steuerlichen Einlage führt, weil der sich aus der Zinslosigkeit des Darlehens ergebende Zinsvorteil kein einlagefähiges Wirtschaftsgut darstellt. Diese Ungleichbehandlung von Inlands- und EU-Auslandssachverhalt wirft erhebliche EG-rechtliche Bedenken gegenüber der Vorschrift des § 1 AStG auf.

In der jüngeren finanzgerichtlichen Rechtsprechung finden sich Entscheidungen, die eine EG-Rechtswidrigkeit des § 1 AStG wegen dessen selektiver Anwendung auf Auslandssachverhalte bejahen.

-Vgl. BFH, Urteil vom 29.01.2000, Az. I R 85/99, BStBl II 2002, S. 720; BFH, Beschluss vom 21.06.2001, Az. I B 141/00, DStR 2001, S. 1290; FG Düsseldorf, Urteil vom 19.02.2008, Az. 17 K 894/05 E, EFG 2008, S. 1006; FG Münster, Urteil vom 22.02.2008, Az. 9 K 509/07, EFG 2008, S. 923-

In der Literatur wird ganz überwiegend die Meinung vertreten, dass § 1 AStG gegen die EG-vertraglich garantierten Grundfreiheiten verstößt,

-Vgl. *Wassermeyer*, StbJb 1998/99, S. 157 ff., 169 f.; *ders.* IStR 2001, S. 113; *ders.* in Flick/Wassermeyer/Baumhoff, AStG, § 1 Rz. 816.1; *ders.*, GmbHR 2004, S. 613; *Köplin/Sedemund*, IStR 2000, S. 305; *dies.*, IStR 2002, S. 120; *Herlinghaus*, FR 2001, S. 240; *Schaumburg*, DStJG 24 (2001), S. 225; *ders.* DB 2005, S. 1129; *Bauschatz*, IStR 2002, S. 333; *Scheuerle*, IStR 2002, S. 798; *Dautzenberg/Gocksch*, BB 2000, S. 904; *Rödder*, DStR 2004, S. 1629; *Schön*, IStR 2004, S. 289; *Dölker/Ribbrock*, IStR 2005, S. 533, differenzierend: *Englisch*, Aufteilung der Besteuerungsbefugnisse, 2008, S. 105 ff.-

Aufgrund der von § 1 Abs. 2 AStG vorausgesetzten wesentlichen Beteiligung wird ganz überwiegend ein Verstoß gegen die Niederlassungsfreiheit angenommen, was eine Prüfung der gegenüber der Niederlassungsfreiheit subsidiären Kapitalverkehrsfreiheit entbehrlich macht.

-So ständige Rechtsprechung des EuGH; vgl. zuletzt Urteil v. 21.01.2010 in der Rs. SGI, a.a.O., Rz. 25 ff. m.w.N.-

Der Vorwurf der EG-Rechtswidrigkeit richtet sich zum einen gegen die selektive Anordnung einer Gewinnkorrektur als solchen, wie im vorliegenden Fall eines zinslosen Darlehens, zum anderen gegen den unterschiedlichen Umfang der Gewinnkorrektur, der nur in Auslandssachverhalten einen Gewinnaufschlag als Komponente des Fremdvergleichspreises umfasst, während in vergleichbaren Inlandsfällen der Ansatz eines Gewinnaufschlags unterbleibt.

In der jüngeren Literatur werden aber auch Stimmen laut, die von der EG-Rechtskonformität des § 1 AStG ausgehen.

-Vgl. *Naumann/Sydow/ Becker/Mitschke*, IStR 2009, S. 665; *Goebel/ Küntscher*, Ubg. 2009, S. 235, letztere jedoch kritisch zu den Regelungen der Vorschrift betreffend Funktionsverlagerungen (dazu nachfolgend in Fallvariante b), vgl. auch *Schönfeld*, IStR 2006, 260, der bereits aufgrund des EuGH-Urteils v. 13.03.2007, C-524/04 (Test

Claimants in the Thin Cap Group Litigation), Slg. 2007, I-2107 eine mögliche Rechtfertigung des § 1 AStG sieht-

Die Auffassungen, die von einer Vereinbarkeit des § 1 AStG mit dem EG-Vertrag ausgehen, unterscheiden sich in der Frage, ob eine EG-Rechtsverletzung bereits bei der Prüfung der Tatbestandsmäßigkeit auszuschließen ist,

-so *Naumann/Sydow/Becker/Mitschke*, a.a.O.-

oder eine von der Vorschrift ausgehende tatbestandsmäßige Diskriminierung oder Beschränkung durch von der Rechtsprechung des EuGH anerkannte Rechtfertigungsgründe gerechtfertigt werden kann.

-So *Goebel/Küntscher*, a.a.O.-

Die Unterscheidung ist deshalb von schwerwiegender Bedeutung, weil bei einer tatbestandsmäßigen Diskriminierung oder Beschränkung die sich daran anschließende Rechtfertigungsprüfung stets eine Verhältnismäßigkeitsprüfung umfasst, die ggf. Einschränkungen für die Anwendung der Norm in EU-Fällen zur Folge hat, während bei einer Verneinung der Tatbestandsmäßigkeit eines Grundfreiheitenverstoßes keine derartigen Einschränkungen in Betracht kommen.

In dem Ausgangssachverhalt der Entscheidung des EuGH vom 21.01.2010 in der Rs. SGI ging es u.a. um ein zinsloses Darlehen, das die in Belgien ansässige SGI SA der von ihr zu 65% beherrschten französischen Tochtergesellschaft Recydem SA gewährt hatte. Zu den Besonderheiten des Falles gehört es, dass die französische Tochtergesellschaft sich laut den Feststellungen des EuGH „im fraglichen Zeitraum in einer finanziell gesicherten Situation befand und Gewinne gemacht" hatte, während die SGI „durch Kreditaufnahmen schwer belastet gewesen" sei. Die belgische Vorschrift des Art. 26 CIR führte im Fall des zinslosen Darlehens der SGI zu einer Hinzurechnung fiktiver Zinseinnahmen, während eine solche Korrektur im hypothetischen Vergleichsfall einer Darlehensgewährung an eine belgische Tochtergesellschaft nach der gesetzlichen Regelung unterbleibt. Der Gerichtshof gelangt in seinem SGI-Urteil zu dem Befund, dass die belgische Vorschrift des Art. 26 CIR zu einer tatbestandsmäßigen Beschränkung der Niederlassungsfreiheit führt.

-vgl. Tz. 55 der Entscheidungsgründe-

Dabei setzt sich der Gerichtshof eingehend mit den beiden Hauptargumenten auseinander, die auch von den Vertretern der deutschen Finanzverwaltung für deren These eines Fehlens einer tatbestandsmäßigen Beschränkung angeführt werden.

-vgl. *Naumann/Sydow/Becker/Mitschke*, a.a.O.-

Das erste Argument, das auch im SGI-Verfahren von der deutschen Regierung vorgetragen worden war, stützt sich darauf, dass im Inlandsfall keine Besserstellung eintrete, weil der von der Muttergesellschaft gewährte Vorteil in voller Höhe auf der Ebene der den Vorteil empfangenden Tochtergesellschaft steuerlich erfasst werde, mit der Folge, dass es bei dieser Gesamtbetrachtung der Unternehmensgruppe keinen Unterschied mache, ob der Gegenwert des Vorteils bei der vorteilsgewährenden oder der vorteilsempfangenden Gesellschaft steuerlich erfasst wird. Der EuGH jedoch widersetzt sich in seiner SGI-Entscheidung dieser Gesamtbetrachtung und weist darauf hin, dass es sich bei der den Vorteil gewährenden Muttergesellschaft und der den Vorteil empfangenden Tochtergesellschaft um zwei verschiedene juristische Personen handelt.

Zu beachten ist außerdem, dass eine Gewinnkorrektur auch bei unter 100%-igen Beteiligungen einsetzt, so dass das Argument der korrespondierenden Empfängerbesteuerung insoweit nicht greift. Doch selbst wenn man von einer 100%-igen Beteiligung der den Vorteil gewährenden Gesellschaft an der anderen ausgeht , so dass es im Inlandsfall zu einem vollen Ausgleich der unterbliebenen Hinzurechnung aufgrund der Empfängerbesteuerung käme, wird der grenzüberschreitende Sachverhalt gegenüber dem Inlandsfall deshalb schlechter gestellt, weil der Vorteil bei der im Ausland ansässigen Empfängergesellschaft dort regelmäßig der Besteuerung unterliegt, so der EuGH in Tz. 53 seiner Entscheidungsgründe, mit der Folge, dass die zusätzliche Erfassung als Hinzurechnungsbetrag bei der den Vorteil gewährenden Gesellschaft die Gefahr einer Doppelbesteuerung heraufbeschwört.

Das hiergegen von der belgischen Regierung im SGI-Verfahren in Übereinstimmung mit der Argumentation der Vertreter der deutschen Finanzverwaltung vorgebrachte Argument, dass aufgrund der Anwendung des EG-Schiedsübereinkommens

-Übereinkommen 90/436/EWG vom 23.07.1990 über die Beseitigung der Doppelbesteuerung im Falle von Gewinnberichtigungen zwischen verbundenen Unternehmen, ABIEG L 225 vom 20.08.1990, S. 10-

im Ergebnis eine Doppelbesteuerung vermieden werde,

-Vgl. auch *Naumann/Sydow/Becker/Mitschke*, a.a.O., S. 668, die jedoch anders als die belgische Regierung im Verfahren SGI das EG-Schiedsabkommen erst im Rahmen des Rechtfertigungsgrundes der Wahrung der ausgewogenen Aufteilung des Besteuerungsrechts unter den Mitgliedstaaten aufführen.-

weist der EuGH in Tz. 54 seiner SGI-Entscheidung ebenfalls zurück. Der EuGH verweist in seiner Begründung auf die Ausführungen von Frau Generalanwalt Kokott in Tz. 48 ihrer Schlussanträge, wonach die Einleitung eines Schiedsverfahrens nach dem Schiedsübereinkommen dem von der anfänglichen Doppelbesteuerung betroffenen Unternehmen „zusätzlichen Verwaltungs- und wirtschaftlichen Aufwand" bereite. Zudem könne sich ein Verständigungs- und ein sich eventuell anschließendes Schiedsverfahren über mehrere Jahre hinziehen. Während dieser Zeit müsse die Gesellschaft die doppelt entrichtete Steuer vorfinanzieren. Darüberhinaus erfasse die Gewinnkorrekturvorschrift auch Sachverhalte, die nicht in den Anwendungsbereich des Schiedsübereinkommens fallen.

Aufgrund dieser Ausführungen des EuGH dürfte für unsere weitere Diskussion festzuhalten sein, dass die Auffassung der Vertreter der deutschen Finanzverwaltung, wonach ein Verstoß des § 1 AStG schon auf der Tatbestandsebene auszuscheiden sei, nicht mehr aufrecht zu erhalten ist.

Damit verlagert sich die weitere Auseinandersetzung über die EG-Rechtskonformität des § 1 AStG auf die Rechtfertigungsebene einschließlich der damit verbundenen Verhältnismäßigkeitsprüfung.

Die Kernfrage im Rahmen der Rechtfertigungsprüfung lautet: Ist § 1 AStG eine Missbrauchsvorschrift, die sich der vollumfänglichen Prüfung ihrer Rechtfertigung unter Zugrundelegung der von der Rechtsprechung des EuGH hierzu entwickelten Grundsätze zu unterwerfen hat,

-verneinend *Schwenke* in der Diskussion zu Fall 1 im Rahmen der 60. Jahresarbeitstagung der Fachanwälte für Steuerrecht, vgl. JbFSt 2009/10, S. 83 sowie die Erwiderung von *Gosch*, a.a.O., S. 84-

oder geht es um eine reine Angemessenheitsprüfung, die außerhalb eines Missbrauchsvorwurfs steht und daher minderen Anforderungen im Hinblick auf ihre Rechtfertigung genügen muss?

In ihren Schlussanträgen vom 10.09.2009 in der Rechtssache SGI bewegt sich Frau Generalanwalt Kokott sehr weit von einer Missbrauchsprüfung weg und hin zu einer allgemeinen Angemessenheitsprüfung unter Zugrundelegung des in Art. 9 des OECD-MA international anerkannten Fremdvergleichsmaßstabs. Dabei stellt sie den Rechtfertigungsgrund der Wahrung der ausgewogenen Aufteilung der Steuerhoheit unter den Mitgliedstaaten in den Mittelpunkt ihrer Betrachtung.

Während der Gerichtshof in seiner bisherigen Rechtsprechung diesen Rechtfertigungsgrund stets nur zusammen mit den beiden weiteren Rechtfertigungsgründen der Vermeidung der Steuerumgehung sowie der Vermeidung einer doppelten Verlustberücksichtigung

-so in seinem Urteil vom 13.12.2005 in der Rs. Marks & Spencer, Rs. C-446/03, Slg. 2005, I-10837-

oder zumindest zusammen mit einem dieser beiden weiteren Rechtfertigungsgründe

-so in seinem Urteil vom 15.05.2008 in der Rs. C-414/06 (Lidl Belgium), Slg. 2008, I-3601, wo er neben dem Rechtfertigungsgrund der Wahrung der ausgewogenen Aufteilung der Steuerhoheit die Vermeidung der doppelten Verlustberücksichtigung im Rahmen der Rechtfertigungsprüfung heranzog, während er in seinem Oy AA-Urteil vom 18.07.2007, C-231/05, Slg. 2007, I-6373, zusätzlich auf den Rechtfertigungsgrund der Vermeidung von Steuerumgehungen abstellte-

seiner Rechtfertigungsprüfung zugrunde gelegt hat, wollte Frau Generalanwalt Kokott in Tz. 60 ihrer Schlussanträge in der Rechtssache SGI den Rechtfertigungsgrund der Wahrung der ausgewogenen Aufteilung der Steuerhoheit unter den Mitgliedstaaten auch für sich allein genügen lassen, um eine tatbestandsmäßige Beschränkung der Niederlassungsfreiheit zu rechtfertigen. Einen zusätzlichen Rückgriff auf das vom Gerichtshof in seiner Missbrauchsrechtsprechung seit seiner Lankhorst-Hohorst-Entscheidung

-EuGH, Urt. v. 12.12.2001, C-324/00 (Lankhorst-Hohorst), Slg. 2002, I-11779-

entwickelte Kriterium der „rein künstlichen Konstruktion" im Rahmen der Bekämpfung von Steuerumgehungen sah Frau Kokott nur dann als notwendig an, „wenn grenzüberschreitende Geschäfte ihrem äußeren Anschein nach normalen wirtschaftlichen Vorgängen entsprechen." Den äußeren Anschein des Vorliegens normaler wirtschaftlicher Vorgänge wollte Frau Kokott wiederum am Fremdvergleichsgrundsatz des Art. 9 OECD-MA festmachen. Verstoßen die einer Geschäftsbeziehung zwischen verbundenen Unternehmen zugrunde gelegten Bedingungen gegen den Fremdvergleichsgrundsatz, so soll nach Auffassung von Frau Kokott der äußere Anschein normaler wirtschaftlicher Vorgänge widerlegt und eine zusätzliche Prüfung am Maßstab des Rechtfertigungsgrundes der Vermeidung der Steuerumgehung entbehrlich sein. Mit anderen Worten: Die Verletzung des Fremdvergleichsgrundsatzes führt zu einer allein am Rechtfertigungsgrund der Wahrung der ausgewogenen Aufteilung der Besteuerungsbefugnis orientierten Rechtfertigungsprüfung. Danach wäre die selektive Korrektur eines Gewinns, der unter Verstoß gegen den Fremdvergleichsgrundsatz im Verhältnis zu einem ausländischen verbundenen Unternehmen zustande kommt, ohne weitere Anforderungen gerechtfertigt.

Der EuGH wollte in seinem SGI-Urteil so weit nicht gehen und hat in seiner Urteilsbegründung deutlich gemacht, dass er den Rechtfertigungsgrund der ausgewogenen Aufteilung der Steuerhoheit nur im Rahmen einer Gesamtschau mit dem Rechtfertigungsgrund der Vermeidung der Steuerumgehung gelten lässt. Dies heißt, dass neben dem Verstoß gegen den Fremdvergleichsgrundsatz der betreffenden Geschäftsbeziehung eine auf die Umgehung der sonst geschuldeten Steuer gerichtete missbräuchliche Gestaltung des Steuerpflichtigen vorliegen muss, damit der in der Anordnung einer Gewinnkorrektur liegende Eingriff in die Niederlassungsfreiheit gerechtfertigt werden kann.

Der Unterschied zwischen den beiden Sichtweisen der Generalanwältin und des Gerichtshofs zeigt sich erst auf der Ebene der Verhältnismäßigkeitsprüfung, die nach ständiger Rechtsprechung des Gerichtshofs Teil der Rechtfertigungsprüfung ist. Das Abstellen auf das zusätzliche Kriterium der Steuerumgehung öffnet die Verhältnismäßigkeitsprüfung für die Frage, ob trotz Verstoßes gegen den Fremdvergleichsgrundsatz anerkennungswürdige Gründe für die Wahl der nicht fremdüblichen Geschäftsbedingungen angeführt werden können.

Besonders deutlich wird dies aus der unmittelbaren Gegenüberstellung des Schlussantrags von Frau Generalanwalt Kokott vom 10.09.2009 und des Tenors des Urteils des EuGH in seiner SGI-Entscheidung. Während Frau Kokott von der Vereinbarkeit der belgischen Vorschrift des Art. 26 CIR mit den Vorgaben des Art. 43 EG i.V.m. Art. 48 EG ausgeht relativiert der Gerichtshof im Tenor seiner SGI-Entscheidung diese Aussage durch den zusätzlichen Satz:

„Es ist jedoch Sache des vorlegenden Gerichts, sich davon zu überzeugen, dass die im Ausgangsverfahren streitige Regelung nicht über das hinausgeht, was zur Erreichung der mit ihr verfolgten Ziele in ihrer Gesamtheit erforderlich ist."

Worauf sich diese Verhältnismäßigkeitsprüfung im Einzelnen zu erstrecken hat, präzisiert der Gerichtshof in den Textziffern 71 und 72 seiner Entscheidungsgründe, die wegen ihrer Bedeutung hier wörtlich wiedergegeben werden:

71 Eine nationale Regelung, die eine Prüfung objektiver und nachprüfbarer Umstände vorsieht, damit festgestellt werden kann, ob ein geschäftlicher Vorgang eine rein künstliche Konstruktion zu steuerlichen Zwecken darstellt, geht nicht über das hinaus, was zur Erreichung der Ziele hinsichtlich der Notwendigkeit, die Ausgewogenheit der Aufteilung der Besteuerungsbefugnis zwischen den Mitgliedstaaten zu wahren, und der Notwendigkeit, Steuerumgehungen zu verhindern, erforderlich ist, wenn erstens in jedem Fall, in dem der Verdacht besteht, dass ein geschäftlicher Vorgang über das hinausgeht, was die betreffenden Gesellschaften unter Bedingungen des freien Wettbewerbs vereinbart hätten, dem Steuerpflichtigen, ohne ihn übermäßigen Verwaltungszwängen zu unterwerfen, die Möglichkeit eingeräumt wird, Beweise für etwaige wirtschaftliche Gründe für den Abschluss dieses Geschäfts beizubringen (vgl. in diesem Sinne Urteil Test Claimants in the Thin Cap Group Litigation, Randnr. 82, und Beschluss vom 23. April 2008, Test Claimants in the CFC and Dividend Group Litigation, C-201/05, Slg. 2008, I-2875, Randnr. 84).

72 Zweitens muss sich, wenn die Prüfung solcher Umstände zu dem Ergebnis führt, dass der in Rede stehende geschäftliche Vorgang über das hinausgeht, was die betreffenden Gesellschaften unter Bedingungen des freien Wettbewerbs vereinbart hätten, die steuerliche Berichtigung auf den Teil beschränken, der über das hinausgeht, was

ohne die gegenseitige Verflechtung dieser Gesellschaften vereinbart worden wäre.

Gemessen an diesen Vorgaben des Gerichtshofs in seinem SGI-Urteil ist § 1 AStG in seiner derzeitigen Fassung nicht EG-rechtskonform.

-Anderer Ansicht *Goebel/Küntscher*, a.a.O., die – allerdings vor Erlass des SGI-Urteils – auf eine entsprechende Verhältnismäßigkeitsprüfung verzichten-

- Der Wortlaut des § 1 AStG lässt keinen Spielraum für die vom EuGH geforderte Möglichkeit der Beibringung von „Beweisen für etwaige wirtschaftliche Gründe für den Abschluss dieses Geschäfts". Ohne diese Öffnung verstößt § 1 AStG gegen den Verhältnismäßigkeitsgrundsatz.

    -So auch *Englisch*, IStR 2010, S. 139 ff., S. 141; vgl. auch schon vor der SGI-Entscheidung *Schön*, IStR 2009, S. 882 ff., S. 888 sowie *Englisch*, Aufteilung der Besteuerungsbefugnisse, 2008, S. 105 ff., jeweils unter Bezugnahme auf das Thin Cap-Urteil des Gerichtshofs-

- Der Umfang der Gewinnkorrektur findet seine Grenze in den Bedingungen, die fremde Dritte unter sonst gleichen Umständen vereinbart hätten. In der Praxis lässt sich der Fremdvergleichspreis nicht präzise ermitteln. In der Regel wird der Angemessenheitsbetrachtung eine Bandbreite verschiedener Preise zugrunde gelegt, die das obere und untere Spektrum dessen, was unter Zugrundelegung von Vergleichsdaten am Markt als noch fremdüblich anzusehen ist.

    -vgl. § 1 Abs. 3 Satz 2 AStG-

Wenn der Festlegung einer Bandbreite die Überlegung zugrunde liegt, dass innerhalb dieser Bandbreite noch von einer Vereinbarkeit mit dem Fremdvergleichsgrundsatz auszugehen ist, dann muss es dem Steuerpflichtigen gestattet sein, den für ihn jeweils günstigsten Wert innerhalb dieser Bandbreite der konkreten Verrechnungspreisgestaltung zugrunde zu legen. Vorschriften wie § 1 Abs. 3 Sätze 4 und 7 AStG, die generell den Median- oder den Mittelwert innerhalb der Bandbreite als Bezugspunkt wählen, sind von vornherein als unverhältnismäßig zu verwerfen. Wenn nämlich eine Preisfestsetzung am für den Steuerpflichtigen günstigeren oberen bzw. unteren Rand nicht mehr als unüblich beurteilt werden kann, ist es nur konsequent, auch eine Berichtigung ihrem Umfang nach auf die Zurückführung an diesen äußersten Rand des Vertretbaren zu begrenzen.

-So *Englisch*, a.a.O., S. 142-

Eine fiskalisch orientierte Ausschöpfung der Bandbreite wäre allenfalls dann europarechtlich zulässig, wenn der Steuerpflichtige zumutbare Mitwirkungspflichten verletzt hat

-So *Englisch*, a.a.O., S. 142-

Die selektive Berücksichtigung eines Gewinnaufschlags nur im grenzüberschreitenden Fall kraft Anwendung des § 1 AStG

-vgl. *Dautzenberg/Gocksch*, BB 2000, 904, 909 f.; *Wassermeyer*, IStR 2001, 113, *Herlinghaus*, FR 2001, 240, 242, *Rasch/Nakhai*, DB 2005, 1984, 1985 ff.

dürfte hingegen nach dem SGI-Urteil jedenfalls dann EG-rechtlich nicht zu beanstanden sein, wenn der Fremdvergleichspreis tatsächlich unter Berücksichtigung eines Gewinnaufschlags zu ermitteln ist. Die bloße Zugrundelegung eines unterschiedlichen Korrekturmaßstabs in Inlands- und Auslandsfall reicht für die Feststellung eines EG-Rechtsverstoßes nicht aus. Denn wenn sogar das völlige Unterbleiben jeglicher Korrektur im Inlandsfall im Vergleich zum Auslandsfall grundsätzlich gerechtfertigt werden kann - so wie das Beispiel des zinslosen Darlehens der Muttergesellschaft an ihre Tochtergesellschaft zeigt - dann ist erst recht eine sich durch Zugrundelegung unterschiedlicher Korrekturmaßstäbe ergebende Ungleichbehandlung zu rechtfertigen. Entscheidend für die Beurteilung des Auslandsfalles ist im Rahmen der Verhältnismäßigkeitsprüfung nicht, was im Inlandsfall gilt; entscheidend ist nur, was fremde Dritte unter sonst gleichen Bedingungen vereinbart hätten.

In der Praxis wird man sich nun die Frage stellen müssen, welche wirtschaftlichen Gründe für die Zugrundelegung eines vom Fremdvergleich abweichenden Verrechnungspreises angeführt werden können.

Das SGI-Urteil bietet hierfür einen ersten wertvollen Anhaltspunkt. In dem dortigen Sachverhalt hatte eine durch Kreditaufnahmen schwer belastete Muttergesellschaft ihrer in stabiler Gewinnsituation befindlichen ausländischen Tochtergesellschaft ein zinsloses Darlehen gewährt. Es fällt schwer, hierfür wirtschaftlich vernünftige Gründe aufzuführen. Hätte der Fall aber anders herum gelegen, d.h., wäre die Tochtergesellschaft wirtschaftlich angeschlagen gewesen, während die Muttergesellschaft Gewinne erzielt, hätte die Gewährung eines zinslosen Darlehens als Stützungsmaßnahme zur Vermeidung einer Insolvenz der notleidenden Tochtergesellschaft wirtschaftlich begründet werden können. Im hier vorliegenden Fall wird sich die X-SE auf solche wirtschaftlichen Gründe berufen können. Zu bedenken ist auch, dass die Muttergesellschaft anstelle der Gewährung eines zinslosen Darlehens ihrer ausländischen Tochtergesellschaft auch einen Zuschuss in das Eigenkapital hätte leisten können, für das die Muttergesellschaft ebenfalls keinen Zinsanspruch hätte geltend machen können. Es liegt deshalb nahe, die Gewährung eines zinslosen Darlehens als Mittel der Kapitalausstattung dem gesellschaftsrechtlichen Verhältnis zwischen Muttergesellschaft und Tochtergesellschaft zuzuordnen und eine "Geschäftsbeziehung" i.S.d. § 1 Abs. 4 AStG insofern zu verneinen.

So hat das FG Düsseldorf

-a.a.O.-

die Gewährung eines zinslosen ungesicherten Darlehens im Wege einer EG-rechtskonformen reduzierenden Auslegung des § 1 Abs. 4 AStG als von der Vorschrift in ihrer für das Streitjahr geltenden alten Fassung nicht erfasst angesehen. Für die ab VZ 2003 geltende Fassung der Vorschrift, wonach als Geschäftsbeziehung jede den Einkünften zugrunde liegende „schuldrechtliche Beziehung" gilt, dürfte die vom FG Düsseldorf vorgenommene EG-rechtskonforme Reduktion der Vorschrift auf Schwierigkeiten stoßen.

-Vgl. *Gosch* im Rahmen unserer letztjährigen Diskussion zu Fall 1 im Rahmen des I. Generalthemas, a.a.O., S. 85-

Die Frage kann in EU-Fällen letztlich offen bleiben. Legt man die Vorschrift so aus, dass das zinslose Gesellschafterdarlehen als Geschäftsbeziehung gilt, ist die Vorschrift bei Vorliegen wirtschaftlicher Gründe für die Zinslosigkeit wegen des dann vorliegenden Verstoßes gegen das EG-rechtliche Gebot der Verhältnismäßigkeit in Fällen mit EU-Auslandsbezug unanwendbar. Die Rechtsfolge ist letztlich die gleiche wie bei einer EG-rechtskonformen Reduktion der Vorschrift.

-vgl. auch *Englisch*, IStR 2010, S. 139 ff, S. 141 r. Sp.-

Unklar ist zurzeit, welche sonstigen Umstände als „wirtschaftliche Gründe" für die Vereinbarung von mit dem Fremdvergleichsgrundsatz in Widerspruch stehenden Geschäftsbeziehungen angenommen werden können. Dem SGI-Urteil sind hierzu ebensowenig Anhaltspunkte zu entnehmen wie der Entscheidung des Gerichtshofs in der Rechtssache Thin Cap Group Litigation,

-a.a.O.-

wo der Gerichtshof erstmals positiv zu der Fragestellung nahm, ob eine Verletzung des Fremdvergleichsgrundsatzes durch wirtschaftliche Gründe gerechtfertigt werden kann.

Hilfreich sind in diesem Zusammenhang die Ausführungen von Generalanwalt Gelhoed in seinen Schlussanträgen vom 29.06.2006 in dem Verfahren Thin Cap

-vgl. Tz. 82 der Begründung der Thin Cap-Entscheidung, a.a.O.-

Generalanwalt Gelhoed verlangt in Tz. 67 seiner Schlussanträge, dass dem Steuerpflichtigen gestattet sein muss, zu beweisen, dass die Bedingungen seines Geschäfts zwar nicht denen eines Geschäfts mit einem Dritten entsprechen, dass es aber für den Abschluss des Geschäfts **echte wirtschaftliche Gründe gab, die nicht in der Erlangung eines Steuervorteils bestanden"** (Hervorhebung durch den Verfasser).

Weiter führt Generalanwalt Gelhoed aus: „Mit anderen Worten ist entsprechend der Feststellung des Gerichtshofs im Urteil Halifax"

-EuGH, Urt. v. 21.02.2006, C-255/02 (Halifax) Slg. 2006, I-1609-

das Missbrauchsverbot nicht relevant, wenn die fraglichen Umsätze eine andere Erklärung haben können als nur die Erlangung von Steuervorteilen. Ein Beispiel, das mir hierzu einfällt, ist die Situation in dem Urteil Lankhorst-Hohorst,

-EuGH, Urt. v. 12.12.2001, C-324/00 (Lankhorst-Hohorst), Slg. 2002, I-11779-

wo der vom Gerichtshof anerkannte Darlehenszweck in dem Versuch bestand, die Tochtergesellschaft durch Minimierung der Kosten und erhebliche Zinseinsparungen zu retten. Es dürfte klar sein, dass ähnliche Situationen (d.h. eine Situation, in der ein Geschäft nicht zu marktüblichen Bedingungen, aber dennoch nicht missbräuchlich und nicht zur Erlangung eines Steuervorteils abgeschlossen wird) relativ selten sind".

Diese Ausführungen des Generalanwalts Gelhoed erinnern an die Vorschrift des § 42 Abs. S. 2 AO.

-Vgl. *Schön*, IStR 2009, S. 882 ff., S. 888-

Als anerkennungswürdige wirtschaftliche Gründe kommen damit zunächst nicht-steuerliche Gründe in Betracht, wobei es unschädlich ist, wenn neben wirtschaftlichen Gründen auch steuerliche Beweggründe eine Rolle spielen, sofern sich der Zweck der jeweiligen Maßnahme nicht ausschließlich in der Erlangung steuerlicher Vorteile erschöpft.

-Vgl. *Fischer*, in Hübschmann/Hepp/Spittaler, § 42 AO Rz. 274 ff., mit zahlreichen Nachweisen aus der höchstrichterlichen Rechtsprechung-

Höchst fraglich ist jedoch, ob die Erlangung eines steuerlichen Vorteils, die Generalanwalt Gelhoed vorschwebte, mit der Vermeidung eines steuerlichen Nachteils gleichzusetzen ist, oder ob die Vermeidung eines steuerlichen Nachteils als anerkennungswürdiger wirtschaftlicher Grund gilt. Der BFH hat dies im Rahmen des § 42 AO jedenfalls so gesehen.

-vgl. BFH, Urt. vom 17.10.2001, Az. I R 97/00, BFH/NV 2002, S. 240; BFH, Urt. V. 29.05.2008, Az. IX R 77/06, DStR 2008, S. 1586-

Als grenzüberschreitendes Beispiel könnte man an den Fall eines zinslosen Darlehens außerhalb einer Sanierung denken, welches deshalb gewährt wird, weil die Zinsen im Staat der ausländischen verbundenen Gesellschaft nicht abzugsfähig sind, während sie beim inländischen Darlehensgeber der vollen Besteuerung unterliegen. Die Vereinbarung eines zinslosen Darlehens will letztlich bloß eine wirtschaftliche Doppelbesteuerung der Zinsen vermeiden.

In unserem Fall jedenfalls dürfte Steuerberater Klug zu Recht zu dem Ergebnis gelangen, dass sämtliche von der X-SE vorgenommenen Maßnahmen letztlich der Stützung der in Schieflage geratenen belgischen Tochtergesellschaft dienen und somit voll auf der Linie der von Generalanwalt Gelhoed als anerkennungswürdig eingestuften Beispiele liegen.

Doch welche sonstigen Fallkonstellationen kommen neben der von Generalanwalt Gelhoed in seinen Schlussanträgen in der Rechtssache Thin Cap zugrunde gelegten Stützung einer notleidenden Tochtergesellschaft in Betracht?

Zu denken wäre an eine Situation, in der eine inländische Muttergesellschaft ihre ausländische Vertriebs-Tochtergesellschaft zu unter dem Fremdvergleichspreis liegenden Bedingungen beliefert, um der Tochtergesellschaft den Eintritt in den hart umkämpften Auslandsmarkt ihres Sitzstaates zu erleichtern. Insbesondere wenn das Steuerniveau des Staats der Tochter nicht unter dem der deutschen Muttergesellschaft liegt, dürfte die Vermutung rein steuerlicher Beweggründe für die unter dem Fremdvergleich liegenden Verrechnungspreise fern liegen.

In den Verwaltungsgrundsätzen

-BMF-Schreiben vom 23.02.1983 betreffend Grundsätze für die Prüfung der Einkunftsabgrenzung bei international verbundenen Unternehmen (Verwaltungsgrundsätze), geändert durch BMF-Schreiben vom 30.12.1999, BStBl I 1999, S. 1122-

hat die Finanzverwaltung die Tragung sog. „Kosten der Markterschließung durch das Herstellerunternehmen" im Rahmen der Fremdvergleichsprüfung nach § 1 AStG nur unter der Bedingung anerkannt, dass der Hersteller die aus der Übernahme dieser Kosten resultierende Gewinnminderung in den Folgejahren „in überschaubarer Zeit ggf. durch höhere Lieferpreise ausgleichen kann". Dahinter steht die Überlegung, dass auch ein fremder Dritter nur unter dieser Bedingung bereit wäre, die Kosten der Markterschließung zu tragen.

-Vgl. Verwaltungsgrundsätze, a.a.O., Tz. 3.4-

Im Rahmen der Verhältnismäßigkeitsprüfung nach Maßgabe der einschlägigen EuGH-Rechtsprechung geht es aber nicht um den Gegenbeweis, dass die mit einem verbundenen Unternehmen im Ausland vereinbarten Konditionen doch dem Fremdvergleich entsprechen. Vielmehr stellt sich die Frage, ob die nicht fremdvergleichsübliche Übernahme bestimmter Kosten, in unserem Beispiel die Kosten der Markterschließung durch das Herstellerunternehmen, auch ohne entsprechenden Ausgleich in Form erhöhter Verrechnungspreise in den Folgejahren, auf wirtschaftlich anerkennungswürdigen Gründen beruht. Dies dürfte zu bejahen sein.

Ein weiteres Beispiel könnte in Fällen zu sehen sein, in denen die Muttergesellschaft mit der Belieferung ihrer Tochtergesellschaft ihre eigene Produktionsauslastung verbessern möchte oder die Zurückdrängung eines mit Dumpingpreisen arbeitenden Konkurrenten auf dem jeweiligen Auslandsmarkt anstrebt.

Zu Fallvariante 2):

Fallvariante 2) stellt einen Anwendungsfall der im Zuge des Unternehmenssteuerreformgesetzes 2008 neu in das AStG eingeführten Besteuerung einer sog. Funktionsverlagerung dar. Ergänzt wird die gesetzliche Neuregelung in § 1 Abs. 3 Satz 9 ff. AStG durch eine auf die Ermächtigungsgrundlage des § 1 Abs. 3 Satz 13 AStG gestützte Rechtsverordnung, die in der Praxis als Funktionsverlagerungsverordnung (FVerlV) bezeichnet wird.

-Verordnung zur Anwendung des Fremdvergleichsgrundsatzes im Sinne des § 1 Abs. 1 des Außensteuergesetzes in Fällen grenzüberschreitender Funktionsverlagerungen (Funktionsverlagerungsverordnung) vom 12.08.2008, BStBl. I 2008, 1680-

Mit dieser Thematik haben wir uns an dieser Stelle im vergangenen Jahr bereits befasst. Wir möchten die Thematik erneut aufgreifen und sie im Gesamtkontext der steuerlichen Regelungen zu Gewinnkorrekturen bei verbundenen Unternehmen und zu Wegzugsfällen vor dem Hintergrund der SGI-Rechtsprechung des Gerichtshofs betrachten.

Worum geht es bei der Funktionsverlagerung? Es geht um Fälle, in denen ein im Inland ansässiges Unternehmen einen Teil seiner bisherigen Aktivitäten auf ein im Ausland ansässiges verbundenes Unternehmen überträgt und in der Folge bisher von dem deutschen übertragenden Unternehmen aus der betreffenden Tätigkeit erzielte Gewinne künftig von dem im Ausland ansässigen verbundenen Unternehmen erwirtschaftet werden. Zwar werden im Zuge der Übertragung der jeweiligen unternehmerischen Tätigkeit, im Sprachgebrauch der gesetzlichen Neuregelung „Funktion" genannt, regelmäßig auch materielle und immaterielle Wirtschaftsgüter übertragen, die stille Reserven enthalten. Doch hätte es zur Erfassung dieser stillen Reserven keiner gesetzlichen Regelung im Sinne einer Funktionsverlagerung bedurft, wie sich nicht zuletzt aus § 1 Abs. 7 Satz 1 der Funktionsverlagerungsverordnung (FVerlV)

-a.a.O.-

ergibt.

-so auch *Frotscher*, FR 2008, S. 49 ff, S. 52-

Ziel der gesetzlichen Neuregelung ist vielmehr die Erfassung der in der verlagerten Funktion enthaltenen „Gewinnpotentiale",

-vgl. § 1 Abs. 3 Satz 6 AStG i.V.m. § 1 Abs. 4 FVerlV-

wobei § 1 Abs. 4 FVerlV den Begriff der „Gewinnpotentiale" im Sinne des § 1 Abs. 3 Satz 6 AStG für den Anwendungsfall der Funktionsverlagerung als „die aus der verlagerten Funktion jeweils zu erwartenden Reingewinne nach Steuern (Barwert), auf die ein ordentlicher und gewissenhafter Geschäftsleiter i.S.d. § 1 Abs. 1 Satz 2 des AStG aus der Sicht des verlagernden Unternehmens nicht unentgeltlich verzichten würde und für die ein solcher Geschäftsleiter aus der Sicht des übernehmenden Unternehmens bereit wäre, ein Entgelt zu zahlen."

Mit anderen Worten: Mittels des Konstrukts der Funktionsverlagerung will der deutsche Steuergesetzgeber hypothetisch aus der verlagerten Funktion erwartete Gewinne zu ihrem Barwert der deutschen Besteuerung unterwerfen.

-*Frotscher*, a.a.O., 52-

Warum sah sich der deutsche Steuergesetzgeber zur Schaffung einer derartigen Neuregelung veranlasst? Seit den 80er und 90er Jahren des vergangenen Jahrhunderts wurden vermehrt Umstrukturierungen in international organisierten Konzernen beobachtet, die darauf abzielten, bisher in einzelnen oder mehreren Unternehmenseinheiten einschließlich der Konzernobergesellschaft ausgeübte unternehmerische Tätigkeiten auf eine zentrale Unternehmenseinheit zu verlagern, die fortan diese Tätigkeit anstelle der bisherigen Unternehmenseinheiten fortführte. Häufig war die neue Zentraleinheit in einem Staat mit günstiger Besteuerung angesiedelt. Derartige als „Central Entrepreneur"-Strukturen bekannt gewordenen Fälle waren wohl der Ausgangspunkt für die gesetzliche Neuregelung.

-Vgl. *Kroppen* in Festschrift Schaumburg, S. 857-

Stellt die auf das ausländische verbundene Unternehmen verlagerte Funktion den Betrieb des verlagernden Unternehmens im Ganzen oder einen Teilbetrieb dar, so kommt es aufgrund der Verlagerung der den Betrieb bzw. Teilbetrieb bildenden aktiven und passiven Wirtschaftsgüter regelmäßig zur Aufdeckung aller stillen Reserven einschließlich eines Firmenwerts.

- Vgl. *Baumhoff/Bodenmüller*, in: Grotherr, Siegfried (Hrsg.), Handbuch der internationalen Steuerplanung, 2. Aufl., S. 363, 383 ff.; *Bödefeld/Kutschnik*, in: Blumberg/Benz, Die Unternehmensteuerreform 2008, S. 258; *Jenzen*, NWB, Fach 2, 9419, 9421, *Schön,* in: FS Herzig, 301-

Erfüllen die im Zuge einer Funktionsverlagerung ins Ausland verbrachten Wirtschaftsgüter und Aktivitäten nicht die Anforderungen eines Betriebs oder

Teilbetriebs, unterbleibt nach bisheriger Gesetzeslage die Aufdeckung eines Firmenwerts, denn einem einzelnen Wirtschaftsgut oder einer Gruppe von Wirtschaftsgütern unterhalb der Betriebs- oder Teilbetriebsgrenze kann nach einhelliger Meinung ein Firmenwert nicht zugeordnet werden.

-Vgl. *Kroppen/Rasch/Eigelshoven*, IWB 2007, S. 2211; *Haas*, SR 2008, S. 107 f.; *Blumers*, BB 2007, 1761; *Bödefeld/Kutschnik*, in: Blumberg/Benz, Die Unternehmensteuerreform 2008, S. 274 f.; [allerdings gibt es in der Literatur zum Teil abweichende Meinungen unter Verweis auf die Rechtsprechung des BFH zur Betriebsaufspaltung (vgl. etwa BFH v. 27.3.2001 – I R 42/00, BStBl. 2001, 711 (vgl. bspw. *Kahle*, Der Konzern, S. 651)]-

Genau diese Lücke will die neue Funktionsverlagerungsbesteuerung schließen.

Für die Bestimmung der Höhe der Kompensationszahlung im Falle einer Funktionsverlagerung hat der Gesetzgeber das Konzept eines sog. „Transferpakets" eingeführt. Ein Transferpaket i.S.d. § 1 Abs. 3 Satz 9 AStG besteht gemäß § 1 Abs. 3 FVerlV „aus einer Funktion und den mit dieser Funktion zusammenhängenden Chancen und Risiken sowie den Wirtschaftsgütern und Vorteilen, die das verlagernde Unternehmen dem übernehmenden Unternehmen zusammen mit der Funktion überträgt oder zur Nutzung überlässt, und den in diesem Zusammenhang erbrachten Dienstleistungen". Im Rahmen des hypothetischen Fremdvergleichs ist nun der Wert des Transferpakets jeweils für das abgebende und das aufnehmende Unternehmen zu bestimmen. Diese beiden zunächst getrennt zu ermittelnden Werte bilden den sog. „Einigungsbereich". Als Verrechnungspreis, der der Funktionsverlagerung zugrunde zu legen ist, ist der Wert mit der höchsten Wahrscheinlichkeit aus dem Einigungsbereich zu ermitteln, wobei nach § 1 Abs. 3 Satz 7 zweiter Halbsatz AStG der Mittelwert anzusetzen ist, wenn kein anderer Wert glaubhaft gemacht werden kann.

Die Vorschriften betreffend die Besteuerung einer Funktionsverlagerung sind zu Recht heftiger Kritik im Schrifttum ausgesetzt:

- U.a. wird kritisiert, dass die Regelung aufgrund ihres unklaren Wortlauts sowie der Verwendung von weder in § 1 AStG noch in der dazu ergangenen Funktionsverlagerungsverordnung definierter und in der internationalen Steuerpraxis völlig unbekannter Begriffe gegen das verfassungsrechtliche Gebot der Normenklarheit verstößt.

    -vgl. *Kroppen*, Festschrift Schaumburg, S. 857, 858; *Wassermeyer*, FR 2008, S. 67 f.; *Englisch*, a.a.O., S. 142; *Wassermeyer*, DB 2007, S. 538; *Blumers*, BB 2007, 1757; *Hey*, BB 2007, 1303; *Schreiber*, in: Kroppen (Hrsg.) Handbuch internationale Verrechnungspreise, FVerlV, Anm. 10 ff.-

In der Tat setzt der Wortlaut der Funktionsverlagerungsverordnung mit ihren an sprachlicher Hilflosigkeit kaum zu überbietenden Definitionsversuchen tautologischen Inhalts neue Maßstäbe gesetzgeberischer „Formulierungskunst". Zu Recht sprach Gosch im vergangenen Jahr von einem „Regelungsmonstrum".

-vgl. *Gosch* in JbFSt 2009/10, S. 84-

- Zudem geht die Funktionsverlagerungsverordnung deutlich über Inhalt und Tragweite des als Ermächtigungsnorm gedachten § 1 Abs. 3 Satz 13 AStG hinaus und verletzt damit die verfassungsrechtlichen Vorgaben an eine Rechtsverordnung nach Art. 80 Abs. 1 GG

    -vgl. *Wassermeyer*, FR 2008, S. 67; *Schreiber*, in: Kroppen (Hrsg.) Handbuch internationale Verrechnungspreise, FVerlV, Anm. 26.; *Haas*, Ubg 2008, 517; *Welling/Tiemann*, FR 2008, 68-

- Darüber hinaus wird in der Literatur der Vorwurf erhoben, dass die Funktionsverlagerungsbesteuerung nicht der Konkretisierung des Fremdvergleichsgrundsatzes dient, sondern weit über diese hinausgehe

    -vgl. *Frotscher*, a.a.O., S. 57, *Kroppen/Rasch/Eigelshoven*, IWB 2007, S. 2213 f. *Bödefeld/Kutschnik*, in: Blumberg/Benz, Die Unternehmensteuerreform 2008, S. 276 f.; *Wulf*, DB 2007, 2280; zur Informationstransparenz *Kaminski*, RIW 2007, 594-

und deshalb in den Fällen ihrer Anwendung durch die Finanzverwaltung zur Doppelbesteuerung führt,

-vgl. *Frotscher*, a.a.O., S. 57; *Baumhoff/Ditz/Greinert*, DStR 2008, S. 1945 ff., S. 1952 („international völlig unüblich"); *Blumers*, BB 2007, 1757; *Kroppen/Rasch/Eigelshoven*, IWB 2007, S. 2220; *Greinert* in: Schaumburg/Rödder, Unternehmensteuerreform 2008, S. 556; *Frischmuth*, StuB 2007, S. 389; *Kroppen*, in: Kroppen (Hrsg.) Handbuch internationale Verrechnungspreise, FVerlV, Anm. 142-

und im Übrigen auch nicht dem Stand der Diskussion auf Ebene der OECD zum Thema „Business Restructuring"

-vgl. OECD Draft Transfer Pricing Aspects of Business Relationship, 19.09.2008 (www.oecd.org)-

entspricht, sondern in einseitiger Weise mit den anderen OECD-Staaten nicht abgestimmte Fakten schafft.

-vgl. *Frotscher*, a.a.O., S. 57; *Kroppen/Rasch*, IWB 2008, S. 2340; *Hey*, BB 2007, S. 1308; *Kroppen/Rasch/Eigelshoven*, IWB 2007, S. 2201, 2209; 2213; *Bödefeld/Kutschnik*, in: Blumberg/Benz, Die

Unternehmensteuerreform 2008, S. 290; *Hornig*, PIStB 2008, S. 50; *Welling/Tiemann*, FR 2008, S. 69; *Frischmuth*, StuB 2007, S. 392; a.A. *Schreiber*, in: Kroppen (Hrsg.) Handbuch internationale Verrechnungspreise, FVerlV, Anm. 30 f.-

Wir wollen uns an dieser Stelle auf die Frage der EG-rechtlichen Vereinbarkeit der Besteuerung einer Funktionsverlagerung mit den Vorgaben des EG-Vertrages konzentrieren.

Ähnlich wie dies für den Grundtatbestand des § 1 AStG versucht worden ist,

-vgl. *Naumann/Sydow/Becker/Mitschke*, a.a.O.-

will die Finanzverwaltung offenbar auch die Funktionsverlagerungsbesteuerung als Anwendungsfall des Fremdvergleichsgrundsatzes des Art. 9 OECD-MA und damit nicht als Missbrauchsbekämpfungsvorschrift verstanden wissen.

-vgl. stellvertretend für die Auffassung der Finanzverwaltung *Schwenke* in seinem letztjährigen Diskussionsbeitrag an dieser Stelle, JbFSt 2009/10, S. 84; vgl. auch die amtliche Begründung der FVerlV, BR-Drcks. 352/08 v. 23.05.2008, S. 2 und S. 10-

Angesichts der Einordnung der dem Grundtatbestand des § 1 Abs. 1 AStG ähnlichen Vorschrift des Art. 26 des belgischen Einkommensteuergesetzes durch den Gerichtshof in seinem SGI-Urteil als Maßnahme zur Bekämpfung von Steuerumgehungen und damit als Missbrauchsbekämpfungsvorschrift, ist die These, dass die über den Grundtatbestand des § 1 Abs. 1 AStG weit hinausgehende Funktionsverlagerungsregelung sich außerhalb der strengen Anforderungen an eine EG-rechtlich zulässige Missbrauchsbekämpfung bewegt, unhaltbar geworden. Die systematische Zuordnung der Funktionsverlagerung zu der Gewinnabgrenzungsvorschrift des § 1 AStG beruht auf der These, dass der Funktionsverlagerung eine schuldrechtliche Geschäftsbeziehung zwischen dem inländischen verlagernden und dem ausländischen übernehmenden Unternehmen zugrunde liegt. Dem wiederum liegt die Annahme zugrunde, dass auch unter fremden Dritten der Geschäftsvorgang der entgeltlichen Übertragung einer „Funktion" üblich ist. Dies ist jedoch zu bezweifeln. Tatsächlich sind entgeltliche Veräußerungen einer „Funktion" in der Praxis wohl eher selten.

-Vgl. *Kaminski*, RIW 2007, S. 599; *Kroppen*, in: Kroppen (Hrsg.) Handbuch internationale Verrechnungspreise, FVerlV, Anm. 105; *Ditz*, DStR 2006, S. 1628-

Verdeutlicht man sich darüber hinaus, dass es bei der Besteuerung einer Funktionsverlagerung nicht um die steuerliche Erfassung der in den veräußerten Wirtschaftsgütern enthaltenen stillen Reserven einschließlich eines eventuellen Gewinnaufschlags geht, sondern um die Erfassung des in der sog. „Funktion" verkörperten Gewinnpotentials, so drängt sich umso mehr die Frage auf, welcher fremde Dritte denn bereit wäre, für die Möglichkeit, künftige

Gewinne zu erzielen, einen Kaufpreis in Höhe des Barwerts der künftigen Gewinne zu zahlen. Der Veräußerer der Funktion würde demgegenüber von seinem eigenen unternehmerischen Risiko freigestellt und erhält eine Entgeltzahlung in Höhe des Barwertes der künftigen Gewinne im Sinne einer „ewigen Rente". Die Grundannahme einer solchen Geschäftsbeziehung im Rahmen der Funktionsverlagerungsbesteuerung ist daher realitätsfern und abzulehnen.

-vgl. *Frotscher*, a.a.O., S. 56; *Baumhoff/Ditz/Greinert*, a.a.O., S. 1945 ff., S. 1951.; *Bödefeld/Kutschnik*, in: Blumberg/Benz, Die Unternehmensteuerreform 2008, S. 263.; *Frotscher,* in: Lüdicke, Forum der internationalen Besteuerung 2007, S. 195 f.; *Jenzen*, NWB 2007, S. 9428; *Kahle*, Der Konzern 2007, S. 651; *Baumhoff/Ditz/Greinert,* DStR 2007, S. 1652.-

Daher stellt sich im Gesamtkontext des deutschen Außensteuerrechts die Frage, ob die Funktionsverlagerung als Regelungssachverhalt überhaupt in den als nationalstaatliche Ausgestaltung des Fremdvergleichsgrundsatzes (Art. 9 OECD-MA) einzustufenden § 1 AStG gehört, oder ob wir es hier nicht mit einem Fall gesetzgeberischen Etikettenschwindels zu tun haben. Mit anderen Worten: Gehört die Funktionsverlagerung überhaupt in den Regelungsbereich der Gewinnabgrenzung unter verbundenen Unternehmen, oder weist sie nicht eine sehr viel größere sachliche Nähe zu den Tatbeständen der Sitzverlegung oder der Verbringung von Wirtschaftsgütern ins Ausland auf?

-*Schön*, JbFSt 2009/10, S. 81; *ders.*, in: FS Herzig, a.a.O. 319, a.A. *Jahndorf*, a.a.O., S. 109-

Angesichts der weit reichenden EG-rechtlichen Einschränkungen, die der Besteuerungsanspruch des Wegzugsstaates durch die bisherige Rechtsprechung des Europäischen Gerichtshofs erlitten hat,

-vgl. Urt. v. 11.03.2004, C-9/02 (de Lasteyrie du Saillant), Slg. 2004, I-2409 und Urt. v. 07.09.2006, Rs. C-470/04 (N), Slg. 2006, I-7409; vgl. auch JbFSt 2004/2005, 72 ff., hierzu im Hinblick auf die Funktionsverlagerung ausführlich *Schön*, in: FS Herzig, a.a.O., 312 ff.-

ist der Versuch des deutschen Steuergesetzgebers, die Funktionsverlagerung in das Gewand einer Angemessenheitsprüfung zu hüllen und in den § 1 AStG an versteckter Stelle hinein zu packen, in ihrer Intention nachvollziehbar, in ihrer sachlichen Richtigkeit aber abzulehnen. Eine Durchleuchtung der Mogelpackung des § 1 Abs. 3 Satz 9 (sic!) AStG auf ihren materiellen Inhalt offenbart, dass die Funktionsverlagerung und ihre Besteuerung nichts mit der von Art. 9 OECD-MA sanktionierten Gewinnabgrenzung verbundener Unternehmen zu tun hat.

-vgl. vor allem *Frotscher*, FR 2008, 49; *Wassermeyer*, FR 2008, S. 68; *Hornig*, PIStB 2008, S. 50; *Frotscher*, in: Lüdicke, Forum der internationalen Besteuerung 2007, S. 205 f.; *Bohr*, IWB 2008, S. 2292; *Kroppen/Rasch/Eigelshoven*, IWB 2007, S. 2229; *Rödder*, Beihefter zu DStR 2007, S. 16-

Bereits die der gesetzlichen Regelung zugrunde liegende Annahme, ein fremder Dritter würde für die Übertragung der „Funktion" einen am Markt bestimmbaren Preis zahlen, entbehrt jeder Realität. Gleiches gilt für das Idealbild des allwissenden Dritten i.S.d. § 1 Abs. 1 Satz 2 AStG. Die Zugrundelegung eines 10-jährigen „Anpassungszeitraums", innerhalb dessen fremde Dritte angeblich üblicherweise Preisanpassungsklauseln vereinbaren würden,

-so § 1 Abs. 3 Satz 12 AStG; vgl. auch *Frotscher*, a.a.O., S. 56; *Englisch*, a.a.O., S. 140; *Bödefeld/Kutschnik*, in: Blumberg/Benz, Die Unternehmensteuerreform 2008, S.281 f.; *Jahndorf*, FR 2008, S. 108, *Crüger/Wintzer*, GmbHR 2008, S. 311; *Kroppen/Rasch/Eigelshoven*, IWB 2007, S. 2219 f.; *Wulf*, DB 2007, S. 2284; *Jenzen*, NWB 2007, S. 9430; *Rödder*, Beihefter zu DStR 2007, S. 17; *Kahle*, Der Konzern 2007, S. 655 f.; *Frischmuth*, StuB 2007, S. 463; *Scholz*, IStR 2007, S. 524; *Baumhoff/Ditz/Greinert*, DStR 2007, S. 1655; *Lange/Rohler*, GmbHStB 2007, S. 344. *Wassermeyer*, FR 2008, S. 68, sieht in dieser Preisanpassungsklausel den „Höhepunkt der Willkürlichkeiten".-

die Zugrundelegung von „Nach-Steuer-Gewinnen" für die Ermittlung des angeblich entgeltpflichtigen Gewinnpotentials

-vgl. § 1 Abs. 4 FVerlV; kritisch *Frotscher*, a.a.O., S. 57; *Kroppen/Rasch*, IWB 2008, S. 2343; *Bödefeld/Kutschnik*, in: Blumberg/Benz, Die Unternehmensteuerreform 2008, S. 262; *Oestreicher/Hundshagen*, DB 2008, S. 1698 f.-

sowie die Zugrundelegung eines zeitlich unbegrenzten Kapitalisierungszeitraumes entstammen allesamt nicht der wirtschaftlichen Realität. Es handelt sich um Phantasieprodukte fiskalischen Wunschdenkens. Legt man an diese gesetzliche Regelung als Prüfungsmaßstab die Grundsätze der EuGH-Rechtsprechung in den Entscheidungen Thin Cap und SGI an, so scheitert die Funktionsverlagerungsbesteuerung bereits an dem Erfordernis, dass eine die Niederlassungsfreiheit tatbestandlich beschränkende nationale Regelung zu ihrer Rechtfertigung „eine Prüfung objektiver und nachprüfbarer Umstände" vorsehen muss, „damit festgestellt werden kann, ob ein geschäftlicher Vorgang eine rein künstliche Konstruktion zu steuerlichen Zwecken darstellt ...".

-Vgl. Thin Cap-Urteil, a.a.O., Tz. 71-

Von diesen Anforderungen ist die gesetzliche Regelung der Funktionsverlagerung weit entfernt. Rein künstlich muten allein die der Funktionsverlagerung zugrunde liegenden Annahmen angeblich üblichen Fremdverhaltens an. Derartige Kriterien sind von vornherein gänzlich ungeeignet, als Grundlage einer objektiven Überprüfung im Sinne der EuGH-Rechtsprechung zu dienen.

Steuerberater Klug weist die X-SE auftragsgemäß darauf hin, dass die von ihr geplante Bündelung ihrer Solarenergie-Aktivitäten in der maltesischen Tochtergesellschaft M unter Aufgabe ihres bisherigen inländischen Standortes mit hoher Wahrscheinlichkeit von der Finanzverwaltung als Funktionsverlagerung besteuert wird. Dabei würde sich der Wert des der Besteuerung zugrunde gelegten Transferpakets innerhalb der Bandbreite des unter Berücksichtigung der standortspezifischen Vorteile des übernehmenden Unternehmens (niedriges Lohnniveau, steuerliche Fördermaßnahmen, niedriges Besteuerungsniveau) zu ermittelnden Höchstpreises des Eingangsbereichs als Obergrenze und als Untergrenze dem als Ausgleich für den Wegfall des Gewinnpotentials bei dem abgebenden Unternehmen nach den dort vorhandenen Bedingungen.

Abgesehen von der bereits vorgetragenen Kritik, dass eine solche Preisfindung mit dem Fremdvergleichsgrundsatz nicht das geringste zu tun hat, erfolgt hier ein beispielloser Akt extra-territorialer Besteuerung, indem nämlich Standortbedingungen im Staat des übernehmenden Unternehmens zur Grundlage der Bemessung des der deutschen Besteuerung zugrunde zu legenden Gewinns gemacht werden. Unter dem Deckmantel der angemessenen Aufteilung der Steuerhoheit unter den beteiligten Mitgliedstaaten, versucht der deutsche Fiskus mittels der Funktionsverlagerungsbesteuerung, künftige Gewinne, die das übernehmende Unternehmen in seinem Sitzstaat nach der Funktionsverlagerung erst in der Zukunft – wenn überhaupt – erwirtschaften wird, der deutschen Besteuerung zu unterwerfen, und dies unter Zugrundelegung der wirtschaftlichen Rahmenbedingungen im Staat des übernehmenden Unternehmens.

-So auch *Frotscher*, FR 2008, S. 49 ff., 53 („Besteuerung von Luftschlössern"); vgl. auch *Englisch*, IStR 2010, S. 140; *Kroppen/Rasch*, IWB 2008, S. 2349; *Baumhoff/Ditz/Greinert*, DStR 2007, S. 1651 f.; *Richter/Welling*, FR 2008, S. 78; *Frischmuth*, StuB 2007, S. 391 f.; *Blumers*, BB 2007, S. 1761; *Rödder*, Beihefter zu DStR 2007, S. 16; *Kahle*, Der Konzern 2007, S. 654; *Lange/Rohler*, GmbHStB 2007, S. 344; *Ditz*, SR 2008, S. 108; *Welling*, SR 2008, S. 105; *Haas*, SR 2008, S. 108; *Schön*, in: FS Herzig a.a.O., 315-

Dass die Ermittlung des der deutschen Besteuerung unterworfenen Zukunftsgewinns auf Nettobasis erfolgt, d.h. unter Zugrundelegung des Nach-Steuer-Gewinns der übernehmenden Gesellschaft in ihrem Ansässigkeitsstaat, führt dazu, dass der Besteuerungsverzicht des anderen Staates, in Form von niedrigen Steuersätzen zur Schaffung von Steuersubstrat in Deutschland als Staat des abgebenden Unternehmens führt. Auf diese Weise werden in Deutschland Gewinne der Besteuerung unterworfen, die selbst bei unterstellter Weiterführung der verlegten Funktion in Deutschland nie entstanden wären. Ein krasseres Beispiel für eine unverhältnismäßige Besteuerungsmaßnahme lässt sich kaum finden.

-vgl. *Schön*, FS Herzig, a.a.O., 315 („Sünde wider den heiligen Geist des Europäischen Binnenmarkts")-

Eine Gegenüberstellung der Funktionsverlagerungsbesteuerung mit der Besteuerung einer Verlagerung von Sitz und Ort der Geschäftsleitung eines ganzen Unternehmens, wie in Fallvariante 3) skizziert, verdeutlicht den sich deutlich abzeichnenden Befund einer EG-rechtswidrigen Besteuerungsregelung. Festzuhalten ist an dieser Stelle, dass die steuerliche Regelung in § 1 Abs. 3 S. 9 ff. AStG eine verkappte Wegzugsregelung ist, die an den von der Rechtsprechung des Gerichtshofs zu den Wegzugsfällen entwickelten Grundfreiheiten zu messen ist. Definiert man die Verbringung eines einzelnen Wirtschaftsguts in einen anderen Mitgliedstaat auf der einen Seite und die Verlegung eines ganzen Unternehmens über die Grenze auf der anderen Seite als die Extrempunkte der Bandbreite möglicher Verlagerungsmaßnahmen, so bewegt sich die Funktionsverlagerung dazwischen. Dies legt den Schluss nahe, dass die steuerlichen Rechtsfolgen einer Funktionsverlagerung nicht über diejenigen einer kompletten Sitzverlegung eines Unternehmens hinausgehen können, um sich im Rahmen des EG-rechtlich Zulässigen zu bewegen.

Zu Fallvariante 3):

Zivilrechtlich ist es der X-SE gestattet, ihren Sitz zusammen mit dem Ort der Geschäftsleitung in einen anderen Mitgliedstat der EU zu verlegen.

-vgl. Art. 8 SE-VO v. 08.10.2001, ABl. EG L 274 v. 10.11.2001, S. 1-

Eine Liquidationsbesteuerung nach § 11 KStG unter Zugrundelegung der Annahme einer zivilrechtlichen Zwangsliquidation der wegziehenden Gesellschaft, wie dies noch vor Inkrafttreten des SE-Statuts von der Rechtsprechung regelmäßig angenommen worden war,

- OLG Düsseldorf, NJW 2001, 2184, im Ergebnis offen gelassen von BayObLG, DNotZ 2004, 725, 726-.

scheidet für die Sitzverlegung einer SE aufgrund der eindeutigen Regelung in Art. 8 SE-VO von vornherein aus.

Infolge der EuGH-Rechtsprechung in den Rechtssachen Sevic Systems

-EuGH, Urt. v. 13.12.2005, C-411/03, Slg. 2005, I-10805-

und Cartesio

-EuGH, Urt. v. 16. 12. 2008, C-210/06, Slg. 2008, I-9641-

besteht die begründete Erwartung, dass der EuGH auch ohne Schaffung entsprechender sekundär-rechtlicher Vorgaben die identitätswahrende Verlegung einer nach nationalem Recht gegründeten Gesellschaft von einem Mitgliedstaat in einen anderen anerkennen wird.

-Vgl. Fall 2 der 60. Jahresarbeitstagung, JbFSt 2009/10, S. 86-

Der deutsche Steuergesetzgeber hat im Rahmen des SEStEG eine Neuregelung der sog. Entstrickungstatbestände vorgenommen, die nur als teilweise geglückt anzusehen ist. Bereits die tatbestandliche Voraussetzung der sog. Entstrickungsbesteuerung in § 4 Abs. 1 Satz 3 EStG bzw. § 12 Abs. 1 KStG steht angesichts der jüngsten BFH-Urteile

-BFH v. 17.07.2008 – I R 77/06, DStR 2008, 2001; BFH v. 28.10.2009 - I R 99/08, BFH/NV 2010, 346; BFH, v. 28.10.2009 - I R 28/08, IStR 2010, 103-

auf tönernen Füßen. Im Schrifttum wird von der mittlerweile herrschenden Meinung angenommen, dass der Gesetzgeber sein Ziel, die finale Entnahmetheorie durch Einführung der § 4 Abs. 1 S. 3 EStG und § 12 Abs. 1 KStG gesetzlich zu verankern, nicht erreicht hat, da es regelmäßig an der Erfüllung der Tatbestandsvoraussetzungen, dem Wegfall bzw. der Beschränkung des deutschen Besteuerungsrechts" fehlen wird.

-*Blumenberg*, IStR 2009, 549, 550; *Körner*, IStR 2009, 741, 743 ff., ders. IStR 2010, 208, *Schönfeld*, IStR 2010, 133, 136; *Roser*, DStR 2008, 2389, 2394; *Schneider/Oepen*, RR 2009, 22, 28 f., *Lambrecht* in Gosch, KStG, § 12, Rz. 35 ff., zweifend: *Prinz*, DB 2008, 807, a.A. *Mitschke*, IStR 2010, 95, *ders.* IStR 2010, 211, *ders.*, FR 2009, 329-

Selbst wenn man für Zwecke unserer Diskussion des Falles 1 unterstellt, dass die tatbestandlichen Voraussetzungen der Entstrickungsbesteuerung erfüllt seien, so beschränkt sich die von § 4 Abs. 1 Satz 3 EStG angeordnete Rechtsfolge auf eine Besteuerung der stillen Reserven in dem Betriebsvermögen des wegziehenden Unternehmens. Nach herrschender Meinung umfasst der anlässlich des Wegzugs zu erfassende Gewinn sämtliche im Zeitpunkt des Wegzugs vorhandenen stillen Reserven einschließlich eines Firmenwerts.

-*Benecke* in D/J/P/W, § 12 KStG Rz. 117 ff.; *Frotscher*, in: Frotscher/Maas, KStG, § 12 Rz. 21; vgl. auch Schön, FS Herzig, a.a.O., S. 314, wonach die Erfassung eines Firmenwerts „zuden tradierten Elementen einer Wegzugsbesteuerung" gehört -

Die Besteuerung eines Firmenwertes anlässlich der Verlegung eines gesamten Unternehmens in einen anderen EU-Mitgliedstaat stößt auf erhebliche EG-rechtliche Bedenken.

-Differenzierend Schön, in: FS Herzig, a.a.O., S. 314 unten, der eine Besteuerung eines Geschäftswerts anlässlich einer Sitzverlegung insoweit für EG rechtskonform ansieht, als der Geschäftswert auf Investitionen im Wegzugsstaat beruht, nicht jedoch soweit der Geschäftswert sich auf Umstände gründet, die außerhalb des Territoriums des Wegzugsstaates zur Entstehung gelangt sind.-

Der EuGH hatte bisher keine Gelegenheit, zu einem Fall Stellung zu nehmen, bei dem es um die Sitzverlegung eines Unternehmens ging. Die bisher vorgelegten Wegzugsfälle betrafen den Wegzug natürlicher Personen mit im Privatvermögen gehaltenen Anteilen.

-vgl. Urt. v. 11.03.2004, C-9/02 (de Lasteyrie du Saillant), Slg. 2004, I-2409 und Urt. v. 07.09.2006, Rs. C-470/04 (N), Slg. 2006, I-7409-

Der I. Senat des BFH hat in seinem Urteil vom 17.07.2008

- a.a.O. -

von einer Vorlage an den EuGH abgesehen, weil er aufgrund der Aufgabe der Theorie von der finalen Entnahme zu dem Befund gelangte, dass bereits nach nationalem deutschen Steuerrecht ein Realisationstatbestand bezüglich der vor dem Wegzug gelegten stillen Reserven fehlt. Die Frage nach der EG-Rechtskonformität der deutschen Regelung war somit nicht entscheidungserheblich. Dies ist zwar konsequent, aus der Sicht der Praxis aber bedauerlich. Die zentrale Frage, ob der Wegzugsstaat bei einer Sitzverlegung ein aus EG-rechtlicher Sicht legitimes Interesse an der steuerlichen Erfassung nicht nur der stillen Reserven in den einzelnen Wirtschaftsgütern des Betriebsvermögens des wegziehenden Unternehmens hat, sondern ob darüberhinaus auch ein Firmenwert Gegenstand der Wegzugsbesteuerung sein darf, harrt damit weiter einer EG-rechtlichen Klärung durch den EuGH.

Legt man die zu Betriebsveräußerungsfällen entwickelte Firmenwert-Definition des BFH zugrunde, bestimmt sich der Firmenwert als Differenz aus dem im Rahmen einer Betriebsveräußerung im Ganzen von einem gedachten Erwerber gezahlten Kaufpreis und der Summe der Verkehrswerte der einzelnen Wirtschaftsgüter (einschließlich der bisher nicht bilanzierten Wirtschaftsgüter), die den verkauften Betrieb ausmachen.

-vgl. *Weber-Grellet* in Schmidt, § 5 Rz. 221 ff.; BFH I R 60/95, BStBl. II, 1996, 576; BFH I R 42/00, BStBl. II 2001, 477-

Der Kaufpreis für das Gesamtunternehmen ermittelt sich nach der Ertragswertmethode auf der Grundlage des kapitalisierten Zukunftsertrages des veräußerten Unternehmens.

-vgl. IDW, Standard: Grundsätze zur Durchführung von Unternehmensbewertungen (IDW S 1 i. d. F. 2008), Stand 2.4.2008, WPg Supplement 3/2008, 68-

Überträgt man diese Grundsätze auf den Fall der grenzüberschreitenden Sitzverlegung eines Unternehmens innerhalb der EU, so wird deutlich, dass sich die Realisierung eines erst in der Zukunft zu erwirtschaftenden Gewinns zwangsläufig in dem anderen Mitgliedstaat abspielen wird, in den das Unternehmen verzieht. Ein Zugriff des Wegzugsstaats auf diese erst in der Zukunft im Zuzugsstaat zu erwirtschaftenden Gewinne widerspricht in elementarer Weise dem Prinzip des Binnenmarkts, der eine freie Allokation unternehmerischer Ressourcen innerhalb der EU frei von steuerlichen oder sonstigen Restriktionen zum zentralen Prinzip macht. Das Binnenmarktprinzip findet seinen rechtlichen Ausdruck in der Niederlassungsfreiheit, die es jedem Unionsbürger – gleiches gilt aufgrund Art. 48 EG für in einem Mitgliedstaat der EU errichtete Gesellschaften – gestattet, sich zur Ausübung eine wirtschaftlichen Tätigkeit nach seiner freien Wahl im gesamten EU-Raum niederzulassen. Die der Ermittlung eines Firmenwertes immanente Unterstellung einer Fortsetzung der gewinnzielenden unternehmerischen Tätigkeit im Staat der ursprünglichen Niederlassung stellt die vollständige Negation des Prinzips der freien Niederlassungswahl dar. Der Besteuerungsanspruch des Wegzugsstaates stößt am Binnenmarktprinzip an seine Grenzen. Eine Erfassung der unter der Steuerhoheit des Wegzugsstaats gelegten stillen Reserven muss sich auf die im Zeitpunkt des Wegzugs vorhandenen Werte beschränken. Etwas, was erst in der Zukunft – nach dem Wegzug – erwirtschaftet wird, kann folglich nicht Gegenstand einer im Zeitpunkt des Wegzugs einsetzenden Besteuerung sein.

-Zweifelnd auch *Schön* in JbFSt 2009/10, a.a.O., S. 79-

Eine zusätzliche Stütze findet diese These in einer Betrachtung der steuerlichen Behandlung der Sitzverlegung im Zuzugsstaat sowie des spiegelbildlichen Falles des Zuzugs eines Unternehmens aus dem Ausland. Der Zuzugsstaat wird bei einer grenzüberschreitenden Sitzverlegung zu Recht die nach dem Zuzug unter Nutzung der wirtschaftlichen Ressourcen, der Infrastruktur und sonstiger Standortvorteile erwirtschafteten Gewinne als sein Steuersubstrat ansehen und nicht das des Wegzugsstaats, wo die betreffende Tätigkeit in der Vergangenheit ausgeübt worden war. Die zusätzliche steuerliche Erfassung der nach dem Wegzug zu erwartenden Gewinne im Rahmen einer Firmenwertbesteuerung im Wegzugsstaat führt zwangsläufig zu einer doppelten steuerlichen Erfassung desselben Gewinns. Der von den Vertretern der Finanzverwaltung bemühte Rechtfertigungsgrund der ausgewogenen Aufteilung der Besteuerungshoheiten unter den Mitgliedstaaten trägt gewiss nicht eine volle doppelte steuerliche Erfassung des kapitalisierten künftigen Unternehmensgewinns. Der Zuzugsstaat wäre zur Vermeidung dieser doppelten steuerlichen Erfassung wohl kaum bereit, in der Eröffnungsbilanz des zuziehenden Unternehmens den Ansatz eines steuerlich abschreibungsfähigen Firmenwertes in Höhe des in der Schlussbilanz im Wegzugsstaat erfassten Firmenwerts zu gestatten. Im spiegelbildlichen Fall des Zuzugs eines im EU-Ausland errichteten Unternehmens ins Inland sieht das deutsche Steuerrecht konsequenterweise auch nicht den Ansatz eines Firmenwertes in der Eröffnungsbilanz des zugezogenen Unternehmens vor.

-vgl. in diesem Sinne auch *Hoffmann*, GmbH-StB 2008, 185, 187-

Die Kontroverse erinnert an die frühere steuerliche Behandlung stiller Reserven im Rahmen der Wegzugsbesteuerung nach § 6 AStG, wo für den Wegzugsfall zwar eine volle Aufdeckung der stillen Reserven bis zum Verkehrswert vorgesehen war, im Zuzugsfall jedoch eine Aufstockung der Anteile über die historischen Anschaffungskosten hinaus versagt wurde.

-BFH, v. 30.3.1993 – VIII R 44/90, BFH/NV 1993, 597; BFH, v. 19.3.1996 – VIII R 15/94, BStBl. II 1996, 312-

Diese Inkongruenz in der Besteuerung von Wegzugsfällen war zu Recht Gegenstand von Kritik.

-vgl. *Wassermeyer* in Festschrift für Hans Flick, 1997 S. 1057, 1063; *Pohl*, Nationalbericht, Cahiers de droit fiscal international Vol. LXXXVIIb 273, 285-

Mit der Verankerung eines Verstrickungsprinzips in §§ 4 Abs. 1 S. 7, Hs. 2, 6 Abs. 1 Nr. 5a EStG hat der deutsche Steuergesetzgeber den Fall des Zuzugs konsequent zum Wegzugsfall geregelt, indem nun bei Zuzug ebenfalls ein Ansatz zum gemeinen Wert der Anteile vorgesehen ist.

In ihrer Entschließung zur Wegzugsbesteuerung vom 02.12.2008 haben die Finanzminister der EG sich für eine solche konsequente Besteuerung ausgesprochen.

- abrufbar unter:
http://www.consilium.europa.eu/ueDocs/cms_Data/docs/pressdata/en/ecofin/104449.pdf-

In der Frage der Erfassung eines Firmenwertes kann die sachgerechte Lösung nur darin liegen, dass der Wegzugsstaat auf die Besteuerung verzichtet und der Ansatz eines Firmenwerts im Zuzugsstaat unterbleibt, weil allein der Zuzugsstaat einen legitimen Anspruch auf die Besteuerung der künftigen Gewinne hat. In Fallvariante 3 steht Deutschland als Wegzugsstaat somit das Recht zu, sämtliche in den einzelnen Wirtschaftsgütern des Betriebsvermögens der X-SE enthaltenen stillen Reserven steuerlich zu erfassen, wobei die Besteuerung bis zur tatsächlichen Realisierung aufzuschieben ist.

Der Besteuerungsaufschub darf nicht davon abhängig gemacht werden, dass im Inland eine Betriebsstätte zurückbleibt, der die Wirtschaftsgüter nach dem Wegzug zugerechnet wurden. Nach der neuen Rechtsprechung des I. Senats hat Deutschland für die vor dem Wegzug gelegten stillen Reserven auch nach dem Wegzug das - auch durch DBA nicht beschränkte - Besteuerungsrecht. Zudem verstößt der Betriebsstättenvorbehalt der Fusionsrichtlinie gegen primäres Gemeinschaftsrecht, da er zur Sicherstellung des berechtigten Besteuerungsinteresses des Wegzugsstaates nicht erforderlich ist. Das Regelungskonzept der Fusionsrichtlinie beruht auf dem – nach der Änderung der Rechtsprechung zur finalen Entnahme – veralteten Verständnis der Abgrenzung der Steuerhoheiten der Mitgliedstaaten aufgrund DBA.

Die Aufdeckung der stillen Reserven im Betriebsvermögen der wegziehenden Gesellschaft lässt sich nach der im Wortlaut der § 4 Abs. 1 Satz 3 EStG und § 12 Abs. 1 KStG nur unzureichend zum Ausdruck gebrachten gesetzgeberischen Intention dann vermeiden, wenn die wegziehende Gesellschaft eine inländische Betriebsstätte zurücklässt, der die stillen Reserven enthaltenden Wirtschaftsgüter der wegziehenden Gesellschaft über den Wegzug hinaus steuerlich zugeordnet wurden. Dieses mit den Vorgaben der EG-Fusionsrichtlinie

-RL 2009/133/EG v. 19.10.2009, ABl. L 310 v. 25.11.2009, 34-

in Einklang stehende Betriebsstätten-Erfordernis ist – gemessen an den Vorgaben des primären Gemeinschaftsrechts – problematisch. Das Betriebsstätten-Erfordernis der Fusionsrichtlinie, welches aus dem ersten Entwurf aus dem Jahre 1969 stammt, ist von der zwischenzeitlichen Entwicklung der Auslegung der Grundfreiheiten durch den Gerichtshof überholt worden ist und darf einem Wegzug in einen anderen EU-Mitgliedstaat nicht entgegen gehalten werden.

-so auch *Blumers/Kinzl*, BB 2005, 842, 971, *Rainer*, IStR 2008, 481-

In Anlehnung an die Rechtsprechung des Gerichtshofs zur Besteuerung des Wegzugs natürlicher Personen ist auch für den Wegzug von Kapitalgesellschaften zu fordern, dass das Recht des Mitgliedstaats der wegziehenden Gesellschaft sich in einer aufgeschobenen Besteuerung der im Zeitpunkt des Wegzugs vorhandenen stillen Reserven erschöpft. Die Erhebung der Steuer durch den Wegzugsstaat setzt voraus, dass die vor dem Wegzug gelegten stillen Reserven in der Folge des Wegzugs im Rahmen eines Realisationsgeschäfts am Markt realisiert werden. Es ist eine Frage der Verwaltungspraktikabilität, ob dieser Besteuerungsanspruch ohne zeitliche Begrenzung von dem Wegzugsstaat beansprucht wird.

Folgt man der hier vertretenen Auffassung, dass eine sofortige Besteuerung unter Fristsetzung und Erhebung der Steuer im Falle des Wegzugs einer Gesellschaft im Ganzen an EU-rechtliche Grenzen stößt, so ist eine darüber hinausgehende Besteuerung von künftigen Gewinnpotenzialen im Rahmen einer bloßen Verlegung von Teilen der bisherigen unternehmerischen Tätigkeit einer Gesellschaft im Rahmen der Funktionsverlagerung erst Recht EG-rechtswidrig.

-Von der EG-Rechtswidrigkeit der Funktionsverlagungsbesteuerung gehen aus: *Baumhoff/Ditz/Greinert*, a.a.O., S. 1957; *Frotscher* (dies aber bewusst nicht vertiefend), a.a.O., S. 57; *Goebel/Küntscher*, Ubg. 2009, S. 235; *Rolf*, IStR 2009, S. 152; a.A. *Jahndorf*, FR 2008, S. 101 ff, 110, der in seiner Argumentation aber zugleich entlarvt, dass es gerade um die Erfassung der ausländischen Standortverluste im Rahmen der deutschen Besteuerung geht, verbunden mit der sachfremden Feststellung, dass „solche Bewertungsunterschiede, die ihre Ursachen in den territorialen Standortbedingungen haben, ... keine diskriminierende Differenzierung darstellen."-

****

2. Generalthema

11.30 –
13.30 Uhr

Das Wachstumsbeschleunigungsgesetz

Leitung:

Wirtschaftsprüfer und Steuerberater
Prof. Dr. Thomas **Rödder,** Bonn

Referenten und Bearbeiter des Arbeitsbuches:

Wirtschaftsprüfer und Steuerberater
Dr. Oliver **Hötzel,** Bonn

Rechtsanwalt und Fachanwalt für Steuerrecht
Prof. Dr. Detlev Jürgen **Piltz,** Bonn

Wirtschaftsprüfer und Steuerberater
Prof. Dr. Thomas **Rödder,** Bonn

Rechtsanwalt und Fachanwalt für Steuerrecht
Dr. Jens **Schönfeld,** Bonn

Teilnehmer der Podiumsdiskussion:

Prof. Dr. Dietmar **Gosch,** München
Vorsitzender Richter am Bundesfinanzhof

Regierungsdirektor Dr. Rolf **Möhlenbrock,**
Bundesfinanzministerium, Berlin

Prof. Dr. Klaus-Dieter **Drüen,**
Heinrich-Heine-Universität Düsseldorf,
Lehrstuhl für Unternehmenssteuerrecht

I. Der neue EBITDA-Vortrag bei der Zinsschranke

II. Die neue Konzernklausel in § 8c KStG

III. Die neue Stille-Reserven-Klausel in § 8c KStG

IV. Die Neuregelung zur Entschärfung der Funktionsverlagerungsbesteuerung (im Gesetz zur Umsetzung steuerlicher EU-Vorgaben)

V. Die neue GrESt-Befreiung für Umwandlungen im Konzern

Kernstück der von der letzten Bundesregierung initiierten Unternehmensteuerreform 2008[1] war auf der einen Seite eine deutliche Steuersatzabsenkung für den thesaurierten Gewinn von Kapitalgesellschaften sowie die Einführung der Thesaurierungsbegünstigung für Personenunternehmen und auf der anderen Seite zum Zwecke der Gegenfinanzierung vor allem die Einführung der Zinsschranke, der „Verlustvernichtungsnorm" des § 8c KStG und der verschärften Funktionsverlagerungsbesteuerung.

Mit den Steuersatzsenkungen durch die Unternehmensteuerreform 2008 haben die Unternehmensteuersätze in Deutschland tendenziell ein international wettbewerbsfähiges Niveau erreicht, so dass sie auch nicht im Fokus der neuen Bundesregierung stehen. Diese hat vielmehr in ihrem Koalitionsvertrag einerseits vereinbart, die o.a. Gegenfinanzierungsmaßnahmen der Unternehmenssteuerreform 2008 insbesondere auch vor dem Hintergrund der aktuellen Finanz- und Wirtschaftskrise zu entschärfen, und andererseits gewichtige weitergehende unternehmensteuerpolitischen Vorhaben für die neue Legislaturperiode definiert.

Den ersten Teil ihrer unternehmensteuerpolitischen Vorhaben, die Entschärfung der o.a. Gegenfinanzierungsmaßnahmen der Unternehmensteuerreform 2008, hat die neue Bundesregierung jedenfalls zum großen Teil sehr schnell im sog. Wachstumsbeschleunigungsgesetz vom 22.12.2009[2] umgesetzt (bzw. wird sie nun im Gesetz zur Umsetzung von steuerlicher EU-Vorgaben umsetzen[3]).

Im Mittelpunkt stehen dabei der neue EBITDA-Vortrag bei der Zinsschranke, die neue Konzernklausel in § 8c KStG, die neue Stille-Reserven-Klausel in § 8c KStG, die Neuregelung zur Entschärfung der Funktionsverlagerungsbesteuerung sowie die neue GrESt-Befreiung für Umwandlungen im Konzern. Diese Steuerrechtsänderungen sind deshalb auch Gegenstand der Erörterungen des 2. Generalthemas.

---

[1] BGBl. I 2007, 1912.
[2] BGBl. I 2009, 3950.
[3] S. dazu die Beschlussempfehlung des FinA des Deutschen Bundestags.

I. Der neue EBITDA-Vortrag bei der Zinsschranke (Rödder)

Schrifttum: *Bien/Wagner*, Erleichterungen bei der Verlustabzugsbeschränkung und der Zinsschranke nach dem Wachstumsbeschleunigungsgesetz, BB 2009, 2627; *Gemmel/Loose*, Erleichterungen bei der Zinsschranke, NWB 2010, 262; *Herzig/Bohn*, Das Wachstumsbeschleunigungsgesetz als Umsetzung des Sofortprogramms der Koalitionsparteien zum Unternehmensteuerrecht, DStR 2009, 2341; *Herzig/Liekenbrock*, Zum EBITDA-Vortrag bei der Zinsschranke, DB 2010, 690; *Kessler/Lindemer*, Die Zinsschranke nach dem Wachstumsbeschleunigungsgesetz, DB 2010, 472, *Lenz/Dörfler/Adrian*, Änderungen bei der Zinsschranke durch das Wachstumsbeschleunigungsgesetz, Ubg 2010, 1; *Ortmann-Babel/Zipfel*, Umsetzung des Sofortprogramms der Bundesregierung – das Wachstumsbeschleunigungsgesetz, Ubg 2009, 813; *Rödder*, Entsteht ein EBITDA-Vortrag in Jahren mit einem Zinsertragsüberhang?, DStR 2010, 529; *Rödder*, Perspektiven der Unternehmensbesteuerung (Wachstumsbeschleunigungsgesetz, Koalitionsvertrag), Ubg 2010, 162; *Rödding*, Änderungen der Zinsschranke durch das Wachstumsbeschleunigungsgesetz, DStR 2009, 2649; *Schneider/Roderburg*, Beratungsrelevante Änderungen durch das Wachstumsbeschleunigungsgesetz, FR 2010, 58.

1. Einleitung

Die Einführung des EBITDA-Vortrags im Rahmen der Zinsschranke, der Vortrag des nicht ausgeschöpften verrechenbaren EBITDA in die folgenden fünf Wirtschaftsjahre, ist Ausdruck des gesetzgeberischen Ziels der periodenübergreifenden Glättung des Abzugsvolumens für Zinsaufwandsüberhänge.

Konkret bedeutet das, dass nach der 30 %-Grundregel nicht abzugsfähige Zinsaufwandsüberhänge bis zur Höhe eines EBITDA-Vortrags aus Vorjahren abzugsfähig sind, wobei ein vorrangiger Verbrauch der ältesten EBITDA-Vorträge erfolgt. Nicht genutzte EBITDA-Vorträge verfallen nach 5 Wirtschaftsjahren.

Für zwei Jahre kann die Funktionsweise des neuen EBITDA-Vortrags exemplarisch wie folgt veranschaulicht werden:

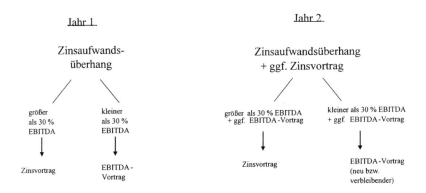

Durch die Nutzung eines EBITDA-Vortrags kann ein Verlust entstehen oder sich erhöhen (und in einen Verlustvortrag eingehen). Insbesondere ist die Erkenntnis wichtig, dass es auch bei operativen Verlusten zu einer automatischen Verwendung des EBITDA-Vortrags kommt. Der Grundtatbestand ist nämlich auch dann erfüllt, wenn neben einem negativen Zinssaldo ebenfalls ein negatives EBITDA vorliegt und die Zinsschranke deshalb eigentlich nicht zu einer steuerlichen Belastung führen kann. Der Verbrauch des EBITDA-Vortrags führt dann zur Vermeidung des Aufbaus eines Zinsvortrags; stattdessen fließen die Nettozinsaufwendungen in den (bei Nutzung die Mindestbesteuerung auslösenden) Verlustvortrag ein.

Ein EBITDA-Vortrag wird nicht ermittelt in Jahren, in denen die Zinsschranke aufgrund § 4h Abs. 2 EStG (Freigrenze, Nicht-Konzern-Escape, EK-Escape) keine Anwendung findet.

Der EBITDA-Vortrag wird (entsprechend einem Zinsvortrag) gesondert festgestellt. Er geht unter bei Betriebsaufgabe/-übertragung, Ausscheiden eines Mitunternehmers und in Umwandlungsfällen (ebenfalls entsprechend wie bei einem Zinsvortrag).

Als besonderes Mittel zur Bekämpfung der Finanz- und Wirtschaftskrise erklärbar ist, dass auch EBITDA-Vorträge für die Wj. 2007 – 2009[4] auf Antrag das verrechenbare EBITDA des VZ 2010 erhöhen. Damit erfolgt auch ein Einbezug eines EBITDA-Vortrags aus VZ 2007, obwohl die Zinsschranke erstmals im VZ 2008 anzuwenden ist. Im gesetzgeberischen Rückbeziehungszeitraum erfolgt eine gesonderte Ermittlung eines EBITDA-Vortrags für jedes Jahr ohne Saldierung.

---

[4] Insoweit Hinweis auf die präzise Formulierung in der Übergangsregelung und w.u. Fall 4.

2. Wortlaut der Neuregelung

„Zinsaufwendungen eines Betriebs sind abziehbar in Höhe des Zinsertrags, darüber hinaus nur bis zur Höhe des verrechenbaren EBITDA. Das verrechenbare EBITDA ist 30 Prozent des um die Zinsaufwendungen und um die nach § 6 Absatz 2 Satz 1 abzuziehenden, nach § 6 Absatz 2a Satz 2 gewinnmindernd aufzulösenden und nach § 7 abgesetzten Beträge erhöhten und um die Zinserträge verminderten maßgeblichen Gewinns. Soweit das verrechenbare EBITDA die um die Zinserträge geminderten Zinsaufwendungen des Betriebs übersteigt, ist es in die folgenden fünf Wirtschaftsjahre vorzutragen (EBITDA-Vortrag); ein EBITDA-Vortrag entsteht nicht in Wirtschaftsjahren, in denen Absatz 2 die Anwendung von Absatz 1 Satz 1 ausschließt. Zinsaufwendungen, die nach Satz 1 nicht abgezogen werden können, sind bis zur Höhe der EBITDA-Vorträge aus vorangegangenen Wirtschaftsjahren abziehbar und mindern die EBITDA-Vorträge in ihrer zeitlichen Reihenfolge. Danach verbleibende nicht abziehbare Zinsaufwendungen sind in die folgenden Wirtschaftsjahre vorzutragen (Zinsvortrag). Sie erhöhen die Zinsaufwendungen dieser Wirtschaftsjahre, nicht aber den maßgeblichen Gewinn."

Nach den vorstehenden Grundsätzen ermittelte EBITDA-Vorträge für die Wj. 2007 – 2009[3] erhöhen auf Antrag das verrechenbare EBITDA des VZ 2010.

3. Wichtige rechtliche Zweifelsfragen anhand von Fallbeispielen

Fall 1: Entsteht in Jahren mit einem Zinsertragsüberhang ein EBITDA-Vortrag?

Sachverhalt:

Die (nicht in einem Organkreis befindliche) X-GmbH erwirtschaftet in 2010 Zinsaufwendungen i.S.d. Zinsschrankenregelung i.S.v. 10 Mio. € und Zinserträge i.H.v. 12 Mio. €. Das EBITDA i.S.d. Zinsschrankenregelung beläuft sich auf 27 Mio. €.

Rechtsfrage:

Entsteht in 2010 ein EBITDA-Vortrag?

Das Entstehen eines EBITDA-Vortrags ist eindeutig in Jahren nicht möglich, in denen die Freigrenze Anwendung findet. Fraglich ist, ob ein EBITDA-Vortrag in Jahren mit einem Zinsertragsüberhang entstehen kann. Die Beträge der Zinsaufwands- resp. Zinsertragsüberhänge und des EBITDA können der Höhe nach extrem auseinanderfallen.

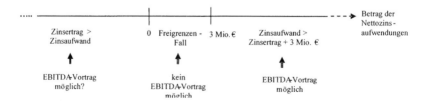

Die Finanzverwaltung hat sich hierzu bisher nicht offiziell geäußert, tendiert dem Vernehmen nach aber zu der Sichtweise, dass in Jahren mit einem Zinsertragsüberhang kein EBITDA-Vortrag entstehen kann.

Stellungnahmen in der Literatur zu der aufgeworfenen Frage sind - von einer Stellungnahme des Verf. abgesehen[5] - nicht ersichtlich. Es wird nur dem Gesetzeswortlaut entsprechend erörtert, dass ein Ausschluss des EBITDA-Vortrags dann in Betracht kommt, wenn die Zinsaufwendungen die Zinserträge überschreiten und die Voraussetzungen des § 4h Abs. 2 EStG erfüllt sind.[6] Insoweit ist für die hier zu behandelnde Fragestellung insbesondere der Fall des Eingreifens der Freigrenze relevant (Zinsaufwandsüberhang nicht größer als 3 Mio. €). Der Fall des Zinsertragsüberhanges wird dagegen nicht thematisiert. Fragen im Zusammenhang mit dem Ausschluss des EBITDA-Vortrags werden immer nur für Fälle des Zinsaufwandsüberhangs erörtert.

Die Frage nach dem Entstehen eines EBITDA-Vortrags in Jahren mit einem Zinsertragsüberhang ist zu unterscheiden von der nach dem Gesetzeswortlaut eindeutig zu verneinenden Frage, ob ein Zinsertragsüberhang vortragsfähig ist.[7]

Lösungsvorschlag:

Der *Wortlaut der Vorschrift* des § 4h Abs. 1 EStG spricht dafür, dass in Jahren mit einem Zinsertragsüberhang ein EBITDA-Vortrag entstehen kann:

- Nach § 4h Abs. 1 S. 2 EStG nF ist das verrechenbare EBITDA 30% des um die Zinsaufwendungen und entsprechenden Absetzungen erhöhten und um Zinserträge verminderten maßgeblichen Gewinns. Es spielt für die Ermittlung des verrechenbaren EBITDA nach dem insoweit eindeutigen Wortlaut also keine Rolle, ob Zinsaufwand tatsächlich existiert oder die Zinsaufwendungen die Zinserträge übersteigen. Auch die Regelung des § 4h Abs. 1 Satz 1 EStG n.F., wonach Zinsaufwendungen abziehbar sind in Höhe des Zinsertrages und darüber hinaus nur bis zur Höhe des verrechenbaren EBITDA, ändert an der Definition des verrechenbaren EBITDA nichts. Die Regelung kann

---

[5] DStR 2010, 529. Wohl wie der Verf. im Ergebnis nun auch *Herzig/Liekenbrock*, DB 2010, 690.
[6] *Bien/Wagner*, BB 2009, 2626 (2633); *Gemmel/Loose*, NWB 2010, 262 (265 f.); *Herzig/Bohn*, DStR 2009, 2341 (2344); *Lenz/Dörfler/Adrian*, Ubg 2010, 1 (2); *Ortmann-Babel/Zipfel*, Ubg 2009, 813 (814); *Rödding*, DStR 2009, 2649, (2651); *Scheunemann/Dennisen*, BB 2009, 2564 (2565); *Schneider/Roderburg*, FR 2010, 58 (64).
[7] Dazu *Herzig/Liekenbrock*, DB 2010, 690.

insbesondere auch nicht so gelesen werden, dass verrechenbares EBITDA nur in Jahren mit einem Zinsaufwandsüberhang vorhanden sein kann.

- § 4h Abs. 1 S. 3 EStG nF regelt, dass das verrechenbare EBITDA zu einem EBITDA-Vortrag wird, soweit es die um die Zinserträge geminderten Zinsaufwendungen übersteigt und (u.a.) kein Freigrenzen-Fall gegeben ist. Diese Formulierung bringt nach der naheliegenden Wortlautauslegung nicht zum Ausdruck, dass ein EBITDA-Vortrag nur in den Fällen des Zinsaufwandsüberhangs entstehen kann, sondern dass das verrechenbare EBITDA nur insoweit zu einem Vortrag werden kann, soweit es nicht schon im selben Jahr zur Verrechnung eines Zinsaufwandsüberhangs benötigt worden ist. Sonst würde auch die klar auch den Fall des Zinsertragsüberhangs erfassende Legaldefinition des verrechenbaren EBITDA in Satz 2 überhaupt keinen Sinn machen. Die Aussage, dass das verrechenbare EBITDA nur insoweit zu einem Vortrag werden kann, soweit es nicht schon im selben Jahr zur Verrechnung eines Zinsaufwandsüberhangs benötigt worden ist, bedeutet auch, dass in einem Jahr mit einem Zinsertragsüberhang der bei der Ermittlung des EBITDA-Vortrags in Satz 3 vorgesehene Abzugsbetrag vom verrechenbaren EBITDA („soweit es die um die Zinserträge geminderten Zinsaufwendungen übersteigt") mit null anzusetzen ist (und nicht mit einem Negativbetrag, der den Abzugsbetrag zu einem Zuschlag machen würde).

- Bei richtigem Verständnis des Wortlauts ist das Entstehen eines EBITDA-Vortrags also nur dann nicht möglich, wenn die Voraussetzungen der Escape-Klausel des § 4h Abs. 2 EStG nF (hier: in Form des Freigrenzen-Falls) vorliegen. Dies ist aber im Fall eines Zinsertragsüberhangs eindeutig nicht der Fall. Denn § 4h Abs. 2 S. 1 lit a) EStG setzt nach seinem Wortlaut voraus, dass die Zinsaufwendungen die Zinserträge übersteigen.

Erkennbares und vom Gesetzgeber zum Ausdruck gebrachtes *Ziel der Regelung des EBITDA-Vortrags* ist es, nicht genutztes verrechenbares EBITDA in anderen Jahren nutzbar machen zu können und eine rückwirkende „Glättung des Abzugsvolumens" bis in das Jahr 2007 hinein zu erreichen.[8] Deshalb wäre es auch offensichtlich teloswidrig, wenn im Fall eines Zinsertragsüberhangs dem Steuerpflichtigen der EBITDA-Vortrag versagt würde. Denn nach dem Konzept der Vorschrift soll der Steuerpflichtige ja gerade davon profitieren, dass er in vergangenen Jahren keine das EBITDA-Potential ausschöpfende Nettofremdfinanzierung hatte. Diese Wertung gilt gerade auch dann, wenn ein Zinsertragsüberhang besteht.

---

[8] BT-Drs. 17/15, 18.

Dem lässt sich der generelle Ausschluss des EBITDA-Vortrags nach § 4h Abs. 1 S. 3 Hs. 2 EStG im Freigrenzen-Fall nicht entgegenhalten. Denn diese Vorschrift enthält eine logische Inkonsequenz, die dem Vernehmen nach nur deshalb i.s. einer Vereinfachungsregelung in Kauf genommen worden ist, weil es sonst in kleinen Fällen zu einer uferlosen Zahl von EBITDA-Vortrags-Feststellungen ohne wirtschaftliche Bedeutung gekommen wäre[9]. Für eine sinngemäße Anwendung einer teloswidrigen Vereinfachungsregelung für die Freigrenzen-Fälle auf die Fälle des Zinsertragsüberhangs besteht vor diesem Hintergrund dagegen weder Anlass noch Rechtfertigung.

Es ergäbe auch überhaupt keinen Sinn, ein Unternehmen zu „bestrafen", das in einem Jahr über einen Zinsertragsüberhang verfügt. Finanzpolitisch ist es gerade gewünscht, dass Unternehmen in Deutschland keinen Nettozinsaufwand haben. Es wäre ein fatales Signal, nur die Unternehmen zu privilegieren, die tatsächlich über einen Nettozinsaufwand verfügen und außerhalb der Freigrenze liegen.

Fall 2: Wie sind die Ausnahmetatbestände außerhalb des Freigrenzenfalls zu verstehen, die das Entstehen eines EBITDA-Vortrags ausschliessen?

Sachverhalt:

Die X-GmbH hat im Wj. 2010 einen Zinsaufwandsübergang, der die Freigrenze übersteigt, aber 30 % des verrechenbaren EBITDA unterschreitet. Sie könnte den Nicht-Konzern-Escape bzw. den EK-Escape in Anspruch nehmen, braucht dies aber wegen des ausreichenden verrechenbaren EBITDA nicht. Alternativ: Es ist sachverhaltlich und/oder rechtlich unklar, ob die X-GmbH den Nicht-Konzern-Escape bzw. den EK-Escape in Anspruch nehmen könnte.

Rechtsfrage:

Entsteht in 2010 ein EBITDA-Vortrag?

Lösungsvorschlag:

Nach § 4h Abs. 1 Satz 2 2. Hs. EStG entsteht ein EBITDA-Vortrag in Wj. nicht, in denen ein Ausnahmetatbestand i.S. des § 4h Abs. 2 EStG die Anwendung des § 4h Abs. 1 S. 1 EStG ausschliesst. Damit ist nach dem Wortlaut nicht nur der Fall der Freigrenze, sondern auch der Fall des Nicht-Konzern-Escape bzw. des EK-Escape erfasst.

---

[9] Ein Freigrenzen-Fall ist indessen auch in großen Fällen denkbar (z.B. dann, wenn 100 Mio. € Zinsaufwand 99 Mio. € Zinserträge gegenüberstehen).

Dennoch sind die Fälle nicht uneingeschränkt vergleichbar. Nur im Fall der Freigrenze ist ein einfach anzuwendender Befreiungsautomatismus gegeben, nicht aber bei den übrigen Ausnahmetatbeständen[10]. Vielmehr sind die Inanspruchnahme des Nicht-Konzern-Escape und des EK-Escape an einen zu erbringenden komplizierten Nachweis gekoppelt, der im Normalfall, wenn es um die Vermeidung des Eingreifens der Zinsschranke geht, vom Stpfl. erbracht werden muss.

Im hier interessierenden Zusammenhang dürfte das heißen, dass die Finanzverwaltung nachweisen müsste, dass ein Fall des Nicht-Konzern-Escape bzw. des EK-Escape gegeben ist, wenn sie aufgrund dessen den EBITDA-Vortrag verwehren möchte[11]. Wenn der Nachweis aber gelingt, dürfte ein EBITDA-Vortrag nicht zur Entstehung gelangen.

Fall 3: Greift § 8c KStG für den EBITDA-Vortrag?

Sachverhalt:

Die X-GmbH verfügt über einen EBITDA-Vortrag. Eine Erwerber erwirbt die Anteile an X-GmbH. Die Ausnahmen betr. die Anwendung des § 8c KStG für Verluste und Zinsvorträge (Konzernklausel, Stille-Reserven-Klausel, Sanierungsklausel) greifen sachverhaltlich nicht ein.

Rechtsfrage:

Bleibt der EBITDA-Vortrag bestehen?

Lösungsvorschlag:

§ 8a Abs. 1 Satz 3 KStG enthält keinen Verweis auf § 8c KStG, der im Falle eines schädlichen Beteiligungserwerbs grds. zu einem Untergang von Verlusten sowie Verlust- und Zinsvorträgen führt. Dies ist erstaunlich, weil alle übrigen Regelungen, die zum Untergang von Verlusten und Verlust- und Zinsvorträgen führen können (§ 4h Abs. 5 EStG, §§ 4 Abs. 2, 15 Abs. 3, 20 Abs. 9 UmwStG) auf den EBITDA-Vortrag ausgedehnt wurden.

Zwar könnte für die in Fall 4 angesprochenen EBITDA-Vorträge aus den Jahren 2007 ff. mglw. aus § 52 Abs. 12 Satz 5 2. Hs. EStG etwas anderes herausgelesen werden (der Verweis auf die sinngemäße Anwendung von § 8a Abs. 1 KStG n.F. in § 52 Abs. 12 Satz 5 2. Hs.

---

[10] Dazu z.B. *Herzig/Liekenbrock*, DB 2010, 690 (692).
[11] *Gemmel/Loose*, NWB 2010, 266.

EStG erscheint nur dann einen Sinn zu ergeben, wenn er als Verweisnorm zur entsprechenden Anwendung von § 8c KStG verstanden wird)[12]. Für den regulär entstandenen EBITDA-Vortrag enthält das Gesetz aber keine entsprechende Regelung.

Damit werden EBITDA-Vorträge von Kapitalgesellschaften in bestimmten Fällen c.p. besser behandelt als die von Personengesellschaften (allerdings wird der EBITDA-Vortrag auch nicht in § 4h Abs. 5 Satz 3 EStG aufgeführt, der die entsprechende Anwendung von § 8c KStG für Personengesellschaften anordnet, an denen wenigstens eine Körperschaft mittelbar oder unmittelbar beteiligt ist).

Fall 4: Welche besonderen Rechtsfragen stellen sich für den fiktiven EBITDA-Vortrag aus 2007 ff.?

Sachverhalt:

Die X-GmbH hat ermittelt, dass sie in den Jahren 2007 bis 2009 jeweils einen EBITDA-Vortrag gehabt hätte, wenn die Neuregelung des WachstumsbeschlG in diesen Jahren schon in Kraft gewesen wäre. Fraglich ist, ob und wie die X-GmbH diese Gegebenheiten nutzen kann.

Rechtsfragen:

Fraglich ist, wie der Antrag für den fiktiven EBITDA-Vortrag aus 2007 ff. gestellt werden kann und wie dieser wirkt.

Fraglich ist, wann für den fiktiven EBITDA-Vortrag aus 2007 ff. die fünfjährige Verfallsfrist beginnt.

Fraglich ist, ob auch die Freigrenzen-Ausnahme, die das Entstehen eines EBITDA-Vortrags ausschließt, fiktiv in 2007 ff. anzuwenden ist.

Lösungsvorschlag:

Die Regelungen über den EBITDA-Vortrag sind grundsätzlich erstmals für Wirtschaftsjahre anzuwenden, die nach dem 31.12.2009 enden.[13] Um schon im Wirtschaftsjahr 2010 eine ef-

---

[12] Dazu z.B. *Herzig/Liekenbrock*, DB 2010, 690 (694).
[13] § 52 Abs. 12d Satz 4 EStG n.F.

fektive Erleichterung bei der Zinsschranke zu bewirken, gestattet § 52 Abs. 12d Satz 5 EStG auf Antrag, das verrechenbare EBITDA dieses Jahres um fiktive EBITDA-Vorträge aus den Jahren 2007 bis 2009 zu erhöhen. Diese Beträge werden jahresweise nach den Grundsätzen des § 4h Abs. 1 EStG n.f. gesondert ermittelt, ohne sich innerhalb des „Rückwirkungszeitraums" nach den ansonsten geltenden neuen Regeln zu verbrauchen oder zu vermindern.[14] Das Gesetz formuliert das wie folgt: Nach den Grundsätzen des § 4h Abs. 1 S. 1 bis 3 EStG zu ermittelnde EBITDA-Vorträge für Wirtschaftsjahre, die nach dem 31.12.2006 beginnen und vor dem 1.1.2010 enden, erhöhen auf Antrag das verrechenbare EBITDA des ersten Wirtschaftsjahres, das nach dem 31.12.2009 endet.

Der Antrag zur Berükichtigung eines fiktiven EBITDA-Vortrags aus 2007 ff.[15] ist nur möglich im ersten Wj., das nach dem 31.12.2009 endet. Fristen für die Antragstellung sind nicht geregelt. Der Antrag kann mithin mit der Steuererklärung für den betreffenden VZ gestellt werden, aber auch eine Nachholung des Antrags bis zur Bestandskraft der betroffenen Steuerbescheide sollte möglich sein (wobei zu beachten ist, dass der reguläre EBITDA-Vortrag ab 2010 gesondert festgestellt wird).

Der Antrag bewirkt, dass sämtliche fiktiven EBITDA-Vorträge der Wj. 2007-2009 kumuliert dem verrechenbaren EBITDA des ersten Wj. hinzugerechnet wird, für das die Regelung über den regulären EBITDA-Vortrag gilt, also des Wj., das nach dem 31.12.2009 endet. Damit ist auch klar geregelt, dass die 5-Jahres-Verfallsfrist insoweit einheitlich immer erst Ende 2010 beginnt, soweit die fiktiven EBITDA-Vorträge der Wj. 2007-2009 nicht in diesem Wj. zur Verrechnung von Zinsaufwandsüberhängen benötigt werden..

Nach dem Wortlaut des § 52 Abs. 12d S. 5 EStG ist es zumindest für 2007 nicht völlig klar ist, ob in den von der Übergangsregelung erfassten Fällen der Ausschluss der Freigrenzen-Fälle vom Entstehen eines EBITDA-Vortrag vorgesehen ist (da die Übergangsregelung nur auf § 4h Abs. 1 S. 1 – 3 EStG verweist, wobei in S. 2 zwar wieder ein Verweis auf die Fälle des § 4h Abs. 2 EStG vorgesehen ist, der aber in 2007 leerläufig sein könnte).

---

[14] Vgl. BT-Drs. 17/147, 9.
[15] Dazu, ob die Antragstellung stets sinnvoll ist oder nicht, vgl. *Herzig/Liekenbrock*, DB 2010, 690 (691 f.). Bei Verlusten im Wj. 2010 kann ein EBITDA-Vortrag dazu führen, dass statt Zinsvorträgen Verlustvorträge entstehen.

Fall 5: Welche besonderen Rechtsfragen stellen sich im Organschaftsfall?

Sachverhalt:

Die X-GmbH ist Mitglied eines Organkreises als Organträger (Alternative: Organgesellschaft) und hat ein verrechenbares EBITDA, das für ihren Zinsaufwandsüberhang nicht benötigt wird. Die entsprechenden Verhältnisse bei den anderen Mitgliedern des Organkreises wirken nicht überkompensierend (Alternative: sie wirken überkompensierend).

Abwandlung: Die X-GmbH wird erst im Folgejahr Mitglied des Organkreises bzw. scheidet im Folgejahr aus dem Organkreis aus.

Rechtsfragen:

Fraglich ist, wo und wie im Organschaftsfall ein EBITDA-Vortrag ermittelt werden kann.

Fraglich ist weiter, welche Folgen es hat, wenn eine Kapitalgesellschaft mit einem EBITDA-Vortrag in einen Organkreis einbezogen wird oder wenn nach Entstehen eines EBITDA-Vortrags im Organkreis eine Organgesellschaft den Organkreis verlässt (resp. alle Organgesellschaften den Organkreis verlassen resp. der Organträger den Organkreis verlässt).

Lösungsvorschlag:

Wegen § 15 Nr. 3 Satz 1 KStG entsteht ein EBITDA-Vortrag im Organschaftsfall nur auf Ebene des Organträgers. Ob ein EBITDA-Vortrag anfällt oder nicht, entscheidet sich dabei nach den Verhältnissen des gesamten Organkreises.[16]

Sofern auf Ebene einer Gesellschaft ein EBITDA-Vortrag festgestellt worden ist, die erst in nachfolgenden Wj. in einen Organkreis einbezogen wird, ist der vorvertragliche EBITDA-Vortrag ebenso wie ein vorvertraglicher Zinsvortrag mangels Anwendbarkeit von § 4h Abs. 1 EStG auf der Ebene der Organgesellschaft „eingefroren". Hingegen ist ein vorvertraglicher EBITDA-Vortrag des Organträgers uneingeschränkt mit dessen eigenen und ihm zugewiesenen Zinsaufwandsüberschüssen von Organgesellschaften auch dann verrechenbar, wenn diese erst nach Entstehen des EBITDA-Vortrags in den Organkreis einbezogen worden sind. Auch wenn die Organschaft beendet wird, ist der durch den ehemaligen Organkreis verursachte EBITDA-Vortrag weiterhin vom Organträger nutzbar (nachvertraglicher EBITDA-Vortrag).

---

[16] Dazu und zum Nachstehenden im Einzelnen s. *Herzig/Liekenbrock*, DB 2010, 690 (694).

Die Beendigung eines Organschaftsverhältnisses führt auch bei zutreffender Betrachtung nicht zu einem anteiligen Untergang des in vertraglicher Zeit gebildeten EBITDA-Vortrags. Allerdings ist es denkbar, dass die Finanzverwaltung ihre Auffassung zum partiellen Untergang des Zinsvortrags im Falle der Beendigung von Organschaftsverhältnissen auch auf den EBITDA-Vortrag ausdehnen wird. Dies hätte zur Folge, dass die in vertraglicher Zeit gebildeten EBITDA-Vorträge des Organträgers in einer Nebenrechnung entsprechend ihrer Verursachung auf die einzelnen Organgesellschaften verteilt werden müssten, damit der Umfang des untergehenden EBITDA-Vortrags bestimmt werden kann.

Den Antrag zur Berücksichtigung fiktiver EBITDA-Vorträge aus den Wj. 2007 ff. aus dem Organkreis insgesamt hat der Organträger zu stellen.

Wenn eine Kapitalgesellschaft in den Wj. 2007 – 2009 nicht zu einem Organkreis gehört hat, in 2010 aber Organgesellschaft geworden ist, werden für diese für den Rückwirkungszeitraum zwar auf Antrag fiktive EBITDA-Vorträge ermittelt, diese können aber nicht dem verrechenbaren EBITDA der Organgesellschaft des Wj. 2010 hinzugerechnet werden, weil Organgesellschaften aufgrund von § 15 Nr. 3 Satz 1 KStG über kein verrechenbares EBITDA verfügen. Somit kann mangels verrechenbarem EBITDA auf Ebene der Organgesellschaft kein fiktiver EBITDA-Vortrag festgestellt werden.[17] Das Ergebnis ist mehr als unbefriedigend. Zu erwägen ist, ob nicht auch ein Einbezug in das Volumen des verrechenbaren EBITDA auf Ebene des Organträgers erfolgen könnte. Zumindest müsste ein EBITDA-Vortrag auf Ebene der Organgesellschaft festgestellt werden, der dann allerdings für die Zeit der Organschaft nicht genutzt werden kann und nach fünf Jahren verfällt.

II. Die neue Konzernklausel in § 8c KStG (Hötzel)

Schrifttum: *Bien/Wagner*, Erleichterungen bei der Verlustabzugsbeschränkung und der Zinsschranke nach dem Wachstumsbeschleunigungsgesetz, BB 2009, 2627; *Carlé*, Anpassungsbedarf nach neuerlicher Änderung von § 8c KStG - Gesellschafterwechsel - Steuerklauseln in Gesellschaftsverträgen, NWB 2010, 836; *Cortez/Brucker*, Änderungen der Verlustabzugsbeschränkungsregelung des § 8c KStG durch das Wachstumsbeschleunigungsgesetz vom 22.12.2009, BB 2010, 734; *Eisgruber/Schaden*, Vom Sinn und Zweck des § 8c KStG - Ein Beitrag zur Auslegung der Norm -, Ubg 2010, 73; *Fey/Neyer*, Erleichterungen bei der Mantelkaufnorm des § 8c KStG durch das Wachstumsbeschleunigungsgesetz - Konzernklausel, Sanierungsprivileg, Anrechnung stiller Reserven, StuB 2010, 47; *Frey/Mückl*, Konzeption und Systematik der Änderungen beim Verlustabzug (§ 8c KStG) Chancen und Risiken für die Gestaltungspraxis, GmbHR 2010, 71.; *Häuselmann*, Unternehmensbesteuerung nach dem Wachstumsbeschleunigungsgesetz - Teil I:

---

[17] *Herzig/Liekenbrock*, DB 2010, 690 (694 f.).

Zinsschranke und Verlustnutzung bei Kapitalgesellschaften, SteuK 2010, 1; *Herzig/Bohn*, Das Wachstumsbeschleunigungsgesetz als Umsetzung des Sofortprogramms der Koalitionsparteien zum Unternehmensteuerrecht, DStR 2009, 2341; *IDW,* Stellungnahme zum Entwurf eines Gesetzes zur Beschleunigung des Wirtschaftswachstums (Wachstumsbeschleunigungsgesetz), Ubg 2009, 894; *IDW* Unternehmen in der Krise – entwickelt vom Arbeitskreis „Steuerliche Beratungshinweise" des IDW – Beiheft zu FN-IDW 12/2009; *Kutt/Möllmann,* Verlustnutzung bei unterjährigem Beteiligungserwerb - Zweifelsfragen zu §§ 8c KStG, 10a GewStG sowie dem zu § 8c KStG ergangenen Anwendungsschreiben -, DB 2009, 2564; *Nacke,* Weitere unternehmensteuerlich relevante Änderungen - Wachstumsbeschleunigungsgesetz, StuB 2010, 182; *Orth,* Verbesserte Verlustverrechnungsmöglichkeiten, Ubg 2010, 169; *Rödder,* Perspektiven der Unternehmensbesteuerung (Wachstumsbeschleunigungsgesetz, Koalitionsvertrag), Ubg 2010, 162; *Rödder,* Entsteht ein EBITDA-Vortrag in Jahren mit einem Zinsertragsüberhang, DStR 2010, 529; *Scheipers/Linn,* Änderungen des § 8c KStG durch das Wachstumsbeschleunigungsgesetz, Ubg 2010, 8; *Schneider/Roderburg,* Beratungsrelevante Änderungen durch das Wachstumsbeschleunigungsgesetz, FR 2010, 58; *Sistermann/Brinkmann,* Wachstumsbeschleunigungsgesetz: Die Änderungen bei der Mantelkaufregelung - Entschärfung der Verlustabzugsbeschränkungen durch Konzernklausel und Verschonung in Höhe der stillen Reserven, DStR 2009, 2633; *Suchanek,* Die Änderungen des § 8c KStG durch da Wachstumsbeschleunigungsgesetz, StBW 2010, 25; *Wittkowski,* Wird § 8c KStG künftig noch handhabbar sein? DB 2009, Gastkommentar Heft 46, I; *Wittowski/Hielscher,* Änderungen des § 8c KStG durch das Wachstumsbeschleunigungsgesetz, DB 2010, 11.

Verwaltungsanweisungen: BMF v. 16.4.1999, BStBl I 1999, 455; BMF v. 4.7.2008, BStBl I 2008, 736; OFD Rheinland v. 30.3.2010, S 2745-1007-St 131, noch nicht veröffentlicht.

1. Einleitung

Im Zuge der Finanz- und Wirtschaftskrise wurde in drastischer Form deutlich, dass die Unternehmensteuerreform 2008 zwar vorteilhaft in Gewinnsituationen ist, in Verlustphasen aber existenzbedrohende Nachteile für die Unternehmen mit sich bringen kann. Um die hiermit verbundenen Härten im Bereich der Verlustnutzung zu entschärfen, hatte sich der Gesetzgeber bereits im Rahmen des Bürgerentlastungsgesetzes entschlossen, einen Übergang von Verlusten bei Beteiligungswechsel in den Fällen zuzulassen, in denen der Beteiligungswechsel zum Zwecke der Sanierung erfolgt (§ 8c Abs. 1a KStG). Sehr rasch wurde allerdings erkennbar, dass die Sanierungsklausel nur bei einem kleinen Teil wirtschaftlich sinnvoller Strukturmaßnahmen die gebotene Erleichterung bewirkte. Insbesondere bei konzerninternen Übertragungen wurde seitens der Unternehmen die Notwendigkeit betont, ebenfalls einen Verlustuntergang zu verhindern. Andernfalls seien gerade in Krisenzeiten dringend gebotene Restrukturierungen nicht durchführbar.

Vor diesem Hintergrund hat der Gesetzgeber im Wachstumsbeschleunigungsgesetz eine sog. Konzernklausel im Bereich des § 8c Abs. 1 KStG eingeführt. Nach der neuen Konzernklausel in § 8c KStG liegt ein schädlicher Beteiligungserwerb nicht vor, wenn an dem übertragenden und an dem übernehmenden Rechtsträger dieselbe Person zu jeweils 100 Prozent mittelbar oder unmittelbar beteiligt ist.

Wesentliche Tatbestandsvoraussetzung des § 8c Abs. 1 Satz 5 KStG ist, dass ein schädlicher Beteiligungserwerb vorliegt und dass jeweils dieselbe Person zu 100% am übertragenden und am übernehmenden Rechtsträger beteiligt ist. Dies hat schon bei erster Betrachtung nichts mit einem Konzernsachverhalt zu tun. In der vom Gesetz beschriebenen Konstellation wird in vielen Fällen gerade kein Konzern gegeben sein. So z.B., wenn es sich bei der beteiligten Person nicht um ein Unternehmen handelt. Demgegenüber wird eine Fülle echter Konzernsachverhalte nicht unter die Neuregelung fallen, z.B. weil die Existenz eines Konzerns keine 100%ige Beteiligung erfordert. Insofern ist der Begriff Konzernklausel inhaltlich verfehlt.

Die Gesetzesbegründung geht entgegen vorstehenden Überlegungen sprachlich gleichwohl von Konzernsachverhalten aus und beschreibt, dass das Gesetz in Konstellationen mit einer Person an der Konzernspitze anwendbar ist. Völlig unklar ist, was in diesem Zusammenhang mit Spitze des Konzerns gemeint ist, insbesondere, ob dies auch die „Konzern-Oberperson" eines Teilkonzern sein kann oder ob generell die oberste Konzernspitze gemeint ist. Insoweit ist die Gesetzesbegründung als Auslegungshilfe nur eingeschränkt geeignet.

Insgesamt ist bereits an dieser Stelle zu konstatieren, dass die Neuregelung zwar für viele Fälle von Umstrukturierungen Erleichterung schafft, dass der Gesetzeswortlaut aber deutlich zu eng gefasst ist. Der Gesetzgeber hatte offensichtlich Befürchtungen, dass die Konzernklausel missbräuchlich genutzt wird. Eine nähere Betrachtung zeigt jedoch, dass auch ein weiter gefasster Anwendungsbereich der Neuregelung im Sinne einer echten Konzernklausel die Vermeidung von Missbräuchen vermeiden kann.

Hinsichtlich des steuerrechtlichen Umfelds der Konzernklausel ist zu beachten, dass sich der Untergang eines Verlustvortrags auch aus anderen Vorschriften, wie z.B. den Regelungen zur Verschmelzung/Spaltung ergeben kann. In solchen Konstellationen greift die Konzernklausel nicht, auch wenn deren Voraussetzungen abstrakt erfüllt sein könnten.

2. Wortlaut der Neuregelung

„Ein schädlicher Beteiligungserwerb liegt nicht vor, wenn an dem übertragenden und an dem übernehmenden Rechtsträger dieselbe Person zu jeweils 100 Prozent mittelbar oder unmittelbar beteiligt ist."

3. Wichtige rechtliche Zweifelsfragen anhand von Fallbeispielen

Fall 1:

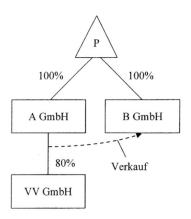

Es handelt sich um den klassischen Anwendungsfall der Konzernklausel: Die natürliche Person P ist an der A GmbH und der B GmbH zu 100% beteiligt. Die A GmbH verkauft ihre 80%ige Beteiligung an der VV GmbH, die über steuerliche Verlustvorträge verfügt, an die B GmbH. Zunächst greift § 8c Abs. 1 KStG ein, da mehr als 50% der Beteiligung übertragen werden (schädlicher Beteiligungserwerb). Wegen § 8c Abs. 1 Satz 5 KStG kommt es jedoch nicht zu einem Untergang des Verlustvortrags.

Fall 2:

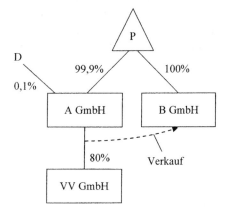

Die Ausgangslage entspricht Fall 1 mit dem Unterschied, dass an der übertragenden A GmbH ein Dritter mit einem Zwerganteil beteiligt ist. Aus diesem Grund greift die Konzernklausel nicht ein, obwohl von einem Verlustübergang auf Dritte offensichtlich keine Rede sein kann. Deutlich wird, dass hier zumindest eine Bagatellregelung erforderlich wäre, um zu sachgerechten Ergebnissen zu gelangen.[18]

Fall 3:

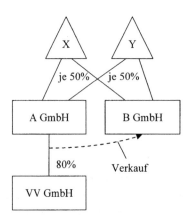

Auch dieser Sachverhalt wird wegen der Existenz von zwei beteiligten Personen nicht von der Konzernklausel erfasst, obwohl durch den Verkauf weiterhin ausschließlich X und Y mittelbar an der VV GmbH beteiligt sind. Dass dies nicht sachgerecht ist, ist offensichtlich. Ein Missbrauch ist insoweit auch ausgeschlossen, da der Verlustvortrag nicht auf Dritte übergeht. Insofern sollte der Gesetzgeber eine Modifizierung der Tatbestandsvoraussetzungen der Konzernklausel herbeiführen. Eine gewisse Entschärfung der Problematik könnte sich dadurch ergeben, dass als beteiligte Person im Sinne der Konzernklausel auch eine Erwerbergruppe mit gleichgerichteten Interessen angesehen wird. Dann könnten bei Vorliegen der entsprechenden Voraussetzungen X und Y als eine Person angesehen werden, so dass die Konzernklausel anwendbar wäre.

---

[18] Vgl. *Herzig/Bohn*, DStR 2009, 2341 (2342); *Cortez/Brucker*, BB 2010, 734 (739).

Fall 4:

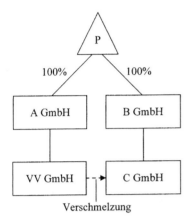

Die VV GmbH wird auf die C GmbH verschmolzen. Zwar gehören der übertragende und der übernehmende Rechtsträger (mittelbar) der natürlichen Person P, so dass nach dem Gesetzeszweck ein dem § 8c Abs. 1 Satz 5 KStG vergleichbarer Sachverhalt vorliegt. Der Verlustvortrag der VV GmbH geht gleichwohl unter. Einerseits ist zu bezweifeln, dass überhaupt ein schädlicher Beteiligungserwerb gem. § 8c Abs. 1 KStG vorliegt. Andererseits ordnet § 12 Abs. 3 UmwStG ausdrücklich an, dass der Verlustvortrag nicht übergeht. Wünschenswert wäre eine Implementierung des Rechtsgedankens der Konzernklausel auch im Bereich des Umwandlungssteuerrechts gewesen.

Fall 5:

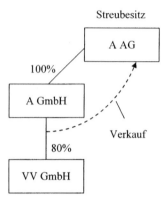

Die A GmbH verkauft ihre gesamte Beteiligung an der VV GmbH an ihre 100%ige Muttergesellschaft A AG, die börsennotiert ist. Obwohl der Verlustvortrag vollständig in der alleinigen Sphäre der A AG und innerhalb des A AG-Konzerns verbleibt und keinerlei Gefahr besteht, von einem Dritten auch nur anteilig nutzbar gemacht werden zu können, greift die Konzernklausel nach dem insoweit klaren Gesetzeswortlaut nicht ein. Vom Sinn und Zweck der Vorschrift müsste dies aber einer der Grundfälle sein, die von der Konzernklausel erfasst werden. Insofern wäre es sachgerecht, im Wege der teleologischen Extension entsprechende Konstellationen (Verlängerung und Verkürzung der Beteiligungskette) unter die Konzernklausel zu subsumieren.[19] Dies bedürfte aber in Anbetracht des Gesetzeswortlauts einer entsprechenden Gesetzesänderung oder zumindest einer Klarstellung im Verwaltungswege.

Rechtsfragen und Lösungsvorschläge:

Im Einzelnen ergeben sich folgende Fragestellungen:

Schädlicher Beteiligungserwerb

Die Konzernklausel stellt nur auf den „schädlichen Beteiligungserwerb" und nicht explizit

---

[19] Vgl. zu Gestaltungsüberlegungen *Scheipers/Linn*, Ubg 2010 8 (11 f.); *Eisgruber/Schaden*, Ubg 2010, 73 (81 ff.).

auch auf den Sonderfall der Verschiebung von Beteiligungsquoten durch Kapitalerhöhung gem. § 8c Abs. 1 Satz 4 KStG ab. Gleichwohl ist die Konzernklausel auch bei einer Kapitalerhöhung anwendbar, da diese der Übertragung des gezeichneten Kapitals gleich stehen soll. Dies ist u.E. bereits aus dem Wortlaut der Vorschrift abzuleiten, da die Kapitalerhöhung wie ein schädlicher Beteiligungswechsel behandelt werden soll. Hiervon geht auch die Finanzverwaltung für den Anwendungsbereich der Sanierungsklausel gem. § 8c Abs. 1a KStG aus.[20]

Übertragender und übernehmender Rechtsträger

Obwohl es sich beim übertragenden und beim übernehmenden Rechtsträger sprachlich um umwandlungsrechtliche Begriffe handelt, sind von der Neuregelung primär Beteiligungserwerbe angesprochen. Da die Vorschrift auf den schädlichen Beteiligungserwerb abstellt, müssen alle Fälle, die zu einem schädlichen Beteiligungserwerb führen können, auch unter die Konzernklausel fallen (einschließlich der Kapitalerhöhung; s.o.).

Rechtsträger können zunächst alle natürlichen und juristischen Personen sein. Wegen der zusätzlichen Bedingung, dass an den Rechtsträgern eine Person zu 100% beteiligt sein muss, kommen allerdings primär Gesellschaften als Rechtsträger im Sinne der Konzernklausel in Betracht (in Abgrenzung zu natürlichen Personen, Stiftungen, etc). Dabei kann es sich um inländische wie um ausländische Gesellschaften[21] sowie um Personen- und Kapitalgesellschaften handeln. Die Einbeziehung von Personengesellschaften entspricht zumindest dann dem bisherigen Verständnis, wenn es sich um eine Mitunternehmerschaft handelt.[22] Bei vermögensverwaltenden Personengesellschaften erfolgt demgegenüber eine Zurechnung zu den dahinter stehenden Gesellschaftern gem. § 39 Abs. 2 AO, so dass in dieser Konstellation wohl kein Rechtsträger im Sinne der Konzernklausel gegeben ist.[23]

100% beteiligte Person

Die zu 100% beteiligte Person kann eine natürliche oder juristische Person und u.E. auch eine Personengesellschaft sein.[24] Es gibt wiederum keine Begrenzung hinsichtlich der Ansässigkeit im In- oder Ausland.

---

[20] Vgl. OFD Rheinland v. 3.3.2010, S 2745-1007-St 131, Tz. 3.
[21] Vgl. *Eisgruber/Schaden*, Ubg 2010, 73 (77).
[22] Vgl. die Darstellung bei *Orth*, Ubg 2010, 169 (175).
[23] Vgl. zu § 8c Abs. 1 KStG 2008 BMF v. 4.7.2008, BStBl I 2008, 736 Tz. 24.
[24] Vgl. nur *Frey/Mückl*, GmbHR 2010, 71 (72), die auch die vermögensverwaltende Personengesellschaft als Person in diesem Sinne verstehen; zweifelnd IDW, Ubg 2009 894 (895).

Fall 6:

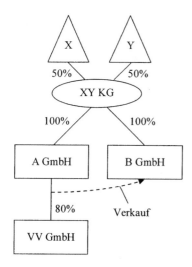

Nach überwiegender Auffassung ist die XY KG als Person i.S.v. § 8c Abs. 1 Satz 5 KStG anzusehen, so dass die Bedingungen der Konzernklausel erfüllt sind. Etwas anderes gilt u.e. dann, wenn die XY KG vermögensverwaltend tätig ist, da dann die Beteiligungen an der A GmbH und der B GmbH für steuerliche Zwecke zu jeweils 50% dem X und dem Y zuzurechnen sind (§ 39 Abs. 2 AO).

Anders als bei der Definition des Erwerbers gem. § 8c Abs. 1 Satz 3 KStG ist unter Person im Sinne der Konzernklausel nach dem Gesetzeswortlaut nicht auf eine Gruppe von Personen mit gleichgerichteten Interessen abzustellen. Gleichwohl würde dies der gesetzgeberischen Intention entsprechen (siehe Fall 3), so dass an dieser Stelle eine sehr weite Gesetzesauslegung Platz greifen sollte. Wegen des zunächst eng gefassten Wortlauts wäre allerdings eine entsprechende Gesetzesänderung oder zumindest eine verwaltungsseitige Klarstellung erforderlich.

Unsicherheit herrscht im Schrifttum darüber, wann eine Beteiligung vorliegt. Vertreten wird z.B., dass unter Beteiligung die reine Gesellschafterstellung zu verstehen ist[25] oder alle in § 8c Abs. 1 Satz 1 KStG genannten Anknüpfungspunkte neben der Kapitalbeteiligung wie z.B. das

---

[25] So wohl *Sistermann/Brinkmann*, DStR 2009, 2633 (2634), *Eisgruber/Schaden*, Ubg 2010, 73 (82).

Stimmrecht oder sonstige Mitgliedschaftsrechte relevant sein können[26]. U.E. ist grundsätzlich die kapitalmäßige Beteiligung maßgeblich.[27] Dies ergibt sich mangels anderweitiger Konkretisierung aus dem bilanzrechtlichen Beteiligungs- und Anteilsbegriff gem. § 271 HGB, der als wesentliches Merkmal auf die Beteiligung am Nennkapital eines Unternehmens abstellt.[28]

Fall 7:

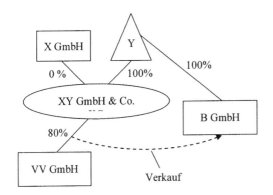

Y ist zu 100% vermögens- und kapitalmäßig an der übertragenden XY GmbH & Co. KG und an der übernehmenden B GmbH beteiligt. Daneben ist die X GmbH als zu 0% beteiligter Komplementär weiterer Gesellschafter der XY GmbH & Co. KG. Vor dem Hintergrund vorstehender Ausführungen ist die Konzernklausel u.E. anwendbar, da die kapitalmäßige Beteiligung des Y am übertragenden und am übernehmenden Rechtsträger jeweils 100% beträgt.[29]

Fraglich könnte sein, ob für die Prüfung der 100%-Beteiligung nur auf die gesellschaftsrechtliche Beteiligung oder auch auf schuldrechtliche Beteiligungen abzustellen ist. Relevant könnte dies z.B. bei atypisch stillen Beteiligungen oder eigenkapitalähnlich ausgestalteten Genussrechten am übertragenden oder übernehmenden Rechtsträger sein. Zwar

---

[26] Vgl. *Schneider/Roderburg*, FR 2010, 58 (60).
[27] So wohl die herrschende Auffassung; vgl. nur *Rödder*, Ubg 2010, 162 (163); *Nacke*, StuB 2010, 182 (185); *Frey/Mückl*, GmbHR 2010, 71 (72).
[28] Vgl. nur *Berger/Gutike*, Beckscher Bilanzkommentar, § 271 HGB Tz. 8 ff.
[29] So explizit *Wittkowski/Hielscher*, DB 2010, 11 (13); *Frey/Mückl*, GmbHR 2010, 71 (72); *Bien/Wagner*, BB 2009, 2627 (2628); zweifelnd *Sistermann/Brinkmann*, DStR 2009, 2633 (2634); *Eisgruber/Schaden*, Ubg 2010, 73 (82).

gilt die Einräumung von Genussrechten mit steuerlichem Eigenkapitalcharakter nach Auffassung der Finanzverwaltung als schädlicher Beteiligungserwerb i.S.v. § 8c Abs. 1 Satz 1 KStG.[30] Der Begriff der Beteiligung hat aber im Steuerrecht stets die tatsächliche gesellschaftsrechtliche Beteiligung im Blick. Wie ausgeführt ergibt sich dies mangels anderweitiger Konkretisierung aus § 271 HGB, wonach Grundlage einer Beteiligung die Hingabe von Eigenkapital an ein Unternehmen ist, ohne dass ein korrespondierender Anspruch auf Rückzahlung des Kapitals besteht. Damit fallen alle schuldrechtlichen Beziehungen aus dem Beteiligungsbegriff heraus.[31] Aus diesem Grund wird hier die Auffassung vertreten, dass schuldrechtliche Beziehungen für die Frage der 100%igen Beteiligung auch dann irrelevant sind, wenn sie eigenkapitalähnlich ausgestaltet sind.[32]

Rechtsfolgen

Soweit alle Merkmale der Konzernklausel erfüllt · sind, liegt kein schädlicher Beteiligungserwerb vor. Das bedeutet zunächst, dass ein Untergang von Verlusten bei an sich schädlichen Beteiligungserwerben nicht eintritt. Fraglich ist jedoch, ob auch ein an sich unschädlicher Beteiligungserwerb (z.B. Quote unter 25%) trotz der Konzernklausel in die Zählquote für die Zusammenrechnung mehrerer Beteiligungserwerbe während des Zeitraums von 5 Jahren mit eingeht.

Fall 8:

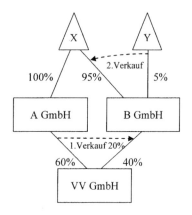

---

[30] Vgl. BMF v. 4.7.2008, BStBl I 2008, 736 Tz. 7.
[31] Vgl. *Berger/Gutike*, Beckscher Bilanzkommentar, § 271 HGB Tz. 13 ff.
[32] So auch *Frey/Mückl*, GmbHR 2010, 71 (72).

Zum 1.1.2010 verkauft die A GmbH 20%-Punkte ihrer VV-Beteiligung an die B GmbH; diese 20%-Punkte gehen als Beteiligungserwerb in die Zählquote gem. § 8c Abs. 1 KStG ein. Ein Jahr später verkauft Y seine 5%ige Beteiligung an der B GmbH an X. Die Beteiligungsverhältnisse stellen sich danach wie folgt dar:

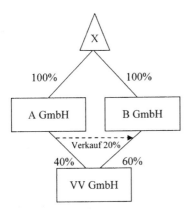

In 2012 verkauft die A GmbH weitere 20%-Punkte der VV-Beteiligung an die B GmbH. Da nunmehr innerhalb von 5 Jahren 40% der Beteiligung an der VV GmbH durch einen Erwerber gekauft wurden, würde zunächst ein schädlicher Beteiligungserwerb vorliegen. Da jedoch seit dem Jahr 2011 die Voraussetzungen der Konzernklausel erfüllt sind, kommt es nicht zu einem schädlichen Beteiligungserwerb. Ende 2012 hat die Struktur folgendes Bild:

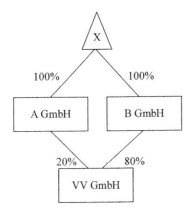

In 2013 tritt dann ein weiterer Gesellschafter Z mit 5% in die B GmbH ein, und in 2014

verkauft die A GmbH weitere 6%-Punkte ihrer Beteiligung an der VV GmbH an die B GmbH. Die Beteiligungsverhältnisse stellen sich wie folgt dar:

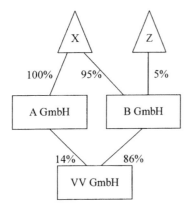

Da nunmehr mit Z eine zweite Person am übernehmenden Rechtsträger beteiligt ist, kommt für die Übertragung der letzten 6% die Konzernklausel nicht zur Anwendung. Fraglich ist nun, ob der Beteiligungserwerb in 2010 und der in 2014 (insgesamt 26%) zusammen gerechnet werden, so dass der Verlustvortrag anteilig zu 26% untergeht, oder ob der Erwerb in 2010 und der Erwerb in 2012 zu einem schädlichen Beteiligungserwerb zusammen gerechnet werden, der wegen der Konzernklausel insgesamt nicht in die Zählquote eingeht.

Im Schrifttum wird vertreten, dass der Wortlaut darauf hindeutet, dass nur der letzte schädliche Beteiligungserwerb negiert wird. Dafür soll der Umstand sprechen, dass der Gesetzgeber im Rahmen der Sanierungsklausel explizit alle Beteiligungserwerbe und nicht nur die schädlichen Beteiligungserwerbe erfasst. Sachlich gerechtfertigt ist dieses Ergebnis allerdings aus unserer Sicht nicht.[33] Dies ist bereits aus dem Gesetzeswortlaut abzuleiten. Denn der schädliche Beteiligungserwerb ist die Summe aller Beteiligungserwerbe, die zu einem Überschreiten der 25%- bzw. 50%-Grenze geführt haben. Sachgerecht wäre es vor diesem Hintergrund, dass bei Vorliegen der Tatbestandsmerkmale der Konzernklausel für § 8c KStG alle einzelnen Beteiligungserwerbe, die zu dem schädlichen Beteiligungserwerb geführt haben, ausgeblendet werden.

---

[33] Ebenso *Rödder*, Ubg 2010, 162 (163); zweifelnd *Wittkowski/Hielscher*, DB 2010, 10 (15).

Zeitliche Anwendbarkeit

Anwendbar ist die Neuregelung für Beteiligungserwerbe nach dem 31.12.2009. Abzustellen ist auf den wirtschaftlichen Eigentumsübergang bzw. auf die Eintragung im Handelsregister im Falle der Kapitalerhöhung.[34] Fraglich ist, wie zu verfahren ist, wenn der wirtschaftliche Eigentumsübergang zu einem späteren Zeitpunkt ex tunc rückgängig gemacht wird. Die Rechtsprechung geht unter bestimmten Bedingungen davon aus, dass durch die Rückgängigmachung die Rechtsfolgen des ursprünglichen Verkaufs – zumindest beim Veräußerer – beseitigt werden. Dies würde für die Anwendbarkeit des § 8c KStG ein Wiederaufleben des zwischenzeitlich untergegangenen Verlustes bedeuten, weil rückwirkend auch ein schädlicher Beteiligungserwerb negiert würde. Für den Erwerber geht die Rechtsprechung im Falle der Rückabwicklung dagegen eher von einem Kauf mit anschließendem Rückverkauf aus.[35] Hiernach könnten auch der schädliche Beteiligungserwerb und der damit verbundene Untergang des Verlustvortrags nicht rückwirkend beseitigt werden.

Bei Umwandlungsvorgängen mit steuerlicher Rückbeziehung ist u.E. - entgegen der Auffassung der Finanzverwaltung zur ursprünglichen Fassung des § 8c KStG[36]- auf den Umwandlungsstichtag abzustellen[37]. Dies wird auch bei der Fristberechnung in anderen Bereichen so gehandhabt und entspricht dem umwandlungssteuerlichen Grundkonzept, dass alle ertragsteuerlichen Konsequenzen der Umwandlung zum betreffenden Stichtag gezogen werden. Bei der gesellschaftsrechtlichen Rückbeziehung einer Verschmelzung auf den 1.1.2010 hat dies zur Konsequenz, dass steuerlicher Verschmelzungsstichtag der 31.12.2009 ist und die Konzernklausel somit nicht greift. Bei Zugrundelegung der Verwaltungsauffassung ist sie dagegen anwendbar.

---

[34] Vgl. Fey/Neyer, StuB 2010, 47 (53) unter Hinweis auf BMF v. 4.7.2008, BStBl. I 2008, 736, Tz. 14.
[35] Vgl. hierzu grundlegend *Wacker* in *Schmidt*, § 16 EStG Rz. 387; *Rödder/Hötzel/Mueller-Thuns*, Unternehmenskauf-Unternehmensverkauf, 628.
[36] Vgl. BMF v. 4.7.2008, BStBl. I 2008, 736 Rz. 15.
[37] Vgl. *Frey/Mückl*, GmbHR 2010, 71 (72).

III. Die neue Stille Reserven-Klausel in § 8c KStG (Hötzel und [zur Ermittlung des gemeinen Werts der Anteile] Piltz)

Schrifttum: S. zu II.

1. Einleitung

Eine weitere Neuerung im Bereich von § 8c KStG mit voraussichtlich breitem Anwendungsfeld (und erheblichem Streitpotential) ergibt sich durch die Einführung einer sog. Stille Reserven-Klausel. Hiernach bleiben Verluste, die eigentlich nach § 8c Abs. 1 Sätze 1-5 KStG untergehen, abzugsfähig, soweit ihnen in Deutschland steuerpflichtige stille Reserven gegenüber stehen.

Nach der neuen Stille Reserven-Klausel in § 8c KStG ist der Verlustuntergang bei einem an sich schädlichen Beteiligungserwerb nur gegeben, soweit die nicht genutzten Verluste die anteiligen bzw. gesamten steuerpflichtigen stillen Reserven des inländischen Betriebsvermögens übersteigen. Die dahinter stehende Idee ist: Das Verlustverrechnungspotential war schon vor dem schädlichen Beteiligungserwerb da, der Beteiligungserwerb ist deshalb insoweit unschädlich.[38] Dem liegt weiter die Vorstellung zugrunde, dass stille Reserven eine latente Steuerbelastung in sich bergen und vorhandene Verlustvorträge insoweit nur der Neutralisierung dieser Steuerlatenzen dienen. Damit erübrigen sich die im Schrifttum als sog. loss-refresher bezeichneten Maßnahmen, bei denen eine freiwillige Realisation stiller Reserven zwecks Umwandlung in künftiges Abschreibungsvolumen durchgeführt wurde.[39]

Da die Konzernklausel und die Sanierungsklausel bereits das Vorliegen eines schädlichen Beteiligungserwerbs verhindern, die stille Reserven-Klausel aber nur der Höhe nach bei Bejahung eines schädlichen Beteiligungserwerbs eingreift, ist sie u.E. nachrangig zu prüfen.[40]

2. Wortlaut der Neuregelung

„Ein nicht abziehbarer nicht genutzter Verlust kann abweichend von Satz 1 und Satz 2 abgezogen werden, soweit er bei einem schädlichen Beteiligungserwerb im Sinne des Satzes 1 die anteiligen und bei einem schädlichen Beteiligungserwerb im Sinne des Satzes 2 die gesamten, zum Zeitpunkt des schädlichen Beteiligungserwerbs vorhandenen stillen Reserven des inlän-

---

[38] Wobei sehr bemerkenswert ist, dass dabei der Gedanke der Mindestbesteuerung keine Rolle spielt.
[39] Vgl. nur *IDW*, Beihefter zu FN-IDW Nr. 12/2009, B2 f.
[40] So auch *Orth*, Ubg 2010, 169 (171); abweichend *Häuselmann*, SteuK 2010, 1 (3), der von einer nachrangig Prüfung der Sanierungsklausel ausgeht.

dischen Betriebsvermögens der Körperschaft nicht übersteigt. Stille Reserven im Sinne des Satzes 6 sind der Unterschiedsbetrag zwischen dem anteiligen oder bei einem schädlichen Beteiligungserwerb im Sinne des Satzes 2 dem gesamten in der steuerlichen Gewinnermittlung ausgewiesenen Eigenkapital und dem auf dieses Eigenkapital jeweils entfallenden gemeinen Wert der Anteile an der Körperschaft, soweit diese im Inland steuerpflichtig sind. Bei der Ermittlung der stillen Reserven ist nur das Betriebsvermögen zu berücksichtigen, das der Körperschaft ohne Anwendung des § 2 Abs. 1 UmwStG zuzurechnen ist."

3. Wichtige rechtliche Zweifelsfragen anhand von Fallbeispielen

Steuerliches Betriebsvermögen

Das steuerliche Betriebsvermögen ist das, was sich aus der Steuerbilanz der Verlustgesellschaft im Zeitpunkt des schädlichen Beteiligungserwerbs ergibt. Bei unterjährigem Beteiligungserwerb muss also eine Zwischenbilanz aufgestellt werden.[41] Ggf. bietet sich hier aus Vereinfachungsgründen eine pro rata zwischen der letzten Steuerbilanz und der nächsten Steuerbilanz linearisierte Berechnung an.[42] Dies entspricht dem seitens der Finanzverwaltung akzeptierten Verfahren zur Verlustermittlung bei einem unterjährigen Beteiligungserwerb gem. § 8c Abs. 1 KStG.[43] Dementsprechend müsste der Steuerpflichtige dann allerdings auch das Recht erhalten, höhere stille Reserven zum maßgeblichen unterjährigen Stichtag konkret nachzuweisen.

Für den Sonderfall der steuerlichen Rückbeziehung einer Umwandlung gem. § 2 UmwStG legt Satz 8 der Vorschrift fest, dass nur auf das tatsächlich vorhandene und nicht auf das durch die Rückbeziehung veränderte Betriebsvermögen abzustellen ist.

Wenn der schädliche Beteiligungserwerb und eine Übertragung stiller Reserven zeitgleich erfolgen, stellt sich die Frage nach der Reihenfolge beider Effekte. Relevant ist dies z.B. im Falle der Kapitalerhöhung durch Einbringung in oder der Verschmelzung (ohne Rückbeziehung) auf eine Verlustgesellschaft, wenn es hierdurch zu einem Gesellschafterwechsel (schädlicher Beteiligungserwerb) und zu einer Zuführung von stillen Reserven bei der Verlustgesellschaft kommt. Es stellt sich dann die Frage, ob die in die Verlustgesellschaft eingebrachten oder „hineinverschmolzenen" stillen Reserven bereits für die Neutralisierung dieses schädlichen Beteiligungserwerbs zur Verfügung stehen. Dies ist u.E. zu bejahen, da das Betriebsvermögen rechtstechnisch entweder vor oder aber zumindest

---

[41] Vgl. *Frey/Mückl*, GmbHR 2010, 71 (75).
[42] In diesem Sinne wohl auch *Bien/Wagner*, BB 2009, 2627 (2631) sowie *Häuselmann*, SteuK 2010, 1 (4).
[43] Vgl. BMF v. 4.7.2008, BStBl I 2008, 736 Tz. 32.

zeitgleich mit der Gewährung der Gesellschaftsrechte auf die übernehmende Gesellschaft übergegangen worden sein muss.

Im Inland steuerpflichtiges Betriebsvermögen

Konkretisiert wird der Begriff des Betriebsvermögens durch die Termini „inländisches Betriebsvermögen" und „in der steuerlichen Gewinnermittlung ausgewiesenes Eigenkapital, soweit es im Inland steuerpflichtig ist". Diese Begriffe sind offensichtlich nicht deckungsgleich. Das Zusammenspiel dieser beiden Definitionen muss u.e. so verstanden werden, dass durch den letztgenannten Terminus die konkrete Form der Ermittlung der stillen Reserven determiniert wird und dieser daher maßgeblich ist. Abzustellen ist daher u.e. auch auf im Ausland belegenes Vermögen, soweit dieses in Deutschland steuerverhaftet ist. Dies gilt z.B. für ausländisches Betriebsstättenvermögen, das in einem Staat belegen ist, mit dem kein Doppelbesteuerungsabkommen besteht. Etwas anderes gilt allerdings wohl im Bereich der Gewerbesteuer und damit für einen gewerbesteuerlichen Verlustvortrag, weil ausländisches Betriebsvermögen auch ohne Existenz eines Doppelbesteuerungsabkommens nicht in die Ermittlung des Gewerbeertrags einbezogen wird.[44]

Die Tatsache, dass nur steuerpflichtige stille Reserven einbezogen werden, führt dazu, dass insbesondere stille Reserven in gem. § 8b Abs. 2 KStG begünstigtem Beteiligungsbesitz unberücksichtigt bleiben, wenn nicht ausnahmsweise eine Steuerpflicht z.b. nach § 8b Abs. 7 KStG besteht. Umstritten ist, ob die Erhöhung der Bemessungsgrundlage um 5% gem. § 8b Abs. 3 KStG als insoweit steuerpflichtige stille Reserve zu gelten hat. Vom Gesetzestelos her muss diese Frage u.E. bejaht werden, weil es sich insoweit um eine Steuerlatenz handelt, die der Erwerber übernimmt. Insofern wird hier für eine Einbeziehung des typisierten Betrages von 5% plädiert, auch wenn es sich rechtstechnisch nicht um eine stille Reserve, sondern um nicht abziehbare Betriebsausgaben handelt.

Fraglich könnte sein, wie im Falle der Hinzurechnungsbesteuerung nach § 7 AStG zu verfahren ist. Zwar unterliegen stille Reserven einer ausländischen Kapitalgesellschaft nach den Regeln der Hinzurechnungsbesteuerung im Ergebnis der deutschen Besteuerung. Es handelt sich allerdings nicht um Betriebsvermögen der Körperschaft. Insofern wird man bereits aus diesem Grund davon ausgehen müssen, dass trotz der faktischen deutschen Steuerpflicht solche stillen Reserven nicht berücksichtigt werden dürfen.

---

[44] Hierauf weisen zu Recht hin *Wittkowski/Hielscher*, DB 2010, 10 (16).

Die Differenzierung in steuerpflichtige und steuerfreie stille Reserven wird es in vielen Fällen erforderlich machen, eine Kaufpreisallokation, also eine Verteilung des einheitlich ermittelten Kaufpreises für die gesamte Beteiligung auf die dahinter stehenden Wirtschaftsgüter und Verbindlichkeiten vorzunehmen. Die Erfahrungen aus steuerlichen Kaufpreisaufteilungen im Zusammenhang mit dem Kauf und Verkauf von Personengesellschaftsanteilen oder der sog. Purchase Price Allocation im Rahmen der Aufstellung von Konzernabschlüssen lassen erahnen, welcher Aufwand und welche Streitanfälligkeit hiermit verbunden ist.[45]

Nicht mehr operativ tätige Kapitalgesellschaften

Ein Sonderproblem ergibt sich, wenn der Geschäftsbetrieb bereits stark reduziert oder im Idealfall bereits eingestellt ist und die Beteiligung daher zu einem symbolischen Kaufpreis von 1 EUR verkauft wird. Typischerweise wird in einer solchen Konstellation auf der Ebene der Gesellschaft ein negatives Eigenkapital vorliegen.

Fall 1:

A verkauft an B die gesamte Beteiligung an der operativ nicht mehr tätigen VV GmbH für einen symbolischen Kaufpreis von 1. Die VV GmbH verfügt über einen steuerlichen Verlustvortrag von 100 und weist folgendes Steuerbilanzbild auf:

VV GmbH			
Aktiva	0	Eigenkapital	0
nicht durch Eigenkapital		Verbindlichkeiten	
gedeckter Fehlbetrag	100	ggüb. Gesellschafter	100
	100		100

Kaufpreis	1
Steuerliches Eigenkapital	-100
Stille Reserven	**99**

Nach dem insoweit klaren Gesetzeswortlaut verfügt die Gesellschaft in Höhe der Differenz zwischen dem gezahlten Kaufpreis und dem negativen Eigenkapital über stille Reserven. Im Schrifttum wird zwar vertreten, dass ein leerer Verlustmantel generell nicht über stille Reserven verfügen kann.[46] Das ist in Anbetracht der typisierenden gesetzlichen Definition der stillen Reserven u.E. aber nicht zutreffend, wenn das Eigenkapital negativ und der Kaufpreis Null oder positiv ist[47]. Der Gesetzgeber bezieht in diese typisierte Ermittlung auch stille

---

[45] Vgl. *Wittkowski*, DB 2009, Heft 46 I.
[46] Vgl. *Wittkowski/Hielscher*, DB 2010, 10 (15).
[47] So auch *Rödder*, Ubg 2010, 162 (163).

Reserven ein, die ausschließlich mit dem Gesellschaftsanteil bzw. dem Rechtskleid der Körperschaft anhaften. Dies ist z.B. bei Existenz eines Verlustvortrags der Fall. Demnach können stille Reserven sogar dann vorhanden sein, wenn keinerlei Aktivvermögen existiert. Das bedeutet, dass in Höhe des negativen Eigenkapitals stille Reserven im Sinne des Gesetzeswortlauts existieren und daher insoweit auch ein Verlust auf den Erwerber übergeht. Gewollt war dies vom Gesetzgeber so möglicherweise nicht, ergibt sich aber u.e. zwingend aus der Systematik der typisierten Berechnung von stillen Reserven. Fraglich könnte in diesem Zusammenhang allerdings sein, ob es sich um stille Reserven im Betriebsvermögen der Gesellschaft handelt, die in Deutschland steuerpflichtig sind. Hiervon ist u.E. vorliegend auszugehen, da die stillen Reserven in den Verbindlichkeiten liegen, die zu dem negativen Eigenkapital geführt haben.

Im Zusammenhang mit dem Erwerb von an sich wertlosen Beteiligungen stellen sich unmittelbar zwei Anschlussfragen: Ein Erwerber wird kaum bereits sein, eine Gesellschaft zu erwerben, die über ein negatives Eigenkapital verfügt, wenn die dem zugrunde liegenden Verbindlichkeiten später beglichen werden müssen. Solche Erwerbe können also nur dann sinnvoll sein, wenn die mit den Verbindlichkeiten der Gesellschaft korrespondierenden Forderungen ebenfalls erworben werden. Typischerweise wird es sich hierbei um Gesellschafterdarlehen handeln. In Fortführung des Falles würde der Erwerber also nur dann bereit sein, die Beteiligung an der VV GmbH zu erwerben, wenn er gleichzeitig auch die Forderung des Gesellschafters für einen symbolischen Kaufpreis mit erwirbt. In diesem Fall geht auf den Erwerber allerdings im Zusammenhang mit der Forderung eine Steuerlatenz über. Sobald die Forderungen erfüllt oder auf sie verzichtet wird, entsteht grundsätzlich ein steuerpflichtiger Ertrag beim Inhaber der Forderung. In der Gesamtbetrachtung macht ein solcher Erwerb also nur dann Sinn, wenn die Forderung in einer steuerlichen Sphäre erworben und gehalten wird, die eine spätere steuerfreie Erfüllung erlaubt.

Im Zusammenhang mit nicht mehr operativ tätigen Gesellschaften ergibt sich eine weitergehende Überlegung, die durch folgendes Beispiel illustriert wird:

Fall 2:

Die Verlustgesellschaft weist wegen eines Ausgleichs der laufenden Verluste durch Einlagen des Gesellschafters in Höhe von kumuliert 100 kein negatives Eigenkapital aus und soll annahmegemäß einen operativen Wert von Null haben. Das Bilanzbild hat folgende typisierte Struktur:

	VV GmbH	
Aktiva	0	Eigenkapital	0
	0		0

Es ergibt sich folgende Überlegung: In Höhe des Steuereffekts eines übergehenden Verlustvortrags wäre ein Erwerber – nach Risikoabschlägen und Diskontierung – bereit, einen entsprechenden Kaufpreis für den Verlustvortrag zu bezahlen, auch wenn die Beteiligung im Übrigen keinen Wert hat. Es entsteht dann in Höhe der Differenz zwischen dem ausschließlich für den Verlustvortrag bezahlten Kaufpreis und dem Eigenkapital (annahmegemäß Null) eine stille Reserve, so dass insoweit ein Verlustübergang „aus sich selbst heraus" stattfinden kann. Da jedoch nur maximal 30% des Verlustvortrags abzüglich des Barwerteffekts und etwaiger Risikoabschläge honoriert werden (KSt- und GewSt-Effekt), entstehen auch nur in diese Höhe stille Reserven. Damit geht auch nur in Höhe von maximal 30% des Verlustvortrags ein Verlust über. Hiervon wird der Erwerber aber wiederum jeweils nur bereit sein, maximal 30% zu honorieren, so dass der Kaufpreis sich asymptotisch der Null annähert. Ein sich selbst tragendes Modell („Münchhausen-Effekt") kann in der vorliegenden Konstellation - anders als bisweilen in der Praxis propagiert - also nicht generiert werden.

Stille Reserven bei gestaffeltem Beteiligungserwerb

Fraglich ist, auf welchen Zeitpunkt für die Ermittlung des gemeinen Werts der Anteile und des steuerlichen Betriebsvermögens abzustellen ist, wenn der schädliche Beteiligungserwerb infolge mehrerer Erwerbe zu unterschiedlichen Zeitpunkten eintritt.

Fall 3:

Verkauft werden zwei Beteiligungen an einer Kapitalgesellschaft, die über steuerliche Verlustvorträge in Höhe von 500 verfügt. Die Zeitpunkte und Bedingungen der Beteiligungserwerbe ergeben sich aus nachstehenden Zahlen. In 2012 wird die Schädlichkeitsgrenze von 25% überschritten. Es liegt kein Fall der Konzernklausel oder der Sanierungsklausel vor:

```
Kauf von 20% in 2010
Kaufpreis 20%                              100
Anteiliges Eigenkapital                     40
Anteilige stille Reserven                   60
Hochgerechnete stille Reserven             300

Kauf weiterer 30% in 2012
Kaufpreis 30%                              250
Anteiliges Eigenkapital                     40
Anteilige stille Reserven                  210
Hochgerechnete stille Reserven             700

Alternative 1:
Stille Reserven 50% summiert               270

Alternative 2:
Stille Reserven 50% im Zeitpunkt
des schädlichen Beteiligungserwerbs        350
```

Da die Konzernklausel auf einen schädlichen Beteiligungserwerb abstellt und dieser erst mit dem zweiten Erwerb in 2012 ausgelöst wird, ist u.e. auch nur der Zeitpunkt des letzten Erwerbs, der zum schädlichen Beteiligungserwerb geführt hat, maßgeblich.[48] Die zu diesem Zeitpunkt festgestellten (anteiligen) stillen Reserven sind auf die zusammengerechnete Beteiligung hochzurechnen, auch wenn die früheren Beteiligungstranchen zu höheren oder niedrigeren Kaufpreisen erworben wurden und die Körperschaft damals über ein höheres oder niedrigeres Betriebsvermögen verfügte.

Begrenzung der Berücksichtigung stiller Reserven bei mittelbaren Beteiligungserwerb

Die Gegenüberstellung des gemeinen Werts der Beteiligung und des ihr zuzurechnenden Betriebsvermögens erhält eine besondere Komplexität, wenn ein mittelbarer Beteiligungserwerb vorliegt oder mehrere Verlustgesellschaften Gegenstand der Übertragung sind. Während sich das Gesetz hierzu gar nicht äußert, findet sich in der Gesetzesbegründung zumindest die Aussage, dass die Summe der stillen Reserven in den untergeordneten Gesellschaften nicht höher sein darf als die stillen Reserven in der erworbenen Beteiligung. Es ist also bei der Ermittlung der stillen Reserven zunächst auf der Ebene jeder einzelnen Gesellschaft und dann auf der Ebene der erworbenen Beteiligung eine Ermittlung der stillen Reserven vorzunehmen. Greift die genannte Begrenzung, muss der Maximalbetrag auf die einzelnen Gesellschaften verteilt werden. U.E. sollte hierbei eine pro rata Zuordnung nach dem Verhältnis der stillen Reserven zueinander erfolgen.[49]

---

[48] Vgl. auch *Suchanek*, StBW 2010, 25 (29).
[49] Vgl. zu den verschiedenen Allokationsmöglichkeiten *Wittkowski/Hielscher*, DB 2010, 10 (17); für ein

Fall 4:

	M GmbH		
Aktiva	100	EK	200
(Gem. Wert	*250)*	FK	200
Bet. T1	100		
(Gem. Wert	*150)*		
Bet. T2	200		
(Gem. Wert	*300)*		
	400		400

T1 GmbH				T2 GmbH			
Aktiva	50	EK	50	Aktiva	150	EK	150
(Gem. Wert	*150)*			*(Gem. Wert*	*300)*		
	0		0		0		0

Kaufpreis Beteiligung M GmbH	500
Eigenkapital M GmbH	200
Stille Reserven M GmbH gesamt	300
abzüglich stille Reserven Bet. T1	50
abzüglich stille Reserven Bet. T2	100
Steuerpflichtige stille Reserven	150

Verkehrswert T1	150
Eigenkapital T1	50
Stille Reserven T1	100

Verkehrswert T2	300
Eigenkapital T2	150
Stille Reserven T2	150

Summe steuerpfl. stiller Reserven	400
Begrenzung auf stille Reserven M	300
Zu verteilende stille Reserven	300

Verteilung nach Relation der stillen Reserven

				VerlVortr.	Nutzbar
M GmbH	150	37,5%	112,5	75,0	75,0
T1 GmbH	100	25,0%	75,0	75,0	75,0
T2 GmbH	150	37,5%	112,5	150,0	112,5
	400	100,0%	300,0	300,0	262,5

Wahlrecht des Steuerpflichtigen *Frey/Mückl*, GmbHR 2010, 71 (76).

Es wird sichtbar, dass durch die Begrenzung der stillen Reserven nicht das gesamte Verlustvortragsvolumen genutzt werden könnte. Obwohl bei der T2 GmbH tatsächlich stille Reserven in Höhe von 150 vorhanden sind, könnte nur ein Teilbetrag von 112,5 genutzt werden. Das ist keinesfalls sachgerecht und auch durch den Gesetzeswortlaut nicht gedeckt.

Besonderheiten bei Organschaft

Systematische Verzerrungen ergeben sich in Organschaftsverhältnissen, da die stillen Reserven auf der Ebene jeder einzelnen Gesellschaft des Organkreises ermittelt werden, während der gesamte Verlustvortrag wegen der Ergebniszurechnung ausschließlich beim Organträger entsteht.

Fall 5:

Sachverhalt wie in Fall 4 mit der Abweichung, dass zwischen der M GmbH, der T1 GmbH und der T2 GmbH ein Organschaftsverhältnis besteht. In dieser Modifizierung verfügt die M GmbH über den gesamten Verlustvortrag des Organkreises in Höhe von 300. Dem stehen bei der M GmbH aber unverändert nur steuerpflichtige stille Reserven von 150 gegenüber, so dass der Verlustvortrag bei einem schädlichen Beteiligungserwerb zu 150 untergeht.

Sachgerecht wäre in Organschaftsfällen eine Zurechnung der stillen Reserven der Organgesellschaften beim Organträger.[50] Eine solche Zurechnung gab es bereits nach der früheren Mantelkaufregelung in § 8 Abs. 4 KStG, wo für die Frage, ob überwiegend neues Betriebsvermögen zugeführt wurde, das Betriebsvermögen der Organgesellschaften dem Organträger zugerechnet wurde.[51] Auch aktuell wird dieser Grundsatz durch die Finanzverwaltung im Zusammenhang mit der Sanierungsklausel in § 8c Abs. 1a KStG vertreten. Hier betrachtet die Finanzverwaltung den gesamten Organkreis im Rahmen einer „Einheitsbetrachtung" als den zu sanierenden Geschäftsbetrieb.[52] Es ist kein Grund erkennbar, warum diese Einheitsbetrachtung bei der Stille Reserven-Klausel nicht anwendbar sein sollte. Wünschenswert wäre allerdings vorrangig eine gesetzliche Klarstellung.

---

[50] Vgl. *Orth*, Ubg 2010, 169 (177); *Frey/Mückl*, GmbHR 2010, 71 (76); *Sistermann/Brinkmann*, DStR 2009, 2633 (2636); *Schneider/Roderburg*, FR 2010, 58 (61); *Schaden/Eisgruber*, Ubg 2010, 73 (83); IDW, Ubg 2009, 894 (895)
[51] Vgl. BMF v. 16.4.1999, BStBl. I 1999, 455, Tz. 09; vgl. auch *Fey/Neyer*, StuB 2010, 47 (54).
[52] Vgl. OFD Rheinland v. 3.3.2010, Tz. 9..

Besonderheiten bei nachgelagerten Personengesellschaften

Ein ähnliches Problem wie im Falle von Organschaftsverhältnissen kann sich auch bei nachgelagerten Personengesellschaften ergeben. Für körperschaftsteuerliche Zwecke werden die Verluste von Mitunternehmerschaften dem Gesellschafter zugerechnet. Demgegenüber bleiben die korrespondierenden stillen Reserven im Betriebsvermögen der Mitunternehmerschaft solche der Mitunternehmerschaft. Auch dies kann zu nicht sachgerechten Verzerrungen führen. Für körperschaftsteuerliche Zwecke wird daher hier die Auffassung vertreten, dass eine Zurechnung der stillen Reserven entsprechend der Beteiligungsquote zum Gesellschafter erfolgen sollte.[53]

Anders ist dies im Bereich der Gewerbesteuer, da die entsprechenden Verluste solche der Mitunternehmerschaft selbst bleiben und somit die Verluste und die stillen Reserven auf der gleichen Ebene erfasst werden.

Zeitliche Anwendbarkeit

Die stille Reserven-Klausel findet auf schädliche Beteiligungserwerbe nach dem 31.12.2009 Anwendung. Das bedeutet, dass bei einem Beteiligungserwerb von 20% vor dem 1.1.2010 und weiteren 10% nach dem 31.12.2009 die Neuregelung bereits anwendbar ist, da erst bei Übersteigen der 25%-Quote ein schädlicher Beteiligungserwerb vorliegt.[54]

Gemeiner Wert der Anteile (Piltz)

Fall 6:

Sachverhalt:

Die V GmbH hat ein EK von EUR 4 Mio., einen Verlustvortrag von

a) 2 Mio.

b) 8 Mio.

und einen gemeinen Wert aller Anteile von geschätzt 10 Mio. Alle Anteile werden schädlich übertragen.

---

[53] Vgl. *Frey/Mückl*, GmbHR 2010, 71 (77).
[54] So auch *Wittkowski/Hielscher*, DB 2010, 10 (18).

Nicht abziehbarer Verlust	2	8
Gemeiner Wert Anteile	10	10
Abzüglich EK	_4_	_4_
Stille Reserven	6	6
Weiterhin abziehbarer Verlustvortrag	2	6
Nicht abziehbar	0	2

Allerdings ist nicht klar, nach welchen Rechtsregeln der gemeine Wert der Anteile zu ermitteln ist.

Rechtsfrage:

Unter Berücksichtigung welcher rechtlichen Vorgaben ist der gemeine Wert der Anteile zu ermitteln?

Lösungsvorschlag:

Das Gesetz enthält zur Ermittlung des gemeinen Werts der Anteile keine ausdrückliche Anweisung (wohl a.A. *Dötsch* in Dötsch/Jost/Pung/Witt, KStG, § 8c Anm. 76 h, wonach § 8c Abs. 1 Satz 7 fingiere, dass der Kaufpreis dem gemeinen Wert des Betriebsvermögens der Körperschaft entspreche). Die Gesetzesbegründung (BT-Drucks. 17/15 S. 19) führt aus:

„Der gemeine Wert der Anteile wird dabei in den Fällen des entgeltlichen Erwerbs im Regelfall dem gezahlten Entgelt entsprechen ... Lässt sich der Wert nicht aus einem Entgelt ableiten, muss bzw. kann als Nachweis für die Anwendung der Ausnahmeregelung ggf. eine Unternehmensbewertung vorgelegt werden."

Die Grundfrage lautet, welche Norm für die Bewertung einschlägig ist. Mangels Regelung im KStG verweist § 8 Abs. 1 KStG (auch) auf die Bewertungsregeln des EStG. Das EStG verlangt zwar verschiedentlich ebenfalls die Ermittlung von gemeinen Werten (z.B. in § 16 Abs. 3 EStG), enthält hierzu aber ebenfalls keine Definition. Über § 1 Abs. 2 BewG ist daher auf die Definition des gemeinen Werts in § 9 BewG zurückzugreifen (vgl. *Knittel* in Gürsching/Stenger, BewG § 9 Rz. 6). Zu § 9 BewG ist wiederum speziell § 11 Abs. 2 BewG, der die Ermittlung des gemeinen Werts von Anteilen an Kapitalgesellschaften regelt. Folglich ist der gemeine Anteilswert i.S.d. § 8c Abs. 1 KStG nach § 11 Abs. 2 BewG zu ermitteln (so z.B. auch *Dötsch* in Dötsch/Jost/Pung/Witt, KStG, § 8c Rz. 76 g).

Das bedeutet, dass erstrangig ein Anteilskaufpreis unter fremden Dritten binnen eines Jahres vor dem Bewertungsstichtag maßgebend ist. Im Rahmen des § 8c Abs. 1 KStG kann man diese Voraussetzung als zeitlich erfüllt ansehen, wenn der Kauf mit der schädlichen Übertragung zusammenfällt. Allerdings kann der Kaufpreis seine Maßstabswirkung nur haben, wenn er unter fremden Dritten vereinbart worden ist. In den Konzernfällen ist das nicht der Fall.

Liegt also überhaupt kein Kaufpreis oder ein nicht verwertbarer Kaufpreis vor, kommen die anderen Bewertungsmaßstäbe des § 11 Abs. 2 BewG zur Ermittlung des gemeinen Wertes zum Zuge, als da insbesondere sind:

- Bewertung unter Berücksichtigung der Ertragsaussichten der Kapitalgesellschaften (Ertragswert)

- andere anerkannte auch im gewöhnlichen Geschäftsverkehr für nicht steuerliche Zwecke übliche Methode

- Substanzwert als Untergrenze.

Zwei Fragen sind hierzu von weiterem Interesse: Gemäß § 11 Abs. 2 Satz 3 BewG ist Untergrenze des gemeinen Werts der Anteile der Substanzwert der Gesellschaft, verstanden als die Summe der gemeinen Werte der zum Betriebsvermögen gehörenden Wirtschaftsgüter und sonstigen aktiven Ansätze abzüglich der zum Betriebsvermögen gehörenden Schulden und sonstigen Abzüge. Die Geltung dieser Vorschrift auch im Rahmen des § 8c Abs. 1 KStG ist deswegen zweifelhaft, weil der Substanzwert von dem gemeinen Anteilswert in der Rechtswirklichkeit abweichen kann. Es kommt vor, dass fremde Dritte Käufer - gewöhnlich aufgrund befürchteter Verluste in der Zukunft - für Anteile an Kapitalgesellschaften niedrigere Preise zahlen als den Substanzwert im definierten Sinn. Wenn ein solcher Kaufpreis tatsächlich vorliegt, ist er für § 11 Abs. 2 BewG in der Tat Wertmaßstab, ebenso wie ein Börsenkurs unter Substanzwert dem gemeinen Wert der Aktie entspricht. Wenn ein solcher Kaufpreis sich nur fiktiv ermitteln lässt, müsste er dem Substanzwert auch vorgehen. Aber: Rechtstatsächlich wird ein Kaufpreis niedriger als Substanzwert mit einer der herkömmlichen Unternehmensbewertungsmethoden nur schwer zu belegen sein. Das wäre auch eine Aufgabe der Finanzverwaltung. Denn der Steuerpflichtige, der den Verlustvortrag erhalten will, hat ein Interesse an einem hohen gemeinen Wert und wird gegen einen Substanzwert, der den Ertragswert überschreitet, nichts einzuwenden haben, weil damit das Volumen der stillen Reserven steigt.

Die zweite Frage geht dahin, ob die Anwendung des § 11 Abs. 2 BewG auch das vereinfachte Ertragswertverfahren einbezieht, welches gemäß § 11 Abs. 2 Satz 4 BewG bei der Ermittlung des gemeinen Anteilswerts zu berücksichtigen ist.

Eine ähnliche Problematik hatte sich zur Geltungszeit des Stuttgarter Verfahrens (vor Geltung des ErbStG 2009) gestellt: War das Stuttgarter Verfahren auch für die Ermittlung des gemeinen Werts von Anteilen im Ertragsteuerrecht anwendbar? Das wurde von Rechtsprechung, Schrifttum und Finanzverwaltung teilweise unterschiedlich beantwortet. Der Gesetzgeber hatte den Streit dadurch entschieden, dass er durch Gesetz vom 7.12.2006 (BStBl. I 2006 S. 4, 26) dem § 11 Abs. 2 BewG einen Satz 2 anfügte, wonach das Stuttgarter Verfahren nicht für ertragsteuerliche Zwecke galt.

Eine vergleichbare Vorschrift für das vereinfachte Ertragswertverfahren findet sich im geltenden § 11 Abs. 2 BewG nicht, so dass folglich auch das vereinfachte Ertragswertverfahren den gemeinen Wert der Anteile bestimmen kann. Aus der Sicht der Steuerpflichtigen ist das nicht nachteilig, weil das vereinfachte Ertragswertverfahren bekanntlich zu relativ hohen Anteilswerten führen kann.

Aber: Im Referentenentwurf des Jahressteuergesetzes 2010 ist vorgesehen, den § 11 Abs. 2 Satz 4 wie folgt zu fassen:

„Bei der Wertermittlung für Zwecke der Erbschaft- und Schenkungsteuer sind die §§ 199 bis 203 zu berücksichtigen."

Die Begründung dazu lautet:

„Es handelt sich um eine Klarstellung. Der 6. Abschnitt des Bewertungsgesetzes beinhaltet Vorschriften für die Bewertung von Grundbesitz, von nicht notierten Anteilen an Kapitalgesellschaften und von Betriebsvermögen für die Erbschaftsteuer ab dem 1. Januar 2009. Mit der Änderung des Satzes 4 wird redaktionell klargestellt, dass die Vorschriften für die Bewertung nicht notierter Anteile an Kapitalgesellschaften und des Betriebsvermögens im vereinfachten Ertragswertverfahren (§§ 199 - 203 BewG) nur bei der Wertermittlung für Zwecke der Erbschaft- und Schenkungsteuer zu berücksichtigen sind."

Ob das wirklich nur eine Klarstellung ist oder nicht, kann offen bleiben. Jedenfalls ist damit das vereinfachte Ertragswertverfahren zwecks Ermittlung des gemeinen Anteilswerts im Rahmen des § 8c Abs. 1 KStG ausgeschlossen. Andererseits lässt sich hieraus aber bestätigend das obige Ergebnis rückschließen, dass abgesehen vom vereinfachten Ertragswertverfahren der gemeine Anteilswert auch im Ertragsteuerrecht, also auch bei § 8c Abs. 1 KStG, gemäß § 11 Abs. 2 BewG zu ermitteln ist.

Typischerweise wird nach alledem der gemeine Anteilswert auf der Grundlage eines Gutachtens nach IDW Standard 1 ermittelt werden, wie es z.b. auch bei der Beurteilung der Fall ist, ob ein Anteilsverkauf eine verdeckte Gewinnausschüttung oder eine verdeckte Einlage darstellt. Ob die Finanzverwaltung die von ihr für letzteren Zweck und sonstige ertragsteuerliche Zwecke herausgegebenen Leitfaden der Oberfinanzdirektion zur Bewertung von Anteilen an Kapitalgesellschaften (abgedruckt in *Gürsching/Stenger*, Bewertungsrecht, § 11 BewG, Anm. 457) hierfür noch für anwendbar hält, ist zur Zeit nicht bekannt. Aus der Sicht der Steuerpflichtigen wäre das als vereinfachende Alternative zu einer IDW S1 Bewertung zu begrüßen (vgl. auch *Sistermann/Brinkmann*, DStR 2009 S. 26, 36).

IV. Die Neuregelung zur Entschärfung der Funktionsverlagerungsbesteuerung (Piltz)

Schrifttum: *Eigelshoven/Nientimp*, Funktionsverlagerungen und kein Ende – die Änderung bei der Besteuerung von Funktionsverlagerungen nach dem EU-Umsetzungsgesetz, Ubg 2010, 233; *Lenz/Rautenstrauch*, Die neue Öffnungsklausel bei der Funktionsverlagerung in § 1 Abs. 3 Satz 10 Hs. 2 AStG, DB 2010, 696; *Oestreicher/Wilcke*, Die Einzelbewertung des Firmenwerts – Verrechnungspreise in Fällen einer Funktionsverlagerung nach dem Gesetz zur Umsetzung steuerlicher EU-Vorgaben sowie zur Änderung steuerlicher Vorschriften, Ubg 2010, 225; *Oestreicher/Wilcke*, Die Berichtigung von Einkünften wegen abweichender Gewinne, DB 2010, 467.

1. Einleitung

Der Koalitionsvertrag sieht im Interesse des F&E-Standorts Deutschland eine Entschärfung der Funktionsverlagerungsbesteuerung vor. Nach einem Entwurf der Fraktionen der CDU/CSU und der FDP zum Entwurf eines Gesetzes zur Umsetzung steuerlicher EU-Vorgaben und der damit übereinstimmenden Beschlussempfehlung des Finanzausschusses des Deutschen Bundestags sollen zu diesem Zweck die durch die Unternehmensteuerreform 2008 eingeführten Sätze 9 und 10 des § 1 Abs. 3 AStG neu gefasst werden.

Der Entwurf verfolgt ein begrüßenswertes Ziel, weil er die bei Funktionsverlagerungen ausufernde Transferpaketbetrachtung eindämmen und den Ansatz von Einzelverrechnungspreisen ermöglichen will. Er ist allerdings sprachlich sehr unpräzise gefasst, was in praxi wieder zu einer Vielzahl von Zweifelsfragen und Streitigkeiten führen wird.

2. Wortlaut der Neuregelung

„Wird eine Funktion einschließlich der dazugehörigen Chancen und Risiken und der mit übertragenen oder überlassenen Wirtschaftsgüter und sonstigen Vorteile verlagert (Funktionsverlagerung) und ist auf die verlagerte Funktion Satz 5 anzuwenden, weil für das Transferpaket als Ganzes keine zumindest eingeschränkt vergleichbaren Fremdvergleichswerte vorliegen, hat der Steuerpflichtige den Einigungsbereich auf der Grundlage des Transferpakets unter Berücksichtigung funktions- und risikoadäquater Kapitalisierungszinssätze zu bestimmen. In den Fällen des Satzes 9 ist die Bestimmung von Einzelverrechnungspreisen für alle betroffenen Wirtschaftsgüter und Dienstleistungen nach Vornahme sachgerechter Anpassungen anzuerkennen, wenn der Steuerpflichtige glaubhaft macht, dass keine wesentlichen immateriellen Wirtschaftsgüter und Vorteile Gegenstand der Funktionsverlagerung waren, oder dass die Summe der angesetzten Einzelverrechnungspreise, gemessen an der Bewertung des Transferpakets als Ganzes, dem Fremdvergleichsgrundsatz entspricht; macht der Steuerpflichtige glaubhaft, dass zumindest ein wesentliches immaterielles Wirtschaftsgut Gegenstand der Funktionsverlagerung ist, und bezeichnet er es genau, sind Einzelverrechnungspreise für die Bestandteile des Transferpakets anzuerkennen."

3. Wichtige rechtliche Zweifelsfragen anhand eines Fallbeispiels

Fall:

Sachverhalt:

Die X-GmbH stellt im Inland auf einer abgeschriebenen Maschine mit 10 Mitarbeitern Spezialschuhe her mit Herstellungskosten von 30, welche für 50 verkauft werden. Die Schuhe sollen in Zukunft auch in Nordamerika verkauft werden, wohin bisher keine Lieferung erfolgt. Die Maschine wird als Sacheinlage in eine Tochtergesellschaft in China eingebracht, wo neun Chinesen unter Anleitung eines deutschen Vorarbeiters die Schuhe herstellen, allerdings wegen der geringeren Löhne in China zu Herstellungskosten von 20. Der deutsche Vorarbeiter hat das Know-how zur Einrichtung, Bedienung und Wartung sowie Reparatur der Maschine, das erforderlich ist, um gleichwertige Schuhe herzustellen. Die chinesische Tochter verkauft die Schuhe in Nordamerika für 50 (ohne Vertriebsassistenz der X-GmbH). Die Voraussetzungen einer Funktionsverlagerung sollen erfüllt sein.

Rechtsfrage:

Wie wirken sich die neuen Sätze 9 und 10 des § 1 Abs. 3 AStG im Beispielsfall aus?

Lösungsvorschlag:

§ 1 Abs. 3 AStG regelt die Bestimmung von Verrechnungspreisen, die gemäß § 1 Abs. 1 AStG korrigiert werden können. Die Sätze 1 bis 8 des Absatzes 3 betreffen sämtliche denkbaren Transaktionsgegenstände. Besondere Bedeutung für die Funktionsverlagerung hat Satz 5, der vereinfacht anordnet: Wenn keine vergleichbaren Fremdvergleichswerte festgestellt werden können, muss der Steuerpflichtige für seine Einkünfteermittlung eine hypothetischen

Fremdvergleich durchführen. Er muss gewissermaßen simulieren, welche Preise bei der Transaktion vereinbart worden wären, wenn sie unter fremden Dritten stattgefunden hätte.

Bei diesem hypothetischen Fremdvergleich setzen die Sätze 9 und 10 an, indem sie für einen ganz bestimmten Transaktionsgegenstand, nämlich eine Funktion, Sonderregeln zu Satz 5 anordnen. Sätze 9 und 10 sind also eine Spezialvorschrift für die Preisbestimmung bei der Übertragung von Funktionen, vom Gesetz Funktionsverlagerung genannt.

Die neuen Sätze 9 und 10 lauten, zum besseren Verständnis im Schriftbild „aufgelöst":

„Wird eine Funktion einschließlich der dazugehörigen Chancen und Risiken

und der mitübertragenen oder überlassenen Wirtschaftsgüter

und sonstigen Vorteile

verlagert (Funktionsverlagerung)

und ist auf die verlagerte Funktion Satz 5 anzuwenden, weil für das Transferpaket als ganzes keine zumindest eingeschränkt vergleichbare Fremdvergleichswerte vorliegen,

hat der Steuerpflichtige den Einigungsbereich auf der Grundlage des Transferpakets unter Berücksichtung funktions- und risikoadäquater Kapitalisierungszinssätze zu bestimmen.

In den Fällen des Satzes 9

ist die Bestimmung von Einzelverrechnungspreisen für alle betroffenen Wirtschaftsgüter und Dienstleistungen nach Vorname sachgerechter Anpassungen anzuerkennen,

wenn der Steuerpflichtige glaubhaft macht,

dass keine wesentlichen Wirtschaftlichengüter und Vorteile Gegenstand der Funktionsverlagerung waren

oder, dass die Summe der angesetzten Einzelverrechnungspreise gemessen an der Bewertung des Transferpakets als ganzes dem Fremdvergleichsgrundsatz entspricht;

macht der Steuerpflichtige glaubhaft,

das zumindest ein wesentliches immaterielles Wirtschaftsgut Gegenstand der Funktionsverlagerung ist und bezeichnet er es genau

sind Einzelverrechnungspreise für die Bestandteile des Transferpakets anzuerkennen.

Strukturell gesehen enthalten die Sätze 9 und 10 also eine Grundregel und bisher zwei, jetzt drei Ausnahmen. Die Grundregel ist: Wird eine Funktion verlagert, ist die Funktion als ganzes als sog. Transferpaket im Wege einer Gesamtbewertung zu bewerten. Davon gibt es drei Ausnahmen: Der Steuerpflichtige macht glaubhaft, dass

(1) keine wesentlichen immateriellen Wirtschaftsgüter und Vorteile Gegenstand der Funktionsverlagerung waren

oder

(2) die Summe der angesetzten Einzelverrechnungspreise gemessen an der Bewertung des Transferpakets als ganzes entspricht dem Fremdvergleichsgrundsatz

oder

(3) (das ist das Neue!) zumindest ein wesentliches immaterielles Wirtschaftsgut ist Gegenstand der Funktionsverlagerung und dieses wird genau bezeichnet.

In den drei Ausnahmefällen sind „Einzelverrechnungspreise" für die Bestandteile des Transferpakets anzuerkennen.

Der Grund für die Änderung ergibt sich aus den Gesetzesmaterialien.

Der Koalitionsvertrag der Regierungsparteien sah vor, „bei den grenzüberschreitenden Leistungsbeziehungen unverzüglich die negativen Auswirkungen der Neuregelung zur Funktionsverlagerung auf den Forschungs- und Entwicklungsstandort Deutschland zu beseitigen". Im Bericht des Finanzausschusses (BT-Drucksache 17/939) betonten die Koalitionsfraktionen, dass mit der Funktionsverlagerungsregelung nachteilige Auswirkungen auf den Forschungs- und Entwicklungsstandort Deutschland verbunden sein. Diese könnten ohne nachteilige Wirkungen vermieden werden, indem die Regelungen für Funktionsverlagerungen für eine Bestimmung der Verrechnungspreise so geöffnet werden, dass diese nicht nur auf der Grundlage des Transferpakets, sondern auch auf der Grundlage einzelner im Transferpaket enthaltenen Wirtschaftsgüter bestimmt werden können, wenn der Steuerpflichtige zumindest ein enthaltendes wesentliches immaterielles Wirtschaftsgut genau bezeichnet. Und weiter:

Die Koalitionsfraktionen schlossen sich der Position an, es handele sich bei dieser Änderung in erster Linie um eine vernünftige Klarstellung. Mit der Neuregelung werde keineswegs die

Besteuerung von Funktionsverlagerungen aufgehoben oder die Bemessungsgrundlage aufgeweicht. Vielmehr werde die Bemessungsgrundlage durch eine Neuregelung der Bewertung konkretisiert. Statt der Ausschließlichkeit der Bewertung des gesamten Transferpakets, die mit einem enormen Bürokratieaufwand und enormer Unsicherheit verbunden ist, könnten nun die einzelnen Güter und Werte sowie einzelne immateriellen Wirtschaftsgüter benannt werden. Würden die Angaben glaubhaft gemacht, werden sie von der Finanzverwaltung - nach entsprechender Prüfung - zur Grundlage desselben Einigungsbereichs gemacht, der ansonsten für das Transferpaket angewendet wird. Dies stelle eine wesentliche Erleichterung insbesondere für Unternehmen ohne große Steuerabteilung, also für den Mittelstand, dar, indem es die insbesondere für den Technologie- und Entwicklungsstandort Deutschland zentralen Schwierigkeiten bei der steuerlichen Behandlung von Verlagerungen immaterieller Wirtschaftsgüter ins Ausland ausräumt. Es sei zu beobachten, dass derzeit eine unbefriedigte Situation wegen drohender Doppelbesteuerung, wegen mangelnder Planungssicherheit und wegen großer Unsicherheiten bezüglich der Bewertung bestehe. Im Ergebnis habe das zur Verlagerung von Forschungs- und Entwicklungstätigkeiten ins Ausland geführt, um die steuerlichen Nachteile aus einer eventuell später notwendigen Verlagerung daraus entstandener immaterieller Wirtschafsgüter zu vermeiden. Das hätte den Standort Deutschland geschädigt, ohne das steuerliche Ziel zu erreichen. Damit stelle diese Regelung ein Beispiel dar, an dem sich die Wachstumswirkung von steuerlichen Regelungen zeigen werde. Unternehmen müssten nun nicht mehr zur Vermeidung einer steuerlich unklaren Situation bereits ihre Forschungs- und Entwicklungsaktivitäten im Ausland ansiedeln, sondern könnten sich zunächst für den Standort Deutschland entscheiden. Nicht eine Steuerbefreiung, sondern eine Erleichterung der Bewertung werde also dazu führen, dass Forschung und Entwicklung in Deutschland angesiedelt wird.

Die Tatbestandsmerkmale der Neuregelung sind z.T. schwierig zu bestimmen, besonders schwierig aber ihre Rechtsfolge.

„Glaubhaft machen" ist im Recht weniger als „beweisen". Plausibilität reicht. Im Entwurf des BMF-Schreibens zur Funktionsverlagerung vom 17.7.2009 verlangt die Finanzverwaltung hierfür allerdings unter Tz. 2.1.6.2.2, dass die behauptete Tatsache wahrscheinlicher sein muss als ihr Gegenteil.

„Zumindest ein wesentliches immaterielles Wirtschaftsgut" bietet ein Problem hinsichtlich der Wesentlichkeit. Gemäß § 1 Abs. 5 FVerlV ist das gegeben, wenn es mehr als 25 Prozent der Summe der Einzelpreise aller Wirtschaftsgüter und Vorteile des Transferpakets ausmacht. Das führt zu dem überraschenden Ergebnis, dass bei Verlagerung von vier gleichwertigen immateriellen Wirtschaftsgütern die neue Regelung nicht eingreift.

„Genaue Bezeichnung" dürfte stets möglich sein.

Die Gretchenfrage liegt in der Rechtsfolge der Anerkennung der „Einzelverrechnungspreise für die Bestandteile des Transferpakets". Das Transferpaket ist in § 1 Abs. 3 Satz 9 AStG nicht mehr definiert. Aus dem Eingang von Satz 9 lässt sich schließen, dass sich das Transferpaket zusammensetzt aus

- den Chancen und Risiken der Funktion und

- den mitübertragenen und überlassenen (materiellen und immateriellen) Wirtschaftsgütern und

- sonstigen Vorteilen.

Vielfach wird diskutiert, ob zu den im Rahmen des Transferpakets einzeln zu bewertenden Wirtschaftsgütern auch der Geschäfts- oder Firmenwert gehört. Meines Erachtens stellt sich die Frage in der Mehrzahl aller Fälle nicht. Einen Geschäftswert gibt es bekanntlich bei Betrieben und Teilbetrieben. Wenn eine Funktionsverlagerung im Einzelfall gleichzeitig eine Teilbetriebsverlagerung darstellt, dürfte allerdings ein Geschäftswert zu erfassen sein, jedenfalls bei den vorgehenden Korrekturvorschriften verdeckte Gewinnausschüttung und verdeckte Einlage wäre das der Fall. Die allermeisten Funktionsverlagerungen zeichnen sich jedoch dadurch aus, dass die Funktion keinen Teilbetrieb darstellt, sondern gewissermaßen eine Zusammenfassung von betrieblichen Elementen „unterhalb" eines Teilbetriebs ist. Jedenfalls nach bisherigem Verständnis kann eine solche Funktion keinen Geschäftswert haben.

Eine andere Frage ist, ob die „sonstigen Vorteile" hier in die Einzelbewertung einzubeziehen sind. Der Dreh- und Angelpunkt sind in der Praxis die sog. Standortvorteile, d.h. die Summe der Faktoren, aufgrund deren bei der Aktivität im Ausland ein höherer Gewinn verbleibt als bei der bisherigen Aktivität im Inland, z.B. niedrigere Löhne.

Konsequenzen für den Fall:

Nach der Grundregel des § 1 Abs. 3 Satz 9 AStG wäre hier eine Gesamtbewertung der Funktion vorzunehmen. Greift die Neuregelung?

Es sei unterstellt, dass das Know-how ein wesentliches immaterielles Wirtschaftsgut sei, was der Steuerpflichtige glaubhaft macht und bezeichnet. Damit kommt die Einzelbewertung zum Zuge. Daraus folgt zunächst, dass der Gewinn der X-GmbH um den (zu schätzenden) Wert des Know-how zu erhöhen ist und um den Verkehrswert (Gebrauchtmaschinenmarkt) der Maschine.

Frage: Ist er auch (ganz oder teilweise, z.b. zur Hälfte) um den Standortvorteil von 10 pro Schuh zu erhöhen (dessen Wert durch Kapitalisierung des „Mehrgewinns" zu ermitteln wäre)? Wenn man das bejaht, kommt bei der Neuregelung „das Selbe heraus" wie in der Gesamtbewertung und die Neuregelung wäre in der Tat eine reine Verfahrensvereinfachungsvorschrift. Nur wenn man es verneint, vermindert sich der Gewinnerhöhungsbetrag gegenüber der Grundregel des § 1 Abs. 3 Satz 9 AStG. Ein Wirtschaftsgut ist der Standortvorteil sicher nicht, wohl aber ein „sonstiger Vorteil". Da die „sonstigen Vorteile" von Gesetzes wegen Bestandteil des Transferpakets sind, spricht mehr dafür, dass auch sie - neben den Wirtschaftsgütern - in einer Einzelbewertung erfasst und dem Wert des Transferpakets zugeschlagen werden. Man muss sich dann allerdings fragen, in welcher Weise die neue Regelung die „negativen Auswirkungen der Neuregelung für Funktionsverlagerung auf den Forschungs- und Entwicklungsstandort Deutschlands" beseitigen will.

V. Die neue GrESt-Befreiung für Umwandlungen im Konzern (Schönfeld)

Schrifttum: *Behrens*, Die grunderwerbsteuerliche Konzernklausel für übertragende Umwandlungen in § 6a GrEStG, AG 2010, 119; *Dettmeier/Geibel*, Die neue Grunderwerbsteuerbefreiung für Umstrukturierungen innerhalb eines Konzerns, NWB 2010, 582; *Fischer*, Das Gesetz zur Beschleunigung des Wirtschaftswachstums, jurisPR-SteuerR 1/2010 Anm. 1; *Heine*, Erleichterungen bei der GrESt für Umstrukturierungen: Gut gemeint, aber ..., UVR 2010, 81; *Mensching/Tyraks*, Grunderwerbsteuerrechtliche Einführung einer Konzernklausel durch das Wachstumsbeschleunigungsgesetz, BB 2010, 87; *Neitz/Lange*, Grunderwerbsteuer bei Umwandlungen – Neue Impulse durch das Wachstumsbeschleunigungsgesetz, Ubg 2010, 17; *Rödder/Schönfeld*, Zweifelsfragen im Zusammenhang mit der Vor- und Nachbehaltensfrist der grunderwerbsteuerlichen Konzernklausel des § 6a Satz 4 GrEStG n.F., DStR 2010, 415; *Schaflitz/Stadler*, Die grunderwerbsteuerliche Konzernklausel des § 6a GrEStG, DB 2010, 185; *Scheunemann/Dennisen/Behrens*, Steuerliche Änderungen durch das Wachstumsbeschleunigungsgesetz, BB 2010, 23; *Wagner*, Sind die mit dem Wachstumsbeschleunigungsgesetz erfolgten Verbesserungen im Unternehmensteuerbereich als Sofortprogramm „krisenverschärfenden Maßnahmen" qualifiziert? DStZ 2010, 26; *Wälzholz*, Grunderwerbsteuerneutrale Umwandlungen nach § 6a GrEStG idF des WBeschG, GmbH-StB 2010, 108; *Wischott/Schönweiß*, Wachstumsbeschleunigungsgesetz - Einführung einer Grunderwerbsteuerbefreiung für Umwandlungsvorgänge, DStR 2009, 2638.

1. Einleitung

Nach § 6a GrEStG n.F. sind von der neuen GrESt-Befreiung[55] Rechtsvorgänge nach § 1 Abs. 1 Nr. 3, Abs. 2a und Abs. 3 GrEStG (auch: § 1 Abs. 2 GrEStG) erfasst. Es muss sich dabei um eine Umwandlung i.S.d. § 1 Abs. 1 Nr. 1 bis 3 UmwG (oder entsprechenden Vor-

---

[55] Genauer: Die Steuer wird nicht erhoben.

gang nach Recht anderen EU-/EWR-Staates) handeln (Verschmelzung, Aufspaltung, Abspaltung, Ausgliederung, Vermögensübertragung). Nicht erfasst sind Vorgänge im Wege der Einzelrechtsnachfolge. Der Formwechsel ist ohnehin nicht steuerbar.

Überdies gilt ein Konzernvorbehalt. D.h.: Am Umwandlungsvorgang müssen (wohl gemeint: als übertragende und übernehmende Rechtsträger) ausschließlich herrschende Unternehmen und abhängige Gesellschaften oder nur abhängige Gesellschaften beteiligt sein (erforderlich sind mindestens 95 %ige unmittelbare oder mittelbare Beteiligungen am Kapital und die Erfüllung einer 5-jährigen Vor- und Nachbehaltensfrist).

Im Schrifttum[56] ist bereits auf zahlreiche Zweifelsfragen hingewiesen worden, die sich aus der technischen Umsetzung des zu begrüßenden Regelungsanliegens ergeben. Diese Fragen können aufgrund des begrenzten Zeitumfanges nicht vollumfänglich diskutiert werden. Der Fokus soll vielmehr zum einen auf der in § 6a Satz 4 GrEStG geregelten fünfjährigen Vor- und Nachbehaltensfrist liegen. Dadurch sollen Gestaltungen vermieden werden, die „nicht in der Zielrichtung der Ausnahme von der allgemeinen Belastung mit der Grunderwerbsteuer liegen" (BT-Drucks. 17/147, 10), sieht § 6a Satz 4 GrEStG. Zum anderen soll die Frage diskutiert werden, ob eine Personengesellschaft eine „abhängige Gesellschaft" iSv § 6a Satz 3 GrEStG sein kann, und wie eine durch eine Umwandlung ausgelöste Anwachsung einer Personengesellschaft zu behandeln ist.

2. Wortlaut der Neuregelung

§ 6a GrEStG hat mit der Überschrift „Steuervergünstigung bei Umstrukturierungen im Konzern" folgenden Wortlaut:

"Für einen nach § 1 Abs. 1 Nr. 3, Abs. 2a oder 3 steuerbaren Rechtsvorgang auf Grund einer Umwandlung i.S.d. § 1 Abs. 1 Nr. 1 bis 3 des UmwG wird die Steuer nicht erhoben; für die auf Grund einer Umwandlung übergehende Verwertungsbefugnis wird die Steuer nach § 1 Abs. 2 insoweit nicht erhoben. Satz 1 gilt auch für entsprechende Umwandlungen auf Grund des Rechts eines Mitgliedstaats der EU oder eines Staats, auf das Abkommen über den Europäischen Wirtschaftsraum Anwendung findet. Satz 1 gilt nur, wenn an dem Umwandlungsvorgang ausschließlich ein herrschendes Unternehmen und ein oder mehrere von diesem herrschenden Unternehmen abhängige Gesellschaften, oder mehrere von einem herrschenden Unternehmen abhängige Gesellschaften beteiligt sind. Im Sinne von Satz 3 abhängig ist eine Gesellschaft, an deren Kapital das herrschende Unternehmen innerhalb von fünf Jahren vor dem Rechtsvorgang und fünf Jahre nach dem Rechtsvorgang unmittelbar oder mittelbar oder teils unmittelbar, teils mittelbar zu mindestens 95 v.H. ununterbrochen beteiligt ist."

---

[56] Vgl. die obigen Literaturnachweise.

3. Wichtige rechtliche Zweifelsfragen anhand von Fallbeispielen

Fall 1: Ausgliederung zur Neugründung

Sachverhalt:

Die deutsche M-AG gliedert ein ihr gehörendes Grundstück gemäß § 123 Abs. 2 Nr. 2 UmwG zur Neugründung auf die anlässlich der Ausgliederung entstehende T-GmbH aus.

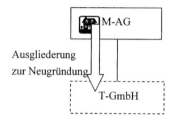

Rechtsfrage:

Handelt es sich um einen nach § 6a GrEStG begünstigten Rechtsvorgang?

Lösungsvorschlag:

Die Frage ist zu bejahen. Nach § 6a Satz 1 GrEStG wird für einen nach § 1 Abs. 1 Nr. 3 GrEStG steuerbaren Rechtsvorgang aufgrund einer Umwandlung im Sinne des § 1 Abs. 1 Nummer 1 bis 3 UmwG die Steuer nicht erhoben. Diese Voraussetzungen sind vorliegend erfüllt: Die Ausgliederung ist ein nach § 1 Abs. 1 Nr. 3 GrEStG steuerbarer Rechtsvorgang, und es handelt sich bei der Ausgliederung um eine in § 1 Abs. 1 Nr. 2 UmwG genannte Umwandlung.[57]

---

[57] Aus der Praxis wird berichtet, dass Finanzämter teilweise die Auffassung vertreten, der Umwandlungsvorgang müsse sich nach dem UmwG zu Buchwerten vollziehen bzw. zumindest zu Buchwerten möglich sein. Im Gesetz findet sich für diese Auffassung keine Grundlage; dieses stellt allein auf eine zivilrechtliche Begünstigung nach dem UmwG, nicht aber auch auf eine steuerrechtliche Begünstigung nach dem UmwStG ab.

Keine Anwendung von § 6a Satz 4 GrEStG bei objektiver Unmöglichkeit des Einhaltens der Vor- und Nachbehaltensfrist

Auch die Regelung des § 6a Satz 3 GrEStG sollte der Anwendung von § 6a Satz 1 GrEStG nicht entgegenstehen. Danach gilt § 6a Satz 1 GrEStG nur, wenn an dem Umwandlungsvorgang ausschließlich ein herrschendes und ein oder mehrere von diesem herrschenden Unternehmen abhängige Gesellschaften beteiligt sind. Wann eine Gesellschaft von einem herrschenden Unternehmen abhängig ist, definiert § 6a Satz 4 GrEStG. Das ist der Fall, wenn das herrschende Unternehmen am Kapital der Gesellschaft innerhalb von fünf Jahren vor dem Rechtsvorgang (*Vorbehaltensfrist*) und fünf Jahre nach dem Rechtsvorgang (*Nachbehaltensfrist*) unmittelbar oder mittelbar zu mindestens 95 vH ununterbrochen beteiligt ist. Vorliegend könnte allein die Vorbehaltensfrist problematisch sein. Denn aufgrund der Tatsache, dass die Ausgliederung zur Neugründung gemäß § 123 Abs. 2 Nr. 2 UmwG erfolgt, wäre M-AG vor der Umwandlung nicht bereits 5 Jahre an der (anlässlich der Ausgliederung erst entstehenden) T-GmbH beteiligt.

Die Voraussetzungen von § 6a Satz 4 GrEStG sind gleichwohl auch bezogen auf die Vorbehaltensfrist erfüllt, weil die Regelung nach dem in der Gesetzesbegründung[58] zum Ausdruck gelangenden Gesetzeszweck voraussetzt, dass die Beteiligung an der abhängigen Gesellschaft sowohl vor als auch nach der Umwandlung überhaupt mindestens fünf Jahre bestehen *kann*.[59] Das ist indes nicht der Fall, wenn die Beteiligung schon denklogisch nicht bestehen kann, weil diese erst anlässlich des von § 6a GrEStG begünstigten Umwandlungsvorgangs entsteht. Oder anders gewendet: Ist es dem herrschenden Unternehmen *objektiv unmöglich*, an der abhängigen Gesellschaft vor und nach der Umwandlung für mindestens fünf Jahre beteiligt zu sein, findet § 6a Satz 4 GrEStG keine Anwendung. Dies muss schon deshalb so sein, weil der Staat dem Steuerpflichtigen nichts abverlangen darf, was dieser objektiv nicht erbringen kann. Daher hat diese Auslegung auch nichts mit einer teleologischen Reduktion von § 6a Satz 4 GrEStG zu tun; vielmehr handelt es sich dabei um eine (ungeschriebene) Tatbestandsvoraussetzung.

---

[58] BT-Drucks. 17/147, 10.
[59] Ebenso der instruktive Beitrag von *Neitz/Lange*, Ubg 2010, 17, 26 f., der im Übrigen zahlreiche weitere Beispielsfälle zu Zweifelsfragen im Zusammenhang mit § 6a GrEStG insgesamt enthält; vgl. ferner zB *Behrens*, AG 2010, 119, 121; *Schaflitz/Stadler*, DB 2010, 185, 188.

Keine Anwendung von § 6a Satz 4 GrEStG bei objektivem Ausschluss einer Steuerumgehungsmöglichkeit

Unabhängig davon, dass bereits danach § 6a Satz 4 GrEStG auf die Umwandlung zur Neugründung keine Anwendung findet, hat man in diesem Zusammenhang ferner zu beachten, dass sich die Regelung als typisierende Missbrauchsbekämpfungsvorschrift nach der Gesetzesbegründung

> „an dem dem Grunderwerbsteuergesetz innewohnenden System, wie es in den Steuervergünstigungen der §§ 5 und 6 des Grunderwerbsteuergesetzes seinen Ausdruck findet, [orientiert]"[60].

Insoweit gelten die zu § 5 Abs. 3 und § 6 Abs. 3 sowie Abs. 4 GrEStG entwickelten Grundsätze im Rahmen von § 6a Satz 4 GrEStG entsprechend. Für die dort geregelten „Missbrauchstatbestände" ist aber anerkannt, dass sich diese nicht auf Rechtsvorgänge erstrecken, bei denen eine *Steuerumgehungsmöglichkeit objektiv ausgeschlossen ist.*[61] Insbesondere für die § 6a Satz 4 GrEStG vergleichbare Vorbehaltsfrist des § 6 Abs. 4 GrEStG gilt nach der Rspr. des BFH, dass die Steuervergünstigungen nach § 6 Abs. 1 bis 3 GrEStG nicht schon deshalb zu versagen sind, weil die veräußernde Gesamthand noch keine fünf Jahre vor dem Erwerbsvorgang bestanden hat; die Sperrfrist des § 6 Abs. 4 GrEStG ist in solchen Fällen vielmehr bedeutungslos, soweit die Beteiligungsverhältnisse an der veräußernden Gesamthand seit dem Erwerb des Grundstück durch diese unverändert geblieben sind.[62] Mit der Veröffentlichung der Entscheidung im Bundessteuerblatt Teil II hat die Finanzverwaltung zum Ausdruck gebracht, diese Auffassung zu teilen.

So liegen die Dinge auch im Beispielsfall: Durch die Ausgliederung zur Neugründung ist eine Steuerumgehungsmöglichkeit objektiv ausgeschlossen. Es finden sich auch keine Anhaltspunkte dafür, dass der Gesetzgeber bewusst sämtliche Umwandlungsmaßnahmen des UmwG zur Neugründung aus dem Anwendungsbereich des § 6a GrEStG ausnehmen wollte, nur weil bei diesen die Vorbehaltsfrist immanent nicht erfüllt sein kann. Vom Telos des Gesetzes wäre eine solche Ausnahme jedenfalls nicht gedeckt, weil der Gesetzgeber aus Gründen des Gemeinwohls sämtliche Umstrukturierungen von Unternehmen nach dem UmwG grunderwerbsteuerlich begünstigen wollte. Im Entwurf der Bundesregierung heißt es hierzu:

---

[60] BT-Drucks. 17/147, 10.
[61] Vgl. zB koord. Ländererlass des FinSen Berlin v. 25.5.2009, III C-S 4514-2/2008, DStR 2009, 1313; aus dem Schrifttum vgl. auch *Franz* in: Pahlke/Franz, GrEStG, 2005, Rz. 31; *Hofmann*, GrEStG, 2004, § 5, Rz. 25a; *Viskorf* in: Boruttau, GrEStG, 2007, § 5, Rz. 88.
[62] Vgl. BFH v. 14.6.73, II R 37/72, BStBl. II 1973, 802; *Viskorf* in: Boruttau, GrEStG, 2007, § 6, Rz. 40, jeweils mwN.

„Um schnell und effektiv Wachstumshemmnisse zu beseitigen, sollen die Bedingungen für Umstrukturierungen von Unternehmen krisenfest, planungssicherer und mittelstandsfreundlicher ausgestaltet werden. Unternehmen sollen flexibel auf Veränderungen der Marktverhältnisse reagieren können. Um dies zu erreichen werden Grundstücksübergänge im Rahmen von Umstrukturierungen bei Umwandlungsvorgängen grunderwerbsteuerrechtlich begünstigt, wenn es sich um einen Rechtsvorgang im Sinne des § 1 Absatz 1 Nummer 1 bis 3 des Umwandlungsgesetzes handelt."[63]

Diese Zielsetzung würde aber verfehlt, wenn mit sämtlichen Umwandlungen zur Neugründung ein wesentlicher Teil der in § 1 UmwG genannten Umwandlungsvorgänge von § 6a Satz 1 GrEStG ausgenommen wäre.

Fall 2: Ausgliederung zur Aufnahme auf innerhalb der Vorbehaltensfrist erworbene bzw. gegründete Gesellschaft

Sachverhalt:

Wie Fall 1, nur gliedert die M-AG das ihr gehörende Grundstück gemäß § 123 Abs. 2 Nr. 1 UmwG zur Aufnahme auf eine zum Zwecke der Umstrukturierung kurz zuvor erworbene Vorratsgesellschaft aus.

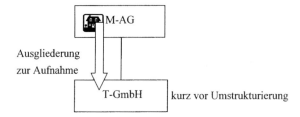

Rechtsfrage:

Handelt es sich um einen nach § 6a GrEStG begünstigten Rechtsvorgang?

Lösungsvorschlag:

Die Frage ist vor dem Hintergrund der Ausführungen zu Fall 1 zu bejahen. Was für die Umwandlung zur Neugründung gilt, muss entsprechend gelten, wenn die Beteiligung an der abhängigen Gesellschaft innerhalb der fünfjährigen Vorbehaltensfrist erworben bzw. die Gesell-

---

[63] BT-Drucks. 17/15, 21; entsprechend auch im Bericht des Finanzausschusses, BT-Drucks. 17/147, 10.

schaft selbst gegründet wurde. Auf die Ausführungen und Nachweise zu Fall 1 kann daher vollumfänglich verwiesen werden.[64] Es kann letztlich auch keinen Unterschied machen, ob die Umwandlung zur Neugründung erfolgt oder zur Aufnahme auf eine erst kürzlich durch die übertragende Gesellschaft neu gegründete Gesellschaft. Dann kann es aber auch keinen Unterschied machen, ob die aufnehmende Gesellschaft durch die übertragende Gesellschaft oder zB als Vorratsgesellschaft durch einen Dritten.

Dieses Ergebnis könnte allerdings zu der Frage verleiten, was denn eigentlich von der Regelung des § 6a Satz 4 GrEStG übrig bleibt, wenn auch Gesellschaften an einer grunderwerbsteuerrelevanten Umwandlungsmaßnahme beteiligt werden können, deren Anteile innerhalb der fünfjährigen Vorbehaltensfrist erworben worden sind. Die Frage sollte vor dem Hintergrund des Regelungsanliegens von § 6a GrEStG dahingehend beantwortet werden, dass in jedem Fall solche Umwandlungsvorgänge unter Beteiligung von noch nicht fünf Jahren zum Konzern gehörenden Gesellschaften grunderwerbsteuerlich begünstigt werden, wenn das betroffene Grundvermögen bereits fünf Jahre zum Konzern gehört. Oder anders formuliert: Gehört das Grundvermögen bereits fünf Jahre zum Konzern, kann es auf eine innerhalb der fünfjährigen Vorbehaltensfrist gegründete bzw. erworbene Gesellschaft im Wege einer Umwandlungsmaßnahme übertragen werden; ein Missbrauchsvorwurf ist nicht ersichtlich.

Darüber hinaus sollten aber auch Umwandlungsvorgänge begünstigt sein, bei denen das betroffene Grundvermögen noch nicht bereits fünf Jahre zum Konzern gehörte, sofern das Grundvermögen durch einen grunderwerbsteuerbaren Vorgang in den Konzern gelangt ist. Das wäre zB der Fall, wenn 100% einer Beteiligung an einer grundbesitzenden Kapitalgesellschaft durch eine andere Kapitalgesellschaft erworben wird und das Grundvermögen anschließend (innerhalb von fünf Jahren) auf eine andere Tochtergesellschaft ausgegliedert wird.

Fall 3: Besonderheiten der Verschmelzung (und Aufspaltung)

Sachverhalt:

Die grundbesitzende T-GmbH wird up-stream auf ihre alleinige Anteilseignerin, die M-AG, verschmolzen. M-AG hält die Anteile an T-GmbH seit mehr als fünf Jahren.

---

[64] Vgl. auch w.o.

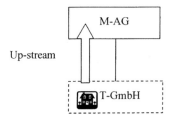

Up-stream

Rechtsfrage:

Handelt es sich um einen nach § 6a GrEStG begünstigten Rechtsvorgang?

Lösungsvorschlag:

Die Frage ist zu bejahen. Die Voraussetzungen von § 6a Satz 1 GrEStG sind erfüllt: Die Verschmelzung ist ein nach § 1 Abs. 1 Nr. 3 GrEStG steuerbarer Rechtsvorgang, und es handelt sich bei der Verschmelzung als dem Grundfall einer Umwandlung um einen ausdrücklich in § 1 Abs. 1 Nr. 1 UmwG genannte Umwandlungsvorgang. Auch § 6a Satz 4 GrEStG steht dem nicht entgegen: Die M-AG ist bereits seit mehr als fünf Jahren an der T-GmbH beteiligt, so dass die Vorbehaltensfrist im Zeitpunkt der Durchführung der Verschmelzung erfüllt ist. Die Nachbehaltensfrist wird demgegenüber bei wortgetreuer Auslegung von § 6a Satz 4 GrEStG zwar nicht erfüllt, weil die Beteiligung an T-GmbH aufgrund der Verschmelzung auf ihre alleinige Anteilseignerin untergeht. Die Voraussetzungen von § 6a Satz 4 GrEStG sind gleichwohl auch bezogen auf die Nachbehaltensfrist erfüllt, weil die Regelung – wie bereits dargestellt[65] – als (ungeschriebenes) Tatbestandsmerkmal voraussetzt, dass die Beteiligung an der abhängigen Gesellschaft sowohl vor als auch nach der Umwandlung überhaupt mindestens fünf Jahre bestehen *kann* bzw. es dem herrschenden Unternehmen *objektiv unmöglich* ist, an der abhängigen Gesellschaft vor und nach der Umwandlung für mindestens fünf Jahre beteiligt zu sein. Das ist indes nicht der Fall, wenn die Beteiligung in immanenter Weise aufgrund eines von § 6a GrEStG begünstigten Umwandlungsvorgangs wegfällt.[66]

Darüber hinaus greift § 6a Satz 4 GrEStG aufgrund der Anlehnung an die Parallelregelungen in § 5 Abs. 3 und § 6 Abs. 3 GrEStG nicht ein, wenn „eine Missbrauchsgestaltung objektiv

---

[65] Die Ausführungen zur Umwandlung zur Neugründung gelten insoweit entsprechend; vgl. schon w.o.
[66] IE ebenso *Behrens*, AG 2010, 119, 121; *Mensching/Tyraks*, BB 2010, 87, 91; *Scheunemann/Dennisen/Behrens*, BB 2010, 23, 32.

ausgeschlossen ist"[67]. Eine Missbrauchsgestaltung iSv § 6a Satz 4 GrEStG bezogen auf die Nachbehaltensfrist ist aber (bei einem unmittelbaren Übergang von Grundvermögen anlässlich der Umwandlung) nur durch Verringerung der Beteiligungsquote an der abhängigen Gesellschaft innerhalb von fünf Jahren nach der Umwandlungsmaßnahme mit dem Ziel möglich, eine grunderwerbsteuerneutrale Übertragung der grundbesitzenden Gesellschaft zu ermöglichen (zB durch Übertragung von jeweils 50% der Anteile auf verschiedene Personen). Diese Möglichkeit ist aber aus Sicht des herrschenden Unternehmens von vornherein objektiv ausgeschlossen, wenn die Anteile an der abhängigen Gesellschaft aufgrund deren Verschmelzung auf das herrschende Unternehmen untergehen. Denn in diesem Fall kann das aufgrund der Verschmelzung unmittelbar in das Vermögen des herrschenden Unternehmens übergegangene Grundvermögen nur noch grunderwerbsteuerbar auf Dritte übertragen werden. Diese Übertragung aus dem Vermögen des herrschenden Unternehmens durch einen erneuten grunderwerbsteuerbaren Rechtsvorgang innerhalb der Frist des § 6a Satz 4 GrEStG führt aber – ebenso wie im Rahmen von § 5 Abs. 3 und § 6 Abs. 3 GrEStG[68] – nicht zur rückwirkenden Versagung der Steuervergünstigung nach § 6a Satz 1 GrEStG; eine Missbrauchsgestaltung ist aufgrund der Grunderwerbsteuerbarkeit des erneuten Rechtsvorgangs eben objektiv ausgeschlossen.

Die Richtigkeit der vorstehenden Überlegungen erweist sich schließlich auch daran, dass anderenfalls jede Verschmelzung schädlich iSv § 6a Satz 4 GrEStG wäre, was einen offensichtlichen Widerspruch zum ausdrücklichen Verweis des § 6a Satz 1 GrEStG auf die in § 1 Abs. 1 Nr. 1 UmwG geregelte Verschmelzung darstellen würde.[69] Der Verweis wäre insoweit leerläufig, was auch vor dem Hintergrund merkwürdig anmuten würde, dass es sich bei der Verschmelzung um den im UmwG geregelten Grundfall einer Umwandlung handelt. Mehr noch, es wäre (neben sämtlichen Umwandlungsmaßnahmen des UmwG zur Neugründung[70]) auch die Aufspaltung zur Aufnahme nicht begünstigt, weil stets gegen die Nachbehaltensfrist von fünf Jahren verstoßen werden würde. Positiv gewendet käme § 6a Satz 1 GrEStG damit nur für die Ausgliederung und Abspaltung zur Aufnahme in Betracht. Von dem Umstrukturierungen erleichternden Gesetzeszweck wäre dies in keinem Fall gedeckt.[71] Das Ergebnis wäre systematisch im Übrigen auch deshalb verfehlt, weil die von § 6a Satz 1 GrEStG in jedem Fall begünstige Abspaltung zur Aufnahme im Grunde eine (Teil-)Verschmelzung darstellt.

---

[67] So zu § 5 Abs. 3 und § 6 Abs. 3 GrEStG ausdrücklich koord. Ländererlass des FinSen Berlin v. 25.5.2009, III C-S 4514-2/2008, DStR 2009, 1313; zur Übertragung dieser Grundsätze auf § 6a Satz 4 GrEStG vgl. schon w.o.
[68] Dazu näher gleich Fall 4.
[69] Ebenso zB *Behrens*, AG 2010, 119, 121.
[70] Vgl. w.o.
[71] Vgl. BT-Drucks. 17/15, 21 und 17/147, 10.

Hinzu kommt, dass nach dem in der Gesetzesbegründung zum Ausdruck gelangenden Willen des Gesetzgebers sämtliche Umwandlungsvorgänge nach dem UmwG gleich behandelt werden sollen, um einen verfassungsrechtlich bedenklichen Systembruch zu vermeiden. Von einer dort genannten „gebotenen gleichmäßigen Wirkung der Begünstigung" und fehlenden „Zufälligkeiten" könnte aber keine Rede sein, wenn § 6a Satz 1 GrEStG lediglich die Ausgliederung und Abspaltung zur Aufnahme erfasste. Für eine Schlechterstellung der übrigen Umwandlungsvorgänge (sämtliche Umwandlungen zur Neugründung, der Verschmelzung und Aufspaltung zur Aufnahme) wäre auch kein sachlicher Differenzierungsgrund ersichtlich.

Fall 4: Umwandlung zur Aufnahme mit anschließender konzernexterner Übertragung

Sachverhalt:

Die deutsche M-AG gliedert ein ihr gehörendes Grundstück gemäß § 123 Abs. 2 Nr. 1 UmwG zur Aufnahme auf ihre – bereits seit mehr als fünf Jahren bestehende – 100%ige Tochtergesellschaft T-GmbH aus. Innerhalb von fünf Jahren veräußert M-AG die Beteiligung an die nicht-konzernzugehörige D-GmbH.

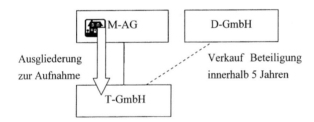

Rechtsfrage:

Handelt es sich bei der Ausgliederung zur Aufnahme um einen nach § 6a GrEStG begünstigten Rechtsvorgang? – Abwandlung: M-AG veräußert nicht 100%, sondern nur 50% der Beteiligung an der T-GmbH an die D-GmbH.

Lösungsvorschlag:

Auch diese Frage sollte bezogen auf den Ausgangsfall zu bejahen sein; eine rückwirkende Versagung der Steuervergünstigung nach § 6a Satz 1 GrEStG sollte nicht in Betracht kommen. Steht nämlich nach den Ausführungen zu Fall 1 fest, dass die zu § 5 Abs. 3 und § 6 Abs.

3 GrEStG geltenden Grundsätze auch im Rahmen von § 6a Satz 4 GrEStG gelten, und dass § 6a Satz 4 GrEStG insbesondere dann nicht eingreift, wenn eine Steuerumgehungsmöglichkeit objektiv ausgeschlossen ist, dann ist genau das vorliegend der Fall. Denn aufgrund der Tatsache, dass die Übertragung der 100%-Beteiligung durch M-AG selbst grunderwerbsteuerbar ist, kann von einer Steuerumgehung anlässlich der Ausgliederung keine Rede sein. Vielmehr hätte M-AG das (ausgegliederte) Grundstück auch unmittelbar (grunderwerbsteuerbar) an D-GmbH veräußern können. Im Rahmen von § 5 Abs. 3 und § 6 Abs. 3 GrEStG ist jedenfalls anerkannt, dass ein Verstoß gegen die dort geregelte Nachbehaltensfrist unschädlich ist, wenn der innerhalb der Frist vollzogene Rechtsvorgang seinerseits grunderwerbsteuerbar ist.[72] Für die Nachbehaltensfrist des § 6a Satz 4 GrEStG kann dann nichts anderes gelten.[73] Daher ist nicht nur der Verkauf der Beteiligung an der abhängigen Gesellschaft innerhalb der fünfjährigen Nachbehaltensfrist für Zwecke des § 6a Satz 4 GrEStG unschädlich. Vielmehr sind auch solche Fälle begünstigt, in denen die abhängige Gesellschaft innerhalb der fünfjährigen Nachbehaltensfrist insolvent und das Grundvermögen in diesem Zusammenhang verwertet wird (zB im Wege der Zwangsversteigerung). Entsprechendes gilt für die Liquidation der Gesellschaft.

Zu einem anderen Ergebnis wird man allerdings im Rahmen der Abwandlung des Ausgangsfalles kommen müssen. Dort werden nämlich nur 50% der Anteile an der T-GmbH auf die D-GmbH übertragen werden, so dass kein grunderwerbsteuerbarer Vorgang vorliegt. Die Regelung des § 6a Satz 4 GrEStG kommt mithin zur Anwendung.

Fall 5: Personengesellschaft als „abhängige Gesellschaft"

Sachverhalt:

Wie Fall 1, nur soll die Ausgliederung auf die T-KG erfolgen, deren alleinige Kommanditistin die M-AG seit mehr als 5 Jahren ist. Komplementärin ohne vermögensmäßige Beteiligung ist die T-GmbH, deren Anteile von der M-AG gehalten werden.

---

[72] Ebenso *Neitz/Lange*, Ubg 2010, 17, 26 f.; *Scheunemann/Dennisen/Behrens*, BB 2010, 23, 32; *Wischott/Schönweiß*, DStR 2009, 2638, 2643 f.
[73] Vgl. die Nachweise w.o.

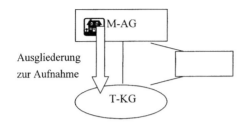

Rechtsfrage:

Handelt es sich um einen nach § 6a GrEStG begünstigten Rechtsvorgang?

Lösungsvorschlag:

Die entscheidende Frage ist die, ob es sich bei T-KG um eine „abhängige Gesellschaft" iSv § 6a Satz 3 GrEStG handelt. Für die Beantwortung dieser Frage ist nicht etwa auf den Abhängigkeitsbegriff des § 1 Abs. 4 Nr. 1 GrEStG abzustellen, vielmehr definiert § 6a Satz 4 GrEStG selbst (als *lex specialis*), was eine „abhängige Gesellschaft" ist. Danach ist neben der bereits diskutierten fünfjährigen Vor- und Nachbehaltensfrist erforderlich, dass das herrschende Unternehmen am „Kapital" der abhängigen Gesellschaft unmittelbar oder mittelbar oder teils unmittelbar, teils mittelbar zu mindestens 95% ununterbrochen beteiligt ist. Ob eine Beteiligung am Kapital bei einer Personengesellschaft gegeben sein kann, wird kontrovers diskutiert. Dem Vernehmen nach soll die Finanzverwaltung dieser Überlegung eher kritisch gegenüberstehen, weil bei einer Personengesellschaft nur eine vermögensmäßige Beteiligung gegeben sein könne.[74] Im Schrifttum wird demgegenüber überzeugend dargelegt, dass das Merkmal der Beteiligung am Kapital – wie im Rahmen von § 1 Abs. 2a sowie §§ 5, 6 GrEStG – im Sinne einer mind. 95%igen Beteiligung am Vermögen der betreffenden Personengesellschaft verstanden werden müsse.[75] Teilweise wird auch darauf hingewiesen, dass der Gesetzgeber des § 6a GrEStG ersichtlich auf die aktienrechtliche Terminologie der §§ 15 ff. AktG abgestellt habe.[76] Diese ist aber rechtsformneutral formuliert und erfasst damit auch Personengesellschaften[77]. In jedem Fall wäre es aber vor dem Telos des § 6a GrEStG, betriebswirtschaftlich sinnvolle Umstrukturierungen grunderwerbsteuerneutral zu ermöglichen, nicht nachvollziehbar, wenn dieser Gesetzeszweck nur bei abhängigen Kapitalgesellschaften maß-

---

[74] Vgl. dazu kritisch *Behrens*, AG 2010, 119, 120.
[75] *Behrens*, AG 2010, 119, 120 f; *Neitz/Lange*, Ubg 2010, 17, 22.
[76] *Fischer*, jurisPR-SteuerR 1/2010 Anm. 1.
[77] *Hüffer*, AktG, 2008, § 15, Rz. 4, 11, mwN.

geblich sein sollte. Die Rechtsformneutralität von § 6a GrEStG dürfte zudem – was in der Gesetzesbegründung selbst zum Ausdruck gelangt – mit Blick auf Art. 3 Abs. 1 GG geboten sein.[78]

Fall 6: Anwachsung aufgrund Verschmelzung

Sachverhalt:

Kommanditistin der grundbesitzenden T-KG mit einem Anteil von 94,9% ist (bereits seit mehr als 5 Jahren) die M-AG. Komplementärin mit einem Anteil von 5,1% ist die T-GmbH, deren Anteile von der M-AG ebenfalls seit mehr als 5 Jahren gehalten werden. T-GmbH wird auf die M-AG mit der Folge verschmolzen, dass das Vermögen der T-KG und damit auch deren Grundvermögen bei M-AG anwächst.

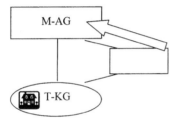

Rechtsfrage:

Handelt es sich um einen nach § 6a Satz 1 GrEStG begünstigten Rechtsvorgang?

Lösungsvorschlag:

Die Verschmelzung mit anschließender Anwachsung ist ein gemäß § 1 Abs. 1 Nr. 3 GrEStG steuerbarer Rechtsvorgang.[79] Auf den Umstand, dass bezogen auf den Anteil der M-AG an T-KG iHv 94,9% die Begünstigung des § 6 Abs. 2 GrEStG greift (§ 6 Abs. 4 GrEStG findet aufgrund der seit mehr als 5 Jahren bestehenden Kommanditbeteiligung vorliegend keine Anwendung), sollte es nicht ankommen, wenn der parallel (oder mglw. sogar vorrangig) anzuwendende § 6a Satz 1 GrEStG die Erhebung der Grunderwerbsteuer insgesamt ausschließt.

---

[78] Zutreffend *Behrens*, AG 2010, 119, 120 f.
[79] Vgl. nur *Fischer* in: Boruttau, GrEStG, 2007, § 1, Rz. 596 ff., mwN.

Die Anwendung von § 6a GrEStG hängt dabei entscheidend von der Beantwortung der Frage ab, ob der nach § 1 Abs. 1 Nr. 3 GrEStG steuerbare Rechtsvorgang „aufgrund einer Umwandlung im Sinne des § 1 Abs. 1 Nummer 1 bis 3 des Umwandlungssteuergesetzes" verwirklicht wird. Diese Frage sollte zu bejahen sein, weil die Verschmelzung der T-GmbH unter § 1 Abs. 1 Nr. 1 UmwG fällt und die Anwachsung der bloße rechtliche Reflex der Verschmelzung ist, der ohne die Verschmelzung nicht denkbar wäre.[80] Dies bedeutet allerdings auch, dass § 6a GrEStG wohl auch dann anzuwenden wäre, wenn die Beteiligung an der anwachsenden KG (anders als im Ausgangsfall) noch keine 5 Jahre bestanden hat. Die nach § 6a Satz 3 GrEStG zu beantwortende Frage der abhängigen Gesellschaft bezieht sich nur auf die Komplementärin als den zu verschmelzenden Rechtsträger; bezogen auf die anwachsende KG ist diese Frage ohne Relevanz. Man könnte allerdings überlegen, inwieweit in diesem Fall § 6 Abs. 4 (iVm Abs. 2) GrEStG gegenüber § 6a GrEStG vorrangig anzuwenden wäre. Dem kann man aber gut entgegenhalten, dass § 6a GrEStG *lex specialis* für sämtliche grunderwerbsteuerbaren Rechtsvorgänge ist, die aufgrund eines Umwandlungsvorganges verwirklicht werden, weil der Gesetzgeber derartige Vorgänge ausdrücklich begünstigen wollte.

---

[80] Ebenso *Dettmeier/Geibel*, NWB 2010, 582, 585; *Neitz/Lange*, Ubg 2010, 17, 23; *Wälzholz*, GmbH-StB 2010, 108, 110.

3. Generalthema

15.00 –
18.45 Uhr
Die Entwicklung der Unternehmensbesteuerung – der kommende Umwandlungssteuererlass und die weitere Ausformung der Gruppenbesteuerung

Leitung:
Rechtsanwalt, Wirtschaftsprüfer, Steuerberater
Prof. Dr. Wilhelm **Haarmann**, Frankfurt/M.

Referenten und Bearbeiter des Arbeitsbuches:
Rechtsanwalt Dr. Gottfried E. **Breuninger,** München
Rechtsanwalt, Steuerberater
Dipl.-Kfm. Michael **Graf,** Frankfurt/M.
Rechtsanwalt, Wirtschaftsprüfer, Steuerberater
Prof. Dr. Wilhelm **Haarmann**, Frankfurt/M.
Rechtsanwalt, Wirtschaftsprüfer, Steuerberater
Dr. Matthias **Schüppen**, Stuttgart

Teilnehmer der Podiumsdiskussion:
Regierungsdirektor Ewald **Dötsch,**
Oberfinanzdirektion Koblenz
Ministerialrat Dr. Thomas **Eisgruber**
Bayerisches Staatsministerium der Finanzen
Vorsitzender Richter am Bundesfinanzhof
Prof. Dr. Dietmar **Gosch**, München
Ministerialrat Peter **Rennings,**
Bundesministerium der Finanzen, Berlin
Prof. Dr. Dr. h.c. Wolfgang **Schön,**
Direktor am Max-Planck-Institut, München

I. Inländischer Downstream-Merger mit ausländischer Muttergesellschaft – Verlust des deutschen Besteuerungsrechts?

II. Verschmelzung ins Ausland – Folgen der Aufgabe der finalen Entnahmetheorie

III. Ersatztatbestände im Rahmen von § 22 Abs. 1 S. 6 UmwStG

IV. Trennung von Gesellschafterstämmen

V. Behandlung des Übernahmegewinns nach § 12 Abs. 2 UmwStG

VI. Der neue § 6a GrEStG

VII. Die KGaA bei Umwandlungsvorgängen

VIII. Erweiterte Anwachsung und Spaltungshindernisse im Lichte des UmwStG

IX. Fragen zu § 24 UmwStG: u. a.: Begründung einer atypisch stillen Gesellschaft und fiktiver Teilbetrieb

X. § 8c KStG im Konzern: u. a.: Wie wirken sich atypisch stille Beteiligungen aus?

XI. Voraussetzungen einer ertragsteuerlichen Organschaft nach deutschem Recht

XII. Rechtsentwicklungen bei der Organschaft – Europarechtliche Grenzen

3. Generalthema
Die Entwicklung der Unternehmensbesteuerung – der kommende Umwandlungssteuererlass und die weitere Ausformung der Gruppenbesteuerung

I. Inländischer Downstream-Merger mit ausländischer Muttergesellschaft - Verlust des deutschen Besteuerungsrechts? (Graf)

A. Sachverhalt

Die im Ausland ansässige natürliche Person A ist zu 100% an der deutschen M-GmbH beteiligt, die ihrerseits 100% der Anteile an der ebenfalls inländischen T-GmbH hält. Es ist kein weiteres Betriebsvermögen der M-GmbH vorhanden.

In 2009 wird die M-GmbH im Rahmen eines Downstream-Mergers auf die T-GmbH verschmolzen. Nach dem Verschmelzungsvertrag erhält Gesellschafter A für seine im Rahmen der Verschmelzung untergehenden Anteile an der übertragenden M-GmbH die Anteile an der übernehmenden T-GmbH. Eine Kapitalerhöhung wird nicht vorgenommen.

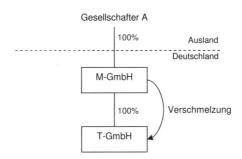

B. Fragestellung:

Kann die Verschmelzung der M-GmbH auf die T-GmbH zu Buchwerten (steuerneutral) durchgeführt werden?

Hinweis: Zwischen Deutschland und dem ausländischen Staat besteht ein dem OECD-MA entsprechendes DBA (insbesondere in Bezug auf Art. 13 Abs. 5).

C. Lösungsskizze:

I. Besteuerung auf Ebene der übertragenden Gesellschaft (M-GmbH)

Die Verschmelzung von Kapitalgesellschaften ist in §§ 11 ff. UmwStG geregelt. § 11 UmwStG enthält die Vorschriften zu den steuerlichen Auswirkungen bei der übertragenden Gesellschaft, hier der M-GmbH.

1. Anwendbarkeit von § 11 ff. UmwStG auf den Downstream-Merger

Nach höchst umstrittener[1] Auffassung der Finanzverwaltung[2] zum UmwStG a.F. waren §§ 11 bis 13 UmwStG a.F. auf den Downstream-Merger nicht unmittelbar anwendbar. Jedoch konnten demnach die §§ 11 bis 13 UmwStG a.f. bei einem Downstream-Merger im Billigkeitswege auf übereinstimmenden Antrag aller an der Umwandlung Beteiligten entsprechend angewendet werden.

Es ist davon auszugehen, dass spätestens mit Inkrafttreten des SEStEG durch die Neuregelung in § 11 Abs. 2 Satz 2 UmwStG die Verwaltungsauffassung ihre Berechtigung verloren hat.[3] So ist für die Zeit nach dem Inkrafttreten des SEStEG anzunehmen, dass die §§ 11 – 13 UmwStG auch bei einem Downstren-Merger unmittelbar anzuwenden sind. Ansonsten ergäbe die diesen Fall betreffende Neuregelung in § 11 Abs. 2 Satz 2 UmwStG keinen Sinn[4]. Dadurch hat der Gesetzgeber zum Ausdruck gebracht, dass §§ 11 ff UmwStG auf den Downstream-Merger anwendbar sind.[5]

2. Voraussetzungen und Rechtsfolgen von § 11 UmwStG

Gemäß § 11 Abs. 1 UmwStG hat die übertragende Gesellschaft (M-GmbH) bei einer Verschmelzung auf eine andere Körperschaft (T-GmbH) die <u>übergehenden Wirtschaftsgüter</u> in ihrer steuerlichen Schlussbilanz grundsätzlich mit dem gemeinen Wert anzusetzen. Damit würden die in den übergehenden Wirtschaftsgütern enthaltenen stillen Reserven auf Ebene der M-GmbH grundsätzlich der Besteuerung unterworfen, wären vorliegend jedoch nach Maßgabe

---

[1] Diese Auffassung der Finanzverwaltung wurde bereits vor Inkrafttreten des SEStG nahezu vom gesamten Schrifttum abgelehnt. Vgl. Dötsch/Jost/Pung/Witt, Die Körperschaftsteuer, UmwStG, Vor §§ 11–13 (SEStG), Rz. 7 mwN; sowie FG Münster v. 20.05.2005, 9 K 3656/03 K, EFG 2005, 1561 (rkr).
[2] Vgl. UmwSt-Erlass v. 25.03.1998, BStBl. I 1998, 268, Tz. 11.24 ff.
[3] Vgl. Dötsch/Jost/Pung/Witt, Die Körperschaftsteuer, UmwStG, Vor §§ 11–13 (SEStG), Rz. 7, 16c.
[4] Vgl. Dötsch/Jost/Pung/Witt, Die Körperschaftsteuer, UmwStG, Vor §§ 11–13 (SEStG), Rz. 16c; vgl. auch Schießl, in Widmann/Mayer, Umwandlungsrecht, EL Januar 2009, § 11 UmwStG, Rz. 278; Rödder in Rödder/Herlinghaus/van Lishaut, UmwStG, § 11 Rz. 4.
[5] Vgl. Rödder in Rödder/Herlinghaus/van Lishaut, UmwStG, § 11 Rz. 171; Bärwaldt, in Haritz/Menner, UmwStG 3. Auflage 2010, § 11 Rz. 65ff; Begründung zum SEStEG in BT-Drs. 16/2710, S. 40.

des § 8b Abs. 2 KStG steuerbefreit.[6] 5% der so aufgedeckten stillen Reserven gälten als nichtabzugsfähige Betriebsausgaben.

Gemäß § 11 Abs. 2 UmwStG besteht jedoch die antragsgebundene Möglichkeit die übergehenden Wirtschaftsgüter mit dem Buchwert oder einem Zwischenwert anzusetzen, soweit,

- bei der übernehmenden Körperschaft deren spätere Besteuerung mit Körperschaftsteuer sichergestellt ist,

- das Recht der Bundesrepublik Deutschland hinsichtlich der Besteuerung des Gewinns aus der Veräußerung der übertragenen Wirtschaftsgütern bei der übernehmenden Körperschaft nicht ausgeschlossen oder beschränkt ist und

- eine Gegenleistung nicht gewährt wird oder in Gesellschaftsrechten besteht.

Das einzige Wirtschaftsgut der M-GmbH ist ihre Beteiligung an der T-GmbH.

Fraglich könnte zunächst sein, ob im Hinblick auf diese Beteiligung durch die Verschmelzung das Recht der Bundesrepublik Deutschland hinsichtlich der Besteuerung des Gewinns aus deren Veräußerung ausgeschlossen oder beschränkt wird. Vor der Verschmelzung gehört die Beteiligung an der T-GmbH zum Betriebsvermögen der in Deutschland unbeschränkt steuerpflichtigen M-GmbH. Deutschland hat insoweit unzweifelhaft ein Besteuerungsrecht. Nach der Verschmelzung hält A, der ausländische Anteilseigner der M-GmbH, unmittelbar die Anteile an der T-GmbH. Veräußert A diese Anteile, hat Deutschland nach dem einschlägigen Art. 13 Abs. 5 OECD-MA regelmäßig kein Recht mehr zur Besteuerung eines entstehenden Veräußerungsgewinns. Problematisch erscheint dabei jedoch, dass es sich bei einer Veräußerung durch A nicht um eine „Veräußerung [...] bei der übernehmenden Körperschaft", also der T-GmbH handelt, wie dies vom Wortlaut des § 11 Abs. 2 UmwStG gefordert wird. Wäre hier auf die Frage abzustellen, ob Deutschland ein Besteuerungsrecht am Gewinn aus einer hypothetischen Veräußerung der Anteile bei der T-GmbH als übernehmende Körperschaft hätte, so könnte man diese Frage grundsätzlich zunächst bejahen. An dieser Voraussetzung von § 11 Abs. 2 UmwStG würde eine Buchwertfortführung dann nicht scheitern.

Fraglich ist aber seit Inkrafttreten des BilMoG u.E. auch, ob die Besteuerung der in den Anteilen an der T-GmbH enthaltenen stillen Reserven bei der übernehmenden Körperschaft sichergestellt ist. Geht man nämlich davon aus, dass die Anteile an der T-GmbH im Rahmen eines Durchgangserwerbs (siehe dazu unten) für eine logische Sekunde auf die T-GmbH selbst übergehen oder folgt man der obigen These, nach der es auf eine hypothetische Veräußerung der Anteile durch die T-GmbH ankommen könnte, so stellen sie dort eigene Anteile und damit nach der Änderung in § 272 Abs. 1a HGB durch das BilMoG in Verbindung mit dem Maßgeblichkeitsprinzip wohl keine Wirtschaftsgüter mehr dar.[7] Insofern unterlägen in diesen

---

[6] Vgl. Rödder, in Rödder/Herlinghaus/van Lishaut, UmwStG, 2008, § 11 Rz. 87; vorbehaltlich § 11 Abs. 2 Satz 2 UmwStG.
[7] Herzig in DB 2008, 1342; Ortmann-Babel/Golik/Gageur in DStR 2009, 936f.; Förster/Schmidtmann in BB 2009, 1344f.; zweifelnd Hohage in DB 2009, 1034f.

Anteilen enthaltene stille Reserven auch bei der T-GmbH nicht der Besteuerung mit Körperschaftsteuer.

Auf diese Anforderungen von § 11 Abs. 2 UmwStG kommt es jedoch nur an, wenn es sich bei den Anteilen an der T-GmbH um übergehende Wirtschaftsgüter im Sinne von § 11 Abs. 1 S. 1 bzw. § 11 Abs. 2 S. 1 UmwStG handelt.

3. Anteile an der T-GmbH als „übergehende Wirtschaftsgüter"

Die §§ 11 ff. UmwStG enthalten selbst keine Regelungen dazu, was unter „übergehenden Wirtschaftsgütern" zu verstehen ist. Zur Beantwortung dieser Frage erscheint es daher zweckmäßig, auf den zivilrechtlichen Ablauf des vorliegenden Downstream-Mergers abzustellen.

Über den zivilrechtlichen Ablauf des Downstream-Mergers werden zwei Ansichten vertreten.

Nach einer Ansicht[8] findet für eine logische Sekunde ein Durchgangserwerb bei der T-GmbH statt. Unterstellt wird demnach eine zweistufige Übertragung der Anteile. Die aufnehmende T-GmbH würde zunächst die von der Mutter gehaltenen Anteile selbst erwerben (1. Schritt) und somit über eigene Anteile verfügen. Diese Anteile würden anschließend an den Anteilseigner A der übertragenden M-GmbH ausgegeben werden (2. Schritt), der dadurch selbst Anteilseigner der T-GmbH würde.[9]

Die Theorie des Durchgangserwerbs stützt sich zum einen auf das Rechtsinstitut der Gesamtrechtsnachfolge, nach der alle Aktiva und Passiva auf den übernehmenden Rechtsträger übergehen. Zum anderen wird argumentativ das in § 54 Abs. 1 Satz 2 Nr. 2 UmwG enthaltene Kapitalerhöhungswahlrecht angeführt.[10] Ein solches Wahlrecht sei nur vertretbar, wenn der aufnehmende Rechtsträger eigene Anteile erlange, die an die Anteilseigner des übertragenden Rechtsträgers ausgekehrt werden könnten.

Nach dieser Auffassung würde also die Beteiligung an der T-GmbH zumindest für eine logische Sekunde auf die T-GmbH selbst, als übernehmenden Rechtsträger, übergehen, so dass es sich bei dieser um ein übergehendes Wirtschaftsgut i.S.v. § 11 UmwStG handeln würde.

Nach herrschender Meinung findet im Rahmen eines Downstream-Mergers jedoch ein Direkterwerb statt, d.h. der Anteilseigner der M-GmbH, also A, erwirbt als Folge der Eintragung der Verschmelzung direkt die Anteile an T-GmbH, ohne dass diese Anteile das Betriebsvermögen der T-GmbH berühren.[11] Der Direkterwerb wird mit der Vorschrift des § 20

---

[8] Bärwaldt, in Haritz/Benkert, UmwStG, 2. Aufl. 2000, vor §§ 11-13 Rn. 10.
[9] Vgl. Thill/Antoszkiewicz, in FR 2006, 7 m.w.N.
[10] Vgl. Thill/Antoszkiewicz, in FR 2006, 7 m.w.N.
[11] Vgl. Dötsch/Jost/Pung/Witt, Die Körperschaftsteuer, UmwStG, Vor §§ 11–13 (SEStG), Rz. 14; Ballreich, Fallkommentar Umwandlungsrecht, 4. Auflage 2008, S. 220; Mayer, in Widmann/Mayer, Umwandlungsrecht, EL Juli 2009, § 5 UmwG, Rz. 38 m.w.N.; Thill/Antoszkiewicz, in FR 2006, 8; Schmitt, in Schmitt/Hörtnagl/Stratz, UmwG UmwStG, 5. Auflage 2009, § 11 UmwStG, Rz. 69; Rödder, in Rödder/Herlinghaus/van Lishaut, UmwStG, § 11 Rn. 112; HFA-Stellungnahme des IDW 2/1997, FN-IDW 1997, 175, 182.

Abs. 1 Nr. 3 UmwG begründet. Diese Regelung sieht vor, dass die Anteilseigner des übertragenden Rechtsträgers Anteilseigner des übernehmenden Rechtsträgers werden. Ein Zwischenerwerb ist insoweit nicht vorgesehen.

Auch die Finanzverwaltung ging im Hinblick auf das UmwStG a.f. im UmwSt-Erlass[12] zuletzt davon aus, dass die Verschmelzung der Mutter- auf die Tochtergesellschaft auf der Ebene der Tochtergesellschaft nicht zu einem steuerpflichtigen Durchgangserwerb der Anteile führt, wenn die Gesellschafter der Muttergesellschaft für ihre Anteile an der Muttergesellschaft von dieser gehaltene Anteile an der Tochtergesellschaft erhalten.

Nach unserer Auffassung ist im Falle des vorliegenden Downstream-Mergers im Hinblick auf den klaren Wortlaut von § 20 Abs. 1 Nr. 3 UmwG von einem Direkterwerb des A auszugehen. Hierfür spricht auch, dass ein Durchgangserwerb der Anteile bei der T-GmbH – wenn auch nur für eine logische Sekunde – zu einer dem deutschen Gesellschaftsrecht fremden „Kein-Personen-GmbH" führen würde. Die T-GmbH hielte für eine logische Sekunde alle ihre eigenen Anteile selbst. Genau aus diesem Grund ordnet § 20 Abs. 1 Nr. 3 UmwG auch den unmittelbaren Erwerb der Anteile des übernehmenden Rechtsträgers durch den Anteilseigner des übertragenden Rechtsträgers an.[13]

Demnach gehen die Anteile an der T-GmbH nicht – auch nicht für eine logische Sekunde – auf die T-GmbH über, so dass es sich nicht um „übergehende Wirtschaftsgüter" i.S.v. § 11 UmwStG handelt.

An diesem Ergebnis ändert auch nichts, dass § 11 Abs. 2 S. 2 und 3 UmwStG explizite Regelungen für Anteile an der übernehmenden Körperschaft auf Ebene der übertragenden Körperschaft enthalten. Diese Regelungen ordnen eine Wertaufholung für in der Vergangenheit steuerwirksam vorgenommene Abschreibungen und ähnliche Vorgänge an. Sie setzen – anders als § 11 Abs. 1 S. 1 und § 11 Abs. 2 S. 1 UmwStG nicht voraus, dass es sich bei den betroffenen Anteilen um „übergehende Wirtschaftsgüter" handelt.[14] Insofern kann aus diesen Vorschriften also kein Rückschluss gezogen werden, ob es sich bei den Anteilen an der übernehmenden Gesellschaft um übergehende Wirtschaftsgüter handelt.

§ 11 Abs. 1 S. 1 UmwStG ist also ebenso wie § 11 Abs. 2 S. 1 UmwStG im vorliegenden Fall nicht auf die Anteile an der T-GmbH anzuwenden.

4. Anwendbarkeit sonstiger Vorschriften

Fraglich bleibt noch, ob – mangels Anwendung von § 11 Abs. 1 S. 1 und § 11 Abs. 2 S. 1 UmwStG – auf allgemeine Entstrickungsregelungen zurückzugreifen ist. In Betracht kommen hier insbesondere § 12 Abs. 1 KStG und § 4 Abs. 1 S. 3 EStG. Diese Frage erscheint vor dem Hintergrund berechtigt, dass durch die Verschmelzung Deutschland das Besteuerungsrecht an

---

[12] BMF v. 25.03.1998, BStBl. I 1998, 268, Tz. 11.28.
[13] Schmitt/Schloßmacher in DStR 2010, 673, 674.
[14] Schießl in Widmann/Mayer, § 11 UmwStG Rn. 289.

der Beteiligung an der T-GmbH letztlich verloren hat. Allerdings ist hier unseres Erachtens davon auszugehen, dass die §§ 11ff. UmwStG die Anwendung anderer Entstrickungsregelungen im Falle einer Verschmelzung ausschließen.[15]

Hierfür spricht nicht zuletzt, dass der Gesetzgeber in § 11 Abs. 2 S. 2 und 3 UmwStG auch Regelungen für die Behandlung von Anteilen an der übernehmenden Körperschaft auf Ebene der übertragenden Körperschaft im Rahmen einer Verschmelzung getroffen hat. Die Vorschrift des § 11 UmwStG ist also insoweit als abschließend anzusehen, so dass unseres Erachtens ein Rückgriff auf andere Entstrickungsregelungen nicht zulässig ist.

5. Ergebnis

Nachdem weder § 11 Abs. 1 S. 1 UmwStG noch § 11 Abs. 2 S. 1 UmwStG noch sonstige Entstrickungsvorschriften im vorliegenden Fall auf die Beteiligung an der T-GmbH anwendbar sind, kommt es durch die Verschmelzung auf Ebene der M-GmbH nicht zur Aufdeckung der stillen Reserven in den Anteilen an der T-GmbH.

II. Besteuerung auf Ebene der übernehmenden Gesellschaft (T-GmbH)

§ 12 UmwStG regelt die Steuerfolgen einer Verschmelzung für die übernehmende Körperschaft (M-GmbH).

Gemäß § 12 Abs. 2 Satz 1 UmwStG wäre demnach zunächst ein Gewinn oder Verlust in Höhe des Unterschieds zwischen dem Buchwert der Anteile an der übertragenden Körperschaft und dem Wert, mit dem die übergegangenen Wirtschaftsgüter zu übernehmen sind unter Berücksichtigung der Verschmelzungskosten zu berechnen. Dieser Gewinn wäre zunächst gem. § 12 Abs. 2 S. 1 UmwStG steuerfrei. Über die Verweisung in § 12 Abs. 2 S. 2 UmwStG auf § 8b KStG könnten jedoch 5% dieses Gewinns (oder ggf. eines Anteils dieses Gewinns; siehe dazu um Detail Fall V) als nichtabzugsfähige Betriebsausgaben gelten.

Im Fall des vorliegenden Downstream-Mergers findet § 12 Abs. 2 UmwStG jedoch unseres Erachtens insgesamt keine Anwendung. Denn diese Vorschrift setzt voraus, dass die Übernehmerin (T-GmbH) an der übertragenden Körperschaft (M-GmbH) beteiligt ist.[16] Dies ist bei einem Downstream-Merger nicht der Fall.

Unabhängig davon kann sich eine Steuerbelastung hier nur aus § 12 Abs. 2 S. 2 UmwStG ergeben. Dieser ist jedoch nur auf den Teil des sog. Übernahmegewinns anwendbar, der dem Anteil der übernehmenden Körperschaft (T-GmbH) an der übertragenden Körperschaft (M-GmbH) entspricht. Dieser Anteil beträgt hier 0%, sodass es im Ergebnis nicht zu steuerlichen Konsequenzen durch die Verschmelzung auf Ebene der T-GmbH kommen kann.

---

[15] So auch Schmitt/Schloßmacher in DStR 2010, 673, 677.
[16] Rödder in Rödder/Herlinghaus/van Lishaut, UmwSt, § 12 Rn. 71; Dötsch in Dötsch/Jost/Pung/Witt, Die Körperschaftsteuer, UmwStG § 12 Rn. 31.

III. Besteuerung auf Ebene des Anteilseigners der übertragenden Körperschaft (A)

Nach § 13 Abs. 1 S. 1 UmwStG gelten die Anteile an der übertragenden Körperschaft (M-GmbH) grundsätzlich als zum gemeinen Wert veräußert und die an ihre Stelle tretenden Anteile an der übernehmenden Körperschaft (T-GmbH) gelten als mit diesem Wert angeschafft. Demnach würde es nach nationalem Steuerrecht auf Ebene von A grundsätzlich zu einem steuerpflichtigen Vorgang infolge der Verschmelzung kommen.

Gemäß § 13 Abs. 2 S. 1 UmwStG kann die Verschmelzung für A jedoch auch steuerneutral zu Buchwerten erfolgen. Voraussetzung dafür ist nach § 13 Abs. 2 S. 1 Nr. 1 UmwStG, dass das Recht der Bundesrepublik Deutschland hinsichtlich der Besteuerung des Gewinns aus der Veräußerung der Anteile an der übernehmenden Körperschaft (T-GmbH) nicht ausgeschlossen oder beschränkt wird.

Im Hinblick auf die Beurteilung, ob das Besteuerungsrecht der Bundesrepublik Deutschland an den Anteilen an der T-GmbH ausgeschlossen oder beschränkt wird, ist jedoch nicht auf die Ebene der M-GmbH vor der Verschmelzung und die Ebene von A nach der Verschmelzung abzustellen. § 13 UmwStG dient der Sicherstellung der Besteuerung der stillen Reserven in den Anteilen an der übertragenden Körperschaft auf Ebene deren Anteilseigner. Die Besteuerung stiller Reserven auf Ebene der übertragenden Körperschaft selbst wird durch § 11 UmwStG abschließend geregelt. Zu ermitteln ist daher zunächst, ob Deutschland vor der Verschmelzung ein Besteuerungsrecht an den Anteilen an der übertragenden Gesellschaft (M-GmbH) hatte. In der Folge kommt es beim Anteilseigner der übertragenden Körperschaft zu einer Surrogation der Anteile an der übertragenden Körperschaft durch die Anteile an der übernehmenden Körperschaft. Abschließend ist zu ermitteln, ob sich am Besteuerungsrecht der Bundesrepublik Deutschland an den Anteilen an der übernehmenden Körperschaft (T-GmbH) nach der Verschmelzung im Verhältnis zu den Anteilen an der übertragenden Körperschaft (M-GmbH) vor der Verschmelzung etwas geändert hat.[17] Das deutsche Besteuerungsrecht wird also im vorliegenden Fall nicht ausgeschlossen oder beschränkt, wenn die Anteile von A an der M-GmbH schon vor der Verschmelzung nicht im Inland steuerverhaftet waren.[18] In Bezug auf A's Anteile an der M-GmbH hatte Art. 13 Abs. 5 OECD-MA das Besteuerungsrecht dem ausländischen Wohnsitzstaat von A zugewiesen. Da A's Anteile an der M-GmbH bereits vor der Verschmelzung im Inland nicht steuerverhaftet waren, kann durch die Verschmelzung kein Ausschluss bzw. keine Beschränkung des deutschen Besteuerungsrechts erfolgt sein.

Unabhängig hiervon würden sich für A aber auch dann keine steuerlichen Konsequenzen durch die Verschmelzung in Deutschland ergeben, wenn § 13 Abs. 2 UmwStG nicht anwendbar wäre. Die dann durch § 13 Abs. 1 S. 1 angeordnete Konsequenz wäre eine Veräußerungsfiktion der Anteile an der M-GmbH durch A zum gemeinen Wert. Für einen daraus resultierenden Veräußerungsgewinn stünde Deutschland nach dem einschlägigen Art. 13 Abs. 5 OECD-MA kein Besteuerungsrecht zu.

---

[17] So auch Schmitt/Schloßmacher in DStR 2010, 673, 676.
[18] Rödder in Rödder/Herlinghaus/van Lishaut, UmwSt, § 13 Rn. 32

IV. Ergebnis

Der vorliegende Downstream-Merger ist in Deutschland sowohl für A, als auch auf Ebene der M-GmbH und der T-GmbH vollständig steuerneutral möglich. Insofern stellt dieser Downstream-Merger eine ggf. (vorbehaltlich sonstiger steuerlicher Auswirkungen wie beispielsweise dem Untergang steuerlicher Zins- oder Verlustvorträge) steuerlich günstigere Alternative zum Upstream-Merger der T-GmbH auf die M-GmbH dar. Letzterer würde nämlich ggf. über § 12 Abs. 2 S. 2 UmwStG (vorbehaltlich der im Hinblick auf diese Norm bestehenden verfassungsrechtlichen Bedenken; vgl. hierzu Fall V) zu einer Steuerbelastung auf Ebene der M-GmbH über die Fiktion nichtabzugsfähiger Betriebsausgaben in § 8b KStG führen.

3. Generalthema: Die Entwicklung der Unternehmensbesteuerung – der kommende Umwandlungssteuererlass und die weitere Ausgestaltung der Gruppenbesteuerung

II. Verschmelzung ins Ausland – Folgen der Aufgabe der finalen Entnahmetheorie (Haarmann)

A. Sachverhalt

Die D-GmbH mit Sitz und Geschäftsleitung in Düsseldorf unterhielt in Deutschland eine große Produktionsstätte, die sie im Jahr 2009 in eine eigens gegründete X-GmbH steuerlich zu Buchwerten einbrachte. Die D-GmbH hat ferner einen sehr wertvollen Firmennamen. Die D-GmbH soll auf ihre 100%ige Muttergesellschaft, die B-N.V. mit Sitz und Geschäftsleitung in Brüssel, verschmolzen werden. Zur Vorbereitung dieses Ziels bringt die D-GmbH Anfang des Jahres 2010 ihre Namensrechte, Markenrechte und Patente in die D-GmbH & Co. KG mit Sitz und Geschäftsleitung in Deutschland steuerlich zu Buchwerten ein. Dabei gehen auch das bislang bei der D-GmbH tätige Personal der IP-Abteilung, die bereits zuvor eine eigene Buchführung unterhielt, sowie deren sachliche Mittel (Büroräume etc.) vollständig auf die D-GmbH & Co. KG über, die die bisherige Tätigkeit der IP-Abteilung fortführt (einschließlich Anmeldung von Patenten, Patentkäufe von fremden Dritten und -verkäufe an fremde Dritte, Lizenzierung etc.). Die D-GmbH & Co. KG lizenziert unter anderem die Namens- und Markenrechte zu fremdvergleichsüblichen Preisen an die B-N.V., die diese fortan nutzt.

Führt die Verschmelzung der D-GmbH auf die B-N.V. zur Aufdeckung der stillen Reserven?

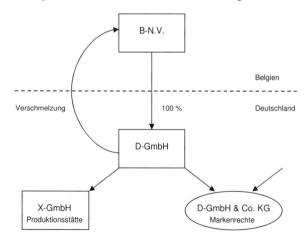

B. Lösungshinweise

I. Anwendbarkeit des UmwStG

Auf die nach §§ 2, 122a ff. UmwG zulässige grenzüberschreitende Verschmelzung der D-GmbH auf die B-N.V. sind die Vorschriften des UmwStG sachlich und persönlich anwendbar, weil auch die grenzüberschreitende Verschmelzung eine Verschmelzung i.S.d. § 2 UmwStG ist, sowohl der übertragende als auch der übernehmende Rechtsträger nach dem Recht eines Mitgliedstaats der Europäischen Union gegründet wurde und sich Sitz und Geschäftsleitung beider Gesellschaften innerhalb der Europäischen Union befinden (§ 1 Abs. 1 S. 1 Nr. 1, Abs. 2 S. 1 Nr. 1 UmwStG).

II. Wertansätze in der steuerlichen Schlussbilanz der D-GmbH

1. Gesetzlicher Rahmen

Nach § 11 Abs. 1 S. 1 UmwStG führt die Verschmelzung zweier Körperschaften im Grundsatz zum Ansatz der übergehenden Wirtschaftsgüter mit ihrem gemeinen Wert in der Schlussbilanz der übertragenden Körperschaft (hier: D-GmbH). Auf Antrag können diese Wirtschaftsgüter nach § 11 Abs. 2 S. 1 UmwStG mit dem Buchwert oder einem Zwischenwert angesetzt werden, soweit

1. sichergestellt ist, dass sie später bei der übernehmenden Körperschaft der Besteuerung mit Körperschafsteuer unterliegen und

2. das Recht der Bundesrepublik Deutschland hinsichtlich der Besteuerung des Gewinns aus der Veräußerung der übertragenen Wirtschaftsgüter bei der übernehmenden Körperschaft nicht ausgeschlossen oder beschränkt wird und

3. eine Gegenleistung nicht gewährt wird oder in Gesellschaftsrechten besteht.

2. Voraussetzungen des § 11 Abs. 2 S. 1 UmwStG im konkreten Fall

a) Sicherstellung der Besteuerung mit Körperschaftsteuer

Die Voraussetzung des § 11 Abs. 2 S. 1 Nr. 1 UmwStG liegt unstreitig vor. Nach dem Übergang der Wirtschaftsgüter auf die aufnehmende Körperschaft unterliegen diese in Belgien der Körperschaftsteuer, was für § 11 Abs. 2 S. 1 Nr. 1 UmwStG ausreicht, da es hiernach nur darauf ankommt, dass die übergehenden Wirtschafsgüter nach ihrem Übergang überhaupt der Körperschaftsteuer unterliegen.

b) Keine Gewährung einer Gegenleistung

Auch die Voraussetzung des § 11 Abs. 2 S. 1 Nr. 3 UmwStG liegt unstreitig vor. Durch die Verschmelzung wird keine Gegenleistung i.S.d. § 11 Abs. 2 S. 1 Nr. 3 UmwStG gewährt, da die B-N.V. an der D-GmbH zu 100 % beteiligt ist und der Wegfall der Anteile an der übertragenden D-GmbH keine Gegenleistung darstellt,[1] weil dieser Wegfall durch den Erwerb der Wirtschaftsgüter kompensiert wird und dadurch per Saldo keine für die Annahme einer Gegenleistung erforderliche Vermögensmehrung bei der aufnehmenden B-N.V. vorliegt.

c) Kein Ausschluss oder keine Beschränkung des deutschen Besteuerungsrechts

aa) Einleitung

Ein Buch- bzw. Zwischenwertansatz setzt nach § 11 Abs. 2 S. 1 Nr. 2 UmwStG ferner voraus, dass das Recht der Bundesrepublik Deutschland hinsichtlich der Besteuerung des Gewinns aus der Veräußerung der übertragenen Wirtschaftsgüter bei der übernehmenden Körperschaft nicht ausgeschlossen oder beschränkt wird. Damit soll die deutsche Besteuerung der stillen Reserven sichergestellt werden.[2]

bb) Rechtsprechung des BFH zur Aufgabe der finalen Entnahmetheorie

Fraglich ist, ob Deutschland hinsichtlich der vor dem Zeitpunkt der Verschmelzung entstandenen stillen Reserven durch die Verschmelzung auf einen ausländischen Rechtsträger sein Besteuerungsrecht verliert oder ob sich aus der Rechtsprechung des BFH zur Aufgabe der finalen Entnahmetheorie eine andere Beurteilung ergibt:

- Der BFH hat im Jahr 1969 entschieden, dass die Überführung von Wirtschaftsgütern aus einem inländischen Stammhaus in eine ausländische Betriebsstätte eine Entnahme i.S.d. § 4 Abs. 1 S. 2 EStG darstellt, wenn – wie nach dem DBA-Österreich und den meisten anderen von Deutschland abgeschlossenen Doppelbesteuerungsabkommen – die ausländischen Betriebsstättengewinne aufgrund eines Doppelbesteuerungsabkommens von der Besteuerung im Inland freigestellt sind (Theorie der finalen Entnahme).[3] Der BFH begründete diese Auffassung damit, dass in solchen Konstellationen die stillen Reserven eines Wirtschaftsguts mit seiner Überführung in eine ausländische Betriebsstätte der inländischen Besteuerung entzogen würden und zur Sicherstellung der Besteuerung der stillen Reserven die Überführung deshalb als Entnahme zu behandeln sei.

---

[1] Dötsch, in: Dötsch/Patt/Pung/Möhlenbrock, Umwandlungssteuerrecht, 6. Aufl. 2007, § 11 Rn. 32; Bärwaldt, in: Haritz/Menner, UmwStG, 3. Aufl. 2010, § 11 Rn. 52; vgl. auch BMF, Schreiben vom 25.03.1998 (Umwandlungssteuererlass 1998), BStBl. I 1998, 268 Tz. 11.12 f.
[2] Mit § 11 Abs. 2 S. 1 Nr. 2 UmwStG setzt Deutschland Art. 4 Abs. 2 Buchst. b) i.V.m. Abs. 1 der Fusionsrichtlinie (Richtlinie 90/434/EWG in der Fassung vom 19.10.2009, ABl. EG Nr. L 310 S. 34) um, wonach die Mitgliedstaaten zur Steuerneutralität von Verschmelzungen und anderen Umwandlungsvorgängen verpflichtet sind, wenn die übertragenen Wirtschaftsgüter nach der Verschmelzung tatsächlich einer Betriebsstätte der übernehmenden Gesellschaft im Mitgliedstaat der einbringenden bzw. übertragenden Gesellschaft zugerechnet werden und die Wirtschaftsgüter zur Erzielung des steuerlich zu berücksichtigenden Ergebnisses dieser Betriebsstätte beitragen.
[3] BFH, Urteil vom 16.07.1969, I 266/65, BStBl. II 1970, 175.

- Bekanntlich hat der BFH Mitte des Jahres 2008 die Theorie der finalen Entnahme aufgegeben.[4] Der BFH begründete diese Rechtsprechungsänderung damit, dass eine solche Überführung nicht – wie nach § 4 Abs. 1 S. 2 EStG erforderlich – zu einer Lösung des betrieblichen Funktionszusammenhangs führe und deshalb mangels Außenumsatzes nicht als Realisationstatbestand angesehen werden könne. Damit habe die Theorie der finalen Entnahme keine hinreichende gesetzliche Grundlage und beruhe auf einer unzutreffenden Abgrenzung zwischen den inländischen und den ausländischen Einkünften i.S.d. § 34d Nr. 2 Buchst. a EStG sowie einer unzutreffenden Beurteilung der Wirkungen der abkommensrechtlichen Freistellung.[5] Es fehle zudem ein praktisches Bedürfnis für die vorgezogene Besteuerung, da die spätere Besteuerung der im Inland entstandenen stillen Reserven auch durch eine DBA-Freistellung der ausländischen Betriebsstättengewinne nicht beeinträchtigt werde.[6] Die dem Art. 7 Abs. 2 OECD-MA ähnliche Regelung des DBA-Österreich weise dem Betriebsstättenstaat nur insoweit ein Besteuerungsrecht zu, als es Einkünfte betreffe, die im Betriebsstättenstaat erwirtschaftet wurden. Damit sei abkommensrechtlich eine Aufteilung eines späteren Veräußerungsgewinns zwischen Stammhaus und Betriebsstätte nach Verursachungsbeiträgen möglich.[7] Deutschland behalte danach ohnehin das Besteuerungsrecht für stille Reserven, die während der Zugehörigkeit zum deutschen Betriebsvermögen entstanden sind. Schließlich entspreche eine solche Auslegung dem Gebot der gemeinschaftsrechtskonformen Auslegung.[8]

- Diese geänderte Rechtsprechung ist – was indes umstritten ist – auch unter Geltung der Änderungen durch das SEStEG, insbesondere § 4 Abs. 1 S. 3 und § 4g EStG, weiterhin relevant. Es wird zwar die Auffassung vertreten, dass § 4 Abs. 1 S. 3 EStG, der ausweislich der Gesetzesbegründung als Klarstellung zum bislang geltenden Recht zu verstehen sein soll,[9] seit dem Inkrafttreten des SEStEG die gesetzliche Grundlage für die Theorie der finalen Entnahme sei.[10] Ferner sei bei der Auslegung zu berücksichtigen, dass der SEStEG-Gesetzgeber davon ausgegangen ist, dass die Überführung eines Wirtschaftsguts in eine ausländische Betriebsstätte zu einem Ausschluss des deutschen Besteuerungsrechts führe.[11] Zumindest liege aber eine Beschränkung des deutschen Besteuerungsrechts vor, weil administrative Schwierigkeiten darin bestünden, die spätere Besteuerung der stillen Reserven in Deutschland sicherzustellen. Dem ist jedoch entgegenzuhalten, dass der gesetzgeberische Wille nur in dem Umfang bei der Auslegung der Gesetze zu berücksichtigen ist, soweit er im Gesetzeswortlaut selbst Eingang gefunden hat. § 4 Abs. 1

---

[4] BFH, Urteil vom 17.07.2008, I R 77/06, IStR 2008, 814, 818 (siehe hierzu BMF, Schreiben vom 20.05.2009, IStR 2009, 436 – Nichtanwendungserlass). Aus den gleichen Gründen hat der BFH auch die Theorie der finalen Betriebsaufgabe aufgegeben (BFH, Urteile vom 28.10.2009, I R 99/08, IStR 2010, 98 und I R 28/08, IStR 2010, 103).
[5] BFH, Urteil vom 17.07.2008, I R 77/06, IStR 2008, 814, 818; siehe auch Hess. FG, Urteil vom 12.07.77, EFG 1977, 608 (rkr.).
[6] BFH, Urteil vom 17.07.2008, I R 77/06, IStR 2008, 814, 819.
[7] BFH, Urteil vom 17.07.2008, I R 77/06, IStR 2008, 814, 819.
[8] BFH, Urteil vom 17.07.2008, I R 77/06, IStR 2008, 814, 818.
[9] SEStEG-Gesetzentwurf der Bundesregierung vom 25.09.2006, BT-Drs. 16/2710, S. 28 (zu § 4 Abs. 1 S. 3 EStG) und S. 30 (zu § 12 KStG).
[10] BMF, IStR 2009, 436; *Koch*, BB 2008, 2450; *Mitschke*, DB 2009, 1376; vgl. auch BT-Drs. 16/2710, S. 28.
[11] *Mitschke*, DB 2009, 1376, 1377 f.

§ 3 EStG knüpft die Entstrickung an das Merkmal des Ausschlusses oder der Beschränkung des deutschen Besteuerungsrechts. Der SEStEG-Gesetzgeber mag zwar mit § 4 Abs. 1 S. 3 EStG eine Rechtsgrundlage für die Theorie der finalen Entnahme geschaffen haben. Diese läuft aber weitestgehend ins Leere,[12] weil die Änderungen durch das SEStEG weder etwas an dem neuen Verständnis des BFH zu der Abgrenzung zwischen den inländischen und den ausländischen Einkünften i.S.d. § 34d Nr. 2 Buchst. a EStG und zu den Wirkungen der abkommensrechtlichen Freistellung einerseits noch etwas an dem Gebot einer gemeinschaftsrechtskonformen Auslegung andererseits ändert und daher die Überführung eines Wirtschaftsguts aus einem inländischen Stammhaus in eine DBA-freigestellte ausländische Betriebsstätte weder zu einem Ausschluss noch zu einer Beschränkung des deutschen Besteuerungsrechts führt. Ob sich infolge des neuen OECD-Ansatzes zur Betriebsstättengewinnermittlung hieran etwas ändern wird, bleibt abzuwarten. Hinsichtlich stiller Reserven, die erst nach der Überführung im Ausland entstehen und somit zum Zeitpunkt der Überführung noch gar nicht bestanden haben, steht Deutschland ohnehin kein Besteuerungsrecht zu, das beschränkt oder ausgeschlossen werden könnte, weil das Besteuerungsvolumen insoweit zum Zeitpunkt der Überführung noch gar nicht existierte. Hinsichtlich der im Inland entstandenen stillen Reserven kann eine Beschränkung des deutschen Besteuerungsrechts auch nicht in etwaig bestehenden administrativen Schwierigkeiten gesehen werden, die spätere Besteuerung der stillen Reserven in Deutschland sicherzustellen. Zum einen sah der Betriebsstättenerlass vom 24.12.1999 die Möglichkeit einer aufgeschobenen Besteuerung von Wirtschaftsgütern vor, die aus dem inländischen Stammhaus in eine ausländische Betriebsstätte überführt wurden (Theorie der aufgeschobenen Gewinnrealisierung),[13] so dass es offensichtlich keine administrativen Erschwernisse bei der Nachverfolgung der im Inland gebildeten stillen Reserven gab. Zum anderen fordert § 4 Abs. 1 S. 3 EStG eine Beschränkung des Besteuerungs*rechts* und damit eine rechtliche Beschränkung. Die bloße Gefahr einer (tatsächlichen) Beschränkung des deutschen Besteuerungsrechts ist jedoch etwas anderes als die (rechtliche) Beschränkung des deutschen Besteuerungsrechts i.S.d. § 4 Abs. 1 S. 3 EStG und genügt für die Anwendung dieser Vorschrift nicht.[14] Demnach führt auch nach gegenwärtigem Recht die Überführung von Wirtschaftsgütern aus einem inländischen Stammhaus in eine DBA-freigestellte ausländische Betriebsstätte nicht zu einer Entstrickung. Die Aufgabe der Entstrickungsrechtsprechung gilt somit auch unter der gegenwärtigen Rechtslage fort.

---

[12] Siehe insbesondere *Wassermeyer*, DB 2006, 1176 und DB 2006, 2420. *Wassermeyer* hatte bereits bei der 51. Steuerrechtlichen Jahresarbeitstagung im Mai 2000 das Ende der finalen Entnahmetheorie vorausgesagt (JbFAStR 2000/2001, S. 238 f.: „Ich möchte noch eins in aller Deutlichkeit sagen. Der BFH hat Anfang der siebziger Jahre eine sog. „Entstrickungsrechtsprechung" kreiert. Dort wurde das hier behandelte Problem [Überführung von Wirtschaftsgütern in eine ausländische Personengesellschaft, Anm. des Verf.] nicht gesehen. Ich meine, diese Rechtsprechung kann nicht aufrechterhalten bleiben."
[13] BMF, Schreiben vom 24.12.1999 (Betriebsstättenerlass), BStBl. I 1999, 1076 Tz. 2.6.1., neu gefasst durch BMF, Schreiben vom 25.08.2009, BStBl. I 2009, 888.
[14] Siehe auch *Schönfeld*, IStR 2010, 133, 134.

cc) Folgen für § 11 Abs. 2 S. 1 UmwStG

(1) Allgemeines

Fraglich ist, inwieweit diese Urteilsgründe auch für die grenzüberschreitende Verschmelzung von Kapitalgesellschaften fruchtbar gemacht werden können. Anders als in dem vom BFH entschiedenen Fall, der zur Aufgabe der finalen Entnahmetheorie führte, handelt es sich vorliegend um die Frage der Besteuerung stiller Reserven nach einem Rechtsträgerwechsel, bei dem der übertragende Rechtsträger erlischt und der übernehmende Rechtsträger im Wege der Gesamtrechtsnachfolge (§ 122a i.V.m. § 20 Abs. 1 Nr. 1 UmwG) in die steuerliche Rechtsstellung des übertragenden Rechtsträgers eintritt (§ 12 Abs. 3 UmwStG). Aufgrund der rechtlichen und steuerlichen Gesamtrechtsnachfolge ähnelt diese Konstellation im Wesentlichen den Fällen des Wegzugs einer deutschen SE.

Durch die Hinausverschmelzung endet die unbeschränkte Steuerpflicht der D-GmbH in Deutschland. An ihre Stelle tritt unter den Voraussetzungen der §§ 2 Nr. 1, 8 Abs. 1 S. 1 KStG i.V.m. § 49 EStG die beschränkte Steuerpflicht der B-N.V., die sich erstreckt auf ihre Einkünfte aus den Dividenden der X-GmbH, aus den Gewinnen aus der Veräußerung der einbringungsgeborenen Anteile an der X-GmbH, aus den laufenden Betriebsstätteneinkünften der D-GmbH & Co. KG und aus den Gewinnen aus der Veräußerung des der Betriebsstätte zuzuordnenden Vermögens. Der bloße Steuersubjektwechsel steht dem Buchwertansatz nach § 11 Abs. 2 S. 1 UmwStG nicht entgegen, da § 11 Abs. 2 S. 1 Nr. 2 UmwStG auf den Verlust des Besteuerungsrechts hinsichtlich des Steuerobjekts und nicht des Steuersubjekts abstellt. Durch den bloßen Wechsel von der unbeschränkten Steuerpflicht der D-GmbH zur beschränkten Steuerpflicht der B-N.V. ist das Besteuerungsrecht der Bundesrepublik Deutschland an den im Inland verbliebenen Wirtschaftsgütern weder ausgeschlossen noch beschränkt worden. Angeblich bestehende administrative Schwierigkeiten bei der Besteuerung der stillen Reserven im Zeitpunkt der tatsächlichen Veräußerung begründen nach den obigen Ausführungen zu § 4 Abs. 1 S. 3 EStG auch keine Beschränkung des Besteuerungsrechts i.S.d. § 11 Abs. 2 S. 1 Nr. 2 UmwStG. Ein Ausschluss oder eine Beschränkung des deutschen Besteuerungsrechts könnte sich jedoch insbesondere aus dem DBA-Belgien ergeben.

(2) Deutsches Besteuerungsrecht bzgl. D-GmbH & Co. KG

Nach Art. 13 Abs. 2 S. 1 i.V.m. Art. 23 Abs. 2 Nr. 1 DBA-Belgien wird das Besteuerungsrecht für Gewinne aus der Veräußerung beweglichen Vermögens, das Betriebsvermögen einer Betriebsstätte darstellt, dem Betriebsstättenstaat zugewiesen und der Ansässigkeitsstaat stellt diese Gewinne von der Besteuerung frei. Die D-GmbH & Co. KG ist nicht nur gewerblich geprägt, sondern originär gewerblich tätig. Damit stellt die D-GmbH & Co. KG im abkommensrechtlichen Sinn eine Betriebsstätte dar. Dieser Betriebsstätte sind die Namensrechte, Markenrechte und Patente auch funktional zuzuordnen. Da durch die Hinausverschmelzung Belgien zum Ansässigkeitsstaat geworden ist, bleibt das deutsche Besteuerungsrecht hinsichtlich einer etwaigen Veräußerung dieser Rechte vollständig erhalten und wird mithin weder ausgeschlossen noch beschränkt, so dass durch die Hinausverschmelzung nach Belgien keine Entstrickung eintritt. Zu einem anderen Ergebnis könnte man nur kommen, wenn man die Rechte – entgegen der Absicht der Beteiligten – nicht der deutschen Betriebsstätte (D-GmbH & Co. KG) funktional zuordnen könnte. Nach dem Betriebsstättenerlass sind einer Betriebsstätte die Wirtschaftsgüter zuzuordnen, die der Erfüllung der Betriebsstättenfunktion dienen.[15] Dazu zählen vor allem die Wirtschaftsgüter, die zur ausschließlichen Verwertung und Nutzung durch die Betriebsstätte bestimmt sind.[16] Das ist hier der Fall, da die Betriebsstätte diese Rechte lizenziert etc. und hieraus in Deutschland steuerpflichtige Einkünfte erzielt. Soweit – insbesondere von der Finanzverwaltung – unter Berufung auf eine angebliche Zentralfunktion des Stammhauses immaterielle Wirtschaftsgüter weitgehend pauschal dem Stammhaus zugeordnet werden und somit einer Betriebsstätte die Lizenzgeberfunktion faktisch verwehrt wird, schränkt dies – ohne gesetzliche Grundlage – die Niederlassungsfreiheit unverhältnismäßig ein, weil der Steuerpflichtige hierdurch bei Wegzug oder Verschmelzung ins Ausland zwingend stille Reserven aufdecken müsste.[17] Fraglich ist ferner, ob ein etwaig zusätzlich vorhandener Firmenwert ohne Übergang weiterer Wirtschaftsgüter in die D-GmbH & Co. KG eingebracht werden kann[18] oder ob er nach der Hinausverschmelzung der B-N.V. anhängt und deshalb Deutschland das Besteuerungsrecht hieran möglicherweise verliert. Da aufgrund der vorherigen Einbringung der Produktionsstätte in die X-GmbH und des Firmennamens in die D-GmbH & Co. KG diese Wirtschaftsgüter nicht auf die B-N.V. übergehen, sollte der Firmenwert auch nach der Hinausverschmelzung im Inland steuerverhaftet sein. Andernfalls wäre die Niederlassungsfreiheit von Kapitalgesellschaften faktisch ausgehebelt, weil fast jede grenzüberschreitende Verschmelzung zur Aufdeckung stiller Reserven führen würde, was erkennbar in Konflikt mit dem Gemeinschaftsrecht steht. Das gilt umso mehr, als das UmwStG – anders als § 6 Abs. 5 AStG – weder eine Stundung noch wenigstens – wie § 4g EStG und § 12 Abs. 1 Hs. 2 KStG i.V.m. § 4g EStG – eine ratierliche Besteuerung vorsieht, ohne dass für diese nur bei grenzüberschreitenden Umwandlungsvorgängen einschlägige Benachteiligung ein legitimer Rechtfertigungsgrund ersichtlich wäre (zur Gemeinschaftsrechtswidrigkeit der Besteuerung stiller Reserven vor deren tatsächlicher Realisierung siehe sogleich).

(3) Deutsches Besteuerungsrecht bzgl. X-GmbH
Nach Art. 13 Abs. 3 DBA-Belgien wird das Besteuerungsrecht für Gewinne aus der Veräußerung jeden anderen Vermögens (mit Ausnahme von unbeweglichem Vermögen, vgl. Art. 13 Abs. 1 DBA-Belgien) ausschließlich dem Ansässigkeitsstaat des Veräußerers zugewiesen. Da durch die Hinausverschmelzung Belgien zum alleinigen Ansässigkeitsstaat geworden ist, wird nach h.M. i.S.d. § 11 Abs. 2 S. 1 Nr. 2 UmwStG das deutsche Besteuerungs-

---
[15] BMF, Schreiben vom 24.12.1999 (Betriebsstättenerlass), BStBl. I 1999, 1076 in der Fassung durch BMF, Schreiben vom 25.08.2009, BStBl. I 2009, 888 Tz. 2.4 S. 2.
[16] BMF, Schreiben vom 24.12.1999 (Betriebsstättenerlass), BStBl. I 1999, 1076 in der Fassung durch BMF, Schreiben vom 25.08.2009, BStBl. I 2009, 888 Tz. 2.4 S. 3.
[17] Kußmaul/Richter/Heyd, IStR 2010, 73, 75; Kessler/Jehl, IWB 2007, F. 10, Gr. 2, S. 1977, 1986 f.
[18] Vgl. BFH, Urteil vom 27.03.2001, I R 42/00, BB 2001, 2147.

recht hinsichtlich des Gewinns aus der Veräußerung der Beteiligung an der X-GmbH ausgeschlossen, so dass ein Wertansatz nach § 11 Abs. 2 UmwStG ausscheidet und stattdessen der gemeine Wert nach § 11 Abs. 1 UmwStG anzusetzen ist, wodurch die stillen Reserven aufgedeckt werden. Anders als Art. 7 Abs. 2 OECD-MA sieht Art. 13 Abs. 5 OECD-MA, der Art. 13 Abs. 3 DBA-Belgien entspricht, keine Aufteilung eines späteren Veräußerungsgewinns zwischen beiden Staaten (hier: Deutschland und Belgien) nach Verursachungsbeiträgen vor. Wird das deutsche Besteuerungsrecht hinsichtlich der Veräußerungsgewinnbesteuerung ausgeschlossen, stellt sich die Folgefrage, ob Deutschland die durch § 11 Abs. 1 UmwStG bewirkte Aufdeckung der stillen Reserven auch sofort besteuern darf oder aus gemeinschaftsrechtlichen Gründen die Besteuerung erst zu dem Zeitpunkt vornehmen darf, in dem es später tatsächlich zu einer Veräußerung kommt. Aus der Rechtsprechung des EuGH zu Wohnsitzverlegungen ergibt sich, dass die nur bei Verwirklichung eines grenzüberschreitenden Tatbestands ausgelöste Besteuerung latenter Wertsteigerungen die Ausübung der Niederlassungsfreiheit beeinträchtigen kann.[19] Die Sicherstellung der Besteuerung von im Inland gebildeten stillen Reserven ist zwar aus Gründen der steuerlichen Territorialität und der Wahrung einer angemessenen Aufteilung der Besteuerungsbefugnisse zwischen den Mitgliedstaaten ein an sich legitimes Ziel.[20] Die Verhältnismäßigkeit einer solchen Regelung ist aber nur gewahrt, wenn das nationale Recht dem Steuerpflichtigen die Möglichkeit einer Steuerstundung einräumt und die Erlangung einer solchen Steuerstundung nicht an strenge Voraussetzungen geknüpft ist.[21] Insbesondere die Amtshilferichtlinie und die Beitreibungsrichtlinie sind nach der EuGH-Rechtsprechung die rechtlichen Instrumentarien zur Durchsetzung des Anspruchs auf Besteuerung der stillen Reserven im Zeitpunkt der tatsächlichen Veräußerung.[22] Mangels einer Stundung der nach UmwStG aufgedeckten stillen Reserven stellt die sofortige Besteuerung der stillen Reserven einen Verstoß gegen die Niederlassungsfreiheit dar.[23] Nach der Rechtsprechung des BFH zur geltungserhaltenden Reduktion gemeinschaftsrechtswidriger Gesetze[24] kann dieser Verstoß dadurch vermieden werden, dass eine – gesetzlich nicht vorgesehene – Stundung der Steuer bis zum Zeitpunkt einer späteren tatsächlichen Realisierung in das UmwStG „hineingelesen" wird.

Im Prinzip zu demselben Ergebnis dürfte man kommen, wenn man annimmt, dass i.S.d. § 11 Abs. 2 S. 1 Nr. 2 UmwStG das deutsche Besteuerungsrecht hinsichtlich des Gewinns aus der Veräußerung der Beteiligung an der X-GmbH wegen § 12 Abs. 1 Hs. 1 KStG gar nicht ausgeschlossen wird, weil Deutschland ohnehin nur ein Besteuerungsrecht hinsichtlich der bis zum Zeitpunkt der Hinausverschmelzung im Inland entstandenen stillen Reserven hatte, dieses Besteuerungsrecht durch die Veräußerungsfiktion nach § 12 Abs. 1 Hs. 1 KStG abgesichert wird und dieses Recht – mangels Anwendbarkeit des DBA-Artikels betreffend die

---

[19] EuGH, Urteil vom 11.03.2004, C-9/02, de Lasteyrie du Saillant, IStR 2004, 236 Rn. 46 und Urteil vom 07.09.2006, C-470/04, N, IStR 2006, 702 Rn. 35.
[20] EuGH, Urteil vom 07.09.2006, C-470/04, N, IStR 2006, 702 Rn. 40-47.
[21] EuGH, Urteil vom 07.09.2006, C-470/04, N, IStR 2006, 702 Rn. 48-54.
[22] Siehe EuGH, Urteil vom 07.09.2006, C-470/04, N, IStR 2006, 702 Rn. 50-53.
[23] *Körner*, IStR 2009, 741, 748; *Kußmaul/Richter/Heyd*, IStR 2010, 73, 76 f.
[24] Vgl. BFH, Urteil vom 21.10.2009, I R 114/08, DStR 2010, 37 Rn. 27 und Urteil vom 25.08.2009, I R 88,89/07, DStR 2009, 2295, 2303 m.w.N. u.a. auf *Gosch*, DStR 2007, 1553, 1555; *ders.*, Ubg 2009, 73, 77 f.

Veräußerungsgewinnbesteuerung (Art. 13 OECD-MA) auf bloße Veräußerungsfiktionen – auch nicht verliert. Hinsichtlich der bis zur Hinausverschmelzung im Inland entstandenen stillen Reserven wird zwar vertreten, dass § 12 Abs. 1 KStG bei einem Übergang des Eigentums auf eine andere Person (Rechtsträgerwechsel) nicht anwendbar sei[25] bzw. grenzüberschreitende Verschmelzungen innerhalb der EU ausschließlich dem UmwStG unterfielen.[26] Dem Wortlaut des § 12 Abs. 1 KStG nach lässt sich diese Restriktion jedoch nicht zwingend entnehmen.[27] § 12 Abs. 1 Hs. 1 KStG regelt lediglich, dass der Ausschluss oder die Beschränkung des Besteuerungsrechts der Bundesrepublik Deutschland hinsichtlich des Gewinns aus der Veräußerung oder der Nutzung eines Wirtschaftsguts als Veräußerung oder Überlassung dieses Wirtschaftsguts zum gemeinen Wert gilt. Die Fiktion einer Veräußerung zum gemeinen Wert kann ohne weiteres auch auf eine grenzüberschreitende Hinausverschmelzung auf eine 100%ige Muttergesellschaft angewendet werden, da hier bereits mangels Gegenleistung (s.o. unter B. II. 2. b)) keine tatsächliche Veräußerung vorliegt. Auch der Gesetzgeber war ausdrücklich der Ansicht, dass § 12 Abs. 1 KStG auf einen Rechtsträgerwechsel – sei es durch Einzelrechtsnachfolge, sei es durch Gesamtrechtsnachfolge – anwendbar ist.[28] Anders als bei der vermeintlichen Implementierung der finalen Entnahmetheorie im Rahmen des § 4 Abs. 1 S. 3 EStG (s.o.) ist dieser gesetzgeberische Wille mit dem Wortlaut des § 12 Abs. 1 Hs. 1 KStG vereinbar. Dass § 12 Abs. 1 KStG grundsätzlich auf Rechtsträgerwechsel anwendbar ist, zeigt sich letztlich auch an § 12 Abs. 2 KStG, der für bestimmte Fälle von Verschmelzungen von Nicht-EU/EWR-Körperschaften (d.h. für Drittstaatenfälle) die Anwendbarkeit des § 12 Abs. 1 KStG ausschließt, was die grundsätzliche Anwendbarkeit voraussetzt. Nach dieser Lesart ergäbe sich die Aufdeckung der stillen Reserven nicht aus § 11 Abs. 1 UmwStG, sondern aus § 12 Abs. 1 Hs. 1 KStG. Nach § 12 Abs. 1 Hs. 2 KStG i.V.m. § 4g EStG kann auf Antrag in Höhe des Unterschiedsbetrags zwischen Buchwert und gemeinem Wert des Wirtschaftsguts des Anlagevermögens ein ratierlich über fünf Jahre aufzulösender Ausgleichsposten gebildet werden, so dass die stillen Reserven zeitlich abgestuft besteuert werden. Auch diese Regelung ist nicht gemeinschaftsrechtskonform, da es letztlich zu einer – wenn auch zeitlich gestreckten – Besteuerung der stillen Reserven vor tatsächlicher Gewinnrealisierung und damit zu einer gegenüber rein innerstaatlichen Konstellationen benachteiligenden Besteuerung kommt, die unverhältnismäßig ist. Insoweit gelten die obigen Ausführungen entsprechend.

Wenn man annimmt, dass eine Buchwertfortführung ausscheidet, weil Deutschland sein Besteuerungsrecht durch die Hinausverschmelzung verliert, erhöhen die hierdurch aufgedeckten – ggf. erst zwischen dem Einbringungsstichtag und dem Verschmelzungsstichtag

---

[25] *Frotscher*, in: Frotscher/Maas, KStG, § 12 Rn. 6 f., 16 f.; wohl auch *Wassermeyer*, IStR 2008, 176, 177.
[26] *Frotscher*, in: Frotscher/Maas, KStG, § 12 Rn. 18; *Hofmeister*, in: Blümich, KStG, § 13 Rn. 25.
[27] So auch *Lenz*, in: Erle/Sauter, KStG, 3. Aufl. 2010, § 12 Rn. 18.
[28] SEStEG-Gesetzentwurf der Bundesregierung vom 25.09.2006, BT-Drs. 16/2710, S. 30 f. Die Ausführungen auf S. 31 linke Spalte, zweiter Absatz beziehen sich ausdrücklich auf § 12 Abs. 1 KStG (siehe BT-Drs. 16/2710, S. 30: „Zu Absatz 1"). Unzutreffend *Rödder/Schumacher*, DStR 2006, 1525, 1527, die zwar selbst zunächst die Auffassung vertreten, dass die einkommen- und körperschaftsteuerlichen Ent- und Verstrickungsregelungen im Grundsatz auf Umwandlungsvorgänge angewendet werden könnten, umso dann aber fortzufahren, dass – was unzutreffend ist – der RegE zwischen Entstrickung ohne Rechtsträgerwechsel (§ 4 Abs. 1 EStG-E und § 12 Abs. 1 KStG einerseits) und mit Rechtsträgerwechsel (Vorschriften des UmwStG andererseits) unterscheide.

entstandenen – stillen Reserven den Übertragungsgewinn, auf den die allgemeinen Vorschriften des KStG anzuwenden sind. Soweit – wie hier – in den übergehenden Wirtschaftsgütern Anteile an Körperschaften enthalten sind, dürfte der hierdurch entstandene Gewinn in (unmittelbarer oder analoger) Anwendung des § 8b Abs. 2 KStG – vorbehaltlich der Fiktion der nicht abzugsfähigen Betriebsausgaben in Höhe von 5 % des Gewinns (§ 8b Abs. 3 KStG) – außer Ansatz zu lassen sein (str.).[29]

3. Keine nachträgliche Besteuerung des Einbringungsgewinns

Abschließend soll noch kurz auf die Frage eingegangen werden, ob es durch die Hinausverschmelzung der D-GmbH auf die B.-N.V. zu einer nachträglichen Besteuerung des Einbringungsgewinns hinsichtlich der Anteile an der X-GmbH und hinsichtlich der in die D-GmbH & Co. KG eingebrachten Rechte kommt.

Die Einbringung der Produktionsstätte in die X-GmbH erfolgte im Jahr 2009 nach § 20 Abs. 2 S. 2 UmwStG zu Buchwerten. Kommt es innerhalb von sieben Jahren nach dem Einbringungszeitpunkt zu einer Veräußerung der erhaltenen Anteile durch den Einbringenden, ist der Einbringungsgewinn nachträglich zu besteuern. § 22 Abs. 1 S. 1 UmwStG setzt eine tatsächliche Veräußerung voraus, die hier nicht vorliegt. § 22 Abs. 1 S. 6 UmwStG regelt eine Reihe von Veräußerungsersatztatbeständen, die jedoch auch nicht einschlägig sind, denn die Verschmelzung ist in § 22 Abs. 1 UmwStG nicht ausdrücklich einer Veräußerung gleichgestellt.[30] Die umfangreiche Regelung von Ersatztatbeständen in § 22 Abs. 1 S. 6 UmwStG, auf die § 22 Abs. 1 S. 1 bis 5 UmwStG entsprechend anzuwenden sind, ist abschließend. Somit führt die Hinausverschmelzung der D-GmbH auf die B.-N.V. nicht zu einer nachträglichen Besteuerung des Einbringungsgewinns. Das gilt unabhängig davon, ob das Vermögen mit dem Buchwert, dem gemeinen Wert oder einem Zwischenwert angesetzt wird.[31]

Sieht man – entgegen der hier vertretenen Auffassung – in der Hinausverschmelzung eine Veräußerung oder einen der Veräußerung gleichgestellten Tatbestand, ist der Gewinn aus der Einbringung nach § 22 Abs. 1 S. 1 Hs. 1 UmwStG rückwirkend im Wirtschaftsjahr der Einbringung als Gewinn des Einbringenden i.S.d. § 16 EStG zu versteuern (Einbringungsgewinn I), wobei sich für Zwecke der Ermittlung dieses Gewinns der Differenzbetrag zwischen dem gemeinen Wert des eingebrachten Betriebsvermögens und dem Buchwert um jeweils ein Siebtel für jedes seit dem Einbringungszeitraum abgelaufene Zeitjahr vermindert (§ 22 Abs. 1 S. 3 UmwStG) und der Einbringungsgewinn I als nachträgliche Anschaffungskosten der erhaltenen Anteile an der X-GmbH gilt (vgl. § 22 Abs. 1 S. 4 UmwStG). Ist – wie hier – der Einbringende eine körperschaftsteuerpflichtige Person, unterliegt der Einbringungsgewinn I

---

[29] So z.B. *Frotscher*, in: Frotscher/Maas, UmwStG, § 11 Rn. 98; *Bärwaldt*, in: Haritz/Menner, UmwStG, 3. Aufl. 2010, § 11 Rn. 52.
[30] *Widmann*, in: Widmann/Mayer, Umwandlungsrecht, § 22 UmwStG Rn. 146; krit. *Bilitewski*, in: Haritz/Menner, UmwStG, 3. Aufl. 2010, § 22 Rn. 43 f..
[31] *Widmann*, in: Widmann/Mayer, Umwandlungsrecht, § 22 UmwStG Rn. 146.

regulär der Körperschaftsteuer. Darüber hinaus hat die Besteuerung des Einbringungsgewinns I keine weiteren Auswirkungen.

Die Einbringung der Rechte in die D-GmbH & Co. KG unter gleichzeitigem Übergang der gesamten IP-Abteilung (Personal und sachliche Mittel) dürfte u.E. einen Teilbetrieb darstellen, weil nicht nur einzelne Wirtschaftsgüter, sondern ein selbständiger, organisatorisch geschlossener und für sich lebensfähiger Teil eines Gesamtbetriebs eingebracht wurde. Es dürfte sich insbesondere auch nicht um den Übergang einer rein innerbetrieblichen Organisationseinheit handeln, weil auch schon zuvor Leistungen gegenüber fremden Dritten am Markt erbracht wurden (Patentkäufe und -verkäufe, Lizenzierungen etc.). Damit erfolgte die Anfang des Jahres 2010 zu Buchwerten vorgenommene Einbringung nach § 24 Abs. 2 S. 2 UmwStG. Die nachträgliche Hinausverschmelzung der D-GmbH auf die B-N.V. erfüllt mangels einer entsprechenden gesetzlichen Regelung im UmwStG keinen Nachversteuerungstatbestand.

3. Generalthema
Die Entwicklung der Unternehmensbesteuerung – der kommende Umwandlungssteuererlass und die weitere Ausformung der Gruppenbesteuerung

III. Ersatzbestände des § 22 Abs. 1 S. 6 UmwStG (Breuninger)

Die A Gruppe ist in den vergangenen Jahren durch mehrere Unternehmenszukäufe stark gewachsen. Die Gesellschaftsstruktur stellt sich wie folgt dar:

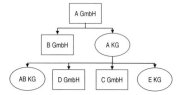

Die erworbenen Unternehmen sollen weiter in die Gruppe eingegliedert werden. Dazu hat die A KG in einem ersten Schritt ihre 100 %-ige Beteiligung als Kommanditistin an der E KG einschließlich ihrer Beteiligung an der Komplementär-GmbH zu Buchwerten in die 100 %-ige Tochtergesellschaft, die C GmbH, im Wege einer Sachkapitalerhöhung eingebracht. Die Struktur stellt sich anschließend wie folgt dar:

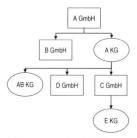

Ein neuer Geschäftsführer hält die Einbringung der E KG aus operativen Gesichtspunkten nicht für sinnvoll und möchte diese deshalb wieder rückgängig machen. Es stellt sich die Frage, ob dies aus steuerlicher Sicht sinnvoll erscheint.

Nach zwei Jahren werden folgende weitere Umstrukturierungen diskutiert:

- Schritt 1: Verschmelzung der C GmbH auf die D GmbH
- Schritt 2: Formwechsel der E KG in eine GmbH

- Schritt 3: Verschmelzung der A KG auf ihre Schwestergesellschaft B GmbH
- Schritt 4: Einbringung der 100 %-Beteiligung an der D GmbH in deren Schwesterpersonengesellschaft AB KG
- Schritt 5: Begründung einer Organschaft zwischen A GmbH und B GmbH sowie zwischen AB KG, D GmbH und E GmbH

Die Umwandlungen sollen sämtlich zu Buchwerten erfolgen.

Die angestrebte Endstruktur stellt sich wie folgt dar:

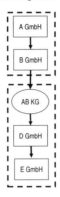

Ausgewählte Literaturhinweise:

Graw, Ausgewählte Einzelfragen im Bereich der Veräußerungstatbestände des § 22 UmwStG (i.d.F. des SEStEG), Ubg 2009, S. 691 ff; *Haritz*, Neuer Umwandlungssteuererlass in Vorbereitung – Teil II: Einbringung von Unternehmensteilen in eine GmbH, GmbHR 2009, S. 1251 ff; *Jung / Dern / Wartenberg*, Die schädliche Einlagenrückgewähr nach § 22 Abs. 1 S. 6 Nr. 3 UmwStG bei formwechselnder Umwandlung einer Personengesellschaft in eine Kapitalgesellschaft – ein Damoklesschwert des Umwandlungssteuerrechts?, BB Special 1/2010, S. 26 ff; *Kutt / Jehke*, Steuerliche Folgen bei Folge-Umstrukturierungen innerhalb der 7-jährigen Sperrfrist gem. § 22 UmwStG, BB 2010, S. 474 ff; *Möhlenbrock*, Das Sanktionssystem für Umwandlungen nach dem 6. bis 8. Teil des UmwStG – aktuelle Rechtsfragen aus dem Bereich des § 22 UmwStG, Festschrift für Norbert Herzig zum 65. Geburtstag, 2010, S. 775 ff; *Rödder / Stangl*, Einbringungsgewinn I: "Automatische" schädliche Einlagenrückgewähr bei Organschaft?, Ubg 2008, S. 39 ff; *Stangl*, Ausgewählte Einzelfragen im Bereich der Veräußerungstatbestände des § 22 UmwStG (i.d.F. des SEStEG) – ergänzende Anmerkungen aus Sicht der Beratungspraxis, Ubg 2009, S. 698 ff; *Schmitt / Schloßmacher*, Mitverstrickte Anteile im Sinne des § 22 Abs. 7 UmwStG, DStR 2009, S. 828 ff; *diess.*, Das Antragswahlrecht im UmwStG, DB 2010, S. 522 ff; *Schumacher / Neumann*, Ausgewählte Zweifelsfragen zur Auf- und Abspaltung von Kapitalgesellschaften und Einbringung von Unternehmensteilen in Kapitalgesellschaften, DStR 2008, S. 325 ff; *Willibald / Ege*, Einlagenrückgewähr nach

Einbringung von (Teil-)Betrieben in eine Kapitalgesellschaft, DStZ 2009, S. 83 ff; *Wochinger*, "Von der Einbringungsgeborenheit zur Sperrfristbehaftung" – Gedanken zur Neuregelung der §§ 20 bis 23 UmwStG, Festschrift für Norbert Herzig zum 65. Geburtstag, 2010, S. 749 ff.

Lösungshinweise:

I. Problemstellung

Durch das SEStEG wurden die bisherigen Einbringungstatbestände der §§ 20 ff. UmwStG grundlegend geändert, *Wochinger*[1] nennt dies in seinem Beitrag "Von der Einbringungsgeborenheit zur Sperrfristbehaftung" einen "nahezu 'revolutionären' Ansatz". Teil des Paradigmenwechsels ist die Abkehrung vom bisherigen Prinzip der Buchwertfortführung hin zu dem Regelfall der Aufstockung auf den gemeinen Wert aufgrund der Qualifizierung des Einbringungsvorgangs als tauschähnlicher Vorgang. Zur Sicherung des deutschen Besteuerungsrechts im Rahmen der Europäisierung des Umwandlungssteuerrechts wird davon ausgegangen, dass die Einbringung grundsätzlich zu einer Realisierung der stillen Reserven durch Ansatz des gemeinen Wertes führt.[2] Nur auf Antrag ist eine Fortführung der Buchwerte oder eine Aufstockung auf einen Zwischenwert möglich. Dies allerdings nur dann, wenn das Besteuerungsrecht in Deutschland nicht eingeschränkt wird. In diesem Kontext sind auch die Einfügung von speziellen Entstrickungsregelungen außerhalb des Umwandlungssteuergesetzes zu sehen.

Im Mittelpunkt der §§ 20 ff. UmwStG steht aber die Ersetzung des bisherigen Modells der Besteuerung sog. einbringungsgeborener Anteile i.S.d. § 21 UmwStG a.F. und der Missbrauchsklausel in § 26 UmwStG a.F. durch eine nachträgliche Besteuerung der zugrunde liegenden Einbringungsvorgänge, wenn im Fall der Sacheinlage unter dem gemeinen Wert die erhaltenen Anteile oder im Falle des Anteilstauschs bzw. der Sacheinlage unter dem gemeinen Wert die eingebrachten Anteile innerhalb einer Frist von sieben Jahren nach der Einbringung veräußert werden. Allerdings sind die bisher geltenden Regelungen für einbringungsgeborene Anteile nach dem alten Recht weiterhin anzuwenden. Die Sperrfrist von sieben Jahren in § 22 UmwStG ist dahingehend zu verstehen, dass die Vermutung eines Missbrauchs im Sinne des Artikel 11 Abs. 1a Fusionsrichtlinie mit zunehmendem Abstand zum Einbringungszeitpunkt abnimmt.[3]

Daher sieht § 22 Abs. 1 UmwStG vor, dass in den Fällen einer Sacheinlage unter dem gemeinen Wert (§ 20 Abs. 2 S. 2 UmwStG) bei der Veräußerung der *erhaltenen Anteile* durch den Einbringenden innerhalb eines Zeitraums von sieben Jahren nach dem Einbringungszeitpunkt, der Gewinn aus der Einbringung rückwirkend im Wirtschaftsjahr der Einbringung als Gewinn des Einbringenden im Sinne von § 16 EStG zu versteuern ist (sog.

---
[1] *Wochinger* in FS Herzig, 2010 S. 749 ff.
[2] Vgl. hierzu *Wochinger* in FS Herzig, S. 749/750.
[3] Vgl. Gesetzentwurf der Bundesregierung v. 25.9.2006, BT-Drs. 16/2710, S. 46.

Einbringungsgewinn I). In § 22 Abs. 1 Satz 3 ist Einbringungsgewinn I als der Betrag definiert, "um den der gemeine Wert des eingebrachten Betriebsvermögens im Einbringungszeitpunkt nach Abzug der Kosten für den Vermögensübergang den Wert, mit dem die übernehmende Gesellschaft dieses eingebrachte Betriebsvermögen angesetzt hat, übersteigt, vermindert um jeweils ein Siebtel für jedes seit dem Einbringungszeitpunkt abgelaufene Zeitjahr". Gleichzeitig führt der Einbringungsgewinn I beim Einbringenden zu nachträglichen Anschaffungskosten der erhaltenen Anteile (vgl. § 22 Abs. 1 Satz 4 UmwStG). Auf Ebene der übernehmenden Gesellschaft kann auf Antrag hierdurch gemäß § 23 Abs. 2 UmwStG ein nachträglicher Step-up erfolgen, soweit der Einbringende die auf den Einbringungsgewinn I entfallende Steuer entrichtet hat und dies durch eine entsprechende Bescheinigung nachgewiesen wurde (§ 22 Abs. 5 UmwStG). In jedem Fall empfiehlt sich pro-aktiv die Einholung eines Bewertungsgutachtens, welches dann ggf. innerhalb der nächsten sieben Jahre für eine künftige Betriebsprüfung zur Verfügung steht.

Gemäß § 22 Abs. 2 UmwStG löst auch die Veräußerung von im Rahmen einer Sacheinlage oder eines Anteilstausches unter dem gemeinen Wert *eingebrachten Anteilen* eine rückwirkende Nachversteuerung aus (sog. Einbringungsgewinn II), soweit beim Einbringenden im Einbringungszeitpunkt ein Veräußerungsgewinn bezüglich dieser Anteile nicht nach § 8b Abs. 2 KStG steuerfrei gewesen wäre. Der Einbringungsgewinn II ist nach § 22 Abs. 2 S. 3 UmwStG der Betrag, "um den der gemeine Wert der eingebrachten Anteile im Einbringungszeitpunkt nach Abzug der Kosten für den Vermögensübergang den Wert [übersteigt], mit dem der Einbringende die erhaltenen Anteile angesetzt hat, vermindert um jeweils ein Siebtel für jedes abgelaufene Zeitjahr nach Einbringung". Der Einbringungsgewinn II gilt als nachträgliche Anschaffungskosten der aus der Einbringung erhaltenen Anteile. Veräußert der Einbringende die aus der Einbringung erhaltenen Anteile vorher, löst die Veräußerung der eingebrachten Anteile durch die aufnehmende Kapitalgesellschaft einen Einbringungsgewinn II nicht aus, um eine doppelte Erfassung von stillen Reserven zu vermeiden (vgl. § 22 Abs. 2 S. 5 UmwStG).[4]

II. Einbringung der Beteiligung an der E KG einschließlich der Beteiligung an der Komplementär-GmbH durch die A KG in die C GmbH

Im vorliegenden Fall ist vorgesehen, dass die A KG ihre 100 %-ige mitunternehmerische Beteiligung an der E KG, einschließlich der Beteiligung an der Komplementär-GmbH, zu Buchwerten in die 100 %-ige Tochtergesellschaft, die C GmbH, im Wege einer Sachkapitalerhöhung einbringt.

---

[4] Vgl. Gesetzentwurf der Bundesregierung v. 25.9.2006, BT-Drs. 16/2710, S. 48.

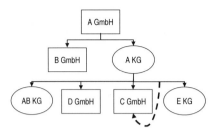

Die vorgesehene Sacheinlage stellt einen Einbringungsvorgang gemäß § 20 Abs. 1 UmwStG dar. Dabei hat die übernehmende C GmbH gemäß § 20 Abs. 2 S. 1 UmwStG das eingebrachte Betriebsvermögen grundsätzlich zum gemeinen Wert anzusetzen.

Abweichend hiervon ist auf Antrag ein Ansatz mit dem Buchwert zulässig, soweit die Voraussetzungen in § 20 Abs. 2 Satz 2 Nr. 1 bis 3 UmwStG erfüllt sind. Hiervon ist im vorliegenden Fall auszugehen. Insbesondere wird vorausgesetzt, dass die Passivposten des eingebrachten Betriebsvermögens nicht die Aktivposten übersteigen. Allerdings setzt die Einbringung eines Mitunternehmeranteils voraus, dass alle zum entsprechenden Anteil gehörenden wesentlichen Betriebsgrundlagen auf die übernehmende Gesellschaft übergehen, unabhängig davon, ob diese Gesamthandsvermögen oder Sonderbetriebsvermögen des Mitunternehmers sind.[5] Dabei stellt sich die Frage, ob die Beteiligung an der Komplementär-GmbH eine wesentliche Betriebsgrundlage ist.[6] Ist dies der Fall, richtet sich eine mögliche Nachversteuerung bei schädlicher Veräußerung der Komplementärbeteiligung nach den Vorschriften des Anteilstausches gemäß § 22 Abs. 2 UmwStG (vgl. § 22 Abs. 1 Satz 5 UmwStG).

Gemäß § 20 Abs. 2 Satz 3 UmwStG ist der Antrag auf Ansatz des eingebrachten Betriebsvermögens zu Buchwerten bei dem für die Besteuerung der übernehmenden Gesellschaft zuständigen Finanzamt zu stellen. Im Falle der Einbringung eines Mitunternehmeranteils stellt sich die Frage, ob die übernehmende Kapitalgesellschaft oder die Personengesellschaft, an dem der Mitunternehmeranteil besteht, das Antragswahlrecht auszuüben hat. Nach hM ist der Antrag auf Ebene der übernehmenden C GmbH auszuüben.[7]

Nach Einbringung des Mitunternehmeranteils zu Buchwerten gilt die siebenjährige Behaltensfrist für die als Gegenleistung erhaltenen Anteile an der C GmbH gemäß § 22 Abs. 1 UmwStG (sog. sperrfristbehaftete Anteile). Das bedeutet, dass eine Veräußerung der sperrfristbehafteten Anteile an der C GmbH innerhalb dieser Siebenjahresfrist rückwirkend zu einer Besteuerung der stillen Reserven im Einbringungszeitpunkt in Form des Einbringungsgewinns I führen würde.

---

[5] Vgl. hierzu Herlinghaus in Rödder/Herlinghaus/Van Lishaut, Umwandlungssteuergesetz, § 20 Rz. 109.
[6] Vgl. hierzu BFH v. 25.11.2009, I R 72/08, DStR 2010, S. 269 ff.
[7] Vgl. hierzu Schmitt/Schlossmacher, DB 2010, S. 523; Menner in Haritz/Menner, UmwStG, 3. Aufl. 2010, § 20 Rz. 296 m.w.N.; aA. Herlinghaus in Rödder/Herlinghaus/van Lishaut, Umwandlungssteuergesetz, § 20 Rz. 151.

Steuerliche Behandlung bzgl. der Beteiligung an der Komplementär-GmbH: Eine andere Frage ist, ob die Veräußerung der mit eingebrachten Komplementär-Beteiligung innerhalb der Siebenjahresfrist insoweit zu einer Nachversteuerung führen würde. Gemäß § 22 Abs. 1 S. 5 UmwStG ist auf mit eingebrachte Kapitalbeteiligungen § 22 Abs. 2 UmwStG anzuwenden. Danach wären die Anteile an der Komplementär-GmbH ebenfalls sperrfristbehaftet, soweit beim Einbringenden ein Veräußerungsgewinn im Einbringungszeitpunkt nicht nach § 8b Abs. 2 KStG steuerfrei gewesen wäre. Wer bei Einbringung von Betriebsvermögen einer Personengesellschaft Einbringender ist, beantwortete die Finanzverwaltung zum alten UmwStG dahin gehend, dass stets die Mitunternehmer als Einbringende anzusehen seien.[8] Das wäre vorliegend die A GmbH, auf die § 8b Abs. 2 KStG anzuwenden wäre. Allerdings soll die Finanzverwaltung dem Vernehmen nach für das UmwStG i.F.d. SEStEG einer differenzierenden Sichtweise zuneigen und danach unterscheiden, ob die Personengesellschaft nach Einbringung noch existiert (z.B. in Abspaltungsfällen) und ob die im Gegenzug für die Einbringung erhaltenen Anteile an der übernehmenden Kapitalgesellschaft den Mitunternehmern zustehen oder Gesamthandsvermögen der Personengesellschaft werden. Danach wäre vorliegend die A KG Einbringende des Mitunternehmeranteils an der E KG. Auf die A KG selbst als Einbringende wäre § 8b Abs. 2 KStG zwar nicht unmittelbar anwendbar, aber gemäß § 8b Abs. 6 KStG findet auch bei Kapitalbeteiligungen von Mitunternehmerschaften, deren Mitunternehmer Kapitalgesellschaften sind, die Steuerfreistellung nach § 8b Abs. 2 KStG (für die Körperschaftsteuer auf der Ebene der Mitunternehmer-Kapitalgesellschaft) Anwendung. Danach ist auch für Zwecke des § 22 Abs. 2 UmwStG davon auszugehen, dass ein Gewinn gem. § 8b Abs. 2 KStG steuerfrei gewesen wäre. Anderenfalls würde § 22 Abs. 2 UmwStG für Personengesellschaften als Einbringende leerlaufen. Dies ist auch sachgerecht, da die Regelung des § 22 Abs. 2 UmwStG im Ergebnis eine steuerliche Statusverbesserung des Einbringenden in Bezug auf die eingebrachten Anteile verhindern will, die im vorliegenden Fall nicht gegeben wäre. Im Übrigen würde auch bei Vorliegen des § 22 Abs. 2 S. 1 UmwStG kein Einbringungsgewinn II entstehen, soweit es sich um die Einbringung einer Komplementär-Beteiligung ohne Beteiligung am Kapital der E KG handelt, da in diesem Fall keine stillen Reserven vorhanden sein dürften.

Nachweispflicht gemäß § 22 Abs. 3 UmwStG: Um eine fiktive Veräußerung der sperrfristbehafteten Anteile zu vermeiden, muss der Einbringende in den dem Einbringungszeitpunkt folgenden sieben Jahren jährlich spätestens bis zum 31. Mai den Nachweis darüber erbringen, wem mit Ablauf des Tages, der dem maßgebenden Einbringungszeitpunkt entspricht, die entsprechenden Anteile zuzurechnen sind (§ 22 Abs. 3 UmwStG).[9]

Begriff der Veräußerung i.S.d. § 22 UmwStG: Den Begriff der Veräußerung i.S.d. § 22 Abs. 1 S. 1 bzw. § 22 Abs. 2 S. 1 UmwStG versteht die Finanzverwaltung dem Vernehmen nach als jede Übertragung gegen Entgelt. Dabei kommt es m.E. allein auf die entgeltliche Übertragung

---

[8] BMF v. 25.3.1998, BStBl. I 1998, S. 268, Tz. 20.05.
[9] Zu möglichen Fallstricken bei Ausübung des Antragswahlrechts vgl. *Schmitt/Schloßmacher*, DB 2010, S. 522 ff.

des wirtschaftlichen Eigentums an.[10] *Möhlenbrock*[11] subsumiert unter den Begriff der Veräußerung auch die Übertragung des zivilrechtlichen Eigentums, setzt dabei aber wohl auch die gleichzeitige Übertragung des wirtschaftlichen Eigentums zwingend voraus. Dies ist m.E. auch zutreffend, da ansonsten auch eine bloß treuhänderische Übertragung des zivilrechtlichen Eigentums schädlich sein könnte (sofern diese Übertragung entgeltlich ist). Für diese Sichtweise spricht auch, dass nach der Gesetzesbegründung zum SEStEG die Regelung des § 22 UmwStG dem früheren § 21 UmwStG a.f. entsprechen soll und bei diesem ebenfalls die Übertragung des wirtschaftlichen Eigentums an den einbringungsgeborenen Anteilen als schädlich angesehen wurde.[12]

Erhebliche Unsicherheit besteht gegenwärtig, welche einer Einbringung zu Buchwerten oder Zwischenwerten nachfolgenden Vorgänge unter den Veräußerungsbegriff des § 22 Abs. 1 S. 1 UmwStG fallen, insbesondere ob nachfolgende Umwandlungen nach dem UmwStG in Bezug auf die erhaltenen Anteile schädlich sein können. Hier stellt sich insbesondere die Frage nach dem Verhältnis des Grundtatbestandes der Veräußerung i.S.d. § 22 Abs. 1 S. 1 UmwStG zu den in § 22 Abs. 1 S. 6 UmwStG genannten Sondertatbeständen mit ihren teilweise enthaltenen Privilegierungen.[13] Würde man die Bedeutung des § 22 Abs. 1 S. 6 UmwStG darin sehen, die einer Veräußerung gleichgestellten schädlichen Vorgänge abschließend zu definieren, könnte man argumentieren, nicht genannte Umwandlungen seien im Umkehrschluss unschädlich. Folgt man dagegen dem weiten Begriffsverständnis der Finanzverwaltung, so fallen wohl sämtliche nachfolgenden Umwandlungen (neben den Einbringungen also z.B. auch Verschmelzungen) unter den Veräußerungsbegriff des § 22 Abs. 1 S. 1 UmwStG. In diesem Fall bestünde die Bedeutung des § 22 Abs. 1 S. 6 UmwStG m.E. einerseits darin, Vorgänge, die keine Veräußerungen i.S.d. § 22 Abs. 1 S. 1 UmwStG sind, als schädlich zu definieren (z.B. unentgeltliche Übertragungen in § 22 Abs. 1 S. 6 Nr. 1 UmwStG), andererseits aber auch Ausnahmetatbestände zu schaffen, unter deren Voraussetzungen eine grundsätzlich schädliche Veräußerung i.S.d. § 22 Abs. 1 S. 1 UmwStG die Nachversteuerung nicht auslösen soll. So ist beispielsweise die Weitereinbringung der sperrfristbehafteten Anteile zu Buchwerten im Wege eines Anteilstausches gemäß § 22 Abs. 1 S. 1 UmwStG grundsätzlich als schädliche Veräußerung anzusehen, aber gemäß § 22 Abs. 1 S. 6 Nr. 4 UmwStG nur dann schädlich, wenn die sperrfristbehafteten Anteile anschließend veräußert werden. Insoweit geht die Spezialregelung des § 22 Abs. 1 Satz 6 UmwStG der allgemeinen Regel vor.[14] Dies hat für die Praxis zur Folge, dass sich beispielsweise durch Ketteneinbringungen Sperrfristverhaftungen auf mehreren Ebenen ergeben können, die ein umfassendes "Monitoring" von nachfolgenden Umstrukturierungen und sonstigen Veränderungen der Struktur erforderlich machen, um eine unerwartete Nachversteuerung zu vermeiden.

---

[10] So auch *Bilitewski* in Haritz/Menner, UmwStG, 3. Auflage 2010, § 22 Rz. 21; *Patt* in Dötsch/Jost/Pung/Witt, KStG, UmwStG, § 22 UmwStG Rz. 37; *Stangl* in Rödder/Herlinghaus/van Lishaut, Umwandlungssteuerrecht, § 22 Rz. 26; z.B. BFH v. 27.7.1988, I R 147/83, BStBl. II 1989, 271 (bzgl. Veräußerung iSd. § 17 EStG).
[11] *Möhlenbrock* in FS Herzig aaO, S. 784.
[12] Vgl. Gesetzentwurf der Bundesregierung v. 25.9.2006, BT-Drs. 16/2710, S. 46.
[13] Vgl. z.B. *Stangl*, Ubg 2009, S. 698 ff; *Graw*, Ubg 2009, S. 691 ff; *Haritz*, GmbHR 2009, S. 1251 ff.
[14] Vgl. *Möhlenbrock* in FS Herzig aaO, S. 784.

III. Die geplanten Umstrukturierungen und Umwandlungen

1. Überlegungen zur Rückgängigmachung der Einbringung der Beteiligung an der E KG in die C GmbH durch Verschmelzung der C GmbH auf die A KG

Es könnte überlegt werden, die C GmbH aufwärts auf die A KG zu verschmelzen und so den ursprünglichen Zustand im Hinblick auf den Mitunternehmeranteil an der E KG wiederherzustellen.

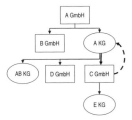

Hier stellt sich allerdings die Frage, ob die Rückgängigmachung der ursprünglichen Einbringung einen Einbringungsgewinn I auslösen kann. M.E. sollte die Upstream Verschmelzung der C GmbH bereits zu keiner schädlichen Veräußerung der sperrfristbehafteten Anteile an der C GmbH (resultierend aus der vorherigen Einbringung des Anteils an der E KG gegen neue Anteile an der C GmbH) führen, da diese im Rahmen der Verschmelzung untergehen. Allerdings könnte man auch argumentieren, dass die A KG die Anteile an der C GmbH gegen die Wirtschaftsgüter der C GmbH eintauscht, was als Veräußerung anzusehen sein könnte. Für eine Unschädlichkeit dieses Vorgangs spricht aber, dass hierdurch keine steuerliche Statusverbesserung der Einbringerin A KG erreicht würde, sondern nur der Status-Quo ante wiederhergestellt würde und die vollumfängliche Besteuerung der im Mitunternehmeranteil vorhandenen stillen Reserven wie vor der Einbringung gewährleistet wäre. Dem Vernehmen nach sieht die Finanzverwaltung auch in einer solchen Upstream Verschmelzung einen grundsätzlich schädlichen Veräußerungsvorgang, sie will gegenwärtig aber wohl auf Antrag des Einbringenden von einer Nachversteuerung aus Billigkeitsgründen absehen. Es gibt allerdings wohl gegenläufige Tendenzen in der Finanzverwaltung, die eine Nachversteuerung auch bei bloßer Rückgängigmachung der vorherigen Einbringung bejahen wollen, um so im Einbringungszeitpunkt vorhandene, im Rückabwicklungszeitpunkt aber aufgelöste stille Reserven erfassen zu können.

2. Verschmelzung der C GmbH auf ihre Schwestergesellschaft D GmbH

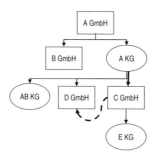

Die vorgesehene Verschmelzung der C GmbH auf die D GmbH könnte zunächst eine schädliche Veräußerung der sperrfristbehafteten Anteile an der C GmbH durch die A KG gemäß § 22 Abs. 1 Satz 1 UmwStG darstellen. Der bisherige Anteilseigner der C GmbH, die A KG, tauscht hier sozusagen im Wege der Verschmelzung die Beteiligung an der C GmbH gegen die Beteiligung an der D GmbH (vgl. § 13 Abs. 1 UmwStG). Ein solcher Tausch wäre wohl grundsätzlich als entgeltliche Veräußerung anzusehen[15]. Dass die Verschmelzung gemäß §§ 11 ff. UmwStG zu Buchwerten möglich ist und auf Ebene der A KG wegen § 13 Abs. 2 UmwStG nicht zwangsläufig ein Gewinn entsteht, dürfte nicht gegen die Annahme einer Veräußerung i.S.d. § 22 UmwStG sprechen. Dagegen spricht auch nicht, dass § 13 Abs. 2 S. 2 UmwStG vorsieht, dass die durch die Verschmelzung erhaltenen Anteile an der übernehmenden Gesellschaft D GmbH an die Stelle der (sperrfristbehafteten) Anteile an der übertragenden Gesellschaft C GmbH treten. Ansonsten würde es über das Bewertungswahlrecht dem Einbringenden überlassen, darüber zu entscheiden, ob eine Veräußerung vorliegen soll oder nicht. Das Bewertungswahlrecht soll aber lediglich negative steuerliche Folgen für sinnvoll gehaltene Umstrukturierungsmaßnahmen verhindern.[16] Auch wenn die Sidestream-Verschmelzung der C GmbH wohl als tauschähnlicher Vorgang und damit als Veräußerung i.S.d. § 22 Abs. 1 S. 1 UmwStG anzusehen ist, wäre die Auslösung eines Einbringungsgewinns I bezogen auf die Einbringung des Mitunternehmeranteils an der E KG in die C GmbH in hohem Maße unbillig, da die Sicherstellung der Versteuerung der stillen Reserven weiterhin durch die eingetauschten neu ausgegebenen Anteile an der D GmbH gewährleistet ist. Die Anteile an der D GmbH treten, auch im Hinblick auf die Sperrfristverhaftung, an die Stelle der Anteile an der C GmbH (vgl. § 13 Abs. 2 S. 2 UmwStG). Leider enthalten die Vorschriften des § 22 Abs. 1 Satz 6 UmwStG keine den Einbringungstatbeständen des §§ 20, 21 UmwStG entsprechende Privilegierung für eine der Einbringung nachfolgende Verschmelzung zu Buchwerten. Dem Vernehmen nach ist die Finanzverwaltung im Rahmen des Umwandlungsteuererlasses gegenwärtig aber wohl dazu

---

[15] Die Verschmelzung könnte ggf. auch einen schädlichen Tatbestand gem. § 22 Abs. 1 Satz 6 Nr. 3 UmwStG darstellen.
[16] Vgl. hierzu *Wochinger* in FS Herzig aaO, S. 785; Graw, Ubg 2009, S. 692.

bereit, im Falle einer Verschmelzung oder in anderen Umwandlungsfällen zu Buchwerten auf Antrag von einer rückwirkenden Einbringungsgewinnbesteuerung abzusehen, wenn

- hinsichtlich der sperrfristbehafteten Anteile eine Statusverbesserung nicht eintritt (d.h. die Besteuerung des Einbringungsgewinns I bzw. II nicht verhindert wird) und
- sich keine stillen Reserven von den sperrfristbehafteten Anteilen auf Anteile eines dritten verlagern und
- deutsche Besteuerungsrechte nicht ausgeschlossen oder eingeschränkt werden und
- die Antragssteller sich damit einverstanden erklären, dass auf alle unmittelbaren oder mittelbaren Anteile an einer an der Umwandlung beteiligten Gesellschaft § 22 Abs. 1 Satz 6 und Abs. 2 Satz 6 UmwStG entsprechend anzuwenden ist.[17]

Zwischenzeitlich soll es innerhalb der Finanzverwaltung aber auch Stimmen geben, die sich generell gegen eine Privilegierung im Billigkeitswege aussprechen. Die Meinungsbildung scheint hier noch anzudauern.

3. Formwechsel der E KG in eine GmbH

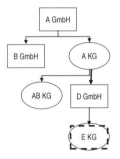

Der Formwechsel einer Personengesellschaft in eine Kapitalgesellschaft wird wegen des Wechsels des Besteuerungsregimes steuerlich als Vermögensübertragung behandelt, obwohl zivilrechtlich kein Rechtsträgerwechsel stattfindet. § 25 UmwStG behandelt den Formwechsel deshalb als Einbringungsvorgang und verweist insoweit auf die Vorschriften der §§ 20 bis 23 UmwStG (nach h.M. Rechtsgrundverweisung). Steuerlich bringen somit beim Formwechsel der E KG die Mitunternehmer, hier insbesondere die D GmbH, ihre Mitunternehmeranteile in die aus dem Formwechsel resultierende Kapitalgesellschaft gegen Anteile an dieser Kapitalgesellschaft ein. Als Folge unterliegen die Anteile an der formgewechselten E GmbH ebenfalls der siebenjährigen Behaltensfrist des § 22 Abs. 1 UmwStG.

---

[17] Vgl. hierzu *Wochinger* in FS Herzig aaO, S. 769.

4. Verschmelzung der A KG auf ihre Schwestergesellschaft B GmbH

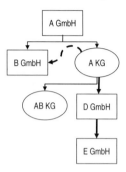

Die Verschmelzung der A KG auf ihre Schwestergesellschaft B GmbH gegen neue Anteile an der B GmbH ist steuerlich eine Einbringung des Betriebsvermögens der A KG gemäß § 20 Abs. 1 UmwStG. Einbringende ist in diesem Fall die A GmbH als Mitunternehmerin der A KG. Dies sollte auch unter Berücksichtigung einer differenzierenden Sichtweise (siehe oben II) gelten, da die A KG nach Verschmelzung nicht mehr existiert. Als Folge sind die neuen Anteile an der B GmbH gemäß § 22 Abs. 1 UmwStG insoweit sperrfristbehaftet (da die Verschmelzung zu Buchwerten erfolgt), als das eingebrachte Betriebsvermögen nicht auf Beteiligungen an Kapitalgesellschaften (also insbesondere nicht auf die Beteiligung an der D GmbH) entfällt. Die Aufteilung sollte nach dem Verhältnis der Verkehrswerte vorzunehmen sein.[18] Eine erneute Sperrfristverhaftung gemäß § 22 Abs. 1 S. 5 iVm. § 22 Abs. 2 UmwStG der bereits (teilweise) sperrfristbehafteten Anteile an der D GmbH (siehe oben III.2) sollte vorliegend bereits deshalb nicht in Betracht kommen, da am steuerlichen Übertragungsstichtag ein Gewinn aus der Veräußerung der Anteile an der D GmbH nach § 8b Abs. 2 KStG steuerfrei wäre.[19]

Im Hinblick auf die sperrfristbehafteten Anteile an der D GmbH wäre die Verschmelzung der A KG zwar als Ketteneinbringung eine schädliche Veräußerung i.S.d. § 22 Abs. 1 UmwStG. Eine Nachversteuerung sollte die Weitereinbringung zu Buchwerten wegen § 22 Abs. 1 S. 6 Nr. 2 HS 2 UmwStG dennoch nicht auslösen.

Fraglich ist, ob die Verschmelzung der A KG in Bezug auf die sperrfristbehafteten Anteile an der E GmbH (siehe oben III.3) eine schädliche Weitereinbringung i.S.d. § 22 Abs. 1 S. 6 Nr. 4 HS 1 UmwStG darstellt, da die Anteile an der E GmbH lediglich mittelbar durch die Übertragung der Anteile an der D GmbH als Teil des Betriebsvermögens der A KG übertragen werden würden. Die D GmbH wäre im Hinblick auf die Anteile an der E GmbH als Einbringende anzusehen. Die

---

[18] Vgl. hierzu *Stangl* in Rödder/Herlinghaus/van Lishaut, Umwandlungssteuerrecht, § 22 Rz. 98; Verbindlichkeiten sollten danach dem Betriebsvermögen, welches nicht die Beteiligung umfasst, zuzuordnen sein.
[19] *Mutscher* in Frotscher/Maas, KStG, UmwStG, § 22 UmwStG Rz. 246 verneint der Anwendung des § 22 Abs. 2 S. 1 UmwStG generell, falls sich die miteingebrachte Kapitalbeteiligung im Gesamthandsvermögen der Mitunternehmerschaft befindet. Seiner Ansicht nach werden von § 22 Abs. 2 S. 1 UmwStG nur unmittelbar eingebrachte Kapitalbeteiligungen erfasst, z.B. im Sonderbetriebsvermögen befindliche Kapitalbeteiligungen, die vom Mitunternehmer miteingebracht werden. Dies ist m.E. nicht zutreffend, da sie dem System des § 22 Abs. 1 UmwStG widerspricht und sich dadurch eine ungerechtfertigte Statusverschlechterung ergeben würde.

entgeltliche Übertragung der Anteile am ursprünglich Einbringenden dürfte allerdings für die sperrfristbehafteten Anteile an der E GmbH unschädlich sein.[20]

5. Einbringung der Beteiligung an der D GmbH in die Schwesterpersonengesellschaft AB KG

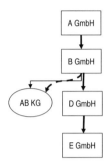

Die vorgesehene Einbringung der Beteiligung an der D GmbH in die Schwesterpersonengesellschaft AB KG gegen Gewährung eines Mitunternehmeranteils könnte grundsätzlich gemäß § 24 UmwStG zu Buchwerten durchgeführt werden, sofern man der Auffassung der Finanzverwaltung folgt, die eine 100 %-ige Kapitalbeteiligung einem Teilbetrieb i.S.d. § 24 Abs. 1 UmwStG gleichstellen will.[21]

Allerdings stellt die Einbringung wohl grundsätzlich eine Veräußerung der sperrfristbehafteten Anteile an der D GmbH im Sinne von § 22 Abs. 1 Satz 1 UmwStG dar, die zu einer Nachversteuerung des Einbringungsgewinns I aus der Einbringung des Mitunternehmeranteils der E KG (siehe oben II) führen würde, sofern keine Privilegierung eingreift, die diese Sanktion verhindert. Es müsste somit im Rahmen der Ausnahmetatbestände des § 22 Abs. 1 S. 6 UmwStG eine spezielle Regelung vorhanden sein. Für eine Einbringung nach § 24 UmwStG ist dies nicht der Fall. Es ist allerdings nicht einzusehen, weshalb die Weitereinbringung in eine Personengesellschaft zu Buchwerten anders behandelt werden sollte als die Buchwerteinbringung in eine Kapitalgesellschaft oder ein Anteilstausch, für die § 22 Abs. 1 S. 6 Nr. 2 UmwStG eine Privilegierung vorsieht. Die Finanzverwaltung beabsichtigt derzeit wohl auch hier im Wege einer Billigkeitsregelung von der Realisierung eines Einbringungsgewinns I abzusehen.

Eine nachfolgende Veräußerung der sperrfristbehafteten Anteile an der D GmbH durch die AB KG würde keine Nachversteuerung gemäß § 24 Abs. 5 UmwStG auslösen, da bereits die Einbringende B GmbH eine von § 8b Abs. 2 KStG begünstigte Person wäre, d.h. der Gewinn aus einer Veräußerung der Anteile an der D GmbH bei der B GmbH wäre im

---

[20] So auch *Möhlenbrock* in FS Herzig aaO, S. 793.
[21] Vgl. BMF v. 28.3.1998, BStBl. I 1998, S. 268, Tz. 24.03. Dagegen BFH v. 17.7.2008, I R 77/06, BStBl. II 2009, S. 464; siehe hierzu Nichtanwendungserlass des BMF v. 20.5.2009, BStBl. I 2009, S. 671. Es wäre auch eine Übertragung gem. § 6 Abs. 5 Satz 3 Nr. 1 EStG grundsätzlich denkbar.

Einbringungszeitpunkt steuerfrei gewesen. Wie oben unter III.2 dargelegt sind die Anteile an der D GmbH durch die vorangegangene Verschmelzung schon ohnehin sperrfristbehaftet, so dass eine Veräußerung in jedem Fall schädlich wäre.

Darüber hinaus ist zu beachten, dass auch für die Mitunternehmeranteile an der AB KG durch die Einbringung der sperrfristbehafteten Anteile an der D GmbH im Ergebnis die Behaltefrist des § 22 Abs. 1 UmwStG gelten sollte, da die Veräußerung eines Mitunternehmeranteils an der AB KG die mittelbare Veräußerung der Anteile an der D GmbH bedeuten würde und mittelbare Veräußerungen gemäß § 22 Abs. 1 S. 6 Nr. 4 UmwStG eine Nachversteuerung des Einbringungsgewinns I auslösen würden.

6. Begründung von Organschaften und handelsrechtliche Mehrabführungen

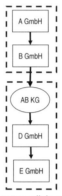

Im Rahmen des Bestehens von ertragsteuerlichen Organschaften zwischen der A GmbH und der B GmbH bzw. der AB KG, D GmbH und E GmbH kann es zu handelsrechtlichen Mehrabführungen im Sinne des § 14 Abs. 3 oder Abs. 4 KStG kommen. Während Mehrabführungen aus vororganschaftlicher Zeit als Gewinnausschüttungen der Organgesellschaft gelten und erst bei Überschreiten des ausschüttbaren Gewinns aus dem steuerlichen Einlagekonto erfolgen, mindern Mehrabführungen aus organschaftlicher Zeit unmittelbar das steuerliche Einlagekonto (vgl. § 27 Abs. 6 KStG).

Die Rückzahlung von Beträgen oder Ausschüttungen aus dem steuerlichen Einlagekonto der Kapitalgesellschaft, an der sperrfristbehaftete Anteile bestehen, lösen aber gemäß § 22 Abs. 1 S. 6 Nr. 3 UmwStG eine Nachversteuerung des Einbringungsgewinns aus. Im Falle von handelsrechtlichen Mehrabführungen stellt sich bereits die Frage, ob das Eingreifen der Regelung des § 27 Abs. 6 KStG automatisch den Tatbestand des § 22 Abs. 1 S. 6 Nr. 3 UmwStG i.S. einer Ausschüttung oder Rückzahlung aus dem steuerlichen Einlagekonto erfüllt.[22] Man könnte die Regelung des § 27 Abs. 6 KStG auch als bloße Verrechnungsvorgabe

---

22 Rödder/Stangl, Ubg 2008, 41; siehe auch Bilitewski in Haritz/Menner, UmwStG, 3. Auflage 2010, § 22 Rz. 149.

qualifizieren. Die Finanzverwaltung sieht aber wohl in einem solchen Fall den schädlichen Tatbestand des § 22 Abs. 1 S. 6 Nr. 3 UmwStG grundsätzlich als erfüllt an. Dabei ist nach dem Wortlaut des § 22 Abs. 1 S. 6 Nr. 3 UmwStG jegliche Ausschüttung oder Rückzahlung eines Betrages aus dem steuerlichen Einlagekonto als schädlich anzusehen. Das würde bedeuten, dass selbst die Ausschüttung bzw. handelsrechtliche Mehrabführung eines Euros zu einer vollumfänglichen Realisierung des Einbringungsgewinns führen würde.[23] Insbesondere im Falle handelsrechtlicher Mehrabführungen, auf deren Entstehen nur bedingt Einfluss genommen werden kann, erscheint dies unbillig. Hier ist dringend eine teleologische Reduktion angezeigt. Die Finanzverwaltung beabsichtigt deshalb wohl auch im Rahmen des künftigen Umwandlungssteuererlasses eine vorrangige Beteiligungsbuchwertverrechnung vorzusehen. Danach käme es nur insoweit zu einer rückwirkenden Einbringungsgewinnbesteuerung, als der tatsächlich aus dem steuerlichen Einlagekonto i.S.d § 27 KStG ausgekehrte Betrag den Buchwert bzw. die Anschaffungskosten der sperrfristbehafteten Anteile zum Zeitpunkt der Einlagenrückgewähr übersteigt. Im Fall einer organschaftlichen Mehrabführung wäre dabei der Buchwert um aktive und passive Ausgleichsposten zu korrigieren. Der übersteigende Betrag würde dann als Einbringungsgewinn gelten, der der Siebtelregelung unterliegt, maximal aber der Betrag in Höhe des tatsächlichen Einbringungsgewinns (§ 22 Abs. 1 S. 3 bzw. Abs. 2 S. 3 UmwStG). Auch wäre bei der Minderung des steuerlichen Einlagekontos für Zwecke des § 22 Abs. 1 S. 6 Nr. 3 UmwStG dessen Zusammensetzung genau zu untersuchen. Denn nach dem Sinn und Zweck der Nachversteuerungsregelungen sollte ein Einbringungsgewinn nur ausgelöst werden, soweit die verwendeten Bestände des Einlagekontos auf der Einbringung beruhen und entsprechend die im Einbringungszeitpunkt vorhandenen stillen Reserven des eingebrachten Betriebsvermögens repräsentieren. Bei Vorhandensein eines "gemischten" Einlagekontos wäre die Frage, ob zugunsten des Steuerpflichtigen solche Bestände des Einlagekontos vorrangig als verwendet gelten können, die nicht aus der Einbringung stammen. Die Finanzverwaltung tendiert wohl gegenwärtig dazu, in diesen Fällen eine quotale Aufteilung der Einlagenkontominderung vorzunehmen.

IV. Fazit

Ob der eingangs näher beschriebene Paradigmenwechsel "von der Einbringungsgeborenheit zur Sperrfristbehaftung" wirklich einen großen Fortschritt darstellt, muss nach diesen einfachen Beispielen m.E. bezweifelt werden. Denn bei konzerninternen Umstrukturierungen sind die stillen Reserven regelmäßig weiterhin verhaftet. Allein im Zusammenhang mit den Ersatztatbeständen in § 22 Abs. 1 S. 6 UmwStG ergibt sich eine Vielzahl von offenen Fragen, die zeigen, dass diese Bestimmungen viel zu restriktiv sind. Hinzukommt noch das ggf. weitere Bestehen von einbringungsgeborenen Anteilen nach altem Recht, welches ein zusätzliches "Monitoring" erfordert. Natürlich ist der große Vorteil der Regelung, wonach im Rahmen der Abschmelzung nach sieben Jahren der Einbringungsgewinn definitiv steuerfrei wird, nicht

---

23 Siehe hierzu Wochinger in FS Herzig, S. 766.

gering zu schätzen. Es hat sich aber gezeigt, dass eine einzige Sacheinlage im Konzern zu erheblichen Blockaden und Unsicherheiten in den nächsten sieben Jahren führen kann. Die "Wohltat" der Einbringung zu Buchwerten wird möglicherweise mit einem Danaergeschenk erkauft, denn der Zeitraum von sieben Jahren ist für einen Konzern schon eine Ewigkeit, in der die unternehmerischen Überlegungen, welche die Sacheinlage veranlasst haben, schon nach einem halben Jahr Makulatur sein können. Wenn man sich die Sperrfristbehaftung auf einer Vielzahl von Ebenen nach mehreren Umstrukturierungen vor Augen führt, kann dies richtiggehend zu einer Erstarrung der Konzernstruktur führen. Denn die bestehenden Unsicherheiten führen dazu, dass nicht klar ist, ob eine bestimmte Maßnahme überhaupt schädlich oder unschädlich ist. Es bleibt zu hoffen, dass hier möglichst bald der lang erwartete Umwandlungssteuererlass Klarheit mit handhabbaren Regelungen bringt und nicht zu einer Blockade von konzerninternen Umstrukturierungen führt.

3. Generalthema
Die Entwicklung der Unternehmensbesteuerung – der kommende Umwandlungssteuererlass und die weitere Ausformung der Gruppenbesteuerung

IV. Trennung von Gesellschafterstämmen (Schüppen)

Grundfall: An der A-GmbH sind die Schwestergesellschaften T1-GmbH und T2-GmbH (Alleingesellschafterin: M-AG) sowie die natürlichen Personen B und C beteiligt. B und C haben einen Poolvertrag (mit Stimmbindung) geschlossen. Die A-GmbH verfügt über drei Teilbetriebe. T1-GmbH, T2-GmbH und B waren Gründungsmitglieder der seit sieben Jahren bestehenden A-GmbH. C hat seine Anteile vor vier Jahren von B erworben.

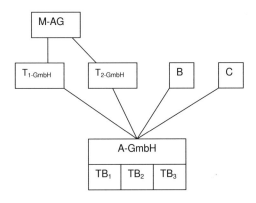

Die A-GmbH wird wie folgt aufgespalten: Teilbetrieb 1 geht auf die X-GmbH (alle Anteilseigner der A-GmbH beteiligt), Teilbetrieb 2 auf die Y-GmbH (alle ohne T1-GmbH beteiligt) und Teilbetrieb 3 auf die Z-GmbH (B und C beteiligt) über.

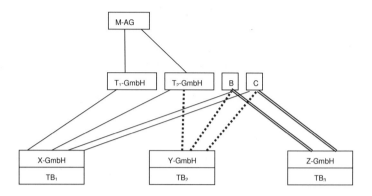

Frage: Kann das Wahlrecht des § 11 Abs. 2 UmwStG ausgeübt werden, um die Aufdeckung stiller Reserven zu vermeiden?

Abwandlung: Die Aufspaltung auf die drei GmbHs erfolgt verhältniswahrend. Aufschiebend bedingt durch die Eintragung der symmetrischen Abspaltung auf die X-GmbH veräußern B und C ihre für eine „logische Sekunde" entstehende Anteile an der X-GmbH an die T1-GmbH, während T1-GmbH und T2-GmbH ihre Anteile an der Y-GmbH und Z-GmbH an B und C veräußern.

Frage: Kommt eine Fortführung der Buchwerte in Betracht?

Lösungshinweise:

A. Grundfall

Gem. § 15 Abs. 1 UmwStG findet das Wertansatzwahlrecht gemäß § 11 Abs. 2 UmwStG auch auf die Fälle der Auf-/Abspaltung Anwendung, sofern eine Teilbetriebsübertragung stattfindet. Der Buchwertfortführung könnte aber § 15 Abs. 2 S. 5 UmwStG entgegenstehen. Demnach ist über die Voraussetzungen der Sätze 1 – 4 der Norm hinaus zu prüfen, ob durch die Auf-/Abspaltung eine Trennung von Gesellschafterstämmen erfolgt (dazu I.) und, bei Bejahung dieser Frage, ob die Beteiligungen seit mindestens fünf Jahren bestanden (sog. Vorbesitzzeit) (dazu II.).

I. Trennung von Gesellschafterstämmen

1. Begriff Gesellschafterstamm

Der Begriff des Gesellschafterstammes ist gesetzlich nicht definiert. Es muss sich jedenfalls um ein irgendwie begründetes Zugehörigkeitsverhältnis von Anteilseignern handeln[1]. Danach kann ein Stamm definiert werden als Gruppe von Gesellschaftern, die sich entweder selbst als einander zugehörig begreifen (subjektiver Ansatz) oder von anderen als einander zugehörig angesehen werden (objektiver Ansatz)[2]. Andere stellen allein auf das subjektive Zugehörigkeitsgefühl ab, da eine Abgrenzung anhand äußerer Kriterien nicht stets der wirklichen Zugehörigkeit entsprechen muss[3]. Demnach könnten innerhalb eines Familien-Stammes durchaus mehrere Gesellschafterstämme bestehen, wenn sie unterschiedliche Interessen verfolgen. Schließlich wäre es möglich, die Stämme danach zu bestimmen, wie die Beteiligungen an den Nachfolgegesellschaften ausgestaltet sind (objektive ex post Betrachtung)[4]. Auch einzelne natürliche oder juristische Personen können einen Stamm bilden, da sonst fremde Anteilseigner nicht unter die Vorbesitzzeit fallen würden[5]. Ungeachtet dieser Meinungsvielfalt wird ein Stamm durch Poolverträge, Vorkaufsrechte, Anbietungspflichten oder Organschaftskreise indiziert[6]. Demnach dürften B und C nach allen Ansichten einen selbständigen Gesellschafterstamm bilden (GesStamm1), ein zweiter besteht aufgrund der Konzernverbundenheit aus T1-GmbH, T2-GmbH (GesStamm2).

Schwieriger ist die Frage zu beantworten, ob die fehlende Beteiligung der T1-GmbH an der Y-GmbH T2 zu einem selbständigen Gesellschafterstamm macht (GesStamm3 [?]). Die Finanzverwaltung sieht die Stammzugehörigkeit bislang sehr formal und geht auch bei konzernzugehörigen Gesellschaften davon aus, dass diese jeweils einen eigenen Stamm bilden können[7]. In der Literatur wird dies mehrheitlich anders gesehen und darauf hingewiesen, dass das Zugehörigkeitsverhältnis durch die gemeinsame Obergesellschaft gewährleistet ist[8]. In Bezug auf die Fortführung der übernehmenden Gesellschaften bestehen keine unterschiedlichen Interessen. Auch soll durch einen solchen Vorgang keine faktische Veräußerung herbeigeführt werden.

---

[1] *Schumacher* in: Rödder/Herlinghaus/v.Lishaut, UmwStG, §15 Rn. 251.
[2] *Dötsch/Pung* in: Dötsch/Jost/Pung/Witt, UmwStG §15 (SEStEG), Rn. 147-148; *Asmus* in: Haritz/Menner, UmwStG, §15 Rn. 178.
[3] *Hörtnagl* in: Schmitt/Hörtnagl/Stratz, UmwG/UmwStG, §15 Rn. 222.
[4] *Widmann* in: Widmann/Mayer, Umwandlungsrecht, UmwStG §15, Rn. 454.
[5] *Hörtnagl* in: Schmitt/Hörtnagl/Stratz, UmwG/UmwStG, §15 Rn. 220; *Dötsch/Pung* in: Dötsch/Jost/Pung/Witt, UmwStG §15 (SEStEG), Rn. 150; *Widmann* in: Widmann/Mayer, Umwandlungsrecht, UmwStG §15, Rn. 458.
[6] Vgl. *Amus* in: Haritz/Menner, UmwStG, §15 Rn. 178; *Schumacher* in: Rödder/Herlinghaus/v.Lishaut, UmwStG, §15 Rn. 251.
[7] BMF v. 25.03.1998, BStBl I, 268, Rn. 15.36; ebenso *Widmann* in: Widmann/Mayer, Umwandlungsrecht, UmwStG §15, Rn. 460.
[8] *Schumacher* in: Rödder/Herlinghaus/v.Lishaut, UmwStG, §15 Rn. 252; *Hörtnagl* in: Schmitt/Hörtnagl/Stratz, UmwG/UmwStG, §15 Rn. 226.

> **Ausblick:** Es erscheint nicht ausgeschlossen, dass das BMF in seinem neuen Erlass zum UmwStG nach SEStEG diese Kritik aufnimmt. So wird eine Veräußerung innerhalb verbundener Unternehmen von der Finanzverwaltung bereits jetzt nicht als Fall des § 15 Abs. 2 S. 2-4 UmwStG angesehen[9]. Besonders relevant wird diese Frage, wenn an der übertragenden Gesellschaft nur T1 und T2 beteiligt wären (konzerninterne Spaltung). Folgt man der Literatur und nimmt lediglich eine Trennung von Gesellschaftern eines Stammes an, wäre § 15 Abs. 2 S. 5 UmwStG bei konzernzugehörigen Gesellschaften dann praktisch nicht anwendbar, was eine Umstrukturierung wesentlich erleichtern würde.

Die besseren Argumente sprechen dafür, bei konzerninterner Spaltung lediglich von der Trennung eines Gesellschafterstammes auszugehen und § 15 Abs. 2 S. 5 UmwStG nicht zur Anwendung kommen zu lassen. Vorliegend kann diese Frage aber offen bleiben, da mit B, C einerseits und T1, T2 andererseits jedenfalls zwei Stämme vorliegen.

2. Trennung

Durch die Aufspaltung muss es zu einer Trennung dieser (zwei oder drei) Stämme gekommen sein. Zentraler Anwendungsbereich des § 15 Abs. 2 S. 5 UmwStG ist daher die nichtverhältniswahrende Spaltung. Eine solche liegt vor, wenn die Anteilsverhältnisse an den übernehmenden Gesellschaften nicht den ursprünglich an der übertragenden Gesellschaft bestehenden Anteilsverhältnissen entsprechen. Eine Trennung liegt vor, wenn zwischen den Mitgliedern der Stämme keine Identität mehr besteht[10]. Wann dies konkret der Fall ist, ist wiederum umstritten.

Die Finanzverwaltung nimmt eine Trennung an, wenn an der/den übernehmenden Körperschaft(en) nicht alle Anteilseigner der übertragenden Körperschaft beteiligt sind[11]. Die Abgrenzung erfolgt also wiederum sehr formal. Andere entscheiden danach, ob die Gesellschafterstämme hinsichtlich der zu übertragenden Teilbetriebe unterschiedliche Interessen verfolgen[12]. Ist dies der Fall, liegt eine Trennung auch dann vor, wenn sich die Stämme hinsichtlich ihrer Mitglieder überschneiden. Eine breite Literaturmeinung verfährt dagegen sehr großzügig und verneint eine Trennung bereits dann, wenn zwischen allen Stämmen eine Teilüberschneidung besteht. Eine Trennung liegt danach erst vor, wenn die Gesellschafterstämme sich hinsichtlich aller an der Spaltung beteiligten Körperschaften trennen[13].

---

[9] BMF v. 25.03.1998, BStBl I, 268, Rn. 15.26.
[10] Ebenso *Widmann* in: Widmann/Mayer, Umwandlungsrecht, UmwStG §15, Rn. 456.
[11] BMF v. 25.03.1998, BStBl I, 268, Rn. 15.36.
[12] *Hörtnagl* in: Schmitt/Hörtnagl/Stratz, UmwG/UmwStG, §15 Rn. 222-223.
[13] *Widmann* in: Widmann/Mayer, Umwandlungsrecht, UmwStG §15, Rn. 456, 464-465; *Dötsch/Pung* in: Dötsch/Jost/Pung/Witt, UmwStG §15 (SEStEG), Rn. 152; *Schumacher* in: Rödder/Herlinghaus/v.Lishaut, UmwStG, §15 Rn. 253.

Beispiel: An der übertragenden Gesellschaft sind A, B, C, D beteiligt. Nach der Aufspaltung sind die Beteiligungen wie folgt: X-GmbH (A, B, C, D), Y-GmbH (A, B, C) und Z-GmbH (A, B, D). Nach den beiden erstgenannten Ansichten ist eine Trennung erfolgt. Letzte Ansicht verneint dagegen eine Trennung, da in Person von A und B eine Schnittmenge aller Stämme besteht.

Da vorliegend an den einzelnen übernehmenden Gesellschaften nicht alle Anteilseigner der A-GmbH beteiligt sind, liegt nach der Meinung der Finanzverwaltung eine Trennung vor. Zum gleichen Ergebnis kommt man, wenn man auf die Interessen der Stämme abstellt: Bezüglich des auf die Z-GmbH übertragenen Teilbetriebes bestehen zwischen GesStamm1 und GesStamm2 (bei Bejahung auch GesStamm3) unterschiedliche Interessen, was dadurch manifestiert wird, dass T1 und T2 nicht an der Z-GmbH beteiligt sind. Die dritte Ansicht würde dagegen eine Trennung verneinen, da A und B an allen übernehmenden Gesellschaften weiterhin beteiligt sind. Richtig hieran ist, dass A und B ein gemeinsames Interesse bezüglich aller Teilbetriebe haben. Vor dem Hintergrund der Vorschrift muss für die Beurteilung, ob eine Trennung der Stämme vorliegt, aber entscheidend sein, ob nach der Aufspaltung ein Teilbetrieb „herausgelöst" worden ist. Dem steht vorliegend nicht entgegen, dass die auf X-GmbH und Y-GmbH übertragenen Teilbetriebe nicht an B und C veräußert worden sind. Mit dem auf die Z-GmbH übergegangenem Teilbetrieb hat der GesStamm2 (und auch ggf. GesStamm3) wirtschaftlich nichts mehr zu tun. Es liegt also insoweit eine Trennung von Gesellschafterstämmen vor. Die Fortführung der Buchwerte hängt damit davon ab, ob die Vorbesitzzeit eingehalten worden ist.

II. Einhaltung der Vorbesitzzeit

Eine Trennung der Gesellschafterstämme ist unschädlich, wenn die Beteiligungen an der übertragenden Gesellschaft mindestens fünf Jahre vor dem steuerlichen Übertragungsstichtag bestanden haben.

1. Beteiligung

Unter dem Begriff der Beteiligung ist nicht die Beteiligung im Sinne des § 271 Abs. 1 HGB zu verstehen. Gemeint ist die Anteilhaberschaft an der übertragenden Körperschaft. Nicht entscheidend ist auch, in welcher Höhe die Beteiligung bestanden hat, es kommt nur auf die Beteiligung dem Grunde nach an[14]. Es ist vorliegend also unschädlich, dass B einen Teil seiner Beteiligung an C veräußert hat und so seine eigene Beteiligungsquote gesenkt hat.

2. Fünfjährige Vorbesitzzeit

Die Beteiligungen müssen dem Grunde nach ununterbrochen innerhalb des Fünfjahreszeitraums vorgelegen haben. Problematisch ist, dass die Beteiligung des C nur seit

---

[14] BMF v. 25.03.1998, BStBl I, 268, Rn. 15.35; *Schumacher* in: Rödder/Herlinghaus/v.Lishaut, UmwStG, §15 Rn. 258; *Hörtnagl* in: Schmitt/Hörtnagl/Stratz, UmwG/UmwStG, §15 Rn. 234.

vier Jahren vor dem steuerlichen Übertragungsstichtag bestanden hat. Umstritten ist jedoch, ob sich die Vorbesitzzeit auf jeden einzelnen Anteilseigner[15] oder nur auf den jeweiligen Stamm[16] bezieht.

Ist die fünfjährige Beteiligung eines Stammes entscheidend, wäre es unschädlich, wenn sich ein Außenstehender kurz vor der Spaltung in einen über fünf Jahre bestehenden Stamm „einkauft". Die Vorbesitzzeit (innerhalb des Stammes) wird ihm angerechnet. Stellt man dagegen auf jeden Anteilseigner ab, wäre die Vorbesitzzeit nicht erfüllt.

Der Wortlaut der Vorschrift ist offen, denn die Verwendung des Plurals („Beteiligungen") bedeutet nicht, dass es nicht auf den einzelnen Anteilseigner ankommt[17]; der Plural ist in jedem Fall zwingend, denn es muss sowohl eine Mehrzahl von Stämmen als auch eine Mehrzahl von Anteilseignern bestehen, damit eine Trennung erfolgen kann. Die Frage kann also allein vom Zweck der Vorschrift her beantwortet werden. Mit dem Erfordernis einer Vorbesitzzeit sollte verhindert werden, dass im Wege der Spaltung vor Ablauf der fünf Jahre eine Veräußerung eines Teilbetriebes herbeigeführt wird. Würde man hinsichtlich der Beteiligung auf den Stamm abstellen, wäre eine Spaltung auch dann unschädlich, wenn der Stamm aus einem „Altgesellschafter" mit 1 % der zum Stamm gehörenden Anteile und einem „Neugesellschafter" mit 99 % der Anteile, die er von dem „Altgesellschafter" erworben hat, bestehen würde. Dies widerspricht aber dem Zweck, ein „Herauskaufen" zu verhindern[18].

Anders dürfte das Ergebnis sein, wenn ein Stammmitglied seine Beteiligung zwischenzeitlich an ein anderes Mitglied veräußert und diese dann zurück erwirbt. In diesem Fall wird der Stamm nicht zusätzlich erweitert und es handelt sich bei dem wieder eintretenden Anteilseigner nicht um einen Außenstehenden.

Es ist damit mit der Finanzverwaltung und einem Teil der Literatur darauf abzustellen, ob die jeweiligen Anteilseigner seit mindestens fünf Jahren an der übertragenden Körperschaft beteiligt waren. Ein Erwerb innerhalb der Fünfjahresfrist ist damit grundsätzlich schädlich. Er ist jedoch zu überprüfen, ob die Vorbesitzzeit (hier des B) nach allgemeinen Regeln angerechnet werden kann. Eine starke Meinung in der Literatur befürwortet eine Anrechnung bei jedwedem unentgeltlichen Erwerb[19]. Andere wollen eine Anrechnung nur in den Fällen zulassen, in denen

---

[15] BMF v. 25.03.1998, BStBl I, 268, Rn. 15.35, 15.38; *Widmann* in: Widmann/Mayer, Umwandlungsrecht, UmwStG §15, Rn. 472; *Dötsch/Pung* in: Dötsch/Jost/Pung/Witt, UmwStG §15 (SEStEG), Rn. 158.
[16] *Schumacher* in: Rödder/Herlinghaus/v.Lishaut, UmwStG, §15 Rn. 258; *Hörtnagl* in: Schmitt/Hörtnagl/Stratz, UmwG/UmwStG, §15 Rn. 234.
[17] *Widmann* in: Widmann/Mayer, Umwandlungsrecht, UmwStG §15, Rn. 472; a.A.: *Amus* in: Haritz/Menner, UmwStG, §15 Rn. 187.
[18] Ebenso *Dötsch/Pung* in: Dötsch/Jost/Pung/Witt, UmwStG §15 (SEStEG), Rn. 150.
[19] *Schumacher* in: Rödder/Herlinghaus/v.Lishaut, UmwStG, §15 Rn. 260; *Hörtnagl* in: Schmitt/Hörtnagl/Stratz, UmwG/UmwStG, §15 Rn. 237; *Amus* in: Haritz/Menner, UmwStG, §15 Rn. 188.

eine Gesamtrechtsnachfolge stattfindet, also bei Erbfall und Umwandlung[20] unter Eintritt in die steuerliche Rechtsstellung (§§ 4 Abs. 3 und 12 Abs. 3 UmwStG)[21].

III. Ergebnis

Bei der vorliegend vorgenommenen Aufspaltung ist es zu einer Trennung von Gesellschafterstämmen im Sinne des § 15 Abs. 2 S. 5 UmwStG gekommen. Da die Beteiligung des C nur vier Jahre vor dem steuerlichen Übertragungsstichtag bestanden hat, sind die zusätzlichen Voraussetzungen der Vorschrift nicht erfüllt. Eine Fortführung der Buchwerte gem. §§ 15 Abs. 1, 11 Abs. 2 UmwStG ist damit nicht möglich.

Exkurs: Bei jungen Gesellschaften kann die Fünfjahresfrist naturgemäß nicht erfüllt sein. Die Finanzverwaltung versagt in entsprechenden Fällen gleichwohl einen Buchwertansatz nach § 11 Abs. 2 UmwStG[22]. Dieser sehr formalistischen Sicht tritt die überwiegende Literatur entgegen und sieht § 15 Abs. 2 S. 5 UmwStG als erfüllt an, wenn an der Spaltung einer seit weniger als fünf Jahren bestehenden Körperschaft nur Gründungsgesellschafter beteiligt sind[23], denn bei einer derartigen Fallgestaltung drohe kein verdecktes „Herauskaufen" eines Teilbetriebes. In der Tat schießt § 15 Abs. 2 S. 5 UmwStG hier über das Ziel hinaus, was sich rechtsmethodisch über eine teleologische Reduktion der Vorschrift lösen lässt.

B. Lösungshinweise Abwandlung („Trennung durch nachfolgende Veräußerung")

Durch die der Abspaltung nachfolgenden Veräußerungen könnte wiederum der Tatbestand des. § 15 Abs. 2 S. 5 UmwStG verwirklicht sein. Dies würde zum Ansatz des Teilwerts führen, weil die Beteiligung des C tatsächlich erst vier Jahre bestand (zu dieser Problematik aber A.2). Entscheidende Frage ist daher, ob die Trennung der Gesellschafter-Stämme gemäß § 15 Abs. 2 S. 5 gerade durch die Spaltung erfolgen muss oder ob auch eine der Spaltung nachfolgende Trennung durch Veräußerungen steuerschädlich ist.

I. Rechtsprechung und Finanzverwaltung

Entscheidungen der Rechtsprechung zu der hier maßgeblichen Frage sind nicht ersichtlich. Nach dem Wortlaut des bisherigen UmwSt-Erlasses, Tz. 15.36 gilt Folgendes: „Eine Trennung von Gesellschafterstämmen liegt vor, wenn im Falle der [...] Abspaltung an der übernehmenden und der übertragenden Körperschaft nicht mehr alle Anteilsinhaber der übertragenden Körperschaft beteiligt sind." Zur Frage einer anschließenden Veräußerung nimmt die Finanzverwaltung daher keine Stellung.

---

[20] BMF v. 25.03.1998, BStBl I, 268, Rn. 15.39.
[21] *Dötsch/Pung* in: Dötsch/Jost/Pung/Witt, UmwStG §15 (SEStEG), Rn. 157; *Widmann* in: Widmann/Mayer, Umwandlungsrecht, UmwStG §15, Rn. 473-482.
[22] BMF v. 25.03.1998, BStBl I, 268, Rn. 15.37.
[23] *Schumacher* in: Rödder/Herlinghaus/v.Lishaut, UmwStG, §15 Rn. 257; *Widmann* in: Widmann/Mayer, Umwandlungsrecht, UmwStG §15, Rn. 490; *Hörtnagl* in: Schmitt/Hörtnagl/Stratz, UmwG/UmwStG, §15 Rn. 236.

II. Diskussionsstand

Nach überwiegender Auffassung muss die Trennung der Gesellschafter-Stämme durch die Spaltung, d.h. den Spaltungsvorgang *per se* erfolgen. Eine Trennung durch anschließende Veräußerungen ist demnach nicht schädlich[24]. Dem stehe auch nicht entgegen, dass in § 15 Abs. 2 S. 5 UmwStG das Wort „außerdem" verwendet wird. Dies bedeute lediglich, dass die Anwendung des § 11 Abs. 1 UmwStG (i.e. Buchwertverknüpfung) neben den dort genannten Voraussetzungen voraussetzt, dass bei der Trennung von Gesellschafterstämmen diese mindestens fünf Jahre bestanden haben. „Außerdem" beziehe sich also auf § 11 Abs. 1 UmwStG. Widmann führt weiter aus, dass eine Anknüpfung von § 15 Abs. 2 S. 5 UmwStG an S. 4 der Regelung - und mithin an den Vorgang einer nachfolgenden Veräußerung – gerade nicht gegeben sei. Dies ergebe sich auch daraus, dass andernfalls nur eine Trennung durch die Veräußerung der Anteile an der Nachfolgegesellschaft schädlich wäre. *Dötsch/Pung* führen zu den Fällen nachfolgender Veräußerungen, die zu einer Trennung der Stämme führen würden, aus, dass sich dies nur über eine Gesetzesänderung vermeiden ließe, nach derzeitigem Gesetzesstand aber keine Schädlichkeit bestehe[25].

III. Teilweise vertretene Ansicht in der Literatur

Zwar wird vereinzelt vertreten, dass § 15 Abs. 2 S. 5 UmwStG mit S. 2 (bis 4) der Regelung verknüpft sei, der die missbräuchliche Durchführung einer steuerneutralen Spaltung zur Umgehung einer steuerpflichtigen Veräußerung von Teilbetrieben an Außenstehende verhindern solle[26]. Dies ergebe sich aus der Intention des Gesetzgebers, aber auch aus dem Wort „außerdem", mit dem S. 5 an die vorigen Sätze anknüpfe. Die Vorschrift des § 15 Abs. 2 S. 5 UmwStG finde demnach Anwendung, allerdings nur, wenn eine nachfolgende Veräußerung - anders als hier – an außenstehende Personen erfolge.

IV. Eigene Auffassung und Ergebnis

Richtigerweise erfordert § 15 Abs. 2 S. 5 UmwStG die Trennung von Gesellschafterstämmen durch die Spaltung *per se*. Tatsächlich dürfte die Finanzverwaltung mit ihren bisherigen Äußerungen diese Auslegung auch vertreten. Dafür spricht schon die Wortwahl des UmwSt-Erlasses, Tz. 36, wonach vorausgesetzt wird, dass die Gesellschafter „im Falle der Abspaltung (…) nicht mehr beteiligt sind". Diese Wortwahl lässt den Schluss zu, dass die Trennung gerade durch die Abspaltung erfolgen muss. Selbst wenn mit der anderen Ansicht angenommen würde, dass sich § 15 Abs. 2 S. 5 UmwStG nicht nur auf § 11 Abs. 1 UmwStG bezieht, sondern auch auf § 15 Abs. 2 S. 2 bis 4 UmwStG, wäre der vorliegende Fall nicht schädlich, weil dann gemäß

---

[24] (*Dötsch/Pung* in: Dötsch u.a., *UmwStR*, § 15 UmwStG, Rn. 156.; *Widmann* in: Widmann/Mayer, UmwStG, § 15, 469; auch *Hörtnagel* in: Schmitt, aaO, Rn. 228 f.).
[25] *Dötsch/Pung* in: Dötsch u.a., *UmwStR*, § 15 UmwStG, Rn. 156.
[26] *Frotscher*, a.a.O., Rn. 54, 55.

§ 15 Abs. 2, S. 3 UmwStG eine Veräußerung an außenstehende Personen erforderlich wäre. Als „außenstehende Personen" qualifizieren nach unstreitiger Auffassung nur solche, die am neu gegründeten, übernehmenden Rechtsträger – hier die X-GmbH – im Rahmen der Spaltung beteiligt werden, ohne zuvor an dem übertragenden Rechtsträger beteiligt zu sein, wobei der Spaltungsstichtag der für diese Betrachtung maßgebliche Zeitpunkt ist[27]. Dies trifft auf keinen der künftigen Gesellschafter des übernehmenden Rechtsträgers zu. Im Ergebnis werden die Veräußerungen daher nicht von § 15 Abs. 2 S. 5 UmwStG erfasst.

Exkurs: Es könnte zwar angedacht werden, dass ein missbräuchlicher Umgehungsfall (§ 42 AO) vorliegt, wenn – anders als hier – ein Gesellschafter sich kurz vor der Spaltung erstmals und zur Vermeidung des § 15 Abs. 2 S. 5 UmwStG an der zu spaltenden Gesellschaft beteiligte und nach der Spaltung alle Beteiligungen an der übernehmenden Gesellschaft übernimmt. Eine Anwendung des § 42 AO ist aber schon aus Gründen der Gesetzeskonkurrenz zweifelhaft, wenn bereits spezialgesetzliche Missbrauchsregelungen zur Anwendung kommen (§ 15 Abs. 2 UmwStG).

V. Vorbereitung einer Veräußerung i.S. des § 15 Abs. 2 S. 3 UmwStG?

Über § 15 Abs. 2 S. 5 UmwStG hinaus wäre durch die der Abspaltung nachfolgenden Anteilsveräußerungen die Buchwertfortführung gefährdet, wenn durch die Spaltung i.S. des § 15 Abs. 2 S. 3 UmwStG die „Voraussetzungen" für eine Veräußerung geschaffen wurden. In dem Fall müsste der Teilwert angesetzt werden. Nach herrschender Ansicht sind von dieser Einschränkung die Anteile sowohl an der übertragenden als auch der übernehmenden Gesellschaft betroffen[28]. Die (in ihrer Bedeutung umstrittene) Quote von 20 Prozent gem. § 15 Abs. 2 S. 4 UmwStG bezieht sich dabei auf die Anteile an der übertragenden Körperschaft A-GmbH vor Spaltung[29]. Da die Erwerberin T1-GmbH keine außenstehende Person ist, stellt sich die entscheidende Frage, ob die Vorbereitung einer Veräußerung i.S. des § 15 Abs. 2 S. 3 UmwStG voraussetzt, dass die vorbereitete Veräußerung an „außenstehende Personen" i.S. des § 15 Abs. 2 S. 2 UmwStG erfolgen muss.

1. Rechtsprechung

Entscheidungen der Rechtsprechung zu der Frage sind nicht ersichtlich

---

[27] *Dötsch/Pung* in: Dötsch/Jost/Pung/Witt., § 15 UmwStG, Rn. 114 ff.; *Asmus in:* Haritz/Menner, UmwStG, § 15, Rn. 140.
[28] A.A. *Krebs*: nur Anteile an aufnehmender Gesellschaft, BB 1997, 1817; 2078, 2080.
[29] Vgl. *UmwSt*-Erlass, BMF-Schreiben v. 25. März 1998, BStBl. I 1998, 268, Tz. 15.28.

2. Finanzverwaltung

Die Finanzverwaltung äußert sich in ihrem UmwSt-Erlass (aaO) Tz. 15.26 (nur) insofern zu der hier maßgeblichen Frage, als für § 15 Abs. 2 S. 2 bis 4 UmwStG Folgendes gelten soll:

„Die Umstrukturierung innerhalb verbundener Unternehmen i.S. des § 271 Abs. 2 HGB und juristischer Personen des öffentlichen Rechts einschließlich ihrer Betriebe gewerblicher Art stellt keine Veräußerung an eine außenstehende Person dar."

Darüber hinaus hat sich die OFD Nürnberg mit Verfügung v. 9. Februar 2000 für den Fall der Anwendung von § 15 Abs. 2 S. 2 bis 4 UmwStG auf Spaltungen in mehrstufigen Unternehmensstrukturen geäußert. Eine Buchwertverknüpfung sei auch dann ausgeschlossen,

„wenn nicht die Spaltgesellschaft unmittelbar, sondern ihre Anteileignerin verschmolzen und gespalten wird und die vom übernehmenden Rechtsträger ausgegebenen neuen Anteile an außenstehende Personen (Gesellschafter- bzw. Shareholder-Ebene) fallen".

3. Diskussionsstand

Die ganz herrschende Ansicht setzt für die Anwendung des § 15 Abs. 2 S. 3 UmwStG die Vorbereitung einer Veräußerung an „außenstehende Personen" voraus; der Wortlaut der Regelung müsse entsprechend (teleologisch) reduziert werden[30]. Für diese Ansicht spreche, dass § 15 Abs. 2 S. 3 UmwStG systematisch mit Abs. 3 S. 2 der Regelung verknüpft sei, S. 2 also eine einleitende Vorschrift der Sätze 3 bis 5 sei. Ferner wird argumentiert[31]: Wenn der Vollzug einer Veräußerung nur an außenstehende Personen schädlich ist, dann sei es nur folgerichtig, auch nur eine entsprechende *Vorbereitung* der Veräußerung an außenstehende Personen als schädlich einzustufen; Anhaltspunkte für eine Verschärfung seien nicht ersichtlich. Dies folge auch dem Telos der Norm. Mit § 15 Abs. 2 Satz 3 UmwStG soll verhindert werden, dass aufgrund von DBA steuerbefreite Anteilseigner oder inländische steuerbefreite Institutionen Gesellschaftsanteile an den an einer Spaltung beteiligten Rechtsträger steuerfrei veräußern können[32]. Da jedoch in der Mehrzahl der Fälle die Steuerverhaftung von Anteilen an den übertragenden und den übernehmenden Rechtsträgern bleibe, weil sich diese Anteile in einem Betriebsvermögen befinden oder aufgrund der Bestimmungen des § 15 Abs. 1 Satz 1, 3 im Veräußerungsfall der Besteuerung unterworfen sind, könne sich die Gefahr des Steuerausfalls in diesen Fällen nicht realisieren. Aufgrund einer teleologischen Reduktion

---

[30] (*Hörtnagel* in: Schmitt u.a., § 15 UmwStG, Rn. 197; *Asmus* in: Haritz/Menner, UmwStR, § 15, Rn. 152, 153; *Dötsch/Pung* in: Dötsch/Jost/Pung/Witt, Umwandlungssteuerrecht, § 15, Rn. 124, 126; *Oho/Remmel*, BB 2003, 2539, 2542; *Schumacher*, DStR 2002, 2066; *Thies*, DB 1999, 2179, 2181; *Dötsch/van Lishaut/Wochinger*, DB Beilage 7/1998, 30; *Herzig/Förster* DB 1995, 338, 345; *Fey/Neyer*, GmbHR 1999, 274; *Thiel*, DStR 1995, 237, 242; Sagasser/Bula/Brünger/*Fahrenberg*, Umwandlungen, P 35; Goutier/*Knopf*/Tulloch/*Hill*, UmwG, Rn. 38; *Klingberg* in: Blümich u.a., UmwStG, § 15, Rn. 86; *Herzig/Momen*, DB 1994, 2160).
[31] *Fey/Neyer*, a.a.O., S. 278.
[32] BegrUmwStG, BR-Drs. 10.Februar 1994, S. 65 zu § 15; ferner *Herzig/Momen*, DB 1994, 2160.

müsse der Missbrauchstatbestand des § 15 Abs. 2 Satz 3 auf die Konstellationen beschränkt werden, in denen eine steuerfreie oder eine nach § 17, 34 EStG begünstigte Veräußerung erst nach Spaltung möglich gewesen wäre. Die Tatsache dass sich der Gesetzgeber für einen weiteren Wortlaut entschieden habe, dürfte damit zu erklären sein, dass eine Ausländerdiskriminierung vermieden werden sollte.

Nach (nur) teilweise in der Literatur vertretener Ansicht führt die Vorbereitung einer Veräußerung gemäß § 15 Abs. 2 S. 3 UmwStG hingegen auch an <u>nicht außenstehende Personen</u> zum Teilwertansatz[33]. Dies ergebe sich nach *Widmann* aus dem Wortlaut der Regelung, weil auf „eine" Veräußerung und nicht auf „die" Veräußerung (i.S. des Abs. 2 S. 2 der Regelung) abgestellt werde. *Frotscher* geht davon aus, dass es sich bei § 15 Abs. 2 S. 3 um einen Rechtsfolgenverweis auf S. 2 handele und dass das Tatbestandsmerkmal „außenstehende Person" daher nicht einbezogen werde, erkennt aber zugleich an, dass die herrschende Ansicht und die Finanzverwaltung offensichtlich gegenteiliger Ansicht seien[34].

4. Eigene Rechtsauffassung und Ergebnis

§ 15 Abs. 2 S. 3 UmwStG erfordert die Vorbereitung einer Veräußerung an „außenstehende Personen". Insbesondere dürfte auch die Finanzverwaltung mit ihren bisherigen Äußerungen eine teleologische Reduktion des Wortlauts vornehmen. Dies ergibt sich zum einen schon aus den insoweit recht klaren Äußerungen der OFD Nürnberg, wonach sowohl für S. 2 als auch S. 4 die Schädlichkeit von „außenstehenden Personen" abhängig gemacht wurde. Die Tatsache, dass insoweit Spaltungen u.ä. behandelt wurden, lässt eine Analogie auf Veräußerungen unproblematisch zu. Es folgt außerdem aus dem bisherigen UmwSt-Erlass, Tz. 15.26, weil mit dieser Regelung keinesfalls eine Art Sonderprivileg für Konzerne im Rahmen des § 15 Abs. 2 S. 3 UmwStG geschaffen werden sollte. Im Ergebnis werden die geplanten Veräußerungen daher nicht von § 15 Abs. 2 S. 3 UmwStG erfasst, weil die Veräußerungen nicht an außen stehende Personen erfolgen.

---

[33] *Widmann* in: Widmann/Mayer, UmwStG, § 15; Rn. 320; *Frotscher* in: Frotscher/Maas, UmwStG, § 15, Rn. 45.
[34] *Frotscher* in: Frotscher/Maas, § 15 UmwStG, Rn. 45.

Literaturnachweise:

Verwaltungsanweisungen: BMF, Schreiben vom 25. März 1998 – IV B 7 – S. 1978 – 21/98, BStBl. I, 268.

Schrifttum: *Dötsch/van Lishaut/Wochinger*, Der neue Umwandlungssteuererlaß, DB Beilage 7/1998, 1 – 47; *Dötsch/Pung* in: Dötsch/Jost/Pung/Witt, Die Körperschaftssteuer, Stand 03/2010, Band 4, UmwStG; *Fey/Neyer*, Veränderungssperre für Konzernstrukturen nach steuerneutraler Spaltung? GmbHR 1999, 274 – 278; *Frotscher* in: Frotscher/Maas, KStG, Band 3, Stand 01/2009, UmwStG; *Knopf/Hill* in: Goutier/Knopf/Tulloch, Kommentar zum Umwandlungsrecht, Umwandlungsgesetz - Umwandlungssteuergesetz, 1995, UmwG; *Asmus* in: Haritz/Menner, UmwStG, 3. Auflage 2009; *Herzig/Förster*, Problembereiche bei der Auf- und Abspaltung von Kapitalgesellschaften nach neuem Umwandlungssteuerrecht, DB 1995, 338 – 349; *Herzig/Momen*, Die Spaltung von Kapitalgesellschaften im neuen Umwandlungssteuergesetz, DB 1994, 2157 – 2162; *Hörtnagl* in: Schmitt/Hörtnagl/Stratz, UmwG/UmwStG, 5. Auflage, 2009; *Klingberg* in: Blümich u.a., EStG – KStG – GewStG, Stand 09/2009, UmwStG; *Krebs*, Zur Veräußerung von Anteilen an einer Kapitalgesellschaft nach der Spaltung, BB 1997, 1817 – 1820; Ders., Mißbräuchliche Gestaltungen nach dem Umwandlungssteuererlaß der Finanzverwaltung – mögliche Ausweichgestaltungen (2. Teil), BB 1997, 2078 – 2085; *Schumacher* in: Rödder/Herlinghaus/v.Lishaut, UmwStG, 2008; *Thiel*, Die Spaltung (Teilverschmelzung) im Umwandlungsgesetz und im Umwandlungssteuergesetz - neue Möglichkeiten zur erfolgsneutralen Umstrukturierung von Kapitalgesellschaften, DStR 1995, 237 – 242; *Thies*, Spaltung eines international tätigen, börsennotierten Konzerns und die "schädliche Veräußerung" i.S. von § 15 Abs. 3 Sätze 2 bis 5 UmwStG, DB 1999, 2179 – 2183; *Sagasser/Fahernberg* in: Sagasser/Bula/Brünger, Umwandlungen, 3. Auflage, 2002; *Schumacher*, Aktuelles Beratungs-Know-How Umwandlungssteuerrecht; DStR 2002, 2066 – 2068; *Schmidt-Naschke/Hampelmann*, Steuerneutrale disquotale Spaltung und Nutzung des Instituts des wirtschaftlichen Eigentums; DStR 2010, 301 – 309; *Oho/Remmel*, Die Abspaltung eines mit Verlusten behafteten Teilbetriebes bei anschließender Anteilsveräußerung im Bank-Konzern, BB 2003, 2539 – 2544; *Widmann* in: Widmann/Mayer, Umwandlungsrecht, 2007.

3. Generalthema

Die Entwicklung der Unternehmensbesteuerung – der kommende Umwandlungssteuererlass und die weitere Ausformung der Gruppenbesteuerung

V. Behandlung des Übernahmegewinns nach § 12 Abs. 2 UmwStG (Graf)

A. Sachverhalt

Die M-GmbH ist zu 60% an der T-GmbH beteiligt. Die übrigen 40% werden von der D-GmbH gehalten. Die Bilanz der T-GmbH zum 31.12.2009 stellt sich vereinfacht wie folgt dar:

Aktiva		T-GmbH – 31.12.2009	Passiva
Aktiva	€ 75 Mio.	Eigenkapital	€ 60 Mio.
		Fremdkapital	€ 15 Mio.
	€ 75 Mio.		€ 75 Mio.

Die M-GmbH hatte ihre Anteile an der T-GmbH Jahre zuvor für Anschaffungskosten von insgesamt € 50 Mio. erworben. Weitere Aktiva besitzt die M-GmbH nicht. Die Bilanz der M-GmbH zeigt zum 31.12.2009 folgendes Bild:

Aktiva		M-GmbH – 31.12.2009	Passiva
Beteiligung T-GmbH	€ 50 Mio.	Eigenkapital	€ 50 Mio.
		Fremdkapital	€ 0
	€ 50 Mio.		€ 50 Mio.

Die T-GmbH soll zum 31.12.2009 auf die M-GmbH verschmolzen werden. Die D-GmbH soll im Zuge dessen eine dem Wert ihrer Beteiligung an der T-GmbH entsprechende Beteiligung an der M-GmbH erhalten. Die Verschmelzung soll zu Buchwerten erfolgen; die Voraussetzungen von § 11 Abs. 2 S. 1 UmwStG sind erfüllt. Kosten für die Verschmelzung bleiben aus Vereinfachungsgründen unberücksichtigt.

B. Fragestellung:

Welche steuerlichen Folgen hat die Verschmelzung im Hinblick auf den Übernahmegewinn nach § 12 Abs. 2 UmwStG bei der M-GmbH?

C. Lösungshinweise

Technisch betrachtet sind nach der Verschmelzung die Vermögensgegenstände und Schulden der T-GmbH in der Bilanz der M-GmbH auszuweisen. Im Gegenzug entfällt in der Bilanz der M-GmbH die Beteiligung an der T-GmbH.

Nachdem die Beteiligung an der T-GmbH in der Bilanz der M-GmbH zum 31.12.2009 mit einem Buchwert von € 50 Mio. ausgewiesen wird, das Eigenkapital der T-GmbH jedoch zum 31.12.2009 € 60 Mio. beträgt, erhöht sich durch die Verschmelzung zu Buchwerten das Eigenkapital der M-GmbH um die Differenz von € 10 Mio.

Zu klären ist demnach, wie mit diesem Differenzbetrag steuerlich umzugehen ist. Eine gesetzliche Regelung hierzu findet sich in § 12 Abs. 2 UmwStG. Allerdings stellt sich bei der wortgetreuen Anwendung dieser Vorschrift schnell heraus, dass sie sprachlich völlig missglückt ist (siehe dazu unten I). In der Literatur wir daher zum Teil versucht, der Vorschrift durch eine „Totaloperation an Haupt und Gliedern"[1] – im Rahmen einer teleologischen und verfassungskonformen Auslegung – den Sinn zu verleihen, der ihr zugedacht ist (siehe dazu unten II). Da die Vorschrift unseres Erachtens in wortgetreuer Anwendung gegen das Willkürverbot verstößt, bleibt lediglich der Weg der richterlichen Rechtsfortbildung, um der Vorschrift zu ihrem Sinn und Zweck zu verhelfen, wobei ernstliche Zweifel im Hinblick auf die Gebote der Normenklarheit und Normenbestimmtheit bestehen. (siehe dazu unten III).

I. Wortlautgetreue Anwendung von § 12 Abs. 2 UmwStG

§ 12 Abs. 2 UmwStG besteht im Wesentlichen aus zwei Vorschriften. In Satz 1 heißt es[2]:

Bei der übernehmenden Körperschaft bleibt ein Gewinn oder ein Verlust in Höhe des Unterschieds zwischen dem Buchwert der Anteile an der übertragenden Körperschaft und dem Wert, mit dem die übergegangenen Wirtschaftsgüter zu übernehmen sind [...], außer Ansatz.

Übertragen auf den vorliegenden Fall ist also zunächst der Buchwert der Anteile an der übertragenden Körperschaft (hier die T-GmbH) auf Ebene der übernehmenden Körperschaft (hier der M-GmbH) zu ermitteln. Dieser Buchwert der von der M-GmbH gehaltenen Anteile an der T-GmbH beträgt € 50 Mio.

Diesem Betrag ist der Wert gegenüber zu stellen, mit dem die auf die M-GmbH übergegangenen Wirtschaftsgüter zu übernehmen sind. Nachdem die Verschmelzung vorliegend zu Buchwerten erfolgen soll, sind die Wirtschaftsgüter der T-GmbH gem. § 12 Abs. 1 i.V.m. § 11 Abs. 2 S. 1 UmwStG mit einem Wert von € 60 Mio. in der Bilanz der M-GmbH zu erfassen.

---

[1] Perwein in GmbHR 2008, 747, 754.
[2] Hier und im Folgenden werden die einschlägigen Vorschriften ohne darin enthaltene Regelungen zur Behandlung der Umwandlungskosten wiedergegeben, da diese in diesem Fallbeispiel zur Vereinfachung vernachlässig werden.

Der aus der Differenz der beiden Werte im Fallbeispiel resultierende Gewinn in Höhe von € 10 Mio. bleibt bei der Ermittlung des Einkommens der M-GmbH „außer Ansatz".

Bereits auf den ersten Blick fällt auf, dass die der Berechnung zugrunde gelegten Werte – sofern es sich nicht um den Spezialfall der Verschmelzung einer 100%-igen Tochtergesellschaft handelt – eigentlich nicht „zusammenpassen": Beim Buchwert der Anteile an der übertragenden Körperschaft handelt es sich im vorliegenden Fall um den Buchwert einer 60%-Beteiligung, denn die M-GmbH ist nur zu 60% an der T-GmbH beteiligt. Der Wert, mit dem die übergegangenen Wirtschaftsgüter zu übernehmen sind, umfasst jedoch 100% der Wirtschaftsgüter der T-GmbH, denn im Rahmen der Verschmelzung gehen alle Wirtschaftsgüter der T-GmbH auf die M-GmbH über. Der Wortlaut der Vorschrift bietet unseres Erachtens keinerlei Anhaltspunkte dafür, dass entweder der Wert der 60%-Beteiligung an der T-GmbH auf eine fiktive 100%-Beteiligung hochzurechnen wäre oder aber dem Wert der 60%-Beteiligung nur der Wert von 60% der Wirtschaftsgüter der T-GmbH gegenüber zu stellen wäre. Bei wortlautgetreuer Auslegung ist daher von der Richtigkeit der obigen Berechnung auszugehen.

Ergänzt wird § 12 Abs. 2 S. 1 UmwStG durch Satz 2 derselben Vorschrift:

§ 8b des Körperschaftsteuergesetzes ist anzuwenden, soweit der Gewinn im Sinne des Satzes 1 [...] dem Anteil der übernehmenden Körperschaft an der übertragenden Körperschaft entspricht.

Diese Vorschrift mutet zunächst sonderbar an, da der Grundgedanke von § 8b KStG die Steuerbefreiung bestimmter Gewinne ist, eine steuerliche Befreiung des zunächst berechneten Gewinns vorliegend jedoch bereits durch § 12 Abs. 2 S. 1 UmwStG erreicht wurde. Bedeutung kann § 12 Abs. 2 S. 2 UmwStG also nur insoweit erlangen, als der in Bezug genommene § 8b KStG die pauschale Berücksichtigung von 5% nicht abzugsfähiger Betriebsausgaben anordnet oder aber ggf., insbesondere in den Fällen des § 8b Abs. 7, Abs. 8 KStG sowie bei der Anwendung von § 8b Abs. 4 KStG a.F., gerade keine Befreiung der betroffenen Gewinne sondern deren volle Steuerpflicht vorsieht. § 12 Abs. 2 S. 2 UmwStG ist also zumindest im Hinblick auf die Anordnung von 5% nichtabzugsfähiger Betriebsausgaben wirtschaftlich als Einschränkung der Steuerbefreiung in § 12 Abs. 2 S. 1 UmwStG zu verstehen.[3]

Fraglich ist demnach, auf welche Bemessungsgrundlage § 8b KStG und dessen 5%-Regelung anzuwenden sind, um die absolute Höhe der nicht abzugsfähigen Betriebsausgaben zu ermitteln. Auch hierbei ist der Gesetzeswortlaut unseres Erachtens eindeutig. Auszugehen ist zunächst vom „Gewinn im Sinne des Satzes 1", im vorliegenden Fall also dem ermittelten Gewinn in Höhe von € 10 Mio. § 8b KStG ist hierauf jedoch nur insoweit anzuwenden, als dieser Gewinn dem Anteil der M-GmbH an der T-GmbH entspricht. Der ermittelte Gewinn (€ 10 Mio.) ist also mit dem Prozentsatz der Beteiligung der M-GmbH an der T-GmbH (60%) zu

---

[3] Dötsch in Dötsch/Jost/Pung/Witt, Die Körperschaftsteuer, § 12 UmwStG Rn. 33; Klingberg in Blümich, EStG/KStG/GewStG, § 12 UmwStG Rn. 32f.; Frotscher in Frotscher/Maas, KStG/GewStG/UmwStG, § 12 UmwStG Rn. 41; Schießl in Widmann/Mayer, Umwandlungsrecht, § 12 UmwStG 267.21; zumindest im Hinblick auf die Fiktion von 5% nichtabzugsfähiger Betriebsausgaben auch Rödder in Rödder/Herlinghaus/van Lishaut, Umwandlungssteuergesetz, § 12 UmwStG Rn. 87.

multiplizieren. Aus dem so ermittelten Betrag von € 6 Mio. sind die nicht abzugsfähigen Betriebsausgaben in Höhe von 5%, also € 300.000, zu errechnen.

Im Ergebnis wird im vorliegenden Fall bei wortgetreuer Auslegung von § 12 Abs. 2 UmwStG durch die Verschmelzung zu Buchwerten also ein zu versteuerndes Einkommen der M-GmbH von € 300.000 generiert.

II. Auslegung von § 12 Abs. 2 UmwStG

Das oben gefundene Ergebnis erscheint, wie dargestellt, bereits auf den ersten Blick merkwürdig. Es bietet sich daher an, zunächst den Sinn und Zweck der Vorschrift zu ermitteln (siehe dazu unten 1.). Auf dieser Basis wurden in der Literatur verschiedene Auslegungsvarianten hervorgebracht, die der Vorschrift zu diesem Sinn verhelfen sollen (siehe dazu unten 2.).

1. Sinn und Zweck von § 12 Abs. 2 UmwStG

In der Gesetzesbegründung heißt es zu § 12 Abs. 2 UmwStG insbesondere:

„Bei der übernehmenden Körperschaft bleibt das Übernahmeergebnis wie bisher steuerlich außer Ansatz. Dies entspricht auch den Vorgaben des Artikels 7 FusionsRL. Soweit die übernehmende Körperschaft an der übertragenden Körperschaft beteiligt ist, entspricht der Übernahmegewinn einem Gewinn aus der Veräußerung des Anteils. Entsprechend dem Grundsatz des § 8b Abs. 3 KStG gelten fünf Prozent des Übernahmegewinns als Ausgaben, die nicht als Betriebsausgaben abgezogen werden dürfen."

Der Gesetzgeber geht also offensichtlich davon aus, dass der Differenzbetrag zwischen dem Buchwert der Anteile an der übertragenden Körperschaft und dem Wert, mit dem die Wirtschaftsgüter der übertragenden Körperschaft bei der übernehmenden Körperschaft anzusetzen sind, unter Umständen aus zwei Teilbeträgen besteht, die steuerlich unterschiedlich zu behandeln sind.

Bei wirtschaftlicher Betrachtung wird auch deutlich, welche beiden Teilbeträge der Gesetzgeber unterscheiden möchte:

- Im vorliegenden Fall ist die M-GmbH zu 60% an der T-GmbH beteiligt. Ihr stehen also rechnerisch 60% am Eigenkapital der T-GmbH (insgesamt € 60 Mio.), demnach € 36 Mio. zu. Diesem Betrag steht ein Buchwertansatz der (60%) Anteile an der T-GmbH von € 50 Mio. gegenüber. Insoweit kommt es also eigentlich nicht zu einem Übernahmegewinn, sondern zu einem Übernahmeverlust in Höhe von € 14 Mio. Dieser Übernahmeverlust entspricht nach der Gesetzesbegründung einem Verlust aus der Veräußerung des Anteils (die M-GmbH „veräußert" ihren 60%igen Anteil an der T-GmbH für € 36 Mio.), weshalb er steuerlich unbeachtlich sein muss.

- Auf der anderen Seite steht die D GmbH, die – wirtschaftlich betrachtet – ihren Anteil am Eigenkapital der T-GmbH (40% von € 60 Mio. = € 24 Mio.) in die M-GmbH „einbringt" und im Gegenzug hierfür Anteile an der M-GmbH erhält. Nachdem Einlagen keine Auswirkungen auf das zu versteuernde Einkommen haben dürfen, sollte auch diese Erhöhung des Eigenkapitals um € 24 Mio. steuerlich neutral sein.

Der nach dem Gesetzeswortlaut ermittelte „Übernahmegewinn" von € 10 Mio. setzt sich also eigentlich aus einem Übernahmeverlust von € 14 Mio. und einer Erhöhung des Eigenkapitals im Rahmen eines zumindest einlageähnlichen Vorgangs um € 24 Mio. zusammen.

Geht man also unter Außerachtlassung des Gesetzeswortlauts rein nach der Gesetzesbegründung vor, so dürfte der Verschmelzungsvorgang im Beispielsfall keinerlei Auswirkungen auf das zu versteuernde Einkommen der M-GmbH haben. Dem steht eine Erhöhung des zu versteuernden Einkommens der M-GmbH um € 300.000 bei der Anwendung des Gesetzeswortlauts gegenüber. Fraglich ist also, ob der Gesetzeswortlaut durch Auslegung mit dem beabsichtigten Sinn und Zweck der Vorschrift in Einklang zu bringen ist.

2. Auslegung von § 12 Abs. 2 UmwStG durch die Literatur

In der Literatur wird zunächst vertreten, dass bei der Berechnung des Gewinns im Sinne von § 12 Abs. 2 S. 1 UmwStG von der oben unter I dargestellten, wortlautgetreuen Auslegung der Vorschrift auszugehen ist.[4] Dabei wird nicht verkannt, dass es sich bei dieser Berechnung um einen Vergleich von „Äpfeln und Birnen"[5] (einerseits der Buchwert einer 60%igen Beteiligung, andererseits der Wert, mit dem 100% der übergegangenen Wirtschaftsgüter angesetzt werden) handelt. Jedoch wird die Berechnung eines einheitlichen Übernahmegewinns auf der ersten Stufe, also auf der Stufe von § 12 Abs. 2 S. 1 UmwStG als „notgedrungen schematische Berechnung"[6] akzeptiert.

Schießl dagegen ist der Auffassung, dass schon im Rahmen der Berechnung auf Ebene von § 12 Abs. 2 S. 1 UmwStG dieser „bei mehreren Anteilseignern so anzuwenden [ist], dass dem Anteilsbuchwert nur das ‚anteilig' übergehende Vermögen der übertragenden Kapitalgesellschaft gegenüber zu stellen ist"[7]. Er unterscheidet insoweit zwischen einer „Lösungsmöglichkeit (vom Wortlaut gedeckt, aber unzutreffend)" und einer „Lösungsmöglichkeit (zutreffend)"[8]. Im Ergebnis entscheidet er sich für die letztere Lösungsmöglichkeit, ohne jedoch darzutun, wie er den Wortlaut der Vorschrift mit dieser nach seiner Auffassung zutreffenden Lösung in Einklang bringt. Zu dieser Berechnung gelangen auch *Ley/Bodden*[9], nach denen eine

---

[4] Rödder in Rödder/Herlinghaus/van Lishaut, Umwandlungssteuergesetz, § 12 Rn. 64; Frotscher in Frotscher/Maas, KStG/GewStG/UmwStG, § 12 UmwStG Rn. 32; Dötsch in Dötsch/Jost/Pung/Witt, Die Körperschaftsteuer, § 12 UmwStG Rn. 30; Perwein in GmbHR 2008, 747, 751.
[5] Rödder in Rödder/Herlinghaus/van Lishaut, Umwandlungssteuergesetz, § 12 Rn. 64.
[6] Perwein in GmbHR 2008, 747, 751.
[7] Schießl in Widmann/Mayer, Umwandlungsrecht, § 12 UmwStG Rn. 267.23.
[8] Schießl in Widmann/Mayer, Umwandlungsrecht, § 12 UmwStG Rn. 267.24.
[9] Ley/Bodden in FR 2007, 265, 273.

wortlautgetreue Berechnung zu „unzutreffenden Ergebnissen" führt. Eine rechtsdogmatische Begründung, welche den Spalt zwischen Wortlaut und zutreffendem Ergebnis schließt, fehlt jedoch auch hier.

Unseres Erachtens ist bei der Berechnung im Rahmen von § 12 Abs. 2 S. 1 UmwStG von einer wortlautgetreuen Auslegung auszugehen. *Schießl* und *Ley/Bodden* ist zwar zuzugestehen, dass ein Übernahmegewinn im engeren Sinne nur in Höhe ihres Ergebnisses vorliegt. Im Übrigen handelt es sich – wie oben gezeigt – um eine Erhöhung des Eigenkapitals durch einen einlageähnlichen Vorgang. Allerdings führt, isoliert und unabhängig von § 12 Abs. 2 S. 2 UmwStG betrachtet – im Rahmen von § 12 Abs. 2 S. 1 UmwStG eine wörtliche Auslegung exakt zu dem vom Gesetzgeber beabsichtigten Ergebnis: In der Bilanz des übernehmenden Rechtsträgers entfällt die – ggf. eben anteilige – Beteiligung am übertragenden Rechtsträger. Stattdessen sind alle Wirtschaftsgüter des übertragenden Rechtsträgers in der Bilanz des übernehmenden Rechtsträgers auszuweisen. In Höhe der Differenz zwischen beiden Werten kommt es zu einer Erhöhung oder ggf. Erniedrigung des Eigenkapitals des übernehmenden Rechtsträgers. Dieser Betrag soll zunächst keine Auswirkungen auf das zu versteuernde Einkommen haben. Genau dies wird trotz der systematischen Ungenauigkeit von § 12 Abs. 2 S. 1 UmwStG bei wörtlicher Anwendung erreicht. Es besteht insoweit also kein Grund, im Rahmen einer Auslegung vom Wortlaut der Vorschrift abzuweichen.

Schwieriger gestaltet sich die Auslegung von § 12 Abs. 2 S. 2 UmwStG, wenn man dessen Sinn und Zweck zur Geltung verhelfen möchte.

Rödder stellt zunächst fest, dass als „Gewinn im Sinne des Satzes 1" der Betrag anzusehen ist, der im Rahmen der Berechnung von § 12 Abs. 2 S. 1 UmwStG ermittelt wurde.[10] Aus der Formulierung „soweit der Gewinn [...] dem Anteil der übernehmenden Körperschaft an der übertragenden Körperschaft entspricht" in § 12 Abs. 2 S. 2 UmwStG leitet er dann aber ab, dass eine „quotale Berechnung ähnlich der Regelung des § 4 Abs. 4 Satz 3 UmwStG vorzunehmen" ist.[11] § 12 Abs. 2 S. 2 UmwStG erfasse daher nur den „echten" Übernahmegewinn, wohingegen § 12 Abs. 2 S. 1 UmwStG „auch Einlageelemente" umfassen könne. Dieses Ergebnis spiegelt letztlich den oben gefundenen Sinn und Zweck der Vorschrift wider.

Auch *Dötsch* gelangt zu diesem Ergebnis, allerdings mit anderer Begründung.[12] Er argumentiert, dass der im Rahmen von § 12 Abs. 2 S. 1 UmwStG ermittelte Betrag sich, wie oben dargelegt, aus zwei Bestandteilen zusammensetzt: zum einen dem „Übernahmegewinn bzw. –Verlust im eigentlichen Sinne" und zum anderen aus einer Einlage. Bei der Berechnung nach § 12 Abs. 2 S. 2 UmwStG sei demnach als „Gewinn im Sinne des Satzes 1" nur der Übernahmegewinn im eigentlichen Sinne, nicht jedoch die Einlage zu verstehen. Auf diesen sei

---

[10] Rödder in Rödder/Herlinghaus/van Lishaut, Umwandlungsteuergesetz, § 12 Rn. 83.
[11] Rödder in Rödder/Herlinghaus/van Lishaut, Umwandlungsteuergesetz, § 12 Rn. 84.
[12] Dötsch in Dötsch/Jost/Pung/Witt, Die Körperschaftsteuer, § 12 UmwStG Rn. 32.

dann § 8b KStG anzuwenden – ohne jedoch die in §12 Abs. 2 S. 2 UmwStG angeordnete Quotenberechnung durchzuführen.

Schießl hat – wie oben dargelegt in Abweichung vom Gesetzeswortlaut – bereits im Rahmen der Berechnung von § 12 Abs. 2 S. 1 UmwStG nur den Betrag ermittelt, der von Dötsch als „Übernahmegewinn im eigentlichen Sinne" bezeichnet wird. Auf diesen wendet er, um zu einem sinnhaften Ergebnis zu gelangen, unmittelbar § 8b KStG an und ignoriert somit wie Dötsch – ohne weitere Begründung – die in § 12 Abs. 2 S. 2 UmwStG angeordnete Quotenberechnung.[13]

Frotscher scheint zunächst zum selben Ergebnis zu gelangen, indem er den Übernahmegewinn im Sinne des § 12 Abs. 2 S. 1 UmwStG als eine Größe beschreibt, die sich aus dem „Agiogewinn" und dem „Übernahmegewinn im engeren Sinne" zusammensetzt.[14] § 8b KStG sei nur auf den letzteren Anzuwenden. Bei der Berechnung des Übernahmegewinns im engeren Sinne führt Frotscher jedoch aus, dass „der Gewinn oder Verlust nach § 12 Abs. 2 S. 1 UmwStG aufzuteilen [ist]. [...] Diese Aufteilung des Gewinns erfolgt entsprechend der Beteiligung der übernehmenden Körperschaft an der übertragenden Körperschaft".[15] Diese Formulierung wiederum legt den Schluss nahe, dass Frotscher auch bei der Berechnung im Rahmen von § 12 Abs. 2 S. 2 UmwStG an einer wortlautgetreuen Anwendung festhalten möchte.

Den konkretesten Auslegungsvorschlag macht Perwein[16], in dem er in § 12 Abs. 2 S. 1 UmwStG das Wort „anteilig" einfügt (und somit den „Übernahmegewinn im engeren Sinne" berechnet), dafür jedoch in § 12 Abs. 2 S. 2 UmwStG die Bezugnahme auf eine quotale Berechnung vollständig entfernt (und somit den „Übernahmegewinn im engeren Sinne" in voller Höhe § 8b KStG unterwirft). Er äußerst jedoch in der Folge selbst starke Zweifel daran, ob ein derartiges Vorgehen rechtsdogmatisch zulässig ist.

Im Ergebnis ist sich die Literatur also weitgehend einig, dass § 12 Abs. 2 S. 2 UmwStG nicht so angewandt werden kann, wie es seinem Wortlaut zu entnehmen ist. Fraglich ist allerdings, ob die in der Literatur vorgenommene Auslegung dieser Vorschrift nach ihrem Sinn und Zweck im Lichte der Verfassung zulässig ist.

III. § 12 Abs. 2 UmwStG im Lichte der Verfassung

Betrachtet man § 12 Abs. 2 UmwStG im Lichte der Verfassung, ist zunächst festzustellen, dass § 12 Abs. 2 S. 2 UmwStG in wörtlicher Anwendung gegen das Willkürverbot verstoßen würde (siehe dazu unten 1.). Eine Auslegung oder eine richterliche Rechtsfortbildung, wie sie in der Literatur befürwortet wird, führt zwar tatsächlich zu einem sinnvollen Ergebnis, begegnet jedoch

---

[13] Schießl in Widmann/Mayer, Umwandlungsrecht, § 12 UmwStG Rn. 267.24.
[14] Frotscher in Frotscher/Maas, KStG/GewStG/UmwStG, § 12 UmwStG Rn. 26.
[15] Frotscher in Frotscher/Maas, KStG/GewStG/UmwStG, § 12 UmwStG Rn. 43.
[16] Perwein in GmbHR 2008, 747, 754.

ernsthaften Bedenken im Hinblick auf die Gebote der Normenklarheit und Normenbestimmtheit (siehe dazu unten 2.).

1. § 12 Abs. 2 S. 2 UmwStG und das Willkürverbot

Das Willkürverbot wird aus Art. 3 Abs. 1 GG abgeleitet. Zwar hat der Gesetzgeber nach Auffassung des Bundesverfassungsgerichts[17] bei der Erschließung von Steuerquellen weitgehende Gestaltungsfreiheit. Diese endet jedoch dort, „wo die gleiche oder ungleiche Behandlung der geregelten Sachverhalte nicht mehr mit einer am Gerechtigkeitsgedanken orientierten Betrachtungsweise vereinbar ist, wo also ein einleuchtender Grund für die Gleichbehandlung oder Ungleichbehandlung fehlt". Fehlt ein solcher Grund, verstößt die fragliche Vorschrift gegen das Willkürverbot.

Die Frage nach einem einleuchtenden Grund stellt sich bei wortlautgetreuer Anwendung von § 12 Abs. 2 S. 2 UmwStG insbesondere dann, wenn man die Steuerbelastung in Abhängigkeit von der Beteiligungsquote der übernehmenden Körperschaft an der übertragenden Körperschaft betrachtet. *Perwein* stellt hier völlig zu Recht durch Berechnung einzelner Beispiele fest, dass es hier zu „kuriosen" Ergebnissen und einer „merkwürdige[n] Progression" kommt.[18]

Diese lässt sich auch nachweisen: Bei mathematischer Betrachtung[19] einer am Wortlaut orientierten Auslegung von § 12 Abs. 2 S. 2 UmwStG kommt man nämlich zu dem Ergebnis, dass zwischen der Beteiligungsquote der übernehmenden Körperschaft an der übertragenden Körperschaft und der aus § 12 Abs. 2 S. 2 UmwStG resultierenden Steuerbelastung ein „parabelförmiger" Zusammenhang besteht. Das bedeutet, dass es eine – aus steuerlicher Sicht zufällige – Beteiligungsquote gibt, bei der die Steuerbelastung maximal ist, wohingegen bei einer höheren aber auch einer niedrigeren Beteiligungsquote die Steuerbelastung sinkt. Im vorliegenden Fall ergäbe sich die maximale Steuerbelastung bei einer Beteiligungsquote von

---

[17] BVerfG, Beschluß vom 9. 7. 1969 - 2 BvL 20/65, NJW 1969, 1953, 1954.
[18] Perwein in GmbHR 2008, 747, 753.
[19] Sei EK der Wert, mit dem alle übergegangenen Wirtschaftsgüter bei der übernehmenden Körperschaft anzusetzen sind; q die Beteiligungsquote der übernehmenden Körperschaft an der übertragenden Körperschaft und BW der proportional hochgerechnete Buchwert einer 100%igen Beteiligung der übernehmenden an der übertragenden Körperschaft. Dann ergibt sich als Bemessungsgrundlage (BMG) für die Anwendung von § 8b KStG:

$$BMG = [EK - (q \cdot BW)] \cdot q = -BW \cdot q^2 + EK \cdot q$$

Die partielle erste Ableitung von BMG nach q lautet $\dfrac{\partial BMG}{\partial q} = -2 \cdot BW \cdot q + EK$

Durch Nullsetzen dieser partiellen Ableitung errechnet sich die maximale Bemessungsgrundlage bei

$$q_{max} = \dfrac{EK}{2 \cdot BW};$$

Im vorliegenden Fall beträgt EK=60. Der Buchwert der 60%igen Beteiligung beträgt 50, so dass sich proportional hochgerechnet der Buchwert einer 100%igen Beteiligung auf BW=83,33 beläuft. Die maximale Steuerbelastung ist daher bei einer Beteiligung von q = 36% erreicht.

36%. In diesem Fall betrüge der Beteiligungsbuchwert (proportional berechnet) € 30 Mio. Die Differenz im Sinne von § 12 Abs. 2 S. 1 UmwStG errechnet sich zu € 60 Mio. - € 30 Mio. = € 30 Mio. Hierauf wäre bei wortgetreuer Anwendung von § 12 Abs. 2 S. 2 UmwStG die Beteiligungsquote von 36% anzuwenden, wodurch sich eine Bemessungsgrundlage für die Anwendung von § 8b KStG von € 10,8 Mio. und damit nicht abzugsfähige Betriebsausgaben in Höhe von € 540.000 ergäben. Das zu versteuernde Einkommen der M-GmbH wäre also bei einer Beteiligungsquote von 36% um € 240.000 höher als bei der vorliegenden Beteiligungsquote von 60%. Führt man die Berechnung beispielsweise mit einer Beteiligungsquote von 30% durch, ergeben sich nicht abziehbare Betriebsausgaben in Höhe von € 525.000. Die Steuerbelastung ist also tatsächlich bei 36% maximal und fällt sowohl bei einer höheren, als auch bei einer niedrigeren Beteiligungsquote.

Ein „einleuchtender Grund" für diese Behandlung unterschiedlicher Beteiligungsquoten ist nicht ersichtlich. Eine wortlautgetreue Anwendung von § 12 Abs. 2 S. 2 UmwStG würde also zweifelsohne einen Verstoß gegen das Willkürverbot bedeuten.

2. Auslegung von § 12 Abs. 2 S. 2 UmwStG gegen den Wortlaut

Um also zu verhindern, dass § 12 Abs. 2 S. 2 UmwStG wegen eines Verstoßes gegen das Willkürverbot verfassungswidrig ist, wäre es erforderlich, diese Vorschrift teleologisch und verfassungskonform auszulegen.

Die hierzu von der Literatur vorgeschlagenen Ansätze halten wir zwar im wirtschaftlichen Ergebnis für richtig, jedoch rechtsdogmatisch für problematisch, da sie mit dem Wortlaut von § 12 Abs. 2 S. 2 UmwStG nicht vereinbar sind.

Geht man beispielsweise wie *Rödder* davon aus, dass als „Gewinn im Sinne des Satzes 1" der nach wortlautgetreuer Anwendung bei § 12 Abs. 2 S. 1 ermittelte Betrag gemeint ist, so ist die von *Rödder* – im Ergebnis sicherlich zutreffende – Berechnung nicht mit dem Wortlaut von § 12 Abs. 2 S. 2 UmwStG vereinbar. Der Wortlaut von § 12 Abs. 2 S. 2 UmwStG stellt durch die Formulierung „soweit" auf einen Anteil dieses „Gewinn[s] im Sinne des Satzes 1" ab. Der Prozentsatz dieses Anteils richtet sich nach der Beteiligungsquote der übernehmenden Körperschaft an der übertragenden Körperschaft. Dafür, dass es im Rahmen von § 12 Abs. 2 S. 2 UmwStG zu einer „quotale[n] Berechnung ähnlich der Regelung des § 4 Abs. 4 Satz 3 UmwStG" kommen soll, ist dem Gesetzeswortlaut nichts zu entnehmen.

Der Ansatz von *Dötsch* führt ebenso zum richtigen Ergebnis. Er argumentiert, dass es sich bei dem „Gewinn im Sinne des Satzes 1" nicht um den Betrag handelt, der im Rahmen von § 12 Abs. 2 S. 1 UmwStG errechnet wurde, sondern nur um einen Teilbetrag hiervon: den Übernahmegewinn im eigentlichen Sinne. So charmant diese Argumentation ist, so wenig Halt findet sie im Gesetzeswortlaut. Nach § 12 Abs. 2 S. 1 UmwStG ist ein „Gewinn" (oder ein Verlust) zu berechnen. § 12 Abs. 2 S. 2 UmwStG nimmt ausdrücklich Bezug auf den „Gewinn im Sinne des Satzes 1" und wendet auf diesen eine Verhältniszahl an. Eine Argumentation, die als „Gewinn" im Sinne des § 12 Abs. 2 S. 2 UmwStG einen anderen Betrag ansehen möchte als den „Gewinn" im Sinne des § 12 Abs. 2 S. 1 UmwStG, halten wir somit für nicht vertretbar. Wie oben unter II.2. bereits dargelegt, besteht kein Bedürfnis, auch § 12 Abs. 2 S. 1 UmwStG gegen seinen Wortlaut auszulegen, da dieser in wörtlicher Auslegung dem Sinn und Zweck des Gesetzes entspricht. Aber selbst wenn man eine solche Notwendigkeit der Auslegung von § 12 Abs. 2 S. 1 aus § 12 Abs. 2 S. 2 UmwStG und dessen Bezugnahme auf Satz 1 ziehen möchte, so hilft dies für die Auslegung von § 12 Abs. 2 S. 2 UmwStG nicht weiter. Soweit ersichtlich wird in der Literatur im Hinblick auf § 12 Abs. 2 S. 1 UmwStG lediglich vertreten, dessen Anwendung durch die gedankliche Einfügung des Wortes „anteilig" auf den Übernahmegewinn im engeren Sinne zu beschränken. Selbst wenn man dies für zulässig hält, steht einer verfassungskonformen Auslegung von § 12 Abs. 2 S. 2 UmwStG zwar nicht mehr die Formulierung „Gewinn im Sinne des Satzes 1" entgegen, gleichwohl jedoch die dort angeordnete Quotenberechnung. Erst wenn man auch diese Formulierung in § 12 Abs. 2 S. 2 UmwStG ignoriert, erhält man das wirtschaftlich beabsichtigte Ergebnis. Da demnach eine Auslegung von § 12 Abs. 2 S. 1 UmwStG auch im Hinblick auf § 12 Abs. 2 S. 2 UmwStG nicht weiterhilft, halten wir auch insoweit die wörtliche Anwendung von § 12 Abs. 1 S. 1 UmwStG für geboten.

Es bleibt also die Frage, ob § 12 Abs. 2 S. 2 UmwStG auch gegen seinen eindeutigen Wortlaut nach dem Sinn und Zweck der Vorschrift verfassungskonform ausgelegt werden kann. Der 4. Senat des BFH[20] hat zu dieser Vorgehensweise allgemein ausgeführt:

Steuergesetze können jedoch ausnahmsweise auch gegen ihren Wortlaut ausgelegt werden. Das ist dann geboten, wenn die wortgetreue Auslegung zu einem sinnwidrigen Ergebnis führt, das vom Gesetzgeber nicht beabsichtigt sein kann.

Zunächst ist festzustellen, dass es eine „Auslegung gegen den Gesetzeswortlaut" terminologisch nicht geben kann. Wie bereits Larenz[21] mit Bezug auf Meier-Hayoz zu Recht feststellt, hat der Wortlaut einer Vorschrift eine doppelte Aufgabe: „Er ist Ausgangspunkt für die richterliche Sinnesermittlung und steckt zugleich die Grenzen seiner Auslegungstätigkeit ab". Ein Vorgehen, das sich außerhalb dieser vom möglichen Wortsinn gesetzten Grenze abspielt, ist demnach zutreffenderweise nicht mehr als Auslegung sondern allenfalls als Rechtsfortbildung durch „Lückenausfüllung"[22] anzusehen.

Bei Steuergesetzen handelt es sich jedoch um den Bereich der Eingriffsverwaltung. Für diesen gilt der Vorbehalt des Gesetzes. Aus diesem Grund ist unseres Erachtens eine über den Wortlaut des Gesetzes hinausgehende Rechtsfortbildung <u>zu Lasten</u> des Steuerpflichtigen unzulässig.

Im vorliegenden Fall führt eine entsprechende Rechtsfortbildung – wie oben unter II.1. gezeigt – zu einem Vorteil für den Steuerpflichtigen und dürfte deshalb grundsätzlich zulässig sein. Es

---

[20] BFH-Urteil vom 8. Juni 2000, Az.: IV R 37/99, BStBl II 2001, 162.
[21] Larenz, Methodenlehre der Rechtswissenschaft, Band 6, 1991, S. 322.
[22] Larenz, Methodenlehre der Rechtswissenschaft, Band 6, 1991, S. 366.

lässt sich auch mathematisch nachweisen, dass die unter II.1. dargelegte Berechnungsweise immer günstiger für den Steuerpflichtigen ist, als die wortgetreue Anwendung von § 12 Abs. 2 UmwStG.[23]

Im Ergebnis ist also *Perwein* zuzustimmen, wenn dieser über eine „teleologische Extension" von § 12 Abs. 2 S. 1 UmwStG (Einfügen des Wortes „anteilig") und eine gleichzeitige „teleologische Reduktion" von § 12 Abs. 2 S. 2 UmwStG (Hinwegdenken der Quotenberechnung) dem Normenkomplex in § 12 Abs. 2 UmwStG zu einem sinnvollen Inhalt verhelfen möchte. Allerdings macht er unseres Erachtens zu Recht auf Bedenken im Hinblick auf die verfassungsrechtlichen Gebote der Normenklarheit und Normenbestimmtheit aufmerksam.

Der BFH[24] geht im Hinblick auf die Normenbestimmtheit

„in Übereinstimmung mit der Rechtsprechung des BVerfG davon aus, dass die Auslegungsbedürftigkeit der in einer Norm verwendeten unbestimmten Rechtsbegriffe allein dem rechtsstaatlichen Erfordernis nach Normenbestimmtheit grundsätzlich nicht entgegensteht. Die grundsätzliche Zulässigkeit unbestimmter Gesetzesbegriffe entbindet aber den Gesetzgeber nicht davon, die Vorschriften so zu fassen, dass sie verständlich, d.h. insbesondere ohne innere Widersprüche und nicht fehleranfällig und redaktionell genau sind."

Unseres Erachtens bestehen sowohl im Hinblick auf § 12 Abs. 2 S. 1 UmwStG als auch im Hinblick auf § 12 Abs. 2 S. 2 UmwStG erhebliche Bedenken, ob diese Vorschriften „ohne innere Widersprüche" und „redaktionell genau" sind. Während man diese Bedenken im Hinblick auf § 12 Abs. 2 S. 1 UmwStG noch rechtfertigen kann, da es sich insoweit um eine den Steuerpflichtigen begünstigende Vorschrift handelt, die im Übrigen, obwohl sie zwei unterschiedliche Beträge miteinander vermengt, auch bei wortlautgetreuer Anwendung zu Ergebnissen führt, die dem Sinn und Zweck dieser Vorschrift entsprechen, handelt es sich bei § 12 Abs. 2 S. 2 UmwStG um eine den Steuerpflichtigen belastende Vorschrift, bei der ein Verstoß gegen den Grundsatz der Normenbestimmtheit nicht hinzunehmen ist.

---

[23] Es stellt sich die Frage, ob die Bemessungsgrundlage bei wortgetreuer Anwendung niedriger sein kann als die Bemessungsgrundlage bei einer Anwendung rein nach Sinn und Zweck der Vorschrift. Fraglich ist also, ob gelten kann:
$-BW \cdot q^2 + EK \cdot q < q \cdot EK - q \cdot BW$; oder vereinfacht: $BW \cdot q > BW$
Dies kann nie der Fall sein, da q immer zwischen 0 und 1 liegt (jeweils einschließlich).
[24] BFH-Beschluss vom 6.9.2006, Az.: XI R 26/04, BStBl. 2007 II S. 167.

3. Generalthema
Die Entwicklung der Unternehmensbesteuerung – der kommende Umwandlungssteuererlass und die weitere Ausformung der Gruppenbesteuerung

VI. Der neue § 6a GrEStG (Breuninger)

Die deutsche D-Gruppe ist im Bereich des Maschinenbaus tätig. Spitzengesellschaft der deutschen D-Gruppe ist die D-GmbH, die bisher als Stammhausgesellschaft organisiert ist. Sie wird zu 100 % von der niederländischen N-B.V., welche Teil der N-Gruppe ist, gehalten. In den vergangenen Jahren ist die D-Gruppe vor allem durch externe Zukäufe gewachsen. Vor 6 Jahren hat die D-Gruppe die Z-Gruppe erworben, vor drei Jahren sämtliche Geschäftsanteile an der T-GmbH.

Die Gesellschaftsstruktur stellt sich derzeit wie folgt dar:

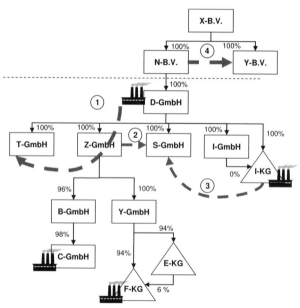

Es ist nun geplant, die D-GmbH in eine Managementholding dergestalt umzuformen, dass die operativen Teile des Betriebes in Tochtergesellschaften ausgegliedert werden. Zudem soll die Z-Gruppe weiter integriert werden. Zu diesem Zweck sind u.a. folgende Restrukturierungsschritte geplant:

1) Es soll eine große Immobilie, welche derzeit durch die D-GmbH gehalten wird, auf die T-GmbH übertragen werden.

2) Die Z-GmbH soll auf ihre Schwestergesellschaft S-GmbH verschmolzen werden.

3) Die I-KG soll ebenfalls auf die S-GmbH verschmolzen werden. Vor 2 Jahren hat die D-GmbH ein Grundstück auf die I-KG übertragen. Grunderwerbsteuer wurde nach § 5 Abs. 2 GrEStG keine erhoben.

4) Außerdem soll die bisherige 100 %-ige Muttergesellschaft der D-GmbH, die N-B.V. auf ihre Schwestergesellschaft Y-B.V. verschmolzen werden.

Der Steuerberater der Gruppe bekommt den Auftrag, die grunderwerbsteuerrechtlichen Konsequenzen der vorgesehenen Umstrukturierung zu prüfen und ggf. Vorschläge zur Optimierung der Struktur zu machen. Dabei soll auch auf die Frage eingegangen werden, welche grunderwerbsteuerlichen Folgen sich ergeben, wenn nach der Ausgliederung der Immobilie aus der D-GmbH auf die T-GmbH die Anteile an der T-GmbH innerhalb von fünf Jahren nach der Ausgliederung verkauft werden.

Lösungshinweise:

Ausgewählte Literatur zur Grunderwerbsteuer im Konzernzusammenhang: *Behrens*, Grunderwerbsteuer bei auf grundbesitzende Kapitalgesellschaften bezogenen M&A-Transaktionen, Ubg 2008, 316 ff.; *Salzmann/Lohse*, Grunderwerbsteuerneutrale Umstrukturierung im Konzern, DStR 2004, 1941 ff.

Literatur zu § 6a GrEStG n.F.: *Behrens*, Die grunderwerbsteuerliche Konzernklausel für übertragende Umwandlungen in § 6a GrEStG; AG 2010, 119; *Dettmeier/Geibel*, Die neue Grunderwerbsteuerbefreiung für Umstrukturierungen innerhalb eines Konzerns, NWB 2010, 582; *Herzig/Bohn*, Das Wachstumsbeschleunigungsgesetz als Umsetzung des Sofortprogramms der Koalitionsparteien zum Unternehmensteuerrecht, DStR 2009, 2341; *Mensching/Tyarks*, Grunderwerbsteuerrechtliche Einführung einer Konzernklausel durch das Wachstumsbeschleunigungsgesetz, BB 2010, 87; *Neitz/Lange*, Grunderwerbsteuer bei Umwandlungen – Neue Impulse durch das Wachstumsbeschleunigungsgesetz, Ubg 2010, 17; *Rödder/Schönfeld*, Zweifelsfragen im Zusammenhang mit der Vor- und Nachbehaltensfrist der grunderwerbsteuerlichen Konzernklausel des § 6a GrEStG n.F., DStR 2010, 415; *Schaflitzl/Stadler*, Die grunderwerbsteuerliche Konzernklausel des § 6a GrEStG, DB 2010, 185; *Scheunemann/Dennisen/Behrens*, Steuerliche Änderungen durch das Wachstumsbeschleunigungsgesetz, BB 2010, 23; *Stadler/Schaflitzl*, Geplante "Konzernklausel" bei der Grunderwerbsteuer, DB 2009, 2621; *Wischott/Schönweiß*, Wachstumsbeschleunigungsgesetz – Einführung einer Grunderwerbsteuerbefreiung für Umwandlungsvorgänge, DStR 2009, 2638

I. Problemstellung

Das Entstehen von Grunderwerbsteuer durch betriebswirtschaftlich notwendige konzerninterne Umstrukturierungen ist in der Praxis seit langem ein großes Problem.

Geht das Eigentum an einem Grundstück durch eine Umwandlung (ausgenommen: Formwechsel) auf einen anderen Rechtsträger über, unterliegt dieser Vorgang auch dann grundsätzlich nach § 1 Abs. 1 Nr. 3 GrEStG der Grunderwerbsteuer, wenn es sich um einen konzerninternen Vorgang handelt[1].

Auch die konzerninterne Übertragung von Anteilen an einer Personen- oder Kapitalgesellschaft im Wege der Einzel- oder Gesamtrechtsnachfolge kann Grunderwerbsteuer nach § 1 Abs. 2a GrEStG[2] oder § 1 Abs. 3 GrEStG[3] auslösen, wenn die zu übertragende Gesellschaft selbst Grundstücke hält oder sie eine qualifizierte Beteiligung an einer Grundstücksgesellschaft hält.

Eine Konzernklausel enthielt das Grunderwerbsteuergesetz vor Einführung von § 6a GrEStG nicht. Eine Abmilderung der Steuerfolgen erfolgte nur über § 1 Abs. 6 GrEStG[4] sowie §§ 5 und 6 GrEStG.[5] Eine für die Praxis bedeutsame, nicht gesetzlich kodifizierte, Ausnahme bestand für die sog. "Verkürzung von Beteiligungsketten". Danach löste z.B. die Übertragung der Beteiligung an einer grundstückshaltenden Kapitalgesellschaft von einer Tochter- auf ihre Muttergesellschaft keine Grunderwerbsteuer aus. Die Rechtsprechung[6] und die Finanzverwaltung[7] haben in diesem Fall übereinstimmend das Vorliegen eines grunderwerbsteuerlichen Tatbestandes verneint. Nicht privilegiert war hingegen vor allem die Anteilsübertragung auf Schwester- und Tochtergesellschaften sowie die Übertragung im grunderwerbsteuerlichen Organkreis durch herrschende und abhängige Unternehmen[8].

Da in der Vergangenheit Gesetzesinitiativen zur Einführung einer grunderwerbsteuerrechtlichen Konzernklausel immer wieder gescheitert sind[9], hat man sich in der Praxis mit besonderen Strukturen beholfen, wodurch oft komplexe Anteilseignerstrukturen entstanden sind[10]. Gebräuchliches Gestaltungsmittel war insoweit die Einschaltung einer KG, durch die die steuerliche Zurechnung von Grundstücken über die Regelung des § 1 Abs. 3 GrEStG unterbrochen werden konnte.

Dies kann z.B. an dem nachfolgenden Schaubild verdeutlicht werden:

---

[1] Vgl. sog. Grunderwerbsteuer-Erlasse Umwandlung, z.B. FinMin Baden-Württemberg v. 19.12.1997, DStR 1998, 82; i.d.F. v. 15.10.1999, DStR 1999, 1773; i.d.F. v. 31.1.2000, DStR 2000, 284.
[2] Nach § 1 Abs. 2a GrEStG liegt ein steuerbarer Vorgang vor, wenn innerhalb von fünf Jahren mindestens 95 % der Anteile am Gesellschaftsvermögen einer Grundbesitz-Personengesellschaft auf neue Gesellschafter übergehen.
[3] § 1 Abs. 3 GrEStG erfasst Fälle, in denen mindestens 95 % der Anteile an einer Grundbesitzgesellschaft auf einen Erwerber übertragen werden oder in der Hand eines Rechtsträgers oder innerhalb eines grunderwerbsteuerlichen Organkreises vereinigt werden.
[4] Vgl. *Schiessl/Tschesche*, Grunderwerbsteuerlichen Privilegierungen bei Konzernumstrukturierungen, insbesondere nach § 1 Abs. 6 GrEStG, BB 2003, 1867 ff.
[5] Im Zusammenhang mit dem Übergang von Grundstücken auf eine Gesamthand, von einer Gesamthand auf einen an der Gesamthand Beteiligten sowie zwischen mehreren Gesamthandsgesellschaften.
[6] BFH vom 20.10.1993, II R 116/90, BStBl II 1994, 121; BFH vom 12.1.1994 II R 130/91, BStBl II 1994, 408.
[7] Vgl. gleichlautenden Ländererlass v. 2.12.1999, BStBl. I 1999, S. 991.
[8] Vgl. *Wischott/Schönweiß*, DStR 2009, 2638.
[9] Vgl. zur Historie einer Konzernklausel *Mensching/Tyarks*, BB 2010, 87 ff.
[10] Zu entsprechenden Gestaltungsüberlegungen vgl. z.B. *Salzmann/Lohse*, DStR 2004, 1941 ff.; *Behrens*, Ubg 2008, 316 ff.

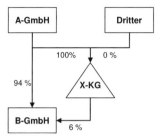

Indem vor einer Übertragung der Anteile an der A-GmbH 6 % der Anteile an der B-GmbH auf die X-KG übertragen wurden, während die A-GmbH unmittelbar nur 94 % der Anteile an der B-GmbH hält, kommt es bei einer Übertragung sämtlicher Geschäftsanteile an der A-GmbH für Grunderwerbsteuerzwecke nur zu einer grunderwerbsteuerlich unschädlichen (mittelbaren) Übertragung von 94 % der Anteile an der B-GmbH.

Nach den Zurechnungsgrundsätzen zu § 1 Abs. 3 GrEStG werden der A-GmbH die über die X-KG gehaltenen 6 % der Anteile an der B-GmbH nicht zugerechnet, da die A-GmbH nicht mindestens 95 % der "Anteile" an der X-KG hält. Zwar ist die A-GmbH zu 100 % vermögensmäßig an der X-KG beteiligt, jedoch meint "Anteile" im Sinne von § 1 Abs. 3 GrEStG nicht die vermögensmäßige Beteiligung, sondern die gesamthänderische Mitberechtigung[11]. Da neben der A-GmbH ein Dritter an der X-KG beteiligt ist, werden der A-GmbH für Zwecke der Zurechnung nach § 1 Abs. 3 GrEStG daher nicht 100 %, sondern nur 50 % der Anteile an der X-KG zugerechnet.

II. Die Neuregelung des § 6a Grunderwerbsteuergesetz

Im Rahmen des Wachstumsbeschleunigungsgesetzes[12] hat sich der Gesetzgeber nunmehr dazu durchgerungen, eine Grunderwerbsteuerbefreiung für Umstrukturierungen im Konzern einzuführen. In der Gesetzesbegründung heißt es hierzu:[13]

"Um schnell und effektiv Wachstumshemmnisse zu beseitigen, sollen die Bedingungen für Umstrukturierungen von Unternehmen krisenfest, planungssicherer und mittelstandsfreundlicher ausgestaltet werden. Unternehmen sollen flexibel auf Änderungen der Marktverhältnisse reagieren können. Um dies zu erreichen, werden Grundstücksübergänge im Rahmen von Umstrukturierungen [...] grunderwerbsteuerrechtlich begünstigt, wenn es sich um einen Rechtsvorgang im Sinne des § 1 Abs. 1 Nr. 1 bis 3 des Umwandlungsgesetzes handelt."

Die Neuregelung lautet wie folgt:

---

[11] Vgl. BFH v. 26.7.1995, II R 68/92, BStBl. II 1995, 736; v. 8.8.2001, II R 66/98, BStBl. II 2002, 156; koordinierter Ländererlass, FM Baden-Württemberg v. 28.4.2005, DB 2005, 975 (976).
[12] Gesetz zur Beschleunigung des Wirtschaftswachstums (Wachstumsbeschleunigungsgesetz) v. 22.12.2009, BGBl. I, S. 3950.
[13] Bericht des Finanzausschusses, BT-Drs. 17/147 v. 3.12.2009, S. 10.

"Für einen nach § 1 Absatz 1 Nr. 3, Abs. 2a oder 3 steuerbaren Rechtsvorgang aufgrund einer Umwandlung im Sinne des § 1 Absatz 1 Nr. 1 bis 3 des Umwandlungsgesetzes wird die Steuer nicht erhoben; für die aufgrund einer Umwandlung übergehende Verwertungsbefugnis wird die Steuer nach § 1 Abs. 2 insoweit nicht erhoben. Satz 1 gilt auch für entsprechende Umwandlungen aufgrund des Rechts eines Mitgliedstaates der europäischen Union oder eines Staats, auf den das Abkommen über den europäischen Wirtschaftsraum Anwendung findet. Satz 1 gilt nur, wenn an dem Umwandlungsvorgang ausschließlich ein herrschendes Unternehmen und ein oder mehrere von diesem herrschenden Unternehmen abhängige Gesellschaften, oder mehrere von einem herrschenden Unternehmen abhängige Gesellschaften beteiligt sind. Im Sinne von Satz 3 abhängig ist eine Gesellschaft, an deren Kapital das herrschende Unternehmen innerhalb von fünf Jahren vor dem Rechtsvorgang und fünf Jahre nach dem Rechtsvorgang unmittelbar oder mittelbar oder teils unmittelbar, teils mittelbar zu mindestens 95 vom Hundert ununterbrochen beteiligt ist."[14]

Rechtstechnisch wird die Begünstigung dadurch erreicht, dass bestimmte Umwandlungen zwar grunderwerbsteuerbar sind, die Grunderwerbsteuer aber nicht erhoben wird. Diese Regelungstechnik hat den Vorteil, dass die erfassten Umwandlungen auch nicht der Umsatzsteuer unterliegen, da die in § 4 Nr. 9a UStG vorgesehene Umsatzsteuerbefreiung nur für solche Umsätze gilt, die unter das Grunderwerbsteuergesetz fallen, also dem Grunde nach grunderwerbsteuerbar sind[15].

Privilegiert werden durch die Neuregelung nur Verschmelzungen, Spaltungen (Aufspaltung, Abspaltung, Ausgliederung) sowie Vermögensübertragungen im Sinne von § 1 Abs. 1 Nr. 1 bis 3 UmwG[16], die einen steuerbaren Vorgang nach § 1 Abs. 1 Nr. 3, Abs. 2a oder Abs. 3 GrEStG darstellen. "Entsprechende Umwandlungen" aufgrund des Rechts eines anderen EU-Staates oder eines EWR-Staates sind ebenfalls begünstigt. Das bedeutet, dass z.B. gewöhnliche Grundstücksverkäufe oder auch die Übertragung von mindestens 95 % der Anteile an einer grundbesitzenden Kapitalgesellschaft, welche sich nicht im Rahmen eines der vorgenanten Umwandlungsvorgänge vollzieht, von der Steuervergünstigung nach § 6a GrEStG ausgeschlossen sind. Es ist daher im Einzelfall eine Umwandlungsform zu suchen, die durch § 6a GrEStG privilegiert ist.

Die Privilegierung nach § 6a GrEStG ist auf Konzernsachverhalte beschränkt. Zur Vermeidung "ungewollter Mitnahmeeffekte"[17] sind gemäß § 6a S. 3 GrEStG nur Umwandlungen begünstigt, an denen ausschließlich ein herrschendes Unternehmen und ein oder mehrere von diesem

---

[14] Die Neuregelung findet gemäß § 23 Abs. 8 GrEStG auf Erwerbsvorgänge Anwendung, die nach dem 31.12.2009 verwirklicht werden. Vgl. zu den Anzeigepflichten bei Änderungen von Beherrschungsverhältnissen i.S.v. § 6a S. 4 GrEStG, § 19 Abs. 1 Nr. 4a GrEStG.
[15] Hierzu: *Dettmeier/Geibel*, NWB 2010, 582 (583).
[16] Sofern in der Literatur (vgl. z.B. *Wischott/Schönweiß*, DStR 2009, 2638 (2640); *Dettmeier/Geibel*, NWB 2010, 582 (584)) eine Anwendung von § 6a GrEStG auf Fälle der Einzelrechtsnachfolge abgelehnt wird, ist dies wohl untechnisch zu verstehen; der BFH hat zuletzt mit Urteil v. 5.11.2009 (IV R 29/08) entschieden, dass bei einer Abspaltung durch Neugründung gem. § 123 Abs. 2 Nr. 2 UmwG 1995 der übernehmende Rechtsträger nicht Gesamtrechtsnachfolger des übertragenden Rechtsträgers ist.
[17] Vgl. Bericht des Finanzausschusses, BT-Drs. 17/147 v. 3.12.2009, S. 10.

herrschenden Unternehmen abhängige Gesellschaften beteiligt sind. Gleichzeitig muss das herrschende Unternehmen im Hinblick auf die abhängigen Gesellschaften eine fünfjährige Vorbehaltens- und eine fünfjährige Nachbehaltensfrist erfüllen. Dies wirft gerade im Fall neu gegründeter Gesellschaften Fragen auf.

III. Zum Fall

1. Die vorgesehene Umformung der Stammhausgesellschaft in eine Holding

Vorliegend soll zunächst eine Immobilie von der D-GmbH auf die T-GmbH übertragen werden.

Naheliegend wäre es zunächst, die Immobilie im Wege einer Sacheinlage auf die T-GmbH zu übertragen. Die Einlage eines Grundstücks stellt nach § 1 Abs. 1 Nr. 3 GrEStG einen grunderwerbsteuerbaren Vorgang dar. Eine solche Einlage wäre aber nicht nach § 6a GrEStG privilegiert, da es sich insoweit um keine Umwandlung im Sinne von § 1 Abs. 1 Nr. 1 bis 3 UmwG handelt. Es ist daher zu überlegen, ob alternativ eine privilegierte Umwandlungsart gefunden werden kann.

Insoweit käme eine Ausgliederung der Immobilie nach § 123 Abs. 3 UmwG in Betracht. Nach h.M. können auch einzelne Vermögensgegenstände ausgegliedert werden. Dabei ist allerdings zu berücksichtigen, dass die isolierte Übertragung der Immobilie ertragsteuerlich zu einer Gewinnrealisierung bei der übertragenden D-GmbH führen würde. Eine Ausgliederung zu Buchwerten ist ertragsteuerlich nach § 20 Abs. 1 UmwStG nur möglich, wenn zumindest ein Teilbetrieb ausgegliedert wird[18]. Es wäre daher zu prüfen, ob die Voraussetzungen für die Übertragung eines Teilbetriebes erfüllt werden könnten, indem weitere Wirtschaftsgüter mit übertragen werden.

Geht man davon aus, dass sich ertragsteuerlich die Übertragung eines Teilbetriebs darstellen ließe bzw. die aufgedeckten stillen Reserven in der auszugliedernden Immobilie niedrig wären und eine Ausgliederung nach § 123 Abs. 3 UmwG vorgenommen wird, wäre grundsätzlich eine von § 6a GrEStG privilegierte Umstrukturierung gegeben, da die Ausgliederung eine Umwandlung im Sinne von § 1 Abs. 1 Nr. 2 UmwG ist, die zudem nach § 1 Abs. 1 Nr. 3 GrEStG grunderwerbsteuerbar ist.

Des Weiteren setzt § 6a S. 3 GrEStG aber voraus, dass an dem Umwandlungsvorgang ausschließlich ein beherrschendes Unternehmen und eine oder mehrere abhängige Gesellschaften beteiligt sind. Abhängig ist eine Gesellschaft nach § 6a S. 4 GrEStG dann, wenn das herrschende Unternehmen an dieser innerhalb von fünf Jahren vor dem Rechtsvorgang und innerhalb von fünf Jahren nach dem Rechtsvorgang zu mindestens 95 %[19] mittelbar oder unmittelbar beteiligt ist.

---

[18] Zum Teilbetriebsbegriff des UmwStG i.d.F.d. SEStEG und dessen europarechtlichen Implikationen vgl. z.B. *Weier*, Der deutsche Teilbetrieb wird europäisch, DStR 2008, 1002.
[19] Vgl. zur Berechnung der 95 %-Beteiligungsquote bei mehrstufiger Beteiligungskette *Dettmeier/Geibel*, NWB 2010, 582 (591); *Scheunemann/Dennisen/Behrens*, BB 2010, S. 23 (32); *Neitz/Lange*, Ubg 2010, 17 (24).

Unklar ist, was unter einem "herrschenden Unternehmen" zu verstehen ist. Es wird insoweit diskutiert, ob der Unternehmensbegriff ähnlich wie im Rahmen von § 1 Abs. 4 Nr. 2 b) GrEStG im Sinne des umsatzsteuerrechtlichen Unternehmensbegriffs auszulegen ist[20]. In diesem Fall würden u.a. reine Finanzholdinggesellschaften nicht von § 6a GrEStG erfasst werden. Gegen einen Rückgriff auf den umsatzsteuerlichen Unternehmensbegriff im Rahmen von § 6a GrEStG spricht zum einen, dass das Ziel der Konzernklausel des § 6a GrEStG darin besteht, Umwandlungsvorgänge innerhalb eines Konzerns grunderwerbsteuerrechtlich zu begünstigen. Für eine einschränkende Auslegung des Unternehmensbegriffs im Sinne des Umsatzsteuerrechts findet sich in den Gesetzesmaterialien aber kein Anhaltspunkt. Zum anderen spricht gegen einen solchen Rückgriff, dass durch die Einbeziehung von Umwandlungen unter Beteiligung nicht unternehmerisch tätiger Gesellschafter kein Missbrauchspotential entstehen sollte[21]. Es erscheint m.E. daher vorzugswürdig, grundsätzlich auf den konzernrechtlichen Unternehmensbegriff abzustellen, zumal es auch in der Überschrift des § 6a GrEStG "Steuervergünstigungen bei Umstrukturierungen **im Konzern**[22]" heißt[23].

Weiterhin ist unklar, welches Unternehmen innerhalb mehrstufiger Beteiligungsketten als "herrschendes Unternehmen" anzusehen ist. Dies ist entscheidend für die Frage, welches Unternehmen die Behaltensfristen nach § 6a S. 4 GrEStG zu wahren hat. Es stellt sich insoweit die Frage, ob "herrschendes Unternehmen" immer die Konzernspitze ist oder grundsätzlich jedes Unternehmen sein kann, zu dem eine nachgeordnete Gesellschaft in einem Abhängigkeitsverhältnis im Sinne von § 6a S. 4 GrEStG steht[24]. Wäre immer auf die Konzernspitze abzustellen, wäre vorliegend die X-B.V. das herrschende Unternehmen. Dies würde m.E. aber zu weit führen, es sollte daher als ausreichend erachtet werden, wenn die Beteiligungsverhältnisse auf Ebene der Gesellschaft vorliegen, die von der Beteiligungsstufe her am nächsten ist und bei der die mindestens 95 %-ige Beteiligung besteht.

Vorliegend sollte die D-GmbH, welche derzeit noch als eine Stammhausgesellschaft organisiert ist, als "Unternehmen" im Sinne des § 6a GrEStG zu qualifizieren sein; auch nach Abschluss der geplanten Umstrukturierung sollte sich an dieser Qualifikation nichts ändern, da die D-GmbH zukünftig als Managementholding fungieren soll und Geschäftsführungsmaßnahmen im Hinblick auf die nachgeordneten Gesellschaften wahrnehmen wird.

Da die D-GmbH sämtliche Geschäftsanteile an der T-GmbH hält und damit die Mindestbeteiligungsvoraussetzungen für eine Qualifikation der T-GmbH als abhängige Gesellschaft von der D-GmbH als herrschendes Unternehmen gegeben sind, kommt es entscheidend darauf an, ob die D-GmbH die Mindestbehaltensfristen gegenüber der T-GmbH erfüllt. Das ist hinsichtlich der Vorbehaltensfrist von fünf Jahren nicht der Fall, da die D-GmbH die Anteile an der T-GmbH erst drei Jahre vor der Ausgliederung erworben hat. Allerdings wird

---

[20] Vgl. *Dettmeier/Geibel*, NWB 2010, 582 (589); *Mensching/Tyarks*, BB 2010, 87 (90); *Behrens* in AG 2010, 119 (120).
[21] Vgl. *Behrens* in AG 2010, 119 (120).
[22] Hervorhebung hinzugefügt.
[23] So auch *Dettmeier/Geibel*, aaO., 588.
[24] Vgl. *Behrens, AG 2010, 117 (120); Neitz/Lange*, Ubg 2010, 17 (25).

in der Literatur die Ansicht vertreten, dass für innerhalb der fünfjährigen Vorbehaltensfrist erworbene Beteiligungen die Vorbehaltensfrist nicht erfüllt werden müsse. Es wird argumentiert, dass für die Vorbehaltensfrist allein auf die übertragende, nicht hingegen auf die aufnehmende Gesellschaft abzustellen sei[25]. Es wird zudem geltend gemacht, dass die zu § 5 Abs. 3 und § 6 Abs. 3 und Abs. 4 GrEStG entwickelten Grundsätze[26] im Rahmen von § 6a S. 4 GrEStG entsprechend gelten.[27] Für die dort geregelten Missbrauchsfälle sei anerkannt, dass sich diese nicht auf Rechtsvorgänge erstrecken, bei denen eine Steuerumgehungsmöglichkeit objektiv ausgeschlossen ist. Daher soll sowohl in Fällen, in denen eine Ausgliederung zur Neugründung erfolgt, als auch in den Fällen, in denen die Anteile erst zwischenzeitlich erworben wurden, § 6a GrEStG trotz Nichterfüllung der Vorbehaltensfrist Anwendung finden, da in diesem Fall eine Missbrauchsgestaltung objektiv ausgeschlossen ist[28].

Dementsprechend sollten vorliegend die Voraussetzungen für eine Privilegierung nach § 6a GrEStG gegeben sein, wenn die Immobilie im Wege der Ausgliederung auf die T-GmbH übertragen und die Nachbehaltensfrist gewahrt wird.

Selbst aber dann, wenn sämtliche Anteile an der T-GmbH innerhalb der Nachbehaltensfrist veräußert werden, sollte dies nicht zum Wegfall der Privilegierung führen, wenn die Veräußerung der Anteile selbst einen grunderwerbsteuerbaren Vorgang in Bezug auf die Immobilie darstellt[29]. Auch insoweit sollten die Grundsätze zu § 5 Abs. 3 und § 6 Abs. 3 GrEStG ebenfalls im Rahmen von § 6a S. 4 GrEStG gelten, wonach eine rückwirkende Versagung der Steuervergünstigung ausscheidet, wenn eine Steuerumgehung objektiv ausgeschlossen ist. Das sollte zumindest dann der Fall sein, wenn sämtliche Anteile an der T-GmbH in einem grunderwerbsteuerbaren Vorgang übertragen werden.

2. Verschmelzung der Z-GmbH auf die S-GmbH

Da die Z-GmbH selber keine Grundstücke hält, kommt ein grunderwerbsteuerbarer Vorgang durch mittelbare Anteilsübertragungen im Hinblick auf die C-GmbH und die F-KG in Betracht.

a) Mittelbare Übertragung der Anteile an der C-GmbH

Im Hinblick auf C-GmbH könnte durch die Verschmelzung eine mittelbare Anteilsübertragung nach § 1 Abs. 3 Nr. 4 GrEStG vorliegen. Nach Auffassung der Finanzverwaltung sind mittelbare Beteiligungen im Rahmen von § 1 Abs. 3 GrEStG dann zu berücksichtigen, wenn ein Anteilseigner an einer Gesellschaft zu mindestens 95 % beteiligt ist[30]. Vorliegend ist diese Beteiligungsschwelle sowohl im Hinblick auf die Beteiligung der Z-GmbH an der B-GmbH als

---

[25] Vgl. *Behrens*, AG 2010, 119 (121); *Scheunemann/Dennisen/Behrens*, BB 2010, 23 (32).
[26] siehe Senat Sen. Berlin, Erlass vom 25.5.2009 III C-S 4514 - 2/2008, DStR, 2009, S. 1313.
[27] Vgl. *Rödder/Schönfeld*, DStR 2010, 415 (416).
[28] Vgl. *Rödder/Schönfeld*, DStR 2010, 415 (416); *Behrens*, AG 2010, 119 (121).
[29] Vgl. *Behrens*, AG 2010, 119 (121); *Rödder/Schönfeld*, DStR 2010, 415 (417).
[30] Vgl. FM Baden-Württemberg – 3 – S 4500/43, koordinierter Ländererlass, v. 14.2.2000, DStR 2000, 430.

auch im Hinblick auf die Beteiligung der B-GmbH an der C-GmbH erreicht. Bislang nicht abschließend geklärt ist die Frage, ob bei Überschreiten der Beteiligungsquote im Rahmen von § 1 Abs. 3 GrEStG die mittelbare Beteiligung in voller Höhe zu berücksichtigen ist oder nur anteilig, d.h, durchgerechnet. Im Hinblick auf § 1 Abs. 2a GrEStG vertritt die Finanzverwaltung die Ansicht, dass die Beteiligung in voller Höhe zu berücksichtigen ist[31]. Das FG Münster hat hingegen mit Urteil vom 17.9.2008[32] zu § 1 Abs. 3 GrEStG entschieden, dass auch durchgerechnet mindestens 95 % der Anteile übertragen werden müssen[33]. Legt man dieses Urteil des FG Münster zugrunde, wäre vorliegend keine mittelbare Anteilsübertragung gegeben, da durchgerechnet nur eine mittelbare Übertragung von 94,1 % erfolgt.

b) Mittelbare Übertragung der Anteile am Gesellschaftsvermögen der F-KG

Es stellt sich die Frage, ob infolge der Verschmelzung der Z-GmbH auf die S-GmbH mittelbar mindestens 95 % der Anteile an der F-KG übertragen werden. Dabei stellt sich insbesondere die Frage, ob für die Berechnung auch die von der E-KG gehaltenen Anteile zu berücksichtigen sind, da weniger als 95 % der Anteile am Gesellschaftsvermögen der E-KG mittelbar übertragen werden. Die Finanzverwaltung hat sich aber mit Verfügung der OFD Rheinland und Münster[34] sowie in dem koordinierten Ländererlass vom 25.2.2010[35] ausdrücklich dafür ausgesprochen, dass für Beteiligungen der Gesellschafter von Personengesellschaften an einer grundstücksbesitzenden Personengesellschaft stets auf die jeweiligen Beteiligungsverhältnisse abzustellen und dementsprechend durchzurechnen ist[36]. Durchgerechnet würden vorliegend 99,6 % der Anteile am Gesellschaftsvermögen der F-KG übertragen.

Abhängig davon, welcher Auffassung man folgt, wären vorliegend durch die Verschmelzung der Z-GmbH auf die S-GmbH grunderwerbsteuerbare Vorgänge nach § 1 Abs. 2a bzw. § 1 Abs. 3 GrEStG gegeben.

c) Voraussetzungen der Privilegierung nach § 6a GrEstG

Zu prüfen ist, ob die vorgesehene Verschmelzung unter die Privilegierung des § 6a GrEStG fällt. Im Hinblick auf die Verschmelzung als Umstrukturierung nach § 1 UmwG, sowie die Grunderwerbsteuertatbestände des § 1 Abs. 2a und § 1 Abs. 3 GrEStG, ist das der Fall.

Weiterhin stellt sich die Frage, ob die Konzernvoraussetzungen vorliegen. Geht man davon aus, dass im Fall der Verschmelzung zweier Schwestergesellschaften die gemeinsame 100%-Muttergesellschaft, hier die D-GmbH, als herrschendes Unternehmen zu qualifizieren ist, stellt

---

[31] Gleichlautender Ländererlass vom 25.2.2010, DStR 2010697 (698).
[32] FG Münster v. 17.9.2008, 8 K 4659/05 GrE, BB 2009, 424 m. Anm. *Behrens/Schmitt*; Revision anhängig: BFH, Az. II R 65/08.
[33] Siehe zu diesem Urteil auch *Wischott/Schönweiß/Fröhlich*, DStR 2009, 361.
[34] OFD Rheinland und Münster v. 21.5.2008, BB 2008, 1552.
[35] DStR 2010, 697.
[36] Zur Kritik daran siehe *Behrens/Schmitt*, BB 2009, 425.

sich die Frage, ob die Z-GmbH und die S-GmbH die Voraussetzungen für eine Qualifikation als abhängiges Unternehmen erfüllen.

Vorliegend stellt sich insbesondere das Problem, dass für die Z-GmbH die Nachbehaltensfrist nicht erfüllt werden kann, da diese infolge der Verschmelzung untergeht. Vorliegend sollte dies der Anwendung von § 6a GrEStG nicht entgegenstehen[37]. Denn eine Missbrauchsgestaltung ist im Falle der Verschmelzung ausgeschlossen, da eine Verringerung der Beteiligungsquote an der abhängigen Gesellschaft im Falle der Verschmelzung gerade nicht mehr erfolgen kann[38]. § 6a GrEStG ist dementsprechend einschränkend auszulegen. Würde man stattdessen eine Verschmelzung als schädlich ansehen, würde das der Intention der Konzernklausel widersprechen und die Konzernklausel insoweit in Bezug auf die Verschmelzung, die eine der wichtigsten Umwandlungsformen darstellt, leerlaufen.

3. Verschmelzung der I-KG auf die S-GmbH

Die geplante Verschmelzung der I-KG auf die S-GmbH stellt grundsätzlich einen nach § 6a GrEStG privilegierten Umwandlungsvorgang dar, der nach § 1 Abs. 1 Nr. 3 GrEStG grunderwerbsteuerbar ist.

Wie im vorhergehenden Beispiel sollte der Umstand, dass im Hinblick auf die verschmolzene I-KG keine Nachbehaltensfrist gewahrt werden kann, unschädlich sein, da insoweit kein Missbrauchspotential besteht. Auch der Umstand, dass es sich bei der I-KG um eine Personengesellschaft handelt, sollte einer Qualifikation der I-KG als abhängige Gesellschaft nicht entgegen stehen. Zwar wird in der Literatur diskutiert, ob die Formulierung "Beteiligung am Kapital" dahingehend zu verstehen ist, dass nur Kapitalgesellschaften als abhängige Gesellschaften zu qualifizieren sind. Die h.M. lehnt dies aber zu Recht ab[39]. Auf eine solche weitgehende Beschränkung der Privilegierung deuten aber weder der Gesetzeswortlaut noch die Gesetzesbegründung hin. Stattdessen ist davon auszugehen, dass das Merkmal "Beteiligung am Kapital" wie im Rahmen von § 1 Abs. 2a GrEStG als Beteiligung am Gesellschaftsvermögen der jeweiligen Personengesellschaft zu verstehen ist.

Es stellt sich aber die Frage, ob aufgrund des Umstandes, dass der Anteil der D-GmbH an der I-KG durch die Verschmelzung untergeht, die Begünstigung nach § 5 Abs. 2 GrEStG gemäß § 5 Abs. 3 GrEStG rückwirkend entfällt. Da die Verschmelzung grundsätzlich einen grunderwerbsteuerbaren Vorgang darstellt[40], sollte m.E. § 5 Abs. 3 GrEStG keine Anwendung

---

[37] Vgl. *Dettmeier/Geibel*, NWB 2010, 582 (593); *Behrens*, AG 2010, 119 (212): Nachbehaltensfrist nur für Beteiligung am übernehmenden Rechtsträger; *Mensching/Tyarks*, BB 2010, 87 (91).
[38] So auch *Rödder/Schönfeld*, DStR 2010, 415 (417).
[39] Vgl. *Behrens*, AG 2010, 119 (120); *Dettmeier/Geibel*, NWB 2010, 582 (590); *Mensching/Tyarks*, BB 2010, 87 (90); *Neitz/Lange*, Ubg 2010, 17 (22).
[40] Und die Grunderwerbsteuer nur nicht erhoben wird.

finden[41]. Diese telelogische Reduktion von § 5 Abs. 3 GrEStG folgt gerade aus der Regelungstechnik des § 6a GrEStG.

4. Verschmelzung der N-B.V. auf die NL-B.V.

Die Verschmelzung bewirkt eine mittelbare Anteilsübertragung im Hinblick auf die (nach der Ausgliederung) grundstücksbesitzende T-GmbH sowie die der T-GmbH nach der Verschmelzung ihrer Schwestergesellschaft nachgeordnete F-KG. Es handelt sich insoweit um steuerbare Rechtsvorgänge nach § 1 Abs. 2a GrEStG, die grundsätzlich nach § 6a GrEStG begünstigt sein können. Ausländische Übertragungsvorgänge können ebenso Grunderwerbsteuer auslösen wie inländische; Anknüpfungspunkt ist allein das inländische Grundstück[42].

Nach § 6a S. 2 GrEStG findet die Privilegierung grundsätzlich auch auf "entsprechende Umwandlungen aufgrund des Rechts eines Mitgliedstaats der EU Anwendung"[43].

Es stellt sich die Frage, wann eine "entsprechende Umwandlung" vorliegt. Die Formulierung weicht insoweit vom UmwStG ab, wo "vergleichbare ausländische Vorgänge" Umwandlungen nach dem deutschen Umwandlungsrecht gleichgestellt werden[44]. Es stellt sich daher die Frage, ob dieselben Maßstäbe wie nach dem UmwStG gelten. Ungeklärt ist, ob sich entsprechende Umwandlung auf Vorliegen einer Gesamtrechtsnachfolge und/oder Relevanz einer Registergerichtsentscheidung mit Register-Eintragung oder ein sonstiges Kriterium bezieht[45]. Die Gesetzesbegründung enthält insoweit keine Aussage.

Die wohl überwiegende Ansicht in der Literatur bejaht eine Anwendung der Grundsätze des UmwStG[46]. Dies wird sowohl mit dem Schweigen der Gesetzesbegründung als auch mit einer gemeinschaftsrechtskonformen Auslegung begründet[47]. Im vorliegenden Fall ist davon auszugehen, dass die niederländische Verschmelzung einer Verschmelzung nach dem UmwG entspricht.

Der Sidestream Merger, an dem mehrere abhängige Gesellschaften (hier die N-B.V. und die Y-B.V.) und die X-B.V. als herrschendes Unternehmen beteiligt sind, erfüllt grundsätzlich die Voraussetzungen des § 6a Satz 3 und 4 GrEStG, vorausgesetzt, dass die Behaltensfristen gewahrt werden.

---

41 So auch Scheunemann/Dennisen/Behrens, BB 2010, 23 (33); zur teleologischen Reduktion von § 5 Abs. 3 GrEStG vgl. Gottwald, Grunderwerbsteuer, 3. Auflage, 2009, Rz. 537
42 Wischott/Schönweiß, DStR 2009, 2638 (2640).
43 In der Literatur wird zum Teil Erweiterung auf Nicht-EU-/EWR-Länder gefordert, vgl. Wischott/Schönweiß, DStR 2009, 2638 (2640).
44 Vgl. Dettmeier/Geibel, NWB, S. 582 (586).
45 Vgl. Behrens, AG 2010, S. 119 (120).
46 Vgl. Behrens, AG 2010, S. 119 (120); Dettmeier/Geibel, NWB, S. 582 (586).
47 Vgl. Dettmeier/Geibel, NWB, S. 582 (586).

5. Fazit

Die Neuregelung des § 6a GrEStG ist auf jeden Fall als Schritt in die richtige Richtung zu begrüßen. Allerdings hält die Regelung schon nicht, was die Überschrift zu dieser Vorschrift verspricht: "Steuervergünstigung bei Umstrukturierungen im Konzern." Denn es werden nur bestimmte Umwandlungsvorgänge nach dem UmwG privilegiert. Normale konzerninterne Umstrukturierungsvorgänge – wie z.b. die Einbringung einer 100% Beteiligung in eine 100%-ige Schwestergesellschaft – sind von der Vorschrift nicht erfasst. Für eine solche Gestaltung besteht aber genauso ein Bedarf wie für eine Ausgliederung. Leider ist die Vorschrift sehr komplex angelegt, so dass sich mittlerweile schon sehr viele Streifragen ergeben haben, die einer Klärung durch die Finanzverwaltung und der Rechtsprechung harren. Darüber hinaus sind die Missbrauchsverhinderungsregelungen extrem restriktiv (insbesondere die fünfjährige Vorbehaltens- und Nachbehaltensfrist), woraus sich eine erhebliche Einengung des Anwendungsbereichs ergibt. Insgesamt bleibt aber zu hoffen, dass die Vorschrift durch den zu erwartenden Erlass der Finanzverwaltung großzügiger ausgelegt wird. In jedem Fall erfordert die Nutzung der Vorschrift in der Praxis ein erhebliches "Monitoring" in der Folgezeit, damit es nicht zu einem rückwirkenden Wegfall der Vergünstigung kommt.

3. Generalthema
Die Entwicklung der Unternehmensbesteuerung – der kommende Umwandlungssteuererlass und die weitere Ausformung der Gruppenbesteuerung

VII. Umwandlungssteuerliche Behandlung der KGaA (Haarmann)

A. Sachverhalt

An der M-KGaA ist die A-oHG als persönlich haftende Gesellschafterin mit einer Vermögenseinlage von EUR 600.000 beteiligt. Zudem sind an der M-KGaA die Kommanditaktionäre B, C und D mit einem Kommanditaktienkapital in Höhe von insgesamt EUR 400.000 beteiligt.

Die M-KGaA hält 100% der Anteile an der T-GmbH. Es wird beschlossen, die T-GmbH im Wege eines „Upstream Merger" auf die M-KGaA zu verschmelzen.

Die T-GmbH ihrerseits hält 100% der Anteile an einer französischen Kapitalgesellschaft, der E-Sárl. Die E-Sárl zahlt regelmäßig Dividenden an ihre Muttergesellschaft.

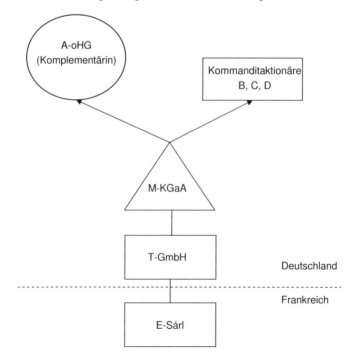

B. Fragestellung

Es stellt sich die Frage, welche steuerlichen Vorschriften auf die Verschmelzung unter Beteiligung der KGaA anzuwenden sind. Fraglich ist ferner, ob nach Durchführung der Verschmelzung der T-GmbH auf die M-KGaA in Bezug auf die Dividenden, die die E-Sárl an die M-KGaA zahlt, das im DBA Frankreich verankerte Schachtelprivileg anzuwenden ist.

C. Lösungshinweise

I. Umwandlungssteuerliche Behandlung der KGaA

Die umwandlungssteuerliche Behandlung der KGaA ist nicht abschließend geklärt. Schwierigkeiten in der Anwendung des UmwStG ergeben sich vor allem aufgrund der besonderen Struktur der KGaA. Um beurteilen zu können, nach welchen umwandlungssteuerrechtlichen Vorschriften[1] die KGaA zu beurteilen ist, ist zunächst eine rechtliche und steuerliche Einordnung der KGaA erforderlich.

1. Rechtliche und steuerliche Einordnung der KGaA

Die KGaA ist nach der Legaldefinition des § 278 Abs. 1 AktG eine Gesellschaft mit eigener Rechtspersönlichkeit, bei der mindestens ein Gesellschafter den Gesellschaftsgläubigern unbeschränkt haftet (Komplementär) und die übrigen an dem in Aktien zerlegten Grundkapital beteiligt sind, ohne persönlich für die Verbindlichkeiten der Gesellschaft zu haften (Kommanditaktionäre). Demnach ist die KGaA grundsätzlich eine Kapitalgesellschaft. Gemäß § 278 Abs. 2 AktG i.V.m. § 161 Abs. 2, §§ 125 ff. HGB muss jedoch ein Gesellschafter als Komplementär den Gesellschaftsgläubigern nach den Vorschriften der Personengesellschaft unbeschränkt haften[2]. Die KG hat mithin in gesellschaftsrechtlicher Hinsicht zwei Gesichter, da sie Elemente der Aktiengesellschaft und der Kommanditgesellschaft vereint[3].

Die gesellschaftsrechtlich geprägte duale Rechtsstruktur der KGaA gilt auch im Steuerrecht: Als Kapitalgesellschaft ist sie für Zwecke der Körperschaftsteuer[4] und der Gewerbesteuer[5] ein eigenständiges Steuersubjekt mit der Folge, dass auch steuerrechtlich zwischen Gesellschaftsebene und Gesellschafterebene zu trennen ist. Dieses Trennungsprinzip artikuliert sich in einer Zwei-Ebenen-Besteuerung, wonach einerseits die KGaA und andererseits die Kommanditaktionäre der Besteuerung zu unterwerfen sind. Soweit es demgegenüber die Komplementäre betrifft, gilt im Ergebnis das Transparenzprinzip, so dass entsprechend dem im Einkommensteuergesetz statuierten Mitunternehmerkonzept eine Ein-Ebenen-Besteuerung

---
[1] §§ 11-13 UmwStG oder/und §§ 3-10 UmwStG
[2] Falter in: Festschrift für Sebastian Spiegelberger zum 70. Geburtstag, 2009, 113
[3] Kusterer, Überlegungen zur steuerrechtlichen Behandlung der Verschmelzung einer GmbH auf eine atypisch ausgestaltete Kommanditgesellschaft auf Aktien, DStR 1998, 1412
[4] § 1 Abs. 1 Nr. 1 KStG
[5] § 2 Abs. 2 GewStG

erfolgt[6]. Die Anwendbarkeit des Transparenzprinzips für die Komplementäre folgt aus § 15 Abs. 1 Satz 1 Nr. 3 EStG. Gemäß § 15 Abs. 1 Satz 1 Nr. 3 EStG sind Gewinnanteile der persönlich haftenden Gesellschafter einer KGaA, soweit sie nicht auf Anteile am Grundkapital entfallen, und die Vergütung, die der persönlich haftende Gesellschafter von der Gesellschaft für seine Tätigkeit im Dienst der Gesellschaft oder für die Hingabe von Darlehen oder für die Überlassung von Wirtschaftsgütern bezogen hat, Einkünfte aus Gewerbebtrieb. § 15 Abs. 1 Satz 1, Nr. 3 EStG steht im systematischen Zusammenhang mit § 9 Abs. 1 Nr. 1 KStG, der bestimmt, dass bei einer KGaA und bei vergleichbaren Kapitalgesellschaften der Teil des Gewinns, der an persönlich haftende Gesellschafter auf ihre nicht auf das Grundkapital gemachten Einlagen oder als Vergütung (Tantieme) für die Geschäftsführung verteilt wird, abziehbare Aufwendungen darstellen. § 9 Abs. 1 Nr. 1 KStG stellt sicher, dass im Ergebnis eine steuerliche Doppelbelastung mit Körperschaft- bzw. Einkommensteuer vermieden wird[7]. Folglich sind bei einer KGaA stets drei Besteuerungsebenen voneinander zu trennen:

- Besteuerung der KGaA als Kapitalgesellschaft,

- Besteuerung der Kommanditaktionäre bei Zufluss der Dividenden,

- Besteuerung der Komplementäre wie Mitunternehmer.

Die Besteuerung der Komplementäre wie Mitunternehmer wird durch die höchstrichterliche Rechtssprechung bestätigt. Der BFH hat im so genannten Herstatt-Urteil vom 21. Juni 1989[8] wesentliche Aussagen zum steuerlichen Verhältnis zwischen Komplementär und der KGaA gemacht. Den Umstand, dass die KGaA keine typische Kapitalgesellschaft ist, sondern neben Merkmalen einer Kapitalgesellschaft (im Verhältnis zu den Kommanditaktionären) auch Merkmale einer Personengesellschaft (im Verhältnis zu den persönlich haftenden Gesellschaftern) enthält, hat der BFH wie folgt berücksichtigt: Die persönlich haftenden Gesellschafter einer KGaA seien – anders als die persönlich haftenden Gesellschafter einer KG – im Gesetz nicht als Mitunternehmer bezeichnet. Sie seien aber „wie Mitunternehmer zu behandeln". Schon gesellschaftsrechtlich stehe der persönlich haftende Gesellschafter einer KGaA dem persönlich haftenden Gesellschafter einer KG näher als einem Aktionär. Dies ergebe sich abgesehen von § 278, Abs. 2 AktG, vor allem aus § 278, Abs. 1 AktG. Die unbeschränkte persönliche Außenhaftung sei ein Ordnungsprinzip des Personengesellschaftsrechts. Steuerrechtlich sei die Einkommensbesteuerung des persönlich haftenden Gesellschafters, sofern dieser nicht auch Kommanditaktionär sei, „an der Wurzel" von der Körperschaftsbesteuerung der KG abzuspalten und uneingeschränkt gemäß § 15 Abs. 1 Nr. 3 EStG dem gewerblichen Bereich zuzuweisen. Die Einkünfte seien ihm wie einem Mitunternehmer unmittelbar zuzurechnen[9].

---

[6] Schaumburg, Die KGaA als Rechtsform für den Mittelstand, DStZ 1998, 525, 533
[7] Bogenschütz in: Festschrift für Siegfried Widmann, Bonn 2000, 163, 171
[8] BFH vom 21.06.1989, BStBl. 1989 II, 881
[9] BFH vom 21.06.1989, BStBl. 1989 II, 881

2. Fehlende Regelung im Umwandlungssteuergesetz und Umwandlungssteuererlass

Aus der vorstehenden rechtlichen und steuerlichen Einordnung der KGaA geht hervor, dass die KGaA gesellschaftsrechtlich Elemente einer Aktiengesellschaft und einer Kommanditgesellschaft enthält. Der steuerliche Befund ist, dass die KGaA einerseits wie eine Kapitalgesellschaft und andererseits, in Bezug auf die Komplementäre, wie eine Mitunternehmerschaft zu besteuern ist.

Das UmwStG differenziert jedoch lediglich zwischen Kapitalgesellschaften und Mitunternehmerschaften. Es kennt keine speziellen Regelungen, die der Besonderheit der KGaA als Mischrechtsform Rechnung tragen. Die umwandlungssteuerrechtliche Behandlung der KGaA ist mithin gesetzlich nicht abschließend geklärt. Auch der Umwandlungssteuererlass vom 25. März 1998[10] schafft mangels einer Regelung für die KGaA keine Aufklärung.[11]

In der Literatur ist die umwandlungssteuerrechtliche Behandlung der KGaA umstritten. Es werden folgende Meinungen vertreten:

3. Behandlung als Mischumwandlung

Eine Auffassung in der Literatur überträgt die gesellschaftsrechtliche und steuerrechtliche duale Struktur der KG auch auf das Umwandlungssteuerrecht und geht mithin von einer Mischumwandlung aus[12]. Die von der höchstrichterlichen Rechtsprechung im Herstatt-Urteil vollzogene Gleichstellung von persönlich haftendem Gesellschafter und Mitunternehmer muss nach der herrschenden Meinung in der Literatur auch umwandlungssteuerrechtlich nachvollzogen werden[13].

Das UmwStG sieht keine Spezialregelung für die hybride Rechtsform der KGaA vor. Insofern liegt eine Gesetzeslücke vor. Diese Gesetzeslücke ist – soweit die Sondereinlage des persönlich haftenden Gesellschafters betroffen ist – durch eine analoge Anwendung der Vorschriften des UmwStG über Mitunternehmerschaften zu schließen. Danach sollen bei Umwandlungen unter Beteiligung einer KGaA folgende Grundaussagen gelten:

- Soweit eine Umwandlung das Vermögen der KGaA berührt, das durch das Grundkapital repräsentiert wird, finden die Vorschriften für Kapitalgesellschaften, d.h. §§ 11-13 UmwStG, sowohl auf die Kommanditaktionäre als auch auf die KGaA selbst Anwendung.

- Auf die Beteiligung des persönlich haftenden Gesellschafters und auf den Teil des Gesellschaftsvermögens, welches der Vermögenseinlage bzw. Sondereinlage des persönlich

---

[10] BMF v. 25.03.1998, BStBl. I 1998, 268

[11] Haritz in: Haritz / Menner, UmwStG, 3. Auflage, § 1, Rn. 90

[12] Haritz in: Haritz / Menner, UmwStG, 3. Auflage, § 1, Rn. 90; Riotte/ Renner in: Schütz/ Bürgers/ Riotte, Die Kommanditgesellschaft auf Aktien, 2004, § 11, Rn. 508; Bogenschütz in: Festschrift Wittmann, 163, Dötsch in: Dötsch/ Jost/ Pung/ Witt, Die Körperschaftsteuer, UmwStG vor §§ 11-13 (SEStEG) Rn. 25

[13] Haritz in: Haritz / Menner, UmwStG, 3. Auflage, § 1, Rn. 90; Riotte/ Renner in: Schütz/ Bürgers/ Riotte, Die Kommanditgesellschaft auf Aktien, 2004, § 11, Rn. 508; Bogenschütz in: Festschrift Wittmann, 163, Dötsch in: Dötsch/ Jost/ Pung/ Witt, Die Körperschaftsteuer, UmwStG vor §§ 11-13 (SEStEG) Rn. 25

haftenden Gesellschafters rechnerisch entspricht, sind dagegen die für Mitunternehmerschaften geltenden Vorschriften des UmwStG, d.h. §§ 3-10 UmwStG, anzuwenden[14].

Die Verschmelzung der T-GmbH auf die M-KGaA bezieht sich zu 60% (600.000: (600.000+ 400.000)) auf die Beteiligung des persönlich haftenden Gesellschafters (A-oHG) und auf den Teil des Vermögens der M-KGaA, welches der Vermögenseinlage der A-oHG rechnerisch entspricht. Zu einem Anteil von 60% unterliegt die Verschmelzung der T-GmbH auf die M-KGaA also den Vorschriften der §§ 3-10 UmwStG. Zu 40% berührt die Verschmelzung das Vermögen der M-KGaA, das durch das Grundkapital in Höhe von € 400.000 repräsentiert wird. Insofern finden nach dieser Auffassung die Vorschriften der §§ 11-13 UmwStG Anwendung.

4. Kapitalgesellschaftsbetrachtung

Eine andere Auffassung innerhalb der Literatur lehnt die These von der „Mischumwandlung" ab. Es wird darauf verwiesen, dass das UmwStG im Hinblick auf die KGaA nicht lückenhaft sei und sich steuersystematisch gewünschte Ergebnisse auch aus einer unmittelbaren Anwendung der umwandlungssteuerrechtlichen Norm ableiten lassen. Diese Auffassung basiert auf der strikten Trennung der Gesellschafts- und der Gesellschafterebene. Die KGaA sei auf Gesellschaftsebene danach stets und uneingeschränkt als Kapitalgesellschaft zu beurteilen. Da das Steuerrecht die KGaA in ihrer Eigenschaft als Körperschaft akzeptiere, und zwar ungeachtet dessen, ob es sich um den Blickwinkel der KGaA gegenüber ihrem persönlich haftenden Gesellschafter oder einem Dritten handle, könne die Verschmelzung einer GmbH auf ihre Mutter-KGaA nur nach den §§ 11-13 UmwStG behandelt werden[15]. Die Vertreter dieser Auffassung kritisieren an der These von der Mischumwandlung, dass sich die steuerrechtliche Behandlung der Verschmelzung einer GmbH auf eine atypisch ausgestaltete KGaA an dem gesellschaftsrechtlichen Verhältnis des persönlich haftenden Gesellschafters und der Gesamtheit der Kommanditaktionäre der KG zueinander und nicht an der gesellschaftsrechtlichen Einordnung der KGaA als Körperschaft orientieren soll; immerhin handle es sich bei dem Übernehmer im Rahmen einer Verschmelzung um die KGaA als solche und nicht um deren Gesellschafter[16].

Bei Zugrundelegung dieser Auffassung wäre die Verschmelzung der T-GmbH auf die M-KGaA ausschließlich auf der Grundlage der §§ 11-13 UmwStG zu beurteilen.

---

[14] Riotte/ Renner in: Schütz/ Bügers/ Riotte, Die Kommanditgesellschaft auf Aktien, Rn. 502

[15] Kusterer, Überlegungen zur steuerrechtlichen Behandlung der Verschmelzung einer GmbH auf eine atypisch ausgestaltete Kommanditgesellschaft auf Aktien, DStR 1998, 1412

[16] Kusterer, DStR 1998, 1412

5. Auffassung der Finanzverwaltung

Im BMF werden derzeit in verschiedenen Arbeitsgruppen Unterlagen für einen neuen Umwandlungssteuererlass diskutiert, der den bisherigen - durch das SEStEG überholten – Erlass aus dem Jahre 1998[17] ablösen soll. Dem Vernehmen nach soll die umwandlungsrechtliche Beteiligung einer KGaA erstmals wie folgt geregelt werden:

„*Die Umwandlung unter Beteiligung einer KGaA ist als Mischumwandlung zu behandeln, die insoweit, als das Aktienkapital der KGaA betroffen ist, unter die §§ 11-13 UmwStG fällt und insoweit, als der persönlich haftende Gesellschafter beteiligt ist, unter die §§ 3-10 UmwStG fällt.*"[18]

Der Erlass-Entwurf entspricht im Wesentlichen der These von der Mischumwandlung, die von der herrschenden Literaturmeinung vertreten wird.

Bei Zugrundelegung der Regelung aus dem Erlass-Entwurf würde auf die Verschmelzung der T-GmbH auf die M-KGaA zum Teil (60%) die §§ 3-10 UmwStG und zum Teil (40%) die §§ 11-13 UmwStG Anwendung finden.

6. Eigene Meinung

Die Kapitalgesellschaftsbetrachtung verkennt, dass steuer-systematisch befriedigende Ergebnisse nur erzielt werden können, wenn die KGaA – soweit die Vermögenseinlage des persönlich haftenden Gesellschafters betroffen ist – für die Anwendung des UmwStG fiktiv einer Mitunternehmerschaft gleichgestellt wird. Nur mit Hilfe der parallelen Anwendung der für Kapitalgesellschaften und der für Mitunternehmerschaften geltenden umwandlungssteuerrechtlichen Vorschriften lassen sich sämtliche Umwandlungsvorgänge einer sachgerechten Lösung zuführen. Dies gilt insbesondere für Umwandlungssachverhalte, die zu einem steuerrechtlichen Systemwechsel zwischen dem Trennungs- und Transparenzprinzip führen. In diesen Fällen können steuersystematisch befriedigende Lösungen nur erzielt werden, wenn auch eine Anwendung der §§ 3-10 UmwStG möglich ist[19].

Auf die zu beurteilende Verschmelzung der T-GmbH auf die M-KGaA sind folglich zum Teil (60%) die §§ 3-10 UmwStG und zum Teil (40%) die §§11-13 UmwStG anwendbar.

Solange der Umwandlungssteuer-Erlass keine eindeutige Regelung zur umwandlungssteuerrechtlichen Behandlung der KGaA enthält, ist in solchen Fällen unbedingt zur Einholung einer verbindlichen Auskunft zu raten.

---

[17] GmbHR 1998, 444
[18] Vergleiche Haritz, Neuer Umwandlungssteuererlass in Vorbereitung, GmbHR 2009, 1194
[19] Riotte/ Renner in Schütz/ Bürgers/ Riotte, Die Kommanditgesellschaft auf Aktien, Rn. 508

II. Anwendung des DBA-Schachtelprivilegs bei der M-KGaA

Fraglich ist, ob die Dividenden, die die E-Sàrl nach der Verschmelzung der T-GmbH auf die M-KGaA an die M-KGaA zahlt, dem Schachtelprivileg unterliegen. Die Anwendbarkeit des Schachtelprivilegs beurteilt sich nach Art. 20 Abs. 1 Buchstabe a DBA–Frankreich. Das internationale Schachtelprivileg sieht vor, dass Dividenden, die eine ausländische Tochtergesellschaft an ihre in Deutschland ansässige Muttergesellschaft ausschüttet, unter bestimmten Vorraussetzungen in Deutschland von der Besteuerung freigestellt werden[20].

Nach Art. 20 Abs. 1 Buchstabe a DBA–Frankreich wird die Doppelbesteuerung bei Personen, die in der Bundesrepublik Deutschland ansässig sind, vorbehaltlich der Buchstaben b und c dadurch ausgeschaltet, dass die aus Frankreich stammenden Einkünfte von der Bemessungsgrundlage der deutschen Steuer ausgenommen werden, die nach dem Abkommen in Frankreich besteuert werden können. Gemäß Artikel 20 Abs. 1 Buchstabe b DBA-Frankreich ist bei Dividenden die vorgenannte Freistellung nur auf die Netto-Einkünfte anzuwenden, die den Dividenden entsprechen, die von einer in Frankreich ansässigen Kapitalgesellschaft an eine in der Bundesrepublik ansässige Kapitalgesellschaft gezahlt werden, der mindestens 10% des Gesellschaftskapitals der in Frankreich ansässigen Kapitalgesellschaft gehören.

Voraussetzung ist, dass Dividenden von einer in Frankreich ansässigen Kapitalgesellschaft gezahlt werden (Art. 20 Abs. 1 Buchstabe a DBA–Frankreich). Die E-Sàrl ist eine Kapitalgesellschaft nach französischem Recht, die Dividenden im Sinne von Art. 9 Abs. 1 und Abs. 6 DBA–Frankreich an die M-KGaA zahlt. Diese Voraussetzung ist somit erfüllt.

Voraussetzung ist ferner, dass die Dividenden nach dem DBA-Frankreich in Frankreich besteuert werden können (Artikel 20 Abs. 1 Buchstabe a DBA-Frankreich). Gemäß Artikel 9 Abs. 2 DBA-Frankreich hat Frankreich als Quellenstaat grundsätzlich das Recht, für die fraglichen Dividenden eine Quellensteuer zu erheben. Die Quellensteuer darf jedoch 15% des Bruttobetrags der Dividenden nicht übersteigen. Dieses Recht steht Frankreich gemäß Artikel 9 Abs. 3 DBA-Frankreich nicht in Bezug auf solche Dividenden zu, die eine in Frankreich ansässige Kapitalgesellschaft an eine in der Bundesrepublik Deutschland ansässige Kapitalgesellschaft zahlt, der mindestens 10% des Gesellschaftskapitals der französischen Gesellschaft gehören. Unabhängig vom Vorliegen der Voraussetzungen des Art. 9 Abs. 3 DBA-Frankreich soll es jedoch für die Anwendung des Art. 20 Abs. 1 Buchstabe a DBA–Frankreich genügen, dass gemäß Art. 9 Abs. 2 DBA-Frankreich ein allgemeines Besteuerungsrecht besteht[21]. Die Voraussetzungen des Art. 9 Abs. 2 DBA-Frankreich sind vorliegend gegeben. Somit ist auch dieses Tatbestandsmerkmal erfüllt.

Des Weiteren muss es bei der M-KGaA um eine Person in der Rechtsform der Kapitalgesellschaft handeln[22]. Es ist umstritten, ob eine KGaA als Kapitalgesellschaft im Sinne

---

[20] Vogel/Lehner, Doppelbesteuerungsabkommen, 5. Auflage 2009, Artikel 23, Rn. 91
[21] BFH v. 29.5.1996, BStBl. II 1997, 63; FG Hessen, IStR 2009, 658
[22] Art. 20 Abs. 1 Buchstabe b DBA–Frankreich

von Art. 20 Abs. 1 Buchstabe a DBA–Frankreich anzusehen ist. Aufgrund der innerstaatlichen hybriden Besteuerung der KGaA nach § 9 Abs. 1 Nr. 1 KStG und § 15 Abs. 1 Nr. 3 EStG soll nach einer Auffassung eine KGaA nur insoweit als Kapitalgesellschaft im Sinne von Art. 20 Abs. 1 Buchstabe a DBA–Frankreich anzusehen sein, soweit Kommanditaktionäre an der KGaA beteiligt sind. Soweit die A-oHG an der M-KGaA beteiligt ist, soll laut dieser Auffassung keine Kapitalgesellschaft vorliegen; insoweit sei das Schachtelprivileg nicht zu gewähren[23].

Nach einer anderen Auffassung ist eine KGaA eine Person beziehungsweise Kapitalgesellschaft im Sinne von Art. 20 Abs. 1 Buchstabe b DBA–Frankreich[24]. Die Regelungen des DBA-Frankeich stellen gegenüber dem innerstaatlichen deutschen Steuerrecht lex specialis dar (§2 AO), was verbietet, die innerstaatliche Einkünfteeinstufung zum Maßstab der Abkommensauslegung zu machen. Die Abkommensauslegung ist vielmehr soweit wie möglich aus dem Abkommen selbst zu schöpfen. Das DBA-Frankreich selbst stellt die Weichen darüber, wann unter dem Abkommen eine eigenständige Personeneigenschaft einer Gesellschaft zu bejahen ist. Dies ist gemäß Art. 2 Abs. 1 Nr. 3 Buchstabe b DBA-Frankreich der Fall, wenn eine juristische Person vorliegt. Da eine KGaA nach ausdrücklicher Nennung in § 1 KStG Körperschaftssteuersubjekt ist, stellt sie unter dem Abkommen eine eigenständige Person dar, was eine Einstufung als Personengesellschaft ausschließt[25] Nach dieser Auffassung stellt die M-KGaA eine Kapitalgesellschaft im Sinne von Art. 20 Abs. 1 Buchstabe b DBA–Frankreich dar. Folglich sind die Voraussetzungen für die Anwendung des Schachtelprivilegs gegeben. Diese Auffassung ist vorzugswürdig, da die erstgenannte Auffassung im Widerspruch zu dem in § 2 AO (lex specialis) geregelten Anwendungsvorrang steht, der es verbietet, die innerstaatliche Einkünfteeinstufung gemäß §§ 9 Abs. 1 Nr. 1 KStG, 15 Abs. 1 Nr. 3 EStG zum Maßstab für die Abkommensauslegung zu machen[26].

Eine Steuerbefreiung der Dividenden, die die E-Sarl an die M-KGaA zahlt, im Inland könnte ebenfalls auf der Grundlage von Art. 4 Mutter-Tochter-Richtlinie[27] in Betracht kommen. Dies gilt insbesondere angesichts der Tatsache, dass die „Kommanditgesellschaft auf Aktien" in Anlage 2 zu § 43b EStG explizit als *Gesellschaft im Sinne der Mutter-Tochter-Richtlinie* aufgeführt wird. Die Richtlinie ist hinsichtlich einer Steuerfreistellung des Komplementärs sicher nicht umgesetzt. Ob sich aus der Richtlinie unmittelbar die Steuerfreiheit des Komplementärs ergibt, ist diskutabel, aber m.E. zweifelhaft.

D. Literaturhinweise

Haritz, GmbHR 2009, 1194; Haritz/ Menner, UmwStG, 3. Auflage; Rödder/ Herlinghaus/ van Lishaut, UmwStG 2008; Schütz/ Bürgers/ Riotte, Die Kommanditgesellschaft auf Aktien, 2004;

---

[23] Auffassung der Finanzverwaltung in dem Sachverhalt, der dem Urteil des FG Hessen vom 23.06.2009 zugrunde liegt; FG Hessen, IStR 2009, 658

[24] FG Hessen v. 23.6.2009, IStR 2009, 658

[25] FG Hessen v. 23.6.2009, IStR 2009, 658

[26] Hageböke, IStR 2010, 59

[27] Art. 4 der Richtlinie (EWR) Nr. 90/435 über das gemeinsame Steuersystem der Mutter- und Tochtergesellschaften verschiedener Mitgliedstaaten vom 23. Juli 1990

Bogenschütz, Festschrift für Widmann, Seite 163ff; Kusterer, DStR 1998, 1412; Haritz, DStR 1996, 1192; Kusterer, FR 2003, 502; FG Hessen v. 23.06.2009, IStR 2009, 658; Hageböke, Zur Anwendung des DBA-Schachtelprivilegs bei der KGaA – zugleich Anmerkung zum Beitrag von Kramer, IStR 2009, S. 57, IStR 2010, 59

3. Generalthema
Die Entwicklung der Unternehmensbesteuerung – der kommende Umwandlungssteuererlass und die weitere Ausformung der Gruppenbesteuerung

VIII. Erweiterte Anwachsung und Spaltungshindernisse im Lichte des UmwStG (Schüppen)

A. Fall VIII. 1 (Erweiterte Anwachsung):

I. Sachverhalt

An der Z GmbH & Co. KG (KG) sind als Komplementär die Z-GmbH (Z) ohne Kapitalanteil und an der Z die natürliche Person A zu 100 % beteiligt. A ist auch der einzige mit einer Kommanditeinlage von EUR 1 Mio. beteiligte Kommanditist. Zum 1. Mai 2010 bringt er seine Kommanditbeteiligung an der KG in die Z im Wege der Sacheinlage ein. Das Stammkapital der Z wird um EUR 1 Mio. erhöht. Als Gegenleistung für die eingebrachten Anteile an der X erhält A neue Anteile an der Z. Der gemeine Wert der Beteiligung beträgt zum Einbringungszeitpunkt EUR 5 Mio.

Kann die Transaktion zu Buchwerten durchgeführt werden?

II. Lösungshinweise

1. Grundlagen der Anwachsung

Bei einer einfachen Anwachsung („Austrittsmodell") tritt ein Gesellschafter aus einer Personengesellschaft aus. Als zwingende Folge des Ausscheidens wächst der Anteil des ausscheidenden Gesellschafters nach § 738 BGB den übrigen Gesellschaftern an. Scheidet ein Gesellschafter einer zweigliedrigen Personengesellschaft aus, führt dies zur Auflösung der Gesellschaft und zum Übergang des Gesellschaftsvermögens auf den verbleibenden Gesellschafter.

Bei der sogenannten erweiterten Anwachsung („Einbringungsmodell") – wie hier – bringen der/die Gesellschafter einer Personengesellschaft ihre Gesellschaftsanteile in eine an der Personengesellschaft beteiligten GmbH ein. Dabei geht das Vermögen der Personengesellschaft nach Anwachsung auf den übernehmenden Rechtsträger, die Z-GmbH über, die Personengesellschaft erlischt ohne Liquidation.

Die Anwachsung erfolgt nach Ansicht der Rechtsprechung und Literatur im Rahmen einer Gesamtrechtsnachfolge nach § 738 BGB, § 140 Abs. 1 S. 2 HBG[1]. Die Finanzverwaltung hingegen behandelt die erweiterte Anwachsung widersprüchlich, nämlich einerseits als Einzelrechtsnachfolge[2] für die Anwendung des UmwStG und andererseits im Anwendungserlass der AO als Gesamtrechtsrechtsnachfolge[3].

2. Rechtslage vor SEStEG

Die Übertragung der Mitunternehmeranteile von A auf Z gegen Gewährung neuer Anteile der Z konnte nach altem Recht steuerneutral durchgeführt werden, da es sich bei der Einbringung nach Ansicht der Finanzverwaltung um einen begünstigten Vorgang nach § 20 UmwStG handelte[4]. Durch die ausdrückliche Erwähnung im bisherigen UmwStErl. als „Einbringung durch Einzelrechtsnachfolge" steuerneutral möglich. Auch die im Anschluss ausgelöste Anwachsung des Vermögens der KG auf Z erfolgte ohne ertragsteuerliche Konsequenzen[5].

3. Erweiterte Anwachsung nach dem SEStG

a) Problematik

Durch das SEStEG wurde in der Definition des Anwendungsbereiches des UmwStG in § 1 eine zwar nicht vorhandene Aufzählung der im UmwStG steuerbegünstigten Umstrukturierungen eingeführt. Im für den Fall relevanten Zusammenhang sind nur Vorgänge, die unter das UmwG fallen (§ 1 Abs. 3 Nr. 1-3 UmwStG), und Einbringungen von Betriebsvermögen im Rahmen der Einzelrechtsnachfolge steuerbegünstigt. Diese Änderung wirft die Frage auf, ob Einbringungen im Rahmen der erweiterten Anwachsung auch weiterhin steuerneutral nach dem UmwStG möglich sind. Denn die Anwachsung ist nicht im UmwG geregelt und ein Fall der Gesamtrechtsnachfolge. Damit fällt die Anwachsung bei einer strengen Betrachtung nicht unter die abschließende Aufzählung des § 1 Abs. 1 Nr. 1-5 UmwStG. Die geänderten Vorschriften des UmwStG sind erstmals für Umwandlungen und Einbringungen anzuwenden, bei denen die Anmeldung zur Registereintragung nach dem 12. Dezember 2006 erfolgte.

Tatsächlich wird diese strenge Betrachtung in der Literatur teilweise vertreten[6] und die Steuerneutralität versagt. Der Ansicht liegt aber zugrunde, dass die Anwachsung in einem Schritt, ohne vorigen Zwischenerwerb der Beteiligung durch A erfolgt.

---

[1] BGH vom 16. Dezember 1999 NJW 2000, S. 1.119, BFH vom 18. September 1980 BStBl. II 1981, S. 293, *Orth* DStR 2005, S. 1.629.
[2] BMF v. 25.03.1998, BStBl I, 268, Rn. 20.02.
[3] AEAO vom 2. Januar 2008, BStBl I 2008, 26, § 45 Tz. 1; *Schmid/Dietel*, DStR 2008, S. 529.
[4] BMF v. 25.03.1998, BStBl I, 268, Rn. 20.02.
[5] *Kowallik/Merklein/Scheipers* DStR 2008 S. 173.
[6] *Patt* in: Dötsch/Patt/Pung/Möhlenbrock Umwandlungssteuerrecht 6. Auflage § 20 Tz. 6, Winkeljohann/Fuhrmann in: Handbuch des UmwStR 2007, S. 829, 889.

b) Herrschende Meinung

Die vorzugswürdige Gegenauffassung berücksichtigt, dass es sich bei der erweiterten Anwachsung um eine Transaktion handelt, die in zwei Schritten erfolgt, die getrennt voneinander zu beurteilen sind[7]. Zunächst wird der Mitunternehmeranteil von A im Rahmen der Einzelrechtsnachfolge gegen Gewährung neuer Anteile an Z eingebracht. Dieser erste Schritt stellt das die Anwachsung auslösende Ereignis dar, welches nach § 20 UmwStG steuerneutral möglich ist. Im zweiten Schritt, eine logische Sekunde später, erfolgt dann die Anwachsung im Rahmen der Gesamtrechtsnachfolge, welche sich auch bisher schon immer steuerneutral vollzogen hat[8]. Die Anwachsung des Vermögens der KG auf Z ist dabei lediglich als ein Reflex des vorangegangenen Übertragungsvorgangs zu beurteilen. Ertragsteuerliche Konsequenzen sind ausschließlich an die Übertragung der Anteile von A auf Z geknüpft, nicht jedoch an die durch die Übertragung ausgelöste Anwachsung des Gesellschaftsvermögens der KG auf Z[9]. Die Anteilsübertragung ist aber ein Vorgang der Einzelrechtsnachfolge, der unter § 1 Abs. 3 Nr. 4 UmwStG fällt.

4. Einbringung sämtlicher wesentlicher Betriebsgrundlagen?

Ein Hindernis für die Steuerneutralität könnte sein, dass die GmbH Anteile von A an der Z notwendiges Sonderbetriebsvermögen II sind. Für eine ertragsteuerneutrale Einbringung nach § 20 UmwStG ist erforderlich, dass sämtliche wesentliche Betriebsgrundlagen mit eingebracht werden[10]. Die eingebrachten Anteile würden dann zu eigenen Anteilen werden. Allerdings wurde im Rahmen der Billigkeitsregelung der Verwaltung bisher nicht beanstandet, wenn die Anteile nicht mit, also in sich selbst, eingebracht wurden[11]. Die zurückbehaltenen Anteile galten als nicht entnommen und waren als steuerverstrickt entsprechend nach § 21 UmwStG a.F. zu behandeln.

5. Neue Verwaltungsauffassung

Unklar ist wie die Auffassung der Finanzverwaltung zur Rechtslage nach dem SEStEG ausfallen wird, der angekündigte Umwandlungssteuererlass ist noch in Bearbeitung. Anzeichen, dass sich die Auffassung der Finanzverwaltung geändert haben könnte, sind nicht ersichtlich, die Finanzverwaltung wird das erweiterte Anwachsungsmodell aller Voraussicht nach weiterhin als steuerneutrale Umwandlung behandeln. Allerdings ist noch nicht abschließend geklärt, ob

---

[7] *Schumacher/Neumann* DStR 2008, S. 325, *Ettinger/Schmitz* GmbHR 20/2008, S. 1.089, *Widmann* in: Widmann/Mayer § 20 UmwStG Rn. 446, *Kowallik/Merklein/Scheipers* DStR 2008 S. 173, *Schmitt* in: Schmitt/Hörtnagel/Stratz UmwStG 5. Aufl. 2009 § 20 Rn. 195.
[8] OFD Berlin vom 19. Juli 2002 DStR 2002, S. 1.811, *Schumacher/Neumann* DStR 2008, S. 325.
[9] *Kowallik/Merklein/Scheipers* DStR 2008 S. 173, Schumacher/*Neumann* DStR 2008, S. 325.
[10] BMF v. 25.03.1998, BStBl I, 268, Rn. 20.08.
[11] BMF v. 25.03.1998, BStBl I, 268, Rn. 20.11.

dies im Wege der zweistufigen Betrachtungsweise erfolgen wird, oder im Wege einer Billigkeitsregelung[12].

Weiterhin Bestand haben wird aller Voraussicht nach auch die Auffassung, dass die GmbH Anteile des notwendigen Sonderbetriebsvermögens nicht mit eingebracht werden müssen. Für die nicht eingebrachten Anteile wäre dann § 22 Abs. 1 UmwStG (Sperrfrist) entsprechend anzuwenden (Entwurf UmwSt-Erlass Tz. 20.07).

6. Alternativen zur erweiterten Anwachsung

Als Alternative zur erweiterten Anwachsung kommen der Formwechsel und die Verschmelzung in Betracht, welche steuerneutral zum gleichen Zielzustand führen können[13]. Diese sind jedoch aufgrund der umfangreichen Formvorschriften des UmwG umständlicher und kostenintensiver.

Hinweis: Unverändert ist die Lösung im Falle eines unentgeltlichen Ausscheidens von A und eine Anwachsung seiner Anteile nach § 738 BGB, § 140 Abs. 1 S. 2 HGB ohne Kapitalerhöhung bei Z. Mangels Gewährung neuer Anteile liegt/lag kein Fall des § 20 UmwStG vor.

Im Falle eines Verzichts des A auf die Abfindung wird eine verdeckte Einlage von A in Z angenommen, die nach den Grundsätzen der Betriebsaufgabe bzw. Betriebsveräußerung zur Gewinnrealisierung führt[14].

B. Fall VIII. 2 (Spaltungshindernisse):

I. Sachverhalt

Die Z GmbH (Z) besteht aus zwei Teilbetrieben. Der aus einem die Stahl- und Metallverarbeitung für Fahrzeugteile bestehende Teilbetrieb I soll auf die Y-GmbH (Y) abgespalten werden. Der Teilbetrieb II, der die Stahl- und Metallverarbeitung für die Luft- und Raumfahrttechnik beinhaltet, soll in der Z verbleiben. Im Betriebsvermögen der Z befindet sich ein Büro- und Verwaltungsgebäude, welches eine wesentliche Betriebsgrundlage sowohl für den abzuspaltenden Teilbetrieb I, als auch den in der Z verbleibenden Teilbetrieb II darstellt. Die Immobilie soll daher zur weiteren Nutzung von der Z an die Y vermietet werden.

Eine weitere wesentliche Betriebsgrundlage, die durch Y und Z gemeinsam genutzt wird, ist eine Produktionssoftware. Wirtschaftlicher Eigentümer dieser Software sind Z und Y. Alle weiteren wesentlichen Betriebsgrundlagen wie Vertragsbeziehungen, Patente, Marken, usw. können den entsprechenden Teilbetrieben zugeordnet werden.

Kann die Abspaltung zu Buchwerten erfolgen?

---

[12] *Ettinger/Schmitz* GmbHR 20/2008, S. 1.089, *Orth* DStR 2009, S. 192.
[13] *Ettinger/Schmitz* GmbHR 20/2008, S. 1.089.
[14] *Kowallik/Merklein/Scheipers* DStR 2008, S. 173, *Möhlenbrock* in: Dötsch/Patt/Pung/Möhlenbrock Umwandlungssteuerrecht 6. Auflage UmwStG Einf. (SEStEG) Tz. 24, *Schumacher/Neumann* DStR 2008, S. 325.

II. Lösungshinweise:

1. Grundlagen der Abspaltung

Die steuerneutrale Abspaltung nach § 15 Abs. 1 S. 2 UmwStG, § 11 Abs. 2 UmwStG, § 13 Abs. 2 UmwStG ist möglich, wenn auf die Y ein Teilbetrieb übergeht und ein Teilbetrieb bei der Z verbleibt (sog. „doppeltes Teilbetriebserfordernis")[15]. Der Teilbetriebsbegriff, der im UmwStG nicht definiert ist, ist nach h. M. für Inlandsfälle nach nationalem Recht auszulegen[16]. Für die Bestimmung des Teilbetriebsbegriffs sind im Wesentlichen die von der Rechtsprechung entwickelten Grundsätze zu § 16 EStG heranzuziehen[17]. Aus diesem Grund sind sämtliche wesentliche Betriebsgrundlagen mit dem Teilbetrieb auf die übernehmende Gesellschaft Y zu übertragen. Der Begriff der wesentlichen Betriebsgrundlage i. S. d. § 16 EStG erfasst sowohl die Wirtschaftsgüter, in denen erhebliche stille Reserven ruhen (quantitative Betrachtungsweise), als auch die Wirtschaftsgüter, die für die Betriebsführung notwendig sind (qualitative Betrachtungsweise). Der Begriff der wesentlichen Betriebsgrundlage i. S. d. § 15 UmwStG stellt jedoch neuerdings nur noch auf die funktionale Betrachtungsweise ab[18]. Ein Wirtschaftsgut ist nicht mehr allein deshalb wesentlich, wenn in diesem nur erhebliche stille Reserven ruhen. Das Grundstück mit aufstehendem Büro- und Verwaltungsgebäude, sowie die Produktionssoftware stellen sowohl für die Y als auch für die Z unter Berücksichtigung der funktionalen Betrachtungsweise eine wesentliche Betriebsgrundlage dar, da sie zur Erreichung des jeweiligen Betriebszwecks erforderlich sind.

2. Zuordnung der wesentlichen Betriebsgrundlagen

Für die steuerneutrale Abspaltung ist es erforderlich, dass sämtliche wesentliche Betriebsgrundlagen mit dem jeweiligen Teilbetrieb I von Z auf Y übertragen werden. Nach Ansicht der Finanzverwaltung bedeutet dies, dass das zivilrechtliche oder wenigstens das wirtschaftliche Eigentum an den wesentlichen Betriebsgrundlagen übertragen werden muss[19].

3. Gemeinsame Nutzung von wesentlichen Betriebsgrundlagen durch Y und Z

Problematisch sind die gemeinsam von den Teilbetrieben I und II genutzten wesentlichen Betriebgrundlagen.

---

[15] *Dötsch/Pung* in: Dötsch/Patt/Pung/Möhlenbrock Umwandlungssteuerrecht 6. Auflage § 15 Tz. 59, *Widmann* in: Widmann/Mayer Umwandlungssteuerrecht § 15 UmwStG Tz. 27.
[16] *Dötsch/Pung* in: Dötsch/Patt/Pung/Möhlenbrock Umwandlungssteuerrecht 6. Auflage § 15 Tz. 67, *Widmann* in: Widmann/Mayer Umwandlungssteuerrecht § 15 UmwStG Tz. 25.
[17] *Schumacher/Neumann* DStR 2008 S. 325.
[18] BMF-Schreiben vom 16. August 2000, BStBl I 2000, S. 1.253, *Dötsch/Pung* in Dötsch/Patt/Pung/Möhlenbrock Umwandlungssteuerrecht 6. Auflage § 15 Tz. 64.
[19] *Hörtnagl* in: Schmitt/Hörtnagl/Stratz Umwandlungssteuergesetz 5. Auflage § 15 Rz. 69.

a) Finanzverwaltung

Nach der von der Finanzverwaltung vertretenen Auffassung, die auf dem UmwSt-Erlass beruht, der noch zur Rechtslage vor den Änderungen durch das SEStEG ergangen ist, liegen bei der Existenz sog. spaltungshindernder Wirtschaftsgüter keine Teilbetriebe vor[20], mit der Folge, dass eine steuerneutrale Abspaltung nicht erfolgen kann[21]. Die bloße Nutzungsüberlassung des Grundstücks von Z an Y sei nicht ausreichend[22]. Daher gilt auch für die gemeinsam genutzten Wirtschaftsgüter, dass wenigstens das wirtschaftliche Eigentum übertragen werden muss. Durch die teilweise Übertragung des wirtschaftlichen Eigentums nach § 39 Abs. 2 AO an der Produktionssoftware auf Y sind die Voraussetzungen zur Übertragung der wesentlichen Betriebsgrundlagen erfüllt. Bezogen auf das Grundstück bedeutet dies, dass eine reale Teilung bis zum Zeitpunkt des Spaltungsbeschlusses vorgenommen werden muss. Nach Ansicht der Finanzverwaltung müssen „Grundstücke zivilrechtlich real bis zum Zeitpunkt des Spaltungsbeschlusses aufgeteilt werden"[23] (dies erscheint fraglich zu sein, da es auf zivilrechtliche Wirksamkeit des Spaltungsbeschlusses – Eintragung der Spaltung – ankommen muss). Eine reale Teilung kann auch in Form einer Teilung des Grundstücks oder der Begründung von Teileigentum erfolgen. Aus Billigkeitsgründen lässt die Finanzverwaltung in Fällen, bei denen eine reale Teilung der Grundstücke nicht zumutbar erscheint, eine ideelle Aufteilung nach Bruchteilseigentum im Verhältnis der tatsächlichen Nutzung zu[24].

Die Finanzverwaltung wird aller Voraussicht nach an dem Erfordernis der Übertragung sämtlicher wesentlicher Wirtschaftsgüter festhalten[25].

b) Auffassung des Finanzgerichts Sachsen

Das Finanzgericht Sachsen vertritt in seinem nicht rechtskräftigem Urteil vom 9. September 2008[26] entgegen der Verwaltungsansicht die Auffassung, dass der Abschluss eines Mietvertrags über eine wesentliche Betriebsgrundlage nicht der steuerneutralen Abspaltung entgegensteht. In seinem Urteil kommt das FG zum Ergebnis, dass auch ohne Übertragung des zivilrechtlichen oder wirtschaftlichen Eigentums die Voraussetzungen des § 15 UmwStG erfüllt sind. Denn die Voraussetzungen des vom BFH entwickelten Begriffs des Teilbetriebs werden auch durch die Nutzungsüberlassung des Grundstücks erfüllt. Der BFH definiert den Teilbetrieb „als einen organisatorisch geschlossenen, mit einer gewissen Selbständigkeit ausgestatteten Teil eines Gesamtbetriebs, der für sich betrachtet alle Merkmale eines Betriebs im Sinne des EStG aufweist und als solcher lebensfähig ist. Die eigene

---

[20] BMF v. 25.03.1998, BStBl I, 268, Rn. 15.07.
[21] *Dötsch/Pung* in: Dötsch/Patt/Pung/Möhlenbrock Umwandlungssteuerrecht 6. Auflage § 15 Tz. 84, *Widmann* in: Widmann/Mayer Umwandlungsteuerrecht § 15 UmwStG Tz. 26, a. A. *Haritz* in: Haritz/Benkert § 15 UmwStG Rn. 37, *Schumacher* in: Rödder/Herlinghaus/van Lishaut/Schumacher Rn. 146, *Hörtnagl* in: Schmitt/Hörtnagl/Stratz Umwandlungssteuergesetz 5. Auflage § 15 Rz. 72.
[22] *Widmann* in: Widmann/Mayer Umwandlungsteuerrecht § 15 UmwStG Tz. 35.
23 BMF v. 25.03.1998, BStBl I, 268, Rn. 15.07.
24 BMF v. 25.03.1998, BStBl I, 268, Rn. 15.07.
25 Kutt/Pitzal DStR 2009, S. 1.243.
26 Urteil FG Sachsen vom 9. September 2008, Az.: 3 K 1996/06, EFG 2009, S 65 Rev.: BFH I-R-96/08.

betriebliche Lebensfähigkeit ist gegeben, wenn der betreffende Unternehmensteil seiner Struktur nach eine eigenständige betriebliche Tätigkeit ausüben kann"[27]. Daher sei es unerheblich, ob sich das Grundstück im Anlagevermögen der Y befindet oder ob nur im Rahmen einer Nutzungsüberlassung genutzt werden kann.

c) Gestaltungsempfehlung

Um Gesellschaften spaltungsfähig zu machen, können die spaltungshindernden Wirtschaftsgüter vor der Spaltung veräußert werden und nach der Spaltung im Rahmen eines Mietvertrags angemietet werden. Bei einer zeitnahen Veräußerung und Anmietung ist zwar theoretisch die Gesamtplanrechtsprechung § 42 AO zu beachten[28], eine entsprechende Neuordnung der tatsächlichen Verhältnisse dürfte jedoch kaum einmal als missbräuchlich einzustufen sein.

---

[27] BFH Urteil vom 13. Februar 1996, BStBl. II, S 409.
[28] *Dötsch/Pung* in: Dötsch/Patt/Pung/Möhlenbrock Umwandlungssteuerrecht 6. Auflage § 15 Tz. 81. a. A. *Frotscher* in: Frotscher/Maas § 15 Tz. 62.

Literaturnachweise:

Verwaltungsanweisungen: BMF, Schreiben vom 25. März 1998 – IV B 7 – S. 1978 – 21/98, BStBl. I, 268, BMF-Schreiben vom 16. August 2000, BStBl I 2000, S. 1.253; OFD Berlin, Verfügung vom 19. Juli 2002 – St 122 – S 2241 – 2/02, DB 2002, 1966 – 1967.

Schrifttum: Patt in: Dötsch/Patt/Pung/Möhlenbrock Umwandlungssteuerrecht 6. Auflage; Winkeljohann/Fuhrmann in: Das Handbuch des UmwStR 2007; Möhlenbrock in: Dötsch/Patt/Pung/Möhlenbrock Umwandlungssteuerrecht 6. Auflage; Ettinger/Schmitz, Die erweiterte Anwachsung: Änderungen nach dem SEStEG?, GmbHR 20/2008, 1089 - 1092; Kowallik, Merklein, Scheipers, Ertragsteuerliche Beurteilung der Anwachsung nach den Änderungen des UmwStG aufgrund des SEStEG, DStR 2008, 173 – 178; Orth, Einbringung nach dem sog. erweiterten Anwachsungsmodell – Zugleich Anmerkung zu dem BFH-Urteil vom 28.5.2008, I R 98/06, DStR 2009, 192 – 197, Orth, Anwachsung und Organschaft, DStR 2005, 1629 – 1632; Schmid/Dietel, DStR 2008, 529 – 533; Frotscher in: Frotscher/Maas, KStG, Band 3, Stand 01/2009, UmwStG; Widmann in: Widmann/Mayer, Umwandlungsrecht, 2007; Hörtnagl in: Schmitt/Hörtnagl/Stratz, UmwG/UmwStG, 5. Auflage, 2009; Dötsch/Pung in: Dötsch/Pung/Patt/Möhlenbrock Umwandlungssteuerrecht 6. Auflage, 2007; Schumacher/Neumann, Ausgewählte Zweifelsfragen zur Auf- und Abspaltung von Kapitalgesellschaften und Einbringungen von Unternehmensteilen in Kapitalgesellschaften, DStR 2008, 325 – 334; Kutt/Pitzal, Neue Entwicklungen bei der Zurückbehaltung wesentlicher Betriebsgrundlagen, DStR 2009, 1243 – 1248; Haritz in: Haritz/Benkert; UmwStG, 2. Auflage 2000; Schumacher in: Rödder/Herrlinghaus/van Lishaut/Schumacher, UmwStG, 2008.

3. Generalthema: Die Entwicklung der Unternehmensbesteuerung – der kommende Umwandlungssteuererlass und die weitere Ausgestaltung der Gruppenbesteuerung

IX. Fragen zu § 24 UmwStG, u.a. Begründung einer atypisch stillen Gesellschaft und fiktiver Teilbetrieb (Graf)

A. Sachverhalt

Zum Vermögen der D-GmbH mit Sitz und Geschäftsleitung in Düsseldorf gehören zwei Teilbetriebe (nachfolgend: „**Teilbetrieb 1**" und „**Teilbetrieb 2**") sowie eine 100%ige Beteiligung an der U-GmbH mit Sitz und Geschäftsleitung in Ulm (nachfolgend: „**Beteiligung**"), die weder zu Teilbetrieb 1 noch zu Teilbetrieb 2 gehört. Die Buchwerte des Teilbetriebs 2 und der Beteiligung betragen jeweils 100, ihre gemeinen Werte jeweils 300.

Die deutsche I-GmbH möchte sich gegen Bareinlage als atypisch stille Gesellschafterin an dem Teilbetrieb 2 und an der Beteiligung beteiligen.

Führt dies zur Aufdeckung der stillen Reserven oder können die Buchwerte nach § 24 UmwStG fortgeführt werden?

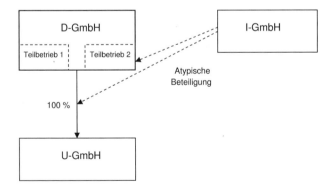

B. Lösungshinweise

I. Gesellschaftsrecht

Die Beteiligung als stiller Gesellschafter am Handelsgewerbe eines anderen gegen Vermögenseinlage richtet sich gesellschaftsrechtlich nach §§ 230 ff. HGB und kann – wie hier jedenfalls im Hinblick auf den Teilbetrieb 2 – auch auf einen Teil des Handelsgewerbes (selbständiger Geschäftszweig) begrenzt sein. Die stille Gesellschaft ist eine Personengesellschaft in Form einer reinen Innengesellschaft ohne Gesellschaftsvermögen (Gesamthandsvermögen).

Im Hinblick auf die Beteiligung am Gesellschaftsanteil an der U-GmbH dürfte es sich jedoch nicht um eine atypisch stille Gesellschaft handeln, sondern um eine atypische Unterbeteiligung. Diese unterscheidet sich von der atypisch stillen Gesellschaft dadurch, dass keine Beteiligung am Handelsgewerbe bzw. einem selbständigen Geschäftszweig des Handelsgewerbes vorliegt, sondern eine Beteiligung an einer anderen Beteiligung.[1] Vorliegend gehört die Beteiligung der D-GmbH an der U-GmbH nicht zu einem Teilbetrieb – und damit wohl auch nicht zu einem selbständigen Geschäftszweig – des Handelsgewerbes der D-GmbH. Insofern dürfte die Beteiligung der I-GmbH an der Beteiligung der D-GmbH an der U-GmbH als atypische Unterbeteiligung zu qualifizieren sein. Auch hierbei handelt es sich um eine Innengesellschaft, jedoch grundsätzlich nach §§ 705 ff. BGB, die aber wiederum durch eine weitgehende analoge Anwendung von §§ 230 ff. HGB, soweit sie dem atypischen Charakter nicht entgegenstehen, ergänzt werden.[2]

II. Steuerrecht

1. Voraussetzungen nach § 24 UmwStG

Wird ein Betrieb, Teilbetrieb oder Mitunternehmeranteil in eine Personengesellschaft eingebracht und wird der Einbringende Mitunternehmer dieser Gesellschaft, kann die Personengesellschaft das übernommene Betriebsvermögen nach § 24 Abs. 1, Abs. 2 S. 2 UmwStG auf Antrag mit dem Buchwert oder einem Zwischenwert ansetzen, soweit das Recht der Bundesrepublik Deutschland hinsichtlich der Besteuerung des eingebrachten Vermögens nicht ausgeschlossen oder beschränkt wird. Nachfolgend soll untersucht werden, ob die Voraussetzungen des § 24 UmwStG im vorliegenden Fall erfüllt sind.

---

[1] Schöne in BeckOK, Stand 01.02.2010, § 705 BGB Rn. 188.
[2] Ulmer in Münchener Kommentar zum BGB, 5. Auflage 2009, vor § 705 Rn. 92 m.w.N.

2. Personengesellschaft

Wie sich aus § 24 Abs. 1 UmwStG ergibt, der darauf abstellt, dass der Einbringende Mitunternehmer wird, sind mit Personengesellschaften i.S.d. § 24 UmwStG Mitunternehmerschaften gemeint. Die atypisch stille Gesellschaft ist eine Mitunternehmerschaft, da sie dem atypisch stillen Gesellschafter – abweichend von der gesetzlichen Regelung in §§ 230 ff. HGB – (wenigstens) die einem Kommanditisten zustehenden Mitwirkungs- und Kontrollrechte einräumt sowie eine Beteiligung am laufenden Gewinn und Verlust sowie eine Beteiligung an den stillen Reserven und am Geschäftswert bei Auflösung der Gesellschaft gewährt. Die atypisch stille Gesellschaft ist daher eine Personengesellschaft i.s.d. § 24 UmwStG.[3] Dass sie eine bloße Innengesellschaft ohne eigenes Gesellschaftsvermögen ist, ändert nichts daran, dass sie eine Personengesellschaft i.s.d. § 24 UmwStG ist.

Soweit es sich bei der Beteiligung der I-GmbH am Anteil der D-GmbH an der U-GmbH nicht um eine atypisch stille Gesellschaft, sondern um eine atypische Unterbeteiligung handelt, ist auch diese unseres Erachtens als Personengesellschaft i.s.v. § 24 UmwStG anzusehen. Zunächst handelt es sich bei der atypischen Unterbeteiligung wie oben unter I. dargestellt um eine Personen(innen-)Gesellschaft nach §§ 705 ff. BGB. Auch die steuerlichen Folgen, die an eine atypische Unterbeteiligung geknüpft werden, sind weitgehend identisch mit der steuerlichen Behandlung der atypisch stillen Beteiligung.[4] Auch die Finanzverwaltung hat sich kürzlich – zumindest im Hinblick auf die erbschaftsteuerliche Behandlung – der Auffassung angeschlossen, dass es sich bei einer atypischen Unterbeteiligung sogar um eine Mitunternehmerschaft handeln kann.[5] Insofern ist unseres Erachtens grundsätzlich davon auszugehen, dass es sich auch bei der atypischen Unterbeteiligung um eine Personengesellschaft i.s.v. § 24 UmwStG handelt.

3. Einbringung

Vor dem Inkrafttreten des SEStEG wurde der Begriff der Einbringung i.S.d. § 24 UmwStG regelmäßig als die Übertragung des zivilrechtlichen oder des wirtschaftlichen Eigentums an Wirtschaftsgütern aus einem Betriebsvermögen/Sonderbetriebsvermögen in das Betriebsvermögen/Sonderbetriebsvermögen einer Personengesellschaft gegen Begründung oder Erweiterung der gesellschaftsrechtlichen Stellung des Einbringenden definiert. Aufgrund des § 1 Abs. 3 Nr. 4 UmwStG, der seit den Änderungen durch das SEStEG den sachlichen Anwendungsbereich des Sechsten bis Achten Teils des UmwStG (§§ 20 bis 25 UmwStG) für Einbringungsvorgänge bestimmt, wird zum Teil vertreten, dass für die Anwendung des § 24 UmwStG die Übertragung des rechtlichen Eigentums erforderlich sei, da sowohl die bloße

---

[3] *Rasche*, in: Rödder/Herlinghaus/van Lishaut, UmwStG, 1. Aufl. 2008, § 24 Rn. 48; *Schlößer*, in: Haritz/Menner, UmwStG, 3. Aufl. 2010, § 24 Rn. 59.
[4] Von Sothen in Münchener Anwaltshandbuch Erbrecht, 3. Auflage 2009, § 36 V 3 e). Zur Frage der Mitunternehmerstellung siehe unten 5.
[5] Bayerisches Finanzministerium vom 23.3.2009, Az.: 34 – S 3811 – 035 – 11 256/09, ZEV 2009, S. 264

Übertragung des wirtschaftlichen Eigentums als auch die Überführung in das Sonderbetriebsvermögen keine „Einzelrechtsnachfolge" i.S.d. § 1 Abs. 3 Nr. 4 UmwStG seien und § 1 Abs. 3 UmwStG sowohl dem Wortlaut als auch dem Willen des Gesetzgebers nach abschließend sei.[6]

Rechtliches Eigentum wird im vorliegenden Fall nicht übertragen, so dass nach dieser Auffassung § 24 UmwStG auf den vorliegenden Fall keine Anwendung finden dürfte. Wenn man hingegen – wie nach der Rechtslage vor dem Inkrafttreten des SEStEG – den Übergang des wirtschaftlichen Eigentums und die Überführung in das Sonderbetriebsvermögen für die Anwendung des § 24 UmwStG für ausreichend halten sollte, stellt sich die Folgefrage, ob nach der oben wiedergegebenen Bestimmung des Begriffs der Einbringung eine atypisch stille Gesellschaft bzw. eine atypische Unterbeteiligung ein Betriebsvermögen hat, in das der Teilbetrieb 2 und die Beteiligung übergehen können.

Die Beschränkung der Einbringungsvorgänge auf Fälle des Übergangs des rechtlichen Eigentums ergibt sich indes weder aus § 1 Abs. 3 Nr. 4 UmwStG noch aus dem Willen des SEStEG-Gesetzgebers. Aus § 1 Abs. 3 Nr. 4 UmwStG ergibt sich nicht, was das Gesetz unter Einzelrechtsnachfolge versteht.[7] Der Begriff dürfte lediglich dazu dienen, diejenigen Vorgänge zu beschreiben, die nicht von § 1 Abs. 3 Nr. 1 bis 3 UmwStG erfasst sind. Ferner wollte der SEStEG-Gesetzgeber den Anwendungsbereich des UmwStG aufgrund der gemeinschaftsrechtlichen Erfordernisse erweitern und nicht beschränken.[8] Auch aus der Übergangsvorschrift des § 27 Abs. 1 S. 2 UmwStG geht hervor, dass auch nach neuem Recht bei Einbringungsvorgängen der Übergang des wirtschaftlichen Eigentums relevant ist.[9] Nach alledem dürfte die Anwendung des § 24 UmwStG nicht auf diejenigen Fälle beschränkt sein, in denen das rechtliche Eigentum übertragen wird.

Gleichwohl stellt sich die Frage, ob der Einbringung nach § 24 UmwStG entgegensteht, dass die atypisch stille Gesellschaft ebenso wie die atypische Unterbeteiligung kein Gesellschaftsvermögen (Gesamthandsvermögen) hat, „in" das eingebracht werden kann. Wenngleich eine atypisch stille Gesellschaft kein Gesellschaftsvermögen im Sinne eines Gesamthandsvermögens hat, ist die atypisch stille Gesellschaft nach h.M. dennoch selbständiges Subjekt der Gewinnerzielung, Gewinnermittlung und Einkünftequalifikation.[10] Gleiches muss unseres Erachtens – bei Vorliegen der Voraussetzungen einer Mitunternehmerschaft (siehe dazu unten 5.) – bei einer atypischen Unterbeteiligung gelten. Da die „Gewinnermittlung" regelmäßig durch Betriebsvermögensvergleich erfolgt, muss für Steuerzwecke davon ausgegangen werden, dass ihr zumindest ein Betriebsvermögen zuzurechnen ist.[11] Das Betriebsvermögen, das einer atypisch stillen Gesellschaft zuzurechnen ist, besteht also insbesondere aus dem Betriebsvermögen des Geschäftsinhabers (in dem

---

[6] *Patt*, in: Dötsch/Patt/Pung/Möhlenbrock, Umwandlungssteuerrecht, 6. Aufl. 2007, § 24 Rn. 12 ff.
[7] *Herlinghaus*, FR 2007, 286, 289.
[8] *Herlinghaus*, FR 2007, 286, 289 f.
[9] *Schmitt*, in: Schmitt/Hörtnagl/Stratz, UmwStG, 5. Aufl. 2009, § 24 Rn. 34.
[10] BFH, Urteil vom 26.11.1996, VIII R 42/94, DStR 1997, 815, 816 m.w.N.
[11] So auch Schmidt/Hageböke in DStR 2005, 761, 764.

Umfang, in dem die stille Beteiligung an dem Handelsgewerbe des Geschäftsinhabers begründet wurde) einschließlich des durch die Einlage des stillen Gesellschafters finanzierten Vermögens. Unabhängig hiervon ist aber nach dem Gesetzeswortlaut des § 24 UmwStG auch nicht erforderlich, dass „in" ein Betriebsvermögen eingebracht wird, sondern lediglich, dass ein Betriebsvermögen „in eine Personengesellschaft eingebracht" wird. Die Vorschrift setzt also nach ihrem Wortlaut nicht voraus, dass die fragliche Personengesellschaft ein Betriebsvermögen hat, „in" das eingebracht wird.

Die Einbringung in eine atypisch stille Gesellschaft bzw. eine atypische Unterbeteiligung stellt eine Übertragung des wirtschaftlichen Eigentums i.S.d. eingangs wiedergegebenen Begriffsbestimmung dar, da das Betriebsvermögen bzw. die Hauptbeteiligung des Geschäftsinhabers, an dem die atypisch stille Gesellschaft bzw. die atypische Unterbeteiligung begründet wurde, dem Geschäftsinhaber nicht mehr alleine, sondern – über die Beteiligung am laufenden Gewinn und Verlust sowie den stillen Reserven – auch dem atypisch stillen Gesellschafter bzw. dem atypisch Unterbeteiligten zuzurechnen ist. Aus dem Vorstehenden folgt, dass eine Einbringung in eine atypisch stille Gesellschaft und auch in eine atypische Unterbeteiligung nach § 24 UmwStG grundsätzlich möglich ist.

4. Einbringungsgegenstand

Gegenstand einer Einbringung nach § 24 UmwStG kann ein Betrieb, Teilbetrieb und ein Mitunternehmeranteil sein. Vorliegend soll neben dem Teilbetrieb 2 auch die Beteiligung an der U-GmbH nach § 24 UmwStG eingebracht werden, was nach dieser Vorschrift nur möglich wäre, wenn diese Beteiligung als Teilbetrieb i.S.d. § 24 UmwStG qualifizieren würde.

Der BFH hat in seinem Urteil, das zur Aufgabe der finalen Entnahmetheorie führte, entschieden, dass eine das gesamte Nennkapital umfassende Beteiligung an einer Kapitalgesellschaft kein Teilbetrieb i.S.d. § 24 Abs. 1 UmwStG 1995 sei.[12] Ausgehend von der Definition des Teilbetriebs als ein organisch geschlossener, mit einer gewissen Selbständigkeit ausgestatteter Teil eines Gesamtbetriebs, der für sich allein lebensfähig ist,[13] hat der BFH die Anwendbarkeit des § 24 Abs. 1 UmwStG a.F. auf Beteiligungen abgelehnt, weil es sich bei diesen nicht um betriebliche Organisationseinheiten handele.[14] Eine Analogie zu der gesetzlichen Teilbetriebsfiktion des § 16 Abs. 1 S. 1 Nr. 1 S. 2 EStG, wonach eine das gesamte Nennkapital umfassende Beteiligung an einer Kapitalgesellschaft als Teilbetrieb gilt, lehnte der BFH – entgegen der Sicht der Vorinstanz, der Finanzverwaltung, des SEStEG-Gesetzgebers und der herrschenden Meinung in der Literatur – mangels planwidriger Regelungslücke ab.[15] Ob angesichts der Äußerung des SEStEG-Gesetzgebers, wonach auch die zu einem Betriebsvermögen gehörende 100%ige Beteiligung an einer Kapitalgesellschaft als Teilbetrieb

---

[12] BFH, Urteil vom 17.07.2008, I R 77/06, IStR 2008, 814, 816 f.
[13] BFH, Urteil vom 17.07.2008, I R 77/06, IStR 2008, 814, 816.
[14] BFH, Urteil vom 17.07.2008, I R 77/06, IStR 2008, 814, 817.
[15] BFH, Urteil vom 17.07.2008, I R 77/06, IStR 2008, 814, 817.

i.S.d. § 24 Abs. 1 UmwStG i.d.F. SEStEG gelten soll,[16] den BFH zu einer abweichenden Beurteilung der Rechtslage bewegen wird, dürfte angesichts des insofern unverändert gebliebenen Gesetzeswortlauts jedenfalls zweifelhaft sein.[17]

Die Finanzverwaltung vertrat seit jeher die Auffassung, dass eine das gesamte Nennkapital umfassende Beteiligung an einer Kapitalgesellschaft einen Teilbetrieb i.s.d. § 24 Abs. 1 UmwStG darstellt[18] und hält an dieser Auffassung – zugunsten des Steuerpflichtigen – sowohl für die Rechtslage vor dem SEStEG als auch für die Rechtslage seit dem SEStEG weiterhin fest.[19]

Wenngleich § 24 Abs. 1 UmwStG die 100%ige Beteiligung an einer Kapitalgesellschaft nicht explizit nennt und eine gesetzesübergreifende Analogie zur Teilbetriebsfiktion des § 16 Abs. 1 S. 1 Nr. 1 S. 2 EStG rechtsdogmatisch problematisch ist, entspricht die Anwendung des § 24 Abs. 1 UmwStG dem Zweck der Steuerbegünstigung durch § 24 UmwStG und dem Willen des SEStEG-Gesetzgebers. Mit § 24 UmwStG sollen bestimmte Einbringungen in eine Personengesellschaft steuerneutral möglich sein. Eine 100%-Beteiligung an einer Kapitalgesellschaft ist zwar kein Teilbetrieb, entspricht aber – wirtschaftlich betrachtet – einem solchen, was eine analoge Anwendung des § 24 Abs. 1 UmwStG nahe legt. Auch aus anderen Tatbeständen des UmwStG ergibt sich, dass Umwandlungen hinsichtlich 100%-Beteiligungen an Kapitalgesellschaften steuerneutral möglich sein sollen (insbesondere § 15 Abs. 1 S. 3 UmwStG, aber auch beim qualifizierten Anteilstausch nach § 21 Abs. 1 S. 2 UmwStG). Dann aber erscheint es dem Gesetzeszweck des UmwStG zu widersprechen, die Steuerneutralität bei der Einbringung einer solchen Beteiligung in eine Personengesellschaft zu versagen. Dass das Gesetz – anders als in § 15 Abs. 1 S. 3 UmwStG – keine explizite Teilbetriebsfiktion in § 24 Abs. 1 UmwStG enthält, beruht erkennbar auf der Ansicht des SEStEG-Gesetzgebers, dass eine solche nicht nötig sei, weil die 100%ige Beteiligung an einer Kapitalgesellschaft als Teilbetrieb i.S.d. § 24 Abs. 1 UmwStG gelte.[20] Sollte sich auch nach dem Inkrafttreten des SEStEG diese Auffassung – aus Sicht des BFH – als grundsätzlich rechtsirrig erweisen, kann hieraus u.E. ohne Weiteres auf eine planwidrige Regelungslücke geschlossen werden, die zu einer sachgerechten analogen Anwendung des § 24 Abs. 1 UmwStG auf solche Beteiligungen berechtigt. Dass nach der Ansicht des SEStEG-Gesetzgebers eine 100%ige Beteiligung an einer Kapitalgesellschaft im Rahmen des § 20 Abs. 1 UmwStG nicht als Teilbetrieb gilt,[21] steht jedenfalls einer analogen Anwendung des § 24 Abs. 1 UmwStG auf solche Beteiligungen nicht entgegen, denn der Gesetzgeber hat die Einbringung solcher Beteiligungen statt in § 20 Abs. 1 UmwStG in § 21 UmwStG geregelt. Insofern ist es konsequent, wenn er davon ausgeht, dass

---

[16] BT-Drs. 16/2710, S. 50.
[17] Siehe BFH, Urteil vom 17.07.2008, I R 77/06, IStR 2008, 814, 817 (insbesondere zu der Äußerung des SEStEG-Gesetzgebers, dass eine zu einem Betriebsvermögen gehörende Alleinbeteiligung an einer Kapitalgesellschaft i.S.d. § 20 Abs. 1 UmwStG nicht als Teilbetrieb gelte, vgl. BT-Drs. 16/2710, S. 42) und Gosch, BFH/PR 2008, 499, 500 („Das könnte im Lichte der lege lata böse Folgen haben...").
[18] BMF, Scheiben vom 25.03.1998 („Umwandlungssteuererlass"), BStBl. I 1998, 268, Tz. 24.03 zu § 24 Abs. 1 UmwStG 1995 sowie BMF, Schreiben vom 16.06.1978, BStBl. I 1978, 235 Tz. 81 zu § 24 Abs. 1 UmwStG 1977.
[19] BMF, Scheiben vom 20.05.2009, DStR 2009, 1263, 1264.
[20] Siehe BT-Drs. 16/2710, S. 50.
[21] BT-Drs. 16/2710, S. 42.

eine 100%ige Beteiligung an einer Kapitalgesellschaft kein Teilbetrieb im Sinne von § 20 Abs. 1 UmwStG ist. Nachdem es aber im Rahmen von § 24 UmwStG an einer Vorschrift fehlt, die Spezialregelungen für die Einbringung von Kapitalgesellschaften in Personengesellschaften vorsieht, steht die Auffassung des Gesetzgebers zu § 20 UmwStG nicht einer analogen Anwendung von § 24 UmwStG auf 100%ige Kapitalgesellschaften entgegen.

5. Einbringender wird Mitunternehmer der Personengesellschaft

Nach § 24 UmwStG muss der Einbringende ferner Mitunternehmer der Personengesellschaft (hier: atypisch stille Gesellschaft bzw. atypische Unterbeteiligung) werden.

Erbringt bei einer atypisch stillen Beteiligung der atypisch still Beteiligte – wie hier – eine Geldeinlage, ist der Inhaber des Handelsbetriebs als Einbringender anzusehen, obwohl die Sacheinlage ihm weiterhin zivilrechtlich zusteht.[22] Somit wird im vorliegenden Fall die D-GmbH im Hinblick auf den Teilbetrieb 2 als Einbringender Mitunternehmer der mit der I-GmbH begründeten atypisch stillen Gesellschaft.

Schwieriger gestaltet sich diese Frage im Hinblick auf eine atypische Unterbeteiligung – hier also die Beteiligung an dem Anteil der D-GmbH an der U-GmbH. Eine atypische Unterbeteiligung kann – auch nach Auffassung der Finanzverwaltung[23] eine Mitunternehmerschaft i.S.v. § 15 EStG darstellen.[24] Allerdings gilt dies nicht notwendigerweise für eine atypische Unterbeteiligung an einem Anteil an einer Kapitalgesellschaft oder an einer typischen stillen Gesellschaft, da hier nur eine Beteiligung an Einkünften aus Kapitalvermögen erfolgt.[25]

Eine Mitunternehmerstellung der I-GmbH könnte sich im vorliegenden Fall jedoch aus § 15 Abs. 3 Nr. 1 EStG ergeben. Zu klären ist hierfür, ob die Beteiligung der I-GmbH als eine Personengesellschaft anzusehen ist, die sich sowohl auf Teilbetrieb 2 als auch auf die Beteiligung an der U-GmbH bezieht, oder ob es sich hierbei um zwei Personengesellschaften – eine atypisch stille Gesellschaft und eine atypische Unterbeteiligung – handelt. Handelt es sich nur um eine Personengesellschaft, so würde die Gewerblichkeit – und damit die Mitunternehmerstellung – im Hinblick auf die Beteiligung am Teilbetrieb 2 auf die gesamte Personengesellschaft abfärben. Handelte es sich dagegen um zwei verschiedene Personengesellschaften, so käme eine Abfärbung der einen auf die andere nicht in Betracht.

Darauf kommt es jedoch unseres Erachtens im vorliegenden Fall nicht an, da sich die Mitunternehmerstellung der I-GmbH im Hinblick auf eine ggf. separat zu behandelnde atypische

---

[22] *Widmann*, in: Widmann/Mayer, Umwandlungsrecht, § 24 UmwStG Rn. 87 m.w.N.
[23] Bayerisches Finanzministerium vom 23.3.2009, Az.: 34 – S 3811 – 035 – 11 256/09, ZEV 2009, S. 264.
[24] BFH-Urteil vom 06.07.1995, Az.: IV R 79/94, BStBl. 1996 II 269; ebenso *Widmann*, in: Widmann/Mayer, Umwandlungsrecht, § 24 UmwStG Rn. 87; a.A. wohl Stuhrmann in Blümich, § 16 EStG Rn. 161, der von einer teilweisen Veräußerung der Hauptbeteiligung ausgeht, wobei dies u.E. nur für eine Treuhandstellung gilt, von der die atypische Unterbeteiligung abzugrenzen wäre.
[25] Von Sothen in Münchener Anwaltshandbuch Erbrecht, 3. Auflage 2009, § 36 V 3 e).

Unterbeteiligung bereits aus § 15 Abs. 3 Nr. 2 EStG ergibt. Wie der BFH in einem Urteil vom 15.10.1998[26] festgestellt hat, kann eine atypisch stille Gesellschaft „i. S. von § 15 Abs. 3 Nr. 2 EStG durch den tätigen Gesellschafter gewerblich geprägt werden. Der tätige Gesellschafter steht dem in dieser Vorschrift genannten, zur Geschäftsführung befugten ‚persönlich haftenden Gesellschafter' gleich. Er kann zwar im Außenverhältnis keine ‚Gesellschaftsverbindlichkeiten' begründen. Es genügt aber, daß die Verbindlichkeiten des tätigen Gesellschafters im Innenverhältnis allen Gesellschaftern entsprechend ihrem Beteiligungsverhältnis zugerechnet werden". Unseres Erachtens sind keine Gründe ersichtlich, warum diese Rechtsprechung nicht auf eine atypische Unterbeteiligung übertragen werden soll. Zwar kann der tätige Gesellschafter – hier die D-GmbH – im Hinblick auf die Unterbeteiligung regelmäßig keine Verbindlichkeiten begründen, die im Innenverhältnis auch der I-GmbH zugerechnet würden. Wird die D-GmbH jedoch im Hinblick auf die U-GmbH in Anspruch genommen – sei es durch die U-GmbH selbst oder durch Dritte – so wird sich regelmäßig, in Abhängigkeit vom Vertrag der atypischen Unterbeteiligung, die Beteiligung der I-GmbH auch auf die Verbindlichkeiten der D-GmbH, welche unmittelbar aus der Beteiligung an der U-GmbH resultieren, beziehen.

Insoweit sollte also die I-GmbH im Hinblick auf die atypische Unterbeteiligung im vorliegenden Fall als Mitunternehmerin anzusehen sein.

6. Kein Ausschluss und keine Beschränkung des deutschen Besteuerungsrechts

Schließlich erfordert der Buchwertansatz nach § 24 Abs. 2 S. 2 UmwStG, dass das Recht der Bundesrepublik Deutschland hinsichtlich der Besteuerung des eingebrachten Betriebsvermögens nicht ausgeschlossen oder beschränkt wird (siehe hierzu auch Fall II.). Diese Voraussetzung ist im vorliegenden Fall unproblematisch erfüllt, da es sich hier um eine rein innerdeutsche Konstellation handelt und somit das deutsche Besteuerungsrecht durch die Einbringung in die atypisch stille Gesellschaft unberührt bleibt.

7. Ergebnis

Da alle Voraussetzungen von § 24 Abs. 2 S. 2 UmwStG vorliegen, können die Buchwerte auf Antrag, für den § 20 Abs. 2 S. 3 UmwStG entsprechend gilt (vgl. § 24 Abs. 2 S. 3 UmwStG), fortgeführt werden, so dass die im Teilbetrieb 2 und der Beteiligung liegenden stillen Reserven in Höhe von je 200 steuerlich nicht aufgedeckt werden.

---

[26] BFH-Urteil vom 15.10.1998, Az.: IV R 18/98, BB 1999, 1487.

3. Generalthema
Die Entwicklung der Unternehmensbesteuerung – der kommende Umwandlungssteuererlass und die weitere Ausformung der Gruppenbesteuerung

X. § 8c KStG im Konzern, u.a.: Wie wirken sich atypisch stille Beteiligungen aus?
(Breuninger)

Die von der Inhaberfamilie gehaltene Familienholding AS-GmbH ist derzeit zu 100 % an der SH-GmbH beteiligt. Die SH-GmbH ist die Spitzengesellschaft der S-Unternehmensgruppe, die im Maschinenbau tätig ist und in den vergangenen Jahren erhebliche operative Verluste erlitten hat. Aufgrund von Organschaftsverhältnissen mit den inländischen Tochtergesellschaften der Unternehmensgruppe entstanden zunächst auf Ebene der SH-GmbH körperschaftsteuerliche und gewerbesteuerliche Verlustvorträge. Nachdem im Hinblick auf die zunehmend angespannte wirtschaftliche Situation der S-Unternehmensgruppe die bestehenden Gewinnabführungsverträge der Unternehmensgruppe zum Ende des Jahres 2008 beendet wurden, fielen auf Ebene der nachgeordneten Gruppengesellschaften entsprechende Verlustvorträge an. Die Struktur der S-Unternehmensgruppe stellt sich zum Ende des ersten Quartals 2010 (einschließlich Verlustvorträgen) wie folgt dar:

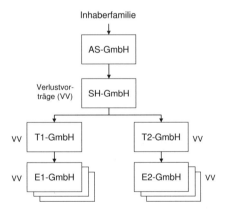

Die Eigentümerfamilie verhandelt derzeit mit einem potentiellen Investor, der I-GmbH, über einen möglichen Einstieg bei der S-Unternehmensgruppe. Um die Familienholding vor unmittelbaren Auswirkungen durch das Investment der I-GmbH "abzuschotten", ist zunächst vorgesehen, dass die AS-GmbH ihre Beteiligung an der SH-GmbH in eine neu gegründete NewCo-GmbH, eine 100 %-ige Tochtergesellschaft der AS-GmbH einbringt.

In Bezug auf die potentielle Beteiligung der I-GmbH werden derzeit folgende Alternativen diskutiert:

Alt. 1: Durchführung einer Kapitalerhöhung bei der SH-GmbH: Die I-GmbH würde eine Einlage dergestalt leisten, dass nach der Kapitalerhöhung die Beteiligung der I-GmbH am erhöhten Stammkapital der SH-GmbH 51 % beträgt.

Alt. 2: Beteiligung der I-GmbH mittels atypisch stiller Beteiligung an der SH-GmbH: Nach Einlageleistung würde eine Beteiligungsquote der I-GmbH als atypisch stille Gesellschafterin von 51 % bestehen.

Die Struktur würde sich wie folgt darstellen:

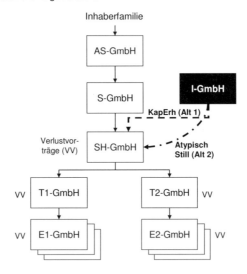

Lösungshinweise

Literatur zu § 8c KStG allgemein (Auswahl): *Breuninger/Schade*, Status: Recht 2008, 290 f.; *Breuninger/Schade*, Ubg 2008, 261; *Dörr*, NWB 2008, 3099 (Fach 4 5339); *Dötsch/Pung*, DB 2008, 1703; *Eisgruber*, DStZ 2007, 630; *Lang*, DStZ 2008, 549; *Neumann/Stimpel*, GmbHR 2007, 1194; *Rödder/Möhlenbrock*, Ubg 2008, 595; *Suchanek/Herbst*, FR 2007, 863 ; *van Lishaut*, FR 2008, 789.

Literatur zu Sanierungsklausel nach § 8c Abs. 1a KStG: *Altrichter-Herzberg*, GmbHR 2009, 466; *Dörr*, NWB 2009, 2050; *Fey/Neyer*, DB 2009, 1368; *Mückl/Remplik*, FR 2009, 689; *Neumann/Stimpel*, Der Konzern 2009, 409; *Ortmann-Babel/Bolik/Gageur*, DStR 2009, 2173; *Roser*, FR 2009, 937; *Sistemann/Brinkmann*, DStR 2009, 1453; *Suchanek/Herbst*, Ubg 2009, 525; *Ziegenhagen/Thewes*, BB 2009, 2116.

Literatur zu § 8c KStG i.S.d. Wachstumsbeschleunigungsgesetz: *Bien/Wagner*, BB 2009, 2627; *Cortez/Brucker*, BB 2010, 734; *Dörr*, NWB 2010, 184; *Eisgruber/Schaden*, Ubg 2010, 73; *Frey/Mückl*, GmbHR 2010, 71 *Herzig/Bohn*, DStR 2009, 2341; *Lang*, Der Konzern 2010, 35; *Mihm*, SteuerConsultant 2010, 16; *Ortmann-Babel/Zipfel*, Ubg 2009, 813; *Orth*, Ubg 2010, 169; *Rödder*, Ubg 2010, 162; *Scheunemann/Denissen/Behrens*, BB 2010, 23, 25; *Schneider/Roderburg*, FR 2010,

58; Scheipers/Linn, Ubg 2010, 8; Sistermann/Brinkmann, DStR 2009, 2633; Wittkowski/Hielscher, DB 2010, 11.

I. Rechtsentwicklung des § 8c KStG von krisenverschärfender Verlustvernichtungsvorschrift in Richtung einer Missbrauchsverhinderungsvorschrift

Die im Rahmen der Unternehmensteuerreformgesetzes 2008[1] als Gegenfinanzierungsmaßnahme eingeführte "Verlustvernichtungsvorschrift" des § 8c KStG hat nicht zuletzt nach Eintritt der Finanz- und Wirtschaftskrise ihr "wahres Gesicht" gezeigt und in der Praxis zu ganz erheblichen Problemen geführt. Die Einschätzung der Unternehmensteuerreform 2008 als eine "Steuerreform für Siegertypen"[2] ist insbesondere bezogen auf § 8c KStG Realität geworden. Unternehmen in wirtschaftlich angespannten Situationen, die auf die Beteiligung eines externen Investors dringend angewiesen waren, mussten diese betriebs- und volkswirtschaftlich sinnvollen Rettungsmaßnahmen oftmals mit einem teilweisen oder vollständigen Untergang ihrer Verlustvorträge —und damit auch entsprechender "tax assets" – bezahlen. Da die ursprüngliche Fassung von § 8c KStG jegliche Anteilseignerwechsel – also z.B. auch Übertragungen zwischen ausländischen Schwestergesellschaften oder Umstrukturierungen innerhalb ein und desselben Konzerns – als schädlich qualifizierte, führten gerade bei ausländischen Konzernen mit deutschen Teilkonzernen steuerlich eigentlich "unverdächtige" Restrukturierungen im Ausland oftmals zu einer Vernichtung der Verlustvorträge innerhalb des deutschen Teilkonzerns.

Nachdem der weit überschießende Anwendungsbereich dieser "Verlustvernichtungsvorschrift" in der Folgezeit sogar noch verschärft worden war (insbesondere z.b. durch Folgeänderungen in § 10 Satz 10 GewStG[3] und § 2 Abs. 4 UmwStG[4] im Zuge des Jahressteuergesetzes 2009[5]) und die Finanzverwaltung in einem Anwendungsschreiben zu § 8c KStG[6] z.T. über den Wortlaut hinausgehende restriktive Positionen eingenommen hat, hat der Gesetzgeber in der Zwischenzeit erfreulicherweise erkannt, dass die Aufrechterhaltung der Verlustvernichtungswirkung von § 8c KStG – gerade in Krisenzeiten – sanierungsfeindlich und krisenverschärfend wirkt und so zu einer ernsthaften Schwächung des Standortes Deutschland beitragen kann. Daher erfolgte zunächst durch das sog. Bürgerentlastungsgesetz[7] die Einführung einer ursprünglich noch zeitlich befristeten Erleichterung für Sanierungsmaßnahmen in § 8c Abs. 1a KStG. Schließlich wurde im Zuge des Wachstumsbeschleunigungsgesetzes[8] § 8c KStG um eine Konzernklausel

---

1 Gesetz v. 14.08.2007, BStBl. I 2007, 1912.
2 Schön, FAZ v. 15.03.2007. S. 12.
3 Vgl. z.B. Dörfler/Rautenstrauch/Adrian, BB 2009, 580, 581 ff.
4 Vgl. hierzu bspw. Rödder/Schönfeld, DStR 2009, 560; Sistermann/Brinkmann, DStR 2008, 2455 und Suchanek, Ubg 2009, 178.
5 Gesetz v. 19.12.2008, BGBl. I 2008, 2794.
6 BMF v. 04.07.2008, IV C 7 – S 2745 – a/08/10001, BStBl. I 2008, 736. Vgl. hierzu bspw. Dörr, NWB 2008, 3099; Dötsch/Pung, DB 2008, 1073; Lang, DStZ 2008, 549; van Lishaut, FR 2008, 789 und Suchanek, FR 2008, 904. Ein Vorentwurf hierzu beinhaltete sogar noch extremere Positionen; kritisch hierzu bspw. Breuninger/Schade, Ubg 2008, 261.
7 Gesetz v. 16.07.2009, BGBl I 2009, 1959.
8 Gesetz v. 22.12.2009, BGBl. I 2009, 3950.

und um eine sog. stille-Reserven-Klausel[9] ergänzt sowie die Sanierungsklausel in § 8c Abs. 1a KStG "entfristet". Insbesondere aufgrund der letztgenannten Änderungen kann nun (endlich) wieder davon gesprochen werden, dass § 8c KStG ein über reine Verlustvernichtungen hinausgehender Gesetzeszweck vermittelt und § 8c KStG zumindest in Richtung einer Missbrauchsverhinderungsvorschrift gegen den Handel mit "Verlustmänteln" weiterentwickelt wurde.[10]

II. Auswirkungen

Vor dem Hintergrund der Rechtsentwicklung bei § 8c KStG stellt sich im vorliegenden Fall die Frage der Auswirkung der geplanten Umstrukturierungsmaßnahmen und Investitionsalternativen auf die bestehenden Verlustvorträge der Gesellschaften der S-Unternehmensgruppe.

1. Einbringung der Beteiligung an der SH-GmbH in die NewCo-GmbH durch die AS-GmbH

Nach der ursprünglichen Fassung des § 8c KStG hätte die Einbringung der 100 %-Beteiligung an der SH-GmbH in die NewCo-GmbH zu einer schädlichen Anteilsübertragung i.S.d. § 8c KStG und damit zu einem vollständigen Untergang der Verlustvorträge der SH-GmbH und der Verlustvorträge aller nachgeordneten Gesellschaften mit Verlustvorträgen (nach Beendigung der Organschaften Ende 2008) geführt. Dies galt unabhängig davon, dass die NewCo-GmbH ebenfalls zu 100 % von der einbringenden AS-GmbH gehalten wurde, es im Ergebnis also lediglich zu einer Verlängerung der Beteiligungskette kam, ohne dass die Verlustvorträge der Gesellschaften der S-Unternehmensgruppe der Nutzung durch einen konzernfremden Dritten zugeführt worden wären. Mit Missbrauchsverhinderung hat die Anwendung von § 8c KStG in der vorliegenden Konstellation der Einbringung der Anteile in eine 100 %ige Schwestergesellschaft nicht das Mindeste zu tun.

a) Konzernklausel, § 8c Abs. 1 Satz 5 KStG

Die Konzernklausel in § 8c Abs. 1 Satz 5 KStG könnte hier nunmehr jedoch dazu führen, dass nicht mehr von einem schädlichen Anteilserwerb auszugehen wäre. Offenbar hatte der Gesetzgeber bei Einführung der Konzernklausel vergleichbare Fälle im Auge. Wenngleich die Gesetzesbegründung an dieser Stelle vergleichsweise "dünn" ist, lässt ihr sich zumindest doch entnehmen, dass durch die Konzernklausel Verlustvorträge bei konzerninternen Umgliederungen erhalten bleiben sollen und alle Umstrukturierungen von der Verlustverrechnungsbeschränkung ausgenommen werden sollen, die "ausschließlich innerhalb eines Konzerns vorgenommen

---

9 Die im Zuge des sog. MoRaKG (Gesetz v. 12.08.2008, BGBl. I 2008, 1672) vorgesehene stille-Reserven-Klausel bei Beteiligungen an Wagniskapitalgesellschaften, die in der Praxis wohl ohnehin in einer ganz überwiegenden Anzahl der Fälle leer gelaufen worden wäre (vgl. Breuninger/Ernst, FR 2008, 659, 663), ist nach einer sog. Negativentscheidung der EU-Kommission vom 30.09.2009 (IP/09/1449) nie in Kraft getreten (ausführlich dazu Dörr, NWB 2009, 3499).
10 So auch Eisgruber/Schaden, Ubg 2010, 73, 76 f.

werden, an dessen Spitze zu 100 % eine einzelne Person oder Gesellschaft steht" und so eine "Verschiebung von Verlusten auf Dritte ausgeschlossen ist"[11]. Zur Umsetzung dieser gesetzgeberischen Intention wurde dem § 8c Abs. 1 KStG folgender Satz 5 neu angefügt:

"Ein schädlicher Beteiligungserwerb liegt nicht vor, wenn an dem übertragenden und an dem übernehmenden Rechtsträger dieselbe Person zu jeweils 100 Prozent mittelbar oder unmittelbar beteiligt ist."

Über den Wortlaut der Gesetzgebungsmaterialien hinaus ist davon auszugehen, dass der Konzernklausel allgemein der Gedanke zu Grunde liegt, dass die Übertragung einer Verlustgesellschaft innerhalb eines Konzerns unschädlich sein soll, da diese Verluste wirtschaftlich ja auch von diesem Konzern getragen wurden und selbst optimierte Verlustnutzungsmöglichkeiten nach Anteilsübertragung unschädlich sind, da innerhalb eines Konzerns auch ohne Übertragung der Anteile an der Verlust-Gesellschaft bspw. Ertragspotential auf die Gesellschaft mit den Verlustvorträgen hätte verlagert werden können.[12] Jedoch wird in Konzernfällen der Verlustvortrag einer Konzerngesellschaft nie dergestalt "monetarisiert", dass der Verlustvortrag einen wirtschaftlichen Wert erlangt, der ihm ohne Anteilsübertragung nicht zugekommen wäre.[13]

b) Auswirkungen auf Falllösung

Die Einbringung der Anteile an der SH-GmbH durch die AS-GmbH in die 100 %ige Schwestergesellschaft NewCo-GmbH stellt sich exakt als eine Konstellation dar, die nach dem oben Gesagten von der Konzernklausel privilegiert sein sollte. Im Ergebnis wird durch die Einbringung die Beteiligung der AS-GmbH an der SH-GmbH von einer direkten zu einer indirekten Beteiligung, vermittelt durch die 100 %-Tochter NewCo-GmbH. Weder wurden die Verlustvorträge der SH-GmbH und der tiefer gestaffelten Gruppengesellschaften auf einen konzernfremden Dritten verschoben noch wurden durch die Anteilsübertragung vorher noch nicht vorhandene Verlustverrechnungsmöglichkeiten geschaffen.

Aufgrund des "verunglückten" Wortlauts des § 8c Abs. 1 Satz 5 KStG ist dennoch fraglich, ob dieser offensichtlich auch vom Gesetzgeber als privilegierungswürdig angesehene Fall auch tatsächlich von der Konzernklausel erfasst ist. § 8c Abs. 1 Satz 5 KStG verlangt, dass an übertragendem und übernehmendem Rechtsträger dieselbe Person oder Gesellschaft zu jeweils 100 % (un)mittelbar beteiligt ist. Übertragender Rechtsträger ist vorliegend die AS-GmbH, an der die Inhaberfamilie beteiligt ist, als übernehmender Rechtsträger ist die NewCo-GmbH anzusehen, die unmittelbar von der AS-GmbH und mittelbar ebenfalls von der Inhaberfamilie gehalten wird. Mithin liegen unterschiedliche unmittelbare Anteilseigner vor; nichts anderes ergibt sich bei engem Wortlautverständnis auch dann, wenn man bzgl. der übernehmenden Gesellschaft auf deren mittelbare Anteilseigner abstellt, da es sich bei der Inhaberfamilie um mehrere

---

11 BT-Drs. 17/15, S. 30 f.
12 Ebenso bspw. Eisgruber/Schaden, Ubg 2010, 73, 76.
13 Vgl. Eisgruber/Schaden, Ubg 2010, 73, 76.

und damit nicht um "dieselbe Person" i.S.v. *einer* Person handelt.[14] Dem Sinn und Zweck der Konzernklausel nach sollte diese jedenfalls in Fällen wie dem vorliegenden entsprechende Anwendung finden, in dem es bspw. lediglich um die Verlängerung einer Beteiligungskette geht und (un)mittelbar zwar mehrere Personen beteiligt sind, sich deren Beteiligungsquoten jedoch nicht verschieben.[15] Allerdings verbleibt eine erhebliche Rechtsunsicherheit, ob die Finanzverwaltung die Vorschrift auch tatsächlich in diesem Sinne verstehen will.[16] Daher sollte bis zu einer entsprechenden Verwaltungsanweisung oder einer klarstellenden Gesetzeskorrektur[17] ohne Vorliegen einer verbindlichen Auskunft die Einbringung der Anteile an der SH-GmbH in die NewCo-GmbH nicht vorgenommen werden.

2. Die vorgesehene Beteiligung des Investors

Zur Rettung der sich in finanziellen Schwierigkeiten befindlichen S-Unternehmensgruppe ist eine Mehrheitsbeteiligung (51 %) eines externen Investors (I-GmbH) an der SH-GmbH geplant. Hierzu könnte bei der SH-GmbH eine Kapitalerhöhung zur Herstellung der vorgesehenen Beteiligungsverhältnisse vorgenommen werden. Eine denkbare Alternative wäre auch eine atypisch stille Beteiligung an der SH-GmbH in entsprechender Höhe. Fraglich ist, welche Beteiligungsvariante unter steuerlichen Gesichtspunkten – insbesondere vor dem Hintergrund der (erheblichen) Verlustvorträge bei der SH-GmbH und der Beteiligungsgesellschaften - vorzugswürdig erscheint.

Alternative 1: Beteiligung im Wege einer Kapitalerhöhung die der SH-GmbH

Eine Kapitalerhöhung steht gem. § 8c Abs. 1 Satz 4 KStG einer Übertragung des gezeichneten Kapitals gleich, soweit sie zu einer Veränderung der jeweiligen Beteiligungsquoten führt. Wäre ein neuer Anteilseigner – wie hier die I-GmbH – nach Durchführung der Kapitalerhöhung zu 51 % beteiligt, würde grundsätzlich eine schädliche Anteilsübertragung vorliegen, die gem. § 8c Abs. 1 Satz 2 KStG zum gesamten Untergang der Verlustvorträge nicht nur bei der SH-GmbH führen würde, sondern auch die laufenden Verluste und Verlustvorträge vernichten würde, die nach Auflösung der Organschaften Ende 2008 auf Ebene der nachgeordneten Konzerngesellschaften, deren Anteile mittelbar in schädlichem Umfang übertragen werden, entstanden sind.[18]

Es stellt sich jedoch die Frage, ob vorliegend nicht durch die Anwendung einer der Neuregelungen des § 8c KStG ein Untergang der Verlustvorträge verhindert werden kann:

---

14 Bien/Wagner (BB 2009, 2627, 2629) bspw. verneinen bei Beteiligung mehrerer Personen eine Anwendung der Konzernklausel.
15 Ebenso explizit Eisgruber/Schaden, Ubg 2010, 73, 78; ferner bspw. Sistermann/Brinkmann, DStR 2009, 2633 f; Dörr, NWB 2010, 184, 188; Frey/Mückl, GmbHR 2010 71, 72; Lang, Der Konzern 2010, 35, 39; Rödder, Ubg 2010, 162 f. und Orth, Ubg 2010, 169, 176 m.w.N. in Fn. 69 auch zur Gegenauffassung.
16 Gegen eine Anwendung der Konzernklausel aufgrund des zu eng gefassten Wortlauts (wenngleich kritisch) Bien/Wagner, BB 2009, 2627, 2629.
17 Hierfür plädieren bspw. Schneider/Roderburg (FR 2010, 58, 59), die andernfalls die Konzernklausel für nicht anwendbar erachten.
18 Vgl. zur Kapitalerhöhung auch BMF v. 04.07.2008, IV C 7 - S 2745 – a/08/10001, BStBl. I 2008, 736, Tz. 9 f.

Konzernklausel: Wegen des Beitritts eines neuen Gesellschafters ist der Anwendungsbereich der Konzernklausel gem. § 8c Abs. 1 Satz 5 KStG hier unstreitig nicht erfüllt.

Sanierungsklausel: Aufgrund der angespannten wirtschaftlichen Situation der S-Unternehmensgruppe könnte an die (nunmehr[19] unbefristet geltende) Sanierungsklausel nach § 8c Abs. 1a KStG gedacht werden. Die Tatbestandsvoraussetzungen der Vorschrift erscheinen jedoch – zumal vor dem Hintergrund der intendierten krisenentschärfenden Wirkung – zum Teil unverhältnismäßig hoch. Gem. § 8c Abs. 1a Satz 2 KStG wird bspw. als Sanierung (nur) eine Maßnahme verstanden, die darauf gerichtet ist, die Zahlungsunfähigkeit oder Überschuldung zu verhindern oder zu beseitigen. Dies wirft die Frage auf, ab welchem Zeitpunkt die Tatbestandsvoraussetzungen des Sanierungsprivilegs frühestens erfüllt sind. Der Wortlaut ("...darauf gerichtet ... die Zahlungsunfähigkeit oder Überschuldung zu verhindern...") spricht m.E. dafür, bereits ein frühes Krisenstadium[20] ausreichen zu lassen.[21] Auch im Gesetzgebungsverfahren zum Wachstumsbeschleunigungsgesetz wurde zum Ausdruck gebracht, dass der für den unschädlichen Beteiligungserwerb vorgesehene Zeitpunkt nicht so eng auszulegen sei, dass damit die wirksame Unterstützung von Sanierungen behindert werde.[22] In der Literatur[23] wird dies jedoch zum Teil restriktiver gesehen, so dass bis zu einer entsprechenden Äußerung der Verwaltung[24] keine Rechtssicherheit besteht.[25] Ferner müssten die gesetzlichen Anforderungen nach § 8c Abs. 1a KStG an den Erhalt der wesentlichen Betriebsstrukturen erfüllt werden. Da sich vorliegend die Verlustvorträge auf verschiedenen Ebenen befinden, müssten die Voraussetzungen der Sanierungsklausel auf jeder Ebene geprüft und von der jeweiligen Gesellschaft nachgewiesen werden; eine Sanierung nur der Obergesellschaft soll nach der Gesetzesbegründung nicht ausreichen.[26] Ob diese Nachweise vorliegend gelingen, erscheint mehr als fraglich, so dass die Sanierungsklausel in der vorliegenden Konstellation wohl auch nicht weiter hilft. Hinzu kommt, dass die EU-Kommission ein förmliches Prüfverfahren eingeleitet hat, ob die Sanierungsklausel gegen das europarechtliche Beihilfeverbot verstößt, da sie notleidende Unternehmen gegenüber "gesunden" Unternehmen privilegiert.[27]

Stille-Reserven-Klausel: Eine Rettung der Verlustvorträge könnte sich vorliegend wohl nur über die sog. stille-Reserven-Klausel[28] ergeben. Gem. § 8c Abs. 1 Satz 6 KStG kommt es bei dem – hier vorliegenden – Erwerb von mehr als 50 % der Anteile in Höhe der zum Zeitpunkt des schädlichen Beteiligungserwerbs vorhandenen stillen Reserven des inländischen Betriebs-

---

19 Im Zuge des Wachstumsbeschleunigungsgesetzes (Gesetz v. 22.12.2009, BGBl. I 2009, 3950).
20 Zu den einzelnen Krisenstadien vgl. bspw. Ortmann-Babel/Bolik/Gageuer, DStR 2009, 2173, 2175.
21 Ebenso bspw. Orth, Ubg 2010, 169, 172 f.
22 Vgl. BT-Drs. 17/147, S. 8.
23 Vgl. bspw. Dötsch, in: Dötsch/Jost/Pung/Witt, KStG/UmwStG, § 8c KStG, Rn. 113 ff. m.w.N.
24 Dies wurde auch im Gesetzgebungsverfahren zum Wachstumsbeschleunigungsgesetz durch den Finanzausschuss zum Ausdruck gebracht, vgl. BT-Drs. 17/147, S. 8. Dem Vernehmen nach steht ein Schreiben zu § 8c Abs. 1a KStG bevor und werden bis dahin keine verbindlichen Auskünfte erteilt.
25 So explizit z.B. auch Bien/Wagner, BB 2009, 2627.
26 S. BT-Drucks. 16/13429, S. 78, kritisch bspw. Altrichter-Herzberg, GmbHR 2009, 466, 469; Dörr, NWB 2009, 2050, 2059; Ortmann-Babel/Bolik/Gageuer, DStR 2009, 2173, 2177 f. und Sistermann/Brinkmann, DStR 2009, 1453, 1454.
27 Vgl. EU-Kommission v. 24.02.2010, IP/10/180 – hierzu EuZW 2010, 242.
28 Die Gesetzesbegründung spricht von einem "stille Reserven-Escape", BT-Drs. 17/15, S. 12.

vermögens nicht zu einem Verlustuntergang. Stille Reserven sind nach § 8c Abs. 1 Satz 7 KStG der Unterschiedsbetrag zwischen dem in der steuerlichen Gewinnermittlung ausgewiesenen Eigenkapital (anteilig oder gesamt) und dem hierauf entfallenden gemeinen Wert der Anteile. Gemäß § 8c Abs. 1 Satz 7 a.E. KStG sind stille Reserven nur soweit zu berücksichtigen, als diese im Inland steuerpflichtig sind. Bei der Ermittlung der stillen Reserven ist nach § 8c Abs. 1 Satz 8 KStG nur das Betriebsvermögen zu berücksichtigen, das der Körperschaft ohne steuerrechtliche Rückwirkung, insbesondere ohne Anwendung des § 2 Abs. 1 UmwStG zuzurechnen ist.

Jedenfalls auf Ebene der SH-GmbH stellt sich bei Prüfung der stille-Reserven-Klausel die Problematik, dass ihre stillen Reserven nahezu ausschließlich in den Beteiligungen an den Tochtergesellschaften "gebunden" sind. Da diese stillen Reserven aufgrund von § 8b Abs. 2 und 3 KStG grundsätzlich effektiv nur i.H.v. 5 % der Besteuerung unterliegen, gehen diese stillen Reserven auch nur zu 5 % in die Ermittlung der im Inland steuerpflichtigen stillen Reserven nach § 8c Abs. 1 Satz 7 KStG ein, so dass die (erheblichen) Verlustvorträge der SH-GmbH nur zu einem ganz geringen Anteil von der stille-Reserven-Klausel "gerettet" werden könnten.

Es könnte allerdings erwogen werden, für das Jahr 2010 wieder eine Organschaft zwischen der SH-GmbH als Organträgerin und den nachgeschalteten Tochtergesellschaften zu begründen.[29] Im Falle des Bestehens von Organschaften sollte m.E. für die Anwendung der stille-Reserven-Klausel die in den nachgeordneten operativen Gesellschaften enthaltenen stillen Reserven abgestellt werden.[30] Zwar könnte die Beteiligung an der Organgesellschaft über § 8b Abs. 2 KStG auch hier grundsätzlich steuerfrei veräußert werden, jedoch entstehen in Organschaftsfällen die stillen Reserven auf Ebene der Organgesellschaft, die im Realisierungsfalle das Einkommen der Organgesellschaft erhöhen würden, das dann wiederum dem Organträger zuzurechnen wäre. Entsprechend der Verwaltungsauffassung[31] zur Frage der Betriebsvermögenszuführung bei Organschaften (und Personengesellschaften) für Zwecke des "alten" § 8 Abs. 4 KStG sollte bei Ermittlung der relevanten stillen Reserven bei § 8c Abs. 1 Satz 6 ff. KStG auf Ebene des Organträgers der Beteiligungsbuchwert durch die entsprechende Aktivseite der nachgeordneten Organgesellschaft ersetzt werden.[32] Übertragen auf den vorliegenden Fall sollte die SH-GmbH bei Begründung entsprechender Organschaftsverhältnisse in 2010 von den stillen Reserven auf der Ebene der operativen Gesellschaften profitieren können. Dass bei Eintragung des Ergebnisabführungsvertrages im Handelsregister in 2010 die Organschaft für das gesamte Wirtschaftsjahr 2010 gilt,[33] sollte m.E. nicht zu einer Anwendung des Rückwirkungsverbotes gemäß § 8c Abs. 1 Satz 8 KStG führen. Gem. § 14 Abs. 1 Satz 2 KStG ist das Einkommen der Organ-

---

29 Bei Begründung der Organschaft(en) ist zu beachten, dass die Tochtergesellschaften in der "organschaftsfreien" Zeit jeweils eigene Verlustvorträge aufgebaut haben, die zu vororganschaftlichen Verlusten werden würden, was verschiedene "Fallstricke" beinhalten kann. Vgl. hierzu Dötsch, Der Konzern 2010, 99. Allgemein zu Formfragen bei der Organschaft bspw. Schöneborn, DB 2010, 245.
30 Ebenso bspw. Dörr, NWB 2010, 184, 196 f.; Eisgruber/Schaden, Ubg 2010, 73, 83 f.; Frey/Mückl, GmbHR 2010, 71, 76; Lang, Der Konzern 2010, 35, 43 und Orth, Ubg 2010, 169, 177 m.w.N. in Fn. 84.
31 BMF v. 16.04.1999, IV C 6 – S 2745 – 12/99, BStBl. I 1999, 455, Tz. 9.
32 Ebenso bspw. Lang, Der Konzern 2010, 35, 43 und Sistermann/Brinkmann, DStR 2009, 2633, 2636.
33 Bei unterstellten kalenderjahrgleichen Wirtschaftsjahren der jeweiligen Organgesellschaften, vgl. § 14 Abs. 1 Satz 2 KStG.

gesellschaft dem Organträger "erstmals für das Kalenderjahr zuzurechnen, in dem das Wirtschaftsjahr der Organgesellschaft endet, in dem der Gewinnabführungsvertrag wirksam wird." Dies stellt gerade keine Rückwirkung dar, sondern ist eine zwingende gesetzliche Anordnung zum zeitlichen Beginn der Organschaft. Während nach alter Rechtslage (§ 14 Abs. 1 Nr. 3 Satz 1 KStG) die rückwirkende Begründung einer Organschaft grundsätzlich möglich war, wenn der Gewinnabführungsvertrag im darauffolgenden Wirtschaftsjahr der Organgesellschaft wirksam wurde,[34] besteht dieser Gestaltungsspielraum nunmehr gerade nicht mehr, so dass die Begründung einer Organschaft für das gesamte Wirtschaftsjahr 2010 m.E. nicht als steuerrechtliche Rückwirkung im Sinne des § 8c Abs. 1 Satz 8 KStG anzusehen ist.

Sollten bei der SH-GmbH die Verlustvorträge die so ermittelten stillen Reserven übersteigen, käme es in Höhe des überschießenden Teils dennoch zu einem Untergang der Verlustvorträge der SH-GmbH. Hinzu kommt die Frage, wie mit den Verlustvorträgen der nachgeordneten Gesellschaften aus vororganschaftlicher Zeit umzugehen ist. § 8c KStG liegt der Gedanke zu Grunde, dass ein schädlicher Anteilseignerwechsel auch die Verlustvorträge von Tochtergesellschaften entsprechend der durchgerechneten Beteiligungsquote vernichtet, deren Anteile lediglich mittelbar übertragen werden. In tiefergestaffelten Strukturen ist § 8c KStG demnach auf jeder Stufe, auf der Verlustvorträge bestehen, zu prüfen. Daher entspricht es der Systematik der Vorschrift, auch für die stille-Reserven-Klausel entsprechend vorzugehen. Hiervon geht offensichtlich auch die Gesetzesbegründung aus, in der von einer mehrstufigen Ermittlung der stillen Reserven die Rede ist.[35] Allerdings soll eine Einschränkung dahingehend bestehen, dass die Summe der in den untergeordneten Unternehmen ermittelten stillen Reserven die im Kaufpreis bzw. im Unternehmenswert der erworbenen Gesellschaft enthaltenen stillen Reserven nicht übersteigen darf.[36] Eine solche Beschränkung ist aber weder dem Gesetzeswortlaut zu entnehmen noch erscheint sie sachgerecht.[37] Vielmehr sollte sich der Umfang der Verschonungsregel allein an den stillen Reserven derjenigen Gesellschaft orientieren, deren Verlustvorträge untergehen könnten.

Dies sollte grundsätzlich auch in der hier zu beurteilenden Organschaftskonstellation gelten. Zweifel könnten jedoch darin begründet sein, dass – nimmt man richtigerweise eine "Durchstockung" der stillen Reserven beim Organträger an – die stillen Reserven einer Organgesellschaft im Ergebnis zweimal berücksichtigt werden könnten, nämlich (i) einmal im Organkreis für Zwecke der Verlustvorträge des Organträgers und (ii) ein weiteres Mal bei der jeweiligen Organgesellschaft für die Frage, ob bzw. inwieweit deren "eigene" Verluste aus vororganschaftlicher Zeit untergehen.[38] Nach hier vertretener Auffassung handelt es sich hierbei jedoch um eine Konsequenz aus der Anwendungssystematik von § 8c KStG, wonach eine schädliche Anteilsübertragung auch in Organschaftsfällen auf mehreren Ebenen zum Untergang von Verlustvorträgen

---

34 Vgl. hierzu Neumann, in: Gosch, KStG, 2. Aufl. 2009, § 14 KStG, Rn. 247.
35 Vgl. BT-Drs. 17/15, S. 31.
36 Vgl. BT-Drs. 17/15, S. 31.
37 Gl. A. Lang, Der Konzern 2010, 35, 42; Scheipers/Linn, Ubg 2010, 8, 15 und Sistermann/Brinkmann, DStR 2009, 2633, 2636
38 Frey/Mückl (GmbHR 2010, 71, 76) gehen daher davon aus, dass eine doppelte Berücksichtigung ausscheide und den beteiligten Rechtsträgern ein Wahlrecht hinsichtlich der Verwendungsreihenfolge zustehen sollte.

führen kann. Gewissermaßen als Kehrseite sollte daher die stille-Reserven-Klausel ebenso auf mehreren Ebenen zur Anwendung kommen können. Der Wortlaut der Verschonungsregel stellt auf die stillen Reserven derjenigen Körperschaft ab, deren Verlusterhalt in Frage steht. Bezogen auf die Verluste des Organkreises ist dies der Organträger, bezogen auf vororganschaftliche Verluste sind dies die jeweiligen Organgesellschaften. Einen "Verbrauch" von stillen Reserven sieht das Gesetz nicht vor. In Hinblick auf die mehrstufige Wirkung einer einzigen Anteilsübertragung wäre dies auch nicht sachgerecht.

Im Ergebnis führt eine direkte Beteiligung der I-GmbH grundsätzlich zu einem Untergang der Verlustvorträge der SH-GmbH und der der nachgeordneten Gesellschafen in voller Höhe. Ausnahmen hiervon sind zwar denkbar, jedoch ist deren Anwendbarkeit im konkreten Fall mit zahlreichen Unsicherheiten behaftet und kann – wie die stille-Reserven-Klausel – möglicherweise bestenfalls zu einer teilweisen "Rettung" der Verlustvorträge führen. Als Alternativstruktur könnte daher eine Beteiligung im Wege einer atypisch stillen Gesellschaft erworben werden.

Alternative 2: Beteiligung im Wege der atypisch stillen Gesellschaft:

Literatur zu § 8c KStG bei Begründung einer atypisch stillen Beteiligung: *Breuninger/Schade*, Ubg 2008, 261, 265 f.; *Busch*, JbFfStR 2008/09, S. 223, 234 f; *Dötsch*, in: Dötsch/Jost/Pung/Witt, KStG/UmwStG, § 8c KStG, Rn. 37; *Suchanek*, in: Herrmann/Heuer/Raupach, EStG/KStG, § 8c KStG, Rn. 30 f.; *Suchanek*, Ubg 2010, 186, 189 f.

Die I-GmbH könnte sich zunächst atypisch still an der SH-GmbH beteiligen. Die atypisch stille Beteiligung könnte später –nach Verbrauch der vorhandenen Verlustvorträge – in eine Beteiligung am Stammkapital der Gesellschaft "umgewandelt" werden. Durch die Begründung einer atypisch stillen Beteiligung an der SH-GmbH würde steuerlich eine Mitunternehmerschaft zwischen der SH-GmbH und der I-GmbH begründet werden; zivilrechtlich würde die Beteiligung an der SH-GmbH in Bezug auf Stammkapital und Gesellschaftsanteile weiterhin bei der AS-GmbH liegen.[39]

1. Atypisch stille Beteiligung kein Fall von § 8c KStG bezogen auf Beteiligung an Geschäftsinhaberin

Eine atypisch stille Beteiligung der I-GmbH am Geschäftsbetrieb der SH-GmbH stellt insoweit weder eine Anteilsübertragung noch einen vergleichbaren Sachverhalt i.S.d. § 8c Abs. 1 Satz 1 KStG dar.

Eine Anteilsübertragung ist zu verneinen, da die Beteiligung an der SH-GmbH unverändert bestehen bleibt und es weder zu einer Übertragung des zivilrechtlichen noch des wirtschaftlichen Eigentums der Anteile an der SH-GmbH kommt. Durch die atypisch stille Beteiligung wird lediglich eine Beteiligung am Vermögen der SH-GmbH begründet, die Mitgliedschaftsrechte, Beteiligungsrechte oder Stimmrechte an der SH-GmbH werden hierdurch nicht berührt.[40]

---

39 Vgl. zur GmbH & atypisch Still stv. Suchanek/Hagedorn, FR 2004, 1149.
40 Ebenso auch Suchanek, Ubg 2010 186, 189.

Die Begründung der atypisch stillen Beteiligung stellt auch keinen "vergleichbaren Sachverhalt" i.S.d. § 8c Abs. 1 Satz 1 KStG dar. Hier hatte die Finanzverwaltung noch in einem Entwurf für ein BMF-Schreiben zu § 8c KStG vom 20.02.2008 – m.E. zu Unrecht – angenommen, dass die Einräumung einer atypisch stillen Beteiligung als vergleichbarer Sachverhalt zu einem schädlichen Beteiligungserwerb führen kann.[41] In der finalen Fassung des BMF-Schreibens vom 04.07.2008[42] ist diese Passage allerdings nicht mehr enthalten. Dies kann m.E. nur so verstanden werden, dass die Finanzverwaltung in der Begründung der atypisch stillen Beteiligung keinen vergleichbaren Sachverhalt sieht.[43] Dies ist auch folgerichtig, da ein "vergleichbarer Sachverhalt" i.S.d. § 8c Abs. 1 Satz 1 KStG wirtschaftlich einer Anteilsübertragung entsprechen muss. Steuerlich entsteht eine "neue" Mitunternehmerschaft, die die Verluste der SH-GmbH nicht nutzen kann. Der Umstand, dass der bisherige Betrieb der SH-GmbH nunmehr ertragsteuerlich in Form einer Mitunternehmerschaft als selbständiges Subjekt der Gewinnerzielung, Gewinnermittlung und Einkünftequalifikation besteht,[44] sollte ebenfalls zu keinem anderen Ergebnis führen, zumal dasselbe Ergebnis auch durch eine Ausgliederung des Betriebs der SH-GmbH in eine neu gegründete Tochter-Personengesellschaft erreicht werden könnte, an der dann der Neuinvestor beteiligt wäre. In jedem Fall ist eine "verbesserte" Form der Verlustnutzung ausgeschlossen. Vielmehr ist die SH-GmbH nur noch zu 49 % an ihrem Betrieb beteiligt und daher auch bzgl. der Nutzung ihrer Verlustvorträge entsprechend eingeschränkt. Die Begründung einer atypisch stillen Gesellschaft stellt daher m.E. keine schädliche Anteilsübertragung i.S.d. § 8c Abs. 1 KStG dar.[45]

Hieran fehlt es jedoch bezogen auf den Betrieb, an dem die atypisch stille Beteiligung begründet wird.

2. Anwendung von § 24 UmwStG auf Begründung der atypisch stillen Gesellschaft

Ertragsteuerlich ist die atypisch stille Beteiligung der I-GmbH am Geschäftsbetrieb der SH-GmbH als Begründung einer Mitunternehmerschaft mit den Mitunternehmern SH-GmbH und der I-GmbH zu qualifizieren. Der bisherige Betrieb der SH-GmbH wird ertragsteuerlich in den Betrieb der atypisch stillen Gesellschaft eingebracht. Aus Sicht der SH-GmbH ist dies eine Einbringung i.S.d. § 24 UmwStG[46] mit der damit grundsätzlich verbundenen Möglichkeit, das Ansatzwahlrecht gem. § 24 Abs. 2 UmwStG auszuüben.

3. Schicksal der gewerbesteuerlichen Verlustvorträge

Soweit gewerbesteuerliche Verlustvorträge auf der Ebene der SH-GmbH vorhanden sind, ist in Höhe der Beteiligung der I-GmbH ein Unternehmerwechsel anzunehmen, so dass zukünftig der

---
41 Vgl. Breuninger/Schade Ubg 2008, 261, 265 f.
42 BMF v. 04.07.2008, IV C 7 - S 2745 – a/08/10001, BStBl. I 2008, 736.
43 Zurückhaltender Suchanek, Ubg 2010 186, 189.
44 Vgl. z. B. BFH v. 26.11.1996, VIII R 42/94, BStBl II 1998, 328 und BFH v. 05.02.2002, VIII R 31/01, BStBl II 2002, 464.
45 Ebenso Busch, JbFfStR 2008/2009, S. 223, 234; Suchanek, in: Herrmann/Heuer/Raupach, EStG/KStG, § 8c KStG, Rn.30; Suchanek, Ubg 2010, 186, 190.
46 So die h.H., vgl. Wacker, in: Schmidt, EStG, 28. Aufl. 2009, § 15 EStG, Rn. 350 m.w.N.

gewerbesteuerliche Verlustvortrag nur noch i.h.v. 49 % genutzt werden kann.[47] Denn bei einer Mitunternehmerschaft sind nach der Rechtsprechung des BFH[48] die Mitunternehmer die relevanten Unternehmer für die erforderliche Unternehmerindentität gem. § 10a GewStG. Die SH-GmbH bleibt zu 49 % der maßgebliche Unternehmer.

4. Verlustnutzung für körperschaftsteuerliche Zwecke bei Tochtergesellschaften

Wie oben dargelegt, führt die Begründung der atypisch stillen Beteiligung des Investors nicht zu einer schädlichen Anteilsübertragung i.S.d § 8c Abs. 1 KStG auf Ebene der SH-GmbH. Daher kann für körperschaftsteuerliche Zwecke eine Verrechnung mit den vorhandenen Verlustvorträgen in der SH-GmbH weiterhin vorgenommen werden, allerdings ist die SH-GmbH zukünftig am Gewinn der Mitunternehmerschaft nur zu 49 % beteiligt, so dass die Nutzung der Verlustvorträge ggf. einen längeren Zeitraum in Anspruch nehmen wird.

Eine andere Frage ist, ob möglicherweise im Hinblick auf die der SH-GmbH nachgeordneten Gesellschaften eine schädliche Anteilsübertragung angenommen werden könnte. Zivilrechtlich bleibt weiterhin die SH-GmbH Eigentümerin der Beteiligungen an den Tochtergesellschaften. Steuerrechtlich sind diese Beteiligungen jedoch künftig der neu entstandenen Mitunternehmerschaft in Form der atypisch stillen Gesellschaft zuzuordnen. Dies stellt steuerrechtlich– wie oben dargelegt – eine Einbringung gem. § 24 UmwStG dar. M.E. wäre es jedoch unzutreffend, hierin eine schädliche Anteilsübertragung anzunehmen, da insoweit entscheidend auf die zivilrechtliche Betrachtungsweise abzustellen sein sollte, an der sich nichts ändert. So begründet auch nach der Auffassung der Finanzverwaltung ein Formwechsel einer Kapital- in eine Personengesellschaft keine mittelbare Übertragung der Anteile an einer nachgeordneten Kapitalgesellschaft.[49] Auch der Formwechsel wird steuerrechtlich als Einbringung in eine Mitunternehmerschaft gem. § 24 UmwStG qualifiziert. Aber auch in diesem Fall kommt es entscheidend auf die zivilrechtliche Behandlung an.[50] Allerdings verbleibt ein Risiko, dass die Finanzverwaltung im vorliegenden Fall im Hinblick auf die zukünftige 51%ige Beteiligung des Investors einen vergleichbaren Sachverhalt annehmen könnte.[51] Jedoch könnte man sich dann wiederum auf die stille-Reserven-Klausel berufen, so dass sich die Situation nicht nachteiliger als in der Alternative 1 darstellen würde.

5. Begründung einer Organschaft mit der S Holding GmbH

Nach der Begründung der atypisch stillen Beteiligung durch den Investor stellt sich die Frage, ob die SH-GmbH künftig wieder Organträgerin sein kann. Da der Betrieb der SH-GmbH nunmehr der Betrieb der Mitunternehmerschaft der atypisch stillen Gesellschaft wäre, stellt sich die

---

47 Vgl. Abschnitt 68 Abs. 2 GewStR.
48 BFH v. 03.05.1993, GrS 3/92, BStBl. II 1993, 616.
49 BMF v. 04.07.2008, IV C 7 – S 2745 – a/08/10001, BStBl. I 2008, 736, Tz. 11.
50 Vgl. auch den Hinweis von Roser, in Gosch, KStG, 2. Aufl. 2009, § 8c KStG, Rn. 37, wonach der Wechsel der steuerlichen Zuordnung zu einem Betriebsvermögen ohne Rechtsträgerwechsel keine Übertragung darstellt, vgl. hierzu auch OFD Karlsruhe v. 20.06.2006, S 2241/27 – St 111, BeckVerw 150365.
51 Vgl. BMF v. 04.07.2008, IV C 7 – S 2745 – a/08/10001, BStBl. I 2008, 736, Tz. 7.

Frage, ob eine Organträgerschaft zu einer atypisch stillen Gesellschaft angenommen werden kann.

Gemäß § 14 Abs. 1 Satz 1 Nr. 2 Satz 2 KStG kann Organträger auch eine Personengesellschaft i.S.d. § 15 Abs. 1 Satz 1 Nr. 2 EStG mit Geschäftsleitung im Inland sein, wenn sie eine Tätigkeit i.S.d. § 15 Abs. 1 Nr. 1 EStG ausübt. Die atypisch stille Gesellschaft sollte diese Voraussetzungen erfüllen, da der Begriff der Personengesellschaft in § 14 Abs. 1 Satz 1 Nr. 2 Satz 2 KStG steuerrechtlich auszulegen ist (es wird also z.b. nicht ein Gesamthandsvermögen vorausgesetzt) und die atypisch stille Gesellschaft nach der BFH-Rechtsprechung [52]selbst originär gewerblich tätig ist.[53]

Problematisch könnte sein, dass die Voraussetzung der Nr. 1 des § 14 Abs. 1 Satz 1 KStG – also die finanzielle Eingliederung – im Verhältnis zur Personengesellschaft selbst erfüllt sein muss. Bei der atypisch stillen Gesellschaft handelt es sich zivilrechtlich um eine reine Innengesellschaft ohne Gesamthandsvermögen. Zivilrechtliche Eigentümerin der Anteile an den Beteiligungsgesellschaften bleibt die SH-GmbH. Dennoch sollte auch insoweit auf die steuerlichen Wertungen abzustellen sein und für die finanzielle Eingliederungen die Zugehörigkeit zum steuerlichen Betriebsvermögen der atypisch stillen Gesellschaft entscheidend sein.[54] Steuerrechtlich sind die Beteiligungen an den Organgesellschaften dem Betriebsvermögen der atypisch stillen Gesellschaft zuzuordnen, was sich u.a. daraus ergibt, dass auch für dieses Betriebsvermögen die Verpflichtung zur Aufstellung einer Steuerbilanz besteht.[55]

Danach sollte m.E. eine wirksame Organschaft zwischen der atypisch stillen Gesellschaft als Organträgerin und den Tochtergesellschaften der SH-GmbH als Organgesellschaften begründet werden können.

6. Atypisch stille Gesellschaft und Zinsschranke

Die atypisch stille Gesellschaft ist auch für Zinsschrankenzwecke als eigenständiger Betrieb i.S.d. 4h EStG anzusehen.[56] Wie dargelegt, handelt es sich hierbei um eine Mitunternehmerschaft i.S.d. § 15 Abs. 1 Satz 1 Nr. 2 Satz 1 EStG, die trotz des Umstandes, dass der Geschäftsinhaber zivilrechtlicher Eigentümer des Betriebes ist, für steuerrechtliche Zwecke die erforderliche Verselbständigung als Subjekt der Gewinnerzielung, Gewinnermittlung und Einkünftequalifikation hat. Die atypisch stille Gesellschaft kann daher auch die Freigrenze des § 4h Abs. 2 Satz 1 Buchst. a EStG von EUR 3 Millionen in Anspruch nehmen.

---

52 Vgl. BFH v. 26.11.1996, VIII R 42/94, BStBl. II 1998, 328.
53 Ebenso Gosch, in: FS Raupach, S. 461, 474; Walter, in: Ernst & Young, KStG, § 14 KStG, Rn. 176 und Suchanek, Ubg 2010, 186, 190 ff m.w.N.
54 Vgl. auch Gosch, in: FS Raupach, S. 461, 474 und Suchanek, Ubg 2010, 186, 191 f. A.A. wohl Dötsch, DB 2005, 2541, 2543, ders./Witt, in: Dötsch/Jost/Pung/Witt, KStG/UmwStG, § 14 KStG, Rn. 106; Neumann, in: Gosch, KStG, 2. Aufl. 2009, § 14 KStG, Rn. 80a u.a. unter Hinweis auf die Abschaffung der Mehrmütterorganschaft, wobei dieser Hinweis m.E. nicht überzeugt, da auch weiterhin z.B. eine KG als steuerliche Mitunternehmerschaft bei entsprechender originärer gewerblicher Tätigkeit taugliche Organträgerin sein kann.
55 Hierzu bspw. BFH v. 05.07.2002, IV B 42/02 BFH/NV 2002, 1447.
56 Vgl. auch Graf, JbFStR 2009/2010, S. 206, 211 f. und Kraft/Mayer-Theobald, DB 2008, 2325.

III. Resümee

Das Regelung des § 8c KStG stellte in seiner ursprünglichen Fassung als reine Verlustvernichtungsvorschrift ein oftmals unüberwindliches Hindernis bei der Sanierung einer Unternehmensgruppe dar. Der Preis für den rettenden Einstieg eines außenstehenden Investors war ein Untergang der Verlustvorträge – ein Preis, der nicht selten als zu hoch angesehen wurde. § 8c KStG wirkte in seiner ursprünglichen Fassung daher sanierungsfeindlich. Die Änderungen und Ergänzungen des § 8c KStG – insbesondere durch das Wachstumsbeschleunigungsgesetz – bringen insoweit zwar maßgebliche Verbesserungen. Gerade in mehrstufigen Konzernstrukturen ist deren Anwendung im Einzelfall jedoch mit zahlreichen Unsicherheiten und offenen Fragen behaftet. Anwendungsschreiben der Finanzverwaltung hierzu sind derzeit dem Vernehmen nach in Vorbereitung, jedoch noch nicht veröffentlich. Aus Beratungssicht könnte daher eine atypisch stille Beteiligung des neuen Investors eine interessante Gestaltungsoption darstellen. In die Überlegungen sind dabei insbesondere auch Auswirkungen auf bestehende gewerbesteuerliche Verlustvorträge und die körperschaftsteuerlichen Verlustvorträge bei nachgeordneten Gesellschaften, auf bestehende bzw. künftig abzuschließende Organschaftsverhältnisse und die Zinsschranke mit einzubeziehen.

3. Generalthema
Die Entwicklung der Unternehmensbesteuerung – der kommende Umwandlungssteuererlass und die weitere Ausformung der Gruppenbesteuerung

XI. Voraussetzungen einer ertragsteuerlichen Organschaft nach deutschem Recht (Schüppen)

A. Fall XI.1 (Vereinbarung § 302 AktG, Rückwirkungsfiktion)

I. Sachverhalt

Am 1. August 2008 schloss die A-GmbH mit der B-GmbH einen Gewinnabführungsvertrag (GAV) zur Begründung einer ertragsteuerlichen Organschaft ab. Die A-GmbH war am 1. März 2008 gegründet worden. Die 76 %-Beteiligung an der B-GmbH war durch eine im Mai 2008 eingetragene Ausgliederung (Vertrag vom 1. April 2008) mit Rückwirkung auf den 1. Januar 2008 entstanden. Die fünfjährige Laufzeit der GAV beginnt am 1. Januar 2008. Er wird ab Vertragsbeginn tatsächlich durchgeführt.

„Die A GmbH verpflichtet sich, entsprechend § 302 AktG jeden während der Vertragsdauer sonst entstehenden Jahresfehlbetrag der B GmbH auszugleichen, soweit dieser nicht dadurch ausgeglichen wird, dass den freien Gewinnrücklagen Beträge entnommen werden, die während der Vertragsdauer eingestellt worden sind."

Ist eine körperschaftsteuerliche Organschaft begründet worden?

II. Lösungshinweise

1. Verlustübernahmevereinbarung gemäß § 17 Satz 2 Nr. 2 KStG

a) Formulierung des Verweises

Nimmt man zunächst an, dass ein ausdrücklicher Verweis auf § 302 AktG wegen § 17 S. 2 Nr. 2 KStG erforderlich ist, stellt sich die Frage, ob der hiesige Verweis für eine steuerliche Anerkennung zutreffend formuliert wurde. Typischerweise werden dafür folgende Textalternativen gewählt:[1]

a) ein Hinweis darauf, dass sämtliche Absätze des § 302 entsprechend gelten (ggf. dynamisch: „in der jeweils geltenden Fassung") oder

b) eine Übernahme des Wortlauts der Vorschrift (§ 302 AktG).

---

[1] Vgl. R 66 Abs. 3 Sätze 2 und 3 KStR.

Sofern nicht allgemein bzw. dynamisch auf § 302 AktG verwiesen wird, müssen Verträge, die nach dem 1. Januar 2006 geschlossen wurden, nach Auffassung der Finanzverwaltung auch einen Hinweis auf § 302 Abs. 4 AktG enthalten.[2] Problematisch ist die hiesige Klausel, die zunächst § 302 AktG im Ganzen erwähnt, dann aber lediglich den Regelungsinhalt von § 302 Abs.1 AktG wörtlich wiedergibt. Denn nach einer aktuellen Verwaltungsäußerung (OFD Rheinland/OFD Münster Verfügung vom 12. August 2009 – S 2770 – 1015 – St 131 (Rhld) /S 2770 – 249 – St 13 – 33 (Ms)) soll dieser Verweis steuerlich nicht anerkannt werden.[3] Im Schrifttum ist diese Auffassung zu Recht auf heftigen Widerstand gestoßen[4]. Tatsächlich widerspricht sie dem Wortlaut des Vertragstexts in unzulässiger Weise[5], da der „allgemeine" Verweis auf § 302 AktG auf einen Verweis auf lediglich Abs. 1 reduziert werden soll. Die Auslegung der Finanzverwaltung würde auch dem objektiven Sinn und Zweck der Vertragsklausel widersprechen, der nach höchstrichterlicher Rechtsprechung bei der Auslegung eines GAV zu berücksichtigen ist.[6] Zudem widerspricht sie der Gesetzeshistorie, denn § 17 Satz 2 Nr. 2 KStG erwähnt (auch nur) die Verlustübernahme des § 302 Abs. 1 AktG und verweist dann auf den § 302 AktG. Erst diese Kombination ließ den BFH in einem grundlegenden Urteil aus dem Jahr 1980[7] zum Schluss kommen, dass ein Verweis auf § 302 AktG mehr bedeuten müsse als Abs. 1. Nach zutreffender Auffassung ist die – hier gewählte – Integration des Verweises dahingehend auszulegen, dass in die wörtliche Wiedergabe des Absatz 1, als der zentralen Bestimmung der Verlustübernahme, insgesamt eine „Öffnungsklausel" eingebaut worden ist, aufgrund der auch die übrigen Bestimmungen des § 302 AktG gelten sollen.[8]

Die Finanzverwaltung – jedenfalls und hoffentlich nur in Nordrhein-Westfalen – wird den hiesigen Vertrag nach Lage der Dinge nicht anerkennen. In der Folge sind die beiden Vertragparteien individuell zu besteuern (mit der Folge verdeckter Gewinnausschüttungen und verdeckter Einlagen im Falle durchgeführter Gewinnabführung). Die Fälle offen haltende Rechtsmittel sollten eingelegt werden, da eine die Klausel anerkennende Rechtsprechung realistisch ist.

b) Erfordernis eines ausdrücklichen Verweises?

Eine derartige Vertragsrabulisitk wäre entbehrlich, wenn ein ausdrücklicher Verweis auf § 302 AktG bzw. dessen Übernahme im Vertragstext überhaupt nicht erforderlich wären. Der BFH hat dies in seiner ständigen Rechtsprechung allerdings wiederholt, zuletzt im Jahre 2008,

---

[2] BMF, Schreiben v. 16.12.2006, IV B 7 - S-2770 - 30/05.
[3] Vgl. OFD Rheinland/OFD Münster Verfügung vom 12.8.2009 – S 2770 – 1015 – St 131 (Rhld) /S 2770 – 249 – St 13 – 33 (Ms), vgl. auch *Crezelius*, Ubg 09, 733 ff; *Schneider/Hinz*, Ubg 09, 738, 741.
[4] IDW-Eingabe vom 4.12.2009 an das BMF; *Crezelius*, Ubg 09, 733 ff; *Schneider/Hinz*, Ubg 09, 738, 741.
[5] Eine Auslegung gegen den Wortlaut ist nach der höchstrichterlichen Rechtsprechung nicht zulässig, vgl. BFH, Urteil v. 28.11.2007, I R 94/06.
[6] BFH, Urteil v. 28.11.2007, I R 94/06.
[7] BFH, Urteil v. 17.12.1980, I R 220/78.
[8] Vgl. IDW-Eingabe vom 4.12.2009 an das BMF.

gefordert[9]. Dagegen hat das FG Köln jüngst erneut[10] anders entschieden: Der Verweis sei einem wirksamen GAV immanent, weil § 302 AktG bei der GmbH *ipso iure*[11] gelte. Die enge Auslegung des BFH sei zudem mit dem Gleichheitssatz unvereinbar, so dass sich der zulässige Verzicht auf eine ausdrückliche Übernahme des § 302 AktG jedenfalls aus einer verfassungskonformen Auslegung des § 17 S. 2 Nr. 2 KStG ergebe. Das Revisionsverfahren ist derzeit beim BFH anhängig.[12] Das Urteil des FG Köln wird von der Finanzverwaltung nicht berücksichtigt; es gilt weiterhin R 66 Abs. 3 S. 2 KStR 2004, wonach ein ausdrücklicher Verweis bzw. eine Übernahme im GAV erforderlich ist. Entsprechende Einspruchsverfahren ruhen nach § 363 Abs. 3 S. 2 AO, eine Aussetzung der Vollziehung wird nicht gewährt.

Realistischerweise ist zu bezweifeln, dass der BFH von seiner bisherigen Rechtsprechung abrückt, jedenfalls wenn sich die personelle Zusammensetzung des I. Senats nicht ändern sollte. Sollte der BFH bei seiner Linie bleiben, hat das FG Köln angekündigt, die Norm gem. Art. 100 Abs. 1 GG dem Bundesverfassungsgericht zur Entscheidung vorzulegen. Auf diesem Wege dürfte § 17 S. 2 Nr. 2 KStG in der Auslegung durch den BFH allerdings nicht vor das Bundesverfassungsgericht gebracht werden können, denn die dem FG Köln in etwaigen Parallelfällen weiterhin mögliche (eigene) verfassungskonforme Auslegung geht einer Vorlage an das Bundesverfassungsgericht vor[13]. Das Vorlageverfahren dient nicht dazu, eine Meinungsverschiedenheit zwischen einem Gericht und dem ihm im Instanzenzug übergeordneten Gericht über die verfassungsmäßige Auslegung einer Norm zu entscheiden[14]. Sollte der BFH im konkreten Fall an das FG Köln zurückverweisen, wäre eine Vorlage ebenfalls unzulässig, denn das Gericht müsste dann die Rechtsmeinung des Revisionsgerichts übernehmen, auf seine eigene Überzeugung käme es dann nicht an[15]. In den Konstellationen wie der vorliegenden stünde dann nur der Weg für eine Verfassungsbeschwerde des Steuerpflichtigen gegen das Urteil des BFH offen[16].

Das Bundesverfassungsgericht müsste die vom FG Köln vertretene Auffassung in der Sache an sich bestätigen. Gegen den Erfolg einer Verfassungsbeschwerde spricht allerdings die möglicherweise bei dieser Problematik mangelnde „Evidenz" für eine Bundesverfassungsgerichtsentscheidung[17]. Sachlich bestehen aber gute Gründe anzunehmen, dass eine verfassungskonforme Auslegung das weite Verständnis (Analogie ipso iure) sogar gebietet. Denn GmbH-Organgesellschaften[18] mit Gewinnabführungsverträgen, die einen der

---

[9] BFH, Beschluss v. 17.6.2008, IV R 88/05; Urteil v. 22.2.2006, I R 73/05; BFH, Urteil v. 29.3.2000, I R 43/99; BFH, Urteil v. 17.12.1980, I R 220/78.
[10] Siehe auch FG Köln, Urteil v. 22.6.2005, 13 K 5299/04, Revisionsentscheidung abgelehnt durch BFH, Az. 73/05.
[11] Die angeführte Geltung beruht auf höchstrichterlicher Rechtsprechung und nicht auf Parlamentsgesetz.
[12] FG Köln, Urteil v. 13.5.2009, 13 K 4779/04, Revision anhängig unter Az. I R 68/09.
[13] Jarass/Pieroth-*Pieroth*, Art. 100, Rn. 10; Tipke/Kruse-*Seer*, VerfRS, Rn. 21.
[14] Zuletzt BVerfG v. 05.04.1989, 2 BvL 1/88, 2 Bvl 2/88, 2 BvL 3/88, BVerfGE 80, 54, 58f.
[15] Zuletzt BVerfG v. 19.12.1984, 2 BvL 20/84, 2BvL 21/84, BVerfGE 68, 352, 358.
[16] Benda/Klein-*Klein*, Verfassungsprozessrecht, Rn. 821.
[17] BVerfGE 16, 130, 142; *Wernsmann*, Das gleichheitswidrige Steuergesetz – Rechtsfolgen und Rechtsschutz, Diss. 2000, S. 46 ff.
[18] Oder anderen nicht in § 14 KStG genannten Kapitalgesellschaften.

Handhabung des BFH und der Finanzverwaltung entsprechenden ausdrücklichen Verweis enthalten und auf der anderen Seite solche, bei denen eine ausdrückliche Inbezugnahme des § 302 AktG fehlt, würden im Falle der engen Auslegung (ausdrücklicher Einbezug) ungleich behandelt. Dies gilt auch für das Vergleichspaar der aktienrechtlichen und außeraktienrechtlichen Organschaft. Dass diese Schlechterstellung durch einen Verweis relativ leicht vermieden werden könnte, ist für die verfassungsrechtliche Beurteilung unerheblich, weil dies nichts an der Ungleichbehandlung ändert, da nur außeraktienrechtliche Körperschaften auf diese Maßnahme verwiesen wären[19]. Für eine solche Differenzierung besteht auch kein hinreichender sachlicher Grund[20]. Der historische Gesetzgeber wollte über eine steuerliche Sanktionsandrohung regeln, dass die zivilrechtlichen Verlustübernahmepflichten des Aktienrechts zum Schutze der beherrschten Gesellschaft und deren Minderheitsgesellschafter auch bei außeraktienrechtlichen Organschaften entsprechend zur Anwendung kommen. Dieses Ziel wird jedenfalls mittlerweile auch ohne die Regelung gemäß der BGH-Rechtsprechung ipso iure erreicht. Demgegenüber sind die Einwände des BFH eher theoretischer Natur und auch wegen gesetzessystematischer[21] und dogmatischer Schwächen[22] von eher geringer Tragfähigkeit. Zwar besteht nicht die vom BFH eingeforderte absolute Rechtssicherheit, dass § 302 AktG in jedem denkbaren Falle uneingeschränkt auf außeraktienrechtliche Organschaften angewandt wird, solange die Reichweite der Analogie im Ausnahmefall der Einmann-GmbH nicht höchstrichterlich oder per Gesetz entschieden ist. Eine solche absolute Übereinstimmung wird von § 17 S. 2 Nr. 2 AktG aber auch nicht verlangt, sondern ein lediglich „entsprechendes" Schutzniveau. Zudem ergibt sich das Erfordernis eines ausdrücklichen Verweises im Organschaftsvertrag nicht aus dem Wortlaut. Die Annahme anderer sachlicher Gründe für die Differenzierung (z.B. die vom BFH angeführte formelle Warnfunktion) ist ausgesprochen fernliegend. Von den möglichen Auslegungen des § 17 S. 2 Nr. 2 KStG ist daher aus verfassungsrechtlichen Gründen die weite Auslegung zutreffend, wonach ein ausdrücklicher Verweis nicht zwingend erforderlich ist. Der vorliegende GAV ist daher steuerlich anzuerkennen.

Hinweis: Für die Vertragsgestaltung bleibt natürlich (bis auf Weiteres) zu empfehlen, die Organschaftsverträge entsprechend den strengen Anforderungen der BFH-Rechtsprechung und der Finanzverwaltung zu fassen.

2. Rückwirkung und finanzielle Eingliederung

Die Organträgerin muss an der Organgesellschaft vom Beginn ihres Wirtschaftsjahres an (1.1.2008) ununterbrochen mehrheitlich beteiligt gewesen sein (finanzielle Eingliederung; § 14

---

[19] Bundesverfassungsgericht vom 17. November 2009, 1 BVR 2192/05, DstR 2010, 434, 440, Rn. 82.
[20] a.A. offensichtlich *Kolbe*, StuB 2009, 894.
[21] Eine zivilrechtliche Formvorschrift ist im Steuerrecht systemfremd. Der Verweis auf § 302 Abs. 3 AktG wäre sogar steuerschädlich.
[22] Die Einheit der Rechtsordnung wäre beim weiten Verständnis besser gewahrt.

Abs. 1 Nr. 1 S. 1 KStG). Zu prüfen ist daher, zu welchem Zeitpunkt die Organgesellschaft B bei der Organträgerin A erstmals finanziell eingegliedert war.

a) Finanzielle Eingliederung durch Ausgliederung

Die A hat per Ausgliederungsvertrag vom 1. April 2008 76 % der Anteile an der B erhalten. Die Ausgliederung und Vermögensübertragung erfolgte im Verhältnis zwischen den Beteiligten gemäß Ausgliederungsvertrag mit Rückwirkung zum 1. Januar 2008 (Ausgliederungsstichtag). Die Übertragung der auszugliedernden Vermögensgegenstände erfolgte mit dinglicher Wirkung zum Zeitpunkt der Eintragung der Ausgliederung in das Handelsregister im Mai 2008 (Vollzugsdatum). Problematisch ist, ob die (umwandlungsrechtliche) Rückwirkung auf den 1. Januar 2008 dazu führt, dass auch die finanzielle Eingliederung im Sinne des § 14 KStG seit dem 1. Januar 2008 bestand.

b) Rückwirkung der finanziellen Eingliederung?

aa) Ablehnende Ansicht der Finanzverwaltung

Die Finanzverwaltung lässt eine solche Rückbeziehung der finanziellen Eingliederung nicht zu, weil diese (wie schon früher die wirtschaftliche und organisatorische Eingliederung) als tatsächliche Vorgänge der Rückwirkung nicht zugänglich seien. Eine rückwirkende Begründung eines Organschaftsverhältnisses sei nicht zulässig[23]. Bis zu diesem BMF-Schreiben vom 26. August 2003 hat die Finanzverwaltung allerdings ausdrücklich vertreten, dass nur die wirtschaftliche und organisatorische Eingliederung nicht der Rückbeziehung zugänglich seien[24].

c) Bejahende Ansicht der herrschenden Literatur

Nach der ganz herrschenden Meinung in der Literatur ist die finanzielle Eingliederung einer Rückbeziehung nach § 2 UmwStG zugänglich[25]. Die Ansicht der Finanzverwaltung sei jedenfalls aufgrund der neuen Rechtslage überholt. Zwar sei eine steuerliche Rückwirkung einer wirtschaftlichen und organisatorischen Eingliederung tatsächlich bedenklich (gewesen), weil dies tatsächliche Zustände sind. Die nunmehr nur noch erforderliche finanzielle Eingliederung sei aber ein rechtliches Tatbestandsmerkmal, das nicht durch die Lebenswirklichkeit geprägt sei. Eine fiktive Rückwirkung des Haltens einer Beteiligung führt auch nicht zu Brüchen im Bezug auf Umstände, die sich in der Zwischenzeit bereits tatsächlich und unumkehrbar verwirklicht haben. Dies dürfte auch die Finanzverwaltung angenommen

---

[23] BMF vom 26. August 2003, BStBl I 2003, 437, Tz. 12; OFD Frankfurt, Vfg. v. 21. November 2005, S 1978 A – 19 St II 1.02.
[24] UmwSt-Erlass 1998, a.a.O, Org. 05.
[25] *Neumann* in: Gosch, aaO, Rn. 159; *Blumenberg* in: Herzig, S. 255; *Herlinghaus* in: R/H/L, Umwandlungssteuergesetz, Rz. 39; *Köster* in: Herzig, S. 96; *van Lishaut* in: R/H/L, Umwandlungssteuergesetz, § 2, Rz. 40; *Walter* in: E&Y, KStG, Rn. 351.1, 357.1; 366; *Sinewe*, GmbHR 2002, 481, 483; *Frotscher*, a.a.O., Rn. 88a; *Erle*/Sauter, § 14 KStG, Rn. 688; *Dötsch*, Der Konzern 2004, 274; *Orth*, Der Konzern 2005, 2005, 93.

haben, weil sie bis 18. August 2003 die finanzielle Eingliederung als einer Rückbeziehung fähig angesehen hat. Es sind auch keine (bzw. lediglich fiskalische) Gründe ersichtlich, warum die Finanzverwaltung die Rückbeziehbarkeit der finanziellen Eingliederung nicht mehr (wie bis dahin) anerkennen möchte.

d) Ansicht der Rechtsprechung

Nach der Ansicht der Rechtsprechung kann sich die Rückwirkungsfunktion auch auf tatsächliche Vorgänge beziehen und erfasst daher zumindest einen Formwechsel, wenn die finanzielle Eingliederung zum übertragenden Rechtsträger vorlag[26]. Die Finanzverwaltung wendet diese Entscheidungen nur auf den Formwechsel, nicht aber u. a. auf die Ausgliederung an[27]. Trotz der besonderen Umstände des entschiedenen Einzelfalles spricht alles dafür, dass das Ergebnis der genannten Rechtsprechung allgemein auch auf die Behandlung der finanziellen Eingliederung übertragen werden kann und eine Rückwirkung auch z.b. bei der hiesigen Ausgliederung anerkannt wird.

3. Rückwirkung bei damaliger Nichtexistenz der Gesellschaft?

Vorliegend könnte zusätzlich problematisch sein, dass der Organträger zu Beginn des Wirtschaftsjahres der Organgesellschaft noch nicht bestanden hat. Denn die Organträgerin A wurde erst zum 1. März 2008 gegründet, also nach dem 1. Januar 2008. Nach der Verwaltungsauffassung wird sich diese Frage schon nicht stellen, weil eine finanzielle Eingliederung allgemein nicht einer Rückbeziehung zugänglich sein soll. Nach der überwiegenden Auffassung innerhalb der Literatur ist eine Rückbeziehung aber auch dann zulässig, wenn die Einbringung – wie hier – in eine später gegründete Gesellschaft erfolgt[28]. Denn wenn die Rückbeziehung der finanziellen Eingliederung als Fiktion bejaht werde, ist die weitere Unterscheidung, dass die Fiktion in ihrer Wirkung nur auf eine am Übertragungsstichtag existente Gesellschaft begrenzt sein soll, nicht nachvollziehbar und auch nicht aus § 2 UmwStG begründbar. Eine steuerliche Missbrauchsgestaltung oder die Beeinträchtigung von Dritten kann hier auch nicht angenommen werden. Auch die zuvor dargestellte Rechtsprechung spricht für dieses Ergebnis, denn auch dort existierte der übernehmende Rechtsträger [Formwechsel] rechtlich zunächst noch nicht.

4. Folgen einer fehlenden finanziellen Eingliederung

Sofern hypothetisch (gemäß der Ansicht der Finanzverwaltung) angenommen würde, dass die finanzielle Eingliederung nicht von Beginn des Wirtschaftsjahres der Organgesellschaft an,

---

[26] FG Hamburg, 30. Mai 2002, VI 55/01, EFG 2002, 1318; BFH 17. September 2003, I R 55/02, BStBl. II 2004, 534 zum Formwechsel KapGes in PersGes.
[27] Vgl. BMF-Schreiben v. 24. Mai 2004, OV A 2 – S 2770 – 15/04, BStBl. I 2004, 549; OFD Frankfurt, Vfg. v. 21. November 2005, S 1978 A – 19 St II 1.02, *Walter*, a.a.O., Rn. 351.1.
[28] *Neumann*, aaO, Rz. 160; *van Lishaut* in: R/H/L, Umwandlungssteuergesetz, § 2, Rz. 40; *Plewka/Schienke*, DB 2005, 1703, 1704.

sondern erst im Laufe des Wirtschaftsjahres 2008 vorlag, ist auf der Rechtsfolgenebene fraglich, wie sich dies auf die steuerliche Anerkennung der Organschaft auswirken würde. Nach teilweise vertretenen Ansichten im Schrifttum müsste die finanzielle Eingliederung aufgrund teleologischer Auslegung des § 14 Abs. 1 S. 1 Nr. 1 und Nr. 3 KStG ebenfalls fünf Jahre bestehen[29]. Soweit die finanzielle Eingliederung auch nur in einem Jahr nicht bestanden hat, würde die Organschaft demnach ihre Wirksamkeit nicht nur für das Jahr des Wegfalls, sondern von Anfang an verlieren, jedenfalls sofern der Vertrag nicht bereits fünf Jahre durchgeführt wurde.

Nach anderer, wohl herrschender und zutreffender Literaturansicht hat die zeitliche Komponente bei der finanziellen Eingliederung mit der steuerlich gebotenen Vertragsdauer des Gewinnabführungsvertrages nichts zu tun und ist gesondert zu prüfendes Tatbestandsmerkmal für die finanzielle Eingliederung[30]. Demnach wäre die Organschaft nur für das betroffene – hier das erste – Wirtschaftsjahr steuerlich unwirksam, ab 1. Januar 2009 aber wirksam. Für das erste Jahr müssten die Beteiligten daher individuell besteuert werden. Die Organschaft würde danach (im Übrigen) anerkannt, auch wenn die finanzielle Eingliederung dann nur für vier Jahre bestand. Entscheidend ist demnach (nur), dass der GAV gesellschaftsrechtlich wirksam auf fünf Jahre abgeschlossen und tatsächlich durchgeführt wird.

---

[29] *Frotscher*, § 14 KStG, Rn. 128.
[30] *Neumann* in: Gosch, a.a.O., Rn. 155; *Dötsch/Witt*, a.a.O., Rn. 150, 231.

B. Fall XI.2 (Formwechsel AG-GmbH)

I. Sachverhalt

Die A-AG hat mit ihrer 100 %igen Tochter B-AG einen wirksamen GAV abgeschlossen und damit die körperschaftsteuerliche Organschaft zum 1. Januar 2007 begründet. Ein Verweis auf § 302 AktG oder entsprechend explizite Regelungen sind in dem schlank gehaltenen Vertrag nicht enthalten. Im März 2010 wird der Formwechsel der B-AG in eine GmbH im Handelsregister eingetragen.

II. Lösungshinweis:

Hat die Organgesellschaft die Rechtsform einer GmbH, so ist ein Verweis auf § 302 AktG im GAV nach Ansicht des BFH zwingend erforderlich. Fehlt nach der Umwandlung der A-AG in eine GmbH dieser Verweis, stellt sich die – bislang offenbar noch nicht diskutierte – Frage, ob die Organschaft als steuerlich wirksam anzusehen ist oder zumindest die Jahre bis zur Umwandlung anerkannt werden müssen.

Unproblematisch besteht der Beherrschungs- und Gewinnabführungsvertrag bei einem Formwechsel der Organgesellschaft aufgrund deren rechtlicher Identität fort und wird auch steuerlich weiterhin anerkannt, sofern diese – wie hier – nicht die Rechtsform einer Gesellschaft annimmt, mit der kein Beherrschungs- und Gewinnabführungsvertrag als abhängiger Gesellschaft geschlossen werden kann[31]. Es könnte jedoch argumentiert werden, dass im GAV durch die neue Rechtsform GmbH gemäß § 17 S. 2 Nr. 2 KStG der fehlende Verweis auf § 302 AktG nachträglich in den GAV aufgenommen werden müsste. Theoretisch könnte die Organschaft daher bis zur entsprechenden Eintragung des ergänzten Vertrages steuerlich nicht anerkannt werden und zwar mangels Ablaufs der fünfjährigen Laufzeit schlimmstenfalls sogar rückwirkend auch für die Zeit der AG-Organschaft. Denn bei einer formwechselnden Umwandlung will jedenfalls die Finanzverwaltung keine (hier zur „Rettung" hilfsweise in Betracht zu ziehende) steuerunschädliche vorzeitige Beendigung zulassen (UmwSt-Erlass, Org. 18).

Richtigerweise muss der GAV sowohl für den Zeitraum vor als auch nach der Umwandlung ohne Weiteres steuerlich anerkannt werden. Es bestehen keine überzeugenden Gründe für einen nachträglichen Einbezug des § 302 AktG. Denn § 302 AktG gilt nach der hier vertretenen Auffassung bereits ipso iure; § 17 S. 2 Nr. 2 KStG ist entsprechend auszulegen (s.o.). Selbst wenn man § 17 S. 2 Nr. 2 KStG mit dem BFH eng auslegen würde (s.o.), darf ein nachträglicher Einbezug zumindest im vorliegenden Fall nicht verlangt werden. Denn der GAV der AG wurde wirksam auf fünf Jahre abgeschlossen und die Geltung des § 302 AktG damit ipso iure in den Vertrag integriert. Aufgrund rechtlicher Identität der GmbH mit der AG gilt die Integration des § 302 AktG ohne Weiteres fort. Dies sieht die Finanzverwaltung jedenfalls vom Ergebnis her offenbar auch so. Im Umwandlungssteuererlass Org. 18 heißt es ausdrücklich: „Der

---

[31] UmwSt-Erlass, Org 18; *Müller*, BB 2002, 157, 161.

Formwechsel einer Organgesellschaft in eine andere Kapitalgesellschaft (z.b. AG in GmbH oder GmbH in AG) berührt die steuerliche Anerkennung der Organschaft nicht." Ein nachträglicher Einbezug des § 302 AktG wird also nicht verlangt.

Hinweis: Im umgekehrten Fall, dass eine GmbH in eine AG umgewandelt wird und der GAV ursprünglich § 17 S. 2 Nr. 2 KStG nicht entspricht (die enge Auslegung zugrunde gelegt), stellt sich die Frage, ob der GAV zumindest mit ex nunc Wirkung steuerlich anerkannt wird, weil bei einer AG ein Einbezug bekanntlich nicht erforderlich ist. Aufgrund der gesetzlich zwingenden Anwendung des § 302 AktG auf die AG ist dies nach der hier vertretenen Auffassung zu bejahen und kann die Organschaft auch mit dem bestehenden GAV ohne eine neue Mindestlaufzeit weitergeführt werden.

Hinweis: Soweit der Verweis auf § 302 AktG bei einer GmbH-Organgesellschaft fehlen sollte, könnte der Fehler rückwirkend durch eine Umwandlung in eine AG behoben werden, weil der Verweis dort von Gesetzes wegen nicht gefordert wird. Ob eine ex-tunc Wirkung der Umwandlung anerkannt werden wird, ist allerdings zweifelhaft. Allerdings sollte dies jedenfalls bis zu acht Monate (steuerlich[32]) funktionieren, denn nach der Rechtsprechung (aA offenbar Finanzverwaltung[33]) erfasst die Rückwirkungsfiktion zumindest einen Formwechsel, wenn die finanzielle Eingliederung zum übertragenden Rechtsträger vorlag[34].

C. Fall XI.3 (variable Ausgleichszahlung)

I. Sachverhalt

Die A-GmbH hat der C-AG, an der sie zu 35 % beteiligt ist, Anteile an der B-GmbH in einer Beteiligungshöhe von 23 % verkauft und übereignet. Zudem wurde vertraglich geregelt, dass die A GmbH dem außenstehenden Aktionär, der C-AG, für den GAV zwischen ihr und der B GmbH eine Ausgleichszahlung in Höhe von EUR 100,00 pro Anteil gewährt. Sollte der Bilanzgewinn der B-GmbH vor Berücksichtigung des GAV diesen Betrag von EUR 100,00 je Anteil übersteigen, wird der übersteigende Betrag als variabler Ausgleich zusätzlich an die C-AG gezahlt.

---

[32] Ein Formwechsel kann handelsrechtlich mangels Verweis auf § 17 Abs. 2 UmwG nach h.M. nicht auf einen früheren Stichtag rückbezogen werden.
[33] Vgl. BMF, 24. Mai 2004, BStBl. 2004, S. 549.
[34] FG Hamburg, 30. Mai 2002, VI 55/01, EFG 2002, 1318; BFH 17. September 2003, I R 55/02, BStBl. II 2004, 534 zum Formwechsel KapGes in PersGes.

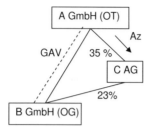

Fragestellung: Ist die A-GmbH zu Ausgleichszahlungen an die C-AG verpflichtet? Können die Ausgleichszahlungen wie im Vertrag vereinbart gewinnabhängig gestaltet werden, ohne die steuerliche Anerkennung der Organschaft zu gefährden?

II. Lösungshinweise

1. Verpflichtung zu Ausgleichszahlungen?

Schließt die Organgesellschaft mit dem Organträger einen Gewinnabführungsvertrag ab, so muss gem. § 304 Abs. 1 AktG bei einer AG oder KGaA als OG im Vertrag für außen stehende Aktionäre einen angemessenen Ausgleich durch eine auf den Aktiennennbetrag bezogene wiederkehrende Geldleistung (Ausgleichszahlung) vorgesehen sein.[35] Sieht der GAV keine Ausgleichszahlungen vor, ist der Vertrag dadurch nichtig, die Organschaft folglich nicht anzuerkennen (§ 304 Abs. 3 AktG). Ob § 304 AktG allerdings auch bei einer OG in der Rechtsform der GmbH Anwendung finden muss, ist umstritten. Gesetzliche Regelungen zu Ausgleichszahlungen bei einer GmbH als OG gibt es nicht. Von einer diesbezüglichen Übertragung des Aktienrechts auf das GmbH-Konzernrecht ist wohl auszugehen.[36] Es wird allerdings auch die Meinung vertreten, dass, zumindest solange die Frage höchstrichterlich nicht geklärt ist, eine derartige Rechtsfortbildung abzulehnen sei.[37]

Die C-AG ist „außenstehender Aktionär", weil unter dem in § 304 AktG verwendeten Begriff „außenstehend" nach der Auffassung der Literatur[38] außerhalb des Konzernverbundes – hier des Konzernverbundes der A-GmbH und der B-GmbH – zu verstehen ist.

Exkurs: Bestünde eine Abhängigkeit bzw. eine Beherrschung zu 100 % oder sind die in Frage stehenden Aktionäre aktiv oder passiv mit dem Organträger durch einen Beherrschungs-

---

[35] Vgl. Dötsch in: Dötsch/Jost/Pung/Witt, §16 KStG Rn.1 ; Frotscher in: Frotscher/Maas, §16 KStG Rn. 3.
[36] Dötsch in: Dötsch/Jost/Pung/Witt, § 16 KStG Rn. 9; Kraus, BB 1988, 528; Weber, GmbHR 2003, S. 1347, Hubertus/Lüdemann, DStR 2009, 2136, 2137.
[37] Frotscher in: Frotscher/Maas, § 16 KStG Rn. 6; Sauter/Heurung, GmbHR 2001, 754.
[38] Vgl. Kraus, BB 1988, 528; Weber, GmbHR 2003, S. 1347; Hubertus/Lüdemann, DStR 2009, 2136, 2137.

und/oder einem Gewinnabführungsvertrag verbunden, so wäre nach hM das Tatbestandsmerkmal des „außenstehenden Aktionärs" nicht erfüllt.[39]

2. Bemessung der Ausgleichszahlungen

Folgt man der Auffassung einer zwingenden Anwendung von § 304 AktG auch auf eine GmbH als OG, so muss sich auch die Bemessung der Ausgleichszahlungen grundsätzlich nach § 304 AktG[40] richten. Gemäß § 304 Abs. 2 S. 1 AktG kann grundsätzlich ein fester Ausgleich vereinbart werden. Als Ausgleichszahlung ist dann mindestens die jährliche Zahlung des Betrags zuzusichern, der nach der bisherigen Ertragslage der Gesellschaft und ihren künftigen Ertragsaussichten unter Berücksichtigung angemessener Abschreibungen und Wertberichtigungen, jedoch ohne Bildung anderer Gewinnrücklagen, voraussichtlich als durchschnittlicher Gewinnanteil auf die einzelne Aktie verteilt werden könnte (§ 304 Abs. 2 S. 1 AktG). Als Ausgleichszahlung kann auch die Zahlung des (variablen) Betrags zugesichert werden, der unter Herstellung eines angemessenen Umrechnungsverhältnisses auf Aktien der anderen Gesellschaft jeweils als Gewinnanteil entfällt. (§ 304 Abs. 2 S. 2 AktG).

Nach der bisherigen Auffassung der Finanzverwaltung ist es auch zulässig, neben einem garantierten festen Betrag auch einen darüber hinaus gehenden Zuschlag, der sich am Gewinn der Organgesellschaft orientiert, zu vereinbaren.[41] Der BFH hat nun in einer Entscheidung vom 4. März 2009 entschieden, dass er diese Verwaltungsauffassung zumindest nicht uneingeschränkt teilt.[42] Die teilweise vom Gewinn der Organgesellschaft abhängige Ausgleichszahlung beeinträchtige nach BFH-Auffassung die Durchführung des Ergebnisabführungsvertrags. Im Schrifttum stößt das BFH-Urteil auf Kritik, bemängelt wird vor allem, dass durch das Urteil die Rechtslage bezüglich der Gestaltung von Ausgleichszahlungen unsicher geworden sei, da dem Urteil nicht eindeutig zu entnehmen ist, welche Gestaltungen von Ausgleichszahlungen noch zulässig sind.[43]

Hinweis: Bislang gibt es keine Verwaltungsauffassung darüber, ob das o.g. Urteil über den Einzelfall hinaus anzuwenden ist und ob das o.g. BMF-Schreiben ggf. mit einer Übergangsregelung aufgehoben wird.[44] Dem Vernehmen nach sei allerdings ein Nichtanwendungserlass in Arbeit.[45] Verbindliche Auskünfte auf Grundlage des erwähnten BMF-Schreibens von 1991 werden von der Finanzverwaltung auskunftsgemäß nicht mehr erteilt, da in absehbarer Zeit mit einer Verwaltungsregelung in dieser Sache zu rechnen sei (AEAO zu § 89, Nr. 3.5.4. Satz 2). Solange die Anwendung des Urteils nicht abschließend geklärt ist, wird als Ausweichgestaltung die in einem Festbetrag vereinbarte Ausgleichszahlung mit einer

---

[39] Vgl. auch *Dötsch* in: Dötsch/Jost/Pung/Witt, §16 KStG Rn. 2; *Frotscher* in: Frotscher/Maas, §16 KStG Rn. 5.
[40] Vgl. zu Bsp. zur Bemessung auch *Popp*, WPg 2008, 23 ff.
[41] Vgl. auch BMF, Schreiben v. 13.9.1991, DB 1991, 2010.
[42] BFH, Urteil v. 4.3.2009, I R 1/08, DStR 2009, 1749.
[43] Vgl. *Lohmann/Goldacker/Annecke*, BB 2009, 2344, 2347; zweifelnd auch *Scheunemann/Bauersfeld*, BB 2009, 2183, 2187; ebenso *Hubertus/Lüdemann*, DStR 2009, 2136, 2138; *Meisel/Bokeloh*, DB 2009, 2067, 2069.
[44] OFD Münster v. 28.10.2009, Kurzinfo KSt 57/2009.
[45] Vgl. *Lenz*, Ubg 2010, 179, 181.

Aufstockung dieses Betrages um Festbeträge nach bestimmten Faktoren als zulässig angesehen.[46]

Literaturnachweise

Rechtsprechung: FG Köln, Urteil v. 13.5.2009, 13 K 4779/04, Revision anhängig unter Az. I R 68/09; BFH, Urteil v. 4.3.2009, I R 1/08, DStR 2009, 1749; BFH, Urteil v. 3.9.2009, IV R 38/07; BFH Beschluss v. 27.7.2009, IV B 73/08, BFH/NV 2008, S. 1270; BFH, Beschluss v. 17.6.2008, IV R 88/05; BFH, Urteil v. 28.11.2007, I R 94/06; BFH, Urteil v. 22.2.2006, I R 73/05; FG Köln, Urteil v. 22.06.2005, 13 K 5299/04.

Verwaltungsanweisungen: OFD Rheinland/OFD Münster Verfügung vom 12.8.2009 – S 2770 – 1015 – St 131 (Rhld) /S 2770 – 249 – St 13 – 33 (Ms); BMF, Schreiben v. 16.12.2006, IV B 7 - S-2770 - 30/05; BMF, Schreiben v. 13.9.1991, IVB 7 – S 2770 – 11/91, DB 1991, S. 2010.

Schrifttum: *Benda/Klein*, Verfassungsprozessrecht; *Crezelius*, Zum Verweis auf § 302 AktG in § 17, Ubg 09, 733 ff; *Dötsch/Jost/Pung/Witt*, KStG Kommentar; *Erle* in: Erle/Sauter, 2. Aufl. 2006; *Frotscher/Maas*, KStG Kommentar; *Hubertus/Lüdemann*, „Verunglückte" Organschaft infolge gewinnabhängiger Ausgleichszahlungen an Außenstehende – Kommentar zum BFH-Urteil v. 4.3.2009, I R 1/08, DStR 2009, 2136, 2137; *Jarass/Pieroth*, GG; *Kuhfus*, Zeitliche Wirksamkeit eines Ergebnisabführungsvertrags, EFG 2008, 886 - 887; *Lenz*, Verlustübernahmeverpflichtung bei Organschaft, Ubg 2010, 179, 180; *Lohmann/Goldacker/Annecke*, Das BFH-Urteil vom 4.3.2009 zur Bemessung von Ausgleichszahlungen an Minderheitsgesellschafter – Handlungsmöglichkeiten, BB 2009, 2344 - 2348; *Meisel/Bokeloh*, Zulässigkeit variabler Ausgleichszahlungen in Ergebnisabführungsverträgen? DB 2009, 2067 - 2069; *Meyer*, Unterjährige Beendigung einer ertragsteuerlichen Organschaft, GmbH-StB 2005, 237 - 241; *Müller* in: Müller/Stöcker, Die Organschaft, 7. Auflage, 2008; *Popp*, Fester Ausgleich bei Beherrschungs- und/oder Gewinnabführungsverträgen, WPg 2008, 23 – 35; *Schneider/Hinz*, Verunglückte Organschaft – Ursachen und Heilungsmöglichkeiten, Ubg 09, 738, 741; *Sauter/Heurung*, Ausgleichszahlungen iSd § 16 KStG iVm § 304 AktG und vororganschaftliche Gewinnausschüttungen nach dem Systemwechsel, GmbHR 2001, 754 - 763; *Scheunemann/Bauersfeld*, Organschaft bei Kombination von fester und variabler Ausgleichszahlung an außenstehende Gesellschafter, BB 2009, 2186 - 2187; *Sterner* in: Herrmann/Heuer/Raupach, EStG, KStG, 2007; *Tipke/Kruse*, VerfRS; *Walter* in: Ernst & Young, KStG.

---

[46] Vgl. *Dötsch* in: Dötsch/Jost/Pung/Witt, § 17 KStG Rn. 17; *Scheunemann/Bauersfeld*, BB 2009, 2183, 2184; *Hubertus/Lüdemann*, DStR 2009, 2136, 2138.

3. Generalthema
Die Entwicklung der Unternehmensbesteuerung – der kommende Umwandlungssteuererlass und die weitere Ausformung der Gruppenbesteuerung

XII. Rechtsentwicklungen bei der Organschaft – Europarechtliche Grenzen (Haarmann)

A. Sachverhalt

Die A-AG mit Sitz und Geschäftsleitung in Deutschland ist zu 100% an der B-S.A. beteiligt, die sowohl Sitz als auch Geschäftsleitung in Belgien hat. Die B-S.A. hat eine Betriebsstätte in Deutschland.

Die A-AG beabsichtigt, der inländischen Betriebsstätte der B-S.A. ein Darlehen in Höhe von 20 Mio. € zu gewähren, das zu 7% verzinst werden soll. Dieses Darlehen wird bei der Betriebsstätte einen jährlichen Zinsaufwand in Höhe von 1,4 Mio. € verursachen. Zusätzlich entsteht bei der inländischen Betriebsstätte ein jährlicher Zinsaufwand aus Bankdarlehen in Höhe von 2 Mio. €. Da bei der inländischen Betriebsstätte keine Zinserträge anfallen, führt die Ausreichung des Darlehens durch die A-AG bei der inländischen Betriebsstätte zu einem Nettozinsaufwand in Höhe von insgesamt 3,4 Mio. €. Das verrechenbare EBITDA der inländischen Betriebsstätte, die zu einem Konzern gehört, beträgt 1,5 Mio. €; die Voraussetzungen der Escape-Klausel gem. § 4h Abs. 2 S. 1 Buchst. c EStG liegen nicht vor.

Die A-AG möchte gerne mit der B-S.A. im Hinblick auf ihre inländische Betriebsstätte einen Organkreis bilden. Insbesondere sollen durch die Begründung einer Organschaft die negativen Auswirkungen durch die Zinsschrankenregelung und die gewerbesteuerliche Hinzurechnung der Entgelte für Schulden bei der inländischen Betriebsstätte vermieden werden. Der Steuerabteilungsleiter der A-AG weist jedoch darauf hin, dass das deutsche Recht eine Organschaft zwischen der A-AG und der B-S.A. im Hinblick auf ihre Betriebsstätte nicht zulässt.

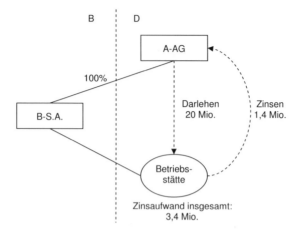

B. Fragestellung

Bestehen gemeinschaftsrechtliche Bedenken gegen die deutsche Regelung zur ertragsteuerlichen Organschaft, die eine Organschaft bei einem grenzüberschreitenden Sachverhalt generell nicht zulässt und bei Nichtvorliegen der Voraussetzungen der §§ 14, 17 KStG sämtliche Vorteile der Organschaft untersagt?

C. Lösungshinweise

Bei Zugrundelegung der neueren Rechtsprechung des EuGH bestehen wohl im Grundsatz keine gemeinschaftsrechtlichen Bedenken gegen den Ausschluss einer grenzüberschreitenden Ergebnisabführung. Die Versagung anderer Vorteile, wie die Nichtanwendbarkeit der Zinsschranke und der gewerbesteuerlichen Hinzurechnungen, sind indes gemeinschaftsrechtlich nicht zu rechtfertigen. Im Falle einer im EU-Ausland ansässigen Tochtergesellschaft mit einer inländischen Betriebsstätte bestehen hingegen auch dann gemeinschaftsrechtliche Bedenken, wenn die Ergebnisabführung zwischen der inländischen Betriebsstätte der gebietsfremden Tochtergesellschaft und der inländischen Muttergesellschaft untersagt wird, weil die inländische Betriebsstätte der gebietsfremden Tochtergesellschaft nach deutschem Recht nicht in den Organkreis der inländischen Muttergesellschaft einbezogen werden kann.

I. Nationales Recht

Nach §§ 14, 17 KStG können der Träger eines inländischen gewerblichen Unternehmens (Organträger) und eine Kapitalgesellschaft mit Geschäftsleitung und Sitz im Inland (Organgesellschaft) eine ertragsteuerliche Organschaft bilden, wenn

- der Organträger unmittelbar oder mittelbar derart an der Organgesellschaft beteiligt ist, dass ihm ununterbrochen vom Beginn des Wirtschaftsjahres der Organgesellschaft an die Stimmrechtsmehrheit aus den Anteilen an der Organgesellschaft zusteht (finanzielle Eingliederung),

- der Organträger und die Organgesellschaft einen wirksamen Gewinnabführungsvertrag nach § 291 Abs. 1 AktG abgeschlossen haben, wonach die Organgesellschaft verpflichtet ist, ihren ganzen Gewinn an den Organträger abzuführen und der Organträger verpflichtet ist, die Verluste der Organgesellschaft zu übernehmen und
- die weiteren Voraussetzungen des § 14 KStG erfüllt sind.

Die Rechtsfolgen einer wirksam begründeten Organschaft sind, dass das auf der Ebene der Organgesellschaft ermittelte Einkommen dem Organträger zugerechnet und bei diesem der Besteuerung unterworfen wird, wohingegen die Organgesellschaft regelmäßig nicht besteuert wird. Die wesentlichen Vorteile der Begründung einer Organschaft sind vor allem:

- Ergebniskonsolidierung auf Ebene des Organträgers
- Vermeidung von Kapitalertragsteuereinbehalt
- Vermeidung der 5%-Besteuerung von Dividendenausschüttungen
- Leichtere Vermeidbarkeit der Zinsschranke, insbesondere bei Darlehen innerhalb des Organkreises
- Leichtere Vermeidbarkeit der Mindestbesteuerung durch Ergebnissaldierung
- Keine gewerbesteuerliche Hinzurechnung für Darlehen innerhalb des Organkreises
- Geringere Probleme mit verdeckten Gewinnausschüttungen im Organkreis

Im vorliegenden Fall sollen durch die Begründung einer Organschaft insbesondere die negativen Auswirkungen durch die Zinsschrankenregelung und die gewerbesteuerliche Hinzurechnung der Entgelte für Schulden bei der inländischen Betriebsstätte vermieden werden. Beide Regelungen finden für die Einkommensermittlung der Betriebsstätte Anwendung, da die B-S.A. mit dem Einkommen ihrer inländischen Betriebsstätte in Deutschland der beschränkten Steuerpflicht gemäß § 49 Abs. 1 Nr. 2 Buchst. a EStG i.V.m. § 2 Nr. 1 KStG unterliegt und Deutschland aufgrund Art. 7 Abs. 1 i.V.m. Art. 23 Abs. 2 DBA-Belgien insoweit das Besteuerungsrecht zusteht. Die deutschen Gewinnermittlungsvorschriften sind damit für die Betriebsstättenergebnisse anzuwenden.

Aufgrund der Zinsschrankenregelung der § 4h EStG, § 8a KStG wären die Zinsaufwendungen der Betriebsstätte nicht unbeschränkt in Höhe von 3,4 Mio. € abziehbar, sondern nur in Höhe von 1,5 Mio. €. Gegenstand der Abzugsbeschränkung der § 4h EStG, §8a KStG sind Zinsaufwendungen eines Betriebs. Betriebsstätten sind grundsätzlich keine eigenständigen Betriebe im Sinne der Zinsschranke.[1] Allerdings wird nach h.M. die inländische Betriebsstätte eines ausländischen Unternehmens wie ein Betrieb zu behandeln sein, der als solcher isoliert

---

[1] Vgl. BMF-Schreiben betr. Zinsschranke v. 04.07.2008, BStBl. I 2008, 718, Rn. 9.

der Zinsschranke unterliegt.[2] Demnach sind die Zinsaufwendungen der Betriebsstätte in Höhe von 3,4 Mio. € gemäß § 4h Abs. 1 S. 1 EStG grundsätzlich abziehbar bis zur Höhe des Zinsertrags, darüber hinaus nur bis zur Höhe des verrechenbaren EBITDA. Diese Abzugsbeschränkung gilt nicht, wenn einer der folgenden drei Ausnahmetatbestände des § 4h Abs. 2 EStG gegeben ist:

- Freigrenze: Der Nettozinsaufwand beträgt weniger als drei Millionen Euro;
- Konzernklausel: Der Betrieb gehört nicht oder nur anteilmäßig zu einem Konzern;
- Escape-Klausel: Der Betrieb gehört zu einem Konzern und seine Eigenkapitalquote am Schluss des vorangegangenen Abschlussstichtages ist gleich hoch oder höher als die des Konzerns (Eigenkapitalvergleich). Ein Unterschreiten der Eigenkapitalquote des Konzerns um bis zu zwei Prozentpunkte[3] ist unschädlich.

Vorliegend ist keiner der drei Ausnahmetatbestände gegeben. Der Nettozinsaufwand in Höhe von 3,4 Mio. € übersteigt die Freigrenze von 3 Mio. €; der Betrieb gehört zu einem Konzern und die Voraussetzungen der Escape-Klausel liegen nicht vor. Damit wären die Zinsaufwendungen der Betriebsstätte lediglich in Höhe von 1,5 Mio. € abzugsfähig. Die nicht abziehbaren Zinsaufwendungen in Höhe von 1,9 Mio. € sind bis zur Höhe der EBITDA-Vorträge aus vorangegangenen Wirtschaftsjahren abziehbar und mindern die EBITDA-Vorträge in ihrer zeitlichen Reihenfolge (§ 4h Abs. 1 S. 4 EStG). Danach verbleibende nicht abziehbare Zinsaufwendungen sind in die folgenden Wirtschaftsjahre vorzutragen (Zinsvortrag, § 4h Abs. 1 S. 5 EStG).

Durch die Begründung einer Organschaft wären im Vergleich zur begrenzten Abzugsfähigkeit der Zinsaufwendungen in Höhe von lediglich 1,5 Mio. € sämtliche Zinsaufwendungen in Höhe von 3,4 Mio. € abzugsfähig. Da die Organschaft dazu führt, dass Organträger und Organgesellschaft als ein Betrieb i.S.d. § 4h EStG gelten (§ 15 Abs. 1 S. 1 Nr. 3 KStG), vermindert sich der Nettozinsaufwand von 3,4 Mio. € um die Zinsbeträge, die beim Organträger als Zinsertrag vereinnahmt werden. Mithin beträgt der Nettozinsaufwand des Betriebs – vorbehaltlich weiterer Zinsaufwendungen des Organträgers – 2 Mio. €. Die Zinsschranke würde vorliegend nicht zur Anwendung kommen, da die Freigrenze von 3 Mio. € nicht überschritten wäre.

Neben den Abzugsbeschränkungen durch die Zinsschranke unterliegt die inländische Betriebsstätte grundsätzlich mit sämtlichen Zinsaufwendungen (3,4 Mio. €) der gewerbesteuerlichen Hinzurechnungsvorschrift des § 8 Nr. 1 Buchst. a GewStG. Durch die Begründung einer Organschaft sind jedoch diejenigen Zinsaufwendungen nicht hinzuzurechnen, die bereits im Gewerbeertrag der A-AG als Organträgerin enthalten sind.[4] Eine Hinzurechnung müsste demnach lediglich in Höhe von 2 Mio. € erfolgen (Zinsen aus

---
[2] So Loschelder in Schmidt, EStG, 28. Aufl. 2009, § 4h, Rn. 9 m.w.N.; Hick in Herrmann/Heuer/Raupach, Jahresband 2008, § 4h EStG, Anm. J 07-14 m.w.N.
[3] Erweiterung des Toleranzrahmens von einem Prozentpunkt auf zwei Prozentpunkte für nach dem 31.12.2009 endende Wirtschaftsjahre durch Gesetz vom 22.12.2009, BGBl. I 2009, 3950.
[4] Bei der gewerbesteuerlichen Organschaft unterbleiben Hinzurechnungen nach § 8 GewStG, soweit die Hinzurechnungen zu einer doppelten steuerlichen Belastung führen, Abschn. 41 Abs. 1 S. 5 GewStR 1998.

Bankdarlehen), während sie in Höhe von 1,4 Mio. € nicht erfolgen müsste (Zinsen, die an die A-AG gezahlt wurden).

Die dargelegten Vorteile können nach nationalem Recht nur dann in Anspruch genommen werden, wenn die A-AG mit der B-S.A. im Hinblick auf deren inländische Betriebsstätte eine Organschaft begründen kann. Nach § 14 Abs. 1 S. 1, § 17 KStG können nur eine Europäische Aktiengesellschaft, eine Aktiengesellschaft, eine Kommanditgesellschaft auf Aktien oder eine andere Kapitalgesellschaft mit Geschäftsleitung und Sitz im Inland Organgesellschaften sein. Damit scheidet nach diesen Vorschriften die Begründung einer Organschaft mit der B-S.A. aus, da diese als Kapitalgesellschaft weder Geschäftsleitung noch Sitz im Inland hat. Auch eine Organschaft mit der inländischen Betriebsstätte der B-S.A. kommt nicht in Frage, da es sich bei der Betriebsstätte als rechtlich nicht selbständigem Teil der B-S.A. nicht um eine taugliche Organgesellschaft handelt. Ausländische und inländische Kapitalgesellschaften werden somit ungleich behandelt und diese Ungleichbehandlung wirft die Frage auf, ob sie mit dem Gemeinschaftsrecht vereinbar ist.

II. Vereinbarkeit mit der Niederlassungsfreiheit

1. Anwendbarkeit und Beschränkung der Niederlassungsfreiheit

Ist eine nationale Vorschrift nur auf Beteiligungen anwendbar, die es dem Gesellschafter ermöglichen, einen „sicheren Einfluss" auf die Entscheidungen der Beteiligungsgesellschaft auszuüben und deren Tätigkeit zu bestimmen, fällt sie in den Anwendungsbereich der Niederlassungsfreiheit.[5] Die Begründung einer Organschaft setzt nach § 14 Abs. 1 S. 1 Nr. 1 KStG voraus, dass dem Organträger die Mehrheit der Stimmrechte aus den Anteilen an der Organgesellschaft zusteht und der Organträger damit einen „sicheren Einfluss" ausüben kann. Da es sich vorliegend um eine EU-Konstellation handelt, ist die Niederlassungsfreiheit anwendbar. Bis zum 30.11.2009 ist die Niederlassungsfreiheit in den Art. 43, 48 EG kodifiziert; ab dem 1.12.2009 ist sie nach der Nomenklatur des Vertrags von Lissabon in den Art. 49, 54 AEUV kodifiziert.[6]

Die Bildung einer Organschaft gewährt – wie oben skizziert – zahlreiche Vorteile. Indem §§ 14 Abs. 1 S. 1, 17 KStG nur die Einbeziehung inländischer Kapitalgesellschaften als Organgesellschaften erlaubt, steht die Organschaft als steuerlich vorteilhafte Gestaltungsmöglichkeit einem inländischen Organträger nur in Bezug auf seine inländischen Tochtergesellschaften offen. Damit werden Kapitalgesellschaften mit Geschäftsleitung und Sitz in Deutschland einerseits und Kapitalgesellschaften mit Geschäftsleitung und/oder Sitz im Ausland andererseits ungleich behandelt. Diese Ungleichbehandlung ist geeignet, die Gründung, den Erwerb oder das Halten von „sicheren Einfluss" vermittelnden Beteiligungen an Kapitalgesellschaften mit Geschäftsleitung und Sitz in einem anderen Mitgliedstaat der EU zu

---
[5] EuGH, Urteil vom 26.06.2008, C-284/06, Burda, IStR 2008, 515 Rn. 72 mit Verweis auf Urteil vom 12.12.2006, C-446/04, Test Claimants in the FII Group Litigation, Slg. 2006, I-11753 Rn. 38.
[6] Der Vertrag zur Gründung der Europäischen Gemeinschaften ist mit Inkrafttreten des Lissabon-Vertrags zum 1.12.2009 in „Vertrag über die Arbeitsweise der Europäischen Union" umbenannt worden und hat eine neue Artikelabfolge erhalten. Die Art. 43, 48 EG entsprechen inhaltlich den Art. 49, 54 AEUV.

behindern oder weniger attraktiv zu machen, was eine Beschränkung der Niederlassungsfreiheit darstellt.[7] Werden einer Muttergesellschaft mit einer in einem anderen Mitgliedstaat ansässigen Tochtergesellschaft die Vorteile einer Organschaft verwehrt, kann es für die Muttergesellschaft weniger attraktiv werden, von ihrer Niederlassungsfreiheit Gebrauch zu machen, weil sie davon abgehalten wird, in anderen Mitgliedstaaten Tochtergesellschaften zu gründen.[8]

Gleiches gilt für die Ungleichbehandlung inländischer Betriebsstätten von ausländischen Tochtergesellschaften gegenüber inländischen Betriebsstätten von inländischen Tochtergesellschaften. Die Gründung einer inländischen Betriebsstätte über eine ausländische Tochtergesellschaften ist weniger attraktiv, da nur inländische Tochtergesellschaften – ggf. mit ihren inländischen Betriebsstätten – als Organgesellschaften in den Organkreis aufgenommen werden können.[9] Damit ist die Ungleichbehandlung inländischer Betriebsstätten von zum einen inländischen und zum anderen ausländischen Tochtergesellschaften geeignet, den Organträger in seiner Niederlassungsfreiheit zu beeinträchtigen.

Eine Ungleichbehandlung ist jedoch dann mit den Bestimmungen des Vertrags über die Niederlassungsfreiheit vereinbar, wenn sie Situationen betrifft, die nicht objektiv miteinander vergleichbar sind.[10] Die Situation einer gebietsansässigen Muttergesellschaft, die eine steuerliche Einheit mit einer gebietsansässigen Tochtergesellschaft bilden will, und die Situation einer gebietsansässigen Muttergesellschaft, die eine steuerliche Einheit mit einer gebietsfremden Tochtergesellschaft bilden will, sind aber nach der Rechtsprechung des EuGH im Urteil *X Holding* objektiv vergleichbar, da sowohl die eine als auch die andere Muttergesellschaft danach streben, die Vorteile der Organschaft in Anspruch zu nehmen.[11] Maßgeblich für die Prüfung der Vergleichbarkeit eines Sachverhalts mit Gemeinschaftsbezug mit einem innerstaatlichen Sachverhalt ist dabei das Ziel der fraglichen nationalen Bestimmung.[12] Dieses Ziel hat der EuGH darin gesehen, dass in beiden Situationen von den Vorteilen einer Organschaft profitiert werden soll, so dass die Vergleichbarkeit gegeben ist.

Dieselbe Argumentation kann für die Vergleichbarkeit der Situationen angeführt werden, bei der zum einen eine gebietsansässige Muttergesellschaft einen Organkreis mit einer gebietsfremden Tochtergesellschaft im Hinblick auf ihre inländische Betriebsstätte begründen will und zum anderen eine gebietsansässige Muttergesellschaft einen Organkreis mit einer gebietsansässigen Tochtergesellschaft mit inländischer Betriebsstätte begründen will. In beiden Fällen streben die Muttergesellschaften danach, die Vorteile der Organschaft in Anspruch zu nehmen, so dass die Situationen objektiv vergleichbar sind. Die Niederlassungsfreiheit ist daher beeinträchtigt.

---

[7] Siehe auch GA'in *Kokott*, Schlussanträge vom 19.11.2009, C-337/08, *X Holding*, BeckRS 2009, 71310 Rn. 25.
[8] EuGH, Urteil vom 25.02.2010, C-337/08, *X Holding*, IStR 2010, 213, Rn. 19.
[9] Vgl. Kußmaul/Niehren, FS Djanani, 2009, S. 177, 186 ff.
[10] EuGH, Urteil vom 25.02.2010, C-337/08, *X Holding*, IStR 2010, 213, Rn. 20.
[11] EuGH, Urteil vom 25.02.2010, C-337/08, *X Holding*, IStR 2010, 213, Rn. 24.
[12] EuGH, Urteil vom 25.02.2010, C-337/08, *X Holding*, IStR 2010, 213, Rn. 22.

2. Rechtfertigung der Beschränkung der Niederlassungsfreiheit

Eine Beschränkung der Niederlassungsfreiheit ist gerechtfertigt, wenn sie aus zwingenden Gründen des Allgemeininteresses erfolgt, zur Erreichung des angeführten Ziels geeignet ist und nicht über das hinausgeht, was zur Erreichung dieses Zwecks erforderlich ist.[13]

a) Verfolgung zwingender Gründe des Allgemeininteresses

Von den anerkannten zwingenden Gründen des Allgemeininteresses kommen hinsichtlich des Ausschlusses der grenzüberschreitenden Ergebniskonsolidierung die bereits in der Rechtssache *Marks & Spencer*[14] genannten Gründe in Betracht:

- Ausgewogene Aufteilung der Besteuerungsbefugnis zwischen den Mitgliedstaaten
- Vermeidung des doppelten Verlustabzugs
- Vermeidung der Steuerflucht

Nach der bisherigen Rechtsprechung des EuGH reichen die beiden zuerst genannten Rechtfertigungsgründe jeweils für sich alleine nicht aus, eine Beschränkung der Niederlassungsfreiheit zu rechtfertigen. Vielmehr sind sie in einer Gesamtbetrachtung mit mindestens einem weiteren Rechtfertigungsgrund zu berücksichtigen.[15] Im Urteil *X Holding* vom 25.02.2010 hat der EuGH jedoch allein auf den Rechtfertigungsgrund der Wahrung der Aufteilung der Besteuerungsbefugnis zwischen den Mitgliedstaaten abgestellt.[16] Damit wird davon auszugehen sein, dass der EuGH auch zukünftig bereits das Vorliegen eines Rechtfertigungsgrundes für ausreichend erachtet, um eine Beschränkung der Niederlassungsfreiheit zu rechtfertigen.

Die Organschaft führt zu einer Ergebniskonsolidierung auf der Ebene des Organträgers, d.h. auf der Ebene der Organgesellschaft wird ein von dieser erwirtschafteter Gewinn regelmäßig nicht besteuert und bleibt ein von dieser erwirtschafteter Verlust unberücksichtigt. Könnte eine ausländische Gesellschaft als Organgesellschaft in einen deutschen Organkreis einbezogen werden, so könnte sie nach Ansicht des EuGH frei darüber entscheiden, ihren Gewinn oder Verlust anstatt im EU-Mitgliedstaat ihrer Niederlassung in Deutschland steuerlich berücksichtigen zu lassen.[17] Bei einem Gewinn der ausländischen Gesellschaft würde dies die Steuerbemessungsgrundlage und letztlich das Steueraufkommen in dem ausländischen Staat zugunsten Deutschlands mindern. Diese Minderung stellt eine Gefährdung der Steuerhoheit des anderen EU-Mitgliedstaates für die in seinem Hoheitsgebiet von einer dort ansässigen

---

[13] EuGH, Urteil vom 13.12.2005, C-446/03, *Marks & Spencer*, IStR 2006, 19, Rn. 35.
[14] EuGH, Urteil vom 13.12.2005, C-446/03, *Marks & Spencer*, IStR 2006, 19.
[15] EuGH, Urteil vom 18.07.2007, C-231/05, *Oy AA*, IStR 2007, 631 Rn. 60 (Wahrung einer ausgewogenen Aufteilung der Besteuerungsbefugnis zwischen den Mitgliedstaaten und Vermeidung einer Steuerumgehung); EuGH, Urteil vom 15.05.2008, C-414/06, *Lidl Belgium*, IStR 2008, 400 Rn. 42 (Wahrung der Aufteilung der Besteuerungsbefugnis zwischen den Mitgliedstaaten und Verhinderung einer doppelten Verlustberücksichtigung); EuGH, Urteil vom 21.01.2010, C-311/08, *Société de Gestion Industrielle*, IStR 2010, 144 Rn. 69 (Wahrung der ausgewogenen Aufteilung der Besteuerungsbefugnis zwischen den Mitgliedstaaten und der Vermeidung einer Steuerumgehung); anders aber GA'in *Kokott*, Schlussanträge vom 19.11.2009, C-337/08, *X Holding*, BeckRS 2009, 71310 Rn. 70 sowie *dies.*, Schlussanträge vom 10.09.2009, C-311/08, *Société de Gestion Industrielle*, BeckRS 2009, 70977 Rn. 60.
[16] EuGH, Urteil vom 25.02.2010, C-337/08, *X Holding*, IStR 2010, 213, Rn. 33.
[17] EuGH, Urteil vom 25.02.2010, C-337/08, *X Holding*, IStR 2010, 213, Rn. 32 und 41; siehe auch GA'in *Kokott*, Schlussanträge vom 19.11.2009, C-337/08, *X Holding*, BeckRS 2009, 71310 Rn. 42 und 45.

juristischen Person ausgeübte Tätigkeit dar.[18] Korrespondierend würde dies zu einer Erweiterung der Steuerhoheit Deutschlands (als Ansässigkeitsstaat des Organträgers) führen. Bei einem Verlust der ausländischen Gesellschaft würde dies die Steuerbemessungsgrundlage und letztlich das Steueraufkommen in Deutschland zugunsten des ausländischen Staates mindern, was die Steuerhoheit Deutschlands gefährden würde. Der Ausschluss der Einbeziehung ausländischer Gesellschaften als Organgesellschaften eines deutschen Organkreises dient damit – in Anlehnung an die Rechtsprechung des EuGH – dem Ziel, die ausgewogene Aufteilung der Besteuerungsbefugnis zwischen den Mitgliedstaaten zu wahren.[19]

Ob die Möglichkeit einer grenzüberschreitenden Ergebniskonsolidierung allerdings zwingend den Verlust des Besteuerungsrechts für den Sitzstaat der ausländischen Tochtergesellschaft bedeutet, die einen Organkreis mit ihrer inländischen Muttergesellschaft bilden will, ist fraglich. Vielmehr erscheint es insoweit sachgerechter, dass die ausländische Tochtergesellschaft wie eine Betriebsstätte zu behandeln ist, so dass abkommensrechtlich das Besteuerungsrecht weiterhin dem Sitzstaat der ausländischen Tochtergesellschaft zusteht.[20] Unter dieser Prämisse sprechen gute Gründe dafür, dass die Einbeziehung ausländischer Gesellschaften in einen deutschen Organkreis nicht mit dem Ziel kollidiert, die ausgewogene Aufteilung der Besteuerungsbefugnis zwischen den Mitgliedstaaten zu wahren. Bei dieser Betrachtungsweise wäre die oben festgestellte Beschränkung der Niederlassungsfreiheit mithin nicht zu rechtfertigen.

Bei einem grenzüberschreitenden Sachverhalt besteht zudem die Gefahr, dass Verluste der ausländischen Gesellschaft auf der Ebene des Organträgers in die Ergebniskonsolidierung steuermindernd einbezogen werden und zugleich im Ansässigkeitsstaat der ausländischen Gesellschaft steuermindernd berücksichtigt werden. Damit dient der Ausschluss der Einbeziehung ausländischer Gesellschaften als Organgesellschaften eines deutschen Organkreises auch dem Ziel, einen doppelten Verlustabzug zu vermeiden (wobei ein doppelter Verlustabzug bei doppelter Besteuerungsmöglichkeit systemimmanent und nicht von vornherein verwerflich wäre).

Demnach kann der Ausschluss der Konsolidierung des Ergebnisses einer ausländischen Gesellschaft durch §§ 14, 17 KStG durch die legitimen Ziele, eine ausgewogene Aufteilung der Besteuerungsbefugnis zwischen den Mitgliedstaaten zu wahren und einen doppelten Verlustabzug zu vermeiden, nach der neueren Rechtsprechung des EuGH möglicherweise gerechtfertigt sein.

Dies gilt jedoch nicht für die Versagung anderer Vorteile der Organschaft wie die Nichtanwendbarkeit der Zinsschranke und der gewerbesteuerlichen Hinzurechnungen. Es sprechen nämlich gute Gründe dafür, dass die hierdurch gegebene Beschränkung der Niederlassungsfreiheit nicht durch einen der genannten Rechtfertigungsgründe zu rechtfertigen

---

[18] Siehe auch GA'in *Kokott*, Schlussanträge vom 19.11.2009, C-337/08, *X Holding*, BeckRS 2009, 71310 Rn. 52.
[19] Vgl. EuGH, Urteil vom 25.02.2010, C-337/08, *X Holding*, IStR 2010, 213, Rn. 29.
[20] Vgl. Haarmann, Grenzüberschreitende Gruppenbesteuerung und Verlustnutzung, in Jürgen Lüdicke (Hrsg.), Deutsches Steuerrecht im europäischen Rahmen, 2004, 169, 184.

sein wird. Insbesondere wird durch die Gewährung dieser Vorteile nicht die ausgewogene Aufteilung der Besteuerungsbefugnis zwischen den Mitgliedstaaten berührt. Die Zinsschranke und die gewerbesteuerliche Hinzurechnung (etwa der Entgelte für Schulden) kommen grundsätzlich bei einem im Inland Steuerpflichtigen zur Anwendung und führen dann zur Erhöhung der Steuerbemessungsgrundlage der Körperschaft- bzw. Einkommensteuer sowie der Gewerbesteuer. Die Anwendung dieser Regelungen hat mithin lediglich Einfluss auf die Steuerbemessungsgrundlage der Gesellschaft, die im Inland steuerpflichtig ist. Sie beeinflussen jedoch nicht die Steuerbemessungsgrundlage der ausländischen Gesellschaft, die z.B. ein Darlehen an die inländische Gesellschaft ausgereicht hat und daraus Zinserträge vereinnahmt. Insofern ist die Situation eine andere als bei der grenzüberschreitenden Ergebnisabführung. Wie oben dargelegt, besteht nach Ansicht des EuGH insoweit eine Gefährdung der ausgewogenen Aufteilung der Besteuerungsbefugnis zwischen den Mitgliedstaaten, da in diesem Fall die beteiligten Gesellschaften durch die Option zur Organschaft die freie Wahl hätten, in welchem Mitgliedstaat die Ergebnisse der Organgesellschaft berücksichtigt werden.[21] Mangels Einflusses der Zinsschranke und der gewerbesteuerlichen Hinzurechnungsvorschriften auf die Besteuerungsgrundlage der ausländischen Gesellschaft kann daher nicht von einer Gefährdung der ausgewogenen Aufteilung der Besteuerungsbefugnis zwischen den Mitgliedstaaten ausgegangen werden, wenn diese Vorteile der Organschaft auch im Verhältnis einer inländischen Muttergesellschaft zu ihrer gebietsfremden Tochtergesellschaft gewährt werden. Insofern sprechen gute Gründe dafür, dass die Versagung der genannten Vorteile gemeinschaftsrechtlich nicht zu rechtfertigen ist.

In der vorliegenden Konstellation beabsichtigt die A-AG, mit der B-S.A. im Hinblick auf deren inländische Betriebsstätte einen Organkreis zu bilden. Dazu hat sie nach deutschem Recht gemäß § 14 Abs. 1 S. 1 KStG einen Gewinnabführungsvertrag mit der B-S.A. im Hinblick auf die Ergebnisse ihrer inländischen Betriebsstätte zu schließen. Zwar wird teilweise im Erfordernis eines Gewinnabführungsvertrags eine gemeinschaftsrechtswidrige Diskriminierung gesehen.[22] So ist Deutschland unter anderem der letzte Mitgliedstaat der EU, der einen solchen Vertrag für eine konzerninterne Verlustverrechnung voraussetzt. Allerdings verlangt das aktuelle deutsche Recht in Bezug auf die Begründung eines innerdeutschen Organkreises den Abschluss eines Gewinnabführungsvertrags, so dass dieses Erfordernis auch bei einem grenzüberschreitenden Sachverhalt verlangt werden kann. In diesem Sinne hat kürzlich das Niedersächsische Finanzgericht entschieden, indem es für deutsche Muttergesellschaften den Abzug „definitiver" Verluste ausländischer Tochtergesellschaften nur dann für möglich erachtet hat, wenn sie sich im Voraus vertraglich bindend zur Verlustübernahme verpflichtet haben.[23] Dieses Erfordernis hat das Gericht aus § 14 Abs. 1 S. 1 KStG hergeleitet. Demnach wird – zumindest vorerst –

---

[21] Vgl. EuGH, Urteil vom 25.02.2010, C-337/08, X Holding, IStR 2010, 213, Rn. 29.
[22] Vgl. Scheunemann, Praktische Anforderungen einer grenzüberschreitenden Verlustberücksichtigung im Konzern in Inbound- und Outboundfällen nach der Marks & Spencer, IStR 2006, 145, 146 f.; Kussmaul/Nieren, Grenzüberschreitende Verlustverrechnung im Lichte der jüngeren EuGH-Rechtsprechung, IStR 2008, 81, 86.
[23] Niedersächsisches Finanzgericht, Urteil vom 11.02.2010, 6 K 406/08 (Die Revision ist wegen grundsätzlicher Bedeutung der Rechtssache zugelassen).

weiterhin der Abschluss eines Gewinnabführungsvertrags Voraussetzung dafür sein, um in den Genuss sämtlicher Vorteile einer ertragsteuerlichen Organschaft zu gelangen.

Nach deutschem Recht ist die Begründung einer Organschaft zwischen einer inländischen Muttergesellschaft und der inländischen Betriebsstätte einer gebietsfremden Tochtergesellschaft nicht zulässig. Gemeinschaftsrechtlich bestehen insoweit jedoch nicht nur Bedenken gegen die Versagung der oben genannten sonstigen Vorteile der Organschaft, sondern auch im Hinblick auf die Versagung einer Ergebniskonsolidierung. Hierfür sprechen die nachfolgenden Gründe:

Zunächst steht Deutschland hinsichtlich der Betriebsstättenergebnisse nach dem DBA-Belgien das Besteuerungsrecht zu.[24] Damit besteht die Besteuerungsbefugnis Deutschlands hinsichtlich der Betriebsstättenergebnisse unabhängig davon, ob eine Organschaft – falls sie denn für zulässig erachtet wird – auch gebildet wird. Eine Gefährdung der Steuerhoheit des ausländischen EU-Staates sollte insoweit nicht bestehen, so dass die Ungleichbehandlung von gebietsansässigen und gebietsfremden Tochtergesellschaften mit inländischer Betriebsstätte nicht mit der Wahrung der Aufteilung der Besteuerungsbefugnis zwischen den Mitgliedstaaten zu rechtfertigen sein wird. Aufgrund des deutschen Besteuerungsrechts hinsichtlich der inländischen Betriebsstättenergebnisse hat die Muttergesellschaft nämlich nicht die freie Wahl, mittels Begründung bzw. Auflösung einer Organschaft festzulegen, welches Steuersystem auf die Gewinne bzw. Verluste der inländischen Betriebsstätte anwendbar ist und wo die Gewinne bzw. Verluste berücksichtigt werden.

Zudem kann in der vorliegenden Konstellation argumentiert werden, dass die Gefahr eines doppelten Verlustabzugs nicht besteht. Nach der bisherigen Rechtsprechung des EuGH konnte der Rechtfertigungsgrund der Vermeidung des doppelten Verlustabzugs die Beschränkung einer Grundfreiheit nicht alleine, sondern nur in einer Gesamtbetrachtung mit einem anderen Rechtfertigungsgrund rechtfertigen.[25] In dem Urteil X Holding hat der EuGH jedoch das alleinige Vorliegen des Rechtfertigungsgrunds der Wahrung der Besteuerungsbefugnis zwischen den Mitgliedstaaten als ausreichend erachtet, so dass – wie bereits ausgeführt – davon auszugehen sein wird, dass auch das Vorliegen allein der Vermeidung des doppelten Verlustabzugs zur Rechtfertigung einer Ungleichbehandlung ausreichen wird. Allerdings dürfte in derartigen Konstellationen (Besteuerungsbefugnis Deutschlands hinsichtlich deutscher Betriebsstätte einer gebietsfremden Kapitalgesellschaft) in der Regel der Nachweis gelingen, dass die Verluste nicht in dem anderen Staat berücksichtigt werden. Diese Angaben können im Rahmen der Amtshilferichtlinie[26] überprüft werden. Gelingt dieser Nachweis, bestehen somit gemeinschaftsrechtliche Bedenken gegen die deutsche Regelung zur ertragsteuerlichen Organschaft, die die Aufnahme inländischer Betriebsstätten gebietsfremder Tochtergesellschaften in den Organkreis nicht zulässt. Es ist dann vertretbar, dass der

---

[24] Art. 7 Abs. 1 i.V.m. Art. 23 Abs. 2 DBA-Belgien.
[25] Vgl. EuGH, Urteil vom 15.05.2008, C-414/06, Lidl Belgium, IStR 2008, 400 Rn. 42 (Wahrung der Aufteilung der Besteuerungsbefugnis zwischen den Mitgliedstaaten und Verhinderung einer doppelten Verlustberücksichtigung).
[26] Richtlinie 77/799/EWG des Rates vom 19.12.1977 über die Amtshilfe zwischen den zuständigen Behörden der Mitgliedstaaten im Bereich der direkten Steuern und der Steuern auf Versicherungsprämien, ABl. L 336, S 15.

Beschränkung der Niederlassungsfreiheit kein zwingender Grund des Allgemeininteresses entgegensteht, so dass die Versagung sämtlicher, nach deutschem Recht bestehender Vorteile der Organschaft im Verhältnis zwischen der A-AG und der B-S.A. im Hinblick auf deren inländische Betriebsstätteneinkünfte gemeinschaftsrechtlich nicht zu rechtfertigen ist.

b) **Geeignetheit und Erforderlichkeit**

Auf der Grundlage, dass die Beschränkung der Niederlassungsfreiheit – jedenfalls durch den Ausschluss der Ergebniskonsolidierung bei der Einbeziehung ausländischer Tochtergesellschaften in den Organkreis – aus zwingenden Gründen des Allgemeininteresses erfolgt (ausgewogene Aufteilung der Besteuerungsbefugnis zwischen den Mitgliedstaaten sowie Vermeidung des doppelten Verlustabzugs), ist weiter zu prüfen, ob die Regelung zur Erreichung der angeführten Ziele geeignet ist und nicht über das hinausgeht, was hierzu erforderlich ist. Zur Erreichung der beiden Ziele, eine ausgewogene Aufteilung der Besteuerungsbefugnis zwischen den Mitgliedstaaten zu wahren und einen doppelten Verlustabzug zu vermeiden, ist der Ausschluss der Einbeziehung ausländischer Gesellschaften als Organgesellschaften eines deutschen Organkreises auch geeignet. Fraglich ist, ob dieser völlige Ausschluss nicht über das hinausgeht, was zur Erreichung dieser Ziele erforderlich ist.

Als für den Organträger weniger einschneidende Maßnahme käme auch eine Regelung in Betracht, eine ausländische Tochtergesellschaft wie eine ausländische Betriebsstätte zu behandeln und nur den Verlust dieser ausländischen Tochtergesellschaft (ggf. unter Verzicht auf weitere Voraussetzungen der Organschaft, wie z.B. den Gewinnabführungsvertrag) in die Ergebniskonsolidierung auf der Ebene des Organträgers einzubeziehen, sofern sichergestellt ist, dass dieser Verlust nicht zugleich in Belgien steuerlich geltend gemacht werden kann.[27]

Inländische Organgesellschaften werden gewerbesteuerrechtlich als Betriebsstätten und körperschaftsteuerrechtlich zwar nicht dogmatisch, aber im wesentlichen praktischen Ergebnis ähnlich wie Betriebsstätten behandelt. Gegen die Gleichsetzung mit Betriebsstätten und die damit beabsichtigte Berücksichtigung von (nicht finalen)[28] Verlusten ausländischer Tochtergesellschaften bestehen jedoch folgende Bedenken:

- Erstens besteht ein rechtlicher Unterschied zwischen einer Tochtergesellschaft als einer selbständigen juristischen Person und einer Betriebsstätte als einem unselbständigen Teil eines Unternehmens, der sich auf die Steuerhoheit der involvierten Staaten auswirkt.[29] Denn während die Tochtergesellschaft als selbständige juristische Person in dem Staat, in dem sie ihren Sitz hat, unbeschränkt steuerpflichtig ist, gilt dies nicht für die Betriebsstätte in einem anderen Mitgliedstaat, die prinzipiell und in beschränktem

---

[27] Vgl. EuGH, Urteil vom 25.02.2010, C-337/08, *X Holding*, IStR 2010, 213, Rn. 35 ff., der das entsprechende Vorbringen der X Holding und der Kommission der Europäischen Gemeinschaften zurückweist.
[28] Finale Verluste einer ausländischen EU/EWR-Gesellschaft, die diese im Ausland weder selbst noch durch Übertragung auf Dritte nutzen kann, sind bei der inländischen Muttergesellschaft ohnehin zu berücksichtigen. Das gilt sowohl für finale Verluste einer ausländischen Tochterkapitalgesellschaft (*Marks & Spencer*, C-446/03) als auch für finale Verluste einer ausländischen Betriebsstätte (*Lidl Belgium*, C-414/06).
[29] EuGH, Urteil vom 25.02.2010, C-337/08, *X Holding*, IStR 2010, 213, Rn. 38; GA'in *Kokott*, Schlussanträge vom 19.11.2009, C-337/08, *X Holding*, BeckRS 2009, 71310 Rn. 53.

Umfang weiterhin der Steuerhoheit des Herkunftsstaats unterliegt.[30] Mit den Worten der Generalanwältin Kokott verlässt die Muttergesellschaft mit der Gründung einer ausländischen Tochtergesellschaft den Bereich der Steuerhoheit ihres Ansässigkeitsstaates und unterwirft die Tochtergesellschaft der unbeschränkten Steuerpflicht im Aufnahmestaat, wohingegen sich ein Unternehmen durch die Errichtung einer Betriebsstätte zwar ebenfalls unter die Steuerhoheit des Aufnahmestaates begibt, jedoch ohne diesen Teil des Unternehmens vollständig der Steuerhoheit des Herkunftsstaates zu entziehen.[31] Da sich insoweit ausländische Betriebsstätten und gebietsfremde Tochtergesellschaften im Hinblick auf die Aufteilung der Besteuerungsbefugnis nicht in einer vergleichbaren Situation befinden, ist es nicht erforderlich, gebietsfremde Tochtergesellschaften steuerlich wie ausländische Betriebsstätten zu behandeln.[32]

- Zweitens besteht zwischen Deutschland und Belgien ein Doppelbesteuerungsabkommen, das dem belgischen Staat das Besteuerungsrecht für die in einer belgischen Betriebsstätte erwirtschafteten Einkünfte zuweist,[33] wozu nach dem sowohl vom BFH als auch vom EuGH anerkannten Grundsatz der symmetrischen Behandlung von Gewinnen und Verlusten („Symmetrietheorie", „Kohärenz") auch die negativen Einkünfte gehören, und Deutschland solche DBA-steuerbefreiten Einkünfte in gemeinschaftsrechtlich zulässiger Weise sowohl von der Besteuerung als auch vom Progressionsvorbehalt ausnimmt.[34] Besteht ein Doppelbesteuerungsabkommen, das die Steuerhoheit für Betriebsstättenergebnisse dem Betriebsstättenstaat zuweist, gibt es somit selbst bei ausländischen Betriebsstätten grundsätzlich kein gemeinschaftsrechtliches Erfordernis, ausländische Betriebsstättenverluste in Deutschland zu berücksichtigen, so dass sich für den vorliegenden Fall kein Argument aus der vermeintlichen Pflicht zur Gleichbehandlung ausländischer Tochterkapitalgesellschaften und ausländischer Betriebsstätten ergibt.

Finale Verluste einer ausländischen Tochterkapitalgesellschaft sollten jedoch als gegenüber dem völligen Ausschluss der Ergebniskonsolidierung weniger einschneidende Maßnahme bei der inländischen Muttergesellschaft zu berücksichtigen sein, wenn diese nachweisen kann, dass ihre ausländische Tochtergesellschaft die Verluste in ihrem Ansässigkeitsstaat nicht genutzt hat und nutzen konnte und der deutschen Fiskus diesen Nachweis aufgrund der gegenseitigen Amtshilfe überprüfen kann.[35] Denn in diesem Fall bestünde nicht die Gefahr einer doppelten Verlustberücksichtigung und die Nichtberücksichtigung der ausländischen Verluste ginge damit über das hinaus, was zur Ereichung der beiden Ziele (Wahrung der angemessenen

---

[30] EuGH, Urteil vom 25.02.2010, C-337/08, *X Holding*, IStR 2010, 213, Rn.
[31] GA'in *Kokott*, Schlussanträge vom 19.11.2009, C-337/08, *X Holding*, BeckRS 2009, 71310 Rn. 55. Siehe auch Rn. 54: „latente Steuerhoheit für ausländische Betriebsstätteneinkünfte".
[32] EuGH, Urteil vom 25.02.2010, C-337/08, *X Holding*, IStR 2010, 213, Rn. 40.
[33] Art. 7 Abs. 1 i.V.m. Art. 23 Abs. 1 DBA-Belgien.
[34] Vgl. § 32 Abs. 1 S. 1 Nr. 3 i.V.m. S. 2 Nr. 3 EStG.
[35] So auch der Vorschlag der Kommission im Verfahren *X Holding*, C-337/08 (siehe GA'in *Kokott*, Schlussanträge vom 19.11.2009, C-337/08, *X Holding*, BeckRS 2009, 71310 Rn. 69).

Aufteilung der Besteuerungsbefugnis zwischen den Mitgliedstaaten und Vermeidung eines doppelten Verlustabzugs) erforderlich wäre.

3. Ergebnis

Hinsichtlich des Ausschlusses einer Ergebniskonsolidierung zwischen einer inländischen Muttergesellschaft und ihrer ausländischen Tochtergesellschaft bestehen nach der Rechtsprechung des EuGH im Grundsatz keine gemeinschaftsrechtlichen Bedenken gegen die deutsche Regelung zur Organschaft. Im Hinblick auf andere Vorteile der Organschaft, wie die Nichtanwendbarkeit der Zinsschranke oder der gewerbesteuerlichen Hinzurechnung, kann mit guten Gründen argumentiert werden, dass die Versagung dieser Vorteile gemeinschaftsrechtlichen Bedenken begegnet. Schließlich bestehen auch in der Konstellation gemeinschaftsrechtliche Bedenken, in der einem Organkreis zwischen einer inländischen Muttergesellschaft und der inländischen Betriebsstätte einer gebietsfremden Tochtergesellschaft die Begründung einer Organschaft nach deutschem Recht versagt wird. In diesem Fall wird die Versagung nicht nur der Ergebniskonsolidierung, sondern die Versagung sämtlicher Vorteile der Organschaft gemeinschaftsrechtlich nicht zu rechtfertigen sein. Schließlich wird insoweit die Anerkennung eines Gewinnabführungsvertrags oder einer gleichwertigen Vereinbarung auch bei grenzüberschreitenden Sachverhalten zu fordern sein.

4. Generalthema

9.00 – **Gesellschaftsrechtliche**
11.00 Uhr **Unternehmenspraxis –**
*Aktuelle Probleme im Lichte
der neueren Rechtsprechung*

Leitung:

Vorsitzender Richter am Bundesgerichtshof
Prof. Dr. Wulf **Goette,** Karlsruhe

Referenten und Bearbeiter des Arbeitsbuches:

Notar Prof. Dr. Hans-Joachim **Priester,** Hamburg

Prof. Dr. Dres. h.c. Karsten **Schmidt**
Präsident der Bucerius Law School in Hamburg

I. Schiedsfähigkeit von Beschlussmängelklagen

– II ZR 255/08 „SCHIEDSFÄHIGKEIT II" –

II. Nennkapitalbildung im Cash Pool

– II ZR 273/07 „CASH POOL II" –

III. Sanieren oder Ausscheiden?

– II ZR 240/08 „SANIEREN ODER AUSSCHEIDEN" –

IV. Kapitalaufbringung bei Dienstleistungen

– II ZR 120/07 „QIVIVE" und II ZR 173/07 „EUROBIKE" –

V. Entlastung trotz Verstößen gegen den Corporate Governance Kodex?

– II ZR 185/07 „KIRCH/DEUTSCHE BANK" –

– II ZR 174/08 „UMSCHREIBUNGSSTOPP" –

VI. Satzungsmäßige Redezeitbeschränkungen für die Hauptversammlung

– II ZR 94/08 „REDEZEITBESCHRÄNKUNG" –

(S)

I. Schiedsfähigkeit von Beschlussmängelklagen

1. Der Fall

BGH v. 19.10.2009 – II ZR 255/08, BGHZ 180, 221 „Schiedsfähigkeit II" = BB 2009, 1260 = DB 2009, 1171 = JZ 2009, 794 m. Anm. *Habersack* = GmbHR 2009, 705 m. Anm. *Römermann* = NJW 2009, 1962 m. Anm. *Duve/Keller*.

Die GmbH hatte gegen einen 50 %-Gesellschafter die Anteilseinziehung aus wichtigem Grund beschlossen. Der betroffene Gesellschafter hatte bei dem Landgericht Klage auf Aufhebung des Beschlusses erhoben. Die beklagte GmbH hatte die Schiedseinrede erhoben und diese auf eine satzungsmäßige Schiedsklausel gestützt. Wörtlich lautete diese wie folgt:

„Rechtsstreitigkeiten in Angelegenheiten der Gesellschaft zwischen der Gesellschaft und den Gesellschaftern oder von Gesellschaftern untereinander in Angelegenheiten der Gesellschaft sollen – soweit gesetzlich zulässig – unter Ausschluss des ordentlichen Rechtsweges durch ein aus zwei Beisitzern und einem Vorsitzenden bestehendes Schiedsgericht entschieden werden, von dem, jeweils durch eingeschriebenen Brief an den anderen Teil, die das Schiedsgericht anrufende Partei den einen und die andere Partei binnen zwei Wochen den anderen Beisitzer bestimmt; der Vorsitzende, welcher die Befähigung zum Richteramt besitzen muss, wird durch die Beisitzer binnen zwei Wochen nach Benennung des zweiten Beisitzers bestimmt; benennt die andere Partei ihren Beisitzer oder benennen die Beisitzer den Vorsitzenden nicht frist- oder ordnungsgemäß, so werden der zweite Beisitzer bzw. der Vorsitzende auf Antrag einer Partei durch den Präsidenten des für den Gesellschaftssitz zuständigen Landgerichts bestellt; bei Wegfall eines Schiedsrichters – gleichgültig aus welchem Grund – ist ein anderer Schiedsrichter zu bestellen; insoweit gelten die vorstehenden Bestimmungen entsprechend. Mehrere Beteiligte auf Seiten des Klägers oder des Beklagten gelten im Sinne der vorstehenden Regelungen als die eine bzw. die andere Partei; sie treffen die Entscheidungen innerhalb ihrer Partei mit einfacher Mehrheit der vorhandenen Beteiligten nach Köpfen.

Die gesetzlichen Bestimmungen über das Schiedsverfahren im 10. Buch der Zivilprozessordnung bleiben im Übrigen und auch insoweit, als sie zwingendes Recht darstellen, unberührt."

Zusätzlich hatte die Satzung eine Befristungsregelung für Anfechtungsklagen enthalten[1]. Das Landgericht hatte die Klage aufgrund der Schiedseinrede als unzulässig abgewiesen. Aber OLG und BGH entschieden anders.

2. Das BGH-Urteil

a) Der Leitsatz lautet:

„Beschlussmängelstreitigkeiten im Recht der GmbH sind auch ohne ausdrückliche gesetzliche Anordnung der Wirkungen der §§ 248 Abs. 1 Satz 1, 249 Abs. 1 Satz 1 AktG grundsätzlich kraft einer dies analog im Gesellschaftsvertrag festschreibenden Schiedsvereinbarung oder einer außerhalb der Satzung unter Mitwirkung aller Gesellschafter und der Gesellschaft getroffenen Individualabrede ‚schiedsfähig', sofern und insoweit das schiedsgerichtliche Verfahren in einer dem Rechtsschutz durch staatliche Gerichte gleichwertigen Weise – das heißt unter Einhaltung eines aus dem Rechtsstaatprinzip folgenden Mindeststandards an Mitwirkungsrechten und damit an Rechtsschutzgewährung für alle ihr unterworfenen Gesellschafter – ausgestaltet ist (Fortführung von BGHZ 132, 278 – ‚Schiedsfähigkeit I')."

b) Das Urteil ist ein bemerkenswerter Fortschritt gegenüber dem Urteil „Schiedsfähigkeit I" (BGHZ 132, 278; dazu JbFStR 1996/97, S. 234 ff.). Der Leitsatz dieser Entscheidung hatte gelautet: „§§ 248 Abs. 1 Satz 1, 249 Abs. 1 Satz 1 AktG sind auf Entscheidungen privater Schiedsgerichte nicht entsprechend anwendbar."

3. Der Gang der bisherigen Diskussion

a) Die ältere Praxis und Literatur lehnte die Schiedsfähigkeit von Anfechtungsklagen generell ab, vor allem mit der Begründung, diese Streitigkeiten seien nicht vergleichsfähig (§ 1025 ZPO a.F.)[2].

---

[1] Allerdings vierwöchig! Diese Beschränkung war nach der Rechtsprechung nichtig; vgl. Rdnr. 30 des Urteils mit Hinweis auf BGHZ 104, 66 (72) = GmbHR 1988, 304; BGH, NJW 1995, 1218 = ZIP 1995, 460 (zu einer GmbH & Co. KG).

[2] Vgl. nur BGH, LM Nr. 1 zu § 199 AktG 1937 = MDR 1951, 674; NJW 1966, 2055 = GmbHR 1966, 274 m. Anm. *Ganßmüller* = WM 1966, 1132; OLG Hamm, DB 1987, 680 = ZIP 1987, 780 = AG 1988, 80; DB 1992, 2180; *Petermann*, BB 1996, 277 ff.; zum Streitstand vor 1996 vgl. *Wieczorek/Schütze*, ZPO, 3. Aufl. 2005, § 1025 Rdnr. 38; *Rowedder/Koppensteiner*, GmbHG, 3. Aufl. 1997, § 47 Rdnr. 12.

b) Heute ist jede vermögensrechtliche Streitigkeit „schiedsfähig" (§ 1030 Abs. 1 ZPO), auch der Anfechtungsstreit[3]. Schon das Problem des Urteils „Schiedsfähigkeit I"[4] lag nicht bei der Schiedsfähigkeit des Streitgegenstands, sondern es war ein Legitimationsproblem. Die Frage bestand und besteht darin: Wie muss eine Schiedsvereinbarung oder satzungsmäßige Schiedsklausel formuliert, wie muss ein Schiedsgericht verfasst sein, um die Anfechtungswirkungen der §§ 248, 249 AktG zu rechtfertigen[5]?

c) Genau mit dieser Frage befasst sich das Urteil „Schiedsfähigkeit II"[6]. Der Bundesgerichtshof formuliert Mindestvoraussetzungen für wirksame Schiedsklauseln, die auch den Anforderungen von Beschlussmängelstreitigkeiten standhalten[7]:

- Die Schiedsklausel muss unter Mitwirkung aller Gesellschafter in die Satzung aufgenommen worden sein, oder alle gegenwärtigen Gesellschafter müssen der Schiedsklausel zugestimmt haben.

- Das Schiedsgericht muss entweder durch eine neutrale Stelle oder, sofern die Prozessparteien mitwirken, unter Mitwirkung aller Gesellschafter – in diesem Fall durchaus auch durch Mehrheitsbeschluss – ausgewählt und bestellt werden.

- Es muss gewährleistet sein, dass alle denselben Streitgegenstand betreffenden Beschlussmängelstreitigkeiten bei einem und demselben Schiedsgericht ausgetragen werden.

- Jeder Gesellschafter muss – neben den Gesellschaftsorganen – über die Einleitung und den Verlauf des Schiedsverfahrens informiert und dadurch in die Lage versetzt werden, dem Verfahren zumindest als Nebenintervenient beizutreten.

---

[3] *Karsten Schmidt*, in: Scholz, GmbHG, 10. Aufl. 2007, § 45 Rdnr. 150.
[4] BGHZ 132, 278 = NJW 1996, 1753.
[5] Vgl. in diesem Sinne *Geimer*, in: Zöller, ZPO, 28. Aufl. 2010, § 1030 Rdnr. 9; *Bender*, DB 1998, 1900; *Lüke/Blenske*, ZGR 1998, 300 f.; *Karsten Schmidt*, ZHR 162 (1998), 285; *Karsten Schmidt*, BB 2001, 1857 (1858); siehe auch (im Kontrast zu Rdnr. 232) *Raiser*, in: Großkomm. GmbHG, Anh. § 47 Rdnr. 231, 233 ff.
[6] Vgl. zum Folgenden eingehend *Karsten Schmidt*, in: VGR (Herausgeber), Gesellschaftsrecht in der Diskussion 2009, 2010, im Druck.
[7] Vgl. nur *Bayer*, in: Lutter/Hommelhoff, GmbHG, 17. Aufl. 2009, Anh. § 47 Rdnr. 97 ff.; *Berger*, SchiedsVZ 2009, 289, 295; *Böttcher/Helle*, NZG 2009, 700; *Borris*, SchiedsVZ 2009, 299, 301; *Habersack*, JZ 2009, 797 ff.; *Nietzsch*, ZIP 2009, 2269 (2271 ff.); *Nolting*, NotBZ 2009, 241 (242 ff.); *Triebel*, SchiedsVZ 2009, 313 ff.; *Werner*, MDR 2009, 842 ff.; *Reinmar Wolff*, NJW 2009, 2021 ff.

Eine Schiedsklausel, die diesen Anforderungen nicht genügt, sieht der BGH als nichtig an (§ 138 BGB)[8]. Auf der Grundlage dieses Urteils hat inzwischen das OLG Bremen folgende Schiedsklausel in einer GmbH-Satzung für nichtig erachtet[9]:

„Alle Streitigkeiten, die sich aus und im Zusammenhang mit dem vorliegenden Vertrag oder über seine Gültigkeit ergeben, werden – soweit in dem Vertrag nicht etwas anderes bestimmt ist – nach der Schiedsgerichtsordnung der Deutschen Institution für Schiedsgerichtsbarkeit e.V. (DIS) unter Ausschluss des ordentlichen Rechtsweges endgültig entschieden. Das Schiedsgericht besteht aus drei Schiedsrichtern, die die Befähigung zum Richteramt haben müssen. Das Schiedsgericht kann auch über die Gültigkeit dieses Schiedsvertrags bindend entscheiden."

Auch eine geltungserhaltende ergänzende Vertragsauslegung lehnt der BGH ab[10]:

„Die Schiedsklausel stammt aus einer Zeit, zu der die Vorgaben des Senats für eine rechtsstaatliche Gestaltung des Schiedsverfahrens in Beschlussmängelstreitigkeiten noch nicht entwickelt waren. Diesen Vorgaben kann auf verschiedene Weise Rechnung getragen werden. Welche der den Erfordernissen rechtsstaatlicher Ausgestaltung des schiedsrichterlichen Verfahrens genügende Variante die Parteien gewählt hätten, ist ungewiss. Dementsprechend lässt sich ein hypothetischer Parteiwille, die Lücken in der einen oder der anderen Weise auszufüllen, nicht ermitteln."

4. Folgeprobleme

Das Urteil wird, wie „Schiedsfähigkeit I", von vielen Praktikern als schiedsgerichtsfeindlich verstanden. Es stellt vor allem eine Herausforderung an die Gestaltungspraxis dar. Für die Zukunft können folgende Lehren gezogen werden:

a) Altklauseln sollten, soweit möglich, von den Gerichten durch ergänzende Auslegung aufrechterhalten werden (zu eng der BGH). Die bisherige Gerichtspraxis macht Beschlussmängel-Schiedsverfahren aufgrund satzungsmäßiger Schiedsklauseln schwer.

---

[8] Zweifelnd *Karsten Schmidt*, in: VGR, a.a.O.
[9] OLG Bremen GmbHR 2010, 147 = NZG 2010, 230 = SchiedsVZ 2009, 338..
[10] Kritisch *Karsten Schmidt*, a.a.O.

b) Neuklauseln sollten die institutionelle Schiedsgerichtsbarkeit nutzen (z.B. die „ergänzenden Regeln" der DIS)[11].

c) Umstritten ist nach wie vor, ob dieselben Regeln auch für Personengesellschaften gelten und ob auch aktienrechtliche Anfechtungsstreitigkeiten durch Satzungsklauseln (Problem des § 23 Abs. 5 AktG) oder durch satzungsbegleitende Nebenabreden schiedsfähig gemacht werden können[12].

---

[11] Eingehend *Borris*, SchiedsVZ 2009, 299 ff.
[12] Näher *Karsten Schmidt*, a.a.O.

II. Nennkapitalbildung im Cash Pool (P)

Kläger ist der Insolvenzverwalter über das Vermögen der H. GmbH. Diese wurde im März 1998 von der E. AG und der K. GmbH gegründet. Am gleichen Tage schlossen die H. und die E. einen – nur mit dreimonatiger Frist kündbaren – Cash-Management-Vertrag, wonach die H. ihren gesamten Zahlungsverkehr über ein Konto bei der D. Bank abwickeln sollte, das mit dem Konto der E. bei dieser Bank gekoppelt war. Die Gründungsgesellschafter zahlten die vereinbarten Einlagebeträge zwischen April und November 1998 jeweils in Teilbeträgen auf das in den Cash Pool einbezogene Konto ein, und zwar die K. – jeweils umgerechnet – 300.000 Euro und die E. 800.000 Euro. Am Tag des Eingangs der letzten Zahlungen nahm die H. von dem ihr eingeräumten Kreditrahmen des Cash Pools 50.000 Euro in Anspruch.

Der Kläger verlangte von den Gründern Zahlung der Einlage, da diese nicht wirksam erbracht worden sei. LG und OLG haben die Klage abgewiesen. Der BGH hat ihr hinsichtlich des Anspruchs gegenüber der E. in Höhe von 750.000 Euro stattgegeben, in Höhe von 50.000 Euro zurückverwiesen.

Stark vereinfacht nach BGH 20.7.2009 – II ZR 273/07, BGHZ 182,103 = ZIP 2009, 1561 = DB 2009, 1755 = DStR 2009, 1858 = GmbHR 2009, 926.

Hinweise

1. **Cash Pools** sind in Konzernen **weit verbreitet**, weil sie eine Optimierung des Liquiditätseinsatzes und des Zinsergebnisses ermöglichen. Sie funktionieren beim sog. physischen Cash Pool, auch **Zero-Balancing** genannt, bekanntlich so: Aufgrund eines Cash-Management-Vertrages zwischen den beteiligten Konzerngesellschaften und den kontoführenden Instituten werden die Salden auf den Konten der Tochtergesellschaften (Quellkonten) bankarbeitstäglich auf das regelmäßig bei der Konzernmutter (Cash-Manager) geführte Zentralkonto übertragen. Solche Cash Pools werfen allerdings Probleme sowohl der Kapitalaufbringung (§ 19 GmbHG) als auch der Kapitalerhaltung (§ 30 GmbHG) auf. Hier geht es allein um die ersteren. Nach **altem Recht** wurde

Stammeinlagezahlungen der Muttergesellschaft auf ein Cash-Pool-Konto der Tochter unter dem Gesichtspunkt eines bloßen Hin- und Herzahlens **Tilgungswirkung versagt.** Der BGH hatte ein Sonderrecht für den Cash Pool ausdrücklich abgelehnt.[1] In Reaktion auf die deutlichen Angriffe der Wirtschaft und ihrer Berater **wollte** der Gesetzgeber des **MoMiG** unter Rückkehr zur „bilanziellen Betrachtungsweise" den Cash Pool „**salvieren.**"[2] Als therapeutisches Instrument war der neue § 19 Abs. 5 GmbHG gedacht. Er hat inzwischen aufgrund des ARUG in § 27 Abs. 4 AktG sein aktienrechtliches Seitenstück erhalten.

2. Die Entscheidung bildet die erste höchstrichterliche Stellungnahme zu § 19 Abs. 5 n.F. GmbHG. Es handelt sich dabei zwar – wie nicht anders zu erwarten – um einen „**Alt**"**-Fall** aus der Zeit vor Inkrafttreten des MoMiG, die Vorschrift findet aber aufgrund der ausdrücklichen Anordnung in § 3 Abs. 4 EGGmbHG rückwirkend Anwendung. Ausdrücklich festzuhalten ist, daß die Feststellungen des BGH **nur Zahlungen** seitens des **Cash-Managers** – hier der E. AG –, nicht dagegen anderer Gesellschafter – hier der K. GmbH – auf ein in den Cash Pool einbezogenes Konto betreffen. Das Gericht bestätigt zunächst – was durchaus schon zuvor erörtert wurde[3] –, daß eine Kapitalaufbringung im Cash Pool **keineswegs ohne weiteres** unter **§ 19 Abs. 5 GmbHG** fällt. Der Grund dafür ist, daß diese das Hin- und Herzahlen regelnde Bestimmung nach ihrem ausdrücklichen Wortlaut nur eingreift, wenn der Vorgang nicht als verdeckte Sacheinlage zu bewerten ist. Dementsprechend muß man **unterscheiden**: Hat die **Mutter**gesellschaft eine **Forderung** gegen die **Tochter** – wird das Verrechnungskonto der GmbH bei der Mutter also im Soll geführt –, haben wir es mit einer **verdeckten Sacheinlage** zu tun, und zwar in Gestalt der Verwendung einer Forderung des Inferenten gegen die Gesellschaft. Statt diese im Wege der offenen Sacheinlage einzubringen, wird nach außen eine Bareinlage deklariert, die in Wahrheit nicht vorliegt. Das ist ein Fall des § 19 Abs. 4 GmbHG. Hatte die **Tochter** dagegen eine Forderung **gegen** die **Mutter** – wurde das Verrechnungskonto der GmbH bei dieser also im Haben geführt – kommt **§ 19**

---

[1] BGHZ 166, 8 ff. = DB 2006,772 – Cash Pool I.

[2] BT-Drucks. 16/6140, S. 40.

[3] Etwa: *Maier-Reimer/Wenzel*, ZIP 2008,1449,1454.

Abs. 5 GmbHG zum Zuge: Das der Tochter überwiesene Geld fließt im Zuge des Zero-Balancing am Ende des Bankarbeitstages an die Mutter zurück. Zur Abgrenzung beider Konstellationen stellt der BGH auf den Stand des Zentralkontos in dem Zeitpunkt ab, zu dem der Einlagebetrag dort gebucht wird (Tz. 10).

3. Der BGH beschäftigt sich sodann – relativ kurz – mit dem Fall der **verdeckten Sacheinlage**. Dazu stellt er zunächst ausdrücklich fest, nach Inkrafttreten des MoMiG seien verdeckte Sacheinlagen **weiterhin verboten** und entfalteten keine Erfüllungswirkungen (Tz. 19). Nach § 19 Abs. 4 Satz 3 GmbHG sei aber der **Wert** des **Darlehensverzichts** seitens der Mutter zum Zeitpunkt der Gutschrift auf dem Zentralkonto **anzurechnen** (Tz. 38). Darüber, wie dieser Wert im Falle der Forderungseinbringung zu ermitteln sei, äußert sich das Gericht allerdings nicht näher. Lediglich im zweiten Leitsatz heißt es, das Freiwerden des Inferenten hänge davon ab, ob die Gesellschaft dessen Forderung „– ohne diese Einlagezahlung – aus ihrem Vermögen erfüllen könnte." Entscheidend dürfte also die **Solvenz** der Tochter sein.[4] Wegen solcher Anrechnung steht der Inferent im Falle der verdeckten Sacheinlage günstiger als beim Hin- und Herzahlen, denn hier herrscht das „Alles-oder-nichts-Prinzip": Sind die Voraussetzungen des § 19 Abs. 5 GmbHG nicht eingehalten, ist die Einlageschuld vollen Umfangs offen. Der Gesellschafter hat nichts geleistet. Das gilt nach Ansicht des BGH auch für den Cash Pool (Tz. 42).[5]

4. Etwas eingehender sind die Darlegungen des Gerichts zu den Anforderungen an ein schuldtilgendes **Hin- und Herzahlen** im Falle des Cash Pools. Hier sieht § 19 Abs. 5 Satz 1 GmbHG vor, daß eine Befreiungswirkung nur dann eintritt, wenn die Leistung durch einen **vollwertigen Rückgewähranspruch** gedeckt ist, der **jederzeit fällig** ist oder fällig gestellt werden kann. In Bezug auf diese Fälligkeit verlangt der BGH, der Cash-Management-Vertrag müsse jederzeit **fristlos** und ohne Angabe von Gründen **kündbar** sein (Tz. 28 f.). Das erscheint als zutreffende Auslegung des Gesetzes, mag die Praxis so etwas – wie der Fall zeigt – bisher

---

[4] So auch *Altmeppen*, ZIP 2009, 1545,1547.

[5] Dazu krit. *Maier-Reimer*, EWiR 2009, 537,538.

auch regelmäßig nicht vereinbart haben. Über die Anforderungen an die **Vollwertigkeit** des Rückgewähranspruchs äußert sich das Gericht wiederum nicht. Auch hier wird auf die **Solvenz**, diesmal der **Konzernmutter**, abzustellen sein. Insoweit sei der Hinweis erlaubt, daß die Geschäftsführung der Tochter nach den Grundsätzen des MPS-Urteils[6] zur laufenden Beobachtung und erforderlichenfalls zur Geltendmachung der Ansprüche aus dem Cash Pool verpflichtet ist.

5. Wichtig ist die Feststellung des BGH, die Einhaltung der **Offenlegungspflicht** des § 19 **Abs. 5 Satz 2 GmbHG** in der Anmeldung nach § 8 GmbHG sei **Voraussetzung** für die **Erfüllung** der Einlageschuld.[7] Dem wird man im Grundsatz zustimmen können: Transparenz des Vorganges und Prüfungsmöglichkeit durch das Handelsregister erscheinen als notwendiger Bestandteil ordnungsgemäßer Kapitalaufbringung.[8] Problematisch ist allerdings, daß der BGH dieses Erfordernis auch auf Altfälle anwenden will. Eine solche Verpflichtung war vor dem MoMiG nicht nur unbekannt, ihre Erfüllung hätte vielmehr zu einer Abweisung der beantragten Eintragung geführt.[9] Folgt man dem BGH, geht die vom Gesetzgeber angeordnete Rückwirkung im Falle des § 19 Abs. 5 GmbHG ins Leere. Richtig erscheint deshalb, den § 19 Abs. 5 Satz 2 GmbHG für die Zeit **vor** dem Inkrafttreten des **MoMiG nicht** anzuwenden.[10]

6. Mit Ausnahme der letzten Bemerkung ist dem **BGH** auf der Grundlage des geltenden Rechts voll **zuzustimmen**. Eine ganz **andere Frage** ist, ob der Gesetzgeber durch seine Neuregelung die Kapitalaufbringung im Cash Pool

---

[6] BGH, AG 2009, 81 ff.

[7] So schon BGH, DB 2009, 780 = GmbHR 2009, 540 – Qivive.

[8] Aber str., Nachw. b. *Priester*, in: Scholz, GmbHG, 10. Aufl., § 56 a Rn. 35; dem BGH zust. *Theiselmann*, Der Konzern 2009, 460, 463; *Blasche*, GmbHR 2010, 288, 293; abl. dagegen *Schockenhoff/Wexler/Ahlich*, NZG 2009, 1327, 1329 f.

[9] *Bormann*, GmbHR 2009, 930.

[10] Ebenso *Bayer*, in: Lutter/Hommelhoff, GmbHG, 17. Aufl. 2009, § 19 Rn. 111.

wirklich erleichtert hat.[11] Schwierigkeiten ergeben sich vor allem insoweit, als der **Saldo** zwischen Mutter und Tochter laufend **wechselt**, also gegebenenfalls tagesweise die eine oder die andere Konstellation gegeben ist. Hier kann und wird eine Sacheinlage der Forderung ins Leere gehen, wenn bei Handelsregisteranmeldung gerade ein Sollsaldo auf dem Quellkonto (bei der Tochter) besteht. Ex post steht zwar fest, welche der beiden Varianten ganz oder je teilweise – wie vielleicht im Fall des BGH – vorgelegen hat. Für notwendigerweise ex ante vorzunehmende Gestaltungen ist das aber keine brauchbare Grundlage. Unter diesen Umständen bleibt der Ratschlag an die Praxis, den schon früher empfohlenen Weg einzuschlagen, **Einlageleistungen** auf ein **nicht** in den Cash Pool **einbezogenes Bankkonto** zu leisten.[12]

---

[11] Im wesentlichen verneinend *Bormann/Urlichs*, DStR 2009, 641 ff.; deutlich positiver dagegen *Herrler*, DB 2008, 2347, 2352.
[12] Dazu etwa *Priester*, ZIP 2006, 1557, 1560; *Theusinger*, NZG 2009, 1017, 1018 f. – je m.w. Nachw. auch hins. warnender Gegenstimmen.

(S)

III. Sanieren oder Ausscheiden

BGH v. 19.10.2009 – II ZR 240/08, BB 2010, 10 m. Anm. *Wahl/Schuldt* = DB 2009, 2596 = EWiR 2009, 739 (*Armbrüster*) = GmbHR 2010, 32 m. Anm. *Ulrich* = GWR 2009, 441 m. Anm. *Schwennicke* = JZ 2010, 153 = ZIP 2009, 2289.

Die Klägerin ist ein geschlossener Immobilienfonds in der Rechtsform einer GmbH & Co. oHG. Sie ist Mehrheitsgesellschafterin der B-GmbH & Co.-oHG. Die vier Beklagten haben sich im Jahre 1997 in unterschiedlicher Höhe an der Klägerin beteiligt. Nachdem die Klägerin durch die Kürzung von Fördermitteln und die Nichtdurchsetzbarkeit kostendeckender Mieten in eine schwere finanzielle Schieflage geraten war, ließ sie ein Gutachten erstellen. In diesem wurde festgestellt, dass beide Gesellschaften – die Kl. und die B-oHG – wegen Zahlungsunfähigkeit und Überschuldung sanierungsbedürftig, aber auch sanierungsfähig seien. Darauf wurde mit einer nach dem Gesellschaftsvertrag zulässigen Mehrheit unter Änderung des Gesellschaftsvertrags beschlossen: (a) Das Nominalkapital werde auf 78 529,83 € herabgesetzt, die gleichfalls verbrauchte Kapitalrücklage auf 0 €; (b) das herabgesetzte Nominalkapital von 78 529,83 € (Altkapital) werde um 4 645 598,03 € (Neukapital) auf 4 724 127,86 € erhöht; (c) die Gesellschafter könnten freiwillig, aufschiebend bedingt durch die vollständige Aufbringung des Neukapitals, neue Anteile zeichnen; (d) Gesellschafter, die nicht entsprechend ihrer Beteiligungshöhe bis zum 31.12.2003 rechtsverbindlich neue Anteile gezeichnet hätten, schieden automatisch mit diesem Stichtag aus. – Die Beklagten zu 1) und 2) haben dem Beschluss zugestimmt, die Beklagten zu 3) und 4) nicht. Keiner der vier Beklagten hat neue Einlagen gezeichnet. Daraufhin erstellte die Klägerin auf den Stichtag des 31.12.2003 eine Auseinandersetzungsrechnung, die einen Fehlbetrag von 9,4 Mio. € ergab. Den prozentualen Anteil am Fehlbetrag klagte sie nunmehr ein.

2. Die Entscheidung

Beide Vorinstanzen hatten die Klage abgewiesen[1]. Das Kammergericht hatte den Gesellschafterbeschluss wegen Eingriffs in den Kernbereich der Mitgliedschaft für nichtig erklärt und auch unter Treupflichtgesichtspunkten hiervon keine Ausnahme machen wollen[2]. Der BGH sieht genau dies vollkommen anders[3]:

---

[1] LG Berlin v. 5.2.2008 (37 O 89/06) und v. 20.5.2008 – 37 O 89/06; KG-Report Berlin 2009, 826 = WM 2009, 2174.
[2] KG-Report Berlin 2009, 826 = WM 2009, 2174 Rdnrn. 30 ff.
[3] Vgl. das Ausgangsurteil.

„Beschließen die Gesellschafter einer zahlungsunfähigen und überschuldeten Publikumspersonengesellschaft mit der im Gesellschaftsvertrag für Änderungen des Vertrags vereinbarten Mehrheit, die Gesellschaft in der Weise zu sanieren, dass das Kapital ‚herabgesetzt' und jedem Gesellschafter freigestellt wird, eine neue Beitragspflicht einzugehen (‚Kapitalerhöhung'), dass ein nicht sanierungswilliger Gesellschafter aber aus der Gesellschaft ausscheiden muss, so sind die nicht zahlungsbereiten Gesellschafter aus gesellschafterlicher Treuepflicht jedenfalls dann verpflichtet, diesem Gesellschafterbeschluss zuzustimmen, wenn sie infolge ihrer mit dem Ausscheiden verbundenen Pflicht, den auf sie entfallenden Auseinandersetzungsfehlbetrag zu leisten, finanziell nicht schlechter stehen, als sie im Fall der sofortigen Liquidation stünden."

Der II. Senat sah die Sache dem Grunde nach sogar als spruchreif an. Nur wegen der Höhe der sich aus § 739 BGB ergebenden Ansprüche verwies er die Sache zur tatrichterlichen Prüfung nach § 563 ZPO zurück.

3. Das Treupflichtproblem

Das Urteil ist eine Grundsatzentscheidung schon deshalb, weil sie sich

- mit einem „Kapitalschnitt" bei einer Personengesellschaft und
- mit den Treupflichten bei Sanierungsbeschlüssen

befasst[4]. Dazu gab es Erfahrungen aus aktienrechtlichen „Girmes"-Urteil von 1995[5].

Der Senat geht von drei die Entscheidung leitenden Grundsätzen aus:

Zum Ersten sind Mehrheitsbeschlüsse in einer Personengesellschaft entgegen dem Grundsatz der Einstimmigkeit (§ 119 Abs. 1 HGB) gem. § 119 Abs. 2 HGB zulässig, soweit eine hinreichend bestimmte gesellschaftsvertragliche Mehrheitsklausel eine solche Mehrheitsermächtigung trägt[6]. Dazu ist an das hier vor zwei Jahren besprochene[7] Urteil BGHZ 170, 283 = NJW 2007, 1685 („OTTO") zu erinnern: „Eine die Abweichung vom personengesellschaftsrechtlichen Einstimmigkeitsprinzip

---

[4] Diesbezügliche Analyse bei *Karsten Schmidt*, JZ 2010, 125, 126 f.
[5] BGHZ 129, 136 = ZIP 1995, 819; dazu *Lutter*, JZ 1995, 1053 ff.; scharf ablehnend *Altmeppen*, NJW 1995, 1749 f.; *Flume*, ZIP 1996, 161 ff.
[6] Ausführlich *Karsten Schmidt*, ZHR 158 (1994), 205 ff.; *ders.*, ZGR 2008, 1, 7 ff.
[7] JbFSt 2007/2008, S. 282.

legitimierende Mehrheitsklausel muss dem Bestimmtheitsgrundsatz entsprechen. Dieser verlangt nicht eine Auflistung der betroffenen Beschlussgegenstände, Grund und Tragweite der Legitimation für Mehrheitsentscheidungen können sich vielmehr auch durch Auslegung des Gesellschaftsvertrags ergeben. Ob der konkrete Mehrheitsbeschluss wirksam getroffen worden ist, ist auf einer zweiten Stufe zu prüfen." Eine Mehrheitsklausel kann durchaus auch Änderungen des Gesellschaftsvertrags erfassen[8]. Das war hier, wie man dem Ausgangsurteil entnehmen muss, der Fall.

Zum *Zweiten* folgt allerdings aus der sog. Kernbereichslehre[9], dass in den Kernbereich der Mitgliedschaft auch im Rahmen einer solchen Mehrheitsklausel grundsätzlich nur mit Zustimmung des Betroffenen eingegriffen werden kann[10]. Dazu führt der Senat aus:

„Der Entzug der Gesellschafterstellung durch zwangsweises Ausscheiden ist nur mit Zustimmung des betroffenen Gesellschafters möglich, sei es durch antizipierte Zustimmung in Form der eindeutigen Regelung im Gesellschaftsvertrag (MünchKomm/K. Schmidt, HGB, 2. Aufl. § 131 Rdnr. 86; siehe hierzu auch Senatsurt. v. 24.3.2003 – II ZR 4/01, ZIP 2003, 843, dazu EWiR 2003, 625 (Wagner/Radlmayr)), sei es durch Zustimmung zu einem Beschluss, durch den – nachträglich – eine Ausschlussregelung in den Gesellschaftsvertrag eingefügt wird (vgl. Senatsurt. v. 20.1.1961 – II ZR 240/59, NJW 1961, 724; Goette, in Ebenroth/Boujong/Joost/Strohn, HGB, 2. Aufl. § 119 Rdnrn. 59, 63). Die Versäumung der gesellschaftsvertraglich vorgesehenen Anfechtungsfrist ersetzt diese Zustimmung nicht (Senat ZIP 2007, 766 Rdnr. 15 f. (mit Anm. Goette in DStR 2007, 773))."

Zum Dritten kann ein Gesellschafter aber zur Zustimmung zu einem Gesellschafterbeschluss verpflichtet sein, wenn der Beschlussinhalt objektiv geboten und ihm subjektiv zumutbar ist[11]. Hier hatten die Bekl. zu 1) und zu 2) zugestimmt, nicht aber die Bekl. zu 3) und 4). Dazu heißt es in den Entscheidungsgründen:

---

[8] Vgl. nur *Hopt*, in: Baumbach/Hopt, HGB, 33. Aufl. (2008), § 119 Rdnr. 34.
[9] *Karsten Schmidt*, Gesellschaftsrecht, 4. Aufl. 2002, § 16 III 3 bb (S. 472 f.); *Hopt*, in: Baumbach/Hopt, HGB, § 119 Rdnr. 36; *Goette*, in: Ebenroth/Boujong/Joost/Strohn, HGB, 2. Aufl. (2008), § 119 Rdnrn. 52 f.; *Schäfer*, in: Staub, HGB, 5. Aufl. (2009), § 119 Rdnr. 38 ff.
[10] Zum Individualschutz durch Kernbereichslehre und Belastungsverbot auf der „zweiten Stufe" der Beschlussüberprüfung *Karsten Schmidt*, ZGR 2008, 1, 16 ff.
[11] Zu Mitwirkungspflichten bei Sanierungs- und Abwicklungsmaßnahmen *Karsten Schmidt*, GesellschaftsR, § 5 IV 5 (S. 134 f.); *Weitemeyer*, in: Oetker, HGB, 2009, § 109 Rdnr. 22; vgl. auch *Jungmann*, ZflR 2007, 582, 583.

„Der Gesellschafter ist zwar im Allgemeinen nicht verpflichtet, einer solchen, seine Gesellschafterstellung aufhebenden Änderung des Gesellschaftsvertrages zuzustimmen. Der Senat geht jedoch in ständiger Rechtsprechung davon aus, dass sich in besonders gelagerten Ausnahmefällen für jeden einzelnen Gesellschafter aus der gesellschafterlichen Treuepflicht etwas Abweichendes ergeben kann (Senat NJW 1961, 724; Senatsurt. v. 21.10.1985 – II ZR 57/85, ZIP 1986, 91, dazu EWiR 1986, 83 (Priester)). Eine Zustimmungspflicht kommt dann in Betracht, wenn sie mit Rücksicht auf das bestehende Gesellschaftsverhältnis oder auf die bestehenden Rechtsbeziehungen der Gesellschafter untereinander dringend erforderlich ist und die Änderung des Gesellschaftsvertrages dem Gesellschafter unter Berücksichtigung seiner eigenen Belange zumutbar ist. Die Verpflichtung eines einzelnen Gesellschafters, einer notwendig gewordenen Änderung des Gesellschaftsvertrages zuzustimmen, kann daher nur angenommen werden, wenn dem schützenswerte Belange des einzelnen Gesellschafters nicht entgegenstehen (st. Rspr.; siehe nur BGHZ 44, 40, 41 f.; BGHZ 64, 253, 257; übertragen auf das Kapitalgesellschaftsrecht BGHZ 98, 277; BGHZ 129, 136 Girmes)."

Die Zustimmungspflicht ergab sich hier im Wesentlichen aus vier Elementen: (1.) Die Gesellschaft war sanierungsbedürftig und sanierungswürdig. (2.) Die Sanierungsmethode war tauglich. (3.) Den „risikobereiten" Gesellschaftern war es nicht zuzumuten, die Gesellschaft mit den zur Investition weiteren Kapitals nicht gewillten Gesellschaftern fortzusetzen. (4.) Schützenswerte Belange der nicht zahlungswilligen Gesellschafter standen dem nicht entgegen, denn diese Gesellschafter werden, wie der Senat näher ausführt[12], durch ihr Ausscheiden nicht schlechter, sondern sogar besser gestellt, als sie im Fall der Liquidation der Gesellschaft gestanden hätten[13].

4. Würdigung

Die Entscheidung hat Zustimmung gefunden[14]. Wichtig scheint allerdings, dass aus ihr keine Sanierungsroutine werden darf. Vor allem muss das Risiko des zwischen Nachschuss oder Ausscheiden entscheidenden unbeschränkt haftenden Gesellschafters kalkulierbar bleiben. Ihm muss also, bevor er die Entscheidung für oder gegen den Sanierungsbeitrag trifft, das Ausmaß der nach § 739 BGB drohenden Haftung klar sein. Einfacher ist dies bei Kommanditisten und GmbH-

---

[12] Originalwortlaut Rdnrn. 32 f.
[13] Zu einem Vergleich von Sanierungs- und Liquidationsfolgen bei sog. Nachschussbeschlüssen vgl. *Wagner*, WM 2006, 1273, 1275 f.
[14] Eingehende Stellungnahme bei *Bahlke/Sprenger*, DB 2010, 203; *Karsten Schmidt*, JZ 2010, 125 ff.; *Ulrich*, GmbHR 2010, 36 ff.

Gesellschaftern, weil es hier im schlimmsten Fall um ein Ausscheiden mit „Null-Abfindung" geht[15]. Aber auch hier müssen Spielregeln entwickelt werden.

5. Rechtsfolgen

- Der Senat bleibt bei der Geltung des sog. Belastungsverbots (§ 707 BGB). Eine Nachschusspflicht folgt aus der Treubindung nicht. Ihre Alternative „Sanieren oder Ausscheiden" soll ein Trittbrettverhalten der nicht sanierungswilligen Gesellschafter verhindern.

- Erkennen muss man allerdings, dass das Ausscheiden unbeschränkt haftender Gesellschafter, wie der Prozess zeigt, zur Nachschusspflicht in Gestalt einer Verlustdeckungshaftung führt (§ 739 BGB). Das bedeutet: Auch wer ausscheidet, leitet einen Sanierungsbeitrag zur Entschuldung der Gesellschaft.

- Vor allem bei einem unbeschränkt haftenden Gesellschafter, aber auch bei Kommanditisten und GmbH-Gesellschaftern funktioniert das Modell „Sanieren oder Ausscheiden" nur, wenn jedem vor diese Entscheidung gestellten Gesellschafter ein transparentes Rechenwerk vorgelegt wird.

---

[15] Zur Bedeutung der Entscheidung für die GmbH vgl. *Priester*, ZIP 2010, 497 ff.

IV. Kapitalaufbringung bei Dienstleistungen: „Qivive" und „Eurobike" (P)

Das Qivive-Urteil

Bei einer Kapitalerhöhung der Qivive GmbH im Dezember 2000 leistete die Beklagte eine Bareinlage von 5 Mio. Euro und schloß mit der GmbH zeitgleich einen Vertrag, wonach sie auf Anforderung der GmbH entgeltliche Werbeleistungen für diese erbringen sollte. In der Zeit zwischen März 2001 und Januar 2002 zahlte die GmbH hierfür 4,8 Mio. an die Beklagte. Der Kläger hielt das für eine verdeckte Sacheinlage und verlangte nochmalige Zahlung der Bareinlage von 5 Mio. Euro. Die Klage war in den beiden Vorinstanzen erfolglos. Der BGH hob auf und verwies zurück (allerdings unter dem hier nicht interessierenden Gesichtspunkt von Ansprüchen aus Eigenkapitalersatz).

BGH 16.2.2009 – II ZR 120/07, DB 2009, 780 = GmbHR 2009, 540

Das Eurobike-Urteil

Die Eurobike AG hatte die Zweitbeklagte mit einer Restrukturierungsberatung beauftragt, wofür diese ab Januar 2002 ein monatliches Pauschalhonorar bekam. Im November 2002 übernahm die Erstbeklagte, 100%ige Mutter der Zweitbeklagten, im Rahmen einer (Bar-) Kapitalerhöhung Aktien der Eurobike und zahlte diese ein. Der Kläger, Insolvenzverwalter der Eurobike, sah in dem Vorgang eine verdeckte Sacheinlage, da mit den Beratungshonoraren das Kapital für die Einzahlung beschafft worden sei. Hinsichtlich der Zweitbeklagten scheiterte der Kläger bereits beim Landgericht, hinsichtlich der Erstbeklagten dann beim BGH.

BGH 1.2.2010 – II ZR 173/08, ZIP 2010, 423 = DStR 2010, 560 m. Anm. *Goette* = BB 2010, 658 m. Anm. *Theusinger/Peitsmeyer* = DB 2010, 550.

Hinweise

1. Das **Aktienrecht** enthält in § 27 Abs. 2, Halbs. 2 AktG eine ausdrückliche Bestimmung, daß Verpflichtungen zu **Dienstleistungen nicht Sacheinlagen** sein können. Diese Vorschrift geht auf die Zweite EG- (Kapital-) Richtlinie von 1976 zurück. Es entsprach allerdings schon zuvor allgemeiner Auffassung, daß Dienstleistungen von Gründern kein tauglicher Gegenstand von Sacheinlagen sind. Überwiegend wird angenommen, auch Dienstleistungsansprüche gegen Dritte seien nicht sacheinlagefähig.[1] Im **GmbH-Recht** gibt es zwar keine entsprechende Regelung, gleichwohl wird die Sache bei ihr ganz ebenso gesehen.[2]

Vor diesem Hintergrund wird seit längerem, verstärkt in den letzten Jahren, darüber **diskutiert**, wie denn ein Zusammentreffen von Bareinlageleistungen bei Gründung oder Kapitalerhöhung mit zeitnahen Dienstleistungen des Inferenten zu behandeln ist. Hierzu hatte der BGH früher einmal entschieden, daß die Einlage nicht im Wege der Aufrechnung/Verrechnung erbracht werden kann.[3] Das OLG Düsseldorf[4] hat die Grundsätze über die **verdeckte Sacheinlage** anwenden wollen, da sonst eine Umgehung der Sacheinlagevorschriften drohe. Eine Gegenposition hat *Habersack* vertreten, der zu dem Ergebnis kommt, Dienstleistungen seien allein nach den Maßstäben der **Kapitalerhaltung** zu beurteilen.[5]

2. Im „**Qivive**"-Urteil stellt der BGH für das **GmbH-Recht** fest, die Grundsätze der **verdeckten Sacheinlage** kämen auf Dienstleistungen nach Bareinlage-Zahlungen **nicht** zur Anwendung. Auch ein **Hin- und Herzahlen** liege **nicht** vor, wenn der Inferent die Mittel **nicht** für die Vergütung seiner Dienstleistungen „**reserviert**"

---

[1] Nachw. b. *Hüffer*, AktG, 8. Aufl., 2008, § 27 Rn. 29.

[2] Etwa: *Hueck/Fastrich*, GmbHG, 19. Aufl., 2010, § 5 Rn. 24.

[3] BGH, NJW 1979, 216.

[4] OLG Düsseldorf, BB 2008 ,180 m. Anm. *Theusinger* (Vorinstanz zu Eurobike).

[5] *Habersack*, FS Priester, 2007, S. 157 ff.

habe. In der **Begründung** heißt es, zwar habe ein sukzessiver „faktischer Einlagenrückfluß" an die Beklagte stattgefunden. Den Tatbestand einer verdeckten Sacheinlage erfülle das jedoch nur, wenn die Gesellschaft dadurch im wirtschaftlichen Ergebnis eine Sacheinlage erhält. Dienstleistungen könnten aber nicht Gegenstand von Sacheinlagen sein. Der Inferentin habe auch **kein Umgehungsvorwurf** gemacht werden können, da die Umgehungshandlung den Tatbestandsmerkmalen der umgangenen Norm entsprechen müsse, Dienstleistungen aber von den Sacheinlagevorschriften nicht umfaßt würden. Aus der fehlenden Sacheinlagefähigkeit von Dienstleistungen könne **kein „Verbot"** der Verabredung **entgeltlicher Dienstleistungen** des Inferenten im Zusammenhang mit der Begründung seiner Bareinlageschuld abgeleitet werden. Anderenfalls hätten Gesellschafter keine Möglichkeit, nach Gründung oder Kapitalerhöhung mit Bareinlagen entgeltlich als Geschäftsführer tätig zu sein.

Die Entscheidung hat – wie zu erwarten war – ein **breites literarisches Echo** gefunden.[6]

3. Mit dem noch nahezu ofenfrischen, diesmal zum **Aktienrecht** ergangenen Urteil „**Eurobike**" **bestätigt** der BGH zunächst seine Auffassung, die Grundsätze der verdeckten Sacheinlage fänden auf entgeltliche Dienstleistungen im zeitlichen Zusammenhang mit einer Kapitalerhöhung keine Anwendung. Bei einem **Mißverhältnis** zwischen dem Wert der Dienstleistung und ihrer Honorierung werde die Gesellschaft durch die Regelungen über die Unwirksamkeit der Einlageleistung bei einem Her- und Hinzahlen oder Hin- und Herzahlen bzw. das Verbot der Einlagenrückgewähr (§ 57 Abs. 1 AktG) **ausreichend geschützt**. Zum **Hin- und Herzahlen** wiederholt der BGH, ein solches liege nicht vor, wenn der Einlagebetrag zur freien Verfügung geleistet, weil nicht für die Bezahlung der Dienstleistungen „reserviert" werde.[7] Ein – gleichzustellendes – **Her- und**

---

[6] Etwa: *Bayer/Lieder*, NZG 2010, 86 ff.; *Giedinghagen/Lakenberg*, NZG 2009, 201 ff.: *Häublein*, DNotZ 2009, 771 ff.; *Hentzen/Schwandtner*, ZGR 2009, 1007 ff.; *Pentz*, GmbHR 2009, 505 ff.; *Pluskat/Marquardt*, NJW 2009, 2353 ff.; *Schodder*, EWiR 2009, 443 f.

[7] Bezugnahme auf „Qivive", Tz. 15.

Hinzahlen liege **nicht** vor, wenn eine tatsächlich erbrachte **Leistung drittüblich** entgolten werde und diese nicht aus der Sicht der Gesellschaft unbrauchbar sei.

4. Um das Ergebnis vorwegzunehmen: **Beide Fälle**, also sowohl „Qivive" als auch „Eurobike", sind im Ergebnis **richtig entschieden**. Der BGH stellt durchaus zutreffend fest: Ein Leistungsverkehr, zwischen Gesellschaft und Gesellschafter, Dienstleistungen eingeschlossen, muß möglich sein, und zwar auch im zeitlichen Zusammenhang mit der Kapitalaufbringung. Das gilt nicht zuletzt, wie der BGH mit Recht bemerkt hat, für eine bezahlte Geschäftsführungstätigkeit des Gesellschafters.

Als **Rechtsgrundlage** zur Lösung solcher Fälle wurde bisher zum einen die Figur der „gewöhnlichen Umsatzgeschäfte"[8] angeboten, die allerdings beim BGH nicht auf Gegenliebe gestoßen ist. Sie wäre in der Variante der laufenden Geschäftsbeziehung im Eurobike-Fall anwendbar gewesen. Im Qivive-Fall hätte das weniger gepaßt, da die Leistungsbeziehung zum Inferenten erst aufgebaut werden sollte. Hier konnte der BGH aber auf den Umstand abstellen, daß die Einlagezahlung nicht „reserviert", sondern in den Wirtschaftskreislauf der Gesellschaft eingeflossen war.[9]

5. Eine **mögliche Lösung**: Behandlung wie eine verdeckte Sacheinlage hat der **BGH** mit der Begründung **abgelehnt**, was nicht offene Sacheinlage sein könne, könne auch nicht verdeckte Sacheinlage sein. Das ist gewiß richtig. Gleichwohl hätte man die neuen **Rechtsfolgen** der **verdeckten Sacheinlage** in §§ 19 Abs. 4 GmbHG bzw. § 27 Abs. 3 AktG analog anwenden können, mit der Folge, daß es wie bei Sacheinlagen am Ende nur auf deren Wert ankommt.

Der **BGH** geht einen anderen Weg und stellt – jetzt deutlich in „Eurobike" – zum einen auf das Hin- und Herzahlen oder das Her- und Hinzahlen, zum anderen auf die Einlagenrückgewähr ab. Ersteres fällt in den Bereich der Kapitalaufbringung,

---

[8] BGHZ 170,47 – „Warenlager" Tz. 24; bestätigt durch BGH, DB 2008, 751 Tz. 13 f.

[9] In diesem Sinne schon *Priester*, FS 200 Jahre Rheinisches Notariat, 1998, S. 335, 351.

letzteres in den der Kapitalerhaltung. Das **Hin- und Herzahlen** soll entfallen, wenn die Geldbeträge nicht „reserviert" sind, das **Her- und Hinzahlen,** wenn die Leistung des Inferenten vollwertig und für die Gesellschaft brauchbar ist. Dazu stellt sich allerdings die Frage, ob da nicht mangels Eingreifen der Ausnahme in §§ 19 Abs. 5 GmbHG bzw. § 27 Abs. 4 AktG[10] die Kapitalaufbringung wegen des dort geltenden Grundsatzes „Alles oder nichts" komplett gescheitert wäre. Das Ergebnis wäre dann für den Inferenten deutlich schlechter als bei einer analogen Anwendung der Rechtsfolgen einer verdeckten Sacheinlage.

6. **Diskussionswürdig** erscheint deshalb der zweite – wenngleich nur angedeutete – Ansatz des BGH, nämlich die Lösung über eine Heranziehung der Grundsätze zur **Kapitalerhaltung.** Es mag sein, daß damit ein weiterer Schritt weg von der Ex-ante-Kontrolle der Kapitalaufbringung getan wird. Aber: Überhöhte Vergütungen an Gesellschafter sind ein Problem der Kapitalerhaltung.

---

[10] Der Gegenanspruch der Gesellschaft wäre auf Dienstleistungen, nicht auf eine Geldleistung gerichtet. Geht man davon aus, daß der Gegenanspruch "so gut wie Bargeld" sein muß, scheiden nichtgeldliche Ansprüche aus; so mit Recht *Bayer/Lieder*, NZG 2010, 86, 90.

(S)

V. Entlastung trotz Verstößen gegen den Corporate Governance Kodex?

(a) BGH v. 16.2.2009 – II ZR 185/07, BGHZ 180, 9 = AG 2009, 285 = BB 2009, 393 = DB 2009, 500 = GWR 2009, 7 m. Anm. *Ehmann* = LMK 2009, 283053 m. Anm. *Spindler* = NJW 2009, 2207 „Kirch/Deutsche Bank"

(b) BGH v. 21.9.2009 – II ZR 174/08, AG 2009, 824 = BB 2009, 2725 = DB 2009, 2422 = DStR 2009, 2207 = EWiR 2010, 1 (*Priester*) = GWR 2009, 367 = NJW 2009, 2207 = ZIP 2009, 2051 „Umschreibungsstopp"

1. Die Fälle

(a) „Kirch/Deutsche Bank": Die drei Kläger nahmen an der Jahreshauptversammlung 2003 teil – die Kläger zu 1 und 2 durch Vertreter und der Kläger zu 3 persönlich. Den Beschlussfassungen ging eine mehr als achtstündige Generaldebatte mit 34 Wortbeiträgen und 230 Fragen, auch der Kläger, voran. Die Kläger haben, gestützt auf ganz unterschiedliche Nichtigkeits- bzw. Anfechtungsgründe (z.B. Beurkundungsnichtigkeit), fristgemäß Anfechtungsklage erhoben. Die Klagen blieben in den Vorinstanzen erfolglos. Die Revisionen der Kläger waren, was die Nichtigkeit aller Hauptversammlungsbeschlüsse anlangt, erfolglos. Sie führten aber zur Nichtigerklärung der Entlastungsbeschlüsse für Vorstand und Aufsichtsrat wegen unrichtiger Entsprechenserklärungen (§ 161 AktG)[1].

(b) „Umschreibungsstopp"[2]: Auch dieser Anfechtungsstreit war sehr vielschichtig. Im Mittelpunkt stand die Frage, ob eine AG mit vinkulierten Namensaktien für einen kurzen Zeitraum vor der Hauptversammlung die Umschreibung im Aktienbuch aussetzen kann (was der Senat bejaht) und ob eine Einzelentlassung zulässig ist

---

[1] Dazu näher *Goette*, FS Hüffer, 2009, S. 225; ders., DStR 2009, 2602, 2604 f.
[2] Dazu *Bayer/Lieder*, NZG 2009, 1361 ff.; *Goette*, GWR 2009, 459; *Rieder*, GWR 2009, 25; *Verannemann*, GWR 2009, 367.

(was der Senat außerhalb des § 120 Abs. 1 Satz 2 AktG gleichfalls bejaht)[3]. Die vor dem LG und dem KG[4] erfolglose Klage führte aber auch hier in der Revision zur Aufhebung der Entlastungsbeschlüsse wegen Verstoßes gegen § 161 AktG[5].

2. Die Urteile

(a) Im Fall „Kirch/Deutsche Bank" sah der BGH einen Verstoß gegen § 161 AktG darin, dass in der Entsprechenserklärung weder über den sich aus dem Parallelprozess Kirch ./. Deutsche Bank und Breuer ergebenden Interessenkonflikt noch über eine Bewältigung dieses Konflikts im Einklang mit dem Corporate Governance Kodex berichtet worden sei. Die Entlastungsbeschlüsse seien damit gesetzwidrig und anfechtbar wegen unrichtiger Entsprechenserklärung gemäß § 161 AktG. Die entsprechenden Leitsätze lauten:

„Eine Unrichtigkeit der gem. § 161 AktG vom Vorstand und Aufsichtsrat abzugebenden ‚Entsprechenserklärungen' führt wegen der darin liegenden Verletzung von Organpflichten zur Anfechtbarkeit jedenfalls der gleichwohl gefassten Entlastungsbeschlüsse, soweit die Organmitglieder die Unrichtigkeit kannten oder kennen mussten. Unrichtig ist oder wird eine Entsprechenserklärung gem. § 161 AktG, wenn entgegen Nr. 5.5.3 DCGK nicht über das Vorliegen und die praktische Behandlung eines Interessenkonflikts in der Person eines Organmitglieds berichtet wird. Ein solcher Interessenkonflikt entsteht bereits, wenn ein Dritter eine Schadensersatzklage gegen die Gesellschaft erhebt, die auf einen Gesetzesverstoß des betreffenden Aufsichtsratsmitglieds während seiner früheren Vorstandstätigkeit gestützt wird."

(b) Nicht viel anders verhielt es sich im Fall „Umschreibungsstopp", freilich mit der Besonderheit, dass die Unrichtigkeit der Entsprechenserklärung außerhalb des Entlastungszeitraums lag. In solchen Fällen kann die Abgrenzung zwischen einer Gesetzesverletzung (§ 243 Abs. 1 AktG) und einer Informationsrechtsverletzung (§ 243 Abs. 4 AktG) schwierig sein[6]. Dazu lesen wir in den Gründen:

---

[3] Dazu NJW-Spezial 2009, 768; *Goette*, GWR 2009, 459.
[4] NZG 2008, 788.
[5] Dazu etwa *Bayer*, NZG 2009, 1336; *Drinhausen*, BB 2010, 3; *Goette*, DStR 2009, 2602; *Goslar/v.d. Linden*, NZG 2009, 1337; *Peltzer*, NZG 2009, 1336; *Priester*, EWiR 2010, 1.
[6] Kritisch insofern zu dem Urteil *Goslar/v.d. Linden*, NZG 2009, 1337.

„a) Die Entsprechenserklärung des Vorstands und des Aufsichtsrats der Bekl. vom Dezember 2005 wurde hinsichtlich ihres in die Zukunft gerichteten Inhalts unrichtig, weil im Bericht an die Hauptversammlung (§ 171 Abs. 2 AktG) im März 2006 entgegen der Empfehlung 5.5.3 des DCGK über den bei dem Aufsichtsratsmitglied P aufgetretenen Interessenkonflikt und seine Behandlung nicht informiert wurde ...
b) Die Unrichtigkeit betraf auch einen nicht unwesentlichen Punkt der Entsprechenserklärung. Die Verpflichtung, über aufgetretene Interessenskonflikte und ihre Behandlung im Bericht an die Hauptversammlung zu informieren (5.5.3 DCGK), ist grundsätzlich ein nicht unwesentlicher Punkt der Entsprechenserklärung (BGHZ 180, 9 = NZG 2009, 342 = NJW 2009, 2207 = ZIP 2009, 460 Rdnr. 19 – Kirch/Deutsche Bank). Wenn die Unrichtigkeit der Entsprechenserklärung – wie bei einem Verstoß gegen die Empfehlung in 5.5.3 S. 1 DCGK – auf einer Informationspflichtverletzung beruht, muss die unterbliebene Information für einen objektiv urteilenden Aktionär für die sachgerechte Wahrnehmung seiner Teilnahme- und Mitgliedschaftsrechte darüber hinaus relevant sein, um die schwere Folge der Anfechtbarkeit auszulösen. Da nur eindeutige und schwerwiegende Gesetzesverstöße die Entlastungsentscheidung anfechtbar machen (Senat, BGHZ 153, 47 [51] = NZG 2003, 280 = NJW 2009, 1032), muss der in der unrichtigen Entsprechenserklärung liegende Verstoß über einen Formalverstoß hinausgehen und auch im konkreten Einzelfall Gewicht haben. Bei einem Verstoß gegen die Empfehlung 5.5.3 des DCGK wird die Entsprechenserklärung erst auf Grund einer Informationspflichtverletzung – der fehlenden Erwähnung des Interessenkonflikts im Bericht an die Hauptversammlung – unrichtig. Die unrichtige oder unvollständige Erteilung von Informationen ist aber nach der auch in diesem Zusammenhang zu beachtenden Wertung in § 243 Abs. 4 Satz 1 AktG nur von Bedeutung, wenn ein objektiv urteilender Aktionär die Informationserteilung als Voraussetzung für die sachgerechte Wahrnehmung seines Teilnahme- und Mitgliedschaftsrechts ansähe. An der Relevanz für den Aktionär kann es fehlen, wenn der Interessenkonflikt und seine Behandlung bereits aus allgemeinen Quellen bekannt sind (vgl. BGHZ 180, 9 = NZG 2009, 342 = NJW 2009, 2207 = ZIP 2009, 460 Rdnr. 22 – Kirch/Deutsche Bank) oder beides – etwa wegen Geringfügigkeit – nicht geeignet ist, die Entscheidung eines objektiv urteilenden Aktionärs zu beeinflussen."

Der einschlägige Leitsatz des Urteils lautet:

„Wenn entgegen der Empfehlung 5.5.3 des DCGK nicht über das Vorliegen und/oder die praktische Behandlung eines Interessenkonflikts in der Person eines Organmitglieds berichtet wird, liegt ein zur Anfechtbarkeit nach § 243 Abs. 1 AktG führender Verstoß gegen die Verpflichtung zur Abgabe einer richtigen oder zur Berichtigung einer unrichtig gewordenen Entsprechenserklärung in einem nicht unwesentlichen Punkt nur vor, wenn die unterbliebene Information für einen objektiv urteilenden Aktionär für die sachgerechte Wahrnehmung seiner Teilnahme- und Mitgliedschaftsrechte relevant ist."

3. Würdigung

Die beiden Entscheidungen sind von großer Bedeutung. Sie werfen schon rechtsgrundsätzlich Schwierigkeiten auf:

- Insgesamt stärkt der Senat das Kodex-Konzept des § 161 AktG. Aber der Vorsitzende hat vor dem Missverständnis gewarnt, ein Verstoß gegen § 161 AktG sei ohne weiteres ein Anfechtungsgrund[7]. Es geht nicht um die Gleichstellung von soft law mit einem „Gesetz" i.S. von § 243 Abs. 1 AktG, sondern um Verletzungen des § 161 AktG, also des Gesetzes.
- Das Relevanzkriterium des § 243 Abs. 4 AktG findet auch hier sinngemäß Eingang. Die Relevanz dieser Rechtsverletzungen und ihre Abgrenzung gegen § 243 Abs. 4 AktG kann im Einzelfall schwierig sein.

---

[7] *Goette*, FS Hüffer, S. 255 ff.

VI. Satzungsmäßige Redezeitbeschränkungen für die Hauptversammlung
– „Redezeitbeschränkung" (P)

Der Kläger – ein bundesweit bekannter streitbarer Kleinaktionär – hatte einen Hauptversammlungsbeschluß der Biotest AG angefochten, mit dem eine detaillierte Regelung i.S.v. § 131 Abs. 2 Satz 2 AktG in die Satzung aufgenommen werden sollte. Die Regelung enthielt als Ermächtigung an den Versammlungsleiter – im sachlichen Kern – zunächst Vorgaben zur Gesamtdauer der Hauptversammlung (bei bloßen „Regularien" 6 Stunden, bei weiteren Gegenständen 10 Stunden). Je Wortbeitrag durfte er auf 15 Minuten, insgesamt auf 45 Minuten pro Redner beschränken. Außerdem wurde der Versammlungsleiter befugt, den Debattenschluß auf 22:30 Uhr festzulegen. Schließlich sollte er die Beschränkungen nicht nur bei Versammlungsbeginn, sondern auch erst in deren Verlauf anordnen können.

Das LG wies die Klage ab, das OLG (ZIP 2008, 1333) gab ihr statt, der BGH stellte das LG-Urteil wieder her.

BGH, Urt. v. 8.2.2010 – II ZR 94/08, ZIP 2010, 575 = DB 2010,718 = DStR 2009, 707.

Hinweise

1. Die **„räuberischen"** (Kleinst-) **Aktionäre**, die sich ihre eigennützigen Anfechtungsklagen abkaufen lassen, werden seit langem als Landplage angesehen, und das nicht zu Unrecht. Zur Vorbereitung dienen ihnen in der Regel lange Wortmeldungen und umfangreiche Fragenkataloge, mit denen sie Verfahrensfehler und angebliche Verletzungen des Auskunftsrechts provozieren. Der Gesetzgeber hat vor einigen Jahren die Abhilfewünsche der Praxis erhört und im Hinblick auf den durch solche Aktionäre hervorgerufenen „betriebswirtschaftlichen und gesamtwirtschaftlichen Schaden" (BT-Drucks. 15/5092 S. 1) mit dem **UMAG** vom 22.9.2005 einen neuen **Satz 2** in **§ 131 Abs. 2 AktG** eingefügt, wonach die Satzung den Versammlungsleiter ermächtigen kann, das Frage- und Rederecht des Aktionärs zeitlich angemessen zu beschränken.

Ziel war die Stärkung der Satzungsautonomie der Aktionäre. Das hier vorzustellende Urteil bildet die erste höchstrichterliche Entscheidung zu der neuen Vorschrift.

2. Seiner Entscheidung hat der BGH die folgenden **Leitsätze** vorangestellt:

1. § 131 Abs. 2 Satz 2 AktG ermöglicht eine umfassende **statutarische** Regelung der **Ermächtigung** des Versammlungsleiters zur zeitlich angemessenen Beschränkung des Frage- und Rederechts des Aktionärs in der Hauptversammlung, die über die bloße Regelung des Verfahrens oder die Festschreibung einer gesetzeswiederholenden Angemessenheitsklausel hinausgeht.

2. Zulässig ist die satzungsmäßige Bestimmung von angemessenen konkreten **Zeitrahmen** für die Gesamtdauer der Hauptversammlung und die auf den einzelnen Aktionär entfallende Frage- und Redezeit, welche dann im Einzelfall vom Versammlungsleiter nach pflichtgemäßem Ermessen zu konkretisieren sind. Ebenfalls zulässig ist die Einräumung der Möglichkeit, den Debattenschluß um 22:30 Uhr anzuordnen.

3. Stellt die Satzung Beschränkungen des Frage- und Rederecht des Aktionärs in das Ermessen des Versammlungsleiters, so hat dieser das **Ermessen** nach den allgemeinen Grundsätzen unter Berücksichtigung der konkreten Umstände der Hauptversammlung **pflichtgemäß** auszuüben, sich also insbesondere an den Geboten der Sachdienlichkeit, der Verhältnismäßigkeit und der Gleichbehandlung zu orientieren, ohne daß dies in der Satzung ausdrücklich geregelt werden muß.

3. Zunächst: Der BGH hat die angegriffene **Satzungsregelung vollumfänglich bestätigt**. Seine **Begründung** ergibt sich im wesentlichen aus den **Leitsätzen**. Ergänzend hat das Gericht ausgeführt, die Neuregelung des Frage- und Rederechts verfolge das Ziel, das Anfechtungsrecht als Schutzinstrument der Aktionäre zu bewahren, zugleich aber seine mißbräuchliche Ausnutzung zu

unterbinden. Entgegen der Ansicht des Berufungsgerichts sei § 131 Abs. 2 Satz 2 AktG **nicht** etwa im Hinblick auf **Art. 14 Abs. 1 GG** einschränkend auszulegen, denn Grundrechtsträger seien nicht nur die auskunftsbegehrenden Anfechtungskläger, sondern auch die übrigen Aktionäre. Ihr Schutz müsse ebenso bedacht werden. Eine Differenzierung zwischen Rede- und Fragerecht sei weder erforderlich noch sachdienlich, da die Grenzen zwischen beiden Rechten fließend seien.

4. Dem eingehend und sorgfältig begründeten Urteil des BGH ist in jeder Hinsicht **zuzustimmen**. Es entspricht ausweislich der Materialien (BT-Drucks. 15/5092 S. 17) den Vorstellungen des Gesetzgebers und der durchaus überwiegenden Meinung im Schrifttum, mag es einzelnen dort vertretenen Ansichten auch nicht folgen. Dabei verdient die deutliche Betonung **pflichtgemäßer Ermessensausübung** durch den Versammlungsleiter, der das Gericht einen eigenen – den dritten – Leitsatz gewidmet hat, ausdrückliche Hervorhebung. Der Versammlungsleiter darf und soll weiterhin flexibel bleiben und der jeweiligen konkreten Situation in der Hauptversammlung Rechnung tragen. Dazu gehört, daß er Beschränkungen auch erst nachträglich anordnen darf. Empfehlenswert und üblich ist freilich, auf mögliche spätere Beschränkungen schon zu Beginn der Versammlung hinzuweisen. Die vom BGH gebilligte Satzungsregelung stellt dem Versammlungsleiter somit ein **Eingriffsinstrument** zur Verfügung, aus dem Kasten holen muß er es nicht. Die Satzungsermächtigung könnte also eine „**Fleet in being**" darstellen.

5. Die **praktische Bedeutung** der Entscheidung dürfte enorm sein. Sie wird eine erhebliche Erleichterung bei fast allen Versammlungsbeteiligten hervorrufen, nicht nur bei den Gesellschaften, ihren Organen und Beratern (unter Einschluß der beurkundenden Notare), sondern auch bei der großen Mehrzahl der Aktionäre. Die „Berufskläger" haben – hoffentlich – eine weitere Schlacht verloren. Unter diesen Umständen gehört nicht allzu viel Prophetengabe zu der Annahme, daß jetzt viele Gesellschaften gleiche oder ähnliche Regelungen in ihre Satzungen aufnehmen. Die Biotest AG hat ihnen eine höchstrichterlich **abgesegnete Vorlage** geliefert.

5. Generalthema

11.15 –
13.30 Uhr **Ertragsteuerliche Entwicklungen und Gestaltungen im Leben der Personengesellschaften**

Leitung:
Vorsitzender Richter am Bundesfinanzhof a. D.
Rechtsanwalt und Steuerberater
Prof. Dr. Dr. h.c. Franz **Wassermeyer**,
München/Bonn

Referenten und Bearbeiter des Arbeitsbuches:

Leitender Ministerialrat
Hermann Bernwart **Brandenberg**
Landesfinanzministerium NRW, Düsseldorf

Prof. Dr. Georg **Crezelius**,
Universität Erlangen/Bamberg,
Lehrstuhl für Steuerrecht

Wirtschaftprüfer, Steuerberater
Prof. Dr. Ulrich **Prinz**, Bonn

Richter am Bundesfinanzhof
Dr. Roland **Wacker**, München

I. Gewerbeverlust

1. § 10a GewStG bei Anwachsung und Einbringung

2. Treuhandmodell und GewSt

II. Neues zur Sonderbetriebsvermögenseigenschaft von Kapitalgesellschaftsanteilen und Mitunternehmeranteilen (BFH v. 4. 3. 2009 I R 58/07)

III. Konkurrenzen der §§ 6 Abs. 3, 5 EStG, 24 UmwStG

IV. Steuerrechtliche Probleme des Gewinnanteils des persönlich haftenden Gesellschafters der KGaA

V. Personengesellschaften und DBA (neues BMF-Schreiben?)

1. Zinserträge einer vermögensverwaltenden Personengesellschaft im Abkommensrecht

2. BFH v. 21. 10. 2009 I R 114/08 „Columbus Container"

3. Gewerblich geprägte Gesellschaft und DBA-Recht

I. Gewerbeverlust

1. § 10 a GewStG bei Anwachsung und Einbringung

a) Einbringung

aa) Einbringung eines Betriebs

Wird ein Betrieb, z.B. ein Einzelunternehmen gem. § 24 UmwStG in eine Personengesellschaft eingebracht und wird der Einzelunternehmer Gesellschafter der Personengesellschaft bleibt der gewerbesteuerliche Fehlbetrag des Einzelunternehmens erhalten, weil insoweit Unternehmens- und Unternehmeridentität besteht.

bb) Einbringung eines Betriebs durch eine Kapitalgesellschaft

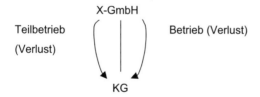

Bei Einbringung eines Betriebes oder Teilbetriebs durch eine Kapitalgesellschaft ist zweifelhaft, ob der Verlust tatsächlich der Personengesellschaft zuzuordnen ist oder ob nicht vielmehr mit Rücksicht darauf, dass die Tätigkeit der Kapitalgesellschaft stets und in vollem Umfang gem. § 2 Abs. 2 GewStG als Gewerbebetrieb gilt, der Verlust bei der Kapitalgesellschaft verbleibt. Wäre es so, hätte es der Ergänzung in § 10 a S. 10 GewStG iVm § 8 c KStG nicht bedurft, weil eine Ausgliederung des Verlustes auf die KG ausscheidet und damit ein Gesellschafterwechsel bei der X-GmbH auch zum Untergang des Gewerbeverlustes bei der X-GmbH führt (vgl. i.e. unter d cc).

cc) **Einbringung eines Mitunternehmeranteils**

Fall 1:

A B und C sind an der U-KG beteiligt. Für die U-KG ist ein gewerbesteuerlicher Verlustvortrag gem. § 10 a GewStG zum 31.12.2009 von 900.000 € festgestellt worden, der den drei Gesellschaftern A, B und C zu 300.000 € zugerechnet worden ist. Die Gesellschafter möchten die U-KG in die O-KG einbringen. Der Steuerberater befürchtet, dass bei Einbringung der bestehenden Gewerbeverluste untergeht.

Fall 2:

An der GmbH & atypisch Still ist A zu 100 % beteiligt. A bringt zum 1.1.2009 seine atypisch stille Beteiligung sowie seine Beteiligung an der GmbH in die A GmbH & Co. KG ein, an der A als Kommanditist zu 100 % und die GmbH als Komplementärin zu 0 % beteiligt sind. Bei der atypischen Gesellschaft war zum 31.12.2008 ein vortragsfähiger Gewerbeverlust gem. § 10 a GewSt in Höhe von 10 Mio € festgestellt und dem A zugerechnet worden. A möchte den Verlust mit dem von A für 2009 erzielten Gewerbeertrag von 1 Mio € verrechnen.

Ausgangsstruktur	Zielstruktur

```
Ausgangsstruktur                    Zielstruktur

                                         A        GmbH
        A                                |          |
        |           Kommanditist        100 %      0 %
100 %   | atyp.                           ▼          ▼
        | stille Beteiligung            A GmbH & Co KG
        ▼▼                                 |||
       GmbH                    100 %    atypische stille
                                         Beteiligung
                                           ▼▼
                                          GmbH
```

Lösungshinweise

Wechsel von der unmittelbaren in eine mittelbare Gesellschafterstellung

Der **BFH** hat mit **Urteil vom 06.09.2000** (BStBl II 2001, 731) entschieden, dass im Fall der Einbringung eines Kommanditanteils durch einen Kommanditisten in eine GmbH & Co. KG und der damit verbundene Wechsel von einer unmittelbaren Mitunternehmerstellung in eine mittelbare Mitunternehmerstellung zum **Wegfall des Gewerbeverlustvortrags** bei der künftigen Untergesellschaft führt.

Begründet wird dies damit, dass bei einer Personengesellschaft die Gesellschafter, soweit sie Mitunternehmerrisiko tragen und Mitunternehmerinitiative ausüben, die (Mit-)Unternehmer des Betriebs sind. Beim Ausscheiden von Gesellschaftern aus einer Personengesellschaft geht ein Fehlbetrag nach § 10a GewStG verloren, soweit der Fehlbetrag anteilig auf den ausgeschiedenen Mitunternehmer entfällt, weil insoweit die **Unternehmeridentität** entfällt. Dies gilt nach ständiger Rechtsprechung des BFH auch dann, wenn – wie in Einbringungsfällen – der unmittelbare Gesellschafter in eine mittelbare Gesellschafterstellung wechselt.

Mit der gleichen Begründung hat der **BFH mit Urteil vom 22.1.2009 IV R 90/05 BFH NV 2009, 843** auch den Fortbestand eines Verlustvortrages beim Wechsel von einer unmittelbaren zu einer mittelbaren Beteiligung an einer atypisch stillen Gesellschaft abgelehnt. Die atypisch stille Gesellschaft unterscheidet sich von der GmbH & Co. KG dadurch, dass es sich hierbei um eine reine Innengesellschaft handelt und gemäß § 5 GewStG die GmbH Gewerbesteuerschuldnerin ist, weil der Gewerbebetrieb für ihre Rechnung geführt wird. Doch hat es der BFH abgelehnt, aus diesem gesellschaftsrechtlichen Unterschied eine andere gewerbesteuerliche Behandlung der Fehlbeträge im Fall des Statuswechsels von einer unmittelbaren in eine mittelbare Beteiligung abzuleiten. Auch das Ausscheiden des stillen Gesellschafters und der Wechsel in eine mittelbare Gesellschafterstellung stellt einen partiellen **Unternehmerwechsel** dar, weil insoweit die GmbH & atypisch Still einer Personengesellschaft gewerbesteuerlich gleichgestellt ist und der Steuerschuldnerschaft der GmbH keine Relevanz zukommt. Der formalrechtliche Unterschied zwischen reinen Innengesellschaften (stille Gesellschaften) und Außengesellschaften (wie z.B. Personenhandelsgesellschaften) rechtfertigt keine abweichende Behandlung.

Der Wechsel aus der unmittelbaren Mitunternehmerstellung in die mittelbare Mitunternehmerstellung führt damit zum (anteiligen) Wegfall eines bestehenden Verlustvortrages.

b) Anwachsung

aa) Anwachsung auf natürliche Person/Kapitalgesellschaft

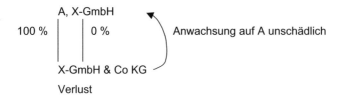

Im Fall der Anwachsung des Betriebs einer Personengesellschaft auf den verbleibenden Gesellschafter bleibt der Fehlbetrag erhalten. Gewerbeverlustvorträge der aufgelösten Personengesellschaft können durch den verbliebenen letzten unmittelbaren Mitunternehmer fortgeführt werden können, so bereits Absch. 68 Abs. 3 Satz 7

Nr. 4 GewStR (jetzt R 10 a 3 Abs. 3 Satz 9 Nr. 4 GewStR 2009), für den Fall der Anwachsung auf eine natürliche Person oder eine Kapitalgesellschaft. Bei dieser Richtlinienvorschrift blieb allerdings unklar, ob diese Grundsätze auch im Fall der Anwachsung einer Personengesellschaft auf einen in der Rechtsform der Personengesellschaft verbliebenen letzten unmittelbaren Gesellschafter Anwendung finden (vgl. dazu sogleich unter bb).

bb) Anwachsung auf Personengesellschaft/hintereinander geschaltete Anwachsungen

Fall:

An der U-KG ist die O-KG zu 100 % als Kommanditistin und die U-Verw.GmbH als Komplementärin zu 0 % beteiligt. An der O-KG ist die X-GmbH zu 100 % als Kommanditistin und die O-VerwaltungsGmbH als Komplementärin zu 0 % beteiligt. Die X-GmbH hält jeweils 100 % der Anteile an der U-VerwGmbH und der O-VerwGmbH. Die U-KG hat in der Vergangenheit Verluste erlitten, die zu einem gewerbesteuerlichen Verlustvortrag von 1 Mio. € geführt haben. Zur Vereinfachung der Unternehmensstruktur ist geplant, die U-KG und die O-KG auf die X-GmbH anwachsen zu lassen, in dem die jeweiligen KomplementärGmbHs ausscheiden. Der Steuerberater der X-GmbH hat Zweifel, ob der gewerbesteuerliche Verlustvortrag der U-KG (1 Mio. €) erhalten bleibt.

1. Abwandlung: Die X-GmbH hat die Beteiligung an der O-KG zum 1.1.2010 erworben. Zu diesem Zeitpunkt bestand bereits der Verlustvortrag bei der U-KG.

2. Abwandlung:

Bei der X-GmbH hat zum 1.1.2010 ein Gesellschafterwechsel stattgefunden, in dem A und B ihre Beteiligung an der X-GmbH in Höhe von insgesamt 60 % an die D und E veräußert haben.

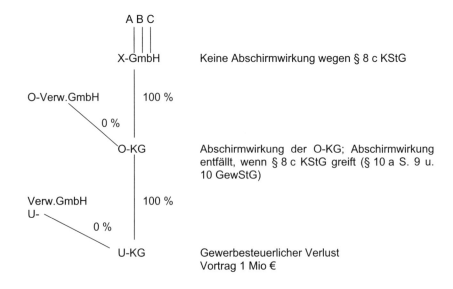

Lösungshinweise:

Anwachsung U-KG auf O-KG

Die Unternehmeridentität ist grundsätzlich zu bejahen, wenn die Verlustpersonengesellschaft auf ihren Gesellschafter (hier: O-KG) anwächst. Dieser Befund ist unstreitig zu bejahen, wenn statt der O-KG eine natürliche Person oder eine Kapitalgesellschaft Gesellschafter der U-KG wäre und auf diese Gesellschafter das Vermögen der U-KG anwachsen würde. Zweifelhaft ist, ob diese Grundsätze auch gelten, wenn der Gesellschafter, auf den die Anwachsung vollzogen wird, seinerseits eine Personengesellschaft ist. Nach der Rechtsprechung des BFH ist bei einer doppelstöckigen Personengesellschaft nicht der Gesellschafter der Obergesellschaft der (Mit-)Unternehmer der Untergesellschaft sein, sondern die Obergesellschaft selbst (BFH v. 3.5.1993 GrS 3/92, BStBl II 616). Die Regelung des § 15 Abs. 1 Nr. 2 S. 2 EStG, wonach der Obergesellschafter Sondermitunternehmer der Untergesellschaft sein kann, hat hieran nichts geändert. Daraus könnte gefolgert werden, dass eine Anwachsung auf die Obergesellschaft im vorliegenden Fall den gewerbesteuerlichen

Verlust der U-KG unberührt lässt (so auch OFD Münster v. 28.5.2008 DStR 2008, 873). Ja man könnte sogar wie folgt argumentieren: Auch weitere Anwachsungen (hier: auf die X-GmbH) sind unschädlich. Denn nach der 1. Anwachsung auf die O-KG wird Träger des Verlustabzuges deren Gesellschafter (hier: X-GmbH), so dass auch die Anwachsung auf die X-GmbH unschädlich wäre. Hierbei würde aber übersehen, dass der Große Senat des BFH in seinem grundlegenden Beschluss vom 3.5.1993 - GrS 3/92 - (BStBl II 616 unter 6 bb) betont hat, dass nicht die Personengesellschaft als solche Unternehmer des Betriebs ist, sondern dass die Gesellschafter die (Mit-)Unternehmer des Betriebs sind. Legt man diese Betrachtung zugrunde, würde hier ein schädlicher Gesellschafterwechsel eintreten, weil als Unternehmer des Betriebes der O-KG die X-GmbH anzusehen wäre (vgl. zur Problematik auch FG Sachsen v. 9.8.2007 EFG 2008, 1403, Rev. BFH unter IV R 59/07). Der Gewerbeverlust der U-KG in Höhe von 1 Mio € würde daher mit der Anwachsung auf die O-KG untergehen. Selbst wenn man hier der Auffassung der OFD Münster folgen wollte und die Anwachsung auf die O-KG für unschädlich hielte, würde aber wohl spätestens mit der 2. Anwachsung auf die X-GmbH der Gewerbeverlust der U-KG untergehen, weil ein schädlicher (Mit-)Unternehmerwechsel eintreten würde: (Mit-)Unternehmer der U-KG ist die O-KG mit allen Konsequenzen. Mit Vollzug der Anwachsung auf die X-GmbH würde die O-KG ausscheiden bzw. erlöschen und die X-GmbH Unternehmer des Betriebs der U-KG werden.

1. Abwandlung:

Ein Gesellschafterwechsel auf der Ebene der O-KG ist für den Verlustabzug der U-KG unschädlich, da die O-KG als solche Gesellschafterin der U-KG ist. Sie ist Trägerin des Verlustes der U-KG. Änderungen auf der Gesellschafterebene der O-KG haben hierauf keinen Einfluss.

2. Abwandlung

Die Veräußerung der Anteile an der X-GmbH führt im Beispielsfall dazu, dass gem. § 10 a S. 10 GewStG der Gewerbeverlust der U-KG untergeht.

§ 10a S. 10 GewStG i.d.F.d. JStG 2009 weitet die Anwendung des § 8c KStG auf die gewerbesteuerlichen Fehlbeträge von Mitunternehmerschaften aus, soweit sie unmittelbar bzw. mittelbar über andere Mitunternehmerschaften auf eine Kapitalgesellschaft als Mitunternehmerin entfallen. Hintergrund dieser Regelung war die Verhinderung einer steuerlichen Gestaltung, bei der zwar der körperschaftsteuerliche Verlustabzug einer defizitären Kapitalgesellschaft durch § 8c KStG gekürzt wurde, der gewerbesteuerliche Fehlbetrag i.S.d. § 10a GewStG jedoch durch eine vorgeschaltete Einbringung bzw. Ausgliederung in eine Personengesellschaft weiterhin nutzbar blieb (vgl. z.B. Behrendt, Arjes, BB 2008, 367 ff.).

Stellungnahme:

Die Regelung des gewerbesteuerlichen Verlustabzugs gem. § 10 a GewStG ist nur noch schwer händelbar. Die Vorschrift bedarf der dringenden Überarbeitung. Stellt man in Personengesellschaftsstrukturen darauf ab, dass der Mitunternehmer der Unternehmer des Betriebs und damit Träger des Verlustabzugs ist, sollte das m.e. auch in Fällen der Anwachsung konsequent durchgehalten werden. Das bedeutete für den vorliegenden Fall, dass der Verlust der U-KG im Ausgangsfall erhalten bleiben muss, wenn die Personengesellschaften auf die X-GmbH anwachsen. Voraussetzung ist allerdings, dass der Mitunternehmer den Verlust „erlitten" hat, also zum Zeitpunkt der Verlustentstehung bereits Mitunternehmer war. In der 1. Abwandlung scheidet daher ein Verlustübergang auf die X-GmbH aus, weil die X-GmbH ihre Beteiligung an der O-KG erst erworben hat, nachdem der Verlust bei der U-KG bereits eingetreten war.

Die Übernahme des § 8 c KStG in § 10 a GewStG ist steuersystematisch ein völliger Fehlgriff. Bei allem Verständnis dafür, dass durch die Übernahme des § 8 c KStG in § 10 a GewStG unliebsame Gestaltungen zur Erhaltung des gewerbesteuerlichen Verlustvortrages beseitigt werden sollten, ist nunmehr das völlig unverständliche Ergebnis zu konstatieren, dass eine Personengesellschaft Abschirmwirkung gegenüber Gesellschafterwechseln entfaltet, eine Kapitalgesellschaft dagegen nicht. Unliebsamen Gestaltungen könnte auch dadurch begegnet werden, dass bei Kapitalgesellschaften konsequent die Fiktion des § 2 Abs. 2 Satz 1 GewStG angewandt wird. Ein

Verlust der Kapitalgesellschaft kann danach nicht durch Ausgliederung des Betriebs der Kapitalgesellschaft einer Personengesellschaft zugeordnet werden.

cc) Neuregelung des § 10 a Satz 10 GewStG („Mantelkauf" bei Mitunternehmerschaft)

Fall 1:

A ist Alleingesellschafter der A-GmbH, die im EZ 2009 zu 80 % an der O-KG (Obergesellschaft) beteiligt ist. Die O-KG ist ihrerseits zu 60 % an der U-KG (Untergesellschaft) beteiligt. Die zum 31.12.2009 vortragsfähigen Gewerbeverluste betragen für die O-KG 450.000 € und für die U-KG 250.000 €. Im EZ 2010 erwirbt B von A 30 % der Anteile an der A-GmbH.

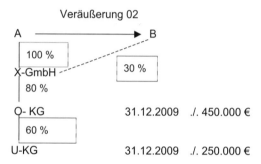

Lösungshinweise:

§ 8 c KStG ist über § 10 a S. 10 GewStG auch bei dem Gewerbeverlust zu beachten. Das führt hier dazu, dass der Fehlbetrag entsprechend der „durchgerechneten" Beteiligungsquote entfällt.

Auf Ebene der X-GmbH erfolgt in EZ 2010 ein schädlicher Beteiligungserwerb im Sinne des § 8c KStG. Unter Berücksichtigung der Beteiligungshöhe von 80 % der X-GmbH an der O-KG folgt, dass vom vortragsfähigen Gewerbeverlust der O-KG in EZ 2010 nunmehr 30 % von 80 % (= 24 % v. 450.000 €) nicht mehr abziehbar sind. Weiterhin ist der vortragsfähige Gewerbeverlust der U-KG aufgrund der mittelbaren

Beteiligung der A-GmbH an der U-KG von 48 % (80 % von 60 %) in EZ 2010 ebenfalls zu 30 % (= 14,4 % v. 250.000 €) nicht mehr abziehbar.

Nach einer in der Literatur vertretenen Meinung soll der Fehlbetrag in dem Verhältnis wegfallen, in dem die Tochtergesellschaft an der Enkelgesellschaft beteiligt ist (hier: 60 %; vgl. Hoffmann DStR 2009, 257).

Fall 2 (unterjährige Anteilsübertragung)

An der AB-OHG ist die A-GmbH (Alleingesellschafter: A) mit 50 % beteiligt. A überträgt am 30.06.09 einen Anteil von 30 % an der A-GmbH auf C. Der vortragsfähige Gewerbeverlust der AB-OHG zum 31.12.09 beträgt 100.000 €. Im Jahr 09 erwirtschaftet die AB-OHG einen Gewerbeertrag i.H.v. 25.000 € (01.01.-30.06.: -50.000 €; 01.07.-31.12.: 75.000 €).

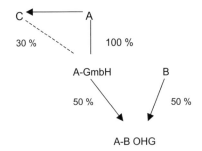

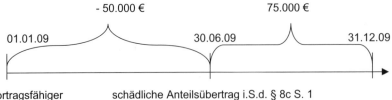

vortragsfähiger	schädliche Anteilsübertrag i.S.d. § 8c S. 1
Gewerbeverlust:	KStG (30 %) Anteile an der A-GmbH
100.000	

Lösungshinweise:

Problematisch ist die Behandlung des im Zeitraum vom 01.01.-30.06.02 erlittenen Gewerbeverlustes. Dieser könnte – entsprechend der Behandlung im Rahmen des §

8c KStG – in den Anwendungsbereich des § 10a Satz 10 GewStG fallen. Denkbar wäre aber auch, den Verlust vorrangig mit dem im Zeitraum vom 01.07.-31.12.02 erwirtschafteten positiven Gewerbeertrag zu verrechnen.

Im Schrifttum wird die Auffassung vertreten, dass die Anwendung des § 10a Satz 10 GewStG auf den am Schluss des Erhebungszeitraums, der der schädlichen Anteilsübertragung i.S.d. § 8c KStG vorausgegangen ist, festgestellten vortragsfähigen Fehlbetrag i.S.d. § 10a GewStG beschränkt sei. Ein laufender Gewerbeverlust im Übertragungsjahr werde nicht von § 10a Satz 10 GewStG erfasst (vgl. Brandis, in Blümich, KStG, § 8c, Rn. 24; Suchanek, Ubg 2009, S. 178, 184). Dies ergebe sich aus dem Gesetzeswortlaut, wonach nur „Fehlbeträge" (i.S.d. § 10a GewStG) von der Anwendung der Vorschrift betroffen seien.

Gegen diese Rechtsauffassung ist allerdings einzuwenden, dass § 10a Satz 10 GewStG nicht von „vortragsfähigen Fehlbeträgen", sondern lediglich von „Fehlbeträgen" spricht. Eine Interpretation, wonach auch Verluste einzubeziehen sind, die im Zeitraum bis zur schädlichen Anteilsübertragung entstanden sind, erscheint folglich möglich. Zudem verweist § 10a Satz 10 GewStG ausdrücklich auf die Rechtsfolgen des § 8c KStG. Bei dessen Anwendung sind jedoch die bis zum Zeitpunkt des schädlichen Beteiligungserwerbs erlittenen Verluste in die Verlustkürzung einzubeziehen (vgl. Rn 31ff des BMF-Schreibens vom 04.07.2008, BStBl. I 2008, S. 736). Die Verwaltung prüft zunächst, ob der maßgebende Gewerbeertrag in dem maßgebenden Erhebungszeitraum insgesamt negativ ist. Ist das der Fall, ist der negative Gewerbeertrag zeitanteilig aufzuteilen (R. 10 a 1 Abs. 3 GewStR 2009). Im vorliegenden Fall ist der Gewerbeertrag des gesamten Erhebungszeitraums positiv (+ 25.000), so dass nur der vortragsfähige Gewerbeverlust iHv 100.000 € gem. § 10 a S. 10 GewStG wegfällt.

5. Generalthema

I. Gewerbeverlust

2. Sog. Treuhandmodell und GewSt
- Keine Gewerbesteuerpflicht sog. Ein-Unternehmer-Personengesellschaften -

A. Auszug aus GewStG

a) § 2 Steuergegenstand

Abs. 1 (1) Der Gewerbesteuer unterliegt jeder stehende Gewerbebetrieb, soweit er im Inland betrieben wird. **(2)** Unter Gewerbebetrieb ist ein gewerbliches Unternehmen im Sinne des Einkommensteuergesetzes zu verstehen. **Abs. 2 (1)** Als Gewerbebetrieb gilt stets und in vollem Umfang die Tätigkeit der Kapitalgesellschaften (insbesondere Europäische Gesellschaften, Aktiengesellschaften, Kommanditgesellschaften auf Aktien, Gesellschaften mit beschränkter Haftung), Genossenschaften einschließlich Europäischer Genossenschaften sowie der Versicherungs- und Pensionsfondsvereine auf Gegenseitigkeit. **(2)** Ist eine Kapitalgesellschaft Organgesellschaft im Sinne der §§ 14, 17 oder 18 des Körperschaftsteuergesetzes, so gilt sie als Betriebsstätte des Organträgers.

b) § 5 Steuerschuldner

Abs. 1 **(1)** Steuerschuldner ist der Unternehmer. **(2)** Als Unternehmer gilt der, für dessen Rechnung das Gewerbe betrieben wird. **(3)** Ist die Tätigkeit einer Personengesellschaft Gewerbebetrieb, so ist Steuerschuldner die Gesellschaft.

c) § 7 Gewerbeertrag

(1) Gewerbeertrag ist der nach den Vorschriften des Einkommensteuergesetzes oder des Körperschaftsteuergesetzes zu ermittelnde Gewinn aus dem Gewerbebetrieb, der bei der Ermittlung des Einkommens für den dem Erhebungszeitraum (§ 14) entsprechenden Veranlagungszeitraum zu berücksichtigen ist, vermehrt und vermindert um die in den §§ 8 und 9 bezeichneten Beträge.

B. BFH-Urteil vom 3. Februar 2010 IV R 26/07, DStR 2010, 743

1. Leitsatz

Personengesellschaften, an denen nur ein Gesellschafter mitunternehmerschaftlich beteiligt ist (hier: sog. Treuhandmodell), unterliegen nicht der Gewerbesteuer.

2. Sachverhalt (stark vereinfacht)

An der gewerblich tätigen XA-KG (Treuhand-KG) war als Komplementärin die C-GmbH sowie als Kommanditistin die A-GmbH (Treuhänderin) beteiligt. Der Kommanditanteil der A-GmbH wurde aufgrund eines steuerrechtlich anzuerkennenden Treuhandverhältnisses für die C-GmbH (Treugeberin) gehalten.

Das FA setzte – gestützt auf bundeseinheitlich abgestimmte Verwaltungsanweisungen (vgl. z.B. OFD Münster, DStR 2005, 774) – gegenüber der XA-KG (Treuhand-KG) einen Gewerbesteuer-Messbetrag i.H.v. 141.370 € fest, dem ein Gewerbeertrag der Treuhand-KG in Höhe von 2.875.946 € zugrunde lag.

Die nach erfolglosem Einspruch erhobene Klage wurde vom FG abgewiesen, im Wesentlichen mit der Begründung, dass § 5 Abs. 1 Satz 3 GewStG, der die subjektive Gewerbesteuerpflicht von Personengesellschaften anordne, keine Mitunternehmerschaft voraussetze, sondern zivilrechtlich auszulegen sei (vgl. EFG 2007, 1097).

Die Revision hatte Erfolg. Der BFH hat das Urteil des FG aufgehoben und der Klage stattzugeben, d.h. ersatzlose Aufhebung des Gewerbesteuer-Messbescheids. An dem Verfahren war das BMF nach § 122 Abs. 2 FGO beteiligt (Beitritt).

3. Aus den Gründen des Urteils IV R 26/07 (stark gekürzt)

a) Keine Mitunternehmerschaft

(1) Der Begriff des Gewerbebetriebs i.S. von § 15 Abs. 2 EStG erfasst nicht nur die sachlichen Grundlagen des Betriebs, sondern i.V.m. § 15 Abs. 1 Satz 1 Nr. 1 und Nr. 2 EStG auch die Beziehung zu der Person/den Personen, auf dessen/deren Rechnung und Gefahr die gewerbliche Tätigkeit ausgeübt wird (Unternehmer/Mitunternehmer).

(2) Nach zwischenzeitlich ständiger Rechtsprechung ist eine Personengesellschaft - als eigenständiger Rechtsträger - nicht im Sinne des Ertragssteuerrechts rechtsfähig; sie kann deshalb auch nicht Unternehmerin des Betriebs sein. Unternehmer sind vielmehr nur die Gesellschafter, die (mit-)unternehmerisches Risiko tragen und (mit-)unternehmerische Initiative entfalten können (§ 15 Abs. 1 Satz 1 Nr. 2 EStG). Sie sind insoweit einem Einzelunternehmer gleichrangig (§ 15 Abs. 1 Satz 1 Nr. 1 EStG). Der Mitunternehmer unterscheidet sich von diesem nur dadurch, dass er seine unternehmerische Tätigkeit nicht alleine, sondern zusammen mit anderen (Mit)Unternehmern in gesellschaftsrechtlicher Verbundenheit ausübt. Nur der Mitunternehmer ist mit anderen Worten Subjekt der Einkünfteerzielung.

(3) Unberührt hiervon bleibt, dass der gesellschaftsrechtlichen Verbindung der Gesellschafter einer Personengesellschaft insofern Rechtssubjektivität zukommt, als die Qualifikation der Einkünfte (grundsätzlich) nach der von den Gesellschaftern gemeinschaftlich verwirklichten Einkunftsart zu bestimmen und darüber hinaus - im Falle der mitunternehmerschaftlichen Erzielung gewerblicher (betrieblicher) Einkünfte - deren Höhe gemeinschaftlich zu ermitteln ist.

(4) Im Einklang mit der (grundsätzlich) unternehmerbezogenen Deutung des Gewerbebetriebsbegriffs sowie der Zuweisung der (potentiellen) Unternehmereigenschaft zum Rechtskreis der Gesellschafter einer Personengesellschaft hat der BFH bereits entscheiden, dass der Tatbestand der mitunternehmerschaftlich erzielten Gewinnanteile i.S. von § 15 Abs. 1 Satz 1 Nr. 2 EStG nur dann erfüllt ist, wenn der Betrieb auf Rechnung und Gefahr mehrerer Unternehmer ("Mit"- Unternehmer) geführt wird (Urteil vom 1. Oktober 1992 IV R 130/90, BStBl II 1993, 574; ebenso zu Familiengesellschaften Urteil vom 5. Juni 1986 IV R 53/82, BStBl II 1986, 798).

(5) Ein mitunternehmerschaftlich geführter Betrieb ist hiernach zwar zu bejahen, wenn bei einer KG die Rechte aus dem Komplementäranteil treuhänderisch für den Kommanditisten wahrgenommen werden, da eine solche Treuhandabrede die Mitunternehmerstellung des (persönlich haftenden und vertretungsbefugten) Komplementärs (Treuhänders) regelmäßig unberührt lässt (BFH-Urteil vom 17. November 1987 VIII R 83/84, BFHE 152, 230). Eine "Mit"-Unternehmerschaft liegt hingegen nicht vor, wenn der Kommanditanteil aufgrund einer steuerrechtlich anzuerkennenden Vereinbarungstreuhand für die Komplementärin (natürliche Person, Treugeberin) gehalten wird. Da bei einer solchen Gestaltung der Treuhandanteil (Kommanditanteil) dem Treuhänder keine Mitunternehmerstellung vermittelt (ständige Rechtsprechung, BFH-Urteil vom 30. Juni 2005 IV R 40/03, BFH/NV 2005, 1994; Schmidt/Wacker, § 15 Rz 296, m.w.N.) und die aus dem Anteil erzielten Einkünfte nach § 39 Abs. 2 Nr. 1 Satz 2 AO der Komplementärin als natürliche Person zuzurechnen sind, erzielt diese (Treugeberin) - ungeachtet dessen, dass das Unternehmen (zivilrechtlich) in der Rechtsform einer Personenhandelsgesellschaft geführt wird - gewerbliche Einkünfte kraft einzelunternehmerischer Tätigkeit (§ 15 Abs. 1 Satz 1 Nr. 1 EStG). Eine gesonderte und einheitliche Gewinnfeststellung (§ 180 Abs. 1 Nr. 2 Buchst. a AO) ist daher ausgeschlossen (vgl. BFH, BStBl II 1993, 574).

(6) Ist somit für den Sachverhalt, dass der Komplementär eine natürliche Person ist, die "Ein-Unternehmer-

Personengesellschaft" wie ein Einzelunternehmen und die (allein) unternehmerisch beteiligte Komplementärin ertragsteuerrechtlich wie ein Einzelunternehmer zu behandeln, so bedingt dies weiterhin, dass die Wirtschaftsgüter des Gesamthandsvermögens gemäß § 39 Abs. 2 Nr. 2 AO der Komplementärin zuzurechnen sind (sog. Bruchteilsbetrachtung). Im Fall des sog. Treuhandmodells sind dem Treugeber die mit allen Gesellschaftsbeteiligungen - eigener Komplementäranteil und (über § 39 Abs. 2 Nr. 1 Satz 2 AO) zugerechnete Treuhand-Kommanditbeteiligung - verbundenen Anteile am Gesamthandsvermögen der KG zuzurechnen. Der Treugeber ist deshalb (ertragssteuerrechtlich) so zu behandeln, als wäre er - auch bezüglich des gesamthänderisch gebundenen Vermögens - Alleineigentümer sämtlicher seiner eigenen betrieblichen Tätigkeit dienenden Wirtschaftsgüter.

(7) Im Streitfall ist die Treuhand-Abrede (zugunsten der Komplementärin = C-GmbH) nicht nur zivilrechtlich wirksam, sondern auch steuerrechtlich anzuerkennen.

b) Keine subjektive Gewerbesteuerpflicht der Treuhand-KG

(1) Die steuerrechtliche Anerkennung des Treuhandverhältnisses hat im Streitfall nicht nur zur Folge, dass die in das Gesamthandsvermögen der XA-KG (Ein-Unternehmer-KG) ausgegliederten Wirtschaftsguts ertragsteuerrechtlich weiterhin der Treugeberin (C-GmbH) nach § 39 Abs. 2 Nr. 2 AO zuzurechnen und in die originäre Gewinnermittlung (Einkommensermittlung) der C-GmbH - gleich Wirtschaftsgütern, die sich in deren Eigenvermögen befunden haben - eingebunden waren (§ 8 Abs. 1 Satz 1, Abs. 2 KStG). Folge hiervon ist des Weiteren, dass die XA-KG - mangels eines mitunternehmerschaftlich geführten Gewerbebetriebs - auch nicht nach § 5 Abs. 1 Satz 3 GewStG Schuldnerin der Gewerbesteuer geworden ist, da die Vorschrift sowohl nach

ihrer Entstehungsgeschichte (wird ausgeführt) als auch nach ihrer systematischen Stellung voraussetzt, dass die Gesellschafter der Personengesellschaft Mitunternehmer eines gewerblichen Unternehmens im Sinne des EStG sind (§ 2 Abs. 1 Satz 2 GewStG i.V.m. § 15 Abs. 1 Satz 1 Nr. 2 EStG).

(2) Der Große Senat des BFH hat mit Beschluss vom 3. Mai 1993 GrS 3/92, BStBl II 1993, 616 sowohl zu dem Verweis des § 2 Abs. 1 Satz 2 GewStG auf den Begriff des Gewerbebetriebs (gewerbliches Unternehmen) im Sinne des EStG als auch zu dessen Einwirkung auf die Auslegung des § 5 Abs. 1 Satz 3 GewStG (1986) umfassend Stellung genommen.

(a) Hiernach sind auch in gewerbesteuerrechtlicher Sicht die Gesellschafter, die (Mit-)Unternehmerrisiko tragen und (Mit-)Unternehmerinitiative entfalten können, als (Mit-)Unternehmer und damit als Unternehmer des Betriebs anzusehen (§ 15 Abs. 1 Satz 1 Nr. 2, Abs. 2 und Abs. 3 EStG). Die Qualifikation der Mitunternehmer als Unternehmer des Betriebs bildet nicht nur die Rechtsgrundlage für die (sachgerechte) Einbeziehung der Sonderbetriebsergebnisse in den nach den Vorschriften des EStG und KStG zu ermittelnden Gewerbeertrag (§ 7 GewStG); sie hat ferner zur Folge, dass die Mitunternehmer in eigener Person sachlich gewerbesteuerpflichtig und damit auch Träger des Verlustabzugs nach § 10a GewStG sind.

(b) Des Weiteren hat der Große Senat (aaO) klargestellt, dass auch nach dem durch das StBereinG 1986 geänderten Wortlaut des § 5 Abs. 1 Satz 3 GewStG die Personengesellschaft nicht als Unternehmerin des Betriebs angesehen werden könne, da sich anderenfalls deren persönliche Steuerschuldnerschaft bereits aus § 5 Abs. 1 Satz 1 GewStG, nach dem der Unternehmer Steuerschuldner ist, ergäbe und es mithin der besonderen Regelung des § 5 Abs. 1 Satz 3 GewStG nicht bedurft hätte.

(c) Der erkennende Senat sah keinen Anlass, von diesen Ausführungen für das anhängige Verfahren abzurücken. § 5

Abs. 1 Satz 3 GewStG ist deshalb - in Überstimmung mit den Erläuterungen des Großen Senats - als Ausnahmeregelung zu verstehen, die nicht bereits dann greift, wenn zum Gesamthandsvermögen die objektiven Grundlagen eines Gewerbebetriebs gehören. Der Tatbestand, dass "die Tätigkeit einer Personengesellschaft Gewerbebetrieb ist", erfordert vielmehr eine unternehmerbezogene (gesellschafterbezogene) Auslegung. Er setzt deshalb voraus, dass der Gewerbebetrieb auf Rechnung und Gefahr mehrerer - sachlich gewerbesteuerpflichtiger - Personen (Mitunternehmer) geführt wird, und ordnet nur für diesen Sachverhalt - in Durchbrechung der allgemeinen Regelungen in § 5 Abs. 1 Sätze 1 und 2 GewStG- die persönliche Steuerschuldnerschaft (sondergesetzlich) der Personengesellschaft zu. Er ist deshalb im Streitfall - mangels einer mitunternehmerschaftlichen Verbindung zwischen den Gesellschaftern der XA-KG - nicht einschlägig. Ausschließlich gewerbesteuerpflichtig ist vielmehr - als alleinige Unternehmerin - die C-GmbH (§ 5 Abs. 1 Sätze 1 und 2 GewStG).

(3) Bestätigung findet diese Einschätzung in der Anweisung des § 7 Satz 1 GewStG, der zufolge bei der Bestimmung des Gewerbeertrags - materiell-rechtlich (…) - von dem nach den Vorschriften des EStG oder KStG zu ermittelnden Gewinn auszugehen ist. Im Schrifttum ist zu Recht darauf hingewiesen worden, dass diese Regelung "ins Leere ginge", wollte man entsprechend der Ansicht der Finanzbehörden auch im Falle der Ein-Unternehmer-Personengesellschaft (Treuhand-KG) einen Gewerbebetrieb der Personengesellschaft i.S. von § 5 Abs. 1 Satz 3 GewStG annehmen. Da die Ermittlung eines Gewinns auf der Stufe der Personengesellschaft nach einkommensteuerrechtlichen oder körperschaftsteuerrechtlichen Grundsätzen (§ 7 GewStG) deren beschränkte Rechtsfähigkeit und damit einen mitunternehmerischen Verbund ihrer Gesellschafter voraussetzt (s. oben), würde die Auffassung der Finanzbehörden mit anderen Worten dazu führen, dass dem auf der Stufe der Personengesellschaft postulierten Gewerbebetrieb kein Gewerbeertrag zugeordnet werden könnte.

(4) Entgegen der Ansicht der Finanzbehörden könnte dieser systematischen Verwerfung auch nicht dadurch begegnet werden, dass allein für gewerbesteuerliche Zwecke auf der Stufe der Personengesellschaft eine Steuerbilanz ("Als-Ob-Steuerbilanz" der Treuhand-KG) erstellt wird und wiederum nur für gewerbesteuerliche Zwecke die im Eigenvermögen der Treugeberin (hier: C-GmbH) gehaltenen und der Treuhand-KG überlassenen Wirtschaftsgüter als Sonderbetriebsvermögen erfasst werden (so OFD Münster in DStR 2005, 744). Für beides fehlt es erkennbar an einer Rechtsgrundlage.

(5) Die Ansicht des FinVerw lässt sich auch nicht auf die Bestimmung des § 2 Abs. 2 Satz 2 GewStG stützen, nach der eine Organgesellschaft i.S. der §§ 14, 17 und 18 KStG als Betriebsstätte des Organträgers gilt. Zwar ist der Vorinstanz einzuräumen, dass nach Auffassung des Senats die Bestands- und Wertveränderungen des Vermögens der XA-KG (Treuhand-KG) der Treugeberin (Muttergesellschaft; C-GmbH) zugewiesen werden und bei dieser damit - im Sinne einer einheitlichen Gewinnermittlung - "organschaftsähnliche" Wirkungen eintreten können. Das FG hat insoweit jedoch nicht hinreichend gewürdigt, dass als Organgesellschaft nur eine Kapitalgesellschaft in Betracht kommt, für die - als selbständiger Gewerbebetrieb- der Gewerbeertrag eigenständig zu ermitteln ist. Da die Betriebsstättenfiktion mithin lediglich bewirkt, dass die persönliche Gewerbesteuerpflicht dem Organträger zugerechnet wird, kann bereits hieraus keinerlei Folgerung für die gewerbesteuerrechtliche Beurteilung des Sachverhalts abgeleitet werden, dass die Gesellschafter einer Personengesellschaft keinen Gewerbebetrieb unterhalten. Zudem ist nicht ersichtlich, aus welchem Grunde die - tatbestandlich auf Organkapitalgesellschaften beschränkte - Vorschrift des § 2 Abs. 2 Satz 2

GewStG geeignet sein könnte, die persönliche Gewerbesteuerpflicht von Gesellschaften zu begründen, die nach ihrer Rechtsform nicht den Bestimmungen der gewerbesteuerrechtlichen Organschaft unterstehen. Die bloße Erkenntnis einer - offensichtlich als unbefriedigend empfundenen - "organschaftsähnlichen Ergebniskonsolidierung" vermag jedenfalls die geschilderten systematischen Zusammenhänge nicht außer Kraft zu setzen.

(6) Anderes ergibt sich ferner nicht aus dem Hinweis der Verwaltung auf den Objektsteuercharakter der Gewerbesteuer (vgl. OFD Magdeburg in DStR 2005, 867). Der BFH hat hierzu in ständiger Rechtsprechung darauf hingewiesen, dass das Wesen der Gewerbesteuer als Objektsteuer rechtliche Wirkungen nur insoweit entfalten kann, als die ausdrücklichen gesetzlichen Vorschriften hierfür Raum lassen (Beschluss des Großen Senats des BFH in BFHE 171, 246, BStBl II 1993, 616 HFR 1993, 574 …). Der Objektsteuercharakter ist deshalb auch nicht geeignet, Ein-Unternehmer-Personengesellschaften - unter Missachtung der aufgezeigten Regelungszusammenhänge- der persönlichen Gewerbesteuerpflicht zu unterwerfen.

C. Anmerkungen

Wenngleich der Kern der Entscheidung für die Beratungs- und Verwaltungspraxis in der Anerkennung des sog. Treuhandmodells für gewerbesteuerrechtliche Zwecke liegt (s. nachfolgend zu 2.), seien zunächst einige Sätze zur grundsätzlichen Ausgangssituation der sog. Ein-Unternehmer-Personengesellschaft vorangestellt (s. zu 1.).

1. Da der Begriff des Gewerbebetriebs (§ 15 Abs. 2 EStG) unternehmerbezogen zu deuten und deshalb auch die Unternehmereigenschaft nicht der Personengesellschaft, sondern ihren Gesellschaftern - als Subjekte originärer Einkunftserzielung - zukommt, hält das Urteil zu Recht an der bisherigen Rechtsprechung fest, nach der mitunternehmerische Einkünfte i.S.v. § 15 Abs. 1 Satz 1 Nr. 2 EStG nur erzielt werden, wenn an der Personengesellschaft zumindest zwei Gesellschafter mitunternehmerisch beteiligt sind. Letzteres erfordert, dass der Gesellschafter unternehmerisches Risiko trägt und ihm ein Mindestmaß an unternehmerischen Initiativ- und Mitwirkungsrechten zusteht.

a) Diese Voraussetzungen - und damit das Vorliegen einer Mitunternehmerschaft - sind zwar zu bejahen, wenn der Komplementäranteil treuhänderisch für den einzigen Kommanditisten gehalten wird, da hierdurch die Mitunternehmerstellung des Komplementärs (Treuhänders), der von der Vertretung der Gesellschaft nicht ausgeschlossen werden kann (§ 170 HGB) und das Risiko der Haftungsinanspruchnahme für Verluste der KG zu tragen hat, regelmäßig unberührt bleibt. Anders liegen die Dinge hingegen, wenn - wie im Streitfall - die Treuhandabrede für einen Kommanditanteil an einer KG (Treuhand-KG; hier: XA-KG) zugunsten der Komplementärin (Treugeberin; hier: C-GmbH) getroffen wird, da bei einer solchen Gestaltung der Treuhandanteil (Kommanditanteil) dem Treuhänder (hier: A-GmbH) keine Mitunternehmerstellung vermittelt.

b) Folge hiervon ist zunächst, dass - ungeachtet dessen, dass das Unternehmen (zivilrechtlich) in der Rechtsform einer Personenhandelsgesellschaft geführt wird - nur der Treugeber (Komplementär) originäre gewerbliche Einkünfte erzielt, sei es kraft einzelunternehmerischer Tätigkeit nach § 15 Abs. 1 Satz 1 Nr. 1 EStG, sei es - wenn, wie im Streitfall die Komplementärin eine Kapitalgesellschaft ist (C-GmbH) - nach § 8 Abs. 1 Satz 1 KStG i.V.m. § 15 Abs. 1 Satz 1 Nr. 1 EStG. In beiden Fällen ist eine gesonderte und einheitliche

Gewinnfeststellung (§ 180 Abs. 1 Nr. 2 Buchst. a AO) ausgeschlossen.

c) Hieraus ergibt sich ferner, dass die originäre Einkunftserzielung auch gegenständlich in den eigenen (ertrag-)steuerrechtlichen Gewinnermittlungskreis einzubinden ist. D.h.: das Gesamthandsvermögen der KG (Treuhand-KG; hier: XA-KG) ist ausschließlich dem gewerblichen Eigenvermögen der Komplementärin zuzuordnen. Rechtsgrundlage hierfür ist einerseits die sog. Bruchteilsbetrachtung des § 39 Abs. 2 Nr. 2 AO, nach der – soweit für die Besteuerung erforderlich – die WG einer Gesamthand den Beteiligten (hier: Gesellschaftern) zuzurechnen sind, sowie andererseits die für Treuhandverhältnisse zu beachtende Zurechung der WG zum Eigenvermögen des Treugebers (§ 39 Abs. 2 Nr. 1 Satz 2 AO). Beide Zurechnungstatbestände bewirken in ihrem Zusammenspiel, dass die zivilrechtliche Struktur des gesamthänderisch gebundenen Vermögens der KG (§ 124 HGB) aufgehoben wird und die Treugeberin (Komplementärin; hier: C-GmbH) – als alleiniges Subjekt der Einkunftserzielung (s. oben) – so zu behandeln ist, als würden alle positiven und negativen WG der KG ihrem Eigenvermögen angehören.

d) Aus Letzterem ist nicht nur abzuleiten, dass in der Situation des Streitfalls (Ein-Unternehmer-Personengesellschaft) Vertragsbeziehungen zwischen der KG und Treugeberin ertragsteuerrechtlich nicht anzuerkennen sind (z.B. keine BA der KG, keine Sonderbetriebseinnahmen; bei Vermögenstransfers keine Gewinnrealisierungen), sondern darüber hinaus auch, dass – entgegen der Einschätzung des FA – die Teilbetriebsausgliederung in das Vermögen der XA-KG (Treuhand-KG) nicht dem Einbringungstatbestand des § 24 UmwStG unterlag. Zum einen hat die Komplementärin (Treugeberin) nicht – wie in § 24 UmwStG vorausgesetzt – die Stellung einer Mitunternehmerin der Treuhand-KG erlangt (s. oben). Zum anderen ist das wirtschaftliche Eigentum an den WG des Teilbetrieb nicht der Treuhand-KG übertragen worden (vgl. auch § 27 Abs. 2 Satz 2 UmwStG n.F.); diese blieben vielmehr - wie ausgeführt - dem eigenen Vermögenskreis der Komplementärin (Treugeberin) zugeordnet. Mithin ist es für die Zurechnungskontinuität, d.h. den ununterbrochenen Buchwertausweis bei der Treugeberin auch ohne Bedeutung, ob das - lediglich zivilrechtlich - ausgegliederte Vermögen als Teilbetrieb (i.S.v. § 24 UmwStG) zu qualifizieren ist (vgl. zum bisherigen Streitstand aber Schmitt/Hörtnagl/Stratz, Umwandlungsgesetz, Umwandlungssteuergesetz, 5. Aufl., § 24 UmwStG Rz 112). Zugleich erübrigen sich Ausführungen zu der vom FA befürworteten Rückwirkung nach § 24 Abs. 4, Halbs. 2 i.V.m. § 20 Abs. 7 und 8 UmwStG 1995.

e) Aus den nämlichen Gründen sind m.E. auch die Vorschriften des § 6 Abs. 5 Satz 1 oder 3 Nr. 1 EStG n.F. (ab 2001) im Fall der Ein-Unternehmer-Personengesellschaft nicht einschlägig. Aufgrund der Zurechnungskontinuität sowie des Nichtvorliegens mitunternehmerschaftlich erzielter Einkünfte fehlt es nicht nur an einem Transfer der - (zivilrechtlich) der Treuhand-KG übertragen - WG in ein „anderes Betriebsvermögen" (Satz 1), sondern auch an dem Erfordernis ihrer Übertragung in das Gesamthandsvermögen „einer Mitunternehmerschaft" (Satz 3 Nr. 1).

2. Wie eingangs bereits angesprochen, war das mit der Klage verfolgte Anliegen darauf gerichtet, den Gewinn der Treuhand-KG auch gewerbesteuerrechtlich in die eigenen Gewinnermittlung der Komplementärin (Treugeberin) einzubinden mit der Folge, dass er bspw. mit deren (sonstigen) Verlusten zu verrechnen war. Nach dem Besprechungsurteil war diesem Anliegen zu entsprechen und der gegenüber der XA-KG (Treuhand-KG) ergangene Gewerbesteuer-Messbescheid aufzuheben. Die hiervon abweichenden Verfügungen der Finanzverwaltung, die auf einen

Beschluss der AL zurückgingen (z.B. OFD Münster vom 13.2.2004, DStR 2005, 774), sind damit – ebenso wie die hierzu angeordnete Übergangsregelung (konkrete Treuhandgestaltung war der Verwaltung vor dem 18.9.2004 bekannt) – hinfällig.

a) Tragend für die Sicht des BFH war, dass – wie Besprechungsurteil ausführlich erläutert – die Vorschrift des § 5 Abs. 1 Satz 3 GewStG, nach der dann, wenn „die Tätigkeit einer Personengesellschaft Gewerbebetrieb ist, die Gesellschaft Steuerschuldner ist", nicht abschließend nach zivilrechtlichen Grundsätzen auszulegen ist, sondern darüber hinaus das Vorliegen einer mitunternehmerschaftlichen Verbindung ihrer Gesellschafter erfordert. Zu Recht weist das Besprechungsurteil insoweit darauf hin, dass nur dieses Verständnis der Entstehungsgeschichte der Norm, vor allem aber dem Umstand entspricht, dass nicht die Personengesellschaft selbst, sondern ihre Gesellschafter die Unternehmer des Betriebs i.S.v. § 5 Abs. 1 Satz 1 GewStG sind und deshalb die Sonderregelung des § 5 Abs. 1 Satz 3 GewStG die Gewerbesteuerschuldnerschaft der Personengesellschaft nur für den Fall der Beteiligung von zumindest zwei (Mit-)Unternehmern begründet. Hinzu kommt, dass nur dieses Verständnis im Einklang mit § 7 Abs. 1 GewStG steht, nach dem der Gewerbeertrag nach den Vorschriften des EStG oder KStG zu ermitteln ist und deshalb die - vom BFH verworfene - Annahme einer Steuerschuldnerschaft der KG zur Folge hätte, dass der KG – mangels Ermittlung eines mitunternehmerschaftlich erzielten Gewinns – kein Gewerbeertrag zugeordnet werden könnte; zugleich würde – wie das Besprechungsurteil betont – der vollstreckungsrechtliche Zweck des § 5 Abs. 1 Satz 3 GewStG (Zugriff des Steuergläubigers auf das Gesamthandsvermögen) durchgängig verfehlt. Nicht überraschen konnte auch, dass der BFH – mangels einer gesetzlichen Grundlage - die von der Verwaltung vertretene Hilfslösung, den Gewerbeertrag der Treuhand-KG nach Maßgabe einer „Als-Ob-

Steuerbilanz" (einschließlich des „Sonderbetriebsvermögen") zu erstellen, die Gefolgschaft verweigert hat.

b) Das Besprechungsurteil eröffnet damit - auf für die Gewerbesteuer - organschaftsähnliche Konsolidierungseffekte. Beschränkt allerdings zum einen auf den Streitfall (Ein-Unternehmer-Personengesellschaft; Kommanditanteil wird für die Komplementärin gehalten; nicht umgekehrt, s. oben); zum anderen war über die Implikationen bei der Treugeberin (Komplementärin) im BFH-Verfahren nicht zu entscheiden. Hierzu wird man es als gesichert ansehen müssen, dass ein mit den der Treuhand-KG überlassenen WG erzielter *Gewinn* (so die Situation im Streitfall) als Teil der Einkünfte (des Einkommens) der Treugeberin anzusetzen ist (originäre Einkunftserzielung, s.o.) und damit auch zu einer Verlustverrechnung führt. Zweifelsfrei ist m.E. ferner, dass Gleiches bezüglich des mit dem zivilrechtlichen Vermögen der Treuhand-KG erzielten *Verlusts* gilt, soweit er auf die eigene Komplementärbeteiligung der Treugeberin entfällt. Fraglich erscheint allerdings, ob ein durch die Kommanditbeteiligung (Treuhandanteil) vermittelter Verlustanteil nicht insoweit den Restriktionen des § 15a EStG unterworfen ist, als die Verluste die im ertragsteuerrechtlichen Eigenvermögen der Treugeberin ausgewiesenen Buchwerte (genauer: Buchwertanteile) übersteigen. Zwar sind insoweit die Voraussetzungen der Grundregel des § 15a Abs. 1 EStG (keine Mitunternehmerstellung der Treugeberin; keine Steuerbilanz auf der Stufe der Treuhand-KG) nicht erfüllt. Zu erwägen - und m.E. auch zu befürworten - ist aber die Generalklausel in § 15a Abs. 5 (Einleitungssatz sowie u.U. Nr. 4) EStG, da die ertragsteuerrechtliche Zuordnung der WG der Treuhand-KG zum eigenen Vermögenskreis des Treugebers (originäre eigenständige Gewinnermittlung) die zivilrechtliche Haftungsbegrenzung nicht beseitigt.

c) Ähnlich ungesichert ist die Rechtslage bezüglich der GewSt. Der BFH hat hierzu mit Urteil vom 28. Mai 1997 VIII R 39/97, BFH/NV 1997, 857 entschieden, dass § 15a EStG für den Fehlbetrag nach § 10a GewStG keine Bedeutung zukomme. § 15a EStG sei – so das Urteil – keine Gewinnermittlungs-, sondern lediglich eine Verlustzurechnungsvorschrift; zudem müsse berücksichtigt werden, dass der Personengesellschaft nach § 5 Abs. 1 Satz 3 GewStG die persönliche Steuerschuldnerschaft zukomme. Ergänzend hat BFH aber darauf hingewiesen, dass § 15a EStG bei der Ermittlung des Gewerbeertrags einer Personengesellschaft dann von Bedeutung werden *könne*, wenn diese selbst an einer anderen Personengesellschaft beteiligt sei. Das hierzu in Bezug genommene Schrifttum bejaht die Geltung des § 15a EStG auch für Zwecke der GewSt bspw., wenn eine Personengesellschaft ihrerseits als Kommanditistin an einer anderen Personengesellschaft beteiligt ist; eines Rückgriffs auf die Hinzurechnungsvorschrift des § 8 Nr. 8 GewStG bedürfe es nicht (von Beckerath in Kirchhof/Söhn, Einkommensteuergesetz, § 15a Rdnr. A 86). Folgt man dem, wird für Verluste i.Z.m. WG, die zivilrechtlich einer – nicht subjektiv gewerbesteuerpflichtigen – Treuhand-KG (Ein-Unternehmer-Personengesellschaft) überlassen werden, und auf den Treuhandanteil (Kommanditanteil) entfallen, nichts anderes gelten können (a.A. Lüdemann in HHR, § 15a EStG Rz 69: § 15a für GewSt aufgrund § 8 Nr. 8 GewStG ohne Einfluss).

II. Neues zur Sonderbetriebsvermögenseigenschaft von Kapitalgesellschaftsanteilen und Mitunternehmeranteilen *(Prinz)*

Der BFH musste sich in den letzten Jahren mehrfach mit der Frage befassen, unter welchen Voraussetzungen von einzelnen Mitunternehmern einer Personengesellschaft gehaltene Kapitalgesellschaftsanteile zum Sonderbetriebsvermögen gehören. Diskutiert wird, ob sich der BFH auf dem Weg zu einer „Ausweitung des Sonderbetriebsvermögens" befindet (Sonderbetriebsvermögen III ?).[1] Darüber hinaus wurde kürzlich vom I. Senat des BFH für einen Auslandsfall unter verfahrensrechtlichen Aspekten die Frage angesprochen, ob der Anteil an einer Personengesellschaft zum Sonderbetriebsvermögen ihres Gesellschafters im Rahmen einer anderen Personengesellschaft zählen kann (gewerbliche Schwesterpersonengesellschaften).[2] Bei einer Rechtsprechungsanalyse sind unterschiedliche Akzentuierungen beim Thema Sonderbetriebsvermögen zwischen I. und IV. Senat beim BFH erkennbar.

Fall 1: Die Familienholding GmbH & Co. KG, an der drei Stämme mit mittlerweile rund 30 Gesellschaftern beteiligt sind (Parallelbeteiligungen bestehen an der Komplementär-GmbH), ist seit Jahren 50-prozentiger Kommanditist einer B-GmbH & Co. KG (doppelstöckige Personengesellschaft), die Industriegase produziert und vertreibt. Aus unternehmenspolitischen Gründen wird ein regional begrenztes Gasegeschäft parallel dazu in einer Schwester GmbH gehalten. Sowohl an der B-GmbH & Co. KG als auch an der Schwester GmbH ist mit ebenfalls 50 % ein deutscher Konzern beteiligt. In früheren Jahren bestand eine Mehrmütterorganschaft. Lieferungs- und Leistungsbeziehungen zwischen der B-GmbH & Co. KG und der Industriegase GmbH fehlen weitgehend. Allerdings wird die GmbH in Personalunion von der Geschäftsführung der KG geführt. Zur Ausschöpfung der Synergiepotentiale zwischen den beiden Schwestergesellschaften wird darüber hinaus der Einkauf, die Administration, die technische Gasebetreuung sowie der Vertrieb über die Personengesellschaft organisiert. Das Gasegeschäft soll nun umstrukturiert werden. Es tritt die Frage auf, ob die GmbH-Anteile zum Sonderbetriebsvermögen der B-GmbH & Co. KG gehören und zudem eine funktional wesentliche Betriebsgrundlage des Mitunternehmeranteils darstellen.

---

[1] Vgl. *Wendt*, DAI-Arbeitstagung „Bilanz und Steuern 2009", 20./21.11.2009, 164-168, 167.
[2] BFH v. 4.3.2009 – I R 58/07, BFH/NV 2009, 1953, 1956.

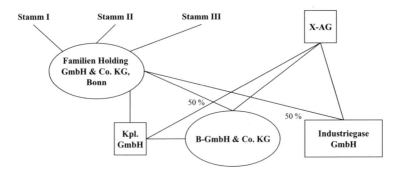

Fall 2: An der Textil GmbH & Co. KG sind A mit 30 %, B mit 30 % und C mit 40 % als Kommanditisten beteiligt. B und C halten darüber hinaus an die Textil KG vermietete Grundstücke in einer geprägten Grundstücksverwaltungs GmbH & Co. KG. B und C sind daran mit jeweils 50 % beteiligt (mitunternehmerische Betriebsaufspaltung). Bei dem geplanten Verkauf der Textil KG stellt sich die Frage, ob die Anteile an der Grundstücksverwaltungs KG zum Sonderbetriebsvermögen des B und C gehören.

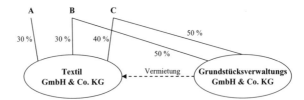

Abwandlung: B hat vor Jahren zur Stärkung seines unternehmerischen Engagements in der Textilindustrie eine atypisch stille Beteiligung (= Mitunternehmerschaft) an einer in der gleichen Branche tätigen GmbH begründet, die in einer anderen Region in Deutschland ihre Geschäftsaktivitäten betreibt und von einer befreundeten Gesellschaftergruppe gehalten wird (keine Nahestehensbeziehungen). Gehört die atypisch stille Beteiligung des B zu seinem SonderBV an der Textil GmbH & Co. KG?

Lösungshinweise:

1. Grundstrukturen des „Rechtsinstituts" Sonderbetriebsvermögen

Der Gesellschafter einer Personengesellschaft wird steuerlich als „Mitunternehmer" qualifiziert, falls er im Rahmen einer typusmäßigen Betrachtung Mitunternehmerrisiko und Mitunternehmerinitiative entfalten kann. Maßstab dafür sind die im Regelstatut des HGB für einen Kommanditisten bestehenden Befugnisse (§§ 161 ff. HGB). Sein „Mitunternehmeranteil" setzt sich nach ständiger höchstrichterlicher Rechtsprechung aus seinem Anteil am Gesamthandsvermögen (einschließlich ergänzungsbilanzieller Mehr- oder Minderwerte) sowie seinem Sonderbetriebsvermögen zusammen. Die Gewinnermittlung erfolgt demnach zweistufig, zunächst im Gesamthandsbereich, anschließend bei Einbeziehung der Sonderbilanzeffekte. Unter dem Begriff „Sonderbetriebsvermögen"[3] werden traditionell diejenigen (positiven oder negativen) Wirtschaftsgüter zusammengefasst, die zivilrechtlich, ggf. auch „nur" wirtschaftlich einem oder mehreren Mitunternehmern gehören und

– entweder der Personengesellschaft unmittelbar (insbesondere durch entgeltliche oder unentgeltliche Nutzungsüberlassung) dienen oder die mittelbar dazu geeignet und bestimmt sind, dem Betrieb der Personengesellschaft zu dienen (sog. Sonderbetriebsvermögen I mit „Personengesellschaftsförderung"),

– oder die unmittelbar/mittelbar zur Begründung oder Stärkung der Beteiligung an der Personengesellschaft eingesetzt werden oder insoweit förderlich sind (sog. Sonderbetriebsvermögen II mit „Beteiligungsförderung").

Die von der steuerlichen Zuordnung abweichende zivilrechtliche Inhaberschaft an SonderBV schafft hohe Flexibilität, die vor allem im familiengeprägten deutschen Mittelstand sehr geschätzt wird.

Definition und Erscheinungsformen von Sonderbetriebsvermögen: Eine Legaldefinition existiert nicht. Allerdings wird „Sonder-BV" verschiedentlich vom Gesetzgeber erwähnt, seine Existenz vorausgesetzt (vor allem § 6 Abs. 5 Sätze 2 und 3 EStG). Sonderbetriebsvermögen wird abgeleitet aus dem Begriff des Betriebsvermögens in § 4 Abs. 1, § 5 Abs. 1 EStG (Rechtsgrundlagen für Sonder-BV); unterstützend wird die Sondervergütungsregelung des

---

[3] Vgl. dazu mit zahlreichen Nachweisen *Schmidt/Wacker*, EStG, 28. Aufl. 2009, § 15 Rn. 506; *Reiß*, in: Kirchhof, EStG, 9. Aufl. 2010, § 15 Rn. 327-343. Ausführlich auch *Schneider*, Sonderbetriebsvermögen - Rechtsgrundlage und Umfang, Köln 2000, 3 ff.; *Ley*, KÖSDI 2003, 13907-13918; *Söffing*, DStZ 2003, 455; *Wenzel*, NWB 15/2009, 1070; *Schmitz*, NWB 6/2010, 425.

§ 15 Abs. 1 Nr. 2 EStG mit dem Gleichbehandlungsgebot von Einzel- und Mitunternehmer – soweit keine entgegenstehenden gesellschaftsrechtlichen Regelungen bestehen – herangezogen.[4] Auch ohne Nutzungsüberlassung durch den Gesellschafter an seine PersGes. kann somit SonderBV entstehen (meist in Gestalt von SonderBV II). Sonderbetriebsvermögen wird in einer Sonderbilanz des Mitunternehmers ausgewiesen, Sondervergütungen und Sonderbetriebsausgaben in einer Sonder-GuV. Dies bewirkt im Ergebnis eine klare bilanzielle Separierung des Gesamthandsvermögens einer Personengesellschaft vom betrieblich genutzten Vermögen einzelner Gesellschafter. In die Handelsbilanz einer Personengesellschaft gehört Sonderbetriebsvermögen nicht (§ 246 Abs. 1 HGB). Sonderbetriebsvermögen kann positive oder auch negative Wirtschaftsgüter – in sämtlichen Facetten – umfassen (bspw. Grundstücke, immaterielle Wirtschaftsgüter wie Patente, Wertpapiere, Verbindlichkeiten). Es gibt notwendiges und gewillkürtes Sonderbetriebsvermögen. Vorausgesetzt für eine SonderBV-Eigenschaft wird nicht, dass das betroffene Wirtschaftsgut „für die Zwecke der PersGes. notwendig" ist.[5] Auch für Sonderbetriebsvermögen besteht eine Buchführungspflicht, die vor allem bei „Willkürungsakten" sehr bedeutsam ist und die Personengesellschaft gemäß § 141 AO trifft. Insbesondere die Rechtskategorie des „Sonder-BV II" ist in der Besteuerungspraxis sehr streitanfällig.

Rechtsfolgen von Sonderbetriebsvermögen: Wegen der Zugehörigkeit von Sonderbetriebsvermögen zum steuerlichen Mitunternehmeranteil ergeben sich vielfältige – teils vorteilhafte, teils nachteilige – Wirkungen. Wird das Sonderbetriebsvermögen etwa bei Umstrukturierungen nicht berücksichtigt oder nicht als solches erkannt, entstehen häufig Steuernachteile (bspw. Unzulässigkeit einer Buchwertverknüpfung). Folgen können sich etwa ergeben im Hinblick auf §§ 16, 34 EStG mit Tarifermäßigungen für außerordentliche Einkünfte natürlicher Personen, umwandlungsteuerliche Einbringungsvorgänge mit „Zwangsaufdeckung" gemeiner Werte, die Thesaurierungsrücklage nach § 34a EStG, mitunternehmerschaftliche Folgen der Zinsschranke (§ 4h EStG, § 8a KStG bei einer Körperschaft nachgeschalteten Mitunternehmerschaften) oder unterschiedliche gewerbesteuerliche Belastungen. Bei unentgeltlichen Übertragungen nach § 6 Abs. 3 EStG bestehen Besonderheiten; Gleiches gilt für den Besteuerungszugriff auf ausländisches SonderBV. Die Unterscheidung von Sonderbetriebsvermögen I und II ist für gewerbesteuerliche Zwecke unerheblich, kann aber für andere Fallbereiche durchaus Wirkung entfalten. Die Einzelheiten sind unklar.[6]

---

[4] Vgl. *Schmidt/Wacker*, EStG, 28. Aufl. 2009, § 15 Rn. 506.
[5] Vgl. BFH v. 17.12.2008 – IV R 65/07, GmbHR 2009, 382 mit Anm. *Bitz*.
[6] Vgl. vor allem *Schmidt/Wacker*, EStG, 28. Aufl. 2009, § 15 Rn. 509, der hinweist auf eventuelle Wirkungen für die Bilanzierungskonkurrenz bei Beteiligungen an zwei Personengesellschaften, für die Bildung gewillkürten Betriebsvermögens, für die korrespondierende Bilanzierung in der Gesamtbilanz sowie für die Wertung als wesentliche Betriebsgrundlage. *Reiß*, in: Kirchof, EStG, 9. Aufl. 2010, § 15 Rn. 327, ist dagegen der

2. Beteiligung an einer Kapitalgesellschaft als Sonderbetriebsvermögen

Kapitalgesellschaftsanteile, die sich in einem „Näheverhältnis" zu einer Personengesellschaft befinden und von einigen oder mehreren Mitunternehmern gehalten werden, kommen stets für eine Sonderbetriebsvermögens-Zuordnung in Betracht. Mit einer Reihe von Konstellationen musste sich die Rechtsprechung befassen. Vor allem der I. Senat des BFH stellt für die Zuordnung methodisch auf Veranlassungsüberlegungen ab und prüft, ob das auslösende Moment für den Erwerb der Kapitalgesellschaftsanteile ausschließlich oder ganz überwiegend im Interessenbereich der Personengesellschaft liegt.[7] Letztlich handelt es sich um eine Tatfrage. Für Gewinnausschüttungen und Veräußerungsvorgänge gilt das Halb- bzw. Teileinkünfteverfahren, soweit natürliche Personen als Mitunternehmer betroffen sind; bei Mitunternehmerkapitalgesellschaften greift § 8b KStG. Besondere Fragen können sich bei mehrstufigen Mitunternehmerschaften in Konzernstrukturen ergeben.[8]

Konkrete Konturierung des Sonder-BV II: Im vorliegenden Sachverhalt ist zu prüfen, ob zum einen die Komplementär-GmbH, zum anderen die Industriegase GmbH zum Sonderbetriebsvermögen der operativ tätigen B-GmbH & Co. KG gehören.[9]

– *Zuordnung der Komplementär-GmbH zum Sonder-BV II:* Die betriebsvermögensmäßige Zuordnung der Komplementär-GmbH ist ein „Klassiker". In ständiger Rechtsprechung hat der BFH entschieden:

> „Ist ein Kommanditist einer GmbH & Co. KG zugleich an der Komplementär-GmbH beteiligt, so gehört die Beteiligung an der Komplementär-GmbH zu seinem Sonderbetriebsvermögen, wenn sich die Geschäftstätigkeit der GmbH auf die Geschäftsführung bei der KG beschränkt oder ein daneben bestehender eigener Geschäftsbetrieb der GmbH von ganz untergeordneter Bedeutung ist."[10]

Meinung, dass der Unterscheidung von Sonder-BV I und II keinerlei rechtliche Relevanz zukommt. Vgl. auch *Ley*, KÖSDI 2003, 13908.

[7] Vgl. BFH v. 13.2.2008 – I R63/06, BStBl. II 2009, 414. Zu grenzüberschreitendem Sonder-BV vgl. auch *Eilers*, Festschrift Herzig, 2010, 1043-1055. Veranlassungsüberlegungen in Bezug auf ein Grundstück stellt auch der IV. Senat des BFH im Urteil v. 17.12.2008 – IV R 65/07, GmbHR 2009, 382 an.

[8] Vgl. *Schmidt-Fehrenbacher*, Festschrift Herzig, München 2010, 459-468. Sehr instruktiv auch bereits *Müller-Dott*, StbJb. 1995/1996, 257-272.

[9] Der Sachverhalt ist nachgebildet der BFH-Entscheidung v. 24.2.2005 – IV R 12/03, FR 2005, 933 mit Anm. *Kempermann*. Dazu auch *Breuninger*, GmbHR 2005, 1011; *Schimmele*, EStB 2005, 279. Der BFH hat den Fall zur weiteren Sachverhaltsaufklärung an das FG Köln zurückverwiesen. Zwischenzeitlich hat das FG Köln durch Urteil v. 4.6.2009 – 15 K 2578/05, n.v., entschieden und nach eingehender Sachverhaltsaufklärung die Sonderbetriebsvermögenseigenschaft der betroffenen Schwesterkapitalgesellschaft bejaht.

[10] Vgl. BFH v. 25.11.2009 – I R 72/08, GmbHR 2010, 318 mit Anm. *Suchanek*; weiterhin *kk*, KÖSDI 3/2010, 16869; *Schulze zur Wiesche*, DB 2010, 638; *Schäffler/Gebert*, DStR 2010, 636; zu weiteren Differenzierungen auch *Gosch*, BFH/PR 4/2010, 125 f.; zur Diskussion um funktional wesentlichen Betriebsgrundlagen auch OFD Münster v. 6.11.2008, GmbHR 2009, 108 (teils durch BFH überholt); *Brandenberg*, DB 2003, 2563. Im

Im vorliegenden Sachverhalt erfüllt die Komplementär-GmbH somit die Eigenschaft als Sonder-BV II.[11] Von der Sonder-BV-Eigenschaft zu unterscheiden ist allerdings die Frage der Zugehörigkeit der Beteiligung zu den funktional wesentlichen Betriebsgrundlagen der Personengesellschaft. Sonder-BV hat nicht zwingend eine „funktionale Wesentlichkeit" der Beteiligung für Zwecke des § 20 UmwStG zur Folge. Denn die Beteiligung an einer „bloßen" Komplementär-GmbH erweitert üblicherweise nicht grundlegend den Einfluss des Mitunternehmers auf die Geschäftsführung der KG. Falls der Kommanditist in der Komplementär-GmbH seinen geschäftlichen Betätigungswillen in Bezug auf die laufende Geschäftsführung in der KG gar nicht durchsetzen kann, sind die Komplementär-GmbH-Anteile keine wesentliche Betriebsgrundlage. Folge daraus ist: Der Kommanditist kann seinen Mitunternehmeranteil gemäß § 20 UmwStG auch dann zum Buchwert in eine andere GmbH einbringen, wenn er seine Beteiligung an der Komplementär-GmbH zurückbehält. Dies ist eine besteuerungspraktisch wichtige Vereinfachung, wobei allerdings eine Reihe von Detailfragen offen bleibt. Für § 42 AO und die – in ihren dogmatischen Grundlagen unklare – Gesamtplanrechtsprechung des BFH ist kein Raum.

- *Enge wirtschaftliche Verflechtung zwischen Kapitalgesellschaft und Mitunternehmerschaft:* Eine parallel zur Mitunternehmerschaft von den Mitunternehmern ganz oder in Teilen gehaltene „operativ tätige Kapitalgesellschaft" ist nur dann einer Sonder-BV-Zuordnung zugänglich, wenn sie für das Unternehmen der Personengesellschaft „wirtschaftlich vorteilhaft" ist, ihr also eine dienende Funktion im Hinblick auf die Personengesellschaft zukommt. Sie muss von den Mitunternehmern vor allem mit Rücksicht auf die Belange der Personengesellschaft gehalten werden, der Gesichtspunkt der privaten Vermögensanlage darf keine bedeutsame Rolle spielen. Bei wirtschaftlicher Abhängigkeit der Kapitalgesellschaft bzw. bei einer Funktion als Herstellungs- oder Vertriebseinheit erfolgt ohnehin eine Förderung der Mitunternehmerstellung. Die Rechtsprechung konkretisiert die wirtschaftliche Vorteilhaftigkeit unter zwei alternativen Gesichtspunkten:

- Zwischen dem Unternehmen der Personengesellschaft und der Kapitalgesellschaft muss eine enge wirtschaftliche Verflechtung derart bestehen, dass die Kapitalgesellschaft eine wesentliche wirtschaftliche Funktion der Personengesellschaft erfüllt.

Übrigen geht der I. Senat in dem Urteil davon aus, dass bei der unentgeltlichen Übertragung eines Wirtschaftsguts aus dem Betriebsvermögen einer gewerblich tätigen Personengesellschaft in das Betriebsvermögen einer beteiligungsidentischen anderen Personengesellschaft eine Aufdeckung stiller Reserven zwingend ist (keine analoge Anwendung von § 6 Abs. 5 EStG). Ob andere Senate des BFH dieser Rechtsauffassung folgen werden, ist durchaus zweifelhaft.

[11] Der Anteil eines Komplementärs an einer Kommanditisten-GmbH gehört dagegen nur ausnahmsweise zum SonderBV II, da seine Mitunternehmerstellung ohnehin meist sehr umfassend ausgeprägt ist.

Von der Erfüllung einer solchen wesentlichen wirtschaftlichen Funktion geht der BFH dann aus,

„wenn die Tätigkeit der GmbH die aktive gewerbliche Tätigkeit der Personengesellschaft ergänzt oder wenn die Kapitalgesellschaft aufgrund ihrer wirtschaftlichen und organisatorischen Eingliederung in der Art einer unselbständigen Betriebsabteilung der Personengesellschaft tätig wird."[12]

Zwischen der Personengesellschaft und der Kapitalgesellschaft bestehende Geschäftsbeziehungen – seien sie auch besonders intensiver Art – reichen nicht aus.

- Beide Unternehmen werden nach einer einheitlichen wirtschaftlichen Gesamtkonzeption geführt, wodurch die funktionale Dienlichkeit der Kapitalgesellschaftsanteile zur Stärkung der Personengesellschaftsbeteiligung deutlich wird. Die wirtschaftliche Gesamtkonzeption kann sich auf technische, kaufmännische oder auch marktstrategische Faktoren erstrecken. Konkret deuten daher zentral geleitete Abteilungen, ein gemeinsamer Außendienst und Kooperationen im Bereich Buchhaltung, EDV und sonstiger Administration, gemeinsame Werbe- und Messeveranstaltungen sowie ein gemeinsamer Einkauf auf eine solche Verflechtungssituation hin.[13]

Wegen der geschilderten wirtschaftlichen Verflechtungssituation in Fall 1 kommt die Beteiligung an der Industriegase GmbH somit für eine SonderBV-Zuordnung zur B-GmbH & Co. KG in Betracht. Letztlich ist die konkrete Tatsachenfeststellung entscheidend.

Konkurrenzen zum Sonderbetriebsvermögen: Zunächst ist nach Maßgabe des Sachverhalts im Fall 1 festzuhalten, dass die 50-Prozent-Beteiligung an der Industriegase GmbH von der Familienholding GmbH & Co. KG gehalten wird, also ohnehin eine Betriebsvermögens-Zuordnung besteht. Der BFH hat die Bilanzierungskonkurrenz allerdings in ständiger Rechtsprechung zugunsten des Vorrangs der (hier parallel bestehenden) Mitunternehmerschaft gelöst. Bei einer doppelstöckigen Personengesellschaftsstruktur hat die Zuordnung zum Sonderbetriebsvermögen bei der Untergesellschaft deshalb Vorrang.[14] Steuersystematisch übereinstimmend damit hat die Rechtsprechung bereits vor vielen Jahren die Subsidiaritätsthese zur

---

[12] BFH v. 24.2.2005 – IV R 12/03, FR 2005, 933 unter Bezugnahme auf BFH v. 7.3.1996 – IV R 12/95, BFH/NV 1996, 736.
[13] Vgl. dazu auch FG Berlin-Brandenburg v. 14.10.2008 – 6 K 10256/04 B, EFG 2009, 179; Az. beim BFH: IV R 51/08.
[14] Vgl. m.w.N. BFH v. 24.2.2005 – IV R 12/03, FR 2005, 933.

Anwendung des § 15 Abs. 1 Nr. 2 EStG aufgegeben und der Rechtsnorm eine vermögensmäßige Zuordnungsqualität – also keine bloße Umqualifikationsfunktion – zuerkannt.

Mit einer interessanten Weiterung des Falles musste sich der BFH in seinem Urteil vom 24.2.2005 ergänzend befassen. Denn dass FG Köln war in der Instanzenentscheidung vom 4.12.2002[15] davon ausgegangen: Sonder-BV II an den GmbH-Anteilen kann deshalb nicht vorliegen, weil die vor Jahren bestehende und zwischenzeitlich vom Gesetzgeber abgeschaffte Mehrmütterorganschaft der Industriegase GmbH zur Organträger-GbR (bestehend aus der Familienholding GmbH & Co. KG einerseits, der X-AG andererseits) systematisch vorgeht. Der BFH lehnt diese Rechtsthese ab und hebt die Instanzenentscheidung auf. Der Leitsatz des Urteils lautet:

> „Erfüllt die Beteiligung des Organträgers (Obergesellschaft) an einer Organgesellschaft (GmbH) die Voraussetzungen, die an das Vorliegen von Sonderbetriebsvermögen II des Organträgers bei einer Unterpersonengesellschaft zu stellen sind, so liegt die Annahme nahe, dass für die Zeit des Bestehens der Organschaft die Erfassung der aus der Beteiligung herrührenden Einnahmen ... bei der Untergesellschaft auszusetzen ist. Die Eigenschaft des Anteils an der Organgesellschaft als Sonderbetriebsvermögen der Obergesellschaft bei der Untergesellschaft kommt jedenfalls dann wieder zum Tragen, wenn die Organschaft beendet oder der Anteil veräußert wird."

Da die Mehrmütterorganschaft im vorliegenden Sachverhalt bereits seit Jahren beendet war und ein Ergebnisabführungsvertrag sich zudem bei Veräußerungsgewinnen gerade nicht auswirken würde, schadet die frühere Eingliederung der Industriegase GmbH in einen Organträger der Sonderbetriebsvermögens-Zuordnung zu einer parallel geführten Mitunternehmerschaft letztlich nicht. Während der Organschaftszeit gibt es somit ein „ruhendes Sonder-BV".

---

[15] FG Köln v. 4.12.2002 – 10 K 1072/93, EFG 2003, 688.

3. Beteiligung an einer gewerblichen Schwesterpersonengesellschaft als Sonderbetriebsvermögen?

Der Sachverhalt wirft die Frage auf, ob neben den von einem Mitunternehmer gehaltenen Kapitalgesellschaftsanteilen auch in einer „Schwesterbeziehung" stehende Mitunternehmeranteile die Eigenschaft als Sonder-BV II in Zusammenhang mit einer „Haupt-Personengesellschaft" erlangen können. Die dabei auftretenden Fragen sind weitgehend ungeklärt; das Schrifttum ist eher kryptisch.[16]

Als Ausgangspunkt in einem „Mehrstufenfall" gilt: Die Beteiligung an einer Personengesellschaft ist bei einem rechnungslegungspflichtigen Gesellschafter aus handelsbilanzieller Sicht ein Vermögensgegenstand; die sog. Spiegelbildmethode gilt nicht für handelsbilanzielle Zwecke. Steuerlich betrachtet dagegen wird der Anteil an einer Personengesellschaft nach ständiger Rechtsprechung transparent behandelt, d.h. für Zwecke der Gewinnermittlung erfolgt ein „Durchgriff" auf die im Gesamthandsvermögen der Personengesellschaft befindlichen positiven und negativen Wirtschaftsgüter. Der PersGes.-Beteiligung selbst kommt keine Wirtschaftsgutqualität zu. Sie ist allenfalls ein „Merkposten" in der Steuerbilanz des Gesellschafters, kein eigenständiges Bilanzierungs- und Bewertungsobjekt. Steuerwirksame Teilwertabschreibungen auf einen Mitunternehmeranteil gibt es daher nicht. Die Vermögensermittlung für Bestandsvergleichszwecke tritt insoweit hinter erfolgsorientierte Gewinnermittlungsprinzipien zurück. Dieser steuerrechtsmethodische Ausgangspunkt ist die Rechtfertigung für Mehr- und Minderkapital mit seinen Folgebewertungsfragen in Ergänzungsbilanzen in Zusammenhang mit Veränderungen im Gesellschafterbestand einer Personengesellschaft. Bei mehrstufigen Personengesellschaften erfolgt eine „Durchstockung" stiller Reserven. Für Ober- und Unterpersonengesellschaft ist dabei ein zweistufiges Feststellungsverfahren anerkannt. Dessen ungeachtet begegnet man in der Praxis mitunter PersGes.-Beteiligungen, die aus Vereinfachungsgründen als eigenständige Wirtschaftsgüter behandelt (etwa in Ergänzungsbilanzen mehrstufiger PersGes.) und entsprechend der durchschnittlichen Nutzungsdauer der in der Personengesellschaft befindlichen Wirtschaftsgüter abgeschrieben werden. Steuerrechtsmethodisch ist dies nicht als „Bruch" mit der fehlenden Wirtschaftsgutqualität der PersGes.-Beteiligung zu verstehen, sondern ist allein besteuerungspraktischen Vereinfachungsgesichtspunkten geschuldet.

Noch nicht entschieden durch den BFH ist in diesem Zusammenhang die Frage, ob auch bei miteinander wirtschaftlich verflochtenen (gewerblich tätigen oder geprägten) Schwester-Personengesellschaften der Mitunternehmeranteil eines Gesellschafters zum Sonderbetriebs-

---

[16] Vgl. mit einer Problembeschreibung *Brandenberg*, StbJb. 1996/1997, 297, 309 f.

vermögen desselben Gesellschafters an einer anderen Personengesellschaft zählen kann. Der I. Senat des BFH spricht diese Rechtsfrage im Urteil vom 4.3.2009[17] an, wobei es inhaltlich im Schwerpunkt um verfahrensrechtliche Fragen in Zusammenhang mit ausländischen Personengesellschaften geht (§ 180 Abs. 5 AO). Rechtsprechung und Literatur werden vom I. Senat in diesem Judikat sorgsam zusammengestellt. Für eine umfassende Stellungnahme zu der aufgeworfenen Problematik bietet der Streitfall allerdings nach Meinung des I. Senats keinen Anlass, so dass eine grundlegende neue Weichenstellung durch den I. Senat nicht erfolgt ist. Für verfahrensrechtliche Zwecke stellt der BFH fest:

„Nach Ansicht des erkennenden Senats kann eine Beteiligung an einer Mitunternehmerschaft jedenfalls in dem Sinne dem Sonderbetriebsvermögen des Mitunternehmers bei einer anderen Mitunternehmerschaft zugeordnet werden, als die Ergebnisse aus der Beteiligung im Rahmen der Feststellung des Gewinns der anderen Mitunternehmerschaft zu erfassen sind."

Die Einkünfte aus der Beteiligung an der PersGes. Y sind durch den Betrieb der PersGes. X veranlasst, daher als „Quasi-SonderBV" in die einheitliche und gesonderte Feststellung der PersGes. X einzubeziehen; eine „Sperrwirkung" der Gewinnermittlung oder des Gewinnfeststellungsverfahrens für eine Personengesellschaft gegenüber anderen Gewinnermittlungen erfolgt daher nicht (dies leitet der BFH u.a. aus § 9 Nr. 2 GewStG ab). Das Judikat wirft Fragen im Spannungsverhältnis von verfahrensrechtlicher und materieller Behandlung von PersGes.-Beteiligungen insgesamt auf (eigenständiger Gewinnermittlungskreis der PersGes. mit verfahrensrechtlichem Durchgriff ?). Denkt man eine solche Sachverhaltskonstellation steuerrechtssystematisch weiter, so wird man in der Folge letztlich Personengesellschaftsanteile zu einem „eigenständigen Wirtschaftsgut" machen müssen, was zu erheblichen Rechtssprüngen und einer Neuorientierung der Personengesellschaftsbesteuerung insgesamt führen dürfte. Ein SonderBV-Durchgriff bei gewerblichen PersGes. dürfte schon besteuerungspraktisch schnell an seine Grenzen stoßen. Auch Wacker[18] scheint der Auffassung zuzuneigen, dass Anteile an einer gewerblichen Personengesellschaft zum notwendigen oder gar gewillkürten Sonder-BV II gehören können; führt dann allerdings aus, dass

– die Rechtsprechung zur mitunternehmerschaftlichen Betriebsaufspaltung sowie

---

[17] I R 58/07, BFH/NV 2009, 1953. Bei Anteilen an einer rein vermögensverwaltenden PersGes. (ohne Betriebsvermögen, keine Betriebsaufspaltung) kommt – gestützt auf § 39 Abs. 2 Nr. 2 AO – nach ständiger Rechtsprechung ohnehin die SonderBV-Zuordnung der anteiligen Wirtschaftsgüter in Betracht. S. *Schmidt/ Wacker*, EStG, 28. Aufl. 2009, § 15 Rn. 532. Zur Diskussion s. *Brandenberg, Kempermann, Lempenau* und *Prinz*, StbJb. 1996/1997, 340-343.
[18] *Schmidt/Wacker*, EStG, 28. Aufl. 2009, § 15 Rn. 507.

– die normspezifisch zu prüfende materiell-rechtliche Selbständigkeit beider Mitunternehmeranteile für eine Reihe von Rechtsnormen

von einer solchen Betrachtungsweise unberührt bleiben sollte.

Im Ergebnis sollte die Rechtsprechung m.E. bei der bisherigen Linie bleiben und die Transparenz der Mitunternehmeranteile mit PersGes. als eigenständigen, begrenzt steuerrechtsfähigen Gewinnermittlungssubjekten nicht in Frage stellen. Ansonsten könnten erhebliche Rechtsverwerfungen entstehen, ohne dass die Personengesellschaftsbesteuerung insgesamt auf eine überzeugendere dogmatische Grundlage gestellt wird. Im Fall 2 kommt daher im Hinblick auf die ständige Rechtsprechung des BFH zur mitunternehmerschaftlichen Betriebsaufspaltung eine Sonderbetriebsvermögens-Zuordnung der Anteile an der gewerblich geprägten GmbH & Co. KG nicht in Betracht. Die Sonder-BV-Eigenschaft wird durch die gewerbliche Prägung und den eigenständigen Geschäftszweck der Grundbesitzverwaltung verdrängt.[19] Bei dieser Beurteilungslinie sollte der BFH bleiben. Die atypische stille Beteiligung in der Alternativstruktur ist m.E. – unabhängig von der Tatsache einer bloßen Innengesellschaft – nach wie vor als zweite mitunternehmerschaftliche Beteiligung des B neben seiner Mitunternehmerstellung in der Textil GmbH & Co. KG zu werten. Auch insoweit besteht für eine vorrangige Sonderbetriebsvermögens-Zuordnung kein Raum.

4. Zusammenfassendes Ergebnis

Notwendiges und gewillkürtes SonderBV ist eine „Spezialität" deutscher Personengesellschaftsbesteuerung. Entstehung, Fortentwicklung und Beendigung von SonderBV im Vergleich zu einem „normalen" steuerlichen Vermögensstatus hat Vor- und Nachteile. Bei Gestaltungen – vor allem im Umstrukturierungsbereich unter Einbezug von Mitunternehmerschaften – ist dies zu berücksichtigen. Planungssicherheit wird man insoweit meist nur durch eine (gebührenpflichtige) verbindliche Auskunft bekommen können.

In Zusammenhang mit der SonderBV-Eigenschaft von Kapitalgesellschaften, ggf. auch PersGes.-Anteilen sind einige neuere Urteile des BFH zu vermerken, die eine Reihe von Folgefragen aufwerfen. Festzuhalten ist aus der jüngeren Rechtsprechung:

– Die Anteile an einer Komplementär-GmbH, die sich auf die Geschäftsführung bei der KG ohne nennenswerte eigene Geschäftstätigkeit beschränkt, gehört zum SonderBV II, stellt aber bei Einbringungsvorgängen meist keine wesentliche Betriebsgrundlage des

---

[19] Vgl. m.w.N. *Schmidt/Wacker*, EStG. 28. Aufl. 2009, § 15 Rn. 858.

Mitunternehmeranteils dar. Komplementär-GmbH-Anteile können (jedenfalls für Zwecke des § 20 UmwStG) damit steuerneutral „zurückbehalten" werden. Der Einzelfall erfordert eine Detailuntersuchung.

- Bestehen zwischen einer PersGes. und einer parallel von allen oder einzelnen Mitunternehmern gehaltenen KapGes.-Anteilen enge wirtschaftliche Verflechtungen derart, dass die Kap-Ges.-Anteile die Beteiligung an der Mitunternehmerschaft stärken, liegt SonderBV II vor. Dies ist dann der Fall, wenn beide Unternehmen in Einkauf, Administration und Vertrieb nach einem einheitlichen wirtschaftlichen Gesamtkonzept geführt werden und die KapGes.-Anteile funktional der Stärkung der Personengesellschaftsbeteiligung dienen. Die Verflechtungskriterien sind typusmäßig ausgeprägt. Abhängig von den Steuerfolgen der SonderBV-Zuordnung trägt die Finanzverwaltung oder der Steuerpflichtige die Beweislast. Im Übrigen schließt die Organgesellschaftseignung von KapGes.-Anteilen eine SonderBV-Zuordnung nicht zwingend aus; während der Organschaftszeit können die KapGes.-Anteile „ruhendes SonderBV" darstellen.

- Bei mehrstufigen Mitunternehmerschaften kommt SonderBV in einer Vielzahl von Fallgestaltungen vor (etwa wenn der Mitunternehmer der Oberpersonengesellschaft ein Grundstück der Unterpersonengesellschaft zur Verfügung stellt), ohne dass der BFH bislang den Mitunternehmeranteil selbst zum SonderBV gemacht hat. In Erwerbs- und Veräußerungsfällen erfolgen „Durchstockungen" üblicherweise in Ergänzungsbilanzen. Zur etwaigen SonderBV-Eigenschaft bei parallel von einzelnen oder sämtlichen Gesellschaftern gehaltenen (gewerblich tätigen oder geprägten) Mitunternehmeranteilen hat sich der BFH bislang noch nicht abschließend geäußert. In seinem Judikat vom 4.3.2009 deutet der I. Senat des BFH aus materiell-rechtlicher Sicht an, dass der Anteil an einer Personengesellschaft (Mitunternehmerschaft) durchaus zum SonderBV ihres Gesellschafters im Rahmen einer anderen Personengesellschaft zählen kann, lässt das Ergebnis dann aber letztlich offen. Nur verfahrensrechtlich entscheidet er, dass die Einkünfte aus der Beteiligung an einer PersGes. in das einheitliche und gesonderte Feststellungsverfahren einer anderen PersGes. einzubeziehen sind, wenn sie durch deren Betrieb veranlasst wurden. Die Rechtsprechung sollte sich m.E. hüten, dem Mitunternehmeranteil selbst letztlich Wirtschaftsgutqualität zuzurechnen. Die Folgen daraus wären äußerst weitreichend; die Grundsätze der Mitunternehmerbesteuerung müssten in Teilen „neu geschrieben" werden.

III. Konkurrenzen der §§ 6 Abs. 3, 5, 16 Abs. 3 S. 2ff. EStG, 24 UmwStG

Fall:
Frau F ist Kommanditistin der K-KG, und sie betreibt daneben noch ein Einzelunternehmen. Nunmehr möchte sie ihr Einzelunternehmen in die KG einbringen. Welche steuerrechtlichen Konsequenzen ergeben sich, wenn

- aufgrund des Einbringungsvorgangs das Kapitalkonto I der F erhöht wird;
- eine Gutschrift auf dem Kapitalkonto II erfolgt;
- eine Gutschrift auf dem gesamthänderisch gebundenen Rücklagenkonto erfolgt;
- der Vorgang auf dem Gesellschafterdarlehenskonto passiviert wird?

Spielt es eine Rolle, dass im Zuge der Einbringung des Einzelunternehmens auch Verbindlichkeiten auf die KG übergehen?

Fall:
Kommanditist der K-KG ist auch Herr H, der einen für die KG mittlerweile bedeutungslosen Teilbetrieb als Einzelunternehmen weiterführen will. Die KG überträgt den Teilbetrieb gegen Minderung der Gesellschaftsrechte des H.

(1) Im Ertragsteuerrecht finden sich zahlreiche, nicht abgestimmte (vgl. Dötsch u. a./Patt, KStG, Stand: Okt. 2009, § 24 UmwStG Rz. 81ff.; Ley, KÖSDI 2010, 16814) Vorschriften, die die **erfolgsneutrale Umstrukturierung** von Personenunternehmen/Mitunternehmerschaften ermöglichen:

Bei der unentgeltlichen Übertragung eines Betriebs, eines Teilbetriebs oder eines Mitunternehmeranteils kommt es unter den Voraussetzungen des **§ 6 Abs. 3 S. 1, 2 EStG** zu einer zwingenden (§ 6 Abs. 3 S. 3 EStG) Buchwertfortführung. Steuersystematisch ist dies eine Durchbrechung des einkommensteuerrechtlichen Subjektprinzips.

Wird ein Einzelwirtschaftsgut zwischen verschiedenen Betriebsvermögen oder Sonderbetriebsvermögen eines Steuersubjekts bewegt, so ergibt sich eine wiederum zwingende Buchwertverknüpfung aus **§ 6 Abs. 5 S. 1, 2 EStG**. In diesen Konstellationen findet kein (zivilrechtlicher) Wechsel des Zurechnungssubjekts des Wirtschaftsguts statt.

Anders liegt es in den von § **6 Abs. 5 S. 3ff.** EStG geregelten Fällen. Zwar kommt es hier zu einem Rechtsträgerwechsel, aber doch zu einer Buchwertfortführung, wenn die Voraussetzungen des § 6 Abs. 5 S. 3 Nrn. 1 – 3 EStG gegeben sind.

Wird eine Personengesellschaft/Mitunternehmerschaft des § 15 Abs. 1 S. 1 Nr. 2 EStG aufgelöst und beendet, so handelt es sich grundsätzlich um eine Betriebsaufgabe nach § 16 Abs. 3 S. 1 EStG, doch kommt es unter den Voraussetzungen des § **16 Abs. 3 S. 2ff.** **EStG** zu einer zwingenden Buchwertfortführung, wenn Teilbetriebe, Mitunternehmeranteile oder (sogar) einzelne Wirtschaftsgüter in ein Betriebsvermögen des ehemaligen Mitunternehmers übertragen werden.

Wird ein Betrieb, ein Teilbetrieb oder ein Mitunternehmeranteil in eine Personengesellschaft/Mitunternehmerschaft eingebracht und wird das Einbringungssubjekt Mitunternehmer der aufnehmenden Gesellschaft, dann kommt es nach § 24 Abs. 2 S. 1 UmwStG zwar prinzipiell zum Ansatz des eingebrachten Betriebsvermögens bei der aufnehmenden Gesellschaft mit dem gemeinen Wert, doch kann nach § **24 Abs. 2 S. 2 UmwStG** das übernommene Betriebsvermögen auf Antrag mit dem Buchwert oder dem sog. Zwischenwert angesetzt werden, wenn denn die Bundesrepublik Deutschland das Besteuerungsrecht behält.

(2) Im **ersten Fall** geht es um § 24 UmwStG. § 24 UmwStG ist steuersystematisch gesehen eine Sonderregelung zu § 16 EStG (arg. § 24 Abs. 3 UmwStG). Die Übertragung eines Betriebs, eines Teilbetriebs oder eines Mitunternehmeranteils ist eigentlich eine steuerbare Veräußerung. I. E. kann dieser grundsätzlich steuerbare Veräußerungsvorgang mit einem Antrag nach § 24 Abs. 2 S. 2 UmwStG vermieden werden.

Voraussetzung ist aber, dass der Tatbestand des § **24 Abs. 1 UmwStG** gegeben ist. Der Einbringende muss Mitunternehmer der aufnehmenden Personengesellschaft werden. Dies ist der Fall, wenn dem Einbringenden Gesellschaftsrechte gewährt werden (BMF, BStBl. I 1998, 268 Tz. 24.08; Rödder u. a./Rasche, UmwStG, 2008, § 24 Rz. 60ff.; Widmann/Mayer, Umwandlungsrecht, Stand: Dez. 2008, § 24 UmwStG Rz. 101ff.).

Das vorstehende Erfordernis ist nicht unmittelbar aus dem Wortlaut des § 24 Abs. 1 UmwStG abzuleiten, der insofern vom Text des § 20 Abs. 1 UmwStG abweicht. Aus der Gesamtkonzeption der §§ 20, 24 UmwStG, die ein Sonderrecht zu § 16 EStG darstellen, ist dieses Ergebnis aber abzuleiten.

(3) Die Einräumung einer mitunternehmerischen Position i. S. d. § 24 Abs. 1 UmwStG wird auch angenommen, wenn der einbringende Rechtsträger schon Mitunternehmer der aufnehmenden Gesellschaft **ist**, es also allein zu einer Erhöhung der bereits existenten Gesellschaftsrechte kommt (BFH v. 17.7.2008, BStBl. II 2009, 464; Dötsch u. a./Patt, KStG, § 24 UmwStG Rz. 109; Rödder u. a./Rasche, UmwStG, § 24 Rz. 61). In dieser Variante bringt das Einbringungssubjekt bislang ihm zuzuordnendes Betriebsvermögen in die umzustrukturierende Personengesellschaft ein und erhält im Gegenzug einen erhöhten Anteil an der Mitunternehmerschaft.

Wenn also eine Erhöhung von Gesellschaftsrechten erforderlich ist, dann stellt sich die Frage, auf welchen Kapitalkonto der aufnehmenden Mitunternehmerschaft der Vorgang für Zwecke des § 24 UmwStG zu erfassen ist.

(4) Zweifelsfrei ist von einer Gewährung von Gesellschaftsrechten auszugehen, wenn die Gutschrift auf einem Konto erfolgt, das für die Beteiligungsrechte und die Gewinnverteilung usf. maßgebend ist. Dies ist regelmäßig das **Kapitalkonto I**. Unschädlich ist es auch, wenn eine Gutschrift zudem auf dem Kapitalkonto II oder einem gesamthänderisch gebundenen Rücklagenkonto erfolgt (vgl. Ley, KÖSDI 2009, 16678, 16681f.).

Umstritten ist, ob § 24 Abs. 1 UmwStG einschlägig ist, wenn nur Kapitalkonten angesprochen werden, die **keine Beteiligungsrechte** im technischen Sinne vermitteln. Nach Auffassung des BFH (v. 25.4.2006, BStBl. II 2006, 847, 851; aA Röhrig/Doege, DStR 2006, 499) soll § 24 Abs. 1 UmwStG voraussetzen, dass „weitere Gesellschaftsrechte" eingeräumt werden. Jedenfalls in der Konstellation, in welcher der Einbringende bereits Mitunternehmer der aufnehmenden Gesellschaft ist, sollte aber die Gutschrift auf einem Kapitalkonto II (Eigenkapitalkonto) ausreichen, um § 24 Abs. 1 UmwStG anzunehmen (vgl. auch BMF, BStBl. I 2004, 1190 betr. Einbringung privater Wirtschaftsgüter; auch Crezelius, DB 2004, 397).

(5) Ist § 24 Abs. 1 UmwStG nicht anzuwenden, dann kommt § **6 Abs. 3 EStG** in Betracht (zum Problem Ley, KÖSDI 2009, 16678, 16683; Röhrig, EStB 2008, 218; Wendt, FR 2008, 915). Im Rahmen des § 6 Abs. 3 EStG wäre die Übernahme von Verbindlichkeiten (des Einzelunternehmens) ohne Bedeutung (vgl. BFH v. 11.12.2001, BStBl. II 2002, 420, 423). Der Vorgang würde dann als unentgeltlich eingeordnet, weil der übertragende Rechtsträger keine Gesellschaftsrechte vermittelt bekommt (vgl. aber BMF, BStBl. I 2004, 1190; 2009, 671). Fraglich kann allein sein, ob ein quotal zuzuordnendes **Rücklagenkonto** zur Verneinung der Unentgeltlichkeit führt (verneinend wohl BFH v. 4.3.2009, BFH/NV 2009, 1207).

Unklar und nicht entschieden ist auch, ob eine unentgeltliche Übertragung bejaht werden kann, wenn neben dem gesamthänderisch gebundenen Rücklagenkonto auch eine Buchung auf dem **Kapitalkonto II** erfolgt.

Erfolgt die Übertragung einer betrieblichen Einheit gegen Gutschrift auf einem **Darlehenskonto**, dann ist § 24 Abs. 1 UmwStG nicht einschlägig, vielmehr handelt es sich dann um einen realisierenden Tatbestand nach §§ 16, 34 EStG (BFH v. 25.4.2006, BStBl. II 2006, 847, 851; Dötsch u. a./Patt, KStG, § 24 UmwStG Rz. 109; Rödder u. a./Rasche, UmwStG, § 24 Rz. 62; Widmann/Mayer, Umwandlungsrecht, § 24 UmwStG Rz. 158).

(6) Außerordentlich problematisch ist der **zweite Fall**. Hier geht es nicht um eine Einbringung, vielmehr um die umgekehrte Konstellation, eine **Ausbringung**, die sich wirtschaftlich als „partielle Realteilung" verstehen lässt. Im Prinzip kommt es hier zu zwei Realisierungstatbeständen (vgl. Schmidt/Wacker, EStG, 28. Aufl., 2009, § 16 Rz. 525, 536). Auf der Ebene der abgebenden Personengesellschaft handelt es sich um eine entgeltliche Übertragung. Für den Gesellschafter geht es um den Verkauf eines Teils seines Mitunternehmeranteils.

§ 24 Abs. 1 UmwStG ist jedenfalls nach seinem Wortlaut nicht anzuwenden, weil die Norm eben nicht die Ausbringung, sondern allein die Einbringung erfasst (so Dötsch u. a./Patt, KStG, § 24 UmwStG Rz. 83; Rödder u. a./Rasche, UmwStG, § 24 Rz. 11; aA Hageböke, Ubg. 2009, 108). Zu denken ist an eine analoge Anwendung des § 24 UmwStG (so BMF, BStBl. I 1998, 268 Tz. 24.18 zum früheren UmwStG). Dagegen wird aber angeführt, dass nach geltender Rechtslage die Realteilung einer Mitunternehmerschaft als umgekehrte Konstellation der Einbringung nach § 24 UmwStG **abschließend** in § 16 Abs. 3 S. 2ff. EStG geregelt sei, so dass die **Analogie** nicht mehr möglich sei (Rödder u. a./Rasche, UmwStG, § 24 Rz. 17; Schmidt/Wacker, EStG, § 16 Rz. 531). Das ist nach hier vertretener Auffassung methodologisch nicht zwingend, weil diejenigen, die eine analoge Anwendung des § 24 UmwStG verneinen, davon ausgehen, dass sich aus dem Nebeneinander der §§ 16 Abs. 3 S. 2ff. EStG, 24 UmwStG eine „planvolle Lücke" ergebe. Man kann auch umgekehrt so argumentieren, dass der Steuergesetzgeber die von ihm begünstigten Umstrukturierungsmaßnahmen „planwidrig" nicht umfassend geregelt hat.

(7) Wird § 24 Abs. 1 UmwStG verneint, dann könnte gleichwohl **§ 16 Abs. 3 S. 2ff. EStG** eingreifen. Zu berücksichtigen ist aber, dass es sich nach Auffassung der Finanzverwaltung nur dann um eine Realteilung handelt, wenn die Personengesellschaft/Mitunternehmerschaft beendet wird (BMF, BStBl. I 2006, 228). Allerdings wird im Schrifttum die Auffassung vertreten, dass auch eine Teilbetriebsaufgabe ausreiche (Schmidt/Wacker, EStG, § 16 Rz. 536), so dass auch die „partielle Realteilung" durch eine Ausbringung erfasst würde (so ausdrücklich Schmidt/Wacker, EStG, § 15 Rz. 668).

(8) Zu denken ist in der Variante der Ausbringung auch an **§ 6 Abs. 5 S. 3 EStG**. Nach überwiegender Auffassung (z. B. Korn/Strahl, EStG, Stand: Nov. 2009, § 6 Rz. 495) erfasst § 6 Abs. 5 S. 3 EStG aber nur die Übertragung einzelner Wirtschaftsgüter, also nicht Vorgänge mit strukturierten Einheiten. Der Weg zu § 6 Abs. 5 S. 3 EStG ist nur dann eröffnet, wenn man (im Fall) die Ausbringung des Teilbetriebs als die Summe von Einzelwirtschaftsgütern begreift (vgl. auch Herrmann/Heuer/Raupach/Niehus/Wilke, EStG, Stand: Febr. 2010, § 6 Rz. 1446).

(9) § 6 Abs. 3 kommt schon deshalb nicht in Betracht, weil es sich nicht um einen unentgeltlichen Vorgang handelt.

(10) Sollte keiner der Erfolgsneutralität gewährenden Tatbestände bejaht werden, dann kommt es zu einem kaum zu rechtfertigenden **Wertungswiderspruch** zwischen der Fallkonstellation der Einbringung einerseits und derjenigen der Ausbringung

andererseits. Die Ursache dafür liegt letztlich darin, dass die §§ 6 Abs. 3, 5, 16 Abs. 3 S. 2ff. EStG, 24 UmwStG nicht miteinander abgestimmt sind (kritisch daher Ley, KÖSDI 2010, 16814, 16818f.). Nach Ley (a.a.O.) wird dieser Wertungswiderspruch durch die BFH-Rechtsprechung zur Aufgabe der finalen Entnahmetheorie (BFH v. 17.7.2008, BStBl. II 2009, 464) noch verstärkt. Es ist steuersystematisch kaum einzusehen, dass bei vielen ertragsteuerrechtlichen Tatbeständen das Überspringen stiller Reserven möglich sein soll, in der Konstellation der Ausbringung dann aber wieder nicht. I. E. sollte es daher (im zweiten Fall) entweder zur Anwendung des § 16 Abs. 3 S. 2ff. EStG kommen oder zu einer extensiven Auslegung des § 6 Abs. 5 S. 3 EStG (Summe von Einzelwirtschaftsgütern).

IV. Steuerrechtliche Probleme des Gewinnanteils des persönlich haftenden Gesellschafters der KGaA

Fall (nach Hess. FG v. 23.6.2009, IStR 2009, 658; Az. BFH I R 62/09):
Die D-KGaA mit Sitz und Geschäftsleitung in Deutschland hält Schachtelbeteiligungen an zwei französischen Kapitalgesellschaften, die an die KGaA Dividenden ausschütten. Persönlich haftender Gesellschafter der KGaA ist die P-OHG. Das zuständige Finanzamt meint, dass ein Teil der ausgeschütteten französischen Dividenden der Komplementärin (OHG) zustehe, so dass insoweit das abkommensrechtliche Schachtelprivileg nicht greife.

Fall:
Die X-KGaA erzielt vor Abzug des Gewinnanteils des Komplementärs ein Einkommen von 100 000 Euro. Das Einkommen soll allein aus Dividenden einer Tochterkapitalgesellschaft bestehen. Der Komplementär ist mit 60 v. H. am Gewinn der KGaA beteiligt.

(1) **Rechtstatsächlich** existieren in Deutschland ca. 250 KGaA (Kornblum, GmbHR 2009, 1056). **Zivilrechtsdogmatisch** handelt es sich bei der KGaA um einen Mischtypus zwischen KG und AG, der rechtshistorisch aus der KG hervorgegangen ist (Art. 173ff. ADHGB). Seit dem Inkrafttreten des HGB sieht der Handelsrechtsgesetzgeber in der KGaA eine Sonderform der AG, die in §§ 278ff. AktG geregelt ist (näher z. B. Raiser/Veil, Recht der Kapitalgesellschaften, 5. Aufl., 2010, S. 305ff.; Tegen/Reul/Heidinger/Tersteegen, Unternehmensrecht, 2009, S. 354ff.).

Innere Organisation und Leitungsstruktur der KGaA weichen stark von der AG ab. Die Komplementäre sind anstelle des Vorstands Geschäftsführungs- und Vertretungsorgan. Sie werden in erster Linie nach §§ 109ff., 124ff., 161ff. HGB behandelt. An die Stelle der Kommanditisten tritt die Gesamtheit der Kommanditaktionäre, deren Stellung sich grundsätzlich nach dem AktG richtet. Ein für die Praxis wichtiger Unterschied zur AG liegt beispielsweise auch darin, dass für die innere Organisation der KGaA die Gestaltungsfreiheit des Personengesellschaftsrechts die Satzungsstrenge der AG verdrängt.

Vor steuerrechtlichem Hintergrund ist noch darauf hinzuweisen, dass sich die **Gewinnverteilung** zwischen den persönlich haftenden Gesellschaftern und den Kommanditaktionären nach dem in der Satzung vorgesehenen Schlüssel, mangels konkreter Satzungsbestimmung nach §§ 278 Abs. 2 AktG, 121, 168 HGB richtet. Über die Verwendung des auf die Kommanditaktionäre entfallenden Gewinnanteils entscheidet – wie bei der AG – die Hauptversammlung nach §§ 58 Abs. 1, 3 AktG.

Da die KGaA eine Mischform aus KG und AG darstellt und es zwei Gesellschaftergruppen gibt, sind die verschiedenen **Rechtsbeziehungen** zwischen den beteiligten Rechtsträgern zu unterscheiden:

- im Verhältnis mehrerer **Komplementäre untereinander** gilt das Recht der KG (§ 278 Abs. 2 AktG;

- im Verhältnis der **Kommanditaktionäre untereinander** gilt Aktienrecht (§ 278 Abs. 3 AktG);

- für die Beziehungen zwischen den **persönlich haftenden Gesellschaftern** und der Gesamtheit der **Kommanditaktionäre** gilt das Recht der KG (§ 278 Abs. 2 AktG);

- im Verhältnis zwischen den **persönlich haftenden Gesellschaftern** und **Dritten** gelten die Vorschriften über die KG (§ 278 Abs. 2 AktG);

- für das Verhältnis der **KGaA** als solcher (juristische Person) zu **Dritten** gilt Aktienrecht.

(2) Der dualistische Charakter der KGaA führt im **Steuerrecht** zu Schwierigkeiten, und zwar sowohl im Anwendungsbereich des EStG als auch im KStG (vgl. vorerst Falter, FS Spiegelberger, 2009, S. 113; Gosch/Heger, KStG, 2. Aufl., 2009, § 9 Rz. 11ff.; Schmidt/Wacker, EStG, 28. Aufl., 2009, § 15 Rz. 890f.):

§ 1 Abs. 1 Nr. 1 KStG zeigt, dass die KGaA – entsprechend dem AktG – als körperschaftsteuerpflichtige Kapitalgesellschaft qualifiziert wird. Andererseits sind nach **§ 15 Abs. 1 S. 1 Nr. 3 EStG** die Gewinnanteile der persönlich haftenden Gesellschafter einer KG, wenn es sich denn um natürliche Personen handelt, soweit sie nicht auf Anteile am Grundkapital entfallen, und die Vergütungen, die ein persönlich haftender Gesellschafter von der KGaA für seine Tätigkeit im Dienst der Gesellschaft oder für die Hingabe von Darlehen oder für die Überlassung von Wirtschaftsgütern bezieht, Einkünfte aus Gewerbebetrieb. § 9 Abs. 1 Nr. 1 KStG bestimmt dann weiterhin, dass bei einer KGaA die Teile des Gewinns, die an persönlich haftende Gesellschafter auf ihre nicht auf das Grundkapital gemachten Einlagen oder als Vergütung für die Geschäftsführung verteilt werden, abziehbare Aufwendungen darstellen.

Schon der steuersystematische Standort der vorstehend erwähnten Normen zeigt, dass bei der Besteuerung der KGaA das körperschaftsteuerrechtliche **Trennungsprinzip** und das einkommensteuerrechtliche **Transparenzprinzip** nebeneinander gestellt werden. Damit ist die Grundsatzfrage aufgeworfen, welches Steuerregime – Trennungsprinzip oder Transparenzprinzip – in Bezug auf die KGaA und dem persönlich haftenden Gesellschafter anzuwenden ist (Falter, a.a.O.; sowie unten (6)).

(3) Dass es sich dabei nicht nur um ein theoretisches Problem handelt, zeigt der **Ausgangsfall**. Nach Auffassung des Hess. FG (v. 23.6.2009, IStR 2009, 658; Az. BFH I R 62/09) fließen Ausschüttungen, die eine inländische KGaA von einer ausländischen Tochtergesellschaft erzielt, allein der Körperschaft als Anteilseignerin zu und unterliegen bei ihr unbeschadet § 9 Abs. 1 Nr. 1 KStG der unbeschränkten Körperschaftsteuerpflicht. Soweit die Ausschüttung bei der KGaA die Voraussetzungen eines Schachtelprivilegs nach DBA erfülle, erziele die KGaA in Deutschland steuerfreie Dividenden. Dies ergebe sich daraus, dass international-steuerrechtlich/abkommensrechtlich allein die KGaA als solche Empfängerin der Ausschüttungen sei, ohne dass es auf die innerstaatliche Regelung des § 15 Abs. 1 S. 1 Nr. 3 EStG ankomme. Die Steuerbefreiung der Dividenden wirkten dann aber auch zugunsten eines persönlich haftenden Gesellschafters, wenn dieser natürliche Person ist. All dies ergebe sich daraus, dass eine DBA-Regelung gegenüber dem innerstaatlichen Recht als lex specialis zu beurteilen sei (§ 2 AO), so dass es sich verbiete, die innerstaatliche Einkünftequalifikation beim persönlich haftenden Gesellschafter zum Auslegungsmaßstab bei der DBA-Anwendung zu machen.

Im Ergebnis unterscheidet das Urteil bezüglich der aus Frankreich geschütteten Dividenden also nicht danach, ob sie auf die Gesellschaft als solche oder den persönlh haftenden Gesellschafter entfallen. Aus dem Abkommensrecht ergebe sich, dass eine KGaA in vollem Umfange wie eine juristische Person behandelt werde und damit abkommensberechtigt sei (Art. 2 Abs. 1 Nr. 3 lit. b, 20 Abs. 1 DBA-Frankreich). **Rechtsmethodologisch** gesehen wendet das FG also zunächst das Abkommensrecht an und prüft auf dieser Stufe nicht, wie das innerstaatliche Recht die Dividenden bei persönlich haftenden Gesellschaftern behandelt. Anders formuliert: Das FG splittet die Mutter-KGaA nicht in einen transparenten und einen intransparenten Teil auf.

Würde man auf Abkommensebene den persönlich haftenden Gesellschafter einer KGaA aufgrund der innerstaatlichen Regelung in § 15 Abs. 1 S. 1 Nr. 3 EStG (schon) als Mitunternehmer behandeln, dann wäre ein Teil der Dividenden dem Komplementär zuzurechnen und dann das abkommensrechtliche Schachtelprivileg nicht gegeben.

(4) Das Urteil des Hess. FG hat im **Schrifttum** eine intensive Diskussion ausgelöst (Hageböke, IStR 2010, 59; Kramer, IStR 2010, 57, 63).

Kramer (a.a.O.) stimmt dem FG im Grundsatz zu, weil die Anteile aus den ausländischen Kapitalgesellschaften allein der KGaA zuzurechnen seien.

Auch Hageböke (a.a.O.) stimmt der Entscheidung zu, weil das DBA-Recht aufgrund der Vorrangregelung des § 2 AO eventuelle innerstaatliche Sonderregeln nicht zu berücksichtigen habe.

Nach hier vertretener Auffassung muss im Grundsatz unterschieden werden zwischen der abkommensrechtlichen Behandlung der Dividenden bei der abkommensberechtigten KGaA einerseits und der Frage, ob die auf den persönlich haftenden Gesellschafter entfallenden Beteiligungserträge (im Einkommen der Körperschaft) überhaupt noch Dividenden sind.

(5) Was die bisherige Rechtsprechung des **BFH** angeht, so ist auf die sog. **Herstatt-Entscheidung** aus dem Jahre 1989 hinzuweisen (BFH v. 21.6.1989, BStBl. II 1989, 881). Die Besonderheit, dass eine KGaA zwar Körperschaft ist, aber sowohl das Gesellschaftsrecht als auch das Steuerrecht daneben ein Personengesellschaftsregime kennen, wird vom BFH dort wie folgt eingeordnet:

Die persönlich haftenden Gesellschafter der KGaA seien – anders als die persönlich haftenden Gesellschafter einer KG - in § 15 Abs. 1 S. 3 EStG nicht als Mitunternehmer bezeichnet, sie sollten nur wie Mitunternehmer behandelt werden. Für das Steuerrecht sei das Einkommen des persönlich haftenden Gesellschafters, soweit dieser nicht gleichzeitig Kommanditaktionär sei, „an der Wurzel" von der Körperschaftsbesteuerung der KGaA abzuspalten und uneingeschränkt § 15 Abs. 1 S. 1 Nr. 3 EStG zuzuweisen. Der BFH ist demnach der Meinung, dass es sich beim Gewinnanteil des persönlich haftenden Gesellschafters der KGaA nicht um umqualifizierte (§ 20 Abs. 8 EStG) Dividenden handelt, vielmehr um originär gewerbliche Einkünfte des § 15 EStG (näher Hageböke, Das KGaA-Modell, 2008, S. 120f.; ders., IStR 2010, 59, 62).

Auch nach der Herstatt-Entscheidung des BFH bleiben viele Fragen offen. Durch die Einführung des Halbeinkünfteverfahrens/Teileinkünfteverfahrens bzw. des § 8b KStG haben die grundsätzlichen Verständnisfragen zur Besteuerung des persönlich haftenden Gesellschafters der KGaA an praktischer Bedeutung gewonnen (Falter, FS Spiegelberger, S. 113; Kusterer, DStR 2008, 484; Rohrer/Orth, BB 2007, 1594).

(6) Auf die Grundsatzfragen der Besteuerung des Komplementärs bei der KGaA ist der **zweite Ausgangsfall** zugeschnitten. Es geht darum, wie sich auf der Ebene der KGaA (Körperschaft) und auf derjenigen des persönlich haftenden Gesellschaftes (natürliche Person) das Teileinkünfteverfahren des § 3 Nr. 40 EStG bzw. § 8b KStG auswirken (ausführlich Dötsch u. a./Krämer, KStG, § 9 Rz. 19a ff.).

Behandelt man die KGaA wie eine „normale Kapitalgesellschaft", also **intransparent**, dann ergibt sich folgende Lösung:

Ebene der KGaA

Einkommen		100 000 €
abzüglich steuerfreie Bezüge nach § 8b Abs. 1 KStG	./.	100 000 €
zuzüglich nicht abziehbare Betriebsausgaben nach § 8b Abs. 5 S. 1 KStG	+	5 000 €
abzüglich Gewinnanteil des Komplementärs nach § 9 Abs. 1 Nr. 1 KStG	./.	60 000 €
zu versteuerndes Einkommen	./.	55 000 €

Ebene des persönlich haftenden Gesellschafters (natürliche Person)

Der persönlich haftende Gesellschafter erzielt über § 15 Abs. 1 S. 1 Nr. 3 EStG Einkünfte aus Gewerbebetrieb von 60 000 €. Hier ist dann zusätzlich zu entscheiden, ob es zur Anwendung des § 3 Nr. 40 EStG kommt, was wiederum davon abhängt, ob man den über die KGaA zugerechneten Gewinnanteil wie eine Dividende behandelt. Dagegen spricht, dass der Gewinnanteil bei § 15 EStG eine Zurechnung des Gewinns einer Gesellschaft ist, die allein ihrerseits Dividenden bezieht, die auf dieser Ebene (zum Teil) steuerbefreit sind.

Wird davon ausgegangen, dass sich die Besteuerung der KGaA zum Teil als Besteuerung einer Körperschaft und zum Teil als **transparente** Besteuerung eines „Mitunternehmers" darstellt, so ergibt sich Folgendes:

Ebene der KGaA

In die Körperschaftsteuer der KGaA ist nur das nach Abzug des Gewinnanteils des persönlich haftenden Gesellschafters verbleibende Einkommen einzubeziehen.

Einkommen		100 000 €
abzüglich Gewinnanteil des persönlich haftenden Gesellschafters nach § 9 Abs. 1 Nr. 1 KStG	./.	60 000 €
abzüglich steuerfreie Bezüge nach § 8b Abs. 1 KStG	./.	40 000 €
zuzüglich nicht abziehbare Betriebsausgaben nach § 8b Abs. 5 S. 1 KStG	+	2 000 €
zu versteuerndes Einkommen		2 000 €

Ebene des persönlich haftenden Gesellschafters (natürliche Person)

Da es hier zu einer unmittelbaren Zurechnung auf den persönlich haftenden Gesellschafter kommt, ist § 3 Nr. 40 EStG bzw. § 8b Abs. 1, 5 KStG anzuwenden.

(7) In der Praxis der Finanzverwaltung besteht keine einheitliche Auffassung, wie die KGaA zu behandeln ist (näher Dötsch u. a./Krämer, KStG, § 9 Rz. 19b ff. m.w.N.). Im Ansatz ist es zutreffend, wenn §§ 15 Abs. 1 S. 1 Nr. 3 EStG, 9 Abs. 1 Nr. 1 KStG ein

Korrespondenzprinzip in der Weise regeln wollen, dass auf der Ebene der KGaA der auf den persönlich haftenden Gesellschafter entfallende Gewinnanteil nicht erfasst werden soll. Im Einzelnen kommt es dann aber deshalb zu Problemen, weil der Gewinnanteil in § 15 Abs. 1 S. 1 Nr. 3 EStG (wohl) nur eine Größe ist, bei der schon Steuerbefreiungen usf. berücksichtigt sind. Eine konsequente Lösung kann allein darin liegen, dass die KGaA wie jede andere Körperschaft behandelt und der Gewinnanteil des persönlich haftenden Gesellschafters wie eine Ausschüttung eingeordnet wird. Damit stimmen allerdings weder das Zuordnungskonzept des § 15 Abs. 1 S. 1 Nr. 3 EStG (vgl. BFH v. 28.11.2007, BStBl. II 2008, 363), noch der von § 9 Abs. 1 Nr. 1 KStG ermöglichte Betriebsausgabenabzug überein.

V. Personengesellschaften und DBA

Die Rechtsprechung musste sich in der Vergangenheit verschiedentlich mit der Behandlung grenzüberschreitender Personengesellschaften befassen. Dabei sind Inbound- und Outbound-Strukturen zu unterscheiden. Die aus deutscher-steuerlicher Sicht festzustellende Gewerblichkeitsfiktion der Geprägeregelung (§ 15 Abs. 3 Nr. 2 EStG) und die Erfassung von Sondervergütungen als Teil des gewerblichen Gewinns (§ 15 Abs. 1 Nr. 2 EStG) gilt nach herrschender Meinung abkommensrechtlich nicht. Es erfolgt aus DBA-Sicht eine eigenständige Beurteilung, zumal eine Vielzahl ausländischer Staaten eine Gewerbesteuer „deutscher Couleur" nicht kennt. Rechtsprechung und Finanzverwaltung liegen im Streit. Seit langem wird über ein BMF-Schreiben zur Anwendung von Doppelbesteuerungsabkommen bei Personengesellschaften diskutiert.[1] Der Gesetzgeber hat zwischenzeitlich mit § 50d Abs. 10 EStG reagiert; dessen „Anwendungsschärfe" ist allerdings unklar. Ob die Regelung letztlich geglückt ist, kann man unter einer Reihe von Aspekten bezweifeln. Einige der grenzüberschreitende Personengesellschaften betreffenden Fragen sollen vorliegend nachgezeichnet werden. Aktuell ist festzuhalten: Für Zwecke der „Hinzurechnungsbesteuerung" in § 20 Abs. 2 i.V.m. §§ 7 ff. AStG hat der BFH zwischenzeitlich mit Urteil vom 21.10.2009 über den Columbus Container-Fall – im Mittelpunkt steht eine belgische Personengesellschaft – entschieden mit überraschendem Ergebnis.[2] Es besteht gesetzgeberischer Handlungsbedarf in Teilen des AStG, der in das momentan „in Arbeit" befindliche JStG 2010 integriert werden könnte.

1. Zinserträge einer vermögensverwaltenden Personengesellschaft im Abkommensrecht (Prinz)

Eine in den USA vermögensverwaltend tätige amerikanische Personengesellschaft (= Limited Partnership), die ganz überwiegend zu einem deutschen Familienverbund gehört, erzielt Mietüberschüsse aus in den USA belegenen, gewerblich genutzten Immobilien. Die aus der Vermietung erzielten Einnahmenüberschüsse werden verzinslich bei einem amerikanischen Kreditinstitut (positiv geführtes Kontokorrentkonto) angelegt. An der US-amerikanischen Personengesellschaft sind mehrere in Deutschland unbeschränkt steuerpflichtige natürliche Personen unmittelbar und mittelbar beteiligt; für die Inlandsbeteiligten erfolgt eine einheitliche und gesonderte Feststellung gemäß § 180 Abs. 1 Nr. 2a AO.[3] Zu prüfen ist, wie die Zins-

---

[1] Vgl. als Überblick *Schmidt*, StbJb. 2008/2009, 169-191; *Wassermeyer*, IStR 2010, 37; *Wassermeyer*, IStR 2007, 413; *Wassermeyer*, Der Konzern 2008, 328; *Wassermeyer/Richter/Schnittker*, Personengesellschaften im Internationalen Steuerrecht, Köln 2010. Zu unterschiedlichen ausländischen Besteuerungskonzepten s. *Spengel/Schaden/Wehrße*, StuW 2010, 44-56.
[2] BFH v. 21.10.2009 I R 114/08, DStR 2010, 37.
[3] Vgl. zu mehrstöckigen grenzüberschreitenden Personengesellschaften BFH v. 9.7.2003 I R 5/03, BFH/NV 2004, 1; BFH v. 24.4.2007 I R 33/06, BFH/NV 2007, 2236.

erträge der vermögensverwaltenden Personengesellschaft abkommensrechtlich für deutsche steuerliche Zwecke zu behandeln sind. Sowohl die USA als auch Deutschland „reklamieren" ein Besteuerungsrecht. Darüber hinaus stellt sich aus deutscher-steuerlicher Sicht die Frage der Steueranrechnung.

Lösungshinweise:

Der Sachverhalt ist in vereinfachter Form nachgebildet dem Urteil des Schleswig-Holsteinischen FG vom 14.7.2009, das sich beim BFH im zweiten Rechtszug in Revision befindet.[4] Das Streitjahr ist 1995.

Das Urteil des Schleswig-Holsteinischen FG befasst sich mit wichtigen materiell-rechtlichen Doppelbesteuerungsfragen einer vermögensverwaltenden Personengesellschaft, die sich zwar konkret auf das (außer Kraft getretene) DBA USA-Deutschland 1989 beziehen, aber durchaus weiterreichende allgemeine Bedeutung haben. Verfahrensrechtliche Sonderaspekte des Judikats bleiben außer Betracht (Frage der Nachholbarkeit eines Hinweises auf § 181 Abs. 5 Satz 2 AO). Drei Anwendungsfragen im Doppelbesteuerungsrecht werden vom Schleswig-Holsteinischen FG diskutiert, wobei die Einordnung in „DBA-Einkunftsarten" bei Konkurrenzsituationen mit der herrschenden Meinung nach dem Grundsatz der Spezialität erfolgt. Die speziellere DBA-Norm geht – mit Ausnahme konkreter Vorbehalte – rechtsfolgenmäßig der allgemeineren DBA-Norm vor. Das im deutschen Steuerrecht kodifizierte Subsidiaritätsprinzip der Einkunftsarten (s. etwa § 20 Abs. 8 EStG) gilt DBA-rechtlich nicht. Im Übrigen ist das Vorliegen von Zinsen i.S.d. Art. 11 Abs. 2 DBA USA 1989 unzweifelhaft, auch wenn die Kapitalerträge letztlich aus Mieteinkünften „gespeist" werden. Die Herkunft der Zinsen aus Einlagen bei einem Kreditinstitut ist entscheidend. Im Ergebnis bestätigt das Gericht die Rechtsauffassung der Finanzverwaltung und nimmt ein deutsches Besteuerungsrecht für Zinseinkünfte gemäß Art. 11 Abs. 1 DBA USA 1989 an. Eine doppelbesteuerungsrechtliche Steueranrechnung setzt darüber hinaus grundsätzlich die erfolglose Durchführung eines Verständigungsverfahrens voraus; der Quellenstaat soll das aus dem Qualifikationskonflikt herrührende Doppelbesteuerungsproblem zunächst möglichst „auf eigene Rechnung" klären. Die Beurteilung durch den BFH im (erneuten) Revisionsverfahren bleibt abzuwarten.

---

[4] Schleswig-Holsteinisches FG v. 14.7.2009 5 K 210/07, EFG 2009, 1998 mit Anm. *Korte*, Az. beim BFH: I R 81/09. Zum ersten Rechtszug vgl. Schleswig-Holsteinisches FG v. 28.3.2006, EFG 2006, 824 mit Aufhebung des Urteils aus verfahrensrechtlichen Gründen durch BFH v. 24.4.2007 I R 33/06, BFH/NV 2007, 2236. S. ergänzend zum abkommensrechtlichen Unternehmensbegriff in Zusammenhang mit einer gewerblich geprägten Personengesellschaft für Zwecke des Bewertungsrecht FG Köln v. 13.8.2009, EFG 2009, 1819 mit Anm. *Korte*; Az. beim BFH: II R 51/09.

a) Vermögensverwaltende Personengesellschaft in den USA begründet keine originären Betriebsstätteneinkünfte für Zinsen

Zunächst geht es um die Konkurrenz zwischen Art. 11 Abs. 1 DBA USA 1989 mit der Rechtsfolge der Zuordnung von Zinsen zum Ansässigkeitsstaat des Nutzungsberechtigten und dem Betriebsstättenvorbehalt des Art. 11 Abs. 3 i.V.m. Art. 7 Abs. 1 DBA USA 1989. Die Zuweisung des Besteuerungsrechts an die USA setzt dabei voraus: Der Nutzungsberechtigte müsste eine gewerbliche Tätigkeit durch eine in den USA gelegene Betriebsstätte ausüben, zu deren Betriebsvermögen die zinsbringende Forderung gehört. Dies ist im konkreten Sachverhalt aber nicht der Fall, denn die amerikanische Limited Partnership ist vermögensverwaltend, nicht gewerblich tätig. Für die doppelbesteuerungsrechtliche Auslegung des Begriffs „gewerbliche Tätigkeit" ist gemäß Art. 3 Abs. 2 DBA USA 1989 im Zweifel bei fehlender abkommensrechtlicher Definition das Recht des Anwenderstaats maßgeblich. Daraus folgt: Die Immobilienverwaltung gehört nach deutschem Ertragsteuerrecht zu einer Vermögensverwaltung; die Gewerblichkeitsmerkmale des § 15 Abs. 2 EStG sind nicht erfüllt. Die Fiktion einer gewerblichen Prägung der Personengesellschaft nach § 15 Abs. 3 Nr. 2 EStG ist nach Meinung des Schleswig-Holsteinischen FG auf DBA-Ebene für die Annahme einer gewerblichen Tätigkeit nicht maßgebend. Ein „Durchschlagen" der inländischen Umqualifizierung der Einkünfte auf die DBA-Ebene würde dem Spezialitätsgrundsatz zuwider laufen. Es handelt sich um eine Grundsatzfrage, das Revisionsergebnis beim BFH bleibt abzuwarten. Mit seiner Aussage zur fehlenden Anwendbarkeit des Betriebsstättenvorbehalts bestätigt das Schleswig-Holsteinische FG die finanzgerichtliche Entscheidung im ersten Rechtsgang. Die ausländischen Zinseinkünfte sind nach Maßgabe eines Durchgriffs durch die vermögensverwaltend tätige amerikanische Limited Partnership (Transparenzprinzip gemäß § 39 Abs. 2 Nr. 2 AO) den in Deutschland ansässigen natürlichen Personen direkt zuzurechnen. Entsprechendes gilt bei einer mehrstufigen Personengesellschaftsstruktur.

b) Zinseinkünfte aus Immobilienerträgen werden doppelbesteuerungsrechtlich unabhängig vom Belegenheitsort bestimmt

Nach zutreffender Meinung des Schleswig-Holsteinischen FG kommt die Einordnung der in Rede stehenden Zinserträge als Einkünfte aus der Nutzung unbeweglichen Vermögens nach Art. 6 DBA USA 1989 trotz ihres mittelbaren Immobilienbezugs nicht in Betracht. Denn letztlich werden die Zinserträge für die Überlassung der Mietüberschüsse an die Bank, bei der das Kontokorrentkonto geführt wurde, gezahlt. Objekt der Nutzung durch die vermögensverwaltende Personengesellschaft ist deshalb nur das unmittelbar durch die Mieteinnahmen entstandene Kapital, nicht die dahinter stehende Immobilie. Auch das Spezialitätsprinzip spricht nach Meinung des Schleswig-Holsteinischen FG gegen die Einordnung der Zinseinkünfte aus dem Mieteinnahmenüberschuss als Einkünfte nach Art. 6 DBA USA 1989. Man wird davon ausgehen können, dass der BFH im Revisionsverfahren diesen Rechtsaspekt wohl bestätigen wird.

c) Anrechnung von US-Steuern in Deutschland?

Im Anschluss an die Zuweisung des Besteuerungsrechts für die in Rede stehenden Zinserträge nach Deutschland gemäß Art. 11 Abs. 1 DBA USA 1989 befasst sich das Schleswig-Holsteinische FG mit einer interessanten Folgefrage. Es geht um die Anrechnung ausländischer Ertragsteuern bei sog. Qualifikationskonflikten im Jahre 1996. Denn einerseits liegt das Besteuerungsrecht für die Zinserträge der an der vermögensverwaltenden ausländischen Personengesellschaft beteiligten natürlichen Personen in Deutschland; andererseits hat der amerikanische Fiskus im Streitfall ebenfalls Ertragsteuern erhoben, weil – aus seiner Perspektive – die Zinserträge als zu den gewerblichen Gewinnen nach Art. 7 DBA USA 1989 gehörend („effectively connected income") beurteilt werden (Qualifikationskonflikt). Zur Beseitigung dieser Doppelbesteuerung gehen die DBA-Anrechnungsregelungen den innerstaatlichen Normen des § 34c Abs. 1-3 EStG vor, wobei § 34c Abs. 6 EStG voraussetzt, dass die Einkünfte aus dem entsprechenden ausländischen DBA-Staat „stammen". Ein solcher Anknüpfungspunkt für die amerikanische Besteuerung wird darin gesehen, dass der Schuldner der Zinsen in den USA ansässig ist. Nun kommt eine Besonderheit des „alten" DBA USA 1989 zum Tragen, die im Grundsatz in das „neue" DBA USA 2008 (Art. 23 Abs. 4 Buchst. a)) übernommen wurde, und nicht dem methodischen Vorgehen zur DBA-rechtlichen Steueranrechnung im OECD-Musterabkommen entspricht (Art. 23b OECD-MA). Denn eine Anrechnung der amerikanischen Ertragsteuern für deutsche Besteuerungszwecke ist nur zulässig, wenn der in Rede stehende „Konflikt sich nicht durch ein Verfahren nach Art. 25 (Verständigungsverfahren) regeln lässt".[5] Nach Meinung des Schleswig-Holsteinischen FG setzt die Anrechnung damit grds. das erfolglose Durchlaufen eines Verständigungsverfahrens als vorgeschaltetes Konfliktlösungsinstrument voraus. Nur wenn feststeht, dass ein Verständigungsverfahren nicht erfolgreich durchgeführt werden kann, weil bspw. ein Einvernehmen im Verständigungsverfahren sicher nicht erzielt wird, ist eine „schnellere Anrechnung" möglich. Diese Situation ist für die in Deutschland unbeschränkt Steuerpflichtigen unerfreulich, da sich die Anrechnung zu ihren Lasten auf „unabsehbare Zeit" verschieben kann. Diese alte Rechtslage ist im DBA USA Deutschland 2008 im Grundsatz beibehalten worden, allerdings mit u.U. neuartigen Rechtsfolgen. Denn dem Verständigungsverfahren nach Art. 25 DBA USA

---

[5] Dies ergibt sich aus § 34c Abs. 6 Satz 2 EStG i.V.m. Art. 23 Abs. 2 Buchst. b) Doppelbuchst. gg) DBA USA 1989 und Art. 21 Satz 1 Buchst. a) Doppelbuchst. aa) des Protokolls zu Art. 23 und 25 DBA USA 1989.

2008 ist ein verpflichtendes Schiedsverfahren „angefügt" worden, falls sich die zuständigen Behörden erfolglos um eine umfassende Einigung des Qualifikationskonflikts bemüht haben. Aktuelle Rechtsfrage ist nun, ob der Rechtsverweis in Art. 23 Abs. 4 Buchst. a) DBA USA 2008 auf das Verständigungsverfahren nach Art. 25 auch das anschließende Schiedsverfahren mit umfasst. Dies sollte nach dem Wortlaut der Regelung der Fall sein.[6] Erst wenn nach Abschluss des Schiedsverfahrens die aufgrund des Qualifikationskonflikts bestehende Doppelbesteuerung nicht beseitigt wurde, muss Deutschland als Ansässigkeitsstaat der Gesellschafter der vermögensverwaltenden amerikanischen Personengesellschaft eine Steueranrechnung durchführen.

d) Ergebnis

Für doppelbesteuerungsrechtliche Fragen brauchen Steuerpflichtige und Finanzverwaltung einen „langen Atem". Der Fall des Schleswig-Holsteinischen FG mit der Notwendigkeit eines ersten und zweiten Rechtszuges sowohl beim FG wie beim BFH verdeutlicht dies. Mittlerweile sind seit Verwirklichung des Sachverhalts im Streitjahr 1995 15 Jahre vergangen. Eine erneute Revision ist anhängig; ggf. wird sich ein Verständigungsverfahren anschließen müssen. Aus Beratersicht könnte es sich empfehlen zu versuchen, die Besteuerungszuordnungsrechte im Vorfeld mit den betroffenen Fisci zu klären.

---

[6] Vgl. *Schnitger*, in Endres/Jacob/Gohr/Klein, DBA Deutschland/USA, München 2009, Art. 23 Rn. 73. Zum Verständigungs- und obligatorischen Schiedsverfahren s. auch *Endres/Schreiber*, Investitions- und Steuerstandort USA, München 2009, 367-368.

2. BFH vom 21.10.2009 I R 114/08: Schlussurteil „Columbus Container Services" - § 20 Abs. 2 AStG a.F. verstößt gegen europäische Niederlassungsfreiheit (Prinz)

Die belgische BVBA & Co. CV („Commanditaire Vennootschap", Kommanditgesellschaft belgischen Rechts) gehört zum X-Familienkonzern. Sie ist als belgisches Koordinierungszentrum anerkannt (Königliche Verordnung Nr. 187) und befasst sich nach ihrem Gesellschaftszweck u.a. mit der Zentralisierung der finanziellen Transaktionen und der Buchführung, der Finanzierung der Liquidität von Tochtergesellschaften oder Zweigniederlassungen, der elektronischen Datenverarbeitung sowie Werbe- und Marketingaktivitäten. Es werden wirtschaftlich betrachtet überwiegend Kapitalanlageeinkünfte i.s.v. § 10 Abs. 6 Satz 2 AStG a.f. erzielt (Verwaltung von Kapitalanlagen). Die belgische Personengesellschaft nimmt dabei ständig und nachhaltig im Rahmen ihrer Unternehmenszwecke am Wirtschaftsleben teil, verfügt über entsprechend qualifiziertes Personal und geeignete Geschäftsräume (Vorhandensein „wirtschaftlicher Substanz"). Die in Deutschland unbeschränkt steuerpflichtigen Familiengesellschafter sind überwiegend unmittelbar, teils mittelbar über eine inländische Personengesellschaft an dem belgischen Koordinierungszentrum beteiligt. Das Streitjahr ist 1996, die Finanzverwaltung wendet § 20 Abs. 2 AStG i.d.F. des StMBG vom 21.12.1993, ungeachtet der Betriebsstättenregelung im DBA Belgien, an und rechnet die Kapitalanlageeinkünfte den Steuerinländern bei gleichzeitiger Anrechnung der belgischen Ertragsteuern zu (einheitliche und gesonderte Feststellung nach § 180 Abs. 1 Nr. 2a AO). Ist das rechtens?

Lösungshinweise:

In der Rechtssache „Columbus Container Services" hat der I. Senat des BFH am 21.10.2009 sein Schlussurteil gefällt.[7] Es ist überraschend, enthält mehrere „Paukenschläge"[8] und schreibt als Grundsatzurteil Rechtsgeschichte. Es geht um die Frage, ob Kapitalanlageeinkünfte von maßgeblich beteiligten Steuerinländern aus einer niedrig besteuerten belgischen Betriebsstätte (ausländische Personengesellschaft) ungeachtet der inländischen Betriebsstättenfreistellung unter Progressionsvorbehalt (Art. 23 Abs. 1 Nr. 1 Satz 1 DBA Belgien/Deutschland) durch Anwendung der Switch over-Klausel (= Umschaltklausel des § 20 Abs. 2 AStG a.F.) in Deutschland – bei Anrechnung der belgischen Ertragsteuern – erfasst werden dürfen.

---

[7] BFH v. 21.10.2009 I R 114/08, DStR 2010, 37. Zu ersten Erläuterungen s. *Gosch*, BFH/PR 3/2010, 113; *Rehfeld*, IWB 3/2010, 80; *von Brocke/Hackemann*, DStR 2010, 368; *Lieber*, IStR 2010, 142; *Dorfmüller*, StuB 2010, 234; *kk*, KÖSDI 2/2010, 16827; *Sedemund*, BB 11/2010, 618; kritisch *Sydow*, IStR 2010, 174. Inhaltlich erstreckt sich das Urteil auch auf die „alte" Vermögensteuerregelung des § 20 Abs. 3 AStG.

[8] So *Gosch*, BFH/PR 3/2010, 113-116, der drei Paukenschläge nennt: Europarechtswidrigkeit der Hinzurechnungsbesteuerung, Europarechtswidrigkeit der Switch over-Klausel, autonome BFH-Entscheidung ohne erneute EuGH-Vorlage.

Europarechtswidrigkeit des § 20 Abs. 2 AStG a.f.: Der BFH lehnt die inländische Besteuerung der ausländischen Betriebsstätteneinkünfte ab. Er untersagt gestützt auf das Gebot der Niederlassungsfreiheit gemäß Art. 43 EG (nach dem Lissabon-Vertrag gemäß Art. 49 AEUV)[9] eine vom DBA Belgien abweichende, unilateral begründete Anwendung der Anrechnungsmethode. Seine Argumentation ist zweistufig: Die Umschaltklausel des § 20 Abs. 2 AStG a.f. setzt als spezielle Missbrauchsvermeidungsnorm eine fiktive Steuerpflicht von niedrig besteuerten Betriebsstätteneinkünften nach Maßgabe der Hinzurechnungsbesteuerung gemäß §§ 7 ff. AStG (Rechtsgrundverweisung, keine Abschirmwirkung ausländischer Kapitalgesellschaften) voraus, die ihrerseits wegen Fehlens eines „Motivtests" zur typisierten Missbrauchsabwehr gegen die Niederlassungsfreiheit verstößt und damit in Deutschland unanwendbar ist (Anwendungsvorrang gemeinschaftsrechtlichen Primärrechts). Man kann von einer Art missbrauchsverknüpfter Reflexwirkung der „klassischen Hinzurechnungsbesteuerung" auf die Umschaltklausel des § 20 Abs. 2 AStG sprechen.[10] Der BFH beruft sich dafür vor allem auf die Cadbury Schweppes-Entscheidung vom 12.9.2006[11] und judiziert wegen der eindeutigen Europarechtslage (!) autonom. Formal betrachtet erfolgt deshalb keine Durchbrechung des EuGH-Rechtsprechungsprimats.[12] Dies überrascht jedenfalls vordergründig, da der EuGH selbst im „nämlichen" Columbus Container-Fall nach Vorlagebeschluss des FG Münster vom 5.7.2005[13] zur Vereinbarkeit des § 20 Abs. 2 AStG a.f. mit EU-Recht gelangt, also die Switch over-Klausel für passive Betriebsstätteneinkünfte aus europäischer Sicht bestätigt hat.[14] Einen „Widerspruch" zum EuGH-Urteil sieht der BFH nicht; denn die Vorlagefrage des FG Münster war insoweit „unvollständig", als die Europarechtskonformität der Hinzurechnungsbesteuerung selbst nicht abgefragt wurde. Inhaltlich ist der EuGH in seinem Columbus Container-Judikat damit aber wohl nach Meinung des BFH „zu kurz" gesprungen.

---

[9] Es handelt sich um den „Vertrag über die Arbeitsweise der Europäischen Union" v. 13.12.2007.
[10] Vgl. ähnlich *Sedemund*, BB 11/2010, 619.
[11] EuGH v. 12.9.2006 C-196/04, DStR 2006, 1686-1691, die zur britischen Hinzurechnungsbesteuerung ergangen ist. Zu den Reaktionen ausgewählter EU-Mitgliedsstaaten auf die Cadburry-Schweppes-Entscheidung s. *Möller*, IStR 2010, 166.
[12] So auch *Rehfeld*, IWB 3/2010, 86. Zur Umsetzung von EuGH-Entscheidungen durch nationale Gerichte s. auch *Pezzer*, Festschrift Herzig, 2010, 915-928.
[13] FG Münster v. 5.7.2005 15 K 1114/99 F, EW, DStRE 2006, 412.
[14] Vgl. EuGH v. 6.12.2007 C-298/05, DStR 2007, 2308; die Europarechtsbestätigung erfolgt sowohl für die Niederlassungs- als auch für die Kapitalverkehrsfreiheit. Das FG Münster hat daraufhin durch Urteil vom 11.11.2008 (15 K 1114/99 F, EW, IStR 2009, 31) die Klage der Steuerpflichtigen abgelehnt und die Anwendung des § 20 Abs. 2 AStG a.f. durch die Finanzverwaltung bestätigt. Allerdings wurde Revision beim BFH zugelassen, die dann letztlich auch erfolgreich war.

Die Kernüberlegungen des BFH sind:

- *Switch over-Klausel unilateral anwendbar:* Die auf niedrig besteuerte ausländische Betriebsstätteneinkünfte abzielende Switch over-Klausel des § 20 Abs. 2 AStG a.f. setzt inhaltlich „fiktive Zwischeneinkünfte" nach Maßgabe der §§ 7 ff. AStG voraus („einfache" Tatbestandsfiktion). Die nationalstaatlichen Kriterien für einen solchen Treaty Override (= abkommensverdrängende Regelung) im Hinblick auf das DBA Belgien sind erfüllt. Fraglich ist nur deren Europarechtskonformität (Niederlassungsfreiheit, Kapitalverkehrsfreiheit).

- *Motivtest bei typisierter Missbrauchsabwehr europarechtlich zwingend:* Europarechtlich erfordert allerdings eine solche Norm zur typisierten Missbrauchsabwehr eine Gegenbeweismöglichkeit (sog. Motivtest = Exit) derart, dass das ausländische Unternehmen objektiv und nachprüfbar im Ausland eine wirkliche wirtschaftliche Tätigkeit ausübt mit der Folge der europarechtlich gebotenen Nichtanwendbarkeit der Missbrauchsvorschrift. Die zu beurteilende Auslandstätigkeit darf keine „rein künstliche, jeder wirtschaftlichen Realität bare Gestaltung", konkret eine Art „substanzlose Betriebsstätte" darstellen. Die belgische Columbus Container-Personengesellschaft verfügte aber gerade im Hinblick auf Personalausstattung und Räumlichkeiten über funktionsentsprechende Substanz. Typisierte Missbrauchsabwehr hat insoweit europarechtliche Grenzen. Nun steckt der BFH als Rechtsanwender aber in einem Dilemma. Denn ein europarechtlich „heilender" Motivtest wurde erst durch das JStG 2008 vom 20.12.2007 für Veranlagungszeiträume ab 2008 in § 8 Abs. 2 AStG (n.F.) eingeführt, er fehlte im Streitjahr 1996. Im Übrigen hat der Gesetzgeber den Motivtest des § 8 Abs. 2 AStG n.F. ausdrücklich im Anwendungsbereich des § 20 Abs. 2 AStG für nicht anwendbar erklärt („... ungeachtet des § 8 Abs. 2 ..."), was der Vorschrift einen „neuen Rechtszweck" geben könnte.[15] Um die gesetzlichen Hinzurechnungstatbestände für passiv tätige niedrig besteuerte ausländische Kapitalgesellschaften und Betriebsstätten nun nicht völlig „leerlaufen" zu lassen, bedient sich der BFH als Ausweg aus seinem Dilemma schon seit längerem eines „methodischen Tricks". Er springt dabei dem Gesetzgeber mittels weitgreifender Auslegungsmethodik „zur Seite"; dies ist die sog. geltungserhaltende Reduktion.

---

[15] Vgl. *Wassermeyer/Schönfeld*, in: AStG, § 20 Anm. 151.1-151.4.

– *Methodik geltungserhaltender Reduktion*[16]: Der erst durch das JStG 2008 vom Gesetzgeber eingeführte Motivtest ist nach Meinung des BFH rückwirkend sowohl für die „eigentliche" Hinzurechnungsbesteuerung gemäß §§ 7 ff. AStG als auch für die Switch over-Klausel des § 20 Abs. 2 AStG vorzunehmen. Daraus folgt: Der Motivtest ist laut BFH auch bereits im Streitjahr 1996 anwendbar. Er ist im Wege einer sog. geltungserhaltenden Reduktion in die Altfassung des § 20 Abs. 2 i.V.m. §§ 7 ff. AStG a.F. „hineinzulesen". Die belgische Personengesellschaft erfüllt den Motivtest. Die Switch over-Klausel ist wegen dieses Exits nicht anwendbar. Eine abermalige Vorlage des Columbus Container-Falls zum EuGH hält der BFH nicht für geboten. Die europäische Rechtslage sei insoweit nach Cadbury Schweppes eindeutig. Für rechtlich gelungen hält der BFH aber wohl auch die Neufassung des § 8 Abs. 2 AStG nicht; diese Gesetzeskritik äußert er aber „nur" als „obiter dictum". Denn die Voraussetzungen für den gesetzlichen Motivtest sind bspw. wegen des Ausschlusses von Auslandsgesellschaften mit Einkünften aus Kapitalanlagen (§ 7 Abs. 6 AStG n.F.; keine Inlandsbeherrschung erforderlich) unzulänglich. Schließlich ist festzuhalten: Der BFH spricht in seinem Judikat nur den Verstoß des § 20 Abs. 2 AStG gegen die Niederlassungsfreiheit an; mit der Kapitalverkehrsfreiheit (und ihrem Drittstaatenschutz, Art. 56 EG bzw. Art. 63 AEUV) befasst sich der I. Senat – anders als der EuGH selbst in seiner Columbus Container-Entscheidung – nicht. Ob § 20 Abs. 2 AStG im Hinblick auf niedrig besteuerte Drittstaatenbetriebsstätten angewendet werden kann, bleibt offen.

Bedeutung des BFH-Schlussurteils „Columbus Container" im Hinblick auf gesetzgeberischen Handlungsbedarf: Die Folgen der Columbus Container-Entscheidung des BFH sind vielschichtig. Der Gesetzgeber wird letztlich nicht umhin können, die unilateral eingeführten typisierten Missbrauchsnormen unter Europarechtsaspekten zu „entschärfen" (bspw. im Hinblick auf den Aktivitätskatalog des § 8 Abs. 1 AStG, die Grenze der Niedrigbesteuerung in § 8 Abs. 3 AStG, gewerbesteuerliche Folgewirkungen für den Hinzurechnungsbetrag).[17] Vor allem auch die Hinzurechnungsbesteuerung bedarf dringend der Modernisierung. Schließlich werden wohl demnächst auch rein fiskalisch motivierte Treaty Overrides ohne einen „Indivi-

---

[16] S. dazu weiterführend auch *Gosch*, DStR 2007, 1553, 1555 f.; grundlegend zu den Rechtsfolgen EG-rechtswidriger Normen auch *Rust*, IStR 2009, 382.

[17] Vgl. *Rödder*, Ubg. 2010, 162, 167 und IStR 2009, 873. Zur Hinzurechnungsbesteuerung bei Auslagerung von Geschäftsaktivitäten (§ 8 Abs. 1 Nr. 3 AStG) s. FG Niedersachsen v. 13.5.2009, EFG 2009, 1721 (Az. beim BFH: I R 61/09). Aktuell dazu auch Art. 7 des Referentenentwurfs der Bundesregierung zu einem Jahressteuergesetz 2010, allerdings mit anderer Zielrichtung. Danach soll § 8 Abs. 3 Satz 1 AStG verschärft werden. In § 20 Abs. 2 AStG soll mit Rückwirkung der Mitwirkungstatbestand des § 8 Abs. 1 Nr. 5 Buchst. a) AStG integriert werden, um insoweit die Switch over-Klausel zu begrenzen. S. auch DStR 14/2010 S. VI.

dualmissbrauch" auf dem richterlichen Prüfstand vor allem im Hinblick auf ihre „Verfassungsfestigkeit" stehen,[18] was der deutsche Gesetzgeber mitbedenken sollte. Im Einzelnen:

- *Altfassungen des § 20 Abs. 2 AStG, §§ 7 ff. AStG:* Zunächst wird man abwarten müssen, ob der Gesetzgeber die im Columbus Container-Judikat angesprochenen „alten" Hinzurechnungstatbestände „nachbessert". Vorstellbar ist auch ein Nichtanwendungserlass der Finanzverwaltung, um einen neuen Fall zum EuGH zu bringen „in der Hoffung" auf eine abweichende Entscheidung. In Anbetracht der gefestigten Rechtsprechung von EuGH einerseits, BFH andererseits würde ein solcher Schritt aber wohl kaum erfolgversprechend sein.

- *Problematische Neufassung des § 8 Abs. 2 AStG:* Der BFH macht in seinem Columbus Container-Judikat vom 21.10.2009 sehr deutlich, dass auch § 8 Abs. 2 AStG i.d.F. des JStG 2008 vom 20.12.2007 europarechtsproblematisch sein dürfte. Dies unter zwei Aspekten: Zum einen erscheint die „Aussparung von Gesellschaften mit Einkünften aus Kapitalanlagen" aus dem Motivtest nicht haltbar; zum anderen hat der BFH die Kriterien des Motivtest durchaus präzisiert, so dass bspw. fraglich ist, ob der im Vergleich zur Rechtsprechung deutlich strengere Kriterienkatalog des BMF-Schreibens vom 8.1.2007[19] beibehalten werden kann. Dessen Europarechtskonformität erscheint im Ergebnis zweifelhaft. Es werden sich auch Ausstrahlungswirkungen auf andere typisierte Missbrauchsabwehrvorschriften, wie etwa § 50d Abs. 3 EStG, ergeben.[20]

- *Problematische Neufassung des § 20 Abs. 2 AStG:* Im geltenden § 20 Abs. 2 AStG ist die Möglichkeit eines Motivtests gemäß § 8 Abs. 2 AStG ausdrücklich ausgenommen, so dass seine „Rechtsverzahnung" mit §§ 7 ff. AStG offener ist. Die Treaty Override-Problematik tritt dadurch in den Vordergrund. Auch insoweit erscheint sehr zweifelhaft, ob der „neue" § 20 Abs. 2 AStG europarechtskonform ist.

---

[18] Vgl. *Gosch*, IStR 2008, 413; *Lüdicke*, Überlegungen zur deutschen DBA-Politik, 2008, S. 33-39. S. grundlegend auch *Vogel*, IStR 2005, 29 mit Hinweis auf die Steuerrechtsbedeutung von BVerfG v. 14.10.2004 – 2 BvR 1481/04, IStR 2005, 31.
[19] BStBl. I 2007, 99. Vgl. zur Sichtweise des BFH auch das Delaware Corporation-Urteil v. 20.3.2002 – I R 63/99, DStR 2002, 1348. In der jüngeren EuGH-Rechtsprechung wird allerdings das Territorialitätsprinzip zur ausgewogenen Aufteilung der Besteuerungsbefugnisse stärker betont; s. EuGH v. 21.1.2010 – C-311/08, IStR 2010, 144 in der Rechtssache SGI; dazu auch *Becker/Sydow*, IStR 2010, 195, 197; *Mitschke*, IStR 2010, 211, 213.
[20] Vgl. auch von *Brocke/Hackemann*, DStR 2010, 370. Am 18.3.2010 hat die EU-Kommission Deutschland im Zuge eines Vertragsverletzungsverfahrens förmlich aufgefordert, § 50d Abs. 3 Satz 1 Nr. 2 EStG zu ändern, da insoweit unverhältnismäßige Anforderungen an ausländische Unternehmen zur Erbringung des Nachweises einer eigenen Wirtschaftstätigkeit verlangt werden. Das Verfahren wird bei der EU-Kommission unter dem Az. 2007/4435 geführt.

Das Schlussurteil des BFH vom 21.10.2009 im Columbus Container-Fall ist wegweisend und überraschend zugleich. Der I. Senat des BFH erscheint „unbeugsam" beim Aufzeigen der rechtlichen Grenzen typisierter Missbrauchsabwehr, um einen effektiven europäischen Diskriminierungsschutz zu gewährleisten. Wird § 20 Abs. 2 AStG von der Finanzverwaltung auf Drittstaaten-Betriebsstätten angewandt, erscheinen Rechtsbehelfe sinnvoll. Auch dem immer häufiger anzutreffenden unilateralen Treaty Override begegnet der BFH mit Skepsis. Die Finanzverwaltung wird bei der Lektüre des Urteils sicher „schlucken" müssen. Einige EuGH-Richter könnten sich vielleicht „die Augen reiben".

V. Personengesellschaften und DBA (Neues BMF-Schreiben?)

3. Gewerblich geprägte Gesellschaft und DBA-Recht

a) Verfahrensstand zum BMF-Schreiben

Der den Verbänden zugesandte Entwurf vom 10. Mai 2007 ist mit Rücksicht auf

- das BFH-Urteil vom 17.10.2007 - I R 5/06 - BStBl II 2009, 356 und
- die gesetzliche Regelung des § 50 d Abs. 10 EStG

überarbeitet worden.

Das Schreiben soll nach wie vor herausgegeben werden.

Lit.: Wassermeyer, IStR 2007, 413 ff.

b) Inhalt des Schreibens

aa) Unternehmensgewinne, Art. 7 OECD-MA

Der Begriff Unternehmensgewinne wird in den DBAs idR nicht definiert. Maßgebend ist daher nach Auffassung der Verwaltung das innerstaatliche Recht des Anwenderstaats (Art. 3 Abs. 2 OECD-MA).

bb) Folgen nach Verwaltungsauffassung:

- **Vergütungen** gem. § 15 Abs. 1 S. 1 Nr. 2 S. 1, zweiter Halbs. EStG und Nr. 3 zweiter Halbs. EStG sind nach § 50 d Abs. 10 EStG - entgegen BFH v. 17.10.2007 BStBl II 2009, 356 - dem Unternehmensgewinn zuzurechnen; zu § 50 d Abs. 10 EStG vgl. jetzt FG München v. 30.7.2009 - 1 K 1816/09 - Rev. BFH I R 74/09.

- Eine **gewerblich geprägte Personengesellschaft** iSd § 15 Abs. 3 Nr. 2 EStG erzielt Unternehmensgewinne

- Eine gewerblich „infizierte" Gesellschaft (§ 15 Abs. 3 Nr. 1 EStG) erzielt ebenfalls Unternehmensgewinne (z.B. Grundbesitzgesellschaft erbringt neben den Vermietungsleistungen noch Serviceleistungen (Hausmeister usw.).

c) **Gewerblich geprägte und gewerblich infizierte Gesellschaften (§ 15 Abs. 3 Nr. 1 und Nr. 2 EStG)**

Die Auffassung der Verwaltung, wonach auch vor allem gewerblich geprägte Gesellschaften iSd § 15 Abs. 3 Nr. 1 EStG abkommensrechtlich Unternehmensgewinne iSd Art. 7 OECD-MA erzielen, wird in Literatur- und finanzgerichtlicher Rechtsprechung nicht geteilt.

In weiten Teilen der Literatur wird zu Art. 7 DBA OECD-MA die Ansicht vertreten, dass die bloße **Vermögensverwaltung** auch dann **keine Geschäftstätigkeit** im Sinne des Art. 3 Abs. 1 Buchst. c OECD-MA darstelle, wenn sie von einer **gewerblich geprägten Personengesellschaft** ausgeübt werde. Aus deutscher Sicht sei Unternehmen nur das, was unter § 15 Abs. 2 EStG als originärer Gewerbebetrieb definiert werde. Ein Unternehmen kraft Rechtsform sei letztlich nicht sachgerecht (so Wassermeyer in: Debatin/Wassermeyer, Doppelbesteuerung, 106. EGl 01/2009, Art. 7 OECD-MA Rn. 16a, 49; Hemmelrath in: Vogel/Lehner, Doppelbesteuerungsabkommen, 5. Aufl. 2008, Art. 7 OECD-MA Rn. 57; Strunk/Kaminski in: Strunk/Kaminski/Köhler, Außensteuergesetz, Doppelbesteuerungsabkommen, Band 1, 8. EGL 12/2006, Art. 7 OECD-MA Rn. 29; Blumers, DB 2008, 1765, 1767; Lüdicke, IStR 2004, 208).

Die **Rechtsprechung der Finanzgerichte folgt** in der jüngsten Zeit dieser Meinung in der **Literatur**. Insoweit wird insbesondere auf die nachfolgenden Urteile verwiesen

- Finanzgericht Hamburg vom 22. August 2006 (Az. 7 K 255/04, EFG 2007, 105 unter II.3.b.bb. zum DBA-Kanada),

- Finanzgericht Düsseldorf vom 28. April 2009 (Az. 17 K 1070/07 F, n.v.) unter II.1.b. m.w.N. zum DBA Großbritannien; Rev. BFH IR49/09
- FG Köln vom 13.8.2009 - 15 K 2900/05 - zum DBA-Schweiz; Rev. BFH IIR 51/09
- FG Schleswig-Holstein v. 14.7.2009 -5 K 210/07 zum DBA USA; Rev BFH IR 81/09

Stellungnahme:

Die **Auffassung der Verwaltung** vermag **nicht zu überzeugen.** Nach Art. 3 Abs.1 Buchst. c) OECD-MA bezieht sich der Ausdruck „Unternehmen" auf die Ausübung einer Geschäftstätigkeit. „Gewinne eines Unternehmens" müssen demnach „Gewinne aus einer Geschäftstätigkeit" sein. Bei der Beurteilung der Einkünfte vermögensverwaltender gewerblich geprägter Personengesellschaften werden bereits im nationalen Recht die dem Grunde nach vorliegenden Überschusseinkünfte nur über die gesetzliche Fiktion in § 15 Abs. 3 Nr. 2 EStG zu Einkünften aus Gewerbebetrieb umqualifiziert; gleichwohl behält die Tätigkeit an sich ihren vermögensverwaltenden Charakter und wird nicht zu einer Geschäftstätigkeit. Die Auffassung der Verwaltung ist daher nur schwerlich mit der gegenüber Art. 3 Abs. 2 OECD-MA spezielleren Regelung des Art. 3 Abs. 1 Buchst. c) OECD-MA. vereinbar.

Zuordnung von Beteiligungen zu einer gewerblich geprägten Personengesellschaft zur Vermeidung der Wegzugsbesteuerung

Fall:

In Wegzugsfällen ist oftmals die Gestaltung gewählt worden, die Beteiligung im Sinne des § 17 EStG vor Wegzug in eine gewerblich geprägte Personengesellschaft einzubringen, um eine Wegzugsbesteuerung gem. § 6 AStG zu vermeiden (zu gewerblich geprägten Personengesellschaften vgl. Hoheisel, IWB 2008, 31).

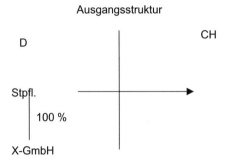

Einbringung in gewerblich geprägte Personengesellschaft vor Wegzug

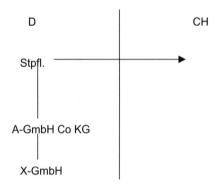

Alternative 1: Einbringung der X-GmbH in das Gesamthandsvermögen der A-GmbH Co KG

Alternative 2: Einbringung in das Sonderbetriebsvermögen des Stpfl. bei der A-GmbH Co KG.

Lösungshinweise:

Verlegt nach Einbringung der X-GmbH in die A-GmbH Co KG der Stpfl. seinen Wohnsitz in die Schweiz, so führt dies nach bisheriger Verwaltungsauffassung weder zur Entstrickung gem. § 4 Abs. 1 S. 3 ff. EStG noch zu einer Wegzugsbesteuerung gem. § 6 AStG.

Nach Wohnsitznahme in der Schweiz endet die unbeschränkte deutsche Steuerpflicht (vgl. § 1 Abs. 1 S. 1 EStG). Der Stpfl. bleibt aber mit seinem inländischen Einkünften gem. § 49 EStG beschränkt steuerpflichtig.

Nach **nationalem Recht** handelt es sich bei den Einkünften aus der X-GmbH Co KG, die im Kern zwar aus Dividendeneinkünften bestehen, gleichwohl um gewerbliche Einkünfte im Sinne des § 15 Abs. 3 Nr. 2 EStG (gewerblich geprägte Personengesellschaft), die gem. § 49 Abs. 1 S. 1 Nr. 2a EStG in Verbindung mit § 1 Abs. 4 EStG der beschränkten Steuerpflicht unterliegen.

Die Personengesellschaft, die nach § 15 Abs. 3 Nr. 2 EStG gewerblich geprägt ist und demzufolge nach deutschem Recht gewerbliche Einkünfte erzielt, erzielt nach Auffassung der deutschen **Finanzverwaltung auch abkommensrechtlich Unternehmensgewinne** i.S.d. Art 7 DBA. Diese Auffassung wird in dem bald erscheinenden **Schreiben zu Personengesellschaften** noch einmal **bekräftigt**. Der Ort der Geschäftsleitung stellt eine Betriebsstätte dar.

Die aus der X-GmbH Co KG resultierenden steuerlichen Gewinnanteile sind einem in der Schweiz ansässigen Gesellschafter als deutsche Betriebsstätteneinkünfte zuzurechnen und unterliegen der (beschränkten) Besteuerung durch Deutschland als dem Betriebsstättenstaat.

In der **Praxis** wurde zur **Absicherung**, dass auch die Schweiz dies so sieht, in der Regel eine Bestätigung des in der Schweiz zuständigen Finanzamts beigefügt, wonach die Einkünfte aus der deutschen gewerblich geprägten Gesellschaft nicht den Kantons-, Gemeinde- und direkten Bundessteuern in der Schweiz unterliegt und die Schweiz diese Einkünfte unter Progressionsvorbehalt von der Besteuerung freistellt.

Zur weiteren Absicherung des deutschen Fiskus verzichtete der Stpfl. zudem auf die Einlegung eines Einspruchs gegen Steuerbescheide, die den Sachverhalt entsprechend der verbindlichen Auskunft umsetzen (§ 354 Abs. 1 a AO; vgl. zum Einspruchsverzicht auch BMF v. 5.10.2006 BStBl I 594, 600 unter 4.6 zu sog. „Advance Pricing Agreements" - APAs).

Die bisherige Gestaltungspraxis wurde mit Rücksicht auf das BFH-Verfahren I R 5/06 nicht mehr durch verbindliche Auskünfte der Finanzverwaltung abgesichert. Fraglich ist, ob nach Entscheidung des BFH mit Urteil v. 17.10.2007 - I R 5/06 - und gesetzlicher Rechtsprechungskorrektur gem. § 50 d Abs. 10 EStG verbindliche Auskünfte wieder erteilt werden können. Angesichts der Tatsache, dass die Verwaltung in ihrem bald erscheinenden Schreiben die Auffassung, dass Einkünfte aus einer vermögensverwaltend tätigen Personengesellschaft abkommensrechtlich den Unternehmensgewinnen zuzuordnen sind, noch einmal bekräftigt, bedarf es eigentlich keine verbindlichen Auskunft. Im Übrigen wird die Verwaltung auch solche nicht verweigern können, da sie ausdrücklich anerkennt, dass gewerblich geprägte Personengesellschaften Unternehmensgewinne im Sinne des Abkommensrecht vermitteln. Die Verwaltung läuft damit Gefahr, dass die stillen Reserven endgültig der deutschen Besteuerung entzogen werden, wenn der BFH die Auffassung der Verwaltung nicht teilt.

6. Generalthema

15.00 –   **Gestaltungsberatung bei**
18.45 Uhr   **Auslandsbeziehungen nach deutschem und ausländischem Steuerrecht**
– Aktuelle Brennpunkte –

Leitung:
Rechtsanwalt und Fachanwalt für Steuerrecht
Prof. Dr. Arndt **Raupach,** München

Referenten und Bearbeiter des Arbeitsbuches:
China: Steuerberaterin
Dr. Huili **Wang,** München
Deutschland: Rechtsanwalt und Fachanwalt
für Steuerrecht, Steuerberater
Dr. Dirk **Pohl,** München
Prof. Dr. jur. Gerrit **Frotscher**
Universität Hamburg,
vormals Leiter des Bereichs
„Taxation" für Shell Europe
Schweiz: Rechtsanwalt
Dr. Nico H. **Burki,** Zollikon
USA: CPA
Hans **Flick,** Detroit, Partner-in-Charge Inbound Investments und National Tax Leader – Automotive

Teilnehmer der Podiumsdiskussion:
Ministerialdirigent Gert **Müller-Gatermann,**
Bundesministerium der Finanzen, Berlin
Dr. Hans Georg **Raber,** Leiter Steuer- und Zollrecht,
Volkswagen AG, Wolfsburg
Prof. Dr. Dres. h.c. Karsten **Schmidt**
Präsident der Bucerius Law School, Hamburg

I. Treaty shopping und eigene Anteile, Art. 28 Limitation on Benefits Clause DBA USA

II. Entstrickung und neuer OECD-Ansatz zur Betriebsstättengewinnermittlung

III. Qualifikationskonflikte bei Betriebsstätten in China und Vermeidung

IV. Personengesellschaften mit Schweizer Niederlassung/Betriebsstätte

V. Aktuelle Steueränderungen in den USA und Bedeutung für Inbound/Outbound Investitionen aus/nach Deutschland

VI. Verrechnungspreise und Gesellschaftsrecht, geplante Nachbesserung bei der Funktionsverlagerung

VII. Einsatz von Holdinggesellschaften für Investitionen in China

VIII. Informationswege und -quellen der Finanzverwaltung bei Schweizer Bankkonten

I. Treaty Shopping und Bilanzierung eigener Anteile, Art. 28 Limitation on Benefits Clause DBA USA *(Pohl)*

Fall 1:

Ein auf den Cayman-Inseln ansässiger Hedge-Fonds investiert über eine Holdinggesellschaft auf den Bermudas und eine weitere Zwischenholding in den Niederlanden, die NL Coop (in der Rechtsform einer Coöperatie = Genossenschaft), in europäische Unternehmen der Maschinenbauindustrie. U.a. wurde die Werkzeug GmbH in Nordrhein-Westfalen übernommen. Der Geschäftsführer der GmbH wird angewiesen, eine kreditfinanzierte Dividende auszuschütten. Er wendet sich zunächst an den langjährigen Anwalt und Steuerberater der GmbH und fragt, was er zu beachten hat. Nach der Stellungnahme des Anwalts und Steuerberaters soll kein Verstoß gegen die §§ 30, 31 GmbHG [Kapitalerhaltung] vorliegen. Es müsse aber Kapitalertragsteuer i.H.v. 26,375 % (ab 1. Januar 2009 25 % zzgl. 5,5 % Solidaritätszuschlag) einbehalten werden, sofern die NL Coop keine Freistellungsbescheinigung des Bundeszentralamtes für Steuern vorlege. Die den Hedge-Fonds weltweit betreuende Wirtschaftsprüfungsgesellschaft kommt zu dem Ergebnis, dass die NL Coop zwar erhebliche Finanzierungsfunktionen für ihre Tochtergesellschaften ausübt und keine Basisgesellschaft im Sinne des § 42 AO darstellt, aber die Voraussetzungen des § 50d Abs. 3 EStG [Anti –Treaty/Directive Shopping Klausel] nicht erfüllt. Sie schlägt vor, dass die Werkzeug GmbH keine Dividende ausschüttet, sondern eigene Anteile zurückkauft.

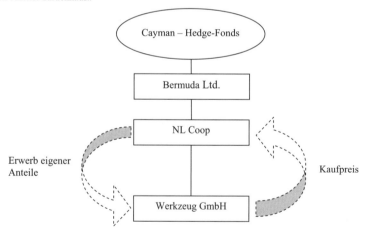

Es erfolgt ein Rückkauf von 40% der eigenen Anteile zu einem Kaufpreis von 40 Mio. €. Grundlage ist ein Gutachten, das von einem Unternehmenswert in Höhe von 100 Mio. € ausgeht. Anschließend ergibt sich die Möglichkeit, die Anteile an die Tools Unternehmensgruppe in den USA zu verkaufen. Dabei handelt es sich um ein Familienunternehmen, dessen Produktpalette die Werkzeug GmbH abrundet. Die Tools Holding Inc. erwirbt die Anteile an der Werkzeug GmbH (nominal 60% aufgrund der eigenen Anteile) für einen Kaufpreis von 150 Mio. €. Unmittelbar darauf (innerhalb von 12 Monaten) möchte die Tools Holding Inc. eine „Kapitalerhöhung" bei der Werkzeug GmbH durchführen. Dazu erwirbt sie von der Werkzeug GmbH die eigenen Anteile zum Buchwert von 40 Mio. €.

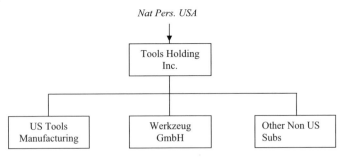

Der notarielle Vertrag wird durch den Notar dem Finanzamt übersandt. Der Veranlagungsbeamte verfasst ein Schreiben, in dem er darauf hinweist, dass die eigenen Anteile auf der Grundlage des von der Tools Inc. für nominal 60% (wirtschaftlich 100%) der Anteile an der Werkzeug GmbH gezahlten Kaufpreises von der Werkzeug GmbH für 60 Mio. € hätten verkauft werden können. Deshalb liege in dem Verkauf zum Buchwert an den Altgesellschafter eine verdeckte Gewinnausschüttung von 20 Mio. €. Ein Antrag auf eine Freistellungsbescheinigung nach dem DBA USA beim Bundeszentralamt für Steuern hat die Tools Holding Inc bereits gestellt.

Lösungshinweise:

1. **Einschaltung einer Coop in den NL**

Eine niederländische Coop (Genossenschaft) wird in der internationalen Steuerstrukturierung als Holding empfohlen, weil

- Dividendenausschüttungen an die Coop innerhalb der EU unter die Mutter-Tochter-Richtline fallen und deshalb im Staat der ausschüttenden Gesellschaft im Grundsatz keine Kapitalertragsteuer anfällt (siehe dazu näher unten 2.);

- erzielte Beteiligungserträge und Veräußerungsgewinne der Coop in den Niederlanden bei einer Mindestbeteiligung von 5 % am Nennkapital der in- oder ausländischen Tochterkapitalgesellschaft in vollem Umfang steuerbefreit sind (siehe *Bader*, Steuergestaltung mit Holdinggesellschaften, 2. Auflage 2007, S. 282 ff.).

- die Weiterausschüttung der erzielten Gewinne der Coop keine Quellensteuern in den Niederlanden auslöst. Denn bei Auskehrungen einer Coop handelt es sich nicht um quellensteuerpflichtige Dividenden, sondern um Auszahlungen an die Mitglieder der Coop (die Genossen).

2. Definitive deutsche Kapitalertragsteuer auf eine Dividendenausschüttung an die Coop

Für die Steuerplanung ist deshalb entscheidend, dass auch im Ansässigkeitsstaat der Tochtergesellschaft bei der Ausschüttung von Gewinnen an die Holding keine (definitive) Belastung mit Quellensteuern/Kapitalertragsteuern anfällt.

Im Grundsatz sind Dividendenausschüttungen einer deutscher Tochtergesellschaft an eine Coop in Umsetzung der Mutter-Tochter-Richtlinie nach § 43b Abs. 2, Anlage 2 EStG von der Kapitalertragsteuer für Dividenden befreit (Mindestbeteiligung 10%, Mindesthaltedauer 12 Monate). Die ausschüttende GmbH kann den Kapitalertragsteuerabzug aber nur unterlassen, wenn die Muttergesellschaft zuvor vom Bundeszentralamt für Steuern eine Freistellungsbescheinigung erhalten hat, § 50d Abs. 2 EStG. Diese wird aber nur erteilt, wenn die Coop die Voraussetzungen des § 50d Abs. 3 EStG erfüllt. Durch diese Vorschrift wird ein treaty oder directive shopping bekämpft.

Im Fall wäre die Freistellungsbescheinigung zu versagen und die Werkzeug GmbH könnte nicht vom Kapitalertragsteuerabzug Abstand nehmen. Denn § 50d Abs. 3 EStG (i.d.F. des JStG 2007) greift, weil a) die an der NL Coop beteiligte Bermuda Inc. ihrerseits nicht nach einem DBA oder der Mutter-Tochter-Richtlinie entlastungsberechtigt wäre, wenn sie die GmbH direkt halten würde (mit den Bermudas besteht kein DBA) und b)

- entweder für die Einschaltung der ausländischen Gesellschaft (Coop) bereits wirtschaftlich oder sonstige beachtliche Gründe fehlen oder

- die ausländische Gesellschaft nicht mehr als 10 % ihrer gesamten Bruttoerträge des betreffenden Wirtschaftsjahres aus eigener Wirtschaftstätigkeit erzielt oder

- die ausländische Gesellschaft nicht mit einem für ihren Geschäftsbetrieb angemessenen eingerichteten Geschäftsbetrieb am allgemeinen wirtschaftlichen Verkehr teilnimmt.

Die EU-Kommission hat gegen Deutschland wegen der strikten Voraussetzungen am 18.3.2010 ein offizielles Vertragsverletzungsverfahren eingeleitet (Az. 2007/4435). Im Fall dürften wegen der Finanzierungs- und Holdingfunktion der Coop (auch für Beteiligungen neben der Werkzeug GmbH) zwar wirtschaftliche Gründe für die Einschaltung vorliegen, jedoch fehlt es zumindest an einem eingerichteten Geschäftsbetrieb in den Niederlanden. Deshalb wäre seitens der Werkzeug GmbH bei einer Dividendenausschüttung an die NL Coop in 2009 Kapitalertragsteuer in Höhe von 25 % zuzüglich Solidaritätszuschlag einzubehalten. Diese Steuer würde im Fall zu einer definitiven Steuerbelastung führen. Zwar sieht § 44a Abs. 9 EStG vor, dass sich ausländische Körperschaften zwei/fünftel (10 Prozentpunkte) der einbehaltenen Kapitalertragsteuer erstatten lassen können, um die Belastung auf den Körperschaftsteuersatz von 15% zu reduzieren, jedoch gilt insoweit § 50d Abs. 3 EStG entsprechend (§ 44a Abs. 9 Satz 2 EStG i.d.F. des Jahressteuergesetzes 2009). D.h., die Ermäßigung um 10 Prozentpunkte könnte nur greifen, wenn nachgewiesen wird, dass hinter dem Hedgefonds ausländische Körperschaften stehen, die ihrerseits die Voraussetzungen des § 44a Abs. 9 EStG erfüllen, und nicht etwa natürliche Personen, die bei direkter Beteiligung an einer GmbH keinen Anspruch auf Absenkung der Kapitalertragsteuer auf die Höhe des Körperschaftsteuersatzes (15 % zuzüglich Solidaritätszuschlag) hätten.

3. Statt Dividende Erwerb eigener Anteile von der Coop

Durch den Erwerb eigener Anteile soll im wirtschaftlichen Ergebnis die Dividendenausschüttung ersetzt werden und steuerlich ein Anschaffungsgeschäft (Sicht der GmbH) bzw. Veräußerungsgeschäft (Sicht des Gesellschafters) vorliegen. Dann gilt, dass

- der Erwerb eines Wirtschaftsguts von einem Gesellschafter zu einem angemessenen Preis bei der Gesellschaft keine Steuerbelastung auslöst. Es ist keine Kapitalertragsteuer auf die Zahlung eines Kaufpreises zu erheben.

- die NL Coop ihrerseits zwar mit einem Gewinn aus der Veräußerung von GmbH-Anteilen nach § 2 Abs. 1 KStG, § 49 Abs. 1 Nr. 2e) EStG in Deutschland beschränkt körperschaftsteuerpflichtig wäre, jedoch die Befreiung für einen Veräußerungsgewinn nach § 8b Abs. 2, 3 KStG greifen dürfte und das Besteuerungsrecht für den Veräußerungsgewinn ohnehin nach Art. 8 Abs. 1 DBA Niederlande bei den Niederlanden liegt, die aber Gewinne aus der Beteiligungsveräußerung ihrerseits nicht besteuern.

Im Ergebnis wird dadurch eine Belastung mit deutscher Kapitalertragsteuer im Fall einer Dividendenausschüttung vermieden.

a) Gesellschaftsrecht

Der Erwerb eigener Anteile durch eine GmbH war bisher nach § 33 Abs. 2 Satz 1 GmbHG a.F. nur zulässig, wenn

- der Erwerb aus dem über dem Stammkapital hinaus vorhandenem Vermögen erfolgen kann und

- die Gesellschaft die nach § 272 Abs. 4 HGB a.F. vorgeschriebenen Rücklage für eigene Anteile bilden kann, ohne das Stammkapital oder eine nach dem Gesellschaftsvertrag zu bildende Rücklage zu mindern, die nicht zu Zahlungen an die Gesellschafter verwandt werden darf.

Eigene Anteile, die nicht zur Einziehung erworben wurden, waren bisher in der Bilanz der GmbH als Umlaufvermögen auszuweisen (§ 265 Abs. 3 Satz 2, § 266 Abs. 2 B 3 Nr. 2 HGB).

Nach Änderung des HGB durch das Bilanzrechtsmodernisierungsgesetz vom 25. Mai 2009 (BGBl. I 2009, S. 1102 –BilMoG) sind eigene Anteile nicht mehr als Vermögensgegenstände auszuweisen, sondern mit dem Eigenkapital zu verrechnen (§ 272 Abs. 1a HGB n.F.)[1]. Der Nennbetrag der erworbenen Anteile ist offen vom gezeichneten Kapital (Stammkapital) als Kapitalrückzahlung auszuweisen. Die Differenz zwischen Anschaffungskosten und Nennbetrag ist mit den frei verfügbaren Rücklagen zu verrechnen.

Nach § 33 Abs. 2 GmbHG n.F. kann deshalb die GmbH eigene Anteile nur erwerben, wenn sie im Zeitpunkt des Erwerbs eine (fiktive) Rücklage in Höhe der Aufwendungen für den Erwerb bilden könnte, ohne das Stammkapital oder eine nach dem Gesellschaftsvertrags zu bildende Rücklage zu mindern, die nicht zur Zahlung an die Gesellschaft verwandt werden darf.

b) Steuerrecht

Der Erwerb eigener Anteile ist als Anschaffungsgeschäft und nicht als Einlagerückgewähr zu beurteilen (siehe u.a. BFH v. 13. November 2002, I R 110/00 BFH/NV 2003, S. 820; BFH vom 23. Februar 2005, I R 44/04, BStBl. II 2005, S. 522; BMF-Schreiben v. 2. Dezember 1998, BStBl. I 1998, S. 1509; siehe auch *Gosch*, in Gosch, 2. Auflage 2009, § 8 KStG, Rn. 576ff.). Der BFH ist nicht der Auffassung von *Thiel* (in FS für *L. Schmidt,* S. 569 ff.) gefolgt, wonach es sich um Vermögensauskehrungen im Rahmen einer irregulären Teilliquidation des Gesellschaftsvermögens handelt, so dass der Gesellschafter Einkünfte aus Kapitalvermögen nach § 20 Abs. 1 Nr. 2 EStG erzielt. Es wird durch die GmbH ein Wirtschaftsgut erworben, auch wenn die durch den Beteiligungsbesitz begründeten Gesellschafterrechte im Fall eigener Anteile ruhen. Eigene Anteile können wieder veräußert werden und haben deshalb einen realisierbaren Wert für die erwerbende GmbH.

Daran ändert sich auch nichts für Geschäftsjahre nach dem 31.12.2009: Auf Ebene der Gesellschaft vermindert der Erwerb eigener Anteile zwar das in der Handels- und dementsprechend der Steuerbilanz auszuweisende Betriebsvermögen. (§ 272 Abs. 1a HGB n.F.). Diese Betriebsvermögensminderung ist gesellschaftsrechtlich veranlasst und dürfte darüber hinaus auch unter § 8b Abs. 3 KStG fallen, so dass der Erwerb eigener Anteile den Gewinn nicht mindert (so auch *Blumenberg/Roßner*, GmbHR 2008, S. 1079/1082). Das gilt auch bereits derzeit, wenn eigene Anteile nicht aktiviert werden dürfen, weil sie zur Einziehung erworben werden (siehe BMF-Schreiben, a.a.O., Tz. 21ff. für die Aktiengesellschaft –

---

[1]) Gilt für Geschäftsjahre, die nach dem 31.12.2009 beginnen und zwar auch für Altbestände von eigenen Anteilen, siehe *Fröschle/Hofmann*, in Beck'scher Bilanzkommentar, 7. Auflage 2010, § 272 HGB, Rn. 130.

für die GmbH kann m.E. nichts anderes gelten; *Gosch*, a.a.O., *Geiger/Klingebiel/Wochinger*, in: Dötsch/Jost/Pung/Witt, § 8b KStG, Rn. 82).

Auf Ebene des Gesellschafters bleibt es auch ohne Bilanzausweis der eigenen Anteile bei einem Veräußerungsgeschäft. Denn es wird das wirtschaftliche Eigentum an den Anteilen auf die Gesellschaft übertragen (so auch *Blumenberg/Roßner*, GmbHR 2008, S. 1079/1082). Die GmbH kann den Anteilswert auch durch Wiederveräußerung realisieren. In diesem Fall ist nach § 272 Abs. 1b HGB n.f. die erfolgte Reduzierung wieder rückgängig zu machen sein.

Kein Missbrauch nach § 42 AO: Man kann im Fall auch nicht nach § 42 Abs. 1 AO bei der Besteuerung der NL Coop statt eines Rückkaufs eigener Anteile (Veräußerungsgeschäft) eine Dividendenausschüttung zugrunde legen. Vielmehr hat sich die Steuerpflichtige bei zwei wirtschaftlich gleichwertigen Handlungsoptionen für die für sie steuergünstigere entschieden.

4. Verbilligter Kauf von 60% der Anteile durch die Tools Holding Inc.

Wie bei der Veräußerung der eigenen Anteile gilt: Die NL Coop ist zwar mit einem Gewinn aus der Veräußerung von GmbH-Anteilen nach § 2 Abs. 1 KStG, § 49 Abs. 1 Nr. 2e) EStG in Deutschland beschränkt körperschaftsteuerpflichtig. Jedoch greift die Befreiung für einen Veräußerungsgewinn nach § 8b Abs. 2, 3 KStG und das Besteuerungsrecht für den Veräußerungsgewinn liegt nach Art. 8 Abs. 1 DBA Niederlande bei den Niederlanden.

5. Kauf der eigenen Anteile durch die Tools Holding Inc.

Die eigenen Anteile sind zwar für die Werkzeug GmbH einerseits wertlos, da die verkörperten Werte ihr ohnehin zu stehen; haben aber anderseits, da sie im Grundsatz wieder veräußert werden können, einen realisierbaren Wert.

a) Verdeckte Gewinnausschüttung nach § 8 Abs. 3 Satz 2 KStG

Dementsprechend hat der BFH mit Urteil vom 23. Februar 2005, a.a.O. zur Abgabe eigener Anteile entschieden:

> „Ebenso wenig ist die entgeltliche Abgabe eigener Anteile als Kapitalerhöhung zu behandeln; vielmehr liegt eine Veräußerung vor, die in Höhe der Differenz des Veräußerungserlöses abzüglich der Veräußerungskosten und dem Buchwert zu einem Veräußerungsgewinn/-Verlust führt"

Im Rahmen von zwei Nichtzulassungsbeschwerde hatte der I. Senat des BFH jüngst erneut darüber zu entscheiden, ob die verbilligte, proportionale Veräußerung eigener Anteile zu Buchwerten an die Gesellschafter zu einer verdeckten Gewinnausschüttung im Sinne von § 8 Abs. 3 Satz 2 KStG führen kann (Beschlüsse vom 3. März 2009, I B 51/08, BFH/NV 2009, S. 1280; vom 3. März 2010, I B 102/09). Daran kann man insbesondere deshalb zweifeln, weil die Annahme einer vGA voraussetzt, das eine Unterschiedsbetragsminderung bei der Körperschaft die Eignung hat, beim Gesellschafter einen sonstigen Bezug i.S.d. § 20 Abs. 1 Nr. 1 Satz 2 EStG auszulösen (BFH vom 7. August 2002, I R 2/02, BStBl. II 2004, S. 131, „Vorteilsgeneigtheit" der vGA). Denn nach BGH v. 30. Januar 1995, II Z R 45/94, NJW 1995, S. 1027, gilt Folgendes:

> *„(1) Die Mitgliedschaftsrechte für einen eigenen Anteil ruhen. Bei der Entscheidung für die Gewinnfeststellung und Verwendung hat die Gesellschaft deswegen kein Stimmrecht und kann auszuschüttende Gewinne nicht beziehen.*
>
> *(2) Der auf den eigenen Anteil der Gesellschaft rechnerisch entfallende Gewinn ist nicht in die Rücklage einzustellen, sondern kann unter den übrigen Gesellschaftern sofort nach Gesetz und Satzung verteilt werden. Ihnen steht der Gewinnanspruch **aus ihrem eigenen Mitgliedschaftsrecht**, nicht aus von der Gesellschaft abgeleitetem Recht zu."* [Hervorhebungen nicht im Original]

Der BFH geht in dem Beschluss vom 3. März 2009 (a.a.O.) davon aus, dass durch die Veräußerung der eigenen Anteile unter dem Verkehrswert der Gesellschafter einen Vermögensvorteil erlangt. Denn ein ordentlicher und gewissenhafter Geschäftsleiter sei nicht mit Blick auf die Beteiligungsinteressen der Altgesellschafter gehindert, eigene Anteile der Gesellschaft an Dritte zu veräußern. Erst durch eine Veräußerung würden die Altgesellschafter von der vorläufigen rechnerischen Beteiligungsquote (ohne eigene Anteile) in eine gesicherte dingliche Position in Höhe einer entsprechenden Nominalbeteiligung übergehen, worin ein Vermögensvorteil liege. Es sei auch insbesondere nicht zu ersehen, dass der ordentliche und gewissenhafte Geschäftsleiter mit Blick auf die Beteiligungsinteressen der Altgesellschafter gehindert wäre, eigene Anteile gewinnbringend zu veräußern. Die „*steuerneutrale*" Alternative der Einziehung der Geschäftsanteile liege dagegen gemäß § 34 GmbHG nicht in der Hand des Geschäftsführers; vielmehr seien dafür die Gesellschafter zuständig (§ 46 Nr. 4 GmbHG). Im Übrigen könne auch eine Einziehung eigener Anteile durch eine Kapitalgesellschaft zu einer vGA führen.[2]

Diese Ausführungen überzeugen nicht. Es wird übersehen, dass auch bei einer Veräußerung von eigenen Anteilen an Dritte nach ganz h.M. zwingend ein Gesellschafterbeschluss erforderlich ist, da sich interne Struktur, Macht und Einfluss in der Gesellschaft stark verändern können (*Hueck/Fastrich*, in: Baumbach/Hueck, § 33 GmbHG, Rn. 28 m.w.N.).

Die Rechtsfrage hat auch seit Einführung der Steuerbefreiung durch § 8b KStG auch auf Ebene der Körperschaft (und nicht nur der Gesellschafter) weiterhin erhebliche Bedeutung. Zwar sind eigene Anteile in die Steuerfreiheit nach § 8b Abs. 2 Satz 1 KStG einbezogen (siehe *Gosch*, a.a.O., § 8b KStG, Rn. 163). Jedoch gelten 5 % des Gewinns als nicht abzugsfähige Betriebsausgaben und zum

---

[2] Der BFH führt ergänzend aus, dass im Übrigen auch eine Einziehung eigener Anteile durch eine Kapitalgesellschaft zu einer vGA führen könne. ME ist das unzutreffend, da die Einziehung eigener Anteile stets ein erfolgsneutraler Vorgang ist, siehe Roser, in Gosch, a.a.O., § 8 KStG, Rn. 86f.).

anderen sind eigene Anteile nach Auffassung der Finanzverwaltung nur dann in § 8b Abs. 2 KStG einbezogen, wenn sie zur Weiterveräußerung erworben werden (BMF vom 28.4.2003, BStBl. I 2003, S. 292, Tz. 15). Gerade in diesem Fall kann aber bei Holdinggesellschaften die Steuerfreiheit nach § 8b Abs. 7 KStG zu versagen sein (siehe BFH-Urteil vom 14. Januar 2009, I R 36/08, BStBl. II 2009, S. 671).

b) Verdeckte Gewinnausschüttung beim Gesellschafter, Kapitalertragsteuer

Unterstellt der Tools Holding Inc. würde eine vGA i.S.v. § 20 Abs. 1 Nr. 1 Satz 2 EStG zufließen. Das DBA mit den USA (Fassung nach Ergänzungsprotokoll vom 1. Juni 2006) sieht in Artikel 10 Abs. 2 vor, dass die Quellensteuer nach nationalem Steuerrecht auf 15% und für Schachtelbeteiligungen auf 5 % ermäßigt. Eine Schachtelbeteiligung liegt vor, wenn der Nutzungsberechtigte eine Gesellschaft ist, die unmittelbar über 10 % der stimmberechtigten Anteile an der die Dividenden zahlenden Gesellschaft verfügt. Voraussetzung für die Quellensteuerreduzierung ist, dass die dividendenempfangene Gesellschaft den Limitation on Benefits Test nach Art. 28 DBA besteht.

Unter den Voraussetzungen eines verschärften Limitation on Benetits Test kann nach Art. 10 Abs. 3 DBA-USA der dividendenempfangenen Gesellschaft auch ein Null-Steuersatz gewährt werden. Voraussetzungen für eine „qualifizierte Schachtelbeteiligung" nach Art. 10 Abs. 3 a DBA-USA n.F. ist eine **unmittelbare** Beteiligung in Höhe von **mindestens 80 %** der Stimmrechte für einen Zeitraum von **12 Monaten** im Zeitpunkt des Entstehens des Dividendenanspruchs. Diese Voraussetzung liegt im Ausgangsfall nicht vor.

Des halb wäre hier –eine vGA unterstellt- ein reduzierter Kapitalertragsteuersatz von 5% (anstelle von 25% zuzüglich Solidaritätszuschlag = 26,375%) anzusetzen, wenn einer der folgenden Tests der limitation-on-benefits-clause des Art. 28 DBA-USA erfüllt:

- public trading test (einschließlich subsidiary test) oder

- ownership/base erosion

- acive trade or business test oder

- derivative benefits test.

Nach Art. 28 Abs. 7 DBA-USA n.F. kann darüber hinaus auch der Null-Satz bzw. der 5% Satz im Billigkeitswege gewährt werden, wenn die Voraussetzungen nicht erfüllt sind.

aa) Public trading test (einschließlich subsidiary test)

Der Null-Satz bzw. hier der 5% Satz wird gewährt für **börsennotierte Gesellschaften**, soweit

- die Hauptaktiengattung im Ansässigkeitsstaat gehandelt wird oder

- der Hauptort der Geschäftsführung im Ansässigkeitsstaat liegt.

Subsidiary test: Die Abkommensvergünstigungen sind auch zu gewähren, wenn Aktien, die mindestens 50 % des Werts der Stimmrechte und des Werts der dividendenberechtigten Gesellschaft repräsentieren, unmittelbar oder mittelbar von fünf oder weniger Gesellschaften gehalten werden, die sich ihrerseits im Sinne des public trading company test qualifizieren.

bb) Ownership/base erosion

Außerhalb der Börsenklausel kann eine Gesellschaft sich bereits dann für den 5% Satz qualifizieren, wenn

- sie zu mindestens 50 % (unmittelbar oder mittelbar) im Eigentum von im entsprechenden Vertragsstaat ansässigen Personen steht: natürliche Personen, börsennotierte Gesellschaften (die dem vorstehenden substantial presence test entsprechen); Vertragsstaat; Gebietskörperschaften; zu gemeinnützigen Zwecken in einem der Vertragsstaaten errichtete Rechtsträger; Altersvorsorgeeinrichtung (**Beteiligungserfordernis**).

- Des Weiteren muss der **base erosion test** erfüllt werden. Danach darf der Rohgewinn der die Abkommensberechtigung in Anspruch nehmenden Gesellschaft nicht ausgehöhlt werden. Es dürfen nicht 50 % oder mehr des Rohgewinns als bei der Gewinnermittlung abzugsfähige Zahlungen an nicht abkommensberechtigte Personen fließen bzw. diesen geschuldet werden. Dabei erfolgt keine Begrenzung auf Zinsen, Lizenzen etc. Vielmehr werden auch Dienstleistungen oder Warenlieferungen, die dem arm's-length-Preis entsprechen, hier mit erfasst. Das ist in der Praxis schwierig nachzuweisen.

cc) Active trade or business test

Des halb ist es in der Praxis eine erhebliche Erleichterung, dass eine weitere Möglichkeit, den 5% Satz zu erlangen, bereits dann besteht, wenn die dividendenempfangende Gesellschaft (nicht die ausschüttende Gesellschaft) den **active trade or business test** nach Art. 28 Abs. 4 DBA-USA n.F. erfüllt. Für den Null-Satz müssen jedoch base-erosion-test und active trade or business Test gemeinsam erfüllt sein.

Für den active trade or business Test

- muss die dividendenempfangene Gesellschaft im Ansässigkeitsstaat aktiv gewerblich tätig sein; darunter fällt nicht die Führung oder Verwaltung von Kapitalanlagen, soweit keine Bank- oder Versicherungstätigkeit vorliegt;

- die Dividenden müssen im Zusammenhang mit dieser aktiven gewerblichen Tätigkeit bezogen werden;

- die Aktivitäten im Ansässigkeitsstaat der dividendenempfangenden Gesellschaft müssen im Vergleich zu einer Tätigkeit im anderen Vertragsstaat, die die dividendenempfangende Gesellschaft selbst oder eines ihrer verbundenen Unternehmen (d.h. auch die ausschüttende Gesellschaft) unternimmt, *„erheblich sein"*.

Insoweit gilt nach Art. 28 Abs. 4c DBA-USA, dass bei der Feststellung der aktiven gewerblichen Tätigkeit im Ansässigkeitsstaat der dividendenempfangenden Gesellschaft die Aktivitäten anderer Unternehmen einzubeziehen sind, wenn mindestens eine Beteiligung von 50 % besteht. Im Ausgangsfall wären demnach die Aktivitäten der operativen Gesellschaften der Gruppe in den USA der Tools Holding Inc. Holding zuzurechnen und für die Erheblichkeitsprüfung zu berücksichtigen.

Eine solche Zurechnung ist im Rahmen des § 50 d Abs. 3 EStG gerade nicht möglich. Der § 50d Abs. 3 EStG ist auch nicht zusätzlich zu prüfen. Art. 28 DBA USA ist eine abschließende Spezialregelung (siehe BMF Schreiben vom 3. April 2007, BStBl. I 2007, S. 446, Tz. 11).

dd) Derivative benefit test

Der Null-Satz bzw. hier der 5% Satz kann auch von den Gesellschaftern, die an der die Abkommensbegünstigung beanspruchende Gesellschaft beteiligt sind, abgeleitet werden (Art. 28 Abs. 3 DBA-USA). Dies gilt dann, wenn mindestens 95 % der gesamten Stimmrechte und des Werts der dividendenempfangenden Gesellschaft unmittelbar oder mittelbar von sieben oder weniger Personen gehalten werden, die gleichberechtigte Begünstigte sind (s. dazu Art. 28 Abs. 8 e DBA-USA). Das ist hier nicht der Fall, da die Gesellschafter der Tools Holding Inc. natürliche Personen (Quellensteuersatz 15%) sind.

II. Entstrickung und neuer OECD-Ansatz zur Betriebsstättenbesteuerung *(Frotscher)*

Fall 2:

Die A-GmbH mit Sitz und Geschäftsleitung in der Bundesrepublik gründet in Polen eine Betriebsstätte, die die Produktion bestimmter bisher von der A-GmbH in dem Werk Duisburg hergestellter Produkte übernehmen soll. Diese Produkte werden sonst von der A-GmbH nicht hergestellt. Die Produktion im Werk Duisburg wird entsprechend reduziert.

Zum Aufbau der Produktion in Polen werden folgende Maßnahmen durchgeführt:

- ein Teil der erforderlichen Maschinen wird aus dem Werk Duisburg nach Polen transportiert und dort aufgebaut (Buchwert: 250.000 EUR, gemeiner Wert 400.000 EUR);

- die Produktion in Polen erfolgt mit Hilfe von Patenten und Know-how, das ausschließlich für die Produktion in Polen verwendbar ist;

- zur Einrichtung des Geschäftsbetriebs stellt die A-GmbH der Betriebsstätte einige Mitarbeiter für einige Wochen zur Verfügung;

- die Produkte werden unter den der A-GmBH gehörenden Warenzeichen vertrieben, die aber auch für andere Produkte der A-GmbH verwandt werden;

- für den notwendigen Kapitalbedarf in der Anfangsphase stellt die A-GmbH der Betriebsstätte ein Kapital von 1 Mio EUR zur Verfügung.

Lösungshinweise:

1. Vorbemerkung: Nationale und internationale Rechtsentwicklung

a) National: Aufgabe der finalen Entnahmetheorie

Seit Ende der 60iger Jahre hatte der BFH die sog. „finale Entnahmetheorie" vertreten[1]. Danach sollte es Zweck der Vorschriften über die Entnahme sein, die Besteuerung der stillen Reserven sicherzustellen. Danach lag eine Entnahme immer dann vor, wenn die stillen Reserven der Besteuerung entzogen zu werden drohten. Eingeschränkt und konkretisiert wurde der finale Entnahmebegriff durch den Großen Senat im Jahre 1974[2], wonach auch der

---

[1] BFH v. 16.7.1969, I 266/65, BStBl II 1970, 175; BFH v. 30.5.1972, VIII R 111/69, BStBl II 1972, 760; BFH v. 17.8.1972, IV R 26/69, BStBl II 1972, 903.
[2] BFH v. 7.10.1974, GrS 1/73, BStBl II 1975, 168.

finale Entnahmebegriff eine Entnahmehandlung voraussetze, also allein die Gefährdung der steuerlichen Erfassung der stillen Reserven nicht ausreiche.

Der „finale Entnahmebegriff" war immer der Kritik ausgesetzt, da er sich weit von dem Gesetzestext entfernte[3]. Nach dem Wortlaut des § 4 Abs. 1 S. 2 EStG erfolgt eine Entnahme zu „betriebsfremden Zwecken", der finale Entnahmebegriff führte aber auch zu einer Aufdeckung der stillen Reserven, wenn das Wirtschaftsgut weiterhin zu betrieblichen Zwecken verwandt wurde, aber die Besteuerung der stillen Reserven z.b. durch Überführung des Wirtschaftsgutes in eine ausländische Freistellungsbetriebsstätte, gefährdet ist. Eine wesentliche Schwäche des Begriffs der finalen Entnahme war auch, dass er auf Kapitalgesellschaften nicht anwendbar war, da bei diesen keine „Entnahme" vorliegen kann[4]. Der finale Entnahmebegriff führte also zu einer nicht zu rechtfertigenden Ungleichbehandlung von Einzelgewerbetreibenden und Personengesellschaften einerseits und Kapitalgesellschaften andererseits.

Ein erster Versuch des Gesetzgebers, in § 6 Abs. 5 S. 1 EStG eine Rechtsgrundlage für die „finale Entnahme" zu schaffen, ist im Ergebnis fehlgeschlagenen. Die Regelung stellt keine Lösung für die hier behandelten Fälle dar, da sie die Übertragung in ein „anderes Betriebsvermögen" des Steuerpflichtigen voraussetzt. Inländische und ausländische Betriebsstätte können aber demselben „Betriebsvermögen" angehören. Außerdem können Personengesellschaften und Kapitalgesellschaften nur ein einziges Betriebsvermögen haben, die Vorschrift wäre auf diese Rechtsformen also schon grundsätzlich nicht anwendbar. Der Gesetzgeber hätte statt „Betriebsvermögen" den Begriff „Betriebsstätte" verwenden müssen.

Schließlich wurde in § 4 Abs. 1 S. 3 EStG sowie § 12 Abs. 1 KStG eine Rechtsgrundlage für die Entstrickungsfälle geschaffen. Der wesentliche Unterschied zu dem finalen Entnahmebegriff besteht darin, dass die fiktive Entnahme nach § 4 Abs. 1 S. 3 EStG bzw. die fiktive Veräußerung nach § 12 Abs. 1 KStG keine Handlung des Steuerpflichtigen, also auch keine „Entnahmehandlung" voraussetzen. Daher fällt z.b. auch der Abschluss eines DBA mit dem Betriebsstättenstaat unter diese Vorschriften, wenn in dem DBA für Betriebsstätten die Freistellungsmethode vereinbart ist.

---

[3] Zur Kritik vgl. *Knobbe-Keuk*, DStR 1985, 494; *Frotscher*, EStG, zu § 4 Rz. 340.
[4] Die bisher entschiedenen Fälle betrafen natürliche Personen oder Personengesellschaften; auch bei BFH v. 17.7.2008, I R 77/06, BStBl II 2009, 464 ging es um die „Erntnahme" aus einer Personengesellschaft und Einlage in eine andere Personengesellschaft.

Der BFH hat nunmehr in zwei Urteilen den finalen Entnahmebegriff aufgegeben[5]. Entschieden wurde ein Fall vor Inkrafttreten des § 6 Abs. 5 EStG und des § 4 Abs. 1 S. 3 EStG. Der BFH aaO begründet seine Entscheidung, soweit dies hier interessiert, damit, dass die Bundesrepublik ihr Besteuerungsrecht an den während der Zugehörigkeit zu einer inländischen Betriebsstätte enthaltenen stillen Reserven auch dann behalte, wenn das Wirtschaftsgut in eine ausländische Freistellungsbetriebsstätte überführt und dort veräußert werde. Bei Veräußerung von Wirtschaftsgütern, die einer Betriebsstätte zuzuordnen seien, gehe der inländische Besteuerungsanspruch nur in dem Umfang verloren, als die Gewinne in der ausländischen Betriebsstätte erwirtschaftet wurden. Der BFH beruft sich für diese Ansicht auf die „nahezu einhellige Auffassung in der Literatur"[6]. Der BFH aaO lässt jedoch ausdrücklich offen, ob er dieses Ergebnis auch unter der Geltung des § 4 Abs. 1 S. 3 EStG vertreten würde.

Während das Ergebnis der Entscheidung des BFH aaO, die Aufgabe des Begriffs der finalen Entnahme, zu begrüßen ist, ist die Begründung hierfür weniger überzeugend[7]. Der finale Entnahmebegriff hätte schon deshalb aufgegeben werden müssen, weil für ihn die Rechtsgrundlage fehlte[8]. Im Zusammenhang mit der Überführung von Wirtschaftsgütern in ausländische Freistellungsbetriebsstätten und der damit zusammenhängenden Frage des Verlustes oder der Beschränkung des deutschen Besteuerungsrechts stellt es einen gravierenden Mangel in der Begründung des BFH dar, dass er sich ausschließlich auf deutsches Schrifttum gestützt hat. Ob ein DBA (im Streitfall das DBA mit Österreich) so auszulegen ist, dass Deutschland das Besteuerungsrecht an der während der Zugehörigkeit des Wirtschaftsgutes zu einer deutschen Betriebsstätte entstandenen stillen Reserven behält, kann nicht allein nach deutschem Recht entschieden werden. Es hat vielmehr eine „autonome Auslegung" des DBA unabhängig von dem jeweiligen nationalen Recht zu erfolgen. Dies

---

[5] BFH v. 17.7.2008, I R 77/06, BStBl II 2009, 464; BFH v. 28.10.2009, I R 99/08, BFH/NV 2010, 346 zur finalen Betriebsaufgabe, noch nicht im BStBl veröffentlicht; jedoch Nichtanwendungserlass des BMF v. 20.5.2009, IV C 6 – S 2134/07/10005, BStBl I 2009, 671. Vgl. hierzu *Blöchle*, IStR 2009, 645; *Ditz*, IStR 2009, 115; *Göbel/Ungemach/Jacobs*, DStZ 2009, 531; *Kahle/Franke*, IStR 2009, 406; *Körner*, IStR 2009, 741; *Mitschke*, FR 2008, 1144; *Mitschke*, FR 2009, 326; *Mitschke*, IStR 2010, 95; *Roser*, DStR 2008, 2389; *Schneider/ Oepen*, FR 2009, 660; *Prinz*, DB 2009, 807; *Schneider/Oepen*, FR 2009, 22; *Schönfeld*, IStR 2010, 133.
[6] Auf die umfangreichen Literaturhinweise in BFH v. 17.7.2008, I R 77/06, BStBl II 2009, 464, unter B II 3 b bb am Ende wird verwiesen.
[7] Auf die weiteren Kritikpunkte an dem Urteil des BFH aaO, etwa ob nicht eine Gewinnrealisierung schon wegen der Einlage in eine Personengesellschaft hätte angenommen werden müssen, wird hier nicht eingegangen.
[8] Allerdings hätte dies eine Vorlage an den Großen Senat erforderlich gemacht.

setzt eine Abstimmung der deutschen Auffassung mit der des anderen Staates voraus. Der BFH hätte zumindest die Rechtslage in Österreich untersuchen, bzw. den Fall an das FG zur Vornahme dieser Untersuchung zurückverweisen müssen.

Es kann ohne nähere Untersuchung der von anderen Staaten vertretenen Rechtsauffassung nicht davon ausgegangen werden, dass Deutschland die Auffassung, das Besteuerungsrecht an den stillen Reserven stehe dem Staat zu, auf dessen Territorium diese stillen Reserven gebildet wurden, international durchsetzen kann. Diese Zweifel bestehen umso mehr, als Deutschland nach nationalem Recht diese Auffassung, die stillen Reserven unterlägen demjenigen Recht, das während des Zeitraums ihrer Bildung galt, auch national nicht vertritt. So ist nicht vertretbar, dass stille Reserven nach dem Recht bzw. den Steuersätzen versteuert werden, die im Zeitpunkt ihrer Bildung galten. Im Gegenteil gilt der Grundsatz, dass die Besteuerung nach demjenigen Recht erfolgt, das im Zeitpunkt der Realisierung der stillen Reserven gilt[9], etwa auch bei der Zuordnung der Besteuerungsrecht zu verschiedenen Gemeinden bei der gewerbesteuerlichen Zerlegung. Auch der Gesetzgeber scheint anderer Ansicht zu sein als der BFH aaO; sonst wären Vorschriften wie § 15 Abs. 1a EStG überflüssig.

International kann keineswegs davon ausgegangen werden, dass die Auffassung des BFH aaO allgemein herrschend ist. Der Kommentar zum OECD-Musterabkommen enthält insoweit keine klare Stellungnahme[10]. Die Frage muss daher international als zumindest ungeklärt angesehen werden. Hinzu kommt, dass die Entwicklung in der OECD in die gegenteilige Richtung geht. Bei Anwendung des Drittvergleichsgrundsatzes auch auf das Verhältnis zwischen Stammhaus und Betriebsstätte wäre für eine Verteilung des Besteuerungsrechts hinsichtlich der stillen Reserven, wie sie der BFH aaO vorschlägt, kein Raum mehr. Die Überführung eines Wirtschaftsgutes auf eine ausländische Betriebsstätte würde dem ausländischen Staat ein unbeschränktes Besteuerungsrecht verschaffen, da dies ebenso zu behandeln wäre wie die Einlage in eine ausländische Körperschaft. Der abgebende Staat könnte daher nur zu einer Besteuerung im Zeitpunkt der Überführung kommen; tut er

---

[9] Vgl. etwa, wenn auch in anderem Zusammenhang, BFH v. 7. 11. 1963, IV 210/62 S, BStBl. III 1964, 70; BFH v. 29. 3. 1984, IV R 271/83, BStBl. II 1984, 602; BFH v. 11. 11. 1993, XI R 73/92, BFH/NV 1994, 477; BFH v. 11. 8. 1998, VII R 118/95. BStBl. II 1998, 705;.

[10] Auch nicht in Ziff. 15 zu Art. 7 OECD-MA; die gegenteilige Ansicht des BMF v. 20.5.2009, IV C 6 – S 2134/07/10005, BStBl I 2009, 671 ist unrichtig.

dies nicht, weil eine entsprechende Rechtsgrundlage fehlt, wäre das Besteuerungsrecht für ihn verloren.

Der BFH[11] hat argumentiert, dass die Entwicklung in der OECD nicht entscheidungserheblich sei, da sie eine entsprechende nationale Rechtsgrundlage, die für das Streitjahr fehle, nicht ersetzen könne. Dies zeigt aber, dass die entscheidende Frage die für das Streitjahr fehlende Rechtsgrundlage der finalen Entnahmetheorie war, nicht die Frage des Weiterbestehens des deutschen Besteuerungsrechts. Mit Einführung des § 4 Abs. 1 S. 3 EStG bzw. des § 12 Abs. 1 KStG ist eine solche Rechtsgrundlage geschaffen worden

Nicht überzeugend ist die Rechtsprechung des BFH aaO auch hinsichtlich ihrer Folgen. So würde Deutschland die während der Zugehörigkeit des Wirtschaftsgutes zur inländischen Betriebsstätte gebildeten stillen Reserven nicht besteuern können, wenn in der ausländischen Betriebsstätte das Wirtschaftsgut nicht veräußert, sondern bis zur Schrottreife genutzt würde. In der ausländischen Betriebsstätte würde dann der Gebrauchswert der in Deutschland gebildeten stillen Reserven zu ausländischen Gewinnen und einer ausländischen Besteuerung führen. Unklar ist auch die rechtliche Basis für eine Besteuerung, wenn im Zeitpunkt der Veräußerung des überführten Wirtschaftsgutes die inländische Betriebsstätte nicht mehr besteht (also im Fall der Überführung von inländischer Betriebsstätte in ausländisches Stammhaus). Ein Gewinnrealisierungstatbestand nach § 16 EStG muss dabei nicht verwirklicht worden sein, da eine Aufgabe einer Betriebsstätte nicht einer Betriebsaufgabe nach § 16 Abs. 3 S. 1 EStG gleichgestellt werden kann.

In einem weiteren Fall hat der BFH[12] entschieden, dass Lizenzeinkünfte aus der im Inland ausgeübten freiberuflichen Tätigkeit bei Wegzug des Freiberuflers in das Ausland (im Streitfall: Belgien) schon deshalb im Inland steuerlich verstrickt bleiben, weil der Freiberufler die Tätigkeit im Inland ausgeübt hatte und daher auch nach Wegzug für die nachträglichen Betriebseinnahmen nach § 49 Abs. 1 Nr. 3 EStG weiterhin beschränkte Steuerpflicht bestand. Zwar ist nach dem DBA-Belgien die Ausübung kein Anknüpfungstatbestand, sondern das Unterhalten einer festen Einrichtung. Es dürfte aber internationale Praxis sein, dass nachträgliche Einnahmen noch der Betriebsstätte bzw. festen Einrichtung, durch die sie

---

[11] BFH v. 17.7.2008, I R 77/06, BStBl II 2009, 464
[12] BFH v. 28.10.2009, I R 99/08, BFH/NV 2010, 346 zur finalen Betriebsaufgabe (noch nicht im BStBl veröffentlicht).

verursacht wurden, zugerechnet werden können. Daher ist dieses Urteil weniger der Kritik ausgesetzt als das Urteil des BFH[13] zu den Veräußerungsgewinnen.

Als Ergebnis ist festzuhalten, dass die Wirkungen des § 4 Abs. 1 S. 3 EStG, § 12 Abs. 1 KStG weiterhin zweifelhaft sind. M.E. kann keinesfalls angenommen werden, dass der BFH auch in einem Fall nach Inkrafttreten der genannten Vorschriften vertreten würde, Deutschland würde das Besteuerungsrecht nicht verlieren. Er könnte auch argumentieren, dass eine Gefährdung des inländischen Besteuerungsrechts (die bei Überführung eines Wirtschaftsgutes in das Ausland schon aus praktischen Gründen vorliegt) einem Ausschluss oder einer Beschränkung des deutschen Besteuerungsrechts gleichzustellen ist[14].

b) International: OECD-Approach „functionally separate entity"

Die international unterschiedliche Interpretation von Art. 7 OECD-MA und daraus folgend die unterschiedliche Zuordnung von Gewinnen zu Stammhaus und Betriebsstätte, die zu Doppelbesteuerungen und doppelten Nichtbesteuerungen geführt hat, hat die OECD veranlasst, eine Arbeitsgruppe einzusetzen, um die damit zusammenhängenden Fragen zu untersuchen und Lösungen vorzuschlagen[15]. Als grundlegendes Problem wurde dabei die unterschiedliche Wortfassung von Abs. 1 und 2 des Art. 7 OECD-MA definiert. Während nach Art. 7 Abs. 1 S. 2 OECD-MA bestimmt, dass „Gewinne des Unternehmens" in dem Betriebsstättenstaat besteuert werden können, soweit sie der dort belegenen Betriebsstätte zugerechnet werden können, bestimmt Art. 7 Abs. 2 OECD-MA, dass der Betriebsstätte die Gewinne nach dem Prinzip des Drittvergleichs zuzurechnen sind. Der Unterschied in den beiden Fassungen wird besonders deutlich in Fällen, in denen eine Betriebsstätte Gewinne erzielt, das Unternehmen insgesamt aber einen Verlust ausweist. Nach Art. 7 Abs. 1 OECD-MA wäre dann der Betriebsstätte kein Gewinn zuzuordnen, da kein „Gewinn des Unternehmens" besteht. Nach Art. 7 Abs. 2 OECD-MA wäre dagegen der Betriebsstätte ein nach Drittvergleichsgrundsätzen ermittelter Gewinn zuzuordnen, wodurch die Verluste der anderen Betriebsstätten entsprechend höher auszuweisen wären[16].

---

[13] BFH v. 17.7.2008, I R 77/06, BStBl II 2009, 464
[14] Grundlage für eine solche Änderung der BFH-Rechtsprechung könnte eine teleologische Interpretation der genannten Vorschriften unter Heranziehung der Begründung des Gesetzentwurfs sein.
[15] Vgl. Ziff. 4 zu Art. 7 OECD-MK; Report 2008 „Attribution of Profits to Permanent Establishments".
[16] Zweideutig auch Tz. 2.2, 2.3 der Verwaltungsgrundsätze Betriebsstätten v. 24.12.1999, BStBl I 1999, 1976, wonach einerseits auf den Drittvergleichsgrundsatz verwiesen wird, andererseits aber der Betriebsstätte „ immer nur ein Teil des Ergebnisses des Gesamtunternehmens" zuzurechnen sei.

Die Arbeitsgruppe der OECD hat im Jahr 2008 den Bericht „Attribution of Profits to Permanent Establishments" vorgelegt. Darin wird als „authorised OECD approach" eine konsequente Umsetzung des Drittvergleichsgrundsatzes vorgeschlagen, wobei sich die Ermittlung des Betriebsstättengewinns an dem OECD Bericht 1995 über Verrechnungspreise orientieren solle („functionally separate entity approach").

Die Umsetzung dieses Berichts erfolgt in zwei Stufen. In einer ersten Stufe wurde der Kommentar zum OECD-MA zu Art. 7 neu gefasst, soweit dies ohne Änderung des Musterabkommens möglich war („2008 Update of the Model Tax Convention"). Diese Neuinterpretation stellt nach Ansicht der OECD keine Rechtsänderung dar und soll daher auch auf die schon bestehenden DBA anwendbar sein[17]. In einem zweiten Schritt soll dann Art. 7 OECD-MA neu gefasst werden. Hierzu hat die OECD am 24.11.2009 einen „Revised Discussion Draft of a new Article 7 of the OECD Model Tax Convention" vorgelegt. Die darin vorgeschlagene Neufassung des Art. 7 OECD-MA ist jedoch nur nach entsprechender Änderung der bestehenden DBA anwendbar[18].

Die Überarbeitung des Kommentars zum OECD-Musterabkommen (Musterkommentar 2008), die nach Ansicht der OECD auch für schon bestehende DBA gelten soll[19], löst den Konflikt zwischen Art. 7 Abs. 1 und Abs. 2 OECD-MA dadurch, dass Abs. 2 zur Konkretisierung des Abs. 1 erklärt, also der Drittvergleichsgrundsatz in Abs. 1 hineininterpretiert wird[20]. Damit wird die Beschränkung der Gewinnzuordnung auf die „Gewinne des Unternehmens" ausgehebelt. Dies eröffnet die Möglichkeit, der Betriebsstätte einen nach dem Drittvergleichsgrundsatz ermittelten Gewinn zuzuordnen, auch wenn dieser höher ist als der Gesamtgewinn des Unternehmens oder das Unternehmen insgesamt einen Verlust ausweist[21]. Andererseits rechtfertigt es der Umstand, dass das Gesamtunternehmen einen Gewinn ausweist, allein nicht die Zuordnung eines Teils dieses Gewinns zu einer Betriebsstätte.

---

[17] Ziff. 7 zu Art. 7 OECD-MK.
[18] Diese Neufassung wird im Folgenden nicht berücksichtigt, da nicht absehbar ist, ob und wann sie im Rahmen der deutschen DBA anwendbar sein wird.
[19] Ziff. 33 – 35 Einl. OECD-MK
[20] Ziff. 11 OECD-MK.
[21] Das dürfte auch der Praxis der deutschen Finanzverwaltung entsprechen.

Im Einzelnen wendet die OECD den Bericht 1995 über Verrechnungspreise an[22]. Es ist daher in einem ersten Schritt durch eine Funktionsanalyse zu bestimmen, welche Chancen und Risiken die Betriebsstätte trägt. In einem zweiten Schritt ist dann die Vergütung für die Funktionen, die die Betriebsstätte erfüllt hat, ebenfalls nach Verrechnungspreisgrundsätzen zu bestimmen.

Funktionen, Chancen und Risiken der Betriebsstätte bestimmen sich nach der „relevant people function", also danach, welche Aufgaben das in der Betriebsstätte eingesetzte Personal wahrnimmt. Der Betriebsstätte werden diejenigen Gewinne und Verluste, die aus der Tätigkeit der der Betriebsstätte zugeordneten Mitarbeiter resultieren, und diejenigen Risiken zugeordnet, die von Mitarbeitern der Betriebsstätte „gemanaged" werden.

Entsprechend dieser „people's function" sind der Betriebsstätte die erforderlichen Wirtschaftsgüter, d.h. diejenigen Wirtschaftsgüter als „economic ownership"[23] zugeordnet, die einer Funktion dienen, die von Mitarbeitern der Betriebsstätte ausgeführt werden.

Außerdem ist der Betriebsstätte ein nach Drittvergleichsgrundsätzen ermitteltes Dotationskapital zuzuordnen. Aus den daraus resultierenden Erträgen und Kosten ist der Drittvergleichsgewinn der Betriebsstätte zu ermitteln.

Die Schwäche des neuen Ansatzes der OECD liegt darin, dass Chancen und Risiken, die Grundlage für die Gewinnzuordnung sein sollen, für eine Betriebsstätte nicht sicher bestimmbar sind. Anders als im Verhältnis zwischen Mutter- und Tochtergesellschaft lässt sich rechtlich nicht sagen, dass das Stammhaus ein anderes Risiko trägt und andere Chancen hat als eine ihrer Betriebsstätten. Chancen und Risiken treffen immer das Gesamtunternehmen. Entsprechend ist auch die Funktion einer Betriebsstätte häufig nicht sicher bestimmbar, auch nicht durch die „people's function". So lässt sich objektiv nicht feststellen, ob eine produzierende Betriebsstätte die Funktion eines Eigenproduzenten hat mit allen damit verbundenen Chancen und Risiken, oder nur die Funktion eines Lohnverarbeiters. Bei einer Verkaufsfunktion lässt sich ebenso wenig objektiv feststellen, ob die Betriebsstätte die Funktion eines Eigenhändlers mit unbegrenzten Chancen und Risiken oder mehr die Funktion eines Handelsvertreters oder Kommissionärs mitbegrenzten Chancen und Risiken hat. Der

---

[22] Ziff. 19 OECD-MK. In dem DBA-USA haben Deutschland und die USA in Ziff. 4 S. 2 des Protokolls zu Art. 7 ausdrücklich die Anwendung der Verrechnungspreisgrundsätze der OECD vereinbart.
[23] Nicht identisch mit dem „wirtschaftlichen Eigentum" im deutschen Recht.

uneingeschränkten Anwendung des Drittvergleichsgrundsatzes fehlt daher in gewissem Sinne die tatsächliche Basis.

Die OECD hat dieses Problem gesehen und weist daher einer im Vorhinein erstellten Dokumentation besondere Bedeutung zu. Dazu gehören die sog. „Dealings", vertragsähnliche, wenn auch nicht rechtlich bestehende, Verhältnisse zwischen Stammhaus und Betriebsstätte. In diesen Dealings soll die Chancen- und Risikoverteilung im Vorhinein festgeschrieben werden. Außerdem müssen die Dealings den tatsächlichen Verhältnissen, also insbesondere den Funktionen des jeweils eingesetzten Personals, entsprechen.

Dies lässt dem Unternehmen erheblichen Gestaltungsspielraum. So kann das Unternehmen entscheiden, und dies in Dealings dokumentieren, ob die Produktionsbetriebsstätte Eigenproduzent oder Lohnverarbeiter sein soll, ebenso kann es bei der Verkaufsfunktion entscheiden, ob die Gewinnzuordnung nach den Grundsätzen des Gewinns eines Eigenhändlers oder eines Handelsvertreters erfolgen soll. Die „tatsächlichen Verhältnisse" können dem nicht entgegenstehen, da auf Grund von Tatsachen eine Funktionsverteilung in die eine oder andere Richtung nicht ermittelt werden kann.

2. Anzuwendende innerstaatliche Normen

In dem Fall handelt es sich um eine typische Funktionsverlagerung, und zwar in der Form der Funktionsausgliederung, bei der eine bestehende Funktion (Produktion und Vertrieb eines bestimmten Produktes) in dem abgebenden Staat vollständig eingestellt und in den aufnehmenden Staat übertragen wird.

Im Fall handelt sich jedoch nicht um eine Funktionsverlagerung i.S.d. § 1 Abs. 3 S. 9 AStG. Diese Vorschrift ist eine Konkretisierung des Fremdvergleichspreises i.S.d. § 1 Abs. 1 AStG für die Fälle der Funktionsverlagerung, wenn keine, auch nur eingeschränkt vergleichbaren Fremdvergleichswerte festgestellt werden können (Verweis des § 1 Abs. 3 S. 9 AStG auf S. 5). § 1 Abs. 3 S. 9 AStG regelt daher den „hypothetischen Fremdvergleich" und stellt daher eine Sonderform des Fremdvergleichs nach § 1 Abs. 1 AStG dar. Das bedeutet aber, dass die Anwendung des § 1 Abs. 3 S. 9 AStG auf den hypothetische Fremdvergleich für eine Funktionsverlagerung voraussetzt, dass die „Einkünfte eines Steuerpflichtigen aus einer Geschäftsbeziehung ... mit einer ihm nahestehenden Person" gemindert worden sind. Voraussetzung ist also, dass eine Geschäftsbeziehung zwischen zwei Personen besteht. Im Verhältnis zwischen Stammhaus und Betriebsstätte handelt es sich jedoch weder um

"Geschäftsbeziehungen" noch um das Verhältnis einer Person zu einer nahestehenden (anderen) Person; es ist vielmehr nur eine Person vorhanden. Stammhaus und Betriebsstätte sind keine gesonderten „Personen".

Anwendbar ist daher nicht § 1 Abs. 3 S. 9 AStG, sondern § 12 Abs. 1 KStG, der im Tatbestand, und im Wesentlichen auch in der Rechtsfolge, § 4 Abs. 1 S. 3 EStG entspricht.

Der wesentliche Unterschied zwischen § 1 Abs. 3 S. 9 AStG einerseits und § 12 Abs. 1 KStG, § 4 Abs. 1 S. 3 EStG andererseits besteht darin, dass nach § 1 Abs. 3 S. 9 AStG die Bewertung eines „Transferpakets" erfolgt, für die in § 3 Abs. 1 S. 10 – 12 AStG i.Vbg. mit der FunktionsverlagerungsVO[24] besondere Bewertungsregeln gelten. Bei § 12 Abs. 1 KStG, § 4 Abs. 1 S. 3 EStG ist jedoch nicht ein solches „Transferpaket" der Bewertung und daher der Besteuerung zugrunde zu legen, sondern jedes übertragene Wirtschaftsgut ist einzeln zu bewerten. Für die Bewertung eines „Transferpakets" im Verhältnis zwischen Stammhaus und Betriebsstätte fehlt die Rechtsgrundlage[25].

3. Überführung der Maschinen (Anlagevermögen)

Nach § 12 Abs. 1 KStG gilt es als Veräußerung zum gemeinen Wert, wenn das deutsche Besteuerungsrecht an einem Wirtschaftsgut hinsichtlich des Gewinns aus der Veräußerung ausgeschlossen wird. Das Gesetz will damit insbesondere die Fälle der Überführung eines Wirtschaftsgutes in eine ausländische Betriebsstätte erfassen, für die nach dem einschlägigen DBA die Freistellungsmethode gilt. Dies ist nach dem DBA mit Polen[26] der Fall, da ein in einer ausländischen Betriebsstätte anfallender Gewinn bei Eingreifen der Freistellungsmethode im Inland nicht besteuert werden kann. Damit wäre die Überführung in die polnische Betriebsstätte als fiktive Veräußerung zum gemeinen Wert anzusehen, so dass im Zeitpunkt der Überführung ein Gewinn in Höhe der Differenz zwischen Buchwert und gemeinen Wert entstehen würde. Auf die Möglichkeit, diesen Gewinn nach § 4g EStG, der auf Grund der Verweisung in § 12 Abs. 1 letzter Halbsatz auch für Körperschaften gilt, durch einen Ausgleichsposten zu neutralisieren und nur gleichmäßig verteilt über das Jahr der Bildung des Ausgleichspostens und die folgenden 4 Jahre zu versteuern, wird hingewiesen.

---

[24] VO v. 11.7.2008, BGBl I 2008, 1680.
[25] Es wäre zu überlegen, ob durch den „functionally separate entity approach" der OECD mittelbar die Figur eines Transferpakets in die Besteuerung der Betriebsstätten eingeführt wird.
[26] Art. 24 Abs. 1 Buchst. a DBA Polen v. 14.5.2003, BStBl I 2005, 349.

§ 12 Abs. 1 KStG ist durch das SEStEG[27] mit Wirkung für Wirtschaftsjahre eingeführt worden, die nach dem 31.12.2005 enden. Die Vorschrift hat umfangreiche Stellungnahmen in der Literatur hervorgerufen[28], in der auch die Vereinbarkeit der Vorschrift mit dem EU-Recht bezweifelt wurde[29].

In der Literatur ist frühzeitig bezweifelt worden, ob § 12 Abs. 1 KStG bzw. § 4 Abs. 1 S. 3 EStG den Fall der Überführung von Wirtschaftsgütern in eine ausländische Freistellungsbetriebsstätte überhaupt trifft[30]. So wird argumentiert, die Vorschriften setzten einen Verlust des deutschen Besteuerungsrechts voraus. Ein solcher Verlust trete aber trotz Überführung in eine ausländische Freistellungsbetriebsstätte nicht ein, weil Deutschland das Besteuerungsrecht für die bis zum Zeitpunkt der Überführung des Wirtschaftsgutes entstandenen stillen Reserven behalte. Werde das Wirtschaftsgut später in der ausländischen Freistellungsbetriebsstätte veräußert, könne Deutschland diesen Teil der dann realisierten stillen Reserven besteuern.

Das von Vertretern der Finanzverwaltung[31] vorgebrachte Argument, ein Verlust des Besteuerungsrechts i.S.d. § 12 Abs. 1 KStG bzw. § 4 Abs. 1 S. 3 EStG liege zumindest hinsichtlich der nach der Überführung entstehenden stillen Reserven vor, ist nicht vertretbar. Wenn § 12 Abs. 1 KStG bzw. § 4 Abs. 1 S. 3 EStG das deutsche Besteuerungsrecht für die künftig entstehenden stillen Reserven in Anspruch nehmen will, kann dies nicht dadurch geschehen, dass die bis zum Zeitpunkt der Überführung entstandenen stillen Reserven besteuert werden. Damit liegt die Erfassung der nach der Überführung entstehenden stillen

---

[27] Gesetz v. 7.12.2006. BStBl I 2007, 4.
[28] Vgl. *Benecke/Schnitger*, IStR 2006, 765; dies. IStR 2007, 22, *Bilewski*, FR 2007, 57; *Blumenberg/Lechner*, BB-Special 8/2006, 25; *Dötsch/Pung*, DB 2006, 2648; *Förster*, DB 2007, 72; *Hahn*, IStR 2006, 797; *Kessler/Huck*, StuW 2005, 193; *Körner*, IStR 2006, 469; *Kramer*, DB 2007, 2338; *ders.*, DB 2008, 433; *Prinz*, GmbHR 2007, 966; *Rödder/Schumacher*, DStR 2006, 1481; *dies.*, DStR 2007, 369; *Schönherr/Lemaitre*, GmbHR 2006, 561; *Schwenke*, DStZ 2007, 235; *Stadler/Elsner*, BB-Special 8/2006, 16; *Strahl*, FR 2007, 665; *Strunk*, Stbg 2006, 266; *Voß*, BB 2006, 411; *Wassermeyer*, DB 2006, 2420; *ders.*, DB 2008, 430, *Werra/Teiche*, DB 2006, 1455. Hinzu kommen die Kommentierungen des § 12 Abs. 1 KStG; vgl. *Benecke* in Dötsch/Jost/Pung/Witt, KStG; *Lambrecht* in Gosch, KStG; *Frotscher*, in Frotscher/Maas, KStG, GewStG, UmwStG; *Holland* in Ernst & Young, KStG, *Lenz* in Erle/Sauter, KStG, sowie die Kommentierungen zu dem im Wesentlichen gleich lautenden § 4 Abs. 1 S. 3 EStG, vgl. *Wied*, in Blümich, EStG; *Frotscher*, in Frotscher, EStG; *Musil* in Herrmann/Heuer/Raupach, EStG; *Crezelius* in Kirchhoff, EStG; *Hoffmann* in Littmann/Bitz, Pust, EStG.
[29] Auf die Frage der EU-Verträglichkeit wird hier nicht eingegangen. Vgl. hierzu *Frotscher*, EStG, zu § 4g Rz. 3 ff.
[30] Vgl. *Kroppen*, IStR 2005, 74; *Rödder/Schumacher*, DStR 2006, 1481; *Wassermeyer*, DB 2006, 1176.
[31] Von der Finanzverwaltung in dem Verfahren vor dem BFH vorgetragen; mit zutreffender Begründung abgelehnt von BFH v. 17.7.2008, I R 77/06, BStBl II 2009, 464 unter B II 3 cc am Ende.

Reserven außerhalb des Regelungsbereichs der genannten Vorschriften und kann daher keinen „Verlust des Besteuerungsrechts begründen.

Die gegen die Anwendbarkeit des § 12 Abs. 1 KStG bzw. § 4 Abs. 1 S. 3 EStG geäußerten Bedenken sind verstärkt worden durch die Aufgabe der „finalen Entnahmetheorie" durch den BFH[32].

OECD Approach

Die OECD vertritt die Ansicht, dass Überführung von Wirtschaftsgütern in eine Betriebsstätte den abgebenden Staat zur Besteuerung der stillen Reserven nach dem Marktwert berechtigt. Das soll auch dann gelten, wenn für das Unternehmen als Ganzes keine Gewinnrealisierung eintritt. Die bloße Tatsache, dass das Wirtschaftsgut aus dem Blickfeld der Finanzbehörde verschwindet, rechtfertige die Besteuerung der stillen Reserven.

Ob tatsächlich eine Besteuerung im Übertragungszeitpunkt stattfindet, soll sich nach dem nationalen Recht richten.

Bemerkenswert ist, dass die OECD diese Ansicht schon vor dem „authorised OECD Approach" vertreten hatte[33].

Die Ansicht der OECD ist konsequent, da sie einer Umsetzung des Drittvergleichsgrundsatzes entspricht. Die OECD macht auch keinen Unterschied zwischen der Überführung in eine Freistellungsbetriebsstätte oder einer Anrechnungsbetriebsstätte. In beiden Fällen sieht die OECD das Besteuerungsrecht des abgebenden Staates als gefährdet an und will daher die Besteuerung der stillen Reserven in diesem Zeitpunkt zulassen. § 4 Abs. 1 S. 3 EStG bzw. § 12 Abs. 1 KStG befinden sich daher in Übereinstimmung mit dem neuen Prinzip der OECD zur Gewinnzuordnung. Jedenfalls für die Zukunft ist daher damit zu rechnen, dass diese „Entstrickung" zur Gewinnrealisierung und damit zur Besteuerung führen wird.

---

[32] BFH v. 17.7.2008, I R 77/06, BStBl II 2009, 464; BFH v. 28.10.2009, I R 99/08, BFH/NV 2010, 346 zur finalen Betriebsaufgabe (noch nicht im BStBl veröffentlicht); jedoch Nichtanwendungserlass des BMF v. 20.5.2009, IV C 6 – S 2134/07/10005, BStBl I 2009, 671. Vgl. hierzu im Einzelnen oben Ziff. 1 b).
[33] Vgl. Ziff. 21 OECD-MK, bisher Ziff. 15 OECD-MK, der nur geringfügig geändert wurde.

4. Patente und Know-how

Nach der bisherigen Auffassung[34] konnten zwischen Stammhaus und Betriebsstätte keine Lizenzbeziehungen bestehen. In Betracht kam daher nur die Zuordnung von Kosten, soweit sie durch die Nutzung der Patente und des Know-how durch die Betriebsstätte verursacht sind, und der anteiligen Kosten der Schaffung und Aufrechterhaltung der Marktgeltung der Warenzeichen. Dies entspricht auch Art. 7 Abs. 3 OECD-MA.

Patente und Know-how sind immaterielle Wirtschaftsgüter, für die § 12 Abs. 1 KStG bzw. § 4 Abs. 1 S. 3 EStG ebenso gilt wie für materielle Wirtschaftsgüter. Ihre Überführung in eine ausländische Freistellungsbetriebsstätte ist also als Veräußerung bzw. Entnahme zum gemeinen Wert zu beurteilen. Die Zuordnung zur ausländischen Betriebsstätte ist deshalb unausweichlich, weil die fraglichen Patente und das Know-how nach dem Sachverhalt nur in der ausländischen Betriebsstätte genutzt werden können, sie also „notwendiges Betriebsvermögen" der ausländischen Betriebsstätte sind. Wirtschaftsgüter, die ausschließlich in einer Betriebsstätte genutzt werden, können nur dieser Betriebsstätte zugeordnet werden[35]; nach Ansicht der Verwaltung[36] soll das auch für Wirtschaftsgüter gelten, die überwiegend in der Betriebsstätte genutzt werden. Maßgeblich sind die tatsächlichen Verhältnisse und Struktur, Organisation und Aufgabenstellung der Betriebsstätte im Rahmen des Unternehmens. Nach § 12 Abs. 1 KStG ist also eine fiktive Veräußerung der Patente und des Know How zum gemeinen Wert und damit Gewinnrealisierung anzunehmen.

Es kann überlegt werden, ob nicht § 4 Abs. 2 der FunktionsverlagerungsVO[37] entsprechend angewandt werden kann, wonach im Zweifel keine Übertragung, sondern eine Lizenzierung immaterieller Wirtschaftsgüter anzunehmen ist. Hier dürfte aber über die Zugehörigkeit der immateriellen Wirtschaftsgüter und damit an der Übertragung auf die ausländische Betriebsstätte kein Zweifel bestehen, da die Wirtschaftsgüter ausschließlich in dieser Betriebsstätte genutzt werden.

Im Ergebnis führen § 12 Abs. 1 KStG, § 4 Abs. 1 S. 3 EStG zu einer Abweichung von Art. 7 Abs. 3 OECD-MA. Es handelt sich jedoch nicht um ein Treaty Override, da § 13 Abs. 1 KStG, § 4 Abs. 1 S. 3 EStG nicht klar zum Ausdruck bringen, dass diese Vorschriften als

---

[34] Vgl. Tz. 2.2 Verwaltungsgrundsätze Betriebsstätten
[35] BFH v. 29.7.1992, II R 39/89, BStBl II 1993, 63; Verwaltungsgrundsätze Betriebsstätten Tz. 2.4.
[36] Verwaltungsgrundsätze Betriebsstätten Tz. 2.4.
[37] Funktionsverlagerungsverordnung v. 11.7.2008, BGBl I 2008, 1680.

leges speciales Vorrang vor den DBA haben sollen. Im Zweifel sind die DBA wegen § 2 AO die spezielleren Vorschriften und verdrängen die nationalen Regeln. Ein Vorrang der §§ 12 Abs. 1 KStG, 4 Abs. 1 S. 3 EStG vor den DBA müsste klar zum Ausdruck gebracht werden. Da somit Art. 7 Abs. 3 DBA-Polen (entspricht Art. 7 Abs. 3 OECD-MA) eine entsprechende Gewinnzuordnung bei dem Stammhaus verbietet und nur eine Kostenzuordnung ermöglicht, kommt es m.E. nicht zu einer Gewinnrealisierung. Dies kann aber zweifelhaft sein, da auch die Auffassung vertretbar ist, dass § 12 Abs. 1 KStG keine Vorschrift der Gewinnaufteilung zwischen Stammhaus und Betriebsstätte ist, sondern „nur" zu einer Gewinnrealisierung nach nationalem Recht führt und sich diese Frage allein nach nationalem Recht richtet. Im Ergebnis könnte es dann zu einer Doppelbesteuerung wegen unterschiedlicher Gewinnrealisierungs-tatbeständen in Deutschland und Polen kommen; insoweit würde (nach dieser Auffassung) das DBA keinen Schutz bieten.

OECD-approach

Die OECD vertritt, wie schon bisher, die Ansicht, dass bei immateriellen Wirtschaftsgütern der Drittvergleichsgrundsatz nicht anwendbar ist, weil nicht feststellbar sei, wer „Eigentümer" der immateriellen Wirtschaftsgüter ist[38]. Daher lässt die OECD auch unter dem „functionally separate entity approach" keine Verrechnung von Lizenzgebühren zu. Stattdessen sollen die Kosten der Entwicklung, des Erwerbs und der Aufrechterhaltung der immateriellen Wirtschaftsgüter ohne Gewinnaufschlag den Betriebsstätten nach einem Schlüssel zugeordnet werden. Dies soll auch Kosten der vergeblichen Entwicklung einschließen. Im Ergebnis vertritt die OECD daher für das Verhältnis zwischen Stammhaus und Betriebsstätte eine Kostenumlage.

§ 12 Abs. 1 KStG, § 4 Abs. 1 S. 3 EStG steht also insoweit in Gegensatz zu dem „authorised OECD approach".

5. Dienstleistungen (Personalgestellung)

Sowohl § 12 Abs. 1 KStG als auch § 4 Abs. 1 S. 3 EStG stellen auf das Besteuerungsrecht bei Veräußerung oder Nutzung eines Wirtschaftsgutes ab. Dienstleistungen sind damit nicht erfasst. Im Ergebnis bedeutet dies, dass insoweit eine Lücke in der „Entstrickungsbesteuerung" der Bundesrepublik besteht.

---

[38] Ziff. 34 OECD-MK, der fast unverändert der früheren Fassung in Ziff. 17.4 OECD-MK entspricht.

Mangels einer anderslautenden gesetzlichen Regelung kann die Dienstleistung nicht zu einer Gewinnrealisierung führen. Es handelt sich um „Innentransaktionen", die nicht zum Verkehrswert (gemeinen Wert) abgerechnet werden können[39]. Stattdessen hat eine Zuordnung der Kosten der Dienstleistung bei der Betriebsstätte zu erfolgen. Dies Ergebnis ist unabhängig davon, ob es sich um eine eigene Verpflichtung des Stammhauses zum Erbringen der Dienstleistung handelt oder ob die Mitarbeiter in die Betriebsstätte entsandt und dort in den Arbeitsprozess eingegliedert werden (Arbeitnehmerentsendung). Diese Unterscheidung ist nur im Verhältnis zwischen Muttergesellschaft und Tochtergesellschaft von Bedeutung, bei der eine eigene Dienstleistung mit dem Drittvergleichspreis zu berechnen ist, eine Personalgestellung dagegen nur mit den Kosten. Die Verwaltungsgrundsätze Arbeitnehmerentsendung[40] sind auf das Verhältnis des Stammhauses zur Betriebsstätte nicht anwendbar, da sie „zwei Unternehmen", also zwei rechtlich selbständige Personen (entsendendes und aufnehmendes Unternehmen) voraussetzen.

OECD-Approach:

Auf der Grundlage des geltenden Art. 7 OECD-MA sieht sich die OECD gehindert, das Prinzip des Drittvergleichs auch bei Dienstleistungen uneingeschränkt durchzuführen. Art. 7 Abs. 3 OECD-MA erlaubt insoweit nur die Verrechnung von Kosten. Für die geltenden DBA vertritt die OECD daher weiterhin ein „3-Stufen-Modell"[41]:

- Wenn die Betriebsstätte, von der die Dienstleistungen erbracht werden, als „Profit Center" organisiert ist, d.h. wenn die Dienstleistungen zu den wirtschaftlichen Leistungen gehören, die die Betriebsstätte zur Erzielung eines Gewinns anbietet, ist die Dienstleistung dem Drittvergleichspreis und damit mit einem Gewinnaufschlag zu verrechnen.

- Bestehen für die Dienstleistung Tarife, sind diese zu verrechnen.

- In allen anderen Fällen sind nur die Kosten anzusetzen.

Bei der Neufassung des Art. 7 OECD-MA schlägt die OECD vor, Abs. 3 ersatzlos zu streichen. Dann würden Dienstleistungen generell mit dem Drittvergleichspreis, und damit

---

[39] Vgl. Tz. 2.2 der Verwaltungsgrundsätze Betriebsstätten.
[40] Verwaltungsgrundsätze Arbeitnehmerentsendung v. 9.11.2001, BStBl I 2001, 796.
[41] Vgl. Ziff. 35 – 37 OECD-MK, die unverändert den Ziff. 17.5 – 17.7 der früheren Fassung entsprechen. Vgl. auch Tz. 311, 312 Verwaltungsgrundsätze Betriebsstätten; allerdings dürfte innerstaatlich insoweit eine Vorschrift zur Gewinnrealisierung fehlen.

mit einem Gewinnaufschlag, bewertet. Im deutschen Recht würde insoweit aber weiterhin eine Gewinnrealisierungsvorschrift fehlen.

Im Beispielsfall würde nach der OECD wohl ein Ansatz nur der Kosten erfolgen, da keiner der beiden genannten Tatbestände für einen Ansatz des Drittvergleichspreises vorliegt.

6. Warenzeichen

Bei den Warenzeichen handelt es sich um immaterielle Wirtschaftsgüter, die nach dem Veranlassungszusammenhang dem Stammhaus oder der Betriebsstätte zugeordnet werden. Dabei hat die Zuordnung zum Stammhaus nach der Theorie der „Zentralfunktion des Stammhauses" Vorrang vor der Zuordnung bei der Betriebsstätte[42]. Hiernach sowie nach der vom BFH vertretenen „funktionalen Betrachtungsweise"[43] erfolgt eine Zuordnung der Warenzeichen zu der Betriebsstätte regelmäßig nur insoweit, als die Warenzeichen ausschließlich für die Produkte der Betriebsstätte genutzt werden. Nach dem Sachverhalt ist das hier nicht der Fall. Die Warenzeichen sind daher dem Stammhaus zuzuordnen.

Hinsichtlich einer Vergütung für die Nutzung der Warenzeichen durch die Betriebsstätte hat § 12 Abs. 1 KStG, § 4 Abs. 1 S. 3 EStG zu einer Änderung der Rechtslage geführt. Nach der bisherigen Auffassung[44] konnten zwischen Stammhaus und Betriebsstätte keine Lizenzbeziehungen bestehen. In Betracht kam daher nur die Zuordnung von Kosten, soweit sie durch die Nutzung der Warenzeichen durch die Betriebsstätte verursacht sind, und anteilige Kosten der Schaffung, Aufrechterhaltung und Förderung der Marktgeltung der Warenzeichen. Dies entspricht auch Art. 7 Abs. 3 OECD-MA.

§ 12 Abs. 1 KStG, § 4 Abs. 1 S. 3 EStG erfasst jedoch auch die Überlassung von Wirtschaftsgütern zur Nutzung, wenn hierdurch das Besteuerungsrecht der Bundesrepublik an dem Gewinn aus der Nutzung des Wirtschaftsgutes ausgeschlossen oder beschränkt wird. Das ist hier der Fall, da der Gewinn aus der Nutzung der Warenzeichen zu einem laufenden Gewinn führt, der der Betriebsstätte zuzuordnen ist und wegen Vereinbarung der Freistellungsmethode im Inland nicht besteuert werden kann. Dies ist ein Fall, in dem § 12 Abs. 1 KStG, § 4 Abs. 1 S. 3 EStG auch bei Anwendung der Rechtsprechung des BFH[45],

---

[42] Vgl. hierzu Tz. 2.4 Verwaltungsgrundsätze Betriebsstätten
[43] BFH v. 16.5.1990, I R 16/88, BStBl II 1990, 1049.
[44] Vgl. Tz. 2.2 Verwaltungsgrundsätze Betriebsstätten; BFH v. 30.8.1995, I R 77/94, BStBl II 1996, 122.
[45] BFH v. 17.7.2008, I R 77/06, BStBl II 2009, 464

wonach Deutschland bei Veräußerungen das Besteuerungsrecht hinsichtlich der stillen Reserven nicht verliert, aktuell Bedeutung hat. Laufende Gewinne sind m.E. unzweifelhaft der Betriebsstätte zugeordnet und können bei Anwendung der Freistellungsmethode in Deutschland nicht besteuert werden.

Rechtsfolge des § 12 Abs. 1 KStG ist, dass die Nutzung der Warenzeichen durch die Betriebsstätte als Nutzungsüberlassung zum gemeinen Wert gilt. Bei Anwendung des § 4 Abs. 1 S. 3 EStG würde es sich um eine Nutzungsentnahme zum gemeinen Wert handeln. Für die Gewinnabgrenzung zwischen Stammhaus und Betriebsstätte ist also die Betriebsstätte mit einer marktgerechten Lizenzgebühr für die Nutzung der Warenzeichen zu belasten. Kosten der Warenzeichen dürfen daneben nicht der Betriebsstätte zugeordnet werden, sondern sind von dem Stammhaus zu tragen.

Zur Frage eines Treaty Overrides vgl. Erl. zu Ziffer 4.

OECD-Approach:

Für Warenzeichen als immaterielle Wirtschaftsgüter gelten die gleichen Regeln wie für Patente; vgl. daher oben Ziff. 4. Insoweit steht also § 12 Abs. 1 KStG bzw. § 4 Abs. 1 S. 3 EStG in Widerspruch zu dem neuen OECD Approach.

7. Dotationskapital

Die Überlassung des Kapitals von 1 Mio EUR an die Betriebsstätte wirft die Frage nach einem angemessenen Dotationskapital auf. Nach der bisherigen Auffassung, die sich auf den Grundsatz stützt, dass Betriebsstätte und Stammhaus „ein" Unternehmen sind und daher Leistungsbeziehungen zwischen ihnen nicht möglich sind, kann keine Darlehensbeziehung zwischen Stammhaus und Betriebsstätte bestehen[46]. Wenn das der Betriebsstätte zur Verfügung gestellte Kapital Eigenkapital des Unternehmens ist, liegt immer Dotationskapital der Betriebsstätte vor mit der Folge, dass Zinsen nicht verrechnet werden können. Das ist unabhängig davon, ob das Unternehmen im Ganzen unter- oder überfinanziert ist. Dies entspricht auch Art. 7 Abs. 3 OECD-MA.

Ist das der Betriebsstätte zur Verfügung gestellte Kapital von dem Stammhaus speziell für Zwecke der Betriebsstätte als Darlehen von Dritten aufgenommen worden, sind die Verlaut-

---

[46] Vgl. Tz. 2.2. sowie Tz. 3.3 Verwaltungsgrundsätze Betriebsstätten; BFH v. 27.7.1965, I 110/63 S, BStBl III 1966, 24..

barungen der Finanzverwaltung widersprüchlich. Nach Tz. 3.3. des Betriebsstättenerlasses sollen die Zinsen der Betriebsstätte zugeordnet werden, wenn der Kredit nachweislich für Zwecke der Betriebsstätte aufgenommen worden ist. Das würde eine Zuordnung dieser Kredite und der damit zusammenhängenden Zinsen ohne Rücksicht auf die Finanzierungssituation des Gesamtunternehmens bedeuten. In Tz. 3.3. wird aber auch auf Tz. 2.5.1 der Verwaltungsgrundsätze Betriebsstätten verwiesen. Danach muss der Betriebsstätte dasjenige Dotationskapital zugewiesen werden, das dem Fremdvergleichsgrundsatz entspricht. Das würde bedeuten, dass ein speziell für Zwecke der Betriebsstätte aufgenommenes Darlehen nicht unbedingt der Betriebsstätte zuzuordnen ist, wenn dies zu einer nicht fremdvergleichsüblichen Unterfinanzierung der Betriebsstätte führen würde.

Ist ein Fremdvergleich für die Kapitalausstattung der Betriebsstätte nicht durchführbar, kann nach Ansicht der Verwaltung[47] das Eigenkapital entsprechend den ausgeübten Funktionen auf Stammhaus und Betriebsstätte verteilt werden (interner Fremdvergleich). Üben Stammhaus und Betriebsstätte gleiche Funktionen aus, kann eine gleiche Eigenkapitalquote für Stammhaus und Betriebsstätte zugrunde gelegt werden (Kapitalspiegelmethode).

Im Ergebnis stellt die Verwaltung recht rigide Grundsätze für die Kapitalausstattung der Betriebsstätte auf und schränkt damit die Finanzierungsfreiheit des Kaufmanns[48], trotz eines Lippenbekenntnisses zu diesem Grundsatz[49], erheblich ein.

Anzumerken ist, dass die Verwaltungsgrundsätze keine Aussage zu der Frage enthalten, wie die Kapitalausstattung der Betriebsstätte zu erfolgen hat, wenn das ganze Unternehmen unterfinanziert ist. Bei Anwendung der Drittvergleichsmethode müsste die Betriebsstätte mit einem marktüblichen Kapital ausgestattet werden mit der Folge, dass die Unterfinanzierung von dem Stammhaus zu tragen wäre. Bei Anwendung der Kapitalspiegelmethode würden Stammhaus und Betriebsstätte die Folgen der Unterfinanzierung verhältnismäßig tragen.

Unklar ist, ob und inwieweit sich § 12 Abs. 1 KStG bzw. § 4 Abs. 1 S. 3 EStG auf die Zuordnung des Dotationskapitals auswirkt. Geldmittel sind Wirtschaftsgüter; die Überlassung von Kapital wäre dann nach den genannten Vorschriften mit dem gemeinen Wert, also Zinsen als Nutzungsvergütung, zu bewerten. Bisher gibt es aber keine Anhaltspunkte dafür, dass die

---

[47] Vgl. Tz. 2.5.1 der Verwaltungsgrundsätze Betriebsstätten.
[48] Dazu BFH v. 25.6.1986, II R 213/83, BStBl II 1986, 785.
[49] In Tz. 2.5.1, zweiter Absatz Verwaltungsgrundsätze Betriebsstätte.

Verwaltung diese Vorschriften auch auf das Dotationskapital anwenden will. Praktisch wird daher davon auszugehen sein, dass das Dotationskapital außerhalb des Anwendungsbereichs der genannten Vorschriften steht.

OECD-Approach:

In dem „Authorised OECD Approach" kommt die OECD hinsichtlich des Dotationskapitals nicht zu klaren und eindeutigen Regeln[50]. Offensichtlich gehen hier die Ansichten der OECD-Staaten sehr weit auseinander.

Die OECD bleibt bei dem Grundsatz, dass interne Zinsen zwischen Stammhaus und Betriebsstätte nicht verrechnet werden dürfen (Ausnahme für Banken)[51]. Darlehensbeziehungen zwischen Stammhaus und Betriebsstätte sind also weiterhin nicht möglich. Bemerkenswert ist, dass der „Functionally separate entity approach" somit nicht für die Zuordnung von Eigenkapital gilt.

Zinsen für Darlehen, die von Dritten aufgenommen worden sind, sind der Betriebsstätte zuzuordnen, soweit dies den im Folgenden dargestellten Grundsätzen der Kapitalzuordnung entspricht. Bemerkenswert ist, dass eine Aufnahme eines Darlehens speziell für Zwecke der Betriebsstätte nicht ausreichend sein soll, die Zinsen der Betriebsstätte zuzuordnen. Die OECD sieht es als gestaltbar an, für welches Projekt das Darlehen aufgenommen wird; dies könne daher nicht maßgebend sein[52].

Hinsichtlich der Zuordnung von Dotationskapital sieht die OECD verschiedene Methoden als zulässig an. Denkbar sind z.B.

- Arm's-length-approach: Zuordnung nach dem Drittvergleichsgrundsatz, wobei einer Betriebsstätte der Teil des Eigenkapitals des Unternehmens zuzuordnen ist, das den Funktionen, Wirtschaftsgütern und Risiken der Betriebsstätte entspricht und nach den Dealings zwischen Stammhaus und Betriebsstätte notwendig ist;

- Capital allocation approach: Zuordnung eines angemessenen Teils des vorhanden Kapitals (Kapitalspiegelmethode);

---

[50] Vgl. Ziff. 45 OECD-MK: „Consequently, the majority of the Member countries consider that it would be preferable to look for a practicable solution…".
[51] Ziff. 41 OECD-MK.
[52] Vgl. Ziff. 44 OECD-MK.

- Thin capitalisation approach: Anwendung der Regeln über Gesellschafter-Fremdfinanzierung.

Wegen dieser Methodenvielfalt sieht die OECD Doppelbesteuerungsprobleme voraus und schlägt vor, dass die betroffenen Staaten der Kapitalzuordnung durch den Staat der Betriebsstätte folgen, wenn die Unterschiede in den Ansichten von Betriebsstättenstaat und Stammhausstaat nur in der Anwendung zulässiger Methoden bestehen, und der Betriebsstättenstaat eine zulässige Methode angewandt hat[53].

Für die Ermittlung der der Betriebsstätte zuzuordnenden Zinsen sieht die OECD zwei Methoden vor:

- Tracing Approach: Der Betriebsstätte werden die Zinsen für Darlehen zugeordnet, die speziell für Zwecke der Betriebsstätte aufgenommen worden sind;

- Fungibility Approach: Der Betriebsstätte werden die durchschnittlichen Zinsen des vom Unternehmen insgesamt aufgenommenen Kapitals zugeordnet.

Insgesamt ist kein wesentlicher Unterschied zwischen der Ansicht der Finanzverwaltung in den Verwaltungsgrundsätzen Betriebsstätten und dem OECD Approach zu sehen. Die Ansicht der Verwaltung dürfte, nach kleineren Anpassungen, mit dem OECD Approach vereinbar sein.

8. Firmenwert

Nur hingewiesen werden soll darauf, dass sich in dem Fall auch ein Problem der Besteuerung des Firmenwertes stellt. Der entgeltlich erworbene Firmenwert gilt, zumindest seit der Neufassung des § 246 Abs. 1 S. 4 HGB[54], als Vermögensgegenstand und daher steuerlich auch als Wirtschaftsgut. M.E. zwingt das dazu, auch den originären Firmenwert zumindest steuerlich als Wirtschaftsgut einzuordnen. In diesem Fall würde auf den Übergang des Firmenwerts auf eine ausländische Betriebsstätte § 12 Abs. 1 KStG bzw. § 4 Abs. 1 S. 3 EStG anzuwenden sein[55]. Problem wäre dann aber, dass der übergehende Firmenwert mit dem gemeinen Wert zu bewerten wäre, nach § 9 Abs. 2 BewG also der Einzelveräußerungspreis. Da der Firmenwert jedoch einzeln nicht veräußerbar ist, hat er keinen „gemeinen Wert"; die Entstrickungsvorschriften würden insoweit ins Leere gehen.

---

[53] Ziff. 48 OECD-MK
[54] i.d.F. des BilMOG v. 25.5.2009, BGBl I 2009, 1102.
[55] So Begründung zum Gesetzentwurf BT-Drucksache 16/2710, 28.

Der Ansatz des Teilwerts kommt m.e. angesichts des insoweit klaren Gesetzeswortlauts nicht in Betracht[56].

Im hier besprochenen Fall kommt hinzu, dass nach dem Sachverhalt unklar ist, ob überhaupt ein Firmenwert übergegangen ist. Ein Firmenwert kann allenfalls mit einem Teilbetrieb verbunden sein. Ob die auf die Betriebsstätte übergehenden Wirtschaftsgüter einen „Teilbetrieb" bilden, wäre in der Praxis an Hand der Gegebenheiten des Einzelfalles zu prüfen.

OECD Approach:

Die OECD hat sich nicht mit den speziellen Problemen des Firmenwerts beschäftigt.

9. Dokumentation

Nach § 90 Abs. 3 S. 4 AO gelten die besonderen Dokumentationspflichten für Verrechnungspreise entsprechend für Gewinnaufteilung zwischen Stammhaus und Betriebsstätte. Für Einzelheiten der Dokumentation wird auf die Gewinnaufzeichnungs-AbgrenzungsVO[57] und die entsprechenden Verwaltungsanweisungen[58] verwiesen.

Die Übertragung der Produktion einer Produktgruppe auf eine ausländische Betriebsstätte wie im hier besprochenen Fall stellt einen „außergewöhnlichen Geschäftsvorfall" i.S.d § 90 Abs. 3 S. 3 AO dar[59]. Die Dokumentation hat also zeitnah zu erfolgen, d.h. nach § 3 Abs. 1 der GewinnabgrenzungsaufzeichnungsVO innerhalb von 6 Monaten nach Ablauf des Wirtschaftsjahres.

OECD-Approach:

Die OECD legt besonderen Wert auf die Dokumentation der Gewinnabgrenzung zwischen Stammhaus und Betriebsstätte[60]. Dieser Dokumentation dienen insbesondere die Dealings, die im Vorhinein und schriftlich abgefasst werden müssen.

Im Ergebnis dürfte § 90 Abs. 3 AO und die Gewinnabgrenzungsaufzeichnungsverordnung in Übereinstimmung mit der Ansicht der OECD stehen.

---

[56] Vgl. hierzu *Förster*, DB 2007, 72; *Strahl*, FR 2007, 665; *Frotscher*, EStG, zu § 4 Rz. 400.
[57] Gewinnabgrenzungsaufzeichnungsverordnung v. 13.11.2003, BStBl I ...
[58] BMF v. 12.4.2005, BStBl I 2005, 570 – Verwaltungsgrundsätze Verfahren.
[59] Vgl. § 3 Abs. 2 Gewinnabgrenzungsaufzeichnungsverordnung.
[60] Ziff. 20 OECD-MK.

III. Qualifikationskonflikte bei Betriebsstätten in China und Vermeidung *(Wang)*

Fall 3:

Ein in Deutschland ansässiger Automobilzulieferer "D-AG" liefert einzelne Bauteile und vormontierte Baugruppen an einen in China ansässigen Autohersteller "C-Ltd". Im Zusammenhang mit der Lieferung werden auch technische Beratungsleistungen durch die D-AG an die C-Ltd erbracht (Dabei handelt es sich nicht um Montageleistungen). Im Jahr 2009 sind drei Ingenieure der D-AG (X, Y und Z) mehrmalig nach China eingereist und haben dort die C-Ltd technisch beraten. Ihre Aufenthalte in China werden in der nachfolgenden Übersicht dargestellt:

Aufenthalt in China	Ingenieure	Tätigkeitsdauer (Tage) in China
08.01.2009-12.01.2009	X	5
09.02.2009-11.02.2009	Y	3
09.03.2009-11.03.2009	Z	3
06.04.2009-10.04.2009	X	5
04.05.2009-07.05.2009	Y	4
04.06.2009-08.06.2009	Z	5
06.07.2009-10.07.2009	X	5
		$\sum 30$

Für die technischen Beratungsleistungen 2009 wurde im Rahmen eines Service-Vertrags, der zwischen der D-AG und der C-Ltd abgeschlossen wird, eine Vergütung in Höhe von 150.000 Euro vereinbart. Für die Erbringung der Beratungsleistungen sind für die D-AG Aufwendungen (wie z.B. Personal- und Reisekosten) in Höhe von 120.000 Euro entstanden.

Lösungshinweise:

Schrifttum: *Pfaar*, VR China: Steuerliche Behandlung von Technologietransfer und damit zusammenhängenden Dienstleistungen, IStR 2003, 340 ff.; *Wang*, Steuereffiziente Gestaltung deutscher Investitionen in China unter Berücksichtigung der chinesischen Unternehmenssteuerreform, IStR 2008, 242 ff.; *Wang*, Besteuerung deutscher Direktinvestitionen in China – Laufende Besteuerung, Unternehmenskauf, -veräußerung und -umstrukturierung, nwb, 2006, 51 ff.

A. Betriebsstättendefinition und mögliche Qualifikationskonflikte

1. Chinesisches nationales Recht

Begründet ein deutsches Unternehmen in China durch seine wirtschaftliche Tätigkeit eine Betriebsstätte, wird das deutsche Unternehmen mit den Einkünften, die der Betriebsstätte nach dem Prinzip der wirtschaftlichen Zugehörigkeit zuzurechnen sind, in China beschränkt steuerpflichtig.[1]

Der Betriebsstättenbegriff im chinesischen nationalen Steuerrecht ist sehr weit gefasst[2]. Für die Betriebsstättenbegründung ist aus chinesischer Sicht nicht zwingend notwendig, dass eine feste Geschäftseinrichtung vorliegt.

Als Besonderheit des chinesischen Steuerrechts kann eine Betriebsstätte auch lediglich durch die Erbringung von Dienstleistungen begründet werden (sog. Dienstleistungsbetriebsstätte). Für die betriebsstättenbegründenden Tatbestände ist eine zeitliche Mindestgrenze nicht vorgesehen, so dass nach dem nationalen chinesischen Recht auch eine nicht dauerhafte Tätigkeit zu Betriebsstätten führen kann.

2. Doppelbesteuerungsabkommen

Bei Geschäftsaktivitäten, die durch ein deutsches Unternehmen in China ausgeübt werden, ist zugleich auf die Betriebsstättendefinition des Doppelbesteuerungsabkommens zwischen Deutschland und China (im Folgenden „DBA-China") abzustellen, wodurch dem vergleichsweise sehr weit gefassten chinesischen Betriebsstättenbegriff Schranken gesetzt werden. Nach Art. 5 DBA-China kann eine Betriebsstätte durch die Erbringung von Dienstleistungen nur dann begründet werden, wenn die Tätigkeiten für das gleiche oder ein damit zusammenhängendes Projekt insgesamt länger als sechs Monate innerhalb eines beliebigen 12-Monats-Zeitraums andauern.

3. Mögliche Qualifikationskonflikte

Wenngleich die Abkommensregelung zur Vermeidung der Doppelbesteuerung auf eine übereinstimmende Betriebsstättenqualifikation in beiden Vertragsstaaten gerichtet ist, kann es in der Praxis durchaus vorkommen, dass es in Deutschland und in China aufgrund unterschiedlicher Auslegung bzw. Anwendung der abkommensrechtlichen Regelung zu verschiedenen Ergebnissen bei der Betriebsstättenqualifikation kommt.

---

[1] Art. 2 und 3 Chinese Enterprise Income Tax Law. Die Betriebsstätteneinkünfte enthalten nach chinesischem Steuerrecht nicht die Gewinne, die das Stammunternehmen in China durch Direktgeschäfte erzielt; solche Einkünfte können allerdings von einer chinesischen Quellensteuer erfasst werden (z.B. für Zinsen oder Lizenzgebühren).

[2] Zu einem ausführlichen Vergleich der Betriebsstättenbegriffe im chinesischen und deutschen nationalen Steuerrecht sowie im DBA-China vgl. *Wang*, Besteuerung deutscher Direktinvestitionen in China, 2006, S. 61 ff.

Die Begründung einer Dienstleistungsbetriebsstätte im Sinne des DBA setzt zwar voraus, dass die Tätigkeiten für ein Projekt insgesamt länger als sechs Monate innerhalb eines beliebigen 12-Monats-Zeitraums andauern; die maßgebliche Tätigkeitsdauer wird aber aus deutscher und chinesischer Sicht unterschiedlich ermittelt. Dies führt häufig zu dem Ergebnis, dass die Erbringung der Dienstleistung bei einem Projekt aus chinesischer Sicht zu einer Betriebsstätte in China führt, aus deutscher Sicht eine chinesische Betriebsstätte jedoch aufgrund des Unterschreitens der 6-Monats-Frist nicht begründet wird.

B. Lösung des Falls

4. Betrachtung aus chinesischer Sicht

Aus chinesischer Sicht ist die maßgebliche Tätigkeitsdauer aus der Gesamtdauer des betreffenden Projektes abzüglich der Unterbrechungen zu berechnen.[3]

Bei der Bestimmung der Gesamtdauer des Projektes werden die jeweils angefangenen Monate stets als volle Monate gezählt. In dem vorliegenden Fall beträgt die Gesamtdauer des Projektes sieben Monate.

Bei der Berechnung der Unterbrechungen werden jeweils 30 Tage als ein Monat gerechnet, d. h., von der Gesamtdauer des Projektes kann ein Monat als Unterbrechung nur dann abgezogen werden, wenn die Tätigkeit für einen zusammenhängenden Zeitraum von mindestens 30 Tagen unterbrochen wird. In dem vorliegenden Fall gibt es keine 30-tägigen Unterbrechungen, die bei der Fristberechnung zu berücksichtigen sind. Durch eine solche Berechnungsweise wird der abkommensrechtliche Begriff der Dienstleistungsbetriebsstätte aus chinesischer Sicht weitest möglich ausgelegt.

Im Ergebnis beträgt die maßgebliche Tätigkeitsdauer im vorliegenden Fall sieben Monate. Aus chinesischer Sicht wird somit eine Betriebsstätte in China begründet, obwohl die tatsächliche Dauer der Tätigkeit in China nur 30 Tage betragen hat.

5. Betrachtung aus deutscher Sicht

In Deutschland wird dagegen üblicherweise eine tagesgenaue Berechnung der Tätigkeitsdauer vorgenommen. Mit 30 Tagen, an denen eine wirtschaftliche Tätigkeit in China ausgeübt wird, wird aus deutscher Sicht keine Betriebsstätte in China begründet.

---

[3] Vgl. State Administration of Taxation of People's Republic of China ("PRC"), 04.04.2007, Guoshuihan [2007] No. 403. Die Gesamtdauer des Projektes beginnt mit dem Zeitpunkt, in dem der erste Mitarbeiter, der für das Projekt eingesetzt wird, in China eintrifft, und endet mit dem Zeitpunkt, in dem das Projekt abgeschlossen wird und der letzte Mitarbeiter des Projektes China verlässt.

6. Folgen des Qualifikationskonfliktes

Es kommt zu dem Ergebnis, dass die Erbringung der Dienstleistung bei dem vorliegenden Projekt aus chinesischer Sicht zu einer Betriebsstätte in China führt, aus deutscher Sicht eine chinesische Betriebsstätte jedoch aufgrund des Unterschreitens der 6-Monats-Frist nicht vorliegt. Das bedeutet in diesem Fall, dass der Betriebsstättengewinn in China der Ertragsbesteuerung unterworfen wird, während aus deutscher Sicht die in China erzielten Einkünfte mangels Vorliegen einer chinesischen Betriebsstätte nicht freigestellt, sondern in die deutsche Steuerbemessungsgrundlage einbezogen werden.

Die chinesische Steuer ist in diesem Fall auch nicht auf die deutsche Steuer anrechenbar, sondern allenfalls nur als Betriebsausgaben des deutschen Unternehmens abzugsfähig,[4] da ausländische Einkünfte im Sinne des § 34d Nr. 2 Buchstabe a) EStG nicht vorliegen. Im Ergebnis wird trotz des Bestehens des Abkommens eine – zumindest partielle – Doppelbesteuerung der chinesischen Einkünfte im Wohnsitz- und Quellenstaat ausgelöst.

In solchen Fällen ist der Steuerpflichtige zwar dazu berechtigt, nach Art. 26 DBA-China einen Abkommensverstoß zu reklamieren und ein zwischenstaatliches Verständigungsverfahren anzurufen. Ein solches Verfahren ist aber i. d. R. so zeitaufwendig, dass der Steuerpflichtige in den meisten Fällen trotz der Doppelbesteuerung auf die Beantragung eines Verständigungsverfahrens verzichtet.

7. Besonderheiten der Betriebsstättenergebnisermittlung

Zwar besteht nach dem chinesischen Recht zur Ermittlung des Betriebsstättenergebnisses grundsätzlich die Möglichkeit der Buchführung bzw. Bilanzierung. Zur Steuervereinfachung wird der Betriebsstättengewinn in China jedoch meistens durch eine Schätzung festgestellt, die anhand der sog. Deemed-Profit-Methode oder der Kostenaufschlagsmethode durchgeführt wird.[5] Während der Gewinn einer projektbezogenen Betriebsstätte im Rahmen der Deemed-Profit-Methode abhängig von den tatsächlichen Einnahmen pauschal festgestellt wird, wird das Ergebnis bei Repräsentanzen ausländischer Unternehmen – sofern sie als Betriebsstätten in China qualifiziert werden – meistens basierend auf den tatsächlich angefallenen Aufwendungen mit der Kostenaufschlagsmethode geschätzt.

Durch die Anwendung dieser Schätzungsmethoden kommt es regelmäßig zu einer beträchtlichen Abweichung des in China pauschal festgestellten Betriebsstättengewinns von dem nach den deutschen Vorschriften ermittelten Betriebsstättenergebnis. Für die Fälle, in denen eine chinesische Betriebsstätte sowohl aus deutscher Sicht als auch aus chinesischer Sicht vorliegt, führt der oben dargestellte Unterschied in der Ergebnisermittlung meistens zu einer Doppelbesteuerung des

---

[4] S. § 34c Abs. 3 EStG.
[5] Vgl. State Administration of Taxation, 12.03.2003, Guoshuifa [2003] No. 28.

(anteiligen) Betriebsstättengewinns in China und Deutschland, da in China der nach dem dortigen Recht pauschal festgestellte Betriebsstättengewinn (der i. d. R. höher ist als der buchhalterisch ermittelte Gewinn) besteuert wird, während in Deutschland der nach deutschem Recht ermittelte (und damit i. d. R. niedrigere) Betriebsstättengewinn von der Besteuerung freigestellt wird.[6]

8. Besteuerung in China

In dem vorliegenden Fall werden die chinesischen Steuern wie folgt ermittelt:

a) Unternehmenseinkommensteuer

Betriebseinnahme der Betriebsstätte:	150.000 Euro
Deemed-Profit-Satz (annahmegemäße):	40%
Betriebsstättengewinn nach der pauschalen Feststellung:	150.000 * 40% = 60.000 Euro
Unternehmenseinkommensteuersatz:	25%
Unternehmenseinkommensteuer:	60.000 * 25% = 15.000 Euro

b) Business Tax

Die Business Tax ist eine Umsatzsteuer, die in China auf Umsätze aus der Erbringung von Dienstleistungen erhoben wird.[7] Der Steuersatz variiert je nach Art der Dienstleistungen und beträgt in dem vorliegenden Fall 5%.

Business Tax: 150.000 * 5% = 7.500 Euro

Für Business Tax besteht keine Möglichkeit zum Vorsteuerabzug.

c) Gesamtsteuerbelastung in China

15.000 + 7.500 = 22.500 Euro

---

[6] Die Anwendung der Freistellungsmethode nach dem DBA-China setzt voraus, dass in der chinesischen Betriebsstätte aktive Tätigkeiten im Sinne des DBA ausgeübt werden. In den selten vorkommenden Fällen, in denen die abkommensrechtliche Anrechnungsmethode anzuwenden ist, wird der nach dem deutschen Recht ermittelte Betriebsstättengewinn für die Ermittlung des Höchstbetrags der in Deutschland anrechenbaren Steuer zugrunde gelegt.

[7] Die chinesische Umsatzsteuer unterscheidet drei Steuerarten, nämlich die Mehrwertsteuer (Value Added Tax), die Business Tax und die Konsumsteuer (Consumption Tax). Bei der Mehrwertsteuer handelt es sich um eine Allphasen-Nettoumsatzsteuer mit Vorsteuerabzug. Davon erfasst sind in erster Linie Umsätze aus Warenlieferungen und Einfuhren. Umsätze aus der Erbringung von Dienstleistungen sowie Umsätze aus der Übertragung von immateriellen Vermögensgegenständen und Immobilien (Landnutzungsrecht und Gebäude) unterliegen der Business Tax. Die Höhe der Business Tax ist abhängig von der Art der Dienstleistungen, beträgt meistens aber 5%. Die Konsumsteuer wird zusätzlich zur Mehrwertsteuer auf bestimmte Konsumgüter erhoben.

9. **Besteuerung in Deutschland**

a) Aus deutscher Sicht liegen mangels einer chinesischen Betriebsstätte keine ausländischen Einkünfte im Sinne des § 34d Nr. 2 Buchstabe a) EStG vor. Die chinesischen Steuern können in Deutschland nicht nach den Vorschriften des § 34c Abs. 1 EStG bzw. des § 26 KStG angerechnet werden. Nach § 34c Abs. 3 EStG ist aber möglich, die in China angefallenen Steuern als Betriebsausgaben abzuziehen.

b) **Berechnung der KSt/GewSt:**

Betriebseinnahme:	150.000 Euro
Betriebsausgaben ohne Berücksichtigung der Steuern (= Personal-, Reisekosten etc.):	120.000 Euro
Gewinn vor Berücksichtigung der Steuern:	30.000 Euro
Abzug der in China angefallenen Steuern als Betriebsausgaben:	22.500 Euro
In Deutschland steuerpflichtiger Gewinn:	7.500 Euro
Steuerbelastung aus der deutschen KSt und GewSt (annahmegemäß):	30%
Deutsche KSt/GewSt:	7.500 * 30% = 2.250 Euro

10. **Gesamtsteuerbelastung:**

Gesamtsteuerbelastung in China und Deutschland:

22.500 + 2.250 = 24.750 Euro

Steuerbelastungsquote (= Steuerbelastung / Gewinn vor Steuern):

24.750 / 30.000 = 82,5%

11. **Einkommensteuer/Lohnsteuer der Mitarbeiter:**

Da aus chinesischer Sicht eine Betriebsstätte vorliegt und die Gehaltskosten der betreffenden Ingenieure wirtschaftlich der chinesischen Betriebsstätte zuzuordnen sind, werden die Einkünfte, die bei den Ingenieuren jeweils auf die in China ausgeübte Tätigkeit entfallen, nach Art. 15 Abs. 2 DBA-China der chinesischen Einkommensteuer unterworfen. Dies gilt unabhängig davon, ob die betreffenden Ingenieure während des Kalenderjahres jeweils länger als 183 Tage in China tätig waren. Für D-AG ergibt sich die Pflicht, die in diesem Zusammenfang anfallenden Lohnsteuern in China anzumelden und abzuführen.

12. Vermeidung von Qualifikationskonflikten und der Doppelbesteuerung

Soweit bei einem Projekt aus operativer Sicht eine gewisse Flexibilität hinsichtlich der Zeiträume besteht, in denen die deutschen Mitarbeiter in China tätig sind, könnte durch eine gezielte Projektplanung bzw. ein entsprechendes Projektmanagement das Risiko einer Dienstleistungsbetriebsstätte reduziert werden.

Lässt sich die Begründung einer chinesischen Betriebsstätte nicht vermeiden, ist es zur Minimierung der Gesamtsteuerbelastung ratsam, durch Verhandlungen mit den zuständigen chinesischen Behörden vorab einen möglichst niedrigen Deemed-Profit-Satz für die Betriebsstättengewinnermittlung festzulegen.

IV. Personengesellschaften mit Schweizer Niederlassung/Betriebsstätte *(Burki)*

Fall 4:

Die X GmbH & Co. KG mit Sitz in Deutschland wird von einer deutschen GmbH als Komplementärin sowie je einer in Deutschland ansässigen und einer in der Schweiz ansässigen natürlichen Person als Kommanditisten gehalten. Die Gesellschaft kauft elektronische Geräte von verschiedenen Herstellern im Ausland und veräußert diese bis jetzt ausschließlich an Großhändler in Deutschland.

Die Gesellschafter der X GmbH & Co. KG planen nun, den Vertrieb der Produkte auf weitere Länder in Europa auszudehnen. Dabei sollen die Einkaufs- und Verkaufsaktivitäten für den Vertrieb außerhalb von Deutschland von der Schweiz aus wahrgenommen werden. Für den vorliegenden Fall ist davon auszugehen, dass keine bereits bei der X GmbH & Co. KG bestehenden Funktionen in die Schweiz übertragen werden.

In der Folge errichtet die X GmbH & Co. KG eine Zweigniederlassung in der Schweiz. Im Rahmen dieser Zweigniederlassung mit Sitz in St. Gallen, Schweiz, werden in eigenen Büros rund 15 Mitarbeiter den Einkauf und Verkauf von elektronischen Geräten in verschiedenen Ländern außerhalb von Deutschland wahrnehmen. Aus rein steuerlicher Sicht könnte als Alternative auch eine schweizerische Personengesellschaft verwendet werden. Dies scheitert allerdings in aller Regel daran, dass bei einer schweizerischen Personengesellschaft gemäß Zivilrecht nur natürliche Personen voll haftende Komplementäre sein können. Dies stellt in manchen Fällen ein nicht akzeptables Risiko für die Gesellschafter dar.

Lösungshinweise:

1. Qualifikation als schweizerische oder ausländische Personengesellschaft

a) Internationales Privatrecht

Für das Zivilrecht ist die Inkorporationstheorie gemäß Art. 154 Abs. 1 des Bundesgesetzes über das Internationale Privatrecht (IPRG) maßgeblich, wonach Gesellschaften dem Recht des Staates unterstehen, nach dessen Vorschriften sie organisiert sind, soweit die Publizitäts- oder Registrierungsvorschriften nach dem Recht des entsprechenden Staates erfüllt sind.

Subsidiär gilt die Sitztheorie gemäß Art. 154 Abs. 2 IPRG in den Fällen, in welchen der Sitz nach der Inkorporationstheorie nicht bestimmt werden kann. In diesen Fällen wird eine

Personengesellschaft als ausländisch qualifiziert, wenn sie tatsächlich im Ausland verwaltet wird. Für eine nach deutschem Recht dem Gesetz entsprechend gegründete deutsche GmbH & Co. KG ist davon auszugehen, dass sie in zivilrechtlicher Hinsicht eine deutsche Personengesellschaft darstellt.

b) Steuerrecht

Im schweizerischen Steuerrecht war lange umstritten, wann eine Personengesellschaft als inländisch oder ausländisch zu qualifizieren ist. Für die Qualifikation stützt sich ein Teil der Lehre auf die Regeln des IPRG, während ein anderer Teil der Lehre die Ansässigkeit der Teilhaber im Inland oder Ausland als Hauptkriterium betrachtet. Die Eidgenössische Steuerverwaltung (EStV) schloss sich dem Teil der Lehre an, welcher für die Beurteilung der Frage, ob eine schweizerische oder ausländische Personengesellschaft vorliegt, von der Ansässigkeit der Teilhaber ausgeht.

Die im Beispiel genannte GmbH & Co. KG weist Teilhaber in Deutschland und der Schweiz auf. Aus schweizerischer steuerlicher Sicht wird diese Personengesellschaft bezüglich der deutschen Anteilinhaber als ausländische Personengesellschaft und bezüglich des schweizerischen Kommanditisten als schweizerische Personengesellschaft qualifiziert. Es wird sich im Folgenden zeigen, dass diese Unterscheidung zu erheblichen Differenzen in der Besteuerung in der Schweiz führt.

2. Besteuerung der schweizerischen Betriebsstätte der GmbH & Co. KG

a) Schweizerisches Steuerrecht

aa) Besteuerung der deutschen Gesellschafter

Die Gewinnsteuer wird in der Schweiz auf den Ebenen Bund, Kanton und Gemeinde erhoben. Die Erhebung der direkten Bundessteuer stützt sich dabei auf das Bundesgesetz über die Direkte Bundessteuer (DBG), während sämtliche Kantone der Schweiz eigene Steuergesetze aufweisen. Die kantonalen Steuergesetze wurden jedoch durch das Bundesgesetz über die Harmonisierung der direkten Steuern der Kantone und Gemeinden (StHG) weitgehend harmonisiert und mit dem DBG in Einklang gebracht. Außer im Falle wesentlicher Abweichungen (beispielsweise kantonale Steuerprivilegien) werden sich die folgenden Kommentare entsprechend auf das DBG konzentrieren.

Gemäß Art. 11 DBG entrichten ausländische Handelsgesellschaften und andere ausländische Personengesamtheiten ohne juristische Persönlichkeit, die auf Grund wirtschaftlicher Zugehörigkeit in der Schweiz steuerpflichtig sind, ihre Steuern nach den Bestimmungen für die juristischen Personen. Dabei werden die ausländischen Gesellschaften gemäß Art. 49 Abs. 3 DBG den schweizerischen juristischen Personen gleichgestellt, denen sie rechtlich oder tatsächlich am ähnlichsten sind. Im Falle einer deutschen GmbH & Co. KG mit Betriebsstätte in der Schweiz kann gemäß Praxis davon ausgegangen werden, dass die Regeln für die Besteuerung von Kapitalgesellschaften anwendbar sind. Der Steuersatz für die direkte Bundessteuer beträgt 8,5%, was infolge der Abzugsfähigkeit der Steuern zu einem effektiven Steuersatz von ca. 7,83% führt. Der Gesamtsteuersatz wird je nach Sitzkanton zwischen 15% und 25% liegen.

Im vorliegenden Fall ist davon auszugehen, dass die Zweigniederlassung der X GmbH & Co. KG in St. Gallen eine schweizerische Betriebsstätte darstellt, welche die ihr zurechenbaren Einkünfte auf Grund wirtschaftlicher Zugehörigkeit in der Schweiz zu versteuern hat. Dabei sind die Steuersätze für Kapitalgesellschaften anwendbar.

Bei Betriebsstätten ausländischer Personengesellschaften entstand in der Schweiz eine Auseinandersetzung darüber, ob für diese auch die übrigen Gesetzesbestimmungen für juristische Personen anwendbar seien. Insbesondere gab der Beteiligungsabzug Anlass zu Diskussionen in den Fällen, da schweizerische Betriebsstätten ausländischer Personengesellschaften maßgebliche Beteiligungen an Kapitalgesellschaften hielten. Obschon gemäß Gesetzeswortlaut der Beteiligungsabzug Anwendung finden müsste, kam die EStV zu einem anderen Schluss und verweigert grundsätzlich die Gewährung des Beteiligungsabzuges bei Betriebsstätten von ausländischen Personengesellschaften.

Im Weiteren stellt sich bei der schweizerischen Betriebsstätte auch die Frage, ob die nur auf juristische Personen anwendbare privilegierte Besteuerung im Falle von Zweigniederlassungen ausländischer Personengesellschaften für Auslandeinkünfte in den Kantonen zur Anwendung kommen könne. Die Praxis der Kantone in diesbezüglichen Fällen ist unterschiedlich und entsprechend im einzelnen Fall genau zu klären.

bb) Besteuerung des schweizerischen Gesellschafters

Für den schweizerischen Kommanditisten gilt die GmbH & Co. KG aus steuerlicher Sicht als schweizerische Personengesellschaft. Für ihn ist demnach Art. 10 DBG anwendbar, welcher von der steuerlichen Transparenz von Personengesellschaften ausgeht. Das Einkommen der Betriebsstätte der GmbH & Co. KG wird entsprechend dem schweizerischen Kommanditisten anteilig zugerechnet und bei ihm zu den wesentlich höheren Sätzen für natürliche Personen besteuert. Je nach Wohnsitz wird sein Einkommenssteuersatz zwischen rund 20% und 40% liegen.

c) Internationale Steuerausscheidung

Art. 52 DBG sieht vor, dass die Abgrenzung der Steuerpflicht für Betriebsstätten im Verhältnis zum Ausland nach den Grundsätzen des Bundesrechts über das Verbot der interkantonalen Doppelbesteuerung erfolgt. Die Praxis der interkantonalen Doppelbesteuerung wurde im Wesentlichen durch das schweizerische Bundesgericht geprägt, da entsprechende gesetzliche Vorschriften weitgehend fehlen. In der interkantonalen Praxis wird die Ausscheidung in aller Regel nach der quotalen Methode vorgenommen. Demgegenüber wird im Verhältnis zum Ausland in aller Regel objektmäßig ausgeschieden.

Im Falle einer deutschen GmbH & Co. KG mit schweizerischer Betriebsstätte wird die Struktur oft so gewählt, dass die GmbH & Co. KG keine Aktivitäten in Deutschland entfaltet, sondern lediglich im Rahmen der schweizerischen Betriebsstätte tätig wird. Diese Strukturierung führt dazu, dass der gesamte Gewinn der schweizerischen Betriebsstätte zugerechnet wird und entsprechend über die internationale Steuerausscheidung zwischen der deutschen GmbH & Co. KG und der schweizerischen Betriebsstätte keine Diskussionen entstehen.

d) Kapitalsteuer

Während auf Bundesebene keine jährliche Kapitalsteuer mehr existiert, erheben die Kantone eine Kapitalsteuer auf den Nettoaktiven der schweizerischen Betriebsstätte. Der Steuersatz liegt dabei je nach Kanton in der Größenordnung von 0,1% bis 1%. Im Falle von privilegierten Gesellschaften kann der Steuersatz auch tiefer liegen.

e) Stempelabgaben und Verrechnungssteuer

Während bei der Gründung einer Kapitalgesellschaft eine Emissionsabgabe von 1% auf dem eingebrachten Eigenkapital erhoben wird, sofern dieses CHF 1'000'000 übersteigt, fällt bei der Gründung einer Zweigniederlassung einer ausländischen Kapital- oder Personengesellschaft in der Schweiz keine Emissionsabgabe an.

Gewinnausschüttungen der schweizerischen Zweigniederlassung an den deutschen Hauptsitz unterliegen im Weiteren nicht der Verrechnungssteuer, sondern können im Gegensatz zu Gewinnausschüttungen von Kapitalgesellschaften ohne schweizerische Quellensteuer vorgenommen werden.

f)   Sozialversicherungsbeiträge

Nachdem die Kommanditisten der GmbH & Co. KG natürliche Personen sind, unterliegen die ihnen zurechenbaren Gewinne der Betriebsstätte in der Schweiz grundsätzlich der schweizerischen Sozialversicherungspflicht. Dabei ist davon auszugehen, dass die Sozialversicherungsbeiträge einen Betrag von rund 10% der Gewinne (ohne Cap) ausmachen. Die Sozialversicherungsbeiträge, welche immerhin steuerlich abzugsfähig sind, stellen demnach in der Schweiz in vielen Fällen eine Quasi-Steuer dar.

Im vorliegenden Fall wäre bezüglich des deutschen Kommanditisten zu prüfen, ob das Freizügigkeitsabkommen zwischen der EU und der Schweiz vom 21 Juni 1999 dazu führt, dass er ausschließlich der deutschen Sozialversicherungspflicht unterliegt und damit keine schweizerischen Sozialversicherungsbeiträge bezahlen muss.

3.   Doppelbesteuerungsabkommen zwischen Deutschland und der Schweiz

a)   Betriebsstätte

Art. 5 Abs. 1 und 2 lit. b DBAD definieren als Betriebsstätte eine feste Geschäftseinrichtung und insbesondere auch eine Zweigniederlassung, in der die Tätigkeit des Unternehmens ganz oder teilweise ausgeübt wird. Es ist davon auszugehen, dass die geplante Zweigniederlassung der X GmbH & Co. KG in der Schweiz eine Betriebsstätte im Sinne von Art. 5 DBAD darstellt.

Art. 7 Abs. 1 DBAD sieht vor, dass Gewinne eines deutschen Unternehmens nur in Deutschland besteuert werden können, es sei denn, dass das deutsche Unternehmen seine Tätigkeit in der Schweiz durch eine dort gelegene Betriebsstätte ausübt. Ist dies der Fall, so können die Gewinne des Unternehmens in der Schweiz besteuert werden, jedoch nur insoweit, als sie der schweizerischen Betriebsstätte zugerechnet werden können. Wie bereits erwähnt, kann es sinnvoll sein, eine eigene GmbH & Co. KG in Deutschland ohne Aktivitäten in Deutschland mit einer Zweigniederlassung in der Schweiz zu gründen, um die

Ausscheidungsproblematik mit Funktionenzuordnung, welche in Art. 7 DBAD auch weiter ausgeführt wird, zu vermeiden.

b) Methode zur Vermeidung der Doppelbesteuerung

Art. 24 Abs. 1 Ziff. 1 lit. a DBAD sieht für Gewinne, welche einer schweizerischen Betriebsstätte einer deutschen Unternehmung zuzurechnen sind, die Freistellungsmethode unter Progressionsvorbehalt vor. Die Freistellungsmethode ist jedoch nur anwendbar, wenn die Betriebsstätte aus Sicht des DBAD und des Außensteuergesetzes als aktiv qualifiziert wird.

Gemäß Art. 24 Abs. 1 Ziff.2 DBAD wendet Deutschland anstelle der Freistellungsmethode die Anrechnungsmethode an, sofern die Betriebsstätte passive Tätigkeiten ausübt und entsprechend nicht im Sinne von Art. 24 Abs. 1 Ziff. 1 lit. a DBAD aktiv ist (Aktivitätsvorbehalt). Im Falle von aktiven und passiven Tätigkeiten einer Betriebsstätte ist eine Aufteilung vorzunehmen.

Aus den genannten Bestimmungen des DBAD ergibt sich im vorliegenden Fall, dass die Zweigniederlassung der GmbH & Co. KG in der Schweiz steuerbar ist und entsprechend eine Freistellung der Betriebsstättengewinne von der deutschen Besteuerung erfolgt, sofern die Betriebsstätte aus Sicht des DBAD und auch aus Sicht des § 8 Abs. 1 AStG als aktiv qualifiziert wird.

Ohne kantonale Privilegierung für ausländische Einkünfte liegt bei einer solchen Struktur der effektive Steuersatz insgesamt bei 15 bis 25%. Sofern zusätzlich eine kantonale steuerliche Privilegierung von Auslandeinkünften erlangt werden kann, beträgt die Steuerbelastung insgesamt lediglich 10 – 15%.

V. Aktuelle Steueränderungen in den USA und Bedeutung für Inbound/Outbound Investitionen aus/nach Deutschland *(Flick)*

Fall 5:

Eine US Kapitalgesellschaft „INC" ist weltweit durch eine Vielzahl von inländischen und ausländischen 100% Beteiligungen tätig. Die inländischen Tochtergesellschaften bilden einen steuerlichen Konsolidierungskreis („consolidated tax return"). Die ausländischen Beteiligungen sind in zwei Gruppen aufgeteilt: Die erste Gruppe von Beteiligungen besteht grundsätzlich aus Kapitalgesellschaften in „Hochsteuerländern" und wird über eine Holdinggesellschaft in Luxemburg („High Tax Holding") gehalten. Die zweite Gruppe von Beteiligungen besteht grundsätzlich aus Kapitalgesellschaften in „Niedrigsteuerländern" und wird über eine Holdinggesellschaft in Holland („Low Tax Holding") gehalten. Die Einstufung als Hochsteuerland oder Niedrigsteuerland basiert auf der Effektivbesteuerung errechnet nach US-Steuerregeln, d.h. das Landesergebnis wird nach US-Steuerregeln festgestellt und mit der tatsächlichen Landessteuerschuld verglichen.

Die deutsche Beteiligung „GmbH" hängt unter der High Tax Holding. Sie und ihre Schwestergesellschaften haben entsprechend dem sogenannten „Check-the-Box" Verfahren erwählt, in einer US-steuerlichen Fiktion als Betriebstätten der High Tax Holding behandelt zu werden.

Die kanadische Beteiligung „ULC" hängt unter der Low Tax Holding. Angesichts ausgiebiger Investmentzulagen und Forschungskredite ist die Effektivbesteuerung in Kanada niedrig, wenn man das Landesergebnis nach US-Steuerregeln errechnet.

Die irische Beteiligung „Limited" hängt auch unter der Low Tax Holding. Vor fünf Jahren entschied INC, ein in den USA sehr erfolgreiches Produkt XYZ auch im Ausland einzuführen. Um das Produkt für den Auslandsmarkt vorzubereiten, gründete INC die irländische Enkelgesellschaft Limited (unter der Low Tax Holding). INC und Limited gingen ein Cost Sharing Arrangement ein, in dem INC die Technologie und das Marketing Know How einbrachte. Limited stellte Geldmittel zur Verfügung, so dass das Produkt für den Auslandsmarkt angepasst werden kann und eine Marketingkampagne entwickelt werden kann.

Aufgrund des Cost Sharing Arrangements werden inzwischen bedeutende Gewinne erwirtschaftet, die hälftig in Irland und hälftig in den USA bei den Vertragspartnern der Besteuerung unterliegen.

Schaubild:

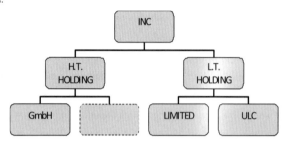

Der Vorstand von INC untersucht, welche Auswirkungen erwarte Gesetzesänderungen und geplante Offenlegungspflichten in den USA auf die gegenwärtige Struktur des Konzerns haben könnten. In dem Zusammenhang wird auch erwägt den juristischen Sitz von INC ins Ausland zu verlegen.

Lösungshinweis

Beurteilung der gegenwärtigen Steuerplanung

Die gegenwärtige Struktur optimiert den globalen Steueraufwand und die Auswirkungen auf die Handelsbilanz. Durch die Nutzung des „Check-the-Box" Wahlrechts bei den Tochtergesellschaften der High Tax Holding wird die Anwendung des amerikanischen Außensteuerrechts („Subpart F") vermieden. In einer rein US-steuerrechtlichen Fiktion werden Transaktionen zwischen der High Tax Holding und ihren Tochtergesellschaften eliminiert, so dass schädliche Einkünfte aus Warenhandel, Dienstleistungen, Lizenzen und Finanzierungen nicht entstehen. Auf lokaler Ebene fließen steuerlich abzugsfähige Aufwendungen, z.B. Zinsen und Lizenzen, auf Ebene der Hochsteuerländer in ein Niedrigsteuerland, z.B. eine Schweizer Gesellschaft, die entweder unter der High Tax Holding (u.U. ohne Check-the-Box Wahl) oder unter der Low Tax Holding sitzt.

Die Rückführung von ausländischen Gewinnen wird sorgfältig überwacht, um die indirekte Anrechnung ausländischer Steuern („Foreign Tax Credit") zu optimieren (die USA vermeiden die internationale Doppelbesteuerung nur durch ein Anrechnungssystem und nicht durch Freistellung). Grundsätzlich werden die im Ausland erwirtschafteten Gewinne nur von der High Tax Holding an die INC ausgeschüttet, während die Low Tax Holding ihre Gewinne wieder im Ausland re-investiert. Bei Ausschüttungen der High Tax Holding an INC fallen angesichts der indirekten Anrechnung keine zusätzlichen Steuern in den USA an. Im Gegensatz könnte bei eventuellen Ausschüttungen der Low Tax Holding an INC bedeutende zusätzliche US-Steuerschulden entstehen, da die niedrigen ausländischen Steuern im Rahmen des Anrechnungssystem nicht ausreichen, um eine zusätzliche US-Besteuerung zu vermeiden.

Die Zinsaufwendungen der INC in den USA müssen im Rahmen der Foreign Tax Credit Berechnung anteilig den Einkünften aus ausländischen (d.h. den Dividenden von High Tax Holding) zugeordnet werden. Dadurch wird das indirekte Anrechnungspotential („Foreign Tax Credit Limitation") für die ausländischen Steuern bei einer Ausschüttung gemindert. Soweit solche Einschränkungen zu hoch sind, könnte eine zusätzliche Ausschüttung durch die Low Tax Holding an die INC die Anrechnung der ausländischen Steuern optimieren, ohne zu zusätzlichen Steueraufwand in den USA zu führen.

Vereinfachtes Beispiel:

		High Tax Holding		Low Tax Holding
Nettodividende		100		100
Ausländische Steuerbelastung	@ 40%	67	@ 10%	11
Bruttodividende		167		111
Zinsaufwandzuordnung		20		20
z.v.E. aus ausländischen Quellen		147		91
US-Steuern	@35%	51	@ 35%	32
Foreign Tax Credit		67		11
US-Zusatzbesteuerung		0		21

Diese Steuerplanung erzielt mehrere Ziele: Die ausländische Steuerschuld ist minimiert, indem abzugsfähige Zahlungen von einem Hochsteuerland an ein Niedrigsteuerland gezahlt werden. Des Weiteren wird eine Zusatzbesteuerung in den USA vermieden, zum einen durch Nichtanwendbarkeit des amerikanischen Außensteuergesetzes und zum anderen durch das Durchleiten von Ausschüttungen durch die High Tax Holding. Im Fazit ist die weltweite Steuerschuld minimiert und spiegelt sich positiv als niedriger Effektivsteuersatz im Jahresbericht wieder.

Auswirkungen von Präsident Obamas Gesetzesvorschlägen

Im Frühjahr 2009 und wieder im Frühjahr 2010 hat Präsident Obama einen Vorschlag zur internationalen Steuerreform in den USA gemacht (Es ist zu beachten, dass in den USA offizielle Gesetzesvorschläge nur im Congress eingebracht und verabschiedet werden. Ein im Congress verabschiedetes Gesetz tritt dann durch die Unterschrift des Präsidenten in Kraft). Trotz heftiger Kritik 2009, dass sein Vorschlag zu einer eindeutigen Benachteiligung der amerikanischen Konzerne im internationalen Wettbewerb führen würde, enthält der 2010 Vorschlag nur unbedeutende Änderungen im Vergleich zum Vorjahr. Dies wurde ausdrücklich von dem Präsidenten damit begründet, dass (1) die gegenwärtige Gesetzgebung amerikanische Konzerne bevorteilt, die Arbeitsplätze ins Ausland verlegen und (2) US-Konzerne Aufwendungen in den USA geltend machen können, die in direktem Bezug auf im Ausland thesaurierte Gewinne stehen. Große Teile des Vorschlags des Präsidenten sind schon in ähnlicher Form im Congress von Politikern als Gesetzvorschlag präsentiert worden, was eine eventuelle Gesetzesänderung entsprechend den Wünschen des Präsidenten nicht unwahrscheinlich macht. Der Vorschlag des Präsident sah vor, dass die neuen Bestimmungen zum 1.1. 2011 in Kraft treten sollen (angesichts des fortgeschrittenen Zeitraums ist es eher wahrscheinlich, dass dieses Datum verschoben wird).

Der Vorschlag des Präsidenten hätte bedeutende Auswirkungen auf die gegenwärtige Steuerplanung von INC, u.a.:

Ausländischer Steuersatz: Für Zwecke des indirekten Anrechnungssystem soll ein durchschnittlicher Effektivsteuersatz für alle im Ausland gezahlten Steuerschulden angewandt werden. Unabhängig davon, welche ausländischen Gesellschaft die Gewinne erwirtschaftet hat, gilt bei einer verdeckten oder tatsächlichen Ausschüttung in die USA der Durchschnittssteuersatz bei der indirekten Anrechnung. Somit würde der anzuwendende Steuersatz der High Tax Holding mit dem der niedrigbesteuerten Gewinn der Low Tax Holding kombiniert und als Resultat würden Ausschüttungen durch die High Tax Holding zu einer zusätzlichen US-Steuerschuld führen, wenn der Durchschnittssteuersatz unter dem US-Steuersatzniveau liegt.

Die Übergangsmodalitäten von der gegenwärtigen Anrechnungsmechanik zu diesem Vorschlag sind nicht geklärt. Jedoch könnte man erwägen, die gegenwärtige Lage vor Eintritt des neuen Gesetzes profilaktisch zu optimieren. Z.B. könnte man mit Hilfe der Check-the-Box Regeln eine fiktive interne Umstrukturierung darstellen, die zusätzliches

Abschreibungspotential bei der Berechnung der ausländischen Gewinne nach US-Steuerregeln schafft und somit die ausländische Effektivbesteuerung erhöht.

Man könnte sich auch die Frage stellen, ob diese Bestimmung gegen das OECD-Musterabkommen (MA) verstoßen könnte, auf dem viele amerikanische Doppelbesteuerungsabkommen (DBA) basieren? Grundsätzlich besagt das OECD MA, dass Einkünfte einer im Ausland ansitzenden Gesellschaft nur in dem Heimatland steuerpflichtig sind, solange keine Betriebsstätte in den USA besteht. Jedoch könnte die Einführung des Durchschnittsteuersatzes zu einer Nachbesteuerung ausländischer Einkünfte in den USA führen, obwohl diese Einkünfte mit einem höheren Steuersatz schon im Ausland tatsächlich versteuert wurden. Analoge Präzedenzfälle mit Japan deuten dahin, dass ein solches Argument nicht erfolgreich sein würde.

Nicht abzugsfähiger Zinsaufwand: Jährlicher Zinsaufwand in den USA muss z.T. den im Ausland thesaurierten Gewinnen zugeordnet werden und ist nicht sofort abzugsfähig. Somit würde sich das in den USA zu versteuernde Einkommen bedeutend erhöhen, solange Gewinne im Ausland thesauriert werden. Erst bei Ausschüttung aller Gewinne aus dem Ausland ist der Zinsaufwand in den USA abzugsfähig.

Hier stellen sich mehrere Problemkreise. Zum einen vermeiden viele US-Konzerne in der Handelsbilanz latente US-Steuern auf im Ausland thesaurierte Gewinne, indem sie diese als permanente Investitionen angeben (APB 23). Würde der US-Konzern jetzt ausländische Gewinne laufend ausschütten, dann müsste die sonst latente Zusatzbesteuerung (z.B. bei einer Dividende ausländische Quellensteuer plus zusätzliche Körperschaftssteuer inden USA) sofort gebucht werden.

Als Alternative könnte erwägt werden, den Konzern umzuschulden, so dass der Zinsaufwand aus den USA raus in die Auslandbeteiligungen verlagert wird. Hier ist sachverhaltsabhängige Planung notwendig, um z.B. verdeckte oder tatsächliche Gewinnausschüttungen zu vermeiden. Des weiteren müssen Zinsaufwandbeschränkungen im Ausland (z.B. §8a KStG) berücksichtigt werden.

Aufhebung der Check-the-Box Wahl: Obwohl in dem 2010 Vorschlag nicht mehr enthalten, hatte der 2009 Vorschlag vorgesehen, dass die Check-the-Box Regel im Außensteuergesetz grundsätzlich nicht anwendbar ist. Somit würde es nicht mehr so einfach sein, die Anwendung von Subpart F zu vermeiden. Jedoch gibt es Anzeichen, dass die Finanzverwaltung kurzfristig neue Einsichten gewonnen hatte und diese nicht rechtzeitig in dem 2010 Vorschlag berücksichtigen konnte. Es ist nicht unwahrscheinlich, dass zukünftige Vorschläge die Nutzung von Check-the-Box eingeschränkten möchten.

Hier wäre eine Planungsmöglichkeit, die Gesellschaftsformen bei den Auslandsbeteiligungen zu ändern, um die aus US-Sicht gewünschte Klassifizierung zu erreichen. In einer rein US-steuerlichen Fiktion hat die deutsche Beteiligung in Form einer GmbH durch Check-the-Box gewählt, als transparent angesehen zu werden (d.h. als Betriebstätte der Luxemburger Muttergesellschaft). Man könnte das gleiche Ergebnis aus US-Sicht dadurch erzielen, dass anstatt der GmbH eine KG eingesetzt wird. Die deutschen steuerlichen (und sonstigen zivilrechtlichen) Auswirkungen einer Umwandlung von einer GmbH in eine KG müssen untersucht werden. Des weiteren ist die Rechtssicherheit die durch Check-the-Box in den USA erreicht wurde, nicht mehr gegeben. Eventuell müsste ein Ruling beantragt werden, um die gewünschte US-steuerliche Behandlung der KG zu sichern.

Obwohl es nicht feststeht, dass Präsident Obamas Vorschläge in tatsächliche Gesetzesänderungen resultieren, bittet der Vorstand von INC die Steuerabteilung vorsorgliche Steuerplanungsideen zu identifizieren.

Offenlegungs- und Meldepflichten

Im Januar 2010 veröffentlichte die amerikanische Finanzverwaltung (IRS) Announcment 2010-9, welches ankündigte, dass die IRS ein Formular vorbereitet, dass in Zusammenhang mit der Steuerklärung beginnend mit dem Veranlagungszeitraum 2010 abgeben werden muss. Auf diesem Formular müssen risikobehaftete steuerliche Angaben („uncertain tax positions") offengelegt werden. Das Formular muss eine ausreichende Beschreibung der rechtlichen Beurteilung durch den Steuerpflichtigen als auch eine Quantifizierung des zur Diskussion stehenden Bruttobetrages beinhalten. Der Bruttobetrag muss nicht die Risikoabschätzung durch den Steuerpflichtigen widerspiegeln. Es wird erwartet, dass dieses Formular im Entwurf bis Juni zur Verfügung steht. Es sind keine Mindestschwellen für die Höhe eines meldepflichtigen Betrgaes vorgesehen. Unterlassungen werden mit Strafzuschlägen geahndet.

In diesem Falle muss INC sich fragen, wie es zwei Aspekte des Cost Sharing Arrangement offenlegt:

Beim Abschluss des Cost Sharing Arrangements hatte INC Marketing Know How eingebracht. INC sieht Marketing Know How nicht als immaterielles Wirtschaftsgut an, das bei einer Übertragung zur Aufdeckung stiller Reserven führt. Dies wird auch in dem kürzlich ergangenen Gerichtsurteil Veritas (133 TC No. 14, ¶133.14 TCR (12/10/2009)) bestätigt. Jedoch sieht die amerikanische Finanzverwaltung diese Thematik anders und es ist zu erwarten, dass bei einer Betriebsprüfung INC's steuerliche Beurteilung der Übertragung angegriffen wird.

Während der Laufzeit des Cost Sharing Arrangements müssen Aufwendungen dem Cost Sharing Arrangement zugeordnet werden bevor der Gewinn oder Verlust zwischen den Teilnehmern aufgeteilt wird. INC hatte jedoch keine Kosten in Zusammenhang mit der Ausübung von Stock Options für diesen Zweck berücksichtigt. Es ist INC von den Xilinx (105 AFTR 2d 2010-1490 (CA9, 3/22/2010)) Gerichtsentscheidungen bekannt, dass die amerikanische Finanzverwaltung meint, solche Kosten sollten berücksichtigt werden, obwohl fremde Dritte dies nicht tun. Dies würde bedeuten, dass ein Teil der Optionskosten der irischen Beteiligung Limited zugeordnet werden müssen und dadurch sich INC's zu versteuerndes Einkommen in den USA erhöht.

INC's Vorstand bittet die Steuerabteilung um eine Bestandsaufnahme der Positionen, die auf dem erwarteten Formula offengelegt werden müssen, und der eventuellen Maßnahmen, um nachteilige Konsequenzen zu minimieren.

Entstrickung (Inversion)

INC's Vorstand gewinnt den vorläufigen Eindruck, dass in der Zukunft die USA als Holdingland für internationale Beteiligungen als steuerlich ungünstiger wie bisher angesehen werden muss. Des weiteren ändern die geplanten Offenlegungspflichten für „uncertain tax positions" das Gefälle im Verhältnis zwischen dem Steuerpflichtigen und der Finanzverwaltung beträchtlich (und geben dem Ausdruck „mit offenen Karten spielen" eine ganz neue Meinung).

Daher erwägt der Vorstand, den Standort der Konzernmuttergesellschaft INC von den USA ins Ausland zu verlegen, wo die zukünftige Konzernmuttergesellschaft „NKM" eine ausländische Kapitalgesellschaft mit Sitz im Ausland ist. In dem Zusammenhang mit der Verlagerung würden die internationalen Beteiligungen von der US-Kapitalgesellschaft (INC) an die neue Konzernmuttergesellschaft (NKM) übertragen. Somit wird INC eine Tochtergesellschaft der NKM und die Drittlandsbeteiligungen (z.b. High Tax Holding und Low Tax Holding) werden unmittelbar unter der NKM hängen.

Szenario 1: INC's Aktien werden an der Börse gehandelt.

In der Tat haben in der Vergangenheit eine Vielzahl von US-börsennotierten Unternehmen eine solche Transaktion durchgeführt (.z.b. Foster Wheeler, Fruit of the Loom, etc.). Man kann den SEC (amerikanische Börsenaufsichtsbehörde) Formularen 10-K dieser Gesellschaften entnehmen, dass einer der bedeutesten steuerlichen Vorteile in diesen Fällen die zusätzliche Fremdfinanzierung der INC durch die NKM war, die unter Berücksichtigung der Zinsaufwandeinschränkungen in den USA (Earnings Stripping) zu einer Reduktion des zu versteuernden Einkommen der INC und des NKM Konzerns führte. Um diesen Entstrickungen (sogenannte Inversions) vorzubeugen wurde Internal Revenue Code (IRC) Section 7874 mit Anwendung auf Transktionen ab dem 4. März 2003 eingeführt (des weitern schlägt Präsident Obama speziell für diese Fälle eine (rückwirkende) Verschärfung der Earnings Stripping Einschränkung vor).

Wenn mindestens 80% der NKM Aktien von gegenwärtigen INC Aktionären gehalten werden, dann wird NKM, obwohl es eine außerhalb der USA gegründete Gesellschaft mit im Ausland sitzendem Management ist, weiterhin uneingeschränkt wie eine US-Kapitalgesellschaft behandelt. Dies bedeutet, dass NKM mit seinem weltweiten Einkommen in den USA steuerpflichtig ist, dem amerikanischen Außensteuergesetz unterliegt, etc. Nur wenn NKM in einem Land gegründet wurde, wo NKM oder der NKM Konzern „bedeutende" (substantial) Aktivitäten ausführt, dann könnte die Anwendung von IRC Section 7874 vermieden werden. In diesem Zusammenhang ist der Begriff „bedeutend" nicht objektiv definiert. Ein ursprünglich in Durchführungsverordnungen vorgesehener Safe Harbor, der einen Schwellenwert von 20% (gemessen an Umsatz, Aktiva, Personal u.ä.) vorsah, ist zurückgezogen worden. In diesem Fall könnte eventuell Irland als Holdingland für NKM in Frage kommen, wenn die geschäftlichen Aktivitäten dort ausreichend sind.

IRC Section 367 würde die US-steuerlichen Auswirkungen auf Ebene der amerikanischen INC Aktionäre bestimmen.

Szenario 2: INC wird von einer deutschen Familie gehalten. Ein neuer Investor, in Russland ansässig,, ist bereit neues Eigenkapital in INC einzulegen, um die Expansion in Osteuropa zu finanzieren. Der Investor bedingt jedoch, dass die Holdinggesellschaft des Konzerns aus den

USA nach Deutschland verlegt wird. Nach einer solchen Einlage wäre der russische Investor mit 30% an NKM beteiligt.

Auf den ersten Eindruck hin würde in diesem Falle die Auswirkungen von Section 7874 soweit eingeschränkt werden, dass NKM in der Zukunft als ausländische Kapitalgesellschaft mit nur beschränkter Steuerpflicht in den USA respektiert wird (da die deutsche Familie nur mit 70% (weniger als 80%) an NKM beteiligt sein wird). Jedoch wenn zwischen 60% und 80% der NKM Aktien von gegenwärtigen INC Aktionären gehalten werden (hier 70%), dann müssen gemäß IRC Section 7874 zum Zeitpunkt der Entstrickung alle stillen Reserven der INC steuerpflichtig aufgedeckt werden, ohne dass sie mit bestehenden Verlustvorträgen verrechnet werden können.

Es ist jedoch zu beachten, dass der neue russische Investor für Zwecke des Besitzertestes gar nicht berücksichtigt wird, wenn die Kapitaleinlage in Form von flüssigen Geldmitteln stattfindet. Nur wenn es sich z.b. um Betriebsvermögen oder andere illiquide Mittel handelt, würde in diesem Fall NKM die weitergehende Behandlung als US-Kapitalgesellschaft vermeiden (aber immer noch alle stillen Reserven aufdecken müssen).

Auch hier könnte die Anwendung von IRC Section 7874 vermieden werden, wenn NKM in einem Land etabliert wird, wo der NKM Konzern „bedeutende" Aktivitäten hat. Wenn die Substanz der GmbH ausreicht, könnte IRC Section 7874 vermieden werden. Ansonsten wären die nachteiligen Folgen von IRC Section 7874 nicht zu vermeiden, obwohl alle Investoren im Ausland ansässig sind.

<u>Szenario 3:</u> INC ist 100% Tochtergesellschaft einer deutschen AG.

In diesem Falle käme als Alternative zu einer Entstrickung die Übertragung der Drittlandsbeteiligungen von INC auf AG in Frage („out-from-under"). Von daher würde sich die Problematik von IRC Section 7874 nicht stellen. Aber auch hier sind Fallen aufgestellt. Die Übertragungen sind grundsätzlich steuerpflichtig und lösen mit Bezug auf jede Beteiligung, die übertragen wird, einen Veräußerungsgewinn oder -verlust aus. Da die Übertragungen jedoch innerhalb eines Konzerns stattfinden, können Verluste nicht sofort realisiert und daher nicht mit den Veräußerungsgewinnen verrechnet werden (Section 267). Des weiteren wenn die Beteiligungen nicht von INC an AG übertragen werden, dann muss die US-steuerliche Fiktion von Section 304 berücksichtigt werden. Z.B. der Verkaufs der Drittlandsbeteiligung von INC an AG's internationale Holdinggesellschaft in den

Niederlanden würde umklassifiziert in eine Dividendenausschüttung an INC und einer Kapitaleinlage bei INC.

Der Vorstand bittet die Steuerabteilung abzuklären, welche anderen Mitgliedsländer der OECD eine Entstrickung de facto unmöglich machen, indem sie die ausgewanderte Gesellschaft fiktiv weiterhin wie eine inländische Gesellschaft behandeln.

VI. Verrechnungspreise und Gesellschaftsrecht, geplante Nachbesserung bei der Funktionsverlagerung *(Pohl)*

Fall 6:

Die deutsche Vertriebstochter-GmbH eines US Multinationals mit Europa Holding in Luxemburg soll im Rahmen einer Zentralisierung des Vertriebs im Europäischen Binnenmarkt zukünftig nicht mehr als Eigenhändlerin (im eigenen Namen und auf eigene Rechnung), sondern als Kommissionärin (in eigenem Namen, aber auf fremde Rechnung) einer in der Schweiz ansässigen European Supply Company (ESC) tätig werden.

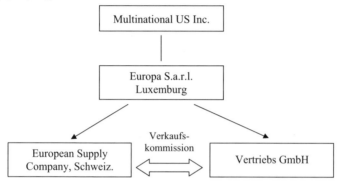

Der Geschäftsführer der Vertriebs-GmbH bittet die Leiter der Rechts- und Steuerabteilung, ihm die Risiken aufzuzeigen.

Lösungshinweise:

1. Überblick - Vertriebsstukturen

Vertriebsgesellschaften können im Grundsatz als Eigenhändler, Kommissionär oder Handelsvertreter auftreten, Zwischen Eigenhändler und Kommissionär ist die *„stripped-buy-sell"*-Struktur einzuordnen (d.h., ein Eigenhändler ohne Aktivitäten zur Erschließung des Neugeschäfts und ohne die Tragung bestimmter Risiken wie Gewährleistung, Garantie, Lagerhaltung, Währung; s. *Vögele/Brehm*, in: Vögele/Borstell/Engler, Handbuch der Verrechnungspreise, 2. Auflage 2004, S. 775 f.).

Häufig waren ausländische Unternehmen auf dem deutschen Markt mit einer eigenen Vertriebsgesellschaft vertreten, die als Eigenhändlerin im eigenen Namen und für eigene Rechnung tätig wurde. Insbesondere durch die Schaffung des Europäischen Wirtschaftsraumes ist aber seit 10 bis 15 Jahren ein gegenläufiger Trend zu einer Zentralisierung des Vertriebs zu beobachten, um den Anforderungen des EU-Binnenmarkts gerecht zu werden.

In der Regel wird bei einer Umstellung von Eigenhändlern („*Funktionsabschmelzung*") eine Kommissionärsstruktur bevorzugt, um die Vorteile der Zentralisierung des Vertriebs damit zu verbinden, dass das Auftreten dem Kunden gegenüber weiterhin im eigenen Namen der Vertriebsgesellschaft, wenn auch nunmehr auf andere Rechnung, möglich ist. Auch die umsatzsteuerliche Behandlung ändert sich nicht, § 3 Abs. 3 UStG.

2. Keine Begründung einer Vertreter-Betriebsstätte

Die Funktions- und Risikoabschmelzung eines auf dem deutschen Markt tätigen Vertragshändlers (d.h., einem Eigenhändler, der in eine Absatzorganisation des Herstellers eingegliedert ist) zu einem Kommissionär (im eigenen Namen auf fremde Rechnung) und nicht weitergehend zu einem Handelsvertreter (im fremden Namen auf fremde Rechnung) erfolgt auch, um das Steuerrisiko zu minimieren, nach einer Funktionsänderung eine Vertreter-Betriebsstätte des ausländischen Kommittenten nach Art. 5 Abs. 5, 6 eines DBA entsprechend OECD-Musterabkommen zu begründen[1].

Durch das Handeln des Kommissionärs im eigenen Namen entfällt die nach Art. 5 Abs. 5 OECD-MA für die Begründung einer Vertreterbetriebsstätte erforderliche Abschlussvollmacht (vgl. dazu *de Hossen*, Intertax 1996, S. 80/81; *Günkel*, in: Gosch/Kroppen/Grotherr, OECD-MA, Art. 5 OECD-MA, Rn. 228; *Wassermeyer*, in: Debatin/Wassermeyer, OECD-MA, Art. 5 Rn. 201c). Die am 28.1.2003 in den Musterkommentar aufgenommene Tz.. 32.1. sieht zwar vor, dass eine Abschlu^ssvollmacht auch vorliegt, wenn Verträge tatsächlich nicht im Namen des Unternehmens geschlossen werden. Sie bezieht sich aber auf den undisclosed agent nach common law, der den Prinzipal anders als der Kommissionär im Sinne der §§ 383 HGB dennoch rechtlich bindet.

Des halb ist bei einem Kommissionär im Sinne der §§ 383ff. HGB nicht mehr zu prüfen, ob es sich nach der Ausnahmeregelung zu Absatz 5 in Art. 5 Abs. 6 OECD-MA um einen rechtlich und wirtschaftlich unabhängigen Vertreter handelt, der im Rahmen seiner ordentlichen Geschäftstätigkeit handelt. Insbesondere die wirtschaftliche Unabhängigkeit kann bei einer nur Konzernprodukte

---

[1] Auf die Frage, welcher Gewinn der Vertreter-Betriebsstätte zuzuordnen wäre, wird hier nicht eingegangen. Siehe *Naumann/Förster*, Abschmelzen (Stripping) im Konzern – steuerlich vergebliche Liebesmüh ? – zur Verlagerung von Funktionen am Beispiel von Vertriebstochtergesellschaften, IStR 2004, S. 246. Für die deutsche Besteuerung eines ausländischen Prinzipals ist zu beachten, dass eine Vertreter-Betriebsstätte keine Betriebsstätte im Sinne von § 12 AO ist. Des halb ist das maximale Steuerrisiko auf die Körperschaftsteuer begrenzt (inländische Einkünfte durch ständigen Vertreter nach § 13 AO, Besteuerungsrecht nach DBA). Es kann keine Gewerbesteuer anfallen, § 2 Abs. 1 Satz 3 GewStG.

vertreibenden Vertriebsgesellschaft in Zweifel zu ziehen sein (siehe näher *Görl*, in Vogel/Lehner, DBA, 5. Auflage 2008, Art. 5, Rn. 197)².

Die deutsche Finanzverwaltung will dagegen bisher eine mittelbare Stellvertretung für die Begründung einer Vertreter-Betriebsstätte ausreichen lassen (vgl. Betriebsstätten-Verwaltungsgrundsätze vom 24.12.1999, BStBl. I 1999, S. 1076, Tz. 1.1.2), sofern die Ausnahmeregelung in einem DBA entsprechend Art. 5 Abs. 5 OECD-MA nicht greift. Dafür könnte sprechen, dass der Kommissionär in Art. 5 Abs. 6 OECD-MA gemeinsam mit dem Makler oder anderen unabhängigen Vertreter aufgezählt wird. Der Entwurf eines BMF Schreibens zu den Grundsätzen der Verwaltung für die Prüfung der Einkunftsabgrenzung zwischen nahestehenden Personen in Fällen grenzüberschreitender Funktionsverlagerungen (Verwaltungsgrundsätze-Funktionsverlagerung, Stand 17. Juli 2009] spricht ohne nähere Erläuterung in Tz. 4.2.2 nur davon, dass ein Kommissionär oder Agent für seinen Geschäftsherrn *„unter bestimmten Umständen"* eine Vertreterbetriebsstätte begründen kann Weitere Erläuterungen erfolgen nicht.

Dem kann man zustimmen, wenn solche Umstände nur dann angenommen werden, wenn der Kommissionär atypischer Weise den Kommittenten rechtlich verpflichten kann (siehe auch *Wassermeyer*, in: Debatin/Wassermeyer, OECD-MA, Art. 5 Rn. 201c. – Stand Juli 2009).

Die Frage stellt sich für Multinationals nicht nur in Deutschland: In dem viel beachteten französischen Fall der Zimmer Ltd. aus Großbritannien hatte die französische Tochtergesellschaft zunächst den Vertrieb von Orthopädie-Produkten im eigenen Namen und auf eigene Rechnung durchgeführt, bevor sie zu einem Kommissionär abgeschmolzen wurde. Der Conseil d'Etat hat in diesem Fall am 31.3.2010 das Urteil der Vorinstanz aufgehoben und entschieden, dass keine Vertreter-Betriebsstätte im Sinne des DBA Großbritannien Frankreich für die Zimmer Ltd. in Frankreich begründet wurde.

Das allgemeine Interesse des französischen Fiskus daran Betriebsstätten *„zu entdecken"*, dürfte sich auch daraus erklären, dass es dort –wie international üblich- keine Sonderregeln für die Besteuerung eines übergegangen Gewinnpotentials im Rahmen eines Transferpakets bei einer Funktionsverlagerung gibt (siehe *Wehnert/Sano*, IStR 2010, S. 53). Dagegen ist der deutsche Fiskus in besonderem Maße auf die Besteuerung im Zeitpunkt der Strukturveränderung fixiert, was sich zunehmend Standortnachteil darstellt.

---

²) Im DBA mit Österreich ist im Protokoll zu Art. 5 geregelt, dass verbundene Unternehmen nicht zu einer Vertreterbetriebsstätte führen, wenn zwischen Ihnen angemessene Verrechnungspreise vereinbart sind.

3. **Gesellschaftsrechtliche Schranken für Funktionsabschmelzung ?**

Bevor darauf näher eingegangen wird, ist zu klären, welche Schranken das Gesellschaftsrecht setzt. Zwischen der steuerrechtlichen Vorgabe, angemessene Verrechnungspreise zu vereinbaren, und den aktienrechtlichen Vorgaben für den faktischen Konzern in den §§ 311 ff. AktG dürfte weitgehend Übereinstimmung bestehen (siehe *Hommelhoff*, in: Raupach, Verrechnungspreissysteme multinationaler Systeme 1999, S. 50 f.). Dieses System wurde aber vom GmbH-Recht nicht aufgegriffen (*Hommelhoff*, a.a.O.).

Im GmbH-Recht geht es dagegen nicht um die zutreffende Gewinnabgrenzung, sondern um den Schutz des Gläubigers vor einem Abzug des zur Deckung des Stammkapitals erforderlichen Vermögens nach § 30, § 31 GmbHG (siehe dazu auch *Goette*, Anmerkung zu BGH, Urteil vom 13. November 1995, II ZR 113/94, DStR 1996, S. 272)[3]. In Fällen wie dem vorliegenden, dürften deshalb keine gesellschaftsrechtlichen Schranken bestehen.

a) **Kapitalerhaltung**

Die § 30, § 31 GmbHG sind letztlich ein erst im Stadium der Unterbilanz greifender Verhaltensmaßstab für Gesellschafter im Umgang mit dem Gesellschaftsvermögen, der verkappt, also negativ und nicht positiv, formuliert ist (*Sernetz/Haas*, Kapitalaufbringung und –erhaltung in der GmbH, 2003, Rn. 408). Eine Unterbilanz entsteht durch eine Funktionsabschmelzung –wie im Ausgangsfall- nicht.

Im Grundsatz können aber unangemessene Verrechnungspreise zu einer Unterbilanz und damit einen Verstoß gegen die Grundsätze der Kapitalerhaltung nach § 30, § 31 GmbHG führen; siehe z.B. den Beschluß des II. Senats des BGH vom 15. Oktober 2007 (II ZR 243/06, DStR 2007, S. 2270):

> *„Veranlasst ein Gesellschafter, dass die GmbH in seinem Interesse Leistungen zu nicht marktüblichen Preisen an eine ihm nahe stehende Gesellschaft erbringt und entsteht dadurch eine Unterbilanz oder wird dadurch eine bestehende Unterbilanz vertieft, dann ist der anweisende Gesellschafter Normadressat der §§ 30, 31 GmbHG (vgl. BGH v. 13.11.1995, II ZR 113/94, DStR 1996, 271); im Falle seiner nur minderheitlichen Beteiligung gilt dies jedenfalls dann, wenn die Weisung an die Gesellschaft nicht von ihm allein, sondern auch von den anderen Gesellschaftern erteilt wird."* [Leitsatz des Bearbeiters in der DStR, Prof. Dr. Goette]

---

[3] Dabei soll nachfolgend nicht näher darauf eingegangen werden, dass es außerhalb der Einpersonen-GmbH auch einen Anspruch der GmbH auf Rückzahlung einer nicht gegen § 30 GmbHG verstoßenden Vorteilsgewährung aus einer Treuepflichtverletzung geben kann, wenn die nicht begünstigten Mitgesellschafter der Vorteilsgewährung nicht zugestimmt haben (siehe dazu BGH vom 5. Juni 1975, II ZR 23/74-ITT, GmbHR 1975, S. 269 ff.; *Kallmeyer*, in: GmbH-Handbuch, Rz. I, S. 2840 ff.).

b) Existenzvernichtender Eingriff

Es gibt darüber hinaus zwar auch Schädigungen des Gesellschaftsvermögens durch den Gesellschafter, bei denen die Grundregeln des Kapitalschutzes der GmbH nicht ausreichen. Denn die negativen Folgen können über den gewährten und zurück zu gewährenden Vermögensvorteil hinausreichen (sog. „Kollateralschaden") oder bilanziell nicht angemessen abgebildet werden können (bspw. „Geschäftschancen"), sich also nicht in einer Unterbilanz auswirken (so BGH vom 16. Juli 2007, II ZR 2/04, NJW 2007, S. 2689, Tz. 21 – TRIHOTEL). In diesem Fall hat der Gesellschafter einer GmbH für die Gesellschaftsschulden persönlich einzustehen, wenn er auf die Zweckbindung des Gesellschaftsvermögens keine Rücksicht nimmt und der Gesellschaft ohne angemessenen Ausgleich – offen oder verdeckt – Vermögenswerte entzieht, die sie zur Erfüllung ihrer Verbindlichkeiten benötigt und die Gesellschaft dadurch in die Insolvenz fällt. Dann greift die Existenzvernichtungshaftung als eine Fallgruppe des § 826 BGB (sittenwidrige vorsätzliche Schädigung). Ein solcher Existenz vernichtender Eingriff dürften jedenfalls bei einer Funktionsabschmelzung kaum einmal anzunehmen sein. Es werden nicht nur Funktionen, sondern auch die Risiken reduziert.

c) Geschäftsführerhaftung

Soweit der Geschäftsführer bei der Funktionsabschmelzung im –auch stillschweigenden- Einverständnis mit sämtlichen Gesellschaftern handelt, dürfte auch für ihn kein Haftungsrisiko nach § 43 GmbHG bestehen.

4. Besteuerung bei Funktionsabschmelzung

Im Fall einer entschädigungslosen Funktionsänderung kann sich eine Korrektur entweder aus § 8 Abs. 3 Satz 2 KStG (verdeckte Gewinnausschüttung, vGA) oder § 1 AStG ergeben. Nur soweit dem Gesellschafter eine vGA zufließt, ist ggf. Kapitalertragsteuer einzubehalten.

a) Verdeckte Gewinnausschüttung, § 8 Abs. 3 Satz 2 KStG

Eine Korrektur nach § 8 Abs. 3 Satz 2 KStG setzt voraus, dass etwas aus dem Vermögen der abgebenden Gesellschaft übertragen und nicht angemessen vergütet wird. Die Finanzverwaltung muss also die betroffenen materiellen bzw. immateriellen Wirtschaftsgüter bzw. hinreichend konkretisierten Markt- und Geschäftschancen identifizieren und einzelnen bewerten. Ob es durch eine Funktionsabschmelzung vom Vertragshändler zum Kommissionär für einen Transfer des Kundenstamms oder Geschäfts- bzw. Marktchancen eine Kompensationszahlung zu erfolgen hat, ist derzeit nicht geklärt. Nach einem mittlerweile überholten, ungewollt bekannt gewordenen Entwurf eines BMF-Schreiben zu den Verwaltungsgrundsätzen-Funktionsverlagerungen [Entwurfsstand 19. Januar 2007] musste man befürchten, dass die Finanzverwaltung versuchen würde, stets eine Geschäftschance in Höhe des reduzierten Gewinnpotential für einen unbegrenzten Kapitalisierungszeitraum zu besteuern[4]. In der steuerrechtlichen Literatur wird eine verdeckte Gewinnausschüttung überwiegend abgelehnt (s. *Brodersen/von Kolczynski*, Intertax 1997, S. 201, 208 f.; *Kroppen*, IWB, Gruppe 2, S. 755; *Puls*, IStR 2010, S. 89).

aa)   **Kein Entzug des immateriellen Wirtschaftsguts *"Kundenstamm"***

Dazu wird darauf verwiesen, dass das immaterielle Wirtschaftsgut *"Kundenstamm"* der Vertriebsgesellschaft durch den Funktionswechsel nicht entzogen, sondern nur anders genutzt wird.

bb)   **Kein Ausgleichsanspruch nach § 89b HGB bei Änderungskündigung eines Vertragshändlervertrages**

Die zukünftige Nutzung des Kundenstamms würde auch zivilrechtlich zwischen unabhängigen Unternehmen nicht dazu führen, dass ein Ausgleichsanspruch nach § 89b HGB entsteht. (vgl. insbesondere *Kroppen*, a.a.O.).

cc)   **Berücksichtigung von Kündigungsfristen**

Es wäre aber ggf. zu berücksichtigen, dass zwischen unabhängigen Unternehmen ein entsprechender Funktionswechsel nicht ad hoc erfolgen könnte. Vielmehr wäre zwischen unabhängigen Unternehmen eine Änderungskündigung des Vertragshändlervertrages nur unter Berücksichtigung von Kündigungsfristen erfolgt. Soweit entsprechende Kündigungsfristen nicht eingehalten werden, würde sich ein Entschädigungsanspruch für die Zeit bis zum Ablauf der üblichen Kündigungsfrist ergeben[5].

b)   **§ 1 Abs. 3 Satz 9 und 10 AStG (Unternehmenssteuerreform 2008)**

Der § 1 AStG a.F. führte letztlich zu keiner über § 8 Abs. 3 Satz 2 KStG hinausgehenden Korrektur. Die Schwierigkeiten, im Rahmen von Funktionsverlagerungen Wirtschaftsgüter/Geschäftschancen zu identifizieren und einzeln zu bewerten, führte im Rahmen der Unternehmensteuerreform 2008 deshalb zur Einführung besonderer Regelungen zur Funktionsverlagerung. Nach § 1 Abs. 3 Satz 9 AStG gilt ab dem Veranlagungszeitraum 2008, dass bei Verlagerung einer Funktion der Einigungsbereich auf der Grundlage eines *"Transferpakets"* für die Verlagerung der Funktion als Ganzes zu erfolgen hat, wenn keine uneingeschränkt oder eingeschränkte vergleichbaren Daten für einen tatsächlichen

---

[4]   Der offiziell bekanntgemachte Entwurf eines BMF Schreibens zu den Grundsätzen der Verwaltung für die Prüfung der Einkunftsabgrenzung zwischen nahestehenden Personen in Fällen grenzüberschreitender Funktionsverlagerungen (Verwaltungsgrundsätze-Funktionsverlagerung, Stand 17. Juli 2009) äußert sich in Tz. 4.2.2. weitaus differenzierter.

[5]   In diesem Sinne *Kuckhoff/Schreiber*, Verrechnungspreise in der Betriebsprüfung 1997, Rn. 179 – 184, wobei die dort genannte Kündigungsfrist von zwei Jahren bei einer Vertragsdauer von über sechs Jahren im Hinblick auf die BGH-Rechtsprechung (vgl. dazu BGH v. 21.2.1995, KZR 33/93, BB 1995, S. 1657), die bei Vertragshändlerverträgen eine Kündigungsfrist von einem Jahr zugrunde legt, als zu lang erscheint. Siehe auch *Schreiber*, in: Kroppen, Handbuch der Internationalen Verrechnungspreise, § 8 FVerV, Anm. 224.

Fremdvergleich ermittelbar sind[6]. Im Rahmen dieses Einigungsbereichs ist der Mittelwert zu Grunde zu legen, wenn der Steuerpflichtige keinen anderen Wert „glaubhaft"[7] macht, der dem Fremdvergleichsgrundsatz mit der höchsten Wahrscheinlichkeit entspricht.

aa)   Escape-Klauseln

Dazu sieht § 1 Abs. 10 AStG bisher zwei Escape-Klauseln vor:

Kein Übergang wesentlicher immaterieller Wirtschaftsgüter und Vorteile: Nach § 1 Abs. 5 Funktionsverlagerungs-Verordnung wird die Grenze auf 25% festgesetzt. Der Steuerpflichtige muss im Rahmen der Einzelbewertung (anstelle einer Transferpaketbewertung) glaubhaft machen, dass der Fremdvergleichpreis für die immateriellen Wirtschaftsgüter und Vorteile insgesamt nicht mehr als 25% der Summe der Einzelpreise aller Wirtschaftsgüter und Vorteile beträgt. Der Bewertungsaufwand ist hoch und die Nachweislast liegt beim Steuerpflichtigen.

Letztlich beruht auch die für den Ausgangsfall maßgebliche Regelung in § 1 Abs. 7 Satz 2 a.E., § 8 FVerlV auf dem Grundgedanken, dass eine Einzelbetrachtung möglich ist. Danach können gesetzliche oder vertragliche Schadensersatz-, Entschädigungs- und Ausgleichsansprüche zu Grunde gelegt werden, wenn der Steuerpflichtige „glaubhaft" macht, dass fremde Dritte „unter ähnlichen Umständen in vergleichbarer Art und Weise" vorgegangen wären (siehe auch *Puls*, IStR 2010, S. 89). Auch darin liegen für die Praxis erhebliche Unsicherheiten, wenn der Steuerpflichtige dem Betriebsprüfer glaubhaft machen muß, dass dieser nicht der bessere Kaufmann ist. Der beste Schutz dafür ist die vorgeschriebene zeitnahe Dokumentation, siehe § 90 Abs. 3 Satz 3 AO, § 3 Gewinnabgrenzungsaufzeichnungsverordnung.

Glaubhaftmachung der Angemessenheit der Einzelverrechnungspreise gemessen am Transferpaket: Die zweite Escapeklausel erspart dem Steuerpflichtigen zwar nicht die Transferpaketbewertung. Jedoch kann er glaubhaft machen, dass die Einzelverrechnungspreise im Einigungsbereich einer Transferpaketbewertung liegen. Wenn das gelingt, ermöglicht es dem Steuerpflichtigen unter dem Mittelwert des Einigungsbereichs zu bleiben, ohne entsprechend § 1 Abs. 3 Satz 7 AStG glaubhaft machen zu müssen, dass für diesen niedrigeren Wert die höchste Wahrscheinlichkeit spricht (siehe *Schwenke*, in Lüdicke, Unternehmensteuerreform 2008 im internationalen Umfeld, S. 115/126).

---

[6])   Deshalb sind die Ausführungen in Tz. 3.10 des Entwurfs der Verwaltungsgrundsätze-Verfahren zu einer Bewertung pauschaler Transferpakete anstelle einer Einzelbewertung zu identifizierender, übergegangener Wirtschaftgüter unzutreffend, siehe auch IDW, Stellungnahme vom 28.8.2009, IDW-FN 2009, S. 409, 414, Tz. 3.10.

[7])   Dieser terminus technicus ist unglücklich gewählt, da es nicht um ein Abweichen von einem zivilprozessualen Strengbeweis, sondern die Plausibilisierung von Wahrscheinlichkeiten durch nachdenken geht, siehe Kroppen/Rasch/Eigekshoven, IWB, Gruppe 1 Fach 3, S. 2201/2216f.)

bb) Dritter Escape durch das Gesetz zur Umsetzung steuerlicher EU-Vorgaben sowie zur Änderung steuerlicher Vorschriften

Der Koalitionsvertrag von CDU/CSU und FDP sah vor „*unverzüglich die negativen Auswirkungen der Neuregelung zur Funktionsverlagerung auf den Forschungs- und Entwicklungsstandort Deutschland zu beseitigen*". Das erfolgt durch das Gesetz zur Umsetzung steuerlicher EU-Vorgaben sowie zur Änderung steuerlicher Vorschriften, dem der Bundesrat am 26.3.2010 zugestimmt hat. Der § 1 Abs. 3 Satz 9 und 10 AStG wird redaktionell neu gefasst und es wird in einem ergänzenden Halbsatz ein dritter Escape in § 1 Abs. 3 Satz 10 AStG vorgesehen: „*Macht der Steuerpflichtige glaubhaft, dass zumindest ein wesentliches immaterielles Wirtschaftsgut Gegenstand der Funktionsverlagerung ist, und bezeichnet er es genau, sind Einzelverrechnungspreise für die Bestandteile des Transferpakets anzuerkennen.*" (siehe auch *Welling*, IStR Heft 3/2010, S. III).

Im Bericht des Finanzausschusses des Deutschen Bundestags vom 4.3.2010 (Drs. 17/939) wird dazu ausgeführt, dass es sich nach Auffassung der Koalitionsfraktionen, „*in erster Linie um eine vernünftige Klarstellung*" und „*wesentliche Erleichterung insbesondere für Unternehmen ohne große Steuerabteilung*" handelt. In der Theorie könnte sich dadurch die Bewertung in vielen Fällen zwar nicht ändern. Jedoch entfällt die bisher auch bei dem Escape nach § 1 Abs. 3 Satz 10 2. Alt. AStG erforderliche Verifizierung der Summe der Einzelpreise durch eine Transferpreispaketbewertung. Des halb dürfte es einem Betriebsprüfer in der Praxis zumindest schwerer fallen, Einzelbewertungen von materiellen und immateriellen Wirtschaftsgütern in Frage zu stellen, selbst wenn die Summe der Einzelwerte unterhalb des Einigungsbereiches bei einer Transferpreisbewertung liegt. Denn unterhalb der Schwelle einer Teilbetriebsübertragung geht ein Geschäftwert nicht über und kann deshalb auch nicht bei der Einzelbewertung auf vom Steuerpflichtige identifizierte immaterielle Einzelwirtschaftsgüter „*draufgepackt*" werden.

Die Neufassung der § 1 Abs. 3 Satz 9 und 10 AStG gilt rückwirkend ab dem Veranlagungszeitraum 2008, § 21 Abs. 16 AStG.

VII. Einsatz von Holdinggesellschaften für Investitionen in China (Wang)

Fall 7:

Ein in Deutschland ansässiges Unternehmen M-AG möchte eine Produktionsgesellschaft (T-Ltd) in China gründen. M-AG plant, ein Patent für die Herstellung eines Spezialproduktes zu entwickeln. Die Forschung und Entwicklung soll entweder bei der M-AG oder bei einer europäischen Tochtergesellschaft stattfinden. Das Produkt soll künftig in China produziert werden. Für die M-AG stellt sich die Frage, wie die Beteiligungsstruktur (unter Berücksichtigung der Finanzierung und Lizenzierung) durch Einsatz von Holdinggesellschaften steuerlich optimiert werden kann.

Lösungshinweise:

Schrifttum: *Becker/Hölscher*, Steuerplanung für deutsche Investoren in China, PIStB 2006, 16 ff.; *Schnitger*, Änderungen der grenzüberschreitenden Unternehmensbesteuerung sowie des § 42 AO durch das geplante Jahressteuergesetz 2008 (JStG 2008), IStR 2007, 729 ff.; *Vogt*, in Blümich, § 8 AStG, 2009; *Wang*, Steuereffiziente Gestaltung deutscher Investitionen in China unter Berücksichtigung der chinesischen Unternehmenssteuerreform, IStR 2008, 242 ff.

1. Direkte Beteiligung der deutschen Muttergesellschaft

a) Gewinnausschüttung

Vor 2008 wurde auf Dividenden, die von einer chinesischen Tochtergesellschaft an ihre ausländische Muttergesellschaft ausgeschüttet wurden, nach dem chinesischen nationalen Steuerrecht keine chinesische Quellensteuer erhoben. Durch die chinesische Unternehmenssteuerreform 2008 ist aber auf solche Dividenden eine 10%ige chinesische Quellensteuer neu eingeführt worden. Nach dem DBA zwischen Deutschland und China wird die Quellensteuer auf Dividenden auf 10% begrenzt. Diese Begrenzung hat jedoch keine faktische Bedeutung.

Die 10%ige Quellensteuer, die bei der Gewinnausschüttung an eine deutsche Mutterkapitalgesellschaft anfällt, ist bei dieser aufgrund der Freistellung der Dividenden nach § 8b Abs. 1 KStG nicht anrechenbar und führt damit zu einer Definitivbelastung.

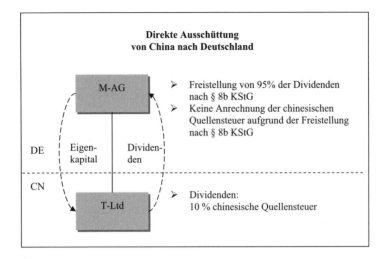

b) **Finanzierung**

Wenn die deutsche Muttergesellschaft der chinesischen Tochtergesellschaft ein Gesellschafterdarlehen gewährt, können die Zinsaufwendungen in China steuerlich unter Berücksichtigung des chinesischen "Thin Capitalization Rule" abgezogen werden.[1] Zinsaufwendungen sind nach dem chinesischen Steuerrecht nicht abzugsfähig, soweit eine chinesische Gesellschaft von einem Anteilseigner Fremdkapital erhält und eine bestimmte Quote vom Fremdkapital zu Eigenkapital (in der Regel 2 : 1) überschritten wird.[2]

Die Zinszahlungen von China nach Deutschland unterliegen in China einer Quellensteuer von 10% und einer Business Tax von 5%.

In Deutschland stellen die Zinserträge Betriebseinnahmen dar und unterliegen der deutschen Körperschaft- und Gewerbesteuer. Die chinesische Quellensteuer kann in Deutschland im Rahmen einer fiktiven Anrechnung in Höhe von 15% berücksichtigt werden, obwohl in China tatsächlich nur eine Quellensteuer in Höhe von 10% erhoben wird.[3] Die Anrechnung unterliegt aber der Einschränkung der Vorschriften des § 34c EStG bzw. des § 26 KStG ("Anrechnungshöchstbetrag").

Die chinesische Business Tax ist keine Steuer, die mit der deutschen Einkommen- bzw. Körperschaftsteuer vergleichbar ist, und somit in Deutschland nicht anrechenbar;[4] sie kann allenfalls als

---

[1] Art. 46 Chinese Enterprise Income Tax Act; Art. 119 Implementation Rules of the Chinese Enterprise Income Tax Act.
[2] Vgl. Ministry of Finance / State Administration of Taxation of PRC, 19.09.2008, Guoshuihan [2008] No. 121.
[3] S. Art. 24 Abs. 2 Buchstabe c) DBA-China.
[4] S. § 34c EStG i.V.m. § 26 KStG.

Betriebsausgaben der M-AG berücksichtigt werden, wenn sie wirtschaftlich durch die M-AG getragen wird.

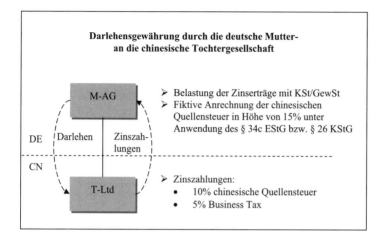

c) **Lizenzierung**

Wenn das Patent für das Spezialprodukt durch die deutsche Muttergesellschaft im Rahmen eines Lizenzvertrags der chinesischen Tochtergesellschaft zur Verfügung gestellt wird, unterliegen die Lizenzgebühren, die von China nach Deutschland gezahlt werden, in China regelmäßig einer Business Tax von 5% und einer Quellensteuer von 10%.

In Deutschland stellen die Lizenzgebühren Betriebseinnahmen dar und unterliegen – nach Abzug der zusammenhängenden Betriebsausgaben – der deutschen Körperschaft- und Gewerbesteuer. Die chinesische Quellensteuer kann in Deutschland im Rahmen einer fiktiven Anrechnung in Höhe von 15% berücksichtigt werden.[5] Die Anrechnung unterliegt aber der Einschränkung der Vorschriften des § 34c EStG bzw. des § 26 KStG ("Anrechnungshöchstbetrag"), wodurch es nicht selten zu einem Anrechnungsüberhang kommt.

Die chinesische Business Tax ist in Deutschland nicht anrechenbar;[6] sie kann aber als Betriebsausgaben der M-AG berücksichtigt werden, wenn sie wirtschaftlich durch die M-AG getragen wird.

---

[5] S. Art. 24 Abs. 2 Buchstabe c) DBA-China.
[6] S. § 34c EStG i.V.m. § 26 KStG.

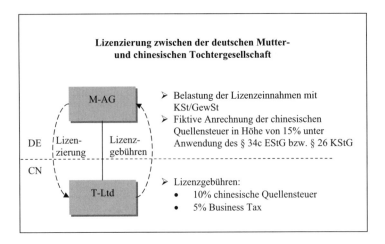

2. Einsatz einer Holdinggesellschaft in Hong Kong

a) Grundsatz

Wie oben dargestellt, führt die 2008 neu eingeführte 10%ige chinesische Quellensteuer, die bei der direkten Ausschüttung von einer chinesischen Tochtergesellschaft an eine deutsche Mutterkapitalgesellschaft anfällt, bei dieser mangels einer Möglichkeit zur Anrechnung stets zu Kosten. Aus diesem Grund stellt die Reduzierung der Quellensteuer ein wichtiges Ziel der Steuergestaltung dar.

Zu diesem Zweck kann beispielsweise eine Zwischenholding in einem Drittstaat eingeschaltet werden, die die chinesischen Dividenden empfängt und an die deutsche Muttergesellschaft weiterleitet. Als potenzielle Holdingstandorte kommen Länder in Betracht, die folgende Merkmale erfüllen:

- Zwischen dem Holdingstaat und China muss ein DBA bestehen, das einen günstigeren Quellensteuersatz für Dividenden vorsieht als der 10%ige Quellensteuersatz nach dem DBA zwischen Deutschland und China,

- die Dividendenerträge unterliegen bei der Holdinggesellschaft keiner oder nur einer sehr geringfügigen Belastung mit der Körperschaftsteuer des Holdingsitzstaates und

- bei der Weiterausschüttung von der Holdinggesellschaft an die deutsche Muttergesellschaft wird im Holdingsitzstaat keine Quellensteuer im Rahmen der beschränkten Steuerpflicht der Muttergesellschaft erhoben.

Durch die letzten beiden Merkmale wird sichergestellt, dass der steuerliche Vorteil aus der Reduzierung der chinesischen Quellensteuer nicht durch andere Steuerbelastungen im Holdingsitzstaat zunichte gemacht oder sogar überkompensiert wird.

b) Hong Kong als Holdingstandort

Hong Kong verfügt als Sonderverwaltungszone Chinas über eine eigene Steuerhoheit und ein anderes Steuersystem als Mainland China. Das DBA zwischen Deutschland und China findet keine Anwendung für Hong Kong.

Zwischen Hong Kong und Mainland China besteht ein DBA, nach dem der Quellensteuersatz für Dividendenausschüttung von China nach Hong Kong – bei einer Mindestbeteiligungsquote von 25 % – auf 5 % begrenzt wird.[7] Die Dividendenerträge unterliegen in Hong Kong bei der Holdinggesellschaft keiner Belastung mit der Körperschaftsteuer. Bei der Weiterausschüttung von der Hong Kong-Holdinggesellschaft an die deutsche Muttergesellschaft wird in Hong Kong keine Quellensteuer im Rahmen der beschränkten Steuerpflicht der Muttergesellschaft erhoben.

Aus einer Hong Kong-Holdingstruktur ergibt sich – im Vergleich zur direkten Gewinnausschüttung von China nach Deutschland – ein Steuervorteil in Höhe von ca. 5 % der chinesischen Dividenden.[8]

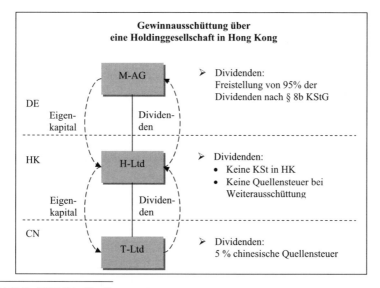

---

[7] Art. 10 Abs. 2 DBA China-Hong Kong.
[8] Aufgrund der unterschiedlichen Bemessungsgrundlage für die Pauschalbesteuerung nach § 8b Abs. 5 KStG – d.h. bei der direkten Ausschüttung 5% der chinesischen Dividenden (vor der Erhebung der chinesischen Quellensteuer) und bei der Holdingstruktur 5 % der Dividenden der Hong Kong-Holding (nach der Erhebung der 5%igen chinesischen Quellensteuer) – beträgt der Steuervorteil bei der Holdingstruktur etwas mehr als 5 % der chinesischen Dividenden.

c) **Missbrauchsvorbehalt aus chinesischer Sicht**

Durch die Unternehmensteuerreform 2008 ist im chinesischen Steuerrecht erstmals eine allgemeine Missbrauchsbekämpfungsregelung eingeführt worden, nach der die Steuerbehörden bei missbräuchlichen Gestaltungsmaßnahmen des Steuerpflichtigen berechtigt sind, eine Ergebniskorrektur bzw. eine Steuerberichtigung vorzunehmen.

Eine missbräuchliche Steuergestaltung im Sinne des Gesetzes liegt vor, wenn die Handlungen des Steuerpflichtigen nicht durch vernünftige wirtschaftliche Gründe zu rechtfertigen sind und der Steuervermeidung, -minderung oder -verschiebung als Hauptzweck dienen.[9]

Im Rahmen der Steuerplanung mit Einsatz von Holdinggesellschaften ist darauf zu achten, dass die eingeschalteten Holdinggesellschaften über ausreichende Substanz verfügen und eine eigene wirtschaftliche Tätigkeit ausüben müssen. Für den Zweck der Steueroptimierung durch eine Zwischenholding genügt eine bloße rechtmäßige Registrierung der Zwischenholding bzw. die Errichtung einer „Briefkastenfirma" seit 2008 nicht mehr. In solchen Fällen könnten die oben dargestellten Gestaltungsmöglichkeiten durch die chinesischen Finanzbehörden als missbräuchliche Steuergestaltungen betrachtet werden, mit der Folge, dass die angestrebte Steuerentlastung nicht gewährt wird.

Auch zur Vermeidung einer steuerlichen Doppelansässigkeit der Holdinggesellschaft muss diese über Büroräume vor Ort verfügen, in denen der Geschäftsführer die für den laufenden Betrieb maßgebenden Entscheidungen trifft und die zur gewöhnlichen Verwaltung gehörenden Maßnahmen ergreift bzw. anordnet.

d) **Betrachtung der Hong Kong-Holdingstruktur aus deutscher außensteuerlicher Sicht**

Sofern die Hong Kong-Holdinggesellschaft nur Dividenden aus der chinesischen Beteiligung erzielt, greift die deutsche Hinzurechnungsbesteuerung nicht, da Dividenden aus deutscher steuerlicher Sicht nach § 8 Abs. 1 Nr. 8 AStG aktive Einkünfte darstellen.

Soweit aber die Hong Kong-Holdinggesellschaft auch Zinseinkünfte erzielt, kann die deutsche Hinzurechnungsbesteuerung zur Anwendung kommen, wenn bei der Finanzierung nicht nachgewiesen werden kann, dass die verwendeten Finanzmittel ausschließlich auf ausländischen Kapitalmärkten aufgenommen werden und die chinesische Gesellschaft, der die Finanzmittel zur

---

[9] Art. 47 Chinese Enterprise Income Tax Act; Art. 120 Implementation Rules of the Chinese Enterprise Income Tax Act.

Verfügung gestellt werden, ausschließlich oder fast ausschließlich aktive Tätigkeiten im Sinne des § 8 Abs. 1 Nr. 1 bis 6 AStG ausübt.[10]

Bei einer Lizenzierung der Hong Kong-Gesellschaft an die chinesische Gesellschaft muss zur Vermeidung der deutschen Hinzurechnungsbesteuerung nachgewiesen werden, dass die Hong Kong-Gesellschaft die Ergebnisse eigener Forschungs- oder Entwicklungsarbeit auswertet, die ohne Mitwirkung der deutschen Muttergesellschaft unternommen worden ist.[11]

3. Einsatz einer Holdinggesellschaft in Belgien

a) Abschluss eines neuen DBA zwischen Belgien und China

Im Oktober 2009 wurde zwischen Belgien und China ein neues DBA abgeschlossen, das demnächst nach der Ratifizierung in Kraft treten wird.

Das neue DBA zwischen Belgien und China enthält folgende wesentliche Änderungen gegenüber dem bisherigen DBA, das im Jahr 1985 abgeschlossen wurde:

- Reduzierung des Quellensteuersatzes auf Dividenden von 10% auf 5% unter bestimmten Voraussetzungen;
- Reduzierung des Quellensteuersatzes auf Lizenzgebühren von 10% auf 7%;
- Engere Betriebsstättendefinition;
- Befreiung der Gewinne aus der Veräußerung von börsennotierten Anteilen unter bestimmten Voraussetzungen von der Quellenbesteuerung.

b) Dividendenausschüttung über eine belgische Holding

Werden die chinesischen Dividenden über eine belgische Holdinggesellschaft nach Deutschland ausgeschüttet, lässt sich unter der Anwendung des neuen DBA zwischen Belgien und China ein Quellensteuervorteil von 5% im Vergleich zu einer direkten Ausschüttung von China nach Deutschland erzielen.

Jedoch muss bei einer solchen Struktur beachtet werden, dass 5% der chinesischen Dividenden in Belgien nach einer der deutschen Vorschrift des § 8b KStG vergleichbaren Regelung der belgischen Körperschaftsteuer von 33,99% unterliegen, was in Belgien zu einer effektiven Steuerbelastung von ca. 1,7% führt. Insoweit mindert sich der gesamte Steuervorteil der belgischen Holdingstruktur im Hinblick auf eine Gewinnausschüttung.

---

[10] S. § 8 Abs. 1 Nr. 7 AStG.
[11] S. § 8 Abs. 1 Nr. 6 Buchstabe a) AStG.

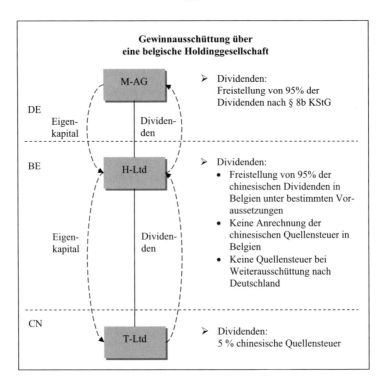

c) **Finanzierung über eine belgische Holding**

Bei der Einschaltung einer belgischen Holdinggesellschaft kann für die konzerninterne Finanzierung die belgische Steuervergünstigung in Form der sog. Notional Interest Deduction in Anspruch genommen werden. Dabei handelt es sich um einen fiktiven steuerlichen Zinsabzug bei der belgischen Gesellschaft, d.h., die belgische Gesellschaft kann auf Basis ihrer Eigenkapitalausstattung[12] einen fiktiven Zinsabzug nach einem bestimmten Zinssatz ("Notional Interest Deduction Rate") steuerlich geltend machen.

---

[12] Die Basis für die Notional Interest Deduction ermittelt sich nach dem Grund- oder Stammkapital der belgischen Gesellschaft, zuzüglich der Gewinnrücklagen, abzüglich der Beteiligungen, die die belgische Gesellschaft in ihren Tochtergesellschaften hält, und der Vermögenswerte, die die belgische Gesellschaft in einer ausländischen Betriebsstätte hat, soweit zwischen Belgien und dem Betriebsstättenstaat ein DBA besteht.

Gewährt die belgische Gesellschaft an die chinesische Gesellschaft ein Darlehen, können die Zinsaufwendungen in China steuerlich unter Berücksichtigung des chinesischen "Thin Capitalization Rule" abgezogen werden.[13]

Die Zinszahlungen von China nach Belgien unterliegen einer chinesischen Quellensteuer in Höhe von 10% und einer Business Tax von 5%. Die chinesische Quellensteuer kann auf die belgische Steuer, die auf die Zinserträge entfällt, angerechnet werden.

Die Zinserträge sind in Belgien körperschaftsteuerpflichtig. Obwohl der Körperschaftsteuersatz 33,99% beträgt, unterliegen die Zinserträge aufgrund der Notional Interest Deduction in Belgien einer effektiv niedrigen Besteuerung. Zu den deutschen außensteuerlichen Aspekten vgl. unten Abschnitt 3. e).

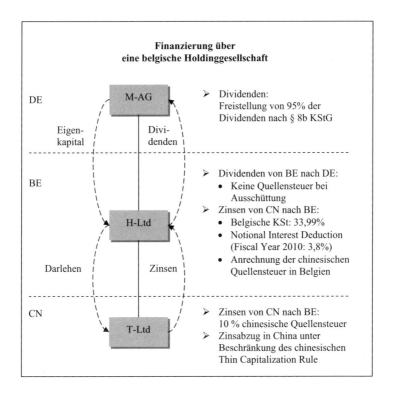

---

[13] Art. 46 Chinese Enterprise Income Tax Act; Art. 119 Implementation Rules of the Chinese Enterprise Income Tax Act. Vgl. Ministry of Finance / State Administration of Taxation of PRC, 19.09.2008, Guoshuihan [2008] No. 121.

d) Lizenzierung über eine belgische Holding

In Belgien sind Aktivitäten im Bereich der Forschung und Entwicklung sowie der Besitz von Intellectual Property Rights (IP Rights) steuerlich begünstigt. Grundsätzlich werden 80% der Einkünfte, die aus der Lizenzierung von in Belgien entwickelten Patenten erzielt werden, von der Besteuerung freigestellt, wodurch sich in Belgien eine effektive Steuerbelastung in Höhe von ca. 6,8% ergibt. Zu den deutschen außensteuerlichen Aspekten vgl. unten Abschnitt 3. e).

Die Lizenzgebühren, die von China nach Belgien gezahlt werden, unterliegen nach dem neuen DBA zwischen Belgien und China einer chinesischen Quellensteuer in Höhe von 7%. Die chinesische Quellensteuer kann auf die belgische Steuer, die auf die Lizenzerträge entfällt, angerechnet werden.

Die 5%ige chinesische Business Tax, die regelmäßig auf Lizenzgebühren erhoben wird, führt mangels Anrechenbarkeit für das betreffende Unternehmen stets zu Kosten. Eine Befreiung der Lizenzgebühren von der chinesischen Business Tax ist nur unter strengen Voraussetzungen möglich.

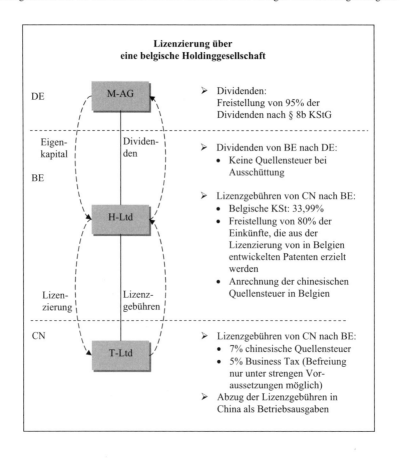

e) **Hinzurechnungsbesteuerung aus deutscher Sicht**

Sofern die belgische Holdinggesellschaft nur Dividenden aus der chinesischen Beteiligung erzielt, greift die deutsche Hinzurechnungsbesteuerung nicht, da Dividenden aus deutscher steuerlicher Sicht nach § 8 Abs. 1 Nr. 8 AStG aktive Einkünfte darstellen.

Soweit die belgische Holdinggesellschaft Zins- oder Lizenzeinnahmen durch Darlehensgewährung oder Lizenzierung an die chinesische Gesellschaft erzielt, könnte die deutsche Hinzurechnungsbesteuerung zur Anwendung kommen.

Im Hinblick auf die belgischen Zins- und Lizenzeinnahmen liegt aus deutscher Sicht eine niedrige Besteuerung i. S. d. § 8 Abs. 3 AStG vor, da die Ertragsteuerbelastung in Belgien aufgrund der dortigen Steuervergünstigungen unter 25% liegt.

Die Zinserträge, die die belgische Gesellschaft durch Darlehensgewährung an die chinesische Gesellschaft erzielt, fallen unter die passiven Einkünften i. S. d. § 8 Abs. 1 Nr. 7 AStG, wenn bei der Finanzierung nicht nachgewiesen werden kann, dass die verwendeten Finanzmittel ausschließlich auf ausländischen Kapitalmärkten aufgenommen werden.

Die Lizenzzahlungen, die die belgische Gesellschaft von der chinesischen Gesellschaft erhält, führen zu passiven Einkünften i. S. d. § 8 Abs. 1 Nr. 6 Buchstabe a) AStG, wenn die belgische Gesellschaft keine Ergebnisse eigener Forschungs- und Entwicklungsarbeit, sondern die Forschungsergebnisse der deutschen Muttergesellschaft auswertet.

Nach der Regelung des § 8 Abs. 2 AStG, durch deren Einführung die Grundsätze des EuGH-Urteils vom 12. September 2006 in der Rechtssache C-196/04 ("Cadbury Schweppes") umgesetzt wurden, ist eine ausländische Gesellschaft mit Sitz oder Geschäftsleitung in einem Mitgliedstaat der EU oder einem Vertragsstaat des EWR-Abkommens nicht als Zwischengesellschaft zu qualifizieren, wenn der Steuerpflichtige nachweist, dass die Gesellschaft eine tatsächliche wirtschaftliche Tätigkeit ausübt, und der ausländische Staat, in dem die Gesellschaft ansässig ist, aufgrund der Amtshilferichtlinie (RL 77/799/EWG) Auskünfte in Steuersachen erteilt.

Um die Anwendung der deutschen Hinzurechnungsbesteuerung im vorliegenden Fall zu vermeiden, muss der Steuerpflichtige nachweisen,

- dass bei einer Finanzierung die verwendeten Finanzmittel nicht durch die deutsche Muttergesellschaft oder eine ihr nahestehende Person zur Verfügung gestellt, sondern ausschließlich auf ausländischen Kapitalmärkten aufgenommen werden, und die chinesische Tochtergesellschaft ausschließlich oder fast ausschließlich aktive Tätigkeiten i. S. d. § 8 Abs. 1 Nr. 1 bis 6 AStG ausübt, und

- dass bei einer Lizenzierung die belgische Gesellschaft die Ergebnisse eigener Forschungs- und Entwicklungsarbeit auswertet, die ohne Mitwirkung der deutschen Muttergesellschaft unternommen worden ist.

Andernfalls muss sich der Steuerpflichtige zur Vermeidung der deutschen Hinzurechnungsbesteuerung auf die "Cadbury Schweppes"-Grundsätze bzw. die Regelung des § 8 Abs. 2 AStG berufen und nachweisen, dass die belgische Gesellschaft mit ausreichender Substanz ausgestattet wird und eine tatsächliche wirtschaftliche Tätigkeit i. S. d. § 8 Abs. 2 AStG ausübt.

Die Feststellung, ob eine tatsächliche wirtschaftliche Tätigkeit vorliegt, muss auf objektiven, von dritter Seite nachprüfbaren Anhaltspunkten beruhen, die sich u.a. auf das Ausmaß des greifbaren Vorhandenseins der beherrschten ausländischen Gesellschaft in Form von Geschäftsräumen, Personal und Ausrüstungsgegenständen beziehen.[14] An einer tatsächlichen wirtschaftlichen Tätigkeit soll es fehlen, wenn die Kernfunktionen, die die Gesellschaft hat, nicht von ihr selbst ausgeübt werden. Das gilt ebenso, wenn sich die Funktionen der Gesellschaft in gelegentlicher Kapitalanlage oder in der Verwaltung von Beteiligungen ohne gleichzeitige Ausübung geschäftsleitender Funktionen erschöpfen. Zur Begründung einer tatsächlichen wirtschaftlichen Tätigkeit muss die ausländische Gesellschaft vielmehr in stabiler und kontinuierlicher Weise am Wirtschaftsleben in dem betreffenden Mitgliedstaat teilnehmen.[15]

4. Einsatz einer Holdinggesellschaft in Luxemburg

a) DBA zwischen Hong Kong und Luxemburg

Das DBA zwischen Hong Kong und Luxemburg wurde im November 2007 abgeschlossen und im Dezember 2008 ratifiziert. Nach der Ratifikation ist das Abkommen rückwirkend für Luxemburg mit Wirkung zum 1.1.2008 und für Hong Kong mit Wirkung zum 1.4.2008 in Kraft getreten.

Das DBA zwischen Hong Kong und Luxemburg sehen günstige Quellensteuersätze vor, die im Vergleich zu der Situation vor dem Abschluss des Abkommens große steuerliche Vorteile mit sich bringen. Die im Abkommen vorgesehenen Quellensteuersätze werden in der folgenden Tabelle den nationalen Quellensteuersätzen von Hong Kong und Luxemburg gegenüber gestellt:

---

[14] Vgl. Gesetzesbegründung in BT-Drs. 16/6290, S. 92.
[15] Vgl. dazu *Vogt*, in Blümich, § 8 AStG, 2009, Rz. 153 ff.; *Schnitger*, IStR 2007, S. 729 ff.

	Quellensteuersätze nach DBA zwischen Hong Kong und Luxemburg	Quellensteuersätze nach dem nationalen Steuerrecht Luxemburgs	Quellensteuersätze nach dem Steuerrecht Hong Kongs
Dividenden	Unter bestimmten Voraussetzungen (Mindestbeteiligungsquote von 10% oder Mindestbeteiligungswert von 1,2 Mio. Euro): 0%; andernfalls 10%	15%	0%
Zinsen	0%	0%	0%
Lizenzgebühren	3%	0%	4,95%

b) Steuerbegünstigung von IP Rights in Luxemburg

In Luxemburg sind Aktivitäten im Bereich der Forschung und Entwicklung sowie der Besitz von IP Rights steuerlich begünstigt. Unter die Steuerbegünstigung fallen u. a. Software Copyrights, Patente, Markenzeichen, Design und Domains. Grundsätzlich werden 80% der Einkünfte, die aus der Lizenzierung oder Veräußerung von IP Rights erzielt werden, von der Besteuerung freigestellt, wodurch sich in Luxemburg eine effektive Steuerbelastung in Höhe von ca. 5,7% ergibt.

c) Holdingstruktur

Im vorliegenden Fall ist im Hinblick auf die Lizenzierung des neuen Patentes und die Produktion in China die folgende Struktur denkbar:

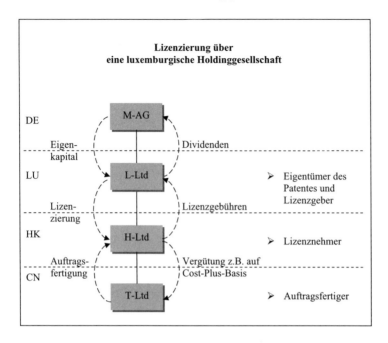

d) Steuerliche Vorteile

Aus der obigen Struktur ergeben sich insbesondere folgende steuerliche Vorteile:

- In Luxemburg kann die Steuervergünstigung für die Lizenzerträge (d.h. Befreiung von 80% der Einkünfte) in Anspruch genommen werden.

- Bei der Zahlung der Lizenzgebühren von Hong Kong nach Luxemburg kann der günstige Quellensteuersatz von 3%, der im DBA zwischen Hong Kong und Luxemburg vorgesehen wird, genutzt werden.

- Durch die Auftragsfertigung der chinesischen Gesellschaft für die Hong Kong-Gesellschaft und die Vergütung auf Cost-Plus-Basis kann ein Teil des Gewinns, der bei einem Produktionsunternehmen erzielt werden könnte, von Mainland China nach Hong Kong verlagert werden. Aufgrund des Steuergefälles zwischen Mainland China (Steuersatz 25%) und Hong Kong (Steuersatz 16,5%) kann die Gesamtsteuerquote im Konzern reduziert werden.

e)   **Deutsche Hinzurechnungsbesteuerung und chinesischer Missbrauchsvorbehalt**

Hinsichtlich der möglichen Anwendung der deutschen Hinzurechnungsbesteuerung und deren Vermeidung sowie der chinesischen Missbrauchsvorschrift wird auf die obigen Ausführungen unter Abschnitt 2. c), 2. d) und 3. e) verwiesen.

f)   **Verrechnungspreise**

Die Verrechnungspreise für die Lizenzierung und die Auftragsfertigung sind nach dem arm's length-Grundsatz zu bestimmen. Im diesem Zusammenhang sollte beachtet werden, dass aus chinesischer Sicht bei Unternehmen, die ausschließlich gegenüber verbundenen ausländischen Unternehmen als Auftragsfertiger tätig sind, eine verschärfte Verrechnungspreisprüfung durchgeführt wird. Zwar dürfte von den chinesischen Finanzbehörden i. d. R. akzeptiert werden, dass ein Auftragsfertiger aufgrund seines wenig ausgeprägten Funktions- und Risikoprofils nur Anspruch auf eine geringe, aber nachhaltige Marge hat. Unangemessen niedrige Vergütungen und vor allem Dauerverlustsituationen werden von der chinesischen Steuerverwaltung aber grundsätzlich nicht anerkannt.[16]

---

[16] Vgl. State Administration of Taxation of PRC, 07.03.2007, Guoshuihan [2007] No. 236; State Administration of Taxation of PRC, 08.01.2009, Guoshuifa [2009] No. 2.

VIII. Informationswege und -quellen der Finanzverwaltung bei Schweizer Bankkonten *(Burki)*

1. Einführung

In letzter Zeit wurde seitens der OECD erheblicher Druck auf die Schweiz ausgeübt, die Amtshilfe, d.h. die Zusammenarbeit zwischen den Steuerbehörden der Vertragsstaaten, unter den bestehenden Doppelbesteuerungsabkommen zu erweitern. Auf Grund der Drohung der OECD vor dem G-20 Gipfel im April 2009 in London, diejenigen Staaten auf eine schwarze Liste zu setzen, welche einen zurückhaltenden bzw. unkooperativen Informationsaustausch mit anderen Staaten pflegten, und des Falles UBS mit den USA entschied der Bundesrat am 13. März 2009, die Doppelbesteuerungsabkommen der Schweiz künftig dem OECD-Standard zum internationalen Informationsaustausch gemäß Art. 26 des OECD-Musterabkommens (OECD-MA) anzupassen. Diese Anpassung sollte insbesondere dazu führen, dass künftig nicht nur in Steuerbetrugsfällen, sondern auch bei einfacher Steuerhinterziehung Amtshilfe geleistet würde.

Der Entscheid des Bundesrates wurde damit begründet, dass die internationale Zusammenarbeit im Steuerbereich wegen der Globalisierung der Märkte und der Finanzkrise an Bedeutung gewonnen habe und auch die Schweiz einen Beitrag zur Bekämpfung von Steuerdelikten leisten müsse. Gleichzeitig wurde betont, dass die neue Praxis bezüglich Doppelbesteuerungsabkommen keine Änderung für Steuerpflichtige mit Wohnsitz in der Schweiz mit sich bringe. Das Bankgeheimnis wird damit für Personen mit Wohnsitz in der Schweiz gewahrt, sofern kein Steuervergehen (z.B. Steuerbetrug) vorliegt.

2. Entwicklung der Amtshilfe in der Schweiz

Die Schweiz brachte über Jahre einen Vorbehalt zu Art. 26 OECD-MA an, welcher vorsieht, es seien Informationen zur Durchführung des Abkommens und zur Durchführung des innerstaatlichen Rechts zu gewähren. Die bis vor kurzer Zeit geltenden Doppelbesteuerungsabkommen mit der Schweiz sahen demgegenüber lediglich die sogenannte kleine Amtshilfeklausel vor, wonach der Austausch von Informationen ausschließlich zur Durchführung und Durchsetzung des Doppelbesteuerungsabkommens gewährt wurde. Geprüft wurde dabei, ob der Steuerpflichtige durch das Abkommen einen steuerlichen Vorteil erzielte und der ersuchende Staat entsprechend einen Steuerverzicht leistete.

In den letzten Jahren erklärte sich die Schweiz auf Druck der OECD grundsätzlich bereit, in Fällen von Steuerbetrug die Erteilung von Auskünften auch für die Durchführung des innerstaatlichen Rechts zuzulassen. Die auf Steuerbetrug beschränkte sogenannte große Amtshilfeklausel wurde in der Folge in verschiedenen Doppelbesteuerungsabkommen mit OECD-Staaten aufgenommen.

Das im Jahre 2004 zwischen der Schweiz und der EU abgeschlossene Zinsbesteuerungsabkommen sieht sodann einen Informationsaustausch zwischen der Schweiz und den EU-Mitgliedstaaten hinsichtlich der unter das Zinsbesteuerungsabkommen fallenden Zinserträge in Fällen vor, welche nach dem Recht des ersuchenden Staates als Steuerbetrug gelten oder ein ähnliches Delikt („tax fraud and the like") darstellen.

Im Weiteren verpflichtete sich die Schweiz auch zur Aufnahme eines erweiterten Informationsaustausches bei Holdinggesellschaften in Doppelbesteuerungsabkommen. Auf Verlangen eines Staates werden demnach Informationen bezüglich Holdinggesellschaften ausgetauscht, welche sich im Besitze der Steuerbehörden befinden und zur Durchsetzung von innerstaatlichem Recht bezüglich der unter das Abkommen fallenden Steuern notwendig sind. Das Bankgeheimnis bleibt in solchen Fällen jedoch gewahrt.

Anfangs April 2009 wurde die Schweiz zusammen mit Belgien, Luxemburg, Österreich, Singapur und weiteren Staaten auf eine graue Liste der OECD gesetzt. Diese Liste umfasst sämtliche Staaten, welche nicht mindestens zwölf Doppelbesteuerungsabkommen mit einer Bestimmung bezüglich Informationsaustausch entsprechend Art. 26 OECD-MA abgeschlossen haben. Die Aufnahme in die schwarze Liste konnte durch die Erklärung des Bundesrates vermieden werden, wonach die Schweiz in ihren Doppelbesteuerungsabkommen die große Amtshilfeklausel einführen werde.

Seit dem 24. September 2009 ist die Schweiz nicht mehr auf der grauen Liste der OECD, da bis zu diesem Datum zwölf Abkommen mit erweiterter Amtshilfe gemäß Art. 26 OECD-MA unterzeichnet wurden. Der Text der unterzeichneten Abkommen wird zur Zeit noch vertraulich behandelt und ist damit nicht öffentlich zugänglich. Der Bundesrat wird nun eine Botschaft für das Parlament bezüglich der unterzeichneten Doppelbesteuerungsabkommen ausarbeiten und diese sodann dem Parlament zur Genehmigung unterbreiten. Das Parlament wird in der Folge entscheiden, ob alle neu ausgehandelten Doppelbesteuerungsabkommen oder beispielsweise nur das erste vom Parlament genehmigte Abkommen dem fakultativen Referendum unterstellt werden. Im Falle der Unterstellung unter das fakultative Referendum müsste der Entscheid des Parlamentes auf Verlangen von 50'000 Stimmberechtigten oder acht Kantonen dem Volk zur Abstimmung unterbreitet werden.

Bis zum 24. September 2009 waren Doppelbesteuerungsabkommen mit den USA, Dänemark, Luxemburg, Frankreich, Norwegen, Österreich, Großbritannien, Mexiko, Finnland, Katar, den Färöer-Inseln und Spanien (via Meistbegünstigungsklausel) unterzeichnet. Das Doppelbesteuerungsabkommen mit Deutschland ist noch in der Verhandlungsphase.

3. Neue Amtshilfebestimmungen in den schweizerischen Doppelbesteuerungsabkommen

Auch wenn die detaillierten Texte der neu verhandelten Amtshilfebestimmung in den schweizerischen Doppelbesteuerungsabkommen noch nicht bekannt sind, können auf Grund der Publikationen des Eidgenössischen Finanzdepartementes bereits heute gewisse Eckpunkte genannt werden:

- Die Schweiz wird weiterhin nur auf Grund von Ersuchen des anderen Staates Amtshilfe leisten. Eine automatische oder spontane Auskunftserteilung ist damit ausgeschlossen.

- Die Amtshilfe ist begrenzt auf Einzelfälle. Sogenannte „fishing expeditions" werden demnach auch künftig in der Schweiz nicht möglich sein.

- Die neuen Abkommensbestimmungen gelten frühestens ab dem Zeitpunkt der Unterzeichnung. Eine Rückwirkung ist demnach ausgeschlossen. Dies ist insbesondere für Fälle wesentlich, welche sich vor Unterzeichnung des Abkommens ereigneten und als Steuerhinterziehung, nicht aber als Steuerbetrug zu qualifizieren sind.

- Die Abkommensbestimmungen werden sich auf diejenigen Steuern beschränken, welche unter das entsprechende Doppelbesteuerungsabkommen fallen.

- Das Subsidiaritätsprinzip gemäß OECD-MA ist anwendbar. Dies bedeutet, dass sämtliche Informationsquellen im innerstaatlichen Verfahren auszuschöpfen sind bevor ein Auskunftsersuchen gestellt werden kann.

Die neue Praxis der Schweiz bezüglich der Amtshilfe kommt Staaten wie den USA, Deutschland und Frankreich insofern entgegen, als diese nicht mehr nur in Fällen des Steuerbetruges, sondern auch in Fällen der Steuerhinterziehung Informationen von der Schweiz erhalten können und insbesondere das Bankgeheimnis den betroffenen Steuerpflichtigen keinen Schutz bietet. Allerdings ist darauf hinzuweisen, dass bereits in der Vergangenheit im Rahmen der schweizerischen Amtshilfe Steuerbetrug unter Doppelbesteuerungsabkommen nicht nur im Falle der Verwendung falscher Urkunden, sondern auch im Falle von arglistiger Steuerhinterziehung angenommen wurde. Auskünfte wurden dabei erteilt, wenn entweder eine fortgesetzte Steuerhinterziehung hoher Steuerbeträge oder eine Steuerhinterziehung mit Verwendung von Strukturen (beispielsweise „Offshore-Gesellschaften") vorlag.

Insofern wurde die „unkooperative" Praxis zur Amtshilfe der Schweiz in der Vergangenheit von ausländischen Staaten oft zu streng beurteilt, da Ersuchen um Amtshilfe ausländischer Staaten bereits in den letzten Jahren relativ großzügig gehandhabt wurden. Entsprechend ergibt sich, dass der Schritt der Schweiz, nun auch bei Steuerhinterziehung und nicht nur bei Steuerbetrug Amtshilfe zu leisten, in der Praxis nicht eine so gravierende Veränderung mit sich bringt, wie dies weithin dargestellt wird, obschon dieser Schritt der Schweiz aus rechtlicher Sicht eine wesentliche Veränderung darstellt.

4. Verhältnis zwischen der Schweiz – Deutschland

a) Doppelbesteuerungsabkommen

Nach fünf Verhandlungsrunden fand am 16. März 2010 ein Arbeitstreffen zwischen Bundesrat Hans-Rudolf Merz und Finanzminister Wolfgang Schäuble in Berlin statt. Im Zentrum der Gespräche über bilaterale Steuerfragen stand dabei die Paraphierung des Änderungsprotokolls zum bestehenden Doppelbesteuerungsabkommen zwischen der Schweiz und Deutschland, welche denn auch im Anschluss an das Treffen am 26. März 2010 erfolgte. Zentrales Element der Revision des Doppelbesteuerungsabkommens ist die Ausweitung der Amtshilfe in Steuerfragen nach dem OECD-Standard.Anlässlich dieser Gespräche wurde im Weiteren beschlossen, eine umfassende Revision des Doppelbesteuerungsabkommens sowie des Erbschaftssteuerabkommens innert zwei bis drei Jahren vorzunehmen.

b) Arbeitsgruppe

Zur weiteren konstruktiven Klärung der offenen Fragen im Finanz- und Steuerbereich wurde eine gemeinsame Arbeitsgruppe unter der Leitung von zwei Staatssekretären eingesetzt. Diese Arbeitsgruppe soll insbesondere folgende Themen klären:

- Möglichkeit der Herbeiführung einer Besteuerung von nicht versteuerten Vermögenswerten, die von in Deutschland ansässigen Personen bei Finanzinstituten in der Schweiz angelegt sind;

- Sicherstellung einer Besteuerung mit Abgeltungscharakter der laufenden Kapitaleinkünfte aus Vermögenswerten, die von in Deutschland ansässigen Personen bei Finanzinstituten in der Schweiz angelegt sind, sowie von Übertragungen solcher Vermögenswerte insbesondere durch Erbschaft oder Schenkung;

- Marktzugang: Gestützt auf die von den zuständigen Aufsichtsbehörden erarbeiteten Lösungsvorschläge, Prüfung eines erweiterten Marktzugangs für Schweizer Banken in Deutschland;

- Flankierende Arbeiten im Hinblick auf die Unterzeichnung des Revisionsprotokolls zum bilateralen Doppelbesteuerungsabkommen, einschließlich Fragen zum Umgang mit dem Kauf von Bankdaten und eine umfassende Information der Schweiz darüber.

Im Zusammenhang mit den gekauften Bankdaten nahm Deutschland zur Kenntnis, dass die Schweiz auf Basis von gekauften Bankdaten keine Amtshilfe leisten wird.

5. Entwicklungen bezüglich des UBS-Abkommens zwischen den USA und der Schweiz

Am 21. Juli 2008 erließ der „Internal Revenue Service" einen sogenannten „John Doe Summons" an die UBS AG, um Auskünfte über Konten von rund 52'000 Kunden zu erhalten. Eine Auskunftserteilung seitens der UBS AG hätte aus schweizerischer Sicht eine Verletzung des Bankgeheimnisses dargestellt. Anderseits hätte die Nichtbefolgung eines Urteils des amerikanischen Gerichtes dazu geführt, dass die UBS AG mit drakonischen Strafen belegt worden wäre, welche schlussendlich zumindest zum Zusammenbruch des gesamten US-Geschäftes der UBS AG hätten führen können. Wegen dieser bedrohlichen Lage, welche dadurch entstand, dass zwei verschiedene Rechtssysteme aufeinander prallten, wurden im UBS-Fall die Verhandlungen auf der Ebene von Regierungsvertretern der Schweiz und der USA geführt.

Am 19. August 2009 schlossen die Schweiz und die USA ein Abkommen über ein Amtshilfegesuch des Internal Revenue Service der USA betreffend die UBS AG, womit das Risiko eines US-Gerichtsentscheides abgewendet werden konnte. Darin verpflichtete sich die Schweiz, ein entsprechendes Amtshilfegesuch der USA zu bearbeiten und insbesondere sicherzustellen, dass innerhalb von 90 Tagen nach Eingang des Gesuchs in den ersten 500 Fällen und nach 360 Tagen in allen übrigen Fällen (ca. 4000) Schlussverfügungen über die Herausgabe der verlangten Informationen erlassen werden könnten. Vorbehalten blieb das Recht der von einer Schlussverfügung betroffenen Personen, beim Bundesverwaltungsgericht Beschwerde einzureichen.

Am 21. Januar 2010 fällte das schweizerische Bundesverwaltungsgericht ein Urteil über eine Beschwerde in diesem Zusammenhang und stellte fest, dass im zu beurteilenden Fall kein Steuerbetrug, sondern lediglich eine fortgesetzte schwere Steuerhinterziehung vorliege. Eine solche Steuerhinterziehung falle nicht unter den Tatbestand des Abgabebetruges, und es könne entsprechend auf Grund des geltenden Doppelbesteuerungsabkommens zwischen den USA und der Schweiz keine Amtshilfe geleistet werden.

Offenbar betrifft ein großer Teil der Amtshilfegesuche der USA Tatbestände, welche eher eine fortgesetzte schwere Steuerhinterziehung als einen Abgabebetrug darstellen. Sofern entsprechend keine weiteren Schritte unternommen werden, werden nur sehr wenige Dokumente im Rahmen der Amtshilfe an die USA übergeben werden.

Mit Änderungsprotokoll vom 31. März 2010 zur Revision des UBS-Abkommens wurde dieses auf die gleiche Stufe wie das Doppelbesteuerungsabkommen gehoben. Das UBS-Abkommen geht nun dem älteren und allgemeinen DBA vor und ermöglicht es der Schweiz, nicht nur bei Steuer- oder Abgabebetrug, sondern auch bei fortgesetzter schwerer Steuerhinterziehung Amtshilfe zu leisten. Damit wird der vom Bundesverwaltungsgericht in seinem Entscheid vom 27. Januar 2010 beanstandete Mangel behoben und sichergestellt, dass die Schweiz ihre völkerrechtlichen

Verpflichtungen einhalten kann. Im Änderungsprotokoll wird klargestellt, dass das UBS-Abkommen einen Staatsvertrag darstellt. Im Juni wird der Staatsvertrag dem Parlament unterbreitet werden, welches endgültig über den Staatsvertrag entscheiden wird.

Bis zu diesem Zeitpunkt wird das UBS-Abkommen insofern weiter angewandt, als die Eidgenössische Steuerverwaltung auch in Fällen von fortgesetzter schwerer Steuerhinterziehung Schlussverfügungen erlassen wird und die Schweiz damit ihre mit dem Abkommen eingegangenen völkerrechtlichen Verpflichtungen einhalten kann. Allerdings werden vor der parlamentarischen Genehmigung des UBS-Abkommens keine Kundendaten an die USA übermittelt werden.

7. Generalthema

9.00 – 11.00 Uhr **Umsatzsteuer:**
Neues aus Gesetzgebung und Rechtsprechung

Leitung:
Richter am Bundesfinanzhof
Dr. Christoph **Wäger**, München

Referenten und Bearbeiter des Arbeitsbuches:
Richter am Bundesfinanzhof
Dr. Christoph **Wäger**, München

Rechtsanwalt und Fachanwalt für Steuerrecht
Prof. Dr. Alexander **Neeser**,
Hochschule Ludwigsburg

Rechtsanwalt, Steuerberater
Dr. Ulrich **Grünwald**, Berlin

Ministerialdirigent Jörg **Kraeusel**,
Bundesministerium der Finanzen, Berlin

I. Gesetzliche Neuregelungen zum 1. 7. 2010
und 1. 1. 2011: Änderung beim reverse charge,
der ZM und Einschränkung des Vorsteuerabzugs
bei gemischt genutzten Gegenständen (Seeling)

II. Aktuelle EuGH-Rechtsprechung zu
Unternehmereigenschaft und Vorsteuerabzug:
Urteile VNLTO, SKF, Salix etc.

III. Ausfuhrlieferungen und innergemeinschaftliche
Lieferungen: Folgen der BFH-Rechtsprechung

IV. Praxisfragen zum ermäßigten Steuersatz
für das Hotelgewerbe ab 1. 1. 2010 und Bedeutung
der BFH-Vorlagen zu den Restaurationsumsätzen

I. **Gesetzliche Neuregelungen zum 1.7.2010 und 1.1.2011: Änderungen beim Reverse-Charge, der Zusammenfassenden Meldung und Einschränkung des Vorsteuerabzugs bei gemischt genutzten Gegenständen (Seeling) sowie weitere Änderungen (Kraeusel)**

Hinweis:

Durch das **Gesetz zur Umsetzung steuerrechtlicher EU-Vorgaben** (in der Fassung des Gesetzesbeschlusses des Deutschen Bundestags, BR-Drucks. 107/10) wurden eine Reihe von umsatzsteuerlichen Änderungen herbeigeführt, die zum größten Teil zum 1.7.2010 in Kraft treten werden.

Weitere Änderungen wird es voraussichtlich mit dem **Jahressteuergesetz 2010** geben. Hierzu existiert aber bisher lediglich ein Referentenentwurf, der Ressorts, Ländern und Verbänden am 29. März 2010 per E-Mail zur Stellungnahme übersandt wurde.

1. Verlagerung der Steuerschuld nach § 13b UStG

a) Maßgeblichkeit des Zeitpunkts der Ausführung der sonstigen Leistung nach § 13b Abs. 1 UStG ab 1.7.2010

Fall:

Unternehmer R aus Rotterdam verkauft am 10.7.2010 für 1 Mio. € (netto) CO_2-Emissionszertifikate an den Unternehmer K in Köln. Der Unternehmer R erteilt am 2.8.2010 die Rechnung. Wie sehen die umsatzsteuerrechtlichen Pflichten der Beteiligten aus?

Lösung:

Emissionsberechtigungen, Emissionsreduktionseinheiten und zertifizierte Emissionsreduktionen i. S. d. § 3 Absatz 4 bis 6 TEHG sind zwischen Verantwortlichen i. S. d. § 3 Absatz 7 TEHG sowie zwischen Personen innerhalb der Europäischen Union oder zwischen Personen innerhalb der Europäischen Union und Personen in Drittländern, mit denen Abkommen über die gegenseitige Anerkennung von Berechtigungen gem. Artikel 25 Absatz 1 der Richtlinie 2003/87/EG geschlossen wurden, übertragbar (§ 6 Absatz 3 TEHG). Die Übertragung erfolgt nach § 16 TEHG durch Einigung und Eintragung auf dem Konto des Erwerbers in dem nach § 14 TEHG von den zuständigen Behörden zu führenden Emissionshandelsregister.

Die Übertragung der genannten Emissionszertifikate ist umsatzsteuerrechtlich eine sonstige Leistung. Überträgt ein Unternehmer das Emissionsrecht an einen anderen Unternehmer, ist der Leistungsort regelmäßig dort, wo der Leistungsempfänger seinen

Sitz oder eine Betriebsstätte hat, an die die Leistung tatsächlich erbracht wird (§ 3a Abs. 2 UStG). Somit liegt im vorliegenden Fall der Leistungsort im Inland und der Leistungsempfänger K (Unternehmer) ist Steuerschuldner nach § 13b Abs. 5 UStG in der ab 1.7.2010 geltenden Fassung. Der niederländische Unternehmer R hat eine Nettorechnung auszustellen, in der er auf die Reverse-charge-Regelung hinweisen muss (Art. 226 Nr. 11 MwStSystRL). Der Leistungsempfänger K muss die Steuer in seiner USt-Voranmeldung für den Monat Juli anmelden, also bis zum 10.8.2010 bzw. bei Fristverlängerung bis zum 10.9.2010, weil maßgeblich der Zeitpunkt ist, zu dem die Leistung ausgeführt worden ist (§ 13b Abs. 1 UStG in der ab 1.7.2010 geltenden Fassung). Nicht maßgeblich ist der Zeitpunkt der Rechnungsausstellung.

Hinweis:

§ 13b Abs. 1 in der ab 1.7.2010 geltenden Fassung lautet:

*„(1) Für nach § 3a Absatz 2 im Inland steuerpflichtige sonstige Leistungen eines im übrigen Gemeinschaftsgebiet ansässigen Unternehmers entsteht die Steuer mit Ablauf des Voranmeldungszeitraums, in dem die **Leistungen ausgeführt** worden sind."*

Bei Leistungen, bei denen

- sich ab 1. Januar 2010 der Leistungsort nach dem Sitz oder der Betriebsstätte des Leistungsempfängers richtet, wenn die Leistungen tatsächlich an diese ausgeführt werden,

- der Leistungsempfänger Unternehmer oder eine juristische Person ist, der eine USt-IdNr. erteilt worden ist, und

- der Leistungsempfänger die Steuer für diese Leistungen im EU-Mitgliedstaat schuldet, in dem er ansässig ist,

muss der leistende Unternehmer diese Umsätze in einer Zusammenfassenden Meldung (§ 18a Abs. 2 UStG) in dem jeweiligen Meldezeitraum anmelden. Um das Ziel einer effektiveren Kontrolle des innergemeinschaftlichen Waren- und Dienstleistungsverkehrs zu erreichen, bedarf es eines **einheitlichen Entstehungszeitpunkts** der Umsatzsteuer für diese Umsätze. Dieser Zeitpunkt ist EU-einheitlich ab 1.1.2010 der Zeitpunkt, an dem die jeweilige Leistung ausgeführt wird. Da die Neuregelung allerdings erst verspätet in Kraft gesetzt wurde, gilt sie ab 1.7.2010.

Die Regelung setzt Artikel 66 Unterabsatz 2 MwStSystRL in der Fassung der Richtlinie 2008/117/EG über das gemeinsame MWSt-System zum Zweck der Bekämpfung des Steuerbetrugs bei innergemeinschaftlichen Umsätzen vom 16. Dezember 2008 (ABl. L 14 vom 20.1.2009 S. 7) um.

Die im Gesetz zur Umsetzung steuerrechtlicher EU-Vorgaben sowie weiterer steuerrechtlicher Regelungen vorgesehenen Maßnahmen hätten eigentlich schon im letzten Jahr umgesetzt werden müssen, konnten aber wegen der zu Ende gehenden Legislaturperiode nicht mehr fristgerecht vom Bundestag verabschiedet werden. Damit hat der deutsche Gesetzgeber die zum 1.1.2010 umsetzende sog. Betrugsbekämpfungsrichtlinie (RICHTLINIE 2008/117/EG DES RATES vom 16. Dezember 2008 zur Änderung der Richtlinie 2006/112/EG über das gemeinsame Mehrwertsteuersystem zum Zweck der Bekämpfung des Steuerbetrugs bei innergemeinschaftlichen Umsätzen, ABl.EU 2009 Nr. L 14, 7) nicht fristgerecht umgesetzt.

b) Verlagerung der Steuerschuld bei der inländischen Übertragung von CO_2-Berechtigungen ab 1.7.2010

Fall:

Unternehmer K aus Köln verkauft am 10.7.2010 für 1 Mio. € (netto) CO_2-Emissionszertifikate an den Unternehmer M in München. Wie sehen die umsatzsteuerrechtlichen Pflichten der Beteiligten aus?

Lösung:

Auch bei inländischen Umsätzen mit CO_2-Zertifikaten gilt ab 1.7.2010 eine reverse-charge-Regelung (§ 13b Abs. 2 Nr. 6 UStG im der ab 1.7.2010 geltenden Fassung) Die Steuer schuldet der Abnehmer M nach der ab 1.7.2010 geltenden Fassung des § 13b Abs. 5 UStG. Der Leistungsempfänger M muss die Steuer in seiner USt-Voranmeldung für den Monat August anmelden, also bis zum 10.9.2010 bzw. bei Fristverlängerung bis zum 10.10.2010, weil maßgeblich der Zeitpunkt ist, zu dem die Rechnung ausgeführt worden ist (§ 13b Abs. 2 UStG in der ab 1.7.2010 geltenden Fassung).

Mit der gesetzlichen Neuregelung in § 13b Abs. 2 Nr. 6 UStG soll von dem neuen Art. 199a Abs. 1 MwStSystRL Gebrauch gemacht werden, der durch die RL zur Änderung der RL 2006/112/EG über das gemeinsame Mehrwertsteuersystem im Hinblick auf eine fakultative und zeitweilige Anwendung des Reverse-Charge-Verfahrens auf die Erbringung bestimmter betrugsanfälliger Dienstleistungen (Ratsbeschluss vom 16.3.2010, bei Redaktionsschluss noch nicht amtlich veröffentlicht) eingefügt worden ist.. Die Gemeinschaftsregelung ist gemeinschaftsweit zunächst bis zum 30.6.2015 befristet.

Hinweis:

Mit Ausnahme § 3a Abs. 2-Fälle, (Leistungen eines Unternehmers aus einem anderen EU-Mitgliedstaat an deutschen Unternehmer oder an eine juristische Person mit USt-IdNr., die kein Unternehmer ist) bleibt es beim Zeitpunkt der Ausstellung der Rechnung. Sind leistender Unternehmer und Leistungsempfänger im Inland ansässig, war bis 30.6.2010 der leistende Unternehmer Steuerschuldner (§ 13a Abs. 1 Nr. 1 UStG).

Zum 1.7.2010 wird die Steuerschuldnerschaft des Leistungsempfängers generell erweitert auf die Übertragung von Berechtigungen i. S. d. § 3 Absatz 4 TEHG, Emissionsreduktionseinheiten im Sinne von § 3 Abs. 5 TEHG und zertifizierten Emissionsreduktionen im Sinne von § 3 Abs. 6 TEHG an einen Unternehmer.

Ziel dieser Erweiterung ist, Umsatzsteuerausfälle zu verhindern, die dadurch eintreten, dass bei diesen Leistungen nicht sichergestellt werden kann, dass diese von den leistenden Unternehmern vollständig im allgemeinen Besteuerungsverfahren erfasst werden, bzw. der Fiskus den Steueranspruch beim Leistenden realisieren kann.

§ 13b Abs. 2 UStG in der ab 1.7.2010 geltenden Fassung lautet:

„(2) Für folgende steuerpflichtige Umsätze entsteht die Steuer mit Ausstellung der Rechnung, spätestens jedoch mit Ablauf des der Ausführung der Leistung folgenden Kalendermonats:

1. Werklieferungen und nicht unter Absatz 1 fallende sonstige Leistungen eines im Ausland ansässigen Unternehmers;

2. Lieferungen sicherungsübereigneter Gegenstände durch den Sicherungsgeber an den Sicherungsnehmer außerhalb des Insolvenzverfahrens;

3. Umsätze, die unter das Grunderwerbsteuergesetz fallen;

4. Werklieferungen und sonstige Leistungen, die der Herstellung, Instandsetzung, Instandhaltung, Änderung oder Beseitigung von Bauwerken dienen, mit Ausnahme von Planungs- und Überwachungsleistungen. Nummer 1 bleibt unberührt;

5. Lieferungen von Gas und Elektrizität eines im Ausland ansässigen Unternehmers unter den Bedingungen des § 3g;

6. <u>Übertragung von Berechtigungen nach § 3 Absatz 4 des Treibhausgas-Emissionshandelsgesetzes vom 8. Juli 2004 (BGBl. I S. 1578), zuletzt geändert durch Artikel 1 des Gesetzes vom 16. Juli 2009 (BGBl. I S. 1954), Emissionsreduktionseinheiten im Sinne von § 3 Absatz 5 des Treibhausgas-Emissionshandelsgesetzes und zertifizierten Emissionsredukti-</u>

onen im Sinne von § 3 Absatz 6 des Treibhausgas-Emissionshandelsgesetzes."

Durch die in § 13b Abs. 2 Nr. 6 genannte Richtlinie ist europaweit ein System für den Handel mit Treibhausgas-Emissionszertifikaten eingeführt worden. Die Bundesrepublik Deutschland hat die Richtlinie mit dem Gesetz über den Handel mit Berechtigungen zur Emission von Treibhausgasen vom 8. Juli 2004 – TEHG – (BGBl. I S. 1578), zuletzt geändert durch Artikel 1 des Gesetzes vom 16. Juli 2009 (BGBl. I S. 1954) umgesetzt.

Die rechtlichen Voraussetzungen für einen gemeinschaftsweiten Handel mit Emissionszertifikaten (Berechtigungen, Emissionsreduktionseinheiten und zertifizierte Emissionsreduktionen i. S. d. § 3 Absatz 4 bis 6 TEHG) werden dabei durch § 6 Absatz 3, §§ 7 bis 10 und §§ 13 bis 16 TEHG geschaffen.

Berechtigungen, die von anderen Mitgliedstaaten der Europäischen Union in Anwendung der Richtlinie 2003/87/EG für die laufende Zuteilungsperiode ausgegeben worden sind, stehen in der Bundesrepublik Deutschland ausgegebenen Berechtigungen gleich.

Emissionsberechtigungen, Emissionsreduktionseinheiten und zertifizierte Emissionsreduktionen i. S. d. § 3 Absatz 4 bis 6 TEHG sind zwischen Verantwortlichen i. S. d. § 3 Absatz 7 TEHG sowie zwischen Personen innerhalb der Europäischen Union oder zwischen Personen innerhalb der Europäischen Union und Personen in Drittländern, mit denen Abkommen über die gegenseitige Anerkennung von Berechtigungen gem. Artikel 25 Absatz 1 der Richtlinie 2003/87/EG geschlossen wurden, übertragbar (§ 6 Absatz 3 TEHG). Die Übertragung erfolgt nach § 16 TEHG durch Einigung und Eintragung auf dem Konto des Erwerbers in dem nach § 14 TEHG von den zuständigen Behörden zu führenden Emissionshandelsregister.

c) Verlagerung der Steuerschuld des Leistungsempfängers bei Dauerleistungen (§ 13b Abs. 3 UStG) ab 1.7.2010

Fall:

Der Unternehmer F aus Frankreich schließt mit dem Unternehmer U in München einen Wartungsvertrag über ein Jahr ab. Der Wartungsvertrag soll ab 1.8.2010 gelten und bis zum 31.7.2011 laufen. Der Werklohn ist am 31.7.2011 fällt. Fraglich ist, welche Verpflichtungen der Abnehmer U zu erfüllen hat.

Lösung:

Nach § 13b Abs. 3 UStG in der ab 1.7.2010 geltenden Fassung entsteht die USt zum 31.12.2010 auf den anteiligen Werklohn des Unternehmers F. Der U als Leistungsempfänger schuldet diese Steuer und hat sie in der USt-Voranmeldung für den Dezember 2010, also bis 10. Januar oder bei Fristverlängerung bis 10. Februar 2011 anzumelden.

Hinweis:

Ab 1.7.2010 lautet § 13b Abs. 3 UStG wie folgt:

„(3) Abweichend von Absatz 1 und 2 Nummer 1 entsteht die Steuer für sonstige Leistungen, die dauerhaft über einen Zeitraum von mehr als einem Jahr erbracht werden, spätestens mit Ablauf eines jeden Kalenderjahres, in dem sie tatsächlich erbracht werden."

Bis 30.6.2010 werden Dauerleistungen grundsätzlich erst dann besteuert, wenn die Leistung insgesamt erbracht wird, es sei denn, es werden Anzahlungen geleistet. Im Falle der Leistungen von Anzahlungen entsteht die Steuer mit Ablauf des Voranmeldungzeitraums, in dem die Anzahlung vereinnahmt wurde (§ 13b Ab. 4 Satz 2 UStG in der ab 1.7.2010 geltenden Fassung).

Soweit eine Abrechnung über das Jahresende hinausreicht, sieht § 13b Abs. 3 UStG in der ab 1.7.2010 geltenden Fassung vor, dass bei Dauerleistungen zumindest eine jährliche Besteuerung zu erfolgen hat, wenn der Leistungsempfänger für diesen Umsatz Steuerschuldner ist.

Die Regelung setzt Art. 64 Abs. 2 MwStSystRL in der Fassung der RL 2008/117/EG über das gemeinsame MWSt-System zum Zweck der Bekämpfung des Steuerbetrugs bei innergemeinschaftlichen Umsätzen vom 16. Dezember 2008 (ABl. L 14 vom 20.1.2009 S. 7) um.

d) Reverse-Charge-Regelung für juristische Personen des Privatrechts als Leistungsempfänger ab 1.7.2010

Fall:

Der französische Rechtsanwalt R erbringt an die deutsche Holding H, eine AG, eine Beratungsleistung. Die H ist nichtunternehmerisch tätig, weil sie die Beteiligungen nur hält, um Dividenden zu erzielen. Fraglich ist, wer die Steuer auf die Beratungsleistung schuldet.

Lösung:

Die Deutsche Holding schuldet die Steuer nach § 13b Abs. 1 i.V.m. Abs. 5 Satz 1 in der ab 1.7.2010 geltenden Fassung. Es handelt sich bei der Beratungsleistung um eine sonstige Leistung i.S.d. § 3a Abs. 2 UStG. Der Ort dieser Leistung liegt danach in Deutschland, weil § 3a Abs. 2 Satz 3 UStG zum Zuge kommt. Bei dem Leistungsempfänger handelt es sich um eine nichtunternehmerisch tätige juristische Person, so dass es nach § 13b Abs. 5 Satz 1 UStG in der ab 1.7.2010 geltenden Fassung zu einer Verlagerung der Steuerschuld auf den Leistungsempfänger kommt.

Hinweis:

§ 13b Abs. 5 lautet ab 1.7.2010 wie folgt:

„(5) ¹*In den in Absatz 1 und 2 Nummer 1 bis 3 genannten Fällen schuldet der Leistungsempfänger die Steuer, wenn er ein Unternehmer oder eine juristische Person ist; in den in Absatz 2 Nummer 5 und 6 genannten Fällen schuldet der Leistungsempfänger die Steuer, wenn er ein Unternehmer ist.* ²*In den in Absatz 2 Nummer 4 Satz 1 genannten Fällen schuldet der Leistungsempfänger die Steuer, wenn er ein Unternehmer ist, der Leistungen im Sinne des Absatzes 2 Nummer 4 Satz 1 erbringt.* ³*Die Sätze 1 und 2 gelten auch, wenn die Leistung für den nichtunternehmerischen Bereich bezogen wird.* ⁴*Die Sätze 1 bis 3 gelten nicht, wenn bei dem Unternehmer, der die Umsätze ausführt, die Steuer nach § 19 Absatz 1 nicht erhoben wird.*"

Der erste Satzteil bezieht auch juristische Personen des privaten Rechts in die Steuerschuldnerschaft des Leistungsempfängers in Umsetzung von Art. 196 MwStSystRL in der ab 1.1.2010 geltenden Fassung ein. Diese waren schon bislang als Leistungsempfänger Steuerschuldner, wenn sie Unternehmer sind. Der zweite Satzteil entspricht dem bisherigen § 13b Abs. 2 Satz 1 zweiter Satzteil UStG.

Durch die Ergänzung des zweiten Halbsatzes wird – entsprechend Art. 199a MwStSystRL geregelt, dass bei der Übertragung der in § 13b Abs. 2 Nr. 6 genannten Emissionszertifikate der Leistungsempfänger die Steuer schuldet, wenn er ein Unternehmer ist.

e) **Ausweitung des § 13b UStG auf Leistungen im Zusammenhang mit Wärme- und Kältenetzen und weitere Leistungen ab 1.1.2011**

Hinweis:

Mit der RL 2009/162/EU des Rats vom 22.12.2009 (ABl.EU 2010 Nr. L 10, 24) wurde geregelt, dass die Bestimmungen zum **Lieferort bzw. Dienstleistungsort im Zusammenhang mit Gas und Elektrizität**, zur Einfuhr von solchen Erzeugnissen und zur Verlagerung der Steuerschuld bei der Lieferung dieser Erzeugnisse auf Leistungen im Zusammenhang mit **Wärme- und Kältenetzen** ausgedehnt werden müssen.

Hierzu muss voraussichtlich § 3a Abs. 4 Satz 2 Nr. 14 UStG, § 3g, § 5 Abs. 1 UStG sowie § 13b UStG ergänzt werden. Die Änderung muss nach der RL 2009/162/EG am 1.1.2011 in Kraft treten. Im Referentenentwurf für ein Jahressteuergesetz 2010 sind die Änderungen enthalten.

f) **Weitere Ausdehnung des § 13b UStG**

Möglicherweise werden auch weitere Änderungen zur **Verlagerung der Steuerschuld bei Gebäudereinigungsleistungen** sowie bei **Umsätzen mit Industrieschrott, Altmetallen und anderen Abfallstoffen** eingeführt. Auch hierzu enthält der Referentenentwurf für ein Jahressteuergesetz 2010 entsprechende Regelungen.

2. **Neufassung des § 18a UStG (Zusammenfassende Meldung) ab 1.7.2010**

Hinweis:

Die Änderungen des § 18a UStG beruhen auf der RL 2008/117/EG des Rates v. 17.12.2008 (ABl.EU 2009 Nr. L 14, 7).

a) **Änderungen bei der Meldung von innergemeinschaftlichen Lieferungen**

Fall:

Der Unternehmer U aus München liefert am 1.4.2010 und am 1.8.2010 Maschinen an den Unternehmer F aus Paris. Die Rechnungsstellung erfolgt im gleichen Monat. Fraglich ist, wann die Angaben in der Zusammenfassenden Meldungen zu machen sind.

Lösung:

Innergemeinschaftliche Lieferung am 1.4.2010:

Meldezeitraum ist bis 30.6.2010 das **Kalendervierteljahr**. Auch die Regelung über die **Dauerfristverlängerung** gilt bis zu diesem Zeitpunkt (§ 18a Abs. 1 UStG). Somit ist im o.g. Fall die ZM für das zweite Quartal am 10. Juli bzw. (bei Dauerfristverlängerung) am 10. August abzugeben.

Hat das Finanzamt den Unternehmer von der Verpflichtung zur Abgabe der Voranmeldungen und Entrichtung der Vorauszahlungen befreit, kann die Zusammenfassende Meldung bis zum 10.1. des folgenden Kalenderjahres abgegeben werden, wenn bestimmt Umsatzgrenzen nicht überschritten werden (§ 18a Abs. 6 UStG).

Innergemeinschaftliche Lieferung am 1.8.2010:

Innergemeinschaftliche Lieferungen sind ab 1.7.2010 grundsätzlich **monatlich** zu melden, und zwar **bis zum 25. Tag** nach Ablauf des Monats. Somit ist die am 1.8.2010 ausgeführte und abgerechnete Lieferung am 25.9.2010 zu melden.

Hinweis:

Die Möglichkeit der **Dauerfristverlängerung entfällt**.

Für die zeitliche Zuordnung zum Meldezeitraum bleibt es bei der bisherigen Regelung: Der Umsatz ist nach § 18a Abs. 8 UStG in der ab 1.7.2010 geltenden Fassung mit **Rechnungsausstellung**, spätestens mit Ablauf des der Lieferung nachfolgenden Monats zu melden.

Nach § 18a Abs. 1 Satz 2 und 5 UStG in der ab 1.7.2010 geltenden Fassung ist Meldezeitraum nicht der Monat, sondern das Kalendervierteljahr, wenn die Summe der i.g. Lieferungen für die vorangegangenen 4 Quartale und das laufende Quartal jeweils nicht mehr als 100.000 € (ab 2012: 50.000 €) beträgt.

b) **Änderungen bei der Zusammenfassende Meldung für sonstige Leistungen i.S. des § 3a Abs. 2 UStG**

Fall:

Der in München ansässige Spediteur U versendet im August 2010 für den in Kopenhagen ansässigen Unternehmer K Waren von Hamburg nach Kopenhagen. Die Rechnung wird erst im September 2010 gestellt.

Lösung:

Die Speditionsleistung des U an seinen Leistungsempfänger K wird nach § 3a Abs. 2 Satz 1 UStG am Sitzort des D in Dänemark erbracht. Damit ist die sonstige Leistung des U im Inland nicht steuerbar. Für die in Dänemark ausgeführte, dort steuerbare und steuerpflichtige sonstige Leistung des U kommt es zur Übertragung der Steuerschuldnerschaft auf K (Art. 196 MwStSystRL). Der U hat diesen Umsatz sowohl in seiner USt-Voranmeldung (§ 18b Satz 1 Nr. 2 UStG) als auch in seiner Zusammenfassenden Meldung (§ 18a Abs. 2 UStG in der ab 1.7.2010 geltenden Fassung) anzugeben. Allerdings kommt es hinsichtlich des **Meldezeitraums** für die Zusammenfassende Meldung nicht mehr darauf an, wann der U die Rechnung ausgestellt hat, sondern darauf, wann er die **Leistung ausgeführt** hat. Die Zusammenfassende Meldung ist nach Ablauf des dritten Quartals nach der **Ausführung der sonstigen Leistung** (vgl. § 18a Abs. 8 Satz 2 UStG in der ab 1.7.2010 geltenden Fassung), also spätestens am 25. Oktober zu melden.

Hinweis:

Während innergemeinschaftliche Lieferungen ab 1.7.2010 grundsätzlich monatlich gemeldet werden müssen, bleibt es bei sonstigen Leistungen bei der quartalsmäßigen Anmeldung. In beiden Fällen ist die Meldung spätestens am 25. des Monats abzugeben.

Damit gibt es unterschiedliche Abgabefristen für die USt-Voranmeldung und für die Zusammenfassende Meldung. Während die USt-Voranmeldung am 10. des Meldemonats abzugeben ist, ist die Zusammenfassende Meldung jeweils am 25. des Meldemonats abzugeben.

Außerdem entfällt die Möglichkeit der **Dauerfristverlängerung** bei der Zusammenfassenden Meldung, nicht aber bei der USt-Voranmeldung.

c) **Einführung eines Optionsrechts des Unternehmers nach § 18a Abs. 3 UStG**

Fall:

Ein Unternehmer führt sowohl innergemeinschaftliche Lieferungen als auch sonstige Leistungen i.S.d. § 3a Abs. 2 UStG an Unternehmer aus anderen Mitgliedstaaten aus.

Lösung:

Der Unternehmer kann auch die Meldungen für seine sonstigen Leistungen monatlich abgeben, muss das aber dem BZSt anzeigen.

Hinweis:

§ 18a Abs. 3 UStG in der ab 1.7.2010 geltenden Fassung lautet:

„*(3) ¹Soweit der Unternehmer im Sinne des § 2 die Zusammenfassende Meldung entsprechend Absatz 1 bis zum 25. Tag nach Ablauf jedes Kalendermonats übermittelt, kann er die nach Absatz 2 vorgesehenen Angaben in die Meldung für den jeweiligen Meldezeitraum aufnehmen. ²Nimmt der Unternehmer die in Satz 1 enthaltene Regelung in Anspruch, hat er dies gegenüber dem Bundeszentralamt für Steuern anzuzeigen.*"

3. Änderungen bei der USt-Voranmeldung (§ 18b UStG)

Fall:

Der in München ansässige Rechtsanwalt U, der zur monatlichen Abgabe von USt-Voranmeldungen verpflichtet ist, erbringt im Dezember 2010 für den in Frankreich ansässigen Unternehmer F eine Beratungsleistung. Er stellt am 15. Januar 2011 die Rechnung, in der er auf die Verlagerung der Steuerschuld hinweist. Fraglich ist, in welchem Meldezeitraum er die Angaben in seiner USt-Voranmeldung zu machen hat.

Lösung:

Die Beratungsleistung des U an seinen Leistungsempfänger F wird nach § 3a Abs. 2 Satz 1 UStG am Sitzort des F in Frankreich erbracht. Damit ist die sonstige Leistung des U im Inland nicht steuerbar. Für die in Frankreich ausgeführte, dort steuerbare und steuerpflichtige sonstige Leistung des U kommt es zur Übertragung der Steuerschuldnerschaft auf F (Art. 196 MwStSystRL). Der U hat diesen Umsatz nach § 18b UStG in seiner USt-Voranmeldung (Kz. 21) anzugeben, obwohl es sich um einen im Inland nicht steuerbaren Umsatz handelt. Der **Meldezeitraum** bestimmt sich nach dem neuen § 18b Satz 3 UStG. Danach kommt es darauf an, wann die **Beratungsleistung ausgeführt** wurde und **nicht**, wann die **Rechnung ausgestellt** wurde. Da die Beratungsleistung im Dezember 2010 ausgeführt wurde, ist dieser Umsatz bereits am 10. Januar 2011, also noch vor der Rechnungsausstellung in der USt-Voranmeldung anzugeben. Falls dem Unternehmer U eine Dauerfristverlängerung eingeräumt ist, ist die Beratungsleistung am 10. Februar in der USt-Voranmeldung anzumelden.

Hinweis:

In der **Zusammenfassenden Meldung** sind die Angaben für die Beratungsleistung nach Ablauf des vierten Quartals (§ 18a Abs. 2 UStG) spätestens am 25. Januar 2011 zu machen. Bei sonstigen Leistungen bliebt es bei der quartalsmäßigen Anmeldung in der Zusammenfassenden Meldung (es sei denn, der U hat von der Optionsmöglichkeit des § 18a Abs. 3 UStG Gebrauch gemacht). Eine Dauerfristverlängerung gibt es nicht mehr.

4. Änderung des § 27a UStG hinsichtlich der Zuteilung der USt-IdNr.

Fall:

Der deutscher Arzt A, der ausschließlich steuerfreie Umsätze nach § 4 Nr. 14 UStG ausführt, erhält vom französischen Rechtsanwalt R im August 2010 eine Beratungsleistung für sein Unternehmen. Der A hat bisher keine innergemeinschaftlichen Erwerbe getätigt und deshalb keine USt-IdNr. erhalten. Er fragt beim BZSt an, ob er eine solche erhalten kann.

Lösung:

Der deutsche Arzt A hat nach § 27a UStG ab 1.1.2010 einen Anspruch auf Erteilung einer USt-IdNr., weil er diese nach § 3a Abs. 2 UStG benötigt. Er muss die USt-IdNr. angeben, damit der französische Rechtsanwalt davon ausgehen kann, dass sein Leistungsempfänger die sonstige Leistung für sein Unternehmen verwendet (vgl. BMF, Schreiben vom 4.9.2009 IVB 9 -. S 7117/08/10001 (2009/0580334), BStBl I 2009, 1005, DStR 2009, 2018, dort Rz. 15).

Der nunmehr geänderte §" 27a UStG gilt **rückwirkend ab 1.1.2010**, d.h. das BZSt erteilt schon jetzt solchen Unternehmern eine USt-IdNr., wenn sie diese als Leistungsempfänger von sonstigen Leistungen i.S. des § 3a Abs. 2 UStG benötigen.

5. Änderung der Steuerbefreiung für Postdienstleistungen (§ 4 Nr. 11b UStG)

Fall:

Ein Unternehmer erbringt Postdienstleistungen. Er hat in den vergangenen Jahren erhebliche Investitionen getätigt, und dafür Leistungen bezogen, in denen die USt offen ausgewiesen war. Er möchte auch weiterhin steuerpflichtige Leistungen ausführen, fürchtet aber, dass er im Wettbe-

werb mit der Deutschen Post-AG Wettbewerbsnachteile hinnehmen muss.

Lösung:

Nach dem bis 30.6.2010 geltenden § 4 Nr. 11b UStG sind nur die unmittelbar dem Postwesen dienenden Umsätze der **Deutsche Post AG** von der Umsatzsteuer befreit. Die Leistungen der Wettbewerber sind nach nationalem Recht bis zu diesem Zeitpunkt steuerpflichtig.

Ab 1.7.2010 gilt die Steuerbefreiung für Postdienstleistungen **für alle Wettbewerber**, wenn die Voraussetzungen der neuen Vorschrift erfüllt sind. In diesem Fall ist der Vorsteuerabzug ausgeschlossen und für vor dem 1.7.2010 getätigte Investitionen kann es zu einer Vorsteuerberichtigung zulasten des Wettbewerbers kommen.

Der **Umfang** der Steuerbefreiung ergibt sich aus **Art. 3 Abs. 4 der Richtlinie 97/67/EG (Postrichtlinie)**.

Voraussetzung für die Steuerbefreiung der **Gesamtheit** bzw. von **Teilen** des Universaldienstes ist, dass der Unternehmer sich gegenüber dem BZSt **verpflichtet**, alle bzw. einen einzelnen der in Art. 3 Abs. 4 der Richtlinie 97/67/EG genannten Postuniversaldienstleistungsbereiche

- **ständig** und

- **flächendeckend** anzubieten.

Folglich hat es der Unternehmer selbst in der Hand, sich für die Steuerbefreiung zu entscheiden.

Hinweis:

Selbst wenn sich der Unternehmer gegenüber dem BZSt verpflichtet, gilt die Steuerbefreiung nur für

- die Beförderung von **Briefsendungen**, einschließlich der Beförderung von adressierten Büchern, Katalogen, Zeitungen und Zeitschriften, **bis 2 000 Gramm**,

- die Beförderung von adressierten **Paketen** bis **10 Kilogramm** sowie

- **Einschreib- und Wertsendungen**.

Ebenso wie bei der Verpflichtung zum ständigen und flächendeckenden Anbieten der Gesamtheit der Postuniversaldienstleistungen müssen auch bei der Verpflichtung zum Anbieten eines **einzelnen Teilbereichs** von Universaldienstleistungen diese Leistungen die **bestimmten Qualitätsanforderungen** erfüllen und den **tragbaren Preisen** für alle Nutzer entsprechen.

Nicht mehr umsatzsteuerbefreit sind:

- **Paketsendungen** mit einem Gewicht von **mehr als 10 Kilogramm** bis zu 20 Kilogramm,
- adressierte **Bücher, Kataloge, Zeitungen und Zeitschriften** mit einem Gewicht von jeweils **mehr als 2 Kilogramm**,
- **Expresszustellungen**,
- **Nachnahmesendungen** sowie
- Leistungen, die individuell **vereinbart werden**, und
- (nunmehr ausdrücklich) Leistungen, die **zu Sonderkonditionen erbracht** werden.

Nicht unter die Befreiung fallen Leistungen, deren Bedingungen zwischen den Vertragsparteien **individuell vereinbart** werden (§ 4 Nr. 11b Satz 3 Buchst. a UStG).

Nicht unter die Steuerbefreiung fallen außerdem nach § 4 Nr. 11b Satz 3 Buchst. b UStG **Leistungen mit nach den Allgemeinen Geschäftsbedingungen** eines Anbieters festgelegten **Qualitätsmerkmalen**, die von den in den §§ 2 bis 4 PUDLV festgelegten Qualitätsmerkmalen **abweichen** (z. B. zwingende Einlieferung beim Anbieter), **und/oder** zu nach den Allgemeinen Geschäftsbedingungen eines Anbieters **festgelegten Tarifen**, die zwar grundsätzlich für jedermann zugänglich sind, aber **nicht für den durchschnittlichen Nachfrager** eines **Privathaushalts bestimmt** sind (z. B. der Versand von Postvertriebsstücken ab einer Einlieferungsmenge von 1 000 Exemplaren). Die zu erfüllenden **Qualitätsmerkmale** enthält **Artikel 3 Absatz 1 bis 3 der Richtlinie 97/67/EG** (umgesetzt in deutsches Recht durch die **§§ 2 bis 4 PUDLV**) und der **erschwingliche Preis** wird in **Artikel 3 Absatz 1 der Richtlinie 97/67/EG** (umgesetzt in deutsches Recht durch **§ 6 PUDLV**) normiert. Die Umsatzsteuerbefreiung knüpft an diese postrechtlichen Voraussetzungen, die gewährleisten, dass die Grundversorgung der Bevölkerung sichergestellt wird, unmittelbar an.

6. **Änderungen beim Leistungsort bei kulturellen, künstlerischen, wissenschaftlichen, unterrichtenden, sportlichen, unterhaltenden oder ähnlichen Leistungen einschließlich der Leistungen der Veranstalter sowie damit zusammenhängende Leistungen nach § 3a Abs. 3 Nr. 3 Buchst. a UStG ab 1.1.2011**

Bislang regelt sich der Leistungsort bei **kulturellen, künstlerischen, wissenschaftlichen, unterrichtenden, sportlichen,**

unterhaltenden oder ähnlichen Leistungen einschließlich der Leistungen der **Veranstalter**, sowie die damit im Zusammenhang stehenden Leistungen, die für die Ausübung der Leistungen unerlässlich sind, grundsätzlich nach dem Ort, an dem der leistende Unternehmer die **Leistung tatsächlich erbringt**. Die Regelung gilt unabhängig davon, ob der Leistungsempfänger ein Unternehmer oder ein Nichtunternehmer ist.

Nach Art. 3 der Richtlinie 2008/8/EG (ABl. EU 2008 Nr. L 44 vom 20. Februar 2008, S. 11) ist eine Revision der Bestimmungen zum Dienstleistungsort bei den vorgenannten Leistungen zum 1. Januar 2011 vorgesehen. Danach richtet sich der Leistungsort bei den vorgenannten Leistungen nur noch in den Fällen nach dem **Ort der tatsächlichen Leistungserbringung**, in denen der Leistungsempfänger ein **Nichtunternehmer** ist. Bei **Leistungen an Unternehmer** für deren unternehmerischen Bereich und diesen gleichgestellte nicht unternehmerisch tätige juristische Personen, denen eine Umsatzsteuer-Identifikationsnummer (USt-IdNr.) erteilt worden ist, richtet sich der Leistungsort grundsätzlich entsprechend § 3a Abs. 2 UStG in der seit dem 1. Januar 2010 geltenden Fassung nach dem Sitz oder der Betriebsstätte des Leistungsempfängers, wenn die Leistung tatsächlich an diese erbracht wird. **Ausgenommen** hiervon sind die **Eintrittsberechtigungen zu kulturellen, künstlerischen, wissenschaftlichen, unterrichtenden, sportlichen, unterhaltenden oder ähnlichen Veranstaltungen**, wenn diese an einen Unternehmer oder an eine gleichgestellte nicht unternehmerisch tätige juristische Person, der eine USt-IdNr. erteilt worden ist, erbracht wird. Diese Leistungen werden an dem Ort besteuert, an dem die **Veranstaltung tatsächlich stattfindet**.

Im Referentenentwurf zum Jahressteuergesetz 2010 ist deshalb eine Ergänzung in § 3a Abs. 3 Nr. 3 Buchst. a vorgesehen. Es sollen folgende Wörter angefügt werden:

„an einen Empfänger, der weder ein Unternehmer ist, für dessen Unternehmen die Leistung bezogen wird, noch eine nicht unternehmerisch tätige juristische Person, der eine Umsatzsteuer-Identifikationsnummer erteilt worden ist,".

7. Änderungen bei der Steuerbefreiung für die Einfuhr von Gegenständen, die im Anschluss in einen anderen Mitgliedstaat weitergeliefert werden.

Nach Art. 143 MwStSystRL in der Fassung von Art. 1 Nr. 3 Buchst. b der Richtlinie 2009/69/EG v. 25.6.2009 (ABl.EU 2009 Nr. L 175, 12) wurden Mindestvoraussetzungen für die Anwendung der Steuerbefreiung der Einfuhr von Gegenständen, die im Anschluss daran unmittelbar in einen anderen Mitgliedstaat geliefert werden, festgelegt. Diese müssen rechtzeitig vor dem 1.1.2011 in § 5 Abs. 1 Nr. 3 UStG umgesetzt werden. Der Referentenentwurf für ein Jahressteuergesetz 2010 enthält die entsprechenden Regelungen.

8. Einschränkung des Vorsteuerabzugs bei gemischt genutzten Grundstücken ab 1.1.2011

Fall:

Ein Rechtsanwalt errichtet im Jahr 2011 ein Zweifamilienhaus. Im Erdgeschoss will er seine Rechtsanwaltspraxis betreiben und im Obergeschoss will er selbst wohnen. Fraglich ist, in welchem Umfang er den Vorsteuerabzug geltend machen kann.

Lösung:

Nach bisher geltendem nationalem Recht kann der Rechtsanwalt das Gebäude seinem Unternehmen zuordnen und den Vorsteuerabzug in voller Höhe in Anspruch nehmen. Allerdings muss er die private Nutzung nach § 3 Abs. 9a UStG der USt unterwerfen. Mit der Richtlinie 2009/162/EU des Rates vom 22.12.2009 (ABl.EU 2010, 14) wurde die Möglichkeit der Inanspruchnahme des vollen Vorsteuerabzugs abgeschafft. Der neue Art. 168a MwStSystRL lautet:

„Artikel 168a

(1) Soweit ein dem Unternehmen zugeordnetes Grundstück vom Steuerpflichtigen sowohl für unternehmerische Zwecke als auch für seinen privaten Bedarf oder den seines Personals oder allgemein für unternehmensfremde Zwecke verwendet wird, darf bei Ausgaben im Zusammenhang mit diesem Grundstück höchstens der Teil der Mehrwertsteuer nach den Grundsätzen der Artikel 167, 168, 169 und 173 abgezogen werden, der auf die Verwendung des Grundstücks für unternehmerische Zwecke des Steuerpflichtigen entfällt.

Ändert sich der Verwendungsanteil eines Grundstücks nach Unterabsatz 1, so werden diese Änderungen abweichend von Artikel 26 nach den in dem betreffenden Mitgliedstaat geltenden Vorschriften zur Anwendung der in den Artikeln 184 bis 192 festgelegten Grundsätze berücksichtigt.

(2) Die Mitgliedstaaten können Absatz 1 auch auf die Mehrwertsteuer auf Ausgaben im Zusammenhang mit von ihnen defi-

nierten sonstigen Gegenständen anwenden, die dem Unternehmen zugeordnet sind.

Folglich erstreckt sich der Vorsteuerabzug des Rechtsanwalts lediglich auf den unternehmerisch genutzten Anteil des Gebäudes. Eine Besteuerung der privaten Verwendung entfällt.

Hinweis:

Nach dem neuen Art. 168a MwStSystRL entsteht das Recht auf Vorsteuerabzug somit nur noch insoweit, als der Steuerpflichtige die Gegenstände und Dienstleistungen für die Zwecke seiner **unternehmerischen Tätigkeit** verwendet. Damit ist nicht das Recht auf Zuordnung des Gegenstandes oder der Dienstleistung zum Unternehmensvermögen gemeint, sondern eine **Beschränkung** des **Rechts auf Vornahme des Vorsteuerabzuges** der **Höhe** nach.

Ändert sich der Nutzungsumfang, dann ändert sich auch der Umfang des Vorsteuerabzugs entsprechend den Regelungen zur Vorsteuerberichtigung.

Da die unionsrechtliche Regelung für den Unternehmer nachteilig ist, wäre er allerdings nur betroffen, wenn der nationale Gesetzgeber rechtzeitig die Unionsregelung in nationales Recht umsetzt.

Erforderlich sind Änderungen in § 3 Abs. 9a, in § 15 und in § 15a UStG.

Im Referentenentwurf für ein Jahressteuergesetz 2010 sind hierzu folgende Regelungen vorgesehen:

In § 3 Abs. 9a Nr. 1 sollen nach dem Semikolon am Ende die Wörter *„dies gilt nicht, wenn der Vorsteuerabzug nach § 15 Absatz 1b ausgeschlossen oder wenn eine Vorsteuerberichtigung nach § 15a Absatz 6a durchzuführen ist;"* eingefügt werden.

In § 15 soll folgender neuer Absatz 1b eingefügt werden:

„(1b) Verwendet der Unternehmer ein Grundstück sowohl für Zwecke seines Unternehmens als auch für Zwecke, die außerhalb des Unternehmens liegen, oder für den privaten Bedarf seines Personals, ist die Steuer für die Lieferungen, die Einfuhr und den innergemeinschaftlichen Erwerb sowie für die sonstigen Leistungen im Zusammenhang mit diesem Grundstück vom Vorsteuerabzug ausgeschlossen, soweit sie nicht auf die Verwendung des Grundstücks für Zwecke des Unternehmens entfällt. Bei Berechtigungen, für die die Vorschriften des bürgerlichen Rechts über Grundstücke gelten, und bei Gebäuden auf fremdem Grund und Boden ist Satz 1 entsprechend anzuwenden."

In § 15 Abs. 4 soll folgender Satz angefügt werden:

„In den Fällen des Absatzes 1b gelten die Sätze 1 bis 3 entsprechend."

Folgender neuer § 15a Abs. 6a soll eingefügt werden:

„(6a) Eine Änderung der Verhältnisse liegt auch bei einer Änderung der Verwendung im Sinne des § 15 Absatz 1b vor."

II. Aktuelle EuGH-Rechtsprechung zu Unternehmereigenschaft und Vorsteuerabzug: Urteile VNLTO, SKF, Salix etc. (Wäger)

Fall 1: Gemischte Nutzung

Der Steuerpflichtige (Unternehmer) A verwendet ein selbst errichtetes Gebäude und einen neu erworbenen Pkw zu jeweils 60% für steuerpflichtige Leistungen und im Übrigen für private Zwecke.

Der Verein B verwendet ein selbst errichtetes Gebäude und einen neu erworbenen Pkw zu jeweils 60% für steuerpflichtige Leistungen und im Übrigen für den ideellen Vereinsbereich, in dem der Verein nichtwirtschaftlich (nichtunternehmerisch) tätig ist.

A und B errichten das Gebäude und erwerben den Pkw jeweils in 2010.

Abwandlung:

A und B errichten das Gebäude und erwerben den Pkw jeweils in 2011.

Hinweise:

1. Ausgangsüberlegungen

Umsatz(Mehrwert)steuerrechtlich bestehen drei Regelungsbereiche:

- **Vorsteuerabzug:** Der Vorsteuerabzug setzt nach Art. 168 MwStSystRL einen <u>Leistungsbezug für Zwecke der besteuerten Umsätze</u> des Steuerpflichtigen voraus.

- **Umsätze, die der MwSt unterliegen:** Die besteuerten Umsätze ergeben sich aus Art. 2 MwStSystRL: <u>Leistungen, die ein Steuerpflichtiger als solcher gegen Entgelt</u> im jeweiligen Inland eines Mitgliedstaats tätigt. Diese steuerbaren Umsätze sind „besteuert", sofern für sie keine Steuerbefreiungen gelten. Steuerpflichtiger ist, wer nach Art. 9 MwStSystRL eine <u>wirtschaftliche Tätigkeit</u> ausübt.

- **Entnahmen:** Neben den Umsätzen, die der Steuerpflichtige gegen Entgelt ausführt, unterliegen auch drei Arten von „Entnahmen" der Besteuerung. Nach Art. 16 und 26

MwStSystRL handelt es sich um die Entnahme des Gegenstandes „aus seinem Unternehmen", die Verwendung „eines dem Unternehmen zugeordneten Gegenstandes", der zum Vorsteuerabzug berechtigt hat und die unentgeltliche Erbringung von Dienstleistungen. Voraussetzung für die Besteuerung der Entnahme ist in allen drei Fällen ein Handeln des Steuerpflichtigen für seinen privaten Bedarf, den Bedarf seines Personals oder allgemein für unternehmensfremde Zwecke.

2. Folgen für gemischte Verwendung

Das Zusammenspiel dieser drei Regelungsbereiche ermöglicht unter bestimmten Voraussetzungen bei einer **gemischten Verwendung** für (i) Zwecke einer steuerpflichtigen wirtschaftlichen Tätigkeit (steuerpflichtigen entgeltlichen Leistungstätigkeit) und (ii) für z.B. private Zwecke des Steuerpflichtigen unter bestimmten Voraussetzungen den vollen Vorsteuerabzug.

- **Zuordnungswahlrecht:** Der Steuerpflichtige ist berechtigt, Eingangsleistungen, die er zumindest teilweise für Zwecke seiner steuerpflichtigen wirtschaftlichen Tätigkeit (steuerpflichtigen entgeltlichen Leistungstätigkeit) verwendet, seiner wirtschaftlichen Tätigkeit vollumfänglich zuzuordnen.

- **Folgen bei voller Zuordnung zu seiner wirtschaftlichen Tätigkeit:** Der Steuerpflichtige kann aufgrund voller Unternehmenszuordnung zum vollständigen Vorsteuerabzug berechtigt sein. Da die Besteuerung als Entnahme nach Art. 16 und 26 MwStSystRL zu einem Umsatz führt, besteht im Fall der Steuerpflicht der Entnahme auch hinsichtlich der Privatnutzung ein Anspruch auf Vorsteuerabzug. Erwirbt er z.B. einen Gegenstand, den er zu 60% für seine wirtschaftliche Tätigkeit (entgeltliche Leistungstätigkeit) und im Übrigen für private Zwecke verwendet, kann er den vollen Vorsteuerabzug in Anspruch nehmen, muss dann aber die Privatnutzung von 40% als Verwendungsentnahme nach Art. 26 Buchst. a MwStSystRL versteuern.

- **Ergebnis:** Finanzierungsvorteil durch sofortigen Vorsteuerabzug bei erst späterer Entnahmebesteuerung: Dies gilt nach der sog. Seeling-Rechtsprechung des EuGH auch im Immobilienbereich, da die private Eigennutzung von Gebäuden, die der Steuerpflichtige seiner wirtschaftlichen Tätigkeit voll zuordnet, nicht als Vermietung steuerfrei ist.

- **Bedeutung:** Der Begriff des unternehmensfremden Zwecks i.S.d. Vorschriften zur Entnahmebesteuerung konnte bisher als negative Umschreibung der wirtschaftlichen Tätigkeit des Steuerpflichtigen verstanden werden. Unternehmensfremd wäre danach das, was nicht der wirtschaftlichen Tätigkeit (entgeltlichen Leistungstätigkeit) des Steuerpflichtigen dient. Die volle Zuordnung von Eingangsleistungen wäre damit nicht nur Steuerpflichtigen als natürlichen Personen, sondern auch allen juristischen Personen offen gestanden. Verwendet z.B. ein Verein Eingangsleistungen zu 60% für Zwecke seiner wirtschaftlichen Tätigkeit (entgeltlichen Leistungstätigkeit) und im Übrigen für andere Zwecke, z.B. die seiner ideellen Vereinstätigkeit, der kein wirtschaftlicher Charakter zukommt, wäre er zum vollen Vorsteuerabzug berechtigt.

3. Einschränkung des Vorsteuerabzugs bei gemischter Verwendung

Das dem Steuerpflichtigen bisher kraft Gesetzes zustehende Gestaltungsmodell der vollen Zuordnung zu seiner wirtschaftlichen Tätigkeit, wird nunmehr von zwei Seiten eingeschränkt:

- **EuGH:** Nach dem EuGH-Urteil VNLTO (Urteil v. 12.2.09 C-515/07 UR 09, 199) ist ein Verein, der Eingangsleistungen teilweise für Zwecke seiner steuerpflichtigen wirtschaftlichen Leistungstätigkeit (steuerpflichtige entgeltliche Leistungstätigkeit) und teilweise für ideelle (nichtwirtschaftliche) Zecke verwendet, nicht zum vollen Vorsteuerabzug berechtigt. Er begründet dies damit, dass der ideelle Hauptzweck des Vereins für ihn nicht unternehmensfremd sei. Nichtwirtschaftliche Tätigkeiten, die für sich genommen nicht zum Vorsteuerabzug berechtigen, könnten als wirtschaftlichen Tätigkeiten gleichgestellt werden, die zum Vorsteuerabzug berechtigen:

   Für den Fall, dass ein Steuerpflichtiger zugleich steuerpflichtigen oder steuerfreien wirtschaftlichen Tätigkeiten und nichtwirtschaftlichen, nicht in den Anwendungsbereich der Richtlinie fallenden Tätigkeiten nachgehe, sei der Abzug der Vorsteuer auf Aufwendungen auf der Vorstufe nur insoweit zulässig, als die Aufwendungen den wirtschaftlichen Tätigkeiten des Steuerpflichtigen zuzurechnen seien. Hieraus ergebe sich, dass mit Art. 6 Abs. 2 Buchst. a der 6. RL keine allgemeine Regel eingeführt werden sollte, nach der Tätigkeiten, die nicht in den Anwendungsbereich der Mehrwertsteuer fallen, als Tätigkeiten betrachtet werden können, die für „unternehmensfremde" Zwecke im Sinne dieser Vorschrift ausgeführt werden. Eine solche Auslegung würde Art. 2

Abs. 1 der RL jeden Sinn nehmen. Anders als bei der teilweise privaten Nutzung einer Immobile, die begriffsmäßig ein dem Unternehmen des Steuerpflichtigen völlig fremder Zweck sei, gehe es im vorliegenden Fall um die nicht besteuerten Umsätze der VNLTO, **die** in der **Wahrnehmung der allgemeinen Interessen ihrer Mitglieder** bestehen und **nicht als unternehmensfremd betrachtet werden können, da sie den Hauptzweck dieser Vereinigung darstellen.**

Würdigung: Die Sinnhaftigkeit dieser Rechtsprechung darf bezweifelt werden. Man kann mit dem EuGH-Urteil VNLTO durchaus davon ausgehen, dass eine Verwendung, die zu einer Entnahmebesteuerung führt, nicht zum Vorsteuerabzug berechtigen soll. Eine derartige Wertung sollte dann aber nicht beim Kriterium „unternehmensfremd" ansetzen, sondern jegliche Verwendung für Zwecke, die zu einer Entnahmebesteuerung führen, vom Vorsteuerabzug ausschließen. Diese weitergehende Frage war allerdings in der Rechtssache VNLTO nicht entscheidungserheblich. Ein allgemeiner Ausschluss des Vorsteuerabzugs bei einer Verwendung für der Entnahmebesteuerung unterliegende Zwecke ist möglicherweise auch nur schwer mit Art. 168 MwStSystRL vereinbar.

- **Gemeinschaftsgesetzgeber:** Mit Wirkung ab 1.1.2011 haben die Mitgliedstaaten eine Neuregelung in Art. 168a MwStSystRL umzusetzen. Danach besteht das Recht auf Vorsteuerabzug bei einer **gemischten Verwendung** für (i) „unternehmerische Zwecke" (gemeint ist wohl für Zwecke der wirtschaftlichen und damit der entgeltlichen Leistungstätigkeit) und für (ii) Zwecke, die zu einer Entnahmebesteuerung führen, nur noch im Umfang der unternehmerischen Verwendung. Dies gilt nach Art. 168a Abs. 1 MwStSystRL zwingend für **Grundstücke.** Die Mitgliedstaaten sind nach Art. 168a Abs. 2 MwStSystRL berechtigt, derartige Regelungen auch auf **sonstige Gegenstände** anzuwenden.

Würdigung: Nicht zweifelsfrei zu beurteilen ist, welche Bedeutung dem EuGH-Urteil VNLTO ab 2011 nach Umsetzung von Art. 168a MwStSystRL zukommt.

- **Möglichkeit 1:** Art. 168a MwStSystRL setzt den vom EuGH postulierten Rechtsgedanken um, dass eine Verwendung für Zwecke, die zu einer Entnahmebesteuerung führen, nicht zum Vorsteuerabzug berechtigen. Für die etwas gekünstelte

Auslegung, dass der ideelle Bereich eines Vereins für diesen unternehmensfremd ist, bestünde dann kein Bedürfnis mehr. Der VNLTO-Rechtsprechung käme dann keine Bedeutung mehr zu. Für Grundstücke würde sie nach Art. 168a Abs. 1 MwStSystRL zwingend gelten, für andere Gegenstände nach Art. 168a Abs. 2 MwStSystRL nur, wenn der jeweilige Mitgliedstaat die dort vorgesehene Ermächtigung ausübt.

- **Möglichkeit 2:** Die von Art. 168a MwStSystRL verwendeten Begriffe (Verwendung durch den Steuerpflichtigen „für seinen privaten Bedarf, den seines Personals oder allgemein für unternehmensfremde Zwecke") entsprechen den gleichlautenden Formulierungen der Vorschriften über die Entnahmebesteuerung in Art. 16 und 26 MwStSystRL und sind wie diese entsprechend der bisherigen EuGH-Rechtsprechung (Urteil VNLTO) auszulegen. Für den Immobilienbereich würde dies nicht zu einer abweichenden Auslegung führen, wohl aber für die Verwendung sonstiger Gegenstände, wenn ein Mitgliedstaat die Ermächtigung in Art. 168a Abs. 2 MwStSystRL nicht ausübt.

- **Bedeutung für Deutschland:** Die Bundesrepublik wird im Rahmen des Jahressteuergesetzes 2010 voraussichtlich Art. 168a MwStSystRL nur für Grundstücke umsetzen, nicht aber auch die Ermächtigung in Art. 168a Abs. 2 MwStSystRL zur Beschränkung des Vorsteuerabzugs für sonstige Gegenstände ausüben.

4. Lösung des Ausgangsfalls
Grundfall: Rechtslage 2010

A ist zum vollen Vorsteuerabzug aus der Errichtung des Gebäudes und der Anschaffung des Pkw berechtigt, wenn er beide seinem Unternehmen voll zuordnet (§ 15 Abs. 1 Nr. 1 UStG). Er hat dann die Privatnutzung als Verwendungsentnahme zu besteuern (§ 3 Abs. 9a Nr. 1 UStG, Art. 26 Buchst. a MwStSystRL).

Der Verein B ist demgegenüber nach dem EuGH-Urteil VNLTO nur im Umfang der Nutzung für die entgeltliche Leistungstätigkeit zum Vorsteuerabzug berechtigt.

Abwandlung: Rechtslage ab 2011

A ist zum Vorsteuerabzug aus der Errichtung des Gebäudes nur noch im Umfang der (beabsichtigten) Verwendung für Zwecke seiner entgeltlichen Leistungstätigkeit (= Verwendung für das Unternehmen) berechtigt (§ 15 Abs. 1b UStG-E, Art. 168a Abs. 1

MwStSystRL). Die anteilige Privatnutzung des Gebäudes unterliegt dann dementsprechend nicht der Besteuerung.

Da Deutschland die Ermächtigung in Art. 168a Abs. 2 MwStSystRL zur Beschränkung des Vorsteuerabzugs für sonstige Gegenstände voraussichtlich nicht ausüben wird, ändert sich hinsichtlich des Pkw nichts. A ist zum vollen Vorsteuerabzug berechtigt, hat aber die anteilige Privatnutzung wie bisher als Verwendungsentnahme zu versteuern.

Der Verein B ist in jedem Fall hinsichtlich des Gebäudes weiterhin nicht zum Vorsteuerabzug berechtigt. Ob B den Vorsteuerabzug aus einem in 2011 erworbenen Pkw, der gemischt genutzt wird, in Anspruch nehmen kann, ist unklar, wenn Deutschland die Ermächtigung in Art. 168a Abs. 2 MwStSystRL nicht ausübt.

Es sprechen gute Gründe dafür, dass EuGH-Urteil VNLTO aufgrund der Neuregelung in Art. 168a MwStSystRL als überholt anzusehen (s. oben „Möglichkeit 1"). Der Verein B ist daher wohl auch weiterhin hinsichtlich des Pkw nicht zum Vorsteuerabzug berechtigt.

Fall 2: Vorsteuerabzug beim Beteiligungsverkauf

Die A-AG, die nach ihrer wirtschaftlichen Tätigkeit (Unternehmenstätigkeit) zum vollen Vorsteuerabzug berechtigt ist, benötigt für ihr Unternehmen Kapital. Sie entschließt sich zu einer Kapitalerhöhung, in deren Rahmen neue Anteile an der Börse platziert werden sollen sowie zum Verkauf mehrerer Beteiligungen, die in vollem Umfang verkauft werden sollen. Es handelt sich um die Beteiligungen an folgenden GmbHs, an denen die A-AG zu jeweils 100% beteiligt ist:

- **A-GmbH** und **B-GmbH:** Beide Gesellschaften sind Organgesellschaften der A-AG. Der Erwerber der Anteile an der A-GmbH wird zu deren Organträger; beim Erwerber der B-GmbH handelt es sich um eine vermögende Privatperson, die keine unternehmerischen Interessen verfolgt.

- **C-GmbH** und **D-GmbH**: Beide Gesellschaften hatten bisher für die A-AG unternehmensstrategische Bedeutung; gegenüber beiden Gesellschaften erbrachte die A-AG entgeltliche Managementdienstleistungen. Eine Organschaft bestand nicht. Der Erwerber der C-GmbH erbringt gegenüber dieser gleichfalls entgeltliche Managementleistungen Die D-GmbH wird Organgesellschaft beim Erwerber.

- **E-GmbH**, die auch aus unternehmerischen Gründen gehalten wird. Die Beteiligung wird an zwei Erwerber veräußert, die aus unternehmerischen Gründen erwerben.

- **F-GmbH**: Diese Beteiligung hat mit der unternehmerischen Tätigkeit der A-AG nichts zu tun. Die A-AG hatte diese Beteiligung erworben, bevor sie ihre unternehmerische Tätigkeit aufgenommen hatte.

Mit Ausnahme der D-GmbH, die als Bank ausschließlich steuerfreie Umsätze im Kreditgeschäft ausführt, sind alle GmbHs nach ihrer eigenen Geschäftstätigkeit zum vollen Vorsteuerabzug berechtigt.

Mit Ausnahme der Beteiligung an der E-GmbH, die zu jeweils 50% auf zwei Erwerber verkauft wird, veräußert die A-AG ihre jeweilige Beteiligung an einen Erwerber.

Ist die A-AG aus der Kapitalerhöhung und den Beteiligungsverkäufen zum Vorsteuerabzug berechtigt?

Hinweise:

1. Vorsteuerabzug aus der Kapitalerhöhung

Nach dem EuGH-Urteil Kretztechnik (v. 26.5.05, C-465/03, UR 05, 382) ist die Ausgabe von Aktien zur Aufbringung von Kapital keine steuerbare Leistung. Für den Vorsteuerabzug kommt es darauf an, dass die bezogene Leistung dazu dient, das Kapital der AG zugunsten ihrer wirtschaftlichen Tätigkeit im Allgemeinen zu stärken, so dass die Börseneinführungskosten als Teil der allgemeinen Kosten zu den Preiselementen der Produkte der AG gehören. Danach ist die AG aufgrund ihrer steuerpflichtigen Geschäftstätigkeit (steuerpflichtige Lieferungen) zum Vorsteuerabzug aus den Börseneinführungskosten berechtigt.

2. Vorsteuerabzug aus den Beteiligungsveräußerungen

2.1 Lösung bisher

Nach dem EuGH-Urteil BLP (v. 6.4.95, C-4/94, Slg. I-983) setzt der Vorsteuerabzug voraus, dass die bezogene Leistung eine direkte und unmittelbare Verbindung mit den besteuerten Umsätzen aufweist, wobei der vom Steuerpflichtigen verfolgte endgültige Zweck unerheblich ist. Verwendet der Steuerpflichtige eine ihm erbrachte Dienstleistung für einen steuerfreien Umsatz, besteht, außer in den ausdrücklich vorgesehenen Fällen, kein Recht auf Vorsteuerabzug, selbst wenn der endgültige Zweck des steuerfreien Umsatzes die Bewirkung eines besteuerten Umsatzes ist.

Danach besteht für einen Unternehmer, auch wenn er nach seiner allgemeinen Unternehmenstätigkeit zum Vorsteuerabzug berechtigt ist, kein Recht auf Vorsteuerabzug, wenn er eine im Unternehmensvermögen gehaltene Beteiligung steuerfrei verkauft, um Geldmittel für seine steuerpflichtige Tätigkeit zu erlangen.

2.2 Lösung neu
2.2.1 Vorsteuerabzug aufgrund einer Geschäftsveräußerung

Nach dem EuGH-Urteil SKF (v. 29.10.09 C-29/08, DStR 09, 2311) kann eine Anteilsveräußerung als Geschäftsveräußerung i.S.v. Art. 19 MwStSystRL (Art. 5 Abs. 8 der 6. RL; § 1 Abs. 1a UStG anzusehen sein).

Die Ausführungen des EuGH bleiben allerdings eher vage:

- Der Kommission zufolge sind der **Verkauf sämtlicher Vermögenswerte einer Gesellschaft und der Verkauf sämtlicher Aktien an dieser Gesellschaft in funktioneller Hinsicht gleichwertig** (Rn. 35).

- Der Gerichtshof vermag anhand der Akten nicht festzustellen, ob der Verkauf von Aktien der Tochtergesellschaft und der beherrschten Gesellschaft die vollständige oder teilweise Veräußerung der Vermögenswerte der betreffenden Gesellschaften nach sich gezogen hat (Rn. 38).

- Die Übertragung eines Gesamtvermögens fällt nach Art.5 Abs.8 nicht in den Anwendungsbereich der 6. RL. **In einem solchen Fall stellt die Aktienveräußerung, die auf die Übertragung eines Gesamtvermögens hinaus-läuft, keine der MwSt unterliegende wirtschaftliche Tätigkeit dar** (R.40).

- **Soweit die Aktienveräußerung der Übertragung des Gesamtvermögens oder eines Teilvermögens eines Unternehmens** iSv Art. 5 Abs. 8 der 6. RL oder von Art. 19 Abs. 1 der RL 06/112 **gleichgestellt werden kann** und sofern der betroffene Mitgliedstaat sich für die in diesen Bestimmungen vorgesehene Befugnis entschieden hat, **stellt dieser Umsatz keine der MwSt unterliegende wirtschaftliche Tätigkeit dar** (LS 1).

Danach ist wohl davon auszugehen, dass eine Beteiligungsveräußerung unter allerdings noch unklaren **Voraussetzungen** und ebenso unklaren **Rechtsfolgen** zu einer Geschäftsveräußerung führen kann.

Ein Beteiligungsverkauf kann mE **tatbestandlich** zu einer Geschäftsveräußerung führen, wenn eine Beteiligung an einer Organgesellschaft verkauft wird, die aufgrund der Beteiligungsveräußerung aus dem Organkreis ausscheidet oder alle Anteile an der Tochtergesellschaft übertragen werden. Da die Geschäftsveräußerung an einen Unternehmer erfolgen muss, der beabsichtigt die bisherige Tätigkeit fortzusetzen, kommt es weiter darauf an, dass die übertragene Gesellschaft beim Erwerber zur Organgesellschaft wird oder eine andere Art der Unternehmenszuordnung vorliegt (Erwerber ist z.b. Management-Holding, die gegenüber der erworbenen Gesellschaft entgeltliche Leistungen erbringt).

Liegt danach eine Geschäftsveräußerung vor, ist der Veräußerer wohl nach Maßgabe der von der verkauften Gesellschaft durchgeführten Unternehmenstätigkeit zum Vorsteuerabzug berechtigt.

2.2.2 Fehlen einer Geschäftsveräußerung

Ist die Beteiligungsübertragung durch einen Unternehmer nicht als Geschäftsveräußerung anzusehen, handelt es sich nach dem EuGH-Urteil SKF um eine als Wertpapier- oder Anteilsumsatz steuerfreie Anteilsübertragung.

- Nach Auffassung der Kommission ist die Befreiung nur auf Umsätze i.r. eines **gewerbsmäßigen Wertpapierhandels**, nicht aber bei einer strategischen Umschichtung der Vermögenswerte der Muttergesellschaft mit dem Ziel der Sammlung von Kapital zur Finanzierung der übrigen Tätigkeiten des Konzerns anwendbar (Rn. 44).

- Diese Auslegung der Kommission führt dazu, dass identische Umsätze unterschiedlich behandelt werden, je nachdem, ob sie zu den normalen und gewöhnlichen Tätigkeiten des Steuerpflichtigen gehören, während es entscheidend auf die objektive Natur des Umsatzes ankommt (Rn. 47).

- **Im vorliegenden Fall geht der Verkauf von Aktien über den Rahmen des bloßen Wertpapierverkaufs hinaus, indem er einen Eingriff von SKF in die Verwaltung der Tochtergesellschaft und der beherrschten Gesellschaft darstellt. Außerdem zeigt es sich, dass der Verkauf von Aktien, der im Ausgangsverfahren in Rede steht, auch unmittelbar mit der steuerbaren wirtschaftlichen Tätigkeit von SKF verbunden und hierfür notwendig ist.** Folglich ist dieser Umsatz sowohl gemäß Art. 13 Teil B Buchst. d Nr. 5 der 6. RL als auch gemäß Art. 135 Abs. 1 Buchst. f der RL 06/112 von der MwSt befreit (Rn. 52).

Nicht eindeutig ist, welche Folgen sich aus einer Steuerfreiheit der Anteilsübertragung für den Vorsteuerabzug aus den Veräußerungskosten ergeben. Der EuGH führt hierzu in seinem Urteil SKF aus:

- Erforderlich ist ein direkter und unmittelbarer Zusammenhang zwischen einem Eingangsumsatz und einem zum Vorsteuerabzug berechtigenden Ausgangsumsatz (Rn. 57).
- Der Vorsteuerabzug besteht auch bei Fehlen eines derartigen Zusammenhangs, wenn die **Kosten für die Dienstleistungen zu den allgemeinen Aufwendungen gehören** und **direkt und unmittelbar mit der wirtschaftlichen Gesamttätigkeit des Steuerpflichtigen zusammenhängen** (Rn. 58).
- Wenn die bezogene Leistung mit **steuerfreien Umsätzen zusammenhängt oder nicht vom Anwendungsbereich der MwSt** erfasst ist, kann es weder zur Erhebung der Steuer noch zum Abzug der Vorsteuer kommen (Rn. 59).
- Daher besteht das Recht auf Vorsteuerabzug, wenn der **Eingangsumsatz einen direkten und unmittelbaren Zusammenhang mit einem oder mehreren Ausgangsumsätzen aufweist, die zum Vorsteuerabzug berechtigen**. <u>Ist dies nicht der Fall</u>, ist zu untersuchen, ob die Ausgaben, die für den Leistungsbezug auf der vorausgehenden Umsatzstufe getätigt wurden, **zu den allgemeinen Aufwendungen gehören, die mit der wirtschaftlichen Gesamttätigkeit des Steuerpflichtigen zusammenhängen**. In beiden Fällen liegt ein direkter und unmittelbarer Zusammenhang nur dann vor, wenn die Kosten der Eingangsleistungen jeweils Eingang in den Preis der Ausgangsumsätze oder in den Preis der Leistungen finden, die der Steuerpflichtige im Rahmen seiner wirtschaftlichen Tätigkeit erbringt (Rn. 60).
- Der Gerichtshof hat mehrfach die Abzugsfähigkeit der MwSt festgestellt, die auf für verschiedene Finanztransaktionen bezogene Beratungsleistungen entrichtet wurde, weil diese Dienstleistungen den wirtschaftlichen Tätigkeiten der Steuerpflichtigen direkt zurechenbar waren (Urteile **Midland Bank**, Rn. 31, **Abbey National**, Rn. 35 und 36, **Cibo Participations**, Rn. 33 und 35, <u>**Kretztechnik**</u>, Rn. 36, und **Securenta**, Rn. 29 und 31; Rn. 64).
- Zwar lagen anders als bei SKF die **Ausgangsumsätze**, die sich auf die Aktien beziehen, in den vorstehenden Rechtssachen **außerhalb des Anwendungsbereichs** der MwSt. Der **Hauptunterschied** bei der rechtlichen Einstufung dieser Umsätze im Vergleich zu denjenigen, die in den Anwendungsbereich der MwSt fallen, aber von dieser befreit sind, ergibt sich jedoch, wie aus der in den Rn. 28 und 30 des SKF-Urteils angeführten Rechtsprechung hervorgeht, daraus,

ob die steuerpflichtige **Gesellschaft in die Verwaltung der Gesellschaften, an denen die Beteiligung begründet worden ist, eingreift** oder nicht (Rn. 65).

- Entgegen dem Neutralitätsgrundsatz käme es zu einer unterschiedlichen Behandlung von objektiv ähnlichen Umsätzen, würde der Vorsteuerabzug für Kosten versagt, die sich **auf eine wegen des Eingreifens in die Verwaltung der Gesellschaft, deren Aktien veräußert werden, steuerfreie Veräußerung** von Aktien beziehen, der Vorsteuerabzug aber für die Kosten anerkannt, die sich auf eine **Veräußerung beziehen, die außerhalb des Anwendungsbereichs** der MwSt liegt, weil es sich hierbei um allgemeine Aufwendungen des Steuerpflichtigen handelt (Rn. 66 f).

- Folglich muss, **wenn die Beratungskosten**, die sich auf die Veräußerung von Beteiligungen beziehen, **als Bestandteil der allgemeinen Aufwendungen des Steuerpflichtigen in dem Fall betrachtet** werden, in dem die **Veräußerung außerhalb des Anwendungsbereichs der MwSt** liegt, die gleiche steuerliche Behandlung zugrunde gelegt werden, wenn die **Veräußerung als steuerfreier Umsatz** eingestuft wird (Rn. 68).

- Gegen den Grundsatz der Gleichbehandlung würde verstoßen, wenn eine Muttergesellschaft, die einen Konzern leitet, für **Ausgaben, die im Rahmen des Verkaufs von Aktien** getätigt werden, der zu ihrer wirtschaftlichen Tätigkeit gehört, der Steuer unterliegen sollte, während eine Holdinggesellschaft, die den gleichen **Umsatz außerhalb des Anwendungsbereichs** der MwSt tätigt, **in den Genuss des Vorsteuerabzugs für die gleichen Ausgaben käme, weil diese zu den allgemeinen Aufwendungen ihrer wirtschaftlichen Gesamttätigkeit gehören** (Rn. 69).

- Zwar eröffnet die steuerfreie Aktienveräußerung kein Recht auf Vorsteuerabzug, doch ändert dies nichts daran, dass es hierauf <u>**nur ankommt, wenn ein direkter und unmittelbarer Zusammenhang zwischen den bezogenen Eingangsleistungen und der befreiten Ausgangsveräußerung von Aktien belegt wird. Fehlt es hingegen an einem derartigen Zusammenhang und gehen die Kosten der Eingangsumsätze in die Preise der Produkte von SKF ein**</u>, müsste die Abzugsfähigkeit der MwSt auf die Eingangsleistungen zugelassen werden (Rn. 71).

- Schließlich **besteht das Recht auf Vorsteuerabzug** hinsichtlich der MwSt, die als Vorsteuer für die Leistungen entrichtet wurde, die im Rahmen von Finanztransaktionen erbracht wurden, **wenn das durch diese Transaktionen erworbene Kapital den wirtschaftlichen Tätigkeiten** des Betroffenen zugeführt worden ist (Rn. 72).

- Es obliegt dem vorlegenden Gericht, unter Berücksichtigung aller Umstände, unter denen die im Ausgangsverfahren in Rede stehenden Umsätze getätigt wurden, festzustellen, ob die getätigten Ausgaben Eingang in den Preis der verkauften Aktien finden können oder allein zu den Kostenelementen der auf die wirtschaftlichen Tätigkeiten des Steuerpflichtigen entfallenden Umsätze gehören (LS 3).

Fazit: Zum Vorsteuerabzug trotz Steuerfreiheit der Anteilsübertragung führt der EuGH aus, dass eine steuerfreie Aktienveräußerung kein Recht auf Vorsteuerabzug begründe. Der EuGH scheint dieses Ergebnis im Hinblick auf das bei einer nichtsteuerbaren Anteilsveräußerung im Rahmen eines Börsengangs bestehende Recht auf Vorsteuerabzug (EuGH-Urteil Kretztechnik) für unbefriedigend zu halten.

Der EuGH fordert daher in seinem Urteil SKF eine strenge Prüfung, ob **ein direkter und unmittelbarer Zusammenhang zwischen den bezogenen Eingangsdienstleistungen und der befreiten Ausgangsveräußerung von Aktien belegt wird.** Fehle es hingegen an einem derartigen Zusammenhang und gingen die Kosten der Eingangsumsätze in die Preise der Produkte von SKF ein, müsste die Abzugsfähigkeit der Mehrwertsteuer auf die Eingangsdienstleistungen zugelassen werden.

Ein Anspruch auf Vorsteuerabzug aus den anlässlich einer steuerfreien Anteilsveräußerung bezogenen Kosten, kommt danach nur in Betracht, wenn die Kosten für den die Veräußerung beratenden Anwalt keinen direkten und unmittelbaren Zusammenhang mit der Anteilsveräußerung aufweisen. Dies erscheint zweifelhaft.

3. Lösung des Ausgangsfalls

Die A-AG ist aus den Kosten der Kapitalerhöhung entsprechend der bisherigen Rechtsprechung zum Vorsteuerabzug berechtigt.

Unter welchen Voraussetzungen und mit welchen Rechtsfolgen Beteiligungsveräußerungen zu einer Geschäftsveräußerung führen können, ist derzeit ungeklärt. Geht man mit dem EuGH davon aus, dass ein Beteiligungsverkauf zu einer Geschäftsveräußerung führen kann, könnte der Ausgangsfall wie folgt zu beurteilen sein:

- **A-GmbH** (Übertragung der Anteile an einer Organgesellschaft, die auch beim Erwerber Organgesellschaft ist): Es liegt eine Geschäftsveräußerung vor, da das Unternehmensvermögen der GmbH aus dem Organkreis der A-AG ausscheidet und der Erwerber das Gesellschaftsvermögen der GmbH seinem Unternehmen als neuer Organträger zuführt. Die AG ist aus den Veräußerungskosten zum Vorsteuerabzug berechtigt, da es hierfür auf die Unternehmenstätigkeit der GmbH ankommt.

- **B-GmbH** (Übertragung der Anteile an einer Organgesellschaft an einen Nichtunternehmer): Keine Geschäftsveräußerung, da der Erwerber der Anteile kein Unternehmer ist.

- **C-GmbH** (Übertragung der Alleingesellschafterstellung durch Unternehmer an Unternehmer): Ebenso wie bei der A-GmbH handelt es sich um eine Geschäftsveräußerung mit Recht auf Vorsteuerabzug für die A-AG. Ob eine Beteiligung an einer Organgesellschaft oder die Alleingesellschafterstellung an einer GmbH durch einen Unternehmer an einen unternehmerisch erwerbenden Neugesellschafter übertragen wird, dürfte unerheblich sein.

- **D-GmbH** (Übertragung der Alleingesellschafterstellung einer Bank auf einen Erwerber der Organträger wird): Zwar liegt eine Geschäftsveräußerung vor, die A-AG ist aber nach Maßgabe des Unternehmensgegenstandes der GmbH (steuerfreie Kreditgewährung) nicht zum Vorsteuerabzug berechtigt.

- **E-GmbH** (Veräußerung einer Unternehmensbeteiligung an mehrere Erwerber): Bei einer Veräußerung an mehrere Erwerber liegt nach allgemeinen Grundsätzen keine Geschäftsveräußerung vor.

- **F-GmbH** (Übertragung einer nichtunternehmerisch gehaltenen Beteiligung): Der Verkauf einer nichtunternehmerisch gehaltenen Beteiligung ist bereits nicht steuerbar und kann keine Geschäftsveräußerung sein.

Mangels Geschäftsveräußerung ist somit die Übertragung der Anteile an der **B-GmbH** und der **E-GmbH** steuerbar und steuerfrei. Ein Vorsteuerabzug aus den Kosten der steuerfreien Veräußerung ist fraglich, wenn diese einen unmittelbaren und direkten Zusammenhang zur Beteiligungsübertragung aufweisen.

Die Veräußerung der Anteile an der **F-GmbH** ist bereits nicht steuerbar. Da die Nichtsteuerbarkeit nicht wie bei Kretztechnik auf der Leistungshandlung (erstmalige Ausgabe von Gesellschaftsanteilen) sondern auf der fehlenden Unternehmenszuordnung der Beteiligung beruht, kommt hier wohl kein Vorsteuerabzug in Betracht.

Fall 3: Juristische Personen des öffentlichen Rechts und Vermögensverwaltung

Ein öffentlich-rechtlich mit eigener Rechtspersönlichkeit ausgestattetes Forschungsinstitut lizenziert die bei ihrer hoheitlichen Tätigkeit gewonnenen Forschungsergebnisse aufgrund privatrechtlicher Verträge und erzielt dabei Einnahmen von 2,4 Mio. Euro. Das Institut geht davon aus, dass es sich dabei um Vermögensverwaltung handelt.

Hinweise:

1. Systematik

§ 2 Abs. 3 Satz 1 UStG i.V.m. § 4 Abs. ... KStG	MwStSystRL
(1) Betriebe gewerblicher Art von juristischen Personen des öffentlichen Rechts im Sinne des § 1 Abs. 1 Nr. 6 sind vorbehaltlich des Absatzes 5 alle **Einrichtungen, die einer nachhaltigen wirtschaftlichen Tätigkeit zur Erzielung von Einnahmen** außerhalb der Land- und Forstwirtschaft dienen und die sich innerhalb der Gesamtbetätigung der juristischen Person wirtschaftlich herausheben. Die Absicht, Gewinn zu erzielen, und die Beteiligung am allgemeinen wirtschaftlichen Verkehr sind nicht erforderlich.	Als „Steuerpflichtiger" gilt, wer eine **wirtschaftliche Tätigkeit** unabhängig von ihrem Ort, Zweck und Ergebnis selbstständig ausübt (Art. 9) Die Mitgliedstaaten können die Tätigkeiten von Einrichtungen des öffentlichen Rechts, die nach den Artikeln 132, 135, 136 und 371, den Artikeln 374 bis 377, dem Artikel 378 Absatz 2, dem Artikel 379 Absatz 2 oder den Artikeln 380 bis 390b von der Mehrwertsteuer befreit sind, als Tätigkeiten behandeln, die ihnen im Rahmen der öffentlichen Gewalt obliegen (Art. 13 Abs. 2).
(2) Ein Betrieb gewerblicher Art ist auch unbeschränkt steuerpflichtig, wenn er selbst eine juristische Person des öffentlichen Rechts ist.	
(3) Zu den Betrieben gewerblicher Art gehören auch Betriebe, die der Versorgung der Bevölkerung mit Wasser, Gas, Elektrizität oder Wärme, dem öffentlichen Verkehr oder dem Hafenbetrieb dienen.	Die Einrichtungen des öffentlichen Rechts gelten in Bezug auf die in Anhang I genannten Tätigkeiten in jedem Fall als Steuerpflichtige, sofern der Umfang dieser Tätigkeiten nicht unbedeutend ist (Art. 13 Abs. 1 UA 3).
(4) Als Betrieb gewerblicher Art gilt die Verpachtung eines solchen Betriebs.	
(5) Zu den Betrieben gewerblicher Art gehören nicht Betriebe, die überwiegend der **Ausübung der öffentlichen Gewalt** dienen (Hoheitsbetriebe). Für die Annahme eines Hoheitsbetriebs reichen Zwangs- oder Monopolrechte nicht aus.	Staaten, Länder, Gemeinden und sonstige Einrichtungen des öffentlichen Rechts gelten nicht als Steuerpflichtige, soweit sie **Tätigkeiten ausüben oder Umsätze bewirken, die ihnen im Rahmen der öffentlichen Gewalt obliegen**, auch wenn sie im Zusammenhang mit diesen Tätigkeiten oder Umsätzen Zölle, Gebüh-

	ren, Beiträge oder sonstige Abgaben erheben (Art. 13 Abs. 1 UA 1). Falls sie solche Tätigkeiten ausüben oder Umsätze bewirken, gelten sie für diese Tätigkeiten oder Umsätze jedoch als Steuerpflichtige, sofern eine **Behandlung als Nichtsteuerpflichtige zu größeren Wettbewerbsverzerrungen führen würde** (Art. 13 Abs. 1 UA 1).

2. Urteile Salix

EuGH v. 4.6.09 C-102/08 Salix, UR 2009, 484:

Die Mitgliedstaaten müssen eine **ausdrückliche Regelung** vorsehen, um sich auf die in Art. 4 Abs. 5 UA 4 der 6. RL vorgesehene Befugnis berufen zu können, die Tätigkeiten der Einrichtungen des öffentlichen Rechts, die nach Art. 13 oder 28 der 6. RL von der Steuer befreit sind, als Tätigkeiten zu behandeln, die ihnen i.r. öffentlicher Gewalt obliegen.

Art. 4 Abs. 5 UA 2 der 6. RL ist dahin auszulegen, dass die Einrichtungen des öffentlichen Rechts, soweit sie Tätigkeiten ausüben oder Leistungen erbringen, die ihnen im Rahmen der öffentlichen Gewalt obliegen, nicht nur dann als Steuerpflichtige gelten, wenn ihre Behandlung als Nichtsteuerpflichtige aufgrund des Art. 4 Abs. 5 UA 1 oder 4 zu größeren Wettbewerbsverzerrungen zu Lasten ihrer privaten Wettbewerber führen würde, sondern auch dann, wenn sie derartige Verzerrungen zu ihren eigenen Lasten zur Folge hätte

Folgeurteil des BFH v. 20.8.09 (V R 70/05, BFHE 226, 458, UR 09, 884):

Die Bundesrepublik Deutschland kann Tätigkeiten von juristischen Personen des öffentlichen Rechts, die nach § 4 Nr. 12 Buchst. a UStG von der Steuer befreit sind (Vermietung und Verpachtung von Grundstücken), nur **durch eine ausdrückliche gesetzliche Regelung** gemäß Art. 4 Abs. 5 UA. 4 der 6. RL als Tätigkeiten "behandeln", die diesen juristischen Personen des öffentlichen Rechts im Rahmen der öffentlichen Gewalt obliegen.

3. Lösung des Ausgangsfalls

Können Tätigkeiten von juristischen Personen des öffentlichen Rechts, die nach § 4 Nr. 12 Buchst. a UStG von der Steuer befreit sind, **nur durch eine ausdrückliche gesetzliche Regelung** gemäß Art. 4 Abs. 5 UA. 4 der 6. RL als Tätigkeiten behandelt werden, die ihnen im Rahmen der öffentlichen Gewalt obliegen, spricht dies dafür dem Begriff der Vermögensverwaltung umsatzsteuerrechtlich keine Bedeutung mehr beizumessen.

Weiter ist zu beachten, dass nach dem BFH-Urteil v. 20.8.09 V R 30/06, UR 09, 800 bei richtlinienkonformer Auslegung gem. Art. 4 Abs. 5 der 6. RL eine juristische Person des öffentlichen Rechts Unternehmer i.S. von § 2 Abs. 3 UStG iVm § 4 KStG ist, wenn sie Leistungen gegen Entgelt auf privatrechtlicher Grundlage unter den gleichen rechtlichen Bedingungen wie ein privater Wirtschaftsteilnehmer erbringt. Die weiter erforderliche wirtschaftliche Tätigkeit liegt bei einer Lizenzierung, die ebenso durch einen privaten Unternehmer erfolgen kann, vor. Danach ist die Lizenzierung der Forschungsergebnisse umsatzsteuerpflichtig.

III. Ausfuhrlieferungen und innergemeinschaftliche Lieferungen: Folgen der BFH Rechtsprechung; BFH vs. BMF? (Grünwald)

1. Anforderungen an den Nachweis einer steuerfreien innergemeinschaftlichen Lieferung

Das Umsatzsteuergesetz befreit grenzüberschreitende Lieferungen als Ausfuhr bzw. innergemeinschaftliche Lieferungen von der Umsatzsteuer. Die Steuerfreiheit ist die Ausnahme von der Regel nach der jeder steuerbare Umsatz der Steuer unterliegt. Das Vorliegen der Voraussetzungen muss vom Steuerpflichtigen nachgewiesen werden (§ 6 Abs. 4 UStG, § 6a Abs. 3 UStG). Der **Umfang der Nachweispflicht** ist häufig Gegenstand streitiger Auseinandersetzungen. Das BMF hat die Voraussetzungen der Steuerfreiheit und den Umfang der Nachweispflicht aus Sicht der Verwaltung in einem Schreiben zusammengestellt (**BMF-Schreiben vom 6. Januar 2009** IV B 9 - S 7141/08/10001, BStBl I 2009, 60), das Gegenstand der Diskussion im vergangenen Jahr war und auch vom BFH bereits aufgegriffen wurde.

Bei den Steuerbefreiungsvorschriften sind jeweils zwei Aspekte zu betrachten:

- Die tatbestandlichen Voraussetzungen der jeweiligen Norm
- Die Nachweispflicht, die sich aufspaltet in den
    - Buchnachweis und den
    - Belegnachweis

Vor allem der Umfang der Nachweispflicht war Gegenstand der Diskussion im vergangenen Jahr.

1.1 Buchnachweis bei Ausfuhrlieferungen - Ergänzung und Berichtigung - Steuerbefreiung trotz fehlenden Buchnachweises

Sachverhalt

BFH, Urt. v. 28.5.2009, V R 23/08 UR 2009, 714

Der Steuerpflichtige war als Ingenieur sowie im Im- und Exporthandel tätig.

Aufgrund einer Umsatzsteuer-Sonderprüfung ging der Beklagte und Revisionskläger (das Finanzamt - FA -) davon aus, dass D im Streitjahr 2001 Ausfuhrlieferungen in Höhe von insgesamt 461 702,08 DM erbracht habe. Für diese Ausfuhrlieferungen liege in ihrer Gesamtheit **kein sog. Buchnachweis** vor. Mit Umsatzsteuerbescheid 2001 vom 13. Juni 2005 erhöhte das FA die Entgelte für die **steuerpflichtigen** Umsätze um 398 019,03 DM. Der hiergegen eingelegte Einspruch hatte keinen Erfolg.

Im Klageverfahren reichten die Kläger eine Aufstellung über die von D erbrachten Ausfuhrlieferungen in tabellarischer Form ein, in denen

- Rechnungsdatum,
- Tag und Ort der Ausfuhr,
- Name und Branche des Empfängers,
- Name des Abnehmers

sowie als Beleg über die Ausfuhr entweder

- eine Ausfuhrbestätigung der Ausfuhrstelle,
- ein Luftfrachtbrief,
- ein Schiffsfrachtbrief

sowie eine Ausfuhrbescheinigung aufgeführt waren.

Hinweise:

1. Der Unternehmer muss den buchmäßigen Nachweis der steuerfreien Ausfuhrlieferung (§ 6 Abs. 4 UStG i. V. m. § 13 UStDV) bis zu dem Zeitpunkt führen, zu dem er die Umsatzsteuer-Voranmeldung für die Ausfuhrlieferung abzugeben hat.

2. Der Unternehmer kann fehlende oder fehlerhafte Aufzeichnungen eines rechtzeitig erbrachten Buchnachweises bis zum Schluss der letzten mündlichen Verhandlung vor dem FG nach den für Rechnungsberichtigungen geltenden Grundsätzen ergänzen oder berichtigen.

3. Wird der Buchnachweis weder rechtzeitig geführt noch zulässigerweise ergänzt oder berichtigt, kann die Ausfuhrlieferung **gleichwohl steuerfrei sein, wenn aufgrund der objektiven**

Beweislage feststeht, dass die Voraussetzungen des § 6 Abs. 1 bis Abs. 3a UStG vorliegen (Änderung der Rechtsprechung).

Rechtsauffassung der Finanzverwaltung: BMF-Schreiben vom 6. Januar 2009 IV B 9 - S 7141/08/10001, BStBl I 2009, 60

Rz. 24: Für die Form, den Inhalt und den Umfang des beleg- und buchmäßigen Nachweises stellt die UStDV Sollvorschriften auf. Erfüllt der Unternehmer diese Sollvorschriften, ist der beleg- und buchmäßige Nachweis als erfüllt anzuerkennen. **Das Fehlen einer der in den Sollvorschriften der §§ 17a ff. UStDV aufgeführten Voraussetzungen führt nicht zwangsläufig zur Versagung der Steuerbefreiung.** Der jeweils bezeichnete Nachweis kann auch durch andere Belege - z. B. durch die auf den Rechnungen ausgewiesene Anschrift des Leistungsempfängers als Belegnachweis des Bestimmungsorts nach § 17a Abs. 2 Nr. 2 UStDV - erbracht werden. Weicht der Unternehmer von den Sollvorschriften der UStDV ab und führt den Nachweis über die innergemeinschaftliche Lieferung anhand anderer Belege, können diese nur dann als Nachweise anerkannt werden, wenn sich aus der Gesamtheit der Belege die innergemeinschaftliche Lieferung eindeutig und leicht nachprüfbar ergibt (§ 17a Abs. 1 Satz 2 UStDV) und die buchmäßig nachzuweisenden Voraussetzungen eindeutig und leicht nachprüfbar aus der Buchführung zu ersehen sind (§ 17c Abs. 1 UStDV). Abschnitt 131 Abs. 2 bis 4 UStR ist entsprechend anzuwenden.

1.2 Belegnachweis bei innergemeinschaftlichen Lieferungen - Versendung – Beförderung durch einen Beauftragte – CMR Frachtbrief ohne Empfängerbestätigung als Versendungsbeleg - Vollmacht des Abholenden

BFH, Urt. v. 12.5.2009, V R 65/06 UR 09, 719

Die Steuerpflichtige, ist im Kraftfahrzeughandel tätig. In den Streitjahren 2000 und 2001 lieferte sie gebrauchte Fahrzeuge in das übrige Gemeinschaftsgebiet und ging dabei davon aus, dass diese Lieferungen nach § 6a UStG i. V. m. §§ 17a bis 17c UStDV steuerfrei seien. Im Einzelnen handelte es sich um

- eine Lieferung vom 23.11.2000 an die Firma AT in Spanien, bei der der Kaufpreis durch Banküberweisung entrichtet wurde und bei der die Klägerin als Versendungsbeleg über einen **"CMR-Frachtbrief"** verfügte, **der** sie als Versender auswies, der weiter **in Feld 24**, der Bestätigung des Empfängers über den Erhalt der Ware, **nicht ausgefüllt war** und der hinsichtlich Warenempfänger und Bestimmungsort andere Angaben als Namen und Anschrift des Abnehmers auswies,

- eine Lieferung vom 31.12.2001 an die Firma EEE in Spanien, bei der, wie sich aus einer von der Klägerin angefertigten Kopie eines Personalausweises ergab, der im Inland in Mn. ansässige M das Fahrzeug bei der Klägerin **abholte** und dabei einen Lieferschein unterzeichnete, der den Vermerk enthielt, dass das Fahrzeug "heute" nach E, Spanien überführt werde, sowie

- sieben weitere Lieferungen vom 27.1.2000, 10.7.2000, 17.1.2001, 28.3.2001, 19.7.2001, 8.11.2001 und vom 21. November 2003, bei denen **der Fahrzeugpreis bar** durch den jeweiligen Abholer **entrichtet wurde.**

- Zum Nachweis der Identität der Abholer fertigte die Klägerin **Kopien der Reisepässe** der Abholer an, die aber **keine Angaben zur Anschrift der Abholer** enthielten.

- Die Abholer **versicherten** jeweils, den Gegenstand der Lieferung **in das übrige Gemeinschaftsgebiet zu befördern.** Für die Lieferung vom 10.7.2000 lag der Klägerin eine derartige Versicherung nicht vor.

Im Anschluss an eine Außenprüfung nahm das FA an, dass der für die Steuerfreiheit innergemeinschaftlicher Lieferungen erforderliche **Belegnachweis nicht erbracht** worden sei, und setzte die Umsatzsteuer für die Jahre 2000 und 2001 entsprechend fest.

Muster eines CMR Frachtbriefs

1.Exemplar für Tarifkontrolle – Exemplaire pour controle tarifaire – Exemplaar voor tariefcontrole – Essemplare per controllo tariffario – Copy for tariffcontrol
2.Exemplar für Absender – Exemplaire de l'expediteur – Exemplaar voor Afzender – Essemplare per mittente – Copy for sender
3.Exemplar für Empfänger – Exemplaire du destinataire – Exemplaar voor Geadresseerde – Essemplare per destinatario – Copy for consignee
4.Exemplar für Frachtführer – Exemplaire du transporteur – Exemplaar voor vervoerder – Essemplare per transportatore – Copy for carrier

1 Absender (Name, Anschrift, Land) / Expediteur (nom, adresse, pays)

INTERNATIONALER FRACHTBRIEF
LETTRE DE VOITURE INTERNATIONAL

CMR-N° 03 583 25 01

Diese Beförderung unterliegt trotz einer gegenteiligen Abmachung den Bestimmungen des Übereinkommens über den Beförderungsvertrag im internat. Straßengüterverkehr (CMR)

Ce transport est soumis, nonobstant toute clause contraire, a la Convention relative au contrat de transport international de marchandises par route (CMR).

2 Empfänger (Name, Anschrift, Land) / Destinataire (nom, adresse, pays)

16 Frachtführer (Name, Anschrift, Land) / Transporteur (nom, adresse, pays)

CMR

3 Auslieferungsort des Gutes / Lieu prevu pour la livraison de la marchandise
Ort / Lieu
Land / Pays

17 Nachfolgende Frachtführer (Name, Anschrift, Land) / Transporteurs successifs (nom, adresse, pays)

4 Ort und Tag der Übernahme des Gutes / Lieu et date de la prise en charge de la marchandise
Ort / Lieu
Land / Pays
Datum/ Date

5 Beigefügte Dokumente / Documents annexes

6 Kennzeichen und Nummern / Marques et numeros	7 Anzahl der Packstücke / Nombre des colis	8 Art der Verpackung / Mode d'emballage	9 Bezeichnung des Gutes / Nature de la marchandise	10 Statistiknummer / No statistique	11 Bruttogewicht in kg / Poids brut, kg	12 Umfang in m3 / Cubage m3

Klasse / Classe – Ziffer / Chiffre – Buchstabe / Lettre – (ADR) / (ADR)

13 Anweisungen des Absenders (Zoll- und sonstige amtliche Behandlung)
Instructions de l'expediteur (formalites douanieres et autres)

19 Zu zahlen vom / A payer par	Absender / L'expediteur	Währung / Monnaie	Empfänger / Le Destinataire
Fracht / Prix de transport			
Ermäßigungen / Reductions			
Zwischensumme / Solde			
Zuschläge / Supplements			
Nebengebühren / Frais accessoires			
Sonstiges / Divers +			
Zu zahlende Gesamtsumme/Total a payer			

14 Rückerstattung / Remboursement

15 Frachtzahlungsanweisungen / Prescription d'affranchissement
Frei / Franco CIF
Unfrei / Non Franco

20 Besondere Vereinbarungen / Conventions particulieres

21 Ausgefertigt in / Etabile a C am / le

22
Unterschrift und Stempel des Absenders
(Signature et timbre de l'expediteur)

23
(Signature et timbre du transporteur)

24 Gut empfangen/ Reception des marchandises Datum / Date
am / le 19
Unterschrift und Stempel des Empfängers(Signature et timbre du destinataire)

25 Angaben zur Ermittlung der Tarifentfernung mit Grenzübergängen

vom	bis	km

26 Vertragspartner des Frachtführers ist/kein-Hilfs-gewerbetreibender im Sinne des anzuwendenden Tarifs

27	Amtl. Kennzeichen	Nutzlast in kg
Kfz		
Anhänger		

28 Berechnung des Beförderungsentgelts

Frachtpfl.Gewicht in kg	Tarifstelle	Güterarten	Währung	Frachtsatz	Beförderungsentgelt

Benutzte Gen.-Nr. – National – Bilateral – EG – CEMT

Entscheidung

1. Belege zum Nachweis einer Beförderung oder Versendung bei innergemeinschaftlichen Lieferungen i.S. von § 17a UStDV müssen entweder selbst oder in Verbindung mit anderen Unterlagen den Namen und die Anschrift ihres **Ausstellers erkennen lassen**.

2. Der Belegnachweis nach § 6a Abs. 3 UStG i. V. m. § 17a UStDV **unterliegt der Nachprüfung**. Sind die Belegangaben unzutreffend oder bestehen an der Richtigkeit der Angaben begründete Zweifel, die der Unternehmer nicht nach **allgemeinen Beweisgrundsätzen** ausräumt, ist die Lieferung steuerpflichtig, sofern nicht die Voraussetzungen des **§ 6a Abs. 4 Satz 1 UStG** vorliegen.

3. Ein CMR-Frachtbrief ist auch dann ein Versendungsbeleg gemäß § 17a Abs. 4 Satz 1 Nr. 2 i. V. m. § 10 Abs. 1 UStDV, wenn er keine Bestätigung über den Warenempfang am Bestimmungsort enthält (**entgegen dem BMF-Schreiben vom 6. Januar 2009** IV B 9 - S 7141/08/10001, BStBl I 2009, 60 Rz 38).

4. Die Vorlage einer **schriftlichen Vollmacht** zum Nachweis der Abholberechtigung des Abholenden **zählt nicht zu den Erfordernissen** für einen i.S. des § 17a Abs. 1 und 2 UStDV ordnungsgemäßen Belegnachweises (entgegen BMF-Schreiben in BStBl I 2009, 60 Rz 29 und 32). Davon zu unterscheiden ist die Nachprüfbarkeit der Abholberechtigung durch das Finanzamt bei Vorliegen konkreter Zweifel im Einzelfall.

Rechtsauffassung der Finanzverwaltung: BMF-Schreiben vom 6. Januar 2009 IV B 9 - S 7141/08/10001, BStBl I 2009, 60

Rz. 38: Die Anerkennung des CMR-Frachtbriefs als belegmäßiger Nachweis setzt allerdings voraus, dass sich aus dem CMR-Frachtbrief die grenzüberschreitende Warenbewegung in den Bestimmungsmitgliedstaat ergibt. **Der CMR-Frachtbrief muss vollständig ausgefüllt sein** und es muss die tatsächliche Übergabe des Liefergegenstands an den Abnehmer im übrigen Gemeinschaftsgebiet ersichtlich sein. Hiervon kann regelmäßig ausgegangen werden, wenn im **Feld 24 des CMR-Frachtbriefs** der Empfang der Ware mit allen dort erforderlichen Angaben bestätigt wird und dem liefernden Unternehmer nach Aushändigung der Ware zeitnah die für ihn vorgesehene Ausfertigung übersendet wird. Der liefernde Unternehmer hat den Empfang der Ausfertigung zu dokumentieren und die Ausfertigung wie vergleichbare Handelsbelege aufzubewahren.

1.3 Abholung – Vollmacht – Nachweis der Legitimation des Unterzeichners der Vollmacht

BFH, Beschl. v. 3.8.2009, XI B 79/08 BFH/NV 2010, 72

Die in der Beschwerdebegründung aufgeworfene Frage, ob es für den Nachweis

- der Beteiligten eines Leistungsaustausches bzw.
- der Identität eines Abnehmers bei innergemeinschaftlichen Lieferungen notwendig sei, die
- Berechtigung des Unterzeichners der Vollmacht, für die Abnehmerfirma zu handeln, zu überprüfen, soweit ein Dritter mit Vollmacht auftrete,

ist nicht mehr klärungsbedürftig. Sie lässt sich auf der Grundlage des zwischenzeitlich ergangenen Urteils des Bundesfinanzhofs (BFH) vom 12. Mai 2009 V R 65/06 , BFHE 225, 264 zweifelsfrei beantworten.

Entscheidung

Der BFH hat entschieden, die Vorlage einer **schriftlichen Vollmacht** zum Nachweis der Abholberechtigung des Abholenden **zähle nicht zu den Erfordernissen** für einen i.S. des § 17a Abs. 1 und 2 der Umsatzsteuer-Durchführungsverordnung 1999 ordnungsgemäßen Belegnachweis (**entgegen Schreiben des Bundesministeriums der Finanzen vom 6. Januar 2009** IV B 9 - S 7141/08/10001, BStBl I 2009, 60 Rz 29 und 32).

Davon zu unterscheiden sei die Nachprüfbarkeit der Abholberechtigung durch das FA bei Vorliegen konkreter Zweifel im Einzelfall.

Soweit sich aus den vom FA zitierten BFH-Urteilen vom 8. November 2007 V R 26/05 (BFHE 219, 410, BStBl II 2009, 49) oder vom 15. Juli 2004 V R 1/04 (BFH/NV 2005, 81) das Erfordernis einer schriftlichen Vollmacht ableiten lassen könnte, wäre dies nach Auffassung des erkennenden Senats durch das Urteil vom 12. Mai 2009 V R 65/06 überholt.

Gehört die Vorlage der schriftlichen Vollmacht nicht zu den Erfordernissen eines ordnungsgemäßen Belegnachweises, kann auch der Nachweis der Legitimation des Unterzeichners der Vollmacht nicht dazugehören. Die davon zu unterscheidende Frage, ob von einem Finanzgericht in einem Einzelfall zu Unrecht berechtigte Zweifel an der Abholberechtigung verneint worden sind, geht in ihrer Bedeutung nicht über den entschiedenen Einzelfall hinaus und rechtfertigt deshalb nicht die Zulassung der Revision gemäß § 115 Abs. 2 Nr. 1 oder 2 FGO.

Rechtsauffassung der Finanzverwaltung: BMF-Schreiben vom 6. Januar 2009 IV B 9 - S 7141/08/10001, BStBl I 2009, 60

Rz. 29: Aus der nach § 17a Abs. 2 Nr. 3 UStDV genannten Empfangsbestätigung des Abnehmers oder seines Beauftragten (die eine mit Datum und Unterschrift des Abnehmers versehene Unterzeichnung enthalten muss, vgl. Rz. 32) oder der Versicherung nach § 17a Abs. 2 Nr. 4 UStDV muss erkennbar sein, wer der Abnehmer der Lieferung ist, bzw. die Verbindung zwischen Abnehmer (bzw. dessen Vertretungsberechtigten, z. B. Geschäftsführer) und einem etwaigen Beauftragten hervorgehen. Die Identität des Abnehmers kann insbesondere mittels einer Passkopie des Abnehmers oder des etwaigen Vertretungsberechtigten bzw. des Beauftragten belegt werden. Beim Auftreten von Vertretungsberechtigten sind zum Nachweis der Vertretungsberechtigung zusätzliche Belege (z. B. aktueller Handelsregisterauszug) notwendig.

Rz. 32: In den Fällen, in denen ein vom Abnehmer Beauftragter den Liefergegenstand abholt, muss sich aus der Versicherung nach § 17a Abs. 2 Nr. 4 UStDV oder der Empfangsbestätigung nach § 17a Abs. 2 Nr. 3 UStDV ergeben, dass dieser tatsächlich Beauftragter des Abnehmers ist und es muss ein Bezug zu der Lieferung bzw. zu dem Liefergegenstand, für den die Abholvollmacht erteilt wird, erkennbar sein. In diesem Fall muss die Empfangsbestätigung nach § 17a Abs. 2 Nr. 3 UStDV oder die Versicherung nach § 17a Abs. 2 Nr. 4 UStDV eine - mit Datum versehene - Unterschrift des Beauftragten enthalten. Außerdem muss sich aus den Unterlagen eindeutig ergeben, dass der nach Rz. 29 nachzuweisende Abnehmer den Beauftragten tatsächlich mit der Entgegennahme des Gegenstands der Lieferung beauftragt hat. Die Identität des Beauftragten muss belegt werden, z. B. durch eine Passkopie. Nicht ausreichend ist die Vorlage einer allgemeinen Vollmacht, die den Beauftragten des Abnehmers berechtigt, in dessen Namen Waren in Empfang zu nehmen und in das übrige Gemeinschaftsgebiet zu befördern; dabei ist es unerheblich, ob die Vollmacht datiert oder undatiert ist. Die Vollmacht muss eine Unterschrift des Abnehmers bzw. seines Vertretungsberechtigten enthalten, die den Vergleich mit der Unterschrift auf der Passkopie ermöglicht. Außerdem muss sich aus der Versicherung nach § 17a Abs. 2 Nr. 4 UStDV oder der Empfangsbestätigung nach § 17a Abs. 2 Nr. 3 UStDV ergeben, dass der Abnehmer den Beauftragten mit der Beförderung des Liefergegenstands im Rahmen der Lieferung an den Abnehmer (und nicht im Rahmen einer Lieferung an einen nachfolgenden Abnehmer in einem Reihengeschäft) beauftragt hat.

1.4 Steuerfreiheit einer innergemeinschaftlichen Lieferung bei unrichtiger Rechnungsausstellung

1.4.1 Sachverhalt

BFH, Beschluss vom 29.07.2009 XI-B-24/09, UR-2009-0728

Die Beteiligten streiten um die Steuerfreiheit von innergemeinschaftlichen Lieferungen der Steuerpflichtigen. Diese ist eine juristische Person in der Rechtsform einer GmbH, ihr Unternehmensgegenstand die Vermietung von Video-Filmen sowie der Im- und Export von Fahrzeugen. Zum Geschäftsführer war der portugiesische Staatsangehörige L bestellt.

In der Umsatzsteuer-Jahreserklärung 2002 erklärte die Antragstellerin steuerfreie innergemeinschaftliche Lieferungen in Höhe von 12 661 246 € und in der berichtigten Umsatzsteuer-Jahreserklärung 2003 solche in Höhe von 12 965 649 €.

Aufgrund einer Prüfung der Steuerfahndung kam das Finanzamt zu dem Ergebnis, dass die Voraussetzungen für die Steuerfreiheit der innergemeinschaftlichen Lieferungen wegen Nichterfüllung der sich aus § 6a Abs. 3 des Umsatzsteuergesetzes 1999 (UStG) ergebenden Nachweispflichten nicht vorlägen.

Nach den Feststellungen der Steuerfahndung habe die Antragstellerin für ihre Verkäufe von gebrauchten Kraftfahrzeugen nach Portugal jeweils zwei Rechnungen erstellt, und zwar eine an einen Scheinerwerber und eine an den tatsächlichen Erwerber. Das Doppel der ersten Rechnung sei --zum Nachweis einer steuerfreien innergemeinschaftlichen Lieferung-- für die eigene Buchhaltung bestimmt gewesen und auf portugiesische Scheinerwerber ausgestellt worden. **Tatsächlich seien die Fahrzeuge jedoch ganz überwiegend an andere Händler in Portugal veräußert worden; bei 29 Verkäufen in 2002 und 4 Verkäufen in 2003 sei eine Zuordnung an Unternehmer in Portugal nicht möglich gewesen.** Für die tatsächlichen Leistungsempfänger habe die Antragstellerin eine zweite Rechnung ausgestellt. Sofern die Fahrzeuge von den tatsächlichen Erwerbern bereits an private Abnehmer weiterveräußert waren bzw. später weiterveräußert wurden, habe die Antragstellerin die Rechnungen auf diese Privatpersonen mit dem Zusatz ausgestellt: "Diff.-Besteuerung nach § 25a UStG". **Diese Rechnungen hätten dazu gedient, eine Erwerbsbesteuerung in Portugal zu verhindern. Die Antragstellerin habe ihren Abnehmern die Möglichkeit verschafft, die Fahrzeuge zu einem geringeren Preis an ihre Endkunden zu veräußern. Dadurch habe sie ihre Umsätze aus Fahrzeugverkäufen innerhalb weniger Jahre immens erhöhen können.**

Aufgrund dieser Feststellungen erließ das FA für die Streitjahre geänderte Umsatzsteuerbescheide. Die Antragstellerin legte Einspruch ein und beantragte Aussetzung der Vollziehung (AdV), die das FA unter Hinweis auf einen gegen den Geschäftsführer der Antragstellerin im Strafverfahren ergangenen Haftprüfungsbeschluss des Oberlandesgerichts Karlsruhe vom 30. Juli 2008 3 Ws 300/08 ablehnte.

Das daraufhin angerufene Finanzgericht (FG) gewährte in dem angefochtenen Beschluss die AdV, weil Einiges dafür spreche, dass die streitigen Umsätze größtenteils als innergemeinschaftliche Lieferungen steuerfrei seien.

Entscheidung

Es ist ernstlich **zweifelhaft**, ob der Steuerfreiheit einer innergemeinschaftlichen Lieferung entgegensteht, dass der inländische Unternehmer bewusst und gewollt an der Vermeidung der Erwerbsbesteuerung seines Abnehmers mitwirkt.

Gründe

Die Voraussetzungen des § 6a Abs. 1 UStG müssen vom Unternehmer nachgewiesen sein (§ 6a Abs. 3 Satz 1 UStG). Wie der Nachweis im Einzelnen zu führen ist, hat das Bundesministerium der Finanzen (BMF) mit Zustimmung des Bundesrats in § 17a bis § 17c der Umsatzsteuer-Durchführungsverordnung 1999 (Buch- und Belegnachweis) geregelt.

Buch- und Belegnachweis sind nach der Rechtsprechung des EuGH (Urteil vom 27. September 2007 Rs. C-146/05 --Collé--, Slg. 2007, I-7861) und dem Folgeurteil des BFH vom 6. Dezember 2007 V R 59/03 (BFHE 219, 469 ‚BStBl II 2009, 57) keine materiellen Voraussetzungen für die Befreiung als innergemeinschaftliche Lieferung, sondern bestimmen lediglich, dass und wie der Unternehmer die Nachweise zu erbringen hat. Kommt der Unternehmer seinen Nachweispflichten nicht nach, ist zwar grundsätzlich davon auszugehen, dass die Voraussetzungen einer innergemeinschaftlichen Lieferung (§ 6a Abs. 1 UStG) nicht erfüllt sind. Etwas anderes gilt ausnahmsweise dann, wenn trotz der Nichterfüllung der --formellen-- Nachweispflichten aufgrund der objektiven Beweislage feststeht, dass die Voraussetzungen des § 6a Abs. 1 UStG vorliegen. Dann ist die Steuerbefreiung zu gewähren, auch wenn der Unternehmer die nach § 6a Abs. 3 UStG erforderlichen Nachweise nicht erbrachte.

b) Im Streitfall sprechen erhebliche Gesichtspunkte für das Vorliegen steuerfreier innergemeinschaftlichen Lieferungen.

aa) Die streitgegenständlichen Umsätze beruhen, was unstrittig ist, auf **Lieferungen von Kraftfahrzeugen (PKW) an Abnehmer in Portugal**. Bei diesen Abnehmern handelt es sich ganz überwiegend um portugiesische **Unternehmer, die diese Fahrzeuge für ihr Unternehmen erworben haben**. Soweit eine Zuordnung der Kfz-Lieferungen an Unternehmer weder von der Antragstellerin glaubhaft gemacht noch von der Steuerfahndung festgestellt wurde, und damit möglicherweise an Privatpersonen geliefert wurde, scheidet dagegen eine Steuerfreiheit nach § 4 Nr. 1 Buchst. b UStG aus.

bb) Die von den **unternehmerisch tätigen Abnehmern erworbenen Fahrzeuge unterlagen auch** i.s. von § 6a Abs. 1 Satz 1 Nr. 3 UStG **der Erwerbsbesteuerung in Portugal**. Dass hierfür die bloße **Steuerbarkeit** in dem anderen Mitgliedstaat (Handzik in Offerhaus/Söhn/Lange, § 6a UStG Rz 52) genügt, ergibt sich aus Art. 28a Abs. 1 Buchst. a der Sechsten Richtlinie 77/388/EWG des Rates vom 17. Mai 1977 zur Harmonisierung der Rechtsvorschriften der Mitgliedstaaten über die Umsatzsteuern (Richtlinie 77/388/EWG) i.V.m. der entsprechenden portugiesischen Umsetzungsnorm. **Daher ist insoweit irrelevant, ob diese Erwerbsbesteuerung in Portugal tatsächlich stattgefunden hat** (vgl. EuGH-Urteil vom 27. September 2007 Rs. C-409/04 --Teleos--, Slg. 2007, I-7797, Randnrn. 69 ff.; BFH-Urteil in BFHE 219, 469, BStBl II 2009, 57, unter II.1.a, sowie BFH-Urteil vom 30. März 2006 V R 47/03, BFHE 213, 148).

cc) **Dem FG ist auch insoweit zu folgen, als der im Rahmen eines fehlenden oder unzureichenden Buchnachweises relevante Gesichtspunkt einer Gefährdung des Steueraufkommens der Qualifizierung als steuerfreie innergemeinschaftliche Lieferungen bei summarischer Prüfung nicht entgegensteht.**

(1) Der EuGH hat in der Rs. Collée in Slg. 2007, I-7861 entschieden, das nationale Gericht müsse insoweit prüfen, ob die verspätete Erbringung des Buchnachweises zu einer Gefährdung des Steueraufkommens führen oder die Erhebung von Mehrwertsteuer beeinträchtigen konnte (Randnr. 36). Die Nichterhebung der Mehrwertsteuer auf eine innergemeinschaftliche Lieferung könne dabei aber nicht als eine Gefährdung des Steueraufkommens angesehen werden, weil solche Einnahmen nach dem Grundsatz der steuerlichen Territorialität dem Mitgliedstaat zustünden, in dem der Endverbrauch erfolge (Randnr. 37; ähnlich Urteil vom 8. Mai 2008 Rs. C-95/07 --Ecotrade--, Slg. 2008, I-3457, Randnr. 71 im Rahmen der Anwendung des Reverse-Charge-Verfahrens).

(2) Danach ist nicht auszuschließen, dass das FG zu Recht wegen eines fehlenden Besteuerungsrechts Deutschlands eine Gefährdung des Steueraufkommens verneint hat. **Dass es allein auf die Gefährdung des Steueraufkommens des Lieferstaats ankommt**, entspricht auch einer weithin vertretenen Ansicht (vgl. FG Rheinland-Pfalz, Urteil vom 27. November 2008 6 K 1463/08 , juris; Winter, Umsatzsteuer-Rundschau --UR-- 2007, 881, 882 ; Hentschel, Deutsches Steuerrecht 2009, 1076, 1078 ; Huschens, EU-Umsatz-Steuer-Berater 2007, 21; Sterzinger, UR 2008, 169, 172). Davon scheint auch der BFH im Folgeurteil Collé in BFHE 219, 469 , BStBl II 2009, 57 auszugehen. Darin schließt er die Gefährdung des Steueraufkommens deshalb aus, weil das FA dem S den Vorsteuerabzug aus den Rechnungen der GmbH an S über die fingierten Kfz-Lieferungen von vornherein versagte und zudem der Kläger die unrichtigen Rechnungen an S widerrufen hatte (vgl. unter II.2.b).

c) **Allerdings ist letztlich noch offen und ungeklärt, ob die Voraussetzungen einer steuerfreien innergemeinschaftlichen Lieferung auch dann vorliegen, wenn der Lieferer an der Vermeidung der Erwerbsbesteuerung seines Abnehmers im Gemeinschaftsgebiet mitwirkt** (vgl. dazu Beschlüsse des BGH in BGHSt 53, 45 , und vom 19. Februar 2009 1 StR 633/08 , Zeitschrift für Wirtschafts- und Steuerstrafrecht 2009, 238).

...

aa) Mit der Ausstellung von Rechnungen, die den unzutreffenden Hinweis auf eine Differenzbesteuerung nach § 25a UStG trugen, hat die Antragstellerin an einer betrügerischen Handlung ihrer Abnehmer in Portugal mitgewirkt.

Es wird im Hauptsacheverfahren zu klären sein, ob die Mitwirkung eines inländischen Unternehmers an einer Steuerhinterziehung, die sein ausländischer Abnehmer gegenüber dessen Mitgliedstaat begeht, es rechtfertigen kann, dass der deutsche Fiskus eine Steuer festsetzen darf, die nicht entstanden wäre, wenn der deutsche Unternehmer seinen wahren Abnehmer in seinen Büchern benannt und nicht einen Scheinabnehmer vorgetäuscht hätte. Dadurch könnte die Versagung der Steuerfreiheit möglicherweise einen unzulässigen Sanktionscharakter erhalten (vgl. dazu Randnr. 45 des Schlussantrags der Generalanwältin vom 11. Januar 2007 in der Rs. C-146/05 --Collé--, Slg. 2007, I-7861; sowie EuGH-Urteil Collé in Slg. 2007, I-7861, Randnr. 40).

bb) Unter dem Gesichtspunkt des Rechtsmissbrauchs wird vertreten, dass die für den Leistenden erkennbare Nichtbesteuerung des innergemeinschaftlichen Erwerbs durch den Erwerber zur Steuerpflicht der innergemeinschaftlichen Lieferung führe (Wäger, Urteilsanmerkung zum EuGH-Urteil Kittel und Recolta Recycling in Slg. 2006, I-6161, UR 2006, 599, 601). Dem könnte jedoch entgegenstehen, dass die Feststellung einer missbräuchlichen Praxis erfordert, dass die Umsätze trotz formaler Anwendung des Gemeinschaftsrechts und des zu ihrer Umsetzung erlassenen nationalen Rechts einen Steuervorteil zum Ergebnis haben, dessen Gewährung dem mit diesen Bestimmungen verfolgten Ziel zuwiderliefe. Außerdem muss anhand objektiver Anhaltspunkte ersichtlich sein, dass mit den fraglichen Umsätzen im Wesentlichen ein Steuervorteil bezweckt wird. Denn das Missbrauchsverbot ist nicht relevant, wenn die fraglichen Umsätze eine andere Erklärung haben als nur die Erlangung von Steuervorteilen (vgl. EuGH-Urteil Halifax in Slg. 2006, I-1609, Randnrn. 74 ff.).

In diesem Zusammenhang stellt sich die höchstrichterlich noch nicht entschiedene Rechtsfrage, ob die Vermeidung der Erwerbsbesteuerung durch den Abnehmer ein dem Lieferanten zuzurechnender Steuervorteil ist, den dieser auch im Wesentlichen bezweckt hat. Die Klärung dieser Frage kann jedoch nicht im vorläufigen Aussetzungsverfahren erfolgen, sondern ist dem Hauptsacheverfahren vorbehalten. In diesem wird auch die künftige Entscheidung des EuGH über die ihm vom 1. Strafsenat des BGH zur Vorabentscheidung vorgelegten Fragen zu berücksichtigen sein (Beschluss vom 7. Juli 2009 1 StR 41/09 , juris).

1.4.2 Vorlageentscheidung des BGH an den EuGH

BGH, Beschl. v. 7.7.2009 1-StR-41/09, UR 09, 726

Der **Angeklagte war Geschäftsführer** der P. GmbH mit Sitz in W.. **Das Unternehmen handelte mit hochwertigen Fahrzeugen.** Seit 2001 **verkaufte** es weit über 500 Fahrzeuge pro Jahr. **Käufer** der Fahrzeuge waren zum größten Teil gewerblich tätige Fahrzeughändler, die **in Portugal geschäftsansässig** waren.

Ab dem Jahr 2002 nahm der Angeklagte die nachfolgend geschilderten **Manipulationen** vor, **um** gewerblichen Fahrzeughändlern in Portugal die **Hinterziehung** portugiesischer Umsatzsteuer **zu ermöglichen**. Das war zum einen für ihn selbst wirtschaftlich vorteilhaft: Er konnte die Fahrzeuge zu einem Preis verkaufen, der bei rechtmäßiger Vorgehensweise am Markt nicht erzielbar gewesen wäre. Infolge dieses Wettbewerbsvorteils gegenüber steuerehrlichen deutschen Fahrzeughändlern erzielte er beträchtliche Gewinne. Zum anderen waren die Geschäfte auch für die Fahrzeughändler in Portugal wirtschaftlich vorteilhaft. Weil deren Eigenschaft als tatsächliche Käufer verschleiert wurde, konnten sie die **Erwerbsbesteuerung in Portugal umgehen**. So war es ihnen möglich, die Fahrzeuge ohne Anmeldung und Abführung portugiesischer Umsatzsteuer an Endverbraucher in Portugal weiterzuverkaufen. **Ziel der Manipulationen war somit, weder in Deutschland noch in Portugal Umsatzsteuer zu bezahlen**. Verkäufer und Käufer bereicherten sich also auf Kosten des Steuerfiskus.

Zu diesem Zweck entwickelte der Angeklagte ein aufwändiges Täuschungssystem, um die tatsächlichen Käufer der Fahrzeuge zu verschleiern:

Er manipulierte sein Rechnungswesen durch Scheinrechnungen. Diese verschleierten die tatsächlichen Vertrags- und Lieferbeziehungen. Die Verkaufsrechnungen stellte er auf Scheinkäufer aus. Dabei enthielten die - in die Buchhaltung der P. GmbH aufgenommenen Rechnungen - jeweils die Firma des Scheinkäufers als Rechnungsadressat, dessen Umsatzsteuer-Identifikationsnummer, die Bezeichnung des - tatsächlich an einen anderen Erwerber gelieferten - Fahrzeugs, den Kaufpreis sowie den Zusatz "". Dadurch sollte der Eindruck erweckt werden, dass der Scheinkäufer den Umsatz in Portugal der Erwerbsbesteuerung unterwerfen würde. Bei den Scheinkäufern handelte es sich um tatsächlich existierende Unternehmen in Portugal. Teilweise waren die Scheinkäufer mit der Verwendung ihrer Firma für die Zwecke des Angeklagten einverstanden, teilweise hatten sie davon keine Kenntnis.

Die tatsächlichen Käufer - also nicht die Scheinkäufer - verkauften die Fahrzeuge an private Endabnehmer in Portugal. Plangemäß verschwiegen sie den portugiesischen Finanzbehörden den wahren Sachverhalt: den innergemeinschaftlichen Erwerb vom Unternehmen des Angeklagten. So vermieden sie die bei Erwerb angefallene Umsatzsteuer. Die tatsächlichen Geschäftsbeziehungen wurden durch weitere Maßnahmen zusätzlich verschleiert. Der Angeklagte ließ - soweit die privaten Endabnehmer in Portugal zur Zeit der Lieferung bereits bekannt waren - bereits die CMR-Frachtbriefe auf diese Personen ausstellen. In diesen Fällen erstellte der Angeklagte eine weitere Scheinrechnung mit den Endabnehmern als Adressaten und dem unzutreffenden Zusatz "Differenz-Besteuerung nach § 25a UStG".

Auf diese Weise verkaufte und lieferte die P. GmbH im Jahr 2002 407 Fahrzeuge für 7.720.391,-- Euro. Im Jahr 2003 wurden 720 Fahrzeuge für 11.169.460,-- Euro verkauft und geliefert. Diese Umsätze erklärte der Angeklagte in den Umsatzsteuerjahreserklärungen für die Jahre 2002 und 2003 der P. GmbH als steuerfreie innergemeinschaftliche Lieferungen. In den neben den Steuererklärungen abzugebenden Meldungen an das deutsche Bundeszentralamt für Steuern benannte der Angeklagte die in den Rechnungen aufgeführten Scheinkäufer als Vertragspartner, um eine Ermittlung der tatsächlichen Käufer in Portugal über das Mehrwertsteuer-Informationsaustauschsystem zu verhindern.

Dem Gerichtshof der Europäischen Gemeinschaften wird nach Art. 234 Abs. 3 EG **folgende Frage** zur Vorabentscheidung betreffend Art. 28c Teil A Buchstabe a der Sechsten Richtlinie 77/388/ EWG des Rates zur Harmonisierung der Rechtsvorschriften der Mitgliedstaaten über die Umsatzsteuern - Gemeinsames Mehrwertsteuersystem: einheitliche steuerpflichtige Bemessungsgrundlage (im Folgenden: Sechste Richtlinie) **vorgelegt**:

- Ist Art. 28c Teil A Buchstabe a der Sechsten Richtlinie in dem Sinne auszulegen, dass **einer Lieferung** von Gegenständen im Sinne dieser Vorschrift **die Befreiung von der Mehrwertsteuer zu versagen ist**,

- wenn die Lieferung **zwar tatsächlich ausgeführt** worden ist, aber aufgrund objektiver Umstände feststeht, dass der steuerpflichtige Verkäufer

    - **wusste**, dass er sich mit der Lieferung an einem Warenumsatz beteiligt, der darauf angelegt ist, Mehrwertsteuer zu hinterziehen, oder

    - **Handlungen vorgenommen hat,** die darauf abzielten, die Person des wahren Erwerbers zu verschleiern, um diesem oder einem Dritten zu ermöglichen, Mehrwertsteuer zu hinterziehen?

Gründe:

Nach Auffassung des Landgerichts handelt es sich bei den verschleierten Lieferungen nach Portugal nicht um steuerfreie innergemeinschaftliche Lieferungen. Durch die Manipulation der beleg- und buchmäßigen Nachweise sei eine den innergemeinschaftlichen Wettbewerb verzerrende Steuerverkürzung in Portugal herbeigeführt worden. Das sei ein gezielter Missbrauch gemeinschaftsrechtlicher Regeln, der die Versagung der Steuerbefreiung in Deutschland rechtfertige.

Die Deklaration der betroffenen Umsätze als steuerfreie innergemeinschaftliche Lieferungen sei daher falsch gewesen. Vielmehr hätte die P. GmbH die deutsche Umsatzsteuer auf diese Lieferungen erheben, an die Finanzverwaltung abführen und in ihren Umsatzsteuerjahreserklärungen angeben müssen.

2. **Anforderungen an den Nachweis einer steuerfreien Ausfuhrlieferung; Steuerfreiheit von Ausfuhrlieferungen in Drittlandsgebiet bei anschließender Rückbeförderung in das Gemeinschaftsgebiet – Belegnachweis bei Bevollmächtigung eines für den Abnehmerhandlenden Beauftragten – Nachprüfung durch die Finanzbehörde**

Sachverhalt

BFH, Urt. v. 23.4.2009, V R 84/07 UR 09, 717

Die Steuerpflichtige, betreibt ein Juweliergeschäft. In den Streitjahren 1996 und 1998 erwarb K von der Klägerin Armbanduhren im erheblichen Umfang und gab dabei an, als Stellvertreter für den im Drittlandsgebiet ansässigen F zu handeln. Die Klägerin hatte zu F keinen unmittelbaren Kontakt. Der Klägerin lag auch keine für K erteilte Vollmacht vor. Sie erstellte über die von ihr gelieferten Uhren Ausfuhr- und Abnehmerbescheinigungen für Umsatzsteuerzwecke bei Ausfuhren im außergemeinschaftlichen Reiseverkehr gemäß § 17 der Umsatzsteuer-Durchführungsverordnung (UStDV), nach denen F der Abnehmer der Lieferungen war. **F führte die Uhren nach Erhalt von K teils über den Flughafen Paris-Charles de Gaulle, teils über die Hauptzollämter Krefeld und Düsseldorf aus**, wobei die Ausfuhr- und Abnehmerbescheinigungen vom französischen oder vom deutschen Zoll abgestempelt wurden. **Bei der jeweils nächsten Einreise "nach Europa" gab F Uhren und Ausfuhrpapiere an K zurück.** K veräußerte die Uhren auf Uhrenbörsen und händigte die Ausfuhrbescheinigungen an die Klägerin aus. Die Klägerin behandelte die Umsätze zunächst als steuerpflichtig und behielt die Umsatzsteuer ein. Nach Aushändigung der jeweiligen Ausfuhrbescheinigung erstattete sie die Umsatzsteuer an K und machte für die Umsätze in ihren Umsatzsteuererklärungen die Steuerfreiheit für Ausfuhrlieferungen geltend.

Der Beklagte und Revisionskläger (das Finanzamt - FA -) ging im Anschluss an ein steuerstrafrechtliches Ermittlungsverfahren gegen K davon aus, dass die Klägerin keine steuerfreien Ausfuhrlieferungen erbracht habe, und änderte die für die Streitjahre bestehenden Umsatzsteuerfestsetzungen durch die Bescheide vom 21. Februar 2002. Der Einspruch hatte keinen Erfolg.

Entscheidung

1. Die Anforderungen an den nach § 6 Abs. 4 UStG i.V.m. §§ 8 ff. UStDV beizubringenden Belegnachweis **können nicht durch die Finanzverwaltung um weitere Voraussetzungen, wie z.B. das Erfordernis, die Bevollmächtigung eines für den Ab-**

nehmer handelnden Beauftragten belegmäßig nachzuweisen, verschärft werden.

2. Der vom Unternehmer beigebrachte Belegnachweis unterliegt der Nachprüfung durch die Finanzverwaltung. Im Rahmen dieser Prüfung ist nach den allgemeinen Beweisregeln und Beweisgrundsätzen zu entscheiden, ob eine vom Vertreter des Abnehmers behauptete Bevollmächtigung besteht. Dabei bestimmt sich die Person des Abnehmers einer Ausfuhrlieferung nach dem der Ausfuhrlieferung zugrunde liegenden Rechtsverhältnis.

Rechtsauffassung der Finanzverwaltung

Rz. 32: In den Fällen, in denen ein vom Abnehmer Beauftragter den Liefergegenstand abholt, muss sich aus der Versicherung nach § 17a Abs. 2 Nr. 4 UStDV oder der Empfangsbestätigung nach § 17a Abs. 2 Nr. 3 UStDV ergeben, dass dieser tatsächlich Beauftragter des Abnehmers ist und es muss ein Bezug zu der Lieferung bzw. zu dem Liefergegenstand, für den die Abholvollmacht erteilt wird, erkennbar sein. In diesem Fall muss die Empfangsbestätigung nach § 17a Abs. 2 Nr. 3 UStDV oder die Versicherung nach § 17a Abs. 2 Nr. 4 UStDV eine - mit Datum versehene - Unterschrift des Beauftragten enthalten. Außerdem muss sich aus den Unterlagen eindeutig ergeben, dass der nach Rz. 29 nachzuweisende Abnehmer den Beauftragten tatsächlich mit der Entgegennahme des Gegenstands der Lieferung beauftragt hat. Die Identität des Beauftragten muss belegt werden, z. B. durch eine Passkopie. Nicht ausreichend ist die Vorlage einer allgemeinen Vollmacht, die den Beauftragten des Abnehmers berechtigt, in dessen Namen Waren in Empfang zu nehmen und in das übrige Gemeinschaftsgebiet zu befördern; dabei ist es unerheblich, ob die Vollmacht datiert oder undatiert ist. Die Vollmacht muss eine Unterschrift des Abnehmers bzw. seines Vertretungsberechtigten enthalten, die den Vergleich mit der Unterschrift auf der Passkopie ermöglicht. Außerdem muss sich aus der Versicherung nach § 17a Abs. 2 Nr. 4 UStDV oder der Empfangsbestätigung nach § 17a Abs. 2 Nr. 3 UStDV ergeben, dass der Abnehmer den Beauftragten mit der Beförderung des Liefergegenstands im Rahmen der Lieferung an den Abnehmer (und nicht im Rahmen einer Lieferung an einen nachfolgenden Abnehmer in einem Reihengeschäft) beauftragt hat.

Rz. 20: Gemäß § 6a Abs. 3 Satz 1 UStG muss der liefernde Unternehmer die Voraussetzungen für das Vorliegen einer innergemeinschaftlichen Lieferung im Sinne von § 6a Abs. 1 und 2 UStG nachweisen. Nach § 17c Abs. 1 Satz 1 UStDV hat der Unternehmer die Voraussetzungen der Steuerbefreiung der innergemeinschaftlichen Lieferung einschließlich der USt-IdNr. des Abnehmers buchmäßig nachzuweisen; die Voraussetzungen müssen eindeutig und leicht nachprüfbar aus der Buchführung zu ersehen sein (sog. Buchnachweis; § 17c Abs. 1 Satz 2 UStDV). Unter einem Buchnachweis ist ein Nachweis durch Bücher oder Aufzeichnungen in Verbindung mit Belegen zu verstehen. Der Buchnachweis verlangt deshalb stets mehr als den bloßen Nachweis entweder nur durch Aufzeichnungen oder nur durch Belege. Belege werden durch die entsprechenden und erforderlichen Hinweise bzw. Bezugnahmen in den stets notwendigen Aufzeichnungen Bestandteil der Buchführung und damit des Buchnachweises, so dass beide eine Einheit bilden.

Rz. 21: Die §§ 17a (Nachweis bei innergemeinschaftlichen Lieferungen in Beförderungs- und Versendungsfällen) und 17b UStDV (Nachweis bei innergemeinschaftlichen Lieferungen in Bearbeitungs- oder Verarbeitungsfällen) regeln, mit welchen Belegen der Unternehmer den Nachweis zu führen hat. Nach § 17a Abs. 1 UStDV muss der Unternehmer bei innergemeinschaftlichen Lieferungen durch Belege nachweisen, dass er oder der Abnehmer den Gegenstand der Lieferung in das übrige Gemeinschaftsgebiet befördert oder versendet hat; dies muss sich aus den Belegen eindeutig und leicht nachprüfbar ergeben (sog. Belegnachweis). Hinsichtlich der übrigen Voraussetzungen des § 6a Abs. 1 UStG (z. B. Unternehmereigenschaft des Abnehmers, Verpflichtung des Abnehmers zur Erwerbsbesteuerung im Bestimmungsmitgliedstaat), die auch nachgewiesen werden müssen, enthält die UStDV keine besonderen Regelungen für den Belegnachweis.

Rz. 22: Grundsätzlich hat allein der Unternehmer die Feststellungslast für das Vorliegen der Voraussetzungen der Steuerbefreiung zu tragen. Die Finanzverwaltung ist nicht an seiner Stelle verpflichtet, die Voraussetzungen der Steuerbefreiung nachzuweisen. Insbesondere ist die Finanzverwaltung nicht verpflichtet, auf Verlangen des Unternehmers ein Auskunftsersuchen an die Finanzverwaltung im Zuständigkeitsbereich des vermeintlichen Abnehmers der innergemeinschaftlichen Lieferung zu stellen (vgl. EuGH-Urteil vom 27. September 2007, C184/05 (Twoh International), BStBl II S. xxx [1]). Kann der Unternehmer den beleg- und buchmäßigen Nachweis nicht, nicht vollständig oder nicht zeitnah führen, ist deshalb grundsätzlich davon auszugehen, dass die Voraussetzungen der Steuerbefreiung einer innergemeinschaftlichen Lieferung (§ 6a Abs. 1 und 2 UStG) nicht erfüllt sind. Etwas anderes gilt ausnahmsweise dann, wenn - trotz der Nichterfüllung, der nicht vollständigen oder der nicht zeitnahen Erfüllung des Buchnachweises - aufgrund der vorliegenden Belege und der sich daraus ergebenden tatsächlichen Umstände objektiv feststeht, dass die Voraussetzungen des § 6a Abs. 1 und 2 UStG vorliegen. Damit kann ein zweifelsfreier Belegnachweis Mängel beim Buchnachweis heilen.

Sind Mängel im Buch- und/oder Belegnachweis festgestellt worden und hat das Finanzamt z. B. durch ein bereits erfolgtes Auskunftsersuchen an den Bestimmungsmitgliedstaat die Kenntnis erlangt, dass der Liefergegenstand tatsächlich in das übrige Gemeinschaftsgebiet gelangt ist, ist auch diese Information in die objektive Beweislage einzubeziehen.

Der Unternehmer ist nicht von seiner grundsätzlichen Verpflichtung entbunden, den Beleg- und Buchnachweis vollständig und rechtzeitig zu führen. Nur unter dieser Voraussetzung kann der Unternehmer die Vertrauensschutzregelung nach § 6a Abs. 4 UStG in Anspruch nehmen (vgl. Rz. 50 bis 53).

IV. Praxisfragen zum ermäßigten Steuersatz für das Hotelgewerbe ab 1.1.2010 und Bedeutung der BFH-Vorlagen zu den Restaurationsumsätzen (Neeser)

1. Ermäßigter Steuersatz für Übernachtungsleistungen ab 1.1.2010

a) Neuregelung

Durch Art. 5 Nr. 1 des Wachstumsbeschleunigungsgesetzes vom 22. Dezember 2009 wurde § 12 Abs. 2 UStG um eine neue Nummer 11 ergänzt, die folgenden Wortlaut hat:

11. die Vermietung von Wohn- und Schlafräumen, die ein Unternehmer zur kurzfristigen Beherbergung von Fremden bereithält, sowie die kurzfristige Vermietung von Campingflächen. Satz 1 gilt nicht für Leistungen, die nicht unmittelbar der Vermietung dienen, auch wenn diese Leistungen mit dem Entgelt für die Vermietung abgegolten sind.

Die Steuerermäßigung ist gemäß § 27 Abs. 1 Satz 1 UStG auf Umsätze anzuwenden, die nach dem 31. Dezember 2009 ausgeführt werden. Da Beherbergungsleistungen als sonstige Leistungen mit ihrer Beendigung als ausgeführt gelten, unterliegen sie dem ermäßigten Umsatzsteuersatz, wenn sie nach dem 31. Dezember 2009 enden.

b) Was dient unmittelbar der Vermietung?
(1) Vermietung

Die Finanzverwaltung hat mit Schreiben vom 5.3.2010 (IV D 2 - S 7210/07/10003 und IV C 5 - S 2353/09/10008) zur Neuregelung Stellung genommen. Hiernach fällt unter die Neuregelung sowohl das klassische Hotelgewerbe als auch kurzfristige Beherbergungen in Pensionen, Fremdenzimmern, Ferienwohnungen und vergleichbaren Einrichtungen, und auch die Unterbringung von Begleitpersonen in Krankenhäusern (sofern diese Leistung nicht gemäß § 4 Nr. 14 Buchst. b UStG steuerfrei ist).

Auch die Weiterveräußerung von eingekauften Zimmerkontingenten im eigenen Namen und für eigene Rechnung an andere Unternehmer (z. B. Reiseveranstalter) unterliegt hiernach der Steuerermäßigung.

(2) Keine Vermietung

Keine Beherbergungsleistungen in diesem Sinne sind nach Ansicht der Finanzverwaltung jedoch folgende Leistungen:

- Überlassung von Tagungsräumen
- Überlassung von Räumen zur Ausübung einer beruflichen oder gewerblichen Tätigkeit
- Gesondert vereinbarte Überlassung von Plätzen zum Abstellen von Fahrzeugen
- Überlassung von nicht ortsfesten Wohnmobilen, Caravans, Wohnanhängern, Hausbooten und Yachten
- Beförderungen in Schlafwagen der Eisenbahnen
- Überlassung von Kabinen auf der Beförderung dienenden Schiffen
- Vermittlung von Beherbergungsleistungen
- Umsätze von Tierpensionen
- Unentgeltliche Wertabgaben (z. B. Selbstnutzung von Ferienwohnungen).

(3) Unmittelbarkeit

Nach Ansicht der Finanzverwaltung liegt Unmittelbarkeit für folgende Leistungen vor, auch wenn die Leistungen gegen gesondertes Entgelt erbracht werden:

- Überlassung von möblierten und mit anderen Einrichtungsgegenständen (z. B. Fernsehgerät, Radio, Telefon, Zimmersafe) ausgestatteten Räumen
- Stromanschluss

- Überlassung von Bettwäsche, Handtüchern und Bademänteln
- Reinigung der gemieteten Räume
- Bereitstellung von Körperpflegeutensilien, Schuhputz- und Nähzeug
- Weckdienst
- Bereitstellung eines Schuhputzautomaten
- Mitunterbringung von Tieren in den überlassenen Wohn- und Schlafräumen.

(4) Keine Unmittelbarkeit

Keine Unmittelbarkeit soll hingegen bei folgenden Leistungen gegeben sein:

- Verpflegungsleistungen (z. B. Frühstück, Halb- oder Vollpension, „All inclusive")
- Getränkeversorgung aus der Minibar
- Nutzung von Kommunikationsnetzen (insbesondere Telefon und Internet)
- Nutzung von Fernsehprogrammen außerhalb des allgemein und ohne gesondertes Entgelt zugänglichen Programms („pay per view")
- Leistungen, die das körperliche, geistige und seelische Wohlbefinden steigern („Wellnessangebote").

Die Überlassung von Schwimmbädern oder die Verabreichung von Heilbädern im Zusammenhang mit einer begünstigten Beherbergungsleistung kann dagegen nach § 12 Abs. 2 Nr. 9 Satz 1 UStG dem ermäßigten Steuersatz unterliegen.

- Überlassung von Fahrberechtigungen für den Nahverkehr

Diese können jedoch nach § 12 Abs. 2 Nr. 10 UStG dem ermäßigten Steuersatz unterliegen.

- Überlassung von Eintrittsberechtigungen für Veranstaltungen

Diese können jedoch wiederum nach § 4 Nr. 20 UStG steuerfrei sein oder nach § 12 Abs. 2 Nr. 7 Buchst. a oder d UStG dem ermäßigten Steuersatz unterliegen.

- Transport von Gepäck außerhalb des Beherbergungsbetriebs
- Überlassung von Sportgeräten und -anlagen
- Ausflüge
- Reinigung und Bügeln von Kleidung, Schuhputzservice
- Transport zwischen Bahnhof / Flughafen und Unterkunft.

(5) Stimmen in der Literatur

Zumeist wird die Abgrenzung ähnlich der oben genannten Aufzählung vorgenommen:

- Huschens, Ermäßigter Umsatzsteuersatz bei kurzfristiger Beherbergung, NWB 2/2010, 41
- Widmann, Umsatzsteuerliche Aussagen im Koalitionsvertrag zwischen CDU.CSU und FDP für die 17. Legislaturperiode des Deutschen Bundestages, UR 2010, 8 ff
- Neufang/Beißwenger, Frühstück eine Nebenleistung zur Beherbergungsleistung?, BB 2009, 2732.

Sehr vereinzelt wird der ganze Katalog der ermäßigt besteuerten Leistungen für verfassungswidrig gehalten:

- Sandrock, Das System der Befreiungen und Ermäßigungen im Umsatzsteuerrecht ist verfassungswidrig, BB 4/2010, Die erste Seite.

Und zum Teil wird – wenigstens – das Frühstück als Nebenleistung zur Hauptleistung der Beherbergung angesehen und daraus gefolgert, dass auch das Frühstück ermäßigt besteuert werden müsste:

- Ahrens/Jorczyk, Gastkommentar: 7 % für Beherbergungsleistungen ab 2010 – Nebenleistungen gar nicht nebensächlich, DStR-Aktuell, 3/2010,.

c) Frühstück, Halb- und Vollpension als Nebenleistungen

(1) Nebenleistungen?

Eine einheitliche Leistung liegt nach ständiger Rechtsprechung von BFH und EuGH vor, wenn ein oder mehrere Teile die Hauptleistung und ein oder mehrere andere Teile die Nebenleistung darstellen, die das steuerliche Schicksal der Hauptleistung teilen. Eine Leistung ist als Nebenleistung anzusehen, wenn sie für die Kundschaft keinen eigenen Zweck, sondern das Mittel darstellt, um die Hauptleistung unter optimalen Bedingungen in Anspruch zu nehmen.

Das Gleiche gilt, wenn der Steuerpflichtige aus der Sicht des Durchschnittsverbrauchers zwei oder mehrere Handlungen vornimmt, die so eng miteinander verbunden sind, dass sie objektiv eine einzige untrennbare wirtschaftliche Leistung bilden, deren Aufspaltung wirklichkeitsfremd wäre (siehe hierzu im Detail noch weiter unten unter Tz 2).

Der **BFH** musste sich in der Entscheidung vom 15.1.2009 (V R 9/06, UVR 2009, 322) mit der Ortsbestimmung von Pauschalreisen beschäftigen. Eine GmbH stellte in dem der Entscheidung zu Grunde liegenden Fall Leistungspakete zusammen, die sie an Busreiseunternehmer verkaufte. Die Leistungspakete umfassten u.a. Übernachtungsleistungen mit Halb- oder Vollpension. Nach den Feststellungen der Umsatzsteuer-Sonderprüfung entfielen 87,5 % der Aufwendungen auf den Bereich Übernachtungen und 12,5 % der Aufwendungen auf den Bereich Verpflegung im Rahmen von Voll- oder Halbpension.

Der BFH urteilte, bei den von der Klägerin erbrachten Verpflegungsleistungen handele es sich um eine Nebenleistung zur Unterbringung. Nach dem EuGH-Urteil vom 22.10.1998 (C-308/96 und C-94/97, HFR 1999, 129) stellten gewöhnlich mit Reisen verbundene Dienstleistungen, auf die im Verhältnis zur Unterbringung nur ein geringer Teil des Pauschalbetrags entfällt und die zu den traditionellen Aufgaben eines Hoteliers gehören, für die Kundschaft das Mittel dar, um die Hauptdienstleistung des Hoteliers unter optimalen Bedingungen in Anspruch zu nehmen, so dass es sich um Nebenleistungen handelt.

Die Verpflegung von Hotelgästen gehöre zu den traditionellen Aufgaben eines Hoteliers, wie bereits die in Zusammenhang mit Unterbringungsleistungen allgemein gebräuchlichen Begriffe „Halbpension" und „Vollpension" zeigten. Bezogen auf Unterbringung und Verpflegung als Gesamtleistung habe im konkreten Fall der auf die Verpflegung entfallende Anteil nur 12,5 % betragen, so dass die Verpflegung im Vergleich zur Unterbringung auch einen nur geringen Teil des Pauschalbetrags ausmache. Im Streitfall seien die von der Klägerin erbrachten Verpflegungsleistungen daher als Nebenleistung zur Übernachtung anzusehen.

Unerheblich sei auch, dass der BFH im Urteil vom 18.8.2005 (V R 20/03, BStBl. II 2005, 910) die Abgabe von Speisen und Getränken in einem Musical-Theater nicht als Nebenleistung zur Theatervorstellung angesehen habe. Denn dies beruhte maßgeblich darauf, dass Gastronomieumsätze im für jedermann zugänglichen Gastronomiebereich eines Theaters aus der Sicht eines Durchschnittsverbrauchers einem eigenen vom Theaterbesuch unabhängigen und eigenständigen Zweck dienten, zumal auch ein Theaterbesucher über den Bezug von Speisen, Getränken und Süßwaren unabhängig vom Erwerb des Theatertickets entscheiden würde, während bei einer Buchung von Übernachtung mit Halb- oder Vollpension die Einheitlichkeit des Leistungsbezugs von vornherein feststehe.

Die Beurteilung von **Unterbringung mit Halb- oder Vollpension als Teile einer einheitlichen Leistung** entspreche auch der bisherigen Rechtsprechung des Senats. So handele es sich nach den BFH-Urteilen vom 1.8.1996 (V R 58/94, BStBl. II 1997, 160) vom 29.8.1996 (V R 103/93, BFH/NV 1997, 383) und vom 19.9.1996

(V R 129/93, BStBl. II 1997, 164) z. B. bei Unterbringung und Verpflegung um Nebenleistungen zur Beförderung auf Kabinenschiffen.

(2) verschiedene Steuersätze bei einheitlicher Leistung?

Das Einheitsprinzip gilt u.a. für die Bestimmung von

- Leistungszeit
- Leistungsort
- Steuerbefreiung und
- Steuersatz.

Der nationale Gesetzgeber kann hiervon aber Ausnahmen vorsehen wie

- in § 3b Abs. 1 Satz 2 UStG für den Ort grenzüberschreitender Beförderungen
- in § 4 Nr. 12 Satz 1 UStG für die Steuerbefreiung der Mitvermietung von Betriebsvorrichtungen und
- in § 4 Nr. 14 UStG die Steuerbefreiung bei Heilbehandlungsleistungen.

Auch für den Bereich der Steuersätze hat der EuGH dies zugelassen. In dem vom **EuGH (Urteil vom 6.7.2006, C-251/05, HFR 2006, 936)** entschiedenen Fall handelt es sich um eine Verkäuferin von Wohnwagen. Sie hatte die Wohnwagen von den Herstellern gekauft, sie mit Badezimmern, Bodenbelägen, Vorhangschienen, Vorhängen, Einbauschränken, Einbauküchen (einschließlich Kochgeräten), Einbausitzgruppen, Esstischen, Stühlen, Hockern, Couchtischen, Spiegeln, Kleiderschränken, Betten und Matratzen ausgestattet und sie anschließend an ihre Kunden verkauft. Der Verkauf von Wohnwagen unterlag im Veranlagungszeitraum im maßgeblichen Mitgliedstaat (Vereinigtes Königreich) einem Nullsteuersatz.

Die Verkäuferin war der Ansicht, dass der Verkauf eines Wohnwagens einschließlich der Inneneinrichtung eine einheitliche und untrennbare Lieferung darstellt, die daher Gegenstand nur eines Steuersatzes sein könne, nämlich des Satzes für die Hauptleistung, den Wohnwagen selbst. Im Gegensatz dazu vertraten die zuständigen Steuerbehörden die Ansicht, dass der Nullsteuersatz nur für die Wohnwagen selbst angewandt werden könne und auf deren Inneneinrichtung Mehrwertsteuer zum Normalsatz erhoben werden müsse.

Der EuGH hat dies wie folgt entschieden:

... dahin zu beantworten, dass die Tatsache, dass bestimmte Gegenstände eine einheitliche Lieferung bilden, die zum einen eine

Hauptleistung, die nach dem Recht eines Mitgliedstaats unter eine die Rückerstattung der gezahlten Steuer vorsehende Ausnahmeregelung im Sinne von Art. 28 Abs. 2 Buchstabe a der Sechsten Richtlinie fällt, und zum anderen Gegenstände umfasst, die nach dem genannten Recht von dieser Ausnahmeregelung ausgeschlossen sind, den betreffenden Mitgliedstaat nicht daran hindert, auf die Lieferung dieser ausgeschlossenen Gegenstände Mehrwertsteuer zum Normalsatz zu erheben.

Auch wenn Frühstück, Halb- und Vollpension Nebenleistungen zur Hauptleistung „Beherbergungsleistung" wären, konnte der Gesetzgeber anordnen, dass nur für die Übernachtung der ermäßigte Steuersatz angewendet wird.

d) Rechnungsstellung

Der Unternehmer ist gemäß § 14 Abs. 2 Satz 1 Nr. 1 UStG grundsätzlich verpflichtet, innerhalb von 6 Monaten nach Ausführung der Leistung eine Rechnung mit den in § 14 Abs. 4 UStG genannten Angaben auszustellen. Die Rechnung muss u. a. das nach Steuersätzen und einzelnen Steuerbefreiungen aufgeschlüsselte Entgelt, den anzuwendenden Steuersatz sowie den auf das Entgelt entfallenden Steuerbetrag (§ 14 Abs. 4 Nr. 7 und 8 UStG) enthalten.

Sofern für Leistungen, die unter den ermäßigten Steuersatz fallen, kein gesondertes oder eine nicht sachgerechtes Entgelt berechnet wird, ist der Entgeltanteil zu schätzen. Schätzungsmaßstab kann hierbei beispielsweise der kalkulatorische Kostenanteil zuzüglich eines angemessenen Gewinnaufschlages sein. Die Finanzverwaltung lässt in o.a. Schreiben jedoch auch zu, wenn folgende in einem Pauschalangebot enthaltene nicht begünstigte Leistungen in der Rechnung zu einem Sammelposten (z. B. **„Business-Package"**, **„Servicepauschale"**) zusammengefasst werden und der darauf entfallende Entgeltanteil in einem Betrag ausgewiesen wird:

- Abgabe eines Frühstücks
- Nutzung von Kommunikationsnetzen
- Reinigung und Bügeln von Kleidung, Schuhputzservice
- Transport zwischen Bahnhof / Flughafen und Unterkunft
- Transport von Gepäck außerhalb des Beherbergungsbetriebs
- Überlassung von Fitnessgeräten
- Überlassung von Plätzen zum Abstellen von Fahrzeugen

Es wird nicht beanstandet, wenn der auf diese Leistungen entfallende Entgeltanteil mit **20 %** des Pauschalpreises angesetzt wird.

Die Vereinfachungsregelung gilt jedoch nicht für Leistungen, für die ein gesondertes Entgelt vereinbart wird.

Hinweis 1: Ein Problem dürfte jedoch bei kleinen Pensionen bestehen, deren Frühstückskosten weniger als 20 % betragen und die von der Vereinfachungsregel keinen Gebrauch machen möchten.

Hinweis 2: Für die Gestellung des Frühstücks durch den Arbeitgeber sieht das BMF-Schreiben weitere Vereinfachungen vor.

2. Exkurs: Haupt- und Nebenleistungen

a) Ständige Formulierung von EuGH und BFH

BFH und EuGH stellen in ständiger Rechtsprechung auf folgende Formulierung ab (Vgl. z.B. BFH v. 25.6.2009, V R 25/07, BStBl II 2010, 239):

Jeder Umsatz ist in der Regel als eigenständige, selbständige Leistung zu betrachten; allerdings darf eine wirtschaftlich einheitliche Dienstleistung im Interesse eines funktionierenden Mehrwertsteuersystems nicht künstlich aufgespalten werden. Deshalb sind die charakteristischen Merkmale des fraglichen Umsatzes zu ermitteln, um festzustellen, ob der Unternehmer dem Leistungsempfänger mehrere selbständige Leistungen oder eine einheitliche Leistung erbringt, wobei auf die Sicht des Durchschnittsverbrauchers abzustellen ist.

Eine einheitliche Leistung liegt danach insbesondere dann vor, wenn ein oder mehrere Teile die Hauptleistung, ein oder mehrere andere Teile dagegen Nebenleistungen sind, die das steuerrechtliche Schicksal der Hauptleistung teilen. Eine Leistung ist als Nebenleistung zu einer Hauptleistung anzusehen, wenn sie für den Leistungsempfänger keinen eigenen Zweck erfüllt, sondern das Mittel darstellt, um die Hauptleistung des Leistenden unter optimalen Bedingungen in Anspruch zu nehmen.

Das Gleiche gilt, wenn der Unternehmer für den Leistungsempfänger zwei oder mehr Handlungen vornimmt oder Elemente liefert, die so eng miteinander verbunden sind, dass sie objektiv eine einzige untrennbare wirtschaftliche Leistung bilden, deren Aufspaltung wirklichkeitsfremd wäre.

b) Helfen diese Ausführungen weiter?

In einem Urteilfall wurden die **Lieferung von Pflanzen und das anschließende Einpflanzen** als voneinander zu beurteilende Umsätze eingestuft (also weder als einheitliche Leistung noch als

Haupt- und Nebenleistung) (BFH v. 25.6.2009, V R 25/07, BStBl II 2010, 239). Das Einpflanzen hatte aber erkennbar keinen eigenen Zweck, so dass der BFH auch zur Nebenleistung der Einpflanzleistung hätte kommen können. Auch hätte man – wie der Revisionskläger vorgetragen hat - argumentieren können, dass durch die Zusatzvereinbarung der Leistungsgegenstand gewechselt hat und nunmehr nicht ein Baum, sondern ein eingepflanzter Baum „geliefert" werden sollte.

Der BFH gab in dieser Entscheidung aber noch den Hinweis, dass dem Verhältnis zwischen dem Preis des Gegenstandes und dem der Dienstleistungen zwar allein keine ausschlaggebende Bedeutung für die Frage zukommen darf, ob zwei getrennte Leistungen vorliegen oder eine einheitliche Leistung, es aber eine objektive Gegebenheit ist, die einen Anhaltspunkt für die Beurteilung geben kann.

In einem anderen Fall musste sich der BFH mit der Frage beschäftigen, ob Vertragsparteien durch die **Aufsplittung eines einheitlichen Vorgangs in zwei Vertragsurkunden** aus einer einheitlichen Leistung zwei getrennt voneinander zu beurteilende Leistungen machen können (BFH v. 19.2.2009, V R 50/07, BStBl II 2010, 78). Konkret ging es um eine Grundstückslieferung mit anschließender Bauverpflichtung. Der BFH stellt hierzu klar, dass

- eine einheitliche Leistung voraussetze, dass die einzelnen Leistungen von demselben Unternehmer erbracht würden,

- nicht entscheidend sei, ob für die Dienstleistung ein Gesamtpreis oder zwei getrennte Preise vereinbart würden und

- ob die Beteiligten die Vereinbarungen in ein oder zwei Vertragsurkunden niedergelegt hätten.

- Auch sei es ohne Bedeutung, dass die Grundstücksübereignung zeitlich vor der Fertigstellung des Baus vereinbart worden wäre und für beide Leistungen unterschiedliche Zahlungszeitpunkte vereinbart wurden.

Im Urteilsfall kam der BFH zu dem Ergebnis, dass es sich bei der Grundstückslieferung und der anschließenden Bebauung um eine einheitliche Leistung handelte.

Und auch die **EuGH**-Rechtsprechung ist in sich nicht stringent und zunehmend geprägt vom Einzelfallentscheidungen, wie zuletzt Georg von Streit eindrucksvoll belegt hat (von Streit, Der Begriff der Leistungseinheit und Leistungsmehrheit in der Rechtsprechung des EuGH, EU-UStB 2010, 9). So hat der EuGH mit Urteil vom 11. Juni 2009 (EuGH v. 11.6. 2009, RLRE Tellmer Property sro, C-572/07, HFR 2009, 942) entschieden, dass die **Vermietung einer Woh-**

nung und die damit einhergehende Reinigung von Gemeinschaftsflächen grundsätzlich selbständige, voneinander trennbare Umsätze darstellen und als Rechtsfolge allein die Vermietungsleistung von der Umsatzsteuer befreit ist. Die eigentliche Subsumtion des EuGH fällt kurz aus: „Da die Vermietung von Wohnungen und die Reinigung von Gemeinschaftsräumen eines Gebäudes unter Umständen wie denen des Ausgangsverfahrens voneinander getrennt werden können, können diese Vermietung und diese Reinigung auch nicht als eine einheitliche Leistung im Sinne der Rechtsprechung des Gerichtshofs angesehen werden."

Der EuGH geht also weder auf die Frage ein, ob die Reinigung der Gemeinschaftsräume dazu dient, die Vermietungsleistung unter optimalen Bedingungen in Anspruch zu nehmen, noch darauf, ob es wirklichkeitsfremd wäre, die Leistungen aufzuspalten. Und wenn für die Abgrenzung entscheidend wäre, ob Teile einer Leistung von unterschiedlichen Unternehmern erbracht werden „können", bliebe für den Anwendungsbereich einer einheitlichen Leistung kein großer Anwendungsspielraum.

Besser erscheint die Verwaltungsauffassung in Abschnitt 29 Abs. 5 UStR 2008. Hiernach gilt folgendes:

Nebenleistungen teilen umsatzsteuerrechtlich das Schicksal der Hauptleistung. Das gilt auch dann, wenn für die Nebenleistung ein besonderes Entgelt verlangt und entrichtet wird (vgl. BFH-Urteil vom 28.4.1966, V 58/63, BStBl III S. 476). Eine Leistung ist grundsätzlich dann als Nebenleistung zu einer Hauptleistung anzusehen, wenn sie im Vergleich zu der Hauptleistung nebensächlich ist, mit ihr eng – im Sinne einer wirtschaftlich gerechtfertigten Abrundung und Ergänzung – zusammenhängt und üblicherweise in ihrem Gefolge vorkommt (vgl. BFH-Urteil vom 10.9.1992 , a.a.O.). Davon ist insbesondere auszugehen, wenn die Leistung für den Leistungsempfänger keinen eigenen Zweck, sondern das Mittel darstellt, um die Hauptleistung des Leistenden unter optimalen Bedingungen in Anspruch zu nehmen (vgl. BFH-Urteil vom 31.5.2001, a. a. O.). Gegenstand einer Nebenleistung kann sowohl eine unselbständige Lieferung von Gegenständen als auch eine unselbständige sonstige Leistung sein.

Mit dieser allg. Definition, die insbesondere das Kriterium der Üblichkeit enthält, dürfte die Abgrenzung im Allgemeinen gelingen. Sie geht auch in die Richtung der BFH-Entscheidung vom 15.1.2009 (V R 91/07, BStBl I 2009, 821), wonach bei einer langfristigen Vermietung eines **Campingplatz**es die **Lieferung von Strom** eine Nebenleistung hierzu darstellt, weil „nach heutigen

Maßstäben eine Vermietung eines Campingplatzes ohne Stromanschluss nicht mehr möglich ist".

3. Bedeutung der BFH-Vorlagen zu den Restaurationsumsätzen

Mit Beschlüssen vom 15. Oktober 2009 (XI R 6/08 und XI R 37/08) und vom 27. Oktober 2009 (V R 3/07 und V R 35/08) hat der BFH dem EuGH mehrere Fragen zur Abgrenzung von Restaurationsdienstleistungen und Lieferungen von Nahrungsmitteln vorgelegt. In den beiden Verfahren V R 35/08 und XI R 37/08 geht es um die Beurteilung der Abgabe von Speisen aus einem Imbisswagen mit z.T. überdachten Verzehrtheken oder Ablagebrettern. Das Verfahren V R 3/07 betrifft die Abgabe von Speisen in Kino-Foyers, in denen Tische, Stühle und sonstige Verzehrvorrichtungen vorgehalten waren. Im Verfahren XI R 6/08 sind Leistungen eines Party-Service-Unternehmens zu beurteilen.

Der BFH reagiert mit seinen Vorlagen u.a. auf die **Richtlinie 2009/47/EG** des Rates vom 5. Mai 2009. Während bislang Anhang III der Richtlinie eine generelle Ermächtigung zur Einführung eines ermäßigten Steuersatzes nur für die Lieferung von Nahrungsmitteln (Nr. 1 des Anhangs III) vorsah, gestattet nunmehr Nr. 12a der Anlage III einen ermäßigten Steuersatz auch für „Restaurant- und Verpflegungsdienstleistungen". Was aber sind Verpflegungsdienstleistungen? Und bedeutet die Erweiterung der Anlage III, dass Verpflegungsdienstleistungen bislang nicht generell ermäßigt besteuert werden durften?

Der BFH stellt in seiner Vorlage vom 27. Oktober 2009 (V R 35/08; Vorinstanz: Niedersächsisches FG vom 21. August 2008, 5 K 428/07, EFG 2009, 144), die hier anstelle aller herangezogen werden soll, zunächst klar, dass im Streitfall entscheidungserheblich ist, ob die Abgabe von Speisen oder Mahlzeiten zum sofortigen Verzehr als Lieferung oder als Dienstleistung zu beurteilen ist. Denn nach Nr. 1 des Anhangs III der Richtlinie ist den Mitgliedstaaten (nur) gestattet, die Lieferung von Nahrungsmitteln dem ermäßigten Steuersatz zu unterwerfen. Zwar sieht neu Nr. 12a der Anlage III eine solche Möglichkeit auch für „Restaurant- und Verpflegungsdienstleistungen" vor. Im Streitjahr gab es aber weder eine solche allgemeine Ermächtigung noch eine spezielle Ermächtigung für Deutschland. Es konnte also nur die Lieferung von Lebensmitteln von den Mitgliedstaaten ermäßigt besteuert werden. Deutschland hatte von dieser Ermächtigung in § 12 Abs. 2 Nr. 1 UStG i. V. m. Anlage 2 Nr. 28 und 33 Gebrauch gemacht.

Für die Abgrenzung von Lieferungen von Lebensmitteln und von Restaurantdienstleistungen stellt der BFH bislang auf die Sicht des Durchschnittsverbrauchers ab. Im Rahmen einer Gesamtbetrachtung ist das überwiegende Element des besteuerten Umsatzes zu ermitteln.

Zur Abgrenzung von Lieferung und Dienstleistung bei der Abgabe von Speisen und Getränken hat der EuGH zwischen Restaurationsumsätzen und Umsätzen, die sich auf "Nahrungsmittel zum Mitnehmen" beziehen, unterschieden. Restaurationsumsätze sind danach durch "eine Reihe von Dienstleistungen und Vorgängen vom Zubereiten bis zum Darreichen der Speisen" gekennzeichnet, von denen nur ein Teil in der Lieferung von Nahrungsmitteln besteht, während die Dienstleistungen bei weitem überwiegen. So erwähnt der EuGH im Urteil vom 2.5.1996 (C-231/94, Faaborg-Gelting-Linien, BStBl. II 1998, 282) als Dienstleistungselemente die Zurverfügungstellung einer organisatorischen Gesamtheit, die sowohl einen Speisesaal mit Nebenräumen (Garderoben u.a.) als auch das Mobiliar und das Geschirr umfasst, und Bedienungsleistungen. Im Urteil vom 10.3.2005 (C-491/03, Hermann, BFH/NV Beilage 2005, 210) beschreibt der EuGH als wesentliche Dienstleistungselemente zudem die Beratung und Information der Kunden hinsichtlich der servierten Getränke, die Darbietung der Speisen in einem geeigneten Gefäß, die Bedienung bei Tisch, das Abdecken der Tische sowie die Reinigung nach dem Verzehr.

"Nahrungsmittel zum Mitnehmen" (Lieferungen) liegen nach Ansicht des EuGH dagegen vor, wenn neben der Lieferung der Nahrungsmittel "keine Dienstleistungen erbracht werden, die den Verzehr an Ort und Stelle in einem geeigneten Rahmen ansprechend gestalten sollen." Allerdings dürfen "minimale Dienstleistungen", die notwendig mit der Vermarktung der Ware verbunden sind, wie z.B. das Darbieten der Waren in Regalen und das Ausstellen einer Rechnung, bei der Beurteilung des Dienstleistungsanteils nicht berücksichtigt werden.

Der BFH ist im Anschluss an diese EuGH-Rechtsprechung bisher davon ausgegangen, dass es nicht auf ein quantitatives Überwiegen der Dienstleistungselemente der Bewirtung gegenüber den Elementen der Speisenherstellung und -lieferung, sondern darauf ankommt, ob bei der gebotenen Gesamtwürdigung die eine Bewirtung kennzeichnenden Dienstleistungen qualitativ überwiegen (zuletzt BFH-Urteil vom 18. Februar 2009, V R 90/07, BFH/NV 2009, 1551 und vom 1. April 2009, XI R 3/08, BFH/NV 2009, 1469).

Der BFH geht davon aus, dass es **zweier Dienstleistungselemente** bedarf, um die Lieferung von Lebensmitteln in eine Dienstleistung „umschlagen" zu lassen: Der Vorgang der **Zubereitung von Speisen oder Mahlzeiten zu einem – vom jeweiligen Kunden – bestimmten Zeitpunkt** sei **ein wesentliches Dienstleistungselement**, das jedenfalls zusammen mit einem zusätzlichen Dienstleistungselement – wie z.b. der Bereitstellung von Verzehrvorrichtungen wie einer Verzehrtheke, einem herausklappbaren Tisch oder einem herausklappbaren Dach – die Beurteilung erlaubt, dass die Dienstleistungen qualitativ überwiegen.

Wenn es nach Art. 129 Abs. 1 MwStSystRL Slowenien erlaubt sei, die Anwendung eines ermäßigten Steuersatzes für „die Zubereitung von Mahlzeiten" beizubehalten, gehe der Gemeinschaftsgesetzgeber offenbar davon aus, dass Letztere dem Regelsteuersatz unterlägen.

Der BFH schildert sodann seine Zweifel wegen der Änderung der MwStSystRL. Möglicherweise seien als "Verpflegungsdienstleistungen" solche Speisen gemeint, die zum sofortigen Verzehr zubereitet worden sind und bei denen keine weiteren Dienstleistungselemente vorliegen. Die erste und zweite Frage des BFH an den EuGH lauten daher:

1. Handelt es sich um eine Lieferung i.S. von Art. 5 der Richtlinie 77/388/EWG, wenn zum sofortigen Verzehr zubereitete Speisen oder Mahlzeiten abgegeben werden?

2. Kommt es für die Beantwortung der Frage 1 darauf an, ob zusätzliche Dienstleistungselemente erbracht werden (Bereitstellung von Verzehrvorrichtungen)?

Aber selbst wenn eine Lieferung vorläge, müsste es sich für die ermäßigte Besteuerung um eine Lieferung von „Nahrungsmitteln" handeln. Dies scheint aber nicht gesichert, weil die Anwendung des ermäßigten Steuersatzes eine – grundsätzlich eng auszulegende – Sonderregelung ist, so dass es nach dem Zweck der Bestimmung nicht zwingend erscheint, als Nahrungsmittel auch Speisen oder Mahlzeiten anzusehen, die – anders als z.B. zum Verkauf im Lebensmittelhandel zubereitete und zur Mitnahme verpackte Speisen (z.B. Tiefkühlkost) – zum sofortigen Verzehr zu einem bestimmten Zeitpunkt zubereitet worden sind.

Die 3. Frage des BFH lautet deshalb:

Falls die Frage zu 1 bejaht wird: Ist der Begriff "Nahrungsmittel" im Anhang H Kategorie 1 der Richtlinie 77/388/EWG dahin auszulegen, dass darunter nur Nahrungsmittel "zum Mitnehmen" fallen, wie sie typischerweise im Lebensmittelhandel verkauft werden, oder fallen darunter auch Speisen oder Mahlzeiten, die – durch Kochen, Braten, Backen oder auf sonstige Weise – zum sofortigen Verzehr zubereitet worden sind?

Hinweis: In eine ähnliche Richtung gehen auch die übrigen Vorlagefragen:

- Im Verfahren V R 3/07 wird die Frage aufgeworfen, ob die Abgabe von Speisen in Kino-Foyers, in denen Tische, Stühle und sonstige Verzehrvorrichtungen vorgehalten waren, eine ermäßigt besteuerte Lieferung sein kann. Und im Verfahren XI R 6/08 stehen die Leistungen eines Party-Service-Unternehmens in Rede, weil auch hier neben der Speisenlieferung Dienstleistungselemente vorliegen, wie der Transport der Speisen und gegebenenfalls die Überlassung von Besteck und Geschirr und/oder von Stehtischen sowie das Abholen der zur Nutzung überlassenen Gegenstände.

  In diesem Verfahren wird noch zusätzlich die Frage aufgeworfen, ob bei der Qualifizierung als Warenlieferung oder Dienstleistung allein auf die Anzahl der Dienstleistungen (zwei oder mehr) abzustellen ist oder nach welchen Merkmalen zu gewichten ist. Der Senat hält es für eine praxistaugliche Abgrenzung, die einheitliche Leistung immer dann als Dienstleistung zu qualifizieren, wenn Bedienungspersonal überlassen wird. Im Übrigen neigt der Senat allerdings dazu, die Dienstleistungselemente dann nicht als prägend oder dominierend anzusehen, wenn die Summe ihrer tatsächlichen Kosten weit hinter den tatsächlichen Kosten für die verzehrfertig zubereiteten Speisen zurückbleiben.

Die **Verwaltung** hat mit Schreiben vom 29.03.2010 zu den Vorlagen Stellung genommen (IV D 2 - S 7100/07/10050) und wendet das Anwendungsschreiben vom 16.10.2008 (IV B 8 - S 7100/07/10050, BStBl I 2008, 949) weiterhin an. Jedoch wird nunmehr die Bestuhlung in Kinos, Sporthallen und Stadien nicht mehr als Verzehreinrichtung angesehen, sofern keine zusätzlichen Vorrichtungen vorhanden sind, die den bestimmungsgemäßen Verzehr der Speisen und Getränke an Ort und Stelle ermöglichen. Getränkehalter, die das bloße Abstellen eines Getränks ermöglichen, sind hiernach keine zusätzlichen Vorrichtungen in diesem Sinne.

Diese Neuregelung ist in allen offenen Fällen anzuwenden. Für vor dem 1. Juli 2010 ausgeführte Umsätze wird es jedoch nicht beanstandet, wenn der Unternehmer die Bestuhlung als Verzehreinrichtung ansieht.

Weiterführende Hinweise: Lippross, Umsatzsteuerliche Beurteilung von Restaurationsumsätzen, DStR 2009, 1466 ff.; Dorau, Umsatzsteuer bei entgeltlicher Schülerspeisung, DStR 2009, 1570 ff.

8. Generalthema

11.15 – **Entwicklungslinien bei**
13.30 Uhr **Vermögens- und Unternehmensnachfolge**

Leitung:

Prof. Dr. Georg **Crezelius,**
Universität Erlangen/Bamberg,
Lehrstuhl für Steuerrecht

Referenten und Bearbeiter des Arbeitsbuches:

Rechtsanwalt und Notar,
Dr. Jürgen **Christ,** Hannover

Prof. Dr. Georg **Crezelius,**
Universität Erlangen/Bamberg,
Lehrstuhl für Steuerrecht

Rechtsanwalt, Steuerberater
Dr. Klaus **Stein,** Osnabrück

Vizepräsident des Bundesfinanzhofs
Hermann U. **Viskorf,** München

Richter am Bundesfinanzhof
Dr. Roland **Wacker,** München

Teilnehmer der Podiumsdiskussion:

Leitender Ministerialrat
Hermann Bernwart **Brandenberg,**
Landesfinanzministerium NRW, Düsseldorf

I. **Ertragsteuerrecht**
1. § 34a EStG bei Erbfall und Erbauseinandersetzung
2. Vermögensübertragung gegen Versorgungsleistungen – Rentenerlass IV
3. Neues zur Betriebsverpachtung

II. **Erbschaft- und Schenkungsteuerrecht**
1. Neues ErbStG und Verfassungsrecht – anhängige Verfahren und Gestaltungshinweise
2. Umstrukturierung von Privatvermögen in begünstigtes Betriebsvermögen
3. Neue Rechtsprechung zur Betriebsvermögensbegünstigung nach altem und neuem Recht
4. Betrieblich genutzte Immobilien im Sonderbetriebsvermögen und §§ 13a, 13b ErbStG
5. Konkurrenz der Behaltetatbestände

8. Generalthema

I. Ertragsteuerrecht

1. § 34a EStG bei Erbfall und Erbauseinandersetzung

A. Allgemeine Grundsätze des § 34a EStG

(1) Die Begünstigung knüpft an den einzelnen Betrieb bzw. an den einzelnen Mitunternehmeranteil an. Gegenstand der Begünstigung ist der hieraus erzielte nicht entnommene Gewinn. Es handelt sich somit um eine **betriebs- und personenbezogenen Vergünstigung**, deren Inanspruchnahme zur Feststellung eines sog. nachversteuerungspflichtigen Betrags führt (§ 34a Abs. 3 EStG). Steuersatz: 28,25 % zuzügl. Soli.

(2) Übersteigen in den Jahren nach der Begünstigung die **Entnahmen** die Summe aus Gewinnen und Einlagen, löst dies grundsätzlich – bis zur Grenze des nachversteuerungspflichtigen Betrags – eine **Nachversteuerung** aus (§ 34a Abs. 4 EStG; Steuersatz: 25% zuzügl. Soli). **Ausnahmen:** Entnahmen für Zwecke der Erbschaftsteuer; Buchwertübertragung gemäß § 6 Abs. 5 EStG.

(3) Unabhängig von Entnahmen kommt es ferner – neben den Fällen des **Antrags** gemäß § 34a Abs. 6 S. 1 Nr. 4 EStG – bei **Veräußerung oder Aufgabe** eines Betriebs oder Mitunternehmeranteils zur **Nachversteuerung** (§ 34a Abs. 6 Abs. 1 Satz 1 Nr. 1 EStG). Nach Ansicht des **BMF** ist der Tatbestand der **Betriebsaufgabe** zwar auch im Falle einer **Realteilung** erfüllt (krit. Ley/Bodden, Korn, EStG, § 34a Rz 176). Veräußert der Steuerpflichtige hingegen nur einen **Teil** seines **Betriebes** oder **Mitunternehmeranteils** oder nur einen Teilbetrieb, soll dies hingegen **keine Nachversteuerung** auslösen, da diese noch beim Übertragenden im Rahmen des bleibenden Teils des Betriebs oder Mitunternehmeranteils vorgenommen werden könne (BMF Vom 11.8.2008, BStBl II 2008, 838 Tz 42).

(4) In Fällen der **unentgeltlichen Übertragung** eines Betriebes (§ 6 Abs. 3 EStG) – z.B. **Schenkung oder Erbfall** – ist der nachversteuerungspflichtige Betrag vom Rechtsnachfolger fortzuführen (§ 34a Abs. 7 S. 1 EStG). Der nachversteuerungspflichtige Betrag ist auf das Ende des Tages vor dem Übertragungstag festzustellen (BMF, aaO, Tz 25, 42). Auch hier gilt aber: wird nur der Teil eines Betriebes, ein Teilbetrieb oder der Teil eines Mitunternehmeranteils unentgeltlich übertragen, soll der nachversteuerungspflichtige Betrag in voller Höhe beim bisherigen Unternehmer (Mitunternehmer) verbleiben (BMF, aaO, Tz 47).

B. Erbfall

a) Wird der Betrieb des V

   a) S (Einzelperson) oder

   b) S und T (Erbengemeinschaft)

vererbt, sind die bis zum Erbfall erzielten Gewinne dem Erblasser zuzurechnen. Sein/e Gesamtrechtsnachfolger können demgemäß auch noch im Rahmen der letzten, für den Erblasser durchzuführenden Veranlagung die Begünstigung nach § 34a EStG in Anspruch nehmen (§ 45 AO). Ein hiernach entstehender (oder ein bereits zuvor entstandener) **nachversteuerungspflichtige Betrag** geht in Fall a) auf S sowie Fall b) – entsprechend den Mituntemehmeranteilen – auf S und T **über**. D.h.: an die Stelle des Betriebes treten nunmehr die Mitunternehmeranteile als nach § 34a EStG begünstigte unternehmerischer Einheiten, denen anteilig auch der bis zum Tod von V entstandene nachversteuerungspflichtige Betrag zuzuordnen ist (§ 34a Abs. 7 Satz 1 EStG).

b) Werden dem Betrieb Mittel z.B. zur Erfüllung eines **Geldvermächtnisses** entzogen, kann hierdurch eine Nachversteuerung aufgrund überhöhter Entnahme ausgelöst werden. Wird der Betrieb von dem/den Erben veräußert oder aufgegeben, tritt die Nachversteuerung gem. § 34a Abs. 6 Satz 1 Nr. 1 EStG ein (Schulze zur Wiesche, DB 2008, 1933). Gleiches gilt, wenn in Fall b) die Miterbin T ihren Mitunternehmeranteil entgeltlich (z.B. an einen Dritten) veräußert (s. unten). Zur Realteilung s. gleichfalls unten.

c) Um den **Übergang** des nachversteuerungspflichtige Betrag auf die Erben zu **vermeiden,** weist das BMF-Schreiben (aaO, Tz. 47) darauf hin, dass der Rechtsnachfolger (gemeint wohl: der/die Gesamtrechtsnachfolger) den Antrag auf Nachversteuerung noch für die Erblasser stellen können. Sofern mit dieser „Idee" (vgl. auch Ley/Bodden in Korn, EStG, § 34a Rz 201: Nachsteuer als Nachlassverbindlichkeit gem. § 10 Abs. 5 ErbStG) eine „Entlastung" des unentgeltlichen Betriebsnachfolgers einhergehen soll, wird sie jedoch – mit Rücksicht auf die sofortige Nachversteuerung – nur dann voll zum Tragen kommen können, wenn – wie im Vermächtnisfall (S und T sind Erben; N bezügl. des Betriebs Vermächtnisnehmer) – der von der Nachversteuerungslast befreite Betriebsübernehmer nicht zu den Gesamtrechtsnachfolgern gehört.

C. Erbauseinandersetzung

Fall 1 (nur BV/mit Barausgleich): S und T sind Miterben nach V. Der Nachlass besteht **nur** aus einem **Betrieb.** T veräußert ihren Mitunternehmeranteil zu fremdüblichen Bedingungen an S oder – alternativ – scheidet aus der Erbengemeinschaft gegen Abfindung aus.

Lösung: Beide Vorgänge sind als entgeltliche Veräußerung des Mitunternehmeranteils von T an S zu werten (Schmidt/Wacker, § 16 Rz 611) mit der Folge, dass der hierauf entfallende nachversteuerungspflichtige Betrag (= ½ des nachversteuerungspflichtigen Betrags des V) nach § 34a Abs. 6 Satz 1 Nr. 1 EStG der Nachversteuerung (bei T) unterliegt. Bezügl. der Erbquote von S (1/2) verbleibt es bei der unentgeltlichen Rechtsnachfolge (§ 6 Abs. 3 EStG; § 34a Abs. 7 Satz 1 EStG: zunächst keine Nachversteuerung).

Fall 2 (nur BV/Realteilung): S und T sind Miterben nach V. Der Nachlass besteht **nur** aus einem **Betrieb**. S und T übernehmen jeweils einen **Teilbetrieb**, den sie eigenständig oder als Teil einer anderen gewerblichen Tätigkeit fortführen. Ausgleichszahlungen sind nicht erforderlich.

BMF (aaO, Tz 42) ordnet die Nachversteuerung bei Betriebsaufgabe auch in Fällen der Realteilung an. Letzteres ist hier zwar fraglos zu bejahen, jedoch muss m.E. § 34a Abs. 7 EStG auch dann Vorrang haben, wenn die Buchwertfortführung nicht auf der Analogie zu § 6 Abs. 3 EStG, sondern – wie in Fall 2 (nur BV) – auf § 16 Abs. 3 EStG beruht (gl.A. Ley/Bodden in Korn, EStG, § 34a Rz 176; a.A. offenbar Schulze zur Wiesche, DB 2008, 1933, 1935: § 6 Abs. 5 i.V.m. § 34a Abs. 5 EStG analog).

Fall 3 (Mischnachlass/kein Ausgleich): S und T sind Miterben nach V. Der Nachlass besteht aus einem Betrieb sowie – gleichwertig – PV. S übernimmt den Betrieb, T das PV.

Lösung: Jeder erwirbt das ihm zugewiesene Vermögen in vollem Umfang unentgeltlich. Dies gilt auch für S (§ 6 Abs. 3 EStG analog): eine Betriebsaufgabe liegt nicht vor, § 16 Abs. 3 Satz 2 EStG – der nur die Teilung betrieblichen Vermögens betrifft - ist *nicht* einschlägig. Folge: S führt in vollem Umfang den nachversteuerungspflichtigen Betrag fort (§ 34a Abs. 7 Satz 1 EStG).

Fall 4 (Mischnachlass/mit Barausgleich): S und T sind Miterben nach V. Der Nachlass (Wert: 1200) besteht aus einem Betrieb (Wert: 800; Buchwert: 300) sowie PV (Wert: 400). S übernimmt den Betrieb, T das PV; sie erhält von S einen fremdfinanzierten Barausgleich i.H.v. 200.

Lösung: Auch hier keine Betriebsaufgabe (Realteilung), sondern Fortführung des Betriebs durch S. Er hat den Betrieb zu ¼ (200 zu 800) entgeltlich, i.Ü. aber (3/4) unentgeltlich erworben; S muss ¾ der Buchwerte (225) fortführen und ¼ der Buchwerte um 125 (= 200-75) aufstocken (Schmidt/Wacker, § 16 Rz 640).

Spiegelbildlich ergibt sich hieraus für T, dass sie das Grundstück (PV) zwar voll unentgeltlich erworben, die Hälfte ihres (hälftigen) Mitunternehmeranteils (= ¼ = ½ von ½) an S jedoch veräußert und hierbei einen - m.E. tarifbegünstigten - Veräußerungsgewinn i.H.v. 125 (= 200-75[anteiliger Buchwert, ¼]) erzielt hat (Schmidt/Wacker, aaO; a.A. FinVerw: laufender Gewinn). Die andere Hälfte ihres Mitunternehmeranteils (= ¼) ist hingegen im Zuge der Erbauseinandersetzung auf S unentgeltlich übergegangen.

M.E. ist diese Zweiteilung auch für die Frage der Nachversteuerung zu beachten: D.h.: ¼ des nachversteuerpflichtigen Betrag geht von T auf S über (§ 34a Abs. 7 Satz 1 EStG analog), so dass dieser den nachversteuerungspflichtige Betrag des V (Erblasser) in Höhe von insgesamt ¾ (1/2 zuzügl. ¼) fortführt. Bezüglich des verbleibenden von T an S veräußerten Anteils (1/4) greift m.E. die Nachversteuerung gem. § 34a Abs. 6 Satz 1 Nr. 1 EStG. Allerdings muss man sehen, dass die Verwaltung die Veräußerung von Teilmitunternehmeranteilen nicht als tatbestandsmäßig ansieht. M.E. trifft diese Aussage jedoch nicht den hier vorliegenden Sachverhalt, dass der gesamte Anteil – teils entgeltlich, teils unentgeltlich – übertragen wird.

D. Einfache und qualifizierte Nachfolge

V, der an der KG beteiligt war und dieser ein Grundstück überlassen hatte, stirbt. Sein Anteil an der KG geht
a) auf alle Miterben,
b) nur auf S, nicht hingegen auf Miterbin T über.

Im Fall a (einfache Nachfolgeklausel) führen die Miterben (S, T) den nachversteuerungspflichtigen Betrag anteilig fort (§ 34a Abs. 7 EStG), im Fall b (qualifizierte Nachfolgeklausel) nur S. Allerdings wird der auf T entfallende Grundstücksanteil in Fall b noch in der Person des V (Erblasser) entnommen (Schmidt/Wacker, aaO, § 16 Rz 672, 674). Demgemäß kann für V noch eine Nachversteuerung aufgrund Entnahme in Betracht kommen (§ 34a Abs. 4 EStG). Zu Vermeidungsstrategien vgl. Schmidt/Wacker, § 16 Rz 675.

2. Vermögensübertragung gegen Versorgungsleistungen – Rentenerlass IV

Werden bei einer Vermögensübertragung Versorgungsleistungen vereinbart, handelt es sich trotz der hierin liegenden „Gegenleistung" regelmäßig um einen unentgeltlichen Vermögensübergang. Bei einer Übertragung von Betrieben, Teilbetrieben oder Mitunternehmeranteilen führt dies deshalb nach § 6 Abs. 3 EStG zur Fortführung der Buchwerte. Bei der Übertragung von Wirtschaftsgütern, die zur Erzielung von Überschusseinkünften genutzt werden, sind die sog. Steuerwerte fortzuführen.

Nach der Vermögensübergabe erzielt der Vermögensübernehmer die Erträge und hat diese als eigene Einkünfte zu versteuern, die zu erbringenden Versorgungsleistungen kann er nach § 10 Abs. 1 Nr. 1 a EStG – in voller Höhe (eine Unterscheidung zwischen Leibrente mit dauernder Last erfolgt nicht mehr) - als Sonderausgaben abziehen. Beim Vermögensübergeber führen die Versorgungsleistungen korrespondierend zu sonstigen Einkünften nach § 22 Nr. 1 b EStG. Typischerweise behält sich der Vermögensübergeber die Erträge des übertragenen Vermögens vor.[1]

In der Vergangenheit war – lediglich – Voraussetzung, dass sog. existenzsichernde Wirtschaftseinheiten übertragen werden. Mit dem Jahressteuergesetz 2008 ist eine gravierende Änderung dahingehend erfolgt, dass nur noch die Übertragung von unternehmerischen Wirtschaftseinheiten oder „qualifizierten" GmbH-Beteiligungen begünstigt ist - begünstigtes Vermögen i.S.d. § 10 Abs. 1 Nr. 1 a S. 2 EStG. Eine begünstigte Vermögensübertragung liegt bei nach dem 31.12.2007 abgeschlossenen Übergabeverträgen nur (noch) bei Versorgungsleistungen im Zusammenhang mit der Übertragung nachfolgender Vermögenswerte vor[2]:

- Betrieb oder Teilbetrieb,

- Mitunternehmeranteil an einer Personengesellschaft, die eine Tätigkeit i.S.d. §§ 13, 15 Abs. 1 S. 1 Nr. 1 oder des § 18 Abs. 1 EStG ausübt,

- ein mindestens 50 % betragener Anteil an einer Gesellschaft mit beschränkter Haftung, wenn der Übergeber als Geschäftsführer tätig war und der Übernehmer diese Tätigkeit nach der Übertragung übernimmt.

Damit scheidet bei der Übertragung von Privatvermögen, namentlich von Mietwohngrundstücken, der Abzug der Versorgungsleistungen als Sonderausgabe sowie deren Erfassung als sonstige Einkünfte generell aus.

---

[1] Grundlegend BFH-Beschl. v. 15.7.1991 – GrS 1/90, BStBl. II 1992, 78.
[2] Hierzu BMF v. 11.3.2010 (IV C 3 – S 2221/09/10004) zur einkommensteuerrechtlichen Behandlung von wiederkehrenden Leistungen im Zusammenhang mit einer Vermögensübertragung, DStR 2010, 545 – Rentenerlass IV, Rz. 52 Satz 2.

a) Mitunternehmeranteil „an einer Personengesellschaft"

aa) Rechtsform

Als Personengesellschaften gelten auch Gemeinschaften, bei denen die Beteiligten als Mitunternehmer anzusehen sind (z.b. Gütergemeinschaft, Erbengemeinschaft)[3]; auch die atypisch stille Gesellschaft wird als Personengesellschaft i.S.d. § 10 Abs. 1 Nr. 1 a EStG behandelt.

bb) Art der Einkünfte

Die Übertragung eines Mitunternehmeranteils an einer Personengesellschaft ist nur dann begünstigt, wenn die Personengesellschaft Einkünfte aus Land- und Forstwirtschaft, Gewerbebetrieb oder selbständiger Arbeit erzielt.[4]

- Begünstigt kann daher auch die Übertragung eines Anteils an einer Gesellschaft bürgerlichen Rechts (GbR) sein, sofern diese nicht vermögensverwaltend, sondern originär gewerblich tätig ist – etwa bei einem auf der Ebene der Personengesellschaft selbst betriebenen gewerblichen Grundstückshandels.

  Die Übertragung von Anteilen an einer gewerblich infizierten Personengesellschaft i.S.d. § 15 Abs. 3 Nr. 1 Alternative 1 EStG ist ebenfalls begünstigt[5]; insoweit ist ausreichend, dass die Personengesellschaft auch eine Tätigkeit i.S.d. § 15 Abs. 1 Nr. 1 EStG ausübt. Daher kann ein Mitunternehmeranteil an einer Besitzgesellschaft i.r.e. Betriebsaufspaltung im Zusammenhang mit Versorgungsleistungen begünstigt übertragen werden, denn sie nimmt über die gewerblich tätige Betriebsgesellschaft selbst am allgemeinen wirtschaftlichen Verkehr teil.[6]

- Ist eine vermögensverwaltende Personengesellschaft lediglich an einer gewerblich tätigen Gesellschaft beteiligt, liegt hingegen keine Begünstigung vor (§ 15 Abs. 3 Nr. 1 Alternative 2 EStG).

  Anteile an einer gewerblich geprägten Personengesellschaft i.S.d. § 15 Abs. 3 Nr. 2 EStG (z.B. an einer vermögensverwaltenden GmbH & Co.KG) sind gleichfalls nicht begünstigt, da die Gesellschaft keine Tätigkeit i.S.d. § 15 Abs. 1 S. 1 Nr. 1 EStG ausübt[7].

---

[3] Vgl. BFH-Beschl. v. 25.6.1984 – GrS 4/82, BStBl. II 1984, 751.
[4] Rentenerlass IV, Rz. 8.
[5] Rentenerlass IV, Rz. 9.
[6] Näher hierzu Seitz, DStR 2010, 629, 630; siehe auch Geck, ZEV 2010, Heft 4 unter 2.2. mit Gestaltungsvorschlag.
[7] Rentenerlass IV, Rz. 10.

cc) Umfang des Mitunternehmeranteils

Der Mitunternehmeranteil setzt sich bekanntlich aus der Beteiligung an der Gesellschaft (Anteil am Gesamthandsvermögen) sowie den zu den wesentlichen Betriebsgrundlagen zählenden Wirtschaftsgütern etwaigen Sonderbetriebsvermögens zusammen[8].

Nach § 6 Abs. 3 EStG hat auch eine Übertragung der Gesellschaftsbeteiligung ohne quotale Übertragung des Sonderbetriebsvermögens eine Buchwertfortführung zur Folge; insbesondere ist nach Satz 2 dieser Vorschrift auch der Rückbehalt von Sonderbetriebsvermögen zugelassen.[9]

- Erfolgt die Übertragung in gleicher Quote, ergibt sich die Erfolgsneutralität aus § 6 Abs. 3 Satz 1 EStG.

- Wird Sonderbetriebsvermöen unterquotal übertragen, folgt die Buchwertfortführung aus § 6 Abs. 3 Satz 2 EStG.

- Im Falle der überquotalen Übertragung des Sonderbetriebsvermögens erfolgt die Buchwertfortführung in Höhe der quotenentsprechenden Übertragung gem. § 6 Abs. 3 S. 1 EStG; hinsichtlich des überquotalen Anteils ergibt sich die Buchwertfortführung aus § 6 Abs. 5 Satz 3 Nr. 3 EStG (Übertragung von Sonderbetriebsvermögen zwischen derselben Mitunternehmerschaft) – insoweit gilt dann die Sperrfrist des § 6 Abs. 5 Satz 4 EStG.

Erbschaftsteuerrechtlich unterliegen vorstehende Übertragungsvarianten – parallel zur Buchwertfortführung – den Verschonungsregeln, insb. auch eine überquotale Übertragung von Sonderbetriebsvermögen.[10]

Fall:
Vermögensübergeber V ist zu 40 % an einer KG beteiligt, der er ein Grundstück zur Nutzung überlässt (Sonderbetriebsvermögen). Er beabsichtigt, seinen Mitunternehmeranteil jeweils zur Hälfte an seinen Sohn S und seine Tochter T gegen lebenslang zu erbringende wiederkehrende Leistungen zu übertragen; das Grundstück soll jedoch allein auf S übertragen werden. Deshalb soll S dem V monatliche Versorgungsleistungen von 5.000 € zahlen, während T lediglich 1.000 € monatlich erbringen soll.

---

[8] Schmidt/Glanegger, EStG[28], § 6 Rz. 477.
[9] Hierzu BMF v. 3.3.2005 – IV B 2 – S 2241 – 14/05, BStBl. I 2005, 458; Kai, DB 2005, 794.
[10] Gleichlautende Ländererlasse v. 25.6.2009 zur Anwendung der geänderten Vorschriften der §§ 10 ff. ErbStG, BStBl. I 2009, 713, Abschn. 20 Abs. 3 S. 4-6; so schon R 51 Abs. 3 S. 5 ErbStR 2003 zum bisherigen Recht.

Lösungshinweise:

Infolge der von der Finanzverwaltung vorgenommenen Parallelwertung zu § 6 Abs. 3 EStG unterliegt auch die Übertragung eines Teils eines Mitunternehmeranteils i.S.d. § 6 Abs. 3 S. 1 Halbsatz 2 EStG den Grundsätzen einer Vermögensübertragung gegen Versorgungsleistungen – Voraussetzung ist jedoch, dass auch eine quotale Übertragung der wesentlichen Betriebsgrundlagen des Sonderbetriebsvermögens erfolgt.[11]

(1) Beim Übergabevertrag mit S geht der Mitunternehmeranteil geht gemäß § 6 Abs. 3 S. 1 EStG zu Buchwerten von V auf S über; auch hinsichtlich des überschießenden Anteils am Grundstück erwirbt S unentgeltlich, so dass auch insoweit der Buchwert im Sonderbetriebsvermögen des S anzusetzen ist (§ 6 Abs. 5 S. 3 Nr. 3 EStG). Damit müsste an sich auch eine begünstigte Vermögensübertragung vorliegen mit der Folge, dass S der Sonderausgabenabzug für die von ihm gezahlten Versorgungsleistungen i.H.v. 5.000 € monatlich zusteht, während V diese als sonstige Einkünfte zu versteuern hat (§ 22 Nr. 1 b EStG).[12] Allerdings ist aufgrund der von der Finanzverwaltung verlangten quotalen Übertragung des Sonderbetriebsvermögens denkbar, dass lediglich die anteilig auf den quotal übertragenen Teil des Sonderbetriebsvermögens entfallenden Zahlungen abzugsfähig sind.[13]

(2) Wird bei Übertragung eines Teilanteils wesentliches Sonderbetriebsvermögen nicht oder lediglich unterquotal übertragen, führt dies unter den Voraussetzungen des § 6 Abs. 3 S. 2 EStG ebenfalls zur Buchwertfortführung. Infolge der Parallelwertung müsste daher auch in diesem Fall eine begünstigte Vermögensübertragung angenommen werden, so dass auch die Übertragung auf T zu einem Sonderausgabenabzug der von ihr zu erbringenden wiederkehrenden Leistungen von monatlich € 1.000 bei entsprechender Versteuerung durch V führen müsste. Anders hingegen der Rentenerlass IV, der insoweit aufgrund des Erfordernisses einer quotalen Übertragung von einer nicht begünstigten Übertragung ausgeht.[14] Dies ist angesichts der – ansonsten durchgängig beibehaltenen - Parallelwertung nicht verständlich. Da bei dieser Sichtweise keine unentgeltliche Vermögensübertragung vorliegt, wäre auch eine Buchwertfortführung gem. § 6 Abs. 3 S. 2 EStG ausgeschlossen.[15]

---

[11] Nießbrauchserlass IV, Rz. 8.
[12] Ebenso Seitz, a.a.O. (Fn. 6), 631; zweifelnd Geck, a.a.O. (Fn. 6) unter 2.4.
[13] Dies hält Wißborn für möglich, FR 2010, 322, 323; ähnlich Korn, KÖSDI 2010, 16920, 16924; tendenziell eher für eine volle Abzugsfähigkeit von Oertzen/Stein, DStR 2009, 1117, 1121 f.
[14] Rentenerlass IV, Rz. 8 Satz 3; Nach Risthaus soll der „Gleichlauf" zu § 6 Abs. 3 EStG nur gelten, soweit keine Behaltefrist eingreift, DB 2010, 744, 746.
[15] Daher zu Recht kritisch Geck, a.a.O. (Fn. 6), unter 2.4., sowie Seitz, a.a.O. (Fn. 6), 630 f.

Abwandlung:
Angesichts dieser Situation überlegt V, lediglich seine Beteiligung an der OHG zu übertragen; um seine Alterssicherung auf andere Weise zu gewährleisten, soll das Grundstück nicht auf S übertragen werden, sondern in eine von ihm zu gründende gewerblich geprägte PersG (GmbH & Co.KG) zum Buchwert eingebracht werden. Im Anschluss hieran soll der Gesellschaftsanteil je zur Hälfte von V an S und T gegen Zahlung von Versorgungsleistungen i.H.v. jeweils 1.000 € monatlich übertragen werden.

Lösungshinweise:
Wird Sonderbetriebsvermögen in ein anderes Betriebsvermögen überführt (Einzelunternehmen, anderes Sonderbetriebsvermögen - § 6 Abs. 5 S. 2 EStG) oder in das Gesamthandsvermögen einer Schwester-Personengesellschaft übertragen (§ 6 Abs. 5 S. 3 Nr. 2 EStG), erfolgt dies unter Fortführung der Buchwerte.

(1) Bei dem vorstehend angedachten Ausgliederungsmodell wird das Grundstück vorab in eine andere Personengesellschaft zum Buchwert übertragen (§ 6 Abs. 5 S. 3 Nr. 2 EStG), um dann den um das Sonderbetriebsvermögen „erleichterten" Mitunternehmeranteil nach § 6 Abs. 3 EStG auf T zu übertragen.

Nach Ansicht der FinVerw[16] steht der Buchwertfortführung in diesem Fall die Gesamtplan-Rspr. des BFH[17] entgegen, nach der die einzelnen Schritte aufgrund eines zeitlichen und sachlichen Zusammenhangs als einheitlicher Vorgang anzusehen sind. Danach handelt es sich nicht um die Übertragung einer nach § 6 Abs. 3 EStG „begünstigten Einheit", so dass die stillen Reserven der übertragenden Gesellschaftsbeteiligung zu realisieren sind.

(2) Die Annahme, dass eine solche Gestaltung auf einem schädlichen „Gesamtplan" beruhe und damit letztlich von einem Missbrauch (§ 42 AO) auszugehen sei, unterliegt deutlicher Kritik in der Literatur[18]. Auch der I. Senat des BFH hat im Zusammenhang mit der Einbringung eines Mitunternehmeranteils im Rahmen des § 20 UmwStG die Annahme eines Gesamtplans verworfen und die im Vorfeld erfolgte „Auslagerung" wesentlicher Betriebsgrundlage aus dem einzubringenden Mitunternehmeranteil nicht als schädlich für die Buchwerteinbringung angesehen. Entscheidend ist insoweit, dass die Auslagerung „auf Dauer erfolgt und deshalb andere wirtschaftliche Folgen auslöst" als eine Einbeziehung in den Einbringungsvorgang.[19]

---

[16] BMF v. 3.3.2005, a.a.O. (Fn. 9), Tz. 6 f.
[17] BFH v. 9.6.2000 – IV R 18/99, BStBl. II 2001, 229; v. 24.8.2000, DStR 2000, 1768; hierzu Spindler, DStR 2005, 1.
[18] Etwa Wendt, FR 2005, 468, 471 f.
[19] BFH v. 25.11.2009 – I R 72/08, DB 2010, 310; hierzu auch Behrens/Schmitt, FR 2002, 549; Schulze zur Wiesche, DB 2010, 638.

Dieser Gesichtspunkt der Endgültigkeit der Umstrukturierung, wenn also dieser nicht zeitnah rückgängig gemacht wird, ist neben der – auch bei weiteren Übertragungsvorgängen wie vorliegend im Rahmen des § 6 Abs. 3 EStG oder bei einer Übertragung gegen Versorgungsleistungen vorliegenden – Unentgeltlichkeit der entsprechenden Vorgänge das entscheidende Kriterium, das einer Übertragung der Gesamtplanrechtsprechung entgegensteht.[20] Denn §§ 6 Abs. 3 und 5 EStG sollen zur Vereinfachung von Umstrukturierungsmaßnahmen, insbesondere im Rahmen der Vermögensnachfolge, beitragen.

(3) In der Praxis ist jedoch zu beachten, dass auch bei Verneinung eines „Gesamtplans" und einer damit möglichen Übertragung unter Buchwertfortführung nach § 6 Abs. 3 EStG bzw. im Rahmen einer Vermögensübergabe gegen Versorgungsleistungen erbschaftsteuerliche Nachteile drohen. In der Abwandlung kann V mit seiner Beteiligung an der GmbH & Co.KG zwar einen Mitunternehmeranteil verschenken bzw. vererben und damit dem Grunde nach begünstigtes Betriebsvermögen. Allerdings handelt es sich bei dem von ihm in das Gesellschaftsvermögen eingebrachten Grundbesitz um schädliches Verwaltungsvermögen i.S.d. § 13 b Abs. 2 S. 2 Nr. 1 ErbStG; insoweit greift auch keine Ausnahme ein.

Um dieser Situation zu entgehen, müsste V sich daher einen Zwerganteil an der OHG zurückbehalten. In diesem Fall handelt es sich bei dem Grundbesitz aufgrund der Abschirmwirkung der GmbH & Co.KG zwar nicht um Sonderbetriebsvermögen bei der OHG; bei einem einheitlichen Übergang der Beteiligung des V an der OHG wie auch der GmbH & Co.KG (Schwester-Personengesellschaft) auf dieselben Personen lässt sich die erbschaftsteuerliche Verschonung jedoch im Ergebnis erreichen.[21]

(4) Sofern danach eine unterquotale Übertragung von Sonderbetriebsvermögen im Rahmen einer geplanten Übertragung gegen Versorgungsleistungen ausscheidet ist zu beachten, dass dies nicht nur die typischen Fälle einer Mitunternehmerschaft trifft, in denen das Sonderbetriebsvermögen in Grundbesitz besteht, der der Gesellschaft zur Nutzung überlassen wird. Auch im Rahmen einer Betriebsaufspaltung kann dies von Bedeutung sein, wenn das Besitzunternehmen beispielsweise als Mitunternehmerschaft organisiert ist und die Beteiligungen an der Betriebs-GmbH nicht in Gesellschaftsvermögen, sondern von den Mitunternehmern unmittelbar gehalten werden - in diesem Fall handelt es sich hierbei ebenfalls um Sonderbetriebsvermögen. Auch in diesen Fällen muss daher eine unterquotale Übertragung der Geschäftsanteile an der Betriebs-GmbH vermieden werden.[22]

---

[20] Siehe hierzu Geck, a.a.O. (Fn. 6), unter 2.1.; siehe aber auch FG Schleswig-Holstein v. 5.11.2008 – 2 K 175/05, EFG 2009, 233 (Rev.: IV R 52/08).
[21] Näher hierzu unter II. 4.
[22] So auch Wißborn, a.a.O. (Fn. 13), 323.

b) „Qualifizierte" GmbH-Anteile

Auch die Übertragung von GmbH-Anteilen kann den Grundsätzen einer Vermögensübertragung gegen Versorgungsleistungen unterliegen[23]. Dies setzt allerdings nach § 10 Abs. 1 Nr. 1 a S. 2 Buchst. c EStG voraus, dass

- ein Anteil von mindestens 50 % an einer GmbH übertragen wird
- der Vermögensübergeber zuvor als Geschäftsführer tätig war
- der Vermögensübernehmer die Geschäftsführertätigkeit nach der Übertragung übernimmt.

Begünstigt ist nach Auffassung der Finanzverwaltung auch die Übertragung von Anteilen an einer mit der GmbH vergleichbaren Gesellschaftsform eines anderen Mitgliedsstaates der EU oder eines Staates im Europäischen Wirtschaftsraum[24]. Werden Anteile an anderen Kapitalgesellschaften (z.B. Aktien) gegen wiederkehrende Leistungen übertragen, liegt hingegen keine begünstigte Vermögensübertragung nach § 10 Abs. 1 Nr. 1 a EStG vor. Die Art der Tätigkeit der GmbH ist unbeachtlich, so dass auch an sich vermögensverwaltend tätige GmbH's der Begünstigung unterliegen – trotz des Wertungswiderspruchs zum Ausschluss vermögensverwaltender Personengesellschaften.[25]

aa) Geschäftsführung

(1) Überträgt ein Gesellschafter-Geschäftsführer einen mindestens 50 % betragenden Anteil an einer GmbH auf den Übernehmer, ist es unschädlich, wenn der Übernehmer bereits vor der Übertragung Geschäftsführer der Gesellschaft war, sofern er es auch nach der Übertragung bleibt; so kann z.B. der Vermögensübernehmer zuvor die Funktion des Geschäftsführers lediglich für ein bestimmtes Geschäftsfeld ausgeübt haben und der Vermögensübergeber in einem anderen Bereich als Geschäftsführer tätig gewesen sein.[26]

(2) Allerdings ist eine begünstigte Vermögensübertragung nur anzunehmen, wenn sich der Vermögensübergeber im Zusammenhang mit der Anteilsübertragung völlig aus der Geschäftsführung zurückzieht. Eine Tätigkeit für die GmbH auf der Grundlage eines Arbeitsverhältnisses, einer freien Mitarbeit oder eines Beratervertrags schadet hingegen nicht. In der Praxis dürfte es sich empfehlen, sowohl die Organstellung des Vermögensübergebers wie auch das Anstellungsverhältnis als Geschäftsführer zu beenden.[27]

---

[23] Rentenerlass IV, Rz. 15.
[24] Rentenerlass IV, Rz. 15 Satz 2, vgl. Anlagen zum BMF-Schr. v. 24.12.1999 – IV B 4 – S 1300 – 111/99, BStBl. I 1999, 1076.
[25] Risthaus, a.a.O. (Fn. 14), 747.
[26] Rentenerlass IV, Rz. 18.
[27] So ausdrücklich Geck, a.a.O. (Fn. 6), unter 2.5; ebenso Korn, a.a.O. (Fn. 13), 16925.

Dass der übergebende Gesellschafter seine Geschäftsführertätigkeit einstellen muss, entspricht zwar dem Wortlaut des Gesetzes. Ein Vergleich mit der begünstigten Übertragung von Teilbetrieben und Mitunternehmeranteilen zeigt, dass an sich auch die fortbestehende Geschäftsführung durch den Übergeber nicht schädlich sein dürfte. Zumal es die Finanzverwaltung – über den Gesetzeswortlaut hinaus – auch als unschädlich ansieht, wenn der Übernehmer bereits vor Vermögensübergabe als Geschäftsführer tätig war.

bb) Mindestbeteiligung von 50 %

Ist der Vermögensübergeber zu mehr als 50 % an einer GmbH beteiligt, muss er nicht seinen gesamten Anteil übertragen; vielmehr muss der einzelne übertragene Anteil mindestens 50 % betragen.[28]

Fall:
Vater V hält einen Anteil von 70 % an einer GmbH, deren Geschäftsführer er ist. Hiervon überträgt er zunächst 30 % an seinen Sohn S und lässt sich dafür wiederkehrende Leistungen von monatlich 1.500 € versprechen, die aus den auf den übertragenen Anteil entfallenden ausschüttbaren Erträgen der GmbH aufgebracht werden können. Einige Jahre später überträgt er den ihm verbliebenen Anteil von 40 % gegen wiederkehrende Leistungen von 2.000 €, so dass S von nun an 3.500 € pro Monat an V zu zahlen hat. V gibt im Zusammenhang damit auch seine Geschäftsführertätigkeit auf, die S nunmehr übernimmt.

Abwandlung:
V überträgt zunächst 20 % der Anteile auf seinen Sohn S, der sich zu Versorgungsleistungen i.H.v. monatlich 1.000 € verpflichtet. Bei der Übertragung einige Zeit später überträgt V den restlichen Anteil an der GmbH von 50 % auf S gegen monatliche Versorgungsleistungen i.H.v. weiteren 2.500 €.

Lösungshinweise:
Teilübertragungen sind jeweils isoliert zu betrachten, auch wenn sie an denselben Übernehmer erfolgen. Sie können also nicht zusammengerechnet werden, um so die Beteiligungsgrenze von 50 % zu erreichen.[29] Eine Vermögensübertragung von GmbH-Anteilen in Tranchen ist daher nur insoweit nach § 10 Abs. 1 Nr. 1 a EStG begünstigt, als mit dem einzelnen Erwerbsakt mindestens 50 % GmbH-Anteile übertragen werden und die Geschäftsführerstellung insgesamt übergeht.

---

[28] Rentenerlass IV, Rz. 16; eine Zusammenrechnung von Anteilen, die etwa von Eltern gehalten werden, scheidet aus, Wißborn, a.a.O. (Fn. 13) 324.
[29] Rentenerlass IV, Rz. 16 Satz 2.

(1) Im Ausgangsfall liegt daher von vornherein keine begünstigte Vermögensübertragung vor. Bei der ersten Teilanteilsübertragung erwirbt S lediglich 30 % der GmbH-Anteile. Aber auch bei dem Erwerb der weiteren GmbH-Anteile des V ist eine begünstigte Vermögensübertragung zu verneinen, da es sich lediglich um einen Anteil von 40 % handelt.

(2) In der Abwandlung berechtigen die Versorgungsleistungen, die S im Zusammenhang mit der ersten Teilübertragung an V zu erbringen hat, ebenfalls nicht zum Sonderausgabenabzug. Die Übertragung der weiteren GmbH-Anteile von 50 % erfolgt jedoch i.R.e. begünstigten Vermögensübertragung und damit unentgeltlich. S kann daher von nun an die hierfür zu zahlenden 2.500 € monatliche Versorgungsleistungen als Sonderausgaben abziehen und V muss sonstige Einkünfte in dieser Höhe versteuern.

Allerdings erscheint es denkbar, auch die Zahlung für die erste Übertragung des Anteils von 20 % in die Begünstigung einzubeziehen, sofern diese „gestreckte" Übertragung von vornherein gewollt war – umgekehrte „Gesamtplanrechtsprechung".[30]

cc) Übertragung auf mehrere Erwerber

Fall[31]

V ist zu 70 % an einer GmbH beteiligt und deren Geschäftsführer. Er überträgt seine GmbH-Beteiligung auf seine drei Kinder S, T und U. S erhält einen GmbH-Anteil von 10 % und verpflichtet sich, V wiederkehrende Leistungen i.H.v. 1.000 € monatlich zu zahlen. V überträgt einen weiteren GmbH-Anteil von 10 % an T, die zugleich die Geschäftsführung in einem bestimmten Geschäftsbereich übernimmt und sich verpflichtet, V wiederkehrende Leistungen i.H.v. 1.000 € monatlich zu zahlen. U erhält schließlich einen GmbH-Anteil von 50 % und übernimmt die Geschäftsführung für den finanziellen Bereich der Gesellschaft. Von U werden an V, der die Geschäftsführertätigkeit insgesamt aufgegeben hat, wiederkehrende Leistungen i.H.v. 5.000 € monatlich gezahlt.

Lösungshinweise:
(1) Überträgt der Vermögensübergeber seine GmbH-Beteiligung auf mehrere Vermögensübernehmer, ist für jede Vermögensübertragung zu klären, ob es sich um einen mindestens 50 % betragenden Anteil handelt und die Geschäftsführertätigkeit aufgegeben bzw. übernommen wird. Überträgt der Alleingesellschafter einer GmbH

---

[30] So Geck, a.a.O. (Fn. 6), unter 2.5 unter Hinweis auf FG München v. 12.11.2003 – 9 K 4811/01, EFG 2004, 496 m. Anm. Claßen.
[31] Nach Rentenerlass IV, Rz.20.

seine Beteiligung je hälftig an zwei Vermögensübernehmer, liegt daher nur dann eine begünstigte Vermögensübertragung an beide Übernehmer vor, wenn auch die Geschäftsführungstätigkeit künftig von beiden Vermögensübernehmern wahrgenommen wird.[32]

(2) Die Übertragungen der Anteile an S und T sind daher nicht gemäß § 10 Abs. 1 Nr. 1 a EStG begünstigt, da in beiden Fällen nicht mindestens 50 % GmbH-Anteile übertragen wurden. Hieran ändert auch die Übertragung der Geschäftsführertätigkeit auf T nichts, denn sie vermag einen zu geringen GmbH-Anteil nicht zu kompensieren. Lediglich die Übertragung auf U ist nach § 10 Abs. 1 Nr. 1 a EStG begünstigt. U kann demzufolge die von ihm zu erbringenden Versorgungsleistungen als Sonderausgaben abziehen und V muss sie in entsprechender Höhe als sonstige Einkünfte versteuern.

Abwandlung
V bringt seine Beteiligung an der GmbH in eine Mitunternehmerschaft ein und überträgt anschließend jeweils einen Teil seines Mitunternehmeranteils an S, T und U.

Lösungshinweise:
(1) Wird eine Kapitalbeteiligung im Betriebsvermögen eines Betriebs, Teilbetriebs oder einer Mitunternehmerschaft – sei es im Gesamthandsvermögen oder im Sonderbetriebsvermögen – im Zusammenhang mit wiederkehrenden Leistungen auf den Vermögensübernehmer mitübertragen, so liegt insgesamt eine nach § 10 Abs. 1 Nr. 1a S. 2 Buchst. a oder b EStG begünstigte Übertragung vor[33].

(2) Die ansonsten nur beschränkte Begünstigung von Beteiligungen an einer Kapitalgesellschaft bei Vermögensübertragungen gegen Versorgungsleistungen kann daher die Überlegung nahe legen, eine nicht begünstigte Beteiligung zunächst in einen Betrieb einzulegen, um sie dann zusammen mit dem Betrieb begünstigt zu übertragen. Die Finanzverwaltung vermutet allerdings (widerlegbare Vermutung) eine Steuerumgehung, wenn innerhalb eines Jahres vor der Vermögensübertragung die Beteiligung in den Betrieb, Teilbetrieb oder die Mitunternehmerschaft eingelegt wurde, sofern die Beteiligung nicht zum notwendigen Betriebsvermögen gehört. Gleiches gilt, wenn der Betrieb, Teilbetrieb oder die Mitunternehmerschaft durch Umwandlung einer Kapitalgesellschaft entstanden ist; die Rückwirkungsbestimmung des § 2 UmwStG gilt in diesem Zusammenhang nicht.[34]

---

[32] Rentenerlass IV, Rz. 19.
[33] Rentenerlass IV, Rz 23 Satz 1.
[34] Rentenerlass IV, Rz 23 Satz 2.

Bei Annahme eines Missbrauchsfalles ist zu entscheiden, ob der Vorgang insgesamt nicht begünstigt ist oder aber die Beteiligung an der GmbH als eigenständiger Vermögensgegenstand gesondert zu beurteilen ist – das verbleibende Vermögen unerläge dann ggf. der Begünstigung mit der Folge, dass die vereinbarten wiederkehrenden Leistungen zum Teil als Versorgungsleistungen zu qualifizieren wären.[35]

c) Übertragung von anderem Vermögen

Außerhalb der nunmehr noch „begünstigten Einheiten" kann Vermögen nicht i.R.e. Vermögensübergabe gegen Versorgungsleistungen begünstigt übertragen werden[36].

(1) Dies gilt nicht nur für Betriebsvermögen und GmbH-Anteile, die nicht die Begünstigungsvoraussetzungen erfüllen, sondern auch für nicht mehr begünstigte sonstige existenzsichernde Wirtschaftseinheiten, insb. für vermietete Grundstücke.

Auch die Möglichkeit, nicht begünstigtes Vermögen gegen Versorgungsleistungen zu übertragen und dabei im Übergabevertrag die Verpflichtung vorzusehen, dass dieses innerhalb eines bestimmten Zeitraums in begünstigtes Vermögen gemäß § 10 Abs. 1 Nr. 1 a S. 2 EStG umgeschichtet werden muss, ist nunmehr nicht mehr anzuerkennen. Die Übernahme der Grundsätze zur „mittelbaren Schenkung" wird als mit der gesetzlichen Neuregelung nicht mehr vereinbar angesehen.[37]

(2) In diesen Fällen handelt es sich daher um entgeltliche Vorgänge, die im Umfang des Kapitalwerts der zugesagten wiederkehrenden Leistungen zu einem Entgelt führen. In Abhängigkeit von der Steuerbarkeit des Vorgangs sowie der Höhe des Steuerwerts – Buchwert, (fortgeführte) Anschaffungs- bzw. Herstellungskosten – des übertragenen Wirtschaftsguts führt dies somit ggf. zu einem steuerpflichtigen Veräußerungsgewinn für den Vermögensübergeber.[38]

(3) Da nunmehr vermietete Immobilien nicht mehr im Rahmen einer Vermögensübergabe gegen Versorgungsleistungen übertragen werden können, bleibt insoweit nur eine Übertragung unter Nießbrauchsvorbehalt. In diesem Zusammenhang darf aber nicht verkannt werden, dass dies im Ergebnis nicht zu vergleichbaren Konsequenzen führt. So obliegt die Verwaltungstätigkeit im Rahmen einer Nießbrauchsgestaltung regelmäßig dem Nießbraucher und damit dem Übergeber, zudem ist die Höhe der vorbehaltenen Erträge von der konkreten Einnahme- und Ausgabensituation des Objektes abhängig.

---

[35] So Risthaus, a.a.O. (Fn. 14), 748.
[36] Rentenerlass IV, Rz. 21.
[37] Rentenerlass IV, Rz. 36; hierzu Geck, a.a.O. (Fn. 6) unter 3.4.
[38] Siehe Rentenerlass IV, Rz. 65 f.; näher hierzu Geck, a.a.O. (Fn. 6) unter 3.5.

Zwar hat sich für den vorbehaltenen Nießbrauch schenkungsteuerrechtlich eine gravierende Änderung ergeben, nach der der Kapitalwert nunmehr als Gegenleistung im Rahmen der Übertragung anzusetzen ist – Wegfall des bisherigen § 25 ErbStG. Unter dem Gesichtspunkt eines etwaigen Pflichtteilsergänzungsanspruchs verbleibt es aber trotz der im Rahmen der Erbrechtsreform eingeführten Änderung des § 2325 BGB („Abschmelzungsmodell") bei einem gravierenden Unterschied im Verhältnis zu einer Vermögensübertragung gegen Versorgungsleistungen – denn bei Vorbehalt eines Nießbrauchs beginnt die 10-Jahres-Frist erst mit dem Wegfall des Nießbrauchs zu laufen.[39]

---

[39] BGH v. 27.4.1994 – IV ZR 132/93, NJW 1994, 1791; Lange in MünchKomm/BGB^5, § 2325 Rz. 62 ff.

I. Ertragsteuerrecht

3. Neues zur Betriebsverpachtung

Fall:
Die aus Mutter M und Tochter T bestehende GbR hatte bis 1969 in einem vierstöckigen Geschäftshaus einen Schuheinzelhandel betrieben. Im Jahre 1970 wurde das Gebäude an einen anderen Schuheinzelhändler vermietet, der in den unteren Geschossen das Ladengeschäft betrieb und die oberen Geschosse als Lager nutzte. Im Streitjahr 1998 lief das Mietverhältnis aus. Die GbR, die nach dem Tod der Mutter nunmehr aus der Tochter T und der Enkelin E bestand, vermietete die beiden unteren Geschosse für 10 Jahre an einen Bekleidungseinzelhandel. Die oberen Geschosse standen zunächst leer, wurden dann aber umgebaut und für 10 Jahre an eine Arztpraxis vermietet.

(1) Insbesondere in Sachverhalten einer vorweggenommenen Erbfolge bzw. in einem „geplanten Erbfall" kann es so liegen, dass das letztlich als Unternehmensnachfolger ins Auge gefasste Kind noch nicht in der Lage ist, die unternehmerische Tätigkeit auszuführen. Hier liegt es nahe, das Unternehmen/den Betrieb zunächst an einen fremden Dritten zu verpachten.

(2) Zwischen **Betriebsverpachtung** und **Betriebsunterbrechung** bestehen Zusammenhänge. Eine Betriebsaufgabe des § 16 Abs. 3 S. 1 EStG verlangt grundsätzlich die Beendigung der bisher ausgeübten gewerblichen Tätigkeit. Wird diese werbende Tätigkeit allein vorübergehend eingestellt, dann liegt keine Betriebsaufgabe vor (z. B. BFH v. 19.1.1990, BStBl. II 1990, 383; Kirchhof/Reiß, EStG, 9. Aufl. 2010, § 16 Rz. 213ff. m.w.N.). Die Fallgruppe der Betriebsunterbrechung soll der Oberbegriff auch für die Betriebsverpachtung sein, wobei aber nicht ganz geklärt ist, wie die Abgrenzung im Einzelnen vorzunehmen ist. Unscharf ist insbesondere die Abgrenzung zwischen der Auffassung der Rechtsprechung, dass es kein „ewiges Betriebsvermögen" gebe (BFH v. 26.2.1997, BStBl. II 1997, 561) und der sogleich darzustellenden großzügigen Auffassung des BFH zur Betriebsverpachtung (deutlich Kirchhof/Reiß, EStG, § 16 Rz. 214).

(3) Verpachtet ein Gewerbetreibender sein Unternehmen, dann folgt aus der **Systematik** des **EStG** (§ 15 Abs. 2 vs. §§ 20, 21 EStG), dass er fortan keinen Gewerbebetrieb mehr innehat und damit der Pachtzins auch nicht zu gewerblichen Einkünften nach § 15 Abs.

1 EStG führt. Nach dem **Wortlaut** des Gesetzes stellt sich die Besteuerungssituation wie folgt dar:

Die Verpachtung des Gewerbebetriebs durch den Gewerbetreibenden erfüllt den Tatbestand einer Betriebsaufgabe nach § 16 Abs. 3 S. 1 EStG. Damit wird das bisherige Betriebsvermögen des vormaligen Gewerbetreibenden und jetzigen Verpächters zu Privatvermögen, und der Verpächter hat einen Aufgabegewinn zu versteuern. In Zukunft hat der Verpächter Einkünfte aus Vermietung und Verpachtung, so dass das zur Nutzung überlassene Vermögen nicht mehr nach gewerblichen Grundsätzen steuerverstrickt ist und die laufenden Einkünfte aus der Nutzungsüberlassung gewerbesteuerfrei sind. Die Erfassung des Aufgabegewinns kann im Einzelfall unbillig sein, dann nämlich, wenn der Verpächter nicht in der Lage ist, die Steuerlast auf die hohen aufgedeckten stillen Reserven mit dem laufenden Pachtzins zu begleichen.

(4) Die **Rechtsprechung** hat daher von Anfang an versucht, unbillige Ergebnisse bei Betriebsverpachtungskonstellationen abzufangen (RFH v. 24.3.1937, RStBl. 1937, 939). Nach der heute noch maßgebenden Grundsatzentscheidung des BFH aus dem Jahre 1963 wird den Steuerpflichtigen ein **Wahlrecht** eingeräumt (BFH (GrS) v. 13.11.1963, BStBl. III 1964, 124; ausführlich Kirchhof/Reiß, EStG, § 16 Rz. 218ff.; Schmidt/Wacker, EStG, 28. Aufl., 2009, § 16 Rz. 690ff.; Strahl/Stahl, Problemfälle Ertragsteuern, 2009, „Betriebsverpachtung" Rz. 6ff.):

Er kann - wenn bestimmte objektive und subjektive Voraussetzungen vorliegen (unten (5), (6)) - weiterhin aus der Verpachtung gewerbliche Einkünfte erzielen, vermeidet auf diese Art und Weise aber die sofortige Versteuerung der stillen Reserven und die Gewerbesteuerpflicht, oder aber er erklärt die Aufgabe des Betriebs, hat dann aber im Zeitpunkt der Aufgabeerklärung den Aufgabegewinn zu versteuern und erzielt in Zukunft lediglich Einkünfte aus Vermietung und Verpachtung. Wird keine Erklärung abgegeben, so gilt der bisherige Betrieb in einkommensteuerrechtlicher Hinsicht als fortbestehend. Er wird dann nur in anderer Form als bisher genutzt, solange der Steuerpflichtige nicht erklärt, den Betrieb aufgeben zu wollen.

(5) Im **Ausgangsfall** hat der BFH (v. 19.3.2009, BStBl. II 2009, 902 = BFH/NV 2009, 1493) die Grundsätze der Betriebsverpachtung noch einmal umfassend dargelegt. Es

bleibt im Ergebnis der bisherige Betrieb weiter existent, bis entweder die wesentliche Betriebsgrundlagen veräußert oder ins notwendige Privatvermögen überführt werden oder bis der Unternehmer zu einem späteren Zeitpunkt die Betriebsaufgabe **erklärt**.

Hinzuweisen ist insbesondere darauf, dass sich seit der Grundsatzentscheidung aus dem Jahre 1963 die **Anforderungen** an das verpachtete **Betriebsvermögen** verändert haben. Früher war angenommen worden, die von einer Betriebsverpachtung vorausgesetzte **Wiederaufnahme** des Betriebs verlange, dass zwischenzeitlich das gesamte Vermögen branchengleich verpachtet werde. Demgegenüber reicht es heute aus, wenn nur alle wesentlichen Betriebsgrundlagen verpachtet werden. Bei einem Einzelhandelsgeschäft ist das Betriebsgrundstück sogar die einzige wesentliche Betriebsgrundlage. Kundenkreis und Firmenwert sind somit ohne Bedeutung.

Im Fall hatte das zuständige Finanzamt aufgrund der Umbaumaßnahmen und der Neuvermietung eine Betriebsaufgabe nach § 16 Abs. 3 S. 1 EStG angenommen, obgleich die Gesellschafterinnen erklärt hatten, den Betrieb fortführen zu wollen. Dem hat der BFH eine Absage erteilt. Der schon seit 1970 verpachtete Betrieb sei nicht aufgegeben worden, weil es einer eindeutigen Aufgabeerklärung bedurft hätte.

(6) Im Ergebnis ist die BFH-Entscheidung außerordentlich großzügig. Hinzuweisen ist zusätzlich darauf, dass die „erfolgsneutrale Betriebsverpachtung" auch voraussetzt, dass die zuvor eingestellte gewerbliche Tätigkeit eines Tages wieder aufgenommen werden soll, entweder in eigener Person oder durch einen unentgeltlichen Rechtsnachfolger (dazu Schmidt/Wacker, EStG, § 16 Rz. 706). Auf dieses Element kam es im Entscheidungssachverhalt nicht an, weil die Gesellschafterinnen geäußert hatten, einen Einzelhandelsbetrieb wieder aufnehmen zu wollen. Weil sich in der Praxis ein solches subjektives Element oft nicht verifizieren lassen wird, weist die Entscheidung darauf hin, dass dieses subjektive Element in Zukunft keine Rolle mehr spielen wird. Es soll danach eine **objektive Wiederaufnahmemöglichkeit** ausreichen (so auch Schmidt/Wacker, EStG, § 16 Rz. 696ff., 706).

(7) Die **Praxis** sollte beachten, dass die hier erörterte Entscheidung des BFH zu einer durchaus **ambivalenten Rechtslage** führt. Vielfach liegt es nämlich so, dass sich erst nach etlichen Jahren herausstellt, dass eine vorher gegebene Betriebsverpachtung in

eine Betriebsaufgabe umgeschlagen ist und der Realisierungsvorgang aufgrund der steuerrechtlichen **Verjährungsregelungen** nicht mehr erfasst werden kann. In einer derartigen Konstellation ist die Finanzverwaltung daran gehindert, den Betriebsaufgabezeitpunkt in einer späteren Steuerperiode zu erfassen (BFH v. 22.10.1992, BFH/NV 1993, 358; BFH v. 3.6.1997, BStBl. II 1998, 373; BFH v. 11.5.1999, BFH/NV 1999, 1422). Ein Steuerpflichtiger verstößt auch nicht gegen Treu und Glauben, wenn für die Finanzverwaltung Anlass bestanden hatte, den Sachverhalt wegen widersprüchlicher Erklärungen des Steuerpflichtigen weiter zu ermitteln (BFH v. 17.4.1997, BStBl. II 1998, 388).

Indem die Rechtsprechung des BFH die Betriebsverpachtung (mit steuerverstricktem Betriebsvermögen) auch bei langer Dauer, Umgestaltungen usf. weiterhin annimmt, kann es nicht dazu kommen, dass die Gewinnrealisierung nach § 16 Abs. 3 S. 1 EStG verjährt!

1. Neues ErbStG und Verfassungsrecht – anhängige Verfahren und Gestaltungshinweise (Stein)

Literaturauswahl: *Balmes/Felten, FR 2009, 258, 270; Birk, DStR 2009, 877, 880; Crezelius, ZEV 2009, 1; Geck, in Kapp/Ebeling, ErbStG Vor § 13a Rn. 5; Hübner, Erbschaftsteuerreform, 379 ff. und 405 ff.; Hübner, Ubg 2009, 1; Lang, StuW 2008, 189; Lang, FR 2010, 49, Moench/Albrecht, Erbschaftsteuergesetz, 2. Aufl. Rn. 839 ff.; Möschel, in FS-Hennerkes, 2009, 57 ff.; Piltz, FS-Schaumburg, 2009, 1057 ff; Seer, GmbHR 2009, 225, 235 ff; Seer, in: Tipke/Lang, Steuerrecht, 19. Aufl. 2009, § 13 Rn. 151 ff.; Spiegelberger/Wartenburger, ErbStB 2009, 98; Wachter, DB 2009, 2626*

Kaum ist das neue Erbschaftsteuerrecht in Kraft getreten (Gesetz zur Reform des Erbschaftsteuer- und Bewertungsrechts – Erbschafteuerreformgesetz, ErbStRG, BStBl. I 2009, 140), mit dem der Gesetzgeber den verfassungsrechtlichen Vorgaben aus dem Beschluss des BVerfG v. 7.11.2006 (1 BvL 10/02, BStBl. II 2007, 192) nachkommen wollte, steht es bereits in mehreren Verfahren wieder auf dem verfassungsrechtlichen Prüfstand. Dass es zu einer verfassungsrechtlichen Überprüfung kommt, ist nicht überraschend, weil bereits während des Gesetzgebungsverfahrens vielfach verfassungsrechtliche Bedenken geäußert worden waren (vgl. etwa die Stellungnahmen zur Anhörung des Finanzausschusses; http://www.bundestag.de/bundestag/ausschuesse/a07/anhoerungen/2008/087/Stellungnahmen/index.html).

a) FG München, Beschluss v. 5. 10. 2009

Im Hauptsacheverfahren geht es um zwei aufeinander folgende Schenkungen unter Brüdern. Zunächst wurde mit privatschriftlichem Vertrag vom 24.12.2008 ein Anteil in Höhe von 97% an einer Grundstücksfamilien GbR verschenkt. Anschließend wandte der Schenker am 5. Januar 2009 seinem Bruder einen Geldbetrag in Höhe von 25.000 € zum Zwecke der Altersversorgung zu. Die erste Schenkung setzte das Finanzamt im Schenkungsteuerbescheid mit 143.560 € an. Bei der zweiten Schenkung wurde ein Betrag von 25.000 € als Schenkung und ein Vorerwerb i.S.d. § 14 ErbStG von 143.560 € angesetzt, wobei die anrechenbare Schenkungsteuer auf der Grundlage der bis zum 31.12.2008 geltenden Freibeträge in Steuerklasse II von 10.300 € und des ab 1.1.2009 geltenden Steuersatzes von 30 % berechnet wurde.

Ein verfahrensrechtliches Schmankerl bietet der Beschluss des FG München vom 5. 10 2009 (4 V 1548/09, ZEV 2009, 644) in einem AdV-Verfahren. Strittig ist allein die Vereinbarkeit des neuen Erbschaftsteuerrechts mit dem Grundgesetz. Der Antragsteller rügt den Verstoß der Tarifvorschrift des § 19 ErbStG wegen Verstoßes gegen den Gleichheitsgrundsatz mit Blick auf die Verschonung des Betriebsvermögens (während Barvermögen unvermindert zu besteuern ist) und Verstoßes gegen Art 6 GG wegen eines nicht familiengerechten Tarifverlaufs durch den einheitlichen Steuersatz in Steuerklasse II und III. Bemerkenswert ist, dass das Finanzamt der Sprungklage zugestimmt hat. Das lässt vermuten, dass auch der Bayerischen Finanzverwaltung auf höchster Ebene an einer schnellen Klärung gelegen ist.

Das FG München hat den Antrag auf Aussetzung der Vollziehung mit überraschenden Argumenten abgelehnt, ohne sich mit den materiellen Fragen zu beschäftigen, die der Antragsteller aufgeworfen hatte:

(i) Formell ordnungsgemäß zustande gekommene Gesetze trügen die Vermutung der Verfassungsmäßigkeit in sich. Angesichts der massiven verfassungsrechtlichen Kritik in der Literatur an der Erbschaftsteuerreform und der Anzahl von Entscheidungen des BVerfG zum Steuerrecht fehlt diesem Argument die Überzeugungskraft.

(ii) Bei der Abwägung zwischen individuellen Aussetzungsinteresse und öffentlichem Vollzugsinteresse sei neben dem Verbot der Vorwegnahme einer Entscheidung in der Hauptsache auch eine Prognose über die Hauptsacheentscheidung des BVerfG zu berücksichtigen. Insoweit spreche gegen die Aussetzung, dass das BVerfG regelmäßig beim Verstoß von Steuergesetzen gegen Art. 3 GG eine bloße Unvereinbarkeitserklärung mit der Anordnung der befristeten Weitergeltung des verfassungswidrigen Gesetzes ausspreche. Die Argumentation des FG München liegt insoweit auf einer Linie mit der Haltung des Gesetzgebers, der sich verfassungsrechtlichen Bedenken gegenüber augenfällig gleichgültig zeigt, weil wenig auf dem Spiel zu stehen scheint – ganz anders als bei Verstößen gegen höherrangiges EU-Recht. Das mag zwar der Spruchpraxis entsprechen, ist aber, wie der aktuelle Beschluss des BverfG vom 17. November 2009 (I BvR 2192/05, Rz.89f.) zum Körperschaftsteuerminderungspotential klarstellt, jedenfalls theoretisch nicht die Regel, sondern die begründungsbedürftige Ausnahme. Womöglich gibt die dritte Erbschaftsteuerentscheidung Anlass für das BverfG, das Regel-Ausnahmeverhältnis bei Unvereinbarkeitsentscheidungen neu zu justieren. Dabei könnte ins Gewicht fallen, dass

- das Erbschaftsteueraufkommen fiskalisch jedenfalls gesamtstaatlich von untergeordneter Bedeutung ist und

- der Gesetzgeber im Rahmen der Umsetzung von Vorgaben des BVerfG wiederum – aus heutiger Sicht: möglicherweise - verfassungswidrige Normen in die Welt gesetzt hat.

Letzteres könnte die Diskussion beleben, welches Maß an judicial self restraint bei der Begründung – umsetzungsbedürftiger - verfassungsrechtlicher Entscheidungen geboten bzw. zweckmäßig ist. Jedenfalls die Ausführungen des BVerfG zu den Möglichkeiten der Gewährung von Steuervergünstigungen (insbesondere für das Betriebsvermögen) leider orakelhaft.

Gegen den Beschluss hat das FG München die Beschwerde zum BFH zugelassen. Sie ist dort anhängig unter dem Az. II B 168/09. Im AdV-Verfahren ist eine Vorlage zum BVerfG nicht möglich. Zu hoffen ist aber auf einen Fingerzeig des BFH, der den weiteren Gang des Verfahrens beschleunigen könnte, sei es, dass das FG München im Hauptsacheverfahren selber den Weg der konkreten Normenkontrolle beschreitet, sei es, dass dieses Verfahren schnell in der Hauptsache zum BFH gelangt.

b) Erste Verfassungsbeschwerden

Beim Bundesverfassungsgericht sind drei Verfassungsbeschwerden gegen die Erbschaftsteuer anhängig. Die Antragsteller werden alle vertreten von Herrn Prof. Dr. Dietrich Murswiek, Freiburg (Verfassungsbeschwerden vom 22.12.2009, Az. BVerfG 1 BvR 3196/09, 1 BvR 3197/09 und 1 BvR 3198/09; download der Verfassungsbeschwerden unter www.jura.uni-freiburg.de/institue/ioeffr3/forschung/gutachten). Die Verfassungsbeschwerden basieren augenscheinlich auf einem Gutachten des Beschwerdeführers für die Stiftung Familienunternehmen. Die folgende Darstellung ist aus Platzgründen stark zusammengefasst.

Fall 1 (Die Kriegerwitwe): Die Beschwerdeführerin, Jahrgang 1918, ist Kriegerwitwe und kinderlos. Nach dem Tode ihrer Schwester bewohnt sie das Haus gemeinsam mit ihrem Neffen. Sie führen einen gemeinsamen Haushalt und sind je zur Hälfte Eigentümer des Hauses dessen Wert auf 175.000 € geschätzt wird. Der Anwesenheit und Fürsorge ihres Neffen verdankt die Beschwerdeführerin, dass ihr bisher der Umzug in ein Altersheim erspart blieb. Der Neffe soll alleiniger Erbe seiner Tante werden. Sie hat ein entsprechendes Testament gemacht.

Fall 2 (Familienunternehmer mit Kindern): Der Beschwerdeführer ist verheiratet. Das Ehepaar hat vier Söhne und eine Tochter. Drei der Söhne sind im Familienunternehmen beschäftigt und an der GmbH beteiligt. Der Beschwerdeführer ist Mehrheitsgesellschafter. Im Privatvermögen befindet sich ein Eigenheim im Wert von etwa 1 Mio. €. Die Wohn- und Nutzfläche beträgt etwa 300 m^2. Für den Beschwerdeführer stellt sich vor allem das Problem, sein Unternehmen über seinen Tod hinaus zu erhalten und seinen bereits im Unternehmen tätigen Söhnen die Möglichkeit zu geben, es fortzuführen.

Fall 3 (kinderlose Immobilieneigentümerin): Die Beschwerdeführerin verwaltet ihr eigenes Immobilienvermögen, das aus einem ehemaligen Hofgut stammt. Die Immobilien haben einen Nettoverkehrswert von ca. 4,6 Mio. €. Die jährlichen Reinerträge betragen jedoch lediglich ca. 56.000 €. Das Vermögen werden wohl einmal Nichten und Neffen erben. Zur Begleichung der Erbschaftsteuer müssten große Teile des Vermögens veräußert werden.

(i)   Zulässigkeit der Verfassungsbeschwerden

Alle drei Verfassungsbeschwerden richten sich wegen künftiger Erbfolgen unmittelbar gegen das ErbStRG. Sie machen geltend auch vor dem Erbfall und dem Erlass entsprechender Erbschaftsteuerbescheide durch die angegriffenen Vorschriften des ErbStRG selbst, unmittelbar und gegenwärtig in ihren Grundrechten verletzt zu sein (Art. 93 Abs. 1 Nr. 4a GG iVm. §§ 13 Nr. 8a, 90 ff. BVerfGG). Die Erbschaftsteuer hindere die Erblasser den Familienbesitz im Ganzen und ungeschmälert in der Familie zu halten. Die Schmälerung des Vermögens durch die Erbschaftsteuer greife in das Erbrecht der Erblasser ein. Ferner übe die Erbschaftsteuer einen erheblichen Anreiz aus, das Vermögen zur Nutzung der Verschonungsregeln zielgerichtet zu strukturieren.

Bei allem Interesse an einer baldigen Klärung der verfassungsrechtlichen Lage bestehen erhebliche Bedenken gegen die Zulässigkeit der Verfassungsbeschwerden unter dem Gesichtspunkt der unmittelbaren und gegenwärtigen Betroffenheit. Die Betroffenheit der Erblasser ist keine andere, als die aller steuerlichen Inländer (§ 2 ErbStG). Sie werden auch nicht gehindert per Testament frei über ihr Vermögen zu verfügen. Enttäuscht wird allenfalls die Hoffnung, der Nachlass werde ungeschmälert den Erben zu gute kommen. Die Wirkung der Erbschaftsteuer als Erbanfallsteuer setzt erst bei den Erben ein. Vieles spricht dafür, dass die Hürde der Zulässigkeit nicht überwunden wird.

(ii)   Formelle Gesichtspunkte

Gegen die formelle Verfassungsmäßigkeit des ErbStRG werden Bedenken erhoben, weil aufgrund der Neuregelung der konkurrierenden Gesetzgebung die Kompetenz des Bundes zur Regelung der Erbschaftsteuer entfallen sei und auch die Übergangsregelungen zur Fortentwicklung bestehenden Rechts (Art. 125a Abs. 2 GG) nicht zu einer grundlegenden Neuregelung des ErbStG berechtige. Eine Notwendigkeit für eine bundeseinheitliche Regelung bestehe weder zur Herstellung gleichwertiger Lebensverhältnisse noch zur Wahrung der Rechts- oder Wirtschaftseinheit (Art. 72 Abs. 2 GG iVm. Art. 105 Abs. 2 GG). Das die Erbschaftsteuer die Lebensverhältnisse im Bundesgebiet erheblich beeinflusst, liegt fern. Diskussionsbedürftig ist die Wahrung der Rechtseinheit. Sicherlich wäre eine Zersplitterung der Erbschaftsteuer eine weitere Verkomplizierung. Die damit verbundenen Probleme (insbesondere der Doppelbesteuerung) sind aber lösbar, wie die kantonale Besteuerung in der Schweiz oder die Erbschaftsteuer der US-Bundesstaaten belegen. Dass Steuerwettbewerb zwischen den Ländern die Wirtschaftseinheit gefährde, überzeugt im föderalen Staatssystem kaum.

Ferner wird gerügt, dass die Zustimmung des Bundesrats wegen der Mitwirkung des Landes Hessen, das nur über eine geschäftsführende Landesregierung verfügte, unwirksam sei. Die geschäftsführende Landesregierung hätte nur laufende Geschäfte erledigen dürfen und habe mit der Beteiligung an der Abstimmung, genauer gesagt mit der Zustimmung, ihre Kompetenz überschritten. Dieser Mangel schlage auf die gesamte Zustimmung des Bundesrats durch. Jedenfalls letzteres erscheint im Interesse der Rechtssicherheit zweifelhaft.

(iii)   Materielle Gesichtspunkte

In der Sache steht die Verletzung der Gleichheitsgrundsatzes (Art. 3 GG), des Schutzes der Familie (Art. 6 GG) und des Erbrechts (Art. 14 GG) auf dem Prüfstand. Dazu nur einige Stichworte:

- Die mangelnde Differenzierung zwischen Steuerklasse II und III beim Tarifverlauf scheint schwer vereinbar mit Art. 6 GG. Allerdings ist insoweit die Reichweite des Familienbegriffs i.S.d. Art. 6 GG zu klären (nur die Kernfamilie oder auch die weitere Verwandtschaft, was eher dem Sprachgebrauch entspricht). Das Wachstumsbeschleunigungsgesetz hat dieses Problem reduziert, allerdings nicht völlig eliminiert, weil für das Jahr 2009 der alte „Einheitstarif" nicht geändert wurde und in der Tarifstufe zwischen 601 T€ und 6 Mio. € weiterhin keine Differenzierung besteht, sondern der Tarif einheitlich 30% beträgt.

- Die unterschiedlichen Regelung der Steuerbefreiungen des Familienheims stehen im Verdacht, gleichheitswidrig zu sein, weil sachliche Gründe für eine unterschiedliche Behandlung von Erbfall und Schenkung kaum ersichtlich sind, die Behaltefristen im Vergleich zum unternehmerischen Vermögen übertrieben lang und drastisch sanktioniert sind (Fallbeileffekt) und jede betragsmäßige Begrenzung fehlt.

- Die Diskriminierung sonstiger Lebensgemeinschaften (Fall Kriegerwitwe) mag unbefriedigend sein, auf den ersten Blick aber nicht notwendig verfassungswidrig (vgl. bereits .

- Die Verschonung unternehmerischen Vermögens steht im Zentrum der verfassungsrechtlichen Kritik, nicht aber der Verfassungsbeschwerden. Ob sie den Erfordernissen einer systemkongruenten Verschonungsregelung im Gemeinwohlinteresse genügt (Folgerichtigkeit, Normenklarheit und Verhältnismäßigkeit), wird von namhaften Persönlichkeiten bestritten.

- Aufgrund der sachlichen Steuerbefreiungen und erhöhten persönlichen Freibeträge ist zu erwarten, dass noch weniger Erbfälle als schon unter dem alten Recht (vgl. Lehmann, Wirtschaft und Statistik 9/2006,1 ff.) tatsächlich einer Besteuerung unterworfen werden. Wenn nur noch das Privatvermögen von sehr wenigen Wohlhabenden zum Steueraufkommen nennenswert beiträgt, mag das politisch gewünscht sein (es sei denn, die potentiellen Steuerzahler nehmen es ihrerseits zum Anlass, ins Ausland zu ziehen), begründet aber auch unter dem Gesichtspunkt der fehlenden Gleichmäßigkeit der Besteuerung erhebliche Zweifel an einer dem Steuerbegriff und Art. 3 GG genügenden Steuer (vgl. Crezelius, ZEV 2009, 1, 2 und ZEV 2009, 647).

- Schließlich bleibt zu fragen, ob die Mehrfachbelastung mit Erbschaftsteuer und Ertragsteuern durch § 35b EStG verfassungsrechtlich ausreichend verhindert wird (vgl. dazu etwa Crezelius, BB Special 10/2007; Huber/Reimer, DStR 2007, 2042), insbesondere vor dem Hintergrund der persönlichen und zeitlichen Einschrenkungen.

c) Folgerungen für die Beratungspraxis

Die verfassungsrechtlichen Angriffe auf das neue Erbschaftsteuergesetz versetzten die Beratungspraxis in die nach dem Vorlagebeschluss des II. Senats zum alten Recht bestehende Unsicherheit zurück.

Nach § 165 Abs. 1 Satz 2 Nr. 3 AO kann die Erbschaftsteuer vorläufig festgesetzt werden, da die Vereinbarkeit des Erbschaftsteuergesetzes Gegenstand eines Verfahrens beim BVerfG bzw. beim BFH ist. Allerdings verlangt die Finanzverwaltung (Nr. 6 Satz 2 AEAO zu § 165 AO) für die Anwendung einer Ermessensentscheidung nach § 165 Abs. 1 Satz 2 AO einen gleich lautenden Erlass der obersten Finanzbehörden der Länder, der bislang noch nicht vorliegt. Schenkungs- und Erbschaftsteuerbescheide sollten in Ermangelung einer Vorläufigkeitsanordnung durch Einsprüche offen gehalten werden, damit der Steuerpflichtige ggf. von einer Unvereinbarkeitserklärung ohne Übergangsregelung profitieren kann.

Für die Gestaltungsberatung wird es sich anbieten, wieder mit Steuerklauseln zu arbeiten (vgl. etwa Jülicher, in Troll/Gebel/Jülicher, ErbStG, § 29 Rn. 10 ff.), z.B. dergestalt, dass eine Rückforderung möglich ist, wenn das BVerfG das ErbStG für unvereinbar erklärt.

d) Fazit

Es ist zu hoffen, dass das BVerfG möglichst bald im konkreten Normenkontrollverfahren die Gelegenheit erhält, in der Sache zu entscheiden. Ob die Verfassungsbeschwerden die Hürde der Zulässigkeit überwinden, muss bezweifelt werden. Dass der Gesetzgeber den Mut hat, im Falle der zu erwartenden Unvereinbarkeitsfeststellung im zweiten Anlauf dem Beispiel Österreichs zu folgen und die Erbschaftsteuer aufzugeben, ist politisch wohl reines Wunschdenken. Also bleibt die Erwartung an das BVerfG, möglichst klare Vorgaben für ein verfassungskonformes Erbschaft- und Schenkungsteuerrecht zu machen.

II. Erbschaft- und Schenkungsteuerrecht

2. Umstrukturierung von Privatvermögen in begünstigtes Betriebsvermögen

Fall:
Frau F und Herr H sind zu jeweils gleichen Teilen Gesellschafter der A-GbR. Im Vermögen der GbR liegen zwei GmbH-Geschäftsanteile in Höhe von 60 v. H. (X-GmbH) und 80 v. H. (Y-GmbH). Wie liegt es erbschaftsteuerrechtlich, wenn F ihren Anteil an der GbR im Wege der vorweggenommenen Erbfolge auf ihre Tochter T überträgt?

Würde sich an der Beurteilung etwas ändern, wenn die personengesellschaftsrechtliche Verbindung zwischen F und H in einer GmbH & Co. KG erfolgt?

Fall:
Bruder B und Schwester S sind unverheiratet und kinderlos, leben aber – nach mehreren gescheiterten Ehen – mit Frau F und Herrn H in nichtehelicher Lebensgemeinschaft. B und S verfügen jeweils über (Privat-)Vermögen von 10 Mio. Euro, welches sich zu 7,5 Mio. Euro aus Grundstücken und zu 2,5 Mio. Euro aus Bargeld zusammensetzt. B und S haben jeweils ihren Lebenspartner per Testament zum Erben eingesetzt. Zur erbschaftsteuerrechtlichen Optimierung schlägt Notar N folgende Gestaltung vor:

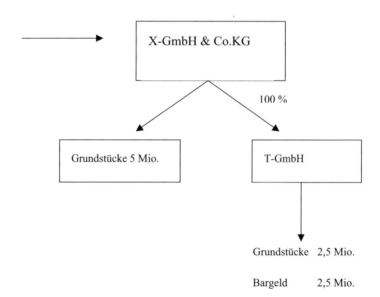

Auf dem Weg zum Notar verunglückt S und stirbt. B, der die von N vorgeschlagenen Maßnahmen vollzogen hat, stirbt einige Monate später. Zwischenzeitlich haben sich H und F näher kennen und schätzen gelernt und ihre erbschaftsteuerrechtlichen Erfahrungen ausgetauscht. H, der seit längerer Zeit grundrechtssensibel ist, hofft auf das BVerfG.

(1) Die beiden Fälle sollen Möglichkeiten aufzeigen, eigentlich erbschaftsteuerrechtlich nicht begünstigtes Privatvermögen in begünstigtes Betriebsvermögen umzustrukturieren, um auf diese Art und Weise die Erbschaftsteuer zu minimieren bzw. ganz zu vermeiden. Letztlich zeigen die beiden Fälle, dass das neue Erbschaft- und Schenkungsteuerrecht zu einer „**Besteuerung nach Wahl**" denaturieren kann. Dass dies verfassungsrechtliche Fragen aufwirft, liegt auf der Hand.

(2) Zwar wollen § 13a, 13b ErbStG im Prinzip nur (produktives) Betriebsvermögen privilegieren, doch zeigen §§ 13a Abs. 8 Nr. 3, 13b Abs. 2 S. 1 ErbStG, dass bis zu 50 % bzw. 10 % sog. schädliches Verwaltungsvermögen unentgeltlich (mit-)übertragen oder vererbt werden kann (näher dazu z. B. Kapp/Ebeling/Geck, ErbStG, Stand: Dez. 2009, § 13b Rz. 71ff.; Tiedtke/Wälzholz, ErbStG, 2009, § 13b Rz. 87ff.; Viskorf u. a./S. Viskorf, ErbStG, 3. Aufl., 2009, § 13b Rz. 161ff.).

Zum **Verwaltungsvermögen** zählen insbesondere Dritten zur Nutzung überlassene Grundstücke (§ 13b Abs. 2 S. 2 Nr. 1 ErbStG). Ist der Wert der Immobilien im Vergleich zum Unternehmenswert der übergehenden Einheit höher als 50 % oder 10 % (§ 13b Abs. 2 S. 4 ErbStG), dann sind §§ 13a,13b ErbStG nicht anwendbar. Es kann dann nur zu einer Vergünstigung nach § 13c ErbStG kommen.

Zum schädlichen Verwaltungsvermögen gehören nach § 13b Abs. 2 S. 2 Nr. 2 ErbStG auch Anteile an Kapitalgesellschaften, wenn die unmittelbare Beteiligung am Nennkapital 25 % oder weniger beträgt und wenn auch keine sog. Poolvereinbarung existiert.

(3) Aufgrund der Zivilrechtsangebundenheit der erbschaft- und schenkungsteuerrechtlichen Tatbestände kommt es beim unentgeltlichen Übergang des Anteils an einer **vermögensverwaltenden Personengesellschaft** (erster Fall) zunächst

darauf an, welches rechtliche Schicksal der Anteil des Verstorbenen hat. Bei Rechtsgeschäften unter Lebenden ist zu fragen, ob der Anteil übertragbar ist.

Da eine vermögensverwaltende Gesellschaft **nicht** über **Betriebsvermögen** verfügt, kommen §§ 13a, 13b, 19a ErbStG jedenfalls nicht über § 13b Abs. 1 Nr. 2 ErbStG zum Zuge. Dort wird ersichtlich auf die ertragsteuerrechtliche Qualifikation, also auf das Vorhandensein von Betriebsvermögen, abgestellt. Gleichwohl macht die vermögensverwaltende Personengesellschaft erbschaftsteuerrechtlich Schwierigkeiten:

(4) Liegen im Gesamthandsvermögen der vermögensverwaltenden Personengesellschaft Anteile an einer Kapitalgesellschaft, dann könnte sich eine erbschaftsteuerrechtliche Begünstigung aus **§ 13b Abs. 1 Nr. 3 ErbStG** ergeben. Allerdings spricht der Wortlaut der Norm davon, dass der Erblasser oder Schenker zu mehr als 25 v. H. unmittelbar an der Kapitalgesellschaft beteiligt sein muss. Sicher ist damit, dass für die Ermittlung der Beteiligungsquote mittelbar gehaltene kapitalgesellschaftsrechtliche Anteile dann ausscheiden, wenn es sich bei der zwischengeschalteten Personengesellschaft um einen Rechtsträger mit Betriebsvermögen handelt.

Bei einer zwischengeschalteten vermögensverwaltenden Personengesellschaft müsste es in Konsequenz der ertragsteuerrechtlichen **Bruchteilsbetrachtung** (z. B. BFH v. 20.4.2004, BStBl. II 2004, 987; BFH v. 2.4.2008, BStBl. II 2008, 679; vgl. auch Schmidt/Weber-Grellet, 28. Aufl., 2009, § 17 Rz. 55) so liegen, dass der einzelne Personengesellschafter als Inhaber der kapitalgesellschaftsrechtlichen Beteiligung (quotal) begriffen wird. Es käme dann für § 13b Abs. 1 Nr. 3 ErbStG darauf an, ob entsprechend der Beteiligungsquote des Erblassers oder des Schenkers **durchgerechnet** eine qualifizierte und begünstigte Beteiligung gegeben ist. Die Frage ist nach hier vertretener Auffassung zu bejahen, da sowohl ertragsteuerrechtlich als auch erbschaftsteuerrechtlich (arg. § 10 Abs. 1 S. 4 ErbStG) eine vermögensverwaltende Personengesellschaft nicht als eigenständiger Rechtsträger angesehen wird.

Wahrscheinlich wird die Finanzverwaltung anders entscheiden. Das führt dann aber zu dem überraschenden Ergebnis, dass bei **Zwischenschaltung** einer **gewerblich geprägten Gesellschaft** des § 15 Abs. 3 Nr. 2 ErbStG (Abwandlung) der Anteil an der gewerblich geprägten Gesellschaft per se begünstigt ist (§ 13b Abs. 1 Nr. 2 ErbStG). In

Konsequenz davon ist dann auch die im Gesamthandsvermögen liegende kapitalgesellschaftsrechtliche Beteiligung eine unmittelbare und begünstigt, wenn die Quote des § 13b Abs. 1 Nr. 3 ErbStG erreicht wird.

(5) Im **zweiten Fall** kommt es beim Erben der S, auf den allein Privatvermögen übergeht, unter Berücksichtigung des § 13c ErbStG und des Freibetrags nach § 16 Abs. 1 Nr. 7 ErbStG zu einer Steuerbelastung von 4.615.000 Euro!

(6) Anders liegt es bei der Erbin des B:

Die übergegangene Beteiligung an der GmbH & Co. KG ist nach § 13b Abs. 1 Nr. 2 ErbStG unabhängig von jeder Beteiligungsquote begünstigt. Es kommt auch nicht darauf an, welche materielle Tätigkeit in der GmbH & Co. KG ausgeübt wird. § 13b Abs. 1 Nr. 2 ErbStG verweist ausdrücklich auch auf § 15 Abs. 3 EStG, so dass auf dieser Stufe auch eine gewerblich geprägte Gesellschaft des § 15 Abs. 3 Nr. 2 EStG begünstigt ist.

Auf der nächsten Stufe, im Gesamthandsvermögen der GmbH & Co. KG, sind zwar die Grundstücke schädliches Verwaltungsvermögen, nicht aber die Beteiligung an der T-GmbH (arg. § 13b Abs. 2 S. 2 Nr. 2 ErbStG).

Es kommt dann darauf an, ob die Beteiligung an der T-GmbH möglicherweise deshalb doch als schädliches Verwaltungsvermögen zu qualifizieren ist, weil zwar der Grundstücksanteil nur 2,5 Mio. Euro beträgt, jedoch Bargeld von 2,5 Mio. Euro im Betriebsvermögen der GmbH liegt (§ 13b Abs. 2 S. 1 ErbStG). Es geht darum, ob schädliches Verwaltungsvermögen nach **§ 13b Abs. 2 S. 2 Nr. 4 ErbStG** („Wertpapiere und vergleichbare Forderungen") anzunehmen ist, so dass die T-GmbH in toto als schädliches Verwaltungsvermögen zu behandeln wäre. Nach Auffassung der **Finanzverwaltung** (Gleichlautender Ländererlass, BStBl. I 2009, 713, 737) sind Geld, Sichteinlagen, Spareinlagen und Festgeldkonten weder Wertpapiere noch vergleichbare Forderungen. Das führt im Ergebnis dazu, dass das gesamte Konstrukt erbschaftsteuerrechtlich begünstigt ist!

3. Neue Rechtsprechung zur Betriebsvermögensbegünstigung nach altem und neuem Recht (Viskorf)

a. Freibetrag nach § 13a ErbStG für Betriebsvermögen eines freiberuflichen Kunstmalers[1]

Fall:

T ist Alleinerbin ihres 2004 verstorbenen Vaters (V), eines freiberuflich tätigen Kunstmalers. Der Nachlass des V umfasste u.a. sein Betriebsvermögen, zu dem nach der Schlussbilanz neben einem PKW und Geschäftsausstattung u.a. von V angefertigte Ölbilder, Arbeiten auf Papier und Radierungen gehörten. T beantragte die Gewährung des Freibetrags gemäß § 13a Abs. 1 ErbStG a.F., den sie mit der Fortführung des Verkaufs der Kunstwerke des V begründete.

Lösung:

Der Freibetrag des § 13a Abs. 1 Satz 1 Nr. 1 ErbStG wird u.a. gewährt, wenn **inländisches Betriebsvermögen** (§ 13a Abs. 4 Nr. 1 ErbStG) beim Erwerb von Todes wegen auf den Erwerber übergeht. Begünstigt ist nur solches Betriebsvermögen, das diese Eigenschaft **durchgehend** sowohl beim bisherigen Rechtsträger als auch beim neuen Rechtsträger (Erwerber) aufweist. Denn die verfassungsrechtliche Rechtfertigung der Milderung des Steuerzugriffs bei dem Erwerb von Betriebsvermögen hängt u.a. von der **Aufrechterhaltung und Weiterführung des Betriebs** des Erblassers bzw. Schenkers ab[2].

Inländisches Betriebsvermögen i.S. des § 13a Abs. 4 Nr. 1 ErbStG ist, wie sich aus dem Verweis auf § 12 Abs. 5 ErbStG ergibt, auch das einem freien Beruf dienende Vermögen (§ 12 Abs. 5 Satz 2 ErbStG i.V.m. § 96 BewG). Das Betriebsvermögen bei freiberuflicher Tätigkeit i.S. des § 96 BewG i.V.m. § 18 Abs. 1 Nr. 1 EStG umfasst die Wirtschaftsgüter, die der **Ausübung des freien Berufs dienen**.

Ertragsteuerlich wird beim Tod eines selbständig tätigen Künstlers dessen Betrieb nicht "zwangsweise" aufgegeben[3], sondern geht trotz der höchstpersönlichen Natur

---

[1] BFH-Urteil vom 27. Mai 2009 II R 53/07, DStR 2009, 2046 m. Anm. Schmid; BFH/PR 2009, 484 m. Anm. Klches; s. auch Halaczinsky in ErbStB.

[2] BFH-Urteile vom 14. Februar 2007 II R 69/05, BFHE 215, 533, BStBl II 2007, 443; vom 10. Dezember 2008 II R 34/07, BFHE 224, 144, BStBl II 2009, 312.

[3] A.A. Moench/Weinmann, Erbschaft- und Schenkungsteuer, § 13a Rz 111.

der künstlerischen Tätigkeit als freiberuflicher Betrieb auf die Erben über[4]. Das Betriebsvermögen wird daher nicht zwangsläufig notwendiges Privatvermögen[5]. Die mit dem Tod des freiberuflichen Künstlers verbundene Betriebseinstellung ist noch keine Betriebsaufgabe[6]. Der Fortbestand der Qualität als Betriebsvermögen hängt bei dessen Erwerb von einem Freiberufler nicht --**tätigkeitsbezogen**-- davon ab, dass der Erbe auch die freiberufliche Tätigkeit des Erblassers fortsetzt. § 13a Abs. 1 Satz 1 Nr. 1 i.V.m. Abs. 4 Nr. 1 ErbStG stellt wegen der Anknüpfung an den Erwerb von Betriebsvermögen allein --**betriebsbezogen**-- auf die **Aufrechterhaltung und Weiterführung des Betriebs** des Erblassers ab.

Das FG hatte allerdings nicht geprüft, ob T durch einen **Verkauf von Bildern des V** den Tatbestand des § 13a Abs. 5 Nr. 1 ErbStG verwirklicht hatte. Deswegen ging die Sache an das FG zurück.

Nach der insoweit **maßgeblichen ertragsteuerlichen Betrachtung** gehören zu den wesentlichen Grundlagen eines Betriebs im Allgemeinen die Betriebsräume, der (bisherige) betriebliche Wirkungskreis (Betätigungsfeld und Kundschaft) und auch der Warenbestand, soweit er nicht in seiner konkreten Zusammensetzung jederzeit wieder kurzfristig beschaffbar ist[7]. Diese Voraussetzungen sind für die von einem freiberuflichen Kunstmaler geschaffenen und zu seinem Nachlass gehörenden Kunstwerke zu bejahen.

Sollte T die Atelierräume des V als Museum und Galerie eröffnet haben, führte. ein etwaiger Übergang eines bisher freiberuflichen Betriebsvermögens in gewerbliches Betriebsvermögen und eine entsprechende **Umqualifizierung** der aus dem Betrieb erzielten Einkünfte nicht als **sog. Strukturwandel** zu einer Betriebsaufgabe[8].

Vgl. zur Frage der **Betriebsveräußerung einer Freiberuflerpraxis (Arztpraxis)** aufgrund gesetzlicher Anordnung das Urteil des FG Köln vom 18. 12. 2008 9 K 2414/08, EFG 2009, 422; Rev. BFH AZ: II R 3/09.

---

[4] BFH-Urteile vom 29. April 1993 IV R 16/92, BFHE 171, 385, BStBl II 1993, 716; vom 15. November 2006 XI R 6/06, BFH/NV 2007, 436, m.w.N.; Brandt in Herrmann/Heuer/Raupach, § 18 EStG Rz 332, 388.

[5] BFH-Urteile vom 12. März 1992 IV R 29/91, BFHE 168, 405, BStBl II 1993, 36, und in BFH/NV 2007, 436.

[6] BFH-Urteil in BFH/NV 2007, 436.

[7] BFH-Urteile vom 24. Juni 1976 IV R 200/72, BFHE 119, 430, BStBl II 1976, 672; vom 29. November 1988 VIII R 316/82, BFHE 156, 408, BStBl II 1989, 602.

[8] vgl. BFH-Urteile vom 19. Mai 1981 VIII R 143/78, BFHE 133, 396, BStBl II 1981, 665, und in BFHE 168, 405, BStBl II 1993, 36; Jülicher in Troll/Gebel/Jülicher, ErbStG, § 13a Rz 275.

b. Keine Begünstigung nach § 13a ErbStG vor Eintragung der (Ein-Mann-)GmbH & KG ins Handelsregister[9]

Fall:

Neffe (N) ist Alleinerbe seiner am ... Juli 2003 verstorbenen Tante (T). Diese stand seit langem unter rechtlicher Betreuung für sämtliche Angelegenheiten; zum Betreuer war ihr Neffe (N) bestellt worden.

Am 11. April 2003 gründete T, vertreten durch N als ihren Betreuer, die ... GmbH (T GmbH) sowie die ... KG (T GmbH & Co. KG). Unternehmensgegenstand der T GmbH & Co. KG war die Vermögensverwaltung, insbesondere die Verwaltung von Kapital- und Grundvermögen. T war alleinige Kommanditistin. Als solche brachte sie ihr Einfamilienhaus sowie ihre Sparguthaben ein. Zur Komplementärin und Geschäftsführerin der T GmbH & Co. KG wurde die T GmbH bestellt, deren alleinige Gesellschafterin die Erblasserin mit einer Stammeinlage von 25 000 € war. Alleiniger Geschäftsführer der T GmbH wurde N.

Ebenfalls am 11. April 2003 meldete N die T GmbH & Co. KG sowie die T GmbH zur Eintragung in das Handelsregister an. Das zuständige Amtsgericht erteilte am 8. Mai 2003 die erforderlichen vormundschaftsgerichtlichen Genehmigungen. Die T GmbH wurde am 22. August 2003, die T GmbH & Co. KG am 2. September 2003 ins Handelsregister eingetragen.

N beantragte die Gewährung der Steuervergünstigungen des § 13a Abs. 1 Satz 1 Nr. 1, Abs. 2 und Abs. 4 Nr. 1 ErbStG, da beim Eintritt des Erbfalls kein begünstigtes Betriebsvermögen i.S. des § 13a ErbStG vorgelegen habe.

Lösung:

Der Freibetrag nach § 13a Abs. 1 Satz 1 Nr. 1 ErbStG und der verminderte Wertansatz nach § 13a Abs. 2 ErbStG gelten gemäß § 13a Abs. 4 Nr. 1 ErbStG u.a. für **inländisches Betriebsvermögen** (§ 12 Abs. 5 ErbStG) beim Erwerb eines Anteils an einer Gesellschaft i.S. des § 15 Abs. 1 Satz 1 Nr. 2 und Abs. 3 oder § 18 Abs. 4 EStG. Der **Erwerb eines Anteils an einer Personengesellschaft**, die keiner dieser einkommensteuerrechtlichen Vorschriften zugeordnet werden kann, ist nicht begüns-

---

[9] Urteil vom 4. Februar 2009 II R 41/07, BFHE 225, 85, BStBl II 2009, 600; Kilches in BFH/PR 2009, 348..

tigt. Für die Beurteilung kommt es dabei nach § 11 ErbStG auf den Zeitpunkt der Entstehung der Steuer an.

Die Voraussetzungen für die Steuervergünstigungen nach § 13a ErbStG sind im Streitfall nicht erfüllt. N hat keinen Anteil an einer Gesellschaft i.S. des § 15 Abs. 1 Satz 1 Nr. 2 und Abs. 3 oder § 18 Abs. 4 EStG erworben.

Die **T GmbH & Co. KG** verwaltete lediglich eigenes Vermögen und war somit **nicht** i.S. des § 15 Abs. 1 Satz 1 Nr. 1 EStG **gewerblich tätig**. Die Vermögensverwaltung stellt auch **keine selbständige Arbeit** i.S. des § 18 EStG dar.

Die **T GmbH & Co. KG** war bei der mit dem Tode der Erblasserin eingetretenen Entstehung der Steuer (§ 9 Abs. 1 Nr. 1 ErbStG) als dem maßgeblichen Stichtag (§ 11 ErbStG) **keine gewerblich geprägte Personengesellschaft**, da zu diesem Zeitpunkt sowohl die GmbH als auch die KG noch nicht in das Handelsregister eingetragen waren und deshalb die Erblasserin für die Verbindlichkeiten der KG persönlich haftete.

Eine **GmbH** besteht vor der Eintragung in das Handelsregister ihres Sitzes nach § 11 Abs. 1 GmbHG als solche nicht. Ist vor der Eintragung im Namen der Gesellschaft gehandelt worden, so haften die Handelnden persönlich und solidarisch (§ 11 Abs. 2 GmbHG). Die Regelung des § 13 Abs. 2 GmbHG, nach der den Gläubigern für Verbindlichkeiten der Gesellschaft nur das Gesellschaftsvermögen haftet, ist lediglich auf die in das Handelsregister eingetragene GmbH zugeschnitten und kann auf die Vor-GmbH nicht angewendet werden. Die mit der Aufnahme der Geschäftstätigkeit einverstandenen Gründer haften vielmehr für sämtliche Anlaufverluste der Vor-GmbH unbeschränkt, und zwar im Innenverhältnis - nach außen haftet die Vor-GmbH. Anders verhält es sich dagegen bei einer Einmann-Vor-GmbH, wie sie im Streitfall vorliegt. Bei dieser trifft die Außenhaftung bereits den (einzigen) Gesellschafter der Vor-GmbH[10].

T haftete somit als Alleingesellschafterin der in Gründung befindlichen GmbH persönlich für die Verbindlichkeiten der GmbH und somit auch für diejenigen der ebenfalls in Gründung befindlichen KG.

---

[10] BGH-Urteile vom 27. Januar 1997 II ZR 123/94, BGHZ 134, 333; Urteil des BFH vom 7. April 1998 VII R 82/97, BFHE 185, 356, BStBl II 1998, 531, unter II.2. b, und des BAG vom 15. Dezember 1999 10 AZR 165/98, BAGE 93, 151, unter II.5. a.

T haftete darüber hinaus auch deshalb persönlich für die Verbindlichkeiten d, weil eine als **KG** gegründete Gesellschaft, deren Gewerbebetrieb nicht schon nach § 1 Abs. 2 HGB Handelsgewerbe ist oder die nur eigenes Vermögen verwaltet, gemäß § 105 Abs. 2 Satz 1, § 161 Abs. 2 HGB erst dann KG ist, wenn die Firma des Unternehmens in das Handelsregister eingetragen ist. Eine derartige KG stellt zwischen ihrer Gründung durch Vertrag und der Eintragung in das Handelsregister eine GbR dar[11]. Die Gesellschafter einer GbR haften für die Verbindlichkeiten der GbR wie die Gesellschafter einer OHG in entsprechender Anwendung der §§ 128 f. HGB grundsätzlich persönlich[12].

Diese --bis zur Eintragung der lediglich eigenes Vermögen verwaltenden KG in das Handelsregister grundsätzlich bestehende-- persönliche Haftung aller Gesellschafter schließt bis zu diesem Zeitpunkt das Vorliegen einer gewerblich geprägten Personengesellschaft aus.

c. Kein § 13a ErbStG bei Erwerb einzelner Wirtschaftsgüter[13]

Fall:

Tochter (T) ist Alleinerbin ihres im März 2002 verstorbenen Vaters (V). Als solche erbte sie den 2%-igen Geschäftsanteil des V an der ... Beteiligungs- und Verwaltungsgesellschaft mbH (GmbH) im Wert von 500 € und eine Forderung des V gegen die ... Beteiligungs GmbH & Co. KG (KG) in Höhe von ... €. Die GmbH ist die nicht am Gesellschaftsvermögen beteiligte, aber geschäftsführende, einzige Komplementärin der KG.

Durch mehrere Vorschenkungen hatte V 1999 und 2000 im Zuge eines schrittweise vollzogenen Generationswechsels noch zu Lebzeiten seine Kommanditbeteiligung an der KG vollständig und --bis auf den Restanteil von 2 %-- seinen Geschäftsanteil an der GmbH auf T übertragen. V hatte sich ein Vetorecht gegen Beschlüsse vorbe-

---

[11] BGH-Urteile vom 13. Juli 1972 II ZR 111/70, BGHZ 59, 179, und vom 13. Juni 1977 II ZR 232/75, BGHZ 69, 95; MünchHdb.GesR I/Happ, 2. Aufl., § 47 Rz 12; MünchHdb.GesR II/Happ, 2. Aufl., § 2 Rz 29; Strohn in Ebenroth/Boujong/Joost/Strohn, HGB, § 176 Rz 4.

[12] BGH-Urteile vom 27. September 1999 II ZR 371/98, BGHZ 142, 315; vom 29. Januar 2001 II ZR 331/00, BGHZ 146, 341; vom 24. Februar 2003 II ZR 385/99, BGHZ 154, 88, und vom 3. Mai 2007 IX ZR 218/05, Neue Juristische Wochenschrift --NJW-- 2007, 2490; Palandt/ Sprau, Bürgerliches Gesetzbuch, 68. Aufl., § 714 Rz 11 ff.; zur persönlichen Haftung der Gesellschafter einer GbR für Steuerschulden vgl. BFH-Urteil vom 9. Mai 2006 VII R 50/05, BFHE 213, 194, BStBl II 2007, 600.

[13] BFH-Urteil vom 21. April 2009 II R 26/07, BFHE 225, 94, BStBl II 2009, 602.

halten, die die über den gewöhnlichen Rahmen des Geschäftsbetriebs hinausgehenden Handlungen betrafen.

T begehrt den Bewertungsabschlag gemäß § 13a Abs. 2 ErbStG. Der Freibetrag gemäß Abs. 1 der Vorschrift war bereits durch die Vorschenkungen verbraucht.

Lösung:

1. Gemäß § 13a Abs. 4 Nr. 1 ErbStG kommen der Freibetrag nach Abs. 1 sowie der Wertabschlag nach Abs. 2 der Vorschrift in Betracht für inländisches Betriebsvermögen beim Erwerb u.a. eines Anteils an einer Gesellschaft i.S. des § 15 Abs. 1 Satz 1 Nr. 2 und Abs. 3 oder § 18 Abs. 4 des Einkommensteuergesetzes (EStG). Die genannten Steuervergünstigungen sind dabei nur zu gewähren, wenn das erworbene Vermögen durchgehend sowohl beim bisherigen Rechtsträger als auch beim neuen Rechtsträger (Erwerber) den Tatbestand des § 13a Abs. 4 Nr. 1 ErbStG erfüllt[14]. Bezogen auf den Erwerb von Gesellschaftsanteilen i.S. des § 13a Abs. 4 Nr. 1 ErbStG bedeutet dies die Aufrechterhaltung/Weiterführung der beim Erblasser oder Schenker bis zum Vermögensübergang vorhandenen **Mitunternehmerstellung**. Eine derartige Mitunternehmerstellung, die dazu geführt hätte, dass der restliche Geschäftsanteil an der GmbH sowie die Kapitalforderung gegen die KG über das Ausscheiden des V als deren Kommanditist hinaus Sonderbetriebsvermögen geblieben wären, kam V bei seinem Tode nicht mehr zu.

2. Infolge der **Aufgabe seiner Kommanditistenstellung** durch die letzte Anteilsübertragung auf T hatte V seine Stellung als Mitunternehmer der KG verloren. V fehlt nach Aufgabe seiner Kommanditbeteiligung jedenfalls das erforderliche Mitunternehmerrisiko.

Mitunternehmerrisiko bedeutet die Teilhabe am Erfolg und Misserfolg des gewerblichen Unternehmens/Gewerbebetriebs[15]. Wer Mitunternehmer sein will, muss am laufenden Gewinn und Verlust sowie an den stillen Reserven und am Geschäftswert beteiligt sein[16].

---

[14] so BFH-Urteile vom 14. Februar 2007 II R 69/05, BFHE 215, 533, BStBl II 2007, 443, sowie vom 10. Dezember 2008 II R 34/07, BFH/NV 2009, 491, BStBl II 2009, 312.

[15] BFH-Urteile vom 18. April 2000 VIII R 68/98, BFHE 192, 100, BStBl II 2001, 359, unter II. 5. b, sowie in BFHE 185, 190, BStBl II 1998, 480, unter 2. c.

[16] BFH-Urteile vom 27. Mai 1993 IV R 1/92, BFHE 171, 510, BStBl II 1994, 700, unter II. 3. a, sowie in BFHE 181, 423, BStBl II 1997, 272, unter II. 1. a, und in BFHE 218, 152, BStBl II 2007, 927, unter II. B. 3. a.

V trug bis zu seinem Tode zwar das Risiko, mit seiner ungesicherten Kapitalforderung auszufallen. Insofern betrafen Verluste der KG ab einer bestimmten Größenordnung und Dauer bei Fehlen sonstigen unbelasteten Gesellschaftsvermögens auch V. Ob das für eine Beteiligung am laufenden Verlust ausreicht, kann auf sich beruhen. Es fehlte zumindest an einer Beteiligung am Gewinn und erst recht an den stillen Reserven.

Die fortbestehende Geschäftsführungsbefugnis in der GmbH sowie das Vetorecht allein reichen nicht aus, um das Defizit beim Mitunternehmerrisiko auszugleichen.

d. Kein § 13a ErbStG für Schenkung einer Beteiligung unter Nießbrauchsvorbehalt bei fehlender Mitunternehmerinitiative[17]

Literatur: Steinhauff, jurisPR-SteuerR 32/2009 Anm. 3; Messner, AktStR 2009, 280; Zipfel, BB 2009, 995; Kilches, BFH/PR 2009, 191; Zipfel, BB 2009, 995; Heinrichshofen, ErbStB 2009, 107-108; Geck in: Kapp/Ebeling ErbStG, § 13a ErbStG

Fall:

Vater (V) und Mutter (M) waren die einzigen Kommanditisten einer GmbH & Co. KG und zu jeweils 50 v.H. an deren Vermögen beteiligt. Sie vereinbarten, ihr festes Kapitalkonto von je 10 000 € in jeweils drei Anteile aufzuspalten, und zwar in einen Anteil von 1 000 € und zwei Anteile von 4 500 €. Sodann übertrugen sie die Anteile zu 4 500 € jeweils unentgeltlich auf Sohn und Tochter. In Abänderung des Gesellschaftsvertrages der KG erkannten die Kinder an, nur ein Stimmrecht von je 5 v.H. zu haben. Außerdem billigten sie den Eheleuten das "unbegrenzte Recht zu, Entnahmen zu tätigen, auch wenn hierdurch ein negatives Kapitalkonto beim Schenker und negatives Kapital der Gesellschaft" entstehe oder sich vergrößere. Die Eheleute behielten sich jeweils einen lebenslänglichen Nießbrauch vor und sollten die Gesellschaftsrechte in der KG wahrnehmen; die Kinder erteilten ihnen "vorsorglich Stimmrechtsvollmacht".

Die Kinder beantragten die Steuervergünstigung nach § 13a ErbStG zu gewähren.

---

[17] BFH-Urteil vom 10. Dezember 2008 II R 34/07, BFHE 224, 144, BStBl II 2009, 312.

Lösung:

1. Die KG ist eine gewerblich geprägte Personengesellschaft. Zugewendet sind Teile von den Kommanditbeteiligungen der Eltern[18]. Durch die schenkweise Übertragung von Teilen der elterlichen Kommanditbeteiligungen sind die Kinder Mitinhaber des Gesellschaftsvermögens geworden.

2. Die Überragung ist nicht nach § 13a Abs. 1 Satz 1 Nr. 2 und Abs. 2 ErbStG begünstigt.

Gemäß § 13a Abs. 4 Nr. 1 ErbStG kommen die Vergünstigungen in Betracht für inländisches Betriebsvermögen beim Erwerb u.a. eines Anteils an einem Gesellschaftsanteil i.S. des § 15 Abs. 1 Satz 1 Nr. 2 und Abs. 3 oder § 18 Abs. 4 EStG oder eines Anteils daran. Geht es um die Abspaltung von einem Gesellschaftsanteil, die mit der Aufnahme eines weiteren Gesellschafters in die Gesellschaft verbunden ist[19], muss der Empfänger dieses abgespaltenen Teils seinerseits Mitunternehmer werden, um die Vergünstigungen des § 13a ErbStG beanspruchen zu können[20]. Es reicht daher nicht, dass eine Gesellschaft wie im Streitfall gewerblich geprägte Personengesellschaft geblieben ist, wenn es am Erwerb eines Mitunternehmeranteils deshalb fehlt, weil der übertragene Gesellschaftsanteil ertragsteuerrechtlich als wirtschaftliches Eigentum nach § 39 Abs. 2 Nr. 1 Satz 1 der Abgabenordnung (AO) einem Vorbehaltsnießbraucher zuzurechnen ist.

Die verlangte **Mitunternehmerstellung** haben die Kinder im Streitfall nicht erlangt. Es fehlt bereits an der dafür erforderlichen Mitunternehmerinitiative, so dass es nicht mehr darauf ankommt, ob und in welchem Ausmaß sie ein Mitunternehmerrisiko tragen. Mitunternehmerinitiative bedeutet vor allem Teilhabe an unternehmerischen Entscheidungen. Ausreichend ist schon die Möglichkeit zur Ausübung von Gesellschaftsrechten, die wenigstens den Stimm-, Kontroll- und Widerspruchsrechten angenähert sind, die einem Kommanditisten nach dem HGB zustehen[21].

---

[18] vgl. BFH-Urteil vom 14. Dezember 1995 II R 79/94, BFHE 179, 166, BStBl II 1996, 546.

[19] vgl. dazu R 51 Abs. 3 Satz 3 ErbStR 2003.

[20] so BFH-Urteil vom 14. Februar 2007 II R 69/05, BFHE 215, 533, BStBl II 2007, 443; vgl. auch Moench/Weinmann, Erbschaft- und Schenkungsteuer, § 13a Rz 24; Jülicher in Troll/Gebel/Jülicher, Erbschaftsteuer- und Schenkungsteuergesetz, Kommentar, § 13a Rz 132; Seer in GmbH-Rundschau 1999, 64, 70; a.A. Meincke, Erbschaftsteuer- und Schenkungsteuergesetz, Kommentar, 14. Aufl. 2004, § 13a Rz 7, allerdings nur für die Seite des Erblassers/Schenkers; Kapp/ Ebeling, § 13a ErbStG Rz 7.1.

[21] so BFH-Urteil vom 11. Juli 1989 VIII R 41/84, BFH/NV 1990, 92.

Daran fehlt es im Streitfall. Die Vertragspartner haben hinsichtlich des Nießbrauchsrechts über die Vorgaben des BGB hinaus bestimmt, die Gesellschaftsrechte --gemeint sind die Gesellschafterrechte-- sollten von den Eltern als Nießbrauchern wahrgenommen werden. Damit haben sich die Eltern deren Ausübung vorbehalten. Nur für den Fall, dass diese Abrede aus rechtlichen Gründen das angestrebte Ziel verfehlt, haben die Kinder den Eltern "vorsorglich" eine Stimmrechtsvollmacht erteilt[22]. Spätestens damit ist die Position der Kinder in der KG so geschwächt, dass von einer Mitunternehmerschaft nicht mehr gesprochen werden kann.

Die Kinder haben sich der Ausübung ihrer Stimm-, Kontroll- und Widerspruchsrechte begeben und damit den Eltern auch die Möglichkeit eingeräumt, trotz des gesellschaftsvertraglich dafür vorgesehenen Erfordernisses der Einstimmigkeit den Gesellschaftsvertrag ggf. zum Nachteil der Kinder zu ändern. Das schließt eine Mitunternehmerinitiative der Kinder aus[23].

Praxishinweis:

Der BFH hat zwar in dieser Entscheidung ausdrücklich offen gelassen, ob und inwieweit ein Nießbrauch, mit dem der Anteil an einer Personengesellschaft belastet ist und dessen Ausgestaltung nicht von den inhaltlichen Vorgaben des BGB abweicht, die Mitunternehmerinitiative entfallen lässt; in der späteren Entscheidung vom 16. 12. 2009 II R 44/08 nv. allerdings unter Hinweis auf die ertragsteuerrechtlichen Entscheidungen ausgeführt, dass ein nach den Vorgaben des BGB ausgestalteter Nießbrauch die Mitunternehmerinitiative des den Nießbrauch bestellenden Erwerbers einer Kommanditbeteiligung (regelmäßig) nicht entfallen lasse[24]. Dem Erfordernis der Mitunternehmerinitiative sei bereits dann genügt, wenn die Möglichkeit zur Ausübung von Gesellschaftsrechten besteht, die wenigstens den Stimm-, Kontroll- und Widerspruchsrechten angenähert sind, die einem Kommanditisten nach dem HGB zustehen[25]. Dies ist jedenfalls dann der Fall, wenn die Möglichkeit zur Teilnahme an den Grundlagengeschäften bei dem Gesellschafter verblieben ist[26].

---

[22] vgl. dazu Karsten Schmidt, Gesellschaftsrecht, 4. Aufl. 2002, S. 1824.
[23] vgl. auch Schmidt/Wacker, Einkommensteuergesetz, Kommentar, 27. Aufl. 2008, § 15 Rz 751, 756.
[24] BFH-Urteil vom 1. März 1994 VIII R 35/92, BFHE 175, 231, BStBl II 1995, 241, 245.
[25] so BFH-Urteil vom 11. Juli 1989 VIII R 41/84, BFH/NV 1990, 92.
[26] vgl. dazu Wacker in Schmidt, Einkommensteuergesetz, 28. Aufl. 2009, § 15 Rz 266 und 751.

Fallvariante:[27]

Die Kinder waren bereits mit einem geringen Anteil Kommanditisten der GmbH & Co. KG und damit Mitunternehmer. Als solche erhielten sie von ihren Eltern nießbrauchsbelastete zusätzliche Kommanditanteile geschenkt, die als solche wegen vorbehaltener Stimm- und Verwaltungsrechte keine Mitunternehmerstellung vermittelten.

Lösung:

Hat der Gesellschaftsanteil beim Übergang vom Schenker auf den Beschenkten seine Fähigkeit verloren, kraft eigener Beschaffenheit dem neuen Inhaber eine Mitunternehmerstellung zu vermitteln, und ist dies darin begründet, dass dem bisherigen Inhaber bezüglich des übertragenden Gesellschaftsanteils eine Rechtsposition verblieben ist, die die Fortdauer seiner Mitunternehmerstellung bewirkt, fehlt es an einem **durchgehend vorhandenen Gesellschaftsanteil** im Sinne des § 15 Abs. 1 Nr. 2 und Abs. 3 EStG. Bezüglich des übertragenden Gesellschaftsanteils kann deshalb die **Betriebsvermögensvergünstigung nach § 13a ErbStG** nicht gewährt werden.

Soweit die sich solchermaßen auswirkende Rechtsposition des Schenkers in einem besonders ausgestalteten Vorbehaltsnießbrauch an dem übertragenen Gesellschaftsanteil besteht, kommt es trotz des **Aufgehens dieses Anteils in einer einheitlichen Mitgliedschaft** mit einer vom Erwerber schon zuvor gehaltenen Beteiligung zu einer **Aufteilung von Stimm- und Verwaltungsrechte** auf den Vorbehaltsnießbraucher einerseits und den erworbenen Gesellschafter andererseits, und zwar auch bezüglich ein- und desselben Abstimmungsgegenstandes. Dies ermöglicht es, an den gesetzlichen Vorgaben des § 13a Abs. 4 Nr. 1 ErbStG unbeschadet der grundsätzlich unteilbaren Mitgliedschaft eines Personengesellschaft aus festzuhalten und schenkungsteuerrechtlich dem Umstand Rechnung zu tragen, dass die durch den zugewendeten nießbrauchsbelasteten Gesellschaftsanteil vermittelte Mitunternehmerinitiative beim Schenker verblieben ist[28].

---

[27] BFH-Urteil vom 23. 2. 2010 II R 42/08 zur Veröffentlichung bestimmt.
[28] A:a: Jülicher in DStR 1998, 1977, 1978; vgl. dazu auch BFH-Beschluss vom 8. 10. 2008 II B 107/08, BFH/NV 2009, 32.

e. Wegfall der Vergünstigung nach § 13a Abs. 5 Nr. 3 ErbStG auch bei Überentnahmen zur Schenkungsteuertilgung[29]

Fall:

Vater (V) schenkte seiner Tochter (T) 1998 einen Anteil in Höhe von 10,5 v.H. seines Kommanditanteils an der B-GmbH & Co. KG. Das FA gewährte der T die Steuervergünstigungen gemäß § 13a Abs. 1 Satz 1 Nr. 2 und Abs. 2 ErbStG (Freibetrag: 400.000 DM, Bewertungsabschlag: 7.414.815 DM). Die gegen T festgesetzte Schenkungsteuer in Höhe von 2.248.191 DM wurde unmittelbar vom Geschäftskonto der B-GmbH gezahlt. Dies führte nach Ablauf der fünfjährigen Behaltensfrist gemäß § 13a Abs. 5 ErbStG zu Übernahmen in Höhe von 1.334.295,18 DM.

Lösung:

1. Nach **§ 13a Abs. 5 Nr. 3 ErbStG** fallen Freibetrag und verminderter Wertansatz mit Wirkung für die Vergangenheit weg, soweit der Erwerber innerhalb von fünf Jahren nach dem Erwerb als Gesellschafter Entnahmen tätigt, die die Summe seiner Einlagen und der ihm zuzurechnenden Gewinne oder Gewinnanteile seit dem Erwerb um mehr als 100.000 DM übersteigen. Die Regelung stellt nicht auf die Gründe ab, die zu einer Entnahme führen; vielmehr soll jede Entnahme grundsätzlich befreiungsschädlich sein.

Danach stellt die unmittelbar vom Geschäftskonto der B-GmbH erfolgte Zahlung der Schenkungsteuer eine innerhalb von fünf Jahren nach dem Erwerb vorgenommene Entnahme der T dar. Diese übersteigt die Summe ihrer Einlagen und der ihr zuzurechnenden Gewinnanteile seit dem Erwerb um mehr als 100.000 DM.

2. Der klare und eindeutige Wortlaut des § 13a Abs. 5 Nr. 3 ErbStG lässt eine **Einschränkung seines Anwendungsbereiches** für den Fall einer Überentnahme zur Tilgung der für den Erwerb festgesetzten Schenkungsteuer weder mit Blick auf den Sinn und Zweck der Vorschrift noch unter dem Gesichtspunkt einer verfassungskonformen Auslegung zu[30].

---

[29] BFH-Urteil vom 11. November 2009 II R 63/08, zur Veröffentlichung bestimmt

[30] im Ergebnis ebenso R 65 Abs. 1 Satz 2 ErbStR 2003; Meincke, ErbStG, Kommentar, 15. Aufl., § 13a Rz 33; Kapp/Ebeling, ErbStG, Kommentar, § 13a Rz 153; Wachter in Fischer/Jüptner/ Pahlke, ErbStG, Kommentar, § 13a Rz 219; a.A. Crezelius, Der Betrieb --DB-- 1997, 1584, 1587; Hübner, Die Unternehmensbesteuerung 2009, 1, 10; ders., in Viskorf/Glier/Hübner/Knobel/Schuck, ErbStG, BewG, Kommentar, 2. Aufl., § 13a ErbStG Rz 147; Jülicher in Troll/Gebel/Jülicher, ErbStG, Kommentar, § 13a Rz 276; Söffing in Wilms/Jochum, ErbStG, § 13a Rz 169)

4. Betrieblich genutzte Immobilie im Sonderbetriebsvermögen und §§ 13 a, 13 b ErbStG

Die Erbschaftsteuerreform hat neben einer deutlichen Anhebung des Bewertungsniveaus im privaten und unternehmerischen Bereich vor allem zum Ziel, (nur) Vermögen zu begünstigen, das originär betrieblich genutzt wird. Dieser Ansatz ist der verfassungsrechtlichen Vorgabe der Zielgerichtetheit einer steuerlichen Begünstigung geschuldet. Die gesetzliche Umsetzung erfolgt durch die neu eingeführte Kategorie von sog. Verwaltungsvermögen, das zu einer Versagung der grundsätzlich für Betriebsvermögen bestehenden Verschonungswirkungen führen kann.

Zum Verwaltungsvermögen zählt auch an Dritte zur Nutzung überlassener Grundbesitz, da auf diesem Weg „schlechtes Vermögen" (Stichwort: gewerblich geprägte – aber an sich vermögensverwaltend tätige – Personengesellschaft) von der Verschonung ausgeschlossen werden soll. Über gesetzliche Ausnahmeregelungen ist jedoch im operativen Geschäft genutzter Grundbesitz wieder in die Begünstigung „zurückgeholt" worden.

Zudem hat der Gesetzgeber, ebenfalls vor dem Hintergrund der Zielgerichtetheit, eine Neuregelung zur Begünstigung eingeführt, mit der die Verschonung nach einem Durchgangserwerb zu der das begünstigte Vermögen erhaltenden Person „transportiert" wird.

a) Schädliches Verwaltungsvermögen und Zurechnung bei Gesellschaftern

Sofern das – grds. begünstigte – Betriebsvermögen zu mehr als 50 v.H. aus Verwaltungsvermögen gem. § 13 b Abs. 2 S. 2 ErbStG besteht, entfällt die Verschonung insgesamt. Andernfalls bleibt die Verschonung erhalten; allerdings ist nach § 13 b Abs. 2 S. 3 ErbStG in diesem Fall solches Verwaltungsvermögen vom prinzipiell begünstigten Vermögen auszusondern, welches dem Betrieb im Besteuerungszeitpunkt erst weniger als zwei Jahre zuzurechnen ist („junges" Verwaltungsvermögen[1]).

(1) Für die Bestimmung des Anteils des Verwaltungsvermögens kommt es auf das Verhältnis der gemeinen Werte der hierzu zählenden Wirtschaftsgüter zum gemeinen Wert des Betriebsvermögens an, § 13 b Abs. 2 S. 4 ErbStG. Mit dem Verwaltungsvermögen im Zusammenhang stehende Finanzierungsverbindlichkeiten werden bei dessen Ermittlung nicht berücksichtigt.

(2) Bei Mitunternehmerschaften kommt es zu unterschiedlichen Ergebnissen, je nach dem, ob eine gesellschaftsbezogene oder eine gesellschafterbezogene Betrachtungsweise vorzunehmen ist: Bei der gesellschaftsbezogenen Sichtweise kommt es auf das gesamte Gesellschaftsvermögen und zudem sämtliches Sonderbetriebsvermögen aller Gesellschafter an, das insgesamt entsprechend der Beteiligungsquote am Gesamthandsvermögen der Gesellschafter auf diese aufgeteilt wird. Die gesellschafterbezogene Sichtweise stellt hingegen lediglich auf den übergehenden Gesellschaftsanteil und ggf. hierzu gehörendes Sonderbetriebsvermögen des betroffenen Gesellschafters ab.

Fall:
A und B sind je zur Hälfte an einer Personengesellschaft beteiligt. Im Gesamthandsvermögen (gemeiner Wert € 1 Mio.) befindet sich Verwaltungsvermögen mit einem gemeinen Wert von € 600.000. A vermietet an die Personengesellschaft ein Betriebsgrundstück mit einem gemeinen Wert von € 500.000.

Lösungshinweise:

- **gesellschafterbezogene Sichtweise**

Der gemeine Wert des Mitunternehmeranteils beträgt für A € 1 Mio. (€ 500.000 zuzurechnendes Gesamthandsvermögen sowie € 500.000 Sonderbetriebsvermögen). Der auf ihn entfallende hälftige Anteil am Verwaltungsvermögen in Höhe von € 300.000 überschreitet somit nicht die schädliche Verwaltungsvermögensquote.

Für B stellt sich die Sache anders dar, da seinem gemeinen Wert des Mitunternehmeranteils von € 500.000 der Anteil am Verwaltungsvermögen von € 300.000 gegenüber zu stellen ist, so dass die schädliche Quote überschritten ist.

- **gesellschaftsbezogene Sichtweise**

Bei einer gesellschaftsbezogenen Betrachtung ergibt sich insgesamt ein gemeiner Wert für Gesamthandsvermögen und Sonderbetriebsvermögen in Höhe von € 1,5 Mio.; hiervon entfallen auf jeden Gesellschafter € 750.000, so dass der dem einzelnen Gesellschafter zuzurechnende Anteil am Verwaltungsvermögen von € 300.000 unterhalb der Schädlichkeitsgrenze bleibt.[2]

Abwandlung:
Die Gesellschaft hat Verwaltungsvermögen von € 400.000 und im Sonderbetriebsvermögen des A befinden sich Verbindlichkeiten in Höhe von € 200.000.

---

[1] Jede begünstigte Einheit ist – auch bei gleichzeitiger Übertragung – gesondert daraufhin zu untersuchen, in welchem Umfang Verwaltungsvermögen vorliegt; Siehe hierzu Schwind/Schmidt, NWB 2009, 609.
[2] Siehe hierzu Geck in Kapp/Ebeling, ErbStG (November 2009), § 13 b, Rz. 73.

Lösungshinweise:

- **gesellschafterbezogene Sichtweise**

Der Mitunternehmeranteil des A beläuft sich somit auf € 300.000; das ihm anteilig zuzurechnende Verwaltungsvermögen in Höhe von € 200.000 übersteigt damit die Schädlichkeitsgrenze von 50 %. Für B ergeben sich insoweit keine Auswirkungen, da das anteilige Verwaltungsvermögen unter 50 % seines Mitunternehmeranteils in Höhe von € 500.000 liegt.

- **gesellschaftsbezogene Sichtweise**

Bei einer gesellschaftsbezogenen Betrachtung beträgt der Wert des Betriebsvermögens insgesamt € 800.000, so dass auf jeden der Gesellschafter € 400.000 entfallen. Der jedem der beiden Gesellschafter anteilig zuzurechnende Anteil am Verwaltungsvermögen in Höhe von € 200.000 übersteigt damit nicht die Schädlichkeitsgrenze von 50 %.

Die Finanzverwaltung geht für die Beurteilung offensichtlich von einer gesellschafterbezogenen Sichtweise und damit einer individuellen Berücksichtigung von (positivem und negativem) Sonderbetriebsvermögen aus[3]. Dies dürfte zutreffend sein, da nur diese Sichtweise der Zurechnung des Betriebsvermögens und insbesondere Sonderbetriebsvermögens bei Mitunternehmerschaften entspricht und letztlich zu einer „verursachungsgsgerechten" Zuordnung des schädlichen Verwaltungsvermögens führt.

b) **Immobilien und Rückausnahme Sonderbetriebsvermögen bei Zwischenschaltung von Gesellschaften**

Zum schädlichen Verwaltungsvermögen gehört nach § 13b Abs. 2 S. 2 Nr. 1 ErbStG auch Dritten zur Nutzung überlassenes Grundvermögen. Nach Satz 2 dieser Regelung gelten hiervon jedoch Ausnahmen; danach ist eine als Verwaltungsvermögen zu qualifizierende schädliche Nutzungsüberlassung an Dritte insbesondere bei Sonderbetriebsvermögen nicht anzunehmen.[4]

(1) Bei Schenkung oder Vererbung eines Mitunternehmeranteils mit Grundbesitz[5] ist hinsichtlich des im Sonderbetriebsvermögen befindlichen Grundbesitzes Verwaltungsvermögen zu verneinen und dies als Übergang von Betriebsvermögen begünstigt sofern

---

[3] Gemeinsame Ländererlasse v. 25.6.2009 zur Anwendung der geänderten Vorschriften der §§ 10 ff. ErbStG, BStBl. I 2009, 713 - H 35; hierzu Viskorf/Philipp, ZEV 2009, 230, 231 f., 233 f.
[4] Hierzu Pauli, DB 2009, 641 ff.
[5] Gemeinsame Ländererlasse v. 25.6.2009, a.a.O. (Fn. 3), Abschn. 25 Abs. 2.

- der Erblasser/Schenker als **Gesellschafter einer Gesellschaft iSd § 15 Abs. 1 S. 1 Nr. 2 EStG** (gewerblich tätige Gesellschaft)

- den Grundbesitz **dieser Gesellschaft** zur Nutzung überlassen hatte.

Zudem ist erforderlich,

- dass die **jeweilige Rechtsstellung** auf den Erwerber übergeht[6] und

- das Grundvermögen von der Mitunternehmerschaft **nicht an einen „Dritten" zur Nutzung überlassen wird**[7].

(2) Die Grundfälle des Vorliegens von Sonderbetriebsvermögen – Gleiches gilt für den Grundfall einer Betriebsaufspaltung als weitere Ausnahme - zeichnen sich dadurch aus, dass der Erblasser/Schenker

- „unmittelbarer" Eigentümer der Immobilie sowie

- „unmittelbarer" Inhaber der Beteiligung an der nutzenden Gesellschaft ist und zudem eine

- unmittelbare Nutzungsüberlassung durch den Eigentümer der Immobilie an „seine" Gesellschaft erfolgt.

Weitere Unternehmensformen, wie sie im Mittelstand häufig anzutreffen sind, lassen sich grundsätzlich auf die Rechtsform einer Mitunternehmerschaft (mit Sonderbetriebsvermögen) oder aber eine Betriebsaufspaltung zurückführen. Allerdings fehlt es bei diesen (teilweise) an dieser Unmittelbarkeit; hieraus ergibt sich die Frage, ob dies Einfluss auf die Annahme von Verwaltungsvermögen hat.

---

[6] Gemeinsame Ländererlasse v. 25.6.2009, a.a.O. (Fn. 3), Abschn. 25 Abs. 3; hieran kann es auch beim Vorbehalt eines Nießbrauchs fehlen , BFH v. 10.12.2008 - II R 34/07, DB 2009, 380.
[7] Gemeinsame Ländererlasse v. 25.6.2009, a.a.O (Fn. 3), Abschn. 25 Abs. 1 S. 2, Abs. 2 S. 2.

aa) Doppelstöckige Personengesellschaft

(1) Nutzungsüberlassung an Muttergesellschaft

Fall:

X ist Gesellschafter einer Besitz-GmbH & Co.KG, die wiederum alleinige Gesellschafterin einer (typischen) GmbH & Co.KG ist, die das operative Geschäft betreibt. X überlässt der Besitz-GmbH & Co.KG eine Immobilie zur Nutzung, die vereinbarungsgemäß von der Tochter-GmbH & Co.KG im Rahmen des von ihr betriebenen Unternehmens genutzt wird.

Lösungshinweise:

(1) Bei einer Nutzungsüberlassung einer Immobilie durch einen Gesellschafter der Muttergesellschaft an diese liegt Sonderbetriebsvermögen vor; damit ist die Immobilie gesondert zu bewerten und dem Grunde nach von der Begünstigung erfasst. Allerdings sieht § 13a Abs. 1 ErbStG eine – schädliche – Rückausnahme vor, wenn die Immobilie von der nutzenden Gesellschaft (hier: Muttergesellschaft) an einen weiteren Dritten zur Nutzung überlassen wird.

Zwar handelt es sich bei der Tochtergesellschaft um einen selbständigen Rechtsträger und damit formal um einen solchen „weiteren Dritten". Nach Sinn und Zweck müsste die Immobilie hingegen in die Begünstigung einbezogen werden, da sie dem operativen Geschäft – der Betriebsgesellschaft – dient und bei wirtschaftlicher Betrachtung letztlich „nicht außerhalb des Unternehmens" genutzt wird, an dem der Eigentümer der Immobilie als Gesellschafter beteiligt ist.[8]

(2) Unabhängig davon ist Verwaltungsvermögen auch bei einer Nutzungsüberlassung im Konzern zu verneinen, sofern keine Nutzungsüberlassung an einen konzernfremden Dritten erfolgt[9]; dabei ist auf den Konzernbegriff des § 4h EStG abzustellen[10].

Nach den in § 4h Abs. 3 S. 5 EStG Bezug genommenen einschlägigen handelsrechtlichen Vorschriften liegt ein Konzern vor, wenn ein Betrieb in einen

---

[8] Hierzu Geck in Kapp/Ebeling, ErbStG (November 2009), § 13b Rz. 98.
[9] Gemeinsame Ländererlasse v. 25.6.2009, a.a.O (Fn. 3), Abschn. 27.
[10] zum Konzernbegriff BMF v. 4.7.2008, IV C 7 – S 2742-a/07/10001, BStBl. I 2008, 718, Rz. 59-68; Schmidt/Loschelder, EStG[28], § 4h Rz. 27 ff.

Konzernabschluss eines anderen Rechtsträgers einbezogen werden könnte[11]. Dies ist regelmäßig bei einem Mutter-Tochter-Verhältnis (Beherrschung aufgrund Stimmrechtsmehrheit bzw. einheitliche Leitung) zu bejahen, wobei auch ein Einzelunternehmen als Mutterunternehmen qualifiziert werden kann; dies gilt allerdings nicht bei einer Betriebsaufspaltung, da das Besitzunternehmen nicht originär gewerblich tätig wird [12].

Ein „steuerrechtlicher Konzern" isd § 4h Abs. 3 Satz 6 EStG liegt demgegenüber bei einer einheitlichen Bestimmung der Finanz- und Geschäftspolitik vor. Dies kann neben einer Mutter/Tochter-Konstellation auch in einem Gleichordnungskonzern zu bejahen sein; Voraussetzung ist, dass derselbe Rechtsträger die Finanz- oder Geschäftspolitik bestimmen kann. Der herrschende Rechtsträger muss nicht zwingend eine gewerbliche Tätigkeit ausüben, auch natürliche Personen oder vermögensverwaltende Gesellschaften können als Konzernspitze fungieren – so etwa bei mindestens zwei beherrschenden Beteiligungen an Kapitalgesellschaften oder Mitunternehmerschaften[13].

(3) Vorliegend sind in dieser Konstellation eines Mutter-Tochter-Verhältnisses die Voraussetzungen einer Nutzungsüberlassung im Konzern gegeben. Damit ist auf der „zweiten Stufe" zwischen Muttergesellschaft und Tochtergesellschaft ein (weiterer) Ausnahmetatbestand gegeben. Insgesamt liegen daher zwei „hintereinander geschaltete" Ausnahmetatbestände (Sonderbetriebsvermögen im Verhältnis Gesellschafter/Muttergesellschaft sowie Konzern im Verhältnis Muttergesellschaft/ Tochtergesellschaft) vor, so dass die Immobilie über diese Ausnahmetatbestände aus dem Verwaltungsvermögen auszuscheiden ist und der Begünstigung unterfällt.[14]

(2) Nutzungsüberlassung an Tochtergesellschaft

Abwandlung:

X überlässt seine Immobilie unmittelbar der operativ tätigen Tochter-GmbH & Co.KG zur Nutzung.

---

[11] Hierzu Weber-Grellert, DStR 2009, 557.
[12] Hick, in: Herrmann/Heuer/Raupach, EStG (Stand: März 2009), § 4h Anm. 88 f.
[13] Hick, a.a.O. (Fn. 12), Anm. 89, 95 f.
[14] Bejahend Geck, a.a.O., (Fn. 8), Rz. 90, 99.

Lösungshinweise:
Bei einer doppelstöckigen Personengesellschaft ist die Muttergesellschaft im Regelfall alleinige Gesellschafterin der Tochtergesellschaft, so dass sie allein deren Mitunternehmer sein müsste. Nach § 15 Abs. 1 Nr. 2 S. 2 EStG wird jedoch der Gesellschafter der Muttergesellschaft einem unmittelbar an der Tochtergesellschaft beteiligten Gesellschafter gleichgestellt und somit als Mitunternehmer der Tochtergesellschaft behandelt.[15]

(1) Sofern daher bei einer doppelstöckigen Personengesellschaft der Gesellschafter der Muttergesellschaft der Tochtergesellschaft eine Immobilie zur Nutzung überlässt, handelt es sich um Sonderbetriebsvermögen bei der Tochtergesellschaft. Nach § 13b Abs. 2 S. 2 Nr. 1 ErbStG erfordert die Verschonung bei einer Nutzungsüberlassung von Grundbesitz jedoch eine Überlassung an eine Gesellschaft, an der der Überlassende als Gesellschafter beteiligt ist; nach dem Wortlaut der Vorschrift wäre daher Verwaltungsvermögen anzunehmen, so dass bei Schenkung oder Vererbung der Beteiligung an der Muttergesellschaft sowie des Grundbesitzes für letzteren die Verschonung nicht eingreift. Wenn jedoch der Gesellschafter der Muttergesellschaft ertragsteuerrechtlich als Mitunternehmer der Tochtergesellschaft qualifiziert wird, gilt er – für steuerliche Zwecke – als an dieser Gesellschaft beteiligt. Aufgrund der erbschaftsteuerrechtlichen Anknüpfung an ertragsteuerrechtliche Rechtsformen und Kategorien muss der Grundbesitz daher als Sonderbetriebsvermögen der Verschonung unterliegen.

(2) Handelt es sich um einen Mehrheitsgesellschafter der Muttergesellschaft, kann dieser im Regelfall seinen Willen in beiden Gesellschaften durchsetzen (einheitlicher geschäftlicher Betätigungswille im überlassenden wie auch nutzenden Betrieb); in dieser Konstellation dürfte – auch ohne Vorliegen der ertragsteuerrechtlichen Voraussetzungen einer Betriebsaufspaltung – bereits deshalb Verwaltungsvermögen zu verneinen sein[16] und die Immobilie (Sonderbetriebsvermögen bei der Tochtergesellschaft) auf diese Weise der Verschonung unterliegen.

---

[15] Dies hat Auswirkungen auf Sondervergütungen, die die Tochtergesellschaft an ihn zahlt, sowie auf das Vorliegen von Sonderbetriebsvermögen; hierzu Schmidt/Wacker, EStG[28], § 15 Rz. 615 ff.

Unabhängig von der Beteiligungshöhe wird zudem bei jedem Gesellschafter der Muttergesellschaft, der der Tochtergesellschaft eine Immobilie zur Nutzung überlässt, die Begünstigung eingreifen, da in diesen Fällen ein steuerlicher Gleichordnungskonzern anzunehmen ist – schließlich gilt der Gesellschafter bei beiden Personengesellschaften ertragsteuerrechtlich als Mitunternehmer.

bb) Schwesterpersonengesellschaften

Fall:

S ist alleiniger Gesellschafter einer Besitz-GmbH & Co.KG sowie einer Betriebs-GmbH & Co.KG. Nahezu einziger Vermögensgegenstand der Besitzgesellschaft ist eine Immobilie, die an die Betriebsgesellschaft zur Nutzung überlassen wird. X beabsichtigt, eine seiner Beteiligungen im Rahmen einer vorweggenommenen Erbfolge auf seine Tochter zu übertragen; die weitere Beteiligung soll dann einige Jahre später übertragen werden. Die Tochter soll jedoch in den Genuss der Verschonungsregelungen für Betriebsvermögen kommen.

Lösungshinweise:

Bei Schwester-Personengesellschaften kommt es bei einer Nutzungsüberlassung an eine gewerblich tätige Betriebs-KG oder Betriebs-GmbH & Co. KG (Betriebsgesellschaft) darauf an, bei welcher Gesellschaft die zur Nutzung überlassene Immobilie als Betriebsvermögen zu erfassen ist; dies hängt von der Rechtsform des Eigentümers der Immobilie ab.

(1) Befindet sich die Immobilie im Gesellschaftsvermögen einer Besitz-GmbH & Co. KG und damit einer gewerblich geprägten Personengesellschaft, ist die alleinige Übertragung des Gesellschaftsanteils an der Betriebsgesellschaft begünstigt, da der Grundbesitz kein Sonderbetriebsvermögen bei dieser Gesellschaft darstellt.[17]

Die alleinige Übertragung der Gesellschaftsbeteiligung an der Besitz-GmbH & Co. KG ist hingegen nicht begünstigt, da es sich bei dem zur Nutzung überlassenen Grundbesitz um Verwaltungsvermögen handelt. Zwar ist die Voraussetzung einer mitunternehmerischen Betriebsaufspaltung („personelle Verflechtung beider Gesellschaften") und damit ein einheitlicher geschäftlicher Betätigungswille in beiden Betrieben gegeben. Der Tatbestand des § 13b Abs. 1 Nr. 2 ErbStG setzt allerdings zudem voraus, dass „diese Rechtsstellung auf den Erwerber übergeht"; wenn jedoch

---

[16] Piltz, ZEV 2008, 229, 230.
[17] Schmidt/Wacker, EStG[28], § 15 Rz. 601 ff.

lediglich die Rechtsstellung hinsichtlich des in der Besitz-GmbH & Co. KG befindlichen Grundbesitzes übergeht, nicht hingegen die Rechtsstellung als Gesellschafter der Betriebsgesellschaft und damit kein „Übergang" der Betriebsaufspaltung vorliegt, ist die Begünstigung daher zu versagen.

(2) Sofern allerdings beide Beteiligungen einheitlich auf denselben Erwerber übertragen werden, werden die Voraussetzungen für einen begünstigten „Übergang der Betriebsaufspaltung" (einheitlicher geschäftlicher Betätigungswillen in beiden Betrieben) vorliegen. Allerdings könnte die FinVerw eine Parallele zur kapitalistischen Betriebsaufspaltung ziehen; in dieser Konstellation einer Nutzungsüberlassung von Grundbesitz zwischen Schwester-Kapitalgesellschaften liegen an sich die Voraussetzungen einer Betriebsaufspaltung vor – Durchsetzung eines einheitlichen geschäftlichen Betätigungswillens. Gleichwohl nimmt die FinVerw – gegen den Gesetzeswortlaut – Verwaltungsvermögen an; denn insoweit sei der hier nicht vorliegende „unmittelbare geschäftliche Betätigungswille" maßgebend.[18]

Nach Auffassung der FinVerw ist daher erforderlich, dass der die nutzende Kapitalgesellschaft beherrschende Gesellschafter Eigentümer der Immobilie ist. Oder – so der ausdrückliche Vorbehalt der FinVerw – es ist eine Konzernzugehörigkeit beider Kapitalgesellschaften zu bejahen. Überträgt man diese Erwägung, ließe sich die Begünstigung auch vorliegend wegen fehlender Unmittelbarkeit versagen, weil X als Schenker der der Betriebsgesellschaft überlassenen Immobilie nicht unmittelbar deren Eigentümer ist – damit wäre also Sonderbetriebsvermögen erforderlich. Unabhängig davon ist vorliegend ein Gleichordnungskonzern gegeben, der zu einer Begünstigung führt.

cc) **Besitzpersonengesellschaft und Betriebs-GmbH**

Ein typischer Fall einer Betriebsaufspaltung liegt vor, wenn eine Immobilie an die „eigene" Betriebs-GmbH zur Nutzung überlassen wird. Dies ist bei einer Besitzpersonengesellschaft in der Rechtsform der GbR zu bejahen, wenn etwa A und B als Eigentümer einer Immobilie in Gesellschaft bürgerlichen Rechts diese an eine Betriebs-GmbH zur Nutzung überlassen, an der sie allein beteiligt sind. Denn Miteigentum am Grundbesitz und das Halten des

---

[18] Gemeinsame Ländererlasse v. 25.6.2009, a.a.O (Fn. 3), Abschn. 25 Abs. 1 S. 6; hiergegen zu Recht Wälzholz, DStR 2009, 1605, 1610.

Grundbesitzes in GbR werden gleichbehandelt und die Beteiligung an der Immobilie den GbR-Gesellschaften bzw. Miteigentümern unmittelbar zugerechnet (ertragsteuerrechtliche Transparenz der GbR).

In diesen Fällen werden die Gesellschafter stets als Besitzunternehmen einer Betriebsaufspaltung mit einer unmittelbaren Nutzungsüberlassung durch diese an die Betriebs-GmbH, deren Gesellschafter sie sind, behandelt. Der unentgeltliche Übergang von GbR-Beteiligung sowie Beteiligung an der Betriebs-GmbH unterliegt daher der Verschonung, § 13b Abs. 2 S. 2 ErbStG.

Fall:
A und B sind alleinige Kommanditisten einer GmbH & Co.KG, in deren Gesellschaftsvermögen sich eine Immobilie befindet. Diese wird der Betriebs-GmbH, deren alleinige Gesellschafter ebenfalls A und B sind, zur Nutzung überlassen.

Lösungshinweise:
Bei einer Personenhandelsgesellschaft, also insbesondere einer GmbH & Co. KG als Besitzpersonengesellschaft, stellt sich gleichermaßen die Frage, ob mit der FinVerw die Begünstigung wegen fehlender „Unmittelbarkeit" der Nutzungsüberlassung durch den Gesellschafter der Betriebsgesellschaft zu versagen ist.

(1) In dieser Konstellation könnte die Begünstigung aber über die Ausnahmeregelung einer Nutzungsüberlassung im Konzern zu erreichen sein. Bei einer Betriebsaufspaltung fehlt es beim Besitzunternehmen zwar an der Konzernvoraussetzung eines gewerblich tätigen Unternehmens, da dieses nicht originär gewerblich tätig wird, so dass ein Besitzungernehmen im Rahmen einer Betriebsaufspaltung als Konzernspitze ausscheidet[19]. Vorliegend kommt aber ein steuerlicher Gleichordnungskonzern in Betracht, da insoweit – bezogen auf die Besitzgesellschaft – eine Mitunternehmerschaft vorliegt und deren (lediglich) gewerbliche Prägung unschädlich ist.[20] Allerdings ist typisches Kennzeichen eines Konzerns, dass ein einzelner Rechtsträger die Konzernspitze bildet. Dementsprechend setzt ein steuerlicher Gleichordnungskonzern gem. § 4h Abs. 3 S. 6 EStG voraus, dass „derselbe Rechtsträger die

---
[19] Hick, a.a.O. (Fn. 12), Anm. 88 f.
[20] Hick, a.a.O. (Fn. 12), Anm. 95.

Finanz- oder Geschäftspolitik bestimmen kann." Über eine Art „Personengruppentheorie" lässt sich jedoch eine Konzernspitze nicht begründen – jedenfalls steuerrechtlich scheidet dies nach Aufgabe der „Mehrmütterorganschaft" aus.[21]

(2) Unabhängig davon ist in dieser Fallkonstellation aber von einer unmittelbaren Nutzungsüberlassung der Immobilie durch die Gesellschafter A und B der Besitz-GmbH & Co.KG an die Betriebs-GmbH auszugehen. Zwar gilt insoweit – anders als bei einer GbR – keine ertragsteuerrechtliche Transparenz mit der Folge einer Zurechnung der Immobilie bei den Gesellschaftern. Erbschaftsteuerrechtlich sind jedoch bei Personengesellschaften, auch bei Personenhandelsgesellschaften, deren Gesellschafter die Träger des gesamthänderisch gebundenen Gesellschaftsvermögens. Dementsprechend sind die Gesellschafter als Vermögensträger bei Zuwendungen an Personengesellschaften als die steuerrechtlichen Erwerber anzusehen.[22] Damit erfolgt vorliegend spezifisch erbschaftsteuerrechtlich eine Zurechnung der Immobilie bei den Gesellschaftern A und B und demzufolge auch eine unmittelbare Nutzungsüberlassung, so dass die Immobilie aus diesem Grund kein Verwaltungsvermögen darstellt und der Übergang beider Beteiligungen der Verschonung unterliegen.

(3) Ansonsten wäre man in diesen Fällen zu einer Umstrukturierung gezwungen, um die Voraussetzungen für die Begünstigungswirkung zu erreichen. So könnte ein Formwechsel der Betriebs-GmbH in eine GmbH & Co.KG erfolgen, so dass Schwesterpersonengesellschaften vorliegen; auch wäre eine Verschmelzung zwischen beiden Gesellschaften in Betracht zu ziehen – insoweit müssen aber die ertragsteurrechtlichen Folgen beachtet und in Kauf genommen werden.

dd) Vermögensverwaltende Familien-Holding

Abwandlung:

A und B haben sich für eine Einbringung ihrer Beteiligungen an der Betriebs-GmbH in die Besitz-GmbH & Co.KG entschieden. Sie sind sich allerdings nicht sicher, ob dadurch bei einem Übergang der Beteiligung an der Besitzgesellschaft dieser der Verschonung unterliegt.

---

[21] Hierzu Kolbe in: Hermann/Heuer/Raupach, KStG (Stand: Mai 2006), § 14 Anm. 57.
[22] BFH v. 14.9.1994 – II R 95/92, BStBl. II 1995, 81; v. 15.7.1998 – II R 82/96, BStBl. II 1998, 630.

Lösungshinweise:
Bei der typischen Familien-Holding sind einzelne oder mehrere Familienmitglieder Gesellschafter einer GmbH & Co. KG; diese wiederum ist Eigentümerin einer Immobilie, die von einer Tochtergesellschaft der Familien-Holding genutzt wird. In diesen Fällen, in denen die Immobilie sowie die Beteiligung an der Betriebsgesellschaft zum Gesellschaftsvermögen der Personengesellschaft gehören, liegt ertragsteuerrechtlich eine so genannte „Einheits-Betriebsaufspaltung" vor[23].

Für die Frage der Verschonung ist von Bedeutung, dass die natürlichen Personen nicht unmittelbar Eigentümer der Immobilie – sei es als Miteigentümer oder in GbR – und Gesellschafter der Betriebsgesellschaft sind, sondern eine Besitzpersonengesellschaft (Holding) „zwischengeschaltet" ist.

(1) Handelt es sich wie vorliegend bei der Tochterbetriebsgesellschaft um eine Kapitalgesellschaft, ist vom Sinn und Zweck der Vergünstigungsnorm des § 13a Abs. 1 ErbStG an sich das Vorliegen eines einheitlichen geschäftlichen Betätigungswillens im überlassenden Betrieb (Holding) wie auch im nutzenden Betrieb (Betriebsgesellschaft) zu bejahen.

Exkurs:
Handelt es sich bei der Tochterbetriebsgesellschaft um eine Personengesellschaft (regelmäßig: GmbH & Co. KG), liegt zwar bezüglich der Immobilie Sonderbetriebsvermögen bei der Tochterpersonengesellschaft vor. Gleichwohl führt dies nicht zu einer Begünstigung der Immobilie, da die weitere Voraussetzung der Ausnahmeregelung des § 13a Abs. 1 ErbStG zum Sonderbetriebsvermögen nicht erfüllt ist – der Erblasser/Schenker ist nicht an der nutzenden Gesellschaft beteiligt. Allerdings ist bei einem Gesellschafter der Holding auch in dieser Konstellation ein einheitlicher geschäftlicher Betätigungswille im überlassenen Betrieb der Holding wie auch im nutzenden Betrieb der Tochterbetriebsgesellschaft zu bejahen.

(2) Demgegenüber könnte die Finanzverwaltung gleichfalls die Begünstigung versagen, weil es auch hier an einer unmittelbaren Nutzungsüberlassung durch den Erblasser/Schenker an die Tochterbetriebsgesellschaft als der nutzenden Gesellschaft fehlt. Das Betriebsfinanzamt würde dem Erbschaftsteuerfinanzamt somit das

(ertragsteuerrechtliche) Vorliegen einer Betriebsaufspaltung mitteilen, das Erbschaftsteuerfinanzamt sich aber über die hieraus zu ziehenden Konsequenzen hinwegsetzen.

Jedoch erfolgt in dieser Konstellation nach erbschaftsteuerrechtlichen Grundsätzen gleichfalls eine Vermögenszuordnung und damit Zurechnung des Gesellschaftsvermögens der Holding-GmbH & Co.KG bei deren Gesellschaftern. Da diese somit als Inhaber der Immobilie wie auch der Beteiligung an der Tochtergesellschaft gelten, erfolgt somit eine unmittelbare Nutzungsüberlassung der Immobilie des Schenkers/Erblassers durch diesen an die Tochtergesellschaft. Hieraus folgt zwangsläufig, dass es sich bei der Immobilie nach § 13b Abs. 2 S. 2 Nr. 1 ErbStG nicht um Verwaltungsvermögen handelt – bei einer Tochter-Personengesellschaft liegt Sonderbetriebsvermögen vor, bei einer Tochterkapitalgesellschaft liegt eine Betriebsaufspaltung vor. Damit unterliegen das Verschenken oder Vererben der Beteiligung an der Familien-Holding-GmbH & Co.KG der Verschonung.

Zudem liegen in beiden Fällen – Betriebsgesellschaft als Personengesellschaft oder Kapitalgesellschaft – aufgrund des Mutter-Tochter-Verhältnisses die Voraussetzungen eines Konzerns vor, so dass auch aus diesem Grund bezüglich der Immobilie Verwaltungsvermögen zu verneinen ist und damit die Begünstigung/Verschonung für die Beteiligung des Erblassers/Schenkers an der Familienholding eingreift.

d)   **Qualifizierte Nachfolgeklausel und Sonderbetriebsvermögen**

aa) **Sonderrechtsnachfolge Gesellschaftsbeteiligung und Erbschaftsteuerfolgen**

Fall:
Erblasser E war als Kommanditist an einer GmbH & Co.KG beteiligt, nach deren Gesellschaftervertrag die Gesellschaftsbeteiligung nur auf Abkömmlinge übergehen kann. Er hat in einem handschriftlichen Testament angeordnet, dass seine beiden Söhne sowie die Tochter zu gleichen Teilen Erben werden sollen, die Beteiligung an der GmbH & Co.KG soll jedoch „seine Tochter erhalten".

---

[23] BFH v. 27.6.2006 – VIII R 31/04, BStBl. II 2006, 874.

(1) Die erbrechtliche Nachfolge bei Personengesellschaften ergibt sich bekanntlich aus einem Zusammenwirken von gesellschaftsvertraglicher Vereinbarung und erbrechtlicher Gestaltung oder gesetzlicher Erbfolge. Sofern mehrere Personen zur Erbfolge berufen sich, unterliegt die Gesellschaftsbeteiligung jedoch nicht der Gesamtrechtsnachfolge (Universalsukzession), wie sie in § 1922 Abs. 1 BGB normiert ist. Die Gesellschaftsbeteiligung wird daher nicht gemeinschaftliches Vermögen (Gesamthandsvermögen) mehrerer Erben, sondern geht mit dem Erbfall geteilt entspr. der Erbquoten einzeln und unmittelbar auf die jeweiligen Miterben über, ohne dass es insoweit einer Auseinandersetzungsmaßnahme bedarf – sog. Sondererbfolge (Singularsukzession).

Bei einer sog. qualifizierten Nachfolgeklausel geht die Gesellschaftsbeteiligung auf einen oder mehrere – nicht jedoch alle – Erben über, die in ihrer Person die im Gesellschaftsvertrag bestimmten Qualifikationsmerkmale erfüllen. Die Gesellschaftsbeteiligung geht daher aufgrund der Sonderrechtsnachfolge auf direktem Weg vom Erblasser auf den oder die qualifizierten Nachfolger über. Zivilrechtlich findet daher kein Durchgangserwerb bei der Erbengemeinschaft statt. Letztlich ist dieser Vorgang als eine sich automatisch vollziehende Teilerbauseinandersetzung anzusehen, die zu einem Übergang einer Gesellschaftsbeteiligung mit unmittelbar dinglicher Wirkung führt[24]. Vorliegend ist daher die Tochter unmittelbar mit dem Erbfall Kommanditistin geworden. Auch wenn somit zivilrechtlich ein unmittelbarer Übergang der Gesellschaftsbeteiligung auf den qualifizierten Nachfolger stattfindet, ist die Beteiligung i.R.d. Erbauseinandersetzung „wertmäßig" einzubeziehen, da sie jedenfalls dem Werte nach Bestandteil des Nachlasses bleibt[25].

(2) Die Erbschaftsteuer als Erbanfallsteuer erfasst – im Grundtatbestand – den Erbfall (§ 3 Abs. 1 Nr. 1 ErbStG) und den hiermit verbundenen Vermögensübergang. Für die Besteuerung kommt es daher auf die Beteiligung am gesamten Nachlass entspr. der Erbquote an, die nachfolgende Erbauseinandersetzung ist grds. unbeachtlich[26]; damit wird auch bei Zuordnung von begünstigtem Vermögen (insbs. Betriebsvermögen) an einen der Miterben dessen Steuerwert allen Miterben anteilig nach ihrer Erbquote zugerechnet. Da die Begünstigung bestimmter Vermögensgruppen (z.B. Betriebsvermögen, Immobilien) nach altem Recht auf der Bewertungsebene erfolgte, kamen

---

[24] Leipold in MünchKomm/BGB[5], § 1922 Rz. 61; soll eine Gesellschaftsbeteiligung im Wege eines Vermächtnisses auf den Rechtsnachfolger übergehen, muss im Gesellschaftsvertrag sichergestellt sein, dass der Vermächtnisnehmer zu dem nachfolgeberechtigten Personenkreis gehört.
[25] BGH v. 3.7.1989 – II ZB 1/89, NJW 1989, 3152; Heldrich in MünchKomm/BGB[5], § 2032 Rz. 60.
[26] Eine von den Erbquoten abweichende Wertverschiebung, die auch der Besteuerung zugrunde zu legen ist, kann sich jedoch bei einer Ausgleichsverpflichtung gem. § 2050 BGB zwischen den Miterben hinsichtlich früherer Zuwendungen durch den Erblasser ergeben, R 5 Abs. 5 ErbStR.

jedem Miterben die begünstigenden Wirkungen in gleicher Weise zu Gute. Eine anschließende Übertragung begünstigten Vermögens i.R.d. Erbauseinandersetzung führte dementspr. nicht zu einer abweichenden Zuordnung der Begünstigung und zudem auch nicht zu einem Verstoß gegen die Behaltensregelungen des § 13a ErbStG a.F.[27]

Nunmehr ist zu berücksichtigen, dass durch die konkrete Ausgestaltung der Verschonungswirkungen gegenüber dem bisherigen Recht deutliche Änderungen in den Steuerwirkungen eintreten – insbesondere bei einer Weiterübertragung begünstigten Vermögens. Bisher ging die Verschonung lediglich bei einer Weiterübertragung von begünstigtem Vermögen durch den Erben auf den Vermächtnisnehmer oder Auflagenbegünstigten auf diese über, § 13a Abs. 3 ErbStG a.F. – Teilungsanordnungen waren erbschaftsteuerrechtlich unbeachtlich. Nunmehr soll die Verschonung auch bei einer Übertragung entspr. Vermögens im Rahmen einer Erbauseinandersetzung dem das begünstigte Vermögen übernehmenden Miterben zustehen, und zwar unabhängig davon, ob dies in Erfüllung einer Teilungsanordnung erfolgt. Denn nach der Gesetzesbegründung soll z.B. bei Betriebsvermögen derjenige entlastet werden, „der die Unternehmensfortführung tatsächlich gewährleistet und nicht derjenige, der aufgrund zivilrechtlicher Universalsukzession zunächst Eigentümer bzw. Miteigentümer geworden war" – sog. „Transportfunktion" der Verschonung.[28]

Nach der seit 1.1.2009 geltenden gesetzlichen Neuregelung ist die Begünstigung von bestimmtem Vermögen nicht mehr Bestandteil der Bewertung, sondern setzt – so auch im Wege des Verschonungsabschlages für Betriebsvermögen – im Anschluss an die Bewertungsebene an. Auf der Ebene der Erbengemeinschaft erfolgt daher lediglich die Wertermittlung und Zurechnung des Nachlasses bei den Miterben entspr. der Erbquoten. Die Verschonung soll hingegen auf der Ebene des einzelnen Miterben oder sonstigen Erwerbers von Nachlassvermögen erfolgen, so dass ihm individuell gem. der Vermögenszuordnung auch die Vergünstigung zusteht[29]. Die hierzu erforderliche Berücksichtigung von Maßnahmen der Erbauseinandersetzung im Zusammenhang mit der Verschonung ist Zielsetzung der gesetzlichen Neufassung. Die Umsetzung erfolgt über § 13a Abs. 3 sowie § 13b Abs. 3 S. 1 ErbStG, die den Wegfall der Verschonung beim Ersterwerber regeln, der begünstigtes Vermögen übertragen muss, sowie die Voraussetzungen für den Letzterwerber, unter denen dieser die Verschonung in Anspruch nehmen kann („Transport" der Verschonung); dies gilt nicht nur bei einer

---

[27] R 61 Abs. 2, R 62 Abs. 2 Satz 1 Nr. 2 ErbStR 2003.
[28] Siehe Hübner, Erbschaftsteuerreform 2009, S. 208.
[29] Ebenso Pach-Hanssenheimb, DStR 2008, 957, 961.

Erbauseinandersetzungsmaßnahme aufgrund einer vom Erblasser angeordneten Teilungsanordnung, sondern auch bei einer so genannten „freien" Erbauseinandersetzung.

(3) Dieser nach neuem Recht geltende „Gleichlauf" hinsichtlich der Transportfunktion der Verschonung bei einer freien Erbauseinandersetzung, einer Erbauseinandersetzung unter Berücksichtigung einer Teilungsanordnung sowie bei einem Vermächtnis hat auch Bedeutung für die erbrechtliche Nachfolge bei Personengesellschaften; dies gilt insb. für die sog. qualifizierte Nachfolgeklausel.

Die Rechtsprechung des II. Senats des BFH[30] sieht in einer qualifizierten Nachfolgeklausel – abweichend vom Zivilrecht - einen „Unterfall einer bloßen Teilungsanordnung" mit der Folge eines Durchgangserwerbs der Erbengemeinschaft mit automatischem Vollzug einer Teilungsanordnung. Nach früherem Erbschaftsteuerrecht führte dies dazu, dass sämtlichen Miterben die Gesellschaftsbeteiligung als Betriebsvermögen zugerechnet wurde und diesen auch die Begünstigung nach § 13a ErbStG a.F. entspr. ihrer Erbquote zugute kam. Dem das unternehmerische Engagement durch Erwerb der Gesellschaftsbeteiligung fortführenden Miterben (qualifizierter Nachfolger) stand die Begünstigung somit nur quotal (entspr. seiner Erbquote) zu; den Miterben ging sie auch nicht (teilweise) „verloren", da die – fiktive – Übertragung auf den qualifizierten Nachfolger keine schädliche Verfügung i.S.d. § 13a Abs. 5 ErbStG a.F. darstellte[31].

Diese Rechtsfolge ist durch die gesetzliche Neuregelung zur Beachtlichkeit von Teilungsanordnungen nunmehr dahingehend verändert worden, dass dem qualifizierten Nachfolger die von ihm zivilrechtlich unmittelbar erworbene Beteiligung ausschließlich zugerechnet wird und nur ihm die Verschonungswirkungen nach §§ 13a, b ErbStG zustehen[32]. Erbschaftsteuerrechtlich wird die Kommanditbeteiligung des E somit ausschließlich bei der Tochter erfasst, zudem kommen ihr allein die Verschonungswirkungen zugute. Allerdings ist der Wert der Gesellschaftsbeteiligung in die Erbauseinandersetzung wertmäßig einzubeziehen. Sofern dieser den auf die Tochter nach ihrer Erbquote von einem Drittel entfallenden Wert des Gesamtnachlasses (einschließlich des Wertes der Gesellschaftsbeteiligung) übersteigt, kommt es auf die weiteren testamentarischen Anordnungen an:

---

[30] BFH-Urt. v. 10.11.1982 – II R 85-86/78, BStBl. II 1983, 329; ebenso R 5 Abs. 1, 3 ErbStR 2003.
[31] R 62 Abs. 2 Satz 1 Nr. 2 ErbStR 2003.
[32] Ebenso Landsittel, ZErb 2009, 11, 15; Crezelius, Unternehmenserbrecht[2], Rz. 287.

- Liegt hinsichtlich der Beteiligung bzw. des dieser zukommenden „Mehrwerts" ein Vorausvermächtnis zugunsten der Tochter vor, unterliegt die Beteiligung bei ihr in vollem Umfang der Verschonung.

- Andernfalls hat die Tochter den „Mehrwert" aus ihrem sonstigen Vermögen gegenüber ihren Brüdern als Miterben auszugleichen.[33] In diesem Fall ist die Beteiligung bei ihr anteilig (soweit sie einem Drittel des Gesamtnachlasses entspricht) als begünstigtes – der Verschonung unterliegendes – Vermögen zu erfassen, im Übrigen bei den beiden Brüdern als Miterben. Hierfür steht diesen jedoch die Verschonung nicht zu, da entsprechend dem Zivilrecht für die gesamte Beteiligung vom Vorliegen einer Teilungsanordnung auszugehen ist, so dass sich diese Rechtsfolge aufgrund der „Weiterübertragungsverpflichtung" aus § 13 a Abs. 3 S. 1 ErbStG ergibt.[34]

cc) **Besonderheiten bei Vorliegen von Sonderbetriebsvermögen**

Bei einer qualifizierten Nachfolgeklausel ist für steuerrechtliches Sonderbetriebsvermögen zu beachten, dass hierfür die allgemeinen zivilrechtlichen Grundsätze gelten. Insoweit erfolgt ein Übergang nach § 1922 BGB im Wege der Universalsukzession auf sämtliche Miterben, bei denen das Sonderbetriebsvermögen zu Gesamthandsvermögen wird.[35]

Fall:
Ergänzend zum Ausgangsfall hatte X der GmbH & Co.KG eine in seinem Alleineigentum stehende Immobilie zur Nutzung überlassen; hinsichtlich deren Vererbung hatte er in seinem Testament keine besondere Anordnung getroffen.

Lösungshinweise:
(1) Die Übertragung einer Gesellschaftsbeteiligung unter Lebenden unter Rückbehalt von Sonderbetriebsvermögen führt ertragsteuerrechtlich zu einer Aufgabe des gesamten Mitunternehmeranteils, so dass in diesen Fällen keine Buchwertfortführung gem. § 6 Abs. 3 EStG erfolgt.[36] Geht Sonderbetriebsvermögen im Erbfall zum Teil auf Miterben über, bei denen es sich nicht um einen qualifizierten Nachfolger handelt, liegt ertragsteuerrechtlich nur insoweit eine Entnahme vor, die dem Erblasser zugerechnet wird. In Erbfällen führt diese teilweise Zwangsentnahme im Zusammenhang mit der qualifizierten Nachfolgeklausel hingegen nicht zu einer Betriebsaufgabe, sondern zu

---

[33] Ertragsteuerrechtlich ist die Ausgleichszahlung unbeachtlich, BMF v. 14.3.2006, BStBl. I 2006, 253 – Tz. 72; Crezelius, .a.a.O. (Fn. 33), Rz. 276.
[34] So auch Wälzholz, ZEV 2009, 113, 120.
[35] Hierzu Reimann, ZEV 2002, 487, 491 f.
[36] BFH v. 31.8.1995 – VIII B 21/93, BStBl. II 1995, 890; BMF v. 3.3.2005 – IV B 2 – S 2241-14/05, BStBl. I 2005, 459 – Tz. 5

einem Übergang der Mitunternehmerstellung auf den qualifizierten Nachfolger. Dies hat zur Folge, dass ertragsteuerrechtlich ein „kompletter" Mitunternehmeranteil übergeht, der aus der gesamten Gesellschaftsbeteiligung und dem anteiligen Sonderbetriebsvermögen besteht, soweit es auf den qualifizierten Nachfolger entfällt.[37]

(2) Damit geht unmittelbar aufgrund des Erbfalls als einheitlicher Vorgang der gesamte Mitunternehmeranteil auf den qualifizierten Nachfolger über, wenn auch auf „getrennten Wegen" – die Gesellschaftsbeteiligung aufgrund der qualifizierten Nachfolgeklausel mit unmittelbarer dinglicher Wirkung und das im Gesamthandsvermögen befindliche und ihm anteilig zuzurechnende Sonderbetriebsvermögen entspr. seiner Erbquote nach § 1922 BGB.[38] Deshalb steht dem qualifizierten Nachfolger für dieses auf ihn übergegangene Betriebsvermögen auch die erbschaftsteuerrechtliche Verschonung zu.[39]

Angesichts des Umstandes, dass für Sonderbetriebsvermögen im Zusammenhang mit einer qualifizierten Nachfolgeklausel anteilig die Verschonung entfällt, ist über Gestaltungsmöglichkeiten nachzudenken, bei denen das Sonderbetriebsvermögen insgesamt dem qualifizierten Nachfolger zugeordnet wird.

Abwandlung:
X hat nunmehr hinsichtlich der Immobilie im Sonderbetriebsvermögen in seinem Testament ergänzend vorgesehen, dass seine Tochter diese als Vorausvermächtnis erhalten soll.

Lösungshinweise:
(1) In diesem Fall geht die Gesellschaftsbeteiligung unmittelbar aufgrund der qualifizierten Nachfolgeklausel auf Tochter T über, während das Sonderbetriebsvermögen von der Erbengemeinschaft auf sie zu übertragen ist. Da in diesen Fällen ertragsteuerrechtlich eine Zwangsentnahme des anteilig auf die Miterben entfallenden Sonderbetriebsvermögens eintritt[40], entfällt der betriebliche Zusammenhang; dieser wird aber durch die Erfüllung des Vorausvermächtnisses wieder hergestellt.

---

[37] Schmidt/Wacker, EStG[28], § 16 Rz. 674; BMF v. 14.3.2006 – IV B 2 – S 2242 – 7/06, BStBl. I 2006, 253 – Tz. 73 f.; BFH v. 15.3.2000, BStBl. II 2000, 316; ebenso Geck, ZEV 2002, 41, 44; Tiedtke/Hils, ZEV 2004, 441, 446.
[38] Hierzu BMF v. 3.3.2005, BStBl. I 2005, 458 – Tz. 23: danach gilt Tz. 83 – 85 i.d.F. des BMF-Schreibens v. 11.1.1993 (BStBl. I 1993, 62) zur ertragsteuerlichen Behandlung der Erbengemeinschaft und ihre Auseinandersetzung weiter; diese entsprechen Tz. 72 – 74 in BMF v. 14.3.2006, a.a.O. (Fn. 37).
[39] Siehe auch Fischer, in Fischer/Jüptner/Pahlke, ErbStG, § 3 Rz. 172.
[40] Vgl. Schmidt/Wacker, EStG[28], § 16 Rz. 675.

Zwar ist der Erwerb von Wirtschaftsgütern des Sonderbetriebsvermögens nur dann begünstigt, sofern er unmittelbar mit dem Erwerb einer Gesellschaftsbeteiligung verbunden ist.[41] Jedoch ließe sich für die Annahme einer Verschonung die Gesamtplanrechtsprechung heranziehen; unter diesem Gesichtspunkt hat das FG Münster[42] für die ertragsteuerrechtliche Beurteilung einer zeitversetzten Übertragung von Gesellschaftsbeteiligung und Sonderbetriebsvermögen i.R.d. Erbauseinandersetzung auf einen Miterben eine „einheitliche Übertragung" angenommen.[43] Auf dieser Grundlage könnte die Tochter die Gesellschaftsbeteiligung wie auch die Immobilie im Sonderbetriebsvermögen unter Inanspruchnahme der Verschonungsregelungen erwerben.

(2) Allerdings dürfte die Anordnung eines Vorausvermächtnisses als Gestaltungsvariante – jedenfalls derzeit – ausscheiden.[44] Alternativ hierzu könnte statt einer qualifizierten Nachfolgeklausel eine einfache Nachfolgeklausel vorgesehen werden. In der letztwilligen Verfügung würden dann im Wege der Teilungsanordnung oder aber im Wege eines Vorausvermächtnisses sowohl die Gesellschaftsbeteiligung wie auch das Sonderbetriebsvermögen einem der Miterben zugewiesen. Zwar gehen die aufgrund der gesellschaftsrechtlichen Nachfolgeklausel entstehenden Gesellschaftsbeteiligungen unmittelbar auf die jeweiligen Miterben über und stehen diesen jeweils einzeln zu, sie fallen also nicht in das gesamthänderisch gebundene Nachlassvermögen. Dies steht aber der Anordnung eines Vermächtnisses – und damit auch einer Teilungsanordnung – nicht entgegen; denn die Gesellschaftsbeteiligung gehört trotz des Übergangs Kraft Sondererbfolge an die Miterben wertmäßig zum Nachlass.[45] In diesem Fall ist jedoch darauf zu achten, dass die gesellschaftsvertraglich vereinbarte Nachfolgeregelung die vorgesehene Vererbung zulässt und hierauf abgestimmt ist.

Darüber hinaus bleibt als Gestaltungsmöglichkeit, die als Nachfolger in die Gesellschaftsbeteiligung vorgesehenen Personen als Erben einzusetzen und weiteren Personen Vermächtnisse hinsichtlich des sonstigen Vermögens auszusetzen („Rollentausch").

---

[41] BFH v. 15.3.2006 – II R 74/04, BFH/NV 2006, 1663; R 51 Abs. 3 Satz 8 ErbStR.
[42] Urt. v. 22.5.2007- 13 K 1622/03 E, F, EFG 2008, 200.
[43] Insoweit weist das FG darauf hin, dass dies von der FinVerw bei Teilerbauseinandersetzungen anerkannt wird, BMF v. 14.3.2006, BStBl. I 2006, 253 – Tz. 58 f.; anders allerdings für den vorliegenden Zusammenhang in Tz. 73.
[44] Gegen eine Verschonung in diesem Fall Riedel, ZErb 2009, 2, 5; ebenso Crezelius, a.a.O. (Fn. 33), Rz. 289 – auch zu Alternativgestaltungen vor ertragsteuerrechtlichem Hintergrund, Rz. 277.
[45] BGH v. 4.5.1983 – IV a ZR 229/81, NJW 1983, 2376, unter 3.

Zudem kann sich – jedenfalls bei frühzeitiger Planung – die Vermeidung von Sonderbetriebsvermögen anbieten, um auf diese Weise die unterschiedlichen Vererbungsfolgen und einen teilweisen Wegfall der Verschonung von Betriebsvermögen zu vermeiden. So kann dieses zusammen mit der Gesellschaftsbeteiligung in eine „rechtliche Einheit" gebracht werden (Familien-Holding) oder in eine Schwester-Personengesellschaft überführt werden.[46]

---

[46] Zur Einschaltung bzw. Zwischenschaltung einer weiteren Personengesellschaft Schmidt/Wacker, EStG[28], § 15 Rz. 858 f; § 16 Rz. 675.

5. Konkurrenz der Behaltenstatbestände (Stein)

Fall: S ist der Alleinerbe des am 1.7.2009 verstorbenen V. Im Nachlass befindet sich u.a. eine 50%-Beteiligung an der V-GmbH & Co. KG, bei der V geschäftsführender Gesellschafter war; die anderen 50% hält dessen Bruder. Die V-GmbH & Co. KG hatte im Zuge der Finanzkrise erhebliche Umsatzeinbrüche zu verkraften. V hatte deswegen zum 1.1.2009 ein Drittel der Belegschaft entlassen. Am 2.1.2010 verstirbt auch der kinderlose Bruder des V, der dem S seine 50%-Beteiligung an der V-GmbH & Co. KG im Wege des Vermächtnisses zuwendet. Der Verkehrswert der V-GmbH & Co. KG betrage zu allen Stichtagen 20 Mio. €. Die Lohnsumme betrage 10 Mio. € bis zum 31.12.2008 und danach 6 Mio. € (unter bewusster Vernachlässigung etwaiger Abfindungen!). S entscheidet sich zum 1.1.2011 einen seit Jahren verlustträchtigen Teilbetrieb der V-GmbH & Co. KG, der mit dem sonstigen Unternehmen nicht mehr verbunden Dienstleistungen erbringt aber historisch den Unternehmenskern ausmachte, zum Kaufpreis von 1 Mio. € an einen strategischen Investor zu verkaufen. Aus Sicht des S ein echter Glücksfall. Die auf den Teilbetrieb entfallende Lohnsumme betrage 4 Mio. € zu allen Zeitpunkten. S erhält regelmäßig Angebote, seine 100%-Beteiligung zu verkaufen. Das kommt für ihn bislang nicht in Betracht, weil er den väterlichen Betrieb an die 4. Generation weitergeben möchte. Als der Steuerberater erstmals vom Verkauf des Teilbetriebs hört, meint er, über einen Gesamtverkauf müsse man jetzt ernsthaft nachdenken. Die Erbschaftsteuer sei ja kaum mehr zu bezahlen.

Bekanntermaßen muss die Steuerbegünstigung der §§ 13a,13b ErbStG „verdient" werden durch die Beachtung bestimmter „Wohlverhaltensregeln" in Form der sog. „Lohnsummenregelung" und der sog. „Behaltensregelung". Sprachlich sind diese Bezeichnungen etwas ungenau, weil es auf eine Handlung des Erwerbers für die Entstehung der Nachsteuer nicht in allen Fällen ankommt - aber sie entsprechen dem Leitbild des Gesetzgebers.

Durch das Wachstumsbeschleunigungsgesetz wurden mit Wirkung vom 1. Januar 2010 vor dem Hintergrund der Finanzkrise die Schwellen gesenkt. Somit ergibt sich folgendes – vereinfachtes – Bild:

Regeloption (85%ige Steuerbefreiung)		Verschonungsoption (100%ige Steuerbefreiung)	
1.1.-31.12.2009	ab 1.1.2010	1.1.-31.12.2009	ab 1.1.2010
7 Jahre Behaltensfrist mit jährlicher Abschmelzung	5 Jahre Behaltensfrist mit jährlicher Abschmelzung	10 Jahre Behaltensfrist mit jährlicher Abschmelzung	7 Jahre Behaltensfrist mit jährlicher Abschmelzung
7 Jahre Lohnsumme = 650% der Ausgangslohnsumme mit Nachsteuer auf die Differenz	5 Jahre Lohnsumme = 400% der Ausgangslohnsumme mit Nachsteuer auf die Differenz	10 Jahre Lohnsumme = 1.000% der Ausgangslohnsumme mit Nachsteuer auf die Differenz	7 Jahre Lohnsumme = 700% der Ausgangslohnsumme mit Nachsteuer auf die Differenz

Nicht im Gesetz geregelt ist die Konkurrenz bei Verletzung der Nachsteuertatbestände. In diesem Fall wäre also zunächst zu prüfen, ob der Verkauf des Teilbetriebs „Dienstleistungen" zum 1.1.2011 einen Verkauf wesentlicher Betriebsgrundlagen im Sinne des § 13a Abs. 5 Satz 1 Nr. 1 Satz 2 1. Alternative ErbStG darstellt („Gleiches gilt, wenn wesentliche Betriebsgrundlagen eines Gewerbebetriebs veräußert oder in das Privatvermögen überführt oder anderen betriebsfremden Zwecken zugeführt werden oder [...]). Versteht man den Begriff der wesentlichen Betriebsgrundlagen einkommensteuerrechtlich, ist ein argumentum a minore ad majus sachgerecht, weil ein Teilbetrieb als qualifizierte Einheit von Wirtschaftsgütern mehr ist als eine einzelne wesentliche Betriebsgrundlage (vgl. etwa Meincke, ErbStG, § 13a Rn. 30, Jülicher, in Troll/Gebel/Jülicher, ErbStG, § 13a Rn. 243).

Bei Kapitalgesellschaften kommt es darauf an, ob der Veräußerungsgewinn ausgeschüttet wird (§ 13a Abs. 5 Satz 1 Nr. 4 Satz 2 ErbStG). Veräußerung und Ausschüttung sind insoweit kumulativ zu erfüllende Tatbestandsmerkmale. Abschnitt 16 Abs. 1 Satz 3 ErbSt-Erlass v. 25. Juni 2009 (BStBl. I 2009, 713, 726) sieht auch bei Personenunternehmen eine Nachversteuerung nur als gegeben an, wenn es zur Entnahme kommt. Das Gesetz allerdings sieht die Entnahme wesentlicher Betriebsgrundlage in § 13a Abs. 5 Satz 1 Nr. 1 Satz 2 ErbStG als Tatbestandsalternative zur Veräußerung. Bei der Veräußerung wesentlicher Betriebsgrundlagen kommt es nach dem Wortlaut auf eine anschließende Entnahme des Veräußerungserlöses nicht an. Man darf den Erlass als begrüßenswerten Beitrag der Finanzverwaltung zur rechtsformunabhängigen Interpretation der Nachversteuerungstatbestände verstehen. Auf die Reinvestitionsklausel des § 13a Abs. 5 Satz 3 und 4 ErbStG kommt es demnach nicht mehr an.

Würde man eine Nachversteuerung bejahen, ist der Höhe zu ermitteln. Der Wortlaut des Gesetzes spricht für eine volle Steuerschädlichkeit („Gleiches gilt, <u>wenn</u> [...]" und nicht <u>insoweit</u>). Sachlich geboten ist allerdings eine teleologische Reduktion auf die schädliche Maßnahme (vgl. auch Jülicher, in Troll/Gebel/Jülicher, ErbStG, § 13a Rn. 237 für die Entnahme von SBV). Entsprechend der stichtagsbezogenen Betrachtungsweise wird man auf das Verhältnis der Verkehrswerte der veräußerten Wirtschaftsgüter im Zeitpunkt der Bewertung zum Verkehrswert des Unternehmens abstellen (das entspricht offensichtlich auch der Meinung der Finanzverwaltung, vgl. Abschnitt 10 Abs. 2, Satz 4 und 5; Abschnitt 16 Beispiel 3 ErbSt-Erlass v. 25. Juni 2009, BStBl. I 2009, 713, 723, 728f.). Bei einem „Verlustbringer" ist dieser Wert ohne stille Reserven in der Substanz idR. Null. Dass später durch glückliche Umstände ein höherer Kaufpreis erzielt werden kann, ist irrelevant. Der Streit über den richtigen Wert mit der Finanzverwaltung im Nachhinein ist allerdings vermutlich vorprogrammiert, die dazu neigen dürfte, stille Reserven in immateriellen Wirtschaftsgütern zu suchen (und nicht in der Bereitschaft des Investors dessen Synergien teilweise zu vergüten).

Besondere „Sprengkraft" steckt in der reduzierten Lohnsumme. Zunächst ist die Methodik der Ermittlung der Ausgangslohnsumme nach dem Durchschnitt der letzten 5 Jahre vor dem Stichtag (§ 13a Abs. 1 Satz 3 ErbStG) als typische „Schönwetterregelung" krisenverschärfend. Hinzu kommt die Minderung der Lohnsumme des verkauften Teilbetriebs. Bezogen auf eine Ausgangslohnsumme von 9,6 Mio. € bzw. 9,2 Mio. € (unterschiedliche Auswirkung der Minderung der Jahreslohnsumme von 10 auf 6 Mio. € durch die verschiedenen Stichtage) bedeuten die Personalreduktion und der Verkauf des Teilbetriebs, die die Lohnsumme jeweils um 4 Mio. € reduzieren, eine Verringerung von jeweils über 40%. Begünstigungsfähig wären nach Ablauf der sieben- bzw. fünfjährigen Frist bezogen auf 650% der Ausgangslohnsumme von 9,6 Mio. € ca. 25% und bezogen auf 400% von 9,2 Mio. € ca. 27%. Mithin ergäbe sich ein Nachversteuerungsvolumen von jeweils ca. 6 Mio. € (von jeweils 8,5 Mio. €).

Schwierig zu beurteilen ist das Zusammentreffen von Verstößen sowohl gegen die Lohnsummenregelung, als auch gegen die Behaltensvoraussetzungen. Die Finanzverwaltung hat sich bekanntermaßen für eine Kombination beider Regelungen dergestalt entschieden, dass der weitergehende „Mangel" maßgeblich ist (Abschnitt 16 Abs. 3 Satz 2 ErbSt-Erlass v. 25. Juni 2009, BStBl. I 2009, 713, 726; zustimmend Philipp, in Viskorf/Knobel/Schuck, ErbStG, 3. Aufl. 2009, § 13a Rn. 144).

Der Wortlaut der maßgeblichen Bestimmungen gibt dieses Ergebnis nicht her. Wie § 13a Abs. 1 Satz 5 ErbStG zeigt, ist Satz 2 *[§ 13a Abs. 1 Satz 2 ErbStG zur Lohnsumme lautet: „[2]Voraussetzung ist, dass die Summe der maßgebenden jährlichen Lohnsummen (Absatz 4) des Betriebs, bei Beteiligungen an einer Personengesellschaft oder Anteilen an einer Kapitalgesellschaft des Betriebs der jeweiligen Gesellschaft, innerhalb von sieben Jahren nach dem Erwerb (Lohnsummenfrist) insgesamt 650 (ab 2010: 400) Prozent der Ausgangslohnsumme nicht unterschreitet (Mindestlohnsumme)."]* schon sprachlich misslungen, wenn von einer Voraussetzung die Rede ist. Vielmehr ist die Ausgangslohnsumme zunächst irrelevant und erst am Ende der Wohlverhaltensfrist erfolgt eine Korrektur *[Satz 5 hat folgenden Wortlaut: „Unterschreitet die Summe der maßgebenden jährlichen Lohnsummen die Mindestlohnsumme, vermindert sich der nach Satz 1 zu gewährende Verschonungsabschlag mit Wirkung für die Vergangenheit in demselben prozentualen Umfang, wie die Mindestlohnsumme unterschritten wird."].* Eine Unterschreitung der Mindestlohnsumme kann also erst nach Ablauf der identischen Nachsteuerfrist des Abs. 5 festgestellt werden, obwohl hier die Verfehlung des Ziels bereits nahezu feststeht und nur der Umfang der Zielverfehlung unklar bleibt.

Denkbar wäre die Abschlagsminderung der Lohnsumme nur zeitanteilig, nämlich bis zu einer Behaltensfristverletzung zu berechnen (so Meincke, ErbStG, 15. Aufl. 2009, § 13a Rn. 26), was aber der Wortlaut des § 13a Abs. 1 Satz 5 ErbStG schon nicht hergibt.

Grammatikalisch überlagert die Behaltensregelung nach Abs. 5 die Lohnsummenregelung, denn der gesamte Verschonungsabschlag nach Abs. 1 und damit auch die Lohnsummenregelung fallen unter bestimmten Voraussetzungen weg. *[§ 13a Abs. 5 Satz 1 ErbStG beginnt wie folgt: "Der Verschonungsabschlag (Absatz 1) und der Abzugsbetrag (Absatz 2) fallen nach Maßgabe des Satzes 2 mit Wirkung für die Vergangenheit weg, soweit der Erwerber innerhalb von sieben (ab 2010: fünf) Jahren (Behaltensfrist) [...]".]* Dieses Ergebnis ist auch sinnvoll, wenn man Lohnsummenregelung und Behaltensregelung als einheitliche typisierte „Wohlverhaltenserfordernisse" versteht in dem Sinne, dass der Erwerber den übernommenen Betrieb für eine bestimmte Zeit (5/7 bzw. 7/10 Jahre) fortführt und dabei auch die vorhandenen Arbeitsplätze nicht über die Maßen reduziert. Soweit die Verringerung der Lohnsumme nicht auf arbeitsrechtlich zulässigen Maßnahmen beruht, sondern auf Umstrukturierungen jedweder Art (bis hin zur Aufgabe oder dem Verkauf), ist die Behaltensregelung des Abs. 5 der richtige Regelungskontext. Es ist weder sinnvoll noch - mangels Mitwirkungspflichten des Käufers - durchführbar die Lohnsumme nach einer Veräußerung weiter zu kontrollieren. Zudem drohen hier nicht sachgerechte Kaskadeneffekte (Jülicher, in Troll/Gebel/Jülicher, ErbStG, § 13a Rn. 31). Das alles spricht dafür, die Behaltensregelung im Bereich schädlicher Umstrukturierungen im weitesten Sinne als lex specialis anzusehen, die die Lohnsummenregelung verdrängt.

Eine solche Interpretation führt dazu, dass die Folgen eines Verstoßes gegen die Lohnsummenregelung durch eine gezielte Verletzung der Behaltensregelung am Ende der Wohlverhaltensfrist begrenzt werden könnten (siehe auch Jülicher, in Troll/Gebel/Jülicher, ErbStG, § 13a Rn. 31 mwN).

In diesem Fall wäre zu beachten, dass das Fristende des zweiten Erbfalls früher liegt, als das des ersten Erbfalls, also in 2014 (fünftes Jahr) ein Verkauf erfolgen müsste. Bezogen auf den ersten Erbfall entfielen 2/7 und bezogen auf den zweiten Erbfall 1/5 der Begünstigung.

Will man mit der Finanzverwaltung beide Nachsteuertatbestände anwenden, bleibt zu klären, ob bei einer Teilbetriebsveräußerung die Nachversteuerung bei der Lohnsumme sich auf das Verhältnis der betroffenen Teilbetriebe zum Gesamterwerb / Unternehmen bezieht oder eine einheitliche Größe darstellt. Für letzteres spricht, dass der Nachsteuertatbestand auf den Erwerb, also auf das Begünstigungsobjekt abstellt, hier in Form des Mitunternehmeranteils. Begreift man den Mitunternehmeranteil im Sinne der einkommensteuerlichen Sichtweise (zur Problematik siehe etwa Jülicher, in Troll/Gebel/Jülicher, ErbStG, § 13a Rn. 143) als Äquivalent zum Betrieb des Einzelunternehmers, wäre es sachgerechter, auf den Teilbetrieb abzustellen. Dafür spricht auch, dass die Behaltenstatbestände des § 13a Abs. 5 ErbStG die Einheit von Begünstigungsobjekt und schädlicher Verhaltensweise zugunsten einer wirtschaftlicheren Betrachtungsweise aufgeben, um zu sachgerechten Ergebnissen zu gelangen. Folge wäre hier, dass die Unterschreitung der Mindestlohnsumme, soweit sie auf den verkauften Teilbetrieb zurückzuführen ist, im Ergebnis folgenlos bliebe, weil der Wert dieses Teilbetriebs mit Null anzusetzen ist. Schädlich bliebe nur die Reduktion der Lohnsumme vor den Erbfällen, die immerhin noch mit ca. jeweils ca. 3 Mio. € nachträglicher Bemessungsgrundlage zu Buche schlägt.

Folgt man dieser Auffassung, wäre eine vorsätzliche Verletzung der Behaltensfrist als Gestaltungsmittel weniger „effektiv".

Fazit: Die Nachversteuerungsregelungen, die an sich schon kompliziert genug sind, sind aufeinander nicht abgestimmt und werfen eine Vielzahl von gesetzlich nicht geregelten Konkurrenz- und Auslegungsproblemen auf.

9. Generalthema

15.00 –
18.45 Uhr
Aktuelle Fragen aus dem Bilanzsteuerrecht und der Betriebsprüfung

Leitung:

Wirtschaftsprüfer und Steuerberater
Dipl.-Kfm. Manfred **Günkel,** Düsseldorf

Referenten und Bearbeiter des Arbeitsbuches:

Wirtschaftsprüfer und Steuerberater
Dipl.-Kfm. Manfred **Günkel,** Düsseldorf

Hartmut **Wolter,**
Leiter Steuerabteilung Deutsche Lufthansa AG

Rechtsanwalt und Steuerberater
Prof. Dr. Heinz-Klaus **Kroppen,** Düsseldorf

Oberamtsrat Günter **Morlock,**
Zentrales Konzernprüfungsamt Stuttgart

Regierungsdirektor Hermann-Josef **Birkhan,**
Bundeszentralamt für Steuern

Richter am Bundesfinanzhof,
Dr. Klaus **Buciek,** München

Prof. Dr. Klaus-Dieter **Drüen,**
Heinrich-Heine-Universität Düsseldorf,
Lehrstuhl für Unternehmenssteuerrecht

I. Rückstellungen bei Wartungsverträgen

II. Teilwertabschreibungen auf Darlehen

III. Besteuerung von Immobilieneinkünften einer beschränkt steuerpflichtigen Kapitalgesellschaft bei Fremdfinanzierung der Immobilie und Verzicht auf die Darlehensforderung seitens des Fremdkapitalgebers

IV. Ertragsteuerliche Organschaft – Faktische Auflösung – Übernahme von Verlusten

V. Abzug von Verlusten einer EU-Betriebsstätte bei Einstellung der Betriebsstätte

VI. Umqualifizierung Zinseinkünfte in verdeckte Gewinnausschüttungen, § 8a KStG

VII. Verzögerungsgelder im Rahmen der Außenprüfung

Fall Nr. 1   *Hermann Josef Birkhan*

Rückstellungen bei Wartungsverträgen

I. Sachverhalt

Die Alpha-GmbH (A) produziert und vertreibt Großanlagen. Vertragsgegenstand der von A abgeschlossenen Verträge ist die Herstellung, die Errichtung und die Inbetriebnahme von Großanlagen. A qualifiziert die Verträge - entsprechend dem vorgelegten Vertragsmuster - als Werklieferungsverträge (§§ 631 ff. BGB), in denen die Gewährleistungs- und Haftungsfragen dispositiv geregelt sind.

Gewährleistungsansprüche der Auftraggeber sind auf Nacherfüllungsansprüche beschränkt. Ansprüche auf Schadensersatz, auch wegen Verzugs oder eines Mangels der Großanlage, sind ausgeschlossen. Gewährleistungsansprüche verjähren in zwei Jahren nach Abnahme der Anlage.

A bietet den Abnehmern für die errichteten Großanlagen zugleich einen Service- bzw. Wartungsvertrag an, und zwar in drei verschiedenen Varianten.

Variante a) "Standardwartungsvertrag"
Dieser Vertrag beinhaltet die regelmäßige Wartung der gelieferten Anlage gemäß den technischen Notwendigkeiten. Dazu gehört u. a.: die Kontrolle der schalttechnischen Einrichtungen, Kontrolle der Betriebs- und Anlagenfunktionen, Messungen und erforderliche Nachjustierungen sowie Ölstandskontrollen und Schmierdienste. Materialien und Verschleißteile sowie Behebungen von Störungen und Reparaturen sind im Leistungsumfang nicht enthalten und werden nach Aufwand gesondert abgerechnet. Das jährliche Pauschalentgelt für die Wartung beträgt 5.000 EUR. Die Vertragslaufzeit ist frei vereinbar.

Variante b) "Vollwartungsvertrag"
Dieser Vertrag beinhaltet die Wartung und Inspektion nach festgelegten Wartungsprotokollen sowie die Instandhaltung und Instandsetzung der Anlage.

A gewährleistet die Betriebsbereitschaft der Anlage und ist verpflichtet, die Schäden an der Anlage auf eigenen Kosten zu beseitigen. Ausgenommen sind Schäden aufgrund höherer Gewalt, Vandalismus oder Vorsatz und grober Fahrlässigkeit des Auftraggebers. Ferner übernimmt A gegenüber dem Auftraggeber eine sogenannte Verfügbarkeitsgarantie dergestalt, dass die Anlage nach Abnahme 95% technisch verfügbar sein muss. Wird die Grenze unterschritten, ersetzt A den damit verbundenen Schaden.

Der Vollwartungsvertrag wird für eine Mindestlaufzeit von 10 Jahren plus Verlängerungsoption abgeschlossen und beginnt mit Ablauf der Gewährleistung, also zu Beginn des dritten Jahres nach Abnahme der Anlage. Der Vertrag enthält eine Preisanpassungsklausel. Das jährliche Pauschalentgelt beträgt bei dieser Vertragsvariante 17.000 EUR.

Für den Zeitraum zwischen Abnahme der Anlage und Beginn des Vollwartungsvertrages wird üblicherweise ein Standardwartungsvertrag abgeschlossen.

Variante c) "Vollwartungsvertrag-Sofort"
Dieser Vertragstyp entspricht im Leistungsumfang der Variante b). Vertragsbeginn erfolgt jedoch sofort mit Abnahme der Anlage. Mindestlaufzeit des Vertrages ist 10 Jahre. Das jährlich zu entrichtende Pauschalentgelt ist niedriger als bei Variante b) und beträgt 15.000 EUR.

Nahezu alle Kunden schließen Wartungsverträge ab. Dabei entfallen ca. 80% der Verträge auf die Variante Vollwartungsvertrag-Sofort und jeweils 10% auf die Varianten a) und b).

Die von A gebildeten Rückstellungen werden in der Schlußbesprechung kontrovers diskutiert. A hat im Prüfungszeitraum für alle gelieferten Anlagen Garantie- bzw. Kulanzrückstellungen in Höhe des zu erwartenden Aufwands passiviert. Für Schäden, die innerhalb der zweijährigen Garantiezeit zu erwarten waren, wurden Garantierückstellungen gebildet und für Maßnahmen, die außerhalb der Garantiezeit lagen, wurden Kulanzrückstellungen angesetzt. A hat bei der Rückstellungsbildung nicht danach unterschieden, welche Variante von Wartungsvertrag für die einzelne Anlage abgeschlossen wurde. A vertritt die Ansicht, alle gebildeten Rückstellungen beruhen auf den Werklieferungsverträgen - sei es aus Gründen der Gewährleistung oder aus Kulanz - und sind dem Grunde nach anzuerkennen.

Die Betriebsprüfung teilt diese Meinung nicht und nimmt anhand der vorgelegten Unterlagen eine anlagenbezogene Zuordnung der entstandenen Kosten nach Zeitpunkt und Veranlassung vor.

II. Lösungshinweise

1. Zivilrecht

a) Werklieferungsvertrag

A bezeichnet den Vertrag für die Lieferung seiner Anlagen als Werklieferungsvertrag. Dies ist die - vor dem Schuldrechtsmodernisierungsgesetz vom 26.11.2001 - gebräuchliche Bezeichnung für einen Vertrag, der die Lieferung herzustellender oder zu erzeugender Sachen zum Gegenstand hat. Auf diesen Vertragstyp finden grundsätzlich die Vorschriften über den Kauf Anwendung, § 651 S. 1 BGB. Eine gesonderte Garantieverpflichtung nach § 443 BGB, die regelmäßig über die Haftung für die bloße Vertragsmäßigkeit der Leistung hinausgehen muss, ist dem Werklieferungsvertrag nicht zu entnehmen; im Gegenteil: der Vertrag beschränkt die Sachmängelhaftung auf Nacherfüllung entsprechend § 439 BGB.

b) Wartungsverträge

Unter den Begriff Wartung fällt kein von vorneherein fest umrissenes Leistungsspektrum. Im Kern geht es bei Wartung um den Erhalt der Funktionstüchtigkeit von technischen Geräten und Anlagen, die der Nutzer selbst nicht "warten" kann.

Im allgemeinen Sprachgebrauch wird Wartung als Oberbegriff verwendet für die Bereiche Instandhaltung und Instandsetzung. Der technische Sprachgebrauch verwendet die Instandhaltung als Oberbegriff für Wartung und Instandsetzung[1]. Die Wartung dient danach der Bewahrung des Sollzustandes und umfasst als Einzelmaßnahmen typischerweise das Reinigen, Konservieren, Schmieren, Ergänzen und Nachjustieren. Die Inspektion dient hingegen

---

[1] AGB-Klauselwerk / DRETTMANN, Wartungsverträge, Rdn.1

der Feststellung und Beurteilung des Istzustandes[2]. Wartungsleistungen werden in der Praxis als "Kundendienstleistung", "Allgemeine Dienstleistung" oder auch "Serviceleistung" deklariert. Im EDV-Bereich bezieht sich Wartung in der Regel auf die Hardware und der Begriff "Pflege" auf die Software. Unter dem Schlagwort "Facility-Management" wird häufig die Wartung, Inspektion und Instandsetzung technischer Gebäudeanlagen (z.b. Heizung, Klimaanlagen, Aufzüge, Elektrotechnik) angeboten.

Die Rechtsnatur eines Wartungsvertrages, der nach Art und Umfang vielgestaltig sein kann, ist demzufolge umstritten[3]. Es kommt auf die einzelnen Vertragsgestaltungen an.

Sind im Rahmen eines Dauerschuldverhältnisses bestimmte Kontroll- und auch Reparaturleistungen zu erbringen, dann besteht die vertragliche Verpflichtung u. a. darin, den Wartungsgegenstand auf Störquellen zu überprüfen und Störungen zu beseitigen. In diesem Falle, wird ein konkreter Erfolg geschuldet, so dass Werkvertragsrecht Anwendung findet[4]. Die Vollwartungsverträge des A sind demnach als Werkverträge zu qualifizieren. Dies insbesondere unter dem Aspekt, dass A auch eine Verfügbarkeit der Anlage zu 95% garantiert.

Beim Standardwartungsvertrag stehen Serviceleistungen im Vordergrund, folglich ist Dienstleistungsrecht anzuwenden.

2. Handels- und Steuerrecht

A hat als bilanzierender Gewerbetreibender für ungewisse Verbindlichkeiten handelsrechtlich nach § 249 Abs. 1 Satz 1 i. V. m. § 252 Abs.1 Nr. 4 HGB und steuerrechtlich nach § 8 Abs. 1 KStG i. V. m. § 5 Abs. 1 Satz 1 EStG eine Rückstellung zu bilden.

Grundsätze für die Bildung einer Rückstellung für ungewisse Verbindlichkeiten sind dem amtlichen Einkommensteuer-Handbuch 2009[5] zu entnehmen. Danach ist eine Rückstellung für ungewisse Verbindlichkeiten nur zu bilden, wenn

---

[2] KÜHNEL, BB 1985, 1227

[3] MünchKommBGB / BUSCHE, § 631 Rdn. 282

[4] MünchKommBGB / BUSCHE, § 631 Rdn. 284; BAMBERGER / ROTH / VOIT BGB, § 631 Rdn. 30; vgl. PALANDT / SPRAU, BGB, Einf. v. § 631 Rdn. 30

[5] R 5.7 Abs. 2 EStR 2008

- es sich um eine Verbindlichkeit gegenüber einem anderen oder eine öffentlich-rechtliche Verpflichtung handelt,
- die Verpflichtung vor dem Bilanzstichtag wirtschaftlich verursacht ist,
- mit einer Inanspruchnahme aus einer nach ihrer Entstehung oder Höhe ungewissen Verbindlichkeit ernsthaft zu rechnen ist und
- die Aufwendungen in künftigen Wirtschaftsjahren nicht zu Anschaffungs- oder Herstellungskosten für ein Wirtschaftsgut führen.

Handelsrechtlich zu bildende Rückstellungen für drohende Verluste aus schwebenden Geschäften nach § 249 Abs. 1 Satz 1 HGB werden steuerlich nicht anerkannt, § 5 Abs. 4 a EStG. Schwebende Geschäfte sind gegenseitige Verträge i. S. d. §§ 320 ff. BGB (z. B. Dauerschuldverhältnisse wie Arbeits- und Mietverträge), die von den Vertragsparteien noch nicht voll erfüllt sind.

Für schwebende Geschäfte gilt die Vermutung der Ausgeglichenheit vom Wert der Leistung und Gegenleistung[6], daher sind Verpflichtungen aus schwebenden Geschäften grundsätzlich nicht zu passivieren, es sei denn, das Gleichgewicht von Leistung und Gegenleistung ist durch Erfüllungsrückstände gestört. In diesen Fällen sind Rückstellungen sowohl handels- als auch steuerrechtlich auszuweisen[7]. Der Erfüllungsrückstand betrifft mithin die Nichterfüllung einer Schuld, die im abgelaufenen Wirtschaftsjahr oder auch früher hätte erfüllt werden müssen, von einer der Vertragsparteien aber nicht erfüllt worden ist. Der Erfüllungsrückstand erfordert keine Fälligkeit der Schuld; Erfüllungsrückstand kommt auch in Betracht, bei Nichterfüllung einer noch nicht fälligen Schuld[8].

Ferner sind nach § 249 Abs. 1 Satz 2 Nr. 2 HGB Rückstellungen für Gewährleistungen zu bilden, die ohne rechtlichen Grund (z. B. aus Kulanz) erbracht werden. Dies ist jedoch nur

---

[6] BFH v. 07.10.1997, VIII R 84/94, BStBl II 1998, 331; BLÜMICH / SCHREIBER, § 5 EStG, Rdn. 855,863

[7] R 5.7 Abs. 7 EStR 2008

[8] BFH v. 03.12.1991, VIII R 88/87, BStBl II 1993,89; SCHMIDT / WEBER-GRELLET, EStG § 5 Rdn. 452

zulässig, wenn sich der Kaufmann den Gewährleistungen aus geschäftlichen Erwägungen nicht entziehen kann[9].

a) Werklieferungsvertrag und "Standardwartungsvertrag"

A hat mit Lieferung der Großanlagen für zwei Jahre die Gewähr für die Mängelfreiheit der Anlage übernommen.

Für die Garantie- und Gewährleistungsverpflichtungen hat A Rückstellungen zu bilden, sofern während des Gewährleistungszeitraums mit einer Inanspruchnahme ernsthaft zu rechnen ist und die Mängel zum Bilanzstichtag noch nicht beseitigt worden sind. Gewährleistungsverpflichtungen können als Einzelrückstellung für die bis zum Bilanzstichtag bekannt gewordenen Fälle oder als Pauschalrückstellung gebildet werden. Konkrete Risiken sind als Einzelrückstellungen auszuweisen, ansonsten ist eine Pauschalrückstellung zu bilden[10].

Bei der Bildung der Kulanzrückstellungen beruft sich A ebenfalls auf die Werklieferungsverträge. Voraussetzung für die Passivierung einer Kulanzrückstellung ist die Beseitigung von Mängeln an eigenen Lieferungen und Leistungen. Ferner muss es sich um Mängel handeln, die dem Lieferer bzw. Veräußerer angelastet werden können und nicht etwa auf natürlichen Verschleiß oder unsachgemäße Behandlung zurückzuführen sind[11]. Rückstellungen für Kulanzleistungen kommen nur in Betracht für Mängelbeseitigungen nach Ablauf der Gewährleistungsfrist. Sofern A nachweist, dass er sich diesen Verpflichtungen aus tatsächlichen und wirtschaftlichen Gründen nicht entziehen kann bzw. will, ist diese Leistungsbereitschaft als Rückstellung auszuweisen[12].

---

[9] R 5.7 Abs. 12 EStR 2008

[10] BFH v. 07.10.1982, IV R 39/80, BStBl II 1983, 104
CREZELIUS in KIRCHHOF, EStG, 9. Aufl., § 5 Rdn. 159,
Garantie- und Gewährleistungsverpflichtungen

[11] BFH v. 06.04.1965, I 23/63 U, BStBl III 1965, 383

[12] KOZIKOWSKI / SCHUBERT in Beck Bil-Komm., 7. Aufl., § 249, Rdn. 113, 31

Aus dem als Dienstleistungsvertrag zu qualifizierenden Standartwartungsvertrag ergeben sich keine den Gewährleistungsansprüchen aus dem Werklieferungsvertrag vergleichbaren Verpflichtungen, so dass keine Anspruchskonkurrenz gegeben ist.

Mithin sind sowohl für die Gewährleistungsverpflichtungen während der zweijährigen Gewährleistungszeit als auch für Kulanzleistungen Rückstellungen insoweit zu bilden, als für die gelieferten Großanlagen keine Vollwartungsverträge, sondern nur Standardwartungsverträge abgeschlossen wurden.

b) Werklieferungsvertrag und "Vollwartungsvertrag" nach Ablauf der Gewährleistungsfrist

Auch bei dieser Fallvariante ist A berechtigt Gewährleistungsverpflichtungen als Rückstellungen für ungewisse Verbindlichkeiten zu bilden, wenn mit einer Inanspruchnahme aus Gewährleistung während der zweijährigen Gewährleistungsfrist ernsthaft zu rechnen ist. A hat Einzelrückstellungen für alle bis zum Bilanzstichtag bekannt gewordenen Gewährleistungsansprüche anzusetzen. Hier ist ebenfalls der Nachweis erforderlich, dass sich die gebildeten Rückstellungen auf Anlagen beziehen, bei denen der Vollwartungsvertrag erst nach Ablauf der zweijährigen Gewährleistungsfrist beginnt.

Fraglich ist, ob nach Beginn des Vollwartungsvertrages Kulanzrückstellungen noch aus dem Werklieferungsvertrag herrühren können.

Die Gewährleistungsbestimmungen des Werklieferungsvertrags sind restriktiv gestaltet. Gewährleistungsansprüche sind auf Nacherfüllung beschränkt und verjähren bereits in zwei Jahren. Dem Vertrag ist nicht zu entnehmen, dass ein Teil des Kaufpreises für eine umfängliche Gewährleistungspraxis bzw. ständige Aktualisierung der technischen Beschaffenheit der Anlage gezahlt wird.

Der Vollwartungsvertrag hingegen beinhaltet nicht nur Wartung und Inspektion, sondern Gewährleistung der Betriebsbereitschaft, indem A verpflichtet ist, alle an den Anlagen auftretenden Schäden auf seine Kosten zu beseitigen. Außerdem veranlasst die im Rahmen des Vollwartungsvertrages eingeräumte Verfügbarkeitsgarantie den A, Störungen der Anlage unverzüglich zu beheben, um einer eigenen Schadensersatzpflicht zu entgehen. Nur so ist das mehr als dreifach höhere Entgelt für eine Vollwartung im Vergleich zur Standardwartung nachzuvollziehen und am Markt durchzusetzen. Für Kulanzleistungen aus ursprünglichen Lieferungen der Anlage ist in diesem Zusammenhang kein Raum.

Die zurückgestellten Aufwendungen nach Ablauf der Gewährleistungsfrist stehen demnach im Kontext mit dem Vollwartungsvertrag. Dieser Wartungsvertrag ist auf 10 Jahre abgeschlossen. Für ihn gilt als schwebendes Geschäft die Vermutung der Ausgeglichenheit von Leistung und Gegenleistung[13]. Erst wenn aus dem Vollwartungsvertrag für A ein Verlust droht, ist handelsrechtlich eine Drohverlustrückstellung auszuweisen, welche jedoch steuerrechtlich gemäß § 5 Abs. 4 a EStG nicht anzuerkennen ist.

A könnte allenfalls aus dem Vollwartungsvertrag eine Rückstellung wegen Erfüllungsrückstands ansetzen, wenn er zum Bilanzstichtag eine Leistungsverpflichtung nicht erfüllt hat, die er im abgelaufenen Jahr hätte erfüllen müssen.

c) Werklieferungsvertrag und "Vollwartungsvertrag-Sofort"

Mit Lieferung der Anlagen und dem sofortigen Beginn der Vollwartung lassen sich Gewährleistungsverpflichtungen des A für die ersten beiden Jahre sowohl aus dem Werklieferungsvertrag als auch aus dem Vollwartungsvertrag ableiten. Fraglich ist, mit welchem Vertrag die Geltendmachung von Gewährleistungsansprüchen in erster Linie in Zusammenhang steht.

Ausführliche und spezielle Regelungen zu Gewährleistungen sind dem Vollwartungsvertrag zu entnehmen, so dass auch für Abnehmer der Anlagen der Wartungsvertrag als Grundlage für Gewährleistungsansprüche im Vordergrund steht[14]. Nur so ist verständlich, dass der überwiegende Teil der Abnehmer einen sofort beginnenden Wartungsvertrag abschließt; zumal dieser Vertrag bei gleichem Leistungsumfang preisgünstiger ist als ein Vollwartungsvertrag, der erst nach Ablauf der zweijährigen Gewährleistungsfrist beginnt.

---

[13] BFH v. 03.07.1980, IV R 138/76, BStBl II 1980, 648;
FG Berlin-Brandenburg v. 18.11.2008, 6 K 8272/02 B, EFG 2009, 316;
a. A. FG Baden-Württemberg v. 25.02.2008, 6 K 303/06, "juris"

[14] BFH v. 02.08.1989, I R 93/85, BFH/NV 1990, 691

Die von A gebildeten Rückstellungen stehen vorrangig mit dem Vollwartungsvertrag in rechtlichem und wirtschaftlichem Zusammenhang und sind daher nicht anzuerkennen, § 5 Abs. 4 a EStG.

Nachgewiesene Erfüllungsrückstände aus den Vollwartungsverträgen sind jedoch als Rückstellungen passivierungsfähig.

3. Ergebnis

- Rückstellungen für Gewährleistungsverpflichtungen und Kulanzleistungen sind bei Abschluss eines "Standardwartungsvertrages" anzusetzen.
- Bei Abschluss eines "Vollwartungsvertrages", der erst nach Ablauf der Gewährleistungsfrist beginnt, sind lediglich Gewährleistungsrückstellungen gerechtfertigt.
- Sofort beginnende Vollwartungsverträge schließen Gewährleistungs- und Kulanzrückstellungen aus Werklieferungsverträgen aus.

III. Rechtsprechung, Literatur und Verwaltungsanweisungen

1. Rechtsprechung

BFH-Urteil vom	06.04.1965, I 23/63 U	BStBl III 1965,383
BFH-Urteil vom	03.07.1980, IV R 138/76	BStBl II 1980,648
BFH-Urteil vom	07.10.1982, IV R 39/80	BStBl II 1983,104
BFH-Urteil vom	02.08.1989, I R 93/85	BFH/NV 1990, 691
BFH-Urteil vom	03.12.1991, VIII R 88/87	BStBl II 1993,89
BFH-Urteil vom	07.10.1997, VIII R 84/94	BStBl II 1998, 331
FG Baden-Württemberg vom	25.02.2008, 6 K 303/06	"juris"
FG Berlin-Brandenburg vom	18.11.2008, 6 K 8272/02 B	EFG 2009, 316

2. Literatur

- Beck'scher Bilanz-Kommentar, 7. Aufl., 2010
- LITTMANN / BITZ / PUST, Das Einkommensteuerrecht, Loseblatt
- SCHMIDT, Einkommensteuergesetz, 28. Aufl., 2009
- KÜHNEL; Vollwartungsverträge, BB 1985,1227
- GRAF v. WESTPHALEN, Vertragsrecht und AGB-Klauselwerke, Loseblatt
- Münchner Kommentar zum Bürgerlichen Gesetzbuch, 5. Aufl., 2009, §§ 611 - 704
- BAMBERGER/ROTH, Kommentar zum BGB, 2. Aufl., 2007, Band 1
- PALANDT, Bürgerliches Gesetzbuch, 69. Aufl., 2010

- BLÜMICH, EStG - KStG - GewStG, Loseblatt
- KIRCHHOF, EStG, 9. Aufl., 2010

3. Verwaltungsanweisungen

- Amtliches Einkommensteuer-Handbuch 2009

Fall Nr. 2 *Hartmut Wolter*

Teilwertabschreibungen auf Darlehen

I. Sachverhalt

Am 01.05.2002 gewährt die deutsche Muttergesellschaft M-AG ihrer US-amerikanischen Tochter T-LLC ein Fälligkeitsdarlehen von 1.000 zu marktüblichen Bedingungen und mit einer Laufzeit von 18 Monaten. Im Verlauf des Jahres 2003 gerät die T-LLC in eine existentielle Schieflage. Eine Rückzahlung des Darlehens zum 31.10.2003 ist wegen der schlechten Liquiditätslage der T-LLC nicht möglich. Das Darlehen wird daraufhin zum 01.11.2003 um ein weiteres Jahr verlängert. Zum 31.12.2003 nimmt die M-AG auf die Darlehensforderung eine Teilwertabschreibung mit steuerlicher Wirkung um 700 vor. Im Jahre 2010 findet bei der M-AG eine Betriebsprüfung für die Jahre 2003 bis 2005 statt. Die Betriebsprüfung beabsichtigt die Teilwertabschreibung auf das Darlehen nicht anzuerkennen.

II. Lösungshinweise

1. Rechtstypenvergleich

Die Betriebsprüfung führt vorab in Anwendung des BMF-Schreibens v. 19.03.2004 einen Rechtstypenvergleich durch, um festzustellen, ob es sich bei der T-LLC um eine Personen- oder eine Kapitalgesellschaft handelt. Ausschlaggebend ist nach Ansicht des BFH und der Finanzverwaltung, ob die rechtliche Prägung dieser Gesellschaft, wenn sie denn in Deutschland ansässig wäre, eher der einer Kapital- oder einer Personengesellschaft entspricht. Unbeachtet soll hierbei nach h. M. bleiben, ob diese Gesellschaft in den USA als Personen- oder Kapitalgesellschaft besteuert wurde (check the box).

Der Rechtstypenvergleich ist aus Sicht der Finanzverwaltung wesentlich für die Fortsetzung der Überlegung hinsichtlich der Frage, ob die Teilwertabschreibung – bei Vorliegen der übrigen Voraussetzungen – überhaupt im Inland steuerlich zu würdigen ist oder einem ausländischen Sonderbetriebsvermögen zuzuordnen ist.

2. Kapitalgesellschaft

2.1 Prüfung des in Frage stehenden Wirtschaftsgutes (Eigenkapital / Darlehen)

Kommt die Finanzverwaltung zu dem Ergebnis, dass es sich um eine Kapitalgesellschaft handelt, so prüft sie anschließend, auf welches Wirtschaftsgut eine Abschreibung vorgenommen wurde. Dabei wendet sie eine wirtschaftliche Betrachtungsweise an. Nach Ansicht der Finanzverwaltung kommt im Rahmen dieses Prüfungspunktes der wirtschaftlichen Leistungsfähigkeit der T-LLC zum Zeitpunkt der Verlängerung der Darlehenslaufzeit eine erhebliche Bedeutung zu. Entscheidend sei nach ihrer Ansicht, ob die das Darlehen gewährende M-AG zu diesem Zeitpunkt ernsthaft mit der Rückzahlung des Darlehens rechnen konnte oder nicht.

Verneint man diese Frage, so habe die M-AG der T-LLC kein Darlehen, sondern Eigenkapital zukommen lassen. Die Teilwertabschreibung hierauf sei gem. § 8b Abs. 3 KStG für Zwecke der steuerlichen Gewinnermittlung nicht zum Abzug zuzulassen.

Eigene Auffassung: Der Finanzverwaltung ist grundsätzlich darin zuzustimmen, dass allein die bloße Bezeichnung für die inhaltliche Charakterisierung des Wirtschaftsguts natürlich nicht genügen kann. Liegt aber – wie im Ausgangsfall – eine Vereinbarung der Parteien vor, die willentlich auf eine Darlehensgewährung gerichtet ist und dann entsprechend umgesetzt wurde, bleibt für eine materielle Umqualifizierung des Darlehensvertrages in eine Überlassung von Eigenkapital – was aber Folge der Auffassung der Finanzverwaltung wäre – kein Raum. Zivilrechtlich haben die Parteien vorliegend einen Darlehensvertrag geschlossen und buchhalterisch genauso umgesetzt. Da es sich darüber hinaus um einen grenzüberschreitenden Sachverhalt handelt, sind auch die OECD-Grundsätze (OECD, Transfer Pricing Guidelines, 1.36 u. 1.37) für die Prüfung heranzuziehen. Diese legen für solche Konstellationen eindeutig fest, dass es bei der zivilrechtlichen Einordnung des Steuerpflichtigen auch nach Prüfung durch die Finanzverwaltung bleiben muss, wenn ein entsprechender Parteiwille vorliegt und dieser auch umgesetzt wird. Einzige Ausnahme davon sind Fälle von offensichtlichem Gestaltungsmissbrauch, der hier nicht vorliegt.

2.2. Anwendung von § 1 AStG

Bei einer Einstufung des hingegebenen Betrages als Darlehen ist es nach Ansicht der Finanzverwaltung unerheblich, eine weitere Unterscheidung dergestalt vorzunehmen, ob es sich hierbei um ein einfaches Darlehen oder um ein Eigenkapital ersetzendes Darlehen handelt. Die Finanzverwaltung untersagt in beiden Fällen die Abzugsfähigkeit der Teilwertabschreibung unter Verweis auf § 1 AStG. Sie argumentiert, aufgrund einer fehlenden Besicherung des Darlehens lägen fremdunübliche Bedingungen vor. Darlehensgewährungen im Konzern sind – wie bei einer Darlehensgewährung durch eine (unabhängige) Bank – zu besichern.

Eigene Auffassung: Dem kann nicht zugestimmt werden. Eine Einkünftekorrektur nach § 1 AStG setzt voraus, dass die Einkünfteminderung aus dem Fehlen einer fremdüblichen Bedingung in einer Geschäftsbeziehung resultiert.

Für den Ausgangsfall ist festzustellen, dass es bereits an einer Geschäftsbeziehung im Sinne der im Jahr 2003 geltenden Fassung des § 1 AStG fehlt. Das Darlehen wurde nicht aufgrund einer schuldrechtlichen, sondern aufgrund einer gesellschaftsrechtlichen Beziehung verlängert. Nach wirtschaftlicher Betrachtungsweise war das auch folgerichtig, wenn nicht die gesamte Forderung hätte aufgegeben werden sollen. Liegt eine Verlängerung aufgrund Gesellschafterstellung vor, fehlt es an einem geeigneten Vergleichsmaßstab.

Fraglich ist zudem, ob das Unterlassen einer Besicherung als „Bedingung" im Sinne von § 1 Abs. 1 AStG anzusehen ist. Bis einschließlich dem Veranlagungszeitraum 2007 wurde der Begriff „Bedingung" als Synonym für „Verrechnungspreis", d. h. hier Zinshöhe verstanden (Ditz/Tcherveniachki, IStR 2009, S. 713). Eine fehlende Besicherung ist aber unzweifelhaft keine Vereinbarung über eine Zinshöhe.

Ebenso ist das Unterlassen einer Besicherung sicherlich nicht fremdunüblich im Sinne des § 1 AStG. Die Konzernbesicherung ist bereits für sich gesehen eine Sicherheit (BFH v. 21.12.1994, I R 65/94, DStR 1995, S. 847; Abschnitt II.B.4 der Entscheidungsgründe).

Schließlich ist Sinn und Zweck des AStG zu berücksichtigen. Dies ist die Verhinderung von Gewinnverlagerungen ins Ausland (Begründung des RegE 1971, BT-Drucks. VI/883; Flick/Wassermeyer/Baumhoff, § 1 AStG Rn. 17). Bei der Auslegung des Gesetzes darf das nicht unberücksichtigt bleiben. Eine Abschreibung auf die Einkunftsquelle in Deutschland ist aber eine rein inländische bilanzielle Maßnahme, welche nicht im Fokus des AStG steht.

3. Personengesellschaft

3.1 Prüfung des in Frage stehenden Wirtschaftsgutes (Eigenkapital / Darlehen)

Grundsätzlich kann zunächst auf die Ausführungen unter 2.1 verwiesen werden. Die Finanzverwaltung hält eine Prüfung jedoch für entbehrlich, weil sie für beide Alternativen zum gleichen Ergebnis (Nicht-Anerkennung einer Teilwertabschreibung) kommt. Denn liegt Eigenkapital/Dotationskapital vor, verbietet sich eine steuerliche Berücksichtigung direkt beim Gesellschafter. Vielmehr ergäbe sich eine notwendige Wertkorrektur in der Bilanz der Gesellschaft/Ergänzungsbilanz des Gesellschafters. Liegt schließlich ein Darlehen an eine Personengesellschaft vor, so behandelt die Finanzverwaltung die Teilwertabschreibung als Sonderbetriebsausgabe des Gesellschafters M-AG bei der T-LLC (dazu sogleich unter 3.2).

3.2. Sonderbetriebsvermögen

Nach Ansicht der Finanzverwaltung ist sogar die weitergehende Prüfung hinsichtlich Darlehen oder Eigenkapital ersetzendes (bzw. Dotationskapital ähnlichem) Darlehen entbehrlich. In beiden Fällen wäre der hingegebene Betrag bei der ausländischen Betriebstätte der T-LLC als Sonderbetriebsvermögen des Gesellschafters M-AG zu erfassen und damit auch die Teilwertabschreibung hierauf Sonderbetriebsausgabe bei der T-LLC. Ein Abzug als Betriebsausgabe in Deutschland entfiele somit.

Eigene Auffassung: Die Finanzverwaltung lässt die Rechtsprechung des BFH (BFH v. 09.08.2006, II R 59/05; BFH v. 20.12.2006, I B 47/05) unberücksichtigt. Anders als die Finanzverwaltung unterscheidet der BFH – unserer Auffassung nach zutreffend – wie folgt:

Als Sondervergütungen erzielte Zinsen sind einnahmetechnisch nur dann der ausländischen Betriebstätte zuzuordnen, wenn sie aus einer Forderung stammen, die aus Sicht der Betriebstätte nicht Fremdkapital darstellt, sondern Dotationskapital ähnlich ist. Handelt es sich dagegen um ein gewöhnliches Darlehen, so ist dieses nicht der ausländischen Betriebsstätte, sondern dem inländischen Betriebsvermögen als zugehörig zu betrachten. Die Teilwertabschreibung hierauf mindert den steuerlichen Gewinn im Inland. Im Ergebnis kommt der

BFH also lediglich in der zuerst genannten Konstellation (Dotationskapital) zu dem gleichen Ergebnis wie die Finanzverwaltung. Der Auffassung des BFH schließen wir uns an.

Der differenzierenden Wertung des BFH liegt folgende Betrachtung zu Grunde: Wesenstypisch für Eigenkapital sei es, dass keine Zinsen fließen. Weist das die Kapitalmittel empfangende Unternehmen keine Zinszahlungen aus, könne folglich nur Eigenkapital vorliegen. Gewinne aus der Kapitalüberlassung sind dann in Anwendung von Art. 7 OECD-MA zu besteuern. Im Umkehrschluss bedeutet dies aber, dass dem Art. 11 OECD-MA unterliegende Zinszahlungen das Vorliegen eines Darlehens indizieren. Der BFH hält es auch nicht für weiter klärungsbedürftig, dass Zinsen aus abkommensrechtlicher Sicht nicht einer (ausländischen) Betriebsstätte zuzurechnen sind, weil die verzinste Forderung für die Betriebsstätte Fremdkapital darstellt (BFH v. 20.12.2006, I B 47/05) und somit kein Sonderbetriebsvermögen vorliegen kann.

III. Rechtsprechung, Literatur und Verwaltungsanweisungen

1. Rechtsprechung

- BFH v. 14.01.2009, I R 52/08
- BFH v. 20.12.2006, I B 47/05
- BFH v. 09.08.2006, II R 59/05
- FG Niedersachsen v. 03.04.2008, 6 K 442/05, DStRE 2008, 1450
- BFH v. 20.08.2008, I R 34/08
- FG Münster v. 27.08.2009, 8 K 4552/04 F
- BFH v. 27.02.1991, I R 15/89

2. Literatur

- Wassermeyer, IStR 2010, 37
- Ditz/Tcherveniachki, IStR 2009, 709
- V. Schmidt, NWB 2009, 1985
- OECD, Transfer Pricing Guidelines for Multinational Enterprises and Tax Administrations, Paris 2009
- Obser, DStR 2008, 1087

- Rödder/Stangl, DStR 2005, 357

3. Verwaltungsanweisungen

- OFD Rheinland, Kurzinformation Nr. 056/2009 v. 20.10.2009
- BMF-Schreiben v. 19.03.2004, Steuerliche Einordnung der nach dem Recht der Bundesstaaten der USA gegründeten Limited Liability Company, FR 2004, 490-494

Fall Nr. 3   Manfred Günkel

> **Besteuerung von Immobilieneinkünften einer beschränkt steuerpflichtigen Kapitalgesellschaft bei Fremdfinanzierung der Immobilie und Verzicht auf die Darlehensforderung seitens des Fremdkapitalgebers**

I. Sachverhalt

Die niederländische X-BV (Kapitalgesellschaft, Geschäftsleitung in den Niederlanden) gehört zu einer niederländischen Unternehmensgruppe und vermietet ein bebautes Grundstück (Wohn- und Geschäftshaus) in Deutschland und hat dieses durch ein Darlehen einer niederländischen Bank fremdfinanziert. Die Fremdkapitalzinsen sind zum 30.06.2008 und 30.6.2009 fällig. Aufgrund von Leerständen wird das Investment notleidend. Am 31.12.2009 verzichtet die Bank auf Teile ihrer Forderung gegenüber der BV. Die Bank erhält vom Gesellschafter 20 % der Anteile zum symbolischen Kaufpreis von 1,- €. Eine Betriebsstätte oder ein ständiger Vertreter in Deutschland liegt nicht vor. Das Wirtschaftsjahr entspricht dem Kalenderjahr. Das Finanzamt vertritt die Auffassung, dass die an die Bank gezahlten Zinsen in den Jahren 2008 und 2009 der Zinsschranke unterliegen und der Darlehensverzicht zu einer Erhöhung der inländischen Einkünfte der BV führt.

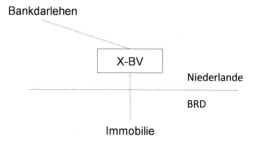

II. Lösungshinweise

1. Vorbemerkung

Die X-BV ist gem. § 2 Nr. 1 KStG beschränkt körperschaftsteuerpflichtig mit ihren inländischen Einkünften. Voraussetzung für das Vorliegen von inländischen Einkünften ist die Möglichkeit einer Subsumption unter den Katalog des § 49 EStG; somit ergänzt § 49 EStG die Tatbestandsvoraussetzungen der jeweiligen Einkunftsarten.[1] Bis 1993 wurden Veräußerungsgewinne von Immobilien ohne Vorliegen einer Betriebsstätte oder eines ständigen Vertreters nicht in § 49 EStG aufgeführt, so dass diese grundsätzlich nicht im Rahmen der beschränkten Steuerpflicht erfasst wurden, obwohl Art. 6, 13 OECD-MA eine Zuweisung des Besteuerungsrechts an den Belegenheitsstaat vorsah.[2] Diese „Besteuerungslücke" ist mit Wirkung ab 1994 beseitigt durch die Einführung der Regelung des § 49 Abs. 1 Nr. 2 Buchst. f) EStG,[3] wonach auch die Veräußerung von Immobilien durch einen beschränkt Steuerpflichtigen im Rahmen eines Gewerbebetriebes steuerlich im Inland zu erfassen ist. Bei beschränkt steuerpflichtigen Kapitalgesellschaften wurde das Vorliegen von gewerblichen Einkünften fungiert.

2. Einkünfte aus der Vermietung

<u>Rechtslage bis 2008</u>

Die Regelung des § 8 Abs. 2 KStG, wonach alle Einkünfte von unbeschränkt Körperschaftsteuerpflichtigen i.S.d. § 1 Abs. 1 Nr. 1-3 KStG als Einkünfte aus Gewerbebetrieb zu behandeln sind, findet bei beschränkt Steuerpflichtigen keine Anwendung. Somit erzielt die X-BV in Bezug auf die Rechtslage bis 2008 gem. § 49 Abs. 1 Nr. 6 EStG Einkünfte aus Vermietung und Verpachtung, da § 49 Abs. 1 Nr. 1 bis 5 EStG nicht einschlägig sind. Wären die Einkünfte hingegen originär gewerblich (z.B. bei der Vermietung von Ferienwohnungen), würden keine inländischen Einkünfte nach § 49 Abs. 1 EStG vorliegen, da diese keiner Betriebsstätte oder ständigem Vertreter zugerechnet werden können (§ 49 Abs. 1 Nr. 2a EStG). Eine beschränk-

---

[1] Vgl. *Strunk*, in: Korn, Einkommensteuergesetz Kommentar, § 49 EStG, Rn. 6; zur Konzeption der beschränkten Steuerpflicht *Koblenzer*, BB 1996, S. 934.
[2] Vgl. *Peffermann*, in Herrmann/Heuer/Raupach, EStG, § 49 EStG, Rn. 590; *Gottwald*, DStR 1992, S. 168; BMF v. 15.12.1994, IV B 4 – 2300 – 18/94, BStBl. I 1994, S. 883.
[3] Vgl. Missbrauchsbekämpfungs- und Steuerbereinigungsgesetz v. 21.12.1993, BStBl. I 1994, S. 50.

te Steuerpflicht der Vermietungseinkünfte wäre somit lediglich mittels einer isolierenden Betrachtungsweise (§ 49 Abs. 2 EStG) möglich, deren Anwendung in diesem Fall jedoch strittig ist.[4]

Rechtslage ab 2009

Wortlaut § 49 Abs. 1 Nr. 2 Buchst. f EStG i.d.F. des JStG 2009:

(1) Inländische Einkünfte im Sinne der beschränkten Einkommensteuerpflicht (§ 1 Absatz 4) sind
[...]

2. Einkünfte aus Gewerbebetrieb (§§ 15 bis 17),
a) für den im Inland eine Betriebsstätte unterhalten wird oder ein ständiger Vertreter bestellt ist,

[...]

f) die, soweit sie nicht zu den Einkünften im Sinne des Buchstaben a gehören, durch

aa) Vermietung und Verpachtung oder

bb) Veräußerung

von inländischem unbeweglichem Vermögen, von Sachinbegriffen oder Rechten, die im Inland belegen oder in ein inländisches öffentliches Buch oder Register eingetragen sind oder deren Verwertung in einer inländischen Betriebsstätte oder anderen Einrichtung erfolgt, erzielt werden. [2]Als Einkünfte aus Gewerbebetrieb gelten auch die Einkünfte aus Tätigkeiten im Sinne dieses Buchstabens, die von einer Körperschaft im Sinne des § 2 Nummer 1 des Körperschaftsteuergesetzes erzielt werden, die mit einer Kapitalgesellschaft oder sonstigen juristischen Person im Sinne des § 1 Absatz 1 Nummer 1 bis 3 des Körperschaftsteuergesetzes vergleichbar ist; [...]

Durch das JStG 2009 wurde der Tatbestand des § 49 Abs. 1 Nr. 2 Buchst. f EStG um Einkünfte aus Vermietung inländischen Grundbesitzes erweitert, so dass auch diese als gewerbliche Einkünfte erfasst werden. Für den hier relevanten Fall einer beschränkt steuerpflichtigen Körperschaft erfolgt dies im Rahmen der Fiktion des § 49 Abs. 1 Nr. 2 Buchst. f S. 2 EStG. Der Gesetzgeber verfolgt mit der Erweiterung des Tatbestandes die Zielsetzung, künftig unabhängig von einer inländischen Betriebsstätte oder einem ständigen Vertreter im Inland die aus der Überlassung von Grundbesitz und Rechten erzielten Einkünfte als gewerbliche Einkünfte zu erfassen und somit die laufenden Vermietungseinkünfte als auch

---

[4] Vgl. für eine Anwendbarkeit der isolierenden Betrachtungsweise Verfg. OFD Münster v. 24.07.2008, S 1300 – 169 – St 45-32, GmbHR 2008, S. 1008; ablehnend *Meining/Kruschke*, GmbHR 2008, S. 94; zu dieser Problematik ebenfalls *Töben/Lohbeck/Fischer*, FR 2009, S. 152; vgl. auch Becker/Günkel, Betriebsaufspaltung über die Grenze, in FS Ludwig Schmidt, Ertragsbesteuerung, München 1993, S. 483/490.

Veräußerungsgewinne den gleichen Gewinnermittlungsvorschriften zu unterwerfen.[5] Denkbar ist auch, dass die oben angesprochene Besteuerungslücke bei Nichtanwendung der isolierenden Betrachtungsweise geschlossen werden sollte.[6]

Die Tatbestandsmerkmale des § 49 Abs. 1 Nr. 2 Buchst. f EStG sind im vorliegenden Fall erfüllt: Es liegen keine Einkünfte nach § 49 Abs. 1 Nr. 2 Buchst. a EStG vor, da keine Betriebsstätte und kein ständiger Vertreter besteht. Zudem handelt sich gemäß Sachverhalt um eine Vermietung und Verpachtung von inländischem unbeweglichem Vermögen. Auch die Voraussetzungen des S. 2 sind erfüllt, da es sich bei der X-BV aufgrund der beschränkten Steuerpflicht um eine Körperschaft i.S.d. § 2 Nr. 1 KStG handelt. Somit tritt als Rechtsfolge die Fiktion von Einkünften aus Gewerbebetrieb ein, wodurch eine Gleichbehandlung mit inländischen vermögensverwaltenden Körperschaften erreicht werden soll.[7]

Eine eigene Regelung der Einkünfteermittlung oder einen Verweis auf andere Vorschriften des EStG enthält Nr. 2 Buchst. f nicht. BFH und Finanzverwaltung vertreten für die Rechtslage bis 2008 die Auffassung, dass der Veräußerungsgewinn nach allgemeinen Gewinnermittlungsvorschriften der §§ 4 ff. EStG zu ermitteln ist.[8] Dies gilt nach der Auffassung von *Peffermann* unter Einbeziehung der Einkünfte aus Vermietung und Verpachtung auch für die Rechtslage ab 2009.[9]

3. Anwendung der Zinsschranke

Kontrovers wird im Schrifttum bei Immobilieninvestitionen durch Steuerausländer die Anwendung der Zinsschrankenregelung diskutiert. Für den vorliegenden Fall könnte bei der X-BV der Abzug der Fremdkapitalzinsen, die am 30.06.2008 bzw. 30.06.2009 fällig sind, für

---

[5] Vgl. Entwurf eines Jahressteuergesetzes 2009, BT-DrS. 16/10189, S. 58 f.; *Lindauer/Westphal*, BB 2009, S. 421.
[6] Vgl. *Töben/Lohbeck/Fischer*, FR 2009, S. 153.
[7] Vgl. Begründung des Gesetzentwurfes zum Missbrauchsbekämpfungs- und Steuerbereinigungsgesetz, BT-DrS. 12/5630, S. 64.
[8] Vgl. BFH v. 05.06.2002, I R 81/00, BStBl. II 2004, S. 344; v. 05.06.2002, I R 105/00, BFH/NV 2002, S. 1433; Verfg. OFD Münster v. 24.07.2008, S 1300 – 169 – St 45-32, GmbHR 2008, S. 1008.
[9] Vgl. *Peffermann*, in Herrmann/Heuer/Raupach, EStG, § 49 EStG, Rn. 633.

das Darlehen zum Erwerb der Immobile durch die Zinsschrankenregelung beschränkt sein.[10]

In Bezug auf die Rechtslage 2009 konnte eine Anwendung der Zinsschrankenregelung für den hier relevanten Fall aufgrund der Fiktion des § 8a Abs. 1 S. 4 KStG erfolgen, da die X-BV die Vermietungseinkünfte als Überschuss der Einnahmen über die Werbungskosten ermittelte.[11] Diese gesetzliche Regelung sieht für diesen Fall vor, dass bei Kapitalgesellschaften, die ihre Einkünfte nach § 2 Abs. 2 Nr. 2 EStG als Überschuss der Einkünfte über die Werbungskosten ermitteln, § 4 h EStG bei der Ermittlung der Einkünfte sinngemäß anzuwenden ist. Die Vorschrift erfasst daher ausländische Kapitalgesellschaften, die aufgrund der isolierenden Betrachtungsweise nicht nur Gewinneinkunftsarten erzielen und damit insbesondere die Einkünfte aus Vermietung und Verpachtung nach § 49 Abs. 1 Nr. 6 EStG in der bis 2008 geltenden Fassung.[12]

Für das Jahr 2008 ist daher die vom Finanzamt vertretene Auffassung zutreffend, dass die Zinszahlungen dem Grunde nach der Zinsschrankenregelung unterliegen.

Aufgrund der ab der Rechtslage 2009 bestehenden Gewerblichkeitsfiktion des § 49 Abs. 1 Nr. 2 Buchst. f EStG liegen jedoch keine Überschusseinkünfte mehr vor, was gegen die Anwendung des § 8a Abs. 1 S. 4 KStG spricht. Dies bedeutet somit, dass für den Fall einer Nichtanwendbarkeit des § 8a Abs. 1 S. 1 KStG i.V.m. § 4h EStG die Zinsschrankenregelung im vorliegenden Fall ab 2009 nicht greift, was insofern eine Einschränkung des Anwendungsbereichs der Zinsschranke bedeuten würde.[13]

Für die originäre Anwendung der Zinsschranke (ohne die Fiktion des § 8a Abs. 1 S. 4 KStG) auf der Grundlage des § 8a Abs. 1 S. 1 KStG ist nach dem Wortlaut des § 4h Abs. 1 S. 1 EStG das Vorliegen eines Betriebes erforderlich. Es ist bei „normalen" Betriebsstätteneinkünften eines ausländischen Stammhauses mit inländischer Betriebsstätte schon höchst

---

10 Vgl. zur Konzeption der Zinsschranke *Bohn*, Zinsschranke und Alternativmodelle zur Beschränkung des steuerlichen Zinsabzugs, 2009, S. 33 ff.
11 Vgl. *Huschke/Hartwig*, IStR 2008, S. 749.
12 Vgl. *Förster* in: Gosch, KStG, 2. Aufl. § 8 a Rz. 29.
13 Vgl. *Bron*, DB 2009, S. 594; andererseits kommt es jedoch durch die Neuregelung des § 49 Abs. 1 Nr. 2 Buchst. f zu einer Ausweitung des Anwendungsbereichs der Zinsschranke, da z.B. auch ausländische Genossenschaften einbezogen werden, vgl. *Mensching*, DStR 2009, S. 99.

streitig, ob die inländische Betriebsstätte überhaupt der Zinsschrankenregelung unterliegt.[14] Die Gegner einer Anwendung der Zinsschranke auf inländische Betriebsstätten ausländischer Stammhäuser können sich m. E. zu Recht darauf berufen, das nach Tz. 9 des BMF-Schreibens zur Zinsschranke[15] Betriebsstätten keine eigenständigen Betriebe darstellen und aus der Gesetzesbegründung Anhaltspunkte dafür entnommen werden können, dass es beim Zinsabzug bei Betriebsstätten bei den Grundsätzen zum Dotationskapital[16] bleiben soll.[17] Da die Finanzverwaltung jedoch sogar bei einer Betriebsstätte nicht von einem Betrieb ausgeht,[18] müsste im vorliegenden Fall eines vermieteten Grundstückes die Betriebseigenschaft erst recht verneint werden.[19] Zwar bejaht die Finanzverwaltung grundsätzlich bei Vorliegen von gewerblichen Einkünften die Betriebseigenschaft.[20] Jedoch spricht gegen das Bestehen eines Betriebes, dass im vorliegenden Fall die Gewerblichkeit fingiert wird und somit die Einkünfte aus der Vermietung und Verpachtung lediglich als Einkünfte aus Gewerbebetrieb „gelten".[21] Des Weiteren wäre bei einem Bejahen der Betriebseigenschaft aufgrund fiktiver gewerblicher Einkünfte das Tatbestandsmerkmal des Betriebes überflüssig.[22] Dies führt dazu, dass allein ein Vorliegen von inländischem Betriebsvermögen im Ergebnis nicht dazu führen kann, dass die Betriebseigenschaft erfüllt ist; vielmehr wäre diesbezüglich das Vorhandensein von inländischen betrieblichen Funktionen erforderlich, was hier jedoch nicht vorliegt.[23]

Für den Fall, dass die grundsätzliche Anwendbarkeit der Zinsschranke dennoch bejaht würde, stellen sich im Hinblick auf deren Anwendung weitergehende Fragestellungen. So ist

---

[14] verneinend *Grotherr*, IWB F. 3 Gr. 3 S. 1496; *Dörfler*, Ubg 2008, 694; *Middendorf/Stegemann*, INF 2007, 307; *Bron*, IStR 2008, 14/15; zweifelnd *Köhler/Hahne*, DStR 2008, 1505/1506; bejahend *Förster* in Gosch, KStG, 2. Aufl., § 4 h EStG Rz. 56; *Hick* in Herrmann/Heuer/Raupach, EStG, § 4 h Anm. 26).
[15] BMF v. 4.7.2008, BStBl I, 718
[16] Betriebsstätten-Verwaltungsgrundsätze vom 24.12.1999, BStBl. I 1999, 1076
[17] BT-Drucksache 16/4841, S. 48/50/77
[18] Vgl. BMF v. 04.07.2008, a.a.O.
[19] Vgl. *Peffermann*, in Herrmann/Heuer/Raupach, EStG, § 49 EStG, Rn. 633; *Bron*, IStR 2008, S. 16; *Winkler/Käshammer*, Ubg 2008, S. 480; *Köster-Böckenförde/Clauss*, DB 2008, S. 2216; a.A. van Lishaut/Schumacher/Heinemann, DStR 2008, 2341/2342;
[20] Vgl. BMF v. 04.07.2008, IV C 7 – S 2742 a/01/10001, BStBl. I 2008, S. 718, Tz. 2.
[21] Vgl. *Bron*, IStR 2008, S. 16.
[22] Vgl. *Beinert/Benecke*, Ubg 2009, S. 175.
[23] Vgl. *Lindauer/Westphal*, BB 2009, S. 422; auch *Wassermeyer*, IStR 2009, S. 239 hebt hervor, dass § 49 Abs. 1 Nr. 2 f) EStG für die Vermietungs- und Verpachtungstätigkeit zwar inländische Einkünfte aus Gewerbebetrieb fingiert, dies aber nicht zum Vorliegen von inländischem Betriebsvermögen führt und deshalb die Zinsschranke nicht anwendbar ist.

unklar, ob beim Eigenkapitalvergleich des § 4h Abs. 2 S. 1 Buchst. c EStG der für Zinsschrankenzwecke fingierte Betrieb auch die im ausländischen Betriebsvermögen der Kapitalgesellschaft gehaltenen Wirtschaftsgüter umfassen würde.[24]

4. Würdigung des Forderungsverzichts am 31.12.2009

Grundsätzlich führt bei einer Gewinnermittlung mittels Betriebsvermögensvergleichs der Verzicht auf eine werthaltige Forderung beim Schuldner zu einem Ertrag. Für die Rechtslage bis 2008 bedeutet dies im vorliegenden Fall, dass der Wegfall der Verbindlichkeit im Rahmen der Einkünfte aus Vermietung und Verpachtung als Überschusseinkunftsart auswirkungslos bleibt.

Ab 2009 liegen durch die Fiktion des § 49 Abs. 1 Nr. 2 Buchst. f EStG bei der X-BV nach § 4 ff. EStG zu ermittelnde Gewinneinkünfte vor. Somit würde ein Ertrag entstehen, wenn die Darlehensverbindlichkeit inländisches Betriebsvermögen darstellt. Als solches kommt die Darlehensverbindlichkeit grundsätzlich in Betracht, da sie in Zusammenhang mit inländischen Einkunftsquellen steht (Quellenprinzip).[25] Wenn jedoch keine Buchführungspflicht vorliegt, kann die Einnahmen-Überschussrechnung gem. § 4 Abs. 3 EStG Anwendung[26] finden, was mangels Passivierung der Verbindlichkeit bei einem Darlehensverzicht entsprechend nicht zu einem Ertrag führt. Da die Regelung des § 49 Abs. 1 Nr. 2 f) EStG mit Wirkung ab dem VZ 2009 eingeführt wurde, kann es nach § 141 AO erstmals für den VZ 2010 zur Bilanzierungspflicht kommen.[27] Erst dann kann sich die Frage einer Berücksichtigung des Gewinns aus dem Wegfall einer Darlehensverbindlichkeit stellen.

Im Fall einer Bilanzierungspflicht oder einer freiwilligen Ermittlung der Einkünfte mittels Betriebsvermögensvergleichs, ist im Hinblick auf die Eigenschaft als inländisches Betriebsvermögen zu klären, ob die Einkünfte getrennt nach den Doppelbuchstaben aa) - Vermietung

---

[24] Vgl. *Huschke/Hartwig*, IStR 2008, S. 749.
[25] Vgl. *Huschke/Hartwig*, IStR 2008, S. 747; zum Quellenprinzip *Kirchhof*, in: Kirchhof/Söhn/Mellinghoff, EStG Kommentar § 2 EStG, Rn. A 147.
[26] Vgl. auch zu näheren Ausführungen zur Buchführungspflicht und dem Hinweis, dass die Buchführungspflicht erst nach einer Mitteilung des Finanzamtes – und somit grundsätzlich erst ab 2010 – greift *Specker*, in: Chancen in der Krise, 2009, S. 78; Thöben/Lohbeck/Fischer, FR 2009, 151/154.
[27] *Peffermann* in Herrmann/Heuer/Raupach, EStG, § 49 Anm. 633.

und Verpachtung - und bb) - Veräußerung - zu ermitteln sind.[28] Eine getrennte Ermittlung hätte zur Folge, dass die Darlehensverbindlichkeit nicht den Vermietungseinkünften zuzuordnen wäre[29] und möglicherweise auch nicht zu den Einkünften i.S.v. § 49 Abs. 1 Nr. 2 Buchst. f) S. 2 EStG gehört, da sie nicht direkt mit der Vermietung des inländischen Grundvermögens in Zusammenhang steht.[30] Da in diesem Fall die Gewinnermittlung im Sinne des Betriebsvermögensvergleiches nur punktuell zum Veräußerungszeitpunkt erfolgt, kann dies dazu führen, dass kein Ertrag aus dem Verzicht auf die Forderung entsteht.

Gegen eine getrennte Ermittlung könnte jedoch die Gesetzesbegründung sprechen, in der betont wird, dass sowohl die laufenden Vermietungseinkünfte als auch der Veräußerungserlös den gleichen Gewinnermittlungsvorschriften unterliegen.[31] Demzufolge könnte ein Ertrag aus dem Forderungsverzicht entstehen, bei dem ggf. als Sanierungsgewinn eine Billigkeitsmaßnahme in Betracht kommt.[32] Meines Erachtens ist der Gewinn aus dem Wegfall der Darlehensverbindlichkeit aber deshalb nicht im Rahmen von § 49 Abs. 1 Nr. 2 Buchst. f EStG zu erfassen, weil darunter nur Einkünfte aus Vermietung und Verpachtung zu verstehen sind und nicht sonstige Gewinne, die damit irgendwie im Zusammenhang stehen. Denn durch die Gesetzesänderung hat sich der Umfang der beschränkten Steuerpflicht gegenüber § 49 Abs. 1 Nr. 6 EStG nicht verändert.[33] Die Einordnung als Einkünfte aus Gewerbebetrieb führt z. B: nicht dazu, dass die Zinsen auf dem Mietkonto in den Betriebsvermögensvergleich einzubeziehen sind. Der beschränkten Steuerpflicht unterliegen weiterhin nur die (unmittelbaren) Einkünfte aus der Vermietung und Verpachtung selbst.

---

[28] Vgl. zu dieser Problematik *Peffermann*, in Herrmann/Heuer/Raupach, EStG, § 49 EStG, Rn. 633.
[29] Vgl. *Specker*, in: Chancen in der Krise, 2009, S. 79; ebenso für eine getrennte Ermittlung *Töben/Lohbeck/Fischer*, FR 2009, S. 154; *Mensching*, DStR 2009, S. 98.
[30] Vgl. im Hinblick auf die Feststellung, dass der Ertrag nicht aus der Vermietung und Verpachtung und auch nicht aus der Veräußerung inländischer Grundstücke erzielt wird, den Vortrag von *Schulz* auf dem 61. Fachkongress der Steuerberater am 06. Oktober 2009 in Köln und die diesbezügliche Veröffentlichung, die im Steuerberaterjahrbuch 2009/2010 erscheinen wird.
[31] Vgl. Entwurf eines Jahressteuergesetzes 2009, BT-DrS. 16/10189, S. 58 f.; *Töben/Lohbeck/Fischer*, FR 2009, S. 154.
[32] Das BMF (Schreiben v. 27.03.2003, IV A 6 – S 2140 – 8/03, BStBl. I 2003, S. 240, Rn. 8) sieht bei der Besteuerung von Sanierungsgewinnen (zum Begriff: Rn. 3 bis 5 des BMF-Schreiben) eine erhebliche Härte und betont, dass auf Antrag des Steuerpflichtigen eine abweichende Festsetzung nach § 163 S. 3 ff. AO vorzunehmen ist und nach § 222 AO die Steuer zunächst unter Widerrufsvorbehalt mit dem Ziel eines späteren Erlasses (§ 227 AO) zu stunden ist; vor dem Hintergrund der aktuellen Rechtsprechung ist jedoch fraglich, ob diese Billigkeitsmaßnahme weiterhin Anwendung findet, vgl. auch *Fox/Scheidle*, GWR 2009, S. 51.
[33] *Wassermeyer*, IStR 2009, 238/240

Sollte man zu dem Ergebnis gelangen, dass grundsätzlich ein Besteuerungsrecht von Deutschland besteht, müsste in einem zweiten Schritt eine mögliche Beschränkung des Besteuerungsrechts nach DBA geprüft werden. Grundsätzlich hat im vorliegenden Fall bezüglich der Einkünfte aus dem Grundstück Deutschland als Belegenheitsstaat das Besteuerungsrecht (Art. 4 Abs. 1 DBA Deutschland-Niederlande). Dies bezieht sich jedoch nur auf Vermietungs- und Verpachtungseinkünfte sowie auf „jede andere Art der Nutzung des unbeweglichen Vermögens" und Einkünfte aus dessen Veräußerung. Dies spricht dafür, dass Deutschland kein Besteuerungsrecht bezüglich des Ertrags aus dem Forderungsverzicht hat.[34] Es handelt sich nicht um Einkünfte aus unbeweglichem Vermögen im Sinne des DBA.

III. Rechtsprechung, Literatur und Verwaltungsanweisungen

1. Rechtsprechung
- BFH v. 05.06.2002, I R 81/00, BStBl. II 2004, S. 344.
- BFH v. 05.06.2002, I R 105/00, BFH/NV 2002, S. 1433.

2. Literatur
- Beinert/Benecke, Änderungen der Unternehmensbesteuerung im Jahressteuergesetz 2009, Ubg 2009, S. 169.
- Bohn, Zinsschranke und Alternativmodelle zur Beschränkung des steuerlichen Zinsabzugs, Diss. rer. pol., 2009.
- Bron, Betriebsbegriff und beschränkte Steuerpflicht im Rahmen der Zinsschrankenregelung der §§ 4h EStG und 8a KStG, IStR 2008, S. 14.
- Bron, Geänderte Besteuerung von gewerblichen Immobilieneinkünften beschränkt Steuerpflichtiger, DB 2009, S. 592.
- Fox/Scheidle, Steuerliche Aspekte von Gestaltungsmaßnahmen in der Krise, GWR 2009, S. 51.

---

[34] Vgl. in Bezug auf Art. 4 Art. 6 Abs. 3 OECD-MA *Töben* u.a., Rettungsmaßnahmen auf der Schuldenseite (Dept Restructuring) zur Überwindung der Krise, Stand 16.07.2009, online im Internet http://www.pplaw.com/_downloads/publications/Mdt-Info/090716-TT-Debt-Restructuring-dt. pdf, S. 18.

- Grotherr, Funktionsweise und Zweifelsfragen der neuen Zinsschranke, IWB F. 3 Gr. 3 S. 1496
- Gosch, KStG, 2. Auflage 2009
- Gottwald, Besteuerung von Grundstücksgeschäften ausländischer Kapitalgesellschaften, DStR 1992, S. 168.
- Herrmann/Heuer/Raupach, EStG-Kommentar.
- Huschke/Hartwig, Das geplante Jahressteuergesetz 2009: Auswirkungen auf Vermietungseinkünfte beschränkt steuerpflichtiger Kapitalgesellschaften, IStR 2008, S. 745.
- Kirchhof/Söhn/Mellinghoff, EStG-Kommentar.
- Koblenzer, Grundlagen der „beschränkten Steuerpflicht", BB 1996, S. 933.
- Köhler/Hahne, BMF-Schreiben zur Anwendung der steuerlichen Zinsschranke und zur Gesellschafter-Fremdfinanzierung bei Kapitalgesellschaften
- Korn, Einkommensteuergesetz Kommentar.
- Köster-Böckenförde/Clauss, Der Begriff des „Betriebs" im Rahmen der Zinsschranke, DB 2008, S. 2213.
- Lindauer/Westphal, JStG 2009: Änderungen bei inländischen Vermietungseinkünften durch ausländische Kapitalgesellschaften, BB 2009, S. 420.
- Meining/Kruschke, Die Besteuerung der „ausländischen Kapitalgesellschaft & Co. KG" bei ausschließlich grundstücksverwaltender Tätigkeit im Inland, GmbHR 2008, S. 91.
- Mensching, Neufassung des § 49 Abs. 1 Nr. 2 Buchst. f EStG durch das Jahressteuergesetz 2009 - Auswirkungen auf beschränkt steuerpflichtige Investoren, DStR 2009, S. 96.
- Specker, Steuerliche Probleme der Schulden-Restrukturierung am Beispiel ausländischer Kapitalgesellschaften mit inländischen Immobilien, in: P+P Pöllath und Partners (Hrsg.): Chancen in der Krise, 2009.
- Töben/Lohbeck/Fischer, Aktuelle steuerliche Fragen im Zusammenhang mit Inbound-Investitionen in deutsches Grundvermögen, FR 2009, S. 151.
- Töben u.a., Rettungsmaßnahmen auf der Schuldenseite (Dept Restructuring) zur Überwindung der Krise, Stand 16.07.2009, online im Internet http://www.pplaw.com/_downloads/publications/Mdt-Info/090716-TT-Debt-Restructuring-dt.pdf.

- van Lishaut/Schumacher/Heinemann, Besonderheiten der Zinsschranke bei Personengesellschaften, DStR 2008, 2341.
- Wassermeyer, Gesetzliche Neuregelung der Vermietung inländischen Grundbesitzes in § 49 Abs. 1 Nr. 2 Buchst. f EStG, IStR 2009, S. 238.
- Winkler/Käshammer, Betrieb und Konzern im Sinne der Zinsschranke (§ 4h EStG) – Überlegungen zur Abgrenzung des für die Zinsschranke relevanten Konsolidierungskreises, Ubg 2008, S. 478.

3. Verwaltungsanweisungen
- BMF-Schreiben v. 15.12.1994, IV B 4 – 2300 – 18/94, BStBl. I 1994, S. 883.
- BMF-Schreiben v. 24.12.1999.
- BMF-Schreiben v. 27.03.2003, IV A 6 – S 2140 – 8/03, BStBl. I 2003, S. 240.
- BMF-Schreiben v. 04.07.2008, IV C 7 – S 2742 a/01/10001, BStBl. I 2008, S. 718.
- Verfg. OFD Münster v. 24.07.2008, S 1300 – 169 – St 45-32, GmbHR 2008, S. 1008.

Fall Nr. 4   *Heinz-Klaus Kroppen*

Ertragsteuerliche Organschaft – Faktische Auflösung
Übernahme von Verlusten

I. Sachverhalt

Zwischen der OT-GmbH (Organträger: OT) und der OG-GmbH (Organgesellschaft: OG) bestand seit dem Wirtschaftsjahr 2002 nach Abschluss eines EAV eine ertragsteuerliche Organschaft. Der EAV wurde ordnungsgemäß ins Handelsregister eingetragen.

Die Geschäfte der Gruppe liefen jedoch insgesamt nicht zufriedenstellend. Ab März 2004 wurden daher die verschiedenen Standorte aus Effizienzgründen innerbetrieblich verglichen. Im Oktober 2004 wurde daraufhin die Schließung des Hauptstandortes der OG bekanntgegeben. Im November 2004 wurde dem Betriebsrat seitens der Geschäftsführung ein Sozialplan vorgeschlagen. Die Verhandlungen über diesen Plan zogen sich bis in den März 2005 hin. Neben dem Sozialplan wurden im März 2005 ein Interessenausgleich und die Schließung des Standorts festgelegt. Die Mitarbeiter sollten weitgehend abgefunden werden. Die OG bildete deshalb im Jahresabschluss 2004 Rückstellungen in Höhe von ca. 8 Mio. € für die Abfindungen und die Umzugskosten.

Die Umsatzsituation der Jahre 2003 und 2004 war annähernd gleich. Die Umsatz- und Gewinnsituation stellte sich wie folgt dar:

Wirtschaftsjahr	Umsatzzahl	Gewinn	Außergewöhnliche Aufwendungen GUV
2003	30 Mio. €	1 Mio. €	0 Mio. €
2004	28 Mio. €	./. 7 Mio. €	8 Mio. €

Die veränderte Gewinnlage ging auf die Bildung der Rückstellung für den Sozialplan zurück. Die Bildung dieser Rückstellung ist von der Betriebsprüfung als ordnungsgemäß anerkannt worden.

Im Jahr 2006 gelang es OG den Grund und Boden zu veräußern. Der Großteil der Mitarbeiter wurde abgefunden und entlassen. Schließlich wurde OG am 31.08.2006 rückwirkend auf den 01.01.2006 zu Buchwerten auf OT verschmolzen und der ursprüngliche Standort der OG geschlossen. Nach der Verschmelzung führte OT den verbleibenden Geschäftsbetrieb der ehemaligen OG unter Beibehaltung des gesamten ursprünglichen Kundenstamms und unter Übernahme eines Teils der Produktionsmittel an einem ihrer eigenen Standorte fort.

In zeitlicher Hinsicht stellte sich der Verlauf wie folgt dar:

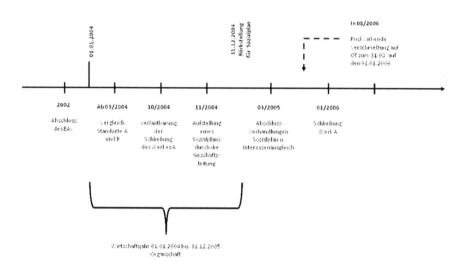

Die Betriebsprüfer vertreten die Auffassung, dass der Verlust von OG aus dem Jahr 2004 steuerlich nicht von OT genutzt werden kann.

Zur Begründung stützen sie sich auf H 61 KStR, dem zu Folge bei Einstellung der gewerblichen Tätigkeit der OG der in der Abwicklungszeit erzielte Gewinn nicht mehr unter die Gewinnabführungsverpflichtung fallen soll, auch wenn die Organgesellschaft ohne förmlichen Auflösungsbeschluss ihre gewerbliche Tätigkeit nicht nur vorübergehend einstellt und ihr Vermögen veräußert.

Konsequenz der Anwendung der Vorschrift des H 61 KStR durch die Finanzverwaltung ist im konkreten Fall die Versagung der unmittelbaren Nutzungsmöglichkeit der laufenden steuerlichen Verluste von OG aus dem Wirtschaftsjahr 2004 bei OT. Durch die nachfolgende steuerneutrale Aufwärtsverschmelzung könnten die Verlustvorträge von OG – nach altem Recht – nur unter den strengen Voraussetzungen des § 12 Abs. 3 S. 2 UmwStG (2003) erhalten bleiben. Hierfür hätte der Betrieb oder Betriebsteil, der den Verlust verursacht hat, über den Verschmelzungsstichtag hinaus in einem nach dem Gesamtbild der wirtschaftlichen Verhältnisse vergleichbaren Umfang in den folgenden fünf Jahren fortgeführt werden müssen. Da hier jedoch der Geschäftsbetrieb der OG teilweise eingestellt wurde, wäre dies zumindest zweifelhaft und würde im Ergebnis zum ungenutzten Verfall der Verluste führen.

II. Lösungshinweise

Die Begründung der Finanzverwaltung stützt sich auf H 61 KStR und beruft sich dazu auch auf die in H 61 KStR zitierte ältere Rechtsprechung. Soweit es um die Beurteilung eines tatsächlichen Abwicklungsgewinns geht, liegt die Finanzverwaltung auf einer Linie mit der älteren Rechtsprechung und Teilen des Schrifttums[1]. Die zentralen Fragen des Falls sind aber, ob die Rechtsprechung sachgerecht ist und ob sie auf den hier diskutierten Fall übertragbar ist.

1. Richtigkeit der älteren Rechtsprechung

Zunächst stellt sich die Frage nach der Richtigkeit der alten BFH-Rechtsprechung. Eine gesetzliche Regelung der Behandlung des Abwicklungsgewinns der Organgesellschaft existiert nicht.

---

[1] z. B. BFH v. 17.2.1971, I R 148/68, BStBl. II S. 411; gl. A. z. B. *Dötsch/Witt*, in: Dötsch/Jost/Pung/Witt, § 14 KStG Rz. 251; a. A. *Bahns/Graw*, DB 2008, S. 1645.

Festzustellen ist insoweit zunächst, dass die erste Argumentationslinie des BFH ganz wesentlich darauf aufbaut, dass der Ergebnis- oder Gewinnabführungsvertrag (GAV) als handelsrechtlicher Vertrag von Erwerbsgesellschaften vor deren Auflösung vereinbart sei und häufig den Fall der Auflösung der Gesellschaft nicht beachte. Weil zwar grundsätzlich die Verträge der Gesellschaft, ebenso wie die Gesellschaft selbst, auch in der Abwicklungsphase weiterbestünden, der Zweck der Gesellschaft jedoch nun nicht mehr auf Erwerb, sondern auf Auflösung („Selbstvernichtung") gerichtet sei, entfalle die Verpflichtung zur Gewinnabführung[2]. Dazu kommt das Gericht im Wege der ergänzenden Vertragsauslegung nach §§ 133, 157 BGB[3]. Enthalte der GAV keine Aussage zum Abwicklungsgewinn, sei er dahingehend auszulegen, dass er auf die Abführung des Gewinns zwischen Erwerbsgesellschaften gerichtet sei.

Dies werde, so der BFH, dadurch bekräftigt, dass der abzuführende Gewinn regelmäßig auf Grundlage des Jahresabschlusses der Organgesellschaft nach den entsprechenden handelsrechtlichen Vorschriften über den höchstzulässigen Wert ermittelt werde. In der Abwicklungsphase sei aber nicht mehr der Gewinn nach HGB, sondern vielmehr das verteilbare Vermögen zu ermitteln. Diese Ermittlung unterliege aber anderen Bewertungsgrundsätzen als der Jahresabschluss der Erwerbsgesellschaft[4].

Die zweite Argumentationslinie des BFH stützt sich darauf, dass der in der Abwicklung erzielte Gewinn kein verteilbarer Reingewinn sei (vgl. z. B. § 29 GmbHG), sondern zum Vermögen der Gesellschaft gehöre, das an die Gesellschafter zu verteilen sei (im Entscheidungsfall §§ 72, 73 GmbHG). Daher sei eine positive Regelung der Abführungspflicht im Liquidationsfall im GAV nicht zulässig.

Die Beantwortung der oben aufgeworfenen Frage nach der Richtigkeit der Lösung des BFH hängt zum einen nicht unwesentlich mit der Wirkungsweise des GAV in der Liquidation zusammen, welche in Rechtsprechung und Literatur kontrovers diskutiert wird.

---

[2] BFH-Urteil v. 18.10.1967 I 262/63, BStBl. II 1968, 105 (106).
[3] Danach wird eine bestehende Regelungslücke im Vertrag nach Maßgabe der konkreten Interessenlage oder anhand von Maßstäben, die für Rechtsgeschäfte dieser Art typisch sind ausgelegt (≠ Auslegung nach dem Wortlaut, den Begleitumständen, der Verkehrsanschauung und der Interessenlage), vgl. *Bamberger/Roth/Wendtland*, BGB, § 157, Rn. 28; *Palandt/Ellenberger*, BGB, § 157, 2 ff.
[4] BFH-Urteil v. 18.10.1967 I 262/63, BStBl. II 1968, 105 (106).

In der Literatur wird die alte Rechtsprechung des BFH kritisiert[5]. Die Autoren sprechen sich für die Einbeziehung des Abwicklungsgewinns in die Organschaft und damit gegen die generelle Anwendung der Entscheidung des BFH aus dem Jahr 1967[6] als Grundsatzurteil aus.

Sie bezweifeln das damals vom BFH angewendete Vorgehen über die Anwendung der ergänzenden Vertragsauslegung des GAV gemäß §§ 133, 157 BGB und stützen dies z. B. auf neuere Entwicklungen im Steuerrecht[7].

Der GAV ist nach dem BGH (u. a.) ein gesellschaftsrechtlicher Organisationsvertrag[8], § 291 AktG, der somit auch nach den allgemein üblichen zivilrechtlichen Methoden auszulegen ist. Es wird deshalb zu Recht gefragt[9], ob der BFH sich innerhalb dieser Regeln bewegt hat.

Die ergänzende Vertragsauslegung setzt zunächst das Bestehen einer Regelungslücke im Vertrag voraus. Eine solche besteht, wenn der Vertrag innerhalb des durch ihn gesteckten Rahmens oder innerhalb der objektiv gewollten Vereinbarung ergänzungsbedürftig ist, weil eine Vereinbarung in einem regelungsbedürftigen Punkt fehlt[10]. Die Behandlung des Abwicklungsgewinns ist ungeregelt geblieben.

Selbst wenn aber keine Regelung getroffen worden ist, darf diese Lücke nicht ohne weiteres durch die ergänzende Vertragsauslegung geschlossen werden[11]. Vielmehr ist nach den dazu entwickelten Grundsätzen vorzugehen. Die ganz herrschende Ansicht in der Literatur geht davon aus, dass zunächst nach einer dispositiven gesetzlichen Regelung zu suchen ist, weil die ergänzende Vertragsauslegung (auch) zwingend einen objektiven Maßstab anlegt[12]. Eine solche Regelung besteht für den Fall der Behandlung des Abwicklungsgewinns aber nicht. Daher könnte hier zwar eine ergänzende Vertragsauslegung erwogen werden, allerdings bleibt auch ohne eine ausdrückliche Regelung im GAV primär der vorhandene Vertragsinhalt als Auslegungsmaßstab entscheidend. Die ergänzende Vertragsauslegung darf

---

[5] *Bahns/Graw*, DB 2008, S. 1645 (1647 f.).
[6] Die Entscheidung BFH-Urteil v. 17.02.1971 I R 148/68, BStBl. II 1971, 411, lässt die Möglichkeit einer solchen Vereinbarung offen.
[7] *Bahns/Graw*, DB 2008, S. 1645 (1646 f.); *Palandt/Ellenberger*, BGB, § 157, 2; *Bamberger/Roth/Wendtland*, BGB, § 157, Rn. 33 ff.
[8] BGH-Urteil v. 14.12.1987 II ZR 170/87, NJW 1988, 1326.
[9] *Bahns/Graw*, DB 2008, S. 1645 (1645).
[10] Vgl. nur: BGH-Urteil v. 04.03.2004 III ZR 96/03, NJW 2004, 1590 (1591).
[11] Z. B.BGH-Urteil v. 24.06.1982 VII ZR 244/81, NJW, 1982, 2190 (2191)
[12] *Bamberger/Roth/Wendtland*, BGB, § 157, Rn. 28.

folglich keinesfalls im Widerspruch zu den bereits vorhanden vertraglichen Regelungen stehen[13].

Ob allein schon durch das Bestehen einer vereinbarten Ergebnisabführung ein solcher Wertungswiderspruch gegeben sein kann, mag dahinstehen, wenn jedenfalls der tatsächliche Parteiwille entgegensteht. In diesem Fall ist die Anwendung der ergänzenden Vertragsauslegung unzulässig[14]. Regelmäßig wird aber der tatsächliche Parteiwille spätestens in der Abschlussbesprechung geäußert. Die antizipierte ergänzende Vertragsauslegung des BFH ist daher auch unter diesen Voraussetzungen unzulässig.

Sie wäre zudem aber wegen des gebotenen objektiven Maßstabs auch falsch angewendet, denn es ist nicht von der Hand zu weisen, dass die Vereinbarung, „den gesamten Gewinn" an die Organträgerin abzuführen, objektiv gerade so zu verstehen ist, dass keinerlei Einschränkungen bestehen sollen. Dies zeigt sich insbesondere vor dem Hintergrund des Zwecks der Eingehung von Organschaftsverhältnissen, die einen GAV voraussetzen und damit ein zumindest häufiger Anlass des Abschlusses von Ergebnisabführungsverträgen sein dürften.

Der objektive Sinn, den GAV für die Parteien haben, ist die umfassende Zurechnung des Ergebnisses zur Organträgerin. Dies gilt m. E. auch insbesondere für die Situation der Einstellung des Geschäftsbetriebs. Den Parteien müsste anderenfalls die Absicht unterstellt werden, dass sie es gewollt hatten, dass ein eventueller Verlust der OG aus der Abwicklung ungenutzt verfällt, statt in der Unternehmensgruppe genutzt zu werden. Eine solche Unterstellung wäre weltfremd und verkennt, dass GAV in der Regel aus steuerlichen Gründen geschlossen werden.

Für diesen Zweck spricht nach der Einführung der Zinsschranke in § 4h EStG, § 8a KStG die Ermittlung des Verhältnisses von Zinsaufwand und steuerlichem EBITDA, denn nach § 15 S. 1 Nr. 3 S. 2 KStG gilt der Organkreis als ein Betrieb im Sinne der Zinsschranke.

Auch § 8b Abs. 1 und 5 KStG sprechen dafür, dass die Parteien den GAV verstanden haben, denn nur durch die organschaftliche Organisation kann die Belastung mit den nichtabzugsfähigen Aufwendungen in Höhe von 5 % vermieden werden (Kaskadeneffekte). § 8b Abs. 1 und 5 KStG finden ja auch Anwendung, wenn der Liquidationsgewinn (abzüglich der Rück-

---

[13] *Bamberger/Roth/Wendtland*, BGB, § 157, Rn. 38 f.
[14] *Bamberger/Roth/Wendtland*, BGB, § 157, Rn. 40, 43.

zahlung des Nennkapitals) ausgekehrt wird, denn die Liquidationsrate ist für die Organträgerin eine Einnahme aus Kapitalvermögen[15].

Somit sprechen gerade die rechtlichen Änderungen der Körperschaftsteuer für eine objektive Auslegung der GAV in Organschaftsverhältnissen im Sinn einer umfassenden Abführungsverpflichtung[16]. Die Feststellungen des BFH aus den Jahren 1967, 1971 entsprechen nicht mehr den rechtlichen Gegebenheiten. Wenn man mit dem BFH darauf abstellt, dass der GAV auch nach dem Auflösungsbeschluss wirksam bleibt, führt die ergänzende Vertragsauslegung darüber hinaus auch zu einer unzulässigen Erweiterung des Vertragsinhalts[17], indem sie eine wesentliche neue Verpflichtung der Organgesellschaft begründet[18], denn die Organgesellschaft wird dadurch zur Steuerpflichtigen. Auch unter diesem Aspekt ist eine ergänzende Vertragsauslegung verfehlt.

2. Anwendung der Rechtsprechung auf den vorliegenden Fall

M. E. kann jedoch dahinstehen, ob die Auslegung der älteren Rechtsprechung heute noch sachgerecht ist, da die Grundsätze der Entscheidung des BFH aus dem Jahre 1971[19] ohnehin im vorliegenden Fall nicht anwendbar sind. In dieser Entscheidung ging es um die Frage des Fortbestehens der Gewinnabführungsverpflichtung für das Jahr 1962. In diesem Jahr verkaufte die Organgesellschaft, eine GmbH, ihr gesamtes Vermögen und stellte daraufhin am 01.04.1962 ihren Geschäftsbetrieb ein. Einen formellen Auflösungsbeschluss für die GmbH gab es nicht. Der BFH sah trotzdem die Voraussetzung für eine Ergebnisabführung nicht als erfüllt an, weil der Ergebnisabführungsvertrag auf die Abführung des Gewinns einer Erwerbsgesellschaft gerichtet sei. Eine solche bestehe aber auch ohne einen förmlichen Auflösungsbeschluss dann nicht mehr, wenn die Gesellschaft ihre gewerbliche Tätigkeit eingestellt und ihr Vermögen in Geld umgesetzt habe[20]. Dies sah der BFH für das Jahr

---

[15] BMF-Schreiben v. 28.04.2003 IV A 2 – S 2750a – 7/03, BStBl. I 2003, 292, Tz. 7.
[16] Bahns/Graw, DB 2008, S. 1645 (1648).
[17] BGH-Urteil v. 24.06.1982 VII ZR 244/81, NJW, 1982, 2190 (2191); Bamberger/Roth/Wendtland, BGB, § 157, Rn. 44.
[18] BGH-Urteil v. 18.12.1954 II ZR 76/54, NJW 1955, 337, (337 f.); Bamberger/Roth/Wendtland, BGB, § 157, Rn. 44.
[19] BFH-Urteil v. 17.02.1971 I R 148/68, BStBl. II 1971, 411.
[20] BFH-Urteil v. 17.02.1971 I R 148/68, BStBl. II 1971, 411 (413) verweist auf das Urteil des BFH v. 18.10.1967 I 262/63, BStBl. II 1968, 105 (106).

1962 als erfüllt an, weil die Gesellschaft ihre Tätigkeit auf die vorgenannten Abwicklungstätigkeiten beschränkt hatte. Für unseren Fall hieße das, dass die OG ihren Geschäftsbetrieb für das in Rede stehende Geschäftsjahr 2004 auch ohne tatsächlichen Auflösungsbeschluss eingestellt haben müsste. Dies ist nicht der Fall. Die einzigen bereits im Jahr 2004 vorgenommenen Maßnahmen waren der innerbetriebliche Standortvergleich und die Entscheidung der Unternehmensleitung, den Standort zu schließen und einen Sozialplan zu erstellen. Im Jahr 2004 lief jedoch die eigentliche operative Tätigkeit praktisch unvermindert weiter. Dies zeigt zum einen ein Vergleich der Umsatzerlöse im Jahre 2004 mit dem Vorjahr. Hiernach hatten sich die Umsatzerlöse nur unwesentlich verändert. Zum anderen ist auch der Gewinn aus der operativen Tätigkeit gleich geblieben, wenn man die Sozialplanrückstellung außer Betracht lässt. Die BFH-Entscheidung zielt ausdrücklich darauf ab, dass sich im Streitjahr die Tätigkeiten der Organgesellschaft auf die Abwicklung und Einstellung des Geschäftsbetriebs beschränkt hatten. Davon kann im vorliegenden Fall sicherlich keine Rede sein. Der Beschluss, in Zukunft den Geschäftsbetrieb einstellen zu wollen, reicht zur Versagung der Wirkung der Organschaft nicht aus. Selbst ein formeller Liquidationsbeschluss ohne dessen tatsächliche Umsetzung führt nicht zum Eingreifen der Rechtsfolgen einer Liquidation (Scheinliquidation). Umso mehr kann ein reiner Beschluss zur Einstellung des Geschäftsbetriebs ohne entsprechende Umsetzungsmaßnahmen im selben Geschäftsjahr für dieses Geschäftsjahr zu einer Versagung der Wirkungen der Organschaft führen. Der Verlust ist vorliegend durch die zwingende Bildung einer Sozialplanrückstellung in einem Jahr angefallen, in dem tatsächlich der Geschäftsbetrieb noch nicht abgewickelt wurde, sondern praktisch in gleichem Maße wie im Vorjahr fortgesetzt wurde. Damit fehlt die Basis, eine Berücksichtigung des entstandenen Verlustes auf Ebene des Organträgers zu versagen.

III. Rechtsprechung, Literatur und Verwaltungsanweisungen

1. Rechtsprechung

- BFH-Urteil v. 18.10.1967 I 262/63, BStBl. II, 105.
- BFH-Urteil v. 17.02.1971 I R 148/68, BStBl. II, 411.
- BGH-Urteil v. 18.12.1954 II ZR 76/54, NJW 1955, 337.
- BGH-Urteil v. 24.06.1982 VII ZR 244/81, NJW, 1982, 2190.
- BGH-Urteil v. 14.12.1987 II ZR 170/87, NJW 1988, 1326.

- BGH-Urteil v. 04.03.2004 III ZR 96/03, NJW 2004, 1590.

2. Literatur

- *Graffe*, in: Dötsch/Jost/Pung/Witt, KStG.
- *Palandt/Ellenberger*, BGB.
- *Bamberger/Roth/Wendtland*, BGB.
- *Bahns/Graw*, Organschaftliche Einkommenszurechnung bei Auflösung und Umwandlung einer Organgesellschaft, DB 2008, S. 1645.

3. Verwaltungsanweisungen

- H 61 KStR
- BMF-Schreiben v. 28.04.2003 IV A 2 – S 2750a – 7/03, BStBl. I 2003, 292.

Fall Nr. 5　　　　　　　　　　　　　　　　　　　　　　　　　　　Günter Morlock

Abzug von Verlusten einer EU-Betriebsstätte bei Einstellung der Betriebsstätte

I. Sachverhalt

Der deutsche M-Konzern ist in der Maschinenbaubranche tätig. Konzernspitze ist die sehr profitable inländische M-AG, die u. a. alle Anteile an der ebenfalls deutschen T-GmbH hält. Zwischen der M-AG und der T-GmbH besteht eine körperschaftsteuerliche Organschaft mit Gewinnabführungsvertrag. Im Februar 2004 gründete die T-GmbH in den Niederlanden eine Betriebsstätte zum Vertrieb der im Konzern hergestellten Maschinen. Einen weiteren Geschäftsbetrieb unterhielt sie nicht.

Da die niederländische Betriebsstätte nur Verluste erwirtschaftete, wurde sie im März 2007 wieder aufgelöst. Die Verluste, die zutreffend ermittelt wurden, beliefen sich in den einzelnen Kalenderjahren auf:

2004:	375 Tsd €
2005:	463 Tsd €
2006:	505 Tsd €
2007:	145 Tsd €
Summe:	1.488 Tsd €

Im April 2007, d. h. sofort nach Schließung der Betriebsstätte, wurde die T-GmbH auf ihre Muttergesellschaft und Organträgerin verschmolzen.

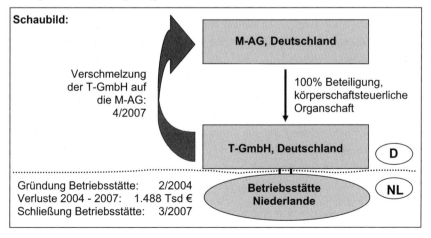

Die Firmenvertreter sind der Auffassung, dass die Verluste der Betriebsstätte in den Niederlanden verglichen mit Verlusten einer inländischen Betriebsstätte schlechter behandelt werden. Diese Schlechterstellung würde eine Verletzung der EU-Grundfreiheiten darstellen und zumindest beim Vorliegen endgültiger Verluste gäbe es dafür auch keine Rechtfertigungsgründe. Durch die Schließung der niederländischen Betriebsstätte der T-GmbH und die im Anschluss vorgenommene Verschmelzung der T-GmbH auf ihre Organträgerin, die M-AG, seien die Betriebsstättenverluste in den Niederlanden endgültig untergegangen und könnten dort nicht mehr geltend gemacht werden. Nachweise darüber, dass eine Verlustnutzung in den Niederlanden nicht mehr möglich ist, wurden bisher jedoch nicht vorgelegt.

Im Rahmen der aktuellen Betriebsprüfung bei der M-AG und der T-GmbH, jeweils für die Jahre 2004 – 2008, beantragen die Firmenvertreter in Deutschland die phasengleiche gewinnmindernde Berücksichtigung der Betriebsstättenverluste aus den Niederlanden. Die Tatsache, dass Gewinne einer niederländischen Betriebsstätte nach dem DBA Niederlande im Inland steuerfrei gestellt würden, steht nach ihrer Auffassung einem Abzug endgültiger Verluste nicht entgegen.

II. Lösungshinweise

1. Änderung des § 2a EStG durch das Jahressteuerreformgesetz 2009

Bis zur Verabschiedung des Jahressteuergesetzes 2009[1] durften die in § 2a Abs. 1 EStG aufgeführten ausländischen Verluste nur mit positiven Einkünften der jeweils selben Art und aus demselben Staat ausgeglichen werden. Nicht ausgeglichene Verluste durften nur von positiven Einkünften der jeweils selben Art und aus demselben Staat in den folgenden Veranlagungszeiträumen abgezogen werden. Jetzt sind die Verlustausgleichs- und Verlustabzugsbeschränkungen nach § 52 Abs. 3 S. 2 EStG in allen noch nicht bestandskräftigen Fällen nur noch bei Betriebsstätten in Drittstaaten zu beachten. Verluste aus Betriebsstätten in anderen EU-Staaten und den EWR-Staaten außer Liechtenstein können dagegen in allen noch nicht bestandskräftigen Fällen mit Gewinnen in Deutschland verrechnet werden. Voraussetzung ist aber, dass mit dem Staat, aus dem die Verluste stammen, entweder kein Doppelbesteuerungsabkommen abgeschlossen wurde oder die Doppelbesteuerung der aus-

---

[1] Jahressteuergesetz 2009, BGBl 2008 I S. 2794.

ländischen Einkünfte nach dem Abkommen durch die Anrechnungsmethode beseitigt wird.[2] Sieht das Doppelbesteuerungsabkommen dagegen die Freistellungsmethode vor, ist eine Berücksichtigung der Betriebsstättenverluste nach § 2a EStG regelmäßig nicht möglich.

Durch diese Gesetzesänderung, die als Reaktion auf das EuGH-Urteil "Rewe Zentralfinanz"[3] und wegen EU-rechtlicher Bedenken der EU-Kommission erfolgte[4], wird die sogenannte „Symmetriethese" des BFH gesetzlich verankert. Danach bleiben in DBA-Fällen bei Anwendung der Freistellungsmethode sowohl die positiven als auch die negativen Einkünfte bei der Ermittlung der inländischen Steuerbemessungsgrundlage unberücksichtigt.[5]

Für Einkünfte aus einer niederländischen Betriebsstätte haben nach Art. 5 Abs. 1 DBA Niederlande die Niederlande ein Besteuerungsrecht. Diese Einkünfte werden nach Art. 20 Abs. 2 S. 1 dieses Doppelbesteuerungsabkommens von der deutschen Steuerbemessungsgrundlage ausgenommen (Anwendung der Freistellungsmethode). Damit führt die Änderung des § 2a EStG durch das Jahressteuergesetz 2009 in Verbindung mit § 52 Abs. 3 S. 2 EStG nicht zur Berücksichtigung der Verluste der niederländischen Betriebsstätte der T-GmbH aus den Jahren 2004 - 2007.

Die Anwendung des § 2a EStG wurde auf Drittstaatensachverhalte beschränkt und folgt nach Auffassung von *Ditz/Plansky* der Rechtsprechung des EuGH zum Vorrangverhältnis der Niederlassungsfreiheit gegenüber der Kapitalverkehrsfreiheit in Betriebsstättenfällen. Es kann deshalb davon ausgegangen werden, dass § 2a EStG durch das Jahressteuergesetz

---

[2] *Wittkowski/Lindscheid*, Berücksichtigung ausländischer Betriebsstättenverluste nach dem JStG 2009, IStR 2009, S. 225 (S. 227).
[3] EuGH-Urteil vom 29.03.2007, Rs C-347/04 „Rewe Zentralfinanz", BStBl 2007 II S. 492.
[4] Vgl. *Ortmann-Babel/Franke/Stelzer/Zipfel*, Steuer Check-up 2010, Steuerrückblick Tz. 2.9.1, Haufe Steuer Office Premium Version 3.1.0.0 - Haufelndex 2270470.
[5] Vgl. *Grotherr*, International relevante Änderungen durch das Jahressteuergesetz 2009, IWB 2009, Fach 3 Deutschland, Grp. 1, S. 2373. Weitere Diskussion u. a. bei: *Kessler/Schmitt/ Janson*, Berücksichtigungsverbot abkommensrechtlich "befreiter" Betriebsstättenverluste? - Analyse der BFH-Rechtsprechung unter Berücksichtigung von Verfassungs- und Europarecht nach AMID, IStR 2001, S. 729; *Hahn*, Grenzüberschreitende Berücksichtigung von Betriebsstättenverlusten, IStR 2002, S. 681; *Kessler/Schmitt/Janson*, Nochmals: Berücksichtigung abkommensrechtlich „befreiter" Betriebsstättenverluste, IStR 2003, S. 307; *Hahn*, Nochmals: Betriebsstättenverluste, Verfassungs- und Europarecht, IStR 2003, S. 734.

2009 europarechtskonform ausgestaltet wurde.[6]

2. Verlustberücksichtigung bei Anwendung der DBA-Freistellungsmethode

2.1 Rechtsprechung des EuGH

Der EuGH hat in seiner Entscheidung im Fall „Lidl Belgium"[7] seine Rechtsprechung zur grenzüberschreitenden Verrechnung von Verlusten im Konzern aus dem Verfahren „Marks & Spencer"[8] weitgehend auf den Fall einer ausländischen Betriebsstätte übertragen:[9]

- Der Ausschluss der Verrechnung von Verlusten aus Auslandsbetriebsstätten mit anderen Einkünften bildet eine Beschränkung der Niederlassungsfreiheit nach Art. 43 Abs. 1 EG.

- Ein Rechtfertigungsgrund kann in der „Aufteilung der Besteuerungshoheit" zwischen den Mitgliedsstaaten der Europäischen Gemeinschaft liegen, wenn die Gewinne einer Betriebsstätte nach Doppelbesteuerungsabkommen im (Wohn)Sitzstaat befreit sind.[10]

- Diese Rechtfertigung ist jedoch dann nicht mehr gegeben, wenn zum Abzug der Verluste im Quellenstaat keine Möglichkeit (mehr) besteht.

Die Frage, wann keine Möglichkeit (mehr) besteht, einen Verlust abzuziehen, wurde vom EuGH noch nicht abschließend entschieden.[11] Er hat dazu in der Entscheidung „Lidl Belgium" (in Anknüpfung an die Entscheidung „Marks & Spencer" zu Tochterkapitalgesell

---

6 Vgl. *Ditz/Plansky*, Aktuelle Entwicklungen bei der Berücksichtigung ausländischer Betriebsstättenverluste, DB 2009, S. 1669 (S. 1673).

7 EuGH-Urteil vom 15.05.2008, Rs C-414/06 „Lidl-Belgium", BStBl 2009 II S. 692.

8 EuGH-Urteil vom 13.12.2005, Rs C-446/03 „Marks & Spencer", HFR 2006 S. 409.

9 Vgl. *Schön*, Grenzüberschreitende Verlustverrechnung, Jahrbuch der Fachanwälte für Steuerrecht 2009/2010, S. 56 (S. 57).

10 Nach *Kessler/Eicke* (Gedanken zur grenzüberschreitenden Verlustnutzung nach Lidl Belgium, IStR 2008, S. 581/S. 583) ist noch nicht abschließend geklärt, wie viele Rechtfertigungsgründe kumulativ vorliegen müssen. In der Rs Lidl Belgium wurde vom EuGH neben der „Wahrung der Aufteilung der Besteuerungsbefugnisse" auch die „Notwendigkeit der Verhinderung der Steuerumgehung" als weiterer Rechtfertigungsgrund bejaht.

11 *Sedemund* (Grenzüberschreitende Berücksichtigung von Betriebsstättenverlusten, DB 2008, S. 1120/S. 1122) diskutiert die Fragen „Wann ist ein Verlust definitiv" und „Wann sind die Verluste geltend zu machen" unter der Überschrift „Offene Anschlussfragen".

schaften) lediglich den Fall benannt, in dem „… eine gebietsfremde Tochtergesellschaft die Möglichkeiten zur Berücksichtigung von Verlusten in dem Mitgliedstaat ihres Sitzes für den betreffenden Steuerzeitraum ausgeschöpft hat und (wenn) keine Möglichkeit besteht, dass die Verluste dieser Tochtergesellschaft in diesem Staat für künftige Steuerzeiträume berücksichtigt werden können."[12]

Dieses Kriterium hat der EuGH in der Entscheidung „Lidl Belgium" auf die Verluste einer im anderen Staat belegenen Betriebsstätte entsprechend angewandt. Der EuGH hat aber in dieser Entscheidung keine Aussagen darüber getroffen, ob und unter welchen weiteren Voraussetzungen Verluste aus einer ausländischen Betriebsstätte beim inländischen Unternehmen zu berücksichtigen sind. Dies war auch nicht erforderlich, weil im entschiedenen Urteilsfall die Verluste im Betriebsstättenstaat aufgrund eines vom Kläger tatsächlich in Anspruch genommenen Verlustvortrages berücksichtigt werden konnten.

Der EuGH hat sich mit dem Liquiditätsargument, d. h. der Tatsache, dass der Steuerpflichtige zumindest vorübergehend weniger Liquidität zur Verfügung hat als im rein nationalen Fall, bei dem Verluste der Betriebsstätte schon im Veranlagungszeitraum der Entstehung berücksichtigt werden, nicht befasst.[13] Da sich Generalanwältin *Sharpston* in ihren Ausführungen mit diesem Argument ausführlich beschäftigt hat, kann man daraus folgern, dass es zumindest in der vorliegenden Fallkonstellation für den EuGH unerheblich war.

Das EuGH-Urteil in der Rechtssache „Krankenheim Ruhesitz am Wannsee-Seniorenheimstatt GmbH"[14] liegt auf der Linie der Entscheidung in der Rechtssache „Lidl-Belgium".[15] Dieser Entscheidung lag aber ein besonderer Sachverhalt zugrunde. Es wurde darüber gestritten, ob der Stammhausstaat Deutschland nach der Regelung des § 2a Abs. 3 EStG^{1990} berechtigt war, den Gewinn aus einer österreichischen Betriebsstätte in Deutschland nachzuversteuern, obwohl die dem deutschen Stammhaus hinzugerechneten Gewinne auch in Österreich steuerpflichtig waren und nicht mit einem Verlustvortrag verrechnet werden konn-

---

[12] EuGH-Urteil vom 15.05.2008, Rs C-414/06 „Lidl-Belgium", BStBl 2009 II S. 692, Rz. 47.
[13] Vgl. *Kessler/Eicke*, Gedanken zur grenzüberschreitenden Verlustnutzung nach Lidl Belgium, IStR 2008, S. 581.
[14] EuGH-Urteil vom 23.10.2008, Rs C-157/07 „Wannsee", BStBl 2009 II S. 566.
[15] *Thömmes*, Nachversteuerung zuvor zum Abzug zugelassener Betriebsstättenverluste verstößt nicht gegen die Niederlassungsfreiheit, IWB 2008 Fach 11a, S. 1205 (S. 1212).

ten.[16] Eine wesentliche Erkenntnis aus dieser Entscheidung ist, dass der EuGH im Ergebnis die Nichtberücksichtigung von Verlusten akzeptiert, selbst wenn sie durch die Veräußerung der Betriebsstätte endgültig werden. Daraus schließen *Ditz/Plansky*[17], dass eine doppelte Nichtberücksichtigung von (endgültigen) Verlusten nicht per se gegen Europarecht verstößt.

In einem mit Spannung erwarteten neuen Urteil des EuGH[18] zu Art. 26 CIR des belgischen Rechts, der deutliche Parallelen zu § 1 AStG ausweist, hat der EuGH seine mittlerweile ständige Rechtsprechung zur Beschränkung der Niederlassungsfreiheit durch selektive Gewinnkorrekturen nur im Auslandsfall fortgeführt. Er sieht zwar eine Verletzung der Niederlassungsfreiheit, die aber zur Wahrung einer ausgewogenen Aufteilung der Besteuerungsbefugnisse unter den Mitgliedsstaaten gerechtfertigt sein kann, wenn die Vorschrift im Einzelfall einer Verhältnismäßigkeitsprüfung standhält.[19] Eine Beeinträchtigung der ausgewogenen Aufteilung der Besteuerungsbefugnis zwischen den Mitgliedsstaaten ist vom Gerichtshof erstmals in seinem „Marks & Spencer-Urteil"[20], auf das auch die oben erörterte Entscheidung „Lidl Belgium"[21] aufbaut, anerkannt worden.

Altvater[22] ist zuzustimmen, wenn er aus den jüngeren EuGH-Entscheidungen die Tendenz erkennt, den Besteuerungsbefugnissen der Mitgliedsstaaten gegenüber den Grundfreiheiten einen breiteren Anwendungsbereich zu verschaffen.

---

16 Vgl. *Altvater*, Niederlassungsfreiheit vs. Nationale Besteuerungsbefugnisse: Eine (Trend-)Analyse der aktuellen EuGH-Rechtsprechung, DB 2009, S. 1201 (S. 1203).
17 Vgl. *Ditz/Plansky*, Aktuelle Entwicklungen bei der Berücksichtigung ausländischer Betriebsstättenverluste, DB 2009, S. 1669 (S. 1671).
18 EuGH-Urteil vom 21.01.2010, Rs C-311/08 „SGI", BFH/NV 2010 S. 571.
19 Vgl. *Thömmes*, Gewinnkorrektur bei Vorteilsgewährung an verbundene Unternehmen im EU-Ausland, IWB 2010, S. 107 (S. 112).
20 EuGH-Urteil vom 13.12.2005, Rs C-446/03 „Marks & Spencer", HFR 2006 S. 409.
21 EuGH-Urteil vom 15.05.2008, Rs C-414/06 „Lidl-Belgium", BStBl 2009 II S. 692, Rz. 47.
22 Vgl. *Altvater*, Niederlassungsfreiheit vs. Nationale Besteuerungsbefugnisse: Eine (Trend-)Analyse der aktuellen EuGH-Rechtsprechung, DB 2009, S. 1201 (S. 1205).

2.2 Umsetzung der Rechtsprechung des EuGH durch die nationalen Gerichte

Im fortgesetzten Revisionsverfahren, das dem EuGH-Urteil „Lidl Belgium" zugrunde lag, hat der BFH entschieden[23], dass auch nach Streichung des § 2a Abs. 3 EStG^{1997} a.F. Verluste aus einer ausländischen Betriebsstätte prinzipiell nicht abzugsfähig sind. Sie werden ebenso wie entsprechende Gewinne von der inländischen Besteuerungsgrundlage ausgenommen. Davon abweichend kommt ein phasengleicher Verlustabzug nur dann ausnahmsweise in Betracht, sofern und soweit der Steuerpflichtige nachweist, dass die Verluste im Quellenstaat steuerlich unter keinen Umständen anderweitig verwertbar sind.

Diese Entscheidung führt zu zwei schwierigen Problemen, nämlich wann ein Verlust im Sinne der Judikatur endgültig ist und wie im Falle von endgültigen Verlusten die Verlustberücksichtigung in technischer Hinsicht genau zu erfolgen hat.[24] Der 1. Senat des BFH scheint dazu zu tendieren, finale Verluste im Verlustentstehungsjahr zum Abzug zu bringen, obwohl er die Frage im Schlussurteil in der Entscheidung „Lidl-Belgium" offen gelassen hat.[25]

Das FG Düsseldorf hat in einem nicht rechtskräftigen Urteil[26] entschieden, dass ein inländischer Verlustabzug im Verlustentstehungsjahr nur dann möglich ist, wenn hinsichtlich des ausländischen Betriebsstättenverlustes bereits im Verlustentstehungsjahr ausgeschlossen ist, dass es künftig zu einer Verrechnung im Betriebsstättenstaat kommen kann. Das FG Hamburg[27] hat dagegen in einem ebenfalls nicht rechtskräftigen Urteil entschieden, dass

---

[23] BFH-Urteil vom 17.07.2008, Az: I R 84/04, BStBl 2009 II S. 630.
[24] Vgl. *Cordewener*, EG-rechtlicher Grundfreiheitsschutz in der Praxis – Auswirkungen auf die grenzüberschreitende Verlustberücksichtigung, IWB 2099 Fach 11 Europäische Union Grp. 2, S. 983 (S. 988).
[25] So *Gosch* in einem Diskussionsbeitrag auf der Jahrestagung der Fachanwälte für Steuerrecht 2009 (Jahrbuch der Fachanwälte für Steuerrecht 2009/2010, S. 62/S. 65); *Brandis* vertritt die Auffassung, dass sich der BFH noch nicht zum Abzugszeitpunkt finaler Verluste geäußert hat (9. IStR-Jahrestagung 2009 am 19./20. November 2009 – siehe Tagungsbericht in IStR 1/2010, S. III); *Buciek* „KB" (Mitglied des 1. Senats des BFH) sieht in einer zeitlich erst später feststehenden Nichtberücksichtigung des Verlustes im Betriebsstättenstaat ein rückwirkendes Ereignis im Sinne des § 175 Abs. 1 Nr. 2 AO (Anmerkung zum „Lidl Belgium"-Schlussurteil: Abzug nur „finaler" Verluste aus Auslandsbetriebsstätten, IStR 2008, S. 705); *Englisch* hält dagegen eine Verlustberücksichtigung rückwirkend auf den Entstehungszeitpunkt für wenig überzeugend (Anmerkung 1 zur Abzugsfähigkeit von Betriebsverlusten aus anderem EU-Mitgliedsstaat bei DBA-Freistellung, IStR 2008, S. 404 (S. 405).
[26] FG Düsseldorf Urteil vom 08.09.2009, Az: 6 K 308/04, NWB DokID: RAAAD-39731; Das Verfahren ist beim BFH unter dem Aktenzeichen I R 100/09 anhängig.
[27] FG Hamburg Urteil vom 18.11.2009, Az: 6 K 147/08, IStR 2010 S. 109; Das Verfahren ist beim BFH unter dem Aktenzeichen I R 107/09 anhängig.

Verluste phasengleich im Jahr der Entstehung zu berücksichtigen sind. Der Eintritt der Endgültigkeit soll dabei als ein rückwirkendes Ereignis im Sinne von § 175 Abs. 1 S. 1 Nr. 2 AO anzusehen sein.

2.3 Auffassung der Finanzverwaltung

Zur EuGH-Entscheidung „Lidl-Belgium"[28] finden sich bereits Aussagen im BMF-Schreiben vom 04.08.2008.[29] Danach kommt ein Abzug von Betriebsstättenverlusten jedenfalls dann nicht in Frage, wenn im Betriebsstättenstaat rechtlich oder tatsächlich allgemein die Möglichkeit zur Berücksichtigung solcher Verluste im selben oder in einem anderen Besteuerungszeitraum (Verlustrücktrag bzw. Verlustvortrag) besteht.

Auf das Folgeurteil des BFH zur EuGH-Entscheidung in der Rs „Lidl Belgium"[30] reagierte das BMF mit einem Nichtanwendungserlass.[31] Die Finanzverwaltung stellt darin an das Vorliegen endgültiger Verluste engere Voraussetzungen als der BFH.[32] Unerheblich ist nach ihrer Auffassung, ob tatsächlich ein Verlustabzug erfolgt bzw. der Steuerpflichtige diesen in Anspruch nimmt. Es kommt allein auf die rechtliche Möglichkeit der Verlustberücksichtigung im Betriebsstättenstaat an.

Die Finanzverwaltung vertritt im Ergebnis die Meinung, dass Verluste aus Betriebsstätten vorrangig vom Betriebsstättenstaat zu berücksichtigen sind. Zur Begründung kann sie auf die Grundsätze aus dem EuGH-Urteil in der Rechtssache „Krankenheim Ruhesitz am Wannsee-Seniorenheimstatt GmbH"[33] verweisen.[34]

---

28 BFH-Urteil vom 17.07.2008, Az: I R 84/04, BStBl 2009 II S. 630.
29 BMF-Schreiben vom 04.08.2008, Az: IV B 5 – S 2118-a/07/10012, BStBl 2008 I S. 837.
30 BFH-Urteil vom 17.07.2008, Az: I R 84/04, BStBl 2009 II S. 630.
31 BMF-Schreiben vom 13.07.2009, Az: IV B 5 – S 2118-a/07/10004, BStBl 2009 I S. 835.
32 *Knipping*, Das BMF-Schreiben zum BFH-Folgeurteil in der Rechtssache Lidl Belgium, IStR 2010, S. 49 (S. 51).
33 EuGH-Urteil vom 23.10.2008, Rs C-157/07 „Wannsee", BStBl 2009 II S. 566.
34 Gleicher Ansicht *Bär/Spensberger*, BMF-Schreiben: Nichtanwendung der Grundsätze des „Lidl-Belgium"-Folgeurteils des BFH zur grenzüberschreitenden Behandlung von Betriebsstättenverlusten, SteuK 2009, S. 24.

Die Frage, ob ein Verlustabzug phasengleich, d. h. im Verlustentstehungsjahr vorzunehmen ist, musste der BFH im Folgeverfahren „Lidl Belgium"[35] nicht entscheiden, da nicht gerichtsverwertbar geklärt war, ob die Klägerin die Verluste tatsächlich durch einen Verlustvortrag in späteren Jahren im Betriebsstättenstaat genutzt hatte. Daher können diesbezüglich, so die Finanzverwaltung in ihrem Nichtanwendungserlass[36], aus dem Revisionsverfahren auch keine Schlüsse gezogen werden.[37]

Zum Fall der Aufgabe einer ausländischen Betriebsstätte hat sich das Bayerische Landesamt für Steuern explizit geäußert.[38] Danach führt die Aufgabe einer ausländischen Betriebsstätte für sich genommen nicht dazu, dass vom Betriebsstättenstaat noch nicht berücksichtigte Verluste beim inländischen Stammhaus zu berücksichtigen sind. Es ist davon auszugehen, dass solche Betriebsstättenverluste weiterhin im Betriebsstättenstaat berücksichtigt werden können, da es dem Steuerpflichtigen möglich ist, in dem betreffenden Staat jederzeit eine neue Betriebsstätte zu eröffnen, von deren Gewinn ein Verlust abgezogen werden könnte.[39]

2.4 Auffassung der Betriebsprüfung im vorliegenden Fall

Die Schließung der niederländischen Betriebsstätte der deutschen T-GmbH führt nicht dazu, dass die Verluste definitiv werden und damit vom Sitzstaat (Deutschland) zu berücksichtigen wären. Die Finanzverwaltung geht grundsätzlich davon aus, dass durch Neugründung einer Betriebsstätte im selben Staat die in Altjahren aufgelaufenen Verluste durch Verrechnung mit Gewinnen verwertet werden können.

---

[35] BFH-Urteil vom 17.07.2008, Az: I R 84/04, BStBl 2009 II S. 630.
[36] BMF-Schreiben vom 13.07.2009, Az: IV B 5 – S 2118-a/07/10004, BStBl 2009 I S. 835.
[37] In diesem Sinne äußerte sich auch *Brandis* auf der 9. IStR-Jahrestagung 2009 am 19./20. November 2009 – siehe Tagungsbericht in IStR 1/2010, S. III; Vgl. im Übrigen Fußnote 25.
[38] Bayerisches Landesamt für Steuern, Verfügung vom 19.02.2010 (Argumentationspapier zur Anwendung des EuGH-Urteils vom 15.05.2008 – Rs. C-414/06, Lidl Belgium), Az: S 1366.1.1-3/10 St 32, DB 2010 S. 476.
[39] *Von Brocke*, Lidl Belgium und die praktischen Folgen, DStR 2008, S. 2201 (S. 2202): „In vielen Mitgliedsstaaten verfallen die Verluste der Betriebsstätte nicht, wenn ihre Tätigkeit eingestellt wird und später in demselben Mitgliedstaat eine neue Betriebsstätte gegründet wird".

Die Tatsache, dass im vorliegenden Fall die T-GmbH zeitnah nach der Schließung der Betriebsstätte auf ihre Organträgerin verschmolzen wurde, ändert an dieser Beurteilung nichts. Bei einem Verschmelzungsvorgang tritt nach § 20 UmwG Gesamtrechtsnachfolge ein. Damit tritt die A-AG mit allen Rechten und Pflichten in die Rechtsstellung der auf sie verschmolzenen T-GmbH ein. Von einem endgültigen Untergang der Verluste im Betriebsstättenstaat kann daher nicht zwingend ausgegangen werden.

Die Firmenvertreter haben bisher auch keine Nachweise darüber vorgelegt, dass durch die Verschmelzung in Deutschland der Betriebsstättenverlust in den Niederlanden endgültig nicht mehr berücksichtigt werden kann. Eine Verpflichtung dazu ergibt sich nach Auffassung der Betriebsprüfung aber aus § 90 Abs. 2 AO. Danach hat der Steuerpflichtige bei Auslandssachverhalten den Sachverhalt aufzuklären und erforderliche Beweismittel im Ausland zu beschaffen.[40]

Würde man - entgegen der Auffassung der Betriebsprüfung - zum Ergebnis kommen, dass durch eine Verschmelzung ein endgültiger Verlust entsteht, wäre durch „steuergetriebene" Umstrukturierungen im Ansässigkeitsstaat relativ leicht ein endgültiger Verlust zu erreichen.[41] Dies gilt gerade auch im vorliegenden Fall, da das deutsche Stammhaus keinen eigenen Geschäftsbetrieb unterhält.

Vom Steuerpflichtigen kann erwartet werden, dass er im Betriebsstättenstaat eine aktive Verlustverwertung betreibt. Eine Berücksichtigung bei der Muttergesellschaft oder im Stammhaus ist nur möglich, wenn sämtliche Möglichkeiten, den Verlust im Betriebsstättenstaat steuerlich geltend zu machen, erschöpft sind.[42]

Die Frage, ob die Berücksichtigung des Verlustes im Ansässigkeitsstaat phasengleich erfolgen muss, bedarf im vorliegenden Fall keiner Entscheidung, da die Betriebsprüfung auf der ersten Stufe der Prüfung bereits das Vorliegen endgültiger Verluste verneint. Käme man a-

---

[40] Auch der BFH (Folgeurteil Lidl Belgium vom 17.07.2008, Az: I R 84/04, BStBl 2009 II S. 630) verpflichtet den Steuerpflichtigen zur Nachweisführung: „... sofern und soweit der Steuerpflichtige nachweist, dass die Verluste im Quellenstaat steuerlich unter keinen Umständen anderweitig verwertbar sind".

[41] Die Problematik von Umgehungen bzw. steuergetriebenen Umstrukturierungen wird diskutiert von: *Breuninger/Ernst*, Abschied vom Abzug endgültig gewordener ausländischer Betriebsstättenverluste im Inland?; DStR 2009, S. 1981 (S. 1982); *Mayr*, Endgültige Verluste im Sinne von Marks & Spencer, BB 2008, S. 1816 (S. 1817); *Thömmes*, Phasengleiche Berücksichtigung von Betriebsstättenverlusten nicht EG-rechtlich geboten, IWB Fach 2008 11a, S. 1185 (S. 1190).

[42] *Mayr*, Endgültige Verluste im Sinne von Marks & Spencer, BB 2008, S. 1816 (S. 1817).

ber mit der wohl überwiegenden Meinung, ggfs. unter Anwendung von § 175 Abs. 1 Nr. 2 AO, zu einer phasengleichen Berücksichtigung, würde sich der Verlust über die körperschaftsteuerliche Organschaft zwischen der T-GmbH und der M-AG steuerlich sofort bei der profitablen M-AG auswirken. Die Beschränkungen des § 12 Abs. 3 S. 2 UmwStG kämen nicht zum Tragen, da im Zeitpunkt der Verschmelzung kein Verlustvortrag (mehr) vorhanden ist.

3. Ergebnis

Da Betriebsstättengewinne aus einer niederländischen Betriebsstätte von der inländischen Steuerbemessungsgrundlage durch die Freistellungsmethode ausgenommen würden, bleiben nach der Symmetriethese auch die niederländischen Betrierbsstättenverluste der T-GmbH unberücksichtigt. Ausnahmsweise sind solche Verluste im Ansässigkeitsstaat zum Abzug zuzulassen, wenn sie definitiven Charakter haben. Die Schließung einer Betriebsstätte führt jedoch für sich nicht dazu, dass die Verluste endgültig werden. Daran ändert auch die Tatsache nichts, dass nach der Schließung der Betriebsstätte der deutsche Rechtsträger in der Rechtsform einer GmbH auf den bisherigen Organträger verschmolzen wurde.

Der Steuerpflichtige muss nachweisen, dass die ausländischen Betriebsstättenverluste, deren Abzug er im Sitzstaat quasi „als letzten Ausweg" beantragt, definitiv sind. Dieser Nachweis definitiver Verluste wurde im vorliegenden Fall bisher nicht geführt, so dass die Folgefrage hier nicht abschließend entschieden werden muss, ob endgültige Verluste phasengleich zu berücksichtigen wären.

III. Rechtsprechung, Literatur und Verwaltungsanweisungen

1. Rechtsprechung

- EuGH-Urteil vom 13.12.2005, Rs C-446/03 „Marks & Spencer", HFR 2006 S. 409
- EuGH-Urteil vom 15.05.2008, Rs C-414/06 „Lidl-Belgium", BStBl 2009 II S. 692
- EuGH-Urteil vom 21.01.2010, Rs C-311/08 „SGI", BFH/NV 2010 S. 571
- EuGH-Urteil vom 23.10.2008, Rs C-157/07 „Wannsee", BStBl 2009 II S. 566
- EuGH-Urteil vom 29.03.2007, Rs C-347/04 „Rewe Zentralfinanz", BStBl 2007 II S. 492
- BFH-Urteil vom 17.07.2008, Az: I R 84/04, BStBl 2009 II S. 630
- FG Düsseldorf Urteil vom 08.09.2009, Az: 6 K 308/04, NWB DokID: RAAAD-39731
  (Das Verfahren ist beim BFH unter dem Aktenzeichen I R 100/09 anhängig)
- FG Hamburg Urteil vom 18.11.2009, Az: 6 K 147/08, IStR 2010 S. 109
  (Das Verfahren ist beim BFH unter dem Aktenzeichen I R 107/09 anhängig)

2. Literatur

- *Altvater*, Niederlassungsfreiheit vs. Nationale Besteuerungsbefugnisse: Eine (Trend-)Analyse der aktuellen EuGH-Rechtsprechung, DB 2009, S. 1201
- *Bär/Spensberger*, BMF-Schreiben: Nichtanwendung der Grundsätze des „Lidl-Belgium"-Folgeurteils des BFH zur grenzüberschreitenden Behandlung von Betriebsstättenverlusten, SteuK 2009, S. 24
- *Brandis*, 9. IStR-Jahrestagung 2009 am 19./20. November 2009, Tagungsbericht in IStR 1/2010, S. III
- *Breuninger/Ernst*, Abschied vom Abzug endgültig gewordener ausländischer Betriebsstättenverluste im Inland?, DStR 2009, S. 1981
- *Buciek* „KB", Anmerkung zum „Lidl Belgium"-Schlussurteil: Abzug nur „finaler" Verluste aus Auslandsbetriebsstätten, IStR 2008, S. 705
- *Cordewener*, EG-rechtlicher Grundfreiheitsschutz in der Praxis – Auswirkungen auf die grenzüberschreitende Verlustberücksichtigung, IWB 2009 Fach 11 Europäische Union Grp. 2, S. 983
- *Ditz/Plansky*, Aktuelle Entwicklungen bei der Berücksichtigung ausländischer Betriebsstättenverluste, DB 2009, S. 1669
- *Englisch*, Anmerkung 1 zur Abzugsfähigkeit von Betriebsstättenverlusten aus anderem EU-Mitgliedsstaat bei DBA-Freistellung, IStR 2008, S. 404
- *Gosch* in einem Diskussionsbeitrag auf der Jahrestagung der Fachanwälte für Steuerrecht 2009, Jahrbuch der Fachanwälte für Steuerrecht 2009/2010, S. 62ff.
- *Grotherr*, International relevante Änderungen durch das Jahressteuergesetz 2009, IWB 2009, Fach 3 Deutschland, Grp. 1, S. 2373
- *Hahn*, Grenzüberschreitende Berücksichtigung von Betriebsstättenverlusten, IStR 2002, S. 681
- *Hahn*, Nochmals: Betriebsstättenverluste, Verfassungs- und Europarecht, IStR 2003, S. 734
- *Kessler/Eicke*, Gedanken zur grenzüberschreitenden Verlustnutzung nach Lidl Belgium, IStR 2008, S. 581
- *Kessler/Schmitt/Janson*, Berücksichtigungsverbot abkommensrechtlich "befreiter" Betriebsstättenverluste? - Analyse der BFH-Rechtsprechung unter Berücksichtigung von Verfassungs- und Europarecht nach AMID, IStR 2001, S. 729
- *Kessler/Schmitt/Janson*, Nochmals: Berücksichtigung abkommensrechtlich „befreiter" Betriebsstättenverluste, IStR 2003, S. 307
- *Knipping*, Das BMF-Schreiben zum BFH-Folgeurteil in der Rechtssache Lidl Belgium, IStR 2010, S. 49
- *Mayr*, Endgültige Verluste im Sinne von Marks & Spencer, BB 2008, S. 1816

- *Ortmann-Babel/Franke/Stelzer/Zipfel*, Steuer Check-up 2010, Steuerrückblick Tz. 2.9.1, Haufe Steuer Office Premium Version 3.1.0.0 - HaufeIndex 2270470
- *Schön*, Grenzüberschreitende Verlustverrechnung, Jahrbuch der Fachanwälte für Steuerrecht 2009/2010, S. 56
- *Sedemund*, Grenzüberschreitende Berücksichtigung von Betriebsstättenverlusten, DB 2008, S. 1120
- *Thömmes*, Gewinnkorrektur bei Vorteilsgewährung an verbundene Unternehmen im EU-Ausland, IWB 2010, S. 107
- *Thömmes*, Nachversteuerung zuvor zum Abzug zugelassener Betriebsstättenverluste verstößt nicht gegen die Niederlassungsfreiheit, IWB 2008 Fach 11a S. 1205
- *Thömmes*, Phasengleiche Berücksichtigung von Betriebsstättenverlusten nicht EG-rechtlich geboten, IWB Fach 2008 11a, S. 1185
- *Von Brocke*, Lidl Belgium und die praktischen Folgen, DStR 2008, S. 2201
- *Wittkowski/Lindscheid*, Berücksichtigung ausländischer Betriebsstättenverluste nach dem JStG 2009, IStR 2009, S. 225

3. Verwaltungsanweisungen

- BMF-Schreiben vom 04.08.2008, Az: IV B 5 – S 2118-a/07/10012, BStBl 2008 I S. 837
- BMF-Schreiben vom 13.07.2009, Az: IV B 5 – S 2118-a/07/10004, BStBl 2009 I S. 835
- Bayerisches Landesamt für Steuern, Verfügung vom 19.02.2010 (Argumentationspapier zur Anwendung des EuGH-Urteils vom 15.05.2008 – Rs. C-414/06, Lidl Belgium), Az: S 1366.1.1-3/10 St 32, DB 2010 S. 476

4. Sonstiges

- Jahressteuergesetz 2009, BGBl 2008 I S. 2794

Fall Nr. 6   Hartmut Wolter

Umqualifizierung Zinseinkünfte in verdeckte Gewinnausschüttungen, § 8a KStG

I. Sachverhalt

Am 01.01.2004 gewährt die deutsche Muttergesellschaft M-AG ihrer französischen Tochtergesellschaft T-S.A. ein Darlehen von 10 Mio. EURO zu marktüblichen Bedingungen und einem Zinssatz von p. a. 10 %.

Als ausländische Gesellschaft ist die T-S.A. nach HGB nicht zur Führung von Büchern im Inland verpflichtet. Das für die Ermittlung des Safe Haven zu ermittelnde maßgebliche Eigenkapital war daher nach § 8a Abs. 2 Satz 5 KStG a. F. zu bestimmen. Für die Ermittlung sind nur Wirtschaftsgüter zu berücksichtigen, die mit inländischen Einkünften im Zusammenhang stehen. Weil die T-S.A. als ausländische Gesellschaft keine inländischen Einkünfte erzielt, verfügt sie über kein maßgebliches Eigenkapital und damit über keinen Safe Haven im Sinne des § 8a Abs. 5 Satz 2 KStG a. F.

Die Zinszahlung in Höhe von 1 Mio. EURO qualifizierte die M-AG aufgrund der Vorschriften der §§ 8a, 8b Abs. 1 KStG a. F. in steuerfreie verdeckte Gewinnausschüttungen um. Dies geschah unabhängig von deren steuerlicher Qualifikation in Frankreich. Im Gegenzug rechnete die M-AG 5 % der Zinsen gemäß § 8b Abs. 1 u. 5 KStG i. V. m. § 20 Abs. 1 Nr. 1 Satz 2 EStG steuerlich als nicht abzugsfähige Betriebsausgaben hinzu.

II. Lösungshinweise

1. Die Finanzverwaltung wendet Tz. 27 des BMF-Schreibens vom 15.07.2004 (BStBl. I, 593) an. Danach kann eine Umqualifizierung von Zinsen in eine verdeckte Gewinnausschüttung nur dann vorgenommen werden, wenn und soweit die Zinsen im Ausland die steuerliche Bemessungsgrundlage tatsächlich nicht gemindert haben und dies im Einzelfall nachgewiesen wird. Falls dem Steuerpflichtigen der Nachweis nicht gelingt, lehnt die Finanzverwaltung

eine Umqualifizierung in eine steuerfreie verdeckte Gewinnausschüttung ab und will die erhaltenen Zinsen im Inland versteuern.

2. Für das vorgetragene einschränkende Kriterium kann die Finanzverwaltung keine gesetzliche Grundlage anführen. Ein allgemeines steuerliches Korrespondenzprinzip, nach dem die Besteuerung als Dividende beim Empfänger von einer entsprechenden Behandlung (d.h. Nichtabziehbarkeit von Fremdkapitalzinsen) bei der zahlenden Gesellschaft abhängt, gibt es jedenfalls im Veranlagungszeitraum 2004 nicht.

Einen allgemeinen gesetzlichen Grundsatz, der das Entstehen „weißer" Einkünfte per se verbietet, kennt das deutsche Steuerrecht ebenfalls nicht. Im Gegenteil: Steuerrecht ist Eingriffsrecht. Jede Maßnahme der Finanzverwaltung muss auf einer gesetzgeberischen Legitimation, d. h. einem formell und materiell verfassungsgemäß zustande gekommenen Gesetzes beruhen. Fehlt es daran, sind nicht etwa „weiße Einkünfte" verfassungsrechtlich problematisch, sondern das Vorgehen der Finanzverwaltung ohne „Rechtstitel" ist rechtlich unzulässig.

Im Ausgangsfall haben daher für die Beteiligten die jeweiligen nationalen Vorschriften isoliert Geltung. Nach diesen sind sowohl Zahlung wie Empfang jeweils steuerrechtlich gesondert einzuordnen. Im Ergebnis fehlt es daher für die Anwendung von Tz. 27 des erwähnten BMF-Schreibens vom 15.07.2004 an einer Rechtsgrundlage.

3. Rechtslage nach dem JStG 2007

Die Kritik an Tz. 27 des BMF-Schreibens zu § 8a KStG hat der Gesetzgeber zum Anlass genommen, im Rahmen des Jahressteuergesetzes 2007 § 8b Abs. 1 Sätze 2 bis 4 KStG sowie § 8 Abs. 3 Sätze 3 bis 5 KStG mit Wirkung für alle verdeckten Gewinnausschüttungen ab Inkrafttreten des JStG 2007 neu zu fassen. Danach gilt die Steuerbefreiung des § 8b Abs. 1 Satz 1 KStG für verdeckte Gewinnausschüttungen nur noch, soweit sie das Einkommen der leistenden Körperschaft nicht gemindert haben. Nach § 8b Abs. 1 Satz 3 KStG soll dieses Korrespondenzprinzip auch dann gelten, wenn besondere Regelungen aufgrund Doppelbesteuerungsabkommen (z.B. DBA-Schachtelprivileg) eigentlich die Steuerfreistellung der Bezüge anordnen.

Eigene Auffassung:

a) Durch die gesetzliche Neufassung wird indirekt bestätigt, dass auch bei grenzüberschreitender Darlehensvergabe die Umqualifizierung von Zinsen in verdeckte Gewinnausschüttungen vor dem JStG 2007 unabhängig davon erfolgte, ob die Zinsen im Ausland steuerlich abzugsfähig waren oder nicht. Ein Korrespondenzerfordernis darf seitens der Finanzverwaltung nicht verlangt werden.

b) Die Regelung des § 8b Abs. 1 Satz 3 KStG verletzt international bindende Verträge (treaty-override; in der Gesetzesbegründung zum JStG war ein entsprechender Hinweis allerdings enthalten; BT-Drs. 16/2712).

c) Es ist offen, nach welchen Rechts- und Bewertungsnormen das Einkommen der ausländischen Gesellschaft zu ermitteln ist. Die deutschen Begrifflichkeiten sind nicht deckungsgleich mit dem ausländischen Rechtsverständnis. Wenn die Finanzverwaltung die deutschen Begrifflichkeiten grenzüberschreitend anwenden möchte, so ist doch sehr zweifelhaft, ob der Finanzverwaltung und – vor allem – dem deutschen Gesetzgeber eine solche Autorität zusteht, die über das deutsche Territorium hinauszureichen versucht (Strnad, GmbHR 2006, 1321). Um die für ein Korrespondenzprinzip zu berücksichtigenden Probleme angemessen zu bewältigen, bedürfte es letztlich einer einheitlichen Steuerbemessungsgrundlage weltweit.

III. Literatur und Verwaltungsanweisungen

1. Literatur

- Dörfler/Heurung/Adrian, DStR 2007, 514
- Strnad, GmbHR 2006, 1321
- Wassermeyer, DStR 2004, 749
- Kessler, DB 2003, 2507
- Booten/Schnitger/Rometzki, DStR 2005, 907
- Rödder/Ritzer, DB 2004, 891
- Grotherr, DStZ 2004, 249
- Blumenberg/Lechner, BB 2004, 1765

2. **Verwaltungsanweisungen**

- BMF-Schreiben v. 22.07.2005 (BStBl. I 2005, 829)
- BMF-Schreiben v. 15.07.2004 (BStBl. I 2004, 593)

Fall Nr. 7 Prof. Dr. Klaus-Dieter Drüen

> Verzögerungsgelder im Rahmen der Außenprüfung

I. Sachverhalt

Die P-AG ist international im Bereich der Produktion von Hydraulikmaschinenteilen tätig und verfügt über diverse Tochtergesellschaften. Insbesondere hält sie Anteile der niederländischen N-BV. Sie erstellt ihre Buchführung mit Hilfe einer betriebswirtschaftlichen Anwendersoftware (SAP) und archiviert diese entsprechend zum Abschluss des jeweiligen Rechnungsjahres. Die P-AG hat für ihre Tochter (N-BV) im Jahre 2006 die Buchführung in die Niederlande verlegt, ohne dafür einen Billigkeitsantrag (§ 148 AO) gestellt zu haben.

Am 1.4.2010 findet eine abgekürzte Außenprüfung bei der P-AG für das Jahr 2007 statt. Der Außenprüfer richtet am 8.4.2010 an die P-AG ein Vorlageersuchen in Form eines Verwaltungsaktes zu den folgenden Unterlagen. Die P-AG soll demnach

1) die Sachkonten des Jahres 2007 der **N-BV** auf einer CD-Rom nach § 147 Abs. 6 AO und
2) die Sachkonten des Jahres 2007 der **P-AG** auf einer CD-Rom nach § 147 Abs. 6 AO zur Verfügung stellen.

Des Weiteren droht die Finanzbehörde für ihr Vorlageersuchen bei Nichtvorlage bis zum 19.4.2010 ein Verzögerungsgeld (§ 146 Abs. 2b AO) in Höhe von jeweils 3.000 € für die beiden Vorlageverlangen an.

Der Steuerabteilungsleiter der P-AG ist verwundert und erkundigt sich bei Fachanwalt für Steuerrecht Dr. F, ob im Fall der Nichtvorlage ein ihm bisher unbekanntes Verzögerungsgeld überhaupt festgesetzt werden dürfe.

Fortsetzung des Sachverhalts:

Im Rahmen der Außenprüfung verlangt der Prüfer des Weiteren die Vorlage des Due-Diligence-Reports, der für einen ursprünglich geplanten Verkauf der N-BV erstellt wurde. **Der Steuerabteilungsleiter der P-AG ist entrüstet über das Ansinnen des Prüfers und befragt wiederum Dr. F nach der rechtlichen Zulässigkeit des Vorlageverlangens.**

Anschlussfrage:

Über steuerliche Nebenleistungen und ihr Verhältnis zueinander ins Grübeln geraten, fragt der Steuerabteilungsleiter sich, was wäre, wenn die Finanzbehörde darüber hinaus Kalkulationsunterlagen über die Dokumentation der Geschäftsbeziehungen (§ 90 Abs. 3 AO) zur Beurteilung der angemessenen Gewinnverteilung zwischen der P-AG und der N-BV anfordern würde. **Wäre im Fall der Nichtvorlage die Finanzbehörde berechtigt, einen Zuschlag von täglich mindestens 100 Euro (§ 162 Abs. 4 AO) neben dem Verzögerungsgeld festzusetzen?**

II. Lösungshinweise

1. Problemstellung

Der Sachverhalt umfasst neben Fragen des Datenzugriffsrechts das im Wege des Jahressteuergesetzes 2009 eingeführte Verzögerungsgeld, welches in der Literatur ein breites und vor allen Dingen kritisches Echo hervorgerufen hat. Im Fokus steht das Verzögerungsgeld in seiner Einordnung in den Katalog der konventionellen Zwangsmittel und die Diskussion, inwiefern es sich von einem Zwangsgeld und den übrigen steuerlichen Nebenleistungen unterscheidet.

2. Datenzugriff im Rahmen der Außenprüfung

Die Datenträgerüberlassung stellt eine Form des in § 147 Abs. 6 AO inkorporierten Datenzugriffsrechts der Finanzverwaltung dar. § 147 Abs. 6 AO verlangt, dass der Steuerpflichtige, hier die P-AG, ihre steuerlich relevanten Unterlagen im Sinne des § 147 Abs. 1 AO mit Hilfe eines Datenverarbeitungssystems erstellt hat. Im Rahmen der steuerlichen Außenprüfung kann der Prüfer auf das Datenverarbeitungssystem des Steuerpflichtigen zugreifen. Bei der Zugriffsform des Nur-Lese-Zugriffs („Z 1") nutzt der Prüfer die beim

Steuerpflichtigen vorhandene Hard- und Softwareausstattung[1] und kann die Daten lesen, filtern und sortieren und gegebenenfalls die vorhandenen Auswertungsmöglichkeiten des Datenverarbeitungssystems nutzen[2]. Im Rahmen des „Z 2" oder mittelbaren Datenzugriffs erfolgt eine maschinelle Auswertung nach den Vorgaben des Prüfers[3]. Die Datenträgerüberlassung ist eine weitere zulässige Form des Datenzugriffs, bei welchem der Prüfer die gespeicherten Daten auf einem maschinell auswertbaren Datenträger vom Steuerpflichtigen herausverlangt[4]. Die Form des Datenzugriffs steht im Ermessen der Finanzbehörde[5].

3. Verzögerungsgeld

Das Verzögerungsgeld schuf der Gesetzgeber im Zuge des Jahressteuergesetzes 2009[6]. Es dient als Sanktionsmaßnahme für die Verletzung elektronischer Buchführungspflichten und gleichzeitig als Kehrseite der neu eingefügten Buchführungserleichterungen. Allerdings ist der Anwendungsbereich der neuen steuerlichen Nebenleistung umstritten[7].

a) Bisherige Rechtslage:
Grundsätzlich sind Bücher und die sonst erforderlichen Aufzeichnungen im Inland zu führen und aufzubewahren (§ 146 Abs. 2 AO). Die Voraussetzungen, unter denen Teile der Buchführung aus Organisations- oder Kostengründen ins Ausland verlagert werden durften, waren bislang umstritten[8]. Die Finanzverwaltung erlaubte aus Billigkeitsgründen nach § 148 AO unter bestimmten Bedingungen die Verlagerung der Buchführung ins Ausland. Im Anschluss an die Entscheidung des EuGH in der Rechtssache *Futura Participations* zum luxemburgischen Verlustabzug[9] geriet die restriktive Verwaltungspraxis in Kritik[10]. Zum Teil

---

[1] Wörtlich BMF, Schreiben v. 16.07.2001 – IV D 2 - S 0316 - 136/01, Grundsätze zum Datenzugriff und zur Prüfbarkeit digitaler Unterlagen (GDPdU), BStBl I 2001, 415; *Burchert*, INF 2001, 230, 231.
[2] *Burchert*, INF 2001, 230, 231; *Gebbers*, StBp. 2009, 162.
[3] Gesetzesbegründung, BT-Drucks. 14/2683, S. 130 zu § 147 AO n. F.; *Gebbers*, StBp. 2009, 162 f.
[4] Gesetzesbegründung, BT-Drucks. 14/2683, S. 130 zu § 147 AO n. F.; *Burchert*, INF 2001, 230, 232.
[5] Gesetzesbegründung, BT-Drucks. 14/2683, S. 130 zu § 147 AO n. F.; ebenso *Intemann*, NWB v. 30.01.2006, Fach 17, 2007, 2010; *Schmitz*, StBp. 2002, 221, 222.
[6] § 146 Abs. 2a und 2b AO, eingeführt durch Art. 10 Nr. 8, Jahressteuergesetz (JStG) 2009 v. 19.12.2008, BGBl I 2008, 2792, 2828 mit Wirkung zum 25.12.2008 (Art. 39 Abs. 1 und 8 JStG 2009).
[7] *Drüen*, in Tipke/Kruse, AO/FGO, § 146 AO, Tz. 50 f. (Mai 2009); *ders.*, Ubg. 2009, 549, 550 ff.
[8] Näher zur Buchführung im Ausland *Ohlf*, StBp. 1996, 328; *G. Schmidt*, StuB 1999, 689; *Schmitz*, StBp. 2002, 153.
[9] EuGH v. 15.05.1997 – Rs. C-250/95, EuGHE 1997 I - 02471.

folgerte die Literatur, dass wegen der Grundfreiheiten des Gemeinschaftsrechts jedenfalls die Verlagerung der Buchführung in andere EG-Mitgliedstaaten ohne weitere Einschränkungen zulässig sein müsse[11], obgleich das vermeintliche Präjudiz des EuGH nicht den Ort der Buchführung, sondern allein die materiellen Rechtsfolgen betraf[12] und die verfahrensrechtlichen Kontrollbefugnisse der Mitgliedstaaten sogar stärkte[13]. M.E. war nach bisherigem Recht die Verlagerung einzelner Stadien der Buchführung ins Ausland nur unter qualifizierten Voraussetzungen zulässig[14], wobei die Kriterien der Fach- und Sprachkunde sowie stichprobenartiger Überwachung ohne Differenzierung nach dem Zielland (Mitgliedstaat der EU oder Drittland) gelten[15].

Mit § 146 Abs. 2a AO hat der Gesetzgeber nun eine den § 148 AO verdrängende Spezialregelung eingeführt, wobei Erleichterungen nach § 148 AO bei tatbestandlichem Nichteingreifen des § 146 Abs. 2a AO – auch rückwirkend – möglich sind. Insbesondere verlieren die in der Vergangenheit erteilten Bewilligungen mit Inkrafttreten des § 146 Abs. 2a AO nicht automatisch ihre Wirksamkeit, vgl. § 124 Abs. 2 AO[16].

b) Neue Rechtslage:

Unternehmen können nunmehr ihre **elektronische** Buchführung nur nach Maßgabe des § 146 Abs. 2a AO ins Ausland verlagern. Damit wollte der Gesetzgeber der fortschreitenden weltweiten Verflechtung von Unternehmen, dem damit einhergehenden Bedürfnis der Zentralisierung der (Konzern-)Buchführung und dem allgemeinen Interesse der Wirtschaft an der Reduktion der Kosten für Buchführungsarbeiten Rechnung tragen, zugleich aber weiterhin den mit dem Grundsatz des § 146 Abs. 2 Satz 1 AO bezweckten effizienten und gleichmäßigen Steuervollzug mittels jederzeitiger Kontrolle der Buchführung sicherstellen[17]. Das Ergebnis dieses „legislativen Spagats" ist § 146 Abs. 2a AO als Kompromissvorschrift, die planmäßig einen engen Anwendungsbereich mit restriktiven Voraussetzungen hat und

---

[10] Frühzeitig *Kleine*, FS 50 Jahre Arbeitsgemeinschaft der Fachanwälte für Steuerrecht e.V., 1999, S. 129, 137 m.w.N.
[11] Eingehend *Droscha/Reimer*, DB 2003, 1689, 1690, 1694; zuletzt *Schubert/Penner/Ravenstein*, DStR 2008, 632, 634 f.; zum österreichischen Recht parallel *Novacek*, DStZ 2004, 611.
[12] Ebenso *Andresen*, in Wassermeyer/Andresen/Ditz, Betriebsstätten-Handbuch, 2006, Rn. 12.11.
[13] Zutreffend *Cordewener*, Europäische Grundfreiheiten und nationales Steuerrecht, 2002, S. 639 f.
[14] Ähnlich *Balmes*, in Löwenstein/Looks, Betriebsstättenbesteuerung, 2003, Rn. 203.
[15] Zur Begründung vgl. *Drüen*, in Tipke/Kruse, AO/FGO, § 146 AO, Tz. 31 und 31a (Mai 2009) m.w.N.
[16] A. A. wohl *Gebbers*, StBp. 2009, 130, 136.
[17] Gesetzesentwurf der Bundesregierung zum JStG 2009 v. 02.09.2008, BT-Drucks. 16/10189, S. 80.

nicht zu einer massenhaften Verlagerung der Buchführung führen soll[18]. Erforderlich hierfür ist nach dem neu eingeführten § 146 Abs. 2a Satz 3 AO:

- die Zustimmung zur Durchführung eines Zugriffs auf die Buchführung durch die zuständige Stelle des Staates, in den die Buchführung verlagert werden soll (Nr. 1);
- die Mitteilung an die zuständige Finanzbehörde über den Standort des Datenverarbeitungssystems und bei Beauftragung eines Dritten dessen Namen und Anschrift (Nr. 2);
- die ordnungsgemäße Erfüllung der Mitwirkungspflichten nach Maßgabe der §§ 90, 93, 97, 140 – 147, 200 Abs. 1 und Abs. 2 AO (Nr. 3).
- Darüber hinaus müssen alle Voraussetzungen für den Datenzugriff nach § 147 Abs. 6 AO vorliegen (Nr. 4).

Da die Begriffe „elektronische Bücher" und „elektronische Aufzeichnungen" weiterhin umstritten sind[19], schafft das Gesetz freilich keine eindeutige Rechtslage. Konkretisierende Verwaltungsanweisungen stehen noch aus.

c) Die neue Sanktion des Verzögerungsgeldes

Gerade weil sich der Gesetzgeber dem vom BVerfG mehrfach betonten Verifikationsprinzip[20] verpflichtet sieht, hat er in § 146 Abs. 2b AO unmittelbar im Anschluss an die Bedingungen einer Verlagerung der elektronischen Buchführung ins Ausland, mit dem sog. Verzögerungsgeld eine neue Sanktion eingeführt. Die Behörde kann indes bei verschiedenartigen Pflichtverletzungen nach § 146b AO dem Steuerpflichtigen Verzögerungsgelder auferlegen:

- Nichtbeachtung der Aufforderung zur Rückverlagerung der elektronischen Buchführung;
- Keine Mitteilung über den Wegfall von Bewilligungsvoraussetzungen (§ 146 Abs. 2a Satz 4 AO);

---

[18] So BT-Drucks. 16/10189, S. 80.
[19] Vgl. bereits zum Entwurf des JStG 2009 *Ravenstein*, BB 2008, 2226 sowie zur verabschiedeten Fassung *Drüen*, in Tipke/Kruse, AO/FGO, § 146 AO, Tz. 41 ff. (Mai 2009); *Lange/Rengier*, DB 2009, 1256.
[20] BVerfG v. 27.06.1991 – 2 BvR 1493/89, BVerfGE 84, 239, 271 ff.; BVerfG v. 09.03.2004 – 2 BvL 17/02, BVerfGE 110, 94, 112 ff.

- Verweigerte Einräumung des Datenzugriffs nach § 147 Abs. 6 AO;
- Verweigerte Erteilung von Auskünften oder Vorlage von angeforderten Unterlagen (§ 200 Abs. 1 AO) (die Reichweite ist str.)[21].

Beim Vorlageverlangen hinsichtlich der Unterlagen der N-BV liegen die Voraussetzungen für das Verzögerungsgeld vor, denn diese hat ihre elektronische Buchführung ins Ausland verlagert. Fraglich ist allerdings, ob eine Pflichtverletzung nach § 146 Abs. 2b AO nur bei einer Buchführungsverlagerung ins Ausland in Betracht kommt, oder ob auch eine auf den rein nationalen Anwendungsbereich beschränkte Pflichtverletzung ein Verzögerungsgeld auslösen kann[22]. Dieser Streit ist hinsichtlich der P-AG entscheidend.

aa) Systematische enge Auslegung:
Prima vista betrifft das neu eingeführte **Verzögerungsgeld nach § 146 Abs. 2b AO allein die Pflichten nach § 146 Abs. 2a AO**. Die systematische Auslegung, die auf den äußeren Gesetzesaufbau wie auch die innere Systematik des Gesetzes abstellt, spricht dafür. Nicht allein der gesetzliche Standort des § 146 Abs. 2b AO, der sich unmittelbar § 146 Abs. 2a AO anschließt, sondern auch seine inhaltliche Bezugnahme widerlegen die Behauptung, das Verzögerungsgeld nach § 146 Abs. 2b AO habe keinen unmittelbaren Bezug zu § 146 Abs. 2a AO[23]. Die einzelnen nach § 146 Abs. 2b AO sanktionierten Pflichten knüpfen gerade an § 146 Abs. 2a AO, freilich in umgekehrter Reihenfolge, an[24]. Der Gesetzgeber „arbeitet sich zunächst in Abs. 2a vor und in Abs. 2b wieder zurück". Beide Regelungen des § 146 AO stehen unter der unveränderten Überschrift „Ordnungsvorschriften für die Buchführung und für Aufzeichnungen", was allein für die Verlagerung der elektronischen Buchführung ins Ausland

---

[21] *Lange/Rengier*, DB 2009, 1256, 1257; *tom Suden*, StBg. 2009, 207, 208. Gegen eine isolierende Lesart: *Drüen*, Ubg. 2009, 549, 550 ff.
[22] So Schleswig-Holsteinisches FG v. 03.02.2010 – 3 V 243/09, überlassen durch Juris (welches dieses Ergebnis im Wege der Wortlautauslegung erzielt). So auch *Costa*, BBK 2009, 227 f.; *Gebbers*, StBp. 2009, 130, 131; *Geißler*, NWB Nr. 52/53 v. 21.12.2009, 4076, 4078; *Lange/Rengier*, DB 2009, 1256, 1257; *Linkemann*, BBK 2009, 101; *Rätke*, in Klein, AO[10], § 146, Rz. 5b; *tom Suden*, StBg. 2009, 207, 208; *Warnke*, AO-StB 2009, 72, 74.
[23] So aber *tom Suden*, Stbg. 2009, S. 207, 208.
[24] Im Einzelnen: „Kommt der Steuerpflichtige der Aufforderung zur Rückverlagerung seiner elektronischen Buchführung" (§ 146 Abs. 2b Fall 1 AO) entspricht § 146 Abs. 2a S. 6 AO, „oder seinen Pflichten nach Abs. 2a S. 4 AO" (§ 146 Abs. 2b Fall 2 AO) nimmt ausdrücklich Bezug auf die unterbliebene Änderungsmitteilung nach Verlagerung der elektronischen Buchführung ins Ausland, „zur Einräumung des Datenzugriffs nach § 147 Abs. 6" (§ 146 Abs. 2b Fall 3 AO), entspricht der Vorgabe des § 146 Abs. 2a S. 3 Nr. 4 AO, „zur Erteilung von Auskünften oder zur Vorlage angeforderter Unterlagen im Sinne des § 200 Abs. 1 im Rahmen der Außenprüfung nicht nach" (§ 146 Abs. 2b Fall 4 AO), entspricht der Vorgabe des § 146 Abs. 2a S. 3 Nr. 3 AO, „… oder hat er seine elektronische Buchführung ohne Bewilligung der zuständigen Behörde ins Ausland verlagert" (§ 146 Abs. 2b Fall 5 AO), nimmt ausdrücklich Bezug auf Verstöße nach § 146 Abs. 2a S. 1 und 2 AO.

passt. Denn der Gesetzgeber hat am Grundsatz des § 146 Abs. 2 AO festgehalten und erlaubt nur unter qualifizierten Voraussetzungen die Verlagerung nach Bewilligung der zuständigen Finanzbehörde, so dass innerhalb der Ordnungsvorschrift des § 146 AO dessen Abs. 2a spezielle Ordnungsanforderungen[25] und der Abs. 2b die darauf ausgerichtete Sanktion bei Verlagerung ohne Bewilligung oder verzögerter Rückverlagerung normieren.

Dagegen betreffen die Fälle verzögerter Mitwirkung (insbesondere Vorlage- und Auskunftspflichten), losgelöst von § 146 Abs. 2a AO, gar nicht die Frage der Ordnungsmäßigkeit der Buchführung[26], sondern gehören allein zur Durchführung der Außenprüfung. Sie wären also deplatziert, weil das Verzögerungsgeld als allgemeine Sanktion zur Gewähr der zeitnahen Erfüllung von Mitwirkungspflichten im Rahmen einer Außenprüfung systematisch allein bei der Etablierung dieser Pflichten in § 200 AO (etwa einem neuen § 200 Abs. 1a AO) zu verorten wäre.

bb) Ergebnis:
Eine kontextbezogene Auslegung des Anwendungsbereichs der Verzögerungsgelder legt damit die Systematik des Gesetzes nahe[27], sodass das Verzögerungsgeld auf Pflichtverletzungen im Rahmen einer Buchführungsverlagerung nach § 146 Abs. 2a AO zu beschränken ist. Danach wäre das Vorlageverlangen an die P-AG nicht zulässig.

cc) Reine Wortlautauslegung:
In der Literatur wird allerdings auch eine andere Lesart des § 146 Abs. 2b AO propagiert[28], bei der der Auslandsbezug unberücksichtigt bleibt, so dass die Norm wie folgt klingt: *„Kommt der Steuerpflichtige ... seinen Pflichten ... zur Einräumung des Datenzugriffs nach § 147 Abs. 6, zur Erteilung von Auskünften oder zur Vorlage angeforderter Unterlagen im Sinne des § 200 Abs. 1 im Rahmen einer Außenprüfung innerhalb einer ihm bestimmten angemessenen Frist nach Bekanntgabe durch die zuständige Finanzbehörde nicht nach ..., kann ein*

---

[25] Zu diesen Ordnungsanforderungen zählen nach § 146 Abs. 2a Satz 3 Nr. 3 und 4 AO vor allem die Erfüllung der Mitwirkungspflichten nach §§ 90, 93, 97, 140 bis 147 und 200 Abs. 1 und 2 AO sowie insbesondere der Datenzugriff nach § 147 Abs. 6 AO als integrierte Bewilligungsvoraussetzungen für die Verlagerung der elektronischen Buchführung.

[26] Bereits aus der allgemeinen Ordnungsvorschrift des § 145 Abs. 1 AO folgt, dass Bücher und Aufzeichnung für ihre Überprüfung gerade durch die Finanzbehörde geordnet sein müssen, was die abstrakte Vorlagefähigkeit von aufbewahrungspflichtigen Unterlagen in angemessener Frist voraussetzt (vgl. *Drüen*, in Tipke/Kruse, AO/FGO, § 145 AO, Tz. 20 ff. [April 2007]).

[27] *Drüen*, Ubg. 2009, 549, 551.

[28] *Cöster*, in Pahlke/Koenig, AO², 2009, § 146 Rn. 34; *Costa*, BBK 2009, 227, 228; *Gebbers*, StBp. 2009, 130 ff., 162 ff., 196 ff.; *Geißler*, NWB Nr. 52/53 v. 21.12.2009, 4076; *tom Suden*, Stbg. 2009, 207, 208; *Warnke*, AO-StB 2009, 72, 74.

Verzögerungsgeld von 2 500 Euro bis 250 000 Euro festgesetzt werden."

Genauso argumentiert das **Finanzgericht Schleswig-Holstein:** „Die Wortlautauslegung wird aber durch die Gesetzesbegründung gestützt, wonach das Verzögerungsgeld im Falle der Verletzung von (sonstigen) Mitwirkungspflichten gleichermaßen gelte, um eine Ungleichbehandlung von Steuerpflichtigen, die ihre Bücher und sonstigen Aufzeichnungen im Ausland führten, gegenüber solchen Steuerpflichtigen, die dies im Inland täten, zu vermeiden (vgl. BT-Drucks. 16/10189, S. 81). Dadurch wird mit hinreichender Normenklarheit deutlich, dass der Gesetzgeber die Sanktionsmöglichkeit des Verzögerungsgeldes zwar systematisch unglücklich angesiedelt, aber inhaltlich unabhängig von einer Verlagerung der Buchführung ins Ausland für die in der Vorschrift genannten Fälle vorsehen wollte"[29].

Nach dieser Deutung kommt dem Verzögerungsgeld ein breites Anwendungsfeld zu und kann **potentiell bei jeder Außenprüfung** abgerufen werden. Gilt demnach die neue Sanktion des Verzögerungsgeldes für jegliche nicht fristgerecht erfüllte Mitwirkungshandlung im Rahmen der Außenprüfung nach § 200 AO, so wäre die Norm wegen ihrer vorgeblichen Ummantelung durch den Auslandsbezug (§ 146 Abs. 2a AO) in der Tat ein **trojanisches Pferd**[30]. Das Verzögerungsgeld wäre nicht nur eine neue, sondern auch eine überraschend weitreichende steuerliche Nebenleistung.

dd) Gegenargumente:

Zwar kann sich die referierte Ansicht, ein Verzögerungsgeld sei bei Verletzung der in § 146 Abs. 2b AO genannten Mitwirkungspflichten auch gegen Steuerpflichtigen festzusetzen, die ihre Buchführung nicht ins Ausland verlagert haben auf die Gesetzesbegründung stützen. In BT-Drucks. 16/10189, 81 heißt es: „Um eine Ungleichbehandlung von Steuerpflichtigen, die ihre Bücher und Aufzeichnungen im Ausland führen, gegenüber solchen Steuerpflichtigen, die dies im Inland tun, zu vermeiden, gilt auch für diese Personen die Anwendung des Verzögerungsgeldes im Falle der Verletzung von Mitwirkungspflichten gleichermaßen." Allerdings ist die Gesetzesbegründung verfehlt und widersprüchlich. Wenn der Steuerpflichtige bei der Verlagerung der Buchführung ins Ausland nicht mitwirkt, ist die Bewilligung zu versagen (§ 146 Abs. 2a S. 3 Nr. 3 u. 4 AO) oder zwingend zu widerrufen (§ 146 Abs. 2a S. 6

---

[29] Schleswig-Holsteinisches FG v. 03.02.2010 – 3 V 243/09, überlassen durch Juris.
[30] So bereits bei der Anhörung im Finanzausschuss der Sachverständige *Dr. Schwab* von der Bundessteuerberaterkammer (Wortprotokoll v. 08.10.2008, BT-Protokoll Nr. 16/99, S. 57); ebenso nun (ohne Referenz) *tom Suden*, Stbg. 2009, 207, 208 unter dem Titel „§ 146 Abs. 2a und 2b AO: Das trojanische Pferd im Steuerrecht".

AO). Für diese Fälle ist ein spezielles Verzögerungsgeld berechtigt. Der Gleichheitssatz verlangt indes nicht die Gleichbehandlung ungleicher Sachverhalte. Da § 146 Abs. 2a AO von der Grundentscheidung des § 146 Abs. 2 S. 1 AO, Bücher im Inland zu führen, eine Ausnahme macht, aber trotz der Verlagerung der elektronischen Buchführung ins Ausland eine effiziente Kontrolle durch die Steuerverwaltung und damit die Gleichmäßigkeit der Besteuerung sicherstellen will[31], besteht allein im Auslandsfall ein Sicherungsbedürfnis (§ 146 Abs. 2a AO) und damit auch ein Sanktionsbedürfnis (§ 146 Abs. 2b AO). Das in der Gesetzesbegründung angeführte Gleichheitsargument auf der Tatbestandsseite widerspricht damit dem Gleichheitsargument auf der Sanktionsebene.

ee) Ergebnis:
Nach der derzeit noch vorherrschenden Ansicht wäre das Vorlageverlangen an die P-AG demnach zulässig.

d) Das Verhältnis von Verzögerungsgeld und Zwangsgeld
Mit seinem inkorporierten Beugecharakter ist das Verzögerungsgeld eine im Vergleich zum Zwangsgeld zweckidentische Maßnahme. Das Zwangsgeld ist nach § 329 AO auf die Obergrenze in Höhe von 25.000 € limitiert, während das Verzögerungsgeld im Minimum 2.500 € beträgt. Dem behördlichen Ermessen für die Bemessung des Verzögerungsgeldes kommt damit entscheidende Relevanz zu, wobei der Ermessensspielraum des § 146 Abs. 2a AO erst im Zuge des Gesetzgebungsverfahrens nach der Empfehlung des Finanzausschusses an die Stelle der ursprünglich vorgesehenen zwingenden Festsetzung eines Verzögerungsgeldes („ist ... festzusetzen") trat[32]. Das sollte der Rechtsklarheit dienen, zumal bereits der Regierungsentwurf davon ausging, dass „durch das der Finanzbehörde eingeräumte Ermessen in Hinblick auf die Höhe des Verzögerungsgeldes ... eine dem Verhältnismäßigkeitsgrundsatz entsprechende Reaktion der Behörde gewährleistet (ist)"[33].

Die Diskrepanz zwischen der Höchstgrenze beim Zwangsgeld und der Mindestgrenze beim Verzögerungsgeld legt eine Betrachtungsweise nahe, wonach Zwangsgelder einen weniger einschneidenden Sanktionscharakter aufweisen und möglicherweise primär heranzuziehen sind. Dies untermauert eine Analyse der Rechtsprechung zu angedrohten bzw. tatsächlich festgesetzten Zwangsgeldern. Diese orientieren sich keineswegs an der in § 329 AO

---
[31] Explizit BT-Drucks. 16/10189, 80.
[32] Beschlussempfehlung des Finanzausschusses v. 25.11.2008, BT-Drucks. 16/11055, S. 143.
[33] Gesetzesentwurf der Bundesregierung zum JStG 2009 v. 2.9.2008, BT-Drucks. 16/10189, S. 81.

festgelegten Höchstgrenze. Beispielsweise werden Abgabepflichtverletzungen für Steuererklärungen eher restriktiv sanktioniert, wobei die Zwangsgelder pro Veranlagungszeitraum zwischen 100 und 900 DM variieren[34]. Die Verletzung von Mitwirkungspflichten in der Außenprüfung ahndet die Finanzverwaltung strenger mit Zwangsgeldern bis zu 1.000 €, schöpft aber auch an dieser Stelle bei Weitem nicht den Spielraum des § 329 AO aus[35]. Die Zwangsgelder im Rahmen des konventionellen Besteuerungsverfahrens[36] fallen gering aus. In dieser Hinsicht grenzen sich die Zwangsgelder vom Verzögerungsgeld entschieden ab. Wie aber der Sanktionsspielraum von 2.500 bis 250.000 Euro der Verzögerungsgelder angesichts des ungeklärten Zwecks der Norm und ihrer fragwürdigen Abgrenzung zu anderen Sanktionen ausgeschöpft werden soll, ist unklar[37]. Nur wenn das Verzögerungsgeld auf den unmittelbaren Regelungsanlass, die Verlagerung der elektronischen Buchführung ins Ausland, beschränkt wird, lassen sich aus dem Gesetz hinreichende Ermessenskriterien ableiten.

Für eine Normenkonkurrenz wegen der Zweckidentität spricht die Schutzfunktion des gestreckten Vollstreckungsverfahrens. Da das Verzögerungsgeld im Gegensatz zum Zwangsgeld vor seiner Verhängung nur mit einer Frist versehen und nicht ausdrücklich angedroht werden muss, könnte damit das gestufte Zwangsgeldverfahrens in Ansehung der Normenkonkurrenz umgangen werden. Das Verzögerungsgeld ist auf die Verletzung von Mitwirkungspflichten innerhalb der Verlagerung der elektronischen Buchprüfung begrenzt und kann als spezielles Zwangsgeldverfahren angesehen werden. Ob demnach die dem

---

[34] Abgabe der Umsatzsteuererklärung: 100 DM (BFH v. 07.11.2002 – VII R 38/02, BFH/NV 2003, 626 f.) bzw. 200 DM (BFH v. 11.01.2007 – VII B 262/06, BFH/NV 2007, 1142). Abgabe der Einkommensteuererklärung: 500 DM (BFH v. 08.07.2004 – VII R 55/03, BStBl II 2005, 7) bzw. 650 DM bzw. 900 DM für jeweils einen Veranlagungszeitraum (BFH v. 22.05.2001 – VII R 79/00, BFH/NV 2001, 1369 ff.). Umsatzsteuervoranmeldung: 150 € pro Monat (BFH v. 10.01.2008 – VII B 232/07).

[35] Vorlage von Unterlagen: 8.900 € für verschiedene Veranlagungsjahre, 750 € pro Veranlagungszeitraum (BFH v. 28.10.2009 – VIII R 78/05, DStR 2010, 326 ff.). Ersuchen innerhalb der Außenprüfung, entweder einen Termin für die Prüfung im Hause des Steuerpflichtigen zu benennen oder der Vorlage von Unterlagen zur Prüfung an Amtsstelle nachzukommen: 1.000 DM (BFH v. 30.10.1984 – VII R 90/83). Vorlage von Unterlagen in der Außenprüfung: 1.000 € pro Unterlage (insg. 3.000 €) (BFH, v. 03.03.2009 – IV S 13/08) bzw. 8.900 € für 3 Besteuerungsjahre, Vorlage von Einnahmen und Ausgaben, Umbuchungen etc.: 750 € pro Jahr (für 3 Jahre 2.250 €) (BFH v. 16.10.2006 – IV S 8/06).

[36] Zwangsgeld an niederländischen „Belastingadviseur" wegen untersagter Hilfeleistung in Steuersachen: 1.100 € (BFH v. 04.08.2006 – VII B 290/05).
Aufforderung an Insolvenzverwalter, Bilanzen eines von ihm betreuten Schuldners vorlegen: 300 € pro Jahr (für 3 Jahre 900 €) (BFH v. 19.11.2007 – VII B 104/07, BFH/NV 2008, 334 f.).
Vorlage der GuV 300 DM pro Jahr, insgesamt 900 DM (BFH v. 06.11.2003 – VII B 149/03, BFH/NV 2004, 159 f.).

[37] Deswegen ist der von *Gebbers*, StBp. 2009, 196, 1999 vollständig konzipierte Vordruck zur Bemessung verschiedener kumulativer Sanktionsmaßnahmen kritisch zu würdigen.

Verzögerungsgeld immanente Zielrichtung über die der konventionellen Zwangsmaßnahmen hinausgeht, verbleibt indes zweifelhaft.

4. Fortsetzung des Sachverhalts: Vorlagepflicht für Due-Diligence-Report?

Den Katalog der aufbewahrungspflichtigen Unterlagen erweitert die Vorschrift des § 147 Abs. 1 Nr. 5 AO um einen unbestimmten Rechtsbegriff: auch **sonstige Unterlagen, die für die Besteuerung von Bedeutung sind,** müssen aufbewahrt werden. Mit dieser Aufbewahrungspflicht bestehen Rechtsunsicherheit und Streit darüber, welche sonstigen Unterlagen für die Besteuerung relevant sind[38], zumal Angehörige der Finanzverwaltung auch bei internen Strategiepapieren und Gutachten ein Zugriffsrecht annehmen, „soweit diese steuerliche Problembereiche tangieren"[39]. Die Finanzverwaltung hat es bisher versäumt, den Unternehmen mittels untergesetzlicher Steuerungsmechanismen Klarheit zu verschaffen.

Die Verwaltungsansichten plädieren für weitreichende Vorlage- und Archivierungspflichten der Unternehmen und bieten diesen nur unzureichende Orientierungshilfen, um die kostenintensiven Pflichten einzugrenzen. Die Kritiker halten die „generalklauselartige Formulierung" für zu unbestimmt[40], weil sie beim Steuerpflichtigen „hellseherische Fähigkeiten" voraussetze, um die steuerliche Relevanz der Daten für den Fall einer späteren Außenprüfung zu antizipieren[41]. Eine solche Generalklausel ist indes unumgänglich, weil sich die für die Besteuerung aussagekräftigen Unterlagen nicht abstrakt und generell aufzählen lassen[42].

Da das BMF-Schreiben den zugriffspflichtigen Datenbestand nicht abschließend aufzählt, und stattdessen nur bedingt praxistauglich umschreibt, wird der Streit um Zugriffsrechte auf die einzelne Außenprüfung verlagert[43]. Schlichtweg unzureichend ist die Aussage im Internetkatalog der Finanzverwaltung, dass „steuerlich relevant Daten immer dann sind, wenn sie für die Besteuerung des Steuerpflichtigen von Bedeutung sein können" (so ausdrücklich

---

[38] *Kaminski/Kerssenbrock/Strunk*, K&R 2002, 225, 233; *Burkhard*, DStZ 2003, 112, 117.
[39] So *Apitz*, StBp. 2002, 33, 44.
[40] So *Burkhard*, DStZ 2003, 112, 117; *ders.*, Datenzugriffsrecht der Finanzverwaltung, PStR 2003, 32.
[41] So *Kaminski/Kerssenbrock/Strunk*, K&R 2002, 225, 227, 233.
[42] Insoweit gl.A. *Trzaskalik*, in Hübschmann/Hepp/Spitaler § 147 Rn. 25. Diese Problematik wurde schon umfassend bei der 59. Steuerrechtlichen Jahresarbeitstagung im 9. Generalthema erörtert, vgl. zur Reichweite im Hinblick auf Unterlagen der Konzernrechnungslegung: *Kühnast*, in StBJb. 2008/2009, 768 ff.
[43] Zutr. *Carlé*, KÖSDI 2001, 13107 f.; *Kromer*, DStR 2001, 1017, 1019; *Schaumburg*, DStR 2002, 829, 832 f.

Antwort 1. 6.). Mit dieser Tautologie ist für die Praxis nichts gewonnen[44]. Außerdem widerspricht die Verwaltungsvorschrift dem Wortlaut des Gesetzes. In § 147 Abs. 1 Nr. 5 AO ist davon die Rede, dass die Unterlagen für die Besteuerung von Relevanz „sind", während der Internetkatalog lediglich die Forderung aufstellt, dass die Unterlagen von Relevanz sein „können". Das geht über Grenzen der Auslegung hinaus.

Bei einem Unternehmenskauf führt der Käufer regelmäßig eine Analyse der Risiken und Chancen des Zielunternehmens aus rechtlicher, wirtschaftlicher und organisatorischer Perspektive durch[45]. Die für die Kaufentscheidung und die Bemessung des Kaufpreises wichtige sorgfältige Unternehmensprüfung („Due Diligence")[46] umfasst verschiedene Risikofelder, zu denen auch die Analyse der Steuerrisiken rechnet („Tax Due Diligence"). Im Bericht über die Ergebnisse der Untersuchung („Due-Diligence-Report") werden die potentiellen Mehrsteuern aufgelistet, die in der Zukunft aus der Aufdeckung der vorangegangenen Verletzung von steuerlichen Dokumentationspflichten, der Grundsätze über angemessene Verrechnungspreise oder über fremdübliche Leistungsbeziehung mit Gesellschaftern (verdeckte Gewinnausschüttungen) drohen[47]. Dieser Bericht dient der Informationsbeschaffung des Käufers und der Dokumentation des Kenntnisstandes der Parteien in Hinblick auf spätere Regressforderungen.

Angehörige der Finanzverwaltung vertreten die Ansicht, dass auch Gutachten zu steuerlichen Rechtsfragen zu den nach § 147 Abs. 1 Nr. 5 AO „sonstigen Unterlagen, soweit sie von steuerlicher Bedeutung sind" gehören, die aufbewahrungs- und vorlagepflichtig sind[48]. Zwar hat der Bundesfinanzhof vorerst offen gelassen, ob die sich aus § 200 Abs. 1 Satz 2 AO ergebende Vorlegungspflicht auch auf andere (vorhandene) Aufzeichnungen, Bücher, Geschäftspapiere und andere Urkunden bezieht, die keiner gesetzlichen Aufbewahrungspflicht unterliegen[49], entschied dann aber, dass Vorlagepflichten auch freiwillig geführte Unterlagen betreffen könnten, für die keine Aufbewahrungspflicht besteht. § 200 Abs. 1 Satz 2 AO stellt

---

[44] Ebenso kritisch *Intemann/Cöster*, DStR 2004, 1981, 1982.
[45] Vgl. die detaillierte Checkliste bei *Fischer,* in Hölters, Handbuch des Unternehmens- und Beteiligungskaufs, 4. Aufl. 1996, Teil II Rz. 400-504.
[46] *Picot*, Unternehmenskauf und Restrukturierung, 2. Aufl. 1998, Teil I Rz. 41 f.
[47] Dazu mit weiteren Beispielen *Halfar*, Steuern als Risiko – Tax Due Diligence bei mittelständischen Unternehmen, Nationale und internationale Dimensionen des Steuerrechts, Symposium zum 60. Geburtstag von *J.M. Mössner*, 2002, S. 151, 161 ff.
[48] So *Apitz*, StBp. 2002, 33, 44.
[49] BFH v. 24.06.2009 – VIII R 80/06, DStR 2009, 2006, 2007. Entgegen *Drüen*, StbJb. 2006/2007, 273.

keine Akzessorietät zu Aufbewahrungspflichten her[50]. Dazu führt der Bundesfinanzhof aus: „Die Rechtmäßigkeit der übrigen Vorlageverlangen wird nicht dadurch berührt, dass sie sich auch auf solche Unterlagen bezogen, für die keine Aufbewahrungspflichten bestanden, die also freiwillig aufbewahrt wurden ([...] vgl. schon Beschluss des Großen Senats des BFH vom 13. Februar 1968 GrS 5/67, BFHE 91, 351, BStBl II 1968, 365 zu § 195 der Reichsabgabenordnung [...]). Dieses Gesetzesverständnis folgt dem Wortlaut des § 200 Abs. 1 Satz 2 AO, der keine Einschränkungen enthält, insbesondere keine Akzessorietät zu Aufbewahrungspflichten herstellt, wie dies etwa in § 147 Abs. 6 AO der Fall ist (...). Der Ermittlung der Verhältnisse des Steuerpflichtigen dient die Anforderung von Urkunden auch dann, wenn keine entsprechende Aufbewahrungspflicht besteht, diese Urkunden aber vorhanden sind und folglich vorgelegt werden können (...). Dabei geht es nicht um eine unangemessene Benachteiligung des überobligationsmäßig aufbewahrenden Steuerpflichtigen, sondern um die Ermöglichung der Auswertung des Vorhandenen im Sinne der Gleichmäßigkeit der Besteuerung"[51]. Die Vorlagepflicht speziell hinsichtlich des Due-Diligence-Reports ist höchstrichterlich nicht entschieden und damit offen. Aus meiner Sicht muss der Steuerpflichtige nur Tatsachen bringen, aber keine rechtliche Würdigung. Die Aufbewahrungspflicht setzt vielmehr eine Aufzeichnungspflicht voraus[52]. Als sachverhaltswürdigende Unterlage muss der Due-Diligence-Bericht nicht der Finanzbehörde vorgelegt werden[53], denn andernfalls wäre der Steuerpflichtige gezwungen auf seine Kosten die Rohvorlage für Betriebsprüfungsbericht zu liefern[54].

Nach dieser Ansicht besteht keine Vorlagepflicht für den Due-Diligence-Report.

5. Anschlussfrage: Kumulation der Sanktion von Verzögerungsgeld und Zuschlag nach § 162 Abs. 4 AO?

Das Verzögerungsgeld steht in Konkurrenz und Kollision zu den übrigen steuerlichen Nebenleistungen im Sinne von § 3 Abs. 4 AO. Nach der Gesetzesbegründung soll das Verzögerungsgeld den Steuerpflichtigen „zur zeitnahen Mitwirkung anhalten"[55]. Damit ist es als Sanktionsmittel auch vergleichbar mit dem Zuschlag nach § 162 Abs. 4 AO bei

---

[50] BFH v. 28.10.2009 – VIII R 78/05, DStR 2010, 326.
[51] BFH v. 28.10.2009 – VIII R 78/05, DStR 2010, 326. Entgegen *Tipke/Kruse*, AO/FGO, § 200 AO, Tz. 10 [Okt. 2007); *Drüen*, StbJB 2006/2007, 273, 285 ff.
[52] *Drüen*, in Tipke/Kruse, AO/FGO, § 147 AO, Tz. 23 (Sept. 2009).
[53] *Drüen*, in Tipke/Kruse, AO/FGO, § 147 AO, Tz. 23 (Sept. 2009); *Kromer*, DStR 2001, 1017, 1018.
[54] Gegen eine Vorlagepflicht von Tax Due Diligence Berichten im Rahmen der Außenprüfung eingehend *Dörr/Geißelmeier/Mayr*, NWB v. 04.09.2006, Fach 17, S. 2081 ff.
[55] BT-Drucks. 16/10189, S. 81.

nichtordnungsmäßiger Konzernverrechnungspreisdokumentation und stellt die Frage der Kumulation der Sanktionsmittel. Nicht vorgelegte Unterlagen i. S. d. § 90 Abs. 3 können einen Zuschlag nach § 162 Abs. 4 AO nach sich ziehen, der mindestens 5 % und höchstens 10 % des Mehrbetrags der im Wege der Schätzung korrigierten Einkünfte beträgt. Die verspätete Vorlage löst einen Zuschlag von mindestens täglich 100 €, höchstens 1.000.000 € für jeden Tag der Fristüberschreitung aus. Trotz der Vergleichbarkeit fehlt die inhaltliche und verfahrensrechtliche (vgl. § 162 Abs. 4 S. 7 AO) Verzahnung des Verzögerungsgeldes mit § 162 Abs. 4 AO. Die teleologischen und systematische Offenheit des § 146 Abs. 2b AO erschwert der Finanzbehörde die Ermessensausübung, zumal im Gegensatz zu § 152 AO und § 162 Abs. 4 AO gesetzliche Direktiven für die Bemessung des weit gespannten Ermessensspielraums (2.500 bis 250.000 €) fehlen. Auch an dieser Stelle spielt die Abschöpfung des durch die Buchführungsverlagerung entstandenen Vermögensvorteils abermals eine gewichtige Rolle.

Die Konkurrenzfrage von Verzögerungsgeld und Zuschlag nach § 162 Abs. 4 AO ist noch nicht richterlich entschieden. Meines Erachtens sperrt die Spezialität des Zuschlags die Verhängung des Verzögerungsgeld. Da der Zuschlag im Gegensatz zum Verzögerungsgeld eine Ermessenssteuerung beinhaltet[56], ist er als abschließende Spezialregelung anzusehen.

Ergebnis:
Nach dieser Ansicht dürfte der Außenprüfer die Sanktionen von Verzögerungsgeld und Zuschlag nach § 162 Abs. 4 AO nicht kumulativ verhängen.

6. Rechtsschutz gegen Verzögerungsgelder

Rechtsschutz gegen Verzögerungsgelder ist durch Einspruch[57] und Anfechtungsklage zu suchen, einstweiliger Rechtsschutz durch Antrag auf Aussetzung der Vollziehung. Rechtsschutzbegehren gegen Verzögerungsgelder haben aus den aufgezeigten Gründen, trotz der ersten abschlägigen Entscheidung des Finanzgerichts Schleswig-Holstein[58], vor allem aber wegen unzureichender gesetzlicher Steuerung der Ermessensausübung, meines Erachtens durchaus gute Erfolgsaussichten[59].

---

[56] Drüen, Ubg. 2009, 549, 557; Gebbers, StBp. 2009, 196; Seer, in Tipke/Kruse, AO/FGO, § 162 AO, Tz. 77 (Jan. 2010).
[57] Cöster, in Pahlke/Koenig, AO^2, 2009, § 146 Rn. 34.
[58] Schleswig-Holsteinisches FG v. 03.02.2010 – 3 V 243/09, überlassen durch Juris.
[59] Drüen, in Tipke/Kruse, AO/FGO, § 146 AO, Tz. 48 (Mai 2009).

III. Rechtsprechung, Literatur und Verwaltungsanweisungen

1. Rechtsprechung

- EuGH v. 15.05.199, EuGHE 1997 I – 02471
- BVerfG v. 27.06.1991, BVerfGE 84, 239
- BVerfG 09.03.2004, BVerfGE 110, 94
- BFH v. 30.10.1984
- BFH v. 22.05.2001, BFH/NV 2001, 1369
- BFH v. 07.11.2002, BFH/NV 2003, 626
- BFH v. 06.11.2003, BFH/NV 2004, 159
- BFH v. 08.07.2004, BStBl II 2005, 7
- BFH v. 14.02.2005
- BFH v. 04.08.2006
- BFH v. 16.10.2006
- BFH v. 11.01.2007, BFH/NV 2007, 1142
- BFH v. 19.11.2007, BFH/NV 2008, 334
- BFH v. 10.01.2008
- BFH v. 03.03.2009
- BFH v. 24.06.2009, DStR 2009, 2006
- BFH v. 28.10.2009, DStR 2010, 326
- Schleswig-Holsteinisches FG v. 03.02.2010

2. Literatur

- Apitz, StBp. 2002, 33
- Baumbach/Hopt, HGB, 33. Auflage 2008
- Burchert, INF 2001, 230
- Burkhard, DStZ 2003, 112
- ders., PStR 2003, 32
- Carlé, KÖSDI 2001, 13107
- Cordewener, Europäische Grundfreiheiten und nationales Steuerrecht, 2002
- Costa, BBK 2009, 227

- Dörr/Geißelmeier/Mayr, NWB v. 4.9.2006, Fach 17, 2081
- Droscha/Reimer, DB 2003, 1689
- Drüen, StbJb. 2006/2007, 273
- ders., Ubg. 2009, 549
- Gebbers, StBp. 2009, 130
- ders., StBp. 2009, 162
- ders., StBp. 2009, 196
- Geißler, NWB Nr. 52/53 v. 21.12.2009, 4076
- Halfar, Steuern als Risiko – Tax Due Diligence bei mittelständischen Unternehmen, Nationale und internationale Dimensionen des Steuerrechts
- Hölters, Handbuch des Unternehmens- und Beteiligungskaufs, 4. Auflage 1996, Teil II
- Hübschmann/Hepp/Spitaler, AO/FGO, Kommentar
- Intemann, NWB v. 30.1.2006, Fach 17, 2007
- Intemann/Cöster, DStR 2004, 1981
- Kaminski/Kerssenbrock/Strunk, K&R 2002, 225
- Klein, AO, 10. Auflage 2010
- Kleine, FS 50 Jahre Arbeitsgemeinschaft der Fachanwälte für Steuerrecht e.V., 1999, 129
- Kromer, DStR 2001, 1017
- Lange/Rengier, DB 2009, 1256
- Linkemann, BBK 2009, 101
- Löwenstein/Looks, Betriebsstättenbesteuerung, 2003
- Novacek, DStZ 2004, 611
- Ohlf, StBp. 1996, 328
- Pahlke/Koenig, AO, 2. Auflage 2009
- Picot, Unternehmenskauf und Restrukturierung, 2. Auflage 1998
- Ravenstein, BB 2008, 2226
- Schaumburg, DStR 2002, 829
- Schmidt, StuB 1999, 689
- Schmitz, StBp. 2002, 153
- ders., StBp. 2002, 221
- Schubert/Penner/Ravenstein, DStR 2008, 632
- Schwab, Wortprotokoll v. 8.10.2008, BT-Protokoll Nr. 16/99, 57

- tom Suden, StBg. 2009, 207
- Tipke/Kruse, AO/FGO
- Warnke, AO-StB 2009, 72
- Wassermeyer/Andresen/Ditz, Betriebsstätten-Handbuch, 2006

3. Verwaltungsanweisungen

- BMF-Schreiben vom 16.07.2001 - IV D 2 - S 0316 - 136/01, Grundsätze zum Datenzugriff und zur Prüfbarkeit digitaler Unterlagen (GDPdU), BStBl I 2001, 415.

Teilnehmerliste

61. Steuerrechtliche Jahresarbeitstagung Unternehmen 2010

Zivil-, Gesellschafts-, Bilanz-, Wirtschafts- und Steuerrecht, Europäisches Steuerrecht und Gesellschaftsrecht

10.05.2010

Kurhaus Wiesbaden in Wiesbaden

Teilnehmerliste

Abele, Stephan Rechtsanwalt, Steuerberater	Mazars Hemmelrath GmbH 80539 München
Abeling, Andrea Lektorin	nwb 44629 Herne
Ackert, Tobias Rechtsanwalt, Steuerberater	WATSON, FARLEY & WILLIAMS LLP 80333 München
Adrian, Gerrit	KPMG AG WPG 60439 Frankfurt am Main
Ahrens, Karsten Rechtsanwalt, Partner	MPW Legal & Tax 37154 Northeim
Althoff, Thomas M.I.Tax Dipl.-Bw., Steuerberater	RLT Ruhrmann Wüller & Partner 45128 Essen
Altrichter-Herzberg, Torsten Dr. Tax Partner	KPMG AG WPG 20459 Hamburg
Andresen, Ulf Dr. Steuerberater, Partner	Ernst & Young AG 65657 Eschborn
Anissimov, Wjatscheslav	Dewey & LeBoeuf LLP 60329 Frankfurt am Main
Antweiler, Paul Ulrich Hauptsachgebietsleiter Körperschaftsteuer	Finanzamt I 65187 Wiesbaden
Arbes, Wilfried Rechtsanwalt, Steuerberater	KPMG Rechtsanwaltsges.,Steuerberatungsges. mbH 80339 München
Arntz, Thomas Dr.	Deutsche Bank AG Group Tax 60486 Frankfurt am Main
Außendahl, Frank	KPMG AG WPG 60439 Frankfurt am Main
Aweh, Lothar Präsident	Hessisches Finanzgericht 34117 Kassel
Bachem, Wilfried Dr. Fachanwalt für Steuerrecht, Rechtsanwalt, Geschäftsführer	Steuerberater-Verband e.V. Köln 51149 Köln
Bachmann, Heike	HHS Hellinger Hahnemann Schulte-Gross GmbH Wirtschaftsprüfungsgesellschaft 70191 Stuttgart
Bader, Armin	PricewaterhouseCoopers AG WPG 76185 Karlsruhe
Bail, Ulrich Rechtsanwalt, Steuerberater, Wirtschaftsprüfer, Geschäftsführer	Erlanger Treuhand GmbH Wirtschaftsprüfungsgesellschaft 91058 Erlangen
Bak, Werner Dipl.-Kfm., Steuerberater	67454 Haßloch
Ballreich, Hilbert Dipl.-Finanzwirt, Fachanwalt für Steuerrecht, Rechtsanwalt, Vereidigter Buchprüfer	68219 Mannheim
Balogh, Ingeborg Dipl.-Finanzwirtin, Steuerberaterin, Wirtschaftsprüferin	90461 Nürnberg
Balster, Benedikt Dipl.-Finanzwirt, Rechtsanwalt, Steuerberater	Schnellecke Group AG & Co. KG 38442 Wolfsburg
Bargen, Knut Rechtsanwalt, Fachanwalt für Steuerrecht	Bargen & Partner 76228 Karlsruhe

Teilnehmerliste

Barth, Karl-Heinz — WUB WP GmbH, 66111 Saarbrücken

Bartsch, Gerrit
Steuerberater, Wirtschaftsprüfer, Dipl.-Kfm. — 22880 Wedel

Bascopé, Hugo
Rechtsanwalt — MAZARS GmbH, 60528 Frankfurt am Main

Baumgartner, Rainer
Dipl.-Bw. (FH), Steuerberater, Wirtschaftsprüfer — 60388 Frankfurt am Main

Bayer, Frank Dr. — P+P Pöllath & Partner, 80333 München

Becker, Ansgar
Rechtsanwalt — Ernst & Young AG, 65657 Eschborn

Becker, Jörg H.
Rechtsanwalt, Steuerberater — BHP Becker & Kollegen Steuerberatungsgesellschaft mbH, 60487 Frankfurt am Main

Becker, Michael — MNT Revisions- u. Treuhand GmbH, 60437 Frankfurt am Main

Beckmann, Klaus Dr.
Steuerberater, Wirtschaftsprüfer — Doctores Völschau, 22607 Hamburg

Beckmann, Nils
Teamleiter Steuern — Schwarz Finanz und Beteiligungs GmbH & Co. KG, 74172 Neckarsulm

Behlert, Christian Dr.
Rechtsanwalt — Allianz SE, 80802 München

Behrens, Stefan Dr.
Fachanwalt für Steuerrecht — Clifford Chance, 60325 Frankfurt am Main

Behrenz, Frank
Rechtsanwalt, Steuerberater — Sonntag & Partner, 81925 München

Behr, Volker
Steuerberater, Partner — HANSA PARTNER Rommel & Meyer Steuerberatungsges., 20457 Hamburg

Bengel, Manfred Prof. Dr.
Notar — 90762 Fürth

Bengsch, Volker — DLF Treuhand-Steuerberatungs-Gesellschaft mbH, 55130 Mainz

Benz, Sebastian Dr.
Rechtsanwalt, Fachanwalt für Steuerrecht — Linklaters LLP, 40212 Düsseldorf

Berberich, Carina
Steuerberaterin — 60318 Frankfurt am Main

Berger, Hanno Dr. — Dewey & LeBoeuf LLP, 60329 Frankfurt am Main

Berger, Thomas Dr.
Fachanwalt für Steuerrecht, Rechtsanwalt — 33617 Bielefeld

Berg, Katrin
Steuerreferentin — Bayer AG M070R.205, 13353 Berlin

Berninger, Axel Dr.
Rechtsanwalt, Fachanwalt für Steuerrecht, Notar — Schindhelm Rechtsanwaltsgesellschaft MBH, 30625 Hannover

Berninghaus, Jochen Dr.
Rechtsanwalt, Wirtschaftsprüfer, Steuerberater — Spieker & Jaeger, 44139 Dortmund

Teilnehmerliste

Beuchert, Tobias Rechtsanwalt	Milbank, Tweed, Hadley & McCloy LLP 80539 München
Beyschlag, Anne	Universität Bamberg 96045 Bamberg
Biagosch, Patrick Dr. Rechtsanwalt, Fachanwalt für Steuerrecht, Steuerberater, Partner	Clifford Chance 80333 München
Birk, Dieter Prof. Dr.	Westfälische Wilhelms Universität Institut für Steuerrecht 48143 Münster
Birkemeyer, Ellen Managerin	KPMG AG WPG 40474 Düsseldorf
Birkhan, Hermann Josef	53639 Königswinter
Bleschke, Christian Dr.	Hammonds LLP 10117 Berlin
Bletschacher, Maria Steuerberaterin	Dünkel Schmalzing & Partner 90762 Fürth
Blöchle, Daniel Steuerberater	Deloitte & Touche GmbH 90482 Nürnberg
Blömer, Marcus Rechtsanwalt	PRICEWATERHOUSECOOPERS AG WPG 22297 Hamburg
Blumers, Wolfgang Prof. Dr. Rechtsanwalt, Fachanwalt für Steuerrecht, Steuerberater	Blumers & Partner Partnerschaftsges. v. Rechtsanwälten 70178 Stuttgart
Bock, Stephan	Audi AG 85045 Ingolstadt
Bode, Bernd K. Dr. Rechtsanwalt, Fachanwalt für Steuerrecht	Genossenschaftsverband e.V. 30627 Hannover
Bödefeld, Axel Dr. Rechtsanwalt, Fachanwalt für Steuerrecht	Oppenhoff & Partner 50668 Köln
Bölke, Kay	Deutscher Ring Lebensversicherung AG 20459 Hamburg
Boll, Ulrich Steuerberater, Wirtschaftsprüfer, Rechtsanwalt	Boll & Drefs Wirtschaftsprüfer, Steuerberater, Partnerschaft 56564 Neuwied
Booten, Volker	PricewaterhouseCoopers AG WPG 80657 München
Borchers, Jens Dr. Dipl.-Kfm., Rechtsanwalt, Steuerberater	41564 Kaarst
Bornkessel, Volker Rechtsanwalt, Steuerberater, Wirtschaftsprüfer	KPMG AG WPG 30159 Hannover
Börst, Jürgen Rechtsanwalt, Fachanwalt für Steuerrecht, Steuerberater	Weil, Gotshal & Manges LLP 60329 Frankfurt am Main
Bourgon, Gabriele Dipl.-Ökonomin, Ressortleiterin Bilanzrecht u. Betriebswirtschaft	Recht und Wirtschaft GmbH Verlag des Betriebs-Berater 60326 Frankfurt am Main
Brambach, Marko Dr. Rechtsanwalt	HDI-Gerling Leben Serviceholding AG 50679 Köln
Brandenberg, Hermann Bernwart Ltd. Ministerialrat	40629 Düsseldorf

Arbeitsgemeinschaft der Fachanwälte für Steuerrecht e.V.
Universitätsstraße 140 – 44799 Bochum
Fon (0234) 932569-0 Fax (0234) 932569-29
www.fachanwalt-fuer-steuerrecht.de

Teilnehmerliste

Brandenburg, Peter Rechtsanwalt	DHPG Rechtsanwälte 53175 Bonn
Brandi, Axel Dr. Rechtsanwalt, Notar	33602 Bielefeld
Brass, Harald	Landesbank Hessen-Thüringen Girozentrale Main Tower 60311 Frankfurt am Main
Brass, Thomas Dr. Fachanwalt für Steuerrecht, Rechtsanwalt, Steuerberater	Dr. Schlappig + Sozien Wirtschaftsprüfung, Steuerberatung, Rechtsberatung 35684 Dillenburg
Brecht, Stefanie	Deloitte & Touche GmbH 20355 Hamburg
Bresch, Elke Regina	PricewaterhouseCoopers AG WPG 60439 Frankfurt am Main
Breuer, Rolf Steuerberater, Wirtschaftsprüfer	Dr. Neumann, Schmeer & Partner GbR 52064 Aachen
Breuninger, Gottfried E. Dr. Rechtsanwalt	Allen & Overy LLP 80539 München
Brill, Mirko Wolfgang Dr. Rechtsanwalt, Steuerberater	Heuking Kühn Lüer Wotjek 40474 Düsseldorf
Brinkhaus, Josef Dr. Fachanwalt für Steuerrecht, Rechtsanwalt, Steuerberater, Partner	Clifford Chance 60325 Frankfurt am Main
Brinkmann, Jan Dr.	Freshfields Bruckhaus Deringer 60322 Frankfurt am Main
Brink, Thomas Dipl.-Kfm., Steuerberater	PRICEWATERHOUSECOOPERS AG WPG 22297 Hamburg
Brüninghaus, Carsten Rechtsanwalt, Fachanwalt für Steuerrecht, Notar	Prof. Versteyl Rechtsanwälte 10719 Berlin
Bruns, Thomas Direktor	Deutsche Bank AG Global Markets (SCM) 60311 Frankfurt am Main
Bruski, Johannes Dr. Rechtsanwalt, Fachanwalt für Steuerrecht, Partner	Allen & Overy LLP 60311 Frankfurt am Main
Buchschatz, Sven	DATAX Steuerberatungsgesellschaft mbH 63303 Dreieich
Buciek, Klaus Dr. Richter	Bundesfinanzhof 81675 München
Bünning, Martin Dr. Steuerberater	GSK Stockmann & Kollegen 60325 Frankfurt am Main
Burghardt, Rainer Dr. Rechtsanwalt, Steuerberater, Notar	Schmidt, von der Osten & Huber 45130 Essen
Burghardt, Sabine Steuerberaterin, Wirtschaftsprüferin, Dipl.-oec.	KSB INTAX TREUHAND GMBH 30175 Hannover
Burgsmüller, Jens Rechtsanwalt, Steuerberater	Treuhand- und Revisions AG Niederrhein 47800 Krefeld
Burki, Nico H. Dr. Rechtsanwalt	BURKI Rechtsanwälte CH-8702 Zürich-Zollikon

Teilnehmerliste

Burwitz, Gero Dr. Rechtsanwalt	McDermott, Will & Emery RAe LLP 80335 München
Büschers, Gundi	Thomas Cook AG Konzernsteuern 61440 Oberursel
Busch, Stephan Dr. Steuerberater, Rechtsanwalt, Fachanwalt für Steuerrecht	Salans LLP 10117 Berlin
Butza, Ulrike	Ebner Stolz Mönning Bachem 42651 Solingen
Chai, Hun Rechtsanwalt	Clifford Chance 60325 Frankfurt am Main
Christ, Jürgen Dr.	Kapp, Ebeling & Partner 30175 Hannover
Classen-Baltes, Elke Regierungsdirektorin	OFD Koblenz 55411 Bingen am Rhein
Clemm, Hermann Dr. Rechtsanwalt, Wirtschaftsprüfer	82319 Starnberg
Clever, Thomas Dipl.-Bw., Steuerberater	Drewermann Mauritz & Partner 32105 Bad Salzuflen
Crailsheim, Bernulph	Dewey & LeBoeuf LLP 60329 Frankfurt am Main
Craney-Kogel, Brigitte Vorsitzende Richterin	Finanzgericht Rheinland-Pfalz 67433 Neustadt an der Weinstraße
Crezelius, Georg Prof. Dr.	Universität Bamberg 96045 Bamberg
Cronemeyer, Christian-Andrè Steuerberater, Wirtschaftsprüfer	Nörenberg Schröder Rechtsanwälte, WP, Stb. 22763 Hamburg
Cummerow, Jürgen Steuerberater, Wirtschaftsprüfer	HHS Hellinger Hahnemann Schulte-Gross GmbH Wirtschaftsprüfungsgesellschaft 70191 Stuttgart
Dallwitz, Holger	PricewaterhouseCoopers AG WPG 10589 Berlin
Danecker, Achim Dr.	Gleiss Lutz 70469 Stuttgart
Demuss, Steffen	Thomas Cook AG Konzernsteuern 61440 Oberursel
Derlien, Ulrich Rechtsanwalt, Steuerberater	Sonntag & Partner Wirtschaftsprüfer, Steuerberater, Rechtsanwälte 86159 Augsburg
Dettmers, Tennessee Rechtsanwalt, Fachanwalt für Steuerrecht, Wirtschaftsprüfer	Dettmers Manske Weinhardt 10707 Berlin
Dhonau, Hans Gert Dr.	55566 Bad Sobernheim
Diefenbach, Dirk Leiter Steuern	Linde AG 80331 München
Diehl, Wolfram Dr. Rechtsanwalt, Fachanwalt für Steuerrecht	RA Dr. Diehl 55130 Mainz
Diener, Roger Steuerberater, Wirtschaftsprüfer	KPMG AG WPG 68165 Mannheim

Teilnehmerliste

Diestel, Timm Rechtsanwalt, Fachanwalt für Steuerrecht	Diestel & Partner Rechtsanwälte 22335 Hamburg
Dietrich, Jörg Dr. Fachanwalt für Steuerrecht, Rechtsanwalt, Steuerberater	51580 Reichshof
Dietrich, Mathias Dipl.-Finanzwirt (FH), Rechtsanwalt	KSB INTAX 30175 Hannover
Dinges, Volkmar LRD	Finanzamt Wiesbaden II 65173 Wiesbaden
Dittrich, Ines	Deutsche Lufthansa AG 50679 Köln
Doege, Niels Rechtsanwalt, Steuerberater, Fachanwalt für Steuerrecht, Fachanwalt für Handels- und Gesellschaftsrecht	Rölfs WP Partner AG 04317 Leipzig
Dollinger, Anke	ITT Industries Management GmbH 60489 Frankfurt am Main
Döring, Steffen	PricewaterhouseCoopers AG WPG 10589 Berlin
Dörrfuß, Peter Steuerberater, Rechtsanwalt	Ernst & Young AG 70499 Stuttgart
Dorweiler, Katrin Steuerberaterin	Dr. Rolf Müller GmbH 90489 Nürnberg
Dötsch, Ewald	Oberfinanzdirektion Koblenz 56079 Koblenz
Drewermann, Klaus	Drewermann Mauritz & Partner 32105 Bad Salzuflen
Dreyer, Gerhard Steuerberater, Wirtschaftsprüfer	Clifford Chance 60325 Frankfurt am Main
Drissen, Daniel	41464 Neuss
Drüen, Klaus-Dieter Prof. Dr.	47228 Duisburg
Dudenhöfer, Mark Steuerberater	KPMG AG WPG 68165 Mannheim
Düll, Alexander Dr.	Falk & Co. 69126 Heidelberg
Dünkel, Bernhard Steuerberater, Wirtschaftsprüfer	Dünkel Schmalzing & Partner 90762 Fürth
Durchlaub, Thomas Dr. MBA Rechtsanwalt, Notar, Fachanwalt für Steuerrecht, Fachanwalt für Handels- und Gesellschaftsrecht	Haas & Partner 44787 Bochum
Düring, Fritz-Wilhelm Rechtsanwalt, Fachanwalt für Steuerrecht, Steuerberater, Notar a. D.	28717 Bremen
Duwe, Kersten Rechtsanwalt, Steuerberater	Treuhand Oldenburg GmbH 26125 Oldenburg
Eberhard, Martin Dr.	Falk & Co. 69126 Heidelberg
Eberhardt, Ralf	Ernst & Young AG 65657 Eschborn
Ebert, Maike	Universität Bamberg 96045 Bamberg
Eckhoff, Rolf Prof. Dr.	65388 Schlangenbad

Arbeitsgemeinschaft der Fachanwälte für Steuerrecht e.V.
Universitätsstraße 140 – 44799 Bochum
Fon (0234) 932569-0 Fax (0234) 932569-29
www.fachanwalt-fuer-steuerrecht.de

Teilnehmerliste

Edelmann, Simon Steuerberater	MT Treuhand München GmbH 85630 Grasbrunn
Eder, Franz-Josef M.A. Rechtsanwalt, Fachanwalt für Steuerrecht	Deutsche Bahn AG DB Personaldienste Leiter A.AFP2 60329 Frankfurt am Main
Egberts, Jan-B.	Egberts + Berends Steuerkanzlei 26721 Emden
Ehlers, Hans-Uwe Dr. Rechtsbeistand, Steuerberater, Wirtschaftsprüfer	Dr. Ehlers, Gruttke, Dr. Volkmann & Partner 20144 Hamburg
Ehrmann, Oliver Rechtsanwalt	OLSWANG LLP 10785 Berlin
Eilinghoff, Karolina	Ernst & Young AG - Niederlassung Ruhrgebiet 44141 Dortmund
Eisenhauer, Sandra Rechtsanwältin	KPMG AG WPG 60439 Frankfurt am Main
Eisgruber, Thomas Dr. Ministerialrat	Bayerisches Staatsministerium der Finanzen 80539 München
Eismann, Henning Rechtsanwalt, Fachanwalt für Steuerrecht	Dr. Berg & Dr. Eismann 60320 Frankfurt am Main
Eitel, Thomas	dhmp GmbH & Co. KG 71229 Leonberg Baden-Baden
Eldagsen, Martin Rechtsanwalt, Steuerberater	Luther Rechtsanwaltsges. mbH 30159 Hannover
Ende, Viola	Schmitt.Wenzel.Spielmann.Becker.Huttel 35390 Gießen
Engelmann, Karl-Heinz Rechtsanwalt, Steuerberater	KIA Motors Europe GmbH 60486 Frankfurt am Main
Engel, Michaela Dr. Steuerberaterin, Fachberaterin IStR	Noerr LLP 80333 München
Engler, Hartmut Dr. Rechtsanwalt, Fachanwalt für Steuerrecht	Melitta Beratungs- u. Verwaltungs GmbH 32427 Minden
Ernsting, Ingo Dr. Dipl.-Finanzwirt, Dipl.-Ökonom, Leiter Konzernsteuern	Rheinmetall AG 40476 Düsseldorf
Ertel, Matthias	Audi AG 85045 Ingolstadt
Essel, Christian Andrè Rechtsassessor	56068 Koblenz
Eßers, Claus Rechtsanwalt, Fachanwalt für Steuerrecht	Hoffmann Liebs Fritsch & Partner 40474 Düsseldorf
Ettinger, Jochen Dr. Rechtsanwalt, Steuerberater, Fachanwalt für Steuerrecht	Dissmann Orth Rechtsanwaltsges. Steuerberatungsges. GmbH 80333 München
Fabry, Peter Rechtsanwalt, Fachanwalt für Steuerrecht, Steuerberater	Rölfs RP Steuerberatungsgesellschaft GmbH 80807 München
Fechner, Ullrich Dr.	Profunda Verwaltungs-GmbH, HPZ 3460-03-09 55216 Ingelheim

Teilnehmerliste

Fehrensen, Ralf Steuerberater, Geschäftsführer	FSU-Steuer-Union Frankfurt GmbH 60323 Frankfurt am Main
Feldmann, Kirsten Steuerberaterin	RLT Ruhrmann Wüller & Partner 45128 Essen
Felst, Volkhardt Dipl.-Kfm., Steuerberater	Kanzlei Felst 20149 Hamburg
Fenzl, Barbara	PricewaterhouseCoopers AG WPG 28195 Bremen
Feß, Ottmar Dipl.-Kfm., Steuerberater, Wirtschaftsprüfer	DFP Dornbach, Fess & Porn GmbH 66111 Saarbrücken
Fey, Achim Steuerberater, Wirtschaftsprüfer	60594 Frankfurt am Main
Fiedler, Inga	Ernst & Young AG Wirtschaftsprüfungsges. 20148 Hamburg
Fischer, Hans-Jörg Dr. Rechtsanwalt, Fachanwalt für Steuerrecht, Steuerberater	D.F.C Delora Fischer & Collegen Rechtsanwälte, Steuerberater 68165 Mannheim
Fischer, Marcus Dipl.-Finanzwirt, Rechtsanwalt	CMS Hasche Sigle 60325 Frankfurt am Main
Fischer, Peter-Gerd Dipl.-Kfm., Steuerberater, Wirtschaftsprüfer	Fischer & Partner 90762 Fürth
Fischer, Tanja Dr. Dipl.-Kff., Steuerberaterin	Fischer & Partner 90762 Fürth
Fischer, Wolfgang Wilhelm Prof. Dr.	Fachhochschule Emden- Leer 26723 Emden
Fleischmann, Matthias Dr. Fachanwalt für Steuerrecht, Rechtsanwalt	F.E.L.S. 95444 Bayreuth
Flick, Hans F. W. CPA, Automotive Tax Sector Leader	KPMG LLP Detroit, MI 48226, United States
Fornoff, Ingrid Fachanwältin für Steuerrecht, Rechtsanwältin	Gerns & Partner 60323 Frankfurt am Main
Forst, Paul	Warth & Klein GmbH Wirtschaftsprüfungsges. 40479 Düsseldorf
Fox, Thomas Dr. Rechtsanwalt, Steuerberater	Latham & Watkins LLP 80539 München
Franke, Grit Steuerberaterin	Dr. Steinberg & Partner GmbH 20095 Hamburg
Franz, Matthias Steuerberater	Ernst & Young AG 70499 Stuttgart
Freudenhammer, Markus Steuerberater	Ebner Stolz Mönning Bachem 53227 Bonn
Frey, Johannes Dr. LL.M. Rechtsanwalt, Attorney at Law (New York)	Shearmann & Sterling 80331 München
Friedrichs, Günther Dipl.-Finanzwirt, Steuerberater	53115 Bonn
Friedrichs, Jens Steuerberater	53115 Bonn

Teilnehmerliste

Friese, Arne Dr. Rechtsanwalt, Steuerberater	Dissmann Orth Rechtsanwaltsges. Steuerberatungsges. GmbH 80333 München
Fritsch, Michael Rechtsanwalt, Master of International Taxation	Fritsch Anwaltskanzlei 83022 Rosenheim
Fröhlich, Gottfried Dr. Rechtsanwalt, Steuerberater	HANSA PARTNER Rommel & Meyer Steuerberatungsges. 20457 Hamburg
Frotscher, Gerrit Prof. Dr.	21244 Buchholz
Frye, Bernd	Karl Berg GmbH 40474 Düsseldorf
Füger, Rolf Dr. Fachanwalt für Steuerrecht, Rechtsanwalt	Milbank, Tweed, Hadley & McCloy LLP 80539 München
Fuhrmann, Gerd	Falk & Co. 69126 Heidelberg
Funke, Dirk	Boehringer Ingelheim GmbH 55216 Ingelheim
Fürmeier, Stefanie	Media Broadcast GmbH 53227 Bonn
Fußbroich, Pnkas Dr.	Ernst & Young AG 80636 München
Gabbert, Wolfgang Dipl.-Kfm., Steuerberater, Wirtschaftsprüfer	47803 Krefeld
Gaffron, Fabian Rechtsanwalt, Steuerberater	KPMG AG WPG 20459 Hamburg
Ganser, Achim Fachanwalt für Steuerrecht, Rechtsanwalt, Tax Manager	Avaya GmbH & Co. KG 60326 Frankfurt am Main
Gantzkow, Rolf Dipl.-Kfm., Steuerberater, Wirtschaftsprüfer	22143 Hamburg
Gassen, Peter Rechtsanwalt, Steuerberater, Dipl.-Finanzwirt, Wirtschaftsprüfer, Fachanwalt für Steuerrecht, Fachberater IStR	Schneider + Partner GmbH 01307 Dresden
Gassmann, Volker Rechtsanwalt, Steuerberater	HHS Hellinger Hahnemann Schulte-Gross GmbH Wirtschaftsprüfungsgesellschaft 70191 Stuttgart
Gasteyer, Thomas Dr. Rechtsanwalt, Partner	Clifford Chance 60325 Frankfurt am Main
Gauß, Hermann Ottmar Rechtsanwalt, Direktor	Ernst & Young GmbH WPG 10117 Berlin
Geddert, Heinrich Dr.	Schiedermair Rechtsanwälte Partnerschaftsges. 60322 Frankfurt am Main
Geerling, Tobias	Weil, Gotshal & Manges LLP 80539 München
Geibel, Stephan	Lovells 80539 München
Geidner, Thomas Steuerberater	KPMG AG WPG 80339 München

Teilnehmerliste

Geiler, Wolfgang Rechtsanwalt	wvib Wirtschaftsverband 79100 Freiburg
Geisenberger, Ute Dipl.-Finanzwirtin (FH)	BENDER HARRER KREVET 79104 Freiburg
Geißelmeier, Werner Partner, Rechtsanwalt, Steuerberater	SIDLEY AUSTIN LLP 60329 Frankfurt am Main
Gemmerich, Svenja Steuerberaterin, Vereidigte Buchprüfererin	Kunsmann + Gemmerich 65187 Wiesbaden
Gerber, Carl Dr.	85598 Baldham
Gericke, Thomas	PricewaterhouseCoopers AG WPG 60439 Frankfurt am Main
Gerlach, Frank O. Dipl.-Kfm., Wirtschaftsprüfer, Steuerberater	Dr. Erwin Herresthal Wirtschaftsprüfer Steuerberater 65185 Wiesbaden
Gerlach, Klaus Notar, Rechtsanwalt	Rechtsanwälte Gerlach Meyer-Schwickerath Evers 48143 Münster
Gerland, Georg Steuerberater, Rechtsanwalt	KPMG AG WPG 68165 Mannheim
Germund, Rolf Steuerberater, Wirtschaftsprüfer	WWS Wirtz, Walter, Schmitz GmbH 41236 Mönchengladbach
Gersch, Hartmut Rechtsanwalt, Fachanwalt für Steuerrecht	Deutsche Bank AG Group Tax 60486 Frankfurt am Main
Glauflügel, Bert Ltd. Regierungsdirektor a.D.	73728 Esslingen
Gloger, Dirk-Ralf Steuerberater, Wirtschaftsprüfer	RöverBrönner GmbH & Co. KG 60322 Frankfurt am Main
Göbel, Franziska Steuerberaterin	Dr. Rolf Müller GmbH 90489 Nürnberg
Göbels, Michael Dipl.-Kfm., Steuerberater, Wirtschaftsprüfer	40629 Düsseldorf
Goette, Wulf Prof. Dr.	76275 Ettlingen
Goldenbaum, Gunnar Steuerberater, Wirtschaftsprüfer	Mundhenke & Partner GmbH 20459 Hamburg
Goretzky, Kai-Michael Dr.	PricewaterhouseCoopers AG WPG 60439 Frankfurt am Main
Gosch, Dietmar Prof. Dr. Vorsitzender Richter am BFH	22605 Hamburg
Götz, Hellmut Dr. Rechtsanwalt, Fachanwalt für Steuerrecht, Steuerberater, Dipl.-Finanzwirt	BDO Deutsche Warentreuhand AG Wirtschaftsprüfungsges. 79100 Freiburg
Götz, Stefan Rechtsanwalt, Steuerberater, Wirtschaftsprüfer	RWT Anwaltskanzlei GmbH 72764 Reutlingen
Grabbe, Christian Dr.	Permira Beteiligungsberatung GmbH 60325 Frankfurt am Main
Grabowski, André Dr. Rechtsanwalt, Fachanwalt für Steuerrecht, Dipl.-Finanzwirt (FH)	Volkswagen Financial Services AG 38112 Braunschweig
Graf, Michael Dipl.-Kfm., Rechtsanwalt, Steuerberater	Haarmann Partnerschaftsgesellschaft 60311 Frankfurt am Main

Arbeitsgemeinschaft der Fachanwälte für Steuerrecht e.V.
Universitätsstraße 140 – 44799 Bochum
Fon (0234) 932569-0 Fax (0234) 932569-29
www.fachanwalt-fuer-steuerrecht.de

Teilnehmerliste

Graf, Roland W.	Peters, Schönberger & Partner GbR 80539 München
Grandpierre, Ilsabe Dr. Fachanwältin für Steuerrecht	Clifford Chance 60325 Frankfurt am Main
Grashoff, Dietrich Prof. Dr. Rechtsanwalt, Fachanwalt für Steuerrecht, Steuerberater, Wirtschaftsprüfer	FIDES TreuhandGes. Reifenrath & Co. 28195 Bremen
Greisbach, Volker Rechtsanwalt	Greisbach Rechtsanwaltsgesellschaft GmbH 40211 Düsseldorf
Greve, Kai Dr. Rechtsanwalt, Fachanwalt für Steuerrecht	Taylor Wessing 20457 Hamburg
Grewer, Günter Steuerberater, Wirtschaftsprüfer, Rechtsbeistand	Eschborn
Gröger, Heide Dr. Rechtsanwältin, Steuerberaterin	KPMG AG WPG 10785 Berlin
Groll, Rüdiger Prof. Richter am BFH a.D., Rechtsanwalt	81679 München
Gronau, Wolf-Dieter Dr. Rechtsanwalt	Sernetz - Schäfer Rechtsanwälte 80335 München
Gröning, Maximilian Rechtsanwalt, Fachanwalt für Steuerrecht, Partner	KPMG AG WPG 40474 Düsseldorf
Großmann, Gerhard Rechtsanwalt, Fachanwalt für Steuerrecht	Richard Boorberg Verlag GmbH & Co KG 70563 Stuttgart
Grube, Dirk Rechtsanwalt, Steuerberater, Wirtschaftsprüfer	Steuerberater Manfred von Vangerow 65189 Wiesbaden
Grünwald, Ulrich Dr. Rechtsanwalt, Steuerberater	BDO Deutsche Warentreuhand AG 10787 Berlin
Gruttke, Fritz Steuerberater, Wirtschaftsprüfer	Dr. Ehlers, Gruttke, Dr. Volkmann & Partner 20144 Hamburg
Gümmer, Frank Steuerberater, Wirtschaftsprüfer	70176 Stuttgart
Günkel, Manfred Dipl.-Kfm., Steuerberater, Wirtschaftsprüfer	Deloitte & Touche GmbH, Wirtschaftsprüfungsgesellschaft 40476 Düsseldorf
Gurt, Manfred Geschäftsführer	Schwarz GmbH & Co. KG 74172 Neckarsulm
Guse, Miriam Dipl.-Finanzwirtin (FH), Rechtsanwältin	KSB INTAX 30175 Hannover
Haaga, Oliver Rechtsanwalt, Steuerberater, Fachanwalt für Steuerrecht	AUREN Rechtsanwälte GbR 72108 Rottenburg am Neckar
Haager, Bernd Christian Fachanwalt für Steuerrecht, Rechtsanwalt	Büsing, Müffelmann & Theye 60323 Frankfurt am Main
Haarmann, Wilhelm Prof. Dr. Rechtsanwalt, Steuerberater, Wirtschaftsprüfer	Haarmann Partnerschaftsgesellschaft 60311 Frankfurt am Main
Haase, Florian Dr. Fachanwalt für Steuerrecht, Rechtsanwalt	Rödl Rechtsanwaltsges. Steuerberatungsges. mbH 22085 Hamburg
Haase, Wilhelm Dr. Rechtsanwalt, Fachanwalt für Steuerrecht	Goebels, Pokorny, Kähler 47800 Krefeld

Teilnehmerliste

Haas, Franz Josef
Fachanwalt für Steuerrecht, Notar a. D., Rechtsanwalt

haas Rechtsanwälte - Fachanwälte für Steuerrecht
44787 Bochum

Haas, Peter Dr.
Rechtsanwalt, Fachanwalt für Steuerrecht

haas Rechtsanwälte - Fachanwälte für Steuerrecht
44787 Bochum

Hackemann, Tim

Ernst & Young AG
65657 Eschborn

Hackenberg, Martin Dr.
Rechtsanwalt, Steuerberater

Kanzlei Dr. Hackenberg
65183 Wiesbaden

Hallerbach, Günther Dr.
Fachanwalt für Steuerrecht, Rechtsanwalt

47800 Krefeld

Hamminger, Alexander
Rechtsanwalt, Steuerberater

Susat & Partner OHG
Wirtschaftsprüfungsges.
20095 Hamburg

Hanau, Monika
Steuerberaterin

KPMG Rechtsanwaltsgesellschaft
Steuerberatungsgesellschaft mbH
45133 Essen

Hans, Adrian Dr.

Verlag C.H. Beck
80801 München

Hansen, Britt
Steuerberaterin

Mundhenke & Partner GmbH
20459 Hamburg

Hansen, Hans-Peter

Schiedermair Rechtsanwälte
Partnerschaftsges.
60322 Frankfurt am Main

Häring, Klaus

Wp Häring & Partner GbR
70182 Stuttgart

Harrer, Hermann Dr.
Rechtsanwalt, Fachanwalt für Steuerrecht

BENDER HARRER KREVET
79539 Lörrach

Hartmann, Klaus-Dieter Dr.
Ehrenpräsident der Notarkammer Frankfurt, Rechtsanwalt, Notar a. D.

Göhmann Wrede Haas Kappus & Hartmann
60311 Frankfurt am Main

Hartmann, Uwe Dr.
Fachanwalt für Steuerrecht, Notar, Rechtsanwalt, Steuerberater

NORTON ROSE LLP
60313 Frankfurt am Main

Hasse, Andreas Dr.
Chefsyndikus, Direktor, Rechtsanwalt

65193 Wiesbaden

Hauck, Anton Dr.

Deutsche Post AG
53113 Bonn

Haueisen, Bernd
Steuerberater, Wirtschaftsprüfer

Haueisen
75179 Pforzheim

Haug, Wolfgang Dr.
Steuerberater

70195 Stuttgart

Hauke, Stefan

WPStB Stefan Hauke
80939 München

Häuselmann, Holger
Rechtsanwalt

Freshfields Bruckhaus Deringer
60322 Frankfurt am Main

Hauser, Manfred Dr.
Steuerberater, Wirtschaftsprüfer

LOEBA TREUHAND GMBH
79539 Lörrach

Haxel, Andreas

Haslberger TM GmbH
85356 Freising

Teilnehmerliste

Heidel, Thomas Dr.
Rechtsanwalt, Fachanwalt für Steuerrecht

Meilicke . Hoffmann & Partner
53115 Bonn

Heidinger, Andreas Dr.
Dipl.-Kfm., Jurist

Deutsches Notarinstitut
97070 Würzburg

Heilmann, Eginhard

MNT Revisions- u. Treuhand GmbH
60437 Frankfurt am Main

Heinsen, Oliver Dr.

KPMG AG WPG
60439 Frankfurt am Main

Hein, Uwe

Ernst & Young AG, WPG, StBG
79098 Freiburg im Breisgau

Heinz, Gerhard
Wirtschaftsprüfer

KPMG AG WPG
60439 Frankfurt am Main

Heinz, Hans-Walter

Geiler, Heinz & Jundt GmbH
Steuerberatungsges.
77694 Kehl

Hellmann, Jörg

Ernst & Young AG
04109 Leipzig

Henning, Erich

Steuerberater

Profunda Verwaltungs-GmbH, HPZ
3460-03-09
55216 Ingelheim

Hensell, Christian

Rechtsanwalt, Fachanwalt für Steuerrecht

TPW Todt & Partner KG
Wirtschaftsprüfungsgesellschaft
20355 Hamburg

Herbener, Ralf
Fachanwalt für Steuerrecht, Rechtsanwalt

Bitburger Holding
54634 Bitburg

Hermann, Alexander
Dipl.-Kfm., Steuerberater, Tax Manager

Beam Global Deutschland GmbH
65201 Wiesbaden

Herms, Volkmar Dr.

Rechtsanwalt, Steuerberater, Wirtschaftsprüfer

Consel Treuhand GmbH
Wirtschaftsprüfungsgesellschaft
Steuerberatungsgesellschaft
20354 Hamburg

Herrmann, Elisabeth Dr.
Steuerberaterin, Wirtschaftsprüferin

MTWG Treuhand GmbH
80637 München

Hertel, Matthias

Dewey & LeBoeuf LLP
60329 Frankfurt am Main

Hettler, Stephan

Fachanwalt für Steuerrecht, Rechtsanwalt

PNHR Rechtsanwälte, Steuerberater,
Wirtschaftsprüfer
50933 Köln

Heuer, Marcus

KPMG AG WPG
45133 Essen

Heuser, Paul J. Dr.

Karl Berg GmbH
40474 Düsseldorf

Heydel, Reinhart
Rechtsanwalt, Fachanwalt für Steuerrecht, Fachanwalt für Handels- und Gesellschaftsrecht

Menzel Roßkopf Heydel & Partner
74076 Heilbronn

Heyes, Martin

Steuerberater

Warth & Klein GmbH
Wirtschaftsprüfungsges.
40479 Düsseldorf

Hildebrandt, Ralf

Fachanwalt für Steuerrecht, Rechtsanwalt, Fachanwalt für Insolvenzrecht

B&L Bernsau & Lautenbach
Rechtsanwälte
60439 Frankfurt am Main

Teilnehmerliste

Hill, Markus Steuerberater, Partner	Hill & Partner Steuerberater 65929 Frankfurt
Hillmer, Dirk Rechtsanwalt, Steuerberater	KPMG AG WPG 79098 Freiburg
Hilsebein, Gabriele Rechtsanwältin	Ernst & Young AG 65657 Eschborn
Hofacker, Thomas Dr.	Otto Mittag Fontane Rechtsanwälte 60323 Frankfurt am Main
Hoffmann, Hermann-Josef Geschäftsführer	Schwarz GmbH & Co. KG 74172 Neckarsulm
Hoffmeister, Franz Generalbevollmächtigter	Bankhaus Lampe KG 40479 Düsseldorf
Hofgärtner, Gabi Steuerberaterin	Wirtschaftstreuhand GmbH 70565 Stuttgart
Hofmann, Anette Fachanwältin für Steuerrecht, Rechtsanwältin	Clifford Chance 60325 Frankfurt am Main
Hofstetter, Miriam Steuerberaterin	Audi AG 85045 Ingolstadt
Hohnhorst, Katrin Steuerberaterin	KPMG AG WPG 28195 Bremen
Hohn, Markus	Geiler, Heinz & Jundt GmbH Steuerberatungsges. 77694 Kehl
Holschbach, Georg Steuerberater, Wirtschaftsprüfer	Warth & Klein GmbH Wirtschaftsprüfungsges. 40479 Düsseldorf
Holt, Thorsten Steuerberater	Wirtschaftstreuhand GmbH 70565 Stuttgart
Hölzemann, Stefan Dipl.-Finanzwirt (FH), Rechtsanwalt	Noerr LLP 80333 München
Hötzel, Oliver Dr. Partner, Steuerberater, Wirtschaftsprüfer	Flick, Gocke, Schaumburg 53175 Bonn
Hübner, Michael Dipl.-Kfm., Steuerberater, Wirtschaftsprüfer	Steuerkanzlei Koch & Hübner 28195 Bremen
Hübner, Sigwart Rechtsanwalt, Fachanwalt für Steuerrecht	70178 Stuttgart
Hühne, Detlef Rechtsanwalt, Fachanwalt für Steuerrecht	Hühne, Klotz & Partner GbR 26123 Oldenburg
Humm, Bernd	Continental Teves AG & Co. oHG 60488 Frankfurt am Main
Jäckel, Kai-Uwe Senior Manager	KPMG AG WPG 01069 Dresden
Jacobi, Hans Joachim Rechtsanwalt, Fachanwalt für Steuerrecht, Wirtschaftsprüfer	66119 Saarbrücken
Jagow, Constanze	Ernst & Young GmbH WPG 10117 Berlin
Jahn, Sonja Dipl.-Kff., Steuerberaterin, Wirtschaftsprüferin	Drewermann Mauritz & Partner 32105 Bad Salzuflen
Janiszewski, Jörg Dr. Legal Manager	GKN Driveline International GmbH 53797 Lohmar

Teilnehmerliste

Jansen, Bela Dr. Rechtsanwalt, Steuerberater	Dewey & LeBoeuf LLP 60329 Frankfurt am Main
Jaryssek, Matthias	Deutsche Telekom AG Internationale Steuern 53113 Bonn
Jäschke, Dirk Dr. Ministerialrat	Sächsisches Staatsministerium der Finanzen 01097 Dresden
Jehle, Thomas Dr. Rechtsanwalt, Fachanwalt für Steuerrecht	Jehle Láng Meier-Rudolph 79098 Freiburg
Jerling, Hanno Rechtsanwalt, Fachanwalt für Steuerrecht, Steuerberater, Wirtschaftsprüfer, Dipl.-Kfm.	Jerling 70173 Stuttgart
Jobs, Stefanie Rechtsanwältin	DHPG Rechtsanwälte Wirtschaftsprüfer Steuerberater 51647 Gummersbach
Jonescheit, Jan Erik Rechtsanwalt	Schlatter Rechtsanwälte Partnerschaftsgesellschaft 68163 Mannheim
Jordan, Günther	Ernst & Young AG 70499 Stuttgart
Junge, Volker	Cleary, Gottlieb, Steen & Hamilton LLP 60311 Frankfurt am Main
Jürgenmeyer, Michael Dr. Rechtsanwalt, Fachanwalt für Steuerrecht, Vereidigter Buchprüfer, Fachanwalt für Handels- und Gesellschaftsrecht	Jürgenmeyer & Partner 77933 Lahr
Just, Nicola Dipl.-Kff., Steuerberaterin, Wirtschaftsprüferin	14195 Berlin
Kähler, Kurt Rechtsanwalt, Fachanwalt für Steuerrecht	Goebels, Pokorny, Kähler 47800 Krefeld
Kalbfleisch, Eberhard	Luther Rechtsanwaltsgesellschaft mbH 65760 Eschborn
Kammerer, Anne Steuerberaterin	Eschborn
Kansteiner, Wolf	Görg Rechtsanwälte 10785 Berlin
Kappel, Jürgen A. Fachanwalt für Steuerrecht, Rechtsanwalt, Steuerberater	Götz & Partner 97070 Würzburg
Karlik, Markus	BDO Deutsche Warentreuhand AG 65189 Wiesbaden
Käshammer, Daniel	Ernst & Young AG 70499 Stuttgart
Käuffer, Wolfgang Rechtsanwalt, Fachanwalt für Steuerrecht	Raupach, Käuffer & Partner GbR 52349 Düren
Kaufmann, Roland	Ernst & Young AG 70499 Stuttgart
Kaune, Bernhard Rechtsanwalt, Fachanwalt für Steuerrecht, Steuerberater	RA Kaune 32049 Herford
Kefer, Johannes	Ernst & Young AG, WPG, StBG 79098 Freiburg im Breisgau
Keller, Anette	McDermott, Will & Emery RAe LLP 80335 München

Arbeitsgemeinschaft der Fachanwälte für Steuerrecht e.V.
Universitätsstraße 140 – 44799 Bochum
Fon (0234) 932569-0 Fax (0234) 932569-29
www.fachanwalt-fuer-steuerrecht.de

Teilnehmerliste

Keller, Georg Rechtsanwalt, Steuerberater	Dr. Frankus & Partner 40210 Düsseldorf
Keller, Ulrike Senior Tax Manager	Linde AG 80331 München
Kemper, Nicolas	LKC Kemper Czarske v. Gronau Berz 82031 Grünwald
Kendel, Andreas Steuerberater, Wirtschaftsprüfer	RWT Reutlinger Wirtschaftstreuhand GmbH 72764 Reutlingen
Kenk, Annett Dr.	CMS Hasche Sigle 60325 Frankfurt am Main
Kessler, Manfred Dr. Rechtsanwalt, Steuerberater	KPMG Rechtsanwaltsgesellschaft mbH 70174 Stuttgart
Kessler, Wolfgang Prof. Dr.	Ernst & Young AG, WPG, StBG 79098 Freiburg im Breisgau
Kettel, Rudolf Georg Steuerberater, Wirtschaftsprüfer, Dipl.-Bw. (FH)	91217 Hersbruck
Kieker, Andreas Rechtsanwalt, Steuerberater	Sonntag & Partner Wirtschaftsprüfer, Steuerberater, Rechtsanwälte 86159 Augsburg
Kieker, Ulf Dr.	KIRKLAND & ELLIS INTERNATIONAL LLP 80539 München
Kielmann, Ralph	Deutsche Börse AG EH09.134 60487 Frankfurt am Main
Kirchesch, Ralf Dr. Rechtsanwalt, Fachanwalt für Steuerrecht, Steuerberater	Evonik Services GmbH 45128 Essen
Kirchmann, Stefan Geschäftsführer, Steuerberater	MAZARS GmbH 60528 Frankfurt am Main
Kirschning, Wolfgang	RWT Anwaltskanzlei GmbH 72764 Reutlingen
Kirschstein, Friedemann Rechtsanwalt, Steuerberater, Wirtschaftsprüfer, Fachanwalt für Steuerrecht	Boysen Zimmert Kirschstein 23566 Lübeck
Klass, Tobias Dr. Fachanwalt für Steuerrecht, Rechtsanwalt, Dipl.-Kfm., Steuerberater	LATHAM & WATKINS LLP 20354 Hamburg
Kleemann, Sylvia Directorin Tax Europe, Steuerberaterin	Fresenius Medical Care AG & Co. KGaA - Global Tax 61352 Bad Homburg v.d.H.
Kleider, Sabine Steuerreferentin	ADAC e.V. Abt. STR 81373 München
Kleikamp, Antonius Rechtsanwalt, Fachanwalt für Steuerrecht	61348 Bad Homburg
Kleiner, Paul Rechtsanwalt	KGAL GmbH & Co. KG 82031 Grünwald
Kleinert, Jens Dr. Rechtsanwalt	Osborne, Clarke 50823 Köln
Kleingarn, Peter Direktor	ATOZ Tax Advisers L-1736 Senningerberg
Klein, Hartmut Dr. Regierungsdirektor	51427 Bergisch-Gladbach

Teilnehmerliste

Kleinheisterkamp, Thomas Dr. Rechtsanwalt, Fachanwalt für Steuerrecht, Steuerberater	Milbank, Tweed, Hadley & McCloy LLP 80539 München
Klein, Martin Dr. Rechtsanwalt, Fachanwalt für Steuerrecht, Steuerberater	Hengeler Müller Partnerschaft von Rechtsanwälten 60323 Frankfurt am Main
Kleyboldt, Ernst-Otto Rechtsanwalt, Fachanwalt für Steuerrecht, Geschäftsführer	Verlag NWB 44629 Herne
Klimasch, Reinhard	47799 Krefeld
Klingenstein, Petra Dipl.-Kff., Leiterin Steuern	ABB AG, Abt. GF-TA 68309 Mannheim
Klumpp, Hans-Hermann Dr. Rechtsanwalt, Fachanwalt für Steuerrecht	Dr. Klumpp & Miebach 76185 Karlsruhe
Knebel, Andreas Dr.	White & Case Rechtsanwälte 60323 Frankfurt am Main
Knief, Joachim	KPMG Rechtsanwaltsgesellschaft Steuerberatungsgesellschaft mbH 45133 Essen
Knieper, Kunibert E. Dr. Dipl.-Kfm., Wirtschaftsprüfer, Steuerberater	58739 Wickede
Knopf, Rüdiger Dipl.-Kfm., Steuerberater	SJ Berwin LLP 60486 Frankfurt am Main
Koblenzer, Thomas Dr. Fachanwalt für Steuerrecht, Rechtsanwalt, Partner	Kanzlei für Steuerrecht Dr. Koblenzer - Düsseldorf-Zürich 40213 Düsseldorf
Köhler, Stefan Prof. Dr.	Ernst & Young AG 65657 Eschborn
Köhler, Thomas Fachanwalt für Steuerrecht, Rechtsanwalt	Luther Rechtsanwaltsgesellschaft mbH 65760 Eschborn
Kollmar, Jens Prof. Dr. Rechtsanwalt, Fachanwalt für Steuerrecht	Schlatter Rechtsanwälte Partnerschaftsgesellschaft 68163 Mannheim
Königer, Birgit	Landesrechnungshof Brandenburg 14467 Potsdam
König, Walter Dipl.-Bw. (FH), Rechtsbeistand, Steuerberater, Wirtschaftsprüfer	86343 Königsbrunn
Koppenberg, Uwe	WAZ E. Brost & J. Funke GmbH u. Co. KG Personalentwicklung & Training 45128 Essen
Korn, Peter Rechtsanwalt, Fachanwalt für Steuerrecht	Jürgenmeyer & Partner 77933 Lahr
Kraeusel, Jörg Ministerialdirigent	10407 Berlin
Kraft, Anders Steuerberater, Rechtsanwalt	LATHAM & WATKINS LLP 60323 Frankfurt am Main
Kraft, Ernst-Thomas Dr.	Hengeler Müller Partnerschaft von Rechtsanwälten 60323 Frankfurt am Main
Krämer, Joachim Dr. Rechtsanwalt, Steuerberater	Krämer-Groß-Mühlhaus RA- und StB-GmbH 53173 Bonn-Bad Godesberg

Arbeitsgemeinschaft der Fachanwälte für Steuerrecht e.V.
Universitätsstraße 140 – 44799 Bochum
Fon (0234) 932569-0 Fax (0234) 932569-29
www.fachanwalt-fuer-steuerrecht.de

Teilnehmerliste

Kramer, Olaf Rechtsanwalt, Fachanwalt für Steuerrecht	44623 Herne
Kratzer, Hubert	Ernst & Young AG 80636 München
Kraus, Astrid Referatsleiterin	LANXESS AG 51369 Leverkusen
Krause, Anja Steuerberaterin	45289 Essen
Krauß, Rolf G. Rechtsanwalt, Dipl.-Finanzwirt (FH), Steuerberater, Fachberater IStR	Kucera RAe 64283 Darmstadt
Kreitz, Guido Rechtsanwalt, Steuerberater, Geschäftsführer	Kaufland Dienstleistung GmbH & Co. KG DE 944 100/Steuern 74172 Neckarsulm
Kreller, Simone Steuerberaterin	Mensching Plus Steuerberatungsgesellschaft mbH 20457 Hamburg
Kröller, Gerhard	dffk kröller + partner Steuerberatungsgesellschaft 70199 Stuttgart
Kröner, Michael Dr.	Deutsche Bank AG Group Tax 60486 Frankfurt am Main
Kroppen, Heinz-Klaus Prof. Dr. Rechtsanwalt, Steuerberater	Deloitte & Touche GmbH, Wirtschaftsprüfungsgesellschaft 40476 Düsseldorf
Krüger, Guido Rechtsanwalt, Fachanwalt für Steuerrecht	Beiten Burkhardt Rechtsanwaltsgesellschaft mbH 40474 Düsseldorf
Krumwiede, Michael Dipl.-Kfm., Steuerassistent	Rödl Rechtsanwalts-u. Steuerberatungs GmbH 90491 Nürnberg
Kulpe, Rainer Rechtsanwalt, Wirtschaftsprüfer	Dr. Klein, Dr. Mönstermann + Partner 10719 Berlin
Kutsch, Alexander Dr. Rechtsanwalt	Graf Kanitz, Schüppen & Partner, Rechtsanwälte Wirtschaftsprüfer Steuerberater 70173 Stuttgart
Kutz, Manfred Dipl.-Volkswirt, Steuerberater, Geschäftsführer	CURA-TAX Steuerberatungsges. mbH 76137 Karlsruhe
Lahl, Joachim	KPMG AG WPG 20459 Hamburg
Lammersen, Lothar Dr.	PHOENIX CONTACT GmbH & Co. KG 32825 Blomberg
Landsittel, Ralph Prof. Dr. Rechtsanwalt, Fachanwalt für Steuerrecht	Rowedder Zimmermann Hass 68165 Mannheim
Langenfeld, Gerrit Prof. Dr.	78465 Konstanz
Langseder, Andreas Wirtschaftsprüfer, Steuerberater, Direktor	Deloitte & Touche GmbH 81669 München
Lang, Wolfgang Steuerberater, Wirtschaftsprüfer, Dipl.-Kfm.	60313 Frankfurt am Main

Teilnehmerliste

Lappat, Hans-Jürgen Rechtsanwalt, Fachanwalt für Steuerrecht, Steuerberater, Wirtschaftsprüfer	Lappat & Schütt 60325 Frankfurt am Main
Laun, Rudolf LL.M., M.Sc. Rechtsanwalt, Fachanwalt für Steuerrecht, FCIArb	Kanzlei von Laun 60322 Frankfurt am Main
Lawrenz, Jürgen Rechtsanwalt, Fachanwalt für Steuerrecht	Lawrenz & Partner 90427 Nürnberg
Lechner, Alfred Rechtsanwalt, Fachanwalt für Steuerrecht	Rechtsanwälte Schiefer & Schmid 70178 Stuttgart
Lechner, Florian Rechtsanwalt	Linklaters LLP 60325 Frankfurt am Main
Lehfeldt, Constanze	Adolf Würth GmbH & Co. KG 74653 Künzelsau
Lehmann, Martin Fachanwalt für Steuerrecht, Rechtsanwalt	Lehmann.Poetzl-Noack & Partner 79098 Freiburg
Lehmeier, Oliver Dr.	Rödl Rechtsanwalts-u. Steuerberatungs GmbH 90491 Nürnberg
Lehne, Björn	Ernst & Young AG 30159 Hannover
Leiber, Kurt Dr. Ltd. Ministerialrat a.D.	47802 Krefeld
Leisinger, Kurt Dipl.-Kfm., Steuerberater, Wirtschaftsprüfer	79294 Sölden
Leitl, Heiko Dr. Steuerberater	Rödl Rechtsanwalts-u. Steuerberatungs GmbH 90491 Nürnberg
Lemmermann, Dierk Steuerberater, Wirtschaftsprüfer	Treuökonom GmbH 20149 Hamburg
Lenz, Martin Dr. Steuerberater, Wirtschaftsprüfer	KPMG AG WPG 60439 Frankfurt am Main
Leske, Sascha Dr.	Nörr Stiefenhofer Lutz 10117 Berlin
Leuner, Rolf Dr. Steuerberater, Wirtschaftsprüfer	Rödl Rechtsanwalts-u. Steuerberatungs GmbH 90491 Nürnberg
Leuthe, Klaus Dr. Rechtsanwalt, Fachanwalt für Steuerrecht	Sonntag & Partner Wirtschaftsprüfer, Steuerberater, Rechtsanwälte 86159 Augsburg
Levedag, Christian Dr. Richter am FG	Bundesfinanzhof 80797 München
Limmeroth, Matthias Dipl.-Finanzwirt, Rechtsanwalt	Commerzbank AG 60486 Frankfurt am Main
Limprecht, Harald Dr. Rechtsanwalt, Fachanwalt für Steuerrecht	42289 Wuppertal
Lingemann, Wolfgang Dr. Schriftleiter Finanz-Rundschau	Verlag Dr. Otto Schmidt KG 50968 Köln
Link, Thomas Dr.	CMS Hasche Sigle 60325 Frankfurt am Main
Litzenburger, Eva	LWT Wirtschaftberatungs- u. Rvisionstreuhand GmbH 56410 Montabaur

Teilnehmerliste

Löber, Erwin
Fachanwalt für Steuerrecht, Rechtsanwalt

Grebing, Wagner, Boller & Partner
35043 Marburg

Lohmann, Burkard
Steuerberater, Rechtsanwalt, Partner

Ernst & Young AG
80636 München

Lohmann, Christoph
Rechtsanwalt, Steuerberater, Dipl.-Kfm.

Heuking, Kühn, Lüer, Wojtek
50672 Köln

Löhr, Wolfgang
Fachanwalt für Steuerrecht, Rechtsanwalt, Steuerberater, Vereidigter Buchprüfer

Sonntag & Partner Wirtschaftsprüfer, Steuerberater, Rechtsanwälte
86159 Augsburg

Löpki, Dirk

Pricewaterhouse Coopers AG WPG
40227 Düsseldorf

Lorenz, Dirk Dr.
Rechtsanwalt

Taylor Wessing Partnergesellschaft
80333 München

Lübbehüsen, Dieter

Dewey & LeBoeuf LLP
60329 Frankfurt am Main

Luckey, Jörg Dr.

Ernst & Young AG
65657 Eschborn

Lüdeke, Ralf
Rechtsanwalt, Fachanwalt für Steuerrecht

FIDES Treuhandges. KG
20457 Hamburg

Lüdicke, Jochen Dr.
Rechtsanwalt, Fachanwalt für Steuerrecht, Steuerberater

Freshfields Bruckhaus Deringer LLP
40545 Düsseldorf

Lüdicke, Jürgen Prof. Dr.
Rechtsanwalt, Steuerberater

PRICEWATERHOUSECOOPERS AG WPG
22297 Hamburg

Ludwig, Stephan

Ernst & Young AG WpG, StBG
40213 Düsseldorf

Lukowsky, Jörg
Fachanwalt für Arbeitsrecht, Fachanwalt für Steuerrecht

Fuhrmann Wallenfels Binder
65197 Wiesbaden

Lummel, Friederike
Rechtsanwältin

Bundesrechtsanwaltskammer
10179 Berlin

Lüpke, Christian
Rechtsanwalt, Steuerberater

Lüpke
40210 Düsseldorf

Lüpke, Tobias

Ernst & Young GmbH WPG, Kreditorenbuchhaltung
70499 Stuttgart

Lusche, Ute Dr.
Rechtsanwältin, Fachanwältin für Steuerrecht

BENDER HARRER KREVET
79539 Lörrach

Lutz, Mathias

Ernst & Young AG
70499 Stuttgart

Mader, Andreas

Mader & Peters Rechtsanwälte, Steuerberater, Wirtschaftprüfer
33602 Bielefeld

Maeder, Jobst-G.
Fachanwalt für Steuerrecht, Rechtsanwalt

Shell Deutschland Oil GmbH
22335 Hamburg

Manske, Thorsten
Rechtsanwalt, Fachanwalt für Steuerrecht

Dettmers Manske Weinhardt
10707 Berlin

Marquardt, Michael Dr.

Gleiss Lutz
60325 Frankfurt am Main

Märsche, Michael

Zott GmbH & Co. KG
86690 Mertingen

Arbeitsgemeinschaft der Fachanwälte für Steuerrecht e.V.
Universitätsstraße 140 – 44799 Bochum
Fon (0234) 932569-0 Fax (0234) 932569-29
www.fachanwalt-fuer-steuerrecht.de

Teilnehmerliste

Martin, Thomas Rechtsanwalt, Fachanwalt für Steuerrecht	WUB WP GmbH 66111 Saarbrücken
Maschmann, Ulrich Rechtsanwalt, Notar, Fachanwalt für Steuerrecht	Maschmann Rechtsanwälte 65307 Bad Schwalbach
Matzek, Bernhard	Lidl Stiftung & Co. KG 74167 Neckarsulm
Mauermann, Eric Steuerreferent	R + V Versicherung AG 65193 Wiesbaden
Mayer, Stefan Dr. Rechtsanwalt, Steuerberater	Gleiss Lutz 60325 Frankfurt am Main
Meier, Bernd	Ernst & Young AG, WPG, StBG 79098 Freiburg im Breisgau
Meincke, Jens Peters Prof. Dr.	53179 Bonn
Meissner, Boris	SJ Berwin LLP 60486 Frankfurt am Main
Melan, Nevada	CMS Hasche Sigle 60325 Frankfurt am Main
Mell, Karl Rechtsanwalt	67061 Ludwigshafen
Menner, Stefan Dr. Rechtsanwalt, Fachanwalt für Steuerrecht, Steuerberater, Partner	Clifford Chance 60325 Frankfurt am Main
Mertgen, Olaf Rechtsanwalt	Clifford Chance 60325 Frankfurt am Main
Metter, Ursula Steuerberaterin	Hegmann Metter Partnerschaft Steuerberatungsges. 71034 Böblingen
Meyer, Sven	Ernst & Young AG WpG, StBG 40213 Düsseldorf
Meyer, Tanja	Deutscher Ring Lebensversicherung AG 20459 Hamburg
Michenfelder, Michael	Deutsche Börse AG EH09.134 60487 Frankfurt am Main
Mihm, Asmus Dr. Fachanwalt für Steuerrecht, Rechtsanwalt, Partner	Allen & Overy LLP 60311 Frankfurt am Main
Mihm, Katja Dr.	DAI Deutsches Anwaltsinstitut e.V. 44799 Bochum
Milatz, Jürgen E. Rechtsanwalt, Steuerberater, Fachanwalt für Steuerrecht	Esche Schümann Commichau 20459 Hamburg
Milberg, Henning-Uwe Rechtsanwalt, Steuerberater, Wirtschaftsprüfer	20251 Hamburg
Mittler, Günter Dipl.-Bw. , Steuerberater, Wirtschaftsprüfer	Pütz & Kollegen Wirtschaftsprüfer Steuerberater Rechtsanwalt 56154 Boppard
Moebus, Ulrich Dr.	Merck KGaA Corporate Tax/Bereich Steuern 64293 Darmstadt
Möhlenbrock, Rolf Dr. Regierungsdirektor	Bundesministerium der Finanzen 10117 Berlin
Möhler, Rüdiger Steuerberater, Wirtschaftsprüfer	PricewaterhouseCoopers AG WPG 70174 Stuttgart

Teilnehmerliste

Möhrle, Tobias Dr. Rechtsanwalt, Steuerberater, Fachanwalt für Steuerrecht	MDS Möhrle & Partner 22769 Hamburg
Möller, Christian Dr. Rechtsanwalt	LATHAM & WATKINS LLP 20354 Hamburg
Möller, Klemens Rechtsanwalt, Steuerberater, Tax Partner	KPMG AG WPG 40474 Düsseldorf
Moritz, Wolfram Steuerberater, Wirtschaftsprüfer, Dipl.-Kfm., Partner	MPW Legal & Tax 37154 Northeim
Morlock, Günter Amtsrat	76307 Karlsbad
Morsch, Markus	PricewaterhouseCoopers AG Wirtschaftsprüfungsgesellschaft 66121 Saarbrücken
Mörtel, Stefan Fachanwalt für Steuerrecht, Rechtsanwalt	Rechtsanwälte Roehler Mörtel Hinnenthal 90491 Nürnberg
Morzeck, Kai Direktor	Deutsche Bank AG Global Markets (SCM) 60311 Frankfurt am Main
Müffelmann, Herbert Dr. Rechtsanwalt, Fachanwalt für Steuerrecht	Büsing, Müffelmann & Theye 28195 Bremen
Mühlenkamp, Jörg Rechtsanwalt, Steuerberater	TPW Todt & Partner KG Wirtschaftsprüfungsgesellschaft 20355 Hamburg
Mühlhäuser, Felix Dr. Fachanwalt für Steuerrecht, Rechtsanwalt	Clifford Chance 60325 Frankfurt am Main
Mulert, Claudia Rechtsanwältin, Steuerberaterin	KPMG 44139 Dortmund
Müller Hofstede, Gerrit Notar, Rechtsanwalt	Müller Hofstede, Rechtsanwälte 60313 Frankfurt am Main
Müller, Albrecht Steuerberater	Ernst & Young AG 65657 Eschborn
Müller, Alexandra	CMS Hasche Sigle 60325 Frankfurt am Main
Müller-Gatermann, Gert Ministerialdirigent	56068 Koblenz
Müller-Heidelberg, Till Dr. Rechtsanwalt	Dr. Müller-Heidelberg u. Partner GbR 55411 Bingen
Müller-Osten, Helmut Lanzo Dr. Steuerberater, Wirtschaftsprüfer, Rechtsbeistand	Müller-Osten 96047 Bamberg
Müller, Ulrich Steuerberater, Wirtschaftsprüfer	BMF Treuhand GmbH 70565 Stuttgart
Mussel, Günther	DZ Bank AG Steuerabt. F/RWS 60265 Frankfurt am Main
Muster, Burkhard Wirtschaftsprüfer, Steuerberater	Prof. Dr. Ludewig & Sozien 34117 Kassel
Nakhai, Katja Steuerberaterin	Deloitte & Touche GmbH 81669 München
Neeser, Alexander Prof. Dr. Rechtsanwalt	74385 Pleidelsheim

Teilnehmerliste

Nennstiel, Katherine Rechtsanwältin	Cabinet d'Avocats F-69006 Lyon
Neumayer, Jochen Dr. Rechtsanwalt, Fachanwalt für Steuerrecht, Steuerberater	honert + partner 80333 München
Neurohr, Stephan Steuerberater	66955 Pirmasens
Niehaves, Dieter	20149 Hamburg
Niggemann, Wilhelm	Ernst & Young AG 30159 Hannover
Niggemeier, Oliver	Media - Saturn - Holding GmbH 85046 Ingolstadt
Nothofer, Hans-Hermann Steuerberater, Wirtschaftsprüfer	Warth & Klein GmbH 41751 Viersen
Oberheidtmann, Friedrich Leiter Lektorat Steuerrecht	Verlag NWB - Redaktion IWB 44629 Herne
Oberloskamp, Klaus Dr. Rechtsanwalt, Fachanwalt für Steuerrecht, Steuerberater	Oberloskamp 19059 Schwerin
Offinger, Walter Dr. Rechtsanwalt	Offinger - Stürzer & Partner Rechtsanwälte 80539 München
Ohr, Anja Steuerberaterin	BHP Becker & Kollegen Steuerberatungsgesellschaft mbH 60487 Frankfurt am Main
Olufs, Detlef Rechtsanwalt, Fachanwalt für Steuerrecht	Salans LLP 10117 Berlin
Orth, Heinz-Peter	KPMG AG WPG 60439 Frankfurt am Main
Orth, Manfred Prof. Dr. Rechtsanwalt, Steuerberater, Wirtschaftsprüfer	35519 Rockenberg
Orth, Rüdiger Präsident	Finanzgericht Rheinland-Pfalz 67433 Neustadt an der Weinstraße
Orth, Tilmann	Ernst & Young 90425 Nürnberg
Ostler, Anton Dr. Rechtsanwalt, Fachanwalt für Steuerrecht	Sibeth Partnerschaft 80331 München
Ott, Johann-Paul Regierungsdirektor	Zentrales Konzernprüfungsamt Stuttgart 70173 Stuttgart
Pagel, Roderic Dr.	KIRKLAND & ELLIS INTERNATIONAL LLP 80539 München
Palm, Ulrich F.E. Dr. Rechtsanwalt, Fachanwalt für Steuerrecht	Luther Rechtsanwaltsgesellschaft mbH 50678 Köln
Pannwitz, Kurt Dr. Rechtsanwalt, Steuerberater, Fachanwalt für Steuerrecht	Counsel Treuhand GmbH 20354 Hamburg
Papperitz, Günter Prof. Dr. Rechtsanwalt, Steuerberater	65189 Wiesbaden
Paris, Gabriele	Dewey & LeBoeuf LLP 60329 Frankfurt am Main

Teilnehmerliste

Pasig, Karen Steuerberaterin	Celesio AG, Corporate Financial Reporting 70376 Stuttgart
Penner, Nicolas Dr. Rechtsanwalt, Steuerberater, Fachanwalt für Steuerrecht, Dipl.-Finanzwirt (FH)	KSB INTAX 30175 Hannover
Petereit, Torsten	Revisions- und Treuhand Kommanditgesellschaft 24103 Kiel
Peters, Claudia Rechtsanwältin	KSB INTAX 30175 Hannover
Pfeiffer, Peter Rechtsanwalt, Notar, Fachanwalt für Steuerrecht	Rechtsanwälte Pfeiffer, von der Heyde 31134 Hildesheim
Pfeiffer, Thomas Dr. Rechtsanwalt, Fachanwalt für Steuerrecht, Steuerberater	Sozietät PSB 79761 Waldshut-Tiengen
Pfirmann, Armin Dipl.-Kfm., Steuerberater	Dr. Dornbach & Partner GmbH 66111 Saarbrücken
Philipowski, Rüdiger Prof. Dr. Steuerberater, Rechtsanwalt	53347 Alfter
Philipp, Manuel	HHS Hellinger Hahnemann Schulte-Gross GmbH Wirtschaftsprüfungsgesellschaft 70191 Stuttgart
Pichler, Otfried Dr. Rechtsanwalt, Fachanwalt für Steuerrecht	Dr. Pichler & Ernst 55116 Mainz
Pietschmann, Klaus	Pricewaterhouse Coopers AG WPG 40227 Düsseldorf
Piltz, Detlev Jürgen Prof. Dr. Fachanwalt für Steuerrecht, Rechtsanwalt	Flick, Gocke, Schaumburg 53175 Bonn
Pipping, Hanns-Georg Dr. Rechtsanwalt, Fachanwalt für Steuerrecht	Kullen, Müller, Zinser 71063 Sindelfingen
Plewka, Harald Rechtsanwalt, Steuerberater	HPL Plewka & Coll. LLP Rechtsanwälte Steuerberater 60323 Frankfurt am Main
Pohl, Dirk Dr. Dipl.-Finanzwirt, Steuerberater, Rechtsanwalt, Fachanwalt für Steuerrecht	McDermott, Will & Emery RAe LLP 80335 München
Pöhn, Christoph C. Dr. Fachanwalt für Steuerrecht, Rechtsanwalt	Waldeck Rechtsanwälte Partnerschaftsgesellschaft 60325 Frankfurt am Main
Posledni, Volker	Dyckerhoff AG - Zentrale Personalabteilung Steuerabteilung 65203 Wiesbaden
Pottmann, Reemt Rechtsanwalt, Steuerberater	Jebens Mensching LLP 20457 Hamburg
Prätzler, Octavia	Paul Hartmann AG 89522 Heidenheim
Prauschke-Schaefer, Beatrice	Dewey & LeBoeuf LLP 60329 Frankfurt am Main
Pretner, Ralph-Thomas Rechtsanwalt, Steuerberater	Beiten Burkhardt Rechtsanwaltsges. mbH 60327 Frankfurt am Main

Teilnehmerliste

Priester, Hans-Joachim Prof. Dr.
Notar a. D.
22043 Hamburg

Prinz, Ulrich Dr.
Dipl.-Kfm., Steuerberater, Wirtschaftsprüfer
Flick, Gocke, Schaumburg
53175 Bonn

Probst, Christoph
Heraeus Holding GmbH Servicebereich Steuern
63450 Hanau

Quiring, Axel
Dewey & LeBoeuf LLP
60329 Frankfurt am Main

Rabback, Dieter E. Dr.
Fachanwalt für Steuerrecht, Rechtsanwalt, Steuerberater
Meilicke . Hoffmann & Partner
53115 Bonn

Raber, Hans-Georg Dr.
Leiter Steuer- u. Zollrecht
Volkswagen AG
38440 Wolfsburg

Raden, Anja
Rechtsanwältin, Referentin
Allianz SE
80802 München

Rämer, Marie-Theres
Clifford Chance
60325 Frankfurt am Main

Randenborgh, Lucas Dr.
Rechtsanwalt, Fachanwalt für Steuerrecht
Beiten Burkhardt Rechtsanwaltsgesellschaft mbH
40474 Düsseldorf

Raupach, Arndt Prof. Dr.
Rechtsanwalt, Fachanwalt für Steuerrecht
McDermott, Will & Emery RAe LLP
80335 München

Rechenberg, Wolf-Georg Dr.
Rechtsanwalt, Steuerberater
CMS Hasche Sigle
10785 Berlin

Regetmeier, Nadine
Dipl.-Kff., Steuerberaterin
48268 Greven

Regner, Reinhard Dr.
Jurist
Schürmann & Partner
60489 Frankfurt am Main

Rehbein, Stephan
Rechtsanwalt, Steuerberater, Manager
Ernst & Young GmbH WPG
10117 Berlin

Reiche, Felix Dr.
Rechtsanwalt, Steuerberater
Esche Schümann Commichau
20459 Hamburg

Reil, Stephanny Dr.
Rechtsanwältin, Fachanwältin für Steuerrecht
Büsing, Müffelmann & Theye
28195 Bremen

Reimann, Thomas
Rechtsanwalt, Steuerberater
Stemmer, Huck und Kollegen
76137 Karlsruhe

Reimann, Wolfgang Prof. Dr.
94032 Passau

Reimold, Corinna
Steuerberaterin
Wirtschaftstreuhand GmbH
70565 Stuttgart

Reisert, Stefan
Rechtsanwalt, Steuerberater, Geschäftsführer
Dr. Kleeberg & Partner GmbH
80333 München

Reister, Martin
Seifert Reister Schroth Kanzlei für Steuerberatung
75175 Pforzheim

Remplik, Alexander Dr.
Schmidt, von der Osten & Huber
45130 Essen

Renneke, Ursula Dr.
Rechtsanwältin, Fachanwältin für Steuerrecht
Heimann, Hallermann Rechtsanwälte
48143 Münster

Renner, Daniel
Commerzbank AG
60486 Frankfurt am Main

Teilnehmerliste

Renner, Georg Dr.	Schiedermair Rechtsanwälte Partnerschaftsges. 60322 Frankfurt am Main
Rennings, Peter Ministerialrat	Bundesministerium der Finanzen 10117 Berlin
Richter, Stefan Steuerberater	Alpers & Stenger LLP 20354 Hamburg
Richter, Wolfgang Dr. Rechtsanwalt, Fachanwalt für Steuerrecht, Notar	Schütte, Richter & Partner 28195 Bremen
Ries, Christine Steuerberaterin	Wirtschaftstreuhand GmbH 70565 Stuttgart
Rignsoever, Serge	Loyens & Loeff 60325 Frankfurt am Main
Ring, Harald Dr. Rechtsanwalt, Fachanwalt für Steuerrecht, Steuerberater, Wirtschaftsprüfer	Treuhand- und Revisions AG Niederrhein 47800 Krefeld
Rinke, Helmut Dipl.-Kfm., Steuerberater, Wirtschaftsprüfer	Andree, Rinke & Partner 37671 Höxter
Ritzer, Claus Dr.	Rölfs RP Steuerberatungsgesellschaft GmbH 80807 München
Rödder, Thomas Prof. Dr. Steuerberater, Wirtschaftsprüfer	Flick, Gocke, Schaumburg 53175 Bonn
Rödding, Adalbert Dr. Rechtsanwalt	Freshfields Bruckhaus Deringer LLP 50678 Köln
Rödner, Sandra Fachanwältin für Steuerrecht, Rechtsanwältin	FRIES Rechtsanwälte Partnerschaft 90431 Nürnberg
Rohde, Andreas Dr. Fachanwalt für Steuerrecht, Rechtsanwalt, Steuerberater	DHPG Rechtsanwälte 53175 Bonn
Rohde, Konrad Dr. Rechtsanwalt	Dewey & LeBoeuf LLP 60329 Frankfurt am Main
Röhrbein, Jens Steuerberater, Rechtsanwalt	Luther Rechtsanwaltsges. mbH 30159 Hannover
Romswinkel, Marco Dipl.-Finanzwirt, Steuerberater, Master of International Taxation	48268 Greven
Rose, Denise Steuerberaterin, Wirtschaftsprüferin, CPA, Dipl.-Kff.	81479 München
Rosenberger, Jörg Rechtsanwalt, Fachanwalt für Steuerrecht	Fuß Rosenberger & Partner 07743 Jena
Rößler, Thomas Rechtsanwalt, Steuerberater	Petersen Gruendel Rechtsanwälte Steuerberater 04109 Leipzig
Röthel, Hans Dr. Dipl.-Kfm., Rechtsbeistand, Steuerberater	rtg Dr. Röthel Treuhand GmbH Steuerberatungsges. 86157 Augsburg
Roth, Walter Steuerberater	HBS Steuerberatungsges. u. Treuhandges. mbH 63067 Offenbach
Roxlau, Katja	Fränkische Rohrwerke Gebr. Kirchner GmbH & Co. KG 97486 Königsberg

Arbeitsgemeinschaft der Fachanwälte für Steuerrecht e.V.
Universitätsstraße 140 – 44799 Bochum
Fon (0234) 932569-0 Fax (0234) 932569-29
www.fachanwalt-fuer-steuerrecht.de

Teilnehmerliste

Rudolph, Michael
Dipl.-oec., Steuerberater

KSB INTAX TREUHAND GMBH
30175 Hannover

Runtemund, Christina
Steuerberaterin, Wirtschaftsprüferin

20255 Hamburg

Runtemund, Volker Dr.
Rechtsanwalt, Steuerberater, Fachanwalt für Steuerrecht

Krumbholz, König & Partner
22459 Hamburg

Ruoff, Christian Dr.
Rechtsanwalt, Fachanwalt für Steuerrecht

Freshfields Bruckhaus Deringer
20354 Hamburg

Sälzer, Wolfgang
Dipl.-Kfm., Steuerberater, Wirtschaftsprüfer

Esche Schümann Commichau
20459 Hamburg

Salzmann, Stephan Dr.
Rechtsanwalt, Dipl.-Kfm., Steuerberater

LKC Kemper Czarske v. Gronau Berz
82031 Grünwald

Salz, Thomas
Dipl.-Kfm., Steuerberater, Wirtschaftsprüfer

Förderer, Keil & Partner GbR
66119 Saarbrücken

Sändig, Katja
Fachanwältin für Steuerrecht, Rechtsanwältin, Steuerberaterin

Dr. Dornbach & Partner GmbH
66111 Saarbrücken

Sangen-Emden, Marion
Rechtsanwältin, Steuerberaterin

Heuking Kühn Lüer Wotjek
40474 Düsseldorf

Sauerhering, Thorsten
Rechtsanwalt, Steuerberater

Clifford Chance
60325 Frankfurt am Main

Sauer, Johannes Konrad
Rechtsanwalt, Notar, Fachanwalt für Steuerrecht, Wirtschaftsprüfer

Winkler Sauer & Kollegen
63067 Offenbach

Saure, Jürgen L.
Fachanwalt für Steuerrecht, Notar, Rechtsanwalt

58332 Schwelm

Schädel, Horst
Rechtsanwalt, Fachanwalt für Steuerrecht

Schädel & Schädel
70184 Stuttgart

Schädel, Nicolai Dr. LL.M.
Rechtsanwalt

Schädel & Schädel
70184 Stuttgart

Schädel, Peter Dr.
Rechtsanwalt

Schädel & Schädel
70184 Stuttgart

Schäfer, Bernd
Steuerberater, Wirtschaftsprüfer

Ebner Stolz Mönning Bachem
53227 Bonn

Schaffer, Horst Dr.
Steuerberater, Wirtschaftsprüfer

Schaffer & Partner GmbH
90491 Nürnberg

Scharfenberg, Jens
Wirtschaftsprüfer, Rechtsanwalt, Fachanwalt für Steuerrecht, Steuerberater

MDS Möhrle & Partner
22769 Hamburg

Scheidle, Günther Dr.
Rechtsanwalt, Steuerberater, Wirtschaftsprüfer

Kanzlei Scheidle & Partner
86150 Augsburg

Schein, Oded Dr.
Rechtsanwalt

KIRKLAND & ELLIS INTERNATIONAL LLP
80539 München

Schell, Matthias Dr.
Rechtsanwalt, Fachanwalt für Steuerrecht

Milbank, Tweed, Hadley & McCloy LLP
80539 München

Scherl, Georg T. Dr.

Taylor Wessing
60325 Frankfurt am Main

Schier, Olaf

KPMG AG WPG
28195 Bremen

Schiessl, Martin Dr.
Rechtsanwalt, Fachanwalt für Steuerrecht

Freshfields Bruckhaus Deringer
60322 Frankfurt am Main

Arbeitsgemeinschaft der Fachanwälte für Steuerrecht e.V.
Universitätsstraße 140 – 44799 Bochum
Fon (0234) 932569-0 Fax (0234) 932569-29
www.fachanwalt-fuer-steuerrecht.de

Teilnehmerliste

Schiffers, Joachim Prof. Dr. Steuerberater, Wirtschaftsprüfer	52066 Aachen
Schild, Claus Prof. Dr. Dipl.-Kfm., Steuerberater, Wirtschaftsprüfer	Mazars Hemmelrath GmbH 80539 München
Schiller, Axel Rechtsanwalt, Steuerberater	Rölfs RP Steuerberatungsgesellschaft GmbH 40237 Düsseldorf
Schlachter, Wolfgang Dipl.-Kfm., Steuerberater	Misch + Schlachter Stb-Ges.mbH 66482 Zweibrücken
Schleifenbaum, Henrich Dr. Rechtsanwalt, Fachanwalt für Steuerrecht, Notar	Schleifenbaum & Adler 57072 Siegen
Schlereth, Sven Dr. Rechtsanwalt, Steuerberater	KPMG AG WPG 20459 Hamburg
Schlotter, Josef Dr. Wirtschaftsprüfer, Dipl.-Kfm.	Treuhand- und Revisions AG Niederrhein 47800 Krefeld
Schmeer, Andreas Rechtsanwalt, Fachanwalt für Steuerrecht	Dr. Neumann, Schmeer & Partner GbR 52064 Aachen
Schmelzer, Rüdiger	Cemex Deutschland AG 40880 Ratingen
Schmid, Hans Martin Dr. Rechtsanwalt, Steuerberater, Fachanwalt für Steuerrecht	GIBSON, DUNN & CRUTCHER LLP 80538 München
Schmidt, Christina Rechtsanwältin	DHPG Rechtsanwälte 53175 Bonn
Schmidt, Karsten Prof. Dr. Dres. h.c. Präsident	Bucerius Law School 20355 Hamburg
Schmidt, Michael Dr. Rechtsanwalt, Fachanwalt für Steuerrecht	Taylor Wessing 60325 Frankfurt am Main
Schmidt, Michael Dr.	Arnecke Siebold 60486 Frankfurt am Main
Schmitt, Gerhard	RöverBrönner GmbH & Co. KG 60322 Frankfurt am Main
Schmitt, Klaus Dipl.-Volkswirt, Wirtschaftsprüfer, Steuerberater	67454 Haßloch
Schmitt, Martin Senior Manager	PricewaterhouseCoopers AG WPG 60439 Frankfurt am Main
Schmitt, Rainer Partner	61462 Königstein
Schmitz, Stefan B. Rechtsanwalt	Ernst & Young AG 65657 Eschborn
Schneider II, Joachim Rechtsanwalt, Fachanwalt für Steuerrecht	Schneider 55116 Mainz
Schneider, Bernd Wirtschaftsprüfer, Steuerberater, Dipl.-Volkswirt, Rechtsanwalt	Schneider & Doll GbR 79650 Schopfheim
Schneider, Norbert Dr. Rechtsanwalt	Freshfields Bruckhaus Deringer LLP 50678 Köln
Schnittker, Helder	Alpers & Stenger LLP 20354 Hamburg
Schnitzler, Hubert Dipl.-Bw. , Steuerberater, Vereidigter Buchprüfer	Schnitzler & Partner Steuerberautngsgesellschaft 41236 Mönchengladbach

Teilnehmerliste

Scholz, Nikolai Steuerberater, Wirtschaftsprüfer	Dr. Ehlers, Gruttke, Dr. Volkmann & Partner 20144 Hamburg
Schönbrodt, Rolf	Ernst & Young AG 65657 Eschborn
Schönfeld, Jens Dr.	Flick, Gocke, Schaumburg 53175 Bonn
Schön, Wolfgang Prof. Dr. Dr. h.c. Direktor	80639 München
Schormann, Eckhard Rechtsanwalt, Fachanwalt für Steuerrecht	Schleifenbaum & Adler 57072 Siegen
Schrader, Christiane Rechtsanwältin, Fachanwältin für Steuerrecht	DFP Dornbach, Fess & Porn GmbH 66111 Saarbrücken
Schrahe, Martin Steuerberater, Wirtschaftsprüfer, Dipl.-Bw.	HPS Steuerberatungsgesellschaft mbH 32052 Herford
Schramm, Katharina	KPMG AG WPG 20459 Hamburg
Schrettl, Andreas B. Dr. Rechtsanwalt, Fachanwalt für Steuerrecht	Taylor Wessing Partnergesellschaft 80333 München
Schröder, Karl-Wilhelm Rechtsanwalt, Steuerberater, Wirtschaftsprüfer	PricewaterhouseCoopers AG WPG, StbG 45128 Essen
Schuck, Stephan Dr. Notar, Rechtsanwalt	56626 Andernach
Schüll, Ralf Dr. Rechtsanwalt	Audi AG 85045 Ingolstadt
Schulte, Christoph Dr.	Flick Gocke Schaumburg 60327 Frankfurt am Main
Schulte, Wilfried Prof. Dr. Rechtsanwalt, Steuerberater, Wirtschaftsprüfer	KPMG Rechtsanwaltsgesellschaft Steuerberatungsgesellschaft mbH 45133 Essen
Schultze, Stephan Karl Rechtsanwalt, Steuerberater, Fachanwalt für Steuerrecht, Wirtschaftsprüfer	LOEBA TREUHAND GMBH 79539 Lörrach
Schulze zur Wiesche, Dieter Prof. Dr. Rechtsanwalt	59394 Nordkirchen
Schulze-Oechtering, Michael Dipl.-Kfm., Rechtsanwalt, Steuerberater, Wirtschaftsprüfer	Treuhand- und Revisions AG Niederrhein 47800 Krefeld
Schulz, Lothar Steuerberater, Wirtschaftsprüfer	AUREN OHG 72108 Rottenburg am Neckar
Schulz, Michael Steuerberater, Wirtschaftsprüfer	Mundhenke & Partner GmbH 20459 Hamburg
Schumacher, Fred Steuerberater, Wirtschaftsprüfer	HHS Hellinger Hahnemann Schulte-Gross GmbH Wirtschaftsprüfungsgesellschaft 70191 Stuttgart
Schummer, Arno	KPMG AG WPG 60439 Frankfurt am Main
Schüppen, Matthias Dr. Rechtsanwalt, Fachanwalt für Steuerrecht, Wirtschaftsprüfer, Steuerberater	Graf Kanitz, Schüppen & Partner, Rechtsanwälte Wirtschaftsprüfer Steuerberater 70173 Stuttgart

Teilnehmerliste

Schwarz, Lothar Dr. Rechtsanwalt, Steuerberater, Vereidigter Buchprüfer, Fachanwalt für Steuerrecht	Rechtsanwälte Dr. Lothar Schwarz, Stefan Baader 97421 Schweinfurt
Schwarz, Nikolai	Dewey & LeBoeuf LLP 60329 Frankfurt am Main
Schweiß, Karel Rechtsanwalt, Steuerberater, Fachanwalt für Steuerrecht, Fachanwalt für Handels- und Gesellschaftsrecht	HEISSE KURSAWE EVERSHEDS 80333 München
Schweser, Olaf Rechtsanwalt, Steuerberater	Susat & Partner OHG Wirtschaftsprüfungsges. 20095 Hamburg
Seeliger, Gerd Dr. Rechtsanwalt, Fachanwalt für Steuerrecht	CMS Hasche Sigle Partnerschaft RAe StB 80333 München
Seibt, Christoph H. Prof. Dr. LL.M. Rechtsanwalt, Fachanwalt für Steuerrecht, Attorney at Law (New York)	Freshfields Bruckhaus Deringer 20354 Hamburg
Seidenfus, Valentin R. Rechtsanwalt, Fachanwalt für Steuerrecht, Steuerberater	KSB INTAX 30175 Hannover
Seikel, Gregor Dr. Rechtsanwalt, Fachanwalt für Steuerrecht	GSK Stockmann & Kollegen 60325 Frankfurt am Main
Senft, Michael Notar	86637 Wertingen
Siegemund, Ulrich Rechtsanwalt, Steuerberater	Luther Rechtsanwaltsgesellschaft mbH 65760 Eschborn
Sieling, Arnd Eugen MBA Rechtsanwalt, Fachanwalt für Steuerrecht	CH-8810 Horgen - Schweiz
Sietzy, Wolfgang Dipl.-Kfm., Fachanwalt für Steuerrecht, Rechtsanwalt, Steuerberater, Wirtschaftsprüfer	Sietzy & Coll. 65812 Bad Soden
Sievert, Jürgen Rechtsanwalt, Steuerberater	KPMG AG Wirtschaftsprüfungsges. 50674 Köln
Simon, Lutz Prof. Dr. Dr. Dr. Notar, Rechtsanwalt, Präsident	Rechtsanwaltskammer Frankfurt a.M. 60322 Frankfurt a. M.
Sinewe, Patrick Prof. Dr. Rechtsanwalt, Steuerberater, Fachanwalt für Steuerrecht	BIRD & BIRD LLP Rechtsanwälte 60329 Frankfurt am Main
Singer, Juliana Sophie Rechtsanwältin, Steuerberaterin, Fachanwältin für Steuerrecht	63486 Bruchköbel
Sobotta, Carsten	Ernst & Young AG WPG StBG 50667 Köln
Sodenkamp, Matthias Fachanwalt für Steuerrecht, Rechtsanwalt, Steuerberater	Sterr-Kölln & Partner, Rechtsanwälte, Wirtschaftsprüfer, Steuerberater 79110 Freiburg
Sonntag, Nils Dr.	Ernst & Young AG Wirtschaftsprüfungsges. 20148 Hamburg
Spielmann, Erik	Schmitt.Wenzel.Spielmann.Becker.Huttel 35390 Gießen
Spierts, Etienne	Loyens & Loeff 60325 Frankfurt am Main
Sprado, Jens	Deutsche Telekom AG Internationale Steuern 53113 Bonn

Teilnehmerliste

Stange, Arnold Christian
Rechtsanwalt, Fachanwalt für Steuerrecht, Steuerberater

HLB Dr. Stückmann u. Partner
33602 Bielefeld

Stark, Jürgen

dhmp GmbH & Co. KG
71229 Leonberg Baden-Baden

Steffens, Fritz
Rechtsanwalt, Steuerberater

Kröber & Partner
55126 Mainz

Steffes, Hermann-Josef
Steuerberater, Wirtschaftsprüfer

04155 Leipzig

Steierberg, Daniela LL.M.
Steuerberaterin, Managerin

Deloitte & Touche GmbH
20355 Hamburg

Steinberg, Axel Dr.
Steuerberater, Wirtschaftsprüfer, Geschäftsführer, Partner

Dr. Steinberg & Partner GmbH
20095 Hamburg

Steinhart, Ute

RWT Revision u. Wirtschaftstreuhand GmbH
72458 Albstadt

Stein, Klaus Dr.
Leiter der Steuerabteilung, Rechtsanwalt, Steuerberater

WMS Treuhand GbR
0 Osnabrück

Steinlein, Fabian

Assessor

Bundesverband der Deutschen Volksbanken u. Raiffeisenbanken BVR
10785 Berlin

Steinwachs, Friedrich-Karl
Steuerberater, Wirtschaftsprüfer, Dipl.-Kfm.

Auren OHG WPG StBG
79761 Waldshut-Tiengen

Stepholt, Ralf
Dipl.-Kfm., Steuerberater

Wipfler & Partner
69190 Walldorf

Stillers, Susanne

Verlag NWB - Redaktion IWB
44629 Herne

Stoll, André Dr.

Goutier & Partner RAe
60596 Frankfurt am Main

Stolterfoht, Joachim Prof. Dr.
Fachanwalt für Steuerrecht, Steuerberater

BENDER HARRER KREVET
79104 Freiburg

Straubinger, Peter

OBI Group Holding GmbH
42929 Wermelskirchen

Streit, Reiner

Steuerberater, Wirtschaftsprüfer

Nawrot & Partner GmbH Wirtschaftsprüfungsges., Steuerberatungsges.
50667 Köln

Strobl-Haarmann, Elisabeth Dr.

ESTHA GmbH Wirtschaftsprüfungsgesellschaft
60313 Frankfurt am Main

Strunk, Günther Prof. Dr.
Steuerberater

Strunk ' Kolaschnik Partnerschaft
20354 Hamburg

Stümpel, Horst

44287 Dortmund

Sturies, Rainer Dr.
Rechtsanwalt, Fachanwalt für Steuerrecht

Melchers Schubert Stocker Sturies
69126 Heidelberg

Suchanek, Markus

Steuerberater

Warth & Klein GmbH Wirtschaftsprüfungsges.
40479 Düsseldorf

Suchan, Stefan W. Dr.

Rechtsanwalt, Steuerberater

KPMG Rechtsanwaltsges. Steuerberatungsges. mbH
60439 Frankfurt am Main

Arbeitsgemeinschaft der Fachanwälte für Steuerrecht e.V.
Universitätsstraße 140 – 44799 Bochum
Fon (0234) 932569-0 Fax (0234) 932569-29
www.fachanwalt-fuer-steuerrecht.de

Teilnehmerliste

Suppert, Silke	PricewaterhouseCoopers AG WPG, StbG 45128 Essen
Telljohann, Sven	DekaBank Deutsche Girozentrale KonzernsteuernGrundsatzfragen 60325 Frankfurt am Main
Teske, André Rechtsanwalt, Steuerberater, Dipl.-Finanzwirt (FH)	Freshfields Bruckhaus Deringer LLP 50678 Köln
Tetzel, Carolin Rechtsanwältin	Luther Rechtsanwaltsgesellschaft mbH 65760 Eschborn
Thalhammer, Birgit	PricewaterhouseCoopers AG WPG 04109 Leipzig
Thebrath, Hermann Dr. Rechtsanwalt, Notar, Fachanwalt für Steuerrecht	Rechtsanwaltspraxis Dr. jur. Hermann Thebrath 58579 Schalksmühle
Thomas, Gerald	SJ Berwin LLP 60486 Frankfurt am Main
Thömmes, Otmar Prof. Dr. Rechtsanwalt	Deloitte & Touche GmbH 81669 München
Tischbirek, Wolfgang LL.M. Rechtsanwalt, Steuerberater	P+P Pollath + Partners 60313 Frankfurt a.M.
Tittebrandt, Harald	T+H Eventus GmbH Wirtschafts- u. StBG 68219 Mannheim
Toeben, Thomas Dr.	P+P Pöllath & Partner 10785 Berlin
Traichel, Christian Dr. Rechtsanwalt	Taylor Wessing Partnergesellschaft 80333 München
Tränkler, Andreas Dipl.-Kfm., Steuerberater, Wirtschaftsprüfer	MT Treuhand München GmbH 85630 Grasbrunn
Trzebiatowski, Ada Dipl.-Kff., Steuerberaterin, Wirtschaftsprüferin	Sozietät von Trzebiatowski 10719 Berlin
Trzebiatowski, Ralf Dipl.-Kfm., Steuerberater, Wirtschaftsprüfer	Sozietät von Trzebiatowski 10719 Berlin
Tschesche, Frank Dr.	Dewey & LeBoeuf LLP 60329 Frankfurt am Main
Tutt, Yue	DOW Deutschland Inc. 65824 Schwalbach
Uhl, Burkhard Steuerberater, Partner	Rosengarth u. Partner GbR 97072 Würzburg
Unkelbach-Tomczak, Sabine Rechtsanwältin, Fachanwältin für Steuerrecht	Unkelbach-Tomczak 65399 Kiedrich
Vangerow, Manfred Dipl.-Volkswirt, Steuerberater	65189 Wiesbaden
Venzmer, Kurt J. Rechtsanwalt, Fachanwalt für Steuerrecht, Wirtschaftsprüfer	84034 Landshut
Viefers, Ulrich Dr. Steuerberater, Wirtschaftsprüfer	WWS Wirtz, Walter, Schmitz GmbH 41236 Mönchengladbach
Villinger, Maria Dipl.-Kff., Steuerberaterin	Audi AG 85045 Ingolstadt
Viskorf, Hermann-Ulrich Vorsitzender Richter	81927 München

Teilnehmerliste

Vogel, Wolfram	Oppenhoff & Partner
	50668 Köln
Vogt, Gabriele Dr.	
Rechtsanwältin, Steuerberaterin, Fachanwältin für Steuerrecht	81679 München
Volkmann, Matthias	Dr. Niepoth & Niepoth
	Steuerberatungsges. mbH
Rechtsanwalt, Fachanwalt für Steuerrecht, Steuerberater	35394 Gießen
Vorlickova, Lucie	Vorlickova & Leitner
	CZ-110 00 Praha 1
Wachter, Doris	Ernst & Young AG
	70499 Stuttgart
Wacker, Roland Dr.	
Richter	70734 Fellbach
Wagener, Reiner	AXA Service AG
	51067 Köln
Wäger, Christoph Dr.	
Richter	61348 Bad Homburg
Wagner, Johann	Gleiss Lutz
Rechtsanwalt	10117 Berlin
Wagner, Klaus-R. Dr.	
Rechtsanwalt, Notar, Fachanwalt für Steuerrecht	65189 Wiesbaden
Wagner, Sandra	LOEBA TREUHAND GMBH
Steuerberaterin	79539 Lörrach
Waiblinger, Jörg O. Dr.	Dres. Waiblinger
Rechtsanwalt, Steuerberater, Wirtschaftsprüfer, Fachberater IStR	89073 Ulm
Wallis, Georg	OLSWANG LLP
Fachanwalt für Steuerrecht, Rechtsanwalt	10785 Berlin
Walpert, Klaus Dr.	Redeker Dahs Sellner & Widmaier
Rechtsanwalt, Fachanwalt für Steuerrecht	53115 Bonn
Walter, Thomas	RWT Reutlinger Wirtschaftstreuhand GmbH
Steuerberater, Wirtschaftsprüfer	72764 Reutlingen
Walter-Yadegardjam, Tanja Dr.	Freshfields Bruckhaus Deringer
	60322 Frankfurt am Main
Waltner, Dieter	Steuerberater Volker Welzel
Dipl.-Kfm., Steuerberater	81925 München
Wang, Huili Dr.	PricewaterhouseCoopers AG WPG
Steuerberaterin	80657 München
Wassermeyer, Franz Prof. Dr. Dres. h.c.	Bundesfinanzhof
Vorsitzender Richter, Rechtsanwalt, Steuerberater	53757 Sankt Augustin
Weber, Heike Dr. LL.M.	Allen & Overy LLP
Rechtsanwältin, Steuerberaterin	60311 Frankfurt am Main
Weber, Klaus Prof. Dr.	Dr. Ebner, Dr. Stolz u. Partner GmbH
	70469 Stuttgart
Weber, Ludwig J. Dr. LL.M.	Schultze & Braun GmbH
Rechtsanwalt, Fachanwalt für Steuerrecht	28195 Bremen
Weber, Sabine	Kunsmann + Gemmerich
Steuerberaterin	65187 Wiesbaden
Wedelstädt, Alexander	
Abteilungsdirektor a.D.	45478 Mülheim an der Ruhr

Arbeitsgemeinschaft der Fachanwälte für Steuerrecht e.V.
Universitätsstraße 140 – 44799 Bochum
Fon (0234) 932569-0 Fax (0234) 932569-29
www.fachanwalt-fuer-steuerrecht.de

Teilnehmerliste

Weerth, Jan Dr. Rechtsanwalt, Fachanwalt für Steuerrecht, Steuerberater	Deutsche Bank AG Group Tax 60486 Frankfurt am Main
Weger, Martin Dr. Rechtsanwalt, Fachanwalt für Steuerrecht	Kaye Scholer (Germany) LLP 60313 Frankfurt am Main
Wehmschulte, Julia Studentin	Heinrich-Heine-Universität Düsseldorf, Lehrstuhl f. Unternehmenssteuerrecht 40225 Düsseldorf
Weier, Dagmar Dr. Rechtsanwältin, Steuerberaterin	KPMG AG WPG 40474 Düsseldorf
Weihmann, Lars Rechtsanwalt, Steuerberater	Pricewaterhouse Coopers AG WPG 40227 Düsseldorf
Weinand-Härer, Klaus Steuerberater	Clifford Chance 60325 Frankfurt am Main
Weinhardt, Silke Dr. Rechtsanwältin, Steuerberaterin	Dettmers Manske Weinhardt 10707 Berlin
Weiß, Thomas Wirtschaftsprüfer, Steuerberater, Betriebswirt	79102 Freiburg
Weitbrecht, Cornelius Dr. Rechtsanwalt, Fachanwalt für Steuerrecht	Taylor Wessing Partnergesellschaft 80333 München
Weitbrecht, Götz Dr.	Deutsche Bank AG Group Tax 60486 Frankfurt am Main
Weithaler, Andreas M.I.Tax Rechtsanwalt, Steuerberater, Director Taxes International	ALDI Einkauf GmbH & Co. oHG, International Finance & Administration 45481 Mülheim an der Ruhr
Wellens, Andreas Rechtsanwalt, Steuerberater, Fachberater IStR	Kanzlei Scheidle & Partner 86150 Augsburg
Wengenroth, Thomas	Finanzamt Wiesbaden II 65173 Wiesbaden
Wenzel, Annett Steuerberaterin	Pfaff Steuerberatungsges. mbH 60322 Frankfurt am Main
Werdich, Hans Prof. Dr.	Dr. Werdich Wirtschaftstreuhand GmbH 89073 Ulm
Werlen, Carolin Rechtsanwältin, Fachanwältin für Steuerrecht	Clifford Chance 60325 Frankfurt am Main
Wernersbach, Ulla Rechtsanwältin	Beiten Burkhardt Rechtsanwaltsges. mbH 60327 Frankfurt am Main
Wernicke, Daniel	Ernst & Young AG 70499 Stuttgart
Weßling, Johannes Dipl.-Kfm., Wirtschaftsprüfer, Steuerberater	48159 Münster
Westerburg, Justus Dr. Rechtsanwalt, Steuerberater	Nörenberg Schröder Rechtsanwälte, WP, Stb. 22763 Hamburg
Westermann, Eike Christian	Pricewaterhouse Coopers AG WPG 40227 Düsseldorf
Westhues, Brigitte Dipl.-Finanzwirtin, Steuerberaterin	LKC Kemper Czarske v. Gronau Berz 82031 Grünwald
Weyde, Daniel Dr.	Cleary, Gottlieb, Steen & Hamilton LLP 60311 Frankfurt am Main

Arbeitsgemeinschaft der Fachanwälte für Steuerrecht e.V.
Universitätsstraße 140 – 44799 Bochum
Fon (0234) 932569-0 Fax (0234) 932569-29
www.fachanwalt-fuer-steuerrecht.de

Teilnehmerliste

Weyrauch, Diana	Grützmacher Gravert Viegener 60487 Frankfurt am Main
Wicht, Markus LL.M. Rechtsanwalt	Kucera RAe 64283 Darmstadt
Wick, Wolfgang Dipl.-Finanzwirt, Leiter Steuern	Veolia Umweltservice GmbH 20097 Hamburg
Widdau, Peter Dr. Steuerberater, Wirtschaftsprüfer	54230 Trier
Widmann, Siegfried Dr.	82031 Grünwald
Widmann, Werner Ministerialdirigent	Ministerium der Finanzen Rheinland-Pfalz 55116 Mainz
Wielsch, Torsten Dr. Rechtsanwalt	KPMG AG WPG 04107 Leipzig
Wienke, Klaus	Dewey & LeBoeuf LLP 60329 Frankfurt am Main
Wiese, Götz Tobias Dr. Rechtsanwalt, Steuerberater	LATHAM & WATKINS LLP 20354 Hamburg
Wietschorke, Frank	NORTON ROSE LLP 60313 Frankfurt am Main
Willems, Gabriele	Ebner Stolz Mönning Bachem 50670 Köln
Willibald, Franz Fachanwalt für Steuerrecht, Rechtsanwalt, Steuerberater	Kantenwein Zimmermann Fox Kröck & Partner 80333 München
Winheller, Stefan LL.M. Rechtsanwalt	60325 Frankfurt am Main
Winkler, Josef Rechtsanwalt, Wirtschaftsprüfer, Steuerberater	LTS RA WP StB 32052 Herford
Winter, Matthias Rechtsanwalt	Ernst & Young AG 65657 Eschborn
Wischott, Frank Rechtsanwalt, Steuerberater	KPMG AG WPG 20459 Hamburg
Wisniewski, Thomas Fachanwalt für Steuerrecht, Rechtsanwalt	Taylor Wessing Rechtsanwälte 10117 Berlin
Wittig, Götz Rechtsanwalt, Fachanwalt für Steuerrecht, Steuerberater	Kanzlei Goetz Wittig & Kollegen 82008 Unterhaching
Wolff, Dankwart	Revisions- und Treuhand Kommanditgesellschaft 24103 Kiel
Wolfinger, Hans F. Steuerberater, Vorstand	AWT Audit Wirtschafts-Treuhand AG Wirtschaftprüfungsgesellschaft 70178 Stuttgart
Wolf, Thorsten Rechtsanwalt, Fachanwalt für Steuerrecht	Knolle Societät 63065 Offenbach
Wolter, Hartmut Rechtsanwalt, Steuerberater	Deutsche Lufthansa AG 50679 Köln
Wolterhoff, Thomas Rechtsanwalt, Fortbildunsbeauftragter des DAI	DAI Deutsches Anwaltsinstitut e.V. 44799 Bochum

Arbeitsgemeinschaft der Fachanwälte für Steuerrecht e.V.
Universitätsstraße 140 – 44799 Bochum
Fon (0234) 932569-0 Fax (0234) 932569-29
www.fachanwalt-fuer-steuerrecht.de

Teilnehmerliste

Wühler, Arnd Steuerreferent	Kaufland Dienstleistung GmbH & Co. KG DE 944 100/Steuern 74172 Neckarsulm
Wüller, Michael Dipl.-Finanzwirt, Wirtschaftsprüfer, Steuerberater	RLT Ruhrmann Wüller & Partner 45128 Essen
Wurster, Elke	Taylor Wessing Partnergesellschaft 80333 München
Wurthmann, Michael Rechtsanwalt, Steuerberater	Treuhand Oldenburg GmbH 26125 Oldenburg
Wüst, Hans-Peter Rechtsanwalt, Steuerberater	20095 Hamburg
Zernke, Olaf	Axel Springer AG 10888 Berlin
Ziche, Christian Dr. Rechtsanwalt, Fachanwalt für Steuerrecht	Luther RA GmbH 01099 Dresden
Ziegler, Ulrich Dr. Rechtsanwalt, Steuerberater, Vereidigter Buchprüfer, Fachanwalt für Steuerrecht	Bansbach Schübel Brösztl & Partner GmbH 70184 Stuttgart
Zinner, Hans-Joachim Steuerberater	61348 Bad Homburg
Zipfel, Lars	Ernst & Young AG 70499 Stuttgart
Zwade, Christian Dr. Rechtsanwalt, Fachanwalt für Steuerrecht	Pfefferle, Koch, Helberg & Partner 01109 Dresden

Rahmenprogramm

Sonntag, den 9. Mai 2010

20.00 Uhr: Empfang und Treffen
der schon anwesenden Teilnehmer/innen
im Muschelsaal des Kurhauses Wiesbaden

Montag, den 10. Mai 2010

„Auf den Spuren der Nibelungen" in Worms

Eifersucht, Rache und Mord gehören zu dieser Geschichte – dem Nibelungenlied, dem größten Heldenepos deutscher Geschichte. Begeben Sie sich in Worms auf die Spuren von Hagen, Kriemhild und Siegfried und begeben Sie sich an die Plätze von Glanz und Elend dieses Mythoses.

Programmablauf

9.00 Uhr: Abfahrt mit Bussen vom Kurhaus Wiesbaden

Ankunft in Worms und Beginn der Stadtführung „Auf den Spuren der Nibelungen" mit Innenbesichtigung des Doms

12.30 Uhr: Gemeinsames Mittagessen

14.30 Uhr: Rückfahrt zum Kurhaus Wiesbaden

15.30 Uhr: Rückankunft in Wiesbaden

Dazu lädt die Arbeitsgemeinschaft der Fachanwälte für Steuerrecht die Begleitpersonen der Teilnehmer der Jahresarbeitstagung ein.

Rahmenprogramm

Montag, den 10. Mai 2010

„Privat Dining"

„Ihr exklusiver Abend in der Villa im Tal"

Erst im vergangenen Jahr wurde die Villa komplett restauriert und mit viel Liebe zum Detail eingerichtet. Im Stadtwald Wiesbadens entstand so eine der schönsten und stylischsten Eventlocations der Region mit einem edlem Interieur und einer wunderschönen Außenanlage deren Terrasse bei schönem Wetter zum Verweilen und Kommunizieren einlädt.

Programmablauf

19.00 Uhr:	Abfahrt mit Bussen vom Kurhaus Wiesbaden
ca. 19.15 Uhr:	Ankunft an der Villa im Tal Sektempfang (bei schönem Wetter auf der Terrasse)
ca. 19.45 Uhr:	Beginn des Abendessens

Menü

Rucolaschaumsüppchen mit Pinienkern-Pesto

✳

In Aromaten gebratener Loup de Mer
oder
gegrillte Maispoulardenbrust
auf mediterranem Gemüse mit Rucola

✳

Wachauer Marillenpalatschinken mit Marillenröster

22.30 Uhr:	Erster Bus zurück zum Kurhaus
23.30 Uhr:	Geplantes Ende der Veranstaltung und Rückfahrt zum Kurhaus

Kostenbeitrag: 80,00 €
(Busfahrt, Abendessen, Getränke)

Rahmenprogramm

Dienstag, den 11. Mai 2010

"Über den Dächern von Mainz"

"Ihre Abendveranstaltung im Mollers"

Über dem Staatstheater vis à vis des imposanten Mainzer Doms befindet sich das Maus im Mollers. Der Sternekoch Dirk Maus verwöhnt Sie mit kulinarischen Highlights der Spitzenklasse und dem exklusiven Blick auf die Stadt.

Programmablauf

19.00 Uhr:	Abfahrt mit Bussen vom Kurhaus Wiesbaden
ca. 19.20 Uhr:	Ankunft am Staatstheater in Mainz Führung im Staatstheater "Hinter den Kulissen"
20.00 Uhr:	Sektempfang im Mollers
	Beginn des Abendessens

Menü

Olivetti-Tomaten-Chili-Suppe

*

Kalbsfilet, Wildkräuter, Vanille Kartoffel

*

Valrhonakuchen Vanille

23.00 Uhr: Geplantes Ende der Veranstaltung und Rückfahrt zum Kurhaus

Kostenbeitrag: 80,00 €
(Busfahrt, Führung, Abendessen, Getränke)

Flick Flack

Die nachfolgenden 7 Karikaturen stammen aus einer Sammlung, die Herr Dr. Hans Flick seit Jahrzehnten zusammenträgt. Herr Dr. Flick stellt uns diese für einen neuen Teil des "Rahmenprogramms" der Jahresarbeitstagung zur Verfügung; im Foyer zur Tagung hängen die Bilder im Großformat. Ganz herzlichen Dank für diese Idee, unsere Tagung hierdurch zu bereichern. Beabsichtigt ist, dies in den nächsten Jahren fortzusetzen, wir mußten in unserer Planung aber feststellen, dass die bisherige Sammlung nur für die nächsten 123 Jahre ausreicht. Daher sind wir in absehbarer Zeit darauf angewiesen, dass Herr Dr. Flick weitere Karikaturen auffindet. Vielleicht helfen Sie dem Kollegen, wenn Sie selbst fündig werden.

Ich darf Herrn Dr. Flick zur Geschichte der Sammlung auszugsweise zitieren:

"Steuerhumor ist, wenn man trotzdem lacht

Die Wörterkombination "Steuerhumor" ist ein Widerspruch in sich selbst, ein Oxymoron, wie John F. Jekel feststellt. Für Zyniker sei es eine Beschreibung der Steuergesetzgebung schlechthin.

Welcher Steuerpflichtige hart beim Hören des Wortes "Steuern" schon Glücksgefühle verspürt, ein Lächeln im Sinn, denkt daran, dass Steuern den Gegenwert für die Mitgliedschaft in einer organisierten Gesellschaft sind? Vielen vergeht beim Empfang des Steuerbescheides das Lachen. Für die meisten verbindet sich in ihrer Besteuerung das Gefühl, vom Fiskus beraubt zu werden; der individuelle Eingriff läßt den allgemeinen Nutzen verblassen. Humor ist die Abwehrreaktion gegen das Unvermeidliche. Witze reißt man gegen alles, was Angst macht, wie der Galgenhumor von zum Tode Verurteilten, wie die Zahnarztwitze für den schmerzgeprüften Patienten, die Schiffbrüchigen-Karikatur für den auf einer einsamen Insel Gestrandeten. Die Humoristen und Karikaturisten wehren sich mit spitzer Feder gegen das Ungemach, das den Steuerzahler unkalkulierbar überfällt, dem er wehrlos ausgeliefert ist. Die eigene Wehrlosigkeit vor dem Fiskus wird erträglicher, indem man den Steuerinspektor und sich sebst ins Lächerliche zieht. Die Karikaturisten beleuchten die grausamen Folterinstrumente des Fiskus ebenso wie die schäbigen Tricks des Bürgers. Sie überspitzen das Jagdfieber des Inspektors ebenso wie den Fluchtinstinkt des Steuerpflichtigen. Der Steuerpflichtige flüchtet sich aus Angst auf die Bäume, obwohl ihn der Steuerinspektor nur um Feuer bitten wollte. Die Steuerfahnder gruben in der Nacht den Sarg aus, weil sie unterstellen, der Steuerpfichtige könne Vermögen mit auf die letzte Reise genommen haben.

Steuerhumor befreit die Menschen aus der Zwangssituation durch Lachen."

Ich wünsche Ihnen bei der Lektüre dieser letzten Seiten viel Vergnügen. Die Pointe zielt zumeist auf die Perspektive des Steuerpflichtigen. Als Berater stellen wir immer wieder fest, dass Dinge, die uns großes Vergnügen bereiten, dem "Nicht-Steuerrechtler" nur schwerlich als Humor oder Spaß vermittelbar sind. Und teilweise auch umgekehrt. Beispiele hat jeder für sich. Bitte überprüfen Sie sich, ob Sie in der täglichen Praxis ausreichend lachen und schmunzeln. Ein richtiger Weg, glaube ich.

Wiesbaden, im Mai 2010,

Peter Haas

Die älteste Steuerkarikatur, veröffentlicht in „London und Paris"
Ausgabe vom 13. März 1799, S. 255

...und wann hatten Sie erstmalig das Gefühl, gerne Steuern zu zahlen?

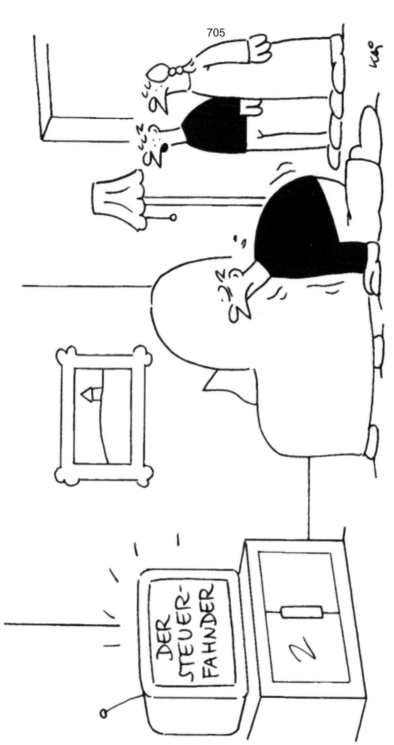

Ich muss zahlen - das Steuersparmodell konnte ich mir nicht leisten.

FREUNDE:
1× KLINGELN
POSTBOTE:
2× KLINGELN
FINANZAMT:
1839× KLINGELN

S. MÜLLER

FINANZAMT

Mein letzter Wille

Ich, Dr. Hans Feicke, im Vollbesitz meiner körperlichen und geistigen Kräfte erkläre hiermit, daß ich mein gesamtes Vermögen zu meinen Lebzeiten aufgegessen, leergetrunken und ausgegeben habe. Meinen Erben wünsche ich frohes Schaffen.

Bonn, den 11.11.80

Ofim

„Bonner Testament"